W9-AXJ-992

RICHARD FRIEDENTHAL
GOETHE
SEIN LEBEN UND SEINE ZEIT

RICHARD FRIEDENTHAL

GOETHE

SEIN LEBEN

UND SEINE ZEIT

R. PIPER & CO VERLAG

MÜNCHEN   ZÜRICH

PT
2051
.F 7 8
1982
Jan. 1999

ISBN 3-492-02765-2
Neuausgabe 1982
8. Auflage, 89.–91. Tausend 1982
© Richard Friedenthal, 1963
Deutsche Ausgabe
© R. Piper & Co. Verlag, München 1963
Gesamtherstellung Mohndruck
Graphische Betriebe GmbH, Gütersloh
Printed in Germany

Inhalt

Lob des Herkommens

Die Geburt des Kindes war schwer. Sie dauerte drei Tage. So gut wie leblos kam Goethe zur Welt, »ganz schwarz«, wie die Mutter später erzählte, das heißt in Wirklichkeit wohl blau durch Atemmangel und Störung des Kreislaufs; *Asphyxie* ist die medizinische Bezeichnung. Ein Arzt war nicht zugegen, nur eine Hebamme, die sich ungeschickt angestellt haben soll, und die Großmutter. Sie stand hinter den Vorhängen des Bettes, das mit blaugewürfelten Gardinen zugezogen werden konnte. Man schüttelte das Kind, rieb ihm die Herzgrube mit Wein. »Rätin, er lebt!« rief die alte Frau, als das Kind die Augen aufschlug, sehr große, dunkelbraune, fast schwarze Augen.

In seinem Lebensroman DICHTUNG UND WAHRHEIT beginnt Goethe den Bericht feierlicher und läßt den Glockenschlag zwölf am 28. August 1749 ertönen. Die Astrologen halten die Konstellation für günstig: Die Sonne steht im Zeichen der Jungfrau, kulminierend. Jupiter und Venus sind freundlich, Merkur zeigt sich nicht widerwärtig, was alles für ihn geheimen Sinn auf dem Lebensweg bedeutet. Der volle Mond übt seine Kraft und widersetzt sich der Geburt, bis seine Stunde vorübergegangen.

Eine Wochenstube des 18. Jahrhunderts war auch in wohlhabenden Bürgerhäusern keine hygienische Angelegenheit nach heutigen Begriffen. Wir haben uns den Raum ziemlich dunkel zu denken, mit Butzenscheiben. Das Haus war alt, es bestand eigentlich aus zwei ineinandergebauten Häusern, mit vielen noch »gothischen« Unregelmäßigkeiten, vielem Treppauf und Treppab. Man wickelte das Kind eng ein und bettete es in die alte Familienwiege aus braunem Holz mit eingelegten Ornamenten. Die Geburt war ein Wunder. Die Kindersterblichkeit war hoch, auch in der Familie Goethe. Aber der Knabe war kräftig. Eine Amme wurde bestellt, die Mutter nährte nicht selber.

Bei der Taufe erhielt der Knabe die Vornamen seines Großvaters mütterlicherseits, Johann Wolfgang Textor, der kurz vorher Schultheiß geworden war. Man hielt den Täufling über ein altes Erbstück der Familie, einen Brautteppich mit Ranken- und Blumenmuster, aus gotischer Zeit stammend. Bei der Bestattung des Dichters, 1832 in der Fürstengruft zu Weimar, diente er als Unterlage für den Sarg. Die Feierlichkeit fand in der protestantischen St. Katharinenkirche statt, in der die Familie auch ihre Kirchenstühle hatte. Frankfurt, obwohl Wahl- und Krönungsstadt der streng katholischen Kaiser, war strikt lutherisch. Goethe ist formell bei dieser Konfession geblieben. Im Leben hat er sich als »dezidierter Nicht-Christ«, zuweilen betont als »Heide« bezeichnet oder seine eigne Gläubigkeit bekannt, gelegentlich auch, wenn vom Protestieren die Rede war, als »fröhlichen Protestanten«.

Die Anzeige im Wochenblatt brachte neben Nachrichten über die Kinder von Handwerkern und Gewerbetreibenden, einem Bierbrauer, Hafnermeister, Schreiber, Bäcker, Zimmermann, Schuhmacher, Steindecker, die Notiz: »S(alvo) T(itulo) Hr. Joh. Caspar Goethe, Ihro Röm. Kayserl. Majestät würcklicher Rath, einen Sohn, Joh. Wolfgang.«

Es ist die alte Zeit, eine alte Reichsstadt, Republik im Heiligen Römischen Reich Deutscher Nation, mit vielem Handwerk und Gewerbe, alten Häusern, winkligen Straßen, eine blutjunge, eben achtzehnjährige Mutter und ein ältelnder neununddreißigjähriger Vater.

Bach und Händel lebten noch, als Goethe geboren wurde. Die Erinnerungen, die dem Kinde von Eltern und Bekannten zukommen, reichen bis zum Anfang des Jahrhunderts und weiter zurück. Von den Türkenkriegen erzählen noch alte Leute, den Feldzügen Ludwigs XIV., deren Spuren in der Pfalz, in Heidelberg nah und deutlich zu sehen sind. Auf den Toren der Stadt Frankfurt stecken an eisernen Pfählen die verwitterten und gedörrten Köpfe von Rebellen aus längst vergangenen Aufständen. Frankfurt ist ein mittelalterliches Gebilde, eng aufgetürmt zwischen den Stadtmauern, eng eingeschlossen. Die Torwarte müssen jeden Morgen die Torschlüssel vom Bürgermeister holen, um aufzumachen. Es herrscht Zunftzwang, die Ordnung von Patriziern und Plebejern, mit entsprechenden Kleidervorschriften. Blutgericht wird auf offnem Platz gehalten, wo eine Kindsmörderin den Blutstuhl besteigen muß. Die Welt seines FAUST ist keine romantische Reminiszenz aus längst verschollenem Mittelalter, sondern die Welt, in der Goethe geboren und aufgewachsen ist.

Sein langes Leben geht durch viele Wandlungen, Kriege, Umwälzungen des sozialen Gefüges, der Lebensbedingungen, der Wissenschaft, Kunst, Dichtung. Er erlebt den Siebenjährigen Krieg, der unter anderem die Zerstörung des Reiches bedeutet, die amerikanische Revolution, die Französische, die Kriege durch fünfundzwanzig Jahre, Napoleons Weltherrschaft und ihr Ende, die Restauration und Reaktion; als ganz alter Mann noch die Pariser Revolution von 1830, bei der zum ersten Male das Proletariat politisch seinen Anspruch anmeldet. Die Kunst wandelt sich vom Barock zum Rokoko, zum Klassizismus, zur Romantik, die Dichtung Deutschlands von provinzieller Dürftigkeit zur höchsten Blüte, und am Ende steht er als ihr Weltrepräsentant da. Das kleine Weimar ist durch ihn zum Zentrum der Weltliteratur geworden, ein Wallfahrtsort für junge Engländer, Franzosen, Russen, Amerikaner, Serben, Polen, Skandinavier, Italiener. Die Technik hat die gewaltigsten Fortschritte gemacht; der alte Goethe-Faust träumt noch davon, wie schön es wäre, die Schaffung des Suezkanals, den Durchstich des Isthmus von Panama zu erleben. In seinen Sammlungen stehen Modelle der ersten Eisenbahnen, auf dem Bodensee fährt eine Dampferlinie seines tüchtigen Verlegers Cotta.

In der Wissenschaft ist aus der Alchemie die Chemie geworden, die bereits ganze Industriezweige begründet hat. Das alte theologische Weltbild ist entthront, der Mensch in den Zusammenhang der Entwicklung der Natur hineingestellt, wobei Goethe als naturdeutender Geist mitgewirkt hat. Neue Disziplinen sind begründet, die sich immer mehr spezialisieren, verfeinern, intensivieren, während Goethe noch, als einer der letzten, versucht hat, den ganzen Bereich des Wissens und Forschens zusammenzufassen. An alledem hat er teilgenommen, auf seine eigene Weise, mit seinem eignen Glauben an eine Gott-Natur und an ein Weiterleben seines eignen mächtigen Wesens, dessen Ende er sich nicht durch den Tod vorstellen konnte. Er hat weitergelebt in den verschiedensten Erscheinungsformen, als Dichter vor allem, auch als Naturdeuter, als gewaltige Gestalt und *uomo universale*. Selbst die unmittelbare Erinnerung an seine Existenz hat ein langes Leben gehabt: Goethe in seinem breiten und behaglichen Haus zu Weimar, das schon zu seinen Lebzeiten zum Museum geworden war und noch jetzt sein Arbeitszimmer bewahrt, wie er es verlassen hatte. Bis in unsere eigne Lebenszeit hinein hat auf einem Gut in Böhmen als einsame Stiftsdame die letzte seiner vielen Lieben gelebt, die einzige, welcher der Vielliebende je einen ernsten Heiratsantrag gemacht hat. Bis in die ersten Jahre unseres Jahrhunderts war der volle und warme Klang seiner Stimme noch dem Großherzog von Weimar in Erinnerung, der als Knabe im Hause des Dichters mit dessen Enkeln gespielt hatte, sein Gang, seine Gestalt, feierlich im dunklen Rock, mit dem Stern des Falkenordens silbern auf der Brust, »was ihm gut stand«. Dann hört das auf. Es bleibt das Werk, die Gestalt.

Woher nun ein solches Genie kommt, das ist unerforschlich, und die sehr eifrige Ahnenforschung hat nur Daten und Namen bis weit hinauf beibringen können. Warum aber gerade dieser Enkel eines

Damenschneiders, Abkömmling von Hufschmieden, aus mütterlicher Seite von Juristen, Metzgern, Weinhändlern, Kanzlisten – der größte deutsche Dichter wurde, ist ebenso rätselhaft wie die Abstammung eines Händel von vielen sorgfältig ermittelten Vorfahren, unter denen nicht eine einzige musikalische Begabung zu finden ist. Wenig hilft auch die Betrachtung der Landschaften, in die Goethes Stammbaumlinien führen. Mitteldeutschland und Thüringen, die Wiege so vieler Großer, sind da reich von beiden Seiten her vertreten. Aber in Gestalt, Gesicht und den dominierenden dunklen »italienischen« Augen war Goethe durchaus ein Kind der Rhein-Main-Gegend. Er stammt vom Limes her, der ersten großen Mauer, die einmal die Welt teilte und hinter der die fast vierhundert Jahre lang die römischen Legionäre gestanden haben. Auch das »römische Erbe« freilich ist fragwürdig, denn die Legionäre stammten nicht nur aus Italien, sondern ebenso aus Syrien, dem Balkan, Spanien. Merkwürdig ist nur, daß Goethe sich in Italien mit einem Schlage wie zu Hause gefühlt hat, »als wenn ich hier geboren und erzogen wäre.« Aber Italiensehnsucht ist altes deutsches Erbe bis zu den Romzügen des Mittelalters und Albrecht Dürer. Auch Goethes Vater hatte die Wallfahrt gemacht, und sie blieb die einzige Erinnerung seines sonst so tatenlosen Lebens.

Begnügen wir uns mit ein paar Hinweisen. Die Familie des Vaters stammt aus Thüringen, der Urgroßvater war Hufschmied, der Großvater Friedrich Georg wanderte aus und wandte sich einem eleganteren Handwerk zu. Er wurde Damenschneider und ging nach Frankreich. Goethe hat von diesem sehr ehrenwerten Beruf seines Großvaters nichts wissen wollen und das mit keinem Wort erwähnt. »Wir Frankfurter Patrizier«, so sagte er im Alter zu seinem getreuen Eckermann, als von seiner Nobilitierung die Rede war, »hielten uns immer dem Adel gleich, und als ich das Diplom in Händen hielt, hatte ich in meinen Gedanken nichts weiter als was ich längst besessen.« Auch diese Goethe-Legende, von ihm so unbefangen geschaffen, ist lange akzeptiert worden. Im Frühjahr 1868 geriet der amerikanische Gesandte in Berlin, Bancroft, der bedeutende Historiker, darüber einmal in einen Disput mit einem hohen preußischen Beamten; Bismarck war zugegen. Der Beamte vertrat die Patrizier-These, Bancroft widersprach. Er wies aus Lewes' eben erschienener Biographie bei der nächsten Zusammenkunft nach: »Der Großvater Goethes war ein in Frankfurt eingewanderter Schneidergeselle, der zünftiger Meister wurde.« Bismarck wurde um sein Urteil gefragt. Er erklärte: »Von Goethes Abkunft weiß ich nichts Genaues, aber das weiß ich, daß er eine Schneiderseele war.« Zum dröhnenden Gelächter der Gesellschaft zitierte er das Gedicht an den Mond: »Selig, wer sich vor der Welt / Ohne Haß verschließt / Einen Freund am Busen hält / Und mit dem genießt! ... wer so etwas dichten kann, ist 'ne Schneiderseele. Denken Sie doch: ohne Haß! und am Busen halten...« Der Schneider war jedenfalls weitgewandert und eminent tüchtig. Aus Frankreich, wo er zuletzt in der Seidenstadt Lyon gearbeitet hatte – der Enkel bestellte sich noch in seiner Stutzerzeit dort einen eleganten Seidenfrack –, wurde er nur durch Ludwig XIV. und die Aufhebung des Toleranzedikts von Nantes vertrieben. Deutschland verdankt dem König neben vielen tüchtigen Fabrikanten, Generälen, Beamten auch seinen größten Dichter.

Friedrich Georg wandte sich nach Frankfurt, er nannte sich zeitlebens Göthé. Er mußte in die Zunft einheiraten, wie es Sitte war; er tat das gleich zweimal: Nach dem Tode der ersten Frau nahm er eine reiche Schneiderswitwe, die ihm auch noch einen stattlichen Gasthof mit in die Ehe brachte, den ›Weidenhof‹, lange eines der ersten Häuser in Frankfurt. Die Geschäftskarte zeigt ein fast palaisartiges Gebäude, vierstöckig mit Halbsäulen an der Mittelfront und einem Katalog der Entfernungen für internationale Gäste, der bis nach St. Petersburg und Rom reicht. Mit dem Weinhandel hat F. G. Göthé seine besten Geschäfte gemacht und einen großen Teil des Familienvermögens erworben, von dem auch der Enkel noch lange Jahrzehnte seinen Aufwand bestritt. Ein Patrizier war er nicht, aber er hinterließ 90 000 Gulden in Grundstücken, Hypotheken und 17 Ledersäcken mit Bargeld. Der Sohn, Goethes Vater, hat keinen Gulden dazuverdient, sondern als »Particulier« gelebt, als der »Rat«, was ein bloßer, vom Kaiser für 313 Gulden erkaufter Titel ohne jede Tätigkeit war.

Dieser Johann Caspar ist eine nicht ganz leicht erfaßbare Figur, auch Goethe hat ihn nur in Andeutungen geschildert, über Härte und Unverstand geklagt und doch die innere Weichheit bemerkt, die sich in Unbeholfenheit äußerte. Er hatte studiert, der Schneidermeister wünschte, daß sein jüngerer Sohn – der Älteste war schwachsinnig – zur einflußreichen Juristenschicht aufrücken sollte; in Gießen hatte er, ohne dort studiert zu haben, seinen Doktor gemacht und eine umfangreiche Dissertation drucken lassen, was alles zusammen 200 Gulden kostete. Er hatte, sehr anspruchsvoll für einen jungen Mann, der nicht von Stande war, eine Reise nach Italien gemacht und diese später, auf italienisch, zusammen mit einem Sprachlehrer sorgfältig beschrieben. Die seltsamsten Antizipationen der Neigungen des Sohnes finden sich in dem dicken Quartband: das Interesse an den Naturwissenschaften, den Mineralien, mit genauer Aufzählung der Steinsorten, die man in Verona beim Bau verwendet. Betrachtungen über die Entwicklung aller Naturerscheinungen vom Staubkorn bis zum Schöpfer und sogar als Anhang eine Liebesgeschichte mit einer schönen Mailänderin, mit der er vom Fenster des Gasthofes aus in großen, auf einen Bogen Papier gemalten Buchstaben telegrafiert:

11

»Wann könnte ich Sie wohl aus größerer Nähe anbeten?« Es kommt aber nicht zu größerer Nähe, ebensowenig wie bei der späteren Beziehung des Sohnes zur Mailänderin Maddalena Riggi. Mit dieser Reise jedoch scheint die Energie Johann Caspars erschöpft. Er trödelt, will nicht nach Hause, tritt dort dann stolz und hochfahrend auf, verlangt Einstellung in die Stadtverwaltung ohne weitere Förmlichkeiten und ist bereit, dafür zunächst auf Gehalt zu verzichten. Man schlägt ihm das rundweg ab, wahrscheinlich weil man dieses Pochen auf den Geldsack dem Sohn eines zugereisten Schneidergesellen übelnahm. Aus Trotz kauft er sich den Titel, der ihn gesellschaftlich den oberen Kreisen gleichstellt, aber auch jede weitere Stellung im Stadtregiment ausschließt. Gekränkt, enttäuscht zieht er sich ins Privatleben zurück, nachdem sein öffentliches Leben gar nicht erst begonnen hatte. Sechs weitere Jahre wartet er noch ab, ehe er sich verheiratet. Erst als fast Vierziger, ein hohes Alter damals, nimmt er die siebzehnjährige Elisabeth Textor zur Frau; sie hat keine Mitgift, stammt aber aus angesehener Juristenfamilie. Ein Jahr danach kommt der Sohn Johann Wolfgang zur Welt, es folgt eine Tochter Cornelia, drei weitere Kinder sterben früh; dann hört offenbar der eheliche Umgang auf. Der Rat widmet sich hinfort ausschließlich seinen Sammlungen von Büchern, Naturalien, Bildern Frankfurter Meister und der Erziehung seiner Kinder. Der Umbau der beiden ererbten Häuser in ein einziges Gebäude, mit sehr stattlichem patrizischem Treppenaufgang, ist seine letzte größere Tat. Er ist universell gebildet, der Katalog seiner Bibliothek hat weiten Horizont; nur ein Buch darin dürfte er nicht gelesen haben, das Werklein eines Herrn von Wondheim, DIE KUNST STETS FRÖHLICH ZU SEIN. Der Rat besaß eine Laute, aber er stimmte sie nur endlos, wie der Sohn berichtet, und kam kaum je dazu, sie zu spielen. Kein Zug ist bezeichnender für sein Leben. Es ist möglich, daß allerhand Töne in ihm schlummerten. Sie kamen nie zum Klingen.

Ganz anders nun der Schwiegervater Textor, ein schmaler, listiger Kopf, der sich auf den vielverschlungenen Wegen der Stadtpolitik zäh nach vorn arbeitet, bis er den vornehmsten Posten der Republik erkämpft hat als Schultheiß, das heißt Leiter des Justizwesens, auf Lebenszeit. Auch er gehört nicht zu den Patriziern; die Textors, latinisiert aus Weber, waren Juristen und erst seit einigen Jahrzehnten in Frankfurt ansässig; die Frau, eine geborene Lindheimer, stammte aus einer langen Reihe von Metzgermeistern, die mit ihrem Vater ebenfalls zu den Juristen aufgestiegen waren. In Wetzlar beim Reichskammergericht, wo der Dichter dann praktizieren soll, hat Textor seine Frau kennengelernt. Dort spielt auch die Episode, die der Dichter in seinem Verslein über seine Herkunft als »Urahne war der Schönsten hold« verewigt hat: Der junge Jurist wird wegen Ehebruchs vor Gericht geladen, und der wütende Hahnrei schleudert als Beweisstück die Perücke des Delinquenten auf den Tisch, bei eiliger Flucht aus der Liebesstunde im Schlafzimmer zurückgelassen. Er scheint auch sonst den Lebensgenüssen nicht abhold gewesen zu sein; er ist ein Feinschmecker, sein Kochbuch ist erhalten; er züchtet Pfirsiche, Nelken in seinem Garten, und als Patriarchen an seinen Spalieren, so hat Goethe ihn in Erinnerung behalten.

Mit seinem Schwiegersohn, dem Rat, hat der Schultheiß bald schlecht gestanden; über eine politische Meinungsverschiedenheit kommt es im Siebenjährigen Krieg fast zu Tätlichkeiten. Der Schultheiß ist gut kaiserlich, der Rat begeistert sich für Friedrich den Großen. Er beschuldigt seinen Schwiegervater, er habe die Franzosen, von ihnen bestochen, widerrechtlich in die Stadt eingelassen. Der Schultheiß wirft das Messer nach ihm, der Rat zieht seinen Degen; der anwesende Pastor tuscht den Aufruhr. Die Beziehungen sind von nun an kühl. Und kühl wird es überhaupt bei dem Schultheißen zugegangen sein, dessen Zimmer immer überheizt war, weil er fröstelte.

Kühl und ohne viel Federlesens hat er seine Töchter verheiratet, für deren Erziehung nicht viel ausgegeben wurde; sie wuchsen halb wild heran und lernten nur notdürftig lesen und schreiben. Die älteste erhielt den schon ältlichen, aber wohlhabenden Rat Goethe, die zweite einen Materialwarenhändler Melber, die dritte einen Pastor, die jüngste einen Leutnant der Frankfurter Stadtsoldaten. Der Sohn wurde Jurist und später Bürgermeister. Goethe hat sich in seinem späteren Leben um diese Verwandtschaft so gut wie gar nicht gekümmert. Die bürgerlichen Tugenden, Familienbeziehungen zu pflegen, nach den Vorfahren zu forschen, gingen ihm ab. Und selbst seiner Mutter gegenüber hat er, nachdem er Frankfurt verlassen hatte, eine kaum begreifliche Kühle bewahrt. Er hat sie in großen Abständen besucht, und auch dann nur, wenn es schwer zu umgehen war; die letzten elf Jahre ihres Lebens hat er sie gänzlich allein gelassen, obwohl er sonst genügend umherreiste. Seine Angaben im Lebensbericht sind dürftig und sagen wenig. »Die beste aller Mütter«, Aristeia, sollte in einem Nachtrag zu DICHTUNG UND WAHRHEIT gefeiert werden, aber die Sache blieb stecken und wurde aufgefüllt mit Berichten der Bettina Brentano, die zu Füßen der Rätin gesessen hatte und dann eine eigne »Frau Rat«-Legende schuf. Goethe zitiert das nachdenklich, als wollte er sagen: Ja, so etwa mag es gewesen sein; ich selber erinnere mich nicht so recht. Auch hier bewährte sich seine wahrhaft olympische Gelassenheit, die Gabe, eine vergangene Lebensstufe hinter sich zu lassen »wie eine abgestreifte Schlangenhaut«. Nie hat er von seiner Mutter mit dem höchsten Lob gesprochen, das er sonst zu verteilen liebte: daß sie eine »Natur« gewesen sei. Und doch war sie das, stärker als viele, die er mit dieser Auszeichnung bedacht hat. In keiner seiner Dichtungen, deren Modellen so eifrig nachgespürt wird, kommt sie vor, wenn man nicht jede etwas resolutere Hausfrau auf sie beziehen will, wie es die Rätin in verzeihlicher Eitelkeit zu verstehen gab. Von einer Figur, die nur von weitem an die runde und volle Gestalt der *Frau Aja* erinnerte, ist nichts zu vermelden. Das Leben hatte in dieser Frau bereits eine ausgeprägte Natur, eine Goethe-Gestalt geschaffen, an der nichts weiterzudichten war wie an den andern, die ihm begegneten. Er hat nicht nur sich selbst, sondern auch alle Menschen ständig verwandelt, die in seinen Erlebniskreis und seine Dichtungen eintraten. Seine Mutter war unwandelbar, unverwandelbar. Sie mußte so bleiben, wie Gott sie geschaffen hatte. Sie blieb ihm ein Geheimnis. Und wenn Faust dann hinabsteigt zu den letzten Geheimnissen, den »Müttern«, so fehlen auch da die Worte. Ahnung ist alles; jeder hat diese Tiefe selbst auszufüllen.

Glücklicherweise haben wir andere Zeugnisse: ihre Briefe, die Berichte ihrer Freunde, der »Töchter« und »Söhne« des weitgespannten Familienkreises, den sie sich schuf, nachdem der einzige »Hätschelhans« unwiederbringlich entschwunden war. Auch diese Mutter Goethe war eine schöpferische Natur, nicht in literarischen Werken, obwohl ihre Briefe besser und lebendiger sind als die fast aller Zeitgenossen. Sie gestaltete ihr Leben.

Es war kein leichtes Leben. Wenn sie später erklären konnte, daß noch nie jemand von ihr gegangen sei, ohne getröstet und fröhlicher geworden zu sein, so hat sie sich diesen Ruf tätiger Heiterkeit redlich verdient. Von seiner Mutter habe er »die Frohnatur« geerbt, sagt Goethe im Gedicht, irreführend, denn er war keineswegs eine Frohnatur. Sie jedoch war es, und sie hat diese Eigenschaft nicht nur eben mitbekommen, sondern bewußt gepflegt und ausgebaut. Die Kunst, sich entspannen zu können, selten überhaupt und bei den Deutschen im besonderen, hat sie verstanden wie kaum jemand. In ihrer bildhaften Art hat sie das in einem ihrer Briefe in die *Parabel vom Rebhuhn* gekleidet und dem Sohn übermittelt, zum »Nutzen und Frommen der Familie«, die solchen Rat eigentlich sehr nötig hatte:

»Zu dem Heiligen Johannis kam einmahl ein Frembter der viel von Johannis gehört hatte. Er stellte sich den Mann vor, wie er studierte, unter Manusprickten saß, vertieft in große Betrachtungen u.s.w. Er besucht ihn, und zu seinem großen Erstaunen spielt der große Mann mit einem Rebhuhn, das ihm aus der Hand aß – und Tausend Spaß trieb Er mit dem zahmen Thirgen. Johannes sahe dem Frembden seine Verwunderung an, thate aber als merckte Er nichts. Im Diskurs sagte Johannes: sie haben da einen Bogen, lassen sie ihn den ganzen Tag gespannt? – Behüte, sagte der Fremde, das thut kein Schütze, der Bogen erschlafft. – Mit der Menschlichen Seele ists ebenso, abgespannt muß sie werden, sonst erschlafft sie auch, sagte Jo-

hannes.« Und so hält sie es ebenfalls, die nun 76jährige. Nicht wenn
sie unter guten Freunden ist, »da lache ich die jüngsten aus, auch ist
nicht die Rede vom Schauspiel, da vielleicht keine 6 sind, die das
lebendige Gefühl vor das schöne haben wie ich und die sich so köstlich
amusieren. Die Rede ist, wenn ich gantz allein zu Hausse bin, und
jetzt schon um halb 5 ein Licht habe – da wird das Rebhuhn geholt …
Wenn es also bey Euch 5 Uhr ist, so denckt an diejenige die ist und
bleibt

Eure treue Mutter Goethe« (14. 12. 1807).

Sie hat manche Briefe dieser Art geschrieben. Es ließe sich aus ihnen ein kleiner Katechismus der Lebenskunst zusammenstellen, wenn
so etwas aus einem Büchlein gelehrt werden könnte. Der Sohn hat
solche Entspannung selten, wenn überhaupt, gekannt. Auch er spielt
zuweilen mit einem Rebhuhn, aber es wird sogleich zu einem neuen
Problem, das mit aller Aufmerksamkeit verfolgt werden muß. Das
Wort *heiter*, das dann im Alter bei ihm zu einer ständigen Formel
wird, hat einen anderen Klang, es ist eine Forderung. Daß darin
trotzdem das Vorbild oder jedenfalls das Erbe der Mutter nachwirkt,
ist unverkennbar.

Die Orthographie der Rätin ist mangelhaft, das »Bustawieren«,
wie sie schreibt, nicht ihre Sache, ihre Handschrift »gothisch«, weit
ausfahrend und mit höchst persönlicher Interpunktion. Lesen gelernt
hat sie in der Luther-Bibel, in großen Frakturbuchstaben, und ein
Leben lang besaß sie eine Abneigung gegen lateinische Lettern. Die
findet sie undeutsch, »klassisch«, und als ihr Goethe eines seiner
Werke in solchem Gewand zusendet, mahnt sie ihn besorgt, er solle
das ja nicht wieder tun. Wenn das Ding so fort geht, so wird bald
kein Deutsch mehr geschrieben, »und du und Schiller, Ihr seid her-
nach Classische Schriftsteller – wie Horaz Lifius – Ovid und wie sie
alle heißen … was werden alsdann die Professoren Euch zergliedern
– auslegen – und der Jugend einpleuen …« Von »Horatz« und »Lifius« war bei ihrem Unterricht keine Rede gewesen, nicht einmal vom
Französischen, das noch als unentbehrlich galt. Ohne Schnürbrust sei
sie aufgewachsen, schreibt sie einmal, und ohne Schnürbrust, im
Lutherdeutsch schreibt sie, wie ihr der Schnabel gewachsen ist. Einen
»Bettschatz« nennt sie unbefangen die Gefährtin des Sohnes, die
Plastiken ihres Mannes seine »Nacktärsche«. Sie liest viel, alles, was
ihr vorkommt: Romane, die Weltgeschichte von Voltaire, die Mode-
zeitschriften und Almanache; sie geht viel ins Theater: »Wenn ich im
Sturm und Drang meines Herzens im Hamlet vor innerlichem Gefühl
und Gewühl nach Luft und Odem˙schnappe, so kan eine andere, die
neben mir sitzt, mich angaffen und sagen, es ist ja nicht wahr, sie spie-
lens nur.« Sie versteht sich mit den jungen Genies des *Sturm und
Drang*, ihren »Söhnen«, als ob sie zu ihnen gehörte, und schreibt

einem von ihnen, Klinger, dessen Werk der Epoche den Titel gegeben, als er sich über das jämmerliche Studentennest Gießen beklagt: »Ich meine immer, das wäre vor Euch Dichter eine Kleinigkeit, auch die schlechtesten Orte zu idealisieren, könnt ihr aus nichts etwas machen, so müßt es doch mit dem sey bey uns zugehen, wenn aus Gießen nicht eine Feen Stadt zu machen wäre. Darinnen habe ich zum wenigsten eine große Stärcke. Jammer Schade! daß ich keine Dramata schreibe, da sollte die Welt ihren blauen Wunder sehen...«

Ganz im Stil der Stürmer und Dränger ist auch ihr Ausbruch über die »Fratzen und Affengesichter« im Publikum: »Da ist nun als ein Gekreische von unserem Jahrhundert, von erleuchteten Zeiten usw., und doch ist – eine kleine Zahl ausgenommen die freylich das Saltz der Erden sind – bey denen Herrn und Damen alles so schal, so elend, so verschroben, so verschrumpft, daß sie kein Stück Rindfleisch kauen und verdauen können – Milchbrey – gefrorne sachen – Zuckerpletzger – hogout das ist ihr Labsal...«

Es ist vielleicht schade, daß sie keine Dramata geschrieben hat, aber sie war eine Erzählerin: Märchen, Anekdoten, Histörchen, das war ihre Stärke. So spricht die Rätin etwa in den Revolutionsjahren beim Durchzug und Rückmarsch von Truppen: »Was ich sage, daß die 20tausend Mann Preußen zurück kommen? nichts anders als was einmahl ein Cardinahl dem Pabst, der gantz erstaunt / weil er in der größten stille in seinem Kloster gelebt hatte / über die Menschen, die er am Tage seiner Erhöhung vor sich sah, antwortete, als der Pabst ihn fragte: wovon leben diese alle? – Ihro Heiligkeit, sie bescheißen einander.« Sie zerbricht sich nicht den Kopf über das ganze Kriegswesen, das Ende wird zeigen, »wer bestuhlgängelt worden ist«.

Das ist der Stil des Sohnes, als er seine Farcen und HANSWURSTS HOCHZEIT schrieb. Der Geheimrat, der den Brief erhielt, wird ihn mit Unbehagen gelesen haben. Es war ihm auch zu Ohren gekommen, daß die Rätin, bei allem Ansehen, als Original galt, daß sie auffiel; der Madame de Staël trat sie bei ihrem Besuch in Frankfurt ungemein prächtig entgegen, hoch geschminkt, mit gewaltigem Federschmuck auf dem Haupte, und erklärte mit dem wenigen Französisch, das sie konnte: »Je suis la mère de Goethe!« Und so hat er sie ständig von sich ferngehalten; wenn von einer Übersiedelung nach Weimar die Rede war, so winkte er energisch ab.

Einsam, mit ihrem Rebhuhn, hat sie den größten Teil ihres Lebens in dem großen Haus verbringen müssen, neben dem Rat, der sie anfangs wie ein Kind behandelte und zu erziehen versuchte und der dann frühzeitig vergreiste, zum Schluß nur noch ein »Pflantzenleben« führend. In einer gespenstischen Anwandlung hatte der Rat, noch in Goethes Jugend, einen reichen, aber schwer trübsinnigen und bald gänzlich verblödenden Pensionär namens Clauer in sein Haus aufgenommen, weil er dessen Vormund geworden war. An diesem einzigen Amt hielt er starrsinnig fest. Fünfundzwanzig Jahre lang ist der Schatten dieses Umnachteten, der zuweilen auch tobte, durch das Goethe-Haus gegeistert, neben dem schattenhaften, stattlichen Rat. Wand an Wand mit dem Idioten hat der junge Goethe seine ersten Zeilen zum FAUST geschrieben, seinen GÖTZ. Er ist wie ein Symbol des dunklen Hintergrunds für sein eignes Leben – und die unverwüstliche Heiterkeit der Mutter Goethe.

Heiter und ohne Zimperlichkeit hat sie dann auch das Haus verkauft in den Kriegsjahren, wo sie in Frankfurt ausharrte, als alles flüchtete: »Ich wollte nur, daß alle feigen Memmen fortgingen, so steckten sie die andern nicht an.« Unbekümmert ist sie in eine hübsche Mietswohnung gezogen, »im 5ten Act soll ablaudirt und nicht gepfiffen werden!«. Die Papiere, drei Zentner schwer, auf die Papiermühle, zum namenlosen Kummer der Goethe-Forschung. Wir wissen nicht viel über seine Jugendjahre, und er selber erinnert sich seiner Mutter nur als reinlich gekleidet »bei einer zierlichen Arbeit« oder dem Lesen eines Buches, was nicht ganz plausibel ist, wenn wir an die fünf Wochenbetten und das Kindersterben denken. Er kontrastiert sie sogar mit der munteren Tante Melber, der Frau des Materialwarenhändlers, die sich seiner und anderer »versäumter Kinder« angenommen habe, um sie zu warten, zu kämmen und umherzutragen. Unbedenklich hat die Rätin Möbel, Hausrat, Sammlungen auf die Auktion gegeben, nachdem sie dem Sohn, der ihr dabei nicht die geringste Hilfe leistet, zur Wahl angeboten hat, was er zu besitzen wünscht. Die Zimmer der neuen Wohnung werden hübsch möbliert, »aber aller kling klang wird verkauft«. Heiter und unbesorgt ist sie gestorben, mit hausfraulicher Sorge für den Leichenschmaus der Bekannten und der Antwort an ein Dienstmädchen, das sie noch zu einer Gesellschaft bitten soll: »Sagen Sie nur, die Rätin kann nicht kommen, sie muß alleweil sterben.« Der Sohn bleibt in Weimar, er kommt auch zur Erbteilung nicht nach Frankfurt, das er elf Jahre nicht gesehen hat. Er erwähnt seine Mutter schon bei seinem letzten Aufenthalt, 1797, mit keinem Wort in seiner Reisebeschreibung.

So stehen diese beiden ausgeprägten, starken Naturen nebeneinander, den größten Teil ihres Lebens hindurch, mit von Goethe sorgsam, ja fast ängstlich gewahrter Distanz. Ein Muttersöhnchen war er nur kurze Zeit, so gern die Rätin ihn ihren »Hätschelhans« nannte. Ein Sohn seiner Mutter war er gewiß, mehr, als er je zugegeben hat, und stärker, als er wohl je wußte. Wie ein Kind des Volkes mutet die Tochter von Juristen und Regierungsbeamten an. Ihr frisches, unverbrauchtes Blut hat freilich die dunklen Ströme, die in Goethes Erbgut einflossen, nur teilweise aufhellen können. Andere, weniger »gesunde« kamen hinzu, zum Heil seines Werkes, nicht so sehr seines

Lebens. Alles aber, was »derb und tüchtig« ist, die Lieblingsworte des alten und schon des jungen Goethe, kommt von ihr her. Von ihr stammt der scharfe Menschenblick, der Humor, das Weltoffene, das die Menschen Geltenlassen, wenn der »Ameishauf durcheinanderkollert«. Auf Goethes Bildung hat sie kaum eingewirkt. Das Unverbildete, das sich immer wieder zu behaupten hatte gegen allzu starke Neigungen zum Schema, zur Theorie, zum Akten- und Sammlerwesen, das ist ihr Erbe. Es ist nicht der ganze Goethe. Der Zweifel, das Fragwürdige und Fragen Stellende, der Hang zur Finsternis als notwendigem Gegenpol des Lichtes, all die Antithesen, aus denen sich erst die Synthese Goethe ergibt, waren der Mutter fremd. Sie war fromm und glaubte an ihren Gott. Den Teufel »muß man verschlukken ohne lange hinzukucken«. Goethe verschluckte den Teufel nicht. Er gestaltete ihn und machte ihn zum Partner seines Weltbildes.

Die beste aller Mütter hat fromm und stolz ihre Ansicht über ihren Anteil an dem herrlichsten aller Söhne kundgetan: »Diese Messe (1807) war reich an – Professoren!!! Da nun ein großer theil deines Ruhmes und Rufes auf mich zurück fällt, und die Menschen sich einbilden, ich hätte was zu dem großen Talendt beygetragen, so kommen sie denn, mich zu beschauen – da stelle ich denn mein Licht nicht unter den Scheffel, sondern auf den Leuchter, versichre zwar die Menschen, daß ich zu dem, was dich zum großen Mann und Tichter gemacht nicht das allermindeste beygetragen hätte. Denn das Lob, das mir nicht gebührt, nehme ich nie an, zudem weiß ich ja gar wohl wem das Lob und der Danck gebührt.

Denn zu deiner Bildung im Mutterleibe, da alles schon im Keim in dich gelegt wurde, dazu habe ich warlich nichts gethan – Vielleicht ein Gran Hirn mehr oder weniger und du wärstes ein gantz ordinärer Mensch geworden, und wo nichts drinnen ist da kan nichts raus kommen – da erziehe du, das könen alle Philantopine (= Philanthropine) in gantz Europia nicht geben – gute brauchbare Menschen, ja das lasse ich gelten, hier ist aber die Rede vom außerordentlichen. Da hast du nun, meine Liebe Frau Aja mit Fug und Recht Gott die Ehre gegeben wie das recht und billig ist, jetzt zu meinem Licht das auf dem Leuchter steht und denen Professern lieblich in die Augen scheint. Meine Gabe die mir Gott gegeben hat ist eine lebendige Darstellung aller Dinge, die in mein Wissen einschlagen, großes und kleines, Wahrheit und Mährgen ...«

Wahrheit und Märchen – es ist ihre Version von DICHTUNG UND WAHRHEIT. Die vollste und kräftigste aller Gestalten des Goethe-Umkreises steht an seinem Anfang und schon vor seinen Anfängen. So bilden eigentlich diese beiden Leben, das eine, das von 1731 bis 1808, das andere, das von 1749 bis 1832 reicht, das volle Goethe-Jahrhundert.

Jugendjahre

Goethe war kein Wunderkind; er war ein aufgeweckter Junge, der leicht lernte, besonders wenn dabei an seinen Spieltrieb appelliert wurde. Das ist ihm verblieben. Noch als alter Mann sagte er zu seinem Famulus Riemer: »Nur nichts als Profession getrieben! Das ist mir zuwider. Ich will alles, was ich kann, spielend treiben, was mir eben kommt und solange die Lust daran währt. So hab' ich in meiner Jugend gespielt unbewußt; so will ich's bewußt fortsetzen durch mein übriges Leben.« Das ist ein etwas gefährliches Prinzip, wenn man eine wissenschaftliche Farbentheorie begründen will und alle Physiker Esel schilt. Als Bestandteil der Pädagogik des Kindes ist der Spieltrieb längst zu hohen Ehren gekommen. In Goethes Jugend war das anders, und es ist sehr rühmlich für den sonst so »pedantischen« Rat, daß er seinem Sohn darin so viel nachsah. Der Unterricht, fast durchweg durch Privatlehrer, wurde eher recht unsystematisch betrieben, auch für die Verhältnisse der Zeit. Nahezu alles, was der Rat in seiner umfassenden Bibliothek besaß, sollte irgendwie herangezogen werden: Bilder, Landkarten, Stiche, Reisebeschreibungen. Und ganz ebenso wie sein Vater ist Goethe dann im Alter nicht müde geworden, seine Schätze auszubreiten und den »Kinderchen« zu erläutern, worunter er so ziemlich alle verstand, die jünger waren als er selber.

Ein Bilderbuch war denn auch das erste Grundbuch: der ORBIS PICTUS des Johann Amos Comenius von den Mährischen Brüdern, der mit Recht als Vater der neueren Pädagogik gefeiert wird. Da wurden, wie es im Vorwort hieß, die Gemüter herbeigelockt, daß das Lernen »keine Marter sondern eitel Wollust« bedeute. In Bildern zu sehen und zu denken appellierte sehr an Goethes allereigenste Natur. »Vor allen Dingen mußt du lernen, die Stimmen, aus welchen die menschliche Rede besteht, welche die Tiere wissen, zu bilden, und deine Zunge weiß nachzumachen und deine Hand kann malen. Hier hast du dein lebendiges Alphabet.« Und da heißt es dann, leicht zu merken, mit den entsprechenden grob in Holz geschnittenen Bildern:»Cornix cornicatur, die Krähe krechzet á á, Agnus balat, das Schaf blöket bé é é« oder:»Felis clamat, die Katz mautzet nau nau, Serpens sibilat, die Schlange zischt ss.« Und so geht's durch die ganze Schöpfung und, wie sich versteht, auch die ganze Morallehre und Religion bis zum Jüngsten Gericht.

Eine schöne, saubere Handschrift galt noch als allererstes Erfordernis, und auch der späte Goethe hat den entschiedensten Wert darauf gelegt; ein undeutlich geschriebener Brief war ihm verhaßter als ein Mensch mit Brille oder Hundegebell. Seine eigene Schrift ist bis ins höchste Alter bewundernswert schön geblieben und hat durchaus den vom Schreibmeister, dem *Magister artis scribendi*, gelehrten Typus beibehalten, allerdings mit genialen Zügen. Schreibbücher, Mustervorlagen, jetzt eifrig gesammelt als Kostbarkeiten, waren allgemein im Schwange. Der Rat, wiederum sehr großzügig, ließ vom *Magister scribendi* ein eignes Vorschriftenbuch für den Knaben in schönster Kalligraphie anfertigen, mit Barockumrandungen und Vignetten und dem Goetheschen selbstverliehenen Wappen. Goethe hat nur in seiner allerersten Leipziger Studentenzeit »liederlich« geschrieben; es genügte die Ermahnung des Professors Gellert, auf dessen sonstige Lehren er wenig gab, und er kehrte zur sauberen Hand seines Lehrers zurück. Selbst in der wildesten Geniezeit, da die Worte sich überstürzten, blieben die Buchstaben fest in Zucht. Das einzige erhaltene Manuskriptblatt des Werther, in dem die Leidenschaft rast, ist sauber und präzise geschrieben, was auch in anderer Hinsicht zu denken gibt. Die Marienbader Elegie, das letzte große Gedicht seiner Liebeswirren und -nöte, endend mit den Worten »Sie trennen mich und richten mich zugrunde«, malte der Greis zärtlich auf die feinsten Bogen und legte es in eine eigne schöne Mappe. Der *Magister scribendi* hätte an dem Meisterwerk seine Freude haben können.

Orthographie freilich, Interpunktion: darin hat er sich nie viel Mühe gegeben. Später überließ er das seinen Handlangern in der Goethe-Kanzlei, in der Jugend schrieb er drauflos; seine französischen frühen Briefe haben selten auch nur irgendwelche Akzentbezeichnungen. Grammatik war ebensowenig beliebt, »die Regeln schienen mir lächerlich«. Komposition, Aufsatz, das war schon eher seine Stärke. Der Lateinlehrer, Sohn eines nach Frankfurt verschlagenen Türken, setzte mit dem Knaben recht lebendig gehaltene Dialoge auf. Sie sind teilweise erhalten und haben als *Labores juveniles* zu Spekulationen Anlaß gegeben, wieweit da wohl schon frühester Dichtergeist am Werke sei. Da steigt der Sohn mit dem Vater hinab in die Kellergewölbe, um ehrfürchtig den Grundstein des Hauses zu betrachten, der beim Umbau der beiden Häuser noch einmal gelegt wurde. Johann

Wolfgang ist, wie wir hier erfahren, in Maurerkleidung dabeigewesen, mit einer Kelle in der Hand. Der Vater fragt sogleich ernst:
»Pater: Was denkestu denn nun gutes bey diesem Stein, nach dem dich so sehr verlanget?

Filius: Ich gedenke und wünsche, daß er nicht eher als mit dem Ende der Welt verrücket werden möge.

Pater: Das wollen wir Gott anheimstellen.«

Auch der große Weinkeller mit den Fässern wird noch besichtigt. Wiederum bemerkt der Vater pädagogisch, wieviel Mühe es gekostet habe, beim Umbau die Haupttreppe von hier aus mit Stützen zu unterfangen. Und wir hören den Filius keck hineinzirpen:

»Filius: Und wir sind bey aller der Gefahr dennoch wohnen geblieben. Es ist gut, wenn man nicht alles weiß, ich hätte gewiß nicht so ruhig geschlafen . . .«

Ein anderer Dialog, charakteristisch für den Knaben, der durchaus ein »feiner Junge« war, etwas muttersöhnlich, allem wilden Raufen abhold. Da sprechen Max (der Schulkamerad Max Moors) und Wolf miteinander. Max ist derb, händelsüchtig, Wolf vorsichtig und abwehrend. Max schlägt zum Zeitvertreib vor, man wolle sich mit den Köpfen boxen:

»Wolf: Das sey ferne; meiner schickt sich wenigstens dazu nicht.

Max: Was schadet es; laß sehen wer den härtesten habe.

Wolf: Höre, wir wollen dieses Spiel denen Böcken überlassen, welchen es natürlich ist.

Max: Verzagter: wir bekommen durch diese Übung harte Köpfe!

Wolf: Das wäre uns eben keine Ehre. Ich will meinen lieber weich behalten . . .«

Auch zum Fechten, das Max vorschlägt, kann er sich gar nicht verstehen:

»Wolf: Wenn der Lehrer nun kommt?

Max: Fürchte dich nicht.

Wolf: Höre höre es klopft, habe ichs nicht gesagt? (Max will die Türe verriegeln.)

Wolf: Das lasse bleiben. Es geziemet sich nicht, den Lehrmeister auszuschließen. Herein!«

Ein Musterknabe, wenn er das selber aufgesetzt haben sollte, in der Jungenssprache geradezu ein Waschlappen. Wir wissen nicht, wer diese Stücklein verfaßt hat: Es kann auch eine Gemeinschaftsarbeit zwischen Lehrer, Pater und Filius gewesen sein. Tatsächlich aber war Johann Wolfgang, Wölfchen von der Mutter genannt, allen wilden Spielen und Raufereien gänzlich abgeneigt. Leicht gravitätisch schritt er dahin, auf seinen etwas zu kurzen Beinen, die auch später seinen Gang immer etwas behinderten. Die Tracht der Kinder schon war gravitätisch, schwer, dem Muster der Erwachsenen nachgeschnitten, mit langen Rockschößen; früh trug man den Degen, mit dem man nicht gut laufen konnte. Die »Rohheit« der anderen Kinder, mit denen er nur ganz kurz und sehr widerwillig zusammen unterrichtet wurde, bringt ihn noch in hohem Alter in Erregung. Selbst der sonst so gelassene Stil seines Lebensbuches wird da fast hektisch, und mit Wut und Genugtuung beschreibt er, wie er einmal einige Quälgeister gepackt und mit den Köpfen zusammengestoßen habe: »Sie ließen es nicht an Beißen, Kratzen und Treten fehlen, aber ich hatte nur meine Rache im Sinn und in den Gliedern.« Der gemeinsame Unterricht wird sogleich vom Vater aufgegeben. Empfindlich ist er auch gegen Sticheleien. Es scheint, daß er einmal ein wenig geprahlt hat mit der hohen Stellung des Großvaters Textor, des Schultheißen. Da erwähnt ein Junge den andern Großvater, den Gasthofbesitzer (Goethe schreibt nicht »Schneidermeister«, was bei einer solchen Neckerei wohl am nächsten lag). Brav verteidigt er sich: Er habe ihn leider nicht mehr gekannt, aber das Gute der Vaterstadt sei doch wohl, daß alle Bürger sich gleich halten dürfen. Ein anderer Knabe wispert nun weiter, und als Wolfgang auf Klärung drängt, heißt es, von diesem Großvater wisse man überhaupt nichts Rechtes. Die Eltern hätten behauptet, Goethes Vater sei eigentlich der Sohn eines vornehmen Mannes, und der Weidenhofbesitzer habe sich willig finden lassen, nach außen hin Vaterstelle zu vertreten. Weit entfernt, sich dadurch getroffen zu fühlen, spinnt sich der Knabe behaglich in diesen Gedanken ein. »Es wollte mir gar nicht mißfallen, der Enkel irgend eines vornehmen Herren zu sein, wenn es auch nicht auf die gesetzlichste Weise gewesen wäre.« Er erinnert sich sogar, im Zimmer der Großmutter das Miniaturbild eines schönen Herrn in Uniform und Ordensstern gesehen zu haben, das nach dem Umbau verschwunden. Und so übte man »frühzeitig genug jenes moderne Dichtertalent, welches durch eine abenteuerliche Verknüpfung der bedeutenden Zustände des menschlichen Lebens sich die Teilnahme der ganzen kultivierten Welt zu verschaffen weiß«.

Keine Jugendfreunde, nur ein paar Knaben, die es sich gefallen ließen, kommandiert zu werden. Ganz eng hat er sich nur, nach den Zusammenstößen mit der »rauhen Welt«, an seine Schwester angeschlossen, die ein Jahr jüngere Cornelia. Bis in die Leipziger Studentenjahre ist sie seine einzige Vertraute, Gefährtin, seine Liebe. Das hat lebenslänglich nachgewirkt, auch auf seine Liebesbeziehungen. Das Schwesterbild hat ihm immer vorgeschwebt, bewußt – er verwendet das Wort oft, besonders der Frau von Stein gegenüber – und unbewußt. Gestaltet in der Dichtung hat er diese so innig geliebte Schwester ebensowenig wie seine Mutter. Cornelia war nicht gerade häßlich, aber durchaus unhübsch, mit großer Nase, hoher Stirn, schlechtem Teint, der zu Ausschlägen neigte, besonders »vor irgendwelchen

Festlichkeiten oder Tänzen«, was psychologisch durchsichtig genug ist. Sie hätte eine Äbtissin werden sollen, meinte Goethe später. Deutlicher sagt er: »Der Gedanke, sich einem Mann hinzugeben, war ihr widerwärtig.« Sie war gefühlvoll und frigide, eine nicht seltene und sehr unglückselige Kombination. Gezwungen und dem Brauch ihrer Zeit folgend, die für solche Veranlagungen wenig Verständnis oder Geduld aufbrachte, hat sie versucht, eine halbherzige Affäre mit einem jungen Engländer in Szene zu setzen, aus der natürlich nichts wurde. Gezwungen, widerwillig hat sie dann noch einen sehr wackeren, lebenstüchtigen Mann geheiratet, den Freund der Familie, Schlosser. Im grauen Taftkleid ist sie zur Hochzeit gegangen. Fröstelnd, mitten im Hochsommer, und mit einer Wärmflasche im Schoß ist sie in die Ehe gefahren. Sie hat, ständig tiefer in Trübsinn versinkend, noch ein Kind bekommen, dessen lustiges Kreischen sie entsetzte, und mit sechsundzwanzig Jahren ist sie bei der Geburt des zweiten Kindes gestorben. »Ihre Augen waren nicht die schönsten, die ich sah«, schrieb der Dichter, »aber die tiefsten, hinter denen man am meisten erwartete, und wenn sie irgend eine Neigung, eine Liebe ausdrückten, einen Glanz hatten ohnegleichen.« Die Liebe zum Bruder war die einzige, die ihr gegeben war, denn da war Sicherheit vor der verhaßten Sinnlichkeit. Und, dies ist nicht unwichtig für Goethes spätere Liebesbeziehungen: Auch er hat ähnliche »Äbtissinnen« recht oft – nicht immer – kultiviert, und es ist auffällig, wie viele seiner Geliebten die gleiche Veranlagung aufwiesen wie Cornelia: eine Frau von Stein, die sieben Geburten in widerwillig ertragener Ehe über sich ergehen lassen mußte, eine Wilhelmine Herzlieb, die trübsinnig starb, nach einem völlig mißglückten Eheversuch, eine Ulrike von Levetzow, die als einsame Stiftsdame endete.

Ganz so trübselig ging es mit dem Geschwisterpaar nicht zu in der Jugend, denn all das war ja erst angedeutet und in der Entwicklung. Man sprang auch munter umher auf den Stadtmauern und schaute von da in die Häuser und Gärten hinein. Man stöberte in den Bodenkammern, wo der Rat sorgfältig seine Eichenbretter aufgestapelt hatte, die gut getrocknet und gefugt seinen Malern übergeben wurden, denn sie sollten ewig halten und keine Risse bekommen. Man lief umher zu den Handwerkern mit Bestellungen, auf die bunte Messe mit ihren Kramläden, Pfefferkuchen und Spielzeug.

Puppenspiele wurden aufgeführt, und das Puppentheater, das die Großmutter den Kindern schenkte, erhielt dann literarische Berühmtheit durch den Wilhelm Meister. Dessen früheste Fassung hebt mit dieser glorreichen Kindheitserinnerung an. Da nimmt die Großmutter resolut die Fäden in die Hand: »Kinder müssen Komödien haben und Puppen. Es war auch in meiner Jugend so, ihr habt mich um manchen Batzen gebracht, um den Doctor Faust und das Mohrenballett zu sehen...« Auch der FAUST kommt aus dem Puppenspiel, und er hat nicht wenig Züge davon behalten.

Am Weihnachtsabend wird die Aufführung eines *Saul* durchgeführt, der »mystische Vorhang« wird aufgezogen, David tritt vor Saul hin mit Schäferstab, Hirtentasche und Schleuder: »Großmächtigster König und Herr Herr! es entfalle keinem der Muth um dessentwillen, wenn Ihro Majestät mir erlauben wolle, so will ich hingehen und mit dem gewaltigen Riesen in den Streit treten.« Der Philister spricht hohn, stampft viel mit beiden Füßen, fällt endlich wie ein Klotz »und gab der ganzen Sache einen herrlichen Ausschlag«. Taumelnd und trunken gehen die Kinder zu Bett, nur Wilhelm liegt allein, »dunkel über das Vergangene nachdenkend, unbefriedigt in seinem Vergnügen, voller Hoffnungen, Drang und Ahnung«.

In dieser frühen Fassung des Romans hat Goethe mehr von der Atmosphäre der frühen Jugend bewahrt als in seinem Altersbericht. Der Knabe Wilhelm-Wolfgang, so schildert er es da, begnügt sich nicht mit dem »mystischen Schleier« des Vorhangs. Er hat auch die »Wollust des Aufmerkens und Forschens«, er will wissen, wie das zugeht, er will hinter die Kulissen schauen. Er schleicht sich ein bei der nächsten Vorstellung und hebt den Teppich auf. Sehr bezeichnend vergleicht er dieses Spähen mit den ersten Regungen der Pubertät: »So wie in gewissen Zeiten die Kinder auf den Unterschied der Geschlechter aufmerksam werden und ihre Blicke durch die Hüllen, die diese Geheimnisse verbergen, gar wunderbare Bewegungen in ihrer Natur hervorbringen, so war's Wilhelmen mit dieser Entdeckung; er war ruhiger und unruhiger als vorher, deuchte sich, daß er was erfahren hätte, und spürte eben daran, daß er garnichts wisse.«

Das ist eigentlich alles, was er über die erste Pubertät je sagt; er benutzt das Wort später nur noch, um seine immer wiederholten »Pubertäten« bis ins hohe Alter hinauf zu kennzeichnen. Statt dessen verwandelt er, seiner Art gemäß, die frühesten erotischen Regungen sogleich in eine Gestalt, eine novellistisch reizvoll bossierte Figur, der er in DICHTUNG UND WAHRHEIT den anspruchsvollen Namen Gretchen gibt. Sie scheint eine Kellnerin gewesen zu sein. Der Fünfzehnjährige lernte sie durch eine kleine Gruppe von jungen Leuten kennen, die er als »Menschen aus dem mittleren, ja, wenn man will, aus dem niederen Stande« bezeichnet, ältere Burschen jedenfalls, die schon die Schulen hinter sich hatten, als Schreiber bei den Advokaten arbeiteten oder allerhand Kommissionen für die Kaufleute übernahmen. Der Umgang ist merkwürdig für den sonst so zurückhaltenden »Patriziersohn« und seinen strengen Vater, und die Sache geht auch übel aus.

Einige der Burschen suchen sich die guten Verbindungen des Knaben zunutze zu machen. Arglos empfiehlt er sie dem Großvater Schultheiß. Ein kleiner Kriminalroman bahnt sich an, mit gefälschten Wechseln und Urkunden, gleichzeitig die kleine Liebesgeschichte mit der Kellnerin, die den Genossen den Wein aufträgt. Man trifft sich des Abends in der Taverne. Wolfgang hat sich einen Nachschlüssel für das Elternhaus verschafft; das ist das einzige Vergehen, das er dann zugibt. Wolfgang wird federführend für die Genossen; er schreibt gereimte Liebesepisteln, die ihm glatt von der Hand gehen. Auch da handelt es sich eigentlich um eine Fälschung: Die Genossen wollen damit einen etwas beschränkten Liebhaber necken, dem weisgemacht werden soll, ein Frauenzimmer sei in ihn verliebt und wolle seine Bekanntschaft machen. Höchst kunstvoll knüpft Goethe diese Fälschereien ineinander. Das Gretchen nun, als mit »unglaublicher Schönheit« ausgestattet geschildert, warnt ihn ernst vor solchen Händeln, als er sie einmal alleine in der Taverne antrifft. Was wollen Sie, ein junger Mann aus gutem Hause, wohlhabend, sich so als Werkzeug gebrauchen lassen? fragt sie. Das klingt wie aus der Erinnerung reproduziert, weniger dagegen die Wendungen der Altersweisheit, wonach »die ersten Liebesneigungen einer unverdorbenen Jugend durchaus eine geistige Wendung nehmen«. Harmlos genug wird es gewesen sein. Am ehesten glauben wir Goethe den Spaziergang mit der ersten »Geliebten« während der Krönungsfeierlichkeiten für Joseph II. Da wird der im Sinne des Vaters sehr gründliche Bericht über die Aufzüge der Gesandten und die althergebrachten Volksbräuche auf das reizendste unterbrochen. Leicht vermummt, denn der Sohn aus gutem Hause will doch besser unerkannt bleiben, wandert er mit Gretchen umher. Die sonst so dunkle Stadt ist prachtvoll erleuchtet. Man zieht von einem Quartier zum andern. Jeder der Gesandten hat den andern durch noch kunstvollere und elegantere Illumination überboten. Ah, der Esterhazy ist der schönste: ein farbig erleuchtetes Portal, Girlanden mit Hängeleuchtern von einem Baum zum andern; man verteilt Brot und Würste an das Volk, Wein wird ausgeschenkt, man lacht, plaudert. Dies Umherwandeln im Lichtermeer, lustig, übermütig, ein wenig verliebt in die unglaubhaft schöne Kellnerin, der er ganz kavaliermäßig den Arm gereicht hat: diesen Maskenzug wollen wir gelten lassen, auch den Kuß auf die Stirn zum Abschied.

Nur das Auftreten eines Freundes der Familie, der vermittelnd eingreift, rettet den Knaben vor sehr unangenehmen Untersuchungen. Ein Abgesandter der Behörde steht am nächsten Tage vor der Tür. Verhör droht. Der Freund des Hauses bewahrt ihn davor. Man hat die Fälscher festgenommen, darunter die an den Großvater Empfohlenen. Was aus ihnen wird, erfahren wir nicht. Gretchen verläßt Frankfurt, nachdem sie sich vor der Kommission gerechtfertigt hat. Wolfgang hört, sie habe ihn als Kind angesehen und an zweifelhaften Streichen verhindert. Er flüchtet sich vor all diesen Schlägen in die

Krankheit, zum ersten und nicht zum letzten Male. Er tobt, als die Untersuchung droht, er tobt, als er erfährt, Gretchen habe ihn nicht ernstgenommen. Er beschließt ihr Bild nunmehr auszulöschen; er ruht nicht, bis er ihr »alle liebenswürdigen Eigenschaften sämtlich abgestreift hatte«. Auch schwere Krämpfe und Schluckbeschwerden will er gehabt haben. Gretchen wird dann gründlich und lange vergessen und erst bei der Abfassung von Dichtung und Wahrheit wieder ans Licht gezogen. In die gleiche Zeit fallen aber die ersten unmittelbaren Dokumente, die von Goethe erhalten sind. Eine andere Gruppe von jungen Leuten taucht auf, von etwas feinerer Art, auch tugendhafter. Sie haben einen veritablen Tugendbund gegründet, unter Führung eines jungen Herrn Buri, *Philandria* genannt. Buri, ein Siebzehnjähriger, ist, nicht ganz orthographisch, der »Argon« – für Archon – dieser Geheimgesellschaft, die sich mit arkadischen Schäfernamen schmückt, etwas Literatur treibt, vor allem aber sehr auf Moral sieht und sich mit einer Art freimaurerischem Geheimnis umgibt (später ist aus ihr auch die Darmstädter Loge hervorgegangen). Goethe nun bewirbt sich um die Aufnahme. Man verlangte von den Kandidaten offenbar eine Gewissensforschung. Goethe schreibt: »Einer meiner Hauptmängel ist, daß ich etwas heftig bin. Sie kennen ja die cholerischen Temperamente. Hingegen vergißt niemand leichter eine Beleidigung als ich. Ferner bin ich sehr an das Befehlen gewohnt, doch wo ich nichts zu sagen habe, da kann ich es bleiben lassen. Ich will mich aber gern unter ein Regiment begeben, wenn es so geführt wird wie man es von Ihren Einsichten erwarten kann. Gleich in dem Anfang meines Briefes werden Sie meinen dritten Fehler finden: nämlich, daß ich so bekannt an Ihnen schreibe, als wenn ich Sie schon hundert Jahre kennte... Noch eins fällt mir ein: ... nämlich, daß ich sehr ungeduldig bin, und nicht gerne in der Ungewißheit bleibe. Ich bitte Sie, entscheiden Sie so geschwind als es möglich ist« (23.5.1764).

Auch diese demütige Petition genügt nicht. Der »Argon« holt erst Gutachten über den Kandidaten ein. Feierlich schreibt er inzwischen an Goethe, verwahrt sich kokett gegen Lobeserhebungen und bittet, sich beim Herrn Alexis als »Aufseher« zu melden. Der soll berichten, damit der »Argon« sich nicht der »grausamen Verantwortung der Gesellschaft auszusetzen« habe. Das alles gravitätisch, mit Mein Herr! eine halbe Kinderei und leicht komisch.

Es wird aber ernster. Alexis, Frankfurter Juristensohn, berichtet Buri, dem »Argon«, er habe Goethe »wegen seiner Laster« abgewiesen, und referiert noch mündlich darüber. Die Gesellschaft lehnt ihn entschieden ab, Buri hat noch einen anderen Berichterstatter bemüht, Johann André in Offenbach, den späteren Musiker und Musikverleger, damals Sohn eines Seidenfabrikanten. Buri hat ihn vorher gewarnt, der pp. Goethe sei »der Ausschweifung ergeben« und vielen anderen unangenehmen Fehlern. Andrés Votum ist harmloser: Er fand Goethe einfach zu jung »für einen Kunstrichter«. Sie haben sich beim Tee über die Frankfurter Komödie unterhalten, er habe »mehr ein gutes Plappermaul als Gründlichkeit«. Auch in ästhetischen Fragen scheinen die Philandrier höchste Anforderungen gestellt zu haben. Der »Argon« schreibt an Alexis: »Herr Goethe schweigt ganz still und ich hoffe, daß er sich nicht weiter melden wird.« Er meldete sich nicht mehr.

Goethes auf Verlangen entworfene Selbstbezichtigungen soll man nicht zu sehr auf frühe Charakteristik hin pressen. Ein »Plappermaul« mag er gewesen sein. Was die »Laster« aber angeht, so wurde dieses Wort damals ebenso leichtherzig verwendet wie »Tugend« oder wie »Liebe«. Es ist möglich, daß die Gretchen-Affäre damit gemeint war. Am ehesten ist anzunehmen, daß der Umgang mit Burschen der »niederen Stände« den exklusiven Arkadiern anstößig war. Bedeutsam ist Goethes Interesse für einen solchen Geheimbund, so kindisch er – nicht für ihn – sein mochte. Das hat ihn immer wieder beschäftigt, im Leben wie in der Dichtung, in seinem Beitritt zur Freimaurerloge, zum Illuminatenorden, in den unvollendeten GEHEIMNISSEN, die an die Rosenkreuzer erinnerten, und in der geheimen Gesellschaft des Turmes im WILHELM MEISTER.

Noch wichtiger ist, daß auch dieser Versuch eines Kontaktes mit der Außenwelt fehlschlug und daß Goethe sich immer enger und fast leidenschaftlich an die Schwester anschloß. Der Gegensatz zum Vater tritt bereits scharf hervor, »unglaubliche Konsequenz« und »eherne Strenge« heißt es nun, vom »Widerstreit« in der Familie ist die Rede, von der Mutter, die auch darunter zu leiden hatte, von einer Dreiheit: »lebensfähig und nach gegenwärtigem Genuß verlangend«. Ob der Rat diesen wirklich verkümmerte, ist schwer zu erkennen. Es gab muntere Gesellschaften, Lustpartien, Wasserfahrten, mit den üblichen Paarungen und dem »Mariage«-Spiel, eine Reise in den Taunus. Der Rat vervollständigte die Ausbildung seines Sohnes durch Tanzunterricht, Fechten, Reiten. Goethe ist später viel geritten, aber der Reitschule des Herrn Runckel hat er nur eine unfreundliche Erinnerung gewidmet. Schon der Geruch der Manege war ihm empfindlich; Goethes Nase ist immer sehr fein gewesen und konnte auch Tabakrauch durchaus nicht vertragen, geschweige das allgemein beliebte Schnupfen. Recht bezeichnend ist, daß ihm der methodische Reitunterricht überhaupt nicht einleuchtete. Da war nämlich, wie Goethe mißmutig bemerkt, »immer vom Schließen die Rede, und es konnte doch niemand sagen, worin denn eigentlich der Schluß bestehe...«, eine nicht ganz überzeugende Konklusion. Lustiger war die hübsche Tochter des Meisters, Lisette, mit der ein wenig geliebelt wurde.

Für seinen Unterricht wurde keinerlei Abschluß verlangt. Man ging auf die Universität, wenn man alt genug dazu war und ein Gymnasium besucht oder sonst sich vorbereitet hatte, worüber keine Zeugnisse verlangt wurden. Der Rat hatte nichts versäumt. Die Liste der Fächer und Sprachen seines Sohnes ist imposant; wie es bei der Unregelmäßigkeit der Stunden mit den eigentlichen Kenntnissen stand, ist eine andere Frage. Wir haben nicht den Schulmeister zu spielen, aber für Goethes Leben und Forschen ist es nicht unwichtig, sich einigermaßen klarzumachen, was er denn mitbrachte. Die bloße Aufzählung besagt da nichts; sie führt sogar irre. So erwähnt Goethe auch die Mathematik. Von Geometrie spricht er, die er sogleich »ins Tätige verwandelte«, nämlich in Papparbeiten; Kästchen werden angefertigt, er ersinnt sich daraus alsbald Lusthäuser mit Pilastern und Treppen. Ein Freund des Hauses, der die Mathematik liebt, hilft gelegentlich etwas weiter, und nun werden architektonische Lusthauspläne gezeichnet. Das ist nicht »Mathematik«, aber es ist Goethe. Viele Jahrzehnte hat er sich dann mit seinen Feinden, den Mathematikern, herumgeschlagen, als man ihm bei seinen optischen Versuchen vorwarf, er verstünde nichts von der »höheren Rechenkunst«. Physik, noch kein »Lehrfach«, wird ebenfalls als Spiel betrieben, mit einer kleinen Elektrisiermaschine von der Messe. Das erste Prisma taucht auf, die Qual und Lust seiner alten Jahre. Man schaut hindurch, und das bunteste Farbenspiel des Regenbogens schimmert auf, das ihn bis zu den letzten Wochen nicht mehr in Ruhe lassen wird.

Im Lateinischen, der Hauptsprache jedes damaligen Unterrichts, war er firm. Auf seinem Bücherbrett in Weimar stand noch die Vulgata aus der Bibliothek seines Vaters. Griechisch las er meist mit lateinischer Parallelübersetzung. Sein Französisch war eben ausreichend, wunderlicherweise mäßiger als das der Schwester. In der Konversation sprach er einigermaßen fließend, aber eigenwillig; auch der Studienaufenthalt in Straßburg, eigentlich dazu bestimmt, ihm die nötige Eleganz in der obligaten Umgangssprache der höheren Welt beizubringen, brachte da keine Besserung. Italienisch trieb der Vater als sein höchstpersönliches Steckenpferd mit den Kindern und der Frau, die überhaupt anfangs mit erzogen wurde. Geschichte: die großen Chroniken und Werke halbtheologischen Einschlags wie eine vielbändige Papstgeschichte des schottischen Ex-Jesuiten Archibald Bower, die den Sohn zur Verzweiflung brachte und ihm eine lebenslängliche Abneigung gegen alle Historie einflößte: »Mischmasch von Irrtum und Gewalt«, hieß es später. Unfreundlich äußert sich Goethe über den Religionsunterricht der Pfarrer wie überhaupt über den kalten und steifen Protestantismus seiner Zeit. Leidenschaftlich dagegen las er die Bibel, da, wo sie bildhaft war und in Gestalten erfaßt werden konnte, in der Welt der Patriarchen. Die mächtige Bilderbibel des Merian, aus der großen Zeit des Frankfurter

Verlags- und Kupferstecherwesens im vorangegangenen Jahrhundert, war einer der frühen Eindrücke und hat nachgewirkt bis in die spätesten Tage am FAUST. Hebräisch wurde eine Weile betrieben und bald aufgegeben. Englisch, noch ziemlich ungewöhnlich, lehrte ein durchreisender Sprachhändler, der sich erbot, in vier Monaten das Nötige beizubringen; es kam dann ein englisches Kränzchen mit einem jungen Engländer Lupton hinzu, der als Sohn eines Tuchhändlers aus Leeds – vielleicht durch Beziehungen zum Großvater Schneidermeister – in Frankfurt in Pension war. Cornelia unterhielt ihre etwas mühsame erste und einzige Beziehung zu ihm. Die jungen Mädchen nannten sich eine Weile »Miß« statt »Demoiselle« und schwärmten für Richardson.

Zeichnen war das große Vergnügen und blieb es; der fast Vierzigjährige hat noch in Italien davon geträumt, »eigentlich« Maler zu werden, während er gleichzeitig die erste achtbändige Gesamtausgabe seiner Werke zum Druck vorbereitete. Musik wurde nicht ganz vernachlässigt: ein wenig Klavier, etwas Cello, beides bald zur Seite gestellt. In Summa: eine sehr reichhaltige, vieles umfassende, vieles auch nur eben anfassende Bildung, wie sie in dieser Breite durchaus ungewöhnlich war. Wenn der Vater ein Pedant war, so gab er doch jedem Wunsch, jeder Neigung des Knaben sogleich nach. Dies Erziehungswerk war der einzige realisierte Traum seines verhemmten Lebens; er konnte nicht ahnen, wohin das führen würde. Es führte weit.

Strenger als irgendeiner seiner Kritiker hat Goethe während seiner italienischen Reise über sich geurteilt. Da rekapituliert er seine Kardinalfehler: »Einer ist, daß ich nie das Handwerk einer Sache, die ich treiben wollte oder sollte, lernen mochte ... entweder es war durch die Kraft des Geistes gezwungen, gelang oder mißlang, wie Glück und Zufall es wollten; oder, wenn ich eine Sache gut und mit Überlegung machen wollte, war ich furchtsam und konnte nicht fertig werden. Der andere, nah verwandte Fehler ist, daß ich nie so viel Zeit auf eine Arbeit oder Geschäft wenden mochte, als dazu erfordert wird. Da ich die Glückseligkeit genieße, sehr viel in kurzer Zeit denken und kombinieren zu können, so ist mir eine schrittweise Ausführung langweilig *(nojos)* und unerträglich.« Das war damals in erster Linie vom Zeichnen gesagt; es war auch allgemein gedacht.

Man kann sich aber auch schwer eine bessere und richtigere Erziehung gerade für die einzigartigen Gaben dieses Kindes denken als eben diese universelle und etwas willkürliche, ja vom Standpunkt eines strengen Schulmannes fast liederliche. Glück und Zufall walteten. Die Konstellation war günstig.

Gradus ad Parnassum

Die ersten Schritte zum Parnaß nun. Ein regulärer *Gradus ad Parnassum* ist von Goethe auch in dieser Kunst nicht absolviert worden. Er las viel, er sah viel, hörte französisches Theater während der Besatzungszeit im Siebenjährigen Krieg, und wie im ORBIS PICTUS des Comenius die Vogellaute haschte er den »Schall und Laut« des Gezwitschers der Akteure auf. Er nahm sich den Racine aus des Vaters Bibliothek zur Hand, lernte auswendig und rezitierte »wie ein eingelernter Sprachvogel«, ohne die Reden im Zusammenhang verstehen zu können. Mit einem etwas durchtriebenen kleinen Schauspielerjungen der Truppe, den er Derones nennt, freundet er sich an, treibt weitere Sprachstudien, und vor allem treibt er sich, mit einem Freibillet des Großvaters Schultheiß, hinter der Bühne herum, in den Ankleideräumen, wo es »nicht immer zum anständigsten herging«, schwärmt ein wenig für die junge Schwester, auch ein Bühnenkind, deren »tantenhaftes Betragen« er wieder vermerkt. Sogleich wird auch ein französisches Stück zusammengezimmert, das der junge Genosse Derones zerzaust. Goethe will dabei schon den Widerwillen gegen die drei Einheiten des Aristoteles und die ganze Regelmäßigkeit der französischen Bühne zuerst verspürt und die Abhandlung Corneilles darüber gelesen haben, den Streit der französischen Klassiker untereinander und mit ihren Kritikern, den ganzen Racine, Molière, fast den ganzen Corneille.

Gereimt wurde jedenfalls früh, was noch nicht Frühreife bedeutet. Fast alle Knaben machten Verse, die Eltern, der Großoheim Loen bedichtete die Erlebnisse auf seinem Landgut, die Mutter Goethe schrieb Versepisteln. Wolfgang hatte sich bei den Großeltern mit schön geschriebenen Neujahrswünschen einzustellen: »Erhabner Großpapa!« und »Erhabne Großmama!«; sie blieben erhalten und sind keine Zeugnisse frühen Dichtergeistes, sondern eben Schreibübungen. Ein anspruchsvolles Versgemälde über die Höllenfahrt Jesu Christi, »auf

Verlangen entworfen«, wurde sogar nach einigen Jahren in einer Frankfurter Zeitschrift, DER SICHTBARE, gedruckt. Die Bestellerin wird das Fräulein von Klettenberg gewesen sein, entfernt verwandt mit den Textors und eine der wenigen Persönlichkeiten des Patriziats, mit denen die Familie Goethe verkehrte. Sie gehörte nicht zu den adelsstolzen Damen, die unnahbar, mit einem Ordenskreuz auf der Brust, einherschritten. Wirklich fromm, zum Unterschied von den meisten Stiftsdamen, gehörte sie zu einem Kreise pietistischer Richtung, mit Neigungen zu den Herrnhutern, den Stillen im Lande, den Demütigen im Geiste, die ihren eignen stillen Hochmut hatten. In den ›Bekenntnissen einer schönen Seele‹ im WILHELM MEISTER hat Goethe ihr ein Denkmal gesetzt. Eine Weile kamen die Mitglieder des Kreises auch ins Haus, von der Mutter begrüßt, vom Vater toleriert, vom Pastor Fresenius, der Goethe getauft hatte, in der intoleranten Haltung der Orthodoxen befehdet. Das Fräulein von Klettenberg, in aller Ergebung, sah eine »gesegnete Demütigung« für den stolzen Herren darin, daß seine Schäflein ihm so davonstrebten.

Vom pietistischen Geiste ist aber nichts in diesem Gedicht, das zu den längsten gehört, die Goethe geschrieben. Es ist laut, rauschend, nicht ohne eine gewisse Kraft und Markigkeit in den zuweilen steil aufeinandergetürmten Passagen, durchaus noch eine Arbeit im Stile des schon ausgehenden Barock.

Von den großen deutschen Dichtern des Barock nahm der eifrige Leser der Bücher seines Vaters keine Notiz; sie waren dort auch kaum vertreten. Der Rat ging mit der Zeit, mit seiner Zeit, nicht der des Sohnes. Die Liste seiner deutschen Autoren, meist nun sehr verschollene Namen, beginnt mit Canitz, der schon, zeitlich noch dem 17. Jahrhundert angehörend, zu den Neuerern gerechnet wurde und dem barocken »Schwulst«, so hieß es, abgesagt hatte. Goethe will all diese Meister fleißig durchgelesen und teilweise memoriert haben. Der Baron Canitz mochte sich dem Rat Goethe schon durch seine Lebensbeschreibung empfohlen haben, die dem schön gedruckten Bande vorangestellt war. Da konnte er die Kavalierstour durch Italien und Frankreich noch einmal nachleben, da war feine Sitte, vornehmer Umgang, der große Ton. Gedichtet wird dann, wie es sich für einen Herrn bei Hofe gehört, in den »Nebenstunden« – »die Poesie«, so der Biograph, »welche andern so viel Mühe, Zeit und Nachdenken kostet, war ihm ein Spiel; wie er denn die meisten seiner Gedichte gemeiniglich nur im Auf- und Niedergehen, oder am Camine bey einer Pfeiffe Toback, oder wohl gar auf demjenigen Stuhle verfertigte, auf welchem andere Leute am wenigsten mit dem Kopffe zu arbeiten pflegen.« Der mächtige Albrecht von Haller stand ebenfalls auf des Rates Bücherbrett mit seinem Epos über die heimischen Berge DIE ALPEN, das die Begeisterung für die Schweiz einleitete und die »unverfälschten

Sitten« ihrer Bewohner, die Haller freilich nur in den Heldenvorfahren erblicken konnte, ein Gedicht von großem Atem und gewaltiger, schwerer Wucht. Auch Haller dichtete nur in seinen Nebenstunden; er war der große Physiologe des Jahrhunderts, mit der Erforschung der Muskulatur der Atmungsorgane ein Neuerer, er war Denker, Botaniker, Organisator der Göttinger Akademie und ihrer Zeitschriften, einer der Universalgeister des Leibnizschen Zeitalters, das er würdig weiterführt. Goethe hat später sein Wort verspottet: »Ins Innre der Natur dringt kein erschaffner Geist – zu glücklich wann sie noch die äußre Schale weist« und ihn einen Philister gescholten, während er ihn als einen Bundesgenossen hätte begrüßen können; die Verse richteten sich gegen den Goethe so grimmig verhaßten Newton.

Alle die Poeten, die der Rat besaß, waren große Herren oder große Gelehrte, alle dichteten sie nur »auch«, oft mit vielen Entschuldigungen. Dichter, und nur Dichter wollte Klopstock sein, als erster und einziger, und er hat das auch als einziger im ganzen 18. Jahrhundert wahrmachen können, in priesterlicher, später starr und greisenhaft werdender Haltung. Ein Freund des Hauses Goethe schwärzte die ersten Gesänge des MESSIAS bei den Kindern ein; der Rat lehnte die reimlosen Verse als ungehörig ab. Mit einer Begeisterung für den neuen Ton, die bald verflog, aber zunächst wie ein Feuer zündete, wurde das sonst vielfach aufgenommen, rezitiert, vorgetragen, der Meister als ein Heiliger verehrt; Klopstock-Gemeinden bildeten sich, kleine, oft fanatische Zirkel, die frühesten literarischen Cenakel in Deutschland, das kein kulturelles Zentrum und nur das Vorbild religiöser Sekten besaß. Alle Zeichen solcher Sektiererei hatte der Klopstock-Kult: das geheime Wissen um eine unfehlbare Wahrheit, bald auch die Geheimnistuerei, das Weitergeben von Werken des Meisters von Hand zu Hand, der Stolz, zu den Auserwählten zu gehören, und die Verachtung aller Außenstehenden.

Goethe schildert den Einbruch dieser Dichtung in den elterlichen Haushalt mit einer Groteskszene: Der Vater läßt sich rasieren, die beiden Kinder spielen Satan und Adramelech aus dem MESSIAS, leise zunächst, während der Barbier den Rat einseift, dann lauter und immer leidenschaftlicher. Adramelech packt mit eisernen Krallen den Satan: »Hilf mir!... Verworfner, schwarzer Verbrecher... O, wie bin ich zermalmt!« Der Barbier läßt das Becken fallen, der Rat, mit Seifenwasser überstürzt, erhebt sich und verbannt die Hexameter erneut aus dem Hirschgraben. »So pflegen Kinder und Große das Erhabne in ein Spiel, eine Posse zu verwandeln«, fügt Goethe, der Geheimrat, hinzu. Ein Großer war Klopstock, auch wenn Goethe das dann nur mit vielen Einschränkungen hat gelten lassen wollen.

Spiel aber war sicherlich das meiste, was er damals gereimt hat; es ist nichts davon erhalten. Ein Roman in verschiedenen Sprachen wird im Anschluß an den vielfältigen Sprachunterricht gedichtet, mit sechs oder sieben Geschwistern, die sich in die ganze Welt zerstreut haben, mit Französisch, Latein, der Kaufmannslehrling in Hamburg spricht englisch. Das Jüngste, »eine Art von naseweisem Nestquackelchen«, plappert Frankfurter Judendeutsch aus dem nahen Getto mit den engen Straßen und den roten oder schwarzen Hausschildern, nach denen sich die Rothschilds und Schwarzschilds dann benannten. Ein Joseph-Epos, in poetischer Prosa, Stammbuchverse für Freunde und Freundinnen, gereimte Episteln, wie er sie noch lange verfaßt hat: es ist alles zugrunde gegangen, größtenteils von Goethe selber verbrannt, der Autodafés liebte.

Dichterische Begabung pflegt sehr selten in ganz jungen Jahren überzeugende Gestalt zu gewinnen, und was von anderen großen Dichtern an Jugenderzeugnissen bekanntgeworden ist, das läßt uns nicht bedauern, daß Goethe uns damit verschont hat. Anders steht es mit der Mathematik etwa oder der verwandten Musik: Da ist das Wunderkind nahezu die Regel. Und auch der junge Goethe hat einen solchen Wunderknaben noch gesehen und unvergeßlich in Erinnerung behalten. Der siebenjährige Mozart trat am 18. August 1763 in Frankfurt auf, Goethe war vierzehn. »Ich erinnere mich des kleinen Mannes in seiner Frisur und Degen noch ganz deutlich«, hat er im Alter gesagt. Die Vorstellung, es war kaum ein Konzert, sondern vor allem eine Art Darbietung von Kunststücken, kostete einen Taler. Der Knabe, so hieß es im marktschreierischen Prospekt, wird »die schwersten Stücke der größten Meister spielen«, sich auf Klavier, Violine, Orgel produzieren, unter verdeckter Tastatur dann, er wird aus der Entfernung, mit seinem absoluten Gehör, Töne von Glocken, Gläsern, Uhren bestimmen, eine je kaum »gesehene noch gehörte Geschicklichkeit« beweisen. Wir wissen, wieviel diese Kunstreisen des Knaben eingebracht haben und wie teuer sie bezahlt werden mußten.

Als vom frühen Tod im Gespräch mit Eckermann die Rede war, sagte Goethe, der alle überlebt hatte: »Wissen Sie, wie ich es mir denke? Der Mensch muß wieder ruiniert werden! Jeder außerordentliche Mensch hat eine gewisse Sendung, die er zu vollführen berufen ist. Hat er sie vollbracht, so ist er auf Erden in dieser Gestalt nicht weiter vonnöten, und die Vorsehung verwendet ihn wieder zu etwas anderem. Da aber hienieden alles auf natürlichem Wege geschieht, so stellen ihm die Dämonen ein Bein nach dem andern, bis er zuletzt unterliegt. So ging es Napoleon und vielen anderen. Mozart starb in seinem sechsunddreißigsten Jahr, Raffael in fast gleichem Alter, Byron nur um weniges älter. Aber alle hatten ihre Mission auf das vollkommenste erfüllt, und es war wohl Zeit, daß sie gingen, damit auch anderen Leuten in dieser auf eine lange Dauer berechneten Welt noch etwas zu tun übrig bliebe.«

Der Leipziger Student

Als ein schmaler »eingewickelter« Knabe, wie er es nennt, reiste der Sechzehnjährige im Oktober 1765 nach Leipzig, um dort die Rechte zu studieren. Die deutschen Straßen waren fürchterlich und blieben es lange, auch im Fürstentum Weimar. In Auerstedt, auf dem künftigen Schlachtfeld, blieb der Wagen bei anbrechender Nacht stecken, niemand kam zu Hilfe, der schmächtige junge Mulus mußte sich mit in die Räder stemmen und zog sich eine Zerrung der Brustbänder zu, die ihn noch viele Jahre lang plagte. In einem verlassenen Steinbruch flimmerten bei Nacht unzählige Lichter, die »nicht etwa still saßen, sondern hin und wieder hüpften... ob dies nun ein Pandämonium von Irrlichtern oder eine Gesellschaft von leuchtenden Geschöpfen gewesen, will ich nicht entscheiden«. So schrieb der Dichter, als er schon den FAUST geschrieben hatte.

Still saß der Knabe jedenfalls nicht in dem holpernden Wagen. Er war unruhig und gespannt auf das Neue. Frankfurt hatte er hinter sich gelassen wie eine abgestreifte Schlangenhaut, um sein Lieblingsbild für wiederholte Häutungen zu gebrauchen. Mit dem unglückseligen Ende der »Gretchen-Affäre« sei der Knaben- und Jünglingspflanze »das Herz ausgebrochen« gewesen, meinte er mit einer seiner gewaltigen Überhöhungen von Liebeserlebnissen. Die heimlichen Gebrechen im Regiment der Vaterstadt seien ihm nur zu deutlich geworden durch den Umgang mit den enttäuschten Sonderlingen aus dem Kreise des Vaters, die nur von Ungerechtigkeit, Torheit und Unsinn sprachen und von denen einer, das blinde linke Auge zukneifend, mit näselnder Stimme zu sagen pflegte: »Auch in Gott entdeck ich Fehler.« Der Vater verdrießlich, ein mißlungenes und einsames Leben. Unruhe auch über die eigene Ausbildung bisher, die am Ende in einen vagen Enzyklopädismus ausgelaufen war; er hatte noch rasch einige Riesenwälzer »durchlaufen«, wie er sagt, den

POLYHISTOR von Morhof, einen mächtigen Quartanten, unlesbar im Grunde und nur ein Index von barocken Ausmaßen von allem und jedem, und die Folianten des Pierre Bayle, die Bibel der Aufgeklärten – Goethes Universalismus begann früh. Das alles aber hatte ihn nur verwirrt, wie er selber zugibt. Als solide *pièce de résistance* führte er in seinem Gepäck den KLEINEN HOPPE mit, einen nützlichen, juristischen Repetitor. Der Vater hatte mit ihm das Buch noch gründlich durchgenommen, zur Qual des Sohnes. Er hat sich dann aber nicht weiter geplagt. Der KLEINE HOPPE blieb hinfort bis zum Ende der Studienzeit sein Halt und eigentlich die Grundlage.

Sehr selbstbewußt, sehr altklug, sehr kritisch gegen jedermann, auch eine Folge des Umgangs mit ältlichen Käuzen und Weltverächtern, trat der Knabe in die neue Welt ein. »Eingewickelt« war er physisch in die schweren und altmodischen Kleider, die der Vater aus Sparsamkeitsgründen vom Hausdiener schneidern ließ, aus allerbesten englischen Tuchen, auf Vorrat für viele Jahre gekauft. In der Brusttasche trug er einen ungemein splendiden Wechsel des Rates; als »très riche« bezeichneten ihn die Kommilitonen, die oft arme Teufel waren. Er wohnte gut, er speiste vorzüglich an einem der besten Mittagstische, hatte die notwendigen Empfehlungsbriefe an »gute Häuser«, er ging fleißig ins Theater, spielte Komödie, unterhielt die obligaten Liebschaften und schrieb eifrig darüber. Die Kollegs wurden nur in den ersten Monaten leidlich regelmäßig besucht und rasch aufgegeben, da der KLEINE HOPPE genügte. Goethe hat in Leipzig nicht die Rechte studiert, sondern das Leben.

Abgestiegen war er in dem Haus ›Zur Feuerkugel‹, das eine Handgranate als Zeichen führte. Das war ein statiöser Bau, dem ›Weidenhof‹ des Großvaters fast gleich an Breite; Goethe bewohnte keine »Bude«, sondern »ein paar artige Zimmer«. Die ärmeren Studenten kamen in den scheunenartigen Kollegienhäusern unter, den *Bursen*, »elenden Löchern, wo niemand sonst wohnen mag«, in Fachwerk gebaut und mit hölzernen Außengalerien durch leitersteile Stiegen verbunden. Leipzig galt sonst als sehr modern gebaute Stadt. Goethe kam aus dem winkligen gotischen Frankfurt zum ersten Male in eine offenere, weitere Stadtlandschaft, mit Vorstädten neueren Typs vor den Mauern, Alleen und Promenaden, auf denen sehr eifrig promeniert wurde, mit Straßenbeleuchtung und Kanalisation, mit berühmten Buchläden und Verlagshäusern, einer hochberühmten Universität, von Prag aus gegründet. Professoren wie Studenten waren in Landsmannschaften oder *Nationen* eingeteilt, die meißnische für Sachsen und Thüringen, die polnische für Lausitz, Böhmen, Mähren, die sächsische für die Norddeutschen, die bayrisch-fränkische für die Süddeutschen, zu denen Goethe zählte.

Als *Klein-Paris* bezeichnete Leipzig sich gern. Man legte Wert auf eleganten Ton und elegante, moderne Kleidung. Der eingewickelte Knabe hatte seinen ersten Zusammenstoß mit der neuen Welt. Man lachte über seine altfränkischen Kleider; komische Dorfjunker in der Komödie traten in solchem Kostüm auf. Man nahm Anstoß an seiner Sprache, die mundartlich derb war wie bei seiner Mutter, auch mit feierlich luther-biblischen Wendungen. Die Sachsen hielten ihr Deutsch für weitaus das feinste, korrekteste und beste, wofür sie historisch-philologisch gewisse Berechtigungen anführen können, während der Klang ihrer Mundart im übrigen Deutschland ebenso spöttisch beurteilt wird. Sie jedenfalls fanden den jungen Goethe komisch, und er nahm sich das sehr zu Herzen. Die hausgeschneiderten Kleider wurden sogleich verkauft und neue à la mode angeschafft. Einer der Frankfurter Jugendgenossen schreibt über ihn nach Hause: »Das ist immer noch der stolze Phantast, der er war, als ich herkam. Wenn Du ihn nur sähest, Du würdest vor Zorn rasend werden oder vor Lachen bersten müssen. Ich kann gar nicht einsehen, wie sich ein Mensch so geschwind verändern kann. All seine Sitten und sein ganzes jetziges Betragen sind himmelweit von seiner vorigen Aufführung verschieden. Er ist bei seinem Stolze auch ein Stutzer, und alle seine Kleider, so schön sie auch sind, sind von einem so närrischen goût, der ihn auf der ganzen Akademie auszeichnet...«

Er gab seine Empfehlungsbriefe ab. Eine freundliche, kränkelnde Professorengattin, Madame Böhme, nahm sich des unsicheren Jungen mütterlich an. Sie brachte ihm den feineren Leipziger pli bei, gab ihm Ratschläge für die Toilette und empfahl ihm, das Kartenspiel zu kultivieren, als unentbehrliche Einführung in die gesittete Gesellschaft. Mit dem Mann, dem Staatsrecht-Professor, wollte es weniger glücken. Der eben inskribierte Student sprach treuherzig von seinen schöngeistigen Neigungen. Nichts da, erklärte der Professor: Was würden die Eltern sagen! Ein Kollege Gellert etwa, der Fabeln dichtet und Komödien schreibt, den wollen Sie hören? Kommen Sie in mein Kolleg, bleiben Sie bei der Jurisprudenz!

An dem üblichen Studententreiben beteiligte sich Goethe nicht, an den juristischen Kollegs nur wenig. Die juristischen Vorlesungen fanden in einem stattlichen Auditorium statt, einem Saal, der in der Mitte von zwei barock gewundenen Säulen gestützt wurde. An den Wänden hingen Fürstenporträts und gewaltige Stammbäume, der wichtigste Anschauungsunterricht für den Staatsrechtler, der im Zeitalter der Erbfolgekriege vor allem die fürstlichen Verwandtschaften im Kopf haben mußte. Streng nach Ständen getrennt die Hörer: Nur Hochadelige durften auf den erhöhten Podien zu seiten des Saales sitzen, weiter unten im Parterre das gewöhnliche Studentenvolk, das keine Bänke hatte, sondern Stühle, für die Miete zu bezahlen war. Auch die gewöhnlichen Juristen hielten sich noch für weit überlegen gegenüber den Studenten der anderen Fakultäten, den Theologen besonders, die meist arme Schlucker waren. Zu denen hatte zwei Jahrzehnte zuvor Lessing gehört, der freilich bald von einem Kolleg zum andern lief, sich bei den Medizinern einschreiben ließ und dann in die Literatur flüchtete. Er hatte es, als Goethe zu studieren begann, eben zum aufgehenden Stern der jungen Generation gebracht, seine MINNA VON BARNHELM ging über alle Bühnen, auch die in Leipzig, trotz der preußenfreundlichen Verherrlichung des großen Friedrich und seines Tellheim. Das galt in einer Stadt, die noch schwer an den Folgen des kaum beendeten Siebenjährigen Krieges zu leiden hatte, die für den unverschuldeten Überfall mitten im Frieden zehn Millionen Taler Entschädigung zahlen mußte, als »Landesverrat« des geborenen Sachsen. Trotzdem: das Stück wurde gespielt. Es war das Zeitalter der Toleranz. Man begeisterte sich für die edlen und durchweg großherzigen Charaktere, die Schauspieler griffen enthusiastisch nach den ungewöhnlich gut sitzenden Rollen, und schließlich war die Heldin Minna eine Sächsin. Ihre »Anmut und Liebenswürdigkeit« überwindet »den Wert, die Würde, den Starrsinn der Preußen«, so schreibt Goethe im Rückblick, eine Art glückliche übernationale Ehe begrüßend, einen kommenden »Nationalgehalt«, der bis dahin gänzlich abging. Das war das literarische Haupterlebnis seiner Leipziger Jahre, wenn er auch die weiterreichende Bedeutung (»von hier und heute aus geht eine neue Epoche« der Literaturgeschichte) erst später hineinlegen konnte.

Daß er selber dabeisein könnte, war zunächst noch keineswegs entschieden. Seine Lebens- und Studienpläne waren ganz vage. An den Vater schrieb er zur Beruhigung nach Frankfurt:

»Ich tue jetzt nichts als mich des Lateins befleißigen! Noch eins! Sie können nicht glauben, was es eine schöne Sache um einen Professor ist. Ich bin ganz entzückt gewesen, da ich einige von diesen Leuten in ihrer Herrlichkeit sah, nil istis splendidius, gravius, ac honoratius«; er dürste förmlich, auch einmal in solcher Professorenherrlichkeit einherzuschreiten. Der Vater mochte glauben, der Sohn werde einmal Professor juris werden, was seinem Ehrgeiz kaum genügt hätte; er wollte ihn einmal als Bürgermeister oder womöglich Schultheiß sehen, in den Posten, die ihm nicht zugänglich gewesen waren.

Die Leipziger Professoren traten in der Tat mit Pomp auf. Sie bildeten das Patriziat der Stadt, die sonst als reine Handelsmetropole keine regierende Schicht besaß und gesellschaftlich im Schatten des Hofes und der Residenz im nahen Dresden stand. Meist waren sie wohlhabend; es gab dazu noch reiche Pfründen. Der Rektor, der jedes Semester gewählt wurde, hatte lebenslänglich den Anspruch auf die Titulatur »Hochedelgeborne Magnifizenz« und machte ihn geltend. Die Stadtsoldaten hatten vor ihm das Gewehr zu präsentieren. Bei

Amtsantritt oder Tod rauschte eine Flut von Versen in Latein oder Deutsch auf, schön gedruckt auf unvergänglichem Papier. Man bildete eine Republik für sich, man hatte seinen eignen Friedhof und hielt die »Universitäts-Verwandten« bei allen Stellenbesetzungen im Leben eng beisammen. Das Organ der Leipziger Gelehrten, die ACTA ERUDITORUM, war die beherrschende Zeitschrift des akademischen Deutschland. Im Purpur schritt die Magnifizenz einher.

Weniger respektvoll als an den Vater schreibt Goethe über die Herren in den feierlichen Perücken an die Schwester. Da ist Gottsched, ein großer Mann, schon rein körperlich ein Riese; als Student war er mit Mühe den Menschenfängern des Preußenkönigs Friedrich Wilhelm I. entgangen, der ihn durchaus für seine »langen Kerle« pressen wollte. Gottsched war auch literarisch eine Größe – gewesen: der erste deutsche Literaturpapst, dessen Bannsprüche weithin galten; für seine wahren Verdienste, die sehr erheblich sind, hat Goethe selbst im Rückblick kein Verständnis gehabt. Jetzt war er ihm nur ein Gegenstand für kecke Briefbemerkungen: »Gottsched hat wieder geheurathet. Eine Jungfer Obristleutnantin. Ihr wißt es doch. Sie ist neunzehn und er fünfundsechzig Jahr. Sie ist vier Schuhe groß und er sieben. Sie ist mager wie ein Häring und er dick wie ein Federsack.« Grausamer noch: »Ganz Leipzig verachtet ihn; niemand geht mit ihm um.«

Gottsched war, nach Opitz, der zweite bedeutsame Gesetzgeber der deutschen Literatur und hat auf manchen Gebieten, nicht denen der Dichtung, bis zu den Gebrüdern Grimm hin gewirkt. Goethe war weder für geschichtliche Bedeutungen besonders aufgeschlossen noch für Gesetze, geschweige in der Poesie. Und außerdem war er eben siebzehn. Er sah nur den schwerfälligen Riesen, der angstvoll nach seiner Perücke griff, als er ihn aufsuchte, um den jungen Mann gebührend eindrucksvoll zu empfangen; er hatte gehört, daß Gottsched passé sei, eine gefallene Größe.

Gellert war die andere Leuchte der Leipziger Universität auf schöngeistigem Gebiete. Sein Licht strahlte noch, sanft und weithin; er war der einzige deutsche Poet der Zeit, der bereits so etwas wie eine internationale Geltung hatte, seine Fabeln wurden ins Französische, Italienische, Russische, Polnische, ins Hebräische und Lateinische übersetzt; seine geistlichen Lieder wurden von Philipp Emanuel Bach, von Haydn und Beethoven vertont. Protestanten, Katholiken, Juden sahen in ihm den Lehrer aller Bürgertugend, auch der Freigeist Friedrich ließ ihn kommen und fragte huldvoll: »Sie haben den Lafontaine nachgeahmt?« – »Nein, Majestät«, erwiderte der schmächtige, aber aufrechte Gellert, »ich bin ein Original«, womit die Audienz ihr Ende fand. Seine zierlichen, weisen und eingängigen Verse haben lange als Zitate nachgelebt wie das für die soziale Einstellung der Zeit bezeichnende:

38

»Genieße, was dir Gott beschieden,
Entbehre gern, was du nicht hast,
Ein jeder Stand hat seinen Frieden,
Ein jeder Stand hat seine Last.«

Ein Satz aus einer seiner Komödien, wiederum sehr brav: »Die vernünftige Liebe ist kein größeres Verbrechen als die vernünftige Freundschaft«, ging dann weitere hundert Jahre als Operettentext in die Lande: »Ist denn Liebe ein Verbrechen?«

Das hätte den Siebzehnjährigen eher angezogen als die weinerlich vorgetragenen Weisheiten des früh kränkelnden Mannes im Kolleg, das enormen Zuspruch hatte. Der weitberühmte Dichter riet im Praktikum, das Goethe besuchte, allen ab, sich mit Poesie zu befassen, forderte Prosaaufsätze, korrigierte sie mit roter Tinte und fragte mit gesenktem Kopf: Geht man fleißig zur Kirche? Hat man das heilige Abendmahl genommen? Dankbar ist Goethe nur, daß Gellert seine Handschrift ebenso korrigierte wie den Stil, und in der Tat sind seine Leipziger Briefe dann wie mit einem Ruck auf sauber-ordentliche Züge umgestellt. »Eine gute Hand zieht einen guten Stil nach sich«, lehrte der Fabeldichter.

Goethe, auch in diesen feurigen Jugendjahren bereits sehr lehrhaft, gibt die bei Gellert vernommene Weisheit sogleich an die Schwester weiter. Ein Strom von Verhaltensmaßregeln ergießt sich über sie: Lies dies, lies das, oder jenes nicht, »schreib Deine Briefe auf ein gebrochenes Blatt und ich will Dir die Antwort und die Critick daneben schreiben. Aber lasse Dir vom Vater nicht helfen. Das ist nichts. Ich will sehen, wie Du schreibst. Jetzo werde ich den Anfang machen. Mercke dies: ›schreibe nur wie Du reden würdest und so wirst Du einen guten Brief schreiben‹.« Auch das war Gellerts Rat, der einen ausgezeichneten Briefsteller verfaßt hatte.

Zur eigenen Übung und der Corneliens wird in drei Sprachen parliert, auf französisch, in hochkomischem Englisch, Zitate schieben sich ein, fremde und eigne Verszeilen, manchmal mengt er die Sprachen mitten im Satz oder endet einen der Versversuche: »Are they not beautiful, sister? Ho yes, senza dubbio!« Er renommiert, deutet allerhand Liebeleien an, wie sie einem jungen Kavalier zustehen: »Was würdst Du sagen, Schwestergen, wenn Du mich in meiner jetzigen Stube sehen solltest? Du würdest astonishd ausrufen: So ordentlich! so ordentlich Bruder! – da! – thue die Augen auf, und sieh! – Hier steht mein Bett! da meine Bücher! dort ein Tisch, aufgeputzt wie Deine Toilette nimmermehr seyn kann ... Mit jungen schönen W-doch was geht Dich das an? Fort! Fort! Gnug von Mädgen.«

Es ist nicht genug und wird nie genug sein. Nach allen Seiten hin wird geliebelt, umhergeschaut, ein Dutzend Namen schwirren durch die Briefseiten, manche der »Mädgen« hat er nie gesehen, aber er liebt sie bereits innig, sobald nur der Name fällt. »Oft wenn ich in der rechten Stimmung bin, gehe ich, hübsche Weiber und hübsche Mädchen besuchen. St! Nichts davon zum Vater!« Dann fügt er hinzu: »Warum soll der Vater nicht davon wissen? Es ist eine sehr gute Schule für einen jungen Mann.«

»Tirelireli! Chantons chantons l'inconstance! Tirelireli!« nach irgendeiner Operette. Das Singspiel war die große Mode, mit Johann Adam Hiller als Hauptmeister, mit Der Teufel ist los, die Liebe auf dem Lande; der große Bach war in Leipzig bereits gründlich vergessen, seine Witwe als Almosenfrau verstorben. In Hillers Wochenzeitschrift Nachrichten und Anmerkungen die Musik betreffend erschienen Goethes erste gedruckte Verszeilen, zugleich mit der Nachricht vom Tode Telemanns und dem Bericht, daß dessen Stelle in Hamburg nun mit Herrn Philipp Emanuel Bach besetzt sei, dem »großen Meister des Clavierspiels«, an den man sich noch sehr wohl erinnerte.

»Leipzig. Am 20ten und 22ten Dezember wurde das Oratorium des vortrefflichen Herrn Oberkapellmeisters Hasse ›San'Elena al Calvario‹ in hiesigem Concerte nochmals aufgeführt, und von einer zahlreichen Versammlung mit gleicher Rührung und Vergnügen angehört. Der Demoiselle Schröter, welche die Rolle der Helena sang, ist folgendes kleines Gedichtchen zu Ehren von einem Unbekannten verfertigt, und gedruckt ausgegeben worden:

›Unwiderstehlich muß die Schöne uns entzücken,
Die frommer Andacht Reize schmücken;
Wenn jemand diesen Satz durch Zweifeln noch entehrt
So hat er dich niemals als *Helena* gehört.‹«

Der Teufel ist jedenfalls los im jungen Goethe, die Liebe auf dem Lande und in der Stadt wird in allen Formen geübt, in Schreibübungen auf dem Papier zumeist. Die Schwester nennt nur ihre neue Freundin Käthchen Fabricius, und Goethe schreibt zurück: »Meine Dichterphantasie malt mir Mlle Fabricius noch als schöner und klüger als sie ist, und in Zukunft wird sie meine Annette oder Muse sein ...« Er hat verschiedene Annetten, verschiedene Käthchen. Sein Studienfreund Behrisch erzählt von seiner Schwester Auguste in Dresden, und sogleich heißt es: »Hölle! das gute Mädgen haben wir seit guten 4 Wochen ganz vergessen« – vier Wochen sind damals eine lange Zeit für ihn –, »und wenn je ein Mädgen verdient hat, daß man an sie denkt, so hat's die verdient. Mercke Dir das. Und wenn sie herkömmt, so verlieb ich mich in sie, das ist schon ausgemacht, wo ich's nicht schon bin, und da spielen wir einen Roman vice versa, das wird schön seyn. Gute Nacht, ich bin besoffen wie eine Bestie.« Auch dies, das Saufen, zu einem Mitstudenten, wird Dichterphantasie sein.

»Vraiment j'aime les filles touttes ensemble ...«

Die Dresdner Annette oder Auguste läßt ihm lange keine Ruhe. Freund Behrisch scheint diese Liebe nicht ganz ernst genommen zu haben. Da protestiert er: »Augusten, ja das wäre gut, daß ich mich nicht in sie verlieben würde! Aber Teufel: ich liebe sie doch recht sehr!« Sie hat ihm einen Zettel geschrieben; auch die Mädchen gehen auf dies Spiel immer ein: »Verzeihen Sie die Freiheit einer Ihnen gänzlich unbekannten Person ...« Der liegt »so gut als eins der besten Bigliettis in meinem Prachtkasten. Wüßte es mein Mädgen!« – die Leipziger Annette diesmal –, »Ventresaintgris, die würde mir den Kopf voll lärmen!«

Er hat sich bereits einen »Prachtkasten« angelegt, ein kleines Goethe-Archiv, für alle die Billetts. Die Dresdner Auguste hat er nie mit Augen gesehen, ebensowenig die spätere Auguste Stolberg, der er seine dichterisch schönsten Liebes- und Bekenntnisbriefe geschrieben hat. All diese Zettelchen und Gedichtlein der Leipziger Zeit, diese Lisettchen, Lottchen, Käthchen, Fritzgen und wie sie heißen, sind nur die Liebe oder Liebelei im ganzen, *touttes les filles ensemble*, und diese Verteilung auf mehrere Personen wird in seinem Leben noch häufig wiederkehren. Sein Studiengenosse Horn aus Frankfurt schreibt nach Hause, Goethe mache nun listig »einer gewissen Fräulein die Kur«, was nach dem Sprachgebrauch eine junge Dame von Stande bedeutet, man neckt ihn deshalb in der Gesellschaft, »vielleicht glaubt sie selbst, daß er sie liebt; aber die gute Fräulein betrügt sich«. In Wirklichkeit liebt er ein Mädchen, das »unter seinem Stand ist«, aber reizend. »Denke Dir ein Frauenzimmer: wohl gewachsen, obgleich nicht sehr groß; ein rundes, freundliches, obgleich nicht außerordentlich schönes Gesicht, eine offene, sanfte einnehmende Miene; viele Freimütigkeit, ohne Koketterie; einen sehr artigen Verstand, ohne die größte Erziehung gehabt zu haben.« Sie ist tugendhaft, »und so unschuldig seine Liebe ist, so mißbilligt er sie doch. Wir streiten sehr oft darüber ...«

Noch immer wird darüber gestritten, wie es mit der Tugend dieses Käthchen Schönkopf gestanden haben mag. Sie ist sogar zu Denkmalsehren gelangt, nachdem Goethe sie in DICHTUNG UND WAHRHEIT mit einer charmanten Porträtbüste versehen hatte. Da werden höchstwahrscheinlich, wie im poetischen Verfahren legitim, verschiedene Personen in eine Gestalt zusammengedichtet, die ganze Leipziger Liebelei kulminiert in einem Käthchen. Es gibt auch von ihm Briefe über sie aus dieser Zeit; feurigste Episteln, Vorübungen im Werther-Stil, gut komponiert, rasend vor Leidenschaft, Eifersucht, Angst, der ganze Katalog eines Liebenden wird hergebetet, unvergleichlich stürmischer als in den schäferlichen Rokokogedichtlein, die er damals schreibt. Der *Sturm und Drang* ist schon in voller Blüte, längst ehe er als Literaturepoche in Kraft tritt.

»Noch so eine Nacht, wie diese, Behrisch, und ich komme für alle meine Sünden in die Hölle!« Er malt die Qualen der Eifersucht: Käthchen soll im Theater sein: »Ha! in der Komödie! Zu der Zeit, da sie weiß, daß ihr Geliebter krank ist. Gott!« Er rennt hin, sieht einen Galan hinter ihrem Stuhl, er knirscht mit den Zähnen, das Fieber packt ihn: »Ich dachte in dem Augenblick zu sterben... ich glaube, ich tränke Gift von ihrer Hand...« Er nimmt eine neue Feder zur Hand, die erste ist vom Hinwühlen der Sätze stumpf geworden. »Kennst du einen unglücklicheren Menschen, bei solchem Vermögen, bei solchen Aussichten, bei solchen Vorzügen, als mich... Ha! Alles Vergnügen liegt in uns! Wir sind unsre eigenen Teufel, wir vertreiben uns aus unserem Paradies...« Seitenlang geht das, Himmel und Hölle, und »die Erinnerung überstandener Schmerzen ist Vergnügen«, nachdem sich Käthchens Unschuld erwiesen.

Sehr unschuldig ist das alles. Es fehlt auch nicht ein gewisser Humor nach der Raserei: »Ich riß mein Bett durcheinander, verzehrte ein Stückchen Schnupftuch und schlief bis acht auf den Trümmern meines Bettpalastes.« Es fehlt auch nicht der sehr charakteristische Angsttraum seines Lebens: »Die Winke an der Türe, die Küsse im Vorüberfliegen, und dann auf einmal Ft! – da hatte sie mich in einen Sack gesteckt.« Immer wird ihn dieser furchtbare Gedanke verfolgen, von einem Weibe in einen Sack gesteckt zu werden; es ist eines der Grundmotive seines Lebens, die Furcht, gebunden zu sein an Händen und Füßen. Hier macht er sich noch etwas lustig: »Ein rechter Taschenspielerstreich. Meerschweinchen hext man wohl... herein, aber einen Menschen wie mich, das ist unerhört.« Recht literarisch fügt er hinzu: »Ich philosophierte im Sacke und jammerte ein Dutzend Allegorien im Geschmack von Schäckespear wenn er reimt.«

Er hat noch nicht viel von Shakespeare gelesen, nur eben ein paar Reime und Sentenzen einer Anthologie SHAKESPEARE'S BAUTIES, vom wunderlichen Kaplan Dodd in London, dem »Stutzer-Pastor« und Scheckfälscher, der grausam hingerichtet wurde nach einem bunten Leben; eine bunte Sammlung von Prachtstellen und die erste Quelle für die frühe deutsche Shakespeare-Begeisterung.

Das elegante Zitieren des großen, damals neuen Namens hebt die Komposition. Und ein andermal heißt es ganz unmißverständlich: »Mein Brief hat eine hübsche Anlage zu einem Werckchen.«

Vergebliche Liebesmüh also, diese Wirrungen aufzulösen oder einen genauen Ablauf der Käthchen-Affäre feststellen zu wollen, die Goethe selber Ännchen nennt in DICHTUNG UND WAHRHEIT: »Meine frühere Neigung zu Gretchen hatte ich nun auf ein Ännchen übergetragen...«, das Verbum ist schon bezeichnend. Als »kleine Heilige... eine Zeitlang« wird sie im Schrein des Herzens aufgestellt, und das Adjektiv ist charakteristisch.

Wie Gretchen führt sie in die Wirtshaussphäre. Die Schönkopfs hielten kein eigentliches Gasthaus, aber sie nahmen Gäste als Pensionäre auf, hatten eine Mittagstafel, und man trank Wein bei ihnen; Goethe hat dem Vater eine sehr hübsche Etikette für seine Weinflaschen radiert. Das Käthchen war zwanzig, eine schon etwas gesetztere Jungfer nach damaligen Begriffen, und mit der ersten Andeutung eines kleinen Doppelkinns auf der Miniatur, die in Goethes Auftrag gemalt wurde. Sie war nicht kokett wie die anderen Leipziger Mädchen, über die Goethe klagt; die Koketterie und die Eifersuchtsszenen kamen von seiten des Jünglings. Sie bediente die Gäste mit, und Goethes Szenen bezogen sich auf die Pensionäre. »Was meynst Du, Behrisch, sollte es nicht bloßer Stolz seyn, daß sie mich liebt? Es vergnügt sie, einen stolzen Menschen wie ich bin an ihrem Fußschemel angekettet zu sehen. Sie hat weiter nicht auf ihn acht, so lang er ruhig liegt; will er sich aber losreißen, dann fallt er ihr erst wieder ein, ihre Liebe erwacht wieder mit der Aufmercksamkeit...« Das Sichlosreißen, Flüchten ist sein Hauptaugenmerk. Es werden nicht nur Eifersüchte gespielt. Käthchen soll auch erzogen werden, denn die Eltern haben dafür nicht viel getan. Geduldig scheint sie das hingenommen zu haben; andere waren widerspenstiger: »Mittlerweile hofmeistre ich hier an meinen Mädchen«, schreibt er an die Schwester, »und mache allerhand Versuche, manchmal geräths, manchmal nicht. Die Mlle Breitkopf habe ich fast aufgegeben, sie hat zu viel gelesen, und da ist Hopfen und Malz verloren... Plus que les mœurs se raffinent, plus les hommes se depravent.« Käthchen hat nicht zu viel gelesen. Sie näht ihm Manschetten, sorgt ein wenig für ihn, erlaubt ihm auch einmal, während sie mit dem Zukünftigen ins Theater geht, an ihrem Schreibsekretär zu sitzen: »Sie haben doch immer irgendeine Narrheit im Kopf, in Versen oder in Prosa, bringen Sie das nur zu Papier nach Gefallen!« Als rührendes Symbol läßt sie ihm zwei Äpfelchen auf dem Tisch, die er mit Behagen auffrißt. Sie ist bereits verlobt und bald nach Goethes Fortgang aus Leipzig verheiratet.

Aus dem Weinschank hinüber zum vornehmen Verlegerhaus ›Zum silbernen Bären‹, der noch jetzt das Verlagszeichen der Musikfirma Breitkopf bildet. Die Demoiselle, Konstanze, war ihm zu belesen, aber mit der Familie, und vor allem den Brüdern, freundete er sich an. Der älteste Sohn Bernhard komponierte und setzte Goethes Lieder in Musik; in dem vom Vater Breitkopf neu belebten Notendruck mit beweglichen Lettern wurde ein Heft gedruckt Neue Lieder mit Melodien; es erschien 1770 und war die erste Sammlung von

Goethes Gedichten und übrigens auf lange hinaus die einzige. Goethes Name war nicht erwähnt. Eine erste Kritik erschien in Hillers Zeitschrift und rühmte, daß die Texte alle unbekannt seien; »wenn man sie liest, wird man gestehen, daß es dem Dichter keineswegs an einer glücklichen Anlage zu dieser scherzhaften Dichtungsart fehle«; die Musik wird »artig« genannt, und das ist auch ungefähr alles, was sich über sie sagen läßt.

Das Heft verschwand bald; es war eine Art Privatdruck; Bernhard Breitkopf blieb auch nicht bei der Musik, sondern wanderte nach Rußland aus und wurde Staatsrat. Im ›Silbernen Bären‹ waren aber nicht nur Musikalien zu Hause, obwohl die Firma schon damals bedeutend war, einflußreich weithin durch ihren gedruckten, thematischen Katalog aller Neuerscheinungen, eine sehr sinnreiche Institution, die es weder vorher noch nachher gegeben hat; heute eines der Grundwerke für unsere Kenntnis der Musik des 18. Jahrhunderts. Eine ganz imposante Büchersammlung kam hinzu, von 20 000 Bänden, mit Inkunabeln, den schönsten Schreibbüchern und einer vollständigen Bücherreihe zur Geschichte des Buchdrucks und der Schriftgießerei. Das Haus Breitkopf experimentierte mit neuen Druckverfahren, chinesischen Bildzeichen, in Typen gedruckten Landkarten, Spielkarten und Tapeten. Auch in dieser Breitkopf-Sammlung war etwas vom Universalismus der Zeit. Goethe hat hier etwas umhergestöbert und sich »einige Kenntnis« über die Buchdruckerkunst erworben.

Im obersten Stock des ›Silbernen Bären‹ wohnte ein Kupferstecher, Stock, der für die Firma Vignetten stach, mit seinen beiden Töchtern, die später als Künstlerinnen bekannt wurden. Da saß der junge stud. jur. und widmete sich einer neuen Passion. Das Zeichnen war schon von Frankfurt her seine stille Liebe. Nun lernte er Stechen, Holzschneiden, Radieren; ein Exlibris für Käthchen Schönkopf wurde, mit Stocks Hilfe, angefertigt; zwei große Blätter mit Landschaften folgten, nach Vorlagen in den Leipziger Privatsammlungen. In denen tat man sich nun ebenfalls um, und die für ihre Zeit sehr respektablen Leipziger Kabinette der wohlhabenden Kaufmannshäuser sind Goethe sehr viel deutlicher in der Erinnerung geblieben als die Hörsäle.

Ernsthaft wurde beim Maler Adam Oeser gezeichnet, der in der Pleißenburg hoch oben in den Bodenräumen eine Mal- und Zeichenakademie abhielt. »Wundersam und ahnungsvoll« erschien Goethe schon der Aufstieg auf der Wendeltreppe, der lange Gang am Kornboden vorbei, alles unendlich bescheiden, fast ärmlich, ehe man dann in die Wohnräume und das Atelier trat. Bescheiden bis zur Ärmlichkeit war auch die Lehrmethode des Meisters oder seine ästhetische Weisheit. Auf »edle Einfalt und stille Größe« lief es hinaus; Oeser ist der große Lehrer eines Winckelmann und Goethe geworden. Dem

Barock und dem »Schnörkel- und Muschelwesen« des Rokoko wurde
Fehde angesagt; Oesers eigene Vignetten, mit denen er Wielands
Werke dekorierte, sind für unsere Augen reinstes, wenn auch recht
mattes Rokoko. Der Einfluß des Mannes ist uns kaum mehr begreiflich; ein Zuckerbäcker war sein erster Lehrmeister gewesen, und die
Hofkonditoren nahmen noch bei dem hochberühmten Akademie-
direktor Unterricht, die Silberschmiede, die Musterzeichner der Textil-
fabriken, die Bauherren fragten ihn um Rat, der nie eine Architek-
turzeichnung zusammengebracht hat und dessen Großgemälde jeden
Halt vermissen lassen. Seine Zeichnung war unbestimmt, aber seine
Lehren bestimmten den Zeitgeschmack. Parolen sind oft mächtiger
als Leistungen. Oeser hat wie mit einer Stimmgabel in einer dafür
bereiten Stunde auf Jahrzehnte hin den Ton angegeben, und nach
seinem Kammerton richteten sich sogar die Dichter und Denker.

»Wie gewiß, wie leuchtend wahr ist mir der seltsame, fast un-
begreifliche Satz geworden«, schrieb Goethe an Oeser, »daß die
Werkstatt des großen Künstlers mehr den keimenden Philosophen,
den keimenden Dichter entwickelt als der Hörsaal des Weltweisen
und des Kritikers.« – »Den Geschmack, den ich am Schönen habe,
meine Kenntnis, meine Einsichten, habe ich die nicht alle durch Sie?«,
so dankte er überschwenglich nach der Rückkehr nach Frankfurt. Es
war ein Wendepunkt seines Lebens und seiner Kunstanschauung.

Es gibt auch das Phänomen des schöpferischen Irrtums. Goethes
gewaltige Schöpferkraft, noch aus ganz anderen Quellen gespeist, hat
Oesers Lehren in unvergleichlich höhere Regionen erhoben. Vieles
aber aus der Schule des Meisters ist ihm zeitlebens verblieben, und
was nur zierliches Vignettieren in seinem Werk ist oder eben an-
genehm-gefällig ohne weitere Anstrengung, das geht auf Oeser zurück.

Die Antike! Die Griechen! »Die Statuen und größeren Bildwerke
der Alten bleiben Grund und Gipfel aller Kunstkenntnis!« Das wurde
ihm dort in der Mansarde der Pleißenburg eingeprägt. Was sah er
aber an antiker Kunst? Ein oder zwei Gipsabgüsse allenfalls standen
da im Atelier; im übrigen wurden die Schüler vor allem auf die Schwefelpasten nach Gemmen und Kameen verwiesen. Die hielt man für
die unbezweifelbar echten Zeugnisse antiken Geistes, und sie waren
erreichbar, leicht zugänglich, man sammelte die Abdrücke in großen
Alben und Kästen; ein gewisser Lippert vertrieb sie in alle Länder.
Man konnte solch einen Kasten aufschlagen wie ein Buch und
glaubte, mit einem Zauberschlag auf antikem Boden zu weilen. *Die
Antike* – das waren Lipperts gelblich-grünliche kleine Abgüsse von
kleinen Gemmen und Kameen, die obendrein zum größten Teil gefälscht waren. Lessing trug eine solche Paste Lipperts als heiligen
Talisman am Finger, vom Meister ihm geschenkt. Die *Daktyliothek,*

wie er diese Kästen feierlich getauft hatte, war für ein ganzes halbes Jahrhundert ein heiliger Quell, aus dem unablässig geschöpft wurde. Das war so reinlich, sauber, faßlich, man konnte die Abgüßlein in die Hand nehmen, drehen und wenden und über ihnen sinnen, man glaubte wahrhaftig, die großen Gestalten des Altertums vor sich zu sehen, im Umriß.

Aus solchen farblosen Umrissen oder aus kahlen, oft fast fratzenhaften Kupferstichen baute man sich die mythischen Alten auf; Lessing hatte nie auch nur einen Gipsabguß des *Laokoon* gesehen, als er das einflußreichste ästhetische Grundbuch der Zeit schrieb. Man kann darüber lächeln, aber die seither so unvergleichlich gründlicher entwickelte Kenntnis der Reste des Altertums hat nie wieder solche Wirkungen hervorgebracht wie diese Zauberkästchen mit den Fälschungen. Es war eben die Ahnung, das Weiterdenken-Können, das Phantasieren wie in der gleichzeitigen Musik über ein angeschlagenes Thema, was schöpferische Kräfte heraufrief. Wenn Lipperts Pasten fragwürdig waren – persönlich war er übrigens ein ehrlicher, ergreifend fleißiger Autodidakt –, wenn die Gipse und Stiche Irrtümer bedeuteten, wenn das ganze gebleichte, marmorweiße Bild der Antike uns jetzt grundverkehrt erscheint, so entstand daraus doch etwas: eine große Kunstrichtung, Klassizismus, Klassik, in der bildenden Kunst wie in der Dichtung. Wir haben unsere eigenen ästhetischen Parolen, Fälschungen und Irrtümer, und sie sind ebenso fruchtbar.

Oeser, der freundliche Herr mit den weichen Gesichtszügen, war der große Lehrer für Goethe, bis weit über die Leipziger Zeit hinaus. Die Freude an der Kleinkunst, den Gemmen und Kameen, hat er immer wieder empfunden, und wenn ihm später eine solche Sammlung wie bei der Fürstin Gallitzin in die Hände kam, so hat er solche »unschätzbaren Kostbarkeiten« wie Juwelen gehegt und zur Hand genommen. Auch bei Oesers Zeichnungen mit ihren Neigungen »zum Bedeutenden, Allegorischen, einen Nebengedanken Erregenden« gab es immer etwas »zu sinnen ... sie wurden vollständig durch einen Begriff, da sie es der Kunst und der Ausführung nach nicht sein konnten«. So sagt er im Rückblick. Es ist eine entscheidende Stelle.

Der Unterricht war mäßig, wie Goethe nicht umhin kann zu bemerken, man lernte nicht viel beim Zeichnen der unbestimmten Figuren, die kaum ein Gesicht hatten, flossenartige Hände, schwebende Bewegungen. Aber der Mann hatte etwas persönlich Bezauberndes. Als geborener Österreicher verstand er sich auf den Umgang mit Menschen. In seinem Familienkreis mit den beiden Töchtern, auf seinem Landgut fand der heimatlose Junge etwas Wärme; der Tochter Friederike, der ersten dieses Namens in seiner Liste von Freundinnen, hat er noch aus Frankfurt die reizendsten Briefe geschrieben, nachdem die Leipziger zwölf Geliebten längst vergessen waren.

Oeser ist uralt geworden, so alt wie Goethe. In Weimar ist er noch oft als Gast gewesen, immer gefeiert, herzlichst begrüßt; auch da schätzte man ihn als Anreger, »ich hab's so'n bißl angegeben«, sagte er schon in Leipzig, wenn ein Fremder staunend auf die Kunstschätze und Sehenswürdigkeiten hinwies. »Der Alte«, so schreibt Goethe einmal, »hatte den ganzen Tag etwas zu kramen, anzugeben, zu verändern, zu zeichnen, zu deuten, zu besprechen, zu lehren, so daß keine Minute leer war. Die Herzogin Anna Amalia war sehr vergnügt, wenn er da war.« Sie war auch einmal mißvergnügt, als der alte Herr einer ihrer Kammerjungfern ein Kind machte, er mußte eine Weile fortbleiben und wurde bald wieder eingeladen. Man kann Goethes eigene Neigungen der mittleren und unteren Regionen in der Schilderung nicht verkennen.

Drei Jahre, eine ganz ergiebige Studienzeit, sind so mit Zeichnen, Kunstbetrachtungen – auch einem Besuch der berühmten Dresdener Gemäldegalerie –, Liebeleien, Briefen, Briefgedichten und spöttischem Umherschauen auf die Menschen vergangen. Eigentliche Freunde hat sich Goethe in dieser Zeit nicht gemacht, vom alten Oeser und seiner Tochter abgesehen. Keinen der Studiengenossen hat er weiterhin beibehalten. Der wichtigste, Behrisch, verschwindet dann aus seinem Leben, und als man Goethe ganz spät seine Briefe an den Frankfurter Mitgenossen Horn aus dessen Nachlaß übersandte, vernichtete er sie als »unerfreuliche Jugenderinnerungen«, mit Kopfschütteln über eine Zeit, die ihm im Rückblick gänzlich trostlos schien.

Behrisch, älter als Goethe, bereits Hofmeister eines unehelichen Fürstensohnes, war sein Mentor, Vertrauter für die feurigen Briefepisteln, auch Anstifter für allerlei Unfug und Umgang mit Mädchen, »die besser waren als ihr Ruf«, wie Goethe vorsichtig bemerkt. Er mutet an wie eine erste Skizze zum späteren Freunde Merck; ein wenig skurril mit seiner Vorliebe für graue Kleidung in allen nur erdenklichen Schattierungen, ein wenig mephistophelisch in seinen Ratschlägen, wie man die Weiber behandeln solle, boshaft und trübsinnig, eine ehrliche Haut und ein Narr. Wegen allzu lässiger Betreuung seines Zöglings wird Behrisch dann aus seiner Stellung entlassen, kriecht am milden Dessauer Hof unter und stirbt dort völlig vergessen. Auf seinen Wunsch legt man ihm die Abschriften der drei Oden in den Sarg, die Goethe in Leipzig auf ihn gedichtet hat, und dessen Liederbuch.

Der Unfug, der Behrisch sein Amt kostete, war teils literarisch-studentischer Übermut, teils etwas weniger harmloser Art. Eine kleine Clique hatte sich zusammengetan, zu der auch Goethe gehörte. Man dichtete übermütige Spottverse auf einen der akademischen Lehrer, einen Clodius, Nachfolger Gellerts im Amte des schöngeistigen Unterrichts. Ein kleiner, untersetzter Mann mit fahrigen Bewegungen, hochangesehen aber in der Stadt als der offizielle Poet bei allen Gelegenheiten, von bester Moral; an den Wänden seines Zimmers hingen als Anschauungsunterricht Kupferstiche, die Liebe zum Vaterland, Tugend und gute Sitten priesen. Mit wichtiger Miene empfing er die Studenten, versicherte, er sei ungemein beschäftigt als Dichter, »den seine unaufhörlich tätige Imagination in einem Nu in allen 4 Weltteilen, in dem ganzen Planetensystem und in allen vergangenen, gegenwärtigen und zukünftigen Zeiten herumträge«; aus dem Nebenzimmer ertönte dazu Gesang und Klavier seiner Frau, die ebenfalls dichtete. Mahnend äußerte er sich über die mutwillige junge Generation:

»Nicht jeder leere Kopf, der auf dem Dreyfuß schäumet
Und wie die Pythia Orakel-Sprüche träumet ...
Nicht Lästrer, die der Haß mit stillem Gifte nährt,
Sind eines Addisons und weisen Gellerts werth.«

Goethe hatte ihm bescheiden ein aus Frankfurt bestelltes Hochzeitspoem zur Kritik vorgelegt, Clodius hatte mit roter Tinte die allzu vielen mythologischen Wendungen gestrichen, was dem jungen Dichter für ein halbes Jahr den Mut benahm, auf dem Dreifuß zu träumen. Nun rächte man sich an ihm. Auch Clodius kam ohne die obligaten Götternamen nicht aus. Goethe dichtete einen »Päan« an den Konditor Händel, in dessen Lokal vor den Toren, dem ›Kuchengarten‹, man Kuchen aß; die Leipziger Studenten waren keine wüsten Saufhelden wie die in Gießen, Jena oder Halle. Man kritzelte Verse an die Wände. Goethe unterstrich in seinem Poem die *Päan, Olymp, Kothurn,* die Clodius' Poem parodierten. Der Jugendfreund Horn schrieb noch einige Verse dazu, Abschriften zirkulierten, »allgemeine Mißbilligung erfolgte«, die Sache wurde bis nach Dresden an die Regierung berichtet, der Vater des unehelichen Fürstensohnes erfuhr davon und untersuchte die Hofmeisterschaft Behrischs etwas genauer.
    Dabei kamen auch die Mädchen, die »besser waren als ihr Ruf«, zur Sprache. In Goethes Briefen an den »dürren Teufel« Behrisch werden zwei genannt: »Ja, Behrisch ich habe meine Jetty eine halbestunde ruhig, ohne Zeugen unterhalten, ein Glück, das ich jetzt manchmal genieße, sonst nie genoß. Diese Hand, die jetzt das Papier berührt um Dir zu schreiben, diese glückliche Hand drückte sie an meine Brust. O Behrisch, es ist Gift in diesen Küssen! Warum müssen sie so süße seyn. Sieh diese Seeligkeit habe ich Dir zu danken, Dir! Deinem Rath, deinen Anschlägen. So eine Stunde! Was sind tausend von den runzlichten, todten, mürrischen Abenden gegen sie?«
    Weiter unten die andere: »Ich bin bei Fritzgen gewesen, die ganz eingezogen geworden ist. So sittsam, so tugendhaft! ... Kein nackend

Hälsgen mehr, nicht mehr ohne Schnürbrust, daß es mir ordentlich lächerlich tuht. Sie ist manchmal Sonntags allein zu Hause. Vierzehn Tage Vorbereitung, und so ein Sonntag sollte die Ehrbarkeit von dem Schlosse wegjagen, und wenn zehn solche Injenieurs zehn solche halbejahre an der Befestigung gearbeitet hätten ... könnte ichs nur ungestraft tuhn.« Er fürchtet die »Nägel und Stricke«, die bei Käthchen parat stehen, wenn sie es erführe. Sonst »würde ich die Affaire des Teufels übernehmen und das gute Werck zu nichts machen«.

Die Auflösung gibt der Schluß: »Kennst Du mich in diesem Ton Behrisch? Es ist der Ton eines siegenden jungen Herrn. Und der Ton und ich zusammen! Es ist komisch. Aber ohne zu schwören, ich unterstehe mich schon ein Mädchen zu verf – wie Teufel soll ich's nennen. Genug Monsieurs, alles was Sie von dem gelehrigsten und fleißigsten Ihrer Schüler erwarten können.«

Es ist nicht der Ton eines siegenden jungen Herrn, der schon bei dem folgenschweren Wort verführen stockt; wir brauchen das nicht weiter auszudeuten. Goethe ist weit davon entfernt, der stürmische Götterjüngling zu sein, als der er so gerne gedacht wird. Er ist vorsichtig im Leben und kühn auf dem Papier. Das gilt nicht nur für diese Leipziger Zeit, und nur deshalb sind diese sonst recht unbeträchtlichen Jettys und Fritzgen der Erwähnung wert.

Leipzig war nun freilich nicht nur die Stadt der Professorengattinnen und braven Bürgerhäuser, zu denen auch die Schönkopfs gehörten. Es war eine Messestadt. Für die Fremden, und nicht nur für diese, hatte man die gehörige Anzahl von »Nymphen« zu unterhalten. Das galante Leipzig hieß es; es gibt eine ganz ausgiebige Literatur darüber, Das galante Leipzig, nach der Moral beschrieben, von einem Theologiestudenten, dem man die Kanzel verbot; er wurde Medizinprofessor; ein Leipzig im Taumel ist das frechste.

Wieweit Goethe auch da hineingetaucht ist, wissen wir nicht. Das übliche Studentenleben war gar nicht seine Sache. Nur als entfernter Beobachter schildert er das. Er rauchte nicht, tanzte selten, trank mäßig, er raufte sich nicht, wenn er auch einen Degen trug; sehr rasch, bei seiner ausgesprochenen Empfindlichkeit, zog er sich zurück, auch von den Gesellschaften, die ihm bald zuviel wurden. Seine Launen, so bekennt er, mußten selbst guten Freunden »widerlich« sein. Am ehesten fühlte er sich wohl in irgendeinem Familienkreis behaglich-sanfter Art, mit Kindern oder älteren Jungfern, die ihn mütterlich betreuten, bei Oesers, den Breitkopfs. Und noch öfter flüchtete er, der immer auf der Flucht war, zu sich selber, in sein »wirriges, störrisches Wesen«, »welches immer zunahm, je unzufriedener ich über meine Umgebung war, indem ich mir einbildete, daß sie nicht mit mir zufrieden sei. Mit der willkürlichsten Laune nahm ich übel auf, was ich mir hätte zum Vorteil rechnen können, entfernte manchen dadurch, mit dem ich bisher in leidlichem Verhältnis gestanden hatte...«

Flucht in die Krankheit endlich, als beste Lösung. Krankengeschichten aus früherer Zeit sind immer recht undurchsichtig; Goethes Leipziger Leiden haben die verschiedensten Auslegungen gefunden, von bloßer Hysterie bis zur Syphilis. Die Gründe, die er selber angibt, sind recht wunderlich. Die Zerrung beim Wagenheben auf der Hinreise und dazu ein Sturz vom Pferde beim Spazierenreiten: das mag hingehen. Das »schwere Merseburger Bier«, das nicht gar so schwer war, habe ihm das Gehirn verdüstert. Der Kaffee – Leipzig war nicht eben für sehr starken Kaffee berühmt – soll ihm, gar noch als Milchkaffee, die Eingeweide paralysiert haben. Durch Kaltbaden und hartes Lager will er sich weiter ruiniert haben, »nur leicht zugedeckt, wodurch denn alle gewohnte Ausdünstung unterdrückt wurde«. Endlich habe er seinen Organismus derart »verhetzt«, daß die »darin enthaltenen besonderen Systeme zuletzt in eine Verschwörung und Revolution ausbrechen mußten, um das Ganze zu retten«. Von einem Blutsturz ist die Rede, einer Geschwulst am Halse. Gleichzeitig fühlte er sich nach dieser Krise heiter wie lange nicht, frei, gelöst.

Alle besuchen ihn, auch die Leute, die er durch seine Mißlaunigkeit gekränkt; mit einem Male fühlt er sich von Freundschaft und Fürsorge umgeben. Er liest die antiken Klassiker, disputiert mit einem Theologen über die Bibel und fährt schließlich zurück in die Vaterstadt. Als »eingewickelter Knabe« war er ausgefahren, schmal und zart, eingewickelt in seinen Mantel, blaß, mit übergroßen Augen kehrte er heim, »gleichsam als Schiffbrüchiger«.

Launen des Verliebten

Der stud. jur. brachte aus den drei Jahren nicht viel mit, was er dem Vater vorzeigen konnte. Der Rat kann sich unmöglich über den übel aussehenden Sohn gefreut haben oder über den Mantelsack mit Zeichnungen und Manuskriptplänen. Es gab Szenen, aber man kam stillschweigend überein, erst einmal eine Pause eintreten zu lassen. Die Schwester, die Goethe in der letzten Leipziger Zeit ziemlich vernachlässigt hatte, trat wieder nahe an den Bruder heran und klagte über die Härte des Vaters, der sie die eigene Härte entgegengesetzt hatte. Ihre ganze aufgestaute Liebesfähigkeit wird über den Bruder ausgeschüttet, sie sucht ihn zu erheitern; man entwickelt eine eigene Geschwistersprache, die allen andern unverständlich ist, aber auch keck vor den Eltern angewendet wird. Es ist ein Sicheinspinnen, ein Kokon-Stadium.

Ganz untätig war der Knabe in Leipzig nicht gewesen. Was er freilich in DICHTUNG UND WAHRHEIT an Bildungserlebnissen und literarhistorischen Rückblicken – vielfach aus Handbüchern – vorlegt, will nicht überzeugen. Gelesen hat er sicherlich viel in diesen Jahren, meist rasch nach seiner Art; ins Theater ist er viel gegangen; man hat selber Komödie gespielt, mit den Breitkopfs und ihren Nachbarn, den Obermanns, und dabei weitere Liebeleien angezettelt. Die MINNA Lessings war dabei, nebst vergänglicheren Produkten. Winkelmanns großer Name ist durch Oeser aufgerufen worden und bleibt ständig im Gedächtnis. Aber die großen literarischen Ereignisse der Zeit, die den Jahreszahlen nach in diese Jahre fallen? Lessings LAOKOON etwa: Gewiß, er erwähnt ihn gebührend, bei Oesers wird davon gesprochen worden sein, nicht allzu freundlich. Was er über das Buch sagt, klingt nachträglich. Eine Begegnung mit Lessing, der damals durch Leipzig kam, hat er vermieden, mit der Begründung, er habe sich nicht andrängen wollen. Er hat aber den Mann ganz offenkundig nicht gemocht und das nur unter der unvermeidlichen Hochachtung vor seinen Verdiensten verborgen. Lessing war ihm zu scharf, zu hell, zu kritisch und auch zu streitsüchtig, was er ja nun auch war, neben anderem. Nur die kleine Abhandlung WIE DIE ALTEN DEN TOD GEBILDET hat Goethe wirklich angerührt. Entzückt war er über die »Schönheit jenes Gedankens, daß die Alten den Tod als den Bruder des Schlafs anerkannt... Hier konnten wir nun erst den Triumph des Schönen höchlich feiern und das Häßliche jeder Art, da es doch einmal aus der Welt nicht zu vertreiben ist, im Reiche der Kunst nur in den niedrigen Kreis des Lächerlichen verweisen.« Und wenn Lessing damit endete, die Künstler aufzurufen, »das alte heitere Bild des Todes« wieder an die Stelle des »scheußlichen Gerippes« zu setzen, so war das damals und auch später Goethe aus dem Herzen gesprochen.

Sonst schreibt er Literaturgeschichte und bemerkt übrigens, es sei ohnehin Ausreichendes darüber publiziert worden. Satirisches hat ihn am ehesten angesprochen; an die »famose Epistel« von Rost erinnerte er sich noch als Greis mit Vergnügen, weil der in seinem »Teufel« den verhaßten Gottsched angegriffen hatte und »gute Köpfe es doch wohl auch gerne sehen mochten, wenn der Teufel manchmal auf dem Theater los war«. Alles andere aber erschien ihm seicht, der ästhetische Streit verwirrend, das Ganze gehaltlos, »ein verzweiflungsvoller Zustand für den, der etwas Produktives in sich fühlte«.

Er fühlte das in sich. Er schrieb, ganze Bände, wenn sie erhalten geblieben wären; Briefbände, Dramenbände, Gedichtbände, englische, französische Verse, eine italienische Oper, ein biblisches Drama BELSAZAR, von dem ein Fetzen existiert, Übersetzungen aus Corneille. Auch SUITEN im studentischen Stil, bei denen es vielleicht schade ist, daß er sie verbrannt hat. In Leipzig gab es aus den Zeiten des frechen und verkommenen Studenten Christian Reuter dafür eine Tradition, der sich an seiner Wirtin und ihren Töchtern als »Schlampampe« mit ihren »Raabenästern« gerächt hatte, nachdem er die Miete schuldig geblieben war. Goethe hat aber lange eine Neigung gehabt, Scheiterhaufen zu errichten, bis die große Goethe-Kanzlei in Weimar eingerichtet wurde, die dann jeden Zettel in Faszikeln einordnete.

Erhalten geblieben sind einige Vershefte und zwei Dramen oder Dramolette: das Schäferspiel DIE LAUNE DES VERLIEBTEN und DIE MITSCHULDIGEN, kein Schäferspiel, sondern ein bitteres, verschlagenes Intrigenstück, erst in Frankfurt ausgearbeitet, mit Frankfurter Zuständen als düsterem Hintergrund. Das Schäferspiel verwandelt seine Leipziger Eifersüchteleien in ein zierliches Menuett von zwei Paaren. Die Bänder flattern, Blumen werden gestreut, Kränze verteilt, man quält sich ein wenig, neckt sich ein bißchen, und es endet mit dem Versöhnungskuß. Jede der Figuren hat ein wenig von Goethe, auch die Mädchen, wie er ja überhaupt mit der stark weiblichen Komponente seines Wesens die Frauen stets liebevoller und deutlicher gebildet hat als die Männer. Das Ganze ist aber vor allem ein Spiel, wie auf einer Spieldose sich drehend, und wenn einmal mit dem Fuß aufgestampft wird, gibt es einen niedlichen Glockenton.

Arkadische Schäferei mit Ziblis, Lyde, Daphnis, Amin oder Emiren sind auch zum größten Teil die Gedichte. Goethe hat sie sehr bald vergessen, mit ganz wenigen Ausnahmen, und das Exemplar, das er besaß, verschenkt. Das kleine gedruckte Heft des jungen Breitkopf kam nur in wenige Hände; ein paar Stücke wurden in Almanachen nachgedruckt. Die Zeitgenossen haben kaum etwas von diesem »jungen Goethe«, der erst nach seinem Tode wiederentdeckt wurde, gewußt.

Eigentlich sollte damals in Leipzig überhaupt nichts gedruckt werden. Goethe hat immer seiner Lyrik gegenüber eine besondere Stellung eingenommen; er fand es sogar ungehörig, für Gedichte Honorar zu verlangen, während er sonst keineswegs schüchtern war im Umgang mit Verlegern. Ein Gedicht: das war etwas für Freunde und Freundinnen, für einen bestimmten Kreis von Menschen, mit denen er sich in lebendigem Kontakt fühlte. Und selbst der WESTÖSTLICHE DIVAN, vom hochberühmten Goethe für das große Publikum gedruckt, hat doch als innersten Kern seine ganze heimliche und rein persönliche Provinz mit Anspielungen, die nur »wir« recht verstehen, das Liebespaar und ein paar Auserwählte, und die nun auch wir verstehen, nachdem das Geheimnis viele Jahrzehnte nach Goethes Tod aufgedeckt worden ist. Der Hang zum Mystifizieren und Sichvermummen war stark bei ihm. Ebenso – er wäre sonst kein Autor – wird auch wieder demaskiert, was die Verwirrung erhöht und das Interesse auf das angenehmste steigert.

So schwankt er in Leipzig hin und her. Er schreibt nach Frankfurt an die Schwester von dem Gedichtheft, das sich allmählich gebildet hat, schickt es aber nicht, er fürchtet, daß man es abschreibt. Im August 1767 sind es »douze pieces qui seroit ecrites en pleine magnificence«; so ist seine Orthographie und Satzbildung im Französischen. »Bis hierher hat es zwölf Leser und zwo Leserinnen gehabt, und nun ist mein Publicum aus. Ich liebe gar den Lärm nicht.« Selten hat ein großer Autor so zaghaft angefangen. Jeder Einspruch macht ihn sogleich mutlos, selbst der des albernen Professors Clodius. Freund Behrisch, nicht nur ein Kauz, sondern auch ein scharfer Kritiker, warnt ihn: Laß das nicht drucken! Er erbietet sich aber, das Heft schön abzuschreiben. Das hat er getan, mit der Rabenfeder. Ein. kleines kalligraphisches Kunstwerk, mit Vignetten und Schlußstücken, aus irgendwelchen Drucken kopiert, ist entstanden. Dies BUCH ANNETTE ist erst Ende des vorigen Jahrhunderts wieder ans Licht gekommen und publiziert worden. Anderes geriet in das gedruckte Heftlein des jungen Breitkopf. Ein drittes Heft schickte Goethe an die sanfte

Freundin Friederike Oeser, nicht an das Käthchen, das inzwischen glücklich verheiratet war.

Zwei der Gedichte hat Goethe 1789 in die erste Ausgabe seiner WERKE aufgenommen, die überhaupt die erste Sammlung seiner Lyrik enthielt, als Zugabe im 8. Bändchen. Er war vierzig. Ein eigener Band GOETHES GEDICHTE erschien erst 1812, vom 63jährigen Meister publiziert. Die Zeitgenossen kannten einzelnes aus Taschenbüchern, schrieben sich auch etwas ab, man hatte noch die Poesiealben und eigene Anthologien. Der Ruhm Goethes als des größten deutschen Lyrikers ist eine späte Angelegenheit.

Fragwürdig sind daher auch die Interpretationen, die einen »ganz neuen Ton« schon in diesen Leipziger Liedern erkennen und eine Epoche der deutschen Dichtung darin sehen wollen. Das gilt nur in der Rückschau und auch nur für wenige Zeilen. Reizvoll genug sind diese Dinge, wenn man sie nicht zu sehr preßt, leicht gereimt, auch mit leichter Prosa durchsetzt, für einen Achtzehnjährigen fast unheimlich »gekonnt«, in vielem auch sehr kindlich. Der Ton des »siegenden jungen Herrn« wird angeschlagen. Siegreich verläßt er die Hütte, seiner Liebsten Aufenthalt, und wandert durch die Nacht, und die Birken streuen ihm mit Neigen ihren süßesten Weihrauch auf. Eine Brautnacht wird vorgeführt, keine besondere Lüsternheit des jungen Goethe, sondern ein allgemein beliebtes Thema bei Hochzeitsgedichten im Familienkreise, wo ein kleiner Neffe als Amor aufzutreten pflegte und ganz wie Goethe den Bräutigam ermahnte:

»Zum Zittern wird nun ihre Strenge
Und deine Kühnheit wird zur Pflicht...«

Der Poet hatte »aufzuwarten«, auch dann noch, als er den GÖTZ und den WERTHER geschrieben. Und, vergessen wir nicht: Selbst der große Herrscher auf dem deutschen Olymp hat zeitlebens »aufgewartet«, pflichtschuldigst. Das »Gelegenheitsgedicht«, das er als einzig berechtigt anerkannte, war nicht immer nur eine Gelegenheit, seine innersten Gefühle auszusprechen. Was man an den Leipziger Liederchen »anakreontisches Getändel« nennt, kehrt immer wieder von Zeit zu Zeit; es gibt nicht nur streng geschiedene, immer höhere Entwicklungsstufen. Manchmal tändelt er auch zu recht unpassender Gelegenheit, so wenn er mitten im Befreiungskrieg 1814 den Amor seiner Rokokojahre um das Bett eines glücklich verwundeten Kriegers gaukeln läßt:

»Der kleine Flügelbube hupft,
Die Wirtin rastet nie,
Sogar das Hemdchen wird zerzupft,
Das nenn ich doch Scharpie!«

Cupido und Mavors tauchen unbefangen unter Hafis und Suleika auf. Und noch der Achtzigjährige schreibt zierlich auf ein Widmungsblatt mit einem Adler, der mit einer Leier nach oben strebt:

> »Sollen immer unsre Lieder
> Nach dem höchsten Äther dringen?
> Bringe lieber sie hernieder,
> Daß wir Lieb und Liebchen singen.«

Das ist der gleiche Ton wie in den Leipziger Verslein, in denen kein Adlerflügel rauscht, aber Lieb und Liebchen gesungen werden. Auch diese Gedichte sind bestellt: »auf Befehl meiner Mädgen«. Der Plural dominiert, es sind mehrere Annetten. Im Kreis sollen sie sich um ihn lagern: »Mädchen, setzt euch zu mir nieder / Niemand stört hier unsre Ruh«, altkluge Weisheiten werden gelehrt, wie man die Spröden fangen, wie man der Ehe entgehen soll, dem dunklen »Sack« seines Angsttraumes; das Mädchen hat ihn zum Altar gehen sehen, im Traum, er hat ihr Küsse geraubt, und nun flieht sogleich das reinste Glück, »wie Träume fliehn die wärmsten Küsse / Und alle Freude wie ein Kuß«. Es gehört sich, daß man auch etwas traurig ist. Die Libelle flattert um die Quelle, farbig spielend wie das Chamäleon, schwirrt und setzt sich: »Da hab ich sie! Da hab ich sie! Und nun betracht ich sie genau / Und seh ein traurig dunkles Blau – / So geht es dir, Zergliedrer deiner Freuden!«

Mondlicht-Nebel schwimmt mit Silberschauer – ein erstes kühnes Wortbild – um ein reizendes Gesicht; eine Haarsträhne wird geraubt, »lebendgen Teil von ihrem Leben, / Ihn hat nach leisem Widerstreben / Die Allerliebste mir gegeben ...« Und dann, in dem fließenden Rhythmus des Liegens im Bache, in der Erinnerung an das geliebteste Mädchen, unter den wechselnden Wellen:

> »Es küßt sich so süße der Busen der Zweiten,
> Als kaum sich der Busen der Ersten geküßt.«

Das ist noch ein klein wenig kokett, aber es ist schon ein Lebensmotiv, das immer wiederkehren wird.

Lieder im genaueren Sinn sind diese Gedichte meist nicht, viele sind eher Verserzählungen, und der junge Breitkopf hat seine Mühe gehabt, das in seinen als Zwiegesang gedachten Kompositionen mit ihren trippelnden Terzen einzufangen. Aber wie leicht, wie hell tanzen diese Verse dahin! Wie gut steht dem siegenden jungen Herrn auch das Innehalten in melancholischen Augenblicken: ein traurig dunkles Blau ... Man soll das nicht zergliedern.

Dämmerung

In einem eigentümlichen Zwielicht bringt Goethe die nächsten neun Monate in Frankfurt hin. Er ist krank heimgekommen, heiter zugleich, wie er sagt; er läßt sich ganz gleiten, vertraut sich der Fürsorge der Schwester und Mutter an und ist gereizt über die Ungeduld des Vaters, der den »Kränkling« nun doch bald wieder auf der Universität sehen und von hypochondrischen Klagen nichts hören will. Die Krankheit ist dagegen ein willkommener Schutz, der ausgiebig wahrgenommen wird. Was Goethe eigentlich gefehlt hat, ist auch von den Medizinern, die sich mit seiner Krankengeschichte beschäftigt haben, nicht klar ergründet worden; seine eigenen Angaben sind unklar genug, und von anderen haben wir darüber keine Mitteilungen. Goethe hat immer viel geklagt über seinen Gesundheitszustand, über die Zähne, die ihm zeitlebens zu schaffen machten und denen damals auch niemand helfen konnte, über Husten und Verdauungsbeschwerden, die später einige der großen Krisen hervorriefen. Er ist andererseits uralt geworden und wurde immer wieder als »strahlender Apoll«, dann als »herrlicher Greis« und Urbild eines nahezu Unsterblichen geschildert. Ein schwerer Hypochonder war er jedenfalls, und das Wort »heiter«, das er so sehr liebt, ist vor allem eine Anrufung an die Götter.

Er war aber damals in Frankfurt nicht nur ein eingebildeter Kranker. Eine Geschwulst an der Halsseite mußte geschnitten werden, und der Chirurg berechnete dafür die enorme Honorarsumme von 96 Gulden; die Frankfurter Ärzte lebten in großem Stil. Für den als geizig gescholtenen Rat war nichts zu teuer, wenn es sich um den einzigen Sohn handelte. Ein weiterer Arzt behandelte die Lunge und kassierte ein kaum kleineres Honorar. Als Tuberkulose der Lunge und der Halslymphdrüsen wird der Fall am plausibelsten gedeutet; dazu kommt noch eine schwere Verstopfung, der man ganz hilflos gegenübersteht, bis ein »unerklärlicher, schlaublickender, befremdlich sprechender, übrigens abstruser Arzt«, wie er ihn nennt, ein mysteriöses Geheimmittel anwendet. Das kräftige Glaubersalz, mehr war es nicht, tat seine Wirkung. Die Todesangst war behoben. Die Mutter fand in ihrer Bibel den tröstlichen Spruch: »Man wird wiederum Weinberge pflanzen an den Bergen Samarias, pflanzen wird man und pfeifen.« Übrigens konnte man an solchen uns töricht erscheinenden Dingen tatsächlich ganz jammervoll sterben.

Es gibt auch eine andere Deutung der Krankheit, und sie soll nicht unerwähnt bleiben. Die Hauptrolle spielt dabei ein »Don Sassafras«, den Goethe bei den Leipziger Liebhaberaufführungen einige Male gespielt hat. Sassafras war ein bekanntes Antilueticum der Zeit. In seinem Brief an den jungen Freund Breitkopf äußert Goethe sich kurz nach seiner Rückkehr warnend: »Aber das Sachsen! Sachsen! Ei! Ei! das ist ein starker Tobak. Man kann auch noch so gesund und stark sein, in dem verfluchten Leipzig brennt man so geschwind wie eine schlechte Pechfackel. Nun, nun, das arme Füchslein wird sich nach und nach erholen. Nur eins will ich Dir sagen: hüte Dich ja vor der Lüderlichkeit! Es geht uns Mannsleuten mit unsern Kräften wie den Mädgen mit der Ehre, einmal zum Henker eine Jungfernschaft, fort ist sie. Man kann so etwas wohl wieder quacksalben, aber es will ihm all nicht tun.« Das Gleichnis von dem in der Falle gefangenen Füchslein kehrt noch wieder in einem Gedicht, das er nach Leipzig schickt, als Zueignung seiner Liederchen. Da ist auch warnend vom »Abgrund in der Nähe« die Rede, während man singt und küßt. Aber dieser Abgrund ist der »dunkle Sack« seiner Traumbeängstigungen, dem er eben entgangen ist, der »Herd der Ehe«, zu dem man bald schleicht. Und so mahnt er übermütig: »Der Fuchs, der seinen Schwanz verlor, / Verschnitt jetzt gern uns alle«, so werdet ihr lachen; »doch hier paßt nicht die Fabel ganz / Das treue Füchslein ohne Schwanz, / Das warnt euch für der Falle.«

Goethes physiologisches Lebensbild spricht gegen eine luetische Erkrankung, die wir sonst hinzunehmen hätten wie bei so vielen Großen der Geistesgeschichte. Er hat sich später noch einmal, in einer der Römischen Elegien, ausführlich und in feierlichen Hexametern geäußert; über die »neue Ausgeburt giftigen Schlammes«, dem glücklicheren Altertum unbekannt, die alle Quellen besudelt und »Amors belebenden Tau« in Gift verwandelt; er preist den Boten des Zeus, Hermes, den heilenden Gott, das heißt das Quecksilber, Mercurius. Dem habe der Bedrohte sein Dankgebet abzustatten für den Schutz seines Gärtchens.

Die Lunge also und die Lymphdrüsen, lassen wir es dabei. Bettruhe wird verordnet, Gerstenschleim, auch Chinin-Extrakte, »die junger Herrn erschlaffte Nerven ... aufs neue stärken«. Keine Reizungen! Der Arzt hängt des François Boucher rosig-nackende Mädchen von seiner Wand; wir sehen, wie tief Oesers Lehren von der stillen Einfalt und edlen Größe gewirkt hatten. Statt dessen ein Niederländer: eine abgelebte Frau mit riefigem Gesicht und halbzerbrochenem Zahn. So dichtet er im Brief an die sanfte Friederike Oeser, seine Beichtschwester dieser Monate. Er langweilt sich sträflich in der Krankenstube, und so macht er eifrig Verse. Goethe, bei aller ungeheuren Tätigkeit seines Wesens, hat sich oft gelangweilt, das Wort kehrt immer wieder. Kühn hat er auch die Langeweile als »Mutter der Musen« gefeiert.

Die Frankfurter Mädchen erscheinen ihm auf einmal steif nach den beweglichen, hellen Sächsinnen, über die er in Leipzig geseufzt hatte. Halbherzig versucht er mit einer weiteren Freundin seiner Schwester, Charitas Meixner, ein wenig zu liebeln, denn ein junger Herr darf nicht ohne eine »Kleine« sein. Frankfurt erscheint ihm zurückgeblieben, altmodisch, von »Hungersnot des guten Geschmacks« wird geschrieben. Oesers unklare Lehren wirken in ihm nach: Ihn, Shakespeare und Wieland, in dieser Zusammenstellung, nennt er seine großen Lehrer – Shakespeare notabene in der eben erschienenen Prosaübersetzung Wielands, die wenig genug von Shakespeare hat, sondern ganz und gar wielandisch ist; Boucher hängt dazu an der Wand. Er hat eingesehen, daß »weit ausgebreitete Gelehrsamkeit, tiefdenkende, spitzfindige Weisheit, fliegender Witz und gründliche Schulwissenschaft mit dem guten Geschmack sehr heterogen sind«. Auch »Grazie und das hohe Pathos sind heterogen« – er ruft: »Macht mich empfinden, was ich nicht gefühlt, was denken, was ich nicht gedacht habe, und ich will Euch loben!« Was ist die Schönheit, wird gefragt; es ist eine der Fragestellungen des Jahrhunderts, das sich, nicht allzu tiefsinnig, damit abmühte. Seine Antwort: »Dämmerung. Eine Geburt von Wahrheit und Unwahrheit. Ein Mittelding. In ihrem Reiche liegt ein Scheideweg, so zweideutig, so schielend, ein Herkules unter den Philosophen könnte sich vergreifen.« Er fühlt sich durchaus als Herkules: »Eingesperrt, allein, Zirkel, Papier, Feder und Tinte, und zwei Bücher, mein ganzes Rüstzeug. Und mit diesem einfachen Wege komme ich in Erkenntnis der Wahrheit oft so weit, und weiter als andere mit ihrer Bibliothekswissenschaft.«

Die »zwei Bücher«, nicht ausdrücklich benannt, sind der Beobachtung wert, denn man hat Goethe die eifrige Lektüre ganzer Bibliotheken nachweisen wollen, zum Teil nach seinem ersten Tagebuch »Ephemeriden« genannt, das in dieser Zeit beginnt und eine wirre Menge von Namen, Buchtiteln, kurzen Notizen mit Redensarten, Rezepten, Bibelsprüchen vermengt.

Es wird aber nicht nur dahingedämmert. Er schreibt seine Briefe nach Leipzig, denn in Frankfurt fühlte er sich »wie in der Verbannung« – dies ist wieder ein lebenslang gebrauchtes Bild. Das Käthchen freilich hat geheiratet; er gratuliert mit gerührtem Rückblick auf die überstandene Zeit. Vorher hat er ein Päckchen geschickt, recht sinnig-anzüglich mit Schere, Messer und Leder zu zwei Pantoffeln, die hoffentlich »so lange bey Ihnen aushalten werden als Er ... denn grausam gehen Sie mit allem um, was sich unter Ihre Herrschaft begiebt oder begeben muß«. Nach einiger Überlegung folgen noch Halstuch und ein rosa Fächer nach und schließlich die abschließenden Sätze: »Sie sind ewig das liebenswürdige Mädchen und werden auch die liebenswürdige Frau sein. Und ich, ich werde Goethe bleiben. Sie wissen, was das heißt. Wenn ich meinen Namen nenne, nenne ich mich ganz.«

Damit ist dieses Kapitel abgeschlossen und wird erst wieder aufgeschlagen, als man im Lebensbericht an diese Stelle kommt.

Sorgsam gefeilt wird aber, trotz aller Dämmerung, und mit hellem Kunstverstand an den Leipziger Liederchen. Neue, stärkere Bilder treten hinzu; die Krankheit hat ihn gelockert. Übermütig, mit einem Bänkelsang, den er wie ein Jahrmarktslied als Zettel für die Freunde drucken läßt, begrüßt er das neue Jahr, mit »Devisen für alle Stände«, auch die »Ehetröpfe«, junge Paare, denen empfohlen wird: »Lebt nicht zu treu, nicht zu genau in enger Ehe«, und die stolzen Freunde:

»Ihr, die ihr Misogyne heißt,
Der Wein heb euren großen Geist
Beständig höher ...«

Die stärkste Talentprobe wird die Ausarbeitung seines Lustspiel genannten Sittenbildes DIE MITSCHULDIGEN, bei dem nun gar nichts vom unklaren Schönheitsideal oder von dumpfen Empfindungen zu spüren ist. Das ist vielmehr ein verschlagenes, fast durchtriebenes Stück, bühnensicher geschrieben, nach bewährten Vorbildern, in mancher Beziehung theaternäher als fast alles, was er später verfaßt. Die Verse, Alexandriner *à la mode*, sitzen. Die Dialoge klappen. Die Handlung funktioniert wie selten bei ihm. Von hier aus hätte Goethe sich zu einem beliebten und erfolgreichen Bühnenautor entwickeln können. Er wäre dann freilich nicht Goethe geworden, der sich seine eigene Rampe aufschlug, auf der Seelenprobleme vorgestellt werden.

Um die Seele handelt es sich hier nicht, vielmehr ist alles robust physisch. Eine Art Kriminalkomödie wird vorgeführt, »die Komplicen« könnte das Stück eindeutiger heißen. Von Schuld ist keine Rede, niemand fühlt sich schuldig, keiner der Akteure macht sich Skrupel daraus, den andern zu betrügen. Dieses Tänzeln am Rande der Verruchtheit gibt dem Stück seinen Reiz. Man machte es Goethe später zum Vorwurf, aber er hat sich nicht von dem kleinen Drama getrennt. Zur Verteidigung hat er bemerkt, er habe schon früh »mancherlei Verbrechen innerhalb des übertünchten Zustandes der bürgerlichen Gesellschaft wahrgenommen«, die seltsamen »Irrgänge, mit welchen die bürgerliche Gesellschaft unterminiert ist«. Er zählt die Bankrotte, Ehescheidungen, verführten Töchter, Morde, Hausdiebstähle und Vergiftungen im äußerlich so korrekten Frankfurt auf. Um sich Luft zu schaffen von diesen Eindrücken, habe er eine ganze Reihe Dramen entworfen, meist mit tragischem Ausgang, von denen nur dieses »heitere und burleske Wesen auf dem düsteren Familiengrunde« übrigblieb. Er zitiert sogar das Bibelwort: »Wer sich ohne Sünde fühlt, der hebe den ersten Stein auf.«

Das sind viel zu schwere Worte für das leichte Spiel. Denn da wird einfach und unbefangen spitzbübisch agiert. Ein Gasthaus bildet die Szene, wie der ›Weidenhof‹ des Großvaters, in dem es hoffentlich ordentlicher zuging, obwohl auch da kräftig gejeut wurde zur Messezeit oder bei Krönungsfestlichkeiten. Ein neugieriger, polternder alter Wirt, seine Tochter als Soubrette, ihr Mann ein Lump, ein Liebhaber Alcest, der im Gasthaus einkehrt: das sind die vier Personen, die sich umeinander drehen; es wird gestohlen, beobachtet, nur dem Publikum verständlich nach altem Rezept, die junge Frau schleicht sich aufs Zimmer des Gastes, der Vater hinter ihr her, jeder verdächtigt jeden, jeder traut jedem alles zu, auch der Alcest der jungen Frau, die sich zunächst weigert, aber doch fast zu einem Schäferstündchen versteht; sie soll dafür das von ihrem Mann gestohlene Geld behalten. Am Ende gibt Alcest die »Geliebte« ihrem sehr erbärmlichen Lumpen von Ehegatten zurück, verzeiht großmütig den Raub und schreitet davon. Der Dieb beschließt recht zynisch:

»Das ist sehr einerlei: Gelust nach Fleisch, nach Gold,
Seid erst nicht hängenswert, wenn ihr uns hängen wollt...
In Summa nehmen Sie's nur nicht so gar genau:
Ich stahl dem Herrn sein Geld, und er mir meine Frau.«

Das »Nicht so genau nehmen« ist auch *ad spectatores* gesprochen. Man muß zum Schluß kommen, ohne allzuviel Federlesens, die vier Schauspieler treten an die Rampe und verbeugen sich. Es war ein Spiel im Stil der alten Komödie, die der junge Goethe, wie sich aus der Fingerfertigkeit dieses Opus ergibt, sehr genau in Leipzig studiert hat. Und das ist auch die einzige Moral des Werkleins, das sonst keine Moral hat.

Noch seltsamer, in dieser Zeit der Dämmerung, daß unmittelbar neben diesem hellwachen Gauner- und Schelmenstück eine ganz andere Welt steht: Pietismus, die frommen Herrnhuter, Mystik, Alchemie und eine ganz zarte und sehr reine, nonnenhafte Frauengestalt.

Die Polarität des Goetheschen Wesens ist schon sehr früh bereit, uns mit den stärksten Gegensätzen zu frappieren. Während er in dem Stück fest und sicher auftritt bis zur Frechheit, geht er bescheiden auf weichen Sohlen zum Fräulein von Klettenberg, der frommen Stiftsdame. Da ist nun ein ganz anderer Kreis als im Gasthaus und auf seinen Korridoren mit den heimlich klappernden Türen. Da ist Stille oder wenigstens der Wunsch nach Stille, eine »schöne Seele«, als die Goethe sie dann auch gefeiert hat im WILHELM MEISTER, Frieden und eine gewisse heitere Beharrlichkeit, die dem zerfahrenen Jüngling für eine Weile guttut.

Die Pietisten haben in der sonst streng orthodoxen Frankfurter Welt keine ganz leichte Stellung; die Pastoren eifern gegen sie; sie müssen nahezu heimlich zusammenkommen, im privaten Kreise. Das Frankfurter Kränzchen war aber zum Unterschied von vielen anderen Pietistenzirkeln, die häufig die Bedrängten und Armen um sich versammelten, eine Angelegenheit »besserer« Kreise, und auch die Mutter Goethes sympathisierte mit den »Stillen im Lande«.

Der Pietismus war bereits eine Macht geworden in Deutschland, nach sehr unscheinbaren Anfängen, und seine Bedeutung für das geistige Leben läßt sich nicht leicht überschätzen. Mit seiner Betonung des Gefühlslebens war er ein Protest gegen die Aufklärung, mit seiner Ablehnung alles Dogmatismus ein Protest gegen die Orthodoxie, mit seiner Mißachtung ständischer Unterschiede ein Protest gegen die sonst so strikte gesellschaftliche Ordnung, die schon beim Eintritt in eine Kirche allen sichtbar zeigte, wo die Oberen und wo die Unteren zu sitzen hatten – kurz, sie waren Protestanten in einem sehr ursprünglichen Sinn. Den Behörden galten sie für »subversiv«, auch schon, weil sie über alle Landes- und Länderchengrenzen hinweg ihr heimliches Reich aufbauten.

Auch die Mutter Goethe benutzte DAS GÜLDENE SCHATZKÄSTLEIN des Carl Heinrich von Bogatzky gerne als Hausorakel. In den Versen dieses sonst recht schwachen Dichters werden einige der Hauptmotive des Pietismus angeschlagen: »Was bin ich doch auf dieser Erden / Was ist doch mein Beruf und Stand? / Ich bin ein Bettler voll Beschwerden / Ein Pilgrim in mein Vaterland.« Das ist das Blut des Lammes, die Sündenzerknirschung und Bußfertigkeit, die methodisch bis zu einem regulierten »Bußkampf« getrieben wurde; das halb erotische Spiel von Seelenbräutigam und Braut und der bis ins Abstruse gehende Kult mit den Wunden des Gekreuzigten: »Mein Tisch sey hier in Deiner Wunden-Höhle, / Dein Fleisch, o Herr, die Speise meiner Seele«, sang Bogatzky. Goethe hat zeitlebens einen Widerwillen gegen diesen Blutkult behalten; schon das Bild des Gekreuzigten war ihm unsympathisch, und er hat auch später die blasphemischen Verse des »vor deinem Jammerkreuz, blutrünstiger Christe« geschrieben, die er allerdings nur Eingeweihten zeigte. Man geht aber kaum fehl, wenn man diese Aversionen auf die Bilder zurückführt, die ihm im Kreis der Pietisten entgegentraten.

Die hatten jedoch auch tiefergreifende Eigenheiten. Die Gewissensforschung führte sie zur Selbstbeobachtung; die besten autobiographischen Bekenntnisse der Zeit stammen aus diesen Kreisen. Nichts wurde da ausgelassen, die frühesten Regungen der Sinnlichkeit werden mitgeteilt, in den ›Bekenntnissen einer schönen Seele‹ der Klettenberg, die Goethe in seinen WILHELM MEISTER einfügte, schildert die Pilgerin ganz unbefangen, wie ihre Eltern sie sorgfältigst vor allem Verführerischen zu bewahren suchten: »Ich wußte übrigens von der natürlichen Geschichte des menschlichen Geschlechts mehr, als ich merken ließ, und hatte es meistens aus der Bibel gelernt. Bedenkliche Stellen hielt ich mit Worten und Dingen, die mir vor Augen kamen, zusammen und brachte bei meiner Wißbegierde die Wahrheit glücklich heraus.« Noch unbefangener heißt es beim ersten Kochunterricht: »Ein Huhn, ein Ferkel aufzuschneiden, war für mich ein Fest. Dem Vater brachte ich die Eingeweide, und er redete darüber wie mit einem jungen Studenten . . .«

Es war nicht alles Rührseligkeit bei den Pietisten; man wollte in der Tat bis in die Eingeweide schauen. Auch von den Fallstricken der »Kinder dieser Welt« ist deutlich die Rede, und als die ersten Liebesbeziehungen mit Herren der Gesellschaft herannahen, wird die schöne Seele offen gewarnt, daß mit den meisten dieser Kavaliere »nicht allein die Tugend, sondern auch die Gesundheit eines Mädchens in Gefahr sei«. Die Stiftsdame war keine prüde und bigotte Frömmlerin, sondern eine feste, vielleicht sogar auch frankfurterisch deutliche Frau, die ihre Erfahrungen mit dem Leben gemacht hatte.

Erfahrung nun, Wissen um das Leben in allen Sparten – das war es, was Goethe in diesen Jahren suchte, auch wenn es nur in der Erzählung anderer an ihn herantrat. Er erwähnt schon in seiner Leipziger Zeit, wie er sich an einen alten Offizier heransetzte, der ihm berichtete, was nicht in den Büchern stand. Man war sonst sehr zurückhaltend und spottete oder bewegte sich in angelesenen sentimentalen Buchphrasen wie aus Richardsons GRANDISON, der damals bei den Frankfurter Bekannten grassierte. Bei den Pietisten öffnete man sich das Herz, sobald jemand einmal in den Kreis aufgenommen war.

Der Kreis war eng, und Goethe hat sich bald hinausgeflüchtet auf seinen eigenen Weg. Auch hier aber die Doppelnatur seines Wesens: Einsamkeit und das tiefe Bedürfnis nach Geselligkeit. Immer wieder hat er zwischen diesen beiden Polen geschwankt. Ständig hat er nach einem Kreis gesucht, dem er sich anschließen könnte. Erst in den Goethe-Gemeinden, die sich da und dort bildeten, als er sehr berühmt und sehr alt war, hat er das gefunden; auch da hat er dann aber wieder, seiner dämonischen Natur nach, den allzu nahen persönlichen Kontakt meist sorgfältig vermieden.

In der Schaffung eines solchen Reiches von Gemeinden, über alle Ländergrenzen hinweg, hat der Pietismus seine Mission gehabt und dem vorgearbeitet, was Goethe als »sein Reich« ansah. Er setzte nur seinen eigenen Glauben an die Stelle der Religion: »Wer Wissenschaft und Kunst besitzt, hat auch Religion – Wer jene beiden nicht besitzt, der habe Religion.« Ein echtes religiöses Erlebnis, geschweige eine Wandlung zum Glauben, ist diese Klettenberg-Episode nicht, wohl aber eine lange wirkende Erfahrung.

Der persönliche Kontakt mit dem Kreise mußte bald zu Enttäuschungen führen. Auf das Fräulein allerdings läßt Goethe auch in der Erinnerung nichts kommen, auf die Unterhaltungen mit ihrer »anmutigen, ja genialen Weise«, ihre heitere Zuversicht, auch ihren Humor, der etwas hitzigere Debatten mit einem wohlwollenden »närrischer Junge!« abschloß. Heiter und sicher ist die stets Kränkelnde dann bald gestorben, wie die Mutter Goethe dem Freundeskreis berichtete: »›Gute Nacht, Räthin, ich sterbe! ... Habt euch untereinander lieb‹, war ihr letzter liebevoller Befehl.«

Die übrigen Mitglieder konnten dem Jüngling nichts sagen, der wichtigtuerische Arzt mit seinen Geheimmitteln, einige adlige Herren, trockene Damen, die umständlich ihre Gefühle analysierten, ein schöngeistiges Kränzchen. Goethe hat noch an einer Tagung der Synode der Herrnhuter in Marienborn teilgenommen und meint, man habe ihn dort »fast« für die Bruderschaft gewonnen.

Da trat ihm aber eine andere Seite der Bewegung entgegen, der »Betrieb« der Pietät, das »Handwerkliche«, wie er es nennt, die methodische Disziplin, die bei aller Dogmenfeindlichkeit doch einen genauen Weg zum Heil vorzuschreiben suchte, mit dem obligaten »Bußkampf« und »Durchbruch«, der genau nach Tag und Stunde zu registrieren war. Da war ständig von der Erbsünde die Rede, die Goethe schon als Knabe nicht anerkennen wollte, ebenso wie er später Kants Gedanken vom radikal Bösen des Menschen ablehnte. Da traf er auf Gestalten, die dem gesellschaftlich vornehmen Frankfurter Kreis sehr unähnlich waren. Die Herrnhuter waren in ihren Siedlungen, wie etwa im unweiten Neuwied am Rhein, weithin berühmt und verhaßt als unendlich fleißige und auch sehr erfolgreiche Handwerker und Arbeiter in klösterlichen, die Geschlechter aufs strengste scheidenden Gebäuden, nur mit gemeinsamen Liebesmahlen nach Art der urchristlichen Agape, wobei im Gotteshaus Tee getrunken wurde; sie schufen sich eine eigne »Industrie«, mit erstaunlich hohen Preisen für ihre Produkte, sangen dazu ihre Hymnen und hatten ihren eignen Hochmut.

Unbekehrt fuhr Goethe nach Frankfurt zurück. Noch eine andere

Begegnung aber, folgenreicher, hatte er in diesem Kreise. Man kultivierte dort die alten Mystiker, Tauler vor allem, der als Vorläufer Luthers galt; man beschäftigte sich mit der späteren Mystik, mit Kabbala, Alchemie, mit mystischer Medizin. Ebenso wie für die Seele eine Universal-Heilmethode gefunden werden sollte, war für den Leib eine Universal-Panazee zu destillieren. Wenn man seelisch sich »den Puls fühlte«, so war auch der Körper genau zu beobachten. Die »Abwegigen« und Absonderlichen wurden eifrig gelesen. Für Glaubensfragen war die KIRCHEN- UND KETZERGESCHICHTE von Arnold ein Hauptbuch, das auch für Goethe von entscheidender Bedeutung werden sollte. Da wurden die von der offiziellen Lehrmeinung abweichenden Gestalten beschworen, gerechtfertigt und gepriesen. Ihre Leiden und ihre Standhaftigkeit wurden drastisch geschildert. Das ist Goethe unvergeßlich geblieben, und als er selber dann bei seinen Arbeiten zur FARBENLEHRE seine eigene Sekte, wie man ihm vorwarf, auf naturwissenschaftlichem Gebiet begründete, kamen ihm immer wieder die Bilder des alten Arnold als Vergleiche in die Feder. Als »Ketzer« bezeichnete er sich da stolz, den die Orthodoxen am liebsten auf den Scheiterhaufen stoßen würden.

Immer mehr Dämmerung nach der Leipziger Helle: Er liest mit der Klettenberg in den Büchern des Paracelsus, damals nicht der große Name, der er inzwischen nach langer Ruhepause geworden ist, aber doch noch gedruckt, gelesen im kleinen Kreise als einer der geheimen Ahnherrn ungewöhnlichen Wissens um die Zusammenhänge der Welt. »Die Kunst ist nichts anders als das Licht der Natur«, notiert er sich daraus oder die medizinische Weisheit, daß nicht das Anatomieren weiterhelfe: »Nicht der Cadaver zeigt die Anatomey, denn die giebt allein die Bein, und des Beins Nachbarn; noch ist aber die Krankheit nicht da.« Medizinische Fragen beschäftigen den hypochondrisch Grübelnden vielfach, und, wie erschrocken über seine frühreife Natur, schreibt er sich aus den Aphorismen des großen holländischen Klinikers Boerhaave den Satz heraus, daß geistige Frühreife ein Anzeichen für kommende Rachitis sein könne. Die Kabbalisten werden angeblättert – viel mehr kann es kaum gewesen sein, denn es sind meist schwere, endlose Buchreihen in schwerer, dunkler Sprache, oft mit Geheimnistuerei, Sätzen in Spiegelschrift, in Bildrätseln, Symbolen, Emblemen, eine der Lieblingsformen des Barock. Die Bilder – alle diese Werke wirken ebenso stark durchs Bild wie durchs Wort – werden ihn stärker angesprochen haben als die Sätze. Ebenso wie die Gestalten der Bilderbibel Merians, die er als Knabe zur Hand nahm, haben die Kupfer aus der enorm rührigen Frankfurter Werkstatt zu alchemistischen, theosophischen, hermetischen Werken lange weitergewirkt. Da wird die sonst geübte getreue Schilderei von Städten und Landschaften, mit denen die Merians

Deutschland und halb Europa versorgten, auf das schönste mit allegorischen Figuren und Symbolen aus der Alchemie belebt. Sonnen mit Tierkreiszeichnungen und hebräischen Buchstaben strahlen auf. Die Sonne ist das Gold, das große Geheimmittel der Alchemisten und der Fluch ihrer Adepten, die als Goldmacher oft genug ins Gefängnis wandern oder hingerichtet werden, wenn sie irgendeinem Fürsten nicht die versprochenen Schätze lieferten; man weiß, daß sie auch nebenbei etwa das Porzellan erfanden oder herrliches Rubinglas wie Kunckel oder auch den Phosphor entdeckten und anderes. *Transmutation*, Verwandlung des Unedlen in das Edle, das Gold als zeugende Kraft, die Gold zeugen sollte; die *prima materia*, der Stein der Weisen, der rote Leu, das Große Elixier, auch als Universalheilmittel, denn nicht nur die goldgierige Fürstenseele, der hilfsbedürftige Leib sollte zufriedengestellt werden; der Gedanke des Homunkulus, des künstlich erzeugten Lebewesens – all das wirbelt heran in dieser Zeit. Das *Crepusculum matutinum*, die Morgendämmerung der alten Bücher: es gibt kein besseres Motto für diese Frühmorgenstimmung Goethes. Es ist nicht der Faust, aber es ist die Sphäre, in der Faust entsteht.

Vergeblich wird man diese Buchreihen nach Einzelworten durchsuchen, die Goethe »übernommen« hat. Die Transmutationen, die er vornimmt, sind sehr viel subtilerer Art, und kaum kann man die oft fratzenhaften und oft entsetzlich dürren Allegorien in seiner Dichtung wiedererkennen. Es ist aber eine ganze Welt, aus der er schöpft, ein dunkles, vielfach trübes Wasser. Die Geschichte der Wissenschaften ist erst seit kurzem dazu gekommen, diese ganze kaum übersehbare Literatur zu sichten, Verdienst und Betrug – denn es wurde auch viel betrogen – chemisch zu scheiden. Das hat mit Goethe nichts zu tun, der nichts von »früher Chemie« wußte. Für ihn war das Gegenwart, noch lebendiges Mittelalter, das bis zu ihm hinreichte.

Das »Zeitalter der Aufklärung« ist ein bequemer Schulbuchbegriff; er gilt für die großen Namen, die »Folge« hatten und die weitere Entwicklung bestimmten. Zur gleichen Zeit, da Goethe sich dort mit Alchemie und Theosophie beschäftigt, veröffentlicht ein Hauslehrer Kant in Königsberg seine Theorie des Himmels nach Newtonischen Prinzipien und erklärt die Entstehung der Welt aus dem Urzustand auf sehr mechanische Weise, durch eine kosmische Wolke mit frei beweglichen Teilchen; der große Mathematiker Lambert schafft schon ein exakt mathematisches Kartensystem für die Himmelsräume; die biblische Schöpfungsgeschichte ist abgeschafft, die große Epoche der »exakten« Wissenschaften hat begonnen. Aber das ist eine Angelegenheit kleiner Kreise. Es befriedigt die Gemüter ebensowenig wie die kalte und kahle Orthodoxie im Theologischen, die auch zu einer Art Mathematik geworden ist. Und so wie sich da die pietistischen

Zirkel als Reaktion bilden, gibt es nun überall die Gruppen und Kreise der Rosenkreuzer, der Adepten der Geheimwissenschaften. Sie glauben an die GEHEIME GLUT UND FLAMMENFEUER DER URALTEN MAGORUM, wie eine Schrift von Khunrath heißt, die noch jetzt für die Freunde des Okkultismus eine große Autorität ist. Sie haben auch neueste oder ganz neu aufgelegte Schriften. Die AUREA CATENA HOMERI, die goldene Kette Homers, die Goethe unter seiner damaligen Lektüre erwähnt, wird noch 1781, in dem Jahr, in dem Kants KRITIK DER REINEN VERNUNFT erschien, »von einer Gesellschaft ächter Naturforscher« neu herausgegeben. Es wird nicht nur gelesen. Man experimentiert. Die fromme Stiftsdame Klettenberg steht mit dem jungen Goethe vor einem Windofen mit einem Sandbade und Glaskolben, die »Ingredienzien des Makrokosmus und Mikrokosmus« werden geplagt. Quarzkiesel aus dem Main sollen geschmolzen werden, Kieselsaft muß entstehen, von den »Mittelsalzen« ist die Rede, die auf »unerhörte Art« hervorgezaubert werden, eine »jungfräuliche Erde«, die weiterwirken soll. Das Pulver fällt aber immer wieder aus und läßt »keineswegs etwas Produktives in seiner Natur spüren«.

Unproduktiv genug, dieses ganze Treiben, und doch von sehr viel größeren Folgen für Goethe, als wenn er versucht hätte, sich mit Kant und Lambert zu beschäftigen, wozu ihm schon jede mathematische Grundlage fehlte. Er ist ein Alchemist des Wortes geworden, und übrigens ist er auch in seiner Naturforschung immer und viel mehr, als nachträgliche Betrachtung wahrhaben will, der Welt der *prima materia* und der CHYMISCHEN HOCHZEIT treu geblieben, wie das Grundbuch der Rosenkreuzer hieß. Die WAHLVERWANDTSCHAFTEN verwenden dann ähnlich einen chemischen Fachbegriff der Zeit als Titel für ein Buch, das Seelenzustände analysiert.

Aus der Welt der Quarzkiesel, jungfräulichen Erden und Retorten nun noch in die Welt der Geister. Das Jenseits, ihr so nahe gerückt, mußte die fromme Klettenberg ständig beschäftigen. Sie stellte es sich als reinste Glückseligkeit vor, und da sie eine liebende, schöne Seele war, schien ihr der Gedanke schwer erträglich, von den geliebten Menschen hier auf Erden ständig getrennt zu sein. Gibt es einen Verkehr mit den Gestorbenen? Gibt es Geister, die zu uns sprechen, mit uns kommunizieren? Auch dieser uralte Gedanke hatte eben einen mächtigen neuen Fürsprecher im schwedischen Bergrat Swedenborg gefunden. Die ARCANA COELESTICA, die himmlischen Geheimnisse des Schweden, sein HIMMEL UND HÖLLE, alles keine uralten magischen Schriften, sondern Werke eines Zeitgenossen, werden von der Klettenberg und ihrem jungen Freund studiert; das Fräulein macht daraus Auszüge oder sinniert selber im Geiste Swedenborgs, den Goethe für den »gewürdigten Seher unserer Zeiten« hält, »zu dem Geister durch alle Sinnen und Glieder sprachen, in dessen Busen die Engel wohnten«. Eine Ahnung, was das »Lallen der Propheten« bedeutete, steigt daraus auf. Das Kinderwort *Lallen* war auch ein Lieblingsausdruck des Pietismus. Es gibt eine Art pietistischen Dadaismus.

Im FAUST kehrt die Geisterwelt Swedenborgs, die das ganze Universum, die Planeten und die Erde mit untereinander kommunizierenden Geistern belebte, wieder; der Erdgeist der Paktszene, an dessen Sphäre Faust mit seinem Zauberspruch so mächtig gesogen, stammt daher und manches andere, wenn auch in verwandelter Form; die Geister sind nicht mit Wortbelegen so leicht zu fassen. Visionen, Träume, Vorbedeutungen: Goethe hat immer damit gelebt und sie an den verschiedensten Stellen seiner Lebensbahn geschildert. In den Aufzeichnungen der Klettenberg heißt es über das Bemühen dessen, der erfahren will, wie der Himmel denn ausschaue: »Sein Inneres wurde aufgeschlossen, damit er etwas von der himmlischen Freude erführe«, und als er sie nicht ertragen kann: »Darauf wurde sein Inneres wieder zugeschlossen...« Dieses Öffnen und Schließen, wie beim Ausatmen und Einatmen, hier noch aus der pietistischen Terminologie stammend, wird dann bei Goethe zu seiner Lebensanschauung vom Rhythmus in Systole und Diastole.

Der schwedische Geisterseher hat noch eine weitere Bedeutung. Er war ja nicht nur ein »verschwommener« Okkultist und Mystiker des Geisterkultes; es ist überhaupt charakteristisch, daß solche Mystik meist einen sehr genauen, fast pedantischen Aufbau ihres Phantasiereiches besitzt, eine strenge Hierarchie, und daß sie in eigentümlicher Umkehrung ihre eigene Mathematik und Physik pflegt; die Nachkommen Swedenborgs, die noch sehr tätig sind, besonders in der Anthroposophie Rudolf Steiners, haben ganz folgerichtig auch ihre eigene Mathematik, Physik und sogar Medizin entwickelt. Swedenborg war aber auch Mineraloge von Rang, Erfinder und Entdecker, sehr angesehenes Mitglied des schwedischen Bergwerkskollegiums, was ihm den Adel eintrug; er suchte das Tierreich, die gesamte belebte Schöpfung zu erforschen und in dreibändigen Quartanten zu erfassen, den mechanischen und organischen Zusammenhang der Dinge. Goethe hat das alles nicht »gelesen«, wie er überhaupt weniger wirklich las, als immer angenommen wird. Er hat jedoch das Bild eines solchen Universalmenschen sehr lebhaft in sich aufgenommen, wie er immer von der Persönlichkeit eines Dichters, Denkers oder Forschers ausging, wenn er sich mit ihm beschäftigte. Auch darin ist Swedenborg ihm ein Vorbild geworden.

Neun Monate ist der junge Adept mit all diesen Gestalten, Experimenten mit jungfräulicher Erde, mit Schreibereien und Zeichnerei von »nebulistisch angedeuteten Figuren« nach seiner eignen Aussage schwanger gegangen; es ist eine veritable Zeit des Austragens. Dann hat selbst der nachsichtige Vater-Tyrann die Geduld verloren. Er drängt. Das Studium soll abgeschlossen werden, das bisher kaum richtig begonnen. Der Rat kann sich auch da nur denken, daß die Stationen seines eignen unerfüllten Lebens wiederholt werden sollen. Er verspricht sich etwas von Straßburg, wo er auf der Heimkehr von Italien einst haltgemacht und ein spätes Semester absolviert hatte. Das ist die Vorschule für Paris. Der Sohn kann sich im Französischen vervollkommnen, das noch mäßig ist, in der feineren Lebensart. Das Klima ist günstig für den schmalen, hustenden Jüngling, dem keines der vielen Universalelixiere der Alchemistenbücher etwas hat helfen können.

>»Die Geisterwelt ist nicht verschlossen,
Dein Sinn ist zu, dein Herz ist tot,
Auf! bade, Schüler, unverdrossen
Die ird'sche Brust im Morgenrot.«

So heißt es dann in der Dichtung, im FAUST.

Morgenrot

Straßburg, das ist die Morgenröte oder, in der Sprache der Pietisten-
gemeinde, der »Durchbruch«, freilich nicht nach langem Bußkampf.
Ein »rosenfarbes Frühlingswetter« oder »im Blütendampfe die volle
Welt«, das sind die Bilder seiner ersten vollen Gedichte. Eine ganz
neue, reiche und warme Landschaft umfängt ihn und erwärmt den
anfangs noch Fröstelnden. Die Luft, die Wolkenzüge, die weiten Aus-
blicke, der mächtige Rhein, unreguliert noch, mit seinen Inseln und
Werdern, dazwischen auffunkelnd: er hat das mit einer Liebe zur
Landschaftsmalerei beschrieben wie bei keiner anderen Gegend. Eine
Liebschaft, ernstlicher nun, mit einem Elsässer Kind in langen Zöpfen
und der alten Volkstracht, Volkslieder und Volkssagen, die er gesammelt hat, wie ein Volkslied auch die ganze Liebesgeschichte – mit
Treubruch, Scheiden und Meiden: es ist das Elsaß, das ja auch im
deutschen Volkslied häufiger vorkommt als irgendeine andere Land-
schaft. Dazu nun die Begegnung mit einem ersten überlegenen Geist,
der ihn unbarmherzig »fegt«, wie er sagt, ihn preßt und zusammen-
drückt, bis der selbstbewußte Jüngling sich nur noch als bescheidener
Trabant eines Größeren fühlen will, und der ihn dann entläßt in das
Ausatmen einer ersten schöpferischen Periode, der an genialem
Überschwang stärksten seines Lebens.

Es beginnt gedämpft und bescheiden, denn der Jüngling ist anfangs
körperlich matt, hustet, fiebert zuweilen und ist auch geistig noch
etwas benommen von seinen mystischen Ausschweifungen. Er steigt
im Gasthof ›Zum Geist‹ ab und nimmt sich dann ein Zimmer in der
belebten Straße ›am Fischmarkt‹; seinen Mittagstisch hat er wie in
Leipzig in einer sehr angesehenen Pension, wo ein Kreis von zehn bis
fünfzehn Personen speist, Medizinstudenten meist, und wo ein feiner, wohlhabender, älterer Herr, der Aktuar Salzmann, präsidiert und
dafür sorgt, daß es sehr gesittet und kultiviert zugeht. Es wird da

auch mit Maßen gescherzt, und wenn die Unterhaltung zuweilen etwas lebhafter wird, dann greift Salzmann ein, ein Junggeselle, der sich neben seinem nicht allzu anstrengenden Amt in der Vormundschaftsverwaltung die Kinder seiner Bekannten einlädt und bewirtet. Erziehungsfragen sind sein Steckenpferd, und so erzieht er auch die Tischgesellschaft bei den Jungfern Lauth. Goethe, noch gar kein Titan, schließt sich eng an den altjüngferlichen kultivierten Herrn an, der ihn dann in seinen literarischen Zirkel einführt und ihn überhaupt in dieser ganzen Straßburger Zeit bevatert, in einer unaufdringlichen und behutsamen Weise, die Goethe bis dahin nicht gekannt hat.

Das Fräulein von Klettenberg hat ihm Empfehlungsbriefe an Bekannte mitgegeben; sie sind an andere Pietisten gerichtet, ehrsame Handelsleute. Offen bekennt er der Klettenberg: »Mein Umgang mit denen frommen Leuten hier ist nicht gar starck ... es ist als wenn es nicht seyn sollte. Sie sind so von Herzen langweilig, wenn sie anfangen, daß es meine Lebhafftigkeit nicht aushalten konnte. Lauter Leute von mäßigem Verstand, die mit der ersten Religionsempfindung auch den ersten vernünftigen Gedanken dachten, und nun meynen, das wär alles, weil sie sonst nichts wissen.« Immer schärfer wird er, unwillkürlich auch ein wenig sich selbst charakterisierend: »Es kommt noch was dazu: die Vorliebe für unsre eignen Empfindungen und Meynungen, die Eitelkeit eines jeden Nase dahin drehen zu wollen, wohin unsre gewachsen ist: Fehler, denen solche Leute, die eine gute Sache haben, mit der größten Sicherheit nachhängen.« Es ist noch die »gute Sache«, aber er hat sie bereits gänzlich hinter sich gelassen.

Voll guter Vorsätze und Ratschläge schreibt er auch noch an einen Studienbekannten im Ton eines väterlichen Freundes wie des Aktuar Salzmann, dessen Lehren man zu hören meint: Um die Welt recht zu betrachten, »muß man sie weder für zu schlimm noch für zu gut halten; Liebe und Haß sind gar nah verwandt, und beyde machen uns trüb sehen«. Er hält aber gleich inne und meint ironisch: »Es fehlt nicht viel, so fang ich an zu wäschen.« Dann wieder lehrhaft, ein Thema für viele pädagogische Betrachtungen: »Die Sachen anzusehen, so gut wir können, sie in unser Gedächtniß schreiben, aufmerksam zu seyn und keynen Tag ohne etwas zu sammeln vorbeygehen lassen. Dann, jenen Wissenschaften obliegen, die dem Geist eine gewisse Richte geben, Dinge zu vergleichen, jedes an seinen Plaz zu stellen, jedes Wehrt zu bestimmen: eine ächte Philosophie meyn ich, und eine gründliche Mathesin: das ists, was wir jetzo zu tun haben. Dabey müssen wir nichts *seyn*, sondern alles *werden* wollen, und besonders nicht öffter stille stehen und ruhen, als die Nothdurfft eines müden Geistes und Körpers erfordert.«

Wie treibt er nun seine »gründliche Mathesin«? Sehr auf seine Weise; er sammelt in der Tat, nur nicht gerade auf der Universität und im Hörsaal. Durch die Tischgesellschaft hat er einen etwas älteren Elsässer kennengelernt, der ihm seine Kolleghefte überläßt und ein wenig repetiert mit ihm. Der KLEINE HOPPE erweist sich wiederum als durchaus probat, und überdies macht man ihn sogleich darauf aufmerksam, daß in Straßburg nach französischen Prinzipien kein großer Wert auf gründlichste rechtsgeschichtliche Studien gelegt werde. Hier, so belehrt ihn der Repetitor, wird gefragt, was gegenwärtig besteht und gilt, und man hat sich nur einige einfache Regeln einzuprägen, das Weitere findet sich je nach Talent und Umständen. So geht stud. jur. Goethe nach einigen Monaten in die *Kapitelstube* zum Kandidatenexamen, das von weiteren schweren Studien entband. An den Freund und Repetitor schreibt er im Bänkelsängerton: »Jeder hat doch seine Reihe in der Welt, wie im Schönerraritätenkasten. Ist der Kayser mit der Armee vorüber gezogen! Schau sie, guck sie, da kommt sich die Pabst mit seine Klerisey! Nun hab ich meine Rolle in der Kapitelstube auch ausgespielt; hierbey kommen Ihre Manuscripte, die mir artige Dienste geleistet haben.« Damit war er mit der Juristerei bis zum Ende seines Aufenthalts fertig, wo noch ein Abschlußexamen und womöglich der Doktor bevorstand.

Die Juristen waren in Straßburg nicht eben glänzend vertreten. Berühmt hingegen war die medizinische Fakultät, und so hört Goethe dort, angeregt durch die medizinischen Gespräche der Tischgesellschaft, ein wenig Anatomie, ein wenig Geburtshilfe, Chemie, »noch immer meine heimliche Geliebte«, wie er der Klettenberg schreibt, bei einem Mediziner, der zugleich über Botanik las; die Fächer waren noch nicht so streng getrennt, und so sehr streng können alle diese Forschungen nicht gewesen sein. Goethe führt als Hauptgrund für seine Besuche in der Anatomie an, daß er sich damit von seiner Empfindlichkeit gegen »widerwärtige Dinge« befreien wollte. Er war überhaupt noch sehr zart und Geräuschen, Gerüchen, dem Anblick von Krankheiten, Wunden, dem Tod gegenüber anfällig bis zur Furchtsamkeit. So versucht er sich systematisch abzuhärten. Er marschiert neben der Wache her, wenn sie aufzieht, um sich an den Schall der Trommeln zu gewöhnen, die »das Herz im Busen hätten zersprengen mögen« und die er nie gemocht hat; schon Hundegebell war ihm zeit seines Lebens ein Graus und Schrecken. Um sein Schwindelgefühl zu bekämpfen, steigt er auf den Turm des Münsters und schaut von der engen Plattform unter der Krone hinunter. Gegen die Angst vor der Finsternis werden bei Nacht einsame Friedhöfe und Kapellen besucht. So stählt er sich und kann nun endlich ein »freies, geselliges, bewegliches« Leben genießen. Die Aufzählung all dieser Schrecken, die er so resolut überwunden hat, macht uns einen wunderlich-komischen Eindruck, und tatsächlich muß der junge Goethe lange ein sehr behütetes Muttersöhnchen gewesen sein; es ist aber vor allem die enorme Empfindlichkeit all seiner Organe, die dabei eine Rolle spielt, und die ist ihm trotz aller Abhärtungskuren verblieben. Anatomie hat er noch später eifrig betrieben, den Anblick von Kranken aber oder Sterbenden konnte er nie ertragen, selbst wenn es sich um nächste Angehörige handelte.

Er studiert und sammelt Menschen. Einen der Tischgenossen, den wackeren Lerse, hat er dann ein Jahr später so, wie er ihn fand, samt seinem Namen in seinen Götz übernommen, andere in die Lebensbeschreibung eingebaut. Ein gewisser Meyer aus Lindau, Sohn aus reichem Hause, ist ein Spötter, Mediziner, später ein sehr angesehener Arzt in London; in Straßburg treibt er noch mehr Musik als Anatomie, komponiert ein Operchen, bläst die Flöte und läuft viel ins Theater. Das Studium aller Fakultäten war noch, in jener examenslosen Zeit, leicht und angenehm genug, wenn man über den nötigen Wechsel verfügte. Spöttisch gibt der hübsche und reiche Junge bei Tisch die Wunderlichkeiten seiner Professoren zum besten. Mit belustigten Augen hat er auch offenbar den etwas wunderlichen jungen Juristen betrachtet und geneckt, der seinerseits dann im Rückblick das »Schlottrige« und den liederlichen Leichtsinn rügt, der Meyers herrliche Naturgaben entstellt habe. Dem Mediziner ist der junge Titan nur als leicht überspannte Figur in Erinnerung geblieben. In einem Brief an den Senior Salzmann bald nach der Straßburger Zeit schrieb er, nachdem er von den verrückten Liebesabenteuern eines Marquis geplaudert und dazu Virgils »O Corydon Corydon! quae te dementia cepit« zitiert hatte: »Nach der Kette, welche unsere Ideen zusammenhängen sollte, fällt mir bei Corydon und dementia der närrische Goethe ein. Er ist doch wohl wieder in Frankfurt?«

Übermütig und etwas hochfahrend behandelt der schöne Schlottrige auch einen sehr schlicht und altmodisch gekleideten, bereits älteren Mann, der in die Tischrunde eintritt. Er heißt Jung, wie man erfährt, ist Kohlenbrenner gewesen, dann Schneider, hat sich als Autodidakt weitergebildet, geschulmeistert und sich schließlich auf eigne Faust mit Staroperationen befaßt, die jeder vornehmen konnte, der sich die nötige sichere Faust zutraute und das nötige Gottvertrauen besaß. Auch daran fehlte es bei Jung nicht; er gehört zu den »Stillen im Lande« und ist fest davon überzeugt, daß der Herr seine Hand lenken werde, wenn er das Messer ansetzt. In Straßburg will er sich bei den berühmten Professoren noch ein wenig vervollkommnen, obwohl er kaum von einem Monat zum andern weiß, wovon er leben soll. Auch das stellt er beruhigt dem Höchsten anheim. Still setzt er sich an den Tisch und schaut sich um; zu seinem Begleiter meint er leise, hier müsse man wohl erst vierzehn Tage schweigen. Laut aber fährt der Mediziner über den Neuankömmling her. Ihn reizt die völlig aus der Mode gekommene runde Haarbeutelperücke über dem einfältig-bäurischen und dabei zarten Gesicht mit der spitzen Schwärmer-nase. Goethe nimmt sich des Geplagten feurig an. Dankbar rückt Jung ihm näher; sie halten intimen Umgang, und Goethe hat Verständnis für diesen Menschentyp, der nur darauf wartet, sein Herz aufzuschlie-ßen. Jung erzählt und erzählt, seine ganze Lebensgeschichte.

Auch das ist eine Erfahrung. Goethe lernt zum ersten Male einen Menschen aus dem Volke kennen, die Geschichte einer Familie von Kohlenbrennern im Siegerland, eine Dorfgeschichte, urtümliche Ver-hältnisse, ein Stück Natur. Das ist nicht der vage, nur angenommene Naturzustand Rousseaus, sondern erlebte Wirklichkeit mit Braut-gang, Hochzeit und Tod, mit dem Kampf eines begabten, blutarmen Jungen. Jung ist ungemein beredt, wenn er Vertrauen hat. Er weiß sich kräftig, packend auszudrücken, dichterisch zuweilen. Goethe hat seine Jugendgeschichte einige Jahre später zum Druck befördert, und sie gehört sehr nahe in den Kreis seiner Werke, auch wenn er kaum etwas daran verbessert hat.

Diese JUGEND HEINRICH STILLINGS ist das stärkste Werk der Be-kenntnisschriften aus der Welt der Pietisten. Lange wurde es als Volksbuch gelesen, vornehmlich wegen seiner frommen Gesinnung. Es ist aber mehr. Vom Volk ist darin die Rede, von Volksliedern, Bal-laden, das Märchen von Jorinde und Joringel wird erzählt, lange vor den Gebrüdern Grimm. Die alte deutsche Welt lebt da auf, die Ritter-und Räuberzeit mit dem großen Räuber Johann Hübner, dem Ein-äugigen: »Am Tage saß er mit seinen Knechten, die alle sehr stark waren, dort an der Ecke, wo du noch das zerbrochene Fensterloch siehst; da hatten sie eine Stube, da saßen sie und soffen Bier … Mit seinem einen Auge schaut er weit durchs Land und ruft: ›Hehloh! da reitet ein Reiter! ein schönes Roß, Hehloh!‹ … Und dann gaben sie Acht auf den Reiter, nahmen ihm das Roß und schlugen ihn todt.« Der einarmige Raubritter Götz ist dann der Bruder des einäugigen Hübner, und was an Goethes erster Dichtung volkstümlich ist, das Wesen und Weben der altdeutschen Welt, das stammt nicht so sehr aus Chroniken und Büchern als aus den Erzählungen Jungs. Selbst bei dem Altersbericht über seine erste Begegnung mit Friederike Brion in Sesenheim ist Goethe unbewußt oder bewußt in Jungs Erzählung aus der Brautzeit seines Vaters geraten, der ebenso beschreibt, wie zunächst eine Schwester ins Zimmer hereinstürmt, ein Lied singend, »Stör ich?«, und wieder hinauswirbelt.

Auch trotzige, aufbegehrende Töne der kommenden Revolutions-zeit werden bei Jung schon angeschlagen: Ein steifstolzer Pastor, zur Taufe eingeladen, fragt beim Eintritt in die Stube: »Ich will doch nicht hoffen, daß ich hier unter dem Schwarm von Bauern speisen soll« und wird vom alten Kohlenbrenner zurechtgewiesen: »Herr Pastor! meine grauen Haare richten sich in die Höhe: setzt euch oder geht wieder! Hier pocht etwas, ich möchte mich sonst an eurem Kleide vergreifen...« Der Pastor nimmt schweigend Platz. Die Familie bleibt draußen. Er ißt und geht. Knapp ist das alles erzählt, anschaulich, mit realistischen Zügen, wie der Tod des Großvaters: »Nachmittags fing der Kopf des Kranken an zu beben, die oberste Lippe erhob sich ein wenig und wurde blaulicht, und ein kalter Schweiß duftete überall hervor«; und das Ende: »Vater Stilling holte alle Minuten tief Odem, wie einer, der tief seufzet, und von einem Seufzer zum andern war der Odem ganz stille; an seinem ganzen Leibe regte und bewegte sich nichts als der Unterkiefer, der sich bei jedem Seufzer ein wenig vorwärts schob.« Keiner der Schriftsteller der Zeit hat so erzählt und geschrieben. Goethe hat viel gelernt im Umgang mit dem Köhlerssohn.

Die Frömmigkeit Jungs, sein Glaube an wundersame Fügungen störten Goethe nicht, jedenfalls damals nicht; später hat er sich ganz von dem Mann entfernt, der zwischen geglückten und mißlungenen Staroperationen hin- und herschwankte, seine Lebensgeschichte in immer matter werdenden Bänden ausspann, Zeitschriften herausgab, eine Theorie der Geisterkunde publizierte und sich zum Professor der Staatswissenschaften qualifizierte; sein badischer Landesfürst ernannte ihn zum Geheimrat, entband ihn ausdrücklich »von allen irdischen Verbindlichkeiten« und trug ihm nur auf, durch seinen Briefwechsel und seine Schriftstellerei »Religion und praktisches Christentum zu befördern; dazu berufe und besolde ich Sie«. Bei seinem Tode hieß es: »In beiden Indien, im Hottentottenlande, im weiten Asien und auf Otaheiti wurde seiner mit Liebe gedacht, wurde für ihn gebetet.« Der Geheimrat Goethe hat den Geheimrat Jung noch einmal im Alter besucht; beide waren sich völlig fremd geworden.

Aus Jungs Erzählung seiner WANDERJAHRE stammt aber eine Beschreibung der Tischgesellschaft, aus dankbarem Herzen Goethe so schildernd, wie man sich ihn gerne denkt: »Besonders kam einer mit großen hellen Augen, prachtvoller Stirn und schönem Wuchs, mutig ins Zimmer, dieser zog Herrn Troosts (seines Begleiters) und Stillings Augen auf sich. Ersterer sagte zu Letzterem: Das muß ein vortrefflicher Mann sein. Stilling bejahte das, doch glaubte er, daß sie Beide viel Verdruß von ihm haben würden, weil er ihn für einen wilden Kameraden ansah. Dieses schloß er aus dem freien Wesen, das sich der Student herausnahm; allein Stilling irrte sehr...« Das ist freilich erst geschrieben, als Goethe schon berühmt war durch den GÖTZ und WERTHER. Der Mediziner Meyer mit seinem Bild vom »närrischen Corydon« sieht den Tischgenossen noch ganz unbefangen. Beide werden recht haben.

Nach dem ernsten, frommen Köhlerssohn eine kleine, nervöse Gestalt; blond, stumpfnasig, mit breitem baltischem Akzent in der

Sprache, die zuweilen gehemmt war; vorsichtig und wie tastend hereintretend, schüchtern und bald sehr keck in der Unterhaltung, Hofmeister bei zwei kurländischen Edelleuten seiner baltischen Heimat, Sohn eines Pastors und genialischer Dichter – Johann Michael Reinhold Lenz. Von ihm wird noch zu sprechen sein; Goethe lernte ihn auch erst gegen Ende seines Straßburger Aufenthalts kennen.

Ein anderer Hofmeister, ebenfalls aus den Ostseeprovinzen kommend, war Johann Gottfried Herder, Theologe und Reiseprediger eines jungen Fürsten, aus ärmlichen Verhältnissen wie Lenz, Sohn eines Dorfkantors in einem kleinen ostpreußischen Neste; anders als Lenz aber eine auffallend eindrucksvolle Erscheinung mit einem Hang zur Eleganz und eigenwilligem stolzem Auftreten. Goethe lernt ihn nicht im Kreise Salzmanns kennen, sondern bei einem zufälligen Besuch im Gasthof ›Zum Geist‹. »Gleich unten an der Treppe fand ich einen Mann, der eben auch hinaufzusteigen im Begriff war und den ich für einen Geistlichen halten konnte. Sein gepudertes Haar war in eine runde Locke aufgesteckt, das schwarze Kleid bezeichnete ihn gleichfalls, mehr noch aber ein langer, schwarzer, seidner Mantel, dessen Ende er zusammengenommen und in die Tasche gesteckt hatte.« Herder war sechsundzwanzig, kaum fünf Jahre älter als Goethe, aber bereits ein etablierter Autor, bekannt durch zwei Schriften oder Schriftreihen, die er FRAGMENTE und KRITISCHE WÄLDCHEN benannt hatte; als solche *Zerstreute Blätter* hatte Herder fast stets seine Gedanken ausgesät. Lessing war darin kritisiert worden, soviel hatte Goethe etwa in Leipzig gehört, und erstaunt über solche Kühnheit schrieb er an Oeser, der große Eroberer werde sicherlich »in Herrn Herders Wäldchen garstig Holz machen, wenn er drüber kommt«. Herr Herder war, wie man hörte, nichts anderes als ein junger Lehrer und Pfarradjunkt in Riga; Lessing hatte sich die führende Stellung unter den deutschen »Kunstrichtern« erobert, und wie er mit Widersachern aufzuräumen pflegte, war bekannt. Immerhin: noch war Platz auf dem deutschen Parnaß. Goethe sprach den auffallenden Mann in der Soutane an und wurde freundlich zu einem Gespräch eingeladen.

Herder war leidend; das eine Auge war entzündet, der Tränensack verschlossen, man behandelte den Fall mit schmerzhaften Operationen, die uns heute unerträglich erscheinen würden: Aufschneiden des Tränensacks, Durchbohren des Knochens, um einen Tränenkanal zu schaffen, Durchziehen eines Pferdehaares, täglich erneut; der große Chirurg Lobstein sollte da Besserung schaffen und konnte nach wiederholten Einschnitten auch nicht helfen. Es ist ein Wunder, daß der so Gequälte überhaupt zuhörte, was der junge Student mit den großen schwarzbraunen Augen ihm vorplapperte. Die Begegnung ist ruhmvoll für beide Teile. Goethe, sonst so ungeduldig, blieb ganze Tage im Krankenzimmer und ertrug jede Laune des Leidenden; Herder, der die Schmerzen mit großer Standhaftigkeit hinnahm, ließ seinen Geist spielen zwischen Anziehung und Abstoßung, zwischen Positiv und Negativ. Als eine gewaltige elektrisch geladene Wolke hat Wieland ihn bezeichnet. Irgend etwas muß ihn an dem Jüngling angezogen haben, der sich so um ihn bemühte. Und sogleich begann er an ihm die Erziehungsarbeit. Herder war Prediger und Lehrer.

Goethe kramt den bunten Raritätenladen seiner Aufzeichnungen aus. Durch eine Siegelsammlung will er sich Kenntnis der Fürstlichkeiten und ihrer Wappen und somit der Geschichte erworben haben. Nichts da, erklärt der Mann mit den schwarzen Augenbrauen, der Habichtnase und dem kohlschwarzen Auge, das ist Spielerei. Geschichte: das sind nicht die Potentaten mit ihrem heraldischen Federvieh. Das ist Adlerflug des Gedankens über etwas weitere Räume als Eure deutschen Kleinstaaten und Reichsstädte. Das sind die Völker im großen, jedes mit seinem eignen, unverlierbaren Volksgeist. Das heißt zurückgehen bis in die Urgründe. Das heißt, das Werden und Weben erforschen, nicht die eben bestehenden Institutionen, die jämmerlich genug sind. Auch in die sogenannten dunklen Zeiten muß man hinabtauchen; sie sind nicht dunkel. Poesie steht am Uranfang der Geschichte, Poesie ist die Muttersprache des Menschengeschlechts. In den ältesten Schöpfungen gilt es sie zu erfassen: in den Dichtungen der Bibel, im Homer, in den Mythen, den Volksdichtungen, den Liedern, auch der sogenannten Wilden oder der verachteten unterdrückten Nationen, der Letten, Esten, Litauer, der Wenden, Grönländer, der alten nordischen Helden auf Island: Alle diese Völker haben ihre Stimme, und man hat auf sie zu hören. Poesie lebt in der Sprache.

Der junge Adept nimmt auf und widerspricht, aber mit Ehrfurcht. Zum ersten Male steht er einem Geist gegenüber, den er als überlegen anerkennen muß. Bisher ist er kritisch und altklug gewesen und hat eigentlich nur an allem genascht. Selbst einen Lessing hat er vorbeigehen lassen. Hier wird er gepackt, heruntergedrückt, bis er wieder auf dem Kinderschemel sitzt. Das Kindliche, so belehrt ihn Herder, ist ebensowenig zu verachten wie die Kindheit der Völker. Die ersten, frühesten Regungen der Sprache, das noch Lallende, das Dumpfe, eben Gefühlte! Das nur Tastende! Der Tastsinn ist eigentlich unser treuester Sinn. Auch Tanz, Rhythmus, Musik, alle Sinne zusammen! Der ganze Mensch mit all seinen Kräften!

Ein neuer Name taucht auf: Hamann, der *Magus des Nordens* in Königsberg, den Herder als seinen Lehrmeister bezeichnet. Goethe plagt sich mit dessen SIBYLLINISCHEN BLÄTTERN, Herder spottet, als er sich dabei wunderlich genug gebärdet. Er spottet überhaupt unbarmherzig. Er läßt nicht die kleinste Sorglosigkeit durchgehen. Goethe erzählt von den Klassikern, die er von zu Haus mitgebracht und ungelesen auf sein Bücherbrett gestellt hat. Herder schreibt ihm einen

Zettel, mit dem er ihn um die Bücher bittet, und fügt den Wortwitz hinzu: »Der von Göttern Du stammst, von Goten oder vom Kote, Goethe sende sie mir!«, was den Jüngling empfindlich trifft; mit einem solchen Wortwitz endet dann auch nach jahrzehntelanger Freundschaft eine der fruchtbarsten Begegnungen der Literaturgeschichte. Herder redet abschätzig über das Werk Ovids als einer matten Kopie, während Goethe noch an den schönen Bildern hängt. Er fegt die ganze Oesersche Amorettenwelt hinweg, alles Überkultivierte, nur Geschmackvolle oder Angenehme. Ein scharfer Wind weht. Nur die ganz Großen sollten gelten: die Dichter des Alten Testaments, Homer, Shakespeare, Ossian.

Auch hier wie bei den gefälschten Schwefelpasten Lipperts, die Oeser als Vorbild pries, ein schöpferischer Irrtum. Ossian, die Umdichtungen einiger altgälischer Reste und Motive durch den Schotten Macpherson, der vorgab, uralte Epen übersetzt zu haben: das war für fünfzig Jahre ein Werk vom gleichen Rang wie Homer. Man übersetzte die »Epen« in alle Kultursprachen (und Macpherson übersetzte sie, als man seine Fälschungen bezweifelte, ins Gälische, um ihre Echtheit zu beweisen). Nicht nur Herder, Goethe, Hölderlin, noch ein Napoleon hat sich für Ossian begeistert. Uns sind die Vornamen Oskar und Selma aus der Ossian-Mode geblieben, oder Malwine, die bis ins Biedermeier hinein beliebt war. Auch Goethe hat, noch in Straßburg, aus dem Macpherson-Ossian übersetzt. Man hielt das für Ur-Poesie, ältestes episches Gut, während von epischer Gestaltung in den nebelhaften rhapsodischen Anrufungen für uns nicht die kleinste Spur zu erblicken ist. Der Held des Hauptgedichtes: »Fingal kömmt wie eine wäßrige Säule von Nebel; seine Helden sind um ihn her ...« Wäßrige Nebelsäulen über einer Heidelandschaft – die Nebelstimmung, die man für Vorwelt hielt, war das, was die Ossian-Schwärmer begeisterte, und selten sind echte Dichtungen so von den Besten ihrer Zeit geehrt worden wie diese Fälschungen Macphersons, denen nicht damit aufzuhelfen ist, daß doch einige alte Balladenreste in ihnen stecken.

Ahnung, auch Täuschung kann aber fruchtbarer sein als Wirklichkeit. Ossianisch wird gedichtet, auch von Goethe, auch noch im WERTHER. Ahnung ist auch vor allem, was man in Shakespeare sieht, den zu lesen oder zu verstehen die wenigsten imstande waren. Durch die Anthologie Dodds hat Goethe ihn zuerst kennengelernt und sogleich »ein Dutzend Allegorien« danach verfaßt; in Wielands Übersetzung hat er einen Rokoko-Shakespeare aufgenommen; Herder gibt ihm nun in dunklen und knappen Sätzen einen neuen Shakespeare, der dumpf, nordisch, im Nebelgrauen gesehen ist wie Macbeth auf der Heide. Auf dem Theater, der Bühne, die ja nun zum Shakespeare sehr notwendig dazu gehört, haben weder er noch Goethe ihn damals je gesehen. Aus der Lektüre wird er erlebt: »Mir ist, wenn ich ihn lese, Theater, Akteur, Kulisse verschwunden! Lauter einzelne im Sturm der Zeiten wehende Blätter aus dem Buch der Begebenheiten, der Vorsehung, der Welt! – einzelne Gepräge der Völker, Stände, Seelen... was wir in der Hand des Weltschöpfers sind – unwissende blinde Werkzeuge zum Ganzen Eines theatralischen Bildes, Einer Größe habenden Begebenheit, die nur der Dichter überschaut.«

Das alles sind noch im Sturm wehende *Zerstreute Blätter*. Es wird nicht nur in hohen Regionen geschwebt. Der junge Adept dieser neuen Mystik lernt noch mehr. Er sieht in Herder zum ersten Male einen ganz neuen Typus des »Literators«. Das ist nicht der armselige, immer etwas geduckte Hofmeister irgendeines Grafen; von seinem Erbprinzen hat Herder sich schon ohne viel Skrupel getrennt. Das ist nicht der bloß streitende Magister, der andere Magister oder Professoren in antiquarischen Fragen auf den Klotz legt oder in ihrem Wäldchen »Holz macht«, nach der unseligen Tradition der theologischen Streitschriften aus zwei Jahrhunderten; als solcher war ihm auch Lessing erschienen. Hier stand ein eleganter Mann vor ihm, soeben von einer Reise durch Frankreich zurückgekehrt, mit der seidenen Soutane eines Abbés, nicht der steife Theologe mit der gestärkten Halskrause. Ein Mann, der sich kühn vermaß, auch der »Lykurg von ganz Rußland« zu werden, wenn man ihm Gelegenheit dazu geben würde; das war nicht so ganz phantastisch, Katharina, die Semiramis des Nordens, berief noch sehr viel kleinere Geister, um Gesetze auszuarbeiten. Da war eine Herrschernatur; es ist Herders Tragik, daß er nie zum Herrschen gekommen ist, immer nur säen durfte, nie ernten, daß er immer die zweite Rolle hat spielen müssen, im Schatten eines Größeren lebend.

Jetzt aber, in Straßburg, ist er noch der Größere. Er herrscht, er bildet an diesem wachsweichen jungen Kopf. Noch eine Einsicht gibt er ihm: nicht die Nase in das deutsche Kleinwesen zu stecken, dessen Zeit vorbei sei mitsamt allen Siegeln und verbrieften Rechten. Der Mann aus der russischen Weite hat ganz andere Konzeptionen, und wenn es nicht Gesetze sein sollen, so kann man doch auf anderem Gebiet, dem des Geistes, ein Reich regieren. Im Werden und Weben der Völker ist ein Auf und Ab. Die Franzosen haben ihre große Zeit gehabt, jetzt sind sie alt, Voltaire ist alt, die ganze französische Literatur ist betagt, sie hat ihre Mission erfüllt. Andere kommen an die Reihe – wir, die Deutschen. Der Mann aus dem östlichsten Grenzland, hier im halb-französischen, äußersten Westen, spannt einen weiteren Bogen als die Leute der Mitte, die noch Sachsen, Preußen, Lübeck-Eutiner oder womöglich Frankfurter Reichsstädter sind. Wie immer die politischen Grenzen laufen mögen oder sich verändern – man lebt im Zeitalter des unbedenklichsten Ländertausches, und das Heilige Römische Reich hat ja überhaupt keine Grenzen, die sich erkennen lassen –, hier läßt sich ein anderes Reich aufrichten.

Das zeichnet er mit flüchtigen Kohlestrichen hin. Auch diese Konzeption Herders hat in Goethe Wurzel gefaßt. Sie ist der Keim für seine Vorstellung eines geistigen Reiches, das dann auch mit ihm geschaffen und von ihm regiert wurde.

Leicht war dieser Kursus von wenigen Monaten nicht. Am Ende wird auch Goethe müde; er hat genug gehört, aufgenommen; der Kranke, dem nicht zu helfen ist durch die Ärzte, wird immer bissiger und ausfallender. Von eignen Plänen spricht man mit ihm besser nicht; mitleidlos würde er sie zerreißen. Das Zuhören ist nicht Herders Sache. Er ist Prediger. Fast erleichtert sieht Goethe ihn abreisen, als die letzte Operation mißlang. Auch ein Herder, mittelloser Kantorensohn, muß leben, sich eine Stellung suchen; den Stand des freien Schriftstellers gibt es noch nicht, selbst der gewaltige »Eroberer« Lessing, eine europäische Berühmtheit, hat den Versuch aufgeben müssen und ist soeben als Bibliothekar in Wolfenbüttel beim Erbprinzen von Braunschweig untergekommen. Ein anderer Kleinfürst, Graf zur Lippe, hat Herder in seine Hauptstadt Bückeburg berufen, ein alter General aus der Schule Friedrichs mit schöngeistigen Neigungen. Da kann der Mann, der Osten und Westen in seinen Gedanken überspannte, nun mitten im ältesten Cheruskerland Deutschlands als Konsistorialrat seinen Forschungen über die ältesten Urkunden des Menschengeschlechts nachgehen, unter Bauern in alter Tracht, die noch die Rinder auf der Dönse ihres breiten Hauses halten, den Pferdeschädel aus Widukinds Zeiten auf ihrem Dachfirst, einen Habicht als magisches Abwehrzeichen an ihre Scheunentür nageln. Ein Ländchen mit nicht viel mehr Einwohnern als die Stadt Straßburg; unzufrieden wird er dort fünf Jahre zubringen, bis Goethe ihn in ein etwas größeres Ländchen beruft, wo er bis an sein Ende bleiben muß.

Herder hat Goethe auch einige praktische Lehren hinterlassen. Sammeln Sie Volkslieder! Hier im Elsaß gibt es das noch, auf dem Lande; in der Stadt werden sie freilich städtischer und pariserischer von Tag zu Tag. Schauen Sie sich um, wie der englische Bischof Percy, der eben seine RELIQUES OF ANCIENT ENGLISH POETRY herausgegeben hat, die herrlichsten Balladen aus der sogenannten »gotischen« Zeit, die nicht gotisch und abstrus ist, wie alle plappern, sondern großartig; das Buch ist eine wahre Fundgrube, eine Schatzkammer. Sehen Sie sich das Münster richtig an: Das ist alte deutsche Kunst; man müßte darüber schreiben, wie sie doch so kläglich verkannt worden ist zugunsten von französischen Schnörkeln und römischen platten Pilastern. Von literarischen Beziehungen und Kreisen ist die Rede gewesen, von Darmstadt, einem anderen kleinen Hof, wo sich eine enthusiastische Gruppe von Klopstock-Verehrern gebildet hat, Menschen von Gefühl und hoher Empfindung, eine Demoiselle Flachsland darunter, mit der Herder verlobt ist und die er nun auf das Bückeburger Gehalt hin zu heiraten hofft. Aus solchen kleinen Gruppen besteht das deutsche Publikum, da man nun einmal keine Hauptstadt besitzt, kein literarisches Zentrum wie Paris. Überhaupt hat Herder ihm neben den hochfliegenden Weltideen auch einen Einblick in die zeitgenössische literarische Welt und ihre Richtungen gegeben, wovon Goethe sich in Leipzig nur sehr wenig angeeignet hatte. An eine Schriftsteller- oder Dichterlaufbahn war noch keineswegs gedacht, denn die deutschen Dichter, wie Goethe sagt, »genossen in der bürgerlichen Welt nicht der mindesten Vorteile; sie hatten weder Halt, Stand noch Ansehen«. Aber es rumorte in ihm. Seiner eigenen Aussage nach will er schon an den GÖTZ, den FAUST gedacht haben, was wahrscheinlich eine Vorverlegung ist. Die Kraft, irgend etwas zu schaffen, spürte er jedenfalls, und Herders Lehren vom schöpferischen Genie, dem dumpfen, ahnungsvollen, kamen eben zur rechten Zeit.

Straßburger Wanderungen

Nicht alles ist Bildungserlebnis und Literatur in diesen Monaten. Goethe ist immer noch ein wenig der »eingewickelte« Knabe. Er muß sich da erst herauswickeln, und wie in Leipzig, wo er das Kostüm wechselt, paßt er sich auch in Straßburg sogleich seiner Umgebung an. Straßburg ist nicht Paris, aber auch nicht Klein-Paris wie Leipzig; es ist das Entrée zu Paris. Auf der Universität sind viele Edelleute aus allen Gegenden Europas, die sich erst etwas perfektionieren sollen, ehe sie auf das Parkett der großen Metropole gelassen werden, wo man jeden Schritt, jede Geste, jeden kleinsten Zug beachtet und belacht. Das ist noch wichtig in einer Zeit, da das Auftreten eine Art Menuett darstellt, bei dem ein ungeschickter oder falscher Pas sogleich den »Bauern« oder »Bürger« enthüllt, oder den »Bären, der erst geleckt werden muß«, wie es hieß – nach der Anschauung der alten Zoologie vom Bärenjungen, das die Mutter aus einem ungestalten Fleischklumpen zurechtleckt.

So läßt Goethe sich zunächst neu frisieren. Der Perruquier schneidet, stutzt, setzt eine Pariser Vorschriften entsprechende Perücke auf, mit Haarbeutel und Zopf am Rücken; er pudert, und der ungeduldige Jüngling kann nun, wie er sagt, »immer für den bestfrisierten und behaarten jungen Mann« gelten. Er muß sich allerdings dabei vorsichtig bewegen, um nicht den falschen Schmuck zu verraten. Vorsichtig wandelt er dahin, in feinen Schuhen und seidnen Strümpfen und Kniehosen, den Hut sorglich unter dem Arm tragend, wie es vorgeschrieben ist; aus besonderer Vorsicht trägt er unter den Strümpfen noch feinlederne Unterstrümpfe, »um sich gegen die Rheinschnaken zu sichern«. In diesem Aufzug, so haben wir zu denken, schaut er hinauf zu der gewaltigen Masse des gotischen Münsterturms, den er bald als Urbild deutscher Kraft preisen wird.

Gesittet wandelt er in den wildledernen Unterstrümpfen zum Kartenspiel, das der Senior Salzmann ebenso empfiehlt wie die Madame Böhme. Er wird durch ihn in einige Familien eingeführt und gilt dort als angenehmer junger Herr aus gutem Hause; es dürften bessere Bürgerhäuser gewesen sein; mit der höheren Straßburger Gesellschaft, die bereits durchaus französisch orientiert war, hat er kaum Berührung gehabt. Straßburg ist zu dieser Zeit im Übergang. Noch kleiden sich viele Familien der Mittelklassen, auch des alten Patriziats der alten Reichsstadt nach alter Sitte »deutsch«, die Mädchen mit aufgebundenen und mit großer Nadel festgesteckten Zöpfen und kurzen Röcken. Die andern, vor allem der Oberschicht, gehen »französisch« und richten sich nach der Pariser Mode, die sehr oft wechselt, sehr reich und anstrengend ist, mit langen Röcken, Schleppen, kompliziertem Haarbau, Schönheitspfläserchen und Bändchen, Blümchen, Schleifen allenthalben. Sie sprechen auch französisch; die andern deutsch, ein Elsässer »Dütsch«, das wiederum der Deutsche aus anderen Gegenden nicht immer versteht.

Von einer deutschen Opposition gegen Frankreich ist kaum die Rede. Man ist stolz auf seine alten Rechte, seine reichsstädtische Verfassung, die der König bei der Übernahme vor neunzig Jahren in einer feierlichen Kapitulation garantiert hat; man ist protestantisch im streng katholischen Königreich, das bald nach der Straßburger Kapitulation auch den Großvater Göthé vertrieben hat. Wenn der Enkel staatsrechtliche Studien hätte treiben wollen, so wäre ihm da ein faszinierendes Kuriosum begegnet: eine Republik mitten im streng absolutistischen Königreich, mit dem ganzen alten Apparat der Zünfte, die ihre Bürgerausschüsse und Ammeister wählen; diese Stadt nominell selbständig im Rahmen einer Provinz, die wiederum vom übrigen Frankreich unterschieden wird, sogar durch eine Zollgrenze auf den Vogesen; in dieser Provinz wieder zahlreiche Enklaven, die deutschen Fürsten von jenseits des Rheines gehören und von ihnen verwaltet werden; Goethe hat auf seinen Wanderungen einige dieser Grafschaften kennengelernt. Militär des Königs als Besatzung und eine Zitadelle als königliche Enklave mitten und beherrschend in der Stadt. *Royal Allemand* heißt ein Regiment, die Soldaten singen auf deutsch »Zu Straßburg auf der Schanz«, die Offiziere sprechen französisch und sind fast durchweg deutsche Aristokraten. Als Repräsentant des Königs ein *Prätor*, der im Grunde die Stadt regiert; auch er oft ein Straßburger Sohn ... Das Ganze ein Wirrsal wie die alten Straßen um das Münster herum. Man hatte aber Goethe beim Studium bedeutet, daß man sich hier nicht mit alten rechtshistorischen Problemen plagen solle; er werde nur gefragt, was heute gilt. Die Straßburger dachten nicht anders. Sie waren loyale, deutsche, protestantische Bürger des Allerchristlichsten Königs in Versailles.

Von Zeit zu Zeit hatten sie ihre Loyalität tatkräftig zu beweisen.

Nach den Kapitulationsbestimmungen war die Stadt frei von Landessteuern. Sie hatte nun durch wiederholte *dons gratuits* den Unterschied auszugleichen bei festlichen Gelegenheiten. Goethe hat eines dieser Feste miterlebt und dabei den Raritätenladen der Weltgeschichte vorbeiziehen sehen: »Schau sie! Guck sie!«, eine Kaisertochter, eine Habsburgerin, dem Thronfolger übergeben durch seinen Stellvertreter, die ganze Pracht militärischer Aufzüge, Illuminationen, kostspieliger Bauten, nur für diesen Tag errichtet; die Stadt Straßburg hat tief in ihren Säckel gegriffen. Er hat bei dieser Gelegenheit auch eine der Hauptaktricen auf der Weltbühne seiner Zeit mit eigenen Augen gesehen, wie es überhaupt denkwürdig ist, daß er so vielen der historisch großen Gestalten seines langen Lebens persönlich begegnet ist.

Hier sah er nun im Mai 1770 Marie Antoinette, die Tochter Maria Theresias, dem Dauphin angetraut; es war ein großer Schachzug der europäischen Kabinettspolitik: Aussöhnung Frankreichs mit dem Erbfeind Österreich. Wir wissen, wie das endete. Goethe will schon damals allerhand düstere Vorzeichen verspürt haben. Ein »Lusthaus« für den Empfang war in eiliger Zimmermannsarbeit errichtet worden, eine weitläufige Anlage mit Triumphbogen, Staatssälen, Gärten davor; das Ganze eine Art Potemkinsches Dorf, das auch die Elendsviertel am Fluß verbergen sollte. Im Hauptraum, den Goethe gegen Trinkgeld wiederholt besuchte, an den Wänden Gobelins mit Jason und Medea, dem Furienwagen und den geschlachteten Kindern, arglos aufgehängt; es war ein beliebtes Opernthema mit obligaten Rachearien. Goethe entsetzte sich, wie er berichtet, und protestierte laut gegen solche Gedankenlosigkeit. Man lächelte über seinen Eifer. Die Krüppel, Bettler, Mißgestalteten waren streng vom Weg der Prinzessin verwiesen; Goethe schrieb dazu ein französisches Gedicht über Christus und die Kranken und Lahmen, das er bald beiseite legte, als ein Franzose es der Sprache wegen kritisierte.

In gläserner Karosse zog Marie Antoinette ein. Goethe sah sie mit ihren Begleiterinnen plaudern. Er sah nicht die Zeremonie der Übergabe, denn das war ein hoher Staatsakt mit allem symbolischen Zeremoniell des *Ancien régime*: Bis auf die nackte Haut mußte sich die Österreicherin im Vorraum entkleiden, ehe sie französische Staatsroben anlegen und die Grenze überschreiten durfte, in das Land, in dem sie dann zweiundzwanzig Jahre später im Kittel aufs Schafott gekarrt und nackt in die Grube geworfen wurde.

Goethe hat tatsächlich wie in einer besonderen persönlichen Beziehung zu der Unseligen, die er dort noch als junges, törichtes Mädchen gesehen hatte, das Beben des Bodens früher gespürt als andere. Die »Halsband-Geschichte«, der große Skandal am Vorabend der Revolution, ist ihm nicht wie seinen meisten Zeitgenossen als eine pikante Farce erschienen, sondern als furchtbar bedeutungsvoll; in seinem GROSS-KOPHTA hat er dann versucht, mit diesen Gedanken fertig zu werden; der erztörichte Kardinal Rohan als Hauptfigur ist der gleiche, den er hier als Student die Messe zelebrieren sah.

Ohne symbolische Vorahnung aber wandert er im warmen Frühling 1770 durch die illuminierte Stadt, die voll ist von Menschen, Mädchen in deutscher oder französischer Tracht; das bischöfliche Schloß der Rohan ist hell erleuchtet mit seinen schweren Barockkonturen, ebenso die Präfektur, das alte Rathaus mit seinen gotischen Giebeln und verwinkelten Außengängen – und über allem strahlte der Gipfel des Münsterturms, mit Pechfackeln auflodernd bis hoch in die Nacht und weit über den Strom hinweg.

Das Münster ist für Goethe zunächst ein Aussichtsturm, von dem man weit ins Land schaut; man trinkt mit Freunden auf der Terrasse und kratzt seinen Namen in den Sandstein, der am Tage sanft rötlich schimmert. Das Straßburger Münster ist das erste Zeugnis großer Architektur, das Goethe gesehen hat; vom Frankfurter Dom, so ehrwürdig er als Krönungsstätte der Kaiser sein mochte, war nicht allzuviel zu rühmen; er war steckengeblieben, obwohl man ihn einmal so großartig geplant hatte wie in Ulm und in Köln. Im Umriß sah Goethe das Münster am Abend am liebsten, in der Dämmerung, »wenn durch sie die unzähligen Teile zu ganzen Massen schmolzen und nun diese einfach und groß, vor meiner Seele standen und seine Kraft sich wonnevoll entfaltete, zugleich zu genießen und zu erkennen! Da offenbarte sich mir, in leisen Ahndungen, der Genius des großen Werkmeisters ...«

Mit einem Hymnus VON DEUTSCHER BAUKUNST im neuen Geniestil hat er dann einige Jahre später das Münster und Erwin von Steinbach, den er für den Baumeister hielt, gefeiert. Den stellt er neben Albrecht Dürer, dessen Ruhm nie untergegangen war und gerade in einer Reihe von Schriften neu belebt wurde. Er preist das Unbekümmerte, die bloße Empfindung, das Rauhe, Wilde, aber Lebendige. Er preist dabei die Kunst der Wilden, als wäre er ein früher Vorgänger der *Fauves*. Alles wird abgelehnt und geschmäht, was er eben bei Oeser gelernt hat und dann sein Leben lang andere lehren wird. Eine nationale Note ertönt schmetternd und laut verkündend: »Das ist deutsche Baukunst, unsere Baukunst! da der Italiener sich keiner eignen rühmen darf, viel weniger der Franzos.«

Von der französischen Gotik hatte er nichts gehört, aber auch die Franzosen wußten nicht viel davon. Die Italiener nannten in der Tat die Gotik »deutsche Kunst«. Das vielgestaltige Gebäude, das mit der Sammelbezeichnung »Gotik« gekrönt wurde, konnte damals überhaupt niemand übersehen. Man stritt sich allenfalls über die Probleme, wie der Spitzbogen entstanden sei, und es ist bezeichnend, daß

Herder in der Sammlung fliegender Blätter VON DEUTSCHER ART UND KUNST, die Goethes Aufsatz enthielt, als Gegengift eine kühl-mathematische Studie eines Italieners mit publizierte, die ganz nüchtern die Statik von Spitzbogen im Vergleich zu Rundbogen und antiken Wölbungen untersuchte. Der »gotische« Mensch war noch nicht entdeckt und von der gotischen Kunst nur eben ein so ragendes Wahrzeichen wie der Münsterturm. Schon die Plastiken sah Goethe gar nicht; er hat später auch bei seinem Besuch in Naumburg nichts von den Stifterfiguren bemerkt. Es ist die Frage, ob er die Straßburger Engelssäule, die Portalfiguren überhaupt begriffen haben würde, falls ihn jemand darauf hingewiesen hätte. Gestalten wie die *Ecclesia* und *Synagoge* – die heute als Inbegriff gotischer Kunst gelten – sind erst lange nach Goethe bekannt, noch viel später erst berühmt geworden. Die komplizierte Baugeschichte des Münsters oder jedes gotischen Doms ist ein Problem für Habilitationsschriften. Und was schließlich am Straßburger Münster »deutsch«, was »französisch«, was sogar südfranzösischer Einfluß sein mag, das ist Sache nationaler Interpretation und nationaler Vorurteile. Das Mittelalter dachte in anderen Kategorien und hatte andere Zugehörigkeitsbegriffe: zum Beispiel den Begriff des »Ordens« oder die Bauhüttentradition.

Goethe hat nicht »die Gotik« entdeckt, die schon hier und da Mode zu werden begann, in England besonders, wo man sie als eine von vielen »exotischen« Wunderlichkeiten pflegte neben chinesischen, japanischen, persischen Launen; man stellte etwa eine gotische Ruine im Park auf oder errichtete ein ganzes gotisches Haus für einen Sammler wie Horace Walpole als Zeichen originellen Geschmacks. Auch Goethe schwärmte für diesen Turm, weil er sich als Originalgenie fühlte, als eine Kraft, die etwas Ähnliches auftürmen wollte. Wenn er das Wort »deutsch« zornig herausstieß, so meinte er damit, wie Herder gelehrt hatte: *Wir* wollen jetzt an die Reihe kommen!

So kühn dachte er in Straßburg noch kaum, allenfalls in dunklen Ahnungen. Er hat später bei Abfassung seines Lebensberichtes im ersten Schema die Losung »Deutschheit emergierend« für diese Zeit notiert. Sie stimmt. Aber er taucht nicht mit einem dramatischen Ruck aus den Gewässern auf, die ihn so angenehm umspülen. Er geht ins französische Theater, das in Straßburg sehr gut vertreten ist. Diderot wird gespielt, Rousseaus PYGMALION. Goethe sieht Schauspieler von Rang in Stücken von Racine und Corneille. Er notiert sich im Tagebuch Voltaire-Verse, Stellen aus Rousseau, die ihn in seiner Ansicht bestätigen, daß der Begriff der Erbsünde unsinnig sei. Auch Tanzunterricht wird genommen, denn es wurde viel getanzt: in den Vergnügungslokalen vor den Toren und Schanzen, in den Landhäusern, wo man Privatbälle gab, auf den Redouten im Winter, wo es munter zuging: »Die anständigen Frauen gehen nur maskiert hin und tanzen nicht, aber die öffentliche Dirne und die Liederlichen, von denen Straßburg überreich ist, sind oft ohne Maske da. Oft sieht man nur diese Letzteren; es ist ein scheußliches Schauspiel, das einem Menschen von etwas höherer Natur Abscheu vor dem Laster einflößt. So schien es mir auch auf den Prinzen zu wirken«, den jungen Karl August von Weimar, dessen Erzieher diese heuchlerische Epistel an die Herzogin-Mutter nach Hause schickte. Auch der junge Weimarer Thronfolger sollte in Straßburg perfektioniert werden.

Auf Bällen oder großen Redouten ist Goethe selten zu finden. Überhaupt ist er mit dem Tanzen nie recht vorwärtsgekommen, obwohl die beiden niedlichen Töchter des Tanzmeisters sich sehr seiner annehmen; mit ihnen wird dann auch nach der Übungsstunde eine Liebelei angezettelt. Sie endet mit einer Eifersuchtsszene zwischen den beiden Mädchen und einem magischen Akt: Lucinde geht auf ihn zu, ergreift ihn beim Kopf, küßt ihn und ruft dabei den Fluch auf jede herab, die ihn danach küssen werde, »Unglück über Unglück für immer und immer«. So novellistisch das erzählt ist: der Fluch ist in Erfüllung gegangen, nicht nur in der nächsten Zeit, sondern in Goethes ganzem Leben. Keine seiner Lieben ist glücklich geworden. Und übrigens ist auch Goethe, wenn wir seinen Worten trauen wollen, nie glücklich gewesen: Ganze vier Wochen, so hat er im fünfundsiebzigsten Jahr gemeint, könne er im Rückblick zusammenzählen.

Davon entfallen allerdings schon auf Straßburg einige Monate. Seine Briefe aus dieser Zeit zeugen davon. Er genießt das leichte und angenehme Leben, die Gesellschaft guter Kameraden, die schönen Spaziergänge und Ausflugslokale wie den ›Grünen Baum‹, wo die Soldaten mit den Mädchen im Freien tanzen. Auch das Straßburger Militär war leichtbeschwingt und marschierte fast im Tanzschritt dahin, nach Operettenmelodien von Grétry; der Regimentskommandeur Max von Zweibrücken unterhielt eine Tänzerin an der Pariser Oper, die er dann als Comtesse de Forbach mit dem Namen einer seiner elsässischen Besitzungen nobilitierte. Auf einer kleinen Reise, bis ins Lothringische hinein, lernt Goethe einige dieser fürstlichen Schlösser kennen: den riesenhaften Bau in Zabern, wo er den Kardinal Rohan respektvoll beim Diner betrachten darf; einer der sinnigen Bräuche der Vor-Revolutionszeit. Der Kardinal war ein berühmter Gourmet und ließ auch seine Landeskinder ein wenig an seinen Vergnügungen teilnehmen. Bergwerke, Hütten; er hört hier den Namen eines der Unternehmer, die eine Industrie ins Leben rufen: Dietrich, eine alte Straßburger Familie, die sich enttäuscht aus der Stadtpolitik zurückgezogen und auf neue Geschäfte geworfen hatte.

Zu Pferde, mit ein paar Freunden, die da und dort Verwandte wohnen haben, werden solche Ausflüge unternommen. Goethe hat sich bereits etwas gekräftigt, er ist in die Jünglingsgestalt hineingewachsen, die ihm anfangs noch zu weit war. Und so schreibt er von der Reise nach Saarbrücken in ganz anderem Tone: »Welch Glück ist's, ein leichtes, ein freyes Herz zu haben! Mut treibt uns an Beschwerlichkeit, an Gefahren; aber große Freuden werden nur mit großer Mühe erworben. Und das ist vielleicht das meiste, was ich gegen die Liebe habe; man sagt, sie mache mutig. Nimmermehr. Sobald unser Herz weich ist, ist es schwach. Wenn es so ganz warm an seine Brust schlägt, und die Kehle wie zugeschnürt ist, und man Tränen aus den Augen zu drücken sucht, und in einer unbegreiflichen Wonne dasitzt, wenn sie fließen! O, da sind wir so schwach, daß uns Blumenketten fesseln, nicht weil sie durch irgendeine Zauberkrafft starck sind, sondern weil wir zittern, sie zu zerreißen.«

Das ist eine Vorahnung, an eine der Freundinnen Cornelias geschrieben, am Schluß noch mit Gruß an ein »Fränzgen: daß ich noch immer ihr bin«; es ist nicht möglich, allen nachzugehen, die er als seine entfernten Geliebten kultiviert; er wird sicherlich nicht zu »weich«, auch die Blumenketten werden ihn nicht drücken. Das ist Zeitstil, Gesellschaftsspiel; gelegentlich wird auch ein Gedicht daraus. Wie Vorübung zu einem Gedicht mutet auch die Landschaftsschilderung an: »Gestern waren wir den ganzen Tag geritten, die Nacht kam herbei und wir kamen eben aufs Lothringische Gebirg, da die Saar im lieblichen Tale unten vorbeifließt. Wie ich so rechter Hand über die grüne Tiefe hinaussah, und der Fluß in der Dämmerung so graulich und still floß, und linker Hand die schwere Finsternis des Buchenwaldes über mich herabhing, wie um die dunklen Felsen durchs Gebüsch die leuchtenden Vögelchen still und geheimnisvoll zogen: da wurds in meinem Herzen so still wie in der Gegend . . .«

Es gibt bei Goethe fast immer eine Art Vorbereitungs-Stadium für ein Liebeserlebnis, und er stimmt sich gewissermaßen und spannt seine Saiten. Dann klingen sie auf einmal. Im Alter stimmt er sich oft ganz bewußt so ein. Hier in Straßburg wird zunächst nur herumgeliebelt, wie bisher in Leipzig, oder weise nach Frankfurt geschrieben. Dann wird es ernst.

Friederike

Auf einem der Ausflüge führt der Tischgenosse Weyland seinen jungen Freund Goethe bei Verwandten ein, deren Haus er als sehr gastlich und liebenswürdig gerühmt hat: Der Vater ist Pastor in Sesenheim, einem behaglichen und reichen Dorf, etwa eine Tagesreise von Straßburg; die Mutter ist freundlich und muß einmal sehr hübsch gewesen sein, die Töchter sind es noch, und da ist immer ein ganzer Familienkreis von Basen, Vettern, Nichten beisammen. Es ist kein steifes Pastorat, beileibe nicht, man tanzt, spielt Pfänderspiele, neckt sich, liebt sich, vermummt sich, sitzt in der Laube beisammen oder macht weite Spaziergänge durch den Wald oder hinunter zum Rhein; die Eltern sind sehr großzügig, und man ißt und trinkt da auch sehr großzügig.

Verkleidet, in einer seiner beliebten Mystifizierungen, tritt Goethe in das Haus ein; er gibt sich als armer Theologiestudent aus, und in zahllosen Vermummungen, in immer wiederholtem Versteckspiel wird er seinen Lesern bis zu seinem Ende dieses »Idyll in Sesenheim« vorführen. »Wiederholte Spiegelungen« nennt er mit einem Gleichnis aus der FARBENLEHRE die Bilder, die sich da ergeben – die mannigfachen Brechungen, Nachbilder, Ausstrahlungen und den »Trieb, alles was von Vergangenheit noch herauszuzaubern wäre, zu verwirklichen«.

Eine lange Dorfstraße, ein Kirchlein und ein Pastorenhaus. Es sieht wie ein Bauernhaus aus, in Fachwerk gebaut wie die große Scheune daneben, die noch erhalten ist. »Auf dem Felde« ist die Familie, als die Besucher eintreffen. Nur der Vater sitzt am Tisch und sinnt über den Umbau des Hauses nach wie der Vater Goethe; auch für ihn scheint das der Traum seines Lebens gewesen zu sein, der sich nie verwirklicht hat. Pastor Brion stammt aus einer Hugenottenfamilie der Normandie; von daher hat die Tochter ihre blonden Zöpfe. Zur gleichen Zeit wie der Schneider Göthé hat auch die Familie Brion Frankreich verlassen müssen und sich hier in der *Province étrangère* angesiedelt, wobei man lutherisch werden mußte, denn die Straßburger theologische Fakultät war streng orthodox.

Die Gäste treten ein, und sogleich beginnt der Vater, ohne allzuviel Notiz von ihnen zu nehmen, von seinem Lieblingsplan zu sprechen. Aufmerksam hört der junge Student, angeblich der Theologie, zu und geht darauf ein; er hat sich mit Architektur und Zeichnen beschäftigt, entwirft bald für den Alten eine ausführliche Skizze für einen schönen Neubau und macht sich damit sehr beliebt für die ganze Dauer der Beziehung. Die älteste Tochter springt herein, lustig und übermütig, und wirbelt wieder hinaus; die zweite kommt, langsamer, vom Felde, den Strohhut am Arm, im »deutschen« Kostüm mit kurzem Rock, der »eben die niedlichsten Füße« sehen läßt, lange blonde Zöpfe bis auf die Kniekehlen, ein Stumpfnäschen. Blaue Augen, die sehr sicher umherschauen. Der Vetter Weyland, Grüß Gott, und ein Mitstudent aus Straßburg, Grüß Gott; man ist Besuche und Gäste gewohnt. Die Mutter kommt, die ältere, eine jüngere Schwester, der Sohn, die ganze Familie, man ißt, trinkt den guten Elsässer Landwein. Friederike soll den Herrn aus der Stadt ein wenig unterhalten und setzt sich ans Spinett. Sie singt und spielt, nicht allzu gut, wahrscheinlich die Chansons, die alle eben singen: »Ich liebte nur Ismenen, Ismene liebte mich« mit der reizenden trippelnden Melodie und dem etwas verfänglichen Satz: »Mit Ahndung und mit Grämen, getreu verließ ich dich...«, der unmittelbar folgt. Das Spinett ist verstimmt, aber das stört das Mädchen nicht; sie klappt den Deckel zu und meint: Lassen Sie uns nur hinauskommen, da sollen Sie meine Elsässer- und Schweizerliedchen hören, die klingen besser! Man bleibt bis zum Abend, bis in die Nacht, spaziert zusammen im Mondschein. Friederike plaudert, und ihre Reden haben »nichts Mondscheinhaftes«, sie sind klar wie der Tag, und sie schildern fröhlich die ganze kleine Welt, in der sie lebt. Sie bezieht den schmalen Jungen mit den dunkelbraunen Augen sogleich ein in den Kreis ihrer zahllosen Vettern und Nachbarn, und er wird immer stiller. Er bleibt zur Nacht, im Gastzimmer im ersten Stock, er schläft unruhig und kleidet sich am Morgen sorgfältig um, genug nun des armen Theologenkostüms. Er möchte doch lieber der junge Herr Goethe sein und steht nun »recht schmuck da«. Nur die Augenbrauen zieht er sich mit einem angebrannten Kork etwas in der Mitte zusammen, um dem kecken Tischgenossen, dem Mediziner Meyer, mehr zu ähneln, der ein »Räzel« ist, wie man solche zusammengewachsenen Brauen nennt, und außerdem ein waghalsiger Draufgänger.

So fängt es an, und so geht es weiter. Die Familie nimmt ihn auf das freundlichste in ihrer Mitte auf, und eine angenehme Häuslichkeit, ein Familienkreis ist immer für den »Verbannten«, als den er sich ständig empfindet, eine wichtige Vorbedingung auch für Liebesaffären. Friederike kommt und geht, das »schönste Rosenrot« auf den Wangen, ohne Zutaten von Stift oder Kork, als »rosenfarbes Frühlingswetter« bald im Gedicht verwirklicht. Verstecke, Verkleidungen, Entdecken und Pardongeben, allerhand Neckerei und die ausgelassenste Munterkeit; die ältere, wildere Schwester Salome wirft sich vor Lachen einmal rücklings aufs Gras, wie Goethe beschreibt. Es ist kein steifes Pastorat.

Abends sitzt man vor dem Kachelofen bei Pfänderspielen, die immer Gelegenheit geben zur Auslösung durch einen Kuß. »Stirbt der Fuchs« heißt eines; das Füchslein ist, wie in den Leipziger Liedern, immer eines der beliebtesten Liebessymbole, von der Psychoanalyse noch nicht entdeckt, wie wir glauben. Der Text ist etwas rätselhaft: »Stirbt der Fuchs, so gilt der Balg / Lebt er lang, so wird er alt / Lebt er, so lebt er / Stirbt er, so stirbt er. / Man begräbt ihn nicht mit der Haut. / Das gereicht ihm zur Ehre!« Dabei wird ein glimmender Wachsdocht, eben ausgeblasen, im Kreis herumgereicht. Jeder hat den Zauberspruch rasch herzubeten; bei wem das Flämmchen erlischt, der muß das Pfand geben. Auch das wird bald in ein Gedicht verwandelt, bei dem eine Dorilis dem Dichter die Kerze reicht, die statt zu erlöschen aufbrennt, ihm Augen und Gesicht sengt und über seinem Haupte in Glut zusammenschlägt: »Statt zu sterben ward der Fuchs / Recht bei mir lebendig.«

Es wird getanzt, die Allemande, mit Walzen und Drehen, der noch für recht ländlich gehaltene Tanz, bei dem man die Partnerin kräftig an die Brust drücken konnte; alle diese Landmädchen tanzen das vergnügt, auch Friederike, der man aber bald rät, nicht so zu toben; sie war etwas schwach auf der Brust. Die ältere Schwester Salome also: mit ihr aufs nächste Dorf, wo man »brave Schnurranten erwischt«: »Getanzt hab ich und die Älteste, Pfingstmontags, von zwey Uhr nach Tisch bis zwölf Uhr in der Nacht an einem fort, außer einigen Intermezzos von Essen und Trincken«, so schreibt er an den Senior Salzmann. »Sie hättens wenigstens nur sehen sollen. Das ganze mich in das Tanzen versunken.«

Auch von etwas Fieber ist die Rede, das er dabei vergessen. Auch von etwas Melancholie, die ihn nie ganz verläßt: »Wenn ich sagen könnte: ich bin glücklich, so wäre das besser als das alles.« Und schließlich: »Der Kopf steht mir wie eine Wetterfahne, wenn ein Gewitter heraufzieht und die Windstöße veränderlich sind«, oder: »Hier sitz ich zwischen Thür und Angel ... Die Welt ist so schön! so schön! Wers genießen könnte! Ich bin manchmal ärgerlich darüber, und manchmal halte ich mir erbauliche Erbauungsstunden über das *Heute*, über diese Lehre, die unserer Glückseligkeit so unentbehrlich ist und

die mancher Professor der Ethik nicht faßt und keiner gut vorträgt.«
Oder, immer an Salzmann, den Vertrauten: »Ich komme, oder nicht,
oder – das alles werd ich besser wissen, wenn's vorbey ist, als jetzt.
Es regnet draußen und drinne, und die garstigen Winde rascheln in
den Rebblättern vorm Fenster, und meine *animula vagula* ist wie's
Wetter-Hähngen drüben auf dem Kirchthurm, dreh dich, dreh dich,
das geht den ganzen Tag ... Und dann bin ich 4 Wochen älter, Sie
wissen, daß das viel bey mir gesagt ist ...«

Vier oder fünf Wochen in dem Pfarr- und Bauernhaus, die genauen
Besuche sind nicht recht zu ermitteln; einmal schickt er einen Weih-
nachtsbesuchszettel: »Ich komme bald, ihr goldnen Kinder«, man
wird sich ans Feuer setzen, Kränzchen winden, Sträußchen binden
»und wie die kleinen Kinder sein«. Dann wird eine Kutsche mit bunten Blumen bemalt, Süßigkeiten werden aus Straßburg geschickt,
durch den braven Salzmann besorgt, die sollen »zu süßeren Mäulern
Anlaß geben als wir seit einiger Zeit Gesichter zu sehen gewohnt
sind«.

Es ist nicht gesagt, welche Gesichter etwas freundlicher gestimmt
werden sollen, vielleicht das der Mutter, die als »verständig« von
Goethe geschildert wird und sich ihre Gedanken gemacht haben wird.
Der junge Student ist nun eine ganze Weile mit dem Mädchen »gegangen«, und wie soll das weitergehen? Wie weit ist es gegangen?
Darüber ist lange und komisch erbittert gestritten worden. Goethe
schreibt an Salzmann einmal: »Um mich herum ist's aber nicht sehr
hell, die Kleine fährt fort, sehr traurig kranck zu seyn, und das giebt
dem Ganzen ein schiefes Ansehen. Nicht gerechnet *conscia mens*, und
leider nicht *recti*, die mit mir herumgeht. Doch ist's immer Land ...«,
was eigentlich deutlich und studentisch unbefangen genug ist mit
dem Hinweis, daß man ja schließlich nur auf dem Lande sei, ländlich,
sittlich. Goethe hat zweifellos noch deutlicher geschrieben; die Briefe
sind später auf die Straßburger Bibliothek gekommen, aus Salzmanns Nachlaß, und dann durch Eingreifen der Nachkommen Brion
vernichtet worden, erst spät; noch Richard Dehmel hat sich bemüht,
sie zu retten, doch nur von dem Verschwinden durch einen Freund Bericht erhalten. Es ist da aber nichts zu retten außer einem ganz über-
flüssigen Familientraum, einer Legende, und auch der Goethe-Legende, die ihm schwerste Gewissensbisse, langdauernde, bis in den FAUST
hinein, zuschreiben möchte. Nichts davon in den Briefen aus dieser
Zeit. Da ist es die *animula vagula* oder das Wetterhähnchen, der
Kopf wie eine Wetterfahne, bei »veränderlich« ...

Ganz hat Goethe aber selbst in DICHTUNG UND WAHRHEIT, wo
Friederike zur holdseligsten und berühmtesten Jugendliebe gestaltet
ist, das Geheimnis nicht verschweigen können. Es ist eine der charmantesten Vermummungen und Mystifizierungen. »Man ließ uns un-

beobachtet, wie es überhaupt dort und damals Sitte war«, jedenfalls auf dem Lande. Im Freien ist Friederike erst ganz sie selber. Wie ein Reh springt sie dahin, die Leichtigkeit ihrer Bewegungen ist das, was Goethe am stärksten in Erinnerung geblieben ist. In Pärchen spaziert man dahin; auch allein. Weit wird umhergestreift. Die Freundschaften und Nachbarn werden besucht bis jenseits des Rheins. Die Rheininseln sind das Ziel von Wasserfahrten, die langgestreckten, einsamen, etwas verwilderten Bänke der Nebenarme des noch unregulierten Stromes, der sich weit über die Ebene verteilt. Da werden Fischlein gebraten am offnen Feuer, »und wir hätten uns hier, in den traulichen Fischerhütten, vielleicht mehr als billig angesiedelt, hätten uns nicht die entsetzlichen Rheinschnaken nach einigen Stunden wieder weggetrieben«. Das »mehr als billig« ist Goethes spätere ständige Formel für Liebesverhältnisse, die er lässig ein wenig kaschieren will.

»Über diese unerträgliche Störung einer der schönsten Lustpartien«, so fährt er fort, »wo die Neigung der Liebenden mit dem guten Erfolge des Unternehmens nur zu wachsen schien . . .«, führt Goethe nun mit dem Pastor nach der Rückkehr, »als wir zu früh, ungeschickt und ungelegen nach Hause kamen«, ein langes und gotteslästerliches Gespräch. Die Schnaken hätten ihn schon allein am Gottesglauben irregemacht. Der alte Herr ruft ihn zur Ordnung und meint, Mücken und anderes Ungeziefer seien erst nach dem Sündenfall entstanden. Goethe dagegen: es habe des Engels mit dem Flammenschwert nicht bedurft, um das sündige Ehepaar – so schreibt er – aus dem Garten Eden zu treiben; es müßten Schnaken am Euphrat und Tigris gewesen sein.

Der alte Herr lächelt und beugt sich über seine Hauspläne. Was dieses heimlich-kecke Spiel mit dem Sündenfall und dem ersten Ehepaar aber soll, wenn nicht eben die leisen Gewissensbisse in Mückenstiche zu verwandeln, das wäre uns unerfindlich. Es ist ein Spiel mit dem Feuer, das noch der Sechzigjährige nicht lassen kann.

Fast unbarmherzig, aber auch sehr enthüllend, fährt der dann fort: »Ernsthafter und erhebender war der Genuß der Tages- und Jahreszeiten in diesem herrlichen Lande. Man durfte sich nur der Gegenwart hingeben, um diese Klarheit des reinen Himmels, diesen Glanz der reichen Erde, die lauen Abende, diese warmen Nächte an der Seite der Geliebten oder in ihrer Nähe zu genießen.« Immer wärmer wird er bei diesem Landschaftsbilde, das sich mit Friederikens Gestalt vermählt und sie überhöht, mit einem doppelten Regenbogen, den er zum Schluß nach kurzem Gewitter aufsteigen läßt, herrlicher, farbiger, aber auch flüchtiger als alles andere.

Das Gewitter, das seine Wetterfahnennatur schon lange gespürt, geht kurz vorüber: noch einmal ein Besuch von Straßburg aus. Er hat dort die Mädchen bei ihren Verwandten, wohlhabenden Bürgersleuten, zu Besuch gesehen. Da erschienen sie in ihren deutschen kurzen Röckchen fehl am Platze, gezwungen, »mägdehaft«, wie er sagt. Er steckt bereits in der Doktorarbeit. Der Vater mahnt. Es muß abgeschlossen werden, auch mit dieser Liebschaft, die zu nichts führen kann. Verlobung womöglich? Heirat am Ende? Er hat nie daran gedacht und hat dann auch seinen ersten und einzigen ernstlichen Heiratsantrag erst mit vierundsiebzig Jahren gemacht. So reitet er noch einmal hinaus. »Ich fürchtete eine leidenschaftliche Szene«, so hatte er schon bei dem Straßburger Besuch empfunden. Vom Pferde herab, eine sehr symbolische Geste, reicht er ihr noch einmal die Hand; mehr weiß er dann nicht, »es waren peinliche Tage, deren Erinnerung mir nicht geblieben ist«. Geblieben ist die Erinnerung an die nächtlichen Ritte, den Abschied, im ersten seiner eigentlich goetheschen Gedichte WILLKOMMEN UND ABSCHIED:

»Ich ging, du standst und sahst zur Erden,
Und sahst mir nach mit nassem Blick –«

So verwirrt ist er, oder so absichtlich verwirrt er die Spuren, daß er die Zeile umkehrt: »Du gingst, ich stund und sah zur Erden.« Er ändert sie später wieder in die ursprüngliche Fassung um, die ja auch einzig der Wirklichkeit entspricht.

Noch mehr Gedichte sind in dieser Zeit entstanden, die ihn gelöst, frei gemacht von Oeserschen Amoretten, das altkluge Spähen durch den Hochzeitsvorhang weggewischt hat durch ein erstes Liebesgewitter, so kurz es gewesen sein mag. Nur einmal spielt er noch mit den alten Dekorationsstücken der Anakreontik, einem Rosenband, das er Friederike aus Straßburg geschickt hat, selbst von ihm bemalt: kleine Blumen, kleine Blätter, vor jungen Frühlingsgöttern tändelnd auf ein luftig Band gestreut. Da ist freilich, sehr unvorsichtig, ein verfänglicher Schluß angehängt:

»Mädchen, das wie ich empfindet,
Reich mir deine liebe Hand!
Und das Band, das uns verbindet,
Sei kein schwaches Rosenband!«

Auch das hat er, mit einigen Schnakenstichen des Gewissens, alsbald umgeändert in: »Reiche frei mir deine Hand!« Keinerlei Korrektur jedoch hat er in dem MAILIED vorgenommen, das einfach Erde, Sonne, Blüten aus jedem Zweig, die Liebe wie Morgenwolken, das frische Feld im Blütendampfe feiert, die Strophen strömend ineinanderziehend bis zum Schluß, der Jugend, Mut und Freude zu neuen Liedern und Tänzen feiert. Dem Mädchen, das alles dies aufgerufen, ruft er zu:

»Sei ewig glücklich,
Wie du mich liebst!«

Friederike Brion hat das nur mit bitteren Gefühlen lesen können, wenn sie es las. Sie ist nicht glücklich geworden.

Aufgehoben aber hat sie sorglich die vielen kleinen Verslein, die der Ungetreue umhergestreut hat, Verse, in eine Buche geschnitten, Erinnerungen ans Pfänderspiel oder ein Anruf vom Gastzimmer her am Morgen. Das sind *Bigliettos*, wie Goethe sie in Leipzig nannte, keine Gedichte, und er hat sie auch nicht in seine Sammlungen aufgenommen; erst spät sind sie als SESENHEIMER LIEDERBUCH ans Licht gekommen, in fragwürdiger Fassung und vermengt mit den Versen des nächsten Liebhabers und Anbeters.

Denn nun, bald nach dem Abschied zu Pferde, spielt die erste der seltsamen wiederholten Spiegelungen um die Gestalt dieses Mädchens. Der Dichter Lenz hat in Straßburg im Salzmann-Kreise Goethe kennengelernt. Er hat von Friederike gehört, auch Briefe, Gedichte gesehen. Er ist damals als genialer Beginner Goethe nicht unebenbürtig, in manchem sogar für eine kurze Spanne überlegen; er ist ihm auch überlegen an Einfühlung, reizbarem Gefühl. Die Verlassene reizt ihn. Sie hat, wie man vielleicht mit einem Ausdruck sagen könnte, den Goethe einmal an anderer Stelle verwendet, einen gewissen Hautgout; er sagt das von Winckelmann: »Es ist damit wie mit dem Wildpret, das dem feinen Gaumen mit einer kleinen Andeutung von Fäulnis weit besser als frisch gebraten schmeckt.«

Lenz fährt hinaus nach Sesenheim, buhlt um Friederike, die den Studenten noch keineswegs vergessen hat; Goethe hat Lenz sogar beschuldigt, er habe versucht, seine Briefe »zu erhaschen« und ihr abspenstig zu machen. In seiner überschwenglichen und vielleicht schon vom späteren Irrsinn angeschatteten Natur droht Lenz mit Selbstmord, wenn sie ihn nicht erhöre, prahlt in Briefen nach Straßburg von einem *veni, vidi, vici*. Und mit alledem schreibt er die schönsten Gedichte auf die Unselige, die oft genug für Lyrik Goethes gegolten haben, auch in der Zeitschrift IRIS, die Goethes erste Gedichte brachte, mit seiner Initiale gedruckt wurden und in dem SESENHEIMER LIEDERBUCH unter den seinen, zwischen den seinen stehen, zuweilen strophenweise ineinandergeschoben. Da tritt aber unverkennbar die Gestalt des Mädchens noch einmal hervor, in ganz anderer Spiegelung, als Goethe sie sehen konnte. Als Reiter, der kurzweg davongesprengt ist, erscheint Goethe da. Aus den Wolken umfaßt Friederike ihn noch einmal als Geist: »Kannst du wähnen, wer ich bin? ... Sei zufrieden, Goethe mein, wisse, jetzt erst bin ich dein!« Da sieht Lenz sie in ihrer Kammer vor dem Spiegel, wie sie immer noch für Goethe sich die Haare macht, die schwarze Taftschürze zurechtrückt:

»Denn immer, immer, immer doch
Schwebt ihr das Bild an Wanden noch,
Von einem Menschen, welcher kam
Und ihr als Kind das Herze nahm,
Fast ausgelöscht ist sein Gesicht,
Doch seiner Worte Kraft noch nicht,
Und jener Stunden Seligkeit,
Ach, jener Träume Wirklichkeit ...«

Was immer der halbwirre, klarsehende Lenz in Sesenheim angestellt haben mag – er hat dort auch einmal als Theologiekandidat eine Probepredigt in der Kirche des Vaters Brion gehalten –, seine Verse zeichnen ein stärkeres Bild der Verlassenen als Goethe in seinen damaligen Gedichten, die er ja auch nur als Vorspiel zu »neuen Liedern« empfand.

Noch einmal, zum letztenmal, kommt Goethe wieder, 1779, auf seiner Reise in die Schweiz. Er ist schon sehr weit entfernt von der Straßburger Zeit. Nicht nur vier Wochen, wie damals, acht Jahre sind vergangen; er hat eine ganze Reihe von Geliebten gehabt inzwischen, und an die derzeitige, Charlotte von Stein, schreibt er, und es ist wiederum bezeichnend, wieviel stärker doch die Landschaft ihn bewegt als das Wiedersehen mit dem Mädchen: »Die Weiden noch in ihrer silbernen Schönheit. Ein milder, willkommener Atem durchs ganze Land. Trauben mit jedem Schritt und Tage besser. Jedes Bauernhaus mit Reben bis unters Dach, jeder Hof mit einer großen, vollbehangenen Laube, Himmelsluft weich, warm feuchtlich, man wird auch wie die Trauben reif und süß in der Seele. Der Rhein und die klaren Gebirge in der Nähe, die abwechselnden Wälder, Wiesen und gartenmäßigen Felder machten dem Menschen wohl und gaben mir eine Art Behagen, das ich lange entbehrte.« Fast behaglich meint er dann: »Die zweite Tochter vom Hause hatte mich ehemals geliebt, schöner als ichs verdiente, und mehr als andre, an die ich viel Leidenschaft und Treue verwendet habe; ich mußte sie in einem Augenblick verlassen, wo es ihr fast das Leben kostete; sie ging leise drüber weg, mir zu sagen, was ihr von einer Krankheit jener Zeit noch übrig bliebe, betrug sich allerliebst mit soviel herzlicher Freundschaft, vom ersten Augenblick, da wir unerwartet auf der Schwelle entgegentraten und wir mit den Nasen aneinanderstießen, daß mirs ganz wohl wurde. Nachsagen muß ich ihr, daß sie auch nicht durch die leiseste Berührung irgendein altes Gefühl in meiner Seele zu erwecken unternahm. Sie führte mich in jede Laube, und da mußte ich sitzen und so wars gut.«

Er bleibt über Nacht, auch die Alten sind »treuherzig«. Er scheidet von freundlichen Gesichtern, »daß ich nun auch wieder mit Zufriedenheit an dies Eckchen der Welt hindenken und in Frieden mit den Geistern der Ausgesöhnten in mir leben kann«.

Sesenheim ist nur ein Eckchen seiner Welt. Er vergißt es völlig, ein Menschenleben lang, von Friederike ist nie mehr die Rede, bis er bei der Ausarbeitung von DICHTUNG UND WAHRHEIT auf die Straßburger Zeit zurückkommt. Wie den Plan zu manchem seiner Gedichte, die er auch oft jahrzehntelang austrug, hat er das Erlebnis bewahrt, es »wogte immer lieblich hin und her, viele Jahre im Innern«. Nun wird es gestaltet zu einer lieblichen Dichtung, sehr kunstreich. Als Einleitung zu der Episode wählt er eine literarische Reminiszenz, Oliver Goldsmith' VICAR OF WAKEFIELD (er wollte ursprünglich ebenso die Gretchen-Geschichte mit einem Vergleich aus MANON LESCAUT einführen). Ein Idyll soll geschildert werden, und dafür schien ihm der Roman des englischen Schriftstellers der richtige Auftakt; er hat auch den VICAR kaum mehr recht in der Erinnerung, denn das rasch zusammengeschriebene Werklein war ja nun sehr viel mehr eine Betrugs- und Kriminalgeschichte als ein Idyll; das »verführte Pfarrerstöchterlein« könnte der Roman eigentlich heißen.

Feierlich intoniert Goethe aber mit einem Hymnus auf das protestantische Pfarrhaus »im Stile des Vicar«, den Landgeistlichen als Priester und König preisend. Er gibt den Kindern die Namen aus Goldsmith' Roman. Aber dann übermannt ihn doch das stärkere Bild, das so lange in ihm fortgelebt hat. Und was er immer fortgelassen, zugesetzt oder umgestaltet haben mag: seine Friederike von Sesenheim ist eine seiner schönsten Frauengestalten geworden. Als solche hat sie denn auch sogleich Anklang gefunden, ein Friederiken-Kult begann. Sesenheim wurde zur Wallfahrtsstätte, und am Ende hat sich noch die Operette des dankbaren Themas angenommen, hundert Jahre später, mit der erzsentimentalen Wendung, daß Friederike bewußt auf das Genie Goethe verzichtet, weil sie seine künftige Dichterlaufbahn nicht zerstören will (Léhar, FRIEDERIKE). Ganz so weit ab ist das nicht von den Wegen, die auch die Goethe-Verehrer und -Forscher schon früh beschritten. Sie wanderten nach Sesenheim, wo niemand von der Familie mehr war, sie stöberten – einer von ihnen hieß wahrhaftig Stöber –, und das alles noch zu Goethes Lebzeiten. Noch gespenstischer: Als die ersten Bände von DICHTUNG UND WAHRHEIT erschienen, war die unselige Friederike noch am Leben – als einsame alte Jungfer in einem kleinen Dörfchen in Baden. Bei ihrem Bruder war sie untergekommen, nach einem sehr trübseligen Leben, dessen Stationen nicht mehr genau nachzuzeichnen sind; sie soll ein Kind gehabt haben, das im Findelhaus untergebracht wurde, sich mit der Schwester durch einen kleinen Handel mit Bändern – auch dies gespenstisch, wenn man an das Rosenband denkt – ernährt haben; ein paar Stammbuchverse und Briefe sind erhalten, an einen Neffen, den sie in einer Liebesaffäre beruhigt: »Es sind Andere da, mit denen Du Dich trösten kannst – und das können Ihr jungen Herren ja so leicht!«

Sie hätte das Buch noch lesen können, aber sie hat von Goethe in der letzten Periode ihres Lebens niemals gesprochen.

Noch weiter gehen die wiederholten Spiegelungen. Goethe hat nichts von Friederikes späterem Leben oder Tod gewußt. Aber die ersten Forscher regten sich. Sie suchten das Pfarrhaus auf, die noch lebende jüngere Schwester. Ein Straßburger Schriftsteller Engelhardt will ein Bändchen GOETHES JUGENDDENKMALE IN STRASSBURG herausgeben; er hatte die Briefe an Salzmann gesehen. Goethe hört davon und schreibt an ihn. Sein Brief ist ein Meisterstück der Diplomatie und Überredungskunst. Er appelliert an die »sittlichen Gesinnungen« des »zuverlässigen Mannes« und freut sich, daß diese Aufgabe gerade in solche Hände gefallen sei. Dann heißt es aber: »Was die angezeigten Papiere betrifft, so kann ich zu deren Publikation meine Einwilligung nicht geben, ja ich muß förmlich dagegen protestieren.« Denn, mit Bezug auf DICHTUNG UND WAHRHEIT: »Wie ich meinen Aufenthalt in Straßburg und der Umgegend darzustellen gewußt, hat allgemeinen Beifall gefunden und ist diese Abteilung, wie ich weiß, immerfort mit besonderer Vorliebe von sinnigen Lesern beachtet worden. Diese gute Wirkung muß aber durch eingestreute unzusammenhängende Wirklichkeiten gestört werden.«

Damit nicht genug: Er wird dringender, er begreift, daß ein Autor ungern von einem solchen erfolgversprechenden Projekt abläßt. Und so bietet er zur Bestechung einen »wohlgeformten, inwendig verguldeten Becher« an, den er sonst zum Tischtrunk benutzt. »Jenen bin ich also erbötig, Ihnen zu widmen, und zwar so, daß der Name des Empfängers und des Gebers und der ehemaligen und jetzigen Jahreszahl eingegraben drauf erscheine.« Der Becher wurde nicht abgesandt. Die Papiere blieben in Straßburg, bis die Nachkommen der Familie Brion sie durch die Gefälligkeit eines Bibliothekars, der als Theologe Verständnis für ihre Skrupel besaß, verschwinden lassen konnten.

Noch ein anderer Wallfahrer, ein Philologieprofessor Näke aus Bonn, hatte sich um diese Zeit um das Geheimnis bemüht, in Sesenheim geforscht und seine Aufzeichnungen Goethe übersandt. Der antwortete im Stil des höchsten Alters und mit dem Bild von den »wiederholten Spiegelungen«, die er in neun Punkten aufzählt, als wäre es ein optisches Phänomen. Weit über die Gestalt des Mädchens hinaus, das er nur noch ganz von Ferne im Widerschein anderer Seelen erblickt, spricht er von den Dingen, die ihn nun beschäftigen: »Bedenkt man nun, daß wiederholte sittliche Spiegelungen das Vergangene nicht allein lebendig erhalten, sondern sogar zu einem höheren Leben emporsteigern, so wird man der entoptischen Erscheinungen gedenken, welche gleichfalls von Spiegel zu Spiegel nicht etwa verbleichen, sondern sich erst recht entzünden, und man wird ein Symbol gewinnen dessen, was in der Geschichte der Künste und Wissenschaften, der Kirche, wohl auch der politischen Welt sich mehrmals wiederholt hat und täglich wiederholt.«

Friederike ist aber nicht nur eine Erscheinung der »Künste«, der Literatur. Wir wollen sie nicht lediglich als die Anregerin von Goethes ersten ganz freien Gedichten sehen oder als ein sehr produktiv wirkendes Erlebnis, das mitsamt den nun einmal damit verbundenen Schuldgefühlen in Faust und Gretchen seinen dichterischen »Niederschlag« gefunden habe, wie es mit einem chemischen Bilde heißt. Da ist ein Menschenleben. Der Fluch der Tanzmeistertochter ist sehr viel schrecklicher an ihr in Erfüllung gegangen, als Goethes novellistischer Einschub ahnen läßt. Wir halten es nicht für »eingestreute unzusammenhängende Wirklichkeiten«, die das Bild für den »sinnigen Leser« stören, wenn wir auch einen Blick auf die Opfer werfen, die Goethes Lebenszug begleiten. Er wird dadurch nicht »schuldiger«, nicht kleiner. Aber Lenz, mag er ein schon damals leicht Wahnsinniger gewesen sein, hat menschlich wahr und richtig gesehen, wenn er von einem Menschen sprach, »welcher kam / Und ihr als Kind das Herze nahm«.

Doktor Goethe
oder der Lizentiat der Rechte

Der Vater hatte gemahnt und auf Beendigung des Studiums gedrängt, das so reichlich dotiert war und nun vier Jahre lang die Hälfte des reichlichen Familieneinkommens gekostet hatte. Vor allem wünschte er, daß der Sohn wie er selber seinerzeit eine schön gedruckte Doktor-dissertation vorlegen solle. Goethe machte sich an die Arbeit, wenn wir sie Arbeit nennen können; er hatte Herders Lehren vom Originalgenie im Sinn. Mit einem Helfer, der vor allem auch den lateinischen Stil zu polieren hatte – elegantes Latein war noch sehr viel wichtiger bei einer solchen These als der Inhalt –, brachte er in wenigen Wochen etwas zusammen: ein Thema aus dem Kirchenrecht, dem ihm fremdesten aller nur denkbaren Gebiete. Das Heft ist verlorengegangen; es soll sich darum gehandelt haben, daß der Gesetzgeber berechtigt sei, den Kultus festzusetzen und somit allen Religionsstreitigkeiten vorzubeugen. Das hätte eigentlich in Straßburg, wo man sehr autoritätsfromm war, gefallen müssen. Es scheint aber, daß er allerhand unorthodoxe Gedanken eingemengt hat, so über die Zehn Gebote als die nicht eigentlichen Bundesgesetze des Volkes Israel, sondern eine Art Zeremonie. Jedenfalls lehnte der Dekan die Arbeit ab und legte sie als nicht zur Publikation geeignet zu den Akten. Goethe war nicht gerade untröstlich. Man informierte ihn, daß er auch über eine Reihe von Thesen öffentlich disputieren und damit den Grad eines *Lizentiaten* erwerben könne, der die Zulassung zur Advokatur ermöglichte. Rasch wurden mit Freunden 56 Positiones Juris zusammengeschrieben. Sie sind fast ein Studentenulk, mit Sätzen wie: »Das Studium der Jurisprudenz ist bei weitem das vornehmste«, oder: »Ungebildete und Rechtsunerfahrene können nicht Richter sein«, neben anderen, etwas fachlicher gehaltenen. Die öffentliche, lateinische Disputation war ebenfalls eine lustige Sache im Freundeskreis, mit dem wackeren Lerse als Opponent. Er bedrängte Goethe ein wenig, bis der, lachend in das eigentlich unzulässige

Deutsch verfallend, ihm zurief: »Ich glaube, Bruder, du willst an mir zum Hektor werden!« Brüderlich wurde statt des mißglückten Doktorschmauses der Lizentiat gefeiert. Die Thesen wurden vom Straßburger Universitätsdrucker Heitz, dessen Firma noch als angesehener Verlag existiert, auf einigen Blättern gedruckt und dem Vater übersandt. Mißmutig stellte der Rat sie neben seinen gewichtigen Quartanten. Immerhin: der Straßburger Lizentiat, so tröstete Goethe sich, sollte in Deutschland »so gut« wie der Doktor sein und jedenfalls die Zulassung zur Anwaltspraxis ermöglichen. Und so hieß er fortan fröhlich der Doktor Goethe, bis er der Geheimrat Goethe wurde. Niemand grübelte nach, und selbst die erste Ausgabe seiner Werke, die der Nachdrucker Himburg in Berlin vier Jahre später herausgab, führte den Titel: D. GOETHENS SCHRIFTEN. Man nahm es damals nicht so genau.

Einer der Straßburger Professoren schrieb am Tage nach der Disputation an einen Ex-Kollegen in Marburg: ein Student namens Goethe aus Frankfurt habe versucht, in Straßburg zu promovieren. Die Fakultät habe aber gezeigt, daß sie wisse, was in der Ordnung sei. »Der junge Mann, aufgeblasen von seinen Kenntnissen, und vor allem durch gewisse Spitzfindigkeiten des Monsieur de Voltaire, wollte eine Arbeit vorlegen mit der Bezeichnung: JESUS AUTOR ET JUDEX SACRORUM. Darin bietet er u. a. den Gedanken an, Jesus Christus sei nicht der Gründer unserer Religion. Die sei vielmehr von anderen Weisen unter seinem Namen geschaffen worden! Ferner: die christliche Religion sei nichts weiter als gesunde Lebensweisheit, undsofort. Wir sind aber so gütig gewesen, ihm den Druck dieses *chef-d'œuvre* zu verbieten, worauf er, um seine Verachtung ein wenig zu bezeugen, die allerprimitivsten Thesen aufgestellt hat, wie etwa ›Das Naturrecht ist, was die Natur alle Lebewesen lehrt‹. Man hat sich über ihn lustig gemacht und er ist abgezogen ...«

Nicht alle Straßburger Professoren dachten so schnöde über den jungen Mann. Goethe hatte sich nach Anatomie und Chemie etwas in der Landesgeschichte umgetan, des allgemein hochverehrten Schoepflin ALSATIA ILLUSTRATA durchblättert, einen der riesenhaften Folianten der Landes- und Stadtgeschichte, die ihm später noch in Italien mit Maffeis Prachtwerk über Verona entgegentraten und die mit einer Opulenz an Bild- und Tatsachenmaterial, meist antiquarischer Art, ausgestattet waren, wie sie nie wieder erreicht worden ist. Auf diesen Mann wiesen seine Schüler Goethe hin. Man bemühte sich um jeden Jüngling, der einige Aussichten gab, als »guter Kopf« irgendwie verwendbar zu sein; man hatte wenig Hoffnung, die hochadligen jungen Herren zu gewinnen, die Straßburg nur zur gesellschaftlichen Politur gewählt hatten. Und so ermunterte man auch diesen eleganten jungen Bürgerssohn aus Frankfurt: Wie wäre es? Eine Karriere im französischen Staatsdienst vielleicht? Man braucht Leute in der »deutschen

Kanzlei« in Versailles! Sein Studienfreund Lerse hat dann in der Tat als Lersé dort gearbeitet.

Goethe lehnte ab. Es war nicht nur die Losung »Deutschheit emergierend«. Er war empfindlich. Immer wieder hörte er, daß außer eleganter Frisur und tadellosem Kostüm *à la mode* für eine solche Laufbahn elegantestes Französisch, dialektfrei, Vorbedingung sei. Selbst der große Schoepflin, der in Versailles aus- und einging, sollte darin nicht ganz tadelfrei gewesen sein, und das entschied nun für ihn den Fall. Er wollte sich aber überhaupt nicht binden, weder durch eine Ehe mit einem hübschen Landmädchen noch durch vage Aussichten auf ein Amt. Er wollte ein Originalgenie sein, wie Herder es vorgestellt hatte. Das war zwar keine Karriere, aber es war ein Lebensgefühl, und Goethe trat nun in die Periode ein, da Gefühle, Stimmungen, auch Launen, selbst Sonderlichkeiten nach Ansicht der Philister sein Leben bestimmten.

Ohne allzu große Rührung nahm er Abschied von dem Freundeskreis. In seiner Mappe lagen die Tagebuchnotizen mit vielen Buchtiteln, für künftige Lektüre vornotiert, am Ende in Sätze zu Dramenplänen ausartend, einem *Cäsar*, wo Sulla über das neben ihm aufwachsende junge Originalgenie sagte: »Es ist was Verfluchtes, wenn so ein Junge neben einem aufwachst, von dem man in allen Gliedern spürt, daß er einem übern Kopf wachsen wird«, was sich auch auf Goethes Verhältnis zu Herder deuten läßt. Oder: »Es ist ein Sakermentskerl. Er kann so zur rechten Zeit respektuos und stillschweigend dastehn und horchen, und zur rechten Zeit die Augen niederschlagen und bedeutend mit dem Kopf nicken.« So haben wir uns etwa den Lizentiaten der Rechte zu denken: selbstbewußt und horchend. Und Cäsar sagt, auch recht goethisch: »Du weißt, ich bin alles gleich müde, und das Lob am ersten und die Nachgiebigkeit. Ja, Servius, ein braver Mann zu werden und zu bleiben, wünsch ich mir bis ans Ende große, ehrenwerte Feinde.« Servius niest. – »Cäsar: Glück zu, Augur! Ich dancke dir.«

Ein paar Gedichte, sorgfältig ausgewählt, die kleinen *Bigliettos* hatte er in Sesenheim zurückgelassen. Ein paar Bogen mit Volksliedern, auf den Ausflügen »aus den Kehlen der ältesten Müttergens aufgehascht«. Das HEIDERÖSLEIN schrieb er sich auf, das ganz leicht verändert in seine Werke überging; die Veränderung war nicht ohne geheimen Sinn, denn da hieß es ursprünglich in der letzten Strophe:

»Jedoch der wilde Knabe brach
Das Röslein auf der Heiden.
Das Röslein wehrte sich und stach,
Aber er vergaß darnach
Im Genuß das Leiden ...«

101

Das Lied VOM JUNGEN GRAFEN hatte er dabei, auch mit dem Thema der Untreue, vom eifersüchtigen Knaben, vom plauderhaften Knaben, vom braun Annel, Balladen, ein gerades Dutzend im ganzen, aber selten ist von einem solchen kleinen Heft so weite Wirkung ausgegangen. Herder hat einige der Stücke dann in seine VOLKSLIEDER aufgenommen, die eine erste Welle der Begeisterung für Volksdichtung aufwogen ließen, ein Vierteljahrhundert ehe die Romantik mit DES KNABEN WUNDERHORN den romantischen Kult entfesselte. Das war aber Rückblick auf Vergangenes, das Mittelalter, auch oft willkürlich Bearbeitetes und auf Volkstümlichkeit Stilisiertes. Goethe schrieb auf, was er singen hörte, und legte seine eigenen Lieder den Melodien unter. Sie wurden sangbar, während sie bisher mit graziöser Geste vorgetragen gedacht waren. Und von da ab ist das deutsche Lied zu datieren, das in der Lyrik wie der Musik eine so einzigartige Blüte erlebte und schon in der Gattungsbezeichnung kaum ein Gegenstück in anderen Literaturen hat; auch im Englischen heißt das Lied »the Lied«.

Im August 1771 kehrt Goethe nach Haus zurück, im vollen Sommer, braun, kräftig, vom Husten ist nicht mehr die Rede, selbstbewußt, übermütig. In Mainz hat er noch wie ein kleines Murmeltier einen verlorenen Harfenjungen aufgegriffen. Mit dem zusammen zieht er im Großen Hirschgraben ein und erklärt, er wolle sich des Kindes annehmen; in einem der Mansardenzimmer soll es wohnen. Die Mutter muß vermitteln, denn der Rat ist über diesen Landstreicherbuben nicht sehr erfreut. Goethe hat oft seinem Hang zu Kindern dieser verlorenen Art nachgegeben, an ihnen erzogen – meist ohne sonderlichen Erfolg – und sie verwöhnt; es ist ein tiefer Trieb des lange Ehelosen und Eheunwilligen.

Erfreut ist der Rat aber, daß nun endlich eine geordnete Laufbahn bevorsteht. An eine Karriere in der Stadtregierung ist allerdings nicht zu denken; der Großvater Textor ist soeben gestorben, und sein Sohn – man treibt sehr entschieden Familienpolitik in Frankfurt – in eine Senatorenstelle eingerückt. Damit ist nach den Gesetzen für den Vetter Goethe kein Platz mehr im Staatsdienst frei. Er meldet sich zur Advokatur an. Stolz bemerkt er in dem Antrag, daß er sich bereit halte »zu den wichtigeren Geschäften, die einer hochgebietenden und verehrungswürdigen Obrigkeit ihm dereinst hochgewillet aufzutragen gefällig sein könnte«.

Eine Art Kanzlei wird eingerichtet, bei der Rat Goethe, glücklich, doch noch einmal eine Aufgabe gefunden zu haben, die Hauptarbeit übernimmt. Ein tüchtiger Kanzlist macht die Schreibarbeit, Freunde und Bekannte überweisen dem jungen Rechtsanwalt einige Fälle; etwa dreißig Prozesse sind verzeichnet, vielfach für Frankfurter Juden. Der erste behandelt die Verteidigung eines Sohnes gegen Ansprüche seines Vaters; der Gegenanwalt ist der Jugendgenosse Moors, der sich als Knabe mit Wolfgang boxen wollte und ihn einen Zimperling fand. Jetzt sind die Rollen umgekehrt. Feurig, ironisch, beißend fährt Goethe auf den Gegner los; er erhält einen Verweis des Gerichts. Sehr bald verliert er die Lust, übergibt die Akten dem Vater, dann auch anderen Vertretern. Und damit endet Goethes Juristenlaufbahn.

In seiner Mansardenstube neben dem wahnsinnigen Mieter, der zuweilen Schreibarbeiten übernimmt, hat er eine andere Kanzlei aufgeschlagen; die Prozeßakten liegen unten beim Rat. Aber auch dieser nimmt an dem neuen Treiben des Sohnes sorglichst Anteil; es ist ergreifend, wie der schon stark Gealterte noch einmal auflebt. Weit entfernt davon, nur zu mahnen und zu drängen zur Brotarbeit, sichtet er ebenso wie die Akten die Manuskripte, die aus Straßburg mitgekommen sind, heftet sie, so wie er die Zeichnungen des Sohnes aufzukleben und mit feinem Linealrand zu umziehen pflegt. Eine kultivierte Nebenbeschäftigung, wie sie einem eleganten jungen Mann wohl anstand: als mehr wird ihm das zunächst nicht erschienen sein. Aber warum soll man das nicht auch drucken lassen? Goethe zögert. Er ist unzufrieden mit sich und der Stadt Frankfurt, die er ein »Nest« nennt: »wohl, um Vögel auszubrüten, sonst auch figürlich *spelunca*, ein leidig Loch. Gott helf aus diesem Elend, Amen«. Herders Gestalt lastet noch auf ihm: »Mein ganzes Ich ist erschüttert«, schreibt er ihm auf einen der sehr scharfen, spöttischen Briefe des Meisters, oder fast flehend: »Herder, Herder, bleiben Sie mir, was Sie mir sind ... Bin ich bestimmt, Ihr Planet zu sein, so will ichs sein, es gern, es treu sein. Ein freundlicher Mond der Erde ...« Herder fährt fort, ihn zu rügen, spricht von Goethes »spatzenmäßigem« Wesen, nennt ihn einen Specht, der an allem nur herumpickt. »Ein Specht ist kein gemeiner Vogel«, verteidigt sich Goethe. Noch ist er aus der strengen Schule nicht entlassen.

Die Straßburger Pläne schwirren durcheinander, Dramen, Reden zu Shakespeares Gedächtnis, ein Aufsatz über das Münster, Übersetzungen aus Ossian, Gedichte, Sokrates, Cäsar, Prometheus, vielleicht auch schon Ideen zu einem Faust, Antikes, Altdeutsches. Durch Zufall gerät er an ein altes Buch, die LEBENSBESCHREIBUNG HERRN GÖTZENS VON BERLICHINGEN, ZUGENANNT MIT DER EISERNEN HAND, in Nürnberg vierzig Jahre zuvor herausgegeben. Das ist eigentlich eine recht trübselige Gestalt: der adlige Wegelagerer und Fehdeheld aus der trübsten Zeit des verkommenen Kleinadels, kaum besser als der ehrliche Räuber Johann Hübner in Jung-Stillings Erzählung: Hehlo, ein Reiter, ein Roß! – und dann schlagen sie den Reiter tot und nehmen das Roß. So lauert auch Götz den Kaufleuten auf, den Pfeffersäcken, die vom Gewürzhandel reich geworden sind, während der ehrsame Ritterstand verarmt und verbauert: Hehlo – ein Wagen, ein paar Reiter! – und dann werfen sie die Reiter nieder und nehmen den Wagen. Er wird geächtet, zweimal, die Acht hat nicht viel zu sagen, auch das Reich ist halb verkommen im Streit der Kleinfürsten, der Kaiser ist ohnmächtig und verzettelt seine Kräfte in uferlosen Weltmachtsplänen, in Ungarn, Italien, Skandinavien. Fehden auch mit Erzbischöfen, Landesfürsten, jeder kämpft mit jedem, in kleinen Scharmützeln meist, ein paar getreue Knechte sind schon eine Macht und überall willkommen; bei einem der Gefechte wird Götzen die rechte Hand abgeschossen, denn das vom Teufel und einem Pfaffen erfundene Pulver wird nun mächtig und wirft die Geharnischten aus dem Sattel. Er steht aber noch einmal auf, der Götz, ein letzter Ritter, wie man auch seinen Kaiser Max nennt. Er läßt sich eine eiserne Hand schmieden und reckt sie hoch auf oder schlägt sie einem Widerspenstigen quer vors Maul. Er wird zur Legende mit dieser Eisenfaust, und und so sieht Goethe ihn auch, eine stämmige Gestalt, ein »echter Deutscher« von altem Schrot und Korn, mit einfältigem holzgeschnittenem Gesicht, einem eisenharten Holzkopf. Das Wort »einfältig« hat für ihn damals hohen Klang, es steht für ursprünglich, nach Herders Lehren, ebenso wie »dumpf« für Gefühl, Instinkt. So greift er in diese Geschichte hinein, die von gänzlich planlosen Taten berichtet, vom alten Götz nicht ohne Verschlagenheit und Geschick erzählt, mit dem Brustton des in uralten, angestammten Rechten Gekränkten, der für eine gute Sache kämpft, für das Reich womöglich, den Kaiser. Farbig ist das, im Rückblick nach zweihundertfünfzig Jahren, derb, auch die Sprache des Mannes, der seine Gegner im Lutherdeutsch beschimpft, in einem Fehdebrief einen Grafen Weinschlauch nennt, einen Maulhelden, Feigling obendrein, der sich im Bett verkriecht und krank stellt, als man ihm zu Leibe rückt. Der Trotz des Mannes begeistert Goethe, er ist selber in sehr trotziger Stimmung und begehrt auf. Die gärende Zeit als Hintergrund; Mönche, die aus dem Kloster entlaufen, die Flammenzeichen des Bauernkrieges; die Odenwälder Bauern, die den verbauerten Ritter zu ihrem Anführer wählen; Götz macht eine Weile mit, als die Sache Erfolg verspricht, und behauptet schlau, er sei nur gezwungen dabeigewesen, als sie schiefgeht; man gewährt dem Standesgenossen ehrliche Haft, während die unehrlichen Bauern blutig zurückgeprügelt werden in ihren gottgewollten früheren Stand.

Der Kaiser schließlich, den Goethe aus dem Holzschnitt Dürers als den großen Freund der Künste kennt, mit männlichem Profil und Herrscheraugen. Maximilian war eher ein ewiger Jüngling, nie ganz reif, ein Romantiker auf dem Throne, einem Thron, der nirgendwo stand und nur ein wanderndes Hoflager war: ein buntes Leben mit Turnieren, Jagden, Schönschriftübungen, aus denen die deutsche Frakturschrift entstand, sein dauerhaftestes Denkmal, Bergsteigerei im

Tyrol, wo ihn am Ende ein Engel retten mußte, als er sich an der Martinswand rettungslos verstiegen hatte. Kein Engel hat ihm von den politischen Bergspitzen heruntergeholfen, an denen er immer wieder verwirrt und ratlos festsaß. Romantisch sein Lebensroman, an dem er selber mitgeschrieben hat, der WEISSKUNIG, wo die Welt sich in heraldische Farben aufteilt: der weiße König im Krieg mit dem blauen, dem grünen, einem grauen Bund, einer braunen Gesellschaft, einem Bauernbund von den seltsamen Fahnen, die man jetzt mit rot bezeichnen würde.

Diese ganze bunte Welt, mit dem, was von ihr noch lebt, die alte Krönungspracht, die Straßen mit den Giebelhäusern aus Maximilians Zeiten, die Sorge um die Erhaltung des Heiligen Römischen Reichs – »wie hälts nur noch zusammen«? heißt es im FAUST –, wird nun zu einem farbigen Bilderbogen zusammengemalt. Das Bildhafte reizt Goethe daran. Das Derbe. Das Markige. Die Vielfalt. Von Shakespeare glaubt er gelernt zu haben, daß es auf Ordnung nicht ankomme. Man kann die Szenen wechseln nach Belieben, und sie können aus ein paar Zeilen bestehen. Man braucht sich um die »historische Wahrheit« nicht zu kümmern, die ohnehin niemand weiß. Man braucht sich nicht darum zu scheren, daß der historische Götz ganz friedlich und listig mit der Linken auf seinem Alterssitz seinen Rechtfertigungsbericht schrieb. Man läßt ihn glorreich sterben, die eiserne Rechte als Wahrzeichen in die Zukunft weisend: Freiheit! Freiheit! – Edler, edler Mann! Wehe dem Jahrhundert, das dich von sich stieß! Wehe der Nachkommenschaft, die dich verkennt!

Das wird in ein paar Wochen hingeschrieben, in einem Zuge, der Schwester vorgelesen. Es ist ein Bilderbogen zunächst, eine dialogisierte Chronik. Das »epische Theater« war noch nicht erfunden, aber Goethe nennt das Stück ganz folgerichtig GESCHICHTE GOTTFRIEDENS VON BERLICHINGEN MIT DER EISERNEN HAND, DRAMATISIERT. Eigenes Erleben wird hineingemischt, eine Liebesgeschichte dazuerfunden, eine dämonisch schöne Frau, von einem Typus, den Goethe im Leben stets auf das sorgfältigste vermieden hat. Die Feme. Gift und Mord. Zigeunerchor – wie dann später so oft in der Oper. Familienszenen, auch Kinder, die plappern wie der kleine Harfenjunge, der inzwischen stillschweigend aus dem Haus geschafft worden ist. Die Fehler des Werkes sind leicht aufzuzählen. Es ist eine noch unverbindliche erste Skizze. Goethe hat sie sehr bald, als man kritisierte, Herder vor allem, umgearbeitet. Er hat den GÖTZ später nochmals umgearbeitet, zu einer Bühnenfassung. Für das Theater hat man zahllose Versionen hergestellt.

Wesentlich ist schon bei diesem Erstling, daß Goethe eigentlich nie ganz abschließt. Das »Werden« ist ihm immer wichtiger als das »Sein«. Und irgendwie hat er stets das Gefühl, daß er unbegrenzt Zeit

habe, immer noch einmal dazukommen werde, eine Arbeit wieder vorzunehmen, wenn ein günstiger Wind weht. »Du tust auch, als wenn
wir dreihundert Jahre alt werden wollten«, sagt einmal Lavater zu
ihm. Das ist bei allen Hypochondrien sein Lebensgefühl. Er hat damals, beim Schreiben des Görz, nicht davon geträumt, hundert Jahre
alt zu werden. Aber er hat weiten Raum vor sich gesehen.

Ein Weiteres noch: Von vornherein nimmt er keine Rücksichten,
weder auf ein Theater noch auf ein Publikum oder auf ästhetische
Probleme. Er baut sich seine eigne Bühne, auf der wird agiert. Das
ist der Wirkung seiner Stücke immer abträglich gewesen. Es gibt
ihnen aber auch die unverkennbar goethische Note. Und es steckt in
diesem Görz so viel Leben, Kraft und Gestaltung, daß man nicht aufgehört hat, sich um ihn zu bemühen. Und übrigens hat Goethe, wie
mit dem »großen und kleinen Himmelslicht« im FAUST, mit den wirkungsvollsten Effekten nicht gespart: Nachtszenen im Walde, Gesänge, Kampfszenen, düstere Rache, Trauliches, er zieht alle Register.
Er mag keinen »Theaterverstand« gehabt haben, aber er weiß schon
hier, als vierundzwanzigjähriger Anfänger, mit nachtwandlerischem
Instinkt das Richtige zu treffen.

Er trifft denn auch ins Herz der Zeit. Nicht immer ist ihm das gelungen, bei sehr großen Schöpfungen am wenigsten. Aber an entscheidenden Punkten seiner Laufbahn hat er die Stimmung seiner
Zeit mit größter Sicherheit oder Gewalt erfaßt. Das ist nicht nur
Glück oder Zufall, ebensowenig wie die Tatsache, daß er immer im
gegebenen Augenblick den richtigen Menschen findet, der ihn fördert,
den richtigen Lehrer oder Mitarbeiter oder die richtige Geliebte. Es
ist ein wesentlicher Teil seiner Begabung, seines Genies. Er weiß aus-
zuwählen und fortzulassen, die beiden großen Kriterien des großen
Künstlers. Es ist durchaus müßig, darüber zu klagen, daß er nicht seinen Cäsar oder Mahomet ausgeführt habe. Er hat den Görz von all
diesen Plänen als die richtige Wahl erkannt und damit recht behalten.

Die Zeitstimmung: Man liebte die »Rettungen« verkannter großer
Gestalten der Vergangenheit oder ganzer Epochen. Lessing hatte mit
ganzen Bündeln von »Rettungen« seine Laufbahn begonnen. Das
Mittelalter war allenthalben, in England, auch in Frankreich, in ein
neues Licht gerückt. Auch Aberglaube, Fehde, Faustrecht, lange genug
verspottet als Zeichen der »dunklen« Jahrhunderte, die man überwunden hatte, waren in der Reaktion auf die kalte Helligkeit der Aufklärung wieder in Achtung gekommen. Auch das Faustrecht? Doch, ein
höchst ehrenwerter Mann, kein junger Hitzkopf, Syndikus des Bis-
tums Osnabrück, Justus Möser, hatte soeben eine Abhandlung darüber publiziert. »Die feigen Geschichtsschreiber«, so hieß es da, »hinter den Klostermauern und die bequemen Gelehrten und Schlafmützen
mögen sie noch so sehr verachten und verschreien, so muß doch jeder

Kenner das Faustrecht des 12. und 13. Jahrhunderts als ein Kunstwerk des höchsten Stils bewundern, und unsre Nation sollte billig diese große Periode studieren.« Das war wie eine Aufforderung, einen GÖRZ zu schreiben. »Man sollte das Genie und den Geist kennenlernen, der nicht in Stein und Marmor, sondern am Menschen selbst arbeitete und sowohl seine Empfindungen als seine Stärke auf eine Art veredelte, wovon wir uns jetzt kaum Begriffe machen können.« So Möser, der kein Romantiker ist, sondern ein bedeutender Staatsmann mit kleinem Wirkungskreis. Er fügt hinzu: »Die einzelnen Räubereien, welche zufälligerweise dabei unterliefen, sind nichts in Vergleichung der Verwüstungen, so unsre heutigen Kriege anrichten . . .«

Das Manuskript des tollen GÖRZ liegt nun vor. Es wird abgeschrieben und an Freunde verschickt. Herder ist mißmutig; Shakespeare, so meint er, habe den Schüler verdorben, womit im Grunde die Vorstellung von Shakespeare kritisiert ist, die er, Herder, dem wachsweichen jungen Goethe vermittelt hatte. Der ist immer noch unsicher der »Sonne« Herder gegenüber und macht sich sogleich an die Umarbeitung. Es verdrießt ihn aber auch, daß er so als Spatz und Specht behandelt wird. Er ist immer sehr rasch mit den Menschen fertig, wenn sie ihre Schuldigkeit getan haben. Und so tritt nun an Herders Stelle ein anderer Anreger, Mahner, Förderer – der Darmstädter Merck.

Der hat ebenfalls eine sehr scharfe Zunge. Er kann rücksichtslos widersprechen, und wie Herder hält er mit keiner Bosheit, mit keinem Witzwort zurück. Als eine Art Mephisto und als »Vorbild« zu dieser Gestalt hat man ihn oft genug bezeichnet; das ist abwegig, Mephisto ist Goethe selber, die eine Hälfte seines Doppelwesens. Als lang aufgeschossenen Mann, hager, mit spitziger Nase, scharfblickenden grauen Augen, mit einem Blick, der etwas »Tigerartiges« hatte, schildert ihn Goethe; er hält dem Jugendfreund dann im Alter mit der Unbarmherzigkeit, die er stets erfolglosen Menschen gegenüber übte, sein verfehltes Leben vor. In der Tat hat es Merck nur zu dem kümmerlichen Posten eines Kriegsrats, das heißt Zahlmeisters, den er lässig genug verwaltete, gebracht – zum Mitarbeiter an Zeitschriften, Kommissionär für Fürstlichkeiten, denen er Kupferstiche und Zeichnungen einhandelte, zum Briefschreiber und Vertrauten von Goethe, Wieland, Herder und zum höchst unglücklichen Spekulanten in allerhand merkantilischen Projekten. Krank, verschuldet, verzweifelt über sein mißglücktes Leben, hat er sich am Ende erschossen. Die wahrscheinlich wertvollsten und besten seiner Briefe hat Goethe verbrannt; er meinte, sie seien zwar »von ungemeiner Kühnheit, Derbheit und Swiftischer Galle, aber zugleich mit so verletzender Kraft geschrieben, daß ich sie nicht einmal gegenwärtig publizieren möchte, sondern sie entweder vertilgen oder als auffallende Dokumente des geheimen

Zwiespaltes in unserer Literatur der Nachwelt aufbewahren muß«. Es blieb leider beim Vertilgen.

Genug ist aber doch verblieben, um uns Merck einigermaßen zu verdeutlichen. Er ist der Räsoneur wie im alten Theaterstück, und sein Räsonnement ist meist treffender als die sentimentalen Tiraden der Hauptakteure. Er ist in einer unheilbar gefühlvollen Epoche der Mann, der »pah!« sagt, wenn nur geschwärmt wird. Er hat gleichzeitig das feinste Ohr und Auge für wirkliche Werte, bei Menschen wie Kunstwerken. Er ist keine Herrschernatur manqué wie Herder. Er weiß, daß er kein wahrhaft schöpferischer Geist ist. Aber er hilft, er arbeitet mit, fördert, zieht gegebenenfalls Dinge mit der Geburtszange heraus, der geborene Geburtshelfer im Sinne der sokratischen »Hebammenkunst«. Solchen Naturen verdankt die Literatur oft mehr als den Ausstreuern dunkler, sibyllinischer Sprüche; selten wird das gewürdigt, und auch Goethe hat dem alten Freund nur recht kahlen Dank abgestattet. Merck war ihm im Alter nur noch der etwas lästig gewordene Zuträger von Nachrichten, der Korrespondent in Darmstadt, der allerdings dann reichlich viel Klatsch nach Weimar beförderte, den hohen Herrschaften mit Pikanterien aufwartete, um ihnen die immer grassierende Langeweile zu vertreiben, »Pudenda und Scandalosa«, von denen der Musenhof nicht genug bekommen konnte.

Merck und Darmstadt: das war die erste Station zu Goethes Ruhm. Ein anderer kleiner Hof, eine kleine Stadt mit dem roten, rundlichen Sandsteinschloß als Mittelpunkt und der »großen Landgräfin« Karoline. Ein kleines Kulturzentrum in dem Deutschland, das weder eine politische noch geistige Hauptstadt besaß; die Tradition hat sich, in Darmstadt wie sonst, bis heute erhalten. Ein armes Land, ein ärmlicher Hof; die fünf Prinzessinnen gingen in »Zitz«, Kattunkleidchen; eine von ihnen, Luise, wurde dann Herzogin von Weimar und hat Goethes Lebensweg bis ins höchste Alter begleitet. Die Landgräfin war die Regentin des Landes, denn der Landgraf, den es auch gab, war ein »absentee Landlord«; er zog es vor, in dem pfälzischen Städtchen Pirmasens zu hausen, das damals in dem unglaubhaft verzettelten Streubesitz fürstlicher Häuser zum weitentfernten Hessen-Darmstadt gehörte. Da hauste er in einer der wunderlichsten Menagen der Zeit, die den Fürsten manche Wunderlichkeiten nachsah: Er komponierte Militärmärsche, mit zwei Fingern auf dem Spinett, zuweilen dreihundert an einem Tage, wie Merck erzählte, 52 365 im ganzen, er führte genau Buch. Soldatenspiel, neben Geisterseherei, war seine Passion. Die Landeseinnahmen, von seinen Räten übersandt, gingen dafür drauf, und da die leiblichen Soldaten ihm nicht genügten, umgab er sich noch geisterhaft mit zahllosen gemalten Uniformbildern aller Nationen. Mit der abwesenden, von Zeit zu Zeit besuchten Landgräfin zeugte er fünf Töchter und drei Söhne; zur Belustigung in Pirmasens bezog er aus Frankreich eine Reihe von Mätressen, die weitere Teile von Staatseinnahmen verschlangen. Wenn sie ausgestattet werden sollten, entsandte er sie nach Darmstadt. Eine von ihnen, am Morgen früh aufwachend und geistesabwesend in ihren früheren Beruf zurückfallend, nahm kurzerhand einen Korb mit Wäsche auf den Kopf und trug ihn zur Bleiche.

»Man ißt schlecht bei Hofe«, schrieb ein Besucher, der spätere Fürst Hardenberg, »und alles sieht sehr mustricht aus. Die Offiziere erscheinen sehr negligeant in Stiefeln usw. Hofkavaliere gibt es hier nicht; alles wird durch Offiziere versehen, die zum Teil aussehen wie alte Korporale.«

Gerade diese Ärmlichkeit, wie später in Weimar, hatte ihre Vorzüge. Man konnte sich keine italienische Oper halten wie Dresden, Berlin, Wien oder Mannheim; wenn Musik gemacht wurde, spielten die Fürstenkinder im Orchester mit. Man hatte kein großes Theater; die Landgräfin korrespondierte dafür mit Voltaire, Helvetius, Grimm und dem Franzosenfreund Friedrich. Der hat ihr, wohl als einziger Frau, seine Hochachtung bezeugt und eine Graburne gestiftet, die ihre männliche Seele preist. Man weiß, daß er sonst, und mit weltpolitischen Folgen, nur von den »Huren« sprach, die Europa regierten, wobei er Maria Theresia einbezog.

In dieser Stadt, an diesem Hof der Kriegsrat Merck als Faktotum. Er stammte aus einer alteingesessenen Apothekerfamilie, aus der, zu spät leider für den stets finanziell bedrängten Johann Heinrich, die chemische Weltfirma Merck hervorging. Der Apotheker war als Stand eine wichtige Erscheinung im Leben einer Stadt und noch nicht der häufig etwas wunderliche und zurückgebliebene Kauz, als den Goethe ihn in HERMANN UND DOROTHEA gegen Ende des Jahrhunderts schilderte. Er war ein kleines Zentrum für Neuigkeiten aus der Welt oder Umgebung, als Berater und Vertrauter in manchen oft heiklen Angelegenheiten; viele Fäden liefen bei ihm zusammen, man trank beim Apotheker einen selbstgefertigten Likör im nachbarlichen Gespräch; er hantierte wie ein Alchemist mit seinen Retorten und war aufgeschlossen für allerhand Versuche und neue Ideen, meist etwas in ständischer Opposition gegen die rangstolzen Doktoren. Etwas von diesem Apothekerwesen ist immer in Merck lebendig geblieben.

Er hatte aber auch, wie Kasimir Edschmid als Landsmann von ihm sagt, den »doppelten Blick« mancher bedeutender Darmstädter, er konnte »beteiligt aus der Nähe und unbeteiligt aus der Distanz sehen«. Mit dem einen Blick auf das Gefühl schreibt er an seine Frau: »Ich fange an, in Goethe ernstlich verliebt zu werden. Dies ist ein Mensch, wie ich wenige für mein Herz gefunden habe.« Mit dem anderen, der mehr spekulativ war, suchte er den neuen Bekannten für ein literarisches Unternehmen zu gewinnen. Ein Hofrat Deinet, der in Darmstadt Pagenhofmeister gewesen, hatte den wenig lukrativen Posten aufgegeben und in Frankfurt eine wohlhabende Witwe mit anhängender Druckerei geheiratet. Deinet war ein rühriger Mann mit Überblick. Er spürte, daß etwas in der Luft lag, daß eine neue Generation heranrückte. In den FRANKFURTER GELEHRTEN-ANZEIGEN, die er als ein schon lange bestehendes und langweiliges Blatt aufgekauft hatte, wollte er ein Organ für die Neuen schaffen. Herder war bereits ein Name von Rang, Merck sollte das Blatt redigieren. Man hatte vor, gründlich zu rezensieren und mitleidslos – alles, die gesamte europäische Literatur. Man wollte ein Gegengewicht schaffen gegen Leipzig, das als hoffnungslos überaltert und professoral galt, gegen Berlin, wo Nicolai seine ALLGEMEINE DEUTSCHE BIBLIOTHEK herausgab; auch dessen Kreis, dem Lessing angehörte, hatte schon den Reiz der Neuigkeit eingebüßt. Die literarischen Moden und Stimmungen wechselten so rasch wie heute. »Eine Gesellschaft Männer, die ohne alle Autorfesseln und Waffenträgerverbindungen im stillen bisher dem Zustand der Literatur als Beobachter zugesehen haben«, so führte Merck in der Ankündigung seine Mitarbeiter ein, die natürlich, wie stets bei solchen Zeitschriftgründungen, gute Bekannte und im Grunde eine Clique waren, mit allen Vorteilen einer solchen.

In Darmstadt wurde das Projekt näher besprochen. Zugleich schwärmte man. Darmstadt war ein Treibhaus des hitzigsten Gefühlskultes, eine Orangerie, in der Freundschaften, Liebschaften, Herzensbeteuerungen üppig rankten. Die große Landgräfin selber, Karoline, schuf mit gefühlvoller Gärtnerei den Rahmen. Da wurden im Herrengarten Griechentempel gebaut, ein Eremitenhäuschen mit Rindenborke verkleidet, nahe dabei, durch unterirdischen Gang verbunden, ein Grabhügel mit Gewölbe darunter; im Gewölbe ein Ruhebett, das zur stillen Lektüre aus einer kleinen Öffnung Licht erhielt; neben dem Sofa das künftige Grab, das sich Karoline mit eigenen Händen geschaufelt hatte. Die Jüngeren wandelten etwas weiter umher, weihten Felsen oder Bäume mit ihren Namen, die Psyche, Urania, Lila lauteten. Man wandelt Arm in Arm, umarmt sich, küßt sich – oft nur brieflich –, Tränen fließen bei jeder Gelegenheit, und die Brust bebt hoch hinauf. Sie ist noch hoch geschnürt, denn all diese Mädchen gehören zur Hofgesellschaft oder jedenfalls den besten Kreisen, und die vielen, zuweilen willkommenen Ohnmachten der Zeit gehen auf das Fischbein zurück.

Es ist nicht ganz leicht, aus den Briefen und Bekenntnissen, geschweige den Romanen der Zeit zu erkennen, was nur Brief- und Romanstil, was Wirklichkeit war. Denn all diese Mädchen und auch all diese jungen Männer hatten ihre sehr realen Sorgen, die Mädchen wollten und mußten heiraten – und selbst die fünf Prinzessinnen waren nur sehr schwer unterzubringen – und die jungen Männer mußten irgendwo eine Stellung erjagen, was bei der allgemeinen Armut ebenso hart fiel. Falsch wäre es aber, das Gefühl nur als Maske zu sehen, so romanhaft man sich auch gebärdete und ausdrückte, und übrigens können auch angelesene Romanempfindungen unversehens umschlagen in echtes Weinen oder echte Verzweiflung.

In diesen Kreis tritt nun Goethe, der am wenigsten beschwerte von allen. Er will keinen Posten erhaschen und sich auch an kein Mädchen binden. »Und ich, ich bin Goethe«, hatte er schon an Käthchen Schönkopf geschrieben. So tollt und liebelt er mit allen ein wenig und bezaubert sie alle. Er liest vor aus seinen eben gedichteten Fragmenten oder aus den TRISTRAM SHANDY Sternes. Karoline schreibt an ihren Verlobten Herder: »Goethe und meine Lila sind wieder hier. Ich habe das warme, feurige Mädchen nur eine Minute gesehen, und mit Goethe waren wir gestern bei meinem Fels und Hügel. Er hat sich einen großen, prächtigen Felsen zugeeignet und geht heute hin, seinen Namen hinein zu hauen. Es kann aber Niemand daraus als er allein.« Herder, scharfsichtig, bemerkt sogleich, daß der Hinweis auf Lila, die andere – Karoline heißt Psyche –, ablenken soll, und schreibt zurück: »Goethe ist ein guter Junge und wird Euch mit seinen Wanderschaften wenigstens ein Bild vortragen, das Lust zu leben hat und närrisch Zeug zu machen, in Felsen zu hauen, zu hüpfen und bei einem kleinen Vorfall sehr laut zu krähen.« Er kommt bei Goethe um diese Zeit von den Vogelbildern nicht los; einen jungen »übermüthigen Lord mit entsetzlich scharrenden Hahnenfüßen« nennt er ihn ein andermal.

Eifersüchteleien, auch unter den Männern, spielen eine große Rolle. Man stürzt sich in die Arme, wenn man voneinander eben gehört hat und sich zum erstenmal sieht: »Bist Du's, Bruder?« – »Bin's!« Der jappende Kurzstil, der Gefühlsüberschwang ausdrücken soll, wird Mode. Man weint an der Brust des Bruders, ist sofort gekränkt, wenn man Kälte zu spüren meint, beschwert sich endlos über Ausbleiben von Briefen, die unablässig hin- und herflattern: »Auf alle meine Briefe, Bitten, Anlehnungen. Niemand!« stöhnt selbst der herrschsüchtige Herder in einem Brief an Merck, oder stärker noch, als er ein Nachlassen des Freundschaftsbandes zu bemerken glaubt: »Diese Erschlaffung der Fibern ist für mich der *elendste* Beweis, daß alles eitel sei und daß wir hier zu nichts da sind: weil das edelste Band zwischen Menschen, Freundschaft, ein Band ist voll Koth und verwesendem moderndem Menschenfleisch.« Auch Herder stammte aus einer streng pietistischen Familie, was bei diesem Gefühlskult und seinen Bildern deutlich zutage tritt.

Klopstock ist der Abgott der *Gemeinde der Heiligen,* wie sie sich nennen. In Darmstadt ist einer der kleinen Zirkel, die ihn anbeten. Sein MESSIAS freilich wird bereits kaum noch als klassisches Werk gelesen – »wer wird nicht einen Klopstock loben? doch wird ihn jeder lesen? nein! Wir wollen weniger erhoben und fleißiger gelesen sein«, epigrammiert Lessing –, aber seine Oden gehen nun von Hand zu Hand. Es ist eine hohe Ehre, sie handschriftlich zu besitzen. Die Landgräfin veranstaltet einen Privatdruck in 34 Exemplaren, und es ist wiederum eine Auszeichnung, zu diesen Auserwählten zu gehören; selbst Herder muß etwas pikiert darum ansuchen. Gott, Mädchen, Vaterland sind Klopstocks Dreiheit, die er verkündet, der Gott freilich nur ein »Nachschauer der Messiade«, wie Herder bemerkt, und »Vaterland, sieht man, ist dem armen Mann nach dem Tod seiner Cidli erst in den Sinn gekommen«. Aber da ist überall »Seele, die an jedem Blättchen süß tönt«.

Da ist großer Schwung, den man, wiederum die Antike mißverstehend, in fruchtbarer Verkennung »pindarisch« nennt. Pindar tritt nun neben Homer. Man weiß nichts von seiner strengen Form, die das Gedicht in Triaden mit Strophe, Antistrophe und Epode aufbaut. »Pindarisch«, das heißt ungebunden, freiströmend, mit wehenden Locken gewissermaßen, während bei Pindar die sehr kunstvollen und ganz und gar nicht flatternden Löckchen der archaischen Kunst zu denken sind. Und schließlich legt man Gefühl vor allem in diese »pindarischen« Oden, wofür es schon rein sprachlich bei dem Griechen kein Äquivalent gibt. Übrigens kannte man den schwierigen Dichter fast nur aus Übersetzungen; erst Hölderlin, der mehr Griechisch verstand, hat sich am Original orientiert, das auch er sehr oft mißverstand; er hat Hölderlin-Oden gedichtet.

So dichtete Goethe nun Goethe-Oden, in denen Pindar angerufen wurde im STURMLIED DES WANDERERS. Anakreon, dem Rosenbekränzten, Blumenglücklichen, wird abgesagt – »siegdurchglühter Jünglinge Peitschenknall« statt dessen, vom Gebirg her, Rad um Rad rasselnd, Kieselwetter ins Tal stäubend, »glühte deine Seel Gefahren, Pindar, Mut!«. Das war in der Tat ein neuer Ton, der mit Peitschenknall in die Gemüter fuhr. Nicht nur Pindar wird angerufen: der eigne Genius, den die Musen umschweben, bis er über Wasser und Erde dahinwandelt, »göttergleich«. Das ist die Geniezeit, und Goethe ist ihr Prophet.

Er wandert zu dieser Zeit viel und wandelt nicht wie die Darmstädter Heiligen, die nur die Worte »wallen« und »pilgern« kennen. Zu Fuß, auch im Schneegestöber, durch den Wald legt er den Weg von Frankfurt nach Darmstadt zurück. Vergessen sind die sorglichen wildledernen Unterstrümpfe, die vor den entsetzlichen Rheinschnaken schützen sollten. »Halbunsinn«, wie er es im Alter nennt, singt er dem Wind entgegen. Er murmelt düstere Zigeunersprüche vor sich hin mit Verwünschungen, die wie Wolfsgeheul klingen und in bloße Eulenlaute übergehen, »wille wau wau wau ... wito hu«. Er ballt die Worte und Bilder zusammen, und sie fügen sich wie kaum je bei den Nachfahren, die ballten, steilten und lautlallten. Er ist gesund, noch schmal, ein fast hartes, eigensinniges Gesicht mit scharfer, starker Nase zwischen den großen, dunkelbraunen Augen. So wandert er nach Darmstadt, setzt sich vor Mercks Haus auf die steinerne Bank und gibt den versammelten Mädchen des Kreises »Genieaudienz«, wie später erzählt wurde.

Dies beides steht unmittelbar nebeneinander: der wilde Schwung der Wanderungen und die Darmstädter Empfindsamkeit mit ihren griechischen Tempelchen und Mooshüttchen. Und sogar diese Requisiten schieben sich, oft seltsam, in die strömenden »Halbunsinns«-Gedichte ein. Da ist immer wieder von einem »Hüttchen« die Rede, dem er selbst im Sturm entgegenwatet, eine junge Frau mit dem säugenden Knaben auf dem Arm, zu der er heimkehren möchte am Abend, zur Hütte, vergoldet vom letzten Sonnenstrahl: »Laß mich empfangen solch ein Weib, den Knaben auf dem Arm!« Psyche-Karoline wird angedichtet, Lila, die andere, Urania, die dritte, alle mit Versen, die weit über diese Hofdamen und Verlobten eines Hofpredigers hinausgehen und eigentlich nichts mit ihnen zu tun haben, auch wenn von ewigen Flammen, liebenden Armen, der Seligkeit eines Kusses gedichtet wird, oder Elysium, ach »warum nur Elysium!«.

Ein Adlersjüngling unter Tauben, so hat er das im Gleichnis poetisiert; verwundet liegt er im Gebüsch, das Taubenpärchen wandelt herbei und sucht ihn zu trösten mit freundlichem Hinweis auf Silberquell, Moos und ruhige Glückseligkeit – »O Weisheit! Du redest wie eine Taube!« Ihn heilt nur »allgegenwärtiger Balsam Allheilender Natur«.

Natur! Da ist nun das Zauberwort, das ja Goethe nicht als erster ausspricht. Es ist die Parole der Zeit, von Rousseau verkündet, von allen empfindsamen Seelen und von vielen ernsthaften Pädagogen weitergegeben. Man versteht alles mögliche darunter: den Naturmenschen, edel und redlich, den Naturzustand, das goldne Zeitalter ohne Krieg und Nahrungssorgen. Die Natur in der Landschaft, den englischen Park mit Weiden und Sträuchern, die nicht beschnitten werden sollten; es ist immer noch ein wohlangelegter Park mit bequemen Wegen und Hüttchen zum Ausruhen von der Naturschwärmerei. Man spricht meist vom »Busen« der Natur, der durchaus weiblich-rundlich und wohlig gedacht wird. Man sieht auch die Natur als Buch an – Goethe verwendet das Gleichnis oft –, in dem man nur zu lesen habe. Die Frommen sehen »Gottes Schrift« in der Natur, an Felsen und Berghängen deutlich aufgeschrieben. Die nicht Frommen glauben die Buchstaben ohne Gottes Hilfe zu erfassen. Und so schreibt Goethe an Merck: »Sieh, so ist Natur ein Buch lebendig / Unverstanden, doch nicht unverständlich«, oder am nächsten Tage: »Ich fühl ich kenne dich Natur / Und so muß ich dich fassen!« Es sind Anrufungen. Das Fassen geschieht nicht mit den Händen oder dem Tastsinn, sondern mit dem Auge. Goethe ist ein Augenmensch.

Sein Naturgefühl und sein Naturglaube werden die verschiedensten Stadien durchlaufen, auch dann als Naturforschung. Zu dieser Zeit ist es noch vor allem ein unbestimmter Trotz, ein Hinaus aus dem engen Mansardenzimmer im elenden Loch Frankfurt. Häufig sieht er aber auch die »Natur« in Bildern, nicht eigner Schöpfung, sondern nach Erinnerungen an Vorbilder in Galerien. Mit Merck besucht er Madame von La Roche am Rhein, im schönen Haus mit Aussicht auf den Strom: »Die Zimmer waren hoch und geräumig und die Wände galerieartig mit aneinanderstoßenden Gemälden behangen. Jedes Fenster, nach allen Seiten hin, machte den Rahmen zu einem natürlichen Bilde, das durch den Glanz einer milden Sonne sehr lebhaft hervortrat.« Das ist zwar aus der Erinnerung geschrieben, aber Goethe hat diese Übung, die Natur »gerahmt« zu sehen, Bildmotive zu erjagen, früh und lange geliebt. In Italien sieht er beim Anblick eines Wasserfalls in den Bergen einen »echten Everdingen«, beim Feldzug in der Champagne während eines Gefechtes einen »van der Meulen«, der ein brennendes Dorf verewigen sollte – die Natur, nicht gesehen »durch ein Temperament«, sondern durch das Temperament eines alten Malers.

Er selbst ist aber auf dem Weg zu den La Roches noch im Zweifel, ob er Maler oder Dichter werden soll. Und so ruft er das Orakel an: Ein Weidenbusch am Fluß ist ein schönes Motiv, das seine Zeichnerseele verlockt; er beschließt, sein bestes Taschenmesser in den Strom zu werfen: Sieht er es ins Wasser fallen, so wird er Künstler, verdeckt der Busch das Messer, so gibt er die Malerei auf. Das Orakel ist zweideutig wie immer. Er sieht das Aufspritzen, aber das Messer wird durch die letzten Weidenzweige verdeckt. So bleibt er bei der Literatur.

Bei Madame La Roche, die Merck für das Zeitschriftenunternehmen gewinnen will, ist man sogleich mitten im literarischen Treiben. Sie ist von Wieland in seiner Jugend angehimmelt und bedichtet worden; die Beziehung hat sich erhalten, und der Meister hat soeben ihren Roman DIE GESCHICHTE DES FRÄULEIN VON STERNHEIM veröffentlicht, die »aus Originalpapieren und anderen zuverlässigen Quellen gezogen« sein soll und in Wirklichkeit zuverlässig aus der eben modernen Lektüre Richardsons stammt. Herder fand das Werk meisterhaft und stellte es über Richardsons CLARISSA. Goethe besprach das Buch in der neubegründeten Zeitschrift wohlwollend, lobend; er nahm es sich außerdem mit seiner Briefform – und den »Originalpapieren« – zum Vorbild für künftige Romane.

Als Journalist beginnt er seine Schriftstellerlaufbahn; als Dichter ist er schon ein Genius, aber davon wissen nur wenige. »Er war zu unserer Zeit in Leipzig und ein Geck, jetzt ist er noch außerdem ein Frankfurter Zeitungsschreiber.« Das schreibt ein junger Attaché Jerusalem, der sehr bald das Modell zum WERTHER werden wird.

Sehr bescheiden sind Goethes erste Anfänge im Druck. Er ist Mitglied einer Redaktion. Man spricht die Bücher gemeinsam durch, lacht, spottet, wirft sich den Ball zu; es ist aussichtslos, die unsignierten Beiträge genau zu bestimmen, Goethe selber hat später nicht mehr gewußt, was ihm gehörte. Das Ganze dauerte auch nur ein Jahr, dann bekam der Verleger es mit der Angst und ernannte eine andere Leitung. Der Ton war kriegerisch. Man wollte sich von vornherein furchtbar machen. Merck war der *spiritus rector*, Herder galt als geistiger Schutzherr. Man rezensiert ganze Stapel englischer Schundromane in Bausch und Bogen: »sehr keusch und züchtig, aber platt«, eine Zeile, oder: »boshafte Nonnengeschichten«, eine Zeile. Auch englische Kupferstiche hat man sich kommen lassen und zeigt an ihnen seinen noch recht unvollkommenen Kunstverstand, so wenn man von Holbeins »trockener und abgeschnittener Manier« spricht oder ein Mezzotinto Earloms nach Domenichino mit der Zeile bedenkt: »Ein nackendes Kindlein auf Windeln hingestreckt, das sich seiner Glieder freut, und besseren Fortkommens in der Welt halben Jesus getauft worden ist.«

Amüsant genug ist das vielfach, und die Redaktionsgenossen werden sich dabei amüsiert haben. Vieles ist kindlich, und bei einer Lobpreisung Vater Oesers, den man gebührend lobt, heißt es denn auch: »Wir lallen nur eine Anzeige«, denn die Worte versagen, all die Empfindungen auszudrücken, die das »empfundenste Kunstwerk« aufrührt. Aufruhr ist die Losung. Der *Sturm und Drang,* wie die ganze Epoche dann getauft werden wird, ist in vollem Gange.

Goethe, der so als Rezensent beginnt, hat nie beim Besprechen von Werken anderer viel Geduld aufgebracht. Er las flüchtig; meist, wie er später einmal sagt, glaubte er schon aus dem Titelblatt zu wissen, was im Buch stünde. Nur wenn ein Thema, ein Wort oder Satz an das anklang, was ihm eben am Herzen lag, konnte er sich interessieren, und dann ging er meist weit über den zufälligen Anlaß hinaus. So bespricht er hier, und das ist die einzige wahrhaft Goethische Rezension, ein Heftlein Gedichte eines polnischen Juden. Er macht sich lustig über den Jüngling, der dem Handel entsagt hat, Melodiechen nachträllert und sich bitter beklagt, daß die Mädchen spröde sind, »daß er nur den Handschuh ehrerbietig kosten, sie nicht beim Kopfe nehmen und weidlich anschmatzen darf«. Dann aber läßt er den Judenknaben stehen und bricht in eine Anrufung an den Genius des Vaterlandes aus: »Laß bald einen Jüngling aufblühen voll Jugendkraft, Empfindung, der uns all seine Torheiten, Freuden und Siege mutig vorjauchzt! Laß ihn, o Genius des Vaterlandes, das Mädchen finden, seiner würdig, ganz Anmut, häuslich, Beistand der Mutter, tugendreich, jung, warm. Laß die beiden sich finden! beim ersten Nahen werden sie dunkel und mächtig ahnden, was jedes für einen Inbegriff von Glückseligkeit in dem andern ergreift... Wahrheit wird in seinen Liedern sein und lebendige Schönheit, nicht bunte Seifenblasenideale, wie sie in hundert deutschen Gesängen herumwallen! Doch ob's solche Mädchen gibt?...«

Er macht sich auf, eine solche zu suchen, und findet sie.

Lotte in Wetzlar

Noch einmal macht der Vater einen Versuch, den letzten, die Laufbahn seines Sohnes zu dirigieren. Wohlwollend genug hat er die
neuen Freunde betrachtet und bewirtet. Einer der Mitredakteure der
Zeitschrift, Schlosser, ist ohnehin ein tüchtiger Anwalt und überweist
der Goethe-Kanzlei einige Fälle; er bewirbt sich um die Tochter Cornelia, die er dann auch heiratet, nicht eben zu seinem oder ihrem
Glück. Aber mit unbezahlten Rezensionen oder Gefühlsreisen nach
Darmstadt kann man sich schwerlich eine Existenz begründen; die
Anwaltspraxis läßt sich mit so ungenügender Ausbildung wie bisher
schwerlich recht halten. So beschließt der Rat, den Sohn zum Reichskammergericht nach Wetzlar zu schicken. Man hat Familienbeziehungen dort. Der Großvater Textor hat da gearbeitet. Er hat auch seine
Perücke dort auf der Flucht aus einer Liebesstunde zurückgelassen.
Der Enkel wird ebenfalls ein für allemal in Wetzlar seine Perücke
zurücklassen, auf der Flucht vor einer Liebesaffäre.
    Goethe begrüßt jede Gelegenheit, aus Frankfurt fortzukommen.
Er schreibt sich in Wetzlar in die Liste der Referendare ein, das einzige Dokument über seine Tätigkeit beim Gericht, und schaut sich um.
Die Stadt ist ein Nest von winkligen Häusern, mit engen Straßen, in
denen große Misthaufen liegen, die Einwohner sind meist kleine
Ackerbürger. Bergauf und bergab geht das, die Dächer sind steil. Man
nennt sich freie Reichsstadt, aber alles, was mit dem Worte Reich verbunden ist, hat um diese Zeit einen etwas jämmerlichen Klang, auch
wenn man den Reichsadler mit einem W im Wappen führt. Das
Reichskammergericht ist der Stolz Wetzlars und die Haupternäh-
rungsquelle für viele; Wohnungen sind schwer zu bekommen, alles
ist überbelegt, und Goethe kommt nur in einer schmalen Gasse in
einem dunklen, rings umbauten Haus unter.
    Kaiser Joseph hat in seinem Reformeifer beschlossen, auch die

Zustände bei diesem obersten Berufungsgericht des Reiches zu reformieren. Sie waren ein allgemein bekannter Skandal. 16233 unerledigte, meist absichtlich verschleppte Prozesse harrten der Erledigung; sie sind nie aufgearbeitet worden, bis das Gericht dann zusammen mit dem Reich entschlief. Jetzt eben war aber großer Zuzug: Es sollte visitiert und revidiert werden. Bestechung der Richter, die schlecht bezahlt wurden und von den Sporteln leben mußten, war an der Tagesordnung gewesen. Auch Goethe hatte unter seinen vom Vater erledigten Prozessen einen Fall einer solchen Bestechungsgeschichte laufen. 24 Deputationen der deutschen Staaten waren entsandt, um Ordnung zu schaffen; sie vergrößerten die Unordnung nur, denn sie hatten 24 verschiedene Ansichten, vor allem in Rang- und Standesfragen, die in Wetzlar nach alter Tradition die Hauptbeschäftigung aller Beteiligten bildeten.

Ein Wetzlarer Lokalpoet, Callenbach, seines Zeichens Kanzelprediger, ein Mann vom Schlage des Pater Abraham a Santa Clara, hat in kleinen Dialogen die Zustände recht anschaulich beschrieben, wie sie etwa zur Zeit des Großvaters Textor beschaffen und zu Goethes Zeiten geblieben waren. Da fragt ein Jurist den Kollegen: »Herr Collega, wie stehts mit meinem Prozeß? es wird Haar darüber gewachsen seyn.« – Der Dr. iur.: »Es mag wohl seyn, dann es allbereit über anderthalb hundert Jahr, daß die Sache submittiert worden, gute Ding wollen Weil haben ... die arme Justiz ist so podagrisch, daß sie hinckt und schnappt, es sey dann, daß sie mit silbernen Hufeisen beschlagen werde.« – »Herr, er redt mir spanische Dörfer.« – »Ich rede von der jetzigen Welt: eueren replicieren, triplicieren, quadruplicieren, reproducieren ... ist manchmal so viel als den Clienten legaliter ruinieren, mancher stirbt darüber und verdirbt.« So geht es unter den Räten vor allem um das Zeremoniell; ein Rat zum andern: »Ein Schritt zurück, setze er mir den Fuß nicht vor: er muß beständig ein paar Zoll rückwärts hinter mir gehen ...« – »Wolan denn, weil wir nicht können einig werden, so zerschlagt sich hiemit meine Commission ...« Das ist eine Kapuzinerpredigt, aber solche Standesstreitigkeiten bilden den Hintergrund des WERTHER. Die gute alte Zeit wird von dem wackeren Jesuiten beschworen, einige Jahrzehnte vor dem Götz. Da spricht ein »aechter teutscher« Fürst zu dem Urenkel und wettert, als hätte er den Soldatenhandel der Goethe-Zeit vor Augen: »Was höre ich, Ihr treibt Handelsschafft mit den Menschen, Ihr verhandelt die Menschen Regimenterweis, heißt das das Land vermehren?« Ein Fürst aus der alten Welt, wie der »gute Kaiser« Max, der das Reichskammergericht begründet hatte. Der historische Maximilian freilich war darauf bedacht gewesen, aus habsburgischer Hauspolitik sogleich in Wien eine ebenso einflußreiche Instanz zu schaffen, nachdem die

Stände ihm das Reichsgericht abgezwungen hatten, und aus diesem Nebeneinander ergaben sich all die Schwierigkeiten, die Wetzlar allmählich zu einer feierlichen Farce machten.

Eine andere Farce aus der guten alten Kaiserzeit wird an der Tafelrunde im Gasthof ›Zum Kronprinzen‹ gespielt. Da wird Goethe in eine Gesellschaft von jungen Assessoren und Diplomaten eingeführt. Sie nehmen es alle nicht sehr ernst mit der Arbeit, verzehren ihre Diäten oder borgen, schriftstellern ein wenig, liebeln umher und bilden einen *Ritterbund* mit altdeutschen Namen und altväterischem Komment. Goethe, der sein Drama vorgezeigt hat, wird als »Götz der Redliche« aufgenommen, andere heißen nach einem französischen Ritterdrama »St. Amand der Eigensinnige« oder »Lubormirski der Streitbare«. Auch ein paar Offiziere sind dabei, es gibt einen Heermeister, Kanzler, Ritterschlag und ritterliche Picknicks in der Umgebung. Der Haupthahn ist ein Legationssekretär von Goué, Genie – ein sehr freigebig gebrauchtes Wort –, Possenreißer, Geheimnistuer; er gründet dann noch einen *Orden des Übergangs*, später Freimaurerlogen, wird bald wegen Vernachlässigung seines Dienstes entlassen und endet nach mannigfachen Irrfahrten kümmerlich als Hofkavalier eines Zwerggrafen.

Der *Orden des Übergangs*, in vier Stufen, bei denen die letzte mystisch des Übergangs Übergang zu des Übergangs Übergang hieß, mutet wie ein symbolisches Vorspiel zu Goethes nächsten Stadien an, die Rittermaskerade wie ein Nachspiel des Götz. Sehr bald wird das ziemlich alberne Treiben langweilig. Goethe schließt sich einem der Mitglieder etwas näher an, einem Legationssekretär Gotter, fast einem Namensvetter. Der ist ein zarter, feiner Geist mit Neigungen zur französischen Literatur und näheren Beziehungen zu Göttingen, wo sich eine andere Klopstock-Gemeinde aufgetan hat. Das ist ein Kreis von jungen Leuten, die über die Ritterzeit noch weiter zurückgehen ins »Ur«, die germanische Vorzeit, das Bardenzeitalter. Auch sie haben einen Geheimbund gegründet, *Hügel und Hain*, bald nur kurzweg der *Göttinger Hain* genannt. Im Mondschein kommen sie zusammen, die Häupter mit Eichenlaub bekränzt, und umschreiten einen alten Eichbaum. Sie haben ein schwarzgebundenes Bundesbuch, in das jeder seine Gedichte einträgt. Sie haben aber auch in Göttingen einen Verleger gefunden, der nach dem Vorbild des Pariser ALMANACH DES MUSES einen MUSENALMANACH verlegt. Gotter ist einer der Herausgeber und veröffentlicht dort Goethes pindarische Oden. Überall beginnt nun das Gezwitscher der Almanache, Taschenbücher, Anthologien, die sich gegenseitig befehden und die Hauptpublikationsmöglichkeit für junge Dichter darstellen. Goethes Lyrik ist jahrzehntelang nur als Almanach-Lyrik bekannt.

Das wäre etwa der erste Übergang. Der zweite führt hinaus in die

Landschaft. So unschön das Städtchen, so herrlich ist die Umgebung. Außerdem ist Mai. Goethe ist stets sehr abhängig von der Jahreszeit, ja auch den Barometerschwankungen gewesen, die er später sorglich maß. Jetzt schweift er noch unbedenklich umher. »Jeder Baum, jede Hecke ist ein Strauß von Blüten und man möchte zum Maikäfer werden, um in dem Meer von Wohlgerüchen umherzuschweben.« Im nahen Dörflein Garbenheim setzt er sich unter die Linde des Gasthofes, trinkt seine Milch und spielt mit den Kindern. Eine Kinderschar führt in das dritte Stadium, das Haus des Amtmanns Buff, und dessen Tochter Lotte bildet etwa den vierten Übergang, zum WERTHER.

Goethe ist durch weitläufige Verwandte in dies Haus eingeführt worden, das »Deutsche Haus«, wie es heißt, weil es den Deutschordensrittern gehört. Auch die sind eine Erinnerung an die längst verschollene Kaiserzeit, mit einstmals ruhmreicher Vergangenheit, nun nur noch ein hocharistokratischer Verein mit immer noch erheblichem Grundbesitz hier und da.

Amtmann Buff verwaltet die Güter des Ordens in der Umgebung von Wetzlar. Er ist ein Sechziger und Witwer, die Tochter Lotte waltet als Hausmütterchen. Sie betreut die zahlreichen jüngeren Geschwister, zwölf im ganzen. Sie selber hat später ebenfalls ein genaues Dutzend Kinder gehabt in ihrer Ehe mit dem Hannoverschen Hofrat Kestner, mit dem sie derzeit verlobt ist. Lotte ist ein hübsches, gesundes Mädchen, ein »wünschenswertes Frauenzimmer«, wie Goethe sie bezeichnet, sie gehört zu denen, »die, wenn sie nicht heftige Leidenschaften einflößen, doch ein allgemeines Gefallen zu erregen geschaffen sind«. Vor allem ist sie schon versagt; das ist eine bedeutsame Sicherung für den jungen und auch den späteren Goethe. Er fühlt sich sorglos in ihrem Umgang. Und wie sorgt sie für die Kinderschar! Sie schneidet ihnen die Butterbrote, und Lotte, das Brot schneidend, wird dann zur berühmtesten Figur des berühmtesten Romanes der Zeit, im Kupferstich allenthalben verherrlicht, den gefühlvollen Lesern lieber als der fragwürdige Schluß des WERTHER mit Pistolen und Selbstmord. Im Bild sieht sie freilich eher wie eine würdige Halb-Matrone aus, mit hohem, sorgfältig gebranntem Lockenaufbau und einem Röschen obendrauf, einem umfangreichen Rock mit vielen Falbeln und Schleifchen, die kleinen Brüder im Kinderfrack mit langen Schößen bis zu den Knien und schön geflochtenem Zopf, die Kleinsten noch mit Taille und einem Kopfputz von Federchen; Lottes Kostüm ist nicht ganz das »simple weiße Kleid mit blaßroten Schleifen«, das der Dichter dann schildert. Sie ist überhaupt nicht die Lotte des WERTHER, die sich noch aus ganz anderen Gestalten rekrutiert. Sie ist aber eben das, was Goethe in diesem Augenblick braucht.

Und nun beginnt die Freundschaft und Liebe, die durch den Roman verherrlicht und zum Gegenstand eines Lotte-Kultes wird, auch schon bei den Beteiligten, auch schon in einem sehr frühen Stadium. Roman und Wirklichkeit, Dichtung und Wahrheit gehen unlösbar ineinander über. Wir werden nicht versuchen, das auf die Elemente zu reduzieren, geschweige denn ein »Urerlebnis« zu konstruieren. Genug: es ist Frühling. Goethe findet sich in einer angenehmen Häuslichkeit, für den stets Unbehausten, in der Verbannung Lebenden eine wichtige Vorbedingung für eine Liebschaft. Er freundet sich aufrichtig mit dem Verlobten Kestner an, einem sehr gediegenen Mann, einem der wenigen, die in Wetzlar wirklich arbeiten und nicht nur Allotria treiben oder sich um Rangfragen streiten. Das ist zugleich eine weitere Sicherung und gibt, angesichts von Kestners Bienenfleiß, auch genügend Gelegenheit, mit Lotte zu spazieren, zu schwärmen. Bei einem Tanzvergnügen haben sie sich zuerst kennengelernt, und Kestner hat das später stolz aufgezeichnet: Goethe habe nicht gewußt, daß sie nicht frei war, »Lottchen eroberte ihn ganz, um desto mehr, da sie sich keine Mühe darum gab, sondern sich dem Vergnügen überließ«. Am nächsten Tage habe er sich nach ihrem Befinden erkundigt, und »nun lernte er sie auch erst von der Seite, wo sie ihre Stärke hat, von der häuslichen Seite kennen«.

Wichtiger ist Kestners Schilderung des neuen Bekannten im Brief an einen Freund, denn sie ist noch ganz unbefangen: »Im Frühjahr kam hier ein gewisser Goethe aus Frankfurt an, seiner Hantierung nach Dr. juris, 23 Jahre alt, einziger Sohn eines sehr reichen Vaters, um sich hier – dies war seines Vaters Absicht – *in praxi* umzusehen, die seinige aber war, den Homer, Pindar und andere zu studieren und was sein Genie, seine Denkungsart und sein Herz ihm weiter für Beschäftigungen eingeben würden. Gleich anfangs kündigten ihn die hiesigen schönen Geister als einen ihrer Mitbrüder und als Mitarbeiter an der neuen Frankfurter Gelehrtenzeitung, beiläufig als Philosophen *in publico* an, und gaben sich Mühe, mit ihm in Verbindung zu stehen.« Er hat ihn auf einem Spaziergang getroffen, »im Grase unter einem Baum auf dem Rücken liegend, indem er sich mit einigen Umstehenden, einem epikuräischen Philosophen, einem stoischen Philosophen und einem Mitteldinge von beiden unterhielt und ihm recht wohl war. Er hat sehr viele Talente, ist ein wahres Genie und ein Mensch von Charakter, besitzt eine außerordentlich lebhafte Einbildungskraft, daher er sich meistens in Bildern und Gleichnissen ausdrückt. Er ist in allen Affekten heftig, hat jedoch oft viel Gewalt über sich. Seine Denkungsart ist edel; von Vorurteilen frei, handelt er, wie es ihm einfällt, ohne sich darum zu bekümmern, ob es andern gefällt, ob es Mode ist, ob es die Lebensart erlaubt. Aller Zwang ist ihm verhaßt. Er liebt die Kinder und kann sich mit ihnen sehr beschäftigen. Er ist bizarr und hat in seinem Betragen, seinem Äußerlichen verschiedenes, das ihn unangenehm machen könnte. Aber bei Kindern, bei Frauenzimmern und vielen anderen ist er doch wohl angeschrieben. Für das weibliche Geschlecht hat er sehr viele Hochachtung. *In principiis* ist er noch nicht fest und strebt erst nach einem gewissen System.« Das ist zugleich eine Selbstcharakteristik Kestners, der *in principiis* bereits sehr fest steht. Er fügt auch hinzu, daß Goethe weder in die Kirche geht noch betet, sich für Rousseau interessiert und nach Wahrheit strebt, jedoch mehr vom Gefühl derselben als von ihrer Demonstration hält. »Er hat schon viel getan und viele Kenntnisse, viel Lektüre, aber doch mehr gedacht und räsonniert. Aus den schönen Wissenschaften und Künsten hat er sein Hauptwerk gemacht, oder vielmehr aus *allen* Wissenschaften, nur nicht den sogenannten Brotwissenschaften.«

Es ist das erste volle Zeugnis über den Eindruck, den Goethe auf einen intelligenten und aufmerksamen Beobachter macht; es ist auch das letzte ganz unbefangene, denn alle späteren schildern den berühmten Dichter des WERTHER oder des FAUST.

Mit Kestner und Lotte, oder mit Lotte ohne Kestner, wird nun der Sommer verlebt, »eine echt deutsche Idylle, wozu das fruchtbare Land die Prosa und eine reine Neigung die Poesie hergab«. Man kann das auch umkehren. Die Naturerlebnisse, die Goethe im WERTHER aus Wetzlarer Erinnerungen schildert, sind für uns stärker, unmittelbarer empfunden als die Liebesgeschichte, die doch ihre Falbeln und Schleifchen hat. Die Kinderliebe wollen wir gerne glauben. Noch von Frankfurt aus fordert er eine »komplette wöchentliche Chronik aller Löcher, Beulen und Händel der sieben Buben«, die der Älteste schicken muß. Aber es wird auch geliebt, nicht herzzerbrechend, Goethes Herz ist gänzlich unzerbrechlich. Es wird mit dem Gedanken gespielt, zu sehen, wieweit dieses hübsche, blonde, häusliche Mädchen denn nun unverbrüchlich ihrem ehrenfesten und schwerlich so ganz feurig geliebten Kestner zugetan sei. Sollte ein junges Genie, dem aller Zwang verhaßt ist, nicht auch gewisse Ansprüche machen dürfen? Werfen nicht andere Mädchen dem sehr hübschen Jüngling feurige Blicke zu?

Merck besucht ihn und findet ihn etwas zu tief engagiert. Was soll das? meint er. Da ist die Soundso von gegenüber, eine schöne Person, voll, üppig, eine *junonische Gestalt*, was damals als höchstes Lob gilt. Die ist frei. Warum machst du dich nicht an die, statt hier hoffnungslos um die brav Verlobte herumzuseufzen?

Goethe will aber keine, die frei ist und ihn dann womöglich festlegt. Er fühlt sich innig wohl in seinem Kummer, seiner Unentschiedenheit, als unglücklicher Liebhaber und glücklich der letzten Verantwortung Enthobener. Nur dieser Zwischenzustand ist wahre Freiheit, und er ist sehr poetisch. Petrarca hat seine Laura kaum gesehen, Dante seine Beatrice eben einmal auf der Brücke erblickt. Das sind die großen Vorbilder, nicht die töricht und roh Zugreifenden. Er greift nicht zu. Er bildet in Gedanken, die Figur mit den Augen umfahrend. Immerhin: die Situation wird zuweilen etwas ungemütlich. Er schreibt an Kestner: »Morgen nach fünf erwarte ich Sie, und heute – Sie könnten's vermuten, so viel sollten Sie mich schon kennen – heute war ich in Altspach. Und morgen gehen wir zusammen, da hoff' ich freundlichere Gesichter zu kriegen.« Wie in Sesenheim verziehen die Mitspieler seines Lebensromans zuweilen das Gesicht. »Inzwischen war ich da, hab' Ihnen zu sagen, daß Lotte heut nacht sich am mond-beschienenen Tag innig ergötzt und Ihnen eine gute Nacht sagen wird ... Morgen früh trinken wir Kaffee unterm Baum in Garben-heim, wo ich heute zu Nacht im Mondenschein aß. Allein – doch nicht allein.«

Kestner ist kein Mann des Mondscheins. Er erklärt Goethe kurz-weg, er solle sich keine Flausen in den Kopf setzen. An die Braut schreibt er eine Mahnung: »Als Freund muß ich Ihnen sagen, daß nicht alles Gold ist, was glänzt, daß man sich auf die Worte, welche vielleicht aus einem Buche nachgesagt oder nur darum gesagt werden, weil sie glänzend sind, nicht verlassen kann.« Er wird sogar gemäßigt ärgerlich: »Es ist keine Kunst, munter und unterhaltend zu sein, wenn man völlig sein eigener Herr ist, wenn man tun und lassen kann, was man will.«

Dann ist Herbst, die Jahreszeiten spielen mit. An einem Septem-berabend ein langes Gespräch mit sehr herbstlichen Gedanken, vom Zustand nach dem Tode. Lotte spricht vom Sterben ihrer Mutter und mahnt zum Aufbruch. Am nächsten Morgen ist Goethe geflüchtet. Er hinterläßt Kestner einen Zettel: »Er ist fort, Kestner, wenn Sie diesen Zettel kriegen, er ist fort. Geben Sie Lottchen inliegenden Zettel. Ich war sehr gefaßt, aber Euer Gespräch hat mich auseinandergerissen. Ich kann Ihnen in dem Augenblick nichts sagen als: leben Sie wohl. Wäre ich einen Augenblick länger bei Euch geblieben, ich hätte nicht gehalten. Nun bin ich allein, und morgen geh ich. O mein armer Kopf.«

Der Zettel an Lotte, zu der letzten Unterhaltung vom Jenseits: »Ach, mir wars um hienieden zu tun, um Ihre Hand, die ich zum letztenmal küßte ...« Er hat ihr auch einmal einen Kuß auf den Mund gegeben, den Lotte sogleich dem Verlobten beichtete. Die Buben soll sie vor allem grüßen, die Kinder. Kinder möchte er immer um sich haben, aber keine Ehefrau dazu.

Die Prosa nach der Poesie: Kestner notiert sie getreu in seinem Tagebuch. All diese Leute schreiben unablässig alles auf, das Tage-buch wird zum Roman, der Roman zum Tagebuch oder zur Brief-sammlung, die Briefe schon sind Publikationen, man zeigt sie umher, liest sie vor. Goethe heimlich und kurzweg davon! Das gehört sich nicht, wenn man so eng befreundet ist. Selbst Goethes Großtante, durch die man mit Buffs bekannt geworden war, die Geheimrätin Lange um die Ecke, schickt ihr Dienstmädchen herüber: es wäre doch sehr ungezogen, daß Dr. Goethe so ohne Abschied weggereist sei! Lotte läßt zurückbestellen: warum sie ihren Neveu nicht besser erzogen hätte? Die Langin wiederum: sie werde der Mutter Goethe schreiben, wie er sich aufgeführt hätte. Die Kinder klagen im Chor: Dr. Goethe ist fort! Lotte liest den Zettel mit Tränen: »Wir sprechen nur von ihm, ich konnte auch nichts anderes, als an ihn denken.«

Kestner, der »Philister«, der fleißige Aktenarbeiter, ist nicht weniger gefühlvoll als die Hauptperson des Stückes. Im Brief an einen Freund, alles muß sogleich fühlenden Seelen mitgeteilt werden, sinnt er nach über den jungen Freund, der wohl einem Frauenzimmer gefährlich sein könne. Lottchen, gottlob, hielt ihn kurz. Goethe litt darunter. Kestner leidet mit und muß erstaunen, »wie die Liebe so gar wunderliche Geschöpfe selbst aus den stärksten und sonst für sich selbständigen Menschen machen kann. Meistens dauerte er mich, und es entstanden bei mir innerliche Kämpfe, da ich auf der einen Seite dachte, ich möchte nicht imstande sein, Lottchen so glücklich zu machen als er, auf der andern aber den Gedanken nicht ausstehen konnte, sie zu verlieren. Letzteres gewann die Oberhand.«

Dies nun ist der Angelpunkt, wenn wir überhaupt in diesem Wirrwarr der Gefühle angeln wollen. Goethe flüchtet in dem Augenblick, wo er spürt, daß der Freund Kestner womöglich bescheiden zurücktreten und ihm die Bahn freimachen könnte! Das will er gewiß nicht. Er will sich das Bild bewahren.

Das hängt er dann sogleich, Lottens Silhouette, in Frankfurt an seine Wand. Der Lotte-Kult beginnt, der Übergang zum geschriebenen Roman, der aber noch eine ganze Zeit und noch andere Erlebnisse braucht, um auszureifen.

Und Lotte? Nun, auch sie ist erleichtert, daß der junge Referendar abgereist ist, in etwas unpassender Manier, die Leute reden schon davon. Sie mögen auch sonst geredet haben über das viele Spazierengehen, Tanzen, Bohnenpflücken im Garten, das Spielen mit den Kindern, das Sitzen zu Füßen des Hausmütterchens, wobei mit ihren Falbeln und Schleifchen gespielt wird. Wer ist dieser junge Goethe? Ein junger Anwalt, Sohn eines reichen Vaters, gewiß, aber sonst? Er schreibt für Frankfurter Zeitungen, er soll ein Genie sein, alle jungen Männer heißen jetzt Genies, es wimmelt von Genies. Soll man wegen eines solchen unsicheren Kantonisten ins Gerede kommen? Als Verlobte eines so allgemein geschätzten Mannes mit sicherer Karriere, dem besten Benehmen, den schönsten Aussichten?

Sie heiratet ihren Kestner und wird glücklich mit ihm und hat ebensoviele Kinder wie ihre Mutter; sie wird später den alten Jugendfreund, der inzwischen hochberühmt geworden ist – nicht zuletzt durch Wetzlar und Lotte –, um freundschaftliche Protektion angehen für einen der Söhne, der sich in Frankfurt als Arzt niederlassen möchte, wozu allerdings die Heirat mit einer Frankfurter Bürgerstochter Vorbedingung ist. Sie wird sogar einmal als alte Dame einen etwas mißglückten Besuch in Weimar machen, den Thomas Mann in seiner LOTTE IN WEIMAR mit Ironie und tieferer Bedeutung geschildert hat. Der Kummer und Stolz ihres Lebens wird sein, daß sie dann doch ins Gerede gekommen ist, in Wetzlar, Frankfurt, in ganz Deutschland und weit darüber hinaus.

Originalgenie

Vier Monate hatten die Wetzlarer Sommertage gedauert. Vier Jahre hält es Goethe noch in Frankfurt aus, dann macht er sich endgültig los. Aber auch diese vier Jahre sind kein Stillsitzen, sondern unaufhörliches Umherfahren, in der Landschaft und auf dem Papier, ein unaufhörliches Kennenlernen von Menschen, Freunden, Gönnern, jungen Genies, neue Lieben und neues Flüchten. Es ist die an Tumulten reichste Zeit in Goethes Leben, und auch die reichste Schöpferzeit. Vieles davon ist nur Plan geblieben oder untergegangen, anderes erst nach langem Austragen ans Licht gekommen. Die Hauptthemen seines Œuvre sind schon da, der FAUST, der TASSO, der WILHELM MEISTER vielleicht; der GÖTZ, der WERTHER werden geschrieben und veröffentlicht nebst Singspielen, Dramen, Fastnachtspielen, frechen Parodien und Pamphleten, Gedichten; und am Ende werden bereits GESAMMELTE SCHRIFTEN veröffentlicht, die allerdings andere als der Dichter gesammelt und auf dem damals üblichen Piratenweg herausgegeben haben.

Zunächst flüchtet Goethe aus Wetzlar in die Literatur, zur Madame La Roche, die er eigentlich nicht ausstehen kann. Er findet die schon alternde Dame kokett, anspruchsvoll mit ihrem jungen Autorenruhm und keineswegs die schöne, schlichte Seele, die ihr FRÄULEIN VON STERNHEIM versprechen sollte. Aber das Haus in Ehrenbreitstein ist schön, mit dem Blick auf den Fluß, und um die Mutter herum ist ein Kreis von Engeln. Einer der Engel, Maximiliane, klein, zierlich, hat sehr lebhafte schwarze Augen, zum Unterschied von den Wetzlarer hausmütterlichen blauen. Der Übergang zum Übergang, nach Goués Geheimlehren, ist rasch und leicht. »Es ist eine angenehme Empfindung, wenn sich eine neue Leidenschaft in uns zu regen anfängt, ehe die alte noch ganz verklungen ist«, sagt Goethe über die Begegnung. Das ist eine Lebensmaxime für ihn. Sich am Doppelglanze von Sonne und Mond zu erfreuen wie hier ist nicht nur erfreulich, sondern auch ein Schutz gegen allzu heftige leidenschaftliche Verwickelung. Goethe braucht viel Schutz, und in Wetzlar hat er sich vielleicht doch etwas zu weit engagiert.

So nimmt er sich dieses neuen Reizes an und stattet die Figur, an der er insgeheim bildet, statt mit blauen mit den schwärzesten Augen aus.

Bei der La Roche tritt er zum ersten Male in einen gesellschaftlich höheren Kreis ein. In Leipzig hat er mit Bürgersleuten oder Professoren verkehrt, in Straßburg mit Tischgenossen und Studenten. Hier herrscht nun der elegante Ton der großen Welt, und Goethes anfängliche Mißstimmung mag damit begründet sein, daß er sich da gar nicht zu Hause fühlt. Der Mann La Roche, unehelicher Sohn eines hohen Herrn, ist Minister des Erzbischofs von Trier, ein Voltairianer, der in der schon etwas aufgelockerten Zeit munter über die Pfaffen spotten kann, von denen er sein Gehalt bezieht; er hat sogar BRIEFE ÜBER DAS MÖNCHSWESEN publiziert, die Aufsehen machten. Heiter schaut er dem sentimentalischen Treiben seiner Frau zu, das, wie er weiß, nicht sehr tief geht; für die Verheiratung ihrer Töchter hat sie sehr praktische Pläne. Andere Würdenträger kommen zu Besuch und mischen sich mit den Gefühlvollen. Der Ton ist frei und respektlos, die Dame des Hauses schwebt wie eine Edeldame, so meint Goethe, unter den Gästen umher in Flügelhäubchen; sie ist keine Edelfrau aus dem GÖTZ, sondern aus der Gegenwart, die Aufklärung, Gefühlskult und religiöse Skrupel auf das leichteste mischt. Man hat eine Art Gefühlskongreß veranstaltet, Madame La Roche will das zu einer Einrichtung erheben; im Jahr zuvor hat sie den alten Freund Wieland dazu geladen, mit Tränen neue Freundschaft gefeiert und ihren Roman mit ihm besprochen.

Goethe scheidet tief ergriffen von dieser Stätte der innigsten Empfindungen, mütterlicher Glückseligkeit, den Engeln. Er kann im Brief kaum Worte finden, seine Gefühle auszudrücken, und kultiviert diese neue Bekanntschaft eine ganze Weile mit Sorgfalt. Er kultiviert auch die Freundschaft mit Kestner nach wie vor, erzählt ihm, wie er von Lotte geträumt, und stellt sich ärgerlich, daß sie nicht von ihm träumt; ihre Silhouette hängt an der Wand. Eine seltsame Nachricht aus Wetzlar ist gekommen: Einer der Gesellen der Tafelrunde, der junge Jerusalem von der braunschweigischen Gesandtschaft hat sich erschossen – aus unglücklicher Liebe und gekränktem Ehrgeiz. Goethe hat ihn schon in Leipzig gesehen, dann in Wetzlar an der Rittertafel, und spazierte er nicht im Mondschein umher, verliebt offenbar? Lotte muß sich noch erinnern, wie man darüber lächelte. Der verfluchte Pfaffe, der Vater wird daran schuld sein! Goethe wünscht, er möge sich den Hals brechen. Er wettert über Götzendienst und Götzenpredigt, die eine gute Natur hemmen und uns ins Unglück stürzen, die Eitelkeit der Menschen, welche die besten Kräfte verdirbt.

Den Vater Jerusalem, Hofprediger zu Braunschweig, weit berühmt im nördlichen Deutschland, trifft nun aber kaum eine Schuld; er war zwar ein etwas hochfahrender Herr, der sich, wie James Boswell erzählt, vermaß, er werde auch Friedrich den Großen zum wahren Christentum bekehren, wenn er nur einmal unter vier Augen mit ihm zusammenkäme. Aber der zarte, feingebildete Sohn, dessen nachgelassene Schriften Lessing dann herausgab und als Zeugnisse eines »hellen Verstandes« empfahl, war wohl schwerlich etwas anderes als ein empfindlicher und empfindsamer Jüngling, der sich Kränkungen übermäßig zu Herzen nahm. Im Dienst hatte ihn sein Vorgesetzter schroff behandelt, in einer adelsstolzen Gesellschaft war er geschnitten worden, weil man annahm, er habe sich zu Unrecht als Adliger in Wetzlar eingeführt. Der Ehemann seiner Angebeteten hatte ihm das Haus verboten; er lieh sich von Kestner Pistolen und erschoß sich. Goethe erschrickt über dies Schicksal: »Gott weiß, die Einsamkeit hat sein Herz untergraben ...«

Er schreibt aber nicht, er zeichnet, Landschaften, Porträts, als ob er seine Hand in einem fremden Medium üben und lockern müßte. Er zögert. Der Freund Merck treibt ihn an. Er hat den Götz gesehen, der umgearbeitet ist, Goethe will ihn noch einmal verbessern. »Bei Zeit auf die Zäun, so trocknen die Windeln!« ruft Merck auf darmstädterisch. Wohin aber mit dem Kind? Goethe hat auf eigene Kosten ein paar Bogen mit Thesen religiöser Art drucken lassen, Nachklänge des pietistischen Umgangs, vermengt mit Lehren Herders, Anregungen aus Rousseau. Da ist der Brief eines Pastors, in dem er sich als schlichter Dorfgeistlicher vorstellt und verkündet: »Wenn mans beim Lichte besieht, so hat jeder seine eigne Religion«; ein Heftlein Zwo biblische Fragen, wo er schon kecker ist und die angeblichen Amtsbrüder persifliert. Die setzen sich, so meint er, nach kurzer Amtstätigkeit zum Spiel und erzählen sich Zoten. Er will ihnen zeigen, wie man Bibelfragen behandelt, etwa das Problem: Was stand auf den Tafeln des Alten Bundes, oder was heißt: mit Zungen reden? Auch da, wie bei der Rezension der Judengedichte, bricht er am Schluß in die Anrufung eines Erwählten aus, der auftreten soll und sein Gefühl verkünden. »Gesegnet seist du, woher du auch kommst! Der du die Heiden erleuchtest! Der du die Völker erwärmst!«

Merck ist von diesen Schriftlein, die in ganz kleiner Auflage gedruckt sind und an einen kleinen Kreis verteilt werden, nicht begeistert. Da und dort hat man aufgehorcht. Der berühmte Prediger Lavater in Zürich soll gesagt haben, er sehne sich danach, nein, er muß sagen, seine Seele dürste danach, von einem Doctor juris Theologie zu lernen. Aber Merck findet, daß nun Größeres geschehen müsse.

Der Görz, der Görz – und sonst nichts! Wer aber soll das drucken? Frankfurt ist als Verlagsort nicht mehr, was es einmal war, als die Messerelationen sogar die englische Literatur der elisabethanischen Zeit einem europäischen Publikum vermittelten oder die Merians die ganze Welt mit ihren Stichen, Landkarten, ihrem Europäischen Theater versorgten. Nachdruck ist fast das Hauptgeschäft, die Ortsbezeichnung »Frankfurt« verdächtig geworden; gelehrte Werke druckt man allenfalls, für die kein Honorar gezahlt wird. Ein spekulatives Element kommt bei Merck immer hinzu. Er überredet Goethe, das tolle Ding im Selbstverlag herauszugeben, er sorgt für den Druck beim Darmstädter Hofbuchdrucker. Goethe zahlt das Papier. So geht der Görz in die Welt, von den beiden Freunden verschickt, verpackt, verrechnet, propagiert. Es ist ein schlechtes Geschäft, und sie müssen sich endlos mühen, bei Freunden die Pakete unterzubringen, denn die Buchhändler haben inzwischen das Werk sofort nachgedruckt, ein, zwei, drei Male, in höherer Auflage, schlechter und enger gedruckt, aber mit Kenntnis des Handels vertrieben. Goethe hat aus diesem ersten großen Erfolg, der ihn mit einem Schlage berühmt macht, nur Schulden behalten.

Es sind aber, wie Bürger sagt, »nicht die schlechtesten Früchte, an denen die Wespen nagen«. Nachdruck im 18. Jahrhundert bedeutet Ruhm, Verbreitung; man kann an den Nachdrucken – und dann auch an den *nicht* nachgedruckten Werken Goethes – ziemlich genau die Kurve seiner Wirkung nachziehen. Höchstes Zeichen des Erfolges: Ein findiger Verleger tritt sogleich an den bisher unbekannten Autor heran. Er soll ihm rasch ein weiteres Dutzend Ritterdramen liefern. Goethe lehnt lachend ab. Andere besorgen das für ihn. Bis zum Ende des Jahrhunderts und darüber hinaus ist kein Ende mit Ritterdramen, Ritterromanen, gotischen Novellen, altdeutschen Burggeschichten; keines dieser Werke besitzt Wert, wie denn Goethe überhaupt nie Schule gemacht hat im engeren Sinne.

Im weiteren Sinne beginnt aber mit dem Görz die neuere deutsche Literatur. Goethe hat sich auch darüber sehr weise und distanziert im Alter geäußert: man sei eben jung gewesen, als die deutsche Dichtung jung war; es sei nicht so schwer gewesen, damals etwas zu schaffen, was Epoche machte. Die Jüngeren, in späterer Zeit, hätten es schwerer...

Die Jugend jubelt. Die Kritik nennt das Stück ein Monstrum – um so besser, es ist ein herrliches Monstrum. Nach all den weinerlichen und braven Sachen nun Kraft! Deutsche Stärke! Ein edler, freier Held, der den ganzen elenden Regelkodex mit den Füßen tritt! Auch ältere Leser sind angetan von dem nationalen Geist. Das breitere Publikum wird vom Stofflichen gepackt, wie Goethe selber anmerkt: Gewölbe, verfallene Schlösser, nächtliche Zigeunerszenen, das heimliche Femegericht. Lessing freilich, der eben seine EMILIA GALOTTI als Muster für ein gut gebautes Theaterstück aufgestellt hatte, meinte böse zu diesem dialogisierten Lebenslauf: Goethe fülle Därme mit Sand und verkaufe sie für Stricke. Friedrich der Große, der nur vom Hörensagen von dem Stück etwas wußte, das in Berlin aufgeführt worden war, schrieb in seiner französischen Streitschrift DE LA LITTÉRATURE ALLEMANDE »und ihren Fehlern«: man könne einen »Schackespear« allenfalls noch hingehen lassen zur Not, »aber da haben wir nun einen Goetz de Berlechingen, eine abscheuliche Imitation der schlechten englischen Stücke«. In seiner sehr gewählten und schönen Bibliothek befand sich kein einziges Buch eines deutschen Dichters.

Die Sprache des GÖTZ war nicht zuletzt das Geheimnis des Erfolges, und der götzische rauhe Ton wurde der Stil der Originalgenies. Es ist kein Zufall, daß das berühmte Götzwort, mit dem der Held dem Parlamentär das Fenster zuschmeißt und seinen Hauptmann grüßen läßt, das bekannteste aller Goethe-Zitate geworden ist. Goethe selber nimmt es sogleich in weiteren Gebrauch, als er den Druck an Merck sendet, sein »neues Kindlein«, mit Anspielung auf die Windeln, die nun am Zaun hängen. Da wird allen Perückeurs und Fratzen, allen literarischen Katzen Trotz und Hohn gesprochen:

»Weisen wir so diesen Philistern
Kritikastern und ihren Geschwistern
Wohl ein jeder aus seinem Haus
Seinen Arsch zum Fenster hinaus.«

Dem feiner veranlagten Freund Gotter schreibt er freilich, auch im Hans-Sachs-Stil, der nun sein Versmaß für viele Gelegenheiten wird, er solle der Weiblein wegen etwas ausgleichen: »Mußt alle garstigen Worte lindern, / Aus Scheißkerl Schurken, aus Arsch mach Hintern.«

In Fastnachtspielen und Satiren tobt sich das noch derber aus. Goethe ist der Zeit, die er im GÖTZ schildert, da näher als in dem Historienstück. Er hat kaum die wirklich von Zoten strotzenden Fastnachtspiele des Baders Rosenplüt und anderer Nürnberger gelesen, die dem sehr gesitteten Hans Sachs vorangingen und, zur Belustigung des Bürgers, die schweinischen Bauern mit schweinischem Behagen verspotteten; Zoterei hat ja oft solch eine soziale Hochmutstendenz. Auch die niederländischen Maler, die versoffene, sich prügelnde, ihre Notdurft verrichtende Bauern malten und die Goethe kannte, arbeiteten für ein wohlhabendes Kaufmannspublikum, das sich an solchen Szenen delektierte. Bei Goethe ist aber gar kein Publikum vorgesehen und auch kaum möglich. Er schreibt für sich und allenfalls ein paar Freunde. Er probt seine Kräfte nach allen Seiten, oben und unten, nach vorn und hinten. Er befreit sich, wie beim Ein- und Ausatmen,

seinem Lieblingsbild, auch in anderen Funktionen. »Beschaute freundlich seinen Dreck / Ging wohleratmet wieder weg«, dichtet er auf
einen Parodisten seines WERTHER, der sich am Grabe erleichtert hat.
Man soll diese Dinge, die erst später unter seine WERKE aufgenommen worden sind, nicht allzu ernst nehmen. Vieles ist daran verspätete Pubertät. Auch Mozart hat in seinen Briefen an sein Augsburger
Bäsle, die lange den Schrecken aller frommen Mozart-Verehrer bildeten, den »Sauschwanz Wolfgang Amadeus Rosenkranz«, als den
er sich unterschreibt, kräftig herausgekehrt. Und so schreibt Goethe
eine HOCHZEIT HANSWURSTENS, bei der ihm die obszönen Namen und
Situationen so leicht von der Feder gehen wie einem der Dichter des
grobianischen Stils im 16. Jahrhundert.

Die Worte dazu, wie überhaupt sein ganzer sehr reicher Schatz an
groben Dingen und Ausdrücken, kamen ihm nicht von ungefähr zu.
Unmittelbar angrenzend an das patrizische Vaterhaus im Großen
Hirschgraben befand sich das ›Rosenthal‹, seit dem Mittelalter wohl-
bekannt als die Straße der Bordelle und freien Mädchen. Da herrschte
ein eignes Vokabular, und in einem Frankfurter Prozeß wird ein
Mann angeklagt, er habe seinen Gegner beschimpft »ärger als ein
Wirt im Rosenthal«, was offenbar die äußerste Steigerung darstellte.
Wir stellen uns Goethe nicht als regelmäßigen Besucher in dieser
Gasse vor, aber gewisse Reichtümer seines Wortschatzes hat er zweifellos von dort bezogen. Er hat vollen Gebrauch davon gemacht, später meist nur im Gespräch mit intimen Freunden, die sich zuweilen
entsetzten, oder in Nachträgen zum FAUST, die er in seinen *Walpurgissack* steckte. Es wäre sinnlos, diesen Zug seiner Natur zu übergehen und ebenso töricht, sich daran besonders zu delektieren. Er
hat jedenfalls nie die meckernde Laszivität kultiviert, die so viele
Autoren damals liebten. Er nennt die Dinge bei ihrem Namen, auch
wenn es ein sehr grober ist, wie das übrigens auch schon seine Mutter
zu tun pflegte.

Er schreibt nun damals auch anderes, und wenn es in Deutschland
ein »griechisches« Publikum gegeben hätte, so wären daraus aristo-
phanische Komödien geworden. Goethe hat später Schiller gegenüber
einmal geklagt, daß man nicht, wie in der Antike, nur für Männer
Theater spielen könnte: Da ließe sich allerhand sagen, was man nun
für sich behalten müsse. Und so bleibt es auch in dieser übermütigen
Jugendzeit bei ungespielten Possen oder Fastnachtstücken im Knittel-
vers, der sich dabei schon als ungeahnt geeignet erweist, alles mögliche auszudrücken, das Niedrigste wie das Höchste. Mit sicherem
Blick greift Goethe sich Zeiterscheinungen heraus: einen süßlichen
Pfaffen, der um die Weiblein herumstreicht und vom herzhaften
Kriegshauptmann zurechtgewiesen wird, einen anderen Seelenhirten,
der die neue Liebes-Naturlehre vertreibt, einen dürftigen Professor

mit seiner Bibelauslegung nach neuester Mode und schließlich einen der beliebtesten Schriftsteller, Wieland. Den nennt er frech bei Namen, die andern sind Typen der Zeit. Der Gefühlskult hatte seine Nutznießer. In Darmstadt trieb der Leibmedikus Leuchsenring sein Wesen und stiftete Unruhe unter den Heiligen. Er unterhielt eine umfangreiche Korrespondenz und sammelte Seelenbekenntnisse, Liebesbriefe, auch solche einer Geliebten Rousseaus hatte er an sich gebracht. Mit einer Schatulle reiste er umher, packte aus, las vor, es war ein Gesellschaftsvergnügen. In Privataudienz fühlte der Meister dann den seelenvollen Damen den Puls und griff auch etwas tiefer. Herders Braut Karoline, die Psyche, war eine der Gläubigen, die den Satyr anschwärmten, ehe er weiterziehen mußte.

So setzt Goethe diese Psyche, oder andere ihresgleichen, in sein Spiel vom SATYROS oder dem vergötterten Waldteufel, dem Naturburschen, der vom Gebirg herunterstürmt in die sanfte Darmstädter Gemeinde mit ihren Griechentempelchen. Er persifliert bereits den Naturkult, in dem er selber noch mitten drinsteckt. Er schlägt faustische Töne an, im Munde des ziegenfüßigen Fauns, der von liebebanger Natur singt, die törichte gretchenhafte Psyche am Brunnen umarmt mit »Liebe-Himmels-Wonne-warm« und sie von Weh und Vergehen stammeln läßt. Ein Naturkult wird gestiftet, zu dem das ganze Volk sich bekennt, mit Lebens-Liebens-Freud und vegetarischer Nahrung. Er predigt vom Ur-Ding, dem Allesdurchdringen, mit listigem Blick auf die Mädchen, es ist eine Parodie, ein Vor- und Gegengesang des eben geahnten FAUST, von dem Goethe kaum ein paar Zeilen aufs Papier gebracht hat. Höher hinauf geht es, bis ins Unheimlich-Politische: Der Satyr thront im Tempel, das Volk kniet, brüllt Tod jedem Frevler am neuen Glauben. Die Auflösung ist possenhaft: Ein beherzter Mann reißt den Vorhang zum Allerheiligsten auf, der Gott präsentiert sich in satyrhafter Ursprünglichkeit, ein Mädchen besprengend: ein Tier! ein Tier! – Man läßt ihn abziehen, zu neuen Gemeinden.

Es ist Goethes genialischstes Werk dieser Zeit, eine Skizze nur zu Größerem, das dann nicht ausgeführt wurde oder in ganz anderer Form, Faust und Mephisto in eine Figur zusammengedrängt, Spitzohren und Weltumfassen in der gleichen Figur. Auch ein frommer Einsiedler, der die echte Religion gegenüber dem Naturkult repräsentieren soll, fällt dann unversehens aus der Rolle und singt einen pantheistischen Päan auf den Frühling, das Drängen und Treiben, quellend von Erzeugungskraft, die Tiere, die sich vor seinen Augen gatten allüberall, »daß man auf jeder Blüt und Blatt – ein Eh- und Wochenbettlein hat«.

Das Quellen von Erzeugungskraft ist die markanteste Zeile. Goethe greift nach den größten Gestalten: Prometheus, Mahomet, Sokrates,

Cäsar, Christus, dem Ewigen Juden Ahasver. Sie alle bleiben Fragmente. Einige Gesänge werden in die Gedichte übernommen, anderes ist von vornherein fragmentarisch angelegt: DES EWIGEN JUDEN ERSTER FETZEN heißt das Epos, das die gesamte Kirchen- und Religionsgeschichte umfassen sollte. Da springt Goethe, ganz im Stil der Geniezeit, um Mitternacht wie ein Toller aus dem Bett. Er wühlt die Zeilen hin, so erzählt er später, quer über das Blatt, mit dem Bleistift, weil die Feder zu widerspenstig ist; er würde selbst mit dem Besenstiel schreiben, dichtet er im Fragment. Vieles geht in seiner Wut, originell zu sein, bis ins Blasphemische: Gottvater ruft den Sohn, »da kam der Sohn ganz überquer / Gestolpert über Sterne her«. Christus, zur Erde wiederkehrend, verwendet das Gleichnis, er käme »wie man zu einem Mädchen fliegt, das lang an unserem Blute sog / Und endlich treulos uns betrog«, was sehr goethisch, aber nicht recht christlich anmutet. Es sind Fragmente, Geniefetzen.

Mahomet zieht Goethe aus Trotz an, als lange verleumdete Gestalt, die nun rehabilitiert werden soll. Das berüchtigte Buch VON DEN GROSSEN DREI BETRÜGERN (Moses, Christus, Mohammed), als Geheimlektüre immer wieder gedruckt und gelesen, hatte seinen Namen mit luziferischem Schimmer umgeben wie schon zur Zeit des Staufenkaisers Friedrich II., dem das Wort zuerst in den Mund gelegt und auch recht wohl zuzutrauen ist. Goethe macht den Gesetzgeber des Wüstenvolkes in einer polaren Umkehrung zu einer Quellgottheit und singt einen gewaltigen Strom- und Meerpsalm, eines seiner stärksten Gedichte. Mit dem Koran, den er auch las, hat es nichts zu tun. Es geht um das Quellen und Strömen der Schöpferkraft des Dichters.

Cäsar, der Tatmensch, scheidet am ersten aus; Goethe hat nie Heldengestalten gebildet, auch nicht als Napoleon ihn dazu aufforderte. *Prometheus*, der Titan, der den Göttern trotzt, hat ihn oft beschäftigt. Hier schafft er sich seinen eignen Mythus, weit ab vom antiken. Als Menschenbildner sieht er ihn vor allem, dem Minerva, mit für einen Poeten sehr passender Fügung, zur Seite steht und hilft, die Figuren aus Ton zum Leben zu erwecken. Der Himmel gerät in Aufruhr, Hochverrat steht vor der Tür. Aber Goethe vermeidet die dramatische Wendung. Er ist immer für »Konzilianz«, wie er später sagt, oder dafür, den allumfassenden Blick anzuwenden: Sein Jupiter erklärt weise und etwas zynisch, das Wurmgeschlecht möge leben, es vermehre nur die Zahl seiner Knechte. Sie ziehen aus, zerstreuen sich, Goethe läßt ganze Perioden der Menschheitsgeschichte abrollen: Streit, Krieg, sie sind Tiere und Götter, grausam und mild, seine Kinder. Und sehr schön, seiner derzeitigen Stimmung entsprechend, endet er mit einer Ode auf den Tod. Wenn man im Vergehen der Sinne eine ganze Welt umfaßt: dann stirbt der Mensch. Und nach dem Tod? Wiederauferstehung, von neuem zu fürchten, zu hoffen, zu begehren! Das ist etwa sein Evangelium.

Vom Himmel zurück zur Erde: Er schreibt alles, auch literarische Satiren. Unbedenklich packt er den bedeutendsten der deutschen Meister an, Wieland, von dem er viel gelernt hat und dem er einmal eine schöne Grabrede halten wird. Im Augenblick ist starke Opposition gegen ihn am Werke. Der *Göttinger Hain*, sehr tugendhaft, hat ihn in die Acht getan als Franzősling und Sittenverderber. Sie haben bei Klopstocks Geburtstagsfeier sein neuestes Buch zerrissen und ihre Pfeifen an den Fetzen angesteckt, auf die Gesundheit ihres Meisters, Luthers, Hermann des Cheruskers und Goethes getrunken und Wielands Porträt verbrannt.

Goethe fegt eines Sonntagnachmittags bei einer Flasche Rotwein eine kleine Satire herunter: GÖTTER, HELDEN UND WIELAND. Er ist in kriegerischer Stimmung. »Der Bube ist kampflustig, er hat den Geist eines Athleten«, schreibt einer von ihm, Knebel, der bald sein Freund werden wird. »Goethe lebt in einem beständigen inneren Krieg und Aufruhr, da alle Gegenstände aufs heftigste auf ihn wirken. Es ist ein Bedürfnis seines Geistes, sich Feinde zu machen, mit denen er streiten kann, und dann wird er freilich die Schlechtesten nicht aussuchen.« Wieland war nicht einer der Schlechtesten, von seiner Bedeutung als Autor ganz abgesehen, die oft verkannt worden ist. Er hat sich als Mensch dann sehr generös benommen, als das freche Ding gedruckt wurde. Wieland besaß neben anderen Tugenden eine lange und feine Spürnase. Er witterte, daß eine neue Generation heraufkam, die über andere Kräfte verfügte, als er sie besaß. Von allen Autoren seiner Zeit hat er das großzügigste Verständnis für ihm sehr entgegengesetzte Naturen bewiesen, so später noch Heinrich von Kleist gegenüber. Und dann hat er sich erstaunlich früh, schon als Vierziger, alt gefühlt, als der Papa Wieland, der die Kinder toben läßt. Und so schrieb er in seinem MERKUR über Goethe und seinen GÖTZ:

»Junge, mutige Genien sind wie junge, mutige Füllen; das strotzt von Leben und Kraft, tummelt sich wie unsinnig herum, schnaubt und wiehert, wälzt sich und bäumt sich, schnappt und beißt, springt an den Leuten hinauf, schlägt vorn und hinten aus, und will sich weder fangen noch reiten lassen. Desto besser!«

Man kann die Satire und die ganze Originalgeniezeit nicht besser charakterisieren. Wieland hatte eigentlich Grund, etwas böser zu sein. Er hatte eben den ehrenwerten Versuch gemacht, eine deutsche Oper zu schaffen, die erste in einer Welt, die das für aussichtslos hielt; das hätte den deutschtümelnden Originalgenies sehr sympathisch sein müssen. Er hatte eine ALCESTE geschrieben, auf deutsch, nach zahllosen italienischen Alcesten. Im Lande der großen, reich dotierten italienischen Opernhäuser hatte sich doch eine Bühne für die deutsche Oper gefunden, Mannheim, wo man auch musikalisch sehr fortschrittlich war; mit der Musik des begabten Anton Schweitzer wurde sie aufgeführt, andere Bühnen folgten. Man war vielfach begeistert über diesen Versuch, und es sollte nun weitergehen mit einer ROSAMUNDE, einem deutschen GÜNTHER VON SCHWARZBURG. Der junge Mozart allerdings, in Mannheim zugegen, fand die Musik der ALCESTE »traurig«; er schrieb seine Opern hinfort auf italienische Texte; es dauerte noch lange, ehe die ZAUBERFLÖTE kam, und noch länger, ehe deutsche Oper ein Begriff wurde.

Das kümmerte Goethe wenig, wenn er überhaupt von diesen deutschen Operndingen etwas wußte. Er hatte im MERKUR Aufsätze Wielands gelesen. Da hatte der Meister unvorsichtig an Euripides und dessen ALKESTIS etwas ausgesetzt. Die Gestalt des Herakles vor allem fand er unbefriedigend und nicht ohne Grund; Wieland war ein vorzüglicher Kenner. Der Herakles spielt bei Euripides in der Tat eine merkwürdige Rolle in dem sonst hochtragischen Stück: als Fresser, Randalierer, Kraftprotz, er paßt eher in ein Satyrspiel als in eine Tragödie. Das ganze, sehr frühe Werk des Euripides ist nicht gut einzuordnen und hat die verschiedensten Deutungen gefunden – als Tragikomödie oder Mischspiel. Auch das wußte Goethe nicht. Es genügte ihm, daß Wieland an den geheiligten Griechen gemäkelt hatte.

Und so stellt er ihn nun in der Nachtmütze dar. Wer ist dieser Wieland? fragen die Riesengestalten. Hofrat und Prinzenerzieher zu Weimar. Er versteht nicht recht, was sie sagen. »Wir reden Griechisch.« Herkules kommt, ganz der Bramarbas des Euripides. Wieland meint, er habe mit dem Koloß nichts zu schaffen, als wohlgestalteter Mann mittlerer Größe habe man sich ihn gedacht. »Mittlerer Größe! Ich!« schnarcht der Gewaltige. Und nun spricht der Prinzenerzieher gar von Tugend. Herkules bricht aus in ein wildes Lob der Geniezeit, verhöhnt die Bürger, die sich vor den Faustrechtszeiten des Götz bekreuzigen, lobt die Kräftigen, die im Überfluß an Säften die anderen ausprügelten oder den Weibern so viel Kinder machten, als sie begehrten, auch ungebeten. »Wie ich denn selber in einer Nacht funfzig Buben ausgearbeitet habe.« Das stand nun zwar nicht beim Euripides, aber im Lexikon, das Goethe benutzte: die Geschichte vom Gastfreund Thespios, der von dem berühmten Besucher Herakles gern Nachwuchs zurückbehalten wollte unter seinen fünfzig Töchtern; in einer Nacht erfüllt der Held die herkulischste seiner Taten oder – nach einer etwas vorsichtigeren Version – in sieben Nächten.

Goethe schwärmt weiter, von Knechtschaft der Sittenlehre, kann man nicht verstehen, daß ein Halbgott sich betrinkt und ein Flegel ist? Er hat die Rotweinflasche geleert. Pluto reckt sich aus der Unterwelt auf und gebietet Schluß zu machen: Kann man nicht einmal ruhig liegen bei seinem Weibe, wenn sie nichts dagegen hat?

Nach dem Görz hat nichts so gefallen für eine kurze Weile wie das »Schand- und Frevelstück«. Man war schadenfroh. Die Jungen fühlten sich als Herkulesse. Die Älteren gönnten dem beliebtesten aller Autoren eine kleine Schlappe. Wieland zeigte das Werklein in seinem Merkur als Meisterstück von Persiflage an. Goethe wurde rot, als er die Besprechung sah. Er meinte, Wieland werde damit beim Publikum viel gewinnen, und er verlieren. »Ich bin eben prostituiert.«

Er brauchte sich um das Publikum nicht zu sorgen, denn nun erschien sein Werther.

Werthers Leiden

DIE LEIDEN DES JUNGEN WERTHER hieß das Buch, das anonym in zwei kleinen Bändchen 1774 in Leipzig erschien, mit zierlichen Rokokovignetten vom alten Freund Oeser. Eine kleine Kerze vor einem Spiegel auf dem Titelblatt – was sollte sie symbolisieren? Die Flamme des Genius? Ein Buch lag daneben. Jedenfalls wirkte der Spiegel wie ein Brennglas. Das Werk zündete ein Feuer an, ein Strohfeuer, auch Schadenfeuer, wie kein deutsches Buch bisher und keines je nachher. Es gab eine Werther-Epidemie, ein Werther-Fieber, eine Werther-Mode, bei der die jungen Herren nach der Schilderung des Buches in blauem Frack und gelber Weste erschienen. Es gab Werther-Selbstmorde, Feiern zu Werthers Gedächtnis am Grabe seines Urbildes, Werther-Predigten gegen das Schandwerk, Werther-Karikaturen, und das nicht nur für ein Jahr, sondern auf Jahrzehnte hinaus, in Deutschland, in England, Frankreich, Holland, Skandinavien; Goethe vermerkt, daß selbst der Chinese Lotte und Werther auf Porzellan gemalt habe. Der größte Triumph war für ihn, daß Napoleon ihm bei ihrer Begegnung sagte, er habe das Buch mehrere Male gelesen. Napoleon, der es liebte, seine Kenntnisse zu belegen, kritisierte auch die unnötige Vermischung des Motivs von gekränktem Ehrgeiz mit der Liebesgeschichte.

Der WERTHER ist kein bloßer Bestseller, schon deshalb nicht, weil er von einem Dichter geschrieben ist, was bei den übrigen Büchern dieser Kategorie so gut wie nie vorkommt. Es ist überhaupt fraglich, ob das Werk, sooft es gedruckt, nachgedruckt und übersetzt wurde, an bloßer Höhe der Auflagen mit unter den »meistverkauften« Büchern auch nur seiner Zeit rangieren würde. Die Wirkung war eine andere. Sie beruhte nur zum kleinen Teil auf dem dichterischen Gehalt, und sie setzte sich, wie stets bei großem Ruhm, aus Mißverständnissen zusammen. Aber unverkennbar war doch, daß da die Flamme eines Genies brannte. Das Wort wurde viel gebraucht und hatte eine spöttische Nebenbedeutung: Ein »Genie« war ein etwas bizarrer, hochfahrender junger Mann, der sich allerhand erlauben zu können glaubte und erst zu beweisen hatte, daß das nicht bloße Anmaßung war. Goethes Werk brachte den Beweis. Der Begriff Genie hatte von da ab eine andere Bedeutung.

Für Goethes Leben ergab sich aus diesem Ruhm noch eine besondere Folge. Er war nun, was er auch immer veröffentlichen mochte, der Autor des WERTHER, fast bis an sein Ende, erst spät der Verfasser des FAUST oder dann der »Olympier« von Weimar. Er hat darunter gelitten, sich oft sehr derb zur Wehr gesetzt, ohne Erfolg. Auch die Zeugnisse über ihn haben darunter gelitten, keines ist mehr unbefangen, jeder Besucher oder Korrespondent spricht vom Autor des WERTHER, den er gesehen oder kennengelernt, nicht von Goethe, in Begeisterung oder in Enttäuschung, daß er anders sei, als man sich Lottens Liebhaber vorgestellt. Man hatte damals noch ein sehr persönliches Verhältnis zu einem Schriftsteller, mit Sympathien und Antipathien, ebenso zu den Gestalten eines Romans. Man identifizierte sich. Man lebte Romanfiguren nach. Junge Mädchen wollten eine Lotte sein oder eine Julie nach Rousseau; einen »Roman« zu erleben oder anzuspinnen, hatte schon der Student Goethe in Leipzig sich ernstlich vorgenommen. Man spürte den Modellen auf das eifrigste nach und drängte sich, wenn man sie auffand, auf das unverschämteste in ihr Leben ein. Frau Hofrat Kestner als vermeintliche Lotte bekam das zuerst zu spüren, zu ihrer Qual und Genugtuung, dann ihr Mann, der auf das Spiel einging und sich treuherzig beschwerte, daß Goethe ihn im *Albert* nicht aufrecht und würdig genug dargestellt habe. Das Grab des unseligen Jerusalem wurde eine Pilgerstätte. Man fluchte dem Pfaffen, der ihm ein ehrliches Begräbnis verweigert, bekränzte den Stein, zog im Mondschein durch die Fluren und schrieb darüber nach Hause.

Es ist eine gefühls- und schreibselige Zeit. Die Werther-Literatur füllt ein ganzes großes Bibliothekszimmer mit hohen Regalen. Es ist keine hohe Literatur, Bänkelgesänge sind darunter, Moritaten für den Jahrmarkt, wo man Werther mit der Pistole in der Hand im Reihenbild zeigte, dem Vorläufer des Films: »Gleich wird die Kugel das Hirn erreichen«, dichtete Goethe in Parodie. Ein sentimentaler Schmarren »Ausgelitten, ausgerungen« wurde zum Schlager. Die Pastoren eiferten, was die Wirkung beförderte. Der Selbstmord war für sie der Hauptanstoß. Einer der Seelenhirten zeigte Verständnis für die Kenntnis Goethes von den feinen Schattierungen der Seele und ihrem »Mechanismus« – auch die Theologen konnten nicht anders als in physikalischen Bildern denken. Andere donnerten gegen die überhandnehmende Religionslosigkeit. »Spinoza und die Socinianer schrieben doch noch als Gelehrte, die jetzigen Spötter aber tanzen wie die Affen. Vernunft und Bibel jedoch, das ist ihnen Gefasel.« Vernunft und Bibel gehen bei den sehr vernünftigen Kanzelherren Hand in Hand.

Ein Offizier meint, als die Epidemie überhandnimmt: »Ein Kerl, der sich eines Mädchens wegen, bei dem er nicht schlafen konnte, totschießt, ist ein Narr, und ob ein Narr mehr oder weniger auf der Welt ist, daran ist nichts gelegen.« Es gab zahlreiche solcher Narren. Ein »neuer Werther« erschoß sich sehr brillant: Er hatte sich sorgfältig rasiert, WERTHERS LEIDEN, Seite 218, aufgeschlagen auf den Tisch gestellt. Dann öffnete er die Tür, um Zeugen zu haben, Pistole in der Hand, schaute sich um, ob man ihn genügend beachte, hob die Waffe ans rechte Auge und drückte ab.

Nicolai in Berlin schrieb WERTHERS FREUDEN, die glücklich endeten, und Goethe parodierte obendrein sein eigenes Werk mit einer Szene, die Werther und Lotte als Ehepaar zeigt; der Selbstmörder hat sich nur blind geschossen und die Augenbrauen versengt. Lotte pflegt ihn hausmütterlich von dem »Sauschuß vorm Kopf«, friedlich gehn sie beide zu Bette, nachdem sie sich noch über Albert-Kestner lustig gemacht haben. Die Szene, die Kestner zum Glück nicht zu Gesicht bekommen hat, zeigt wieder Goethes Doppelnatur, die eben nur mit der einen Hälfte in dem Gefühlstreiben steckte. Er hatte sich mit dem Buch von seiner Trunkenheit, von seinem Rausch befreit. Wörtlich so hat das auch sein Kammerdiener aufgeschrieben, denn Goethe reist und lebt von da an ständig in Begleitung eines dienstbaren Geistes, dem er diktieren kann, mit dem er nachts plaudert, der ihn betreut und oft auch ein wenig kopiert. Ein junger Bursche, Philipp Seidel, ein sehr heller Kopf, war siebzehnjährig zum Rat als Schreiber gekommen, nachdem er bei der munteren Tante Melber gedient und auch die Kinder ein wenig unterrichtet hatte. Goethe adoptiert den frischen Knaben; Seidel ist eines seiner Adoptivkinder und von allen das glücklichste. Von seiner Hand wird der GÖTZ abgeschrieben, der WERTHER, sie reisen zusammen, schlafen zusammen in einem Zimmer, noch lange Zeit in Weimar, und Seidel widerspricht munter, wenn sein Herr etwas sagt, was ihm nicht einleuchtet; er besorgt die Korrespondenz, die sehr bald umfangreich wird, er führt auch das Tagebuch und notiert, was Besucher gesagt haben. Hier nun ein Gespräch, das Goethe über den WERTHER mit einem Stadtsyndikus führt, der meint, das Ding sei doch zu toll. Goethe fragt, ob er nie betrunken gewesen? – Nun, vielleicht doch, ein ehrlicher Kerl hat immer einmal eine Nachrede auf dem Rücken. – Gut, erwidert Goethe, der Unterschied ist nur: Ihr Rausch ist ausgeschlafen, meiner steht auf'm Papier! Oder derber, als der Opponent meint, es sei doch auf alle Fälle ein gefährliches Buch: »Gefährlich! Was gefährlich! Gefährlich sind solche Bestien, wie Ihr seid, die alles ringsum mit Fäulnis anstecken, die alles Schöne und Gute begeiffern und bescheißen und dann der Welt glauben machen, es sey alles nicht besser als ihr eigner Koth!« Seidel hat gut zugehört. Wir hören Goethe sprechen, ohne das immer fragwürdige Medium des Briefes oder der Literatur. So etwa war sein Sprechstil in dieser Zeit und noch für eine ganze Weile, ehe eine Weimarer Hofdame ihn in die Zucht nahm.

Des Schönen und Guten war nun in dem Büchlein eine Menge, und Goethe hatte Grund, sich zu ärgern, daß das alles nur ein Thema für Elfenbeinbonbonnieren sein sollte, für Werther-Fächer, ein Parfüm *Eau de Werther*, eine Vignette für Teetassen oder Anregung für Salongeschwätz. Er hatte freilich die Arbeit nicht allzu schwer genommen. Ein Roman in Briefen, das war eine gegebene Form; die La Roche hatte es so gemacht, nach Rousseaus berühmtem Vorbild oder dem Richardsons. Man konnte damit den Eindruck erwecken, daß es eine »wahre Geschichte« sei, keine bloße Erfindung, aus Originalpapieren und zuverlässigen Quellen entnommen. So fängt er denn auch an und behauptet, er habe fleißig gesammelt, was er nur finden konnte. Unter den Quellen waren auch seine eigenen Originalbriefe an Kestner, wie man herausgefunden hat, oder dessen Berichte über den Tod Jerusalems, Tagebuchblätter, Mitteilungen an den Freund Merck oder die Schwester. Und so legt er nun Briefe und Tagebuchnotizen vor. Er nimmt ungeniert den Namen Lotte und schreibt während der Arbeit noch an das junge Ehepaar übermütig: »Wenn Ihrs Euch einfallen laßt, eifersüchtig zu werden, so halt ich mirs aus, Euch mit den treffendsten Zügen auf die Bühne zu bringen!« Er denkt anfangs an ein Drama: »Ich bearbeite meine Situation zum Schauspiel, zum Trutz Gottes und der Menschen.« Dann wird es ein Roman mit lyrischen Szenen. Die Figur ändert sich. Das Lottchen mit den blauen Hausmutteraugen nimmt Züge der Maxe La Roche an, bekommt tiefschwarze Augen, etwas mehr Unruhe, etwas mehr Temperament. Madame La Roche hat ganz unsentimental ihre Tochter an einen schon etwas ältlichen, langweiligen, sehr wohlhabenden Großkaufmann Brentano in Frankfurt verheiratet; Goethe ist noch um das junge Ehepaar herumgestrichen, hat mit der recht wenig glücklichen jungen Frau geflirtet, Cello gespielt, während sie auf dem Spinett ein paar Töne anschlug. Der Ehemann ist eifersüchtig geworden, er ist kein Kestner, und hat Goethe das Haus verboten, statt sich Skrupel zu machen, ob er dem jungen Genie nicht Platz machen müßte. Das alles sind Originalpapiere und Quellen. Goethe hat ferner in Wetzlar eifrig den Homer studiert, und eine der schönsten Stellen des Romans ist eine Szene am Brunnen, wo die Mädchen kommen und aus dem kühlen Gewölbe das Wasser holen, das harmloseste Geschäft und das nötigste, das ehemals selbst die Töchter der Könige verrichteten. Da wird es patriarchalisch wie in der Bibel bei den Altvätern, die am

Brunnen Bekanntschaft machen und freien, da um die Quellen wohltätige Geister schweben. Volkstümliche Balladentöne hat er anklingen lassen, auch sozialrevolutionäre: »Da tritt herein die übergnädige Dame von S... mit ihrem Herrn Gemahl und wohlausgebrüteten Gänslein Tochter mit der flachen Brust und niedlichem Schnürleibe, machen en passant ihre hergebrachten hochadeligen Augen und Naslöcher...« Er ist sehr trotzig um diese Zeit und skizziert boshaft eine hochadlige alte Tante, der nur noch ihre sechzehn Ahnen geblieben sind von früherer Schönheit, mit der sie manchen armen Jungen gequält, auch ihren Mann, den sie sich gekauft und ein ehernes Jahrhundert zu Tode geplagt hat, »nun sieht sie im eisernen sich allein und würde nicht angesehen, wäre ihre Nichte nicht so liebenswürdig«.

Solche kriegerischen Töne wirken ebenso auf die Zeitgenossen wie die liebenswürdigen und gefühlvollen, Lotte beim Brotschneiden oder die weitgeschwungenen Naturpsalmen: »Ungeheure Berge umgaben mich, Abgründe lagen vor mir und Wetterbäche stürzten herunter, die Flüsse strömten unter mir und Wald und Gebirg erklang; und ich sah sie wirken und schaffen ineinander über der Erde und unter dem Himmel wimmeln die Geschlechter der mannigfachen Geschöpfe.«

Das war nun mehr als die Rokoko-Szenerie der Vignetten und Wetzlars oder die Schleifchen an Lottens Busen. Es war alles ineinander, eine mythische Urlandschaft und auch das Kleinleben, die Rangstreitigkeiten des »Helden«, der kein Held ist, und sein Tod, den Goethe wie mit Hammerschlägen auf den Sarg ausklingen läßt: »Um Zwölfe mittags starb er. Die Gegenwart des Amtmannes und seine Anstalten tuschten einen Auflauf. Nachts gegen Eilfe ließ er ihn an die Stätte begraben, die er sich erwählt hatte. Der Alte folgte der Leiche und die Söhne, Albert vermocht's nicht. Man fürchtete für Lottes Leben. Handwerker trugen ihn. Kein Geistlicher hat ihn begleitet.«

Goethe hat kaum je wieder so wuchtige Sätze geschrieben, auch kaum je noch so lange, lyrisch strömende Perioden, die seine schönsten Gedichte vorwegnehmen. Wir wollen es ihm glauben, daß er das wie nachtwandlerisch in ein paar Wochen hinsetzte, nachdem er es lange ausgetragen und umgebildet hatte. Auch hoher Kunstverstand oder Ahnung des künstlerisch Notwendigen ist schon am Werke. Die Todessehnsucht, die Todessüchtigkeit, eines der Grundmotive deutscher Dichtung bis zum Verhängnis, klingt schon früh in dem Werke an. Zunächst nur wie ein leiser Hornruf das Wort »Pistolen«, dann immer drängender bis zum letzten schmetternd hellen: »Ein Nachbar sah den Blick vom Pulver und hörte den Schuß fallen«, der die Handlung abschließt.

Weniger glaubhaft will uns scheinen, was Goethe dann im Alter über seine eignen Todesgedanken in dieser Zeit erzählt: daß er auch mit einem Dolche gespielt, ihn auf die bloße Haut gesetzt und dann

beiseite gelegt habe. Er griff jedenfalls zur Feder. Er schrieb den
WERTHER und seine Parodien auf den Roman. Seine Todessehnsucht
geht immer, bis zu seinem leiblichen Tode, in den Gedanken nach
Wiedergeburt über – wie im PROMETHEUS: »Von neuem zu fürchten,
zu hoffen, zu begehren...«

Stürmer und Dränger

Goethe ist mit dem Götz und Werther das Haupt einer »Bewegung« geworden, der schriftstellerischen Jugend, die man nachträglich nach dem Titel eines ihrer Dramen *Sturm und Drang* benannt hat. Klopstock ist noch unbestritten der große Dichter und Meister, Lessing der schärfste und hellste Geist und der gefürchtetste »Kunstrichter«, Wieland ist der gelesenste Autor mit breiter und bunter Produktion. Herder, nur eine kurze Zeit der Führer der Jugend, hat bereits diesen Platz dem jungen Adepten einräumen müssen, der sich eben noch als sein Mond empfand, und von da ab beginnt die große Verbitterung seines Lebens. Von Goethe erwartete man sich Unendliches. Es schien nichts zu geben, was er nicht vermochte. Von allen Seiten wird er aufgesucht, aufgefordert zu schreiben, von überallher drängen sich die Menschen an ihn heran, im Brief oder in Person; das Haus am Hirschgraben wird eine Dichterkanzlei und eine Dichterherberge. Der Vater beugt sich über die Anwaltsakten und läßt das Treiben mit leidensvoller Miene vorüberbrausen. Die Mutter greift fröhlich zu, läßt auftragen und aufbetten; sie spart weder mit den alten Weinen noch mit ihrem Rat. Bald ist sie für viele auch die Mutter, die *Frau Aja*, wie man sie nach einer Gestalt aus dem Volksbuch von den Vier Haimonskindern nennt. Wenn der Rat ältelt, so wird sie jetzt erst recht jung, es ist ihre große Zeit. Sie sonnt sich im jungen Ruhm ihres »Hätschelhans« und empfindet ihn um so wärmer, als ihr die fröstelnde Tochter mit ihrer unseligen Ehe nur Sorgen machen kann. Aber da sind nun andere Kinder, ungezogene, liebe- und geldbedürftige, stolze und gedrückte, Aristokraten und Plebejer. Sie alle werden von ihr betreut; für eine Weile, lange dauert das Stürmen und Drängen nicht. Goethe wird der erste sein, der sich davon losmacht, nach ein paar Jahren. Er ist schnell fertig mit den Menschen wie mit den Bewegungen. Er hat noch viele Wandlungen durchzumachen.

Zunächst ist er auch schnell fertig mit neuen Arbeiten. Nie wieder hat er so in einem Zuge Werke heruntergeschrieben und auch gleich drucken lassen. Er kommt durch die Aufforderungen von allen Seiten nicht dazu, wie es eigentlich seine Art ist, die Dinge liegen zu lassen, umzuarbeiten, auf günstigen Fahrtwind zu warten. So wird rasch gleich nach dem GÖTZ ein Drama CLAVIGO gezimmert, in acht Tagen. Man hat ihm vorgeworfen, daß er nicht für die Bühne zu arbeiten verstünde. Sofort kündigt er »ein Drama fürs Aufführen an, damit die Kerls sehen, daß nur an mir liegt, Regeln zu beobachten«. Man hat ihn auf Lessings EMILIA GALOTTI als Muster hingewiesen, wohlan, er nimmt sich das Stück zum Muster. In einer Frankfurter Gesellschaft wird das Mariage-Spiel betrieben, im Grunde nur eine Steigerung des sonst genügend geübten ehekupplerischen Wesens; Goethe wird mit einem hübschen häuslichen Mädchen durchs Los gepaart und als ihr Eheherr erklärt. Sie gibt ihm den Auftrag, aus dem eben von ihm vorgelesenen Memoire des Beaumarchais über seine Erlebnisse in Spanien doch ein Schauspiel zu machen, und er geht darauf ein; jeder Anstoß ist ihm recht. Beaumarchais, noch nicht der Autor des FIGARO oder des BARBIER VON SEVILLA, hat in seiner Folge von Memoires über seine Rechtsstreitigkeiten in etwas dunklen Affären ganz unbefangen eine intime Familienangelegenheit eingestreut: die Rache, die er an einem spanischen Journalisten Clavijo genommen, weil er seiner Schwester das Eheversprechen gebrochen. Man schrieb und druckte dergleichen für ein weiteres Publikum, wie man Briefe über die heikelsten Familienangelegenheiten herumzeigte. Das war ungemein lebendig dargestellt: Er zwingt den Treulosen zu einer Ehrenerklärung und erreicht es, daß er aus seiner Stellung davongejagt wird. Goethe brauchte das nur ein wenig zu dialogisieren, was er auch tat. Er gab noch einiges dazu, machte Beaumarchais zum Ritter und Edlen, der er im Leben nicht war, auch wenn er sich den Adelstitel zulegte; er erfand einen tragischen Schluß, bei dem der abermals treulose Clavigo dem Leichenzug der verlassenen Geliebten begegnet. Er schuf somit in der Tat ein Stück, das auch auf dem Theater seine Wirkung tat. Merck als Mentor freilich erklärte es für »Quark«, dergleichen könnten andere auch schreiben. Goethe hat später unmutig gemeint, es müsse doch »nicht alles immer über alle Begriffe sein«; hätte man ihn damals etwas mehr ermuntert, so wäre wohl ein Dutzend solcher Theaterstücke entstanden, von denen sich vielleicht drei oder vier auf dem Theater gehalten hätten. Die Treulosigkeit des unheldischen Helden hat man, nach Goethes Hinweisen, als nachwirkende Reue über seinen Treubruch in Sesenheim gedeutet, auch die ebenso schwankende Gestalt des Weislingen im GÖTZ. Goethe schreibt in den Briefen aus dieser Zeit nur an den Freund Salzmann in Straßburg ein paar studentisch lässige Zeilen: Salzmann möge doch auch der »armen Friederike« ein Exemplar zusenden, sie könne sich daran trösten, daß der ungetreue Weislingen vergiftet sei.

Er hat das Schlittschuhlaufen gelernt. Klopstock hat dazu die Anregung gegeben, und nun wird der neue Sport mit Lust betrieben, das Freihinschweben über dünner Eisfläche, unbekümmert, als Gleichnis bald verwendet, auch lustig klingelnde Schlittenfahrt. In einem CONCERTO DRAMATICO für die Darmstädter Freunde, einem weltlichen Kantatentext, wird ein solcher Eiswalzer eingelegt: »In Lüften, der Erde, / Auf Wasser und Eis, / Bricht eines sein Hälsli, / Das ander Gott weiß.« Ein Weiblein der Sybillenschar droht ihm Gefahr, Gefahr, aber die Jahreszeiten wirbeln schnell vorüber, didli di dum. Für Reuebedenken wird sich später Zeit finden.

Singspielchen werden geschrieben, die Komponisten eilen schon herzu, darunter der Jugendfreund André in Offenbach, der Goethe ein bloßes Plappermaul genannt hatte. Goethe nimmt eine Ballade von Goldsmith – eine Lieblingslektüre, Merck hat noch als Privatdruck dessen DESERTED VILLAGE für den Freund in einigen Exemplaren abziehen lassen – und macht daraus eine kleine Operette ERWIN UND ELMIRE. Sie ist ein Erfolg und wird öfter gespielt als irgendeines seiner anderen Stücke aus dieser Zeit. Ein Liedchen daraus, das ›Veilchen auf der Wiese‹, wurde von etwa dreißig Komponisten in Musik gesetzt: Mozart hat damit sein einziges Lied von Bedeutung geschaffen, das eigentlich eine kleine Opernszene ist. In Umkehrung des »Heideröslein«-Motivs ist es hier aber die Schäferin, nicht der wilde Knabe, die das Veilchen zertritt; »es war ein herzigs Veilchen«, dichtet Mozart auf österreichisch hinzu. Noch ganz arkadisch im älteren Stil ist die Handlung: Wiederfinden eines Liebespaares, der Knabe hat sich als Einsiedler vermummt, dem das Mädchen beichtet, bis sie sich erkennen: »Ich bins – Du bists.« Die Regieanmerkung: »Die Musik wage es, die Gefühle dieser Pausen auszudrücken!«

In einer anderen Operette CLAUDINE VON VILLA BELLA wird Goethe noch persönlicher und präsentiert sich als Bohemien Crugantino: »Mit Mädeln sich vertragen, / Mit Männern rumgeschlagen, / Und mehr Kredit als Geld, / So kommt man durch die Welt!« Sein erster »Roman« ist schon zu Ende, er dauert bereits drei Wochen. Auch das sind Herzensbekenntnisse, wenn man durchaus immer Goethes Erlebnisse in seinen Werken nachweisen will. Auch da ist eine echte Ballade Goethes eingelegt in die Maskerade: »Es war ein Buhle frech genung«, wiederum das Thema der Untreue. Crugantino sitzt nach allerhand verworrenen Degen- und Mantelszenen im Kerker; er begehrt auf gegen Vorwürfe eines väterlichen Freundes, im echten Geniestil: »Wißt Ihr die Bedürfnisse eines jungen Herzens, wie meines ist? Ein junger toller Kopf? Wo habt Ihr einen Schauplatz des Lebens für mich? Eure bürgerliche Gesellschaft ist mir unerträglich!

Will ich arbeiten, muß ich Knecht sein, will ich mich lustig machen, muß ich Knecht sein. Muß nicht einer, der halbwegs was wert ist, lieber in die weite Welt gehen?« Er geht nicht in die weite Welt, er bekommt seine Claudine, beide sind übrigens von altem Adel, es endet mit Ewige Wonne, Seliges Paar.

STELLA: Da wird der Schauplatz des bürgerlichen Lebens ganz verlassen. Goethe dichtet einen Wunschtraum seines Lebens in diesem kleinen Drama mit fünf Akten. Er hat sich an eine einzige Frau nie ganz binden können, fast immer liebt er zwei zugleich oder rasch hintereinander, die Gefühle des Übergangs ineinander verwirrend; oft braucht er noch ein liebes »Nebengeschöpf«, wie er später die Gesellschafterin seiner Christiane nennt, oder er erzählt seiner geliebten Charlotte von Stein von der andern, der Corona, der Corona von Charlotte. Er hat sich auch einmal mit einem Roman DER SULTAN WIDER WILLEN getragen, bei dem vier verschiedene Frauen von unterschiedlichen Charakteren sich für einen Mann interessieren: Jede trifft er, wenn er sich ihr nähert, seinem Zustande angemessen, allein liebenswürdig. Sein Adlatus Riemer, der das erzählt, fügt hinzu: »Wie er denn in der frühern Zeit für diese und jene zugleich, wenn auch nicht das gleiche empfand.«

In der STELLA versucht er das zu gestalten: ein Mann zwischen zwei Frauen, die eine hochherzig, die andre nur innig liebend; beide hat er verlassen, zu beiden kehrt er zurück. Sie haben sich schwesterlich angefreundet. Auch das Schwesternmotiv spielt hinein, das ihn immer bewegt. Schwesterlich wollen die beiden Frauen nun mit ihrem Fernando zusammenleben, dem weiblichsten aller Männer, die Goethe je gezeichnet.

Das Thema der Doppelehe ist ein altes Motiv; es gab schon die Mär vom GRAFEN VON GLEICHEN, und die hochherzige Cäcilie zitiert sie in Goethes Stück, als sie ihren edlen Beschluß bekanntgibt. Der Graf hat als Gefangener im Kreuzzug die Liebe einer schönen braunen Fürstentochter gewonnen, die ihn befreit, zusammen kehren sie auf seine Burg zurück; die Gattin schließt das Mädchen in die Arme, und sie leben fortan glücklich zu dreien, vom Papst sogar dispensiert; ihr Grabstein im Dom zu Erfurt zeigt sie vereint. Martin Luther selbst hatte einem der Fürsten, die ihn unterstützten, wenn auch mit bekümmertem Herzen, einen solchen Dispens gegeben. Und unter den Herrschern oder Großen zu Goethes Zeit waren wenige, die nicht in aller Öffentlichkeit eine Doppelbeziehung unterhielten. Für die bürgerliche Welt, aus der Goethe kam, war das ein Greuel. Aber Goethe denkt gar nicht an solche bürgerlichen Bindungen. Er will auch nicht etwa reformieren oder das Evangelium der freien Liebe verkünden, das manchen Stürmern und Drängern im Kopfe spukte. Überschwengliche Liebesgefühle, die keine Grenzen anerkennen wollen, bewegen ihn. Vergeblich wird man nach Modellen für diese Frauengestalten suchen, wenn es auch Herzenswirren mit mehreren Beteiligten in seiner Umgebung gab – oder in der Literatur; von Swifts etwas krausem dunklem Spiel mit Stella und Vanessa nahm er den Namen der Titelheldin. Es ist jedoch bei Goethe nur ein leidenschaftliches Wogen der Gefühle geworden, und der von Riemer angedeutete schöne Zug, daß der Mann für beide zugleich, wenn auch nicht das gleiche empfindet, ist nicht gestaltet. Alle drei empfinden das gleiche, gleich unbestimmte Liebe, und selbst der Unterschied der Geschlechter geht dabei fast völlig verloren: Fernando ist weiblich und die hochherzige Cäcilie männlicher als er.

Die Rede des Crugantino war fast wie eine Losung der Stürmer und zornigen jungen Männer, die sich um Goethe scharen. Sie alle wollen heraus aus ihrem sehr engen Leben, wo sie nur »Knechte« sein können, in die weite Welt, wenn's sein muß, nach Amerika, in den Krieg, irgendwohin. Die bürgerliche Welt ist ihnen unerträglich, die aristokratische unzugänglich, die Fürsten und Tyrannen sind eine Schande. Fast all diese jungen Männer kommen aus sehr kleinen Verhältnissen. Der Homer-Übersetzer Voß vom *Göttinger Hain* stammt aus einer Leibeigenenfamilie, Lenz ist wie viele der Sohn eines blutarmen Landpastors, Herder der Sohn eines Dorfkantors; Klinger aus Frankfurt, dessen Drama der Bewegung den Namen gibt, wurde von seiner Mutter großgezogen, Witwe eines Stadtsoldaten, die ihren Unterhalt in unermüdlicher Arbeit als Waschfrau verdiente. Selbst die großen Gelehrten der Zeit sind oft Handwerker- oder Proletarierkinder: Winckelmann hat einen Flickschuster, Heyne, der größte Gräzist der Zeit, einen hungernden Weber zum Vater. Es ist denkwürdig, daß gerade die Begeisterung für die Wiedererweckung der Antike, die neue Klassik, diese sozialen Hintergründe hat. Ein revolutionäres Element ist dabei lebendig. Schon in der Schule, so erzählt Heyne in seiner Autobiographie, als er vom Tyrannenmord im Altertum hörte, stand ihm Brutus als Held vor Augen, ein Vorbild als Kämpfer gegen die Bedrücker der Armen, wie sein Vater einer war. Man durfte, auch wenn man am Freitisch der Aristokraten aß, für die Gestalten der Antike schwärmen; sie waren geheiligt durch Konvention. Man konnte das sonst verdächtige Wort »Freiheit« aussprechen, sobald es sich auf die Griechen bezog. Auch den Söhnen der Aristokratie war es erlaubt, sich für antike republikanische Ideen zu begeistern; schon der adlige junge Freund Montaignes, La Boëthie, hatte eine feurige Schrift In Tyrannos verfaßt, die sogar in der französischen Revolutionszeit neu gedruckt wurde. Schiller setzte dies Motto dann auf das Titelblatt seiner Räuber, das weitaus stärkste Stück des ganzen *Sturm und Drangs*, das allerdings erst kam, als die Bewegung schon abgeflaut war.

147

Rebellische Aristokraten haben immer Sympathien für revolutionäre Bewegungen gezeigt. Zwei Reichsgrafen Stolberg tauchen unter den Stürmern und Drängern auf als dichtende Dioskuren, auch sie für die Antike begeistert – der eine von ihnen, Friedrich, übersetzt den Homer, besser noch als sein Freund Voß –, für Freiheit, Ungebundenheit. Sie lieben es, den Bürger zu schrecken, in Darmstadt unter den Gefühlvollen reißen sie sich die gutgearbeiteten Reichsgrafenfräcke von den gutgebauten Jünglingsleibern und springen nackt in einen Teich und plätschern darin umher. Die Psychen und Uranien entsetzen sich, mehr noch die Darmstädter Kleinstädter. Geplätscher ist das meist, auch in wilden Flüchen, Verwünschungen, der Götz-Ton ist Mode wie die Werther-Tracht, die sie genau kopieren, dazu Stulpenstiefel, die als Protest gelten gegen höfisch-feine Kniehosen, Seidenstrümpfe und Schnallenschuhe. Es wird gewaltig getrunken oder wenigstens angestoßen; die Mutter Goethe trägt aus dem Keller den besten Jahrgang des Großvaters auf und tauft ihn »Tyrannenblut«, was sich in der Haussprache der Familie bis ans Ende des Jahrhunderts erhielt, wo dann das Blut wirklich floß. Jetzt ist es pathetisches Gerede wie das meiste. Fritz Stolberg wird bald Diplomat, Gesandter, Kammerpräsident. Er tritt am Ende zum Katholizismus über, was den alten Jugendgenossen Voß zu einer erbitterten Streitschrift veranlaßt: WIE WARD FRITZ STOLBERG EIN UNFREIER?; er schreibt eine fünfzehnbändige Geschichte der Religion Jesu Christi. Als Jüngling dichtet er noch Oden im Klopstock-Stil, Balladen im Volkstümlichen. Die Natur wird angehimmelt mit den vielzitierten Versen: »Süße, heilige Natur, laß mich gehn auf deiner Spur«, das Meer: »Du heiliges und weites Meer, wie ist dein Anblick mir so hehr!« Nicht alles ist so läppisch, man kann auch aus Stolbergs Gedichten mit einigem Bemühen echte Töne heraushören. Aber das meiste ist Behang. Er trägt das Kostüm der Geniezeit, so wie dann die Diplomatenuniform – und selbst wenn er sich nackt gibt, ist es Maskerade. Die Haingenossen sind aber begeistert, einen veritablen Reichsgrafen aus ältestem Hause zu den Ihren zu zählen, sich mit ihm brüderlich zu duzen; das »Bruder« und »Du« wird zum Bundesbrauch. Die Stolbergs sind mit den höchsten Familien verschwägert; eine Luise Stolberg ist mit dem Präsidenten Charles Stuart in Rom verheiratet und wird vielleicht, man weiß das noch nicht, einmal Königin von England, wenn die Legitimisten recht behalten. Sie läuft freilich dann ihrem Mann davon und führt in freier Liebe mit dem Grafen Alfieri ein Wanderleben, dem Dichter streng klassisch geformter und revolutionärer Tragödien. Der *Klassizismus* ist nicht nur eine Angelegenheit zarter Vignetten, klassischer Giebel oder Gartentempelchen. Er ist nicht nur die Formel von »stiller Einfalt und edler Größe« Oesers. Er hat eine feurige, umstürzende, die Jugend begeisternde Gewalt, die leicht vergessen wird, wenn man nur auf die kunstgeschichtlichen Formen schaut oder auf die Programme.

Goethe hat eine kurze und sehr feurige Freundschaft mit den Brüdern und spinnt auch eine Liebe zu ihrer Schwester an: Auguste. »Hol's der Teufel, daß sie eine Reichsgräfin ist!« ruft er unmutig aus, denn er ist entschlossen, sie innigst zu lieben wie in Leipzig die Schwester Behrischs. Wie diese hat er »Gustchen« nie gesehen. Aber er hat ihr seine schönsten und leidenschaftlichsten Briefe geschrieben, einen Roman in Episteln. Wenn wir nicht wüßten, daß sie weit ab in Holstein lebte, durch halb Deutschland von ihm getrennt, so würde sie zweifellos mit an erster Stelle – eine wirklich erste Stelle gibt es nicht – unter seinen Geliebten fungieren. Diese Korrespondenz ist »hingewühlt«, wie es sich für ein junges Genie gehört, und komponiert. Sie ist herrlich in ihrer Anschaulichkeit, nie wieder hat Goethe sich so farbig und lebendig beschrieben, man hört ihn atmen in den kurzen Pausen, bei den vielen Gedankenstrichen, die das ausdrücken sollen, was er nicht sagen kann. »Ich mache Ihnen Striche, denn ich las eine Viertelstunde in Gedanken und mein Geist flog auf dem ganzen bewohnten Erdboden herum. Unseliges Schicksal, das mir keinen Mittelzustand erlauben will. Entweder auf einem Punkt, fassend, festklammernd, oder schweifen gegen alle vier Winde!«

Er klammert sich an diese neue Geliebte, den Engel, an: Liebe! Liebe! Leb wohl, nein Du mußt das Original haben, das wär ein Kuß in Copia! Liebe Schwester dann, Schwester Engel, »wische mit deiner lieben Hand diese Stirn ab!« Er reist in Gedanken nach Kopenhagen, wo sie am Hof weilt, fällt ihr weinend zu Füßen: Gustgen, bist du's? O Liebste! Er muß ganz im Stil seiner STELLA sogleich von seiner andern Liebsten, einer Lili, erzählen, den Qualen und Freuden, die er mit ihr auszustehen hat. Er dichtet eine Szene an seinem FAUST. »Vergängelte ein paar Stunden. Verliebelte ein paar mit einem Mädgen, davon Dir die Brüder erzählen mögen, das ein seltsames Geschöpf ist.« Das ist eine weitere Lotte, in Offenbach hat sie im Keller eines Gasthofes eine Art Geniebar eingerichtet, sehr ärmlich und sehr lustig, die Silhouetten der jungen Stürmer hat sie an die Wand geheftet, ihr eignes Schattenbild trägt Goethe bei sich, bis er es an einen der Freunde verschenkt. Eine hübsche Person, »mitten im Getümmel mancher Freuden« dichtet Goethe sie an und nennt sie ein wahres, gutes Kind, wert, geliebt zu sein; er erfleht des Himmels Segen auf sie herab. Man weiß nicht, was aus ihr geworden ist. Aber wer weiß, wieviel von diesem Kind aus dem Volke in andere Dichtungen eingegangen ist, mit anderen Gestalten verbunden?

Genau beschreibt er sich, nicht nur die Seelenzustände. Im galonierten Rock, wohlfrisiert, mit aller Galanterie sitzt er am Spieltisch unter dem Kronleuchter, geht auf den Ball, er hat sich in Lyon, wo der nie genannte Großvater Schneider gearbeitet, einen Rock mit blauer Bordüre bestellt. Der Perückenmacher muß eine Stunde an seinem Kopf arbeiten, und er reißt die Frisur dann ungeduldig wieder ein. Für den Maskenball wird altdeutsche Tracht angefertigt: schwarz und gelb, Pumphosen, Wams, Mantel, Federhut, und beiseite gelegt, denn Lili kommt nicht auf den Ball. Er träumt schwer, wacht fröhlich auf, die Sonne scheint ins Zimmer: »Hier noch müssen wir glücklich sein, hier noch muß ich Gustgen sehen, das einzige Mädgen, deren Herz ganz in meinem Busen schlägt.« Dann gibt's einen anderen Goethe, im grauen biberfarbnen Frack mit braunseidnem Halstuch und Stiefeln, immer noch elegant, wenn auch lässiger gekleidet. Der streift umher, ahnt im Februar schon den Frühling, »strebend und arbeitend, bald die unschuldigen Gefühle der Jugend in kleinen Gedichten, das kräftige Gewürz des Lebens in mancherley Dramas« verdichtend. Er zeichnet, malt, fragt nicht nach rechts und links, »weil er arbeitend immer gleich eine Stufe höher steigt, weil er nach keinem Ideale springt, sondern seine Gefühle sich zu Fähigkeiten, kämpfend und spielend, entwickeln lassen will«. Das ist seine Lebensformel: kämpfend und spielend. Es ist auch bezeichnend, daß er sich als »Er« sieht.

Das Spiel, die Spielerei, überwiegt noch. Er hat Gustchens Silhouette an der Wand wie eben noch die der Wetzlarer Lotte und die des Offenbacher Lottchens in seiner Brieftasche. Er schreibt: »O wenn ich jetzt nicht Dramas schriebe, ich ginge zu Grund«, was man nicht aus dem Zusammenhang reißen soll. Er will nichts drucken lassen und künftig seine Freuden und Kinder in einem Eckchen begraben, er ist des ewigen Sezierens seines WERTHER so satt. Gleichzeitig publiziert er mehr als in irgendeiner Epoche seines Lebens. Er renommiert ein wenig mit seinen vornehmen Bekanntschaften, Gustchen ist Tochter eines Hofmarschalls und lebt am Königshof zu Kopenhagen. Man läßt sich der Gräfin Bernstorff empfehlen, Gustchens Schwester, die mit dem sehr einflußreichen Außenminister verheiratet ist, einem großen Reformer und Mäzen der Künste; der dänische Hof hat schon unter dem Onkel des Grafen, der Klopstock protegierte, und dann bis zum jungen Hebbel hin mehr für deutsche Dichter getan als die meisten reichsdeutschen Fürsten. Man verbringt einen guten Nachmittag mit »Großen«, »ich konnte zwey Fürstinnen in Einem Zimmer lieb und werth haben«. Es sind eine Markgräfin und eine verwitwete Herzogin.

Denn von allüberall wird der Autor des WERTHER nun aufgesucht: »Noch eins, was mich glücklich macht, sind die vielen edlen Menschen, die von allerley Enden meines Vaterlands, zwar freylich unter viel unbedeutenden, unerträglichen, in meine Gegend zu mir kommen, manchmal vorübergehn, manchmal verweilen. Man weiß erst, daß man ist, wenn man sich in andern wiederfindet.«

Eine ganz erstaunliche Reiserei bei den sehr schlechten Wegen, den hohen Kosten des Reisens hat begonnen. Auch die blutarmen Stürmer und Dränger sind fortwährend in Bewegung, nicht nur literarisch. Sie brechen in Frankfurt ein wie in eine Dichterherberge, mit Projekten, die man gemeinsam herausgeben soll, mit Manuskripten, die sich so ähnlich sind, daß man die Verfasser im Publikum oft verwechselt. Lenz, der Straßburger Bekannte, hat die freche Satire gegen Wieland in Druck gegeben, wie Goethe mißtrauisch meint, um ihn endgültig mit dem Meister zu verfeinden. Heinrich Leopold Wagner, der Straßburger, den Goethe ebenfalls im Kreise Salzmanns kennengelernt hat, verhöhnt in einer weiteren Satire PROMETHEUS, DEUKALION UND SEINE REZENSENTEN die Kritiker des WERTHER, und Goethe muß energisch und öffentlich protestieren, daß er nicht der Verfasser sei. Irrtum war leicht möglich, denn fast alles erschien anonym, und die höchst verfeinerten Methoden der Stilvergleichung, die man inzwischen entwickelt hat, standen den Zeitgenossen nicht zur Verfügung. Denen schien das alles vielmehr *ein* Stil, der des Originalgenies. In einer Sammlung von PORTRÄTS – die im gleichen Verlag wie Goethes WERTHER erschien – wird diese Tonart mit ihren Abkürzungen und abschätzigen Ausrufen kurz gekennzeichnet. Da ruft ein junges Genie dem andern zu: »'s sind tumme Kerle, Bruder, verstehn d'n Teufel d'rvon, woll'n allweil dem Genie Fesseln anlegen, soll's seyn, wie's im Büchel steht. Wollen's schon wieder laußen, wollen's wacker aushunzen, die tummen Kerle!« Das entschuldigt seine Ungezogenheit: »Wir sind warme liebe Jungens!« Das wird von den bravsten Bürgerfamilien wild gelesen: Henriette, die Jüngste, so klagt ein Vater, schwärmt für die jungen »geistigen Herrn« – »da soll alles warm und heiß seyn ... sagen darf ich ihr nichts, sonst heißts gleich: Sie vermögens nicht, fühlens nicht, hörens nicht, sehens nicht! ... Ach haben Sie ihn denn schon gelesen, den mit der lamen Hand? mit der eisernen wollen Sie sagen? Nun ja denn, auch den Calvicho? Es kommt doch nichts über den Werder in Leiden. Nun wollen sie auch den Sachsen Hans herausgeben. Verschaffen Sie ihn mir doch ja! Lesen, das ist nun mein Liebstes auf der Welt ...« – »Das verstehe ich nicht, was will er damit sagen? noch einmal! – Es bleibt mir noch dunkel, – noch einmal von vorne!«

Als eine »Sekte«, wie man damals sagte, eine Clique empfand man diese Jungen, die eigentlich nicht viel mehr gemeinsam hatten als eben das Gefühl, jung zu sein und mit dem Alten Schluß machen zu wollen, wobei es gleichgültig war, daß man auch zum Uralten zurückgriff, zur dunklen Faustrechtzeit oder auch derb ins gegenwärtige Leben. Die rein ästhetische oder literargeschichtliche Betrachtung kann nur mühsam all das zusammenfassen und führt nicht sehr weit. Ein Programm gab es nicht, nur gemeinsame Begeisterung, für

Shakespeare etwa, den man als Urvater und Vorbild der Regellosigkeit und Wildheit ansah, oder eine tyrannenmordende Antike.

Aus Straßburg, wo sein Vater Kaufmann gewesen war, kam Wagner nach Frankfurt; er hatte seinen juristischen Doktor gemacht und wollte sich in der Reichsstadt als Anwalt niederlassen. Dazu mußte er nach den Zunftgesetzen, die auch für Akademiker galten, eine Frankfurterin heiraten; er nahm wie der Großvater Göthé eine achtzehn Jahre ältere Witwe, die ihn aber überlebte. Der junge Advokat starb schon nach wenigen Jahren an der »Auszehrung«, wie die Mutter Goethe schrieb, die ihn eine Weile beherbergte. Wagner bewies als Schriftsteller ein robustes Talent, so schwach er körperlich auf der Brust war. Theaternah und bühnensicher, sehr »naturalistisch« waren seine wenigen Stücke, die gute Rollen boten und auch sogleich vom großen Mimen Schröder in Hamburg ins Repertoire aufgenommen wurden. Da war in der Reue nach der Tat ein wackerer Kutscher Walz, dessen hübsche Tochter von einem jungen Advokaten umworben wird; die standesstolze Mutter Justizrätin bringt die Mesalliance zum Scheitern und treibt die Kinder in den Tod. In der Kindermörderin nimmt Wagner die Gretchen-Tragödie vorweg, und Goethe verübelt das dem Tischgenossen sehr und behauptet, Wagner habe ihn bestohlen, während er selber ganz unbefangen soeben den Beaumarchais geplündert und obendrein auf die Bühne gebracht hat. Vergleiche der beiden Werke fallen natürlich sehr zuungunsten Wagners aus, der ein handfestes Bühnenstück schrieb zu einem allbekannten Thema: der Verführten, die ihr Kind umbringen muß, weil sie sonst keinen Ausweg sieht. Handfest der Vater Metzger, der Schillers Musikus Miller in Kabale und Liebe als Muster gedient hat; wirkungsvoll das ganze Personal mit der Magd Lissel, der Wäscherin Frau Marthan, dem rohen Vertreter der Justiz, dem Dialog, der auch Dialektformen verwendet. Wagner konnte schon in seinem heimatlichen Straßburg solche Volksszenen im Straßburger Dütsch hören, wo die Mädchen am Brunnen sich über eine »Gefallene« unterhielten, ganz wie im Faust, vor oder nach Goethe, was schwer zu entscheiden ist. Da spricht eine Süssel zum Gredel über ein Urschel, die »wiescht angeloffe« ist, und Kättel hat auch davon gehört: Sie sagen, das Urschel »ischt g'schbickd«.

Ein Offizier ist der Verführer bei Wagner, und der Tischgenosse Lenz schreibt sein Zeitstück Die Soldaten, das eigentlich Die Offiziere heißen müßte. Seine eignen Erfahrungen in Straßburg als Hofmeister bei zwei jungen baltischen Baronen, die im Fort St. Louis Dienst taten, bildeten den Hintergrund für ein Sittenbild: Verführung der Bürgermädchen, Bedenkenlosigkeit auch der Bürgertöchter, von denen die Heldin Marie dann von Stufe zu Stufe sinkt, bis ihr leiblicher Vater sie im Dunkel als Dirne wiederfindet und anspricht:

Ach! die eigne Tochter! Offiziersrollen waren seit Lessings MINNA sehr beliebt auf dem deutschen Theater. Lenz aber zeichnet ein scharf satirisches, kritisches Bild: Er setzt seine Figuren, die er gesehen und erlebt hatte, sicher hin. Die hoffnungslos verworrene Handlung mündet am Ende in den Vorschlag: man solle doch ein Amazonencorps schaffen aus freiwilligen Soldatenhuren, die der Armee folgen und die braven Töchter des Mittelstandes vor der unbezähmbaren Gier der Offiziere schützen könnten. Der Offizier der Söldnerarmeen war nämlich verpflichtet, ehelos zu bleiben, um frei von Bindungen und besser »einsatzfähig« zu sein; wenn er doch eine Ehe schloß, was vorkam, so durfte die Ehegattin nicht am Garnisonsort weilen. Ein verzweifelt kühner Draufgänger, Weiberheld, Spieler, Händelsucher galt als der wünschenswerte Typus, und wenn er etwas Unruhe unter den frommen Lämmern der Nachbarschaft verursachte, so hatte das im Interesse der Staatsräson hingenommen zu werden.

Einen anderen Typus der Zeit traf Lenz mit seinem HOFMEISTER, der vielfach Goethe zugeschrieben wurde, sehr unbedachterweise, denn der wohlhabende Sohn des Particuliers hatte gar nichts mit diesem Beruf zu schaffen. Hofmeister werden aber war sonst die einzige Aussicht, die sich den mittellosen Akademikern bot, wenn sie ihr Studium abgeschlossen hatten und auf irgendeine Stellung warteten, die wiederum nur durch Fürsprache eines einflußreichen Herren zu erhalten war. Hofmeister sind fast alle Genies und Schriftsteller gewesen, noch auf lange Zeit hinaus, bis zu Hölderlin, bis ins 19. Jahrhundert hinein, mit all den Demütigungen, die sich daraus ergaben, dem Sich-ducken-Müssen und den Katastrophen, wenn sie die Dame des Hauses liebten oder womöglich eine der Töchter. Lenz, konsequent und symbolisch, sieht für seinen Hofmeister Läuffer, als dieser die adlige Tochter verführt hat oder von ihr verführt worden ist, keine andere Lösung als die Selbstentmannung, nicht seelischer, wie üblich, sondern physischer Art. Er hängt dann freilich einen seiner desperaten und schon halbirren Dramenschlüsse an: Ehe mit einem biederen Dorfmädchen, das bereitwillig auf Kindersegen verzichtet. Bert Brecht hat, mit dem Blick des großen Regisseurs und Adapteurs, versucht, das Stück für die heutige Bühne zu retten und den Hofmeister als warnendes Beispiel für deutsche Knechtseligkeit und Unnatur aufzustellen.

Die Tatsache, daß Lenz dann nach vielem Umherwandern und vielen Gastrollen, die immer unglücklich ausfielen, im Hause Goethe zu Frankfurt, bei Goethes Schwester und Schwager in Baden, in Weimar, tatsächlich irre wurde und kläglich versank, hat ihm bei den Zeitgenossen geschadet und bei der Nachwelt genützt. Die Romantiker haben den ganz Verschollenen zuerst wiederentdeckt; Ludwig Tieck, Wielands Nachfolger als Förderer ihm eigentlich konträrer genialischer Naturen, hat seine Werke noch zu Goethes Lebzeiten gesammelt und herausgegeben. Georg Büchner hat in einem großartigen Prosafragment LENZ den beginnenden Wahnsinn in einer pathologischen Studie geschildert. Die geht allerdings weit über die ursprüngliche Absicht hinaus und läßt schon das Motiv der namenlosen Angst als einer Urempfindung vor dem Abgrund des Lebens anklingen; die Späteren werden daraus eine Philosophie machen.

Die Zeitgenossen sahen in dem kleinen, nervösen, sehr knabenhaft hübschen Lenz ein »jüngeres Brüderchen« Goethes. »Ein feines, zugespitztes Gesichtchen«, so beschreibt ihn einer des Kreises, »ein scharfer, still lauernder Blick, und die liebe Mutter Natur im Herzen und auf der Zunge.« Lenz selber freilich fühlte sich als Goethes Zwilling. Er brachte aus Straßburg eine Schrift UNSERE EHE über seine Beziehung zu dem Größeren mit, die verlorengegangen ist; er dichtete Goethes Schwester, die Äbtissin Cornelia, schwärmerisch an, immer hoffnungslos um hoffnungslose Gestalten herumtastend. Man behandelte ihn wie ein krankes Kind, und krank war er denn auch, höchstwahrscheinlich an der Syphilis, die ihn nach langer Agonie in der russischen Heimat zur Strecke brachte.

Wagner war schwach auf der Brust, Lenz schwach im Kopfe. Erzgesund, ein kräftiger Kerl mit mächtigen Schultern und hohen Beinen war Klinger, der einzige der Stürmer, der es dann auch im Leben zu etwas brachte und fast so alt wie Goethe hochgeehrt, geadelt, als russischer General in Petersburg starb. Goethe hat ihm, nicht zuletzt wegen dieses tüchtigen Lebenslaufs, von all den damaligen Genossen das freundlichste Andenken bewahrt und mit ihm noch spät korrespondiert; wiedersehen allerdings wollte er den Jugendkameraden nicht: man sei doch zu weit auseinandergewachsen. Den Jüngling hat er freundschaftlich gefördert; die Mutter half im Hause Goethe bei der Hauswäsche, der Knabe trug Brennholz aus, schleppte Wasser und sang in der Kurrende. Man brachte ihn auf die Schule, die Universität, Goethe gab ihm Empfehlungen, Geld, Manuskripte kleinerer Arbeiten, die Klinger veröffentlichen konnte; er zeichnete in einer seiner besten Porträtzeichnungen das feste Profil des Freundes, dem seinigen nicht unähnlich. Er hat nie ein Zeichen von Eifersucht spürbar werden lassen, auch als sein Protegé dann bald zu schreiben begann und mit seinen Dramen für eine kurze Weile auch Goethes Ruhm als Bühnenautor verdunkelte. Das dauerte nicht lange. Klinger zog mit Schauspieltruppen umher, suchte Dienste beim Militär, wie man dem stattlichen Burschen von allen Seiten riet. Er wollte nach Amerika gehen, wo gekämpft wurde, blieb aber bei einem kleinen Reichskontingent hängen und geriet durch eine der zeitüblichen Empfehlungen nach Petersburg als Vorleser des Thronfolgers Paul. Der wilde Stürmer und Dränger, dem Wieland den Spitznamen »der Löwenblutsäufer« gab, fand sich überraschend schnell in die höfische

Atmosphäre; man gab ihm die Uniform eines Leutnants im Marine-bataillon, er reiste mit dem Großfürsten nach Italien, und einer der Geniegenossen, der ihn dort traf, schrieb bewundernd und neidvoll: »Klinger reist sehr gemächlich; er allein kostet auf dieser Reise mit seinem Wagen und Bedienten gewiß an die 3 000 Louisdor und hat ganz und gar nichts zu tun als zu schlafen, zu essen und zu trinken und manchmal seine Augen sehen und seine Ohren hören zu lassen.« Klinger hielt seine Augen offen. Er blieb an dem Hofe, der nun frei-lich einen größeren Zuschnitt hatte als die deutschen Kleinresidenzen; man ließ ihm auch, er schrieb unablässig und gar nicht zahm, eine ganz erstaunliche Freiheit. Er heiratete eine uneheliche Tochter der großen Katharina; langsam und sicher stieg er als Erzieher im Kadet-tenkorps auf, dessen Direktor er wurde – mit dem Titel eines Gene-ralleutnants und dem persönlichen Adel. Er wurde angefeindet, man denunzierte ihn als »dreisten Verächter der Regierung und Erzjako-biner«, bezeichnete ihn als grob, ungehobelt und habgierig; die Re-aktion nach den Befreiungskriegen brachte ihm die ehrenvolle Ent-lassung ein und einen behaglichen Lebensabend in seinem Haus in Petersburg mit vielfachen Beziehungen zu den russischen Schriftstel-lern der fortschrittlichen Intelligenz.

STURM UND DRANG betitelte er das Stück, das der ganzen Bewegung den Namen gab. Es sollte ursprünglich WIRRWARR heißen. Voran-gegangen war ein Drama DIE ZWILLINGE, das einen Dramenpreis des Hamburger Theaters, der führenden Bühne Deutschlands, erhielt. Da hatte Klinger schon ein Grundthema der Geniegeneration angeschla-gen: den jüngeren Sohn, der sich enterbt fühlt durch den nur zufäl-lig vorher aus dem Mutterleib gekrochenen Zwillingsbruder, den Schwächling, Schönling, dem alles zufällt, das Geld, der Titel und die Braut. Als jüngere enterbte Söhne fühlten sie sich alle, die Jungen, betrogen um ihr Patrimonium. »Herunterreißen will ich ihn, will ihn im stolzen Schwung haschen und niederschmettern! Kriechen soll er bei der Erde, und ich will schweben!« Brudermord und Tod durch die Hand des Vaters, in knappen Auftritten, ein gut gebautes Schau-erdrama, das auf dem Theater wirkte.

Wohin aber mit dem Feuer, der Wildheit? Das alte Europa ist zu eng. Hinaus nach Amerika! Da wird gekämpft, da ist Weite! »Heida! nun einmal in Tumult und Lärmen, daß die Sinnen herumfahren wie Dachfahnen beim Sturm!« So fängt STURM UND DRANG an, und auch Goethe liebt um diese Zeit das Bild der Wetterfahne. Wild heißt einer der Helden, La Feu der andere, Blasius der Blasierte der dritte. Die Handlung ist unsinnig, ein altes Familiendrama unter rivalisie-renden britischen Edelingen mit Wiedererkennen der feindlichen Al-ten und glücklichem Sichfinden der Jungen, alles auf amerikanischem Boden unter Gefechten und Schüssen und Umarmungen – ein Wirrwarr. Nur die Geniephrasen sind charakteristisch: »Krieg, die einzige Glückseligkeit, die ich kenne«, ruft Wild. »Ich will mich über eine Trommel spannen lassen, um eine neue Ausdehnung zu kriegen. Mir ist so weh wieder. O könnte ich in dem Raum dieser Pistole existieren, bis mich eine Hand in die Luft knallte. O Unbestimmtheit! wie weit, wie schief führst du den Menschen!«

Es ist die Karikatur der Stimmungen Goethes zu dieser Zeit und deshalb so bezeichnend wie jede Übertreibung. Das heult, schnaubt, seufzt, langweilt sich auch bei den Liebeleien: »Ja munter!« meint Blasius, »ich ennuyiere mich zum Sterben. Mein Herz ist so kalt, so tot, und das Mädel ist so schön und lustig.« Auch die alte arkadische Schäferei spielt noch in wilde Landschaften hinein, mit Schäferstab, Schäferkleid, einer Hütte; ich Ihr Schäfer! singt La Feu. Die Schäferin fragt: »Und auch, ha Mylord, heuraten?« – »Behüte! ganz geistig, ganz phantastisch! Das ist der Reiz davon!«

Klinger hat in einem langen Leben viel geschrieben, später vor allem phantastische Romane, ein LEBEN FAUSTS mit zeitsatirischen, ziemlich grob erzählten Schwänken; die russische Zensur, unaufmerksam oder lax, ließ seine Werke anstandslos passieren, vielleicht weil darin den Deutschen, nicht den Russen, der Text gelesen wurde: »Träge Klötze, die sich vor Ansehen und Reichtum, vor allen Unterscheidungen der Menschen, sklavisch beugen, von ihren Fürsten und Grafen glauben, sie seien von edlerem Stoffe gemacht als sie, und ganze Kerle zu sein glauben, wenn sie sich für sie totschlagen oder zum Totschlagen an andere Fürsten verkaufen lassen. Leben sie nicht ganz zufrieden unter der Feudaltyrannei, mag sie schinden, wer da will und wie man will? Vernimmst du ein Wort der Empörung gegen Tyrannei aus diesem Lande?« Der General und Kadettenerzieher spricht von Petersburg aus zu seinen ehemaligen Landsleuten, und man fühlte sich im Lande der krassesten Feudaltyrannei sicher und erhaben genug, das durchzulassen. Die große Katharina liebte unverbindlichen Flirt mit kühnen Gedanken der neuen Zeit und ließ den späteren Zaren Alexander mit Rousseaus EMILE und durch den Schweizer Republikaner La Harpe erziehen.

Klinger, Lenz, Wagner, das war der engere Kreis der Stürmer und Dränger, mit kleineren Figuren am Rande und kleinen Inseln von Freunden da und dort im Lande. Man reist hin und her, besucht sich, streitet sich, versöhnt sich, bewundert sich und kritisiert oder parodiert sich. All das hängt auch immer mit irgendwelchen Frauen und Mädchen zusammen, die Frieden stiften oder neue Unruhe. Das Ganze ist wie eine große, weitverzweigte Familie. Vieles, auch vieles, was publiziert wird, hat den Ton recht privater Äußerung und ist erst später zu literarischem Rang befördert worden. Goethe hat sich mit zwei Brüdern Jacobi angelegt, die schwärmerische Naturen waren, daneben literarisch recht rührig, was oft Hand in Hand geht; sie hatten ihm seine Rezensionen als »infame Artikel« übelgenommen. Eine Frankfurterin, Johanna Fahlmer, das »Tantchen«, wie Goethe sie nannte – sie war nur fünf Jahre älter als der Dichter –, ist um diese Zeit die Vertraute, als Ersatz für die Schwester, die in ihrer Ehe dahinkümmert; Johanna heiratet dann nach dem frühen Tode Cornelias den Schwager Schlosser, und damit findet diese kurze Freundschaft ihr Ende. Das Tantchen vermittelt zwischen Goethe und ihren Verwandten, den Jacobis. Ein Besuch wird verabredet; die Frau des Fritz Jacobi, eine warmherzige Niederländerin Betty, wird auch dazu eingespannt. Goethe fährt nach Düsseldorf, nach Elberfeld und tritt in einen neuen Kreis von Bewunderern ein: »Nicht eingeführt, marschalliert, exkursiert; grad 'nab vom Himmel gefallen vor Fritz Jacobi hin. Und er endlich und ich und er! Und waren schon, eh noch ein schwesterlicher Blick drein präliminiert hatte, was wir sein sollten und konnten.« Eine wunderlich gemischte Gesellschaft ist da beisammen: eine ganze Reihe von Pietisten, darunter auch der Straßburger Freund Jung-Stilling, die gefühlvollen Jacobis, der große Prediger Lavater aus Zürich, der junge Dichter Heinse. Der ist der Verfasser eines Romans LAIDION, von dem Goethe urteilte, er sei »mit der blühendsten Schwärmerei der geilen Grazien geschrieben« und der besten Ottaverime in deutscher Sprache. Auch Heinse ist ein armer Thüringer Junge, der sich als Reisebegleiter und Hauslehrer durchschlagen mußte und statt in revolutionäre Träume von Tyrannenmord und Großheit in feurige erotische Phantasien flüchtete. Er ist die sinnlichste Natur unter den Stürmern und Drängern und der lebendigste und leidenschaftlichste Kunstverständige unter ihnen, der die großen Rubens-Bilder der Düsseldorfer Galerie in Worten nachmalte oder nachtastete, wie kaum je Gemälde beschrieben worden sind. Goethe nun in diesem Kreis: Er tanzt wie ein Irrwisch umher, »Genie vom Wirbel bis zur Zehe«, wie Heinse ihn beschreibt, schneidet Gesichter, trägt Balladen, eigne und schottische, vor, entsetzt die frommen Pietisten und bezaubert Fritz Jacobi. Der schreibt an Wieland, Goethe sei ein Besessener, aber man brauche nur eine Stunde mit ihm zusammen zu sein, um es lächerlich zu finden, von ihm zu fordern, daß er anders denken und handeln solle, als er wirklich denkt und handelt. Jacobi will sogar spüren, daß sein eigener Charakter durch die Begegnung nun echte, eigentümliche Festigkeit erhalten werde; er täuschte sich darin, denn Fritz Jacobi ist zeitlebens ein feiner, nachempfindender, philosophischer Dilettant geblieben, der es bis zum Präsidenten der Bayrischen Akademie brachte.

Der Bruder Georg, ebenfalls von Goethes riesenmäßigem Geist überwältigt, notierte sich alsbald in sein Tagebuch, er hätte gewünscht, Goethes Tischreden an Ort und Stelle aufzuzeichnen. Er gab zusammen mit Heinse in Düsseldorf eine kleine Zeitschrift Iris heraus, niedliche Heftchen »fürs Frauenzimmer«. Goethes Lieder und Lenzens Gedichte erschienen darin, Gesäuseltes von Jacobi, ein matter Roman seines Bruders, der ganz ungeniert Gestalten des Kreises in Briefen von Sylli an Clerdon romantisierte, eine feurige Übersetzung der Sappho von Heinse und dicht daneben für die sittsamen Demoisellen eine Abhandlung vom Tanz. Da führt der Herausgeber beweglich Klage über die Verwilderung des heutigen Tanzens, unter Berufung auf Madame La Roche und Goethes Werther, der sein Mädchen nie mit einem andern tanzen lassen möchte. Da wird geeifert, daß es erlaubt sei, »unsere Weiber, Töchter oder Geliebte von Männer-Armen umschlungen, Brust an Brust mit ihnen, in völliger Betäubung ihrer selbst nach einer wilden Musik herumgeschleudert zu sehen«. Er spricht vom Walzer oder Deutschen. »Wenn auch ein unschuldiges Geschöpf, angedrückt an den glühenden Jüngling, selber unverdorben bleibt: welch ein Gedanke, das Spiel seiner wollüstigen Phantasie, die Reitzung seiner Begierden und der Gegenstand eines sinnlichen Vergnügens für denjenigen abzugeben, welchen sie nicht liebt! Unsre Schönen, die noch Ahnung von Unschuld haben, sollten dann und wann aus einem versteckten Winkel die Gespräche verschiedener anhören, denen sie auf eine so leichtsinnige Weise sich überlassen ...«

So geht das alles nebeneinander her, in der Iris wie in den Dichterbegegnungen, Schäfergetue wie seit Jahrhunderten, neueste Lyrik mit stärksten Wortprägungen, Genieblitze, ängstliche Ermahnungen und religiöse Gefühle unbestimmtester Art. Die Natur wird unablässig angerufen, und man wandelt sehr gemessen und wohlfrisiert einher; man wettert gegen die Tyrannen und sieht sich verstohlen nach einem Posten an einem der kleinen Höfe um. Man begehrt auf in Promethidentrotz und diskutiert Klopstocks Messias oder hält mit Lavater eine Betstunde ab, an der auch Goethe teilnimmt. Der *Sturm und Drang* ist nicht nur eine Angelegenheit der literarischen Dokumente. Er ist eine sehr menschliche und sehr vielfältige Bewegung.

Physiognomik

Der Züricher Prediger Lavater, acht Jahre älter als Goethe, war bereits ein weitberühmter Mann, als er mit dem Jüngeren in Korrespondenz trat und ihn bald darauf besuchte. In einer Zeit der bunten Mischungen und Kontraste war er vielleicht die Gestalt mit den disparatesten Zügen, äußerlich wie innerlich. Auch in Goethes Urteil über ihn spiegelt sich das wider: Er ist der beste, größte, weiseste, innigste aller Sterblichen; Goethe schließt sich eng an den Propheten an und schläft sogar mit ihm auf Reisen in einem Bette; dann tut er ihn im Alter wie einen Schwindler ab: »Er betrog sich und andere.« Von alledem war etwas in dem Manne, der einen wahren Flickenteppich der mannigfaltigsten Gewebe darstellte. Da sind feine, zarte Fäden, herzlichstes Eingehen auf die Seelenzustände anderer neben grober Geschäftigkeit; da ist Demut und der Hochmut des Sektierers; einfachste patriarchalische Häuslichkeit, die allen Besuchern wie das wahre Vorbild schweizerischer Biederkeit erschien, und eine ungeheure Korrespondenz, die mit Stolz auch die russische Kaiserin oder fürstliche Mätressen einbezieht. Sein Gesicht mit der überlangen, scharfen Nase des Seelenspürers hat zugleich die feinsten braunen Augenbrauen und einen zarten Mund, der wiederum sehr bestimmt sein kann; die flache Brust, der stakige Gang, der Goethe an einen Kranich erinnerte, hindern ihn nicht, sich behende und sicher auch unter ganz widerstrebenden Menschen zu bewegen und sie für sich zu gewinnen. Seine kleinen Augen blicken offen, aber sie sehen eigentlich nichts oder nur das, was er schon zu wissen meint, oder das, was er durch geschickte Fragen aus seinem Gegenüber herausholt – eine seiner größten Gaben. Lavater hat Goethes Größe, nahezu als erster, erkannt und noch ehe er ihn sah oder den WERTHER kannte überschwenglich gepriesen; er hat ebenso die Weltbedeutung eines Gauners wie des Cagliostro verkündet und davon auch nicht abgelassen, als die Schelmenstreiche des Mannes unwiderleglich zutage kamen: das sei eben ein anderer Cagliostro, erklärte er unbeirrt, der Wundertäter gleichen Namens sei ein Heiliger.

Ausgestattet mit diesen Eigenschaften, unternahm der Prediger es nun, eine Kunst oder Wissenschaft der Physiognomik zu lehren, und wurde damit weltberühmt. Es war eigentlich die Umkehrung des herrnhuterisch-pietistischen Verfahrens: So wie da die Seele in all ihren Schattierungen und »Buckeln«, auch in den bedenklichsten, analysiert werden sollte, so wollte er nun vom Außen auf das Innen schließen. Im Gesicht, und noch einfacher – im Profil sollte sich das innerste Wesen des Menschen kundtun, und Lavater war der Prophet dieser Lehre. Er traute sich zu, mit einem Blick einen Menschen zu erfassen, zu deuten, ja wahrzusagen, was aus ihm werden könne oder was er gewesen.

Es gibt die Anekdote von einer Begegnung des Physiognomisten mit einem bescheidenen Manne im Reisewagen von Zürich nach Schaffhausen. Lavater liebte es, seine Kunst vor jedem Publikum zu demonstrieren. Er begann sogleich den Mann zu kennzeichnen: Sanftmut vor allem, Eingehen auf andere Menschen, die er liebevoll zu betreuen liebt, an die Hand nimmt, sie zu geleiten... »Ich bin der Scharfrichter von Schaffhausen, zu dienen, Herr«, sagte das Gegenüber.

Lavaters Werk PHYSIOGNOMISCHE FRAGMENTE ZUR BEFÖRDERUNG DER MENSCHENKENNTNIS UND MENSCHENLIEBE begann 1775 zu erscheinen; der Druck zog sich vier Jahre hin, denn es wurden vier große Bände, reich mit Kupferstichen ausgestattet, ein wahres Prachtwerk auf herrlichem Papier; Goethe hat am Text und den Illustrationen eifrig mitgearbeitet und auch die Herstellung mit überwacht. Französische, holländische, englische Ausgaben, zuweilen noch prächtiger ausgestattet, erschienen, Auszüge, Taschenausgaben, der Name Lavater wurde zum Begriff für eine Physiognomik bis weit ins 19. Jahrhundert hinein. Man spottete, imitierte, parodierte; Lichtenberg schrieb sein FRAGMENT VON SCHWÄNZEN und deutete aus den Ringeln eines Schweineschwänzchens die Seele eines hoffnungsvollen Schweinejünglings. Er machte auch in seinen Aphorismen die ernste und wertvolle Beobachtung, daß ein Mangel an Symmetrie im Gesicht häufig auf besondere Begabung schließen lasse, und will das an Voltaire beobachtet haben; auch Goethes Kopf war, wie aus der vom Lebenden genommenen Maske zu ersehen, ziemlich stark asymetrisch gebildet.

Mit solchen Finessen gab Lavater sich nicht ab. Er sammelte ein ungeheures Material und korrespondierte nach allen Seiten, setzte Zeichner und Stecher in Bewegung und vor allem die vielen Dilettanten, die sich mit dem modischen Silhouettieren beschäftigten. Man hatte dazu eigene Silhouettierstühle konstruiert und betrieb diese

Schwarzkunst mit dem Eifer der Amateurphotographie. Eine Silhouette, in Ermangelung des teuren Miniaturbildes, war das erste Geschenk, das der Liebende von der Geliebten, der Freund vom Freunde erhielt; in großen Alben sind uns die Profile fast aller Zeitgenossen Goethes bis zu den Kindern und Dienstboten überliefert. Der nach der Natur gezeichnete Umriß gab immerhin einen gewissen Anhalt. Bald zogen Silhouettenschneider umher, die nach dem Augenmaß arbeiteten und »charakteristische Züge« hinzutaten; ein besonders geschickter Jahrmarktskünstler ließ seinen Hund das allbekannte Profil des Herrn von Voltaire aus einer Brotscheibe herausfressen und fand damit großen Beifall.

Die Silhouetten, die Lavater in seinem großen Werk veröffentlichte, sind die zuverlässigsten Dokumente der Sammlung; die Zeichnungen für seine Stiche haben meist nur beschränkten Wert und sind oft schon literarisch stilisiert oder, bei Persönlichkeiten des Altertums, einfache Erfindungen und Paraphrasen vorgefaßter Meinungen.

Da wird etwa Brutus abgebildet, ein Jünglingskopf wie aus einem Klingerschen Sturm-und-Drang-Stück mit trotziger Stirn. Goethe dichtet eine Hymne vom großen Rebellen dazu mit ossianischen Reminiszenzen: »Eherner Sinn ist hinter der steilen Stirn befestigt, er packt sich zusammen und arbeitet vorwärts in ihren Höckern, jeder wie die Buckeln auf Fingals Schild von heischendem Schlacht- und Tatengeiste schwanger...« – »Er kann keinen Herrn haben, kann nicht Herr sein. Er hat nie seine Lust an Knechten gehabt. Unter Gesellen mußt' er leben, unter Gleichen und Freien. In einer Welt voll Freiheit edler Geschöpfe würd' er in seiner Fülle sein.« Das sind Stimmungen der Geniezeit, keine Deutungen eines Kopfes, für den es obendrein bei Brutus gar keine Vorlagen gab; es war ein Phantasieporträt.

Die historischen Großen des Altertums nahm man unbedenklich aus den Poträtsammlungen der Barockzeit, die sich immerhin bemüht hatte, nach Gemmen und Skulpturen etwas leidlich Authentisches zusammenzubringen; viel Falsches lief dabei unvermeidlich unter. Eine strengere Porträtkunde ist erst sehr neuen Datums; zuverlässige Darstellungen sind viel seltener, als man glaubt oder die Abbildungen auch heutiger Werke ahnen lassen. Lavater griff aber zu allem, was sich bot. Sein Werk zeigt neben Cäsar und Tiberius den Rat Goethe und seine Frau; es ist vielfach eine Art Familienalbum des weiten Lavater- und Goethe-Kreises. Unverzagt deutet man. Lavater hat sich, ehe er Goethe oder dessen Bild sah, vermessen, dessen Kopf vorauszuahnen: »spitze Stirn, blaues Auge, sehr kleine Nase, viel Züge, Muskeln, Zickzag, mahlerische Zwick im ganzen Gesicht.« Er konnte kaum stärker danebentreffen. Das Zickzack ist bezeichnend für seine

Methode, die eben im Wahrsagen bestand, zuweilen mit dem Geschick des Wahrsagers, der versteht, rasch zu kombinieren.

Goethe wird zunächst durch die Physiognomik als Hilfsmittel beim Zeichnen gereizt, das er weiterhin eifrig betreibt. Er zeichnet selber mit bei den Vorlagen. Er dichtet mit bei den Texten und erfindet dabei »Charaktere«, ein literarisches Genre, das nach Theophrast und La Bruyère beliebt war. Der Kopf eines »Toren« wird gedeutet: »Die Gestalt dieses wahnwitzigen Menschen ist wie ein Baumblatt, das der Meltau auch nur auf einem einzigen Punkte traf: von dem Orte aus verzieht sich die Form, nach dem Orte hin verziehn sich die Linien und so zucken hier nach dem verschobnen Gehirne all die übrigen Züge.« Das ist die Skizze zu einer Romanfigur.

Man versucht sich auch an Tierschädeln, und Goethe kommt hier zum ersten Male mit einem Gebiet in Berührung, das ihn noch lange beschäftigen wird. Die Deutungen sind noch ganz im Banne der alten Zoologie, die etwa wie bei Konrad Gesner, dem »Vater der Zoologie«, den Fuchs als ein stinkend boshaft Tier, listig und allen anderen »aufsätzig« bezeichnet. In Goethes Beschreibungen ist beim Tiger der flachrunde Schädel »Wohnsitz leichter Vorstellung und gieriger Grausamkeit«, die Maus zeigt »Begierde und Furchtsamkeit«, der Löwe, als Wappentier, ist edel in der Wölbung, die Katze aufmerksam genäschig. In seinen Beiträgen zu den Vorreden sagt er selber schon vorsichtig, daß das alles nur Fragmente seien, daß auch physiognomisches Sinnen und Trachten »am Ende auf ein bloßes Stottern hinausläuft«.

Es ist ein Spiel, und bei den meisten Benutzern des Werkes wird es zum Gesellschaftsspiel, Vergleiche zu ziehen, sich zu necken und tiefsinnig zu grübeln. Es reizt aber auch zu beobachten, und darin liegt für Goethe die positive Seite dieses physiognomischen Treibens. Nach seiner Art, die immer auf das Umfassende ausgeht, entwirft er schon ein Programm, wie das Wort Physiognomik in einem ganz weiten Sinne zu gebrauchen sei. Nicht nur die Gestalt oder die Gebärden, das Äußere am Menschen – auch Stand, Gewohnheit, Kleidung, Besitztümer seien wichtig. Durch all diese Hüllen bis aufs Innerste zu dringen und auf das Wesen eines Menschen zu schließen: Ist das möglich? Nur getrost! ruft er aus. Er traut sich das zu. »Die Natur bildet den Menschen, er bildet sich um, und diese Umbildung ist doch wieder natürlich; er, der sich in die große, weite Welt gesetzt sieht, umzäunt, ummauert sich eine kleine drein und staffiert sie aus nach seinem Bilde.« Goethe, wie später noch oft, schafft sich seine eigne Terminologie und steht hier bereits dem nahe, was er dann als Naturforschung verstehen und betreiben wird. Und das ist im Grunde nichts anderes als eine Seite seines Bildner- und Schaffensdranges, der Versuch, sich göttergleich die Welt mit allen ihren Erscheinungen neu zu schaffen.

Die exakte Beobachtung ist weniger seine Sache, und so fällt auch bei seinen Beiträgen auf, wie wenig er eigentlich physiognomische Züge beschreibt; er tut das übrigens auch nur sehr selten in seinen Dichtungen, was meist zum Vorteil der Gestalten ausfällt. Es ist eine alte Erfahrung, daß detaillierte Beschreibungen eines Helden oder einer Romanheldin nur stören und die Phantasie des Lesers lähmen.

Physiognomik, wenn man ihr nicht selbstherrlich einen so ganz weiten Sinn gibt, war aber etwas anderes. Sie war auch nicht erst von Lavater erfunden, sondern nur neu in Umlauf gebracht. Sie war eine Wahrsagekunst, und in den älteren Schriften, die bis zu Goethes Zeit in vielen Ausgaben zirkulierten, wurde eine Physiognomica meist zusammengedruckt mit Abhandlungen über Astrologie, Handlesekunst und Magie. Goethe nimmt darauf Bezug, wenn er sagt, daß die Menschen von ihr als von einer geheimnisvollen Wissenschaft mit tiefer Ehrfurcht sprechen; sie hören von einem wunderbaren Physiognomisten mit ebensoviel Vergnügen erzählen wie von einem Zauberer oder Tausendkünstler.

Ein großer Zauberer hatte schon für den Hohenstaufenkaiser Friedrich II. eine Physiognomik zusammengestellt, aus griechischen und arabischen Quellen, sein Leibarzt Michael Scotus. Stolz erklärte der Schotte in der Widmung: der Kaiser könne mit diesem Wissen unfehlbar die Laster und Tugenden der Menschen so genau erkennen, als ob er selbst in ihrem Leibe wohne. Das war eine Lehre, die einem stets mißtrauischen Herrscher nützlich erscheinen mußte.

Die Schrift des Michael Scotus wurde in der Renaissance vielfach neu gedruckt, bis ein anderer Physiognomiker sie ablöste, der Neapolitaner Porta, dem Goethe dann bei seinen Forschungen zur FARBEN-LEHRE begegnete. Von Porta stammt der seither immer noch beibehaltene Vergleich von Menschen- und Tierphysiognomien, der in unseren Wendungen wie Adlernase, Habichtsprofil, Fuchsgesicht weiterlebt. Es ist die Übertragung der mittelalterlichen Zoologie aufs Physiognomische, der Adler ist kühn, das edelste Wappentier, ein Mensch mit Adlernase damit ein Edeling, ein Löwenkopf deutet auf Großmut, ein Wolfsgesicht auf Grausamkeit und Gier. Zur Korrektur möge die Bemerkung Theodor Fontanes dienen, der die gute Beobachtung eines alten Gerichtsarztes zitierte: Meine Mörder sahen alle wie junge Mädchen aus.

Lavater nun wollte ganz wie Michael Scotus die Laster und Tugenden der Menschen aus ihrem Profil ablesen, nicht, um einem Herrscher zu dienen, der rasch die Verräter oder die Brauchbaren in seiner Umgebung herausfinden will, sondern um die Moral und den Glauben zu befördern. Er glaubt in jedem Gesicht den Menschen erkennen zu können, der als Proselyt für seine, Lavaters ganz bestimmte Form des Jesusglaubens geeignet sei. Er hat in seiner praktischen Tätigkeit ganz erstaunliche Mengen von Anhängern und Lavater-Gläubigen gefunden – in den verschiedensten Schichten. Was sich auch immer gegen sein Buch sagen läßt, und das ist viel: im Leben hat er gewirkt wie wenige. Goethe war von ihm fasziniert bis zur femininen Hingabe; Goethes Mutter, die derbe und unschwärmerische Natur, schloß sich innig an den Propheten an; Frauen waren sein Hauptpublikum, und es ging da bis zu peinlich-grotesken Zügen, die meist die Fahrten eines Sektengründers begleiteten. Die schöne Fürstenmätresse Branconi, von allen Seiten umworben, hat den Meister brieflich um ein leibliches Zeichen seiner Gunst gebeten: ein Taschentuch, einige Haare vom Haupte des Seelenfreundes, »die für mich das sein werden, was meine Strumpfbänder Dir sind«; sie hatte ihm offenbar diese zugeschickt. Ein heimliches erotisches Element spielt mit bei den Verzückungen; bei Lavater, der ein vorbildliches Familienleben führte, nur »platonisch«, bei anderen Wundermännern, die vielfach auftauchten, in greifbaren Formen.

Was hatte aber Goethe mit dem Manne zu schaffen? Was zog ihn so an und stieß ihn dann bald ab. Die Wirkung eines solchen Propheten auf die Menschen war es wohl vor allem, was ihn faszinierte; das Wort »würken«, »Würkung« ist eines seiner Hauptworte in dieser Zeit. Er lernte, sammelte ein, studierte nach allen Seiten. Er war weit offen bis zur Zerflossenheit und hatte sich dann zusammenzuziehen bis zur Härte. Aus solchem Wechsel besteht sein Leben.

So reist er mit dem Propheten umher, der überall sehnsüchtig oder neugierig erwartet wird. Ein zweiter Prophet kommt hinzu: der Pädagoge Basedow, ganz anderen Schlages, ein stämmiger, schwerer Mann, der unablässig seine Pfeife raucht. Mit rauher Stimme verkündet er das Evangelium seiner neuen Erziehung nach Prinzipien Rousseaus, vermengt mit unorthodoxen religiösen Anschauungen, Ketzereien über die Trinität, die er seinen Hörern mit derben Worten an den Kopf wirft. Goethe, als »Weltkind« in der Mitte, genießt das Jahrmarktstreiben dieser Reise – ins Bad nach Ems, an die Lahn, zum Rhein. Auch er wird überall erwartet als Autor des WERTHER. Man will von ihm Genaueres über Lotte und Jerusalem hören. Er erzählt ausweichend Märchen, disputiert mit Basedow über Kirchenväter und Konzilien. Er tanzt im Kursaal die Nächte hindurch, verkleidet sich als Dorfgeistlicher – es ist bezeichnend, daß er meist, wie aus schlechtem Gewissen heraus, die Maske des armen Theologen wählt bei seinen Vermummungen – und spielt seinen Reisegenossen übermütige Streiche. Er beobachtet sie genau; die physiognomischen Studien, die er an ihnen gemacht hat, sind die deutlichsten Zeugen der neuen Liebhaberei in seinem ganzen Œuvre.

Lavater hat nicht so gut gesehen. Er hat geglaubt, auch in Goethes Kopf den eines Adepten für seine Gotteslehre zu erkennen. Das war aber die Linie, wo die Geister sich schieden. Goethe war bereit, das zarte, fromme Wesen des Reisegefährten anzuerkennen, auch dessen Treuherzigkeit, wenn er einem aufgeregten Widersacher ein schweizerisches »Bisch guet« auf die Schulter klopfte; er verglich Lavaters saubere Erscheinung mit dem groben und tabakstinkenden Basedow, seinen kindhaften Bibelglauben mit dessen rabiaten Ketzereien. Weiter ging er nicht. Lavater hat lange gehofft, Goethe bekehren zu können; auf die naivste Weise spricht er immer wieder davon in seinen Briefen an die Freunde des Kreises. Goethe eignete sich nicht zum Anhänger einer Sekte oder überhaupt einer Glaubenslehre. Er hatte seinen eignen Glauben. Und als Lavater dann in seinem frommen Eifer immer dringlicher und schließlich anmaßender wurde bis zu dem unvermeidlichen »wer nicht für mich ist, der ist gegen mich«, da kam es zum Bruch mit unnötig scharfen Kanten.

Das Interesse an der Physiognomik aber bleibt. Andere kommen, der Schädeldeuter Gall, der wiederum Epoche machte und Goethes Stirn als die eines großen Volksredners beschrieb. Als Schillers, des lange Verstorbenen, Schädel 1826 ausgegraben wird und Goethe ihn sinnend in der Hand hält, dichtet er seine einzigen Terzinen, und es ist sinnvoll, daß er die allerstrengste Form für seine strömenden Gedanken wählt. Er sieht in der »dürren Schale« heiligen Sinn, ein geheim Gefäß, das Orakelsprüche kündet von der Gott-Natur und ihrer Offenbarung:

>»Wie sie das Feste läßt zu Geist verrinnen,
> Wie sie das Geisterzeugte fest bewahre.«

Das ist seine Antwort auf Lavaters Bekehrungsversuche und seine Form, sich eine eigene Physiognomik zu schaffen – im Gedicht.

Lili

Nach den Propheten, dem derben und dem zarten, den Geniefreunden, Pietisten, einem Besuch des großen Meisters Klopstock, mit dem man sich über Schlittschuhe unterhält – Klopstock empfiehlt nachdrücklich die niedrigen, breiten, flachgeschliffenen holländischen und besteht darauf, es müsse »Schrittschuhe« heißen –, nach Fürstlichkeiten und Hofleuten gerät Goethe auch in der Heimatstadt in Gesellschaftskreise, die dem Hause seiner Eltern fernstanden. Der Particulier Rat Goethe verkehrte nicht in der Frankfurter Großbourgeoisie. Der Sohn ist unbedenklicher. Er geht sehr elegant angezogen, im blaubordierten Frack aus Lyon. Er ist ein berühmter Autor, Freund anderer Berühmtheiten; die Patrizier und Bankierssöhne halten ihn freilich kaum für gleichstehend und wissen auch noch vom Großvater Schneider und Weinhändler. Ein Freund nimmt ihn mit zu den Schönemanns. Das ist eine der ersten Bankiersfamilien der Stadt, sehr reich, wie es heißt. Sie machen ein großes Haus, es wird dort auch ziemlich hoch gespielt; man macht Musik, es wird getanzt.

Eine hübsche Blondine, sechzehnjährig, sitzt am Flügel, als Goethe eintritt, und spielt mit Anmut und Fertigkeit. Goethe stellt sich neben das Instrument und betrachtet sie. Das Mädchen erhebt sich nach beendeter Sonate und begrüßt ihn mit der Leichtigkeit der jungen Weltdame. Ein Quartett hat inzwischen begonnen. Die beiden sehen sich aufmerksam an, und Goethe empfindet noch nach vierzig Jahren, »daß ich ganz eigentlich zur Schau stand«.

Er hat im hohen Alter von ihr gesagt: »Sie war in der Tat die Erste, die ich tief und wahrhaft liebte. Auch kann ich sagen, daß sie die Letzte gewesen ist; denn alle kleinen Neigungen, die mich in der Folge meines Lebens berührten, waren mit jener ersten verglichen nur leicht und oberflächlich.« Das ist nicht nur greisenhafte Vergeßlichkeit, obwohl es hart klingt für alle, die sich forschend oder teilnehmend mit den späteren vielen Neigungen beschäftigt haben. Es ist aber zu verstehen, wenn man das Wort Liebe oder Geliebte nicht als eine gleichbleibende Größe ansieht, wie es vielfach getan wird. Goethe liebt auf sehr verschiedene Weise. Hier, so scheint es, ist ihm zum einzigen Male ein weibliches Wesen begegnet, dem er unterlegen war und dem er sich nicht oder nur sehr schwer entziehen konnte. Diese Lili war keine »Schwester«-Natur. Sie war keine schon Verheiratete oder Versagte oder allzu Junge oder Bequeme. Diese Demoiselle Elisabeth Schönemann war sehr unbequem. Die Liebe zu ihr war eine hitzige, brennende, quälende Angelegenheit, ein wirkliches Feuer, nicht eines, an dem man sich wärmen und von dem man aufstehen konnte, wenn es einem zu stark wurde. Damit ist nichts über die anderen Lieben gesagt, die andere Bedeutung hatten. Hier aber, zum ersten und wohl auch einzigen Male, hat er sich gefangen gefühlt, »im Sack«, wie er in Leipzig angstvoll geträumt hatte. Der Vergleich ist etwas zu grob. Es waren Seidenfäden. Aber sie schmerzten.

Die Mutter Schönemann bittet den jungen Advokaten freundlich, doch wiederzukommen. Die Brüder, älter als die Schwester, sind weniger angetan von dem Besucher. Er scheint ihnen etwas zu geniemäßig lässig in der Haltung, und außerdem haben sie ganz bestimmte Pläne mit der hübschen Schwester. Sie ist auf ihrem Schachbrett eine wichtige Figur, die an der richtigen Stelle eingesetzt werden muß.

Denn die Wahrheit ist, daß es mit dem Glanz des Hauses Schönemann nur nach außen hin noch prächtig steht. Die Söhne haben nichts von der Tüchtigkeit des Vaters geerbt, der im Siebenjährigen Krieg, wie viele der Frankfurter Bankhäuser, die Bethmanns oder Willemer, sehr viel Geld gemacht hat, aber bald nach Friedensschluß gestorben ist. Der Compagnon Heyder ist aus der Firma ausgeschieden; er ist ein Mann vom alten Schlage, der seine ebenfalls sehr hübschen Töchter im Comptoir mitarbeiten läßt. Da sitzen sie an der Kasse und wechseln die zahllosen Münzsorten, an denen in der Zeit der großen Geldverwirrungen, der vollgewichtigen und beschnittenen Taler und Dukaten, sehr viel verdient wird; der Vater hat nichts dagegen, wenn sie die Kunden durch anmutigen Augenaufschlag dabei etwas ablenken. Madame Schönemann, aus der adligen Hugenottenfamilie d'Orville, hat aber sehr viel dagegen, daß ihr Töchterlein zu so kommunen Geschäften verwendet wird. Sie soll ausgezeichnet Klavier spielen, elegant reiten, tanzen, Konversation machen und vor allem einen sehr reichen Schwiegersohn ins Haus bringen. Der Bau des Palais Schönemann – mit großen Stallungen, einem eignen Saal für die Assemblees, kostbaren gemalten Tapeten und Supraporten, Spieltischen – hat einen beträchtlichen Teil des Vermögens verschlungen. Die Gesellschaft ist teils sehr aristokratisch, teils geldschwer, wenn es sich um Besucher aus dem Kreise der Geschäftsfreunde handelt, gemischt mit etwas leichterer Ware. Der bösmaulige Chronist Senckenberg spricht in seinem Tagebuch sogar von »Hurenwirtschaft«, worunter etwa zu denken ist, daß es ungezwungener zuging als in anderen Frankfurter Häusern.

In diesen Kreis tritt Goethe ein, stolz und gehemmt, denn er spürt sofort den Widerstand der Familie. Zwischen Frankfurt und dem nahen Offenbach, wo der Bruder der Madame Schönemann, d'Orville, sein Haus hatte, spielt sich die Liebesgeschichte ab. Die d'Orvilles waren Teilhaber einer der größten Schnupftabakfabriken Deutschlands, die den berühmten *Marokko* herstellte und einige hundert Arbeiter beschäftigte. Offenbach, als Residenz des Grafen Isenburg, hatte einen anderen Lebensstil als die stets etwas strenge Reichsstadt Frankfurt. Die Industrien blühten, nicht nur in Schnupftabak, die reichen Häuser waren gastlich, auch viele wohlhabende Frankfurter hatten dort Sommervillen oder mieteten sich für die Saison ein. Der Teilhaber der d'Orvilles hielt sich eine ausgezeichnete Hauskapelle und veranstaltete Konzerte durchreisender Virtuosen; Goethes Jugendfreund André hatte bereits einen ausgebreiteten Musikalienhandel eröffnet neben der väterlichen Seidenfabrik, komponierte Singspiele, die zu den besten der Zeit gehörten, darunter Goethes Erwin und Elmire, Lieder, die viel und lange gesungen wurden; er begründete dann einen Musikverlag, der über hundert Jahre lang eines der führenden deutschen Musikalienhäuser war. Musiziert wurde in Offenbach allenthalben, ebenso getanzt. Die Offenbacher profitierten davon, daß in Frankfurt öffentliche Maskenbälle nur ausnahmsweise zugelassen waren, und ganze Karawanen von Frankfurtern zogen des Sonnabends ins Offenbacher Schauspielhaus, wo es sehr un-reichsstädtisch elegant zuging.

So beginnt nun ein lustiges Hin- und Herfahren, ein ständiger Karneval mit Familiengesellschaften. Die d'Orvilles nehmen den jungen Goethe sehr freundschaftlich in ihrem Hause auf. Er spielt mit den Kindern und besorgt ihnen vom Frankfurter Spielzeugmarkt das schönste Spielzeug; es ist wiederum merkwürdig, wie um jede Liebschaft Goethes doch Kinder sein müssen. Er bedankt sich mit einem liebenswürdigen Briefgedicht, in dem die Kinder mit arabischen Spitznamen Mufti, Ali Bey, Abu Dahab genannt werden, auf dem Schoß herumklettern und der Lili, die Kopfschmerzen hat, im Namen des Dichters einen Kuß geben; der alte Diener kommt herein und fragt nach den Wünschen der Damen zum Essen, man wünscht Kapaun und Wildbret; André trällert ein Lied, man hört aus dem Nebenzimmer schon die Rufe der Kartenspieler; der Dichter spricht auch von seinem Unmut, der ihn davongetrieben, aber »Pliz! Plaz! so bin ich wieder da«.

Lili hält sich eine Menagerie, die in einem anderen Poem bedichtet wird. Er sitzt als Bär zu ihren Füßen, am Seidenfaden gehalten. Er brummt, sträubt sich, sie patscht ihn mit mutwilligen Schlägen und reicht ihm zuweilen einen Tropfen Honig. Er stöhnt nach Freiheit, reckt sich: Noch hab ich Kraft.

»Goethe ist jetzt lustig«, heißt es in einem Brief, »geht auf Bälle und tanzt wie rasend! Macht den Galanten beim schönen Geschlecht, das war er sonsten nicht.« Mitten im Gespräch aber läuft er davon; bei festlichen Gelegenheiten erscheint er im nachlässigsten Anzug. Dabei gibt er erhebliche Summen für den Perückenmacher, für Handschuhe, den Degenmacher, silberne Schnallen für die Schuhe, für Blumen, Konfekt und andere Geschenke aus. Er reitet mit Lili spazieren und schreibt darüber an die entfernte Auguste: »Du solltest den Engel im Reitkleide sehen!« Sie schenkt ihm ein goldnes Herz, das er um den Hals trägt, unter dem Spitzenjabot. Sie kokettiert mit ihm, wie er es empfindet, kaum mehr wohl als irgendein anderes Mädchen, eher weniger, denn sie ist im Grunde eine ernste, sehr feine Natur; Goethe klagt immer über Koketterie der andern, während er selber sehr weiblich ist und auch sehr weiblich schwatzhaft: Nach allen Seiten schickt er seine Mitteilungen über die neue Liebe aus, an Auguste Stolberg, an das Tantchen Fahlmer, sogar an Menschen, mit denen er wenig intim ist, wie den Balladendichter Bürger in Göttingen oder die noch gleichgültigere preußische »Sappho«, die Karschin, die mit ihm über seine Dichtungen in Korrespondenz trat. Zettelchen gehen zwischen Frankfurt und Offenbach hin und her, auch Gedichte; von allem sind nur Bruchstücke erhalten, genug, um erkennen zu lassen, daß er sich gequält hat. Er will ständig fort und muß zurück. »Lang halt ich hier nicht aus, ich muß wieder fort – wohin?«

Im freieren Offenbach, wo Goethe beim Freund André wohnt und wo Lili nicht unter der mißtrauischen Aufsicht ihrer Brüder steht, kommt man auch intimer zusammen. Goethe sitzt im Zimmer Lilis unter ihren vielen Hutschachteln, Reitkleidern und Stiefeln, sie zieht sich im Nebenraum um. Er benutzt ihren Schreibsekretär mit dem in buntem Stroh eingelegten Schreibzeug, um an die andere Geliebte in Kopenhagen zu schreiben; es ist heiter-belehrend, daß er immer, wie schon in Leipzig, am Schreibtisch »seines Mädgens« etwas an andere aufs Papier werfen muß. Die anderen Mädgens schwirren noch in seinem Kopf umher, die schwarzen Augen der Maximiliane Brentano, die er in der Komödie getroffen hat, das Offenbacher Barmädchen neben der Offenbacher Lili, die ferne Geliebte in Kopenhagen. In seinen biographischen Notizen aus späterer Zeit findet sich nur die kurze Wortreihe: »Abenteuer mit Lili. Einleitung, Verführung. Offenbach.« Das Wort Verführung ist vieldeutig, nicht vielsagend; es kann alles mögliche heißen, auch, daß er sich als seinen eigentlichen Absichten entführt fühlte.

Die Familien sehen diese Beziehung mit wenig freundlichen Augen an. Der Rat Goethe wünscht keine »Staatsdame« als Schwiegertochter. Wo sollte man ein solches Paar überhaupt unterbringen? Goethe haust unter Staffeleien, an die Wand gehefteten Zeichnungen und Silhouetten in einem Mansardenzimmer im zweiten Stock; die andern Räume sind vom wahnsinnigen Mieter und seiner Bedienung besetzt. Im ersten Stock hat der Rat seine Bibliothek und seine Gesellschaftsräume, die er keineswegs aufzugeben gedenkt. Man müßte womöglich anbauen, wofür wenig Platz zur Verfügung steht. Die Schönemanns sind obendrein reformiert, die Goethes lutherisch. Gemeinsame Bekannte hat man keine. Madame Schönemann schwankt, sie hat vor allem ihre Finanzsorgen im Kopf, der junge Advokat mit mäßig gehender Praxis scheint kaum eine sehr günstige Partie; Schriftstellerei mag Ruhm einbringen, ist aber ein ganz brotloses Gewerbe. Die beiden Söhne sind ausgesprochen feindlich.

Eine Freundin des Hauses Schönemann greift ein, eine »Handelsjungfer« Delph, die in Heidelberg allerhand Geschäfte betreibt, Geldvermittlung, auch etwas politische geheime Kommissionen und Eheintrigen. Sie ist eine resolute, männlich aussehende Person. Sie hat an Goethe, dem Unentschlossenen, Gefallen gefunden und treibt die Sache bis zu einer förmlichen Verlobung. »Gebt euch die Hände«, befiehlt die Delphin. Die Eltern haben unsicher zugestimmt. »Ich stand«, so berichtet Goethe, »gegen Lili über und reichte meine Hand dar; sie legte die ihre, zwar nicht zaudernd, aber doch langsam hinein. Nach einem tiefen Atemholen fielen wir einander bewegt in die Arme.«

Er sei nie seinem Glück so nahe gewesen wie damals, bekennt er im höchsten Alter. In den biographischen Notizen steht: »Ahndung des Trugschlusses, man verschweigt sich die Zweifel, teilt sich das Günstige mit, bestärkt sich äußerlich, nachdem man innerlich schwankt, ohne daß die Leidenschaft dadurch gemildert werde. Vollkommene Dienstbarkeit war eingetreten.« Der letzte Satz ist der entscheidende. Er flüchtet auf der Stelle in eine Reise, ein bei Goethe stets probates Mittel, sich zu entziehen. Die Brüder Stolberg sind eingetroffen und haben »Tyrannenblut« aus des Großvaters Keller getrunken. Sie wollen in die freie Schweiz, das Land der biederen, trotzigen Bauern, der unverfälschten alten Sitten, der hohen Berge. Goethe reist sogleich mit, der Vater wird für die Anwaltspraxis sorgen, die Mutter mag sich ein wenig um die Verlobte kümmern. Man hat Werther-Uniform angelegt, die wieder abgelegt wird, um nackt zu baden. Man geht auch zu Hofe zwischendurch, in Karlsruhe wird man dem Markgrafen vorgestellt und trifft den jungen Erbprinzen von Weimar, Karl August, der ebenfalls gerade verlobt ist mit einer der fünf Darmstädter Prinzessinnen. Luise ist ein »Engel«, wie Goethe schreibt, der dies Wort ebenso häufig verwendet wie Liebe und

Geliebte. Der blinkende Ordensstern auf ihrer Brust hält ihn nicht ab, »einige Blumen aufzuheben, die ihr vom Busen fielen und die ich in der Brieftasche bewahre«. Das ist der Beginn einer lebenslänglichen Beziehung zu einer weiteren »Äbtissinnen«-Natur. Den Prinzen hatte Goethe schon kurz vorher in Frankfurt auf der Durchreise flüchtig kennengelernt; der Hofkavalier Herr von Knebel hatte den Dichter in seinem Mansardenzimmer aufgesucht. Auch damit begann eine Freundschaft für viele Jahrzehnte. »Ich habe viel gesehen«, schreibt er an das Tantchen Fahlmer. »Ein herrlich Buch die Welt, um gescheuter daraus zu werden – wenn's nur was hülfe... Soviel diesmal vom durchgebrochnen Bären, von der entlaufnen Katze.«

Der Schwager Schlosser, Amtmann des Markgrafen von Baden in Emmendingen, wird besucht mit der Schwester. Der Anblick dieser Ehe, die schlecht geht, der blassen Cornelia, die das noch ungeborene Kind in ihrem Leibe haßt, der vor ihrem Mann graut, dem tüchtigen, erfolgreichen Beamten, ist nicht geeignet, Heiratspläne zu befördern. Er beichtet Cornelia sein Verhältnis zu Lili. Sie warnt, beschwört, fleht: Heirate nicht! nicht diese! Überhaupt nie, versprich mirs!

Nach Zürich nun zu Lavater, dessen patriarchalischer Haushalt ganz dem Bilde vom echten Schweizer Familienleben entspricht. Von den Stolbergs hatte er sich schon getrennt, der Mentor Merck hatte bereits gewarnt: »Daß Du mit diesen Burschen ziehst, ist ein dummer Streich, Du wirst nicht lange bei ihnen bleiben.« Die dummen Streiche des Genielebens sind bald lästig geworden, das Nacktbaden, das Gegen-die-Wand-Schmettern der Gläser, die Flüche auf die Tyrannen. Außerdem hat Fritz Stolberg seine eigne schmerzliche Liebesaffäre mit einer schönen Engländerin – und möchte durchaus davon sprechen; von Lili will er nichts hören.

Die Physiognomik wird besprochen. Lavater führt ihm einige seltsame physiognomisch interessante Gestalten vor: zwei dichtende und philosophierende Bauern, Boßhard und Kleinjogg, den man den Schweizer Sokrates nennt. Sie sollen die unverfälschte Naturweisheit des Volkes repräsentieren. Goethe hört sie mit Toleranz an. Jede Menschengestalt ist ihm recht, die seine Erfahrungswelt bereichert. Er ist der »liebenswürdigste, zutraulichste, herzigste Mensch bei Menschen ohne Prätension«, schreibt Lavater an Wieland. »Der zermalmendste Herkules aller Prätension...« – damit ist Bodmer gemeint, der *grand old man* der Züricher Literatur, zu dem Lavater ihn auch führt, denn alle wollen nun den Autor des WERTHER kennenlernen. Bodmer, Patrizier, auf schönem Besitz, noch vom Ruhm des Jahrhundertanfangs zehrend, da er einmal mit Gottsched um die Führung der deutschen Literatur kämpfte, ist ein Greis von fast achtzig Jahren. Er ist noch immer enorm lebendig, streitbar und neugierig. Durchaus will er den jungen Mann sehen, in dessen Werken »die Jünglinge Sophismen finden für die ausschweifendste Leidenschaft«, wie er einem Freund geschrieben hat. Er hat gehört, daß der junge Mann an einem FAUST arbeiten soll: »Eine Farce läßt sich von einem Schwindelkopf leicht daraus machen.« Goethe wiederum hat schwerlich etwas von den hundert Schriften gelesen, die um den alten Herrn herumstehen. Er weiß kaum etwas von Bodmers Versuchen, das Nibelungenlied, die Minnesänger herauszugeben. Er sieht lediglich wie in Gottsched eine schon halb verschollene Größe vor sich, einen Greis, der obendrein mit beängstigender Munterkeit gestikuliert, auf- und abrennt, mit dem hageren, schmalen Kopf ruckt. Als »Uhu«, der die munteren Vögel schrecken möchte, hat er ihn dann bald parodiert.

Bei der Begegnung aber gibt er sich zurückhaltend und fast steif, wie er auch immer bei Hofe auftritt; er ist schließlich in Audienz bei einem Geistesfürsten. Er spricht kein Wort von seinen Schriften. Er äußert sich über Klopstock voll Hochachtung. Er vermummt sich wie so oft.

Bei Lavater hat er dessen jungen Adlatus kennengelernt, einen Frankfurter Theologen Passavant. Mit dem wandert er weiter, die Stolbergs bleiben zurück. Sie steigen auf den Rigi, fahren auf dem Vierwaldstätter See, pilgern die bekannte Gotthardstraße hinauf bis zum Gotthardhospiz. Italien liegt vor ihnen. Passavant will hinunter, Goethe zaudert. Er zeichnet, wie um sich klarzuwerden, und schreibt unter das Blatt *Scheideblick nach Italien*. Nichts hält ihn eigentlich ab. Der Vater wäre durchaus einverstanden mit einer Italienreise; sie haben davon gesprochen. Goethe flüchtet wieder – diesmal zurück. In Zürich knüpft er in Lavaters Kreis eine neue Bekanntschaft an, zu der dreißigjährigen Barbara Schultheß, Frau eines Fabrikanten. Die gefühlvolle, aber kühle und sehr stetige, schöngeistige und unschöne Barbara nimmt geduldig seine Konfessionen entgegen. Er braucht unablässig solche Frauen, um sich auszusprechen, zu beichten, zu klagen. Sie korrespondieren miteinander, bis Goethes für die fromme Schweizerin unverständliches Verhältnis zu Christiane Vulpius der Beziehung ein Ende macht. Vergessen bleiben unter Barbaras Papieren die Dichtungen liegen, die er ihr geschickt hat; erst 1910 kommt aus ihrem Nachlaß die Urfassung des WILHELM MEISTER zutage, die auch Goethe vergessen hatte.

Aus dieser kühlen und beruhigenden Freundschaft, bald mit dem »Du« bekräftigt, wieder zurück in das Frankfurter Fegefeuer. Er hat an Lili kaum einen Abschiedsgruß geschrieben; er mutet ihr viel zu, wie allen seinen Partnerinnen. In einigen Versen auf der Wanderung wird ihrer gedacht. An einer Tagebuchstelle steht die Aktennotiz: »Vom Berge in die See. Vide das Privatarchiv des Dichters Lit. L.« (für Lili; es ist nicht gesagt, was unter Lit. L. oder sonst dort eingeordnet werden sollte). Vielleicht sind einige der Verszettel in ihre

Hände gekommen. Die Verwandtschaft hat inzwischen dafür gesorgt, ihr das Aussichtslose dieser Verlobung deutlich zu machen. Sie schwankt noch. Freunde berichten Goethe, sie habe geäußert, sie würde auch nach Amerika mit ihm auswandern.

Er hat aber schon, wie es in einem seiner Briefe heißt, die »Relaispferde« für künftige Stationen bestellt. Zunächst denkt er ernstlich daran, doch nach Italien zu gehen. An den Freund Merck schreibt er im Götz-Ton: »Ich bin scheißig gestrandet, und möchte mir tausend Ohrfeigen geben, daß ich nicht zum Teufel ging, da ich flott war. Ich passe wieder auf neue Gelegenheit abzudrücken, nur möcht ich wissen, ob Du mir im Fall mit etwas Geld beistehen wolltest, nur zum ersten Stoß«, im Frühjahr etwa, »daur' es kaum bis dahin, auf diesem Bassin herumzugondolieren und auf die Frösch- und Spinnenjagd mit großer Feierlichkeit auszugehen.«

Das ist sein Ton als Gegengewicht zu dem hitzigen Gefühl, von dem er noch nicht loskommt, sosehr er zerrt an den Seidenfädchen. Er sitzt wieder in Offenbach in ihrem Zimmer, am Spieltisch im Salon zu Frankfurt, starrt eifersüchtig auf die reichen Geschäftsfreunde des Hauses Schönemann, die onkelhaft dem Mädchen die Wangen tätscheln oder auch einen Kuß fordern, er hört von anderen, ernsthafteren Bewerbern, den Plänen der Brüder, er schickt neue Liebesgaben, »Galanterie, Bijouterie, das Neueste, Eleganteste«, die Mama soll davon nichts wissen, der diese Verlobung wohl schon längst zum Abbruch überfällig erschienen sein muß. Er schreibt aus unerfüllter Erotik eine leidenschaftliche Übersetzung des HOHEN LIEDES Salomonis ins Goethische. Er bekennt der entfernten Geliebten in Kopenhagen, er sei gestrandet, ein Armer, Verirrter: »Und doch Liebste, wenn ich wieder so fühle, daß mitten in all dem Nichts sich doch wieder so viel Häute von meinem Herzen lösen, so die convulsiven Spannungen meiner kleinen närrischen Composition nachlassen, mein Blick heiterer über Welt, mein Umgang mit den Menschen sicherer, fester, weiter wird, und doch mein Innerstes immer ewig allein der heiligen Liebe gewiedmet bleibt, die nach und nach das Fremde durch den Geist der Reinheit, der sie selbst ist, ausstößt und so endlich lauter werden wird wie gesponnen Gold – da laß ichs denn so gehn – Betrüge mich vielleicht selbst. – Und dancke Gott. Gute Nacht. Addio. Amen: 1775.«

Die heilige Liebe: nicht zu einer zufälligen Person, sondern eben zur Liebe im allgemeinen ist das Kennwort. Lili ist ihm das »Fremde«, das abgestoßen werden muß. Er hat sich bereits gehäutet, auch dies ein Gleichnis, das immer wiederkehrt. Und er empfindet diese neue Herzenshaut mit seiner höchstpersönlichen Terminologie als Zeichen der »Reinheit«. Der Braut, die eben noch bis nach Amerika mit ihm gehen will, muß diese Schlangenwandlung in anderem Lichte erschienen sein. Er flüchtet, zum zweiten Male und nun endgültig, nicht nur aus der Beziehung zu Lili, sondern auch aus dem Goethe-Haus, der Vaterstadt, und für immer.

Die Liebe zu Lili hat noch einige Nachklänge im Gedicht; dann wird sie ein Vierteljahrhundert lang vergessen. Als Baronin von Türckheim, die sich nun Elise nennt, Gattin eines Straßburger Bankiers, schreibt sie nach 27 Jahren an den »verehrungsvollen Freund« und Staatsminister, bittet um Protektion für einen Bekannten, der in sächsische Dienste treten will, und berichtet einiges von ihren Familienumständen. Sie hat schwere Zeiten durchgemacht, von denen sie nicht spricht. Das Haus Schönemann hat ziemlich bald nach Goethes Abreise Bankrott gemacht, der älteste Bruder, der die Bücher gefälscht, sich erschossen, das elegante Mobiliar, auch der Flügel, an dem Goethe sie kennengelernt hat, ist versteigert worden. Lili oder Elise jedoch ist noch kurz vor der Katastrophe gut und standesgemäß verheiratet worden. Sie ist nicht eben überschwenglich glücklich in ihrer Ehe gewesen und hat Lavater, dem Beichtvater so vieler, ihre Seelensorgen geklagt. Tapfer aber hat sie in der Revolutionszeit, die dem Mann als Maire von Straßburg fast das Leben gekostet, ihre Kinder aus der tobenden Stadt gerettet, als Bäuerin verkleidet, den Kleinsten auf dem Rücken, die andern an der Hand. Sie hat ein feines, sehr »klassisches« Profil bekommen, das ihre Bekannten, die Goethe gelesen haben, an die Iphigenie erinnert und das jedenfalls nichts von der übermütigen und etwas üppigen Schönheit ihres Jugendbildnisses hat. Sie ist eine gute Mutter, sorgende Gattin, eine Dame von Welt und eine ernste, sehr feine Seele, wie ihre Briefe zeigen. Nachdenklich mag sie gestimmt haben, was sie aus Weimar hörte, von der ehemaligen Arbeiterin in einer Blumenfabrik, einer kleinen, derben Person, mit der ihr Jugendgeliebter nun zusammen lebte.

Goethe schreibt gemessen zurück an die verehrte Freundin, die ihm nach so langer Zeit eine angenehme Erscheinung sei; für den Bekannten könne er leider nichts tun. In einem weiteren Brief küßt er ihr tausendmal die Hand »in Erinnerung jener Tage, die ich unter die glücklichsten meines Lebens zähle«. Man hat ihm inzwischen von Lilis tapferer Haltung erzählt, und er fügt hinzu: »Leben Sie wohl und ruhig nach so vielen äußeren Leiden und Prüfungen, die zu uns später gelangt sind und bei denen ich oft Ursache habe, an Ihre Standhaftigkeit und ausdauernde Großheit zu denken. Nochmals ein Lebewohl mit der Bitte meiner zu gedenken« (14. 12. 1807). Zehn Jahre später ist sie gestorben.

Die Schilderung der »glücklichsten Tage« in seinem Lebensbericht hat Goethe zurückgehalten bis zu seinem Tode. Die Korrespondenz zwischen den beiden wurde vernichtet. Die Tatsache, daß von Lili in seinen Dichtungen nur sehr flüchtige Spuren verblieben sind, ist kein Beweis für eine schwache Neigung, eher das Gegenteil. Man hat auch geklagt, daß Goethe diese einzige Gelegenheit, eine seiner würdige Lebensgefährtin zu finden, vorübergehen ließ. Es gab aber keine ständige Lebensgefährtin für ihn, am wenigsten eine Frau wie Lili-Elise es war. Es gab nur neue Lieben, neue Verhältnisse, neue Häutungen und Wandlungen bis ins höchste Alter. Gerade die innere Festigkeit dieses Mädchens, die Goethe schon damals gespürt haben muß, wird ihn zur Flucht veranlaßt haben, nicht der äußere Vorwand der Abneigung der Familien, die leicht zu überwinden gewesen wäre. Überwindung jedoch hätte es gekostet, sich nicht nur der Heiligen Liebe hinzugeben, sondern dem ganzen Menschen. Es war sein Schicksal, daß er einsam bleiben mußte, bei unendlichem Bedürfnis nach Nähe.

Nach Weimar

Man hat in der Flucht Goethes nach Weimar eine besondere Bedeutung sehen wollen: den entscheidenden Zug, in seinem lebenslänglichen Bemühen sein »Leben als Kunstwerk zu gestalten«. Er selber beschreibt damals die Vorgänge viel einfacher und läßt dem Zufall sein Spiel. Der junge Erbprinz von Weimar hat bei den kurzen Begegnungen Gefallen an Dr. Goethe gefunden und ihn in seine Residenz eingeladen. Auch andere Fürstlichkeiten interessieren sich für ihn, so der Prinz von Meiningen, aus einem der anderen vielen Herzogtümer in Thüringen, und er hat den Eindruck notiert, den Goethe auf ihn machte: »Er spricht viel, gut, besonders, original, naiv und ist erstaunlich amüsant und lustig. Er ist groß und gut gewachsen ... und hat seine ganz eigenen Fassons, sowie er überhaupt zu einer ganz besonderen Gattung von Menschen gehört. Er hat seine eigenen Ideen und Meinungen über alle Sachen. Über die Menschen, die er kennt, hat er seine eigene Sprache, seine eigenen Wörter.« Junge Erbprinzen hatten auf ihren Bildungsfahrten die Aufgabe, sich nach brauchbaren Leuten umzuschauen; man suchte nach solchen und hatte sogar nichts dagegen, wenn sie originelle Ideen äußerten. Reformen, Neuerungen lagen in der Luft; selbst Erbprinzen lasen ihren Rousseau, die Enzyklopädisten. Sie wußten etliches vom Merkantilismus oder Turgot und seinem physiokratischen System, das der Markgraf von Baden eben auf einigen seiner Besitzungen einzuführen suchte. Sie waren fast alle arm, mit armen und kleinen Ländern, die dringend etwas gehoben werden mußten. Sie alle hatten getreue Untertanen und beschränkte eingeborene Beamte, von denen sie nicht viel hielten. Man liebte es, sich Kräfte von außerhalb heranzuziehen, wie das auch die großen Höfe taten; in Preußen wimmelte es von Franzosen, Schotten, Italienern und Deutschen aus allen nichtpreußischen Ländern. Wenn ein solcher »guter Kopf« außerdem gut aussah, worauf man großen Wert legte, und womöglich amüsant und lustig war, eine gesellschaftliche Bereicherung, um so besser. Es war eine große Zeit für junge Männer vom Schlage dieses Dr. Goethe.

Als Goethe aus Frankfurt fortging, hatte er sich den Ruhm erworben, einer der ersten Schriftsteller Deutschlands zu sein; eine Karriere, nicht nur im Sinne seines Vaters, war das nicht. Er hatte nicht einmal so viel dabei eingenommen, daß er seine etwas großzügige Lebenshaltung davon bestreiten konnte; er hatte Schulden, bei Merck, Madame La Roche und andern. Die Anwaltspraxis ging schlecht und langweilte ihn, er beantwortete monatelang keine Briefe und verschleppte die Prozesse. Man bemühte sich, ihn anderweitig unterzubringen. Die tüchtige Handelsjungfer Delph hatte ihre Pläne, nachdem das Projekt Schönemann gescheitert war. Sie wollte ihn in Mannheim beim Kurfürsten von der Pfalz lancieren, wiederum in Verbindung mit einer anderen Heirat. Irgendein Hof, es gab ja deren einige fünfzig, oder die Vertretung eines Fürstenhauses, es gab deren einige hundert, das schien der einzige Ausweg für den Dichter.

Allerdings war er ein Dichter. Er hatte in diesen Frankfurter Jahren mehr geplant, als er je ausgeführt hat. Soeben waren zwei Ausgaben seiner GESAMMELTEN WERKE erschienen, in der Schweiz und in Berlin, beide ohne Berechtigung und Honorar, andere folgten noch, ebenfalls ohne Honorar. In seinen Mappen und Papiersäcken – er liebte es, seine Skizzen in solchen Beuteln aufzubewahren, schüttete sie auch zuweilen vor einem Besucher aus – lagen die Anfänge des FAUST, EGMONT, Epen, Gedichte, Satiren, Aufsätze, Romanbruchstücke. Er war auf der Höhe seiner Gestaltungskraft. Er schrieb leicht und schnell, mit sehr sauberer Handschrift, auch in den hingewühlten Briefen an die Auguste Stolberg, ohne viel Korrekturen. Er diktierte schon viel dem jungen Diener Seidel, der ihn überallhin begleitete, auch nach Offenbach. Man kann sich vom späteren Standpunkt aus ein Goethe-Werk denken und hat das getan, das ganz anders aussehen würde; das ist müßig. Er brach ab und fing ganz anders wieder an. Die Flucht aus Frankfurt ist auch eine Flucht vor der Verantwortung, die diese Pläne bedeuteten. Jedes Werk weigert sich dem Schöpfer, und je größer dieser ist, um so hartnäckiger. Wir werden noch sehen, wie oft Goethe vor großen Werken flüchtete oder in andere Werke auswich – oder bloße Beschäftigungen.

Der junge Weimaraner, nun soeben blutjung Herzog geworden, ein Achtzehnjähriger, kommt noch einmal durch Frankfurt, auf dem Wege zur Hochzeit mit seiner Darmstädter Luise. Zusammen mit dem Meininger lädt er Goethe ein. Der zeigt sich von seiner angenehmsten Seite: gewandt, ernsthaft, verbindlich. Er spricht von Justus Möser und seinen PATRIOTISCHEN PHANTASIEN, die ihm als Vorbild dafür erscheinen, wie ein kleiner Staat regiert werden müsse. Möser, den er nie persönlich kennengelernt hat, hat es ihm angetan. Da herrscht die gleiche Vorliebe wie in seinem Götz für das altdeutsche Wesen, Verständnis für das »Gewachsene« eines Staatswesens, Toleranz in Religionsfragen, da sind auch weitblickende Reformvorschläge oft überraschender Art. Da ist vor allem ein »guter Kopf«, der dies Gebilde regiert. Er traut sich durchaus zu, dergleichen irgendwo zu leisten, vielleicht in diesem Weimar, vielleicht anderswo, das ist noch ganz unentschieden.

Der junge Herzog wiederholt seine Einladung nach Weimar. Goethe verspricht zu kommen. Zunächst geht alles schief. Der Wagen, der Goethe abholen soll, bleibt aus. Goethe hat bereits gepackt. Der Vater, ohnehin mißtrauisch gegen solche Fürstenbekanntschaften, die er für sehr unzuverlässig hält, überredet den Sohn, nun doch die Reise nach Italien anzutreten. Die erste Station ist Heidelberg. Er beginnt ein Tagebuch, das leider in dieser Frische und Anschaulichkeit nie weitergeführt worden ist. Man spürt ihm die Freude an, nun aus dem »Loch, der Spelunke« herauszukommen. Er ist übermütig, nennt das Schicksal nicht mit feierlichen Worten, sondern »das liebe unsichtbare Ding, das mich leitet«, als ob es eine Mädchengestalt wäre. Für Norden hat er gepackt, nach Süden zieht er. »Frisch also! Die Thorschließer klimpern vom Bürgermeister weg und ehe es tagt und mein Nachbar Schuhflicker seine Werkstatt und Laden öffnet, fort! Adieu Mutter!« Lili bekommt noch einen Gruß, zum zweitenmal, »das erstemal schied ich, noch hoffnungsvoll unser Schicksal zu verbinden. Es hat sich entschieden – wir müssen unsere Rollen einzeln ausspielen. Mir ist in dem Augenblick weder bang für Dich noch für mich, so verworren es aussieht. Adieu!« Seine Doppelnatur muß auch der andern Geliebten in Kopenhagen gedenken, holde Blume soll sie heißen, und wie soll er von ihr Abschied nehmen? »Noch ist es Zeit – noch die höchste Zeit. Einige Tage später – und schon – O lebe wohl! Bin ich denn nur in der Welt, mich in ewiger unschuldiger Schuld zu winden?« Er führt den Briefroman noch ein Stück fort. Merck erhält einen Gruß, und »das Weitere steht bei dem lieben Ding, das den Plan zu meiner Reise gemacht hat«.

In Weinheim hat er guten Wein getrunken und sinniert: »Was nun aber der politische, moralische, epische oder dramatische Zweck von diesem allen? Der eigentliche Zweck der Sache, meine Herren, ist, daß sie gar keinen Zweck hat. So viel ist's gewiß, trefflich Wetter ist's, Stern und Halbmond leuchten und der Nachmittag war trefflich. Die Riesengebeine unserer Erzväter auf'm Gebirg, Weinreben zu ihren Füßen hügelab gereiht, die Nußallee und das Thal den Rhein hin voll keimender frischer Wintersaat, das Laub noch ziemlich voll und da einen heitern Blick untergehender Sonne drein!« Der Wirt entschuldigt sich, daß das ganze Haus voll steht mit Weinbutten und Zubern.

Es ist eine gute Ernte. Goethe stört nichts:»Heut Abend bin ich communicativ; mir ist als redet' ich mit Leuten, da ich das schreibe...
Will doch allen Launen den Lauf lassen...«

In Heidelberg steigt er bei der Handelsjungfer Delph ab, die ihre neuen Pläne für eine neue Heirat entwickelt. Ein Stafettenbrief des Weimarer Kammerherrn von Kalb holt ihn ein, durch einen Postillion blasend überbracht. Der Wagen ist da. Die Delphin beschwört ihn, doch weiterzureisen nach Süden. Der Postillion stößt ungeduldig ins Horn. Da kehrt er um nach Frankfurt und fährt nach Weimar. In solchen Launen, in solchem Wirrwarr vollzieht sich die größte Wendung seines Lebens. Er beschreibt sie später als das Walten eines Dämons, mit dem Zitat aus seinem EGMONT vom Schicksalswagen, dessen Sonnenpferde wie von unsichtbaren Geistern gepeitscht durchgehen: Wohin? Wer weiß es?»Erinnert er sich doch kaum, woher er kam.«

Sehr rasch wird er sich nicht mehr erinnern, woher er kam. In seinen vielen Wandlungen ist die schnellste und nachdrücklichste die vom reichsstädtischen Frankfurter zum Kosmopoliten, zum Weltbewohner, der sich das kleine Weimar als Wohnsitz wählt. Ein eigentlicher Weimarer ist er kaum je geworden. Aus Frankfurt hat er einige Spracheigenheiten behalten, und das ist alles, was er von zu Hause mitnahm, abgesehen von den Geldern aus dem Vermögen des Großvaters, die noch lange nach Weimar fließen und ihm helfen, seine unabhängige Lebensführung aufrechtzuerhalten.

Denn dies ist ein Kardinalpunkt für Goethes Stellung in dem neuen Lebenskreis. Der junge und noch ganz unerfahrene Herzog hat ihn nicht als Dichter berufen, um einen Musenhof zu begründen. Er hat Gefallen an dem lebendigen, kräftigen, originellen Menschen gefunden und möchte ihn sich attachieren, irgendwie, die Form dafür wird sich finden. Goethe wird zunächst ein *Favorit* sein. Überall gibt es solche, er ist nur einer unter Zahllosen. Zum Unterschied von fast allen aber ist Goethe unabhängig. All die andern, auch wenn sie aus adligen Häusern stammen, suchen ihr Glück als Glücksritter, mit dem Degen in der Faust, als Diplomaten oder als bloße Spieler; die Bürgerlichen sind durchweg arme Teufel und müssen froh sein, wenn sie einen Posten erhaschen oder eine Pension. Die Schriftsteller sind samt und sonders die Ärmsten von allen. Keiner kann von seiner Feder leben. Der berühmteste, der allgemein vergötterte Klopstock, hat als Grundlage seiner Existenz eine Pension des dänischen Hofes. Lessing, der es versuchte, sich in Hamburg als freier Autor zu etablieren, ist damit gescheitert und als Bibliothekar in Wolfenbüttel untergekommen. Wieland, der beliebteste deutsche Autor, hat den wohldotierten Posten eines Prinzenerziehers. Herder ist Konsistorialrat. Die jungen Genies des *Sturm und Drang* irren umher und suchen verzweifelt nach irgendeiner Stellung; sie werden bald in Scharen nach Weimar flattern und sich an Goethes Rockschöße hängen, der sie nur mit Mühe los wird.

Als Gast des Herzogs fährt Goethe, begleitet vom Kammerherrn von Kalb, in das Städtchen Weimar ein, die Residenz eines Landes, von dessen Umfang und Struktur er nur eine sehr vage Vorstellung hat. Erst in der praktischen Arbeit wird er sehen, wie kompliziert dieses Gebilde ist und wie wenig es dem Ideale Mösers von einem historisch »gewachsenen« Staatswesen entspricht. Denn all diese thüringischen Herzogtümer, 27 Hofhaltungen an der Zahl zu Beginn des Jahrhunderts und seither nur wenig vermindert, sind nicht gewachsen, sondern gewürfelt im Zufallsspiel der Erbfolge und Erbteilung. Sie sind alle zusammengenommen wieder nur durch Erbteilung und Erbstreit vom Kurfürstentum Sachsen abgesplittert, untereinander zerstreut in gutshofkleinen Teilchen, eine »Gemengelage« wie bei bäurischem Besitz und ebenso wirtschaftlich unproduktiv. Bauern sind auch der Hauptbesitz. Bäurisch ist der Lebensstil im Grunde und bis weit hinauf. Ein halbes Dorf ist das Weimar, in das Goethe einfährt, auf Feldwegen, die man kaum Straßen nennen kann. Die Bauern sollen sie unterhalten. Sie tun das nur sehr widerwillig, sie sind genug geplagt, und außerdem können sie sich ein paar Groschen verdienen, wenn sie einem steckengebliebenen Wagen heraushelfen.

Etwa sechstausend Einwohner hat das Nest Weimar, so viel wie Frankfurts Vorort Sachsenhausen. Am Tor wird der herzogliche Wagen mit dem Kammerherrn visitiert und sogleich gemeldet. Die Häuser sind bescheiden oder ärmlich, Schweine und Hühner treiben sich auf den schmutzigen Straßen herum, Ackerwagen begegnen der Kutsche. Das Schloß, das mit seinen zwei Nebengebäuden fast ein Drittel der Stadt einnimmt, ist vor zwei Jahren ausgebrannt, eine Ruine mit schwarzen, bröckelnden Mauern. Die fürstliche Familie ist anderweitig untergekommen. Goethe steigt beim Finanzpräsidenten von Kalb ab – dem Vater des Kammerherrn, der ihn begleitet. Man erwartet ihn dort mit Hoffnung; er soll die Partei Kalb verstärken, denn auch die Zwergresidenz ist noch aufgeteilt in Fraktionen, die sich ziemlich erbittert befehden.

Als Favorit verbringt Goethe das erste Jahr seines Aufenthalts und vor allem den ersten Winter; im November 1776 ist er gekommen, bis zum März 1832 wird er bleiben. Das ist anfangs noch sehr ungewiß. Er hat keine festen Pläne und schaut sich erst einmal um.

Weimar hat kein Schloß – es dauert noch fünfzehn Jahre, bis man an den Wiederaufbau denken kann –, aber zwei Hofhaltungen: das junge Herzogspaar und den Hof der verwitweten Herzogin-Mutter, Anna Amalia, die bis vor kurzem die Regentschaft geführt hat. Es gibt zwar einige Gebäude in der Stadt, die man mit der Bezeichnung

»Schloß« ehrt, aber sie sind kaum mehr als anderswo etwas statt-
lichere Bürgerhäuser. Das junge Paar wohnt in einem »Fürstenhaus«,
das eigentlich für ganz andere Zwecke bestimmt war und hastig um-
gebaut wurde, mit schlechtem Material, wie sich bald herausstellte;
die Balken faulten, und die Decken fielen nach wenigen Jahren herunter oder senkten sich. Weimar verfügte nur über wenige und nicht
allzu tüchtige Handwerker, einen Architekten gab es nicht. Die Räume
waren weder groß noch glänzend, das Mobiliar einfach; die Hof-
küche war im Hause gegenüber untergebracht, und man trug die
Speisen über die Straße. Denn im »Fürstenhaus« mußten im Erd-
geschoß die Kassen, Wohnungen für Hofbeamte und einige Gesellschaftsräume untergebracht werden. Die Herzogin, die in Darmstadt
im Kattunkleidchen gegangen war, wohnte im ersten, der Herzog im
zweiten Stock. In einem der Räume fanden die Sitzungen des Mi-
nisterrats statt, des *Conseils*; ein Regierungsgebäude gab es nicht.

Die Herzogin-Witwe Amalie hatte in einem Haus Unterkommen
gefunden, das sich ursprünglich der Minister von Fritsch gebaut und
ihr nach dem Schloßbrand überlassen hatte; es wurde etwas anspruchsvoll *das Palais* genannt und war kaum so stattlich wie der
Gasthof ›Zum Weidenhof‹ des Großvaters Goethe. Ein solches Gebäude hätte man etwa in Würzburg für einen Hofbeamten bestimmt,
wo um die gleiche Zeit noch an einer anderen Residenz gebaut wurde.
Kein größerer Kontrast läßt sich denken als das gewaltige süddeutsche Prunkgebäude mit seinen dreihundert Räumen in kostbarem
Stuck, Spiegeln, mit Deckengemälden Tiepolos und dem herrlichsten
Treppenhaus der Welt, ein Festschmaus der Sinnenfreude für einen
geistlichen Herrn – und die fast klösterliche Bescheidenheit in Weimar. Aber in Würzburg hat sich die schöpferische Kraft ausschließlich
in der Architektur und im Kunstgewerbe ausgegeben; in Weimar
entstand um die kleine und häßliche Amalie auf ärmlichstem Boden
ein Musenhof.

Beides steht zur gleichen Zeit nebeneinander; es ist übrigens be-
merkenswert, daß Goethe, so lebhaft er an allem interessiert war, was
mit Bauen zusammenhing, vom gesamten Barock, Rokoko und seiner
Nachfolge in seiner süddeutschen Heimat nie die geringste Notiz genommen hat. Das lag hinter ihm, ebenso wie das winklige Frankfurt.
Er ging in das Dorf Weimar und blieb dort.

Die Herzogin-Mutter Anna Amalie muß zuerst genannt werden,
denn sie hat den Weimarer Musenhof begründet; ihr Sohn hatte
andere Interessen, die Jagd vor allem, das Militär, die Weiber. Amalie
war eine Welfin, am damals sehr glanzvollen Braunschweiger Hof
kümmerlich aufgewachsen, als unansehnliche kleine Prinzessin, die
von Eltern wie Erzieherinnen schlecht behandelt wurde. Man war
froh, daß sich eine leidliche Partie für sie fand, und sie war froh, daß

sie von zu Hause fortkam. Der junge Weimarer Erbprinz, den sie heiratete, Sohn eines brutalen und rohen Vaters, der maßloser Jäger war, viertausend Mann Soldaten hielt und vermietete, rasch und schlecht baute und rasch seine Todesurteile unterzeichnete, dieser Erbprinz war schwächlich, lungenkrank, ein hochaufgeschossener Jüngling; er starb schon zwei Jahre nach seinem Regierungsantritt. Die junge Amalie blieb mit zwei Söhnen, einem verschuldeten, von allen Seiten bedrängten Lande als Regentin zurück. Die Bedränger waren die andern Thüringer Fürsten, die bereits auf das Erbe lauerten, und der große Onkel, Friedrich von Preußen, der Weimar rücksichtslos als Vorfeld seiner Kriege durchzog, dort fouragierte und rekrutierte, wie er das später auch zu Goethes Zeiten tat. Amalie hat nicht viel mehr tun können als schlecht und recht mit einer ganzen Reihe weiblicher Launen diese Interimszeit zu Ende zu bringen. Ihr Etat war jämmerlich: Hof und Verwaltung konnte man auf sechzigtausend Taler im Jahr schätzen, die Einnahme eines englischen oder französischen Gutsbesitzers. Das Land war arm, der Adel war arm und suchte sich im Ausland Stellungen; die Beamten waren so schlecht bezahlt, daß sie nur durch Nebenverdienste ihre Familien unterhalten konnten. An der einzigen höheren Schule, dem Gymnasium in Weimar, war ein Professor Musäus als Lehrer angestellt; er wohnte in einem kleinen Häuschen, dessen sämtliche Räume er an Pensionäre vermietet hatte, bis auf ein Zimmer, in dem er mit seiner Frau und seinen zwei Kindern hauste. Die Frau spann, und Musäus schrieb Hochzeits- und Leichengedichte, das Stück zu einem Taler; er schrieb dann später seine Volksmärchen nach Erzählungen von Kindern und alten Frauen und verdiente sich damit den Freikauf von seinen Kostgängern.

Amalie hatte aus Braunschweig kulturelle Neigungen mitgebracht. Sie malte – gar nicht schlecht, wenn die Bilder tatsächlich von ihr fertiggestellt worden sind –, komponierte, und auch da wird man ihr geholfen haben; ihre Partitur von Goethes ERWIN UND ELMIRE ist nicht mäßiger als die vieler Singspiele der Zeit. Sie ließ im Schloß Theater spielen. Sie berief Wieland als Erzieher ihres Sohnes und brachte damit das erste Mitglied ihres künftigen Musenhofes nach Weimar. Der eigentliche Prinzenerzieher war ein Graf Görtz, wie fast alle führenden Leute des Kleinstaates ein »Ausländer«; auch der leitende Minister von Fritsch, der aus Kursachsen kam, war kein Landeskind. Görtz, der Weimar nur als eine vorübergehende Station in seiner Laufbahn ansah und dann später nach Preußen ging, begann bald zu intrigieren; er hoffte mit dem ganz jungen Prinzen, den er vorzeitig für mündig erklären lassen wollte, die Regierung zu übernehmen. Eine Art Staatsstreich war geplant; der sechzehnjährige Sohn konspirierte eifrig mit gegen seine Mutter. All das wäre unwichtig, würde es nicht die Situation aufzeigen, in die Goethe als Favorit hineingeriet.

Amalie, nicht ohne weibliche Hilfsmittel, hatte die drohende Situation dadurch abgebogen, daß sie den Sohn mitsamt seinem Görtz auf die große Kavalierstour nach Paris schickte und verheiratete. Auf diesen Reisen hatte er Goethes Bekanntschaft gemacht. Paris, mit Straßburg als Vorstufe – auch der Erbprinz von Weimar war ungeschickt, ein kleiner »Bär« –, sollte ihn in die große Welt einführen; außerdem hatte Görtz auch für die notwendige Vorbereitung zur Ehe zu sorgen. Eine kleine Französin übernahm das; sie erhielt dafür eine Lebensrente und verzehrte diese vergnügt in Epernay; das dankbare Land Weimar übernahm später diesen Posten auf den Landesetat.

Mit der Braut, einer der fünf Darmstädter Prinzessinnen, hatte man versucht, sich in das große Heiratsspiel der dynastischen Kombinationen einzuschalten. Die große Katharina hatte sich drei dieser Töchter aus einem obskuren Hause als Kandidatinnen für ihren Sohn kommen lassen. Sie beobachtete die Mädchen vom Fenster aus schon beim Aussteigen aus dem Reisewagen und lehnte Luise, die spätere Weimarer Herzogin, sogleich ab; eine der anderen Schwestern wurde genommen. Die dritte Schwester heiratete den späteren Friedrich Wilhelm II. von Preußen. Als Entschädigung für die Reisekosten und Strapazen machte Katharina den Darmstädter Damen kaiserliche Geschenke. Die Mitgift, die Luise nach Weimar brachte, bestand zum größten Teil aus Katharinen-Rubeln. Sonst brachte sie nicht viel mit. Goethe beschrieb sie zwar als »Engel Luise«, aber sie war langaufgeschossen, hager, gefühlvoll und unsinnlich bis zur völligen Kälte.

Die Hauptperson nun: Karl August. Goethe hat viel über ihn gesagt und gerätselt: Das »Inkommensurable« in der Natur dieses Menschen, mit dem er ein ganzes Leben verbrachte und dem er so viel verdankte, hat ihn immer wieder beschäftigt. Er hat sogar etwas »Dämonisches« in Karl August sehen wollen, einen Feuergeist, dem sein Ländchen nur zu klein war und der sich wie ein Napoleon oder einer seiner Paladine ein größeres hätte erkämpfen wollen. Karl August war keine Kämpfernatur. Er war nicht einmal ein guter Soldat, obwohl er dann preußischer General wurde und einige Feldzüge mitmachte, auch noch im Gefolge Napoleons; in keiner dieser Kampagnen hat er Nennenswertes vollbracht. Die Leistungen seiner langen Regierungszeit gehen zum weitaus größten Teil auf das Konto seiner sehr tüchtigen Minister und Beamten. Da aber zeigt sich bereits ein wesentlicher Zug seines Wesens: Er verstand sich auf Menschen – auf Männer wenigstens, mit den Frauen kam er nur mäßig zurecht. Er war eine »Natur«, wie Goethe das zu nennen liebte, und Karl August hatte einen Blick für andere Naturen. Mit diesem Blick hat schon der Achtzehnjährige sich einen Dr. Goethe aus Frankfurt aus zahllosen jungen Leuten, die sich ihm anboten, herausgegriffen und attachiert.

Zunächst freilich war dieser eben zur Regierung gekommene Herzog ein unbändiger, trotziger, vergnügungssüchtiger Knabe; knabenhafte Züge sind ihm bis ins hohe Alter verblieben. Er war klein, stämmig, obwohl anfangs mit recht schwankender Gesundheit; sein Gesicht hatte gar nichts fürstlich Vornehmes wie das seines dekadenten Vaters. Er sah mit dem kurzen Kopf, der kleinen festen Nase, dem kräftigen Kinn eher wie einer seiner Jäger oder Förster aus, mit denen er auch naturburschenhaft umherzustreifen liebte. Er war derb und simpel in seinen Neigungen aller Art, nicht zuletzt zu derben Dorfmädchen, mit denen er dann eine beträchtliche Reihe von Kindern hatte. Die Jungen wurden durchweg unter die Jäger und Förster gesteckt; man kannte sie im Weimarischen daran, daß der Herzog zu seinen Söhnen »Du« sagte, während die andern mit »Er« tituliert wurden. Die Ehe mit der hageren Luise war von vornherein schlecht und konnte wohl auch kaum anders sein. Am Tage nach der Hochzeit hatte die Prinzessin an ihren russischen Schwager geschrieben: »Erlauben Sie, gnädiger Herr, daß ich Ihnen Mitteilung mache von meiner Vermählung mit dem Herzog von Sachsen-Weimar. Sie hätten Mitleid mit mir gehabt, wenn Sie mich an dem Tage gesehen hätten; ich war im heftigsten Zustande. Und ich danke Gott, daß es vorüber ist.«

Es war lange nicht vorüber. Von einer Landesmutter verlangte man, daß sie sehr rasch Mutter wurde und vor allem einen Erbprinzen gebar, oder, wie Friedrich der Große an die Mutter der Luise schrieb: »Sanftmut, vornehme Haltung und Fruchtbarkeit«. Vornehme Haltung war Luisens Stärke, sie ging bis zu ängstlicher Steifheit, aus Unsicherheit, bis zu peinlich genauer Beobachtung des fürstlichen Zeremoniells; auch darin war sie das Gegenteil Karl Augusts. Mit der Fruchtbarkeit haperte es. Fehlgeburten, lebensunfähige kleine Mädchen, der Mann und das Land wurden immer wieder enttäuscht, bis endlich nach langen Jahren ein Sohn kam. Erst damit war die bis dahin höchst unsichere Lage einigermaßen konsolidiert. In Goethes Favoritenstellung war die Beratung dieser Ehe nicht die kleinste seiner Aufgaben. Er hat sich immer wieder als Vermittler betätigen müssen und dafür auch seine Poetenkünste angewandt, in Gedichten und einigen seiner Theaterspiele für den Hof, die mannigfache eheberatende Winke für das fürstliche Paar enthalten.

Ein kleiner Hof also, mit kleinem Personal und großen Titeln. Die prunkvollen Bezeichnungen dürfen nicht darüber hinwegtäuschen, daß es meist etwas halbe Existenzen waren, die sich an den Weimarer Hof anschlossen und dort blieben. Wer etwas höheren Ehrgeiz hatte, der ging an reichere Residenzen und in größere Länder. Goethe schrieb einmal später an Charlotte von Stein, als ihr Sohn, sein Zögling, außerhalb sein Glück versuchen wollte: »Bei mir ist Fritz ganz entschuldigt. Wer gerne *leben* mag und ein entschiedenes Streben in sich fühlt, einen freien Blick über die Welt hat, dem muß vor einem kleinen Dienst wie vor dem Grabe schaudern. Solche engen Verhältnisse können nur durch die höchste Consequenz, wodurch sie die Gestalt einer großen Haushaltung annehmen, interessant werden.«

Diese Worte, nach gründlicher Erfahrung des »kleinen Dienstes« gesprochen, mögen als Einführung in die engen Verhältnisse dienen, denen Goethe nun nahetrat, und als Vorspruch für die eiserne Konsequenz, mit der er sich eine Stellung schuf. Interessant und ihm gemäß wurde sie nur dadurch, daß Weimar wie eine der antiken Kommunen eben eine Art »Haushaltung« war, übersehbar nach allen Seiten, fast vom Fenster aus, mit Menschen, Familienmitgliedern, die man persönlich kannte und nicht als anonyme Faktoren. Eine kleine Welt, aber eine in sich geschlossene Welt, und damit für den Dichter, der es mit Gestalten zu tun hat und nicht mit Institutionen, der richtige Boden.

Für Goethes Leben hat dieses Weimarer Personal noch eine besondere Bedeutung. So rasch er seine »Geliebten« wechselte, deren Zahl nie genau angegeben werden kann, seine Freunde, Vertrauten, vor allem in jüngeren Jahren: die Hauptfiguren Weimars bleiben konstant und begleiten ihn bis fast zum Ende. Der Herzog, trotz seiner anfänglich so unsicheren Gesundheit, wurde sehr alt, die schwächliche Luise ebenfalls. Der Kammerherr von Knebel, der die erste Bekanntschaft vermittelte, der »Ur-Freund«, wie er später hieß, überlebte den Dichter noch. Die Herzogin-Mutter begleitete seinen Weg bis in das neue Jahrhundert hinein. Mit dem leitenden Minister Fritsch, der auch erst als hoher Achtziger starb, hat Goethe trotz anfänglicher Abneigung ein Menschenalter zusammengearbeitet. Viele gehen so ständig neben ihm her, Jüngere wachsen heran aus den gleichen Familien. Die Weimarer Familie ist eigentlich sein »Haushalt«; der eigne, den er sich dann auch gründet, spät erst, ist von fragwürdiger Natur, wie wir noch sehen werden. Es mag Zufall gewesen sein, daß er nach Weimar geriet; es war kein Zufall, daß er blieb. Es war sicherlich kein Zufall, daß er daraus etwas Bleibendes schuf.

Schlittenfahrt

»Wie eine Schlittenfahrt geht mein Leben, rasch weg und klingelnd und promenierend auf und ab«, so schreibt Goethe kurz nach seinem Eintreffen in Weimar. Der ganze erste Winter ist ein Karneval. Goethe hat seine Schlittschuhe mitgebracht, die niedrigen holländischen, wie Klopstock sie empfohlen, und lehrt die Hofgesellschaft den neuen Sport. Der Herzog ist begeistert wie von allen rein körperlichen Übungen. Man tanzt, verkleidet sich, amüsiert sich. Die »lustige Zeit in Weimar« wird das später genannt. Sie dauert nicht lange, bald wird die Stadt wieder recht trübe und mißmutig werden. Aber zunächst einmal ist man fröhlich, das heißt: die eine Partei, die des jungen Karl August und seines Günstlings. Die andere, die der älteren Beamten und Alteingesessenen überhaupt, sieht dem Treiben mit ängstlich-verdrossenen Augen zu. Hieß es nicht eben noch, man müsse sparen? Das Land sei verschuldet? Hatte man nicht gerade für die Hochzeit und Regierungsübernahme außerordentliche, empfindliche Aufwendungen mit Sondersteuern machen müssen? Das Geld bei Hofe wird mit vollen Händen hinausgeworfen, aus leeren Kassen genommen, geborgt, an Landfremde verschenkt, die bald weiterziehen werden. Sitzt der junge Herzog am Regierungstisch und verschafft sich einen Überblick über die Lage seiner Länder? Er tut nichts dergleichen. Er tollt umher mit seinen Freunden, den »Genies«, er geht auf die Jagd, spielt Theater, fährt Schlitten, tanzt mit den Dorfmädchen und bricht sich womöglich einmal den Hals bei unvorsichtigem Reiten über Stock und Stein; dreimal ist er schon gestürzt, er ist kein sehr guter Reiter. Führt er eine brave Ehe mit seiner jungen Frau? Keineswegs, es steht schlecht zwischen den beiden, das weiß jeder. Es besteht nicht einmal Aussicht auf einen Erben; man wird womöglich an Gotha fallen oder Meiningen oder Koburg, wie das schon öfter drohte; die Beamten werden ihre Stellung verlieren oder noch schlechter bezahlt werden als bisher, und das ist jämmerlich genug. In diesem Nebeneinander geht die Schlittenfahrt dahin. Karl August schreibt noch sechs Jahre später: »Der Mensch, namentlich der nicht gemeine, muß von den Göttern ihm angezogene spanische Stiefeln tragen und dem Allen ungeachtet, fährt dem Schicksal eine Laune durch den Kopf, dabei springen und tanzen. Den Bürgern ist's nicht gegeben, ihre Fürsten abzuschütteln, sollten sie auch schadenfrohe, dumpfe, unzusammenhängende Vota und Resolutionen zu den Akten eigenhändig schreiben. Uns ist es nicht gegeben (d. h. den Fürsten!) das Schicksal und seine Launen zu ergründen und ihm entgegenzuwirken, – also *fiat voluntas* und man hülle sich in sein Bischen Ständigkeit und Vergnügen-Ergreifungsfähigkeit so gut als man kann und so lasse man es vom Himmel – Lerchen regnen.«

Man läßt es Lerchen regnen. Die »Vergnügen-Ergreifungsfähigkeit« ist dabei nicht einmal sonderlich groß. Ein Hofmann notiert, man tanze unaufhörlich, werde nicht müde, Komödie zu spielen, »aber ich weiß nicht, welche Hindernisse der Fröhlichkeit im Wege stehen. Die Intrigen, die Ungewißheit über die Zukunft, die heimlichen Eifersüchteleien geben allen etwas Gezwungenes mitten unter den Amusements und nehmen den Festen Saft und Leben. Es redet wohl Einer dem Andern vor, man amüsiere sich, es ist aber unter Zehn vielleicht kaum Einer, der sich nicht zum Sterben langweilt.«

Das schreibt kein mürrischer alter Herr, sondern ein Goethe fast gleichaltriger junger Edelmann von Seckendorf, der sich zuerst in sardinischen Diensten versucht hat und nun in Weimar auf einen Posten hofft; er dichtet, komponiert, übersetzt den WERTHER ins Französische und findet das Genietreiben etwas öde. Goethe ist in der bekannten Werther-Uniform angekommen, und alsbald kleidet sich alles in blauen Frack mit gelben Hosen, geht in halbhohen Stiefeln, dem wichtigsten Zeichen für robustes Auftreten. Auch die Sprache wird im Stil des GÖTZ umgeformt; selbst an der Hoftafel flucht Goethe lästerlich: Sackerment! Verdammt! Hölle! – wenn die Suppe zu heiß ist. Die Herzogin Luise, mit Klopstock aufgezogen, entsetzt sich. Sie kann nichts dagegen tun; wenigstens besteht sie darauf, daß die altgeheiligte Tischordnung eingehalten wird: Nur die Adligen dürfen an der Herzogstafel speisen, die Nichtadligen müssen am Katzentisch bleiben, der sogenannten *Marschallstafel,* und an dieser sitzt auch der sonst fast allmächtige Günstling Dr. Goethe, noch als er schon der Geheime Rat geworden ist, bis er seinen Adelstitel bekommt, der nicht zuletzt wegen solcher Schwierigkeiten im Zeremoniell für ihn durch seinen Freund und Herzog vom Kaiser besorgt wird.

Sonst hindert nichts die enge Intimität der beiden jungen Menschen. Sie duzen sich bald, allerdings nicht bei offiziellen Gelegenheiten. Sie bewaffnen sich mit großen Hetzpeitschen und knallen auf dem Markt um sich herum, ehe sie losreiten. Sie preschen los, irgend-wohin in den Wald, mit ein paar Jägern oder Husaren, sitzen am Feuer und plaudern die Nacht hindurch über die Menschen, die Natur, die Weiber; sie schlafen irgendwo in einem Dorf oder Städtchen oder einer Jagdhütte, zuweilen auf einem Lager nebeneinander. Karl August hat viele Eigenheiten, die Goethe eigentlich auf den Tod zuwider sind: Er raucht unmäßig, die Pfeife geht nie aus, und Tabakrauch war Goethe so verhaßt wie die Syphilis. Er ist ständig von seinen Hunden umgeben, großen, breitmauligen, kläffenden Kötern, und Goethe hat Hunde nie leiden können; er fand sich darin einig mit der Herzogin. Nichts störte den Ehefrieden des jungen Paares mehr als dies, daß Karl August seine Meute mit in das stille Boudoir der Gemahlin brachte. Karl August trieb unzählige Albereien und Neckereien mit andern, wobei die fürstliche Dignität vom Opfer seiner Späße respek-tiert werden mußte. Auch das war eigentlich nicht Goethes Geschmack. Aber er macht das alles mit eine Weile. Es ist ein studentisches Trei-ben im Stile der »rauhen« Burschen in Jena oder Gießen. Goethe hat bisher nur den feinen Ton in Leipzig kennengelernt, er ist in Straß-burg schön frisiert und mit wildledernen Unterstrümpfen gegen die furchtbaren Rheinschnaken dahergewandelt: Erst jetzt gerät er in eine verspätete wilde Periode, und er genießt diese Ungebundenheit. Da ist kein ältelnder Vater, der den Mund verziehen könnte, keine steif-ehrbare Frankfurter Gesellschaft, da ist überhaupt niemand über ihm, nur der junge Freund neben ihm, der alles herrlich findet, was man anstellt, und es womöglich überbietet. Denn Karl August ist zeitlebens ein solcher studentischer Naturburschentyp geblieben; seine Standesgenossen haben ihm das immer übelgenommen und den Mangel an fürstlichem Auftreten vermißt; noch Gentz nennt ihn nach dem Wiener Kongreß, wo er zum Großherzog aufgerückt ist, den »Altburschen«.

So verüben sie allerhand Schabernack, den man später angesichts der Würde des Dichternamens als »Klatsch« bezeichnet hat; er ist aber auch von guten Freunden und Verehrern bezeugt. Das Klatschen mit den Hetzpeitschen ist nur symbolisch: In Hetze muß alles geschehen, wie die wilde Jagd fegen sie in dem verdutzten Lande umher. Einen biederen Bürger schrecken, ist ein Hauptvergnügen des Studenten-lebens; der verbummelte Magister Laukhard hat in seinen Memoiren aus seiner Zeit in Gießen darüber berichtet: Da wird ein armer Teufel von Ex-Theologe, der sich als Mädchenschullehrer kümmerlich genug ernährt, durch systematisches Fenstereinwerfen fast zum Selbstmord getrieben. Da gibt es das »wüste Gesicht«: eine Larve auf hoher Stange, die nachts Bürgersleuten vors Fenster gehalten wird; man klopft sie heraus und freut sich am tödlichen Schreck des abergläu-bischen Philisterpacks. Wenn der Rektor eingreift, zieht die gesamte

Studentenschaft »auf die Dörfer« und kommt erst zurück, als die gepeinigten Bürger, voll Angst um ihre Einnahmen, selber intervenieren. Da ist die »Generalstallung« als Hauptaktion gegen mißliebige Spießer: Man zieht des Nachts im großen Haufen vor das Haus, schlägt auf Kommando unter pferdemäßigem Gewieher sein Wasser gegen die Wand und den Eingang ab und zieht mit Burschenliedern davon.

Ganz so roh wird es in Weimar nicht getrieben, aber doch auch nicht so sehr viel anders. Man reitet mit weißen Bettlaken umgehängt des Nachts durch Nebel und Wind und freut sich, wenn die Bauern sich bekreuzigen. Man läßt insgeheim der kleinen, buckligen Hofdame der Amalie, dem Fräulein von Göchhausen, ihre Zimmertür zumauern und verkleiden; sie irrt verzweifelt des Nachts, als sie nach Hause kommt, umher, beginnt an ihrem sonst sehr munteren Verstand zu zweifeln und schläft schließlich bei einer Freundin auf dem Sofa. Einem Kaufmann in einem der Dörfer rollt man die Fässer und Kisten den Berg hinab, tafelt und bechert in seiner guten Stube, die mit einem, wie man meint, etwas anmaßlichen Ölgemälde des Mannes geschmückt ist, all das in Abwesenheit des Besitzers; Goethe schneidet das Gesicht des Porträts aus und grinst den Heimkehrenden mit seinem eignen braunen Gesicht und den großen Augen an. Fratzenhaft ist das alles und nicht frei von dem unangenehmen Beigeschmack, daß es eben die Herren vom Hofe sind mitsamt Seiner Durchlaucht: Gegenwehr oder auch nur Murren gibt es nicht, der geneckte Untertan hat sich zu verbeugen und schweigend seine Kisten wieder den Berg hinaufzuschleppen. »Dumpfheit« ist eines der Lieblingsworte Goethes um diese Zeit, alsbald von Karl August adoptiert. Etwas »dumpf« empfinden, gilt als Zeichen genialischer Eingebung. Im WERTHER hatte Goethe das schon vorgezeichnet: »Ach ihr vernünftigen Leute! Leidenschaft! Trunkenheit! Wahnsinn! Ihr steht so gelassen da, ihr sittlichen Menschen, scheltet den Trunkenen, verabscheut den Unsinnigen, geht vorbei wie ein Priester und dankt Gott wie der Pharisäer, daß er Euch nicht gemacht wie einen von diesen ... Warum der Strom des Genies so selten ausbricht, so selten in hohen Fluten heranbraust und Eure staunende Seele erschüttert? Liebe Freunde, da wohnen die gelassenen Kerls auf beiden Seiten des Ufers, denen ihre Gartenhäuschen, Tulpenbeete und Krautfelder zu Grunde gehen würden und die daher in Zeiten mit Dämmen und Ableiten die künftig drohende Gefahr abzuwehren wissen.«

Das Bauen von Dämmen ist noch nicht Goethes Sache um diese Zeit. Er tobt. Das erste, was er nach Hause berichtet, ist, daß er sich mit der großen Peitsche beim Schlittenfahren ins Auge geschlagen und empfindlich verletzt hat. Karl August verletzt sich fortwährend, stürzt, wird von einem Gaul geschlagen, zieht sich beim Lagern im feuchten Walde schweren Rheumatismus zu; die Hofleute, soweit sie nicht zu der wilden Jagd gehören, zittern fortwährend um die Zukunft der Dynastie und ihres Amtes. Es wird unmäßig getrunken. Die beiden Reichsgrafen Stolberg tauchen als erste der Sturm-und-Drang-Genossen auf. Man tafelt im Fürstenhaus, wirft die Gläser auf die Straße, läßt ein paar Aschenkrüge von einem Grabhügel holen: Fritz Stolberg hält eine trunkene Rede auf diese Pokale, die »den Staub ächter alter Deutscher« umschlossen hätten, sie trinken um die Reihe und bringen die Gesundheit Altvater Thuiskons aus. Sie trinken beim jüngeren Bruder des Herzogs, die Herzogin-Mutter Amalie mit der Oberstallmeisterin Frau von Stein kommt herein, beide Damen tragen alte Ritterschwerter aus dem Zeughaus und schlagen die Genies zu Rittern. »Wir blieben bei Tische sitzen, und die Damen gingen um uns herum und schenkten uns Champagner ein. Nach Tische ward Blindekuh gespielt; da küßten wir die Oberstallmeisterin, die neben der Herzogin stand. – Wo läßt sich das sonst bei Hofe tun?«

Karl August macht sogleich Fritz Stolberg den Antrag, als Kammerherr in seine Dienste zu treten. Begeistert sagt der Tyrannenhasser zu. Er kommt dann allerdings nicht. Er muß erst nach Hause und sich beim Meister Klopstock in Hamburg Rat holen. So feurig Stolberg in Reden ist, so zahm ist er, wenn es sich um Dinge des Lebens handelt. Klopstock ist entrüstet über das, was er aus Weimar hört. Sein Ideal vom Dichter, der hoch und hehr über allem Gemeinen thronen soll, ist in Gefahr. Nach allen Seiten sind die Nachrichten über das Genietreiben in Weimar ausgeflattert. Die blasse Luise hat sich bitter in Briefen an ihre Verwandtschaft beklagt. Graf Görtz, betrogen um seine Hoffnungen, das Regiment in die Hand zu bekommen, malt den Hof »mit Dreckfarben«. Die Geistlichen zetern, denn weder der junge Herzog noch einer seiner Günstlinge geht je in die Kirche. Der Hofmarschall, Herr von Putbus, beschwert sich über den Genieton, das Fluchen, Brüllen, das Hereinplatzen mit Reitstiefeln in die Gesellschaftsräume. Die Oberstallmeisterin und Hofdame von Stein schreibt an einen Seelenfreund: »Goethe hat hier einen wahren Umsturz hervorgerufen; wenn er daraus wieder Ordnung zu machen weiß, um so besser für sein Genie. Sicherlich: er hat gute Absichten, er ist aber zu jung und hat wenig Erfahrung. Warten wir das Ende ab. Aber unser ganzes Glück hier ist verschwunden: Unser Hof ist nicht mehr, was er war. Ein unzufriedener Herr, unzufrieden mit sich und der ganzen Welt, der täglich sein Leben aufs Spiel setzt, und wenig Gesundheit zuzusetzen hat; sein Bruder noch schwächlicher; eine verärgerte Mutter; eine mißvergnügte Ehefrau; alle zusammen gute Leute und nichts was stimmt in dieser unglücklichen Familie.«

Der Seelenfreund meint, sie beurteile Goethe zu sanft, und läßt sich abfällig aus über die Genies, diese »ohne Rücksicht auf Zeit, Ort und Umstände kraftübenden Herren«, die voll Verachtung auf die andern, die »Hunde«, herabsehen. Der Haingenosse Voß schreibt voll braven Abscheus an seine Braut: »In Weimar geht es erschrecklich zu. Der Herzog läuft mit Göthen wie ein wilder Pursche auf den Dörfern herum, er besauft sich und genießet brüderlich einerlei Mädchen mit ihm. Ein Minister, der gewagt hat, ihm seiner Gesundheit halber die Ausschweifungen abzuraten, hat zur Antwort gekriegt: Er müßte es tun, sich zu stärken.«

Ausschweifungen regierender Herren waren sonst nicht eben ungewöhnlich; sie waren die Regel. Das Ungewöhnliche in Weimar waren nur das Genietreiben, der »neue Ton« und die Beteiligung eines jungen Dichters, der eben berühmt geworden war. Klopstock, als Doyen der Poeten, beschließt einzugreifen. Er schreibt an Goethe, in freundschaftlichen Ausdrücken: Wie soll das weitergehn? »Der Herzog wird, wenn er sich fortwährend bis zum Krankwerden betrinkt, anstatt, wie er sagt, seinen Körper zu stärken, erliegen und nicht lange leben ... Die Herzogin wird vielleicht ihren Schmerz jetzo noch niederhalten können, denn sie denkt sehr männlich. Aber dieser Schmerz wird Gram werden. Und läßt sich der dann auch noch niederhalten? Louisens Gram! Goethe! – nein, rühmen Sie sich nur nicht, daß Sie sie lieben wie ich!« Auch diese ganze Dichterwelt ist irgendwie eine Familie, und Klopstock fühlt sich als ihr Vater: »Die Deutschen haben sich bisher mit Recht über ihre Fürsten beschwert, daß diese mit ihren Gelehrten (= Schriftstellern) nichts zu schaffen haben wollten. Sie nehmen itzund den Herzog von Weimar aus. Aber was werden andere Fürsten, wenn sie in dem alten Tone fortfahren, zu ihrer Rechtfertigung nicht anzuführen haben, wenn es nun wird geschehen sein, was ich fürchte, daß geschehen werde?« Klopstock bittet, den Brief auch dem Herzog zu zeigen.

Goethe antwortet zwei Monate nicht, dann kalt ablehnend: »Verschonen Sie uns in's künftige mit solchen Briefen ...« Er will kein *pater peccavi* aufsagen. Nachlässig fügt er noch hinzu, ihm bliebe überhaupt keine Zeit, wenn er auf all solche Briefe und Mahnungen antworten sollte. Das traf den Meister stärker als alles andere: »Und da Sie gar unter ›all solche Briefe‹ und ›all solche Anmahnungen‹ – denn so stark drücken Sie sich aus – den Brief warfen, welcher diesen Beweis (der Freundschaft) enthielt, so erkläre ich Ihnen hierdurch, daß Sie nicht wert sind, daß ich ihn gegeben habe.« Es ist die stärkste Zurückweisung, die Goethe in seinem Leben erfahren hat. Der Bruch mit Klopstock war vollständig und wurde nicht geheilt. Zum Schluß hatte der Meister noch peremptorisch erklärt: »Stolberg soll nicht kommen.« Stolberg kam nicht.

Andere kamen, die der Ruf des wilden Lebens eher lockte als abschreckte. Lenz flatterte heran, etwas wirr schon und unsicher, nachdem er Friederike Brion umschwärmt und Goethes Schwester, das ungeeignetste aller Objekte, leidenschaftlich angebetet hatte. »Der lahme Kranich ist da«, schreibt er im Gasthof auf einen Zettel, »und weiß nicht, wohin er seinen Fuß setzen soll.« Alle kümmern sich um den reizenden, stumpfnasigen kleinen Dichter, der kaum weniger berühmt ist als Goethe. Alle finden ihn charmant – und bald unmöglich. Der Genieton ist Mode, aber noch gelten in der Stadt – nicht draußen im Walde oder in den Dorfschenken – gewisse gesellschaftliche Gesetze. Lenz spaziert keck auf einen der Bälle des Hofes, im Maskenkostüm, und man bedeutet ihm, daß dies völlig ungehörig sei. Er mault. Er dichtet, wieder ein ganz ungeeignetes Objekt, die blasse Herzogin an; es heißt, er habe sich vor ihr auf die Knie niedergelassen. Er legt dem Herzog seinen Reformplan des Militärwesens mit einem kühnen Amazonenkorps von ledigen Edelhuren vor und ist gekränkt, daß man ihn als liebenswürdigen Wirrkopf ansieht. Er dichtet, in das entferntere Berka abgeschoben, eine Satire auf Goethe und eine der Damen des Hofes, und man sorgt dafür, daß er auf die Post gebracht wird und Weimar verläßt.

Klinger kommt, kein lahmer Kranich, ein starker, gutaussehender Bursche; er will Offizier werden in des Herzogs Armee, von der er etwas übertriebene Vorstellungen hat. Die Weimarer Truppen, meist alte Leute oder Husaren, die bei Hofe Dienst tun als Lakaien, bei Festlichkeiten auf dem Eis mit Fackeln am Ufer stehen, sind insgesamt nicht mehr als sechshundert Mann stark, die Offiziersstellen sind alle besetzt, außerdem mit Adligen. Eine Stellung? Was für eine? Klinger liest Goethe sein neuestes stürmisches Drama vor. Aber der Freund hört nur zerstreut zu, murmelt etwas von närrischem Zeug und läuft hinaus. »Teufel«, meint Klinger gelassen, »das ist schon der zweite, mit dem mir das heute passiert ist.« Er bleibt noch eine Weile, unter Spannungen. »Klinger schwürt«, schreibt Goethe von dem lästigen Splitter im Fleisch, »und wird sich herausschwüren«. Der Herzog bezahlt die Gasthofrechnung, dann ist auch Klingers Gastrolle beendet.

Goethe kann keine Genies um sich brauchen, übrigens nicht nur jetzt in dieser Günstlingsphase. Er ist sich selber Genie genug, und außerdem ist dieses Weimar ein enger und unsicherer Boden. Er weiß selber noch nicht, wie lange das Treiben dauern wird. Er hat Freunde und Feinde, und die letzteren sind bei weitem in der Überzahl. Der Hof – und ist er nicht an einen Hof berufen worden? – ist gegen ihn, wie sich denken läßt; glücklicherweise ist Karl August nun auch wieder gegen den Hof, der ihn langweilt, und flüchtet, sooft er kann, hinaus ins Land. Die Beamten, die Regierung sind selbstverständlich gegen den Neuankömmling, der womöglich bleiben möchte. Die Herzogin schätzt ihn nur, wenn er zuweilen etwas Frieden stiftet zwischen den Ehegatten.

Einen Freund hat er sich nur gleich in den ersten Tagen erworben: Wieland, den er eben noch frech und erfolgreich verhöhnte. Wieland hat, erst zweiundvierzig Jahre alt, resigniert. Man kann sagen, er hat abgedankt, mit weltmännisch-eleganter Geste. Anders als Klopstock, mit sehr viel feinerer Witterung seiner langen Spürnase, weiß er, daß nun ein Größerer an die Reihe kommt. Ohne Zögern geht er zu Goethe über und enttäuscht damit alle seine vielen Korrespondenten. Man hatte sich auf einen erbitterten Kampf der beiden gefreut und sich davon viel Unterhaltung versprochen. Nichts davon. Wieland lobt von Anbeginn, und er weiß zu loben. Niemand hat so feine, so hohe, so zukunftsvolle Dinge über Goethe in dieser recht problematischen Phase seines Lebens gesagt wie er. Unablässig betont er vor allem, wie liebenswürdig, wie gut, wie menschlich warm Goethe doch sei. Es ist nötig, das den andern zu sagen, denn man findet sonst, er sei scharf, hochfahrend, anmaßend. Sein Gesicht um diese Zeit ist noch hart, gedrängt, mit scharfen Backenknochen, ironisch verzogenen vollen Lippen, die Nase energisch vorstoßend, der Kopf eines schönen Favoriten, der sich seinen Weg bahnt und dabei nicht übermäßig viel Rücksichten nehmen kann.

Wieland hat auf all das verzichtet. Auch er hat einmal gehofft, eine Rolle zu spielen auf dem kleinen Welt-Theater. Er hat seinen FÜRSTENSPIEGEL geschrieben, Amalie hat ihn deshalb als Prinzenerzieher berufen, er hat mit bescheidenen Kräften mitintrigiert in dem Spiel um die Thronfolge und bald eingesehen, daß er da nichts zu suchen hatte. Goethe wird zehn Jahre brauchen und gewaltige Kräfte verschwenden, ehe er das einsieht. Auch dies ahnt Wieland schon voraus: »Wieviel mehr könnte, würde der herrliche Geist tun, wenn er nicht in dies unser Chaos gesunken wäre, aus welchem er – mit allem seinen Willen, aller Kraft – doch keine leidliche Welt schaffen wird.« Auch er, Wieland, hat sich in dies »bei Tageslicht doch immer unmögliche Abenteuer« verwickeln lassen. »Goethe ist erst 26 Jahr alt. Wie sollte er, mit dem Gefühl solcher Kräfte, einer noch größeren Reizung widerstehen können?« Das ist wenige Monate nach Goethes Ankunft geschrieben.

Wieland, mit weniger Kräften und Spannungen ausgestattet, hat widerstanden. Er ist ein kluger Haushalter. Er hat auch seinen behaglichen Haushalt daheim, mit einer kreuzbraven, ganz simplen Frau, die jedes Jahr ein Kind bekommt, und Wieland ist stolz darauf, daß seine väterliche Fruchtbarkeit bis ins höhere Alter Schritt hält mit seiner reichen literarischen Produktion. Der Verfasser der – wie die deutschtümelnden Haingenossen meinen – »lüsternsten, französischesten« Werke der deutschen Literatur ist ein guter deutscher Hausvater. Kinder schauen bei ihm aus allen Ecken. Goethe, in den Pausen des wilden Jagens, läßt sich's da auch einmal friedlich sein, tätschelt den Buben den Kopf, plaudert mit »Papa Wieland«, der ein Käppchen auf dem kahlwerdenden Kopf trägt, streckt die Beine unter den Tisch und läßt sich Frau Wielands Hausmannskost schmecken.

Die Eroberung Wielands ist Goethes erster Sieg auf dem schwierigen Terrain, und sie hat weite Folgen. Wieland bedeutet »Presse, publicity«, modern-robust ausgedrückt. Er ist der Herausgeber des MERKUR, eines der einflußreichsten Blätter, und setzt sich da sogleich für Goethe ein. Er führt eine der wichtigsten Privatkorrespondenzen nach allen Seiten, und Ruhm wird damals noch vor allem durch Briefe verbreitet. Wielands Wort gilt; man weiß, daß er auch recht ironisch, recht boshaft sein kann. Kein Körnchen davon in seinen Äußerungen über Goethe. Er schreibt, er dichtet sogar Verse, die weit umherwandern: »Auf einmal stand in unserer Mitte ein Zauberer ... ein schöner Hexenmeister ... ein ächter Geisterkönig ... so hat sich nie in Gottes Welt / Ein Menschensohn uns dargestellt!« Ein Proteus unendlich verwandlungsfähig, »und jede der tausendfachen Gestalten / So ungezwungen, so völlig sein, / Man mußte sie für die wahre halten ...«

Die nächste Eroberung Goethes ist die Herzogin-Mutter. Sie hat nicht resigniert, obwohl sie das Regiment abgeben mußte, was sie wohl nicht einmal allzu ungern tat. Nur als Frau hat sie sehr früh sich bescheiden müssen, nach zweijähriger Ehe mit einem kranken Mann. Dabei ist die unschöne, kleine Frau eigentlich eine sehr sinnliche Natur. Schiller, der darin empfindlich war, hat später noch von ihr gesagt: »Nichts interessiert sie, als was mit Sinnlichkeit zusammenhängt«; er hat sogar die etwas peinliche Affäre aufbewahrt, die die Alternde noch mit einem Mitglied ihrer Hofkapelle versuchte: »Sie macht sich durch ein Attachement lächerlich, das sie für einen jämmerlichen Hund, einen Sänger hat«; der arme Teufel mußte sie auf ihrer Italienreise begleiten und stürzte sich aus Verzweiflung bei Neapel ins Meer. Aber Amaliens Sinnlichkeit hat sich sonst vor allem in sehr wohltätiger Weise ausgewirkt. Ihre Liebe für die Kunst, die Künstler, findet da einen Ausweg. Vieles ist verspielt. Sie tanzt gern und »mit vielem Anstand«, wie man rühmt. Sie liebt Maskeraden, Redouten, und sie erscheint dabei mit vielen Brillanten. Man spielt bei ihr Pharao, und sie verliert graziös ihre Louisdors. Der Ton in ihrem Kreis ist leicht und ungezwungen, nicht im Naturburschenstil des Sohnes, aber doch stark abstechend vom steifen Zeremoniell ihrer Schwiegertochter, mit der sie gar nichts anfangen kann. Mit weiblichem Geschick hat sie sich das bucklige Fräulein von Göchhausen als Hofdame gewählt, von deren Gestalt ihre eigne sich leidlich vorteilhaft abhebt; außerdem amüsiert sie die witzige Person, die keinen Scherz übelnimmt und immer »mitspielt«. Man musiziert viel bei Amalie, und von der Musik versteht sie etwas. Man spielt viel Theater, in Liebhaberaufführungen. Man liest vor, macht Gedichte bei allen Gelegenheiten, neckt sich in Versen; alle Liebesbeziehungen werden da lyrisch durchgehechelt. Es ist ein lustiges Treiben um die Sechsunddreißigjährige, die nun überhaupt erst auflebt und durchaus entschlossen ist, ihre nächsten Jahrzehnte auf das angenehmste zu verbringen, ohne Sorgen um die Landesregierung, die andere ihr abgenommen haben. Und unversehens wird, nicht ohne daß sie danach sieht, der berühmte Musenhof daraus, dessen Ruf sich bald über ganz Deutschland verbreitet.

An Goethe hat sie sogleich Gefallen gefunden. Wieweit sie seine Bedeutung als Dichter ermaß, bleibt fraglich, aber der Mensch war ihr ebenso sympathisch wie ihrem Sohne. Sie läßt ihm sogar seine wilden Eigenheiten in der Anfangszeit durchgehen; sie amüsiert sich über sein Grimassieren, die weiten Gesten, er wälzt sich auch auf dem Fußboden bei Gelegenheit, immerzu, es ist genial und vor allem nicht langweilig. Weimar kann sonst unerträglich sein, und in ihren Briefen an die Mutter Goethe, die auch sehr bald in den Kreis eingeschlossen wird als ungemein unterhaltende Korrespondentin, klagt Amalie häufig: es passiere in Weimar auch rein gar nichts, kein Besuch, keine Auffahrt bei irgendeiner festlichen Gelegenheit, kein Markt, keine Messe wie in Frankfurt, von einer Krönung gar nicht zu reden. Man muß alle Ressourcen in sich selbst und im kleinen Kreise finden. Es ist Amaliens Ruhm, daß sie diese Ressourcen besaß. Es ist aber auch Goethes Schicksal, daß er für die entscheidende Zeit seines Lebens als junger, feuriger und kräftiger Mann in diesen kleinen Kreis gebannt blieb. Für elf Jahre kennt er kein anderes Publikum als dieses. Er veröffentlicht nichts; die Verleger, die seine früheren Werke eifrig und gratis nachdrucken, haben ihn aufgegeben und sind überzeugt, es sei mit ihm als Dichter zu Ende. Er schreibt für diesen Amalien-Kreis seine Liebhaberstücklein, arrangiert Feste, Maskeraden, Bälle, dichtet, zuweilen mit andern zusammen, Neujahrsverslein. Er liest vor, aus dem FAUST, von dem er Fragmente in einem Papiersack aus Frankfurt mitgebracht hat, und die bucklige Göchhausen schreibt diese Szenen ab; nur durch sie ist dieser UR-FAUST, wie er etwas irreführend genannt wird, erhalten; Goethe kümmerte sich nicht darum, auch später nicht, als er alles sammelte und rubrizierte; erst hundert Jahre später wurde die Abschrift in Weimar aufgefunden und publiziert, und seither ist man nicht müde geworden, sie auszudeuten.

Goethe hat ganz andere Dinge im Kopf als Dramen oder Romane. Er will auf dem Welt-Theater agieren; es wird erzählt unter den Freunden, daß er seinem »jüngeren Brüderchen« Lenz das Zepter der Literatur übergeben habe, das er soeben in Händen hielt. Auch diese neue Aufgabe des »Staatsmanns« faßt er, wie alles, zunächst als Spiel

auf. Es ist keine Rede davon, daß er mit höchstem Verantwortungs-
bewußtsein daranginge, nun dies kleine Land zu regieren und seinen
kleinen und wilden Herzog zu erziehen. Im nachlässigen Ton des
Genies, den er auch im Umgang verwendet und der den Weimarer
Hofleuten so unangenehm ins Ohr fällt, schreibt er an die Vertraute
Fahlmer: »Ich bin immerfort in der wünschenswertesten Lage der
Welt. Schwebe über den innersten größten Verhältnissen, habe glücklichen Einfluß und genieße und lerne und so weiter. Jetzt nun aber
brauch ich Geld...« Sie soll daher der Mutter und dem Vater sagen,
sie sollten »ob der glänzenden Herrlichkeit des Sohnes 200 Gulden
geben«; wenn der Vater ablehnt, soll die Mutter bei Merck borgen,
wie es denn auch geschieht. An Merck mit Dank für das Geld: »Ich
bin nun ganz in alle Hof- und politische Händel verwickelt und werde
fast nicht wieder wegkönnen. Meine Lage ist vorteilhaft genug, und
die Herzogtümer Weimar und Eisenach immer ein Schauplatz, um zu
versuchen, wie einem die Weltrolle zu Gesichte stünde.« Oder wiederum an die Fahlmer: »Ich werd wohl auch dableiben und meine
Rolle so gut spielen als ich kann, und so lang, als mir's und dem
Schicksal beliebt. Wär's auch nur auf ein paar Jahre, ist doch immer
besser als das untätige Leben zu Hause, wo ich mit der größten Lust
nichts tun kann. Hier hab ich doch ein paar Herzogtümer vor mir.«
Er hat bald darauf noch, der Mutter gegenüber, erklärt, in Frankfurt
wäre er »zu Grunde gegangen«. Hier in Weimar fühlt er neues Leben
vor sich. »Die Mägdlein sind hier gar hübsch und artig, ich bin gut
mit allen. Eine herrliche Seele ist die Frau von Stein, an die ich so, was
man sagen möchte, geheftet und genistelt bin.« Mit der Herzogin
Luise, dem Engel, verkehrt er durch Blicke und Silben, mit Amalie hat
er gute Zeiten und treibt allerhand Schwänke. Man soll nicht glauben, wieviel gute Jungen und gute Köpfe da in Weimar beisammen
sind, »wir halten zusammen, sind herrlich untereins und dramatisie-
ren einander, und halten uns den Hof vom Leibe«.

Schlittenfahrten, Liebhaberaufführungen französischer Stücke,
Voltaire, Destouches, auch deutscher, Lessings MINNA, von Singspie-
len, Balletts, Redouten. Goethe entwirft eine VERSUCHUNG DES HEILI-
GEN ANTONIUS, der durch allerhand Laster versucht wird, den Geiz, die
Völlerei, die Wollust, den Hochmut. Goethe selber stellt den Hoch-
mutsteufel dar: auf Stelzen schreitend, mit Pfauenfedern besteckt.

Dann wird er eingespannt. Er soll regieren. Und ihn selber nimmt
eine Hofdame in Zucht, die ihn regiert.

Regieren!

»Regieren!« schreibt Goethe in sein Tagebuch. Es fängt damit an, daß er den jungen Herzog beredet, Herder zu berufen. Der Posten des höchsten geistlichen Amtes im Lande, des Generalsuperintendenten, ist seit einigen Jahren unbesetzt; zehn ältere Pastoren bewerben sich, alteingesessene. Karl August will junge Leute. Herder ist eben dreißig, und das ist ihm gerade recht. Er soll ein Spötter sein, mit scharfer Feder und scharfem Munde, um so besser. Karl August hat für die »Pfaffen« gar nichts übrig, geht auch später kaum noch in die Kirche; er weiß, daß die Geistlichen seinen Lebenswandel mißbilligen. Er wünscht, an verhältnismäßig ungefährlicher Stelle, einmal seinen Willen zu dokumentieren. In der Verwaltung und Regierung hat er zunächst, auf dringendes Mahnen seiner Mutter, alles beim alten belassen. Ernstliche Einwände können gegen Herder nicht erhoben werden: Er ist Hofprediger und Konsistorialrat in Bückeburg; seine erbaulichen Predigten werden gelobt. *Fiat voluntas!* Goethe übernimmt die Korrespondenz. Er werde »die Kerls schon mit Hetzpeitschen zusammentreiben«, schreibt er an Herder. Der zögert, aber er kommt. Er habe »ausgemistet«, schreibt Goethe über die Dienstwohnung, worunter er die Exmittierung der dort noch wohnenden Pastoren-Familie mit zehn Kindern versteht.

Karl August geht einen kühnen Schritt weiter. Er beschließt, seinen Favoriten mit einer hohen amtlichen Stellung zu betrauen. Den leitenden Minister Fritsch, der sich in der Regentschaftszeit bewährt hat, wagt er nicht zu entlassen. Fritsch ist ein unabhängiger Mann, er hat Besitzungen in Sachsen, wo sein Großvater noch Buchhändler und Verleger gewesen war, ehe die Söhne in den Adel aufrückten. Er hat viele Verbindungen nach allen Seiten. Er gilt als durchaus unbestechlich, was bereits ein hohes Renommee darstellt an kleinen und großen Höfen. Er hat unbestreitbare Autorität über die andern Räte, die arm und fleißig sind und die Akten in Ordnung halten, denn Kleinarbeit ist nicht die Sache des Herrn von Fritsch. Er ist gewissenhaft und lässig. Gelassen schreibt er dem jungen Herrn ein halbes Rücktrittsgesuch und bittet um Neuordnung der Stellen. Er findet von sich selber, er sei etwas rauh, mürrisch, er habe zuviel »Unbiegsamkeit und zu wenig Nachsicht gegen das, was herrschender Geschmack ist« am Hofe. Das ist zugleich ein Tadel und eine Mahnung. Eine ganze Weile geht es hin und her, man sucht sogar auswärts nach einem neuen Premier, der sich Weimar besieht und wieder abreist. Es bleibt bei Fritsch, auch als dieser nun ein ernstliches Abschiedsgesuch einreicht. Karl August hat erklärt, er wünsche Herrn Goethe als Mitglied des Geheimen Rates, der vierköpfigen obersten Regierungsinstanz. Er wünscht ferner den jungen Herrn von Kalb, bei dessen Vater Goethe wohnt, als Präsidenten der Kammer, das heißt der Finanzverwaltung. Fritsch legt seine Bedenken sehr würdig dar. Er plädiert für die rechtschaffenen und geschickten Leute, die sich besser als diese beiden jungen Herren für solche Posten eigneten und die wohl nur durch ihre Bescheidenheit Seiner Durchlaucht nicht bekannt geworden seien: es sei unrecht, sie zurückzusetzen. Er bestreitet nicht, daß Herr Goethe wohl »wahres Attachement und Liebe« für Seine Durchlaucht besitzen möge. Die müßten ihm eigentlich naheliegen, sich eine solche Gnade, wie ihm zugedacht, zu verbitten. Jedenfalls wünscht er in einem Kollegium, in dem gedachter Dr. Goethe Mitglied ist, nicht länger zu sitzen.

Karl August antwortet feurig und genialisch: »Wäre der Dr. Goethe ein Mann eines zweideutigen Charakters, würde ein Jeder Ihren Entschluß billigen. Goethe aber ist rechtschaffen, von einem außerordentlich guten und fühlbaren Herzen; nicht allein ich, sondern einsichtsvolle Männer wünschen mir Glück, diesen Mann zu besitzen. Sein Kopf und Genie ist bekannt. Sie werden selbst einsehen, daß ein Mann wie Dieser nicht würde die langweilige und mechanische Arbeit in einem Landeskollegio von untenauf zu dienen, aushalten. Einen Mann von Genie nicht an dem Ort gebrauchen, wo er seine außerordentlichen Talente gebrauchen kann, heißt Denselben mißbrauchen. Ich hoffe, Sie sind von dieser Wahrheit so wie ich überzeugt.«

Es ist Karl Augusts bedeutsamste Regierungshandlung, und er hat mit seinem Plädoyer recht behalten. An und für sich war sein Verfahren absolutistisch und willkürlich; er hat in dem anderen Punkte seines Vorgehens, im Falle des Kalb, grob danebengegriffen; Kalb war unfähig und mußte nach einigen Jahren unter für seinen Ruf ziemlich peinlichen Umständen abgehen. Fritsch blieb, noch weitere fünfundzwanzig Jahre. Auch er hatte recht. Es geht nicht an, seine Haltung ausschließlich vom Standpunkt der Goethe-Begeisterung aus zu beurteilen. Er war bereit zu gehen. Woran ihm lag, war die Stellung seiner Mitarbeiter, die Karl August als langweilig und allzu bescheiden abtat. Ernst und würdig beschwor er den jungen Herrn, sich von deren Arbeit doch »eine andere und günstigere Vorstellung zu machen und Sich davon, daß Höchstdieselben solche vor mechanisch, langweilig und leicht halten wollen, nichts merken zu lassen«. Das sind offene Worte unter dem geschlossenen System eines autokratisch regierten Staates. Goethe hätte sie nach einigen Jahren unterschrieben.

Fritsch bleibt, nachdem sich auch Amalie für Goethe eingesetzt hatte. Sehr weiblich appelliert sie an das Pflichtgefühl ihres alten Dieners: selbst wenn ihr Sohn einen übereilten Schritt getan, dürfe er ihn jetzt nicht im Stich lassen. Man rede allerhand über Goethe. Er solle sich bemühen, ihn kennenzulernen. Er sei kein Kriecher oder Stellensucher, sie wäre sonst die erste, gegen ihn aufzutreten. »Ich will Ihnen nicht von seinen Talenten, von seinem Genie sprechen; ich rede nur von seiner Moral. Seine Religion ist Die eines wahren und guten Christen, die ihn lehrt, seinen Nächsten zu lieben und es zu versuchen, ihn glücklich zu machen.« Fritsch hat auch religiöse Bedenken geäußert, und Amalie zerstreut sie mit leichter Hand.

Die Minister- und Amtskollegen flehen ebenfalls Fritsch an zu bleiben. Wenn er ginge, der einzige Adlige und Unabhängige, würde die Regierung nur noch ein rückgratloses Kabinett werden, eine Amtsstube, die lediglich die Befehle des Fürsten entgegenzunehmen hätte. Goethe sei immerhin besser als Kalb: womöglich würde der dann die Führung übernehmen, wenn man dem Herzog seinen Frankfurter Liebling ausgeredet habe.

Die Wogen glätten sich. Am 11. Juni 1776, nicht viel mehr als ein halbes Jahr nach Goethes Ankunft, wird die »neue Einrichtung« bekanntgegeben. Goethe wird mit dem Titel eines Geheimen Legationsrats zum Mitglied des Geheimen Conseils ernannt. Kalb erhält den Vorsitz der Kammer, der Finanzverwaltung. Ein Regen von Titeln geht über die mittleren und kleineren Beamten nieder; die Mahnungen des Herrn von Fritsch sind nicht ohne Eindruck geblieben. Goethe erhält ein Gehalt von 1 200 Talern, das zweithöchste im Lande; der Herzog läßt ihm außerdem ein halbes Jahr zurückvergüten, also bis unmittelbar zu seinem Eintreffen in Weimar. Er hat, um den noch unsicheren Freund zu binden, einen hübschen Garten vor der Stadt mit einem kleinen Gartenhaus für ihn gekauft und Goethe geschenkt. Es ist eine veritable Freundschaft, fast Liebschaft, und sie wird jetzt, wie Goethe schreibt, zu einer Ehe. Zum ersten und eigentlich zum letzten Male in seinem Leben wird er gebunden, und diese Bindung ist für dauernd.

Zweifellos ist dabei auch ein erotisches Element im Spiele, das durchaus nicht physischer Natur zu sein braucht. Karl August ist der Mann, der Werbende, Goethe der weibliche Partner, er läßt sich umwerben. Die Lebensführung der beiden ist schon seltsam und erregt allgemein Aufsehen. Sie reiten nicht nur zusammen, kampieren zusammen, trinken zusammen, tanzen zusammen mit den Dorfmädchen; Goethe schläft auch immer wieder »beim Herzog«, selbst in Weimar. Fast vor jeder wichtigeren Entscheidung steht dieser Eintrag in seinem Tagebuch. In langen Nachtgesprächen wird da alles durchgenommen, was das Herz und den Kopf bewegt. Sie sprechen über ihre Liebesangelegenheiten, und Karl August schreibt in die Briefe Goethes an seine neue Liebe, Frau von Stein, immer wieder seine Sätze oder Verslein hinein, die etwa beginnen: »Liebe Frau ...«; Goethe berät den Freund bei dessen vielfachen Liebeleien und auch in den sehr viel heikleren Fragen seiner Ehe. Berufungen, Stellenbesetzungen werden diskutiert, die Beziehungen zu den benachbarten Fürstenhöfen, zu den großen Mächten, Preußen vor allem, dem ständig drohenden, nah verwandten. Es ist der kurioseste Ministerrat, der sich denken läßt, so von Bett zu Bett oder nebeneinander auf einem breiten Kanapee.

Aber dieses Treiben muß auch im Zusammenhang mit der Zeit gesehen werden. Goethe ist Favorit, und überall in Europa regieren die Favoriten oder Favoritinnen. Man spricht von der Kabinettspolitik, aber man könnte ebensogut von der Bettpolitik im 18. Jahrhundert reden. Die große Katharina, die in der Tat ihre wunderliche Größe hat, verfügt über ganze Länder mit ihren Bettgenossen und macht einen von ihnen zum König von Polen, andere bekommen »nur« Ländereien geschenkt, von einer Größe allerdings, gegen die Weimar ein kleines Vorwerk ist. In Frankreich herrschen ganz öffentlich die großen Mätressen, und die kleineren Höfe imitieren das ebenso wie die Architektur von Versailles. Friedrich der Große, der über diese »Hurenwirtschaft« spottet, hat auch seinen Liebling, den Kammerdiener Fredersdorff, um den die ernste Geschichtsschreibung einen verlegenen Bogen macht. Über all diese Dinge und die Gespräche, die da von Bett zu Bett geführt werden, gibt es keine Akten; es gibt nur den »Klatsch«, Romane, Briefe, auch viele on-dits. Aus solchem schwer faßbaren, aber schließlich auch genügend beglaubigten Schlafstubentreiben besteht zum großen – nicht einzigen – Teil die große und kleine Politik der Zeit.

Es mag vielen unsympathisch erscheinen, einen Goethe in diesen Zusammenhang gestellt zu sehen, und er hat sich da auch bald herausgewickelt. Aber unleugbar, die Akten und Goethes Privatakten, seine Tagebücher beweisen es deutlich, lebt er eine ganze Weile fröhlich dies Günstlingsleben. Man hofft in Weimar, daß er als der Ältere doch seinen guten Einfluß auf den wilden Knaben Karl August geltend machen werde. Er versucht das auch immer wieder. Er mahnt – vorsichtig und in Gleichnissen. Er stellt ihm im Gedicht ein Bäuerlein vor, maskiert sich als »Sebastian Simpel« und spricht davon, daß das treue bäurische Blut doch eigentlich das beste Gut eines Landesherren sei, wichtiger als die Pferde und Stutereien, mit denen Karl August seine Tage verbringt. Damit die Sache nicht allzu ernst wird, fügt er rasch noch etwas über eine gute Fee hinzu, die im Zauberschloß nebenan ihr goldnes Zepter führt, und Karl August liest das sicherlich aufmerksamer als den Passus über die Bauern. Goethe betrachtet das alte Porträt des Großvaters, von dem Karl August seinen Hang zur Jagd und zum Soldatenspiel geerbt hat, und findet in dessen Augen etwas »Starres, Scheues« und Züge vom Tyrannen. Eine weitere Warnung. Er zitiert aus der Bibel, Jesaja: »Siehe, der Herr macht's Land leer und wüste, und wirft um, was drinnen ist, und zerstreuet seine Einwohner – der Most verschwindet, die Rebe schmachtet, und alle, die herzlich froh waren, ächzen.« Das ist etwas dunkel. Es kann eine höchstpersönliche Stimmung sein, denn Goethe hat ständig Anfälle von Melancholie. Es kann auch im Bilde die Situation des Landes schildern, die nicht viel anders war.

Das sind aber nur Winke. Im übrigen ist man herzlich froh und genießt das neue Leben. Karl August schreibt, ganz im Goethe-Stil, an den Freund, als er eine der unvermeidlichen Reisen zu den verwandten Höfen nach Gotha unternehmen muß:. »Lieber Göthe, ich habe deinen Brief erhalten, er freut mich unendlich, wie sehr wünschte ich mit freier Brust und Herzen die liebe Sonne in den Jenaischen Felsen auf- und untergehen zu sehen und das zwar mit Dir. Ich sehe sie hier alle Tage, aber das Schloß ist so hoch, und in einer so unangenehmen Ebne, von so vielen dienstbaren Geistern erfüllt, welche ihr leichtes, luftiges Wesen in Samt und Seide gehüllt haben, daß mirs ganz schwindlich und übel wird, und alle Abend mich dem Teufel übergeben möchte.« In der Naturfreude ist er sich mit dem Freunde einig. Die strengen und langweiligen Vorstellungen von Regierungspflichten bleiben zunächst beiseite, für Goethe wie für Karl August.

Goethe ist soeben zum Geheimen Rat und Mitglied des obersten *Conseils* ernannt worden. Er legt seinen Amtseid ab, auf die evangelischen, Schmalkaldischen Artikel, mit der Klausel, daß er es eidesgemäß zu melden habe, wenn er sich etwa dem Katholizismus, Calvinismus oder anderen »wichtigen Sekten« zuneigen sollte; er schwört Wahrung des Dienstgeheimnisses und Wahrung der Landeseinrichtungen, die er erst noch genauer kennenlernen muß. Er geht mit silbernem Degen, mit silbernen Schnallen an den Schuhen zur ersten Sitzung, in schwarzer Trauerkleidung, denn der Hof trauert um die Schwester der Herzogin, die russische Großfürstin; sie ist den Berufstod der Frauen von damals gestorben, im Kindbett, und damit ist für Weimar eine der wichtigsten Beziehungen unversehens zunichte geworden. Er wird den anderen Räten vorgestellt, die ängstlich und erwartungsvoll zu dem neuen Kollegen herüberschauen, der nun den Sessel am Ministertisch einnimmt; der offiziellen Ordnung nach als dritter, in der Tat, wie jeder weiß, als Nummer eins, was die Gunst beim Herzog anbelangt. Die Nacht zuvor, was auch jeder weiß, hat er wieder in Karl Augusts Schlafzimmer zugebracht; es gibt in dem kleinen Weimar keinen Schritt, der unbeobachtet bliebe. Wird er sich nun in die Akten stürzen, sich orientieren, an den Beratungen ständig teilnehmen? Wird er die Kollegen bitten, ihn doch in die komplizierten Weimarer Verhältnisse einzuführen? Weiß er auch nur, wie groß dies Land Weimar ist, oder vielmehr die Länder Weimar, Eisenach, Jena, mit dem selbständigen Amt Ilmenau? Die Räte selber, so fleißig sie arbeiten, wissen es nicht genau. Sie wissen nur, daß da vier Landesteile durch Erbanfall zusammengekommen sind, jedes mit eigner »Regierung«, eignen Ständen, die kaum je in Erscheinung treten, eigner Steuerverwaltung, aus der nicht viel herauskommt, mit umständlichem, altgeheiligtem Schriftwechsel all dieser Behörden untereinander. Darüber nun der *Conseil* als oberste Instanz, der all das dirigieren soll mit der notwendigen Behutsamkeit und Personalkenntnis. Wird der neue Mann sich diesem Gang der Dinge einfügen? Wird er vor allem Serenissimus, seinen Freund, endlich dazu bringen, daß er als alleroberste Instanz, die absolut zu verfügen hat, sich seinerseits an der Arbeit beteiligt?

Wenig davon ist aus Goethes Tagebüchern zu entnehmen, so genau sie geführt sind. Nach der Einführung noch gemeinsames Essen bei Hofe. Einige Tage später noch eine Sitzung, eine Notiz: »Akten«. Dann aber sehr rasch hinaus, nach Ilmenau, Zeichnen, Tanz, Treibjagd, nach Stützerbach, wo der unselige Krämer geneckt werden muß. Vogelschießen. Baden im Bach. Besichtigung eines Bergwerks. »Gesang des dumpfen Lebens.« Kegeln. »Mit Miseln gekittert« – das Wort »Misel«, von Mäuschen oder Mamsell, hat Goethe aus dem Elsaß mitgebracht, es dient zur Bezeichnung aller Liebeleien oder bloß amüsanten Bekanntschaften und taucht unaufhörlich in den Briefen und Diarien auf, was keine tiefere Bedeutung hat. Einsame Felswege im Regen. Skizze zu einem Drama DER FALKE. Pharaospiel. Nach einem Monat etwa wird eine weitere Session des *Conseils* verzeichnet, später mehrere, im ganzen Verlauf des ersten halben Jahres kaum über ein Dutzend. Als ergreifend pflichtbewußten Beamten, der seine ganze gewaltige Kraft dem Lande widmet, hat man Goethe hinstellen wollen. Das ist Legende. Wir werden noch sehen, wie die Aufgabe ihn dann doch ergreift und wie er sich mit ihr auseinandersetzt.

Er hat seine ganz eigne Art und Weise, das Land kennenzulernen. Sie ist genialisch, dichterisch, und sie hat sein Werk mit einer unendlichen Fülle von Natureindrücken und Menschengestalten bereichert; wenn für das Land Weimar auch dabei etwas abfiel, so ist das eine

Nebenerscheinung. Denn von vornherein hat Goethe, auch seinem Freund und Gönner gegenüber, seine Vorbehalte gemacht, bei allem Engagement. An Merck, den ständigen Mahner und Warner, schreibt er, als er die »Weltrolle« übernimmt: »Freiheit und Genüge werden die Hauptkonditionen der neuen Einrichtung sein, ob ich gleich mehr als jemals am Platz bin, das durchaus Scheißige dieser zeitlichen Herrlichkeit zu erkennen . . .«

Hinaus also ins Land, zu Pferde meist. Die Straßen und Wege sind so schlecht, daß man nicht fahren kann. Goethe reitet einen Gaul aus des Herzogs Marstall, einen ziemlich braven Paßgänger, der nur etwas leicht scheut. *Poesie* wird der Schimmel genannt zu Ehren des Dichters. Auf diesem Pferd streift er umher, allein oder mit ein paar Genossen aus der engeren Runde des Herzogs. Es ist die Periode seines Lebens, da er die Natur tatsächlich mit allen Sinnen ergreift: im Reiten durch die Wälder, bei jedem Wetter, wandernd auf den Bergen, im Lager am Feuer unter den Tannen. Immer wieder taucht er, wie um sich inniger mit den Elementen zu vermählen, ins Wasser, badet in den Bächen, Flüssen, in der Ilm vor seinem Gartenhäuschen. Er stöbert in dem bis dahin schmählich vernachlässigten Amt Ilmenau einen alten Bergbau auf, der stillgelegt ist, und steigt sogleich in die Tiefe. Ein faustisch-phantastischer Plan taucht auf; man müßte dieses alte Bergwerk wieder in Gang setzen. Unendliche Schätze sollten da zu heben sein; man hatte auf Silber geschürft. Mit einem Schlage wäre die ewige Finanznot des armen Landes zu beheben! Mit ihren Silberbergwerken im Harz hatten die alten Sachsenkaiser einmal ihre Vorrangstellung in Deutschland begründet; deshalb hausten sie in den Pfalzen bei Goslar, bauten ihre Kirchen um den Harz herum und herrschten von da über die andern Fürsten, die keine solche metallische Macht im Rücken hatten.

Es ist Goethes größter praktischer Plan; mit höchster Begeisterung, mit viel Mühen hat er sich ihm jahrzehntelang gewidmet. Es ist auch sein erstes tätiges Eingreifen in die Landesgeschicke. Eine Bergwerkskommission wird geschaffen, und Goethe übernimmt ihre Leitung. Unversehens gerät er in die Geologie und gewinnt sich damit eine neue Liebe, der er treuer bleiben wird als allen Frauen. Er liest chemische Bücher, alchemistische, in denen Luna, der Silbermond, das Silber bedeutet. Er beschäftigt sich mit Silberproben, Pochhämmern. Man hat ein paar Fachleute aus Sachsen, wo in Freiberg die berühmte Bergakademie besteht, kommen lassen. Im Kreis der jungen Bergeleven wird fröhlich gebechert und auf das Glück des Unternehmens angestoßen. Goethes Harzreisen, die er dann unternimmt, dienen vor allem dem Besuch der dort noch florierenden Berg- und Hüttenwerke. Wie von seinem Kind spricht er acht Jahre später bei Eröffnung des neuen Johannisschachtes, der endlich niedergebracht werden soll, von diesem Unternehmen: »Ich habe es nähren, schützen, erziehen helfen und es wird nun zu meiner Freude auf die Nachkommenschaft dauern.« Er bleibt mitten in der Ansprache stecken, aber niemand lacht oder unterbricht. Ernsthaft, mit großen Augen schaut er auf die Versammelten, ohne jede Verlegenheit, und fährt fort, als sei nichts gewesen.

Der kleine Zwischenfall hat leider symbolische Bedeutung. Das große Unternehmen bleibt stecken. Wassereinbrüche, ungenügende Kräfte, ungenügende Gelder, Streit um die Gerechtsamen, Mutlosigkeit und schließlich langsamer Tod durch Ersaufen: Das Werk hat nur sehr viel Geld verschlungen und nichts eingebracht. Goethe hat ebensowenig Glück mit diesem Plan gehabt wie Balzac mit seinem grandiosen Projekt der sardinischen Bergwerke, das ihn zum Millionär machen sollte; Balzacs Traum allerdings wurde nach seinem Tode verwirklicht – der Ilmenauer Bergbau ist nie wieder belebt worden.

Goethe hat aber schon gleich in den Anfängen viel gelernt und mannigfache Erfahrungen gemacht. Zunächst lernt er die staatsrechtlichen Verhältnisse kennen, in die er geraten ist. Sämtliche Anliegerstaaten erheben Rechte an dies stillgelegte und unergiebige Bergwerk, Kursachsen obendrein, aus Oberhoheit von einigen Jahrhunderten zuvor. Er muß mit Gotha, Meiningen, Koburg, Hildburghausen verhandeln; Ilmenau ist durch die Aufteilung der Grafschaft Henneberg an Weimar gekommen, und die andern Erben haben sich vorsichtigerweise ihre Rechte und Anteile an dieser unterirdischen Schatzgrube vorbehalten. Er, der nie die Rechte ernstlicher studiert hat, muß sich nun mit Bergrecht beschäftigen. Eine Privatfamilie hat außerdem noch erhebliche Gelder in das schon notleidende Unternehmen gesteckt; die Erben wollen für ihre Kuxe entschädigt werden. Die Bevölkerung von Ilmenau schaut mit ergreifender Hoffnungsfreudigkeit zu ihm auf: Der Ort liegt jammervoll darnieder und erwartet sich eine neue Blüte von der Sache. Die Weimarer Kammer kommt mit langjährigen Forderungen und weigert sich, neue Gelder zu investieren, die auch gar nicht vorhanden sind. Das schlimmste: Tüchtige Leute sind nicht zu beschaffen. Ein Markscheider, der Vermessungen vorgenommen hat, ist bald davongegangen, zu aussichtsreicheren Gruben. Die Heranziehung auch nur eines Steigers, der etwas von der Arbeit versteht, ist für Goethe schon ein Triumph, den er in seinem Bericht anführt. Er trifft hier mit der Realität zusammen, der trägen Masse, dem tückischen Gestein, dem unberechenbaren Wasser und den schwerfälligen Menschen. Nur im Gedicht ist er damit fertig geworden. Im FAUST werden die Bodenschätze mit Zauberschlag mobilisiert. Man braucht dazu nur einen Teufel.

Andere, leichtere Regierungsaufgaben löst er leicht und elegant. Der jüngere Bruder des Herzogs, Konstantin, hat sich in eine Dame der Hofgesellschaft verliebt und will sie heiraten. Das geht nicht, denn sie ist nicht ebenbürtig. Die Thronfolge, beim heiklen Gesundheitszustand Karl Augusts, der um diese Zeit ständig verfolgt ist von Knochenbrüchen, Rheumatismus, Gelbsucht, Fieber, darf nicht gefährdet werden. Goethe greift energisch ein und schafft sich neue Feinde. Der Prinz wird nach Paris geschickt und kommt von dort mit einer Französin zurück. Die will er zwar nicht heiraten, aber sie ist bereits schwanger. Der Minister Goethe hat dafür zu sorgen, daß die Geburt in einem abgelegenen Dorfe vor sich geht; das Kind, ein Knabe, wird wie Karl Augusts eigne Sprößlinge unter die Förster gesteckt. Die Mutter will nicht so leicht weichen. Goethe reitet immer wieder hinüber und expediert sie am Ende. Sein Diener Philipp Seidel muß vorsichtshalber die Gefährliche bis nach Frankfurt eskortieren. Er kann bei der Gelegenheit auch daheim berichten, wie es in Weimar aussieht. Goethes Briefe an die Eltern sind kurz. Meist fordert er Geld, durch die Mutter, die das dem Vater beibringen soll: »Jetzt, da ich Bruder und alles eines Fürsten bin, kann ich nicht sparen« – oder: »Der Vater ist mir eine Ausstattung schuldig!«

Dabei lebt er eigentlich sehr bescheiden, zum mindesten, was das Wohnen anbelangt. Er besitzt eine kleine Stadtwohnung, die nur eine winzige Miete kostet, und das Gartenhäuschen, das Karl August ihm geschenkt hat. Da schläft er in einer Kammer, mit einem fichtenen Schragen, auf dem Strohsack. Oft schläft Philipp Seidel mit ihm im gleichen Raum. Sie führen lange Nachtgespräche, wenn Goethe von der Redoute oder einer Liebhaberaufführung zurückgekommen ist. Seidel, der aufgeweckte Junge, schreibt auf. So bald nach der Ankunft in Weimar: »Wir waren auf der Redoute, da gefiel mirs. Es gab allerlei artig Zeug. Nun hör. Die Nacht schliefen wir also nicht. Die folgende, also Samstag den 18. November um 12¼ Uhr legten wir uns. Wir schlafen nun zu dreien in einer Kammer.« Goethe kampierte nicht nur mit Seidel, sondern noch mit einem Küchenjungen Paul Götze, den er angenommen hat. »Da kamen wir ins Gespräch aus einem bis ins andere bis zu allen Teufeln. Stell Dir die erschreckliche Wendung vor: von Liebesgeschichten auf der Insel Corsica, und auf ihr blieben wir in dem größten und hitzigsten Handgemenge bis Morgens gegen viere. Die Frage, über die mit so viel Heftigkeit als Gelehrsamkeit gestritten wurde war diese: Ob ein Volk nicht glücklicher sey, wenns frei ist, als wenns unter dem Befehl eines souverainen Herrn steht. Denn ich sagte: die Corsen sind wirklich unglücklich. Er sagte: nein, es ist ein Glück für sie und ihre Nachkommen, sie werden nun verfeinert, entwildert, lernen Künste und Wissenschaften, statt sie zuvor roh und wild waren. Herr, sagte ich, ich hätt den Teufel von seinen Verfeinerungen und Veredelungen auf Kosten meiner Freyheit, die eigentlich unser Glück macht. Die Corsen können nicht wild seyn, die Gebirgsbewohner ausgenommen, sonst hätten sie kein so groß Gefühl von Freyheit und nicht so viel Tapferkeit zeigen können. Sie waren glücklich. Sie stillten ihre Bedürfnisse gemächlich und konnten sie stillen, da sie sich keine unnöthigen machten. Jetzt bekommen sie deren täglich mehr und können sie nicht befriedigen, denn keiner von uns kann, wie er will, sich kleiden, essen, trinken, in Gesellschaft gehen und dergleichen. Sie hatten alles, was sie verlangten, weil sie nicht viel verlangten, und hattens in Freyheit.«

Der Freiheitskampf der Korsen gegen Genua und die Franzosen bewegte damals alle Gemüter, und der Korsenführer Paoli war ein Held, den noch Hölderlin in seinen Oden gefeiert hat. Von James Boswell und seinem Buch über Korsika wußte Seidel wohl kaum oder von Rousseaus Eintreten für die Inselbewohner, obwohl der sehr muntere Junge viel las. Sein Widerspruch gegen Goethe aber ist bezeichnend, auch für das Verhältnis von Herr und Diener. Goethe ist durchaus für »aufgeklärten Despotismus«. Nur damit, so meint er, lassen sich die Sitten verbessern, Künste und Wissenschaften befördern; bei dieser Ansicht ist er auch verblieben. Seidel hingegen ist für Freiheit und sagt das frei heraus, und zwar etwa zwanzig Jahre vor der Französischen Revolution. Der Diener hat, wie allgemein zu bemerken ist, damals viel Freiheit, seine Meinung zu sagen, auch wenn er kein *Figaro* ist wie bei Beaumarchais. Es ist meist nur eine Art Narrenfreiheit; der Herr kann den Frechling ja jederzeit zum Teufel schicken, und im übrigen wird er tun, was er will. Goethe jedoch behandelt diesen Philipp im Ernst wie einen Vertrauten. Philipp ist der einzige, der um all seine Geheimnisse weiß, sein Agent, Sekretär, er darf seine Briefe öffnen, er führt Goethes Kasse, einen Teil der Korrespondenz; an Philipp schickt Goethe dann aus Italien seine IPHIGENIE, das erste große Werk, in dem er wieder Dichter ist. Seidel sagt auch da frei seine Meinung. Goethe antwortet: »Was Du von meiner IPHIGENIE sagst, ist in gewissem Sinne leider wahr. Als ich mich um der Kunst und des Handwerkes willen entschließen mußte, das Stück umzuschreiben, sah ich voraus, daß die besten Stellen verlieren mußten wenn die schlechten und mittleren gewannen. Du hast zwei Szenen genannt, die offenbar verloren haben. Aber wenn es gedruckt ist, dann lies es noch einmal ganz gelassen und Du wirst fühlen, was es als Ganzes gewonnen hat.« Ein andermal: »Übrigens bleibe ja dabei und ich fordere Dich dazu auf, mir über alles, was mich angeht und was Du sonst gut finden magst, Deine Meinung unverhohlen, ja ohne Einleitung und Entschuldigung zu sagen. Ich habe Dich immer als einen meiner Schutzgeister angesehen: werde nicht müde, dieses Ämtchen auch noch künftig beiher zu verwalten.«

Wir haben leider nur ganz wenige Einblicke in dies einzigartige Verhältnis; vieles, was Seidel sah und hörte, schrieb er wohl auch aus

Treue und Rücksicht nicht auf. Nach der Rückkehr aus Italien besorgte Goethe ihm eine Stellung als Rentamtmann, und damit hört die Intimität auf. Für die ersten zehn Jahre in Weimar haben wir aber Philipp Seidel als Goethes engsten Vertrauten zu denken. Er könnte uns mehr über ihn erzählen, als alles noch so eifrige Behorchen der Briefe und Tagebücher verrät. Er hat geschwiegen.

Was erzählen die Tagebücher und Briefe noch vom Regieren? Wenig, außer den kurzen Notizen: »Conseil« oder: »Kommission«, womit der Bergbau gemeint ist. Von Bränden ist viel die Rede. Es brennt überall, in dem Städtchen Weimar und in den Dörfern. Die Häuser oder Hütten sind mit Stroh oder Schindeln gedeckt, eine organisierte Feuerwehr gibt es nicht, man löscht mit ein paar Eimern, reißt die brennenden Häuser ein oder steht fassungslos vor dem tobenden Element. Goethe wirft sich aufs Pferd und sprengt hinaus. »Bis wir hinkamen, lag das ganze Dorf nieder, es war nur noch um Trümmer zu retten und die Schul und die Kirche.« Es folgt eine Beschreibung der Glut, die ihm noch bis in den FAUST hinein nachleuchtet: »Hinter und vor und neben mir feine Glut, nicht Flamme, tiefe, hohlaugige Glut des niedergesunkenen Ortes, und der Wind drein, und dann wieder da eine auffahrende Flamme, und die herrlichen alten Bäume ums Ort inwendig in ihren hohlen Stämmen glühend, und der rote Dampf in der Nacht, und die Sterne rot, und der neue Mond sich verbergend in Wolken. Wir kamen erst nachts zwei wieder nach Hause.« Ein andermal verbrennt er sich fast die Sohlen beim Zupacken in der nächsten Nähe. Diese Nähe ist ihm Lust und Genugtuung und befriedigt auch sein Dichterauge und -ohr. Gespräch mit den Bauern, dem Dorfschulzen vor dem Feuer, da lernt man doch etwas vom Volk, von dessen »Mark man eigentlich lebt«, wie er einmal nachdenklich notiert. Abhilfe aber? Wie? Es gibt schon Brandversicherung, aber die Bauern zahlen die Beiträge nicht. Sie haben kein Geld. Sie sind schon mit den kümmerlichen Steuern ständig in Rückstand und führen sie nur ab, wenn Pfändung droht. Feuerspritzen! Auch dafür fehlt es an Geld und an Handwerkern. Die Häuser sollen künftig mit Ziegeln gedeckt werden, die Regierung hat das immer wieder verordnet. Aber die Bauern drücken sich vor der Ausgabe, die ihnen unerschwinglich erscheint, die Ziegeleien können nicht genug Ziegel liefern, es gibt Streit zwischen den Innungen; die Dachdecker beschweren sich, daß die Maurer ordnungswidrig und heimlich Ziegel legen, was gegen jedes Zunftherkommen ist. Überall stößt Goethe auf die empfindlich schwierige Wirklichkeit. Man lebt in einem feudalen, absolutistisch regierten Staate, warum kann man nicht einfach kommandieren, *fiat voluntas*? Er muß lernen, daß der feudale Herr eben doch an die hergebrachte Ordnung gebunden ist, deren feudale Spitze er ja schließlich darstellt.

Hinaus ins Land, immer wieder. Da sind die Bauern, das Mark des Landes, brave Leute, »arbeitsam und einfach. Kittel ohne Knöpfe mit Riemchen«, so notiert er. Sie sind zu arm, sich Knöpfe zu kaufen, und schneiden sich selber die Riemen zurecht; er hatte das nicht gewußt. »Klage über Mangel der Viehzucht und ausgedehnte Trift der Pächter.« Die Triftrechte der Pächter und Gutsbesitzer, die den Bauern ihre Wiesen abweiden lassen dürfen, laut alten Herkommens und verbriefter »Rechte«, sind einer der Krebsschäden des Landes. Goethe kann da nur beobachten, aber die Struktur des Landes nicht ändern. Der Herzog, durch dessen persönliche Gunst er bestellt ist, trägt noch kräftig zur Verschlimmerung bei. Seine sinnlose Jagdpassion verwüstet die Felder mit Treibjagden, Sauhatzen, bei denen die Bauern als Treiber dienen müssen. Goethe hat darüber ständig Auseinandersetzungen mit seinem Freund, ohne jeden Erfolg. Er mahnt, warnt, geht auch mit auf die Jagd und wird um Haaresbreite von einem Keiler gespießt, als ihm die Saufeder bricht. Die Jagd, die Leidenschaft aller Fürsten, das eifersüchtig gehütete Privileg der großen Herren und Gegenstand der erbittertsten Aufstände seit den Bauernkriegen, bleibt Karl Augusts Privileg. Da läßt er sich nicht hineinreden.

Nach Apolda, dem einzigen Industrieort des Landes, wo etwas Weberei betrieben wird. Goethe notiert, zwischen den ersten Skizzen zu seiner IPHIGENIE: »Strumpfwirker liegen an hundert Stühlen still seit der Neujahrsmesse. Manufaktur-Kollegium hilft nichts. Armer Anfang solcher Leute. Leben aus der Hand in den Mund. Der Verleger hängt ihnen erst den Stuhl auf. Heuraten leicht...« Das stand nicht in den Akten.

Rekruten werden besichtigt. Goethe hat dies unangenehme Amt übernommen. Er zeichnet die Szene in einer seiner lebendigsten Skizzen. Die Kommission schreibt die Mehrzahl der Armseligen auf. Ein Weib drängt auf der Treppe verzweifelt heran, ihren Sohn oder Liebsten zu retten. Grob stößt der Unteroffizier sie herunter. Unwillig schaut der Protokollführer über die Schulter: Das Geschäft ging sonst so glatt vonstatten. Goethe kritzelt eine andere Zeichnung: Ein Rekrut geht durch das »Tor des Ruhmes«, darüber Kranz um einen Galgen. Der Vorsitzende der Kriegskommission oder Kriegsminister hat keine hohe Meinung vom Militär.

Eine hohe Meinung hat er von der Landwirtschaft. Man hat einen Engländer Batty kommen lassen, der Fachmann ist in Wiesenbewässerung, Dammbauten, Bodenmelioration; die englische Landwirtschaft steht damals, am Vorabend der industriellen Revolution, auf ihrer höchsten Höhe. Das ist ein Mann nach Goethes Herzen, der einzige eigentlich, den er je in seinem Tagebuch mit vollen Worten lobt: »Wenn er handeln soll, greift er grad das an, was nötig ist.« Sein Umgang mit den schwierigen Besitzern könnte nicht besser sein, und es gibt viel Streit, viel Widerstände. Warum soll man einen Damm bauen, der womöglich auch den Leuten des Nachbardorfes oder gar denen drüben über der Grenze im Gothaischen zugute kommt? Die Pächter wehren sich hartnäckig gegen die Zerschlagung von Gütern, an die man gedacht hat. Eine Landreform, in vagen Umrissen vorgesehen, kommt nicht zustande. Aber Goethe jauchzt förmlich über seinen Batty: »Das ist mein fast einziger lieber Sohn, an dem ich Wohlgefallen habe! So lange ich lebe, solls ihm weder fehlen an Nassem noch Trocknem.« Batty blieb in Weimar und ist dort hochbetagt gestorben.

Nachdenklich schreibt Goethe bei der Betrachtung von Battys Kampf mit den Wiesen und Feldern: »Gar schön ist der Feldbau, weil alles so rein antwortet, wenn ich was dumm oder was gut mache... Aber ich spüre zum voraus, es ist auch nicht für mich. Ich darf nicht von dem mir vorgeschriebenen Weg abgehen, mein Dasein ist einmal nicht einfach.«

Staatsminister

Sein Weg führte zunächst mitten in die Arbeit, in die Regierungsgeschäfte hinein, nachdem eine ganze Zeitlang damit recht amateur-
haft verfahren worden war. Immer stärker zieht ihn dieser Zauberkreis an, neben dem es noch andere Zauberkreise gibt. Immer stärker
braucht ihn Karl August. Immer neue Aufgaben werden ihm übertragen, und er weigert sich nicht. Er jubelt sogar einmal: »Der Druck
der Geschäfte ist sehr schön der Seele; wenn sie entladen ist, spielt sie
freier und genießt das Leben. Elender ist nichts als der behagliche
Mensch ohne Arbeit.« So im Tagebuch am 13. Januar 1779. Er hat die
Leitung der Kriegskommission übernommen, »fest in meinen Sinnen
und scharf«. Er badet sich förmlich, dies sein Ausdruck, darin.

Eine bloße Aufzählung der Ämter Goethes und seiner Titel, wie sie
meist am Rande seiner Lebensgeschichte vorgenommen wird, führt
nicht weit. Man kann sich aber auch nicht damit begnügen, seine
Amtstätigkeit nur unter dem Aspekt seiner Dichtungen oder seiner
Naturforschung zu bewerten. So hat er es nicht aufgefaßt. Er hat es,
zum mindesten für eine Weile, sehr ernst damit gemeint, und sein
Wesen ist dadurch entscheidend geprägt worden. Man kann es bedauern, daß er so viel Zeit und Mühe darangegeben hat. Schon Merck,
der Freund und Mahner, fand, er solle »das Dreckwesen doch andern
überlassen«, er sei zu schade dafür. Herder, stets mißvergnügt, hat
Goethes Tätigkeit als Direktor des Wegebaus gleich anfangs verspottet, er sei nun zum Pontifex maximus geworden, »zu deutsch
oberstem Wegaufseher und Straßenkehrer«. Er selbst schreibt: »In
der Jugend traut man sich zu, daß man den Menschen Paläste bauen
könne, und wenn's um und an kommt, so hat man alle Hände voll zu
thun, um nur ihren Mist bei Seite bringen zu können. Es gehört immer viel Resignation zu diesem eklen Geschäft, indessen muß es
auch sein.«

Wir geben einige Daten: Im Juni 1776 wird Goethe Mitglied des Geheimen Rates, des *Conseils*, mit dem Titel eines Geheimen Legationsrates, im August 1779 Geheimer Rat, 25 Jahre später Wirklicher Geheimer Rat, Exzellenz und Staatsminister; eine ausdrücklich Staatsministerium genannte Behörde wird erst damals, 1815 geschaffen, als das Herzogtum zum Großherzogtum aufrückt. Man bezeichnete jedoch auch vorher die Mitglieder des *Conseils* üblicherweise als »Minister«. Goethes eigentliche Ministertätigkeit fällt aber in die Jahre 1776 bis 1786, bis zu seiner Flucht nach Italien. Nach seiner Rückkehr tritt er in ein neues Verhältnis zu seinem Herzog und dem Land, das ganz auf seine persönlichen Bedürfnisse zugeschnitten ist, als Haupt einer »Oberaufsicht« über die Anstalten für Wissenschaft und Kunst, also eine Art Kultusminister. Er bleibt jedoch, wie im Anfang, wenn auch mit vielen Schwankungen, der persönliche Berater Karl Augusts in wichtigen Fragen.

Zehn Jahre also umfaßt die strengere Amtszeit. Formell ist Goethe in diesen Jahren eines der Mitglieder des *Conseils*, des Kollegiums von Räten, die den Herzog beraten sollen. Ministerposten und Ressorts gibt es da nicht. Man berät gemeinsam, stimmt ab, das Endvotum gilt. Der Herzog entscheidet dann durch Reskripte an seine »lieben Getreuen«, die Räte, die den allerhöchsten Willen weitergeben an die verschiedenen »Regierungen« der vier Landesteile. Eine gewisse Geschäftsteilung ergibt sich – nicht immer –, und Goethe hat sich mit außenpolitischen Fragen beschäftigt, ist Vorsitzender der Wegebaukommission gewesen, der Kriegskommission, der Kommission für den Bergbau in Ilmenau; er hat dann, als der unfähige Kalb gehen mußte, vor allem die Finanzverwaltung geleitet. Die Ordnung der Finanzen wurde seine Hauptaufgabe und seine verdienstvollste Leistung. Um Kultusfragen hat er sich damals nur gelegentlich gekümmert; das kam später. Die Akten über diese Tätigkeit, nun gründlich veröffentlicht, bieten ein seltsames Bild. Der Amtsstil ist der übliche, wie sich versteht. Der Herzog wird stets *Serenissimus* genannt oder auch etwas treuherziger *Serenissimus clementissime regens*, wenn die Sache etwas unbehaglicher wird. Das Votum ist stets ein »untertänigstes Promemoria«. Goethe, der sich auf den wilden Waldfahrten mit Karl August duzt, fügt sich selbstverständlich diesen Formen. Ja, er ist derjenige, der peinlichst auf ihnen besteht, bis zur Pedanterie. Nicht die alte Exzellenz, der noch nicht Dreißigjährige stimmt energisch dagegen, als einer der Kollegen sehr vernünftige Vorschläge macht, die umständlichen Formeln zu vereinfachen. Der Herzog wäre auch dafür, er hat nie viel auf Formen gegeben. Goethe aber votiert mit Nein! Er hält eine solche Veränderung für schädlich: »indem sich an solche willkürlich scheinende Formen so mancherley Verhältnisse anknüpfen, die nunmehr zerrissen werden«. Es kommt nicht zum

Zerreißen. Und Goethe, der eben seine HARZREISE IM WINTER gedichtet hat, im freien Odenstil, malt ernsthaft auf die Aktenbogen seine Korrekturen: »Des Durchlauchtigsten Fürsten und Herrn Carl August müßte wohl heißen: Des Durchlauchtigsten Fürsten und Herrn, Herrn Carl August« – oder ein andermal: »Unter Hochderoselben Unterschrift, sollte wohl heißen: Höchstderoselben!« Wenn bei irgendwelchen Fürstlichkeiten Zweifel bestünden, ob hoch oder höchst angebracht sei, so wäre besser eine vorsichtige Umschreibung zu wählen. Auch diese Eigenschaften gehören zum Doppelwesen Goethes.

Denn ganz entschieden verteidigt er schon damals die Pedanterie. Sie steht ihm für Ordnung, Herkommen, Gesetz. »Wer Formen zu beobachten und zu bearbeiten hat, dem ist ein wenig Pedantismus notwendig. Man thue die Pedanterie von einem Garnisonsdienste weg – was wird übrig bleiben?«

Das gilt ihm auch sonst. Nach Eintritt in die Freimaurerloge, auf Wunsch des Herzogs, schreibt er alsbald entrüstet an den Freund über eine Sitzung: »Mehr Böcke sind wohl überhaupt im Ritual und Formal an keinem Johannistag vorgegangen. Ein deputierter, unpräparierter Meister vom Stuhl, zwei Vorsteher aus dem Stegreife, usw. Und sobald so etwas vom Pedantismus getrennt wird: dann gute Nacht!« Er hat sich das Ritual soeben angeeignet: sogleich aber steht es ihm fest als ein Unverrückbares, an dem zu rütteln Nachlässigkeit oder Frevel wäre. Wir werden sehen, daß sein Denken bei anderen Fragen nach den gleichen Gesetzen verläuft, auch bei seinen Forschungen in der Naturkunde.

Von allzu großer Ordnung konnte bei den Sitzungen des Conseils nicht die Rede sein. Man besaß nicht einmal eine Geschäftsordnung. Ein Protokoll wurde nicht geführt, man notiert nur wichtige Abstimmungen. Es ist bezeichnend, daß Goethe anfangs fast durchweg nur ein kurzes »Accedo« oder »stimme bei« zu Papier gibt. Die Begründungen seiner Amtsgenossen sind meist ausführlicher. Sie sind oft sehr viel feuriger gehalten, zuweilen sogar hitzig. Goethe rügt das als »Ausfälle«. Er ist ungemein behutsam, was nicht heißt, daß er nicht meist sehr entschieden seinen Willen durchsetzt. Man hat ihn zu respektieren, denn man weiß, daß der Herzog auf ihn hört. Er regiert im Namen des Serenissimus regens. »In meinem Kreis hab ich wenig, fast gar keine Hindernisse außer mir. In mir noch viele« (Mai 1780).

Die andern Minister oder Mitglieder des Kollegiums waren keine Genies, aber sie waren tüchtige Leute. Die Beschlüsse hatten kollegial gefaßt zu werden. Sie haben sich gefügt, und Goethe hat sich ihnen gefügt. Von nennenswerten Differenzen steht nichts in den Akten, eher in Goethes Tagebüchern. Da heißt es etwa: »Dicke Haut mehrerer Personen durchbrochen«, oder: »Garstiges Licht auf Fritsch geworfen durch viele seiner Handlungen, die ich eine Zeit her durchpassieren lassen.« Fritsch blieb nach wie vor zurückhaltend, zog sich anfangs auch betont zurück, bat um Urlaub, den Goethe ihm von einer der Jagdreisen aus im Namen des Herzogs bewilligte, oder besuchte seine Güter in Sachsen. Die andern Kollegen konnten sich eine solche Haltung nicht leisten. Sie wurden, bis zu den Geheimreferendaren, jämmerlich bezahlt, mit 350 oder 200 Talern im Jahr; meist hatten sie noch sechs, sieben, auch zehn Kinder. Zu Nebeneinnahmen, von einigen Deputaten oder Sporteln abgesehen, war keine Gelegenheit im Lande Weimar. Auch von Korruption, abgesehen vom Falle des Finanzpräsidenten Kalb, ist kaum etwas zu verspüren. Sie streckten sich nach der Decke, die niedrig war. Es ist erstaunlich, daß sie dabei so aufrecht und wacker blieben.

Worin bestand nun das ganze Regierungsgeschäft? Eingaben und Vorschläge wurden schriftlich vorgelegt, beraten, *Serenissimo* zur Unterschrift unterbreitet; dann gingen die Verfügungen an die Regierungen der vier Landesteile aus. Der wunderlichste Kleinkram wirbelt auf wie allerdings auch in den großen Staaten. Der große Friedrich entschied ebenfalls höchsteigenhändig über Heiraten (auch von Zivilpersonen) oder Ausweisungen eines Mißliebigen (»soll sich zum Teufel scheren!«). So hat Goethe sich im Namen des Herzogs mit den Lederhosen eines desertierten Husaren zu befassen: »Veste und hochgelahrte Räte, liebe Getreue. Wir haben referieren hören, was Ihr wegen der bey Gelegenheit der an den für den desertierten Husaren Thon angetretenen Rekruten Bircke abzugebenden ledernen Hosen, zwischen Euch und dem Rittmeister von Lichtenberg entstandenen Differenz, mittelst Bericht vom 10ten hujus welchem die anschlüssig rückfolgenden Akta beygefügt gewesen, anhero gelangen lassen.« Es folgt genaue Anweisung, wie lange künftig die neu angeschafften Lederhosen der Husaren zu tragen seien, so daß »alle zwei Jahre ein Paar lederne jedes auf 4 Jahre zu tragen dem Corps gereicht werde«. Von Ironie, wie Ahnungslose diesen Stil genannt haben, war keine Rede. Goethe nahm die Sache sehr ernst. Karl August wünschte, daß sein Elitekorps stattlich montiert sei; er hatte die Tuchhosen abgeschafft.

Die Husaren waren die Weimarer Garde, und sie hatten ihre Tradition. Schon der Großvater Karl Augusts hatte die Uniform, damals noch »Haiducken«-Uniform genannt, eingeführt. Er beschäftigte einige Jahre Johann Sebastian Bach als Konzertmeister, und der Musiker hatte bei festlichen Gelegenheiten mit dem ganzen Orchester in Pelzmütze aufzuwarten. Zu Goethes Zeiten war das Andenken an den ja auch sonst nahezu vergessenen Bach in Weimar völlig erloschen. Wenn man überhaupt etwas von ihm wußte, so allenfalls, daß der Hofbedienstete und zweite Konzertmeister auf ungebührliche Weise seinen Abschied erzwungen hatte, als ihm in Köthen eine bessere Stellung angeboten war, und daß Herzog Ernst August ihn »wegen seiner Halsstarrigkeit« vier Wochen in Arrest gesetzt hatte. Erst im neuen Jahrhundert erfuhr Goethe aus Berlin durch Zelter etwas vom großen Bach. Und bis dahin wurde auch in Weimar der Hofkapellmeister Wolf als Bedienter behandelt und entsprechend mit »Er« tituliert; die Französische Revolution und die Napoleon-Zeit mußten vorübergehen, ehe bei einer neuen Berufung nach langen Beratungen beschlossen wurde, auch dem Hofkapellmeister die Bezeichnung »Herr« zu gewähren. Diese Titelfragen, so grotesk sie erscheinen, hatten sehr ernste soziale Bedeutung.

Soldaten aber, auch des Elitekorps, standen unterhalb jeder sozialen Ordnung. Das Weimarer Husarenkorps bestand aus dreißig bis vierzig Mann. Sie dienten als Leibgarde und als Postillions für den Herzog; sie beförderten auch die Liebesbriefe Goethes. Zuweilen hatten sie ernstere Aufgaben. Desertion war in allen Armeen das einzige Mittel, sich dem Dienst zu entziehen, der sonst lebenslänglich dauerte und überhaupt keine Entlassung vorsah, abgesehen vom Ausscheiden als Invalide. Die Soldaten der preußischen Armee desertierten unaufhörlich; die Geschichte der Desertionen aller Armeen ist nie geschrieben worden, obwohl sie ein sehr wesentliches Kapitel der Kriegsgeschichte bilden würde. In Friedrichs des Großen Dienstvorschrift für seine Generäle handelt das erste und wichtigste Kapitel von den Mitteln, die Desertion zu verhüten, wobei die Husaren wiederum eine Hauptrolle spielen. Sie haben marschierende Kolonnen seitlich als Wachhunde zu begleiten, vor allem in unübersichtlichem Gelände. Sie werden aus verzweifelten Burschen rekrutiert, mit einem Offizierskorps unverheirateter rücksichtslos draufgängerischer Herren. Aus dieser Schule stammte auch der Rittmeister von Lichtenberg, der das Weimarer Elitekorps kommandierte. Er galt als Rohling und Menschenschinder. Unweit des Musenhofes wurde geprügelt wie auf allen damaligen Exerzierplätzen. Das Spießrutenlaufen bei Desertion war in Weimar keineswegs abgeschafft. Es war die übliche Strafe für wiedereingefangene Flüchtlinge, und sie endete, wenn sie gründlich vollzogen wurde, mit dem Tode durch Verbluten. Die empfindsameren Damen der Weimarer Hofgesellschaft und die Herzogin Luise lehnten es ab, mit Rittmeister von Lichtenberg zu verkehren. Aber *Serenissimus* selber prügelte seine Soldaten nach Kräften, wenn der militärische Ehrgeiz ihn packte.

Das alles liegt nicht weit ab von Goethes Tätigkeit; er hat sich auch damit zu befassen. Preußische Deserteure flüchten nach Weimar. Friedrich der Große läßt ihre Auslieferung fordern oder verlangt, falls man das ablehnt, einen »andern Kerl« gestellt. Die Weimarer Husaren haben solche Unseligen zu eskortieren. Preußen geht noch weiter. Es schickt seine Werbeoffiziere bis ins Weimarische. Der *Con-*

seil hat darüber zu beraten. Soll man die Rekrutierung erlauben oder selber einige Leute ausliefern, »ein unangenehmes und schamvolles Geschäft«, wie es in Goethes Schriftsatz heißt. »Erwählt man das erste, so werden diese gefährlichen Leute (= die Werber) sich festsetzen und überall Wurzel fassen«, sie werden schließlich selbst die weimarischen Soldaten dem Herzog untreu machen. Mit einem Male ist man in der großen Politik des Kleinstaates. Die Kaiserlichen verlangen das gleiche. An wen soll man sich wenden? An den Reichstag in Regensburg, der noch besteht? Man würde da bestenfalls teilnehmende leere Worte hören. Die andern Staaten? Sie sind untätig, haben ihre eignen Probleme und Sorgen mit den großen Nachbarn. Es wäre wünschenswert, so meint Goethe, daß die Fürsten des Reichs etwas aufwachten. Von einem *Fürstenbund* wird gesprochen. Karl August hat sich dann damit abgemüht, mit Goethes Beteiligung, ohne Ergebnis. Das Reich war bereits in Auflösung.

Man versucht wenigstens, im Ländchen Weimar etwas Ordnung zu schaffen. Ein Etat muß zunächst einmal aufgestellt werden, was bis dahin versäumt wurde. Dabei können die Prämien für Raben- und Elsterfang als unnötiger Aufwand fortfallen. Eine Reserve von 10 000 Talern soll gebildet werden, woraus sich die Größenordnung der Landesfinanzen einigermaßen erschließen läßt. Die Apanage des Herzogs, aus der Hof und Reisen zu bezahlen waren, betrug etwas über 25 000 Taler, eine Summe, die junge Aristokraten in den Londoner Klubs, bei Brooke's oder White's, in einer Wette verspielten. Das Ministerium ersucht *Serenissimus clementissime regens* untertänig, aber aufrecht, sich einer »guten Menage« zu befleißigen. Er verspricht es. Die Pension von 60 Dukaten für Demoiselle Ravanel in Paris wird daraufhin auf den Landesetat übernommen.

Die Aufbringung dieser Gelder macht die größten Schwierigkeiten. Man diskutiert eine Warensteuer, sieht aber davon ab, weil man ständige Kriege erwartet mit Durchmärschen und Einquartierungen wie im Siebenjährigen Kriege. Eine Warensteuer wäre dann gar nicht einzubringen, weil »den Unterschleifen nirgends vorgebeugt werden könnte«.

Man darf sich das friedliche Weimar nicht allzu idyllisch vorstellen. Zahllos sind die Eingaben abgebrannter oder durch Hochwasser geschädigter Gemeinden, die Klagen über rücksichtslose Pfändung von Rückständen. Die Husaren haben auch da als Eintreiber zu fungieren. Goethe votiert ständig für Milde und Nachlaß. Die Abgaben sind ohnehin überspannt. Einer der Räte bemerkt allerdings, daß kaum ein Sechstel der Untertanen ohne Exekutionsdrohung zahle: die übrigen fünf Sechstel würden unverzüglich säumig bleiben, wenn die Pfändungen eingestellt würden. Das geduldige Steuerzahlen von heute war unter dem Absolutismus noch unbekannt.

Ein Aktenstück von 200 Seiten liegt Goethe vor, das sich mit Ruhla befaßt, einer einstmals berühmten Waffenschmiede, die sich jetzt kümmerlich durch Pfeifenherstellung und Landwirtschaft ernährt. Der Steuereinnehmer hat die Einwohner als Aufwiegler und verhetzte Rebellen bezeichnet. Sie wehren sich gegen eine Neuveranlagung der Häuser, die pro Rauchfang ein Huhn und gewisse Mengen Mohn abliefern sollen; außerdem besteht ein Erbzins. Goethe bemerkt »leidenschaftliche Härte« bei dem Steuereinnehmer, der übrigens nicht zu tadeln sei. Der Erbzins sei beizubehalten, »dagegen fordere man die Abgabe der Rauchhühner, Hähne und Mohn nicht von ihnen«. Der Ruhlaer sei schlecht ernährt, man soll ihm wenigstens nicht den Mut nehmen. »Wo sind die Anstalten, ihm Hoffnungen und Aussichten zu machen? Kann man das nicht, so lasse man ihm wenigstens sein gegenwärtiges Besitztum ohnbeschwert, man hänge nicht noch mehr Gewichte an, um sein Steigen zu hindern...«

Das Gesamtobjekt für die ganze Stadt Ruhla, die Rauchhühner waren mit 3 Groschen pro Stück angesetzt, betrug 3 Taler, 23 Groschen, 10 Pfennige. Der Dämon des Bürokratismus und Pedantismus rächt sich an jedem, der ihm naht. Goethe selber beginnt in einem Nebenpassus des Aktenberges, dessen Papier allein das Mehrfache des Gesamtobjekts gekostet hat, zu zweifeln, ob man da nicht etwas Unnützes treibe. Geduldig aber malt er trotzdem weitere Paragraphen hin.

Eine Anleihe soll schließlich aus der ewigen Finanzmisere helfen. Goethe verhandelt darüber in der Schweiz. Er macht mit Karl August eine »Geniereise«, wie man in Weimar sagt. Sie gilt vor allem einem Besuch in Bern. Die Republik Bern ist schwerreich, ehe Napoleon ihre Koffer bis zum Boden leert und damit seine Expedition nach Ägypten finanziert. Das dem Hause Goethe befreundete Bankhaus Bethmann in Frankfurt leitet die Sache ein. Bern bewilligt die fürstliche Summe von 50000 Talern gegen Verpfändung von fürstlichen Domänengütern. Erleichtert stimmt der *Conseil* zu. Man hofft auf eine baldige Übersendung des Betrages; am besten würde er während der Frankfurter Messe »durch sichere Gelegenheit« nach Weimar befördert.

Man lebt nicht mehr in der Raubritterzeit des Götz, aber Räuberbanden machen die Weimarer Straßen unsicher, und die dreißig Husaren haben zu viel andere Aufgaben. Räuber treten nicht nur in Schillers Drama, sondern auch in Goethes Wilhelm Meister auf. Kaufleute müssen unter Geleit reisen. Sie haben sich freilich oft gegen die Geleitsoldaten zu wehren, die nicht viel besser sind als die Wegelagerer. Goethe behandelt den Fall eines Geleitsoldaten, der sich mit zwei jüdischen Kaufleuten gestritten hat. Er hat sie beschimpft, sie haben zurückgeschimpft, sind dafür von ihm in Arrest gesperrt und mit Geldstrafe belegt worden. Goethe entscheidet: Die Kaufleute sind durch die Haft, die man ihnen nicht mehr abnehmen kann, genug gestraft. Die Geldbuße soll zurückerstattet werden. Der Soldat ist auf gleich lange Zeit wie die Juden in Arrest zu bringen und hat die Kosten zu tragen. Goethe, als Herr des Wegebaus, ist sehr besorgt, »den Weg über Weimar allen und jeden Passagieren sicher und angenehm zu machen«. Weimar lag völlig außerhalb der üblichen Durchgangsstraßen, nicht einmal eine Poststraße führte in die kleine Residenz. Und der Zustand der Wege blieb trübselig, eine Reise galt noch immer als halsbrecherisches Unternehmen, das Umwerfen von Wagen war das übliche; noch vierzig Jahre später, als Goethe zu einem neuen Rendezvous mit einer neuen Geliebten nach Süden fahren wollte, schlug sein Wagen um, sein Begleiter Meyer wurde verletzt, und Goethe gab die Reise auf. Er hat nicht viel bessern können. Die Bauern und immer wieder die Bauern sollten für den Unterhalt der Straßen sorgen, und sie taten das nur mit äußerster Unwilligkeit. An eine großzügigere Straßenplanung war schon deshalb nicht zu denken, weil man bei der Zerrissenheit der Landesgrenzen immer wieder an fremdes Gebiet stieß.

So stößt Goethe sich fortwährend an der Realität. Fremdes Gebiet eingesprengt in Weimarisches. Selbständigkeitswünsche der vier Landesteile. Zank der Zünfte. Das Einsammeln von Sperlingsköpfen, ein weiterer Aktenstoß. Stellung eines etwaigen Reichskontingentes für die Reichsarmee, das aus 111 Mann bestehen soll. *Serenissimus*, immer für Militärfragen aufgeschlossen, ist bereit, diese Truppe aus eignen Mitteln zu besolden. Es gibt übrigens noch kleinere Kontingente für diese Armee des Heiligen Römischen Reiches: Eine selbständige Reichsabtei in Gutenzell in Schwaben hat 3½ Infanteristen und einen halben Reiter zu stellen. Ein Fürstenbund solcher Teilnehmer hat wenig Aussicht, eine Macht zu werden, eine »dritte Kraft« zwischen den beiden Großen, Preußen und Habsburg.

Über einen Bierpfennig, einen Fleischpfennig wird beraten, Pfennigrechnung überhaupt: es ist eine Kleinwelt. Selbst die Herstellung einer Landeskarte und Vermessung, die endlich Unterlagen für die Größe und genauere Gestalt der Herzogtümer Sachsen-Weimar-Jena-Eisenach und des Amtes Ilmenau erbringen soll, macht erhebliche Schwierigkeiten; auch da geht es vor allem darum, wenigstens *einen* tüchtigen Mann zu beschaffen.

Was hat Goethe in diesem Mikrokosmos überhaupt erreicht? Er hat sich bescheiden gelernt. Er hat sich in seinen Amtsgeschäften in polarer Umkehrung seiner Neigungen die Finanzfragen vorbehalten, die auch nur er, als Freund des Herzogs, mit genügender Autorität behandeln konnte. Er hat auf genaue Einhaltung des Etats gedrängt, mit Abdankung gedroht, in scharfer Sprache, als er nach Ausscheiden Kalbs, der in seine Tasche gewirtschaftet hatte, dessen Amt mit übernahm. Er hat die Armee, Karl Augusts Steckenpferd, resolut »abgerüstet« und damit leidliche Sanierung erreicht. Das Wort Armee klingt ebenso übertrieben wie die Bezeichnung Kriegsminister. Die weimarischen Streitkräfte bestanden aus 532 Mann Infanterie, einer Artillerie von 8 Mann mit einem Offizier und den 30 Husaren. Goethe strich die Infanterie auf 293 Mann zusammen; die Leute waren ohnehin meist betagte Krieger, die auch Karl August entbehren konnte. Die Artillerie verschwand ganz. Die Husaren mußten bleiben, unentbehrlich als Postillione, zum Aufwarten bei Eisfesten, Fackeltänzen, beim Eskortieren von Deserteuren und Pfändungen der Steuerrückstände. Wenn Karl August sich militärisch betätigen wollte, so mußte er in auswärtige Dienste treten, wie das die meisten Kleinfürsten taten. Unruhig schaute er schon seit langem umher. Er bewunderte seinen Großonkel Friedrich; gleichzeitig hatte er allen Grund, sich vor ihm zu fürchten, denn er wußte, daß der Preuße Landesherren seines Schlages nur als »Kroppzeug« betrachtete. Er hoffte auf den Nachfolger, mit dem er verschwägert war. Inzwischen stahl er sich fast heimlich wie ein ungezogener Knabe und sehr gegen Goethes Willen und Rat über die Grenze und labte seine soldatenhungrigen Augen an Paraden im preußischen Halle. Es ist eine tragikomische Wendung, daß Goethes vernünftigste Maßnahme, die Reduzierung der weimarischen »Armee«, gerade den Effekt hatte, den Herzog außer Landes zu treiben. Karl August wollte und mußte nun einmal kommandieren – und etwas mehr als seine kümmerlichen Trüpplein. Er hat dann seine Erblande ohne Skrupel verlassen und mit Genugtuung ein preußisches Kürassierregiment befehligt, in der preußischen Garnison residiert und von da aus »regiert«, so wie der Landgraf von Hessen von Pirmasens aus sein Darmstadt regierte. Karl August war kein bloßer Narr wie der Hesse, aber auch gewiß kein Dämon. Wenn er Goethe als solcher erschien, so deshalb, weil er und er allein die Person, die Macht war, mit der Goethe ringen mußte wie Jakob mit dem Engel. Goethe selber verwendet den Vergleich: »Und wenn ich mir die Hüfte verrenkte«. Er hat dieses Ringen verloren. Karl Augusts Wildschweingehege hinter dem Ettersberg verwüstete die Wiesen, die Sauen stießen sogar, wie Goethe in einem Mahnschreiben an den Herzog bitter anführt, die eben vom wackeren Batty gepflanzten Bäume samt ihren Stangen über den Haufen. Die Infanteristen werden entlassen, und der Herzog wirft sich in die Uniform eines preußischen Generalmajors. Der Etat wird saniert, und man hat nun drei Hofhaltungen: die Herzogin, der Herzog im Ausland und die Herzogin-Mutter. Man hat von einem freien Fürstenbund gesprochen, und dieses Gebilde gerät, noch kaum geboren, unter Preußens Einfluß und verliert damit jeden Sinn. Die Bilanz Goethes am Ende seiner Amtszeit kann nur völlige Resignation sein. »Wer sich mit der Administration abgibt, ohne regierender Herr zu sein, der muß entweder ein Philister oder ein Schelm oder ein Narr sein.«

In dem gleichen Brief, in dem er das sagt, spricht er kurz darauf von der Pflanzenwelt. Wie anders wirkt dies Zeichen auf ihn ein! Da kommt ihm alles entgegen, er braucht kaum noch nachzusinnen: »Das ungeheure Reich simplifiziert sich mir in der Seele, daß ich bald die schwerste Aufgabe gleich weglesen kann. Wenn ich nur jemandem den Blick und die Freude mitteilen könnte, es ist aber nicht möglich. Und es ist kein Traum, keine Phantasie: es ist nur ein Gewahrwerden der wesentlichen Form, mit der die Natur gleichsam nur immer spielt und spielend das mannigfache Leben hervorbringt. Hätte ich Zeit in dem kurzen Lebensraum, so getraut ich mich, es auf alle Reiche der Natur, auf ihr ganzes Reich auszudehnen.«

Seine Naturforschung ist Flucht. Mit dem Heiligen Römischen Reich und seinen streitenden Teilstaaten war nicht gut fertig zu werden; es blieb da bei Sperlingsköpfen als symbolischem Kleinkram. Regieren aber ist Goethes Lust und sein Wille. So wendet er sich zur Natur. Das ist ein unbegrenztes Reich. Da erhebt niemand Einwände. Alles zeigt sich seinem Dichterauge in schöner, wesentlicher Form. Mit solchen Gebilden läßt sich leben. Sie lassen sich regieren. Ehe er aber dieser neuen Passion frönen kann, muß er noch durch eine andere Schule gehen, die unweit der Amtsstube liegt und ihn ebenso stark umformt wie der »Druck der Geschäfte«, der ihm anfangs so süß schien. Beides geht auch zeitlich nebeneinander her: Ministerzeit und seine Beziehung zu Charlotte von Stein. Beides beginnt und endet zugleich. Beides preßt ihn gewaltig. Ein ganz veränderter Goethe geht daraus hervor.

Die Schule der Frau von Stein

Acht Tage nach seiner Ankunft in Weimar lernt Goethe die Hofdame Charlotte von Stein kennen, deren Silhouette er schon vorher gesehen und zu deuten versucht hatte. Sie ist dreiunddreißig Jahre alt, klein, keine Schönheit, aber mit feinen nervösen Zügen, schwarzen Haaren und großen dunklen Augen. Ihr Teint ist »italienisch braun«, sie hat lebhafte rote Wangen, die gehöht sein dürften. »Der Körper mager; ihr ganzes Wesen elegant mit Simplizität.« So beschreibt sie der Allerweltsarzt Zimmermann, der sie in Pyrmont bei einer Badekur gesehen hat. Sie ist vielfach leidend – nach sieben Geburten in einer elf Jahre dauernden Ehe; vier Kinder sind gestorben, drei Söhne verblieben. Zimmermann, der nach vielen Seiten hin korrespondiert, hat Lavater sogleich über die Bekanntschaft berichtet. Er war es auch, der Goethe das Schattenbild der interessanten Frau vorlegte. Ein eigentümlich kupplerisches Wesen ist damals unter den Empfindsamen im Schwange. Man kombiniert unaufhörlich, knüpft Fäden, regt Bekanntschaften, Liebschaften oder Ehen an und teilt sich hemmungslos darüber mit. So spinnt auch Zimmermann sogleich einen Faden zwischen den beiden, die sich noch nie gesehen haben, und Goethe nimmt ihn auf. Im Lavater-Stil phantasiert er vor dem Profil: »Es wäre ein herrliches Schauspiel zu sehen, wie die Welt sich in dieser Seele spiegelt. Sie sieht die Welt wie sie ist und doch durch das Medium der Liebe. So ist auch Sanftmut der allgemeine Eindruck.« Er fügt noch hinzu: »Fängt mit Netzen.« Zimmermann berichtet das umgehend an die Stein, die darüber nur den Kopf geschüttelt haben kann, denn das Fangen mit Netzen entspricht ganz und gar nicht ihrer Natur. Sie wird aber neugierig und fragt nach diesem Goethe, von dem sie gehört und wohl auch einiges gelesen hat, den WERTHER, der ihr kaum übermäßig gefallen haben kann, oder den GÖTZ, der ihr eigentlich unsympathisch sein mußte. Für Geniewesen und Kraftnaturen hat sie nichts übrig. Zimmermann knüpft weiter an seinem Gewebe: Er schreibt nach Weimar, er habe in Frankfurt bei Goethe gewohnt, »und wenn Sie ihn einmal sehen, denken Sie daran, daß er wegen alles dessen, was ich ihm von Ihnen erzählt habe, drei Nächte nicht schlafen konnte«. Noch dringlicher im nächsten Briefe: »Ich soll Ihnen mehr von Goethe erzählen? Sie wünschen ihn zu sehen? Arme Freundin, Sie wissen nicht, wie sehr gefährlich Ihnen dieser liebenswürdige Mann werden könnte!« Wenn von Netzen die Rede sein soll, so hat der geschäftige Arzt sie ausgeworfen.

So vollzieht sich die Begegnung vom ersten Augenblick an vor einem intimeren Publikum, und ein gewisser Kreis, in Weimar und darüber hinaus, wird nicht müde, die beiden zu beobachten. *Goethe und Frau von Stein* – das ist nicht erst das Treiben der späteren Goethe-Schwärmerei. Die ganze Weimarer Gesellschaft nimmt daran teil wie an einem Gesellschaftsspiel. Und auch viele der Briefe Goethes, so rein persönlich sie uns erscheinen mögen, werden von anderen gelesen und von der Empfängerin ihrer Freundin, der Herzogin, oder Herder mitgeteilt. Schiller, als er zehn Jahre später in Weimar eintrifft, gibt die allgemeine Ansicht wieder. Er hat Charlotte, unter anderen Damen, »flachen Kreaturen«, auf einem Spaziergang kennengelernt: »Die beste unter allen war Frau von Stein, eine wahrhaft eigene, interessante Person und von der ich begreife, daß Goethe sich so ganz an sie attachiert hat. Schön kann sie nie gewesen sein, aber ihr Gesicht hat einen sanften Ernst und eine ganz eigene Offenheit. Ein gesunder Verstand, Gefühl und Wahrheit liegen in ihrem Wesen. Diese Frau besitzt vielleicht über tausend Briefe von Goethe, und aus Italien hat er ihr noch jede Woche geschrieben. Man sagt, daß ihr Umgang ganz rein und untadelhaft sein soll« (12.8.1787).

Schiller ist um diese Zeit noch ausgesprochen kühl, ja feindselig Goethe gegenüber. Seine Briefe sind sonst voll von scharfen Urteilen und auch Intimitäten aus dem Weimarer Gesellschaftsleben, das ihm eng genug erschien. Die Weimarer hatten viel zu reden, und es war nicht eben häufig, daß sie von »untadelhaft« sprachen. Die *chronique scandaleuse* des Städtchens ist, auch was Goethe anbelangt, sehr reichhaltig. Man sah sich in den engen Gassen buchstäblich in die Fenster, und die meisten Fenster hatten keine Vorhänge. Man konnte jeden Schritt kontrollieren, selbst bei Nacht, denn es gab keine Straßenbeleuchtung, und man mußte mit vorgehaltener Laterne durch das Dunkel tappen. Jeder kannte jeden, und die Hofgesellschaft war Gegenstand aufmerksamster Neugier. Die Bedienten erzählten, die Köche, Lakaien, man wußte – und das war eine Staatsangelegenheit –, wann Karl August bei seiner Gemahlin geschlafen hatte, und vor allem, daß er das meist nicht tat. Man kannte die Lebensgeschichte, die Romane aller Damen und Herren. Die Hofgesellschaft schrieb und plauderte über all diese Dinge mit größter Offenheit und Genuß. In Gedichten, Maskenspielen, Neujahrsbillets und Liebhaberaufführungen wurden alle Lieben und Liebeleien unaufhörlich abgehandelt. Goethe entzog sich diesem Spiel keineswegs. Wenn man die »leichten« Stücke solcher Art aus seinen Werken ausscheiden wollte, so würden sie beträchtlich zusammenschrumpfen.

Aber auch seine großen Dichtungen bauen sich auf dem breiten Grunde der Gelegenheitsdichtung auf. Nur »bei Gelegenheit«, so bekannte er, könnte er überhaupt dichten, ein Mensch, eine Situation muß ihn angehen, ihn interessieren, nicht nur ein »dankbarer Stoff« für eine Arbeit. Es ist begreiflich, daß man daher immer wieder nach den Modellen für seine Gestalten gesucht hat, und er selber hat es keineswegs verschmäht, diese Suche zu befördern. Zahllose Winke solcher Art hat er lässig ausgestreut oder wohlwollend genickt, wenn sie ihm vorgetragen wurden. Er war Autor genug, um zu wissen, daß seine Leser es liebten, vertraute oder vom Hörensagen bekannte Personen wiederzufinden und lebhaft zu diskutieren, wer mit der und jener Figur denn wohl »eigentlich« gemeint sei.

Man verkennt jedoch das Wesen der Dichtung und des Dichters, wenn man dies Suchen nach Modellen allzu treuherzig und eifrig betreibt. Denn Goethe vermischt die Gestalten, teilt sie, er teilt sich, seiner Doppelnatur gemäß, zum Beispiel in Faust und Mephisto, die beide Goethe sind. Er vermengt die Geschlechter, in seinen weiblichen Figuren ist oft mehr von ihm als in den männlichen. Er erfindet auch frei, eine Helena, eine Mignon, für die keinerlei Vorbilder in seinem Lebensumkreis zu entdecken sind. Er läßt sehr wesentliche Menschen seines Lebens gänzlich beiseite, seine Schwester, seine Mutter; bei beiden hat er nur umständlich angekündigt, daß er sie vielleicht einmal ausführlich behandeln wolle. Er hat das nie getan. Wenn er das Schicksal seiner innig geliebten Schwester, der »Äbtissin«, nicht in einem Roman beschrieben hat, so mag ihn Scheu vor diesem nie ganz bewältigten Erlebnis abgehalten haben, außerdem aber auch der richtige Instinkt, daß ein so trübes Thema seinen Lesern und vor allem Leserinnen kaum zugemutet werden könne. Ein Publikum für die Probleme der frigiden Frau war damals nicht vorhanden, und es ist Goethe stets um sein Publikum zu tun gewesen, mochte er sich das zeitweilig auch nur aus guten Freunden bestehend denken.

All dies gilt nun in besonderem Maß für sein Verhältnis zu Charlotte von Stein und das Werk, das ihr gewidmet ist: seine 1700 Briefe. Eine genaue Stilbezeichnung dafür läßt sich nicht geben: Es sind Briefe, Bekenntnisse, Tagebuchaufzeichnungen, Selbstgespräche, Naturschilderungen, Prosagedichte, Vorstudien zu anderen Werken. Es sind auch Hoffnungen und Hoffnungen erweckende leidenschaftliche Anrufungen an die Partnerin, Wünsche und Verzichte.

Wir sahen bereits bei Goethes Leipziger Briefen oder bei seinem losen Briefroman mit Auguste Stolberg, wie leicht die Bezeichnung »Brief« irreführen kann. Dichtung und Wahrheit werden ineinandergewoben wie später in seinem Lebensbericht und Lebensroman. Wie für diesen gilt auch für die Korrespondenz mit Charlotte, daß nichts eigentlich erfunden, nichts aber auch nur so geschildert ist, wie es war. Je feuriger und überzeugender seine Worte klingen, um so mehr sind sie gedichtet. Das bedeutet nicht, das ihnen jeder Lebensgehalt fehlt und daß sie nur literarische Mache wären. Erlebt ist das alles, was er an Frau von Stein schreibt, auch erlitten. Es ist nur nicht das, was viele Leser wünschen, die nun gerne unmittelbar »dabei sein wollen« und durchaus wissen möchten, wie es denn eigentlich gewesen. Darin ist etwas peinlich Zudringliches, gar nicht selten auch eine Art von unangenehmem Voyeurtum. Und die Frage, ob es denn nun irgendwann zwischen diesen beiden Menschen wohl zum »Letzten« gekommen sei, hat ganz ungebührlich die Gemüter beschäftigt.

Wir wollen sie aber nicht ängstlich vermeiden, denn sie hat einige Bedeutung für Goethes Psychographie. Goethe hat auch hier wie oft in seinem Leben einen Frauentypus gewählt, für den er die Bezeichnung »Schwester« verwenden kann. Er hat das nötig zu seiner Sicherung, in diesem Fall wohl noch mehr als sonst, denn er fühlt sich bald recht gefährdet in dieser Liebe. Er braucht das Wort ganz unbefangen immer wieder Charlotte gegenüber und sagt, sie müsse in einem früheren Leben – eine weitere Distanzierung – schon einmal seine Schwester gewesen sein. Er fügt hinzu, und welche Frau würde sich nicht über diese Reihenfolge Gedanken machen: »oder meine Frau«. Dann nennt er sie Madonna. Er spricht davon, daß man doch »irgendeine Form des Zusammenlebens« finden müsse – irgendeine sehr unbestimmte, nie aber die bestimmte und sehr mögliche der Scheidung und Heirat. Es gab zahlreiche geschiedene Ehen in Weimar und auch freies Zusammenleben. Schiller, der nicht annähernd über Goethes Prestige verfügte, als er in Weimar eintraf, berichtet stolz, daß man ihn mit seiner erklärten Geliebten Charlotte von Kalb überall empfangen habe. Um die Meinung der Weimarer Gesellschaft hat sich Goethe aber überhaupt nicht gekümmert; er hat ihr dann unbedenklich überlassen, sich mit seinem Verhältnis zu einem derben und ungebildeten Mädchen abzufinden.

Freilich wird Frau von Stein an solche Extravaganzen, wie sie sich ihre Standesgenossin von Kalb erlaubte, nie gedacht haben. Sie war Hofdame, nicht nur der Stellung nach. Sie war sogar in Weimar neben der ihr in vielem verwandten Herzogin Luise die ausgesprochene Vertreterin feinsten Benehmens, des Anstands in Wort und Haltung. In nichts hat sie Goethe so zu erziehen gehabt wie in diesen Künsten. Der Genieton war ihr verhaßt, das Fluchen, Knallen mit der Peitsche, das Laute, das Hereinplatzen ins Zimmer und Hinauslaufen. Wir haben ihre Briefe an Goethe nicht, sie hat sie verbrannt. Sie waren französisch geschrieben. Zweifellos enthielten sie viele Mahnungen. Es ist möglich, daß auch anderes in ihnen stand, nicht nur Klagen. Das sind Vermutungen. Keine Vermutung ist, daß sie Goethe erzogen, gebändigt, gemäßigt hat. »Tropftest Mäßigung dem heißen Blute«, dichtete er in den Versen, die ihr danken sollen und in denen er sich Rechenschaft über diese Beziehung abzulegen sucht. Dieser Beruhigungstrank wird ihm in kleinen Dosen, wie aus einer Medizinflasche, eingegeben, und er mag oft bitter geschmeckt haben. Eine ruhige Hand mußte ihn lenken – und ein kühler Kopf.

Charlotte war eine kühle Frau. Sie ging stets weiß gekleidet, elegant, aber ohne Farben. An keinem Punkte ihrer Lebensbahn ist etwas Leidenschaftliches zu bemerken; Gefühl wohl, in reichem Maße, auch weibliche Gekränktheit und bittere Gereiztheit später, als Goethe sie verriet, wie sie es empfinden mußte. Ihre Ehe kann dabei ganz außer Betracht bleiben. Sie war von den Eltern verheiratet worden, wie es Sitte war: Der vermögende, gut aussehende Oberstallmeister war für ein armes Hoffräulein eine gute Partie. Sie hatte ihm sieben Kinder geboren und war dann krank geworden. Den Mann hat sie stets mit Rücksicht und Geduld behandelt; im übrigen brauchte sie nicht viel Rücksichten zu nehmen, er aß nicht bei ihr zu Tisch, er speiste bei Hofe. Die meiste Zeit war er abwesend, auf Dienstreisen, beim Pferdekauf, auf der Stuterei, Karl Augusts anderem Steckenpferd neben der Jagd. Er machte gute Figur, galt als der weitaus beste Reiter in Weimar und produzierte sich zuweilen im Kunstreiten. Bei Hofe war er als Tänzer beliebt. Er litt viel an Kopfschmerzen und starb an Paranoia. Goethe hat sich rein gesellschaftlich zu ihm verhalten, wenn er ihn sah, und in seinen Aufzeichnungen oder Briefen kaum ein Wort über ihn verloren.

Kühl war Charlotte auch ihren Kindern gegenüber, bis zur eisigen Kälte. Sie gab sie fort, den Ältesten in die Pagenschule, den zweiten nach Braunschweig, den jüngsten zu Goethe, der ihn nach einiger Zeit in sein Haus nahm und dort aufzog. Ihr guter Verstand für die Dinge des Lebens, vielleicht ein Erbe ihrer schottischen Mutter, einer Irving, tritt oft und deutlich hervor. Goethe rühmt an ihrem Wesen vor allem die vielen »Mitteltöne« – auch er sucht sich unablässig ein Bild von ihr zu machen, und es gelingt ihm nicht, sie bleibt ihm ein Rätsel, er muß ständig in sie hineindichten. Die Mitteltöne sind aber ein sehr wertvoller Zug. Sie ist keine einfache Natur, und selbst ihre »Unsinnlichkeit« ist schwerlich so mit einer Formel zu erledigen. Goethe umwirbt sie mit den feurigsten Worten, und auch eine Frau, die vor der letzten Berührung zurückscheut – ob aus Veranlagung oder Lebensrücksichten –, hat Bedürfnis nach Zärtlichkeit, Nähe, Liebeszeichen, und all das wird ihr reichlich zuteil. Goethe wagt da ein heikles und fast verruchtes Spiel, denn auch er will im Grunde nicht die letzte Konsequenz, er will sie keineswegs. Aber er verspürt die Verlockung, diese scheue, zurückgezogene Edeldame, die mit dem Leben schon so gut wie Schluß gemacht hat, zu erwecken, sie aufblühen zu sehen, neben sich, mit seinem Leben verbunden – in unbestimmter Form, als hohe Geliebte, Vertraute, Seelenfreundin, allenfalls als Frau einer früheren Existenz oder eines künftigen Lebens auf einem anderen Stern. Er hat das sogar in einem Theaterspiel in halb verhüllter Form behandelt, seinem Einakter DIE GESCHWISTER für die Liebhabervorführungen der Hofgesellschaft, und es hat für unser Gefühl etwas Seltsames, diese höchst persönlichen Dinge da vor einem Kreise vorgetragen zu denken, der um die Beziehung der beiden wußte. Es geht in dem Stück um ein Paar Wilhelm und Marianne, die sich lieben, aber nicht zusammenkommen können, weil sie Bruder und Schwester sind; das Mädchen jedenfalls glaubt das, Wilhelm weiß, daß sie die Tochter seiner früheren Geliebten aus deren erster Ehe ist. Die hat er sehr geliebt, und nur die »Umstände« verhinderten es, daß er sie heiraten konnte; sie starb, »die Erde war sie nicht wert«. Unbedenklich gibt ihr Goethe den Namen Charlotte, er läßt seinen Wilhelm dem Freund Fabrice bekennen, er sei durch diese Charlotte »ein ganz anderer Mensch geworden«; er zitiert ihm aus den Briefen der Entschwundenen das Bekenntnis ihrer Liebe, und es ist nicht ausgeschlossen, daß Goethe da einen Brief der Charlotte von Stein eingefügt hat, ebenso wie er im WERTHER Originalbriefe verwendete, ohne sich darüber Skrupel zu machen. Und auf alle Fälle schildert er die Gefühle authentisch: »Die Welt war mir wieder lieb – ich hatte mich so los von ihr gemacht – wieder lieb durch Sie. Mein Herz macht mir Vorwürfe, ich fühle, daß ich Ihnen und mir Qualen zubereite. Vor einem halben Jahr war ich so bereit zu sterben, und bins nicht mehr.« Sie ist ihm entschwunden, und nun kann er in ihrem »verjüngten Ebenbild«, der Tochter Marianne, sein Glück finden. Wie intim Goethe das Stück auffaßte, geht schon daraus hervor, daß er es Charlotte übergab und bat, es nur ganz nahen Freunden zu zeigen, der Herzogin Luise etwa, die sich auf Entsagung verstand; es soll aber sogleich wieder ausgehändigt werden: »Es soll uns bleiben.«

Was Charlotte sich bei diesem Spiel dachte, das in ihrer Gegenwart aufgeführt wurde, ob sie hoffte – es war zu Anfang der Beziehung –, doch noch selber das »verjüngte« Wunschbild werden zu können, oder einfach verwirrt war, wir wissen es nicht zu sagen. Sie hatte auch häufig ein noch anderes Spiel Goethes mit anzusehen. Unaufhörlich erzählt er ihr von seinen Lieben und Liebeleien, seinen »Misels«, einer Christel, mit der er getollt hat, der schönen Sängerin Corona, von der er Charlotte schreibt: »Wenn mir doch Gott so ein Weib bescheren wollte, daß ich Euch könnt' in Frieden lassen ...« Ein Weib – nie verwendet er das Wort für seine Beziehung zu Charlotte. Sie ist die Herrin, die »hohe Frau«, und wie bei den Minnesängern, die auch die »hohe« und die »niedere Minne« zugleich pflegten oder zum mindesten besangen, oft im »Unmutston« über den anstrengenden Dienst bei der edlen Dame, ist solch Doppelspiel Goethes Natur sehr gemäß.

Der Altersunterschied schließlich: Charlotte ist dreiunddreißig, als Goethe sie kennenlernt, bald vierzig. Das ist viel in jener Zeit, da die Mädchen oft mit fünfzehn heiraten und mit vierzig ihre Enkel aufziehen. Noch für Balzac ist die »Frau von dreißig« fast eine Matrone. Wenn Charlotte in der Beziehung zu Goethe noch einmal aufblühte – und es scheint, als ob das auch körperlich der Fall war –, so hat das eine tragische Note. Es ist hoffnungslos, ein »zu spät« – und dies mit jedem Jahre mehr. Goethe hat seinen Partnerinnen stets Ungeheuerliches zugemutet, auch seinen Freunden und Mitarbeitern. Das gehört zu seinem Lebenshaushalt, der auf großen Verbrauch eingestellt ist.

Von weiblicher Seite ist die Deutung versucht worden, Charlotte, lange standhaft, habe sich in letzter Stunde, als sie ihn schon sich entgleiten fühlte, nahezu verzweifelt »zum Opfer gebracht«, worauf dann seine Flucht erfolgt sei. Wir können das ganz auf sich beruhen lassen. Es gibt schließlich, wenn wir diese Frage überhaupt anrühren sollen, die immer etwas Peinliches hat, auch im Erotischen mannigfache Stufen des »Letzten« und Mitteltöne. Entscheidend ist, daß Goethe allein blieb, für sich, in seinem Gartenhäuschen, und daß Charlotte allein blieb, in ihrer Wohnung über dem Marstall. Da hat sie bis zu ihrem Ende gewohnt, verarmt nach den Kriegsjahren, immer weiß gekleidet, vornehm; eine ihrer letzten Verfügungen war, daß ihre Leiche nicht am Hause Goethes vorbeigetragen werden solle, wie eigentlich der Weg führte. Sie wußte, daß dies seinen Seelenfrieden stören könnte.

Sehr friedlos, wild, unerzogen bis zum Flegelhaften war er zu ihr gekommen. Sie hat ihn in die Schule genommen und erzogen. Sie hat ihm überhaupt erst – ganz einfach gesprochen – »Manieren« beigebracht. Die Mitteltöne ihres Wesens konnten sich da auf das wohltätigste auswirken. Ob sie das »Höchste« in ihm erkannte, ist fraglich. Aber auch der Biograph soll dieser Frau nicht zu viel zumuten; er urteilt mit der Kenntnis des gesamten Werkes und Lebens des Dichters. Charlotte sah zunächst einen jungen Frankfurter Bürgersohn vor sich, der durch einige geniale Werke berühmt geworden war und darüber offenbar ein wenig den Kopf verloren hatte. Ob er künftig überhaupt noch etwas schreiben würde, wußte selbst Goethe damals nicht ganz genau. »Eigentlich bin ich doch ein Schriftsteller«, schreibt er in sein Tagebuch unter die Notizen über Jagd, Maskeraden, Kommissionssitzungen. Dieser junge Mann mittlerer Herkommens ist durch die Gunst des Herzogs, wiederum eines sehr unerzogenen jungen Mannes, an den Hof berufen worden. Er schließt sich mit der ganzen Vehemenz seines Wesens an die einsame Frau an. Nur sie, so versichert er ihr, kann ihn retten, ohne sie würde er untergehen. Die Hofgesellschaft haßt ihn, die Beamten fürchten ihn, das Land starrt ängstlich auf die tollen Streiche, die der aus Süddeutschland hereingeschneite Dr. Goethe mit dem Herzog verübt. Den Frauen gegenüber, so findet Charlotte, ist er nonchalant und kokett, er hat wenig Achtung vor dem ganzen Geschlecht. Das Benehmen der Frauenwelt legt ihm das nahe. Von allen Seiten werden ihm Angebote gemacht. Er greift zu, drückt hier ein Händchen, da eine Taille, flüstert Verse einer Tänzerin zu: »Wenn ich die Nacht auch bei Ihr wär / Davor wär mir nicht bang; / Ich denk' ich halte Sie einmal / Und büße meine Lust...« Er tanzt überall herum mit den Dorfschönen; auf dem Parkett bei Hofe kann er sich nicht richtig bewegen. Charlotte ist eine vorzügliche Tänzerin, beim Menuett und Contre-danse, nicht beim bäurischen Dreher. Sie führt schwebend leicht und zierlich alle vorgeschriebenen Figuren aus. Goethe kann das nicht, trotz aller Tanzstunden, er wird es nie lernen. Er weiß nicht, wie man hereinkommt, sich verbeugt, den Fuß setzt. Er kennt die Rangunterschiede nicht, die Nuancen im Benehmen bei einem Naturburschen wie Karl August und anderen Fürsten, die ungenügende Reverenz sehr ungnädig vermerken. Der Bürgersohn läuft womöglich mit dem Rücken zu einem regierenden Herrn zur Tür hinaus. Er lehnt sich dann wieder mürrisch an eine Säule und macht spöttische Bemerkungen. Er versteht nicht, Konversation zu machen. Nur im intimen Zusammensein kann er wild daherreden, so wie er auch schreibt, mit unpassenden Worten dazwischen oder übertrieben hohen, zuweilen merkwürdig altmodischen biblischen Wendungen, die sonst niemand mehr gebraucht.

Sie hat ihn in die Zucht genommen und ihm all das leidlich beigebracht, soweit ein solcher Mensch sich gesellschaftlich erziehen ließ. Ein richtiger Hofmann ist er nie geworden, obwohl eine spätere Generation ihn unmutig einen »Höfling« nannte. Die leichte Eleganz des sicheren Auftretens hat er nie beherrscht, auch nicht als er Exzellenz geworden war; er hat sie nur bei andern bewundert, oft mit übertriebenem Respekt. Steif bleibt seine Haltung oder ungeschickt ehrerbietig vor Ranghöheren. Aber immerhin wird er durch die Hofdame soweit in seiner Bärenhaftigkeit »geleckt«, daß man ihn ohne allzu große Sorgen zu den benachbarten Höfen entsenden kann. Auch da macht er immer wieder *Faux-pas*. Den Prinzensöhnen in Gotha streicht er über die flachsblonden Fürstenhäupter und ruft nachlässig aus: »Na, Ihr Semmelköpfe!«, was man ihm noch nach Jahrzehnten nicht vergessen hat. Immer wieder wird ihm das Hoftreiben zuviel:

»Da oben im Sande herumdursten« nennt er es, und er läuft hinaus, ohne sich zu verabschieden, irgendwohin in die Einsamkeit. Nach einer Weile kommt er zurück und klagt, man habe ihn vergessen.

Schon seine Lebensführung muß Charlotte völlig unmöglich erscheinen. Da haust er in seinem Gartenhäuschen vor den Mauern mit dem Diener Philipp, der den Gang seines Herrn kopiert, seine Briefe aufmacht, mit ihm in einer Kammer schläft und des Nachts plaudert wie mit seinesgleichen. Das Dach ist halb verfault und muß ausgebessert werden, die Möbel sind vom Allereinfachsten, Fichtenstühle, knochenhart, ein dürftiges Sofa. Im Mantel schläft er auf dem Altan, den er angebaut hat, wenn das Wetter leidlich ist. Er springt in den Fluß am Fuße des Gartens und schaut unter triefenden Haaren hervor, wenn Leute vorbeikommen. Die Zugänge zu diesem einsamen Wohnsitz hat er eifersüchtig verbarrikadiert: Die kleinen Holzbrücken über das Wasser sind mit Gattern versehen, zu denen nur er und womöglich Philipp den Schlüssel hat. In der Stadt mietet er noch ein paar niedrige Mansardenräume, die er benutzt, wenn er bei Hofe war. In seinen Zimmern stehen Koffer umher. Zeichenbretter, er zeichnet unaufhörlich und redet auch davon, daß er eigentlich Maler werden wolle. Da sind Papiersäcke mit Dichtungen in Streifen und Zetteln, viele halb angelesene Bücher, Kupferstiche in Rollen, Schachteln mit Briefen an seine früheren Geliebten, von denen er oft spricht, meist in einem Ton, der Charlotte nicht behagt. Unversehens ist er wieder auf und davon, in Ilmenau und in seinem Bergwerk, das manche Fachleute für eine fixe Idee des Dr. Goethe halten. Er kriecht auf der Wartburg in altem Gemäuer umher. Er geht inkognito wie ein Handwerksbursche auf die Reise und kommt verwildert und begeistert zurück: jetzt habe er endlich wie Harun al Raschid gehört, was die Leute denken.

Was die Leute in Weimar denken, scheint ihm völlig gleichgültig zu sein. »Kröten und Basilisken« nennt er die Hofleute, unter denen er sich doch schließlich bewegen muß. Wenn man nur aus dem Haus geht, tritt man »auf lauter Kot« – mit solchen Worten drückt er sich aus, immer in den stärksten Wendungen. Wird die »stille Wut« der Gesellschaft gegen ihn zu unbehaglich, wie er zuweilen spürt, dann spricht er offen davon, er könne ganz gut auch gehen. Er brauche lediglich Postpferde zu bestellen. Nur sie, Charlotte, so versichert er ihr immer wieder, könne ihn in Weimar halten. Sie sei der Anker seines Schiffleins. »Wenn Du nicht wärest, hätt' ich alles längst abgeschüttelt.« – »Vollende Dein Werk«, so bittet er fußfällig, »mache mich recht gut!«

Um ein Werk, eine Aufgabe handelt es sich bei dieser Liebe, und das ist gewiß nichts Geringeres als die Leidenschaft, die bei einem Goethe nie lange dauert. Auch dazu gehören alle Kräfte. Charlotte gibt sie, Goethe nimmt sie. Als die Beziehung endet, ist die Frau völlig verbraucht, alt, bitter. Goethe bemerkt das zunächst gar nicht und ist erstaunt, ja beleidigt und bald gleichgültig. Zehn Jahre hat die enge Beziehung gedauert, die Liebe. Das ist eine lange Zeit im Leben Goethes, die längste, die er einer Frau mit dieser Intensität gewidmet hat. Er wird umgeformt in diesen Jahren. Wenn »dumpf« das Lieblingswort der ersten Zeit war, so wird »hell« dann die Losung. Wenn ungestaltetes und formloses Wühlen seine Lust und seine Stärke war, so geht es ihm dann um Gestalt und Formung.

Unleugbar geht dabei auch viel verloren. Ein lebenslänglicher Stürmer und Dränger ist allerdings ein Unding; es gibt Beispiele dafür. Zweifellos ist aber Goethe neben dieser Frau schon merkwürdig früh gealtert oder hat sich alt gefühlt; der kaum Dreißigjährige spricht häufig im Rückblick und wie abschließend über sein Leben. Wenn er Manieren lernt, so wird er auch steif und trocken. Merck, der ihn besucht, notiert verwundert und verletzt, wie er doch so ganz geheimrätlich und geschäftsmäßig wie ein Bittsteller empfangen wird. Da ist nichts mehr vom vertrauten derben Götz-Ton zu spüren. Die alten Freunde sterben ihm ab bei dieser Konzentration; er schickt noch einen Brief ab und zu, dann hört das auf. Seine Schwester ist gestorben; er hat ihr im letzten Jahr kaum noch eine Zeile geschrieben. Ohne Nähe gibt es für Goethe keine lebendige Beziehung. Er zieht sich zusammen, wird enger und wächst in die Höhe. Es bleibt nicht bei dieser, seiner stärksten Kontraktion, er muß sich wieder ausdehnen und auch ausatmen – nach seiner Anschauung vom rhythmischen Wechsel allen Lebens.

Es ist aber nicht nur Zusammenziehung und Konzentration in diesen Jahren, in denen er Charlotte als Halt und Mittelpunkt sucht. Sein äußeres Leben ist auf das seltsamste zersplittert, und wenn die »Ganzheit« seines Wesens oder das »Kunstwerk seines Lebens« immer so betont werden, so soll man nicht vergessen, wie nachträglich das gesehen und wie mühsam es errungen ist. »Halbheit« ist in vielem eher bezeichnend für die Jahre mit Charlotte, wenn wir die Lebensumstände nicht einfach beiseite lassen und diese Epoche lediglich als eine sinnvolle »Stufe« beim Emporsteigen zur Vollendung betrachten. Goethe lebt in einer halben Ehe mit der Frau des Oberstallmeisters, und nur die sehr freien Verhältnisse der Zeit und seine überragende Stellung machen das möglich. Er hat eine halbe Wohngemeinschaft mit ihr neben seinen »eigentlichen« zwei Wohnungen, er ißt bei der Geliebten, während Herr von Stein bei Hofe speist, er liest Charlotte vor, aus Homer, Spinoza, er schreibt dort, widmet ihr als seinem einzigen Publikum die erste handgeschriebene Sammlung seiner Gedichte, diktiert ihr, oder sie notiert seine Gedanken auf. Bei Charlotte trifft er sich oft mit dem Herzog, und in diesem »Wirklichen Geheimen Rat« werden viele Entscheidungen getroffen, auch schon die erste über seine Anstellung im *Conseil.* Den Sohn Fritz wiederum hat Goethe in seinen sehr unsicher geführten eignen Haushalt übernommen. Von dort sendet er seine 1700 Briefe an Charlotte. Die Menge dieser Korrespondenz, bei ständigem, oft fast täglichem Beisammensein, zeugt sowohl für die Intensität der Beziehung wie auch dafür, daß Goethe doch stets das Bedürfnis fühlt, sich Rechenschaft abzulegen, sich und der Geliebten Versicherungen zu geben, die oft wie Beschwörungen klingen. Es ist sicher, daß sie häufig gezweifelt und ihm das gesagt hat. Er antwortet mit immer neuen Beteuerungen, daß sie die »Einzige« sei, auch mit Umschreibungen, die einer Frau etwas anderes besagen müssen als ihm: sie sei der »Schlaftrunk« seiner Leiden, der Anker, der sein Schifflein festhält, die »liebe Seelenführerin«, die »einzige Sicherheit seines Lebens«. Er geht so weit, sich fast weiblich darzustellen: »Ich bin kein einzelnes, kein selbständiges Wesen. Alle meine Schwächen habe ich an Dich angelehnt, meine weichen Seiten durch Dich beschützt, meine Lücken durch Dich ausgefüllt. Wenn ich nun entfernt von Dir bin, so wird mein Zustand höchst seltsam. Auf einer Seite bin ich gewaffnet und gestählt, auf der andern wie ein rohes Ei, weil ich da versäumt habe, mich zu harnischen, wo Du mir Schild und Schirm bist.« Er spricht auf französisch davon, daß es sich nicht um eine »passion« handele, sondern eine »maladie«, die ihm teurer sei als die vollkommenste Gesundheit. Er steigert sich bis zu religiösen Tönen und Gelöbnissen unverbrüchlicher Treue: »Meine Seele ist fest an die Deine angewachsen. Ich mag keine Worte machen; Du weißt, daß ich von Dir unzertrennlich bin und daß weder Hohes noch Tiefes uns zu scheiden vermag. Ich wollte, daß es irgendein Gelübde oder Sakrament gäbe, das mich dir auch sittlich und gesetzlich zu eigen machte; wie wert sollte es mir sein, und mein Noviziat war doch lang genug, um sich zu bedenken.« Auch hier das unbestimmte »irgendein Gelübde« – Goethe sucht nach einer symbolischen Form und meint: »Die Juden haben Schnüre, mit denen sie die Arme beim Gebet umwickeln; so wickle ich Dein holdes Band um den Arm, wenn ich an Dich mein Gebet richte und Deiner Güte, Weisheit, Mäßigkeit und Geduld teilhaft zu werden wünsche« (1781). Zwei Jahre später schreibt er: »Mein innres Leben ist bei Dir, und mein Reich ist nicht von dieser Welt.«

Er lebt jedoch in der Welt, und Charlotte lebt darin. Er hat in diesen Jahren sonst keinen Freund; Knebel ist früh vergrämt, will fort, weiß nicht, wohin, und vergräbt sich in Jena; Herder, von dem Goethe sich so viel versprochen hatte, ist gallig und feindselig; der Herzog geht und reitet bald seine eignen Wege. Goethe hat aber ein tiefes Bedürfnis nach Menschen, auch außer und neben der »Einzigen«, auch nach Fürsorge für andere; der Ehelose sehnt sich nach Kindern. Und so nimmt er den Sohn der Geliebten zu sich und sucht ihn zu erziehen. Er tut das auf seine Weise. Man müsse, so meint er, Kinder wie die griechischen Hydrioten, die Insel-Piraten, aufwachsen lassen: »Die nehmen ihre Knaben gleich mit zu Schiffe und lassen sie im Dienste herumkrabbeln; wie sie etwas leisten, haben sie Teil am Gewinn, und so kümmern sie sich schon um Handel, Tausch und Beute.« Es ist eine etwas verwegene pädagogische Theorie, selten zum Thema »Goethe als Erzieher« zitiert. Sie hat sich auch an Fritz von Stein nicht bewährt. Goethe führt ihn in all seine Liebhabereien ein, Fritz ist sein Bote, Vorleser, schreibt für ihn, wird dann sein Kassenführer und Faktotum, begleitet die Fahrten des Goethe-Schiffleins, aber sein Teil am Gewinn ist ungewiß. Er bleibt lange eine unsichere, schwankende Natur, entzieht sich schließlich den Weimarer Verhältnissen und bekommt erst spät in preußischen Diensten nach mißglückten Eheerfahrungen etwas Boden unter die Füße.

Goethe erweitert diesen Familienstand noch: Er nimmt sich väterlich eines Jünglings an, der nahezu lebensunfähig ist und dem er den ganz unpassenden Namen Kraft gibt. Auf das liebevollste sorgt er für ihn, müht sich um den Armseligen, der sich gegen alle Vorschläge zum tätigen Leben sperrt und zu nichts aufraffen kann; Goethe bringt ihn in Ilmenau unter, schickt Geld, mahnt in den längsten und weisesten Briefen dieser Jahre, ohne jeden Erfolg, und unterhält ihn bis zum frühen Tode mit fast unbegreiflicher Nachsicht. Ein weiterer Schützling wird dieser Nebenfamilie in Ilmenau zugeteilt: ein kleiner, wilder Schweizerbube, der Goethe zugelaufen ist. Ein romantischer Offizier hatte ihn in den Schweizer Bergen aufgegriffen und »Peter im Baumgarten« genannt nach der Stelle, wo er ihn fand. Mit einem Zirkular im Rousseau-Stil hatte er das Naturkind fühlenden Seelen empfohlen, auch Goethe beteiligte sich mit einem Beitrag, der Hütejunge wurde in einem Internat untergebracht; der Offizier ging nach Amerika in den Krieg und fiel. Peter, aus dem Institut davongelaufen, steht eines Tages vor Goethes Tür, eine lange Tabakspfeife in der Hand, einen Spitz zur Seite, beides dem Dichter verhaßt.

»Der Junge ist nun mein«, schreibt Goethe jubelnd und hoffnungsvoll. »Ich will sehen, obs glückt, was ich mit ihm vorhabe.« Bis über sein Lebensende hinaus will er, der Dreißigjährige, für ihn sorgen, er hofft ihn zum Künstler zu machen und läßt ihn an der Zeichenschule unterrichten. Der Junge ist begabt, aber nicht zu zähmen, er beschmiert Goethes Gipsbüsten mit Tinte, rückt aus, verübt Streiche, er wird nach Ilmenau zu Kraft getan, dann zu einem Förster, und die Weimarer Fama sieht in ihm deshalb in Analogie zu Karl Augusts unehelichen Sprößlingen einen Sohn Goethes. Der Forstmeister berichtet, Peter sei faul und vor zehn nicht aus dem Bett zu bekommen. Fleißig ist er nur in anderer Beziehung: Er macht der Pfarrerstochter ein Kind, muß sie heiraten und zeugt fünf weitere Nachkommen. Dann verschwindet er für immer, vielleicht nach Amerika auf den Spuren seines ersten Gönners. Die Familie fällt der Gemeinde zur Last, ein Patenkind Goethes ist darunter. Goethe hat in den trotzigen und verlorenen Buben, den man wohl besser auf seiner Alm gelassen hätte, nur seine eignen Wünsche hineingeträumt: Künstler zu sein oder auch einmal aus allem ausbrechen zu können.

Aber diese Kinder und Schützlinge, so wenig Glück er mit ihnen hatte, gehören in diesen Jahren zum Bild seiner Existenz und dem seiner Beziehung zu Charlotte. Es kündigt sich in ihnen schon unbewußt an, daß dies Verhältnis ihm eben nicht genügte, weder in seinen äußeren unbestimmten Formen noch auch im Innersten, der seelischen Gemeinschaft. Verführt durch Goethes allerdings sehr verführerische Worte in seinen Briefen und Gedichten, hat man viel zu sehr auf den »Roman« geschaut, der sich zwischen den beiden abgespielt habe. Man hat ihn nachdichten wollen und dabei noch dramatische Höhepunkte entdeckt. In Wirklichkeit eilt die Beziehung nicht auf einen Gipfel zu, ganz gleich, wie man sich den denken will. Goethe zögert von vornherein – und immer wieder vor allem vor dem »Letzten«, einer dauernden, festen Bindung. Er verlegt schon sein erstes Gedicht an die Geliebte, so viel es über ihre Wirkung auf ihn aussagt, in eine mythische Vergangenheit, spricht dann von Seelenwanderung und künftigen Existenzen, nie von der Gegenwart. In dieser Unklarheit bleibt er und beläßt er auch die Freundin, selbst als der innere Bruch längst erfolgt ist, ja sogar dann, als er bereits eine neue Geliebte gefunden hat. Darin kann man, wenn man will, seine Schuld der Frau gegenüber sehen, die unmöglich all diese Wandlungen – dem entfernten Betrachter so sinnvoll – mitmachen oder begreifen konnte. Dazu war sie eine zu feste Natur – und gerade diese Eigenschaft war es, die Goethe so lange an sie fesselte. Sie hatte freilich auch eine gewisse Schärfe und Härte in ihrem Wesen, über die ihre Söhne oft genug geklagt haben. Je enger sich das Verhältnis gestaltete und je mehr ihr Goethe versicherte, wieviel sie ihm bedeute, um so mehr mußte sie sich berechtigt fühlen, zu mahnen, zu warnen, zu kritisieren. Ihr Rat wurde jedoch nur selten angenommen. Goethe vertrug Kritik an seinen Versen, aber nicht an seiner Lebensführung; seine Biographen sind ihm darin gefolgt. Es gibt ständig Spannungen, die sich akkumulieren. Die Intimität wird ihm zur Enge, aus der er sich hinaussehnt. Schon früh spricht er davon, er müsse sie »eigentlich meiden«, auch das Wort »Flucht« taucht auf. Charlotte bemerkt bereits fünf Jahre vor dem Ende, also zeitlich in der Mitte der Beziehung: »Mündlich ist mit Goethe nicht zu sprechen, ohne daß wir beide uns weh tun.« Die Briefe gehen noch lange weiter. Schließlich meint Goethe auch in seiner letzten Auseinandersetzung, er wolle sie nur noch sehen, wenn sie »interessante Gespräche« führen könnten; sie langweilt ihn. Seine 1 700 Briefe an Charlotte hat er nie wieder gelesen. Er hat sie auf dem Weimarer Staatsarchiv deponiert, als er nach Italien ging.

Ein Bild ihres Wesens, das sie deutlich machen könnte, hat er nicht hinterlassen. In seinen Gedichten hat er, wie es der Lyrik entspricht, Stimmungen eines gewissen Augenblicks oder Stadiums geschildert, in seinen Briefen, die oft lyrisch sind, ebenfalls. Was er später über sie sagt, sind unbestimmte Bemerkungen, es sei eben ein »heilig sonderbares« Verhältnis gewesen. Er deutet auch einmal, allgemein sprechend, aber deutlich genug an, es sei vielleicht ein »Irrtum« gewesen, so viel in sie hineinzulegen. Und zu seinem Eckermann sagt er dann das Wort: »Die Frauen sind silberne Schalen, in die wir goldene Äpfel legen. Meine Idee von den Frauen ist nicht von den Erscheinungen der Wirklichkeit abstrahiert, sondern sie ist mir angeboren, oder in mir entstanden. Gott weiß wie. Meine dargestellten Frauencharaktere sind daher auch alle gut weggekommen, sie sind alle besser, als sie in der Wirklichkeit anzutreffen sind.«

Das kann auch als sein Kommentar zu den Versuchen dienen, Charlotte in seinen Dichtungen wiederzufinden. Es ist freilich nicht alles und besagt nichts über die Bedeutung, die diese Frau in den zehn Jahren ihrer Gemeinschaft hatte. Sie leben zusammen, sie lesen zusammen, Goethe sucht auch, sie für seine naturwissenschaftlichen Gedanken zu interessieren, denen sie nur mühsam folgen kann; sie klagt einmal über die »gehässigen Knochen«, das »öde Steinreich«. Auch da ist er in seinem sich erweiternden Wesen über sie hinausgewachsen; Natur ist ihm nicht mehr das stürmische Ergreifen von Landschaft, Berg, Baum und Wolkenflug, sondern ernste Forschung und das Nachsinnen über große Zusammenhänge der ganzen Schöpfung. Dazu muß er allein sein. Sie zeichnen viel zusammen. Charlotte ist eine nicht unbegabte Porträtistin. Eine Skizze im Profil, zwischen zwei Spiegeln von ihr selbst umrissen, ist das einzige authentische Bild, das wir von ihr besitzen: ein zartes und strenges Profil mit schmalen Lippen, ein reizvolles und doch trostlos unfrohes Gesicht. Nur zwischen zwei Spiegeln ist uns auch ihr geistiges Porträt erhalten, und sie sind sehr ungleich: auf der einen Seite Goethes Briefe und Gedichte mit ihrer gewaltig strahlenden, brechenden und überhöhenden Kraft – auf der anderen die Zeugnisse ihres Lebens, die oft verkleinern oder verzerren. Sie hat sich auch schriftstellerisch versucht, und einiges ist sogar zu ihren Lebzeiten in Druck gegeben worden, anderes erst später. In einer kleinen Matinee für die Weimarer Liebhaberaufführungen zweifelt sie schon zu Anfang der Beziehung an Goethe und meint spöttisch: sie wisse nicht, »ob er oder Werther« aus dem Briefpaket spricht, das sie besitzt. Bitter, gereizt und hilflos

klagt sie dann nach dem Bruch in einem Dido-Drama mit dem nahe-
liegenden Thema der Verlassenen, wobei sie auch noch ihre Freundin,
die Herzogin Luise, einbezieht. Böse zitiert sie da Goethes eigne
Worte über seine Verwandlungen:»Echte menschliche Natur ist
schlangenhaft, eine alte Haut muß sich nach Jahren wieder abwerfen;
diese wäre nun bei mir herunter.« Darüber soll man nicht mit ihr
rechten; sie hatte Grund zur Klage.

Sie wendet die Blätter der Gedichtsammlung, die er ihr gewidmet,
hin und her und versucht das LIED AN DEN MOND umzudichten. Da
hatte Goethe mit geheimem Bezug auf sie gesagt:»Breitest über mein
Gefild / Lindernd deinen Blick / Wie der Liebsten Auge mild / Über
mein Geschick.« Sie ändert:»Da des Freundes Auge mild / Nie mehr
kehrt zurück.« Sie fügt noch hinzu:»Lösch das Bild aus meinem
Herz...«

Hofpoet und Dichter

Herder schreibt an seinen Freund Hamann im Juni 1782 über Goethe: »Er ist also jetzt Wirklicher Geheimer Rat, Kammerpräsident, Präsident des Kriegscollegii, Aufseher des Bauwesens bis zum Wegebau hinunter, dabei auch *directeur des plaisirs*, Hofpoet, Verfasser von schönen Festivitäten, Hofopern, Ballets, Redoutenaufzügen, Inskriptionen, Kunstwerken etc., Director der Zeichenschule, in der er den Winter über Vorlesungen über die Osteologie gehalten, selbst überall der erste Acteur, Tänzer, kurz das factotum des Weimarischen und, so Gott will, bald der *majordomus* sämtlicher Ernestinischer Häuser, bei denen er zur Anbetung umherzieht. Er ist baronisiert und an seinem Geburtstag wird die Standeserhöhung erklärt werden. Er ist aus seinem Garten in die Stadt gezogen und macht ein adlig Haus, hält Lesegesellschaften, die sich bald in Assembleen verwandeln werden etc. etc. Bei alle dem gehts in Geschäften (d. h. der Regierung) wie es gehen will . . .«

Das ist nicht sehr freundlich gesehen, aber es gibt ein Bild von Goethes Stellung. Man erwartet von ihm, daß er bei jeder Gelegenheit mit seiner Feder aufwartet, seine Talente zur Verfügung stellt. Er weigert sich keinesfalls, er ergreift diese Aufgaben mit Vergnügen. Sein Spieltrieb wird aufs angenehmste befriedigt. Bis ins höchste Alter liebt er Maskeraden, Aufzüge, »lebende Bilder«, Verkleidungen. Wenn dabei auch etwas tiefere Bedeutung mit unterläuft, so schadet das nichts; wenn nicht, so mögen andere sie hineinlegen. So wird vieles geschrieben, was dann in die Werke eingeht und sich dort oft wunderlich ausnimmt. Denn das meiste ist nur wie ein musikalisches »Thema für Improvisationen« oder eine Skizze für eine *Commedia dell'arte*, bei der die Akteure erst den Witz dazugeben müssen. Unzählige Anspielungen sind verloren oder nur durch mühsame Lokalforschung in Anmerkungen zu ergründen. Vieles ist in Gemeinschaft mit andern oder von andern auf Anregung Goethes verfaßt. Nicht weniges, wenn wir nicht heucheln wollen, was bei Goethe nur allzuoft geschieht, ist ziemlich nichtig.

Alle dichten sie da in Weimar, die Frau von Stein, Anna Amalia, der Herzog sogar, die Kammerherren. Das Verse- und Stückemachen ist keine Profession, sondern Unterhaltung wie das Kartenspiel. In kleinen Kärtchen wird das auch oft ausgeteilt. Alle spielen mit bei den Liebhaberaufführungen, denn ein Theater kann sich der arme Hof nicht leisten. Der Herzog spielt mit, obwohl ihm das Lernen sauer fällt, sein Bruder Konstantin, der mürrisch ist und bald durch jemand anders ersetzt werden muß, Goethe übernimmt Rollen. Auch er studiert seinen Part nur ungern und improvisiert lieber. Mythologisches, Schäferszenen, Antikes, Modernes, jeder Einfall und Vorschlag ist recht.

Nicht nur in Weimar wird so viel geschrieben. Das 18. Jahrhundert ist das literarische Jahrhundert. Die große Katharina verfaßt Theaterstücke mit lehrhafter Tendenz und korrespondiert angestrengt mit Diderot oder dem Bildhauer Falconet. Friedrich der Große dichtet seine französischen Oden über beliebte Themen wie DIE VERLÄUMDUNG oder DIE SCHMEICHELEI, Gesänge über die Kriegskunst und Episteln an Generäle; Voltaire muß sie korrigieren und seufzt über dieses Geschäft. König Gustav von Schweden schreibt Schauspiele, die sogar zu den besseren seiner Zeit gehören. Wer nicht dichtet, der zeichnet oder radiert wie die Pompadour, komponiert wie wiederum Friedrich, von dem es ein paar hundert Flötenkonzerte gibt, oder sein Neffe Louis Ferdinand, den Goethe dann kennenlernt. Sich literarisch, künstlerisch oder philosophisch zu betätigen – man war freigebig mit der Bezeichnung »Philosoph auf dem Throne« – gilt nicht als unstandesgemäß, sondern als hohe »Distinction«. In dieser Beziehung glaubt das Zeitalter des Absolutismus an eine »Republik der Geister«. Ihr anzugehören ist der höchste Ehrgeiz, auch für einen Machtmenschen und Zyniker wie Friedrich.

Das ist die positive Seite; sie sticht stark ab von dem ständischen Hochmut, mit dem im demokratischen Zeitalter Künstler und geistige Menschen nur zu oft von ihren Regierungshäuptern behandelt werden. Andererseits läßt sich nicht verkennen, daß dies alles damals eben doch fast immer dilettantische Nebenstunden sind, Erholung oder Rettung vor der stets drohenden Langeweile. Und nicht viel anders in Weimar. Die Tatsache, daß ein Goethe dabei ist, darf nicht täuschen oder dazu führen, diese Produktionen zu überschätzen. Gereizt haben mag Goethe, daß er da alle seine Neigungen, auch zum Zeichnen, zur Malerei, mitspielen lassen konnte. So werden Naturszenen mit sehr künstlichen Beleuchtungseffekten veranstaltet. Unter »Rembrandt« versteht man in Weimar auffallende Hell-Dunkel-

Wirkungen. Goethe schreibt eine Operette DIE FISCHERIN mit rembrandtischen Nacktszenen am Fluß, die Landschaft an der Ilm ist die Szenerie. Mit Fackeln wird das Ufer nach dem verlorenen Fischermädchen Dortchen abgesucht, das seinen Liebsten nur ein wenig ängstigen will, auf dem Herd brennt ein Feuer; Rufe hallen hier und da im Dunkeln, am Ende gibt es Versöhnung. »Selten hat man eine schönere Wirkung gesehen«, schreibt Goethe noch spät über dies »Tableau«. Verblieben ist aus dem Stücklein die Ballade vom ERLKÖNIG. Aber auch die Freude an solchen Tableaus und Bildeffekten bleibt Goethe bis in den FAUST hinein. Und so hängen auch derartige Kleinigkeiten, für den Tag oder Abend geschrieben, mit seinen großen Werken zusammen.

Zigeunerlager ein andermal, im Walde bei Ettersburg, ebenfalls mit »rembrandtischem« Feuer. Kammerherr von Einsiedel hat diesmal den Text geschrieben, Goethe singt sein eignes Zigeunerlied aus dem GÖTZ sowie Liebeslieder auf eine Stolze, vor deren Ketten er vergebens flieht. Alle wissen, wer gemeint ist. Es wird unaufhörlich gespielt und angespielt. Als Eheberater der Herzogin Luise mahnt Goethe mit einem Stück LILA. Da tritt er als eine Art präfreudianischer Seelenarzt auf und sucht trübe Wahnvorstellungen durch Phantasie zu heilen. Mit Feen- und Geistererscheinungen wird der böse Dämon gebannt, der »Oger« und wilde Jäger, als den der Dichter ungeniert den Herzog präsentiert. Am Ende verliert Goethe die Lust und vermerkt nur noch als Regieanweisung: der vierte Akt werde dem Geschmack des Ballettmeisters überlassen. Auch aus diesem Werklein sind nur die Verse verblieben: »Feiger Gedanken bängliches Schwanken / Weibisches Klagen, ängstliches Zagen / Wendet kein Elend, macht dich nicht frei.« Niemand wird sie unter Goethes Gedichten als Rat in Ehefragen deuten. Durch männlich-energischen Zuruf war auch die Situation der Herzogin Luise nicht zu lösen. Erst als sie den lange ersehnten Erbprinzen geboren hatte, festigte sich ihre Stellung und ihr Wesen. Goethe hat versucht, selbst dieses dynastische Ereignis in einem Drama zu behandeln. Er wählte eine antikische Form einen selbsterfundenen ELPENOR, den »Knaben Hoffnung«; unversehens geriet ihm das Thema ins Hochtragische hinein, der Vater des Kindes wurde zum Tyrannen. Der Versuch blieb Fragment. Als Goethe ihn später Schiller vorlegte, nannte er es selber ein Beispiel »unglaublichen Vergreifens im Stoffe«.

Es ist um diese Zeit – der Grund mag in der Zersplitterung seines Lebens zu suchen sein – überhaupt sehr unsicher in seinem sonst so wachen Kunstverstand. So bettet er eine hohe Szene von großer Schönheit, das Monodrama PROSERPINA, in eine Farce ein, die den Kult der Empfindsamkeit verspottet. Er selber hat das später als »Frevel« bezeichnet. Die Farce ist in manchem sehr modern und nimmt schon die »romantische Ironie« vorweg: Die Gestalten plaudern, man habe sich ganz verwickelt, der fünfte Akt geht zu Ende – man solle nur gleich den sechsten spielen, auf dem deutschen Theater könne man sich das erlauben. Würden die Leute dann nicht glauben, daß man sie zum besten hält? Und warum nicht? »Denn eigentlich spielen wir nur uns selber.« Goethe spielt sich selber. Er ist mit dem Gefühlskult fertig geworden und verspottet ihn nun in diesem Triumph der Empfindsamkeit. Auch das geheiligte Wort »Natur« wird verhöhnt oder jedenfalls die Naturschwärmerei: Ein Prinz reist umher, der seine Stimmungen in Kisten verpackt mit sich führt, die Diener bauen die Rasenbänke aus dem Koffer auf; man nennt das nicht Dekorationen, sondern künstliche Natur, »denn das Wort Natur muß überall dabei sein«. Der Mädchenchor applaudiert: Scharmant! Es macht Effekt! Theater also; »Sehr, sehr! Das Theater und unsere Natur sind freilich sehr nahe verwandt.«

Die Handlung ist zusammengeflickt, und Die geflickte Braut sollte das Stück ursprünglich heißen, was dem Fastnachtsspielcharakter nicht unangemessen gewesen wäre. Wie bei Hans Sachs Narrenschneiden geht es da um eine symbolische Operation: Eine Puppe ist es hier, aus Lappen zusammengesetzt, der Gattin eines Königs ähnlich. Ihr Inneres soll einen dunklen Orakelspruch auflösen, und als man sie öffnet, kollern alle die sentimentalen Moderomane heraus, darunter der Werther: »Armer Werther! Gebt her, das muß ja wohl traurig sein!« Goethe packt das ganze Zeug wieder hinein. Eine Versöhnungsszene wird noch angehängt, die wieder auf die unselige Luise Bezug hat; es ist ein wirres Spiel, mit frechsten aristophanischen Stellen. Das Monodrama Proserpina soll als Einlage aufgeführt werden. Die Mädchen fragen neugierig, was das denn sei, ein Monodrama. – »Ein Schauspiel, wo nur eine Person spielt, wenn Ihr Griechisch könnt.« – »Mit wem spielt sie denn?« – »Mit sich selbst, das versteht sich.« – »Wir wollen auch einmal so spielen«, erklären die Mädchen. – »Laßts doch gut sein und dankt Gott, daß es noch nicht bis zu euch gekommen ist! Wenn ihr spielen wollt, so spielt zu zweien wenigstens, das ist seit dem Paradiese das Üblichste und Gescheiteste gewesen ...«

Auch als Hofpoet kann Goethe seine Mephisto-Natur nicht ganz verstecken. Die Stelle wirft aber auch auf das Monodrama ein eigentümliches Licht. Die schöne Corona Schröter soll diese Einlage spielen. Goethe hat sie, die er schon als Student in Leipzig bewunderte, nach Weimar geholt, umworben, Karl August hat sich in sie verliebt, Besucher, die nach dem Städtchen kamen, haben sie umschwärmt; ihre Kühle und Unnahbarkeit ist bekannt, nur unter dem Schutz ihrer umfangreichen Gesellschafterin wandelt sie in griechischem Kostüm durch die Straßen. Soll sie ein wenig verspottet werden? Nimmt

Goethe hier eine kleine heimliche Revanche, weil sie ihn eine Weile recht beunruhigt hat?

Er gibt ihr jedenfalls eine düstere Nachtszene im Tartarus zu spielen. Corona kann all ihre Künste entfalten, sie hat einen Hang zur Tragödin. Unbarmherzig tragisch ist das Spiel von der Proserpina, die in den Orkus verbannt ist, weil sie sich durch den Biß in den Granatapfel schuldig gemacht hat. Als Gattin Plutos, des ungeliebten, muß sie in der Felsenöde büßen. Alle Schauder der antiken Hölle werden aufgeboten: die Danaiden, die vergeblich in ihr Faß schöpfen, nicht einen Tropfen Wasser zum Munde bringen: So ists mit dir auch, mein Herz, woher willst du schöpfen und wohin? Die Felsen sinken tiefer herab, in einem Furioso des Hasses auf den Gemahl, die verhaßten Umarmungen; mit der ausweglosen Nacht der Verdammung endet die seltsame Szene. Goethe selber hat sie im Alter kaum noch verstanden und versucht, sie ins Gefälligere umzudichten.

Schon die Antike hat den Mythos immer wieder umgeformt: Bei Vergil wird Proserpina nicht in den Orkus, sondern ins Elysium versetzt; dem alten Goethe wäre das eine erfreulichere Wendung gewesen als seine gnadenlose Jugend-Version. Es ist aber auch möglich, daß sehr persönliche Winke in der Szene geheim ausgesprochen werden. Das kurze Kosten an der Liebesfrucht, die Erinnerung an den Jüngling, den Proserpina liebte: »Da war uns keine Nacht zu tief zum Schwätzen, keine Zeit zu lang« – ist das nicht auch eine Klage über die nun in den Orkus der Selbstgenügsamkeit Verbannte?

Wir können nur fragen. Goethe hat um diese Zeit kaum etwas geschrieben, was nicht voller persönlichster Bezüge war. Es ist auch möglich, daß er nur eine feierliche Soloszene dichten wollte, ein Lamentoso, wie die Oper es seit Monteverdi liebte; die Anregung mag von der Opernbühne der Zeit gekommen sein, die sich vielfach mit Melodramen und Soloszenen beschäftigte. Goethes Freund Gotter schrieb eine MEDEA dieser Art; die Frage wurde in den Journalen diskutiert. Auch eigne Gefühle der Leere, der Öde spielen hinein. Und schließlich hat Goethe wie oft ein »inkommensurables« Thema angeschlagen, das viele Deutungen zuläßt.

Vieldeutig ist auch seine Beziehung zu der schönen Sängerin. Sie spielt nicht nur diese Rolle oder die erste Iphigenie, die ebenfalls in dem wunderlichen Reigen dieser Liebhaberaufführungen ihre Premiere erlebt. Sie geistert durch die ersten Weimarer Jahre als eine Gestalt, die schon die Zeitgenossen nicht recht begriffen. Tochter eines armen Regimentsmusikers, früh als Wunderkind dressiert, muß sie zu früh singen, zu viel üben, zu rasch auf die Bühne. Zu hoch hinauf will der Vater die Stimme treiben. Mit zwanzig ist sie bereits nach Erfolgen, die sie zur großen Hoffnung machten, fast ohne Singstimme. Sie ist schön, gebildet, sie spricht vier Sprachen, komponiert, zeichnet, deklamiert mit schönstem Ausdruck. Sie kleidet sich mit Geschmack und griechischer Note, was noch ungewöhnlich ist. Goethe hat sich sogleich an sie erinnert, als in Weimar seine Favoritenzeit beginnt, und dem Herzog von ihr erzählt. Unverzüglich wird ein Engagement beschlossen. Goethe reist nach Leipzig. Briefe sind schon hin- und hergegangen. Die Korrespondenz zwischen dem Dichter und der Schönen ist allerdings bis auf einen Zettel Goethes vernichtet; auch die Autobiographie der Sängerin, die sie ihm übergeben hatte. Verblieben sind nur Goethes Tagebuchnotizen. Erwähnungen des »schönen Misels« in seinen Schreiben an Frau von Stein und Berichte des Weimarer Publikums, das angestrengt auf das Schauspiel mit der Aktrice starrte. Eine Schauspielerin galt damals so gut wie grundsätzlich als die gegebene Geliebte für einen Fürsten oder Herrn des Hofes; in vielen Residenzen war beim Engagement diese Hauptrolle von vornherein vereinbart. Der Markgraf von Ansbach hatte sich die berühmte Clairon aus Paris geholt, die freilich schon eine recht betagte Dame war und ihre französische große Zeit hinter sich hatte. Eine fürstliche Mätresse hatte jedoch vor allem der fürstlichen Repräsentation zu dienen und nicht nur den erotischen Bedürfnissen des Landesherrn, die meist auf andere Weise befriedigt wurden.

Corona hatte, als Goethe eintraf, schon Erfahrungen bitterer Art mit einem sächsischen Grafen gemacht, der sie mit vagen Eheversprechungen zu einer Rolle solcher Art bewegen wollte. Sie umgab sich zum Schutz mit einer ständigen Begleiterin; sie trat auch in Weimar unweigerlich mit dieser dicken Person auf. Sie war stolz, kühl, abweisend gegen alle Bewerber, was diese vielfach als ganz unangebrachten Hochmut empfanden. Goethe bereitet den Besuch mit kostbaren Geschenken vor, einem teuren Kleid, feinen holländischen Taschentüchern, die einer seiner Leipziger Bekannten besorgen soll. Er trifft ein, stürmisch, mit dem Angebot, sie möge Kammersängerin bei der Herzogin-Mutter werden, mit vierhundert Talern Gehalt bei leichten Verpflichtungen. Corona singt nur noch in Konzerten, bei Oratorien oder deklamiert. Sie trägt Goethe, dessen Werke sie kennt, aus seiner STELLA vor, vielleicht den Monolog: »Fülle der Nacht, umgib mich! fasse mich! leite mich! ich weiß nicht wohin ich trete ...«

Goethe schreibt an den herzoglichen Freund im Stile des Rabelais-Übersetzers Fischart. Er plaudert von den »zuckenden, krinsenden, schnäbelnden und schwumelnden Mägdlein« in Leipzig, den »hurenhaften, strozzlichen, schwänzlichen und finzlichen Jungen Mägden«. Diesem »Greuel« gegenüber stellt er nun den »Engel, die Schrötern, von der mich Gott bewahre was zu sagen ... Ich bin seit 24 Stunden nicht bei Sinnen, das heißt bei zu vielen Sinnen. Bleibe das wahre Detail zur Rückkunft schuldig, als da sind pp ...«

Das ist der Ton zwischen den beiden damals. An die Freundin

Charlotte schreibt er vorsichtiger: »Ein edel Geschöpf in seiner Art – ach, wenn die nur ein halb Jahr um Sie wäre.« Ein Engel wiederum, aber doch noch ein Weib, wie er es sich wünscht, »daß ich Euch könnt' in Frieden lassen«. Eine Woche dauert dies Spiel. Ob es ein »kam, sah und siegte« war, wie man immer etwas leichtgläubig angenommen hat, oder eben doch nur ein Spiel, bleibt ungewiß wie alles in dieser Beziehung. Die Vorstellung, daß Goethe doch einmal in seinem Leben auch mit einer wahrhaft schönen Frau ein Liebesverhältnis gehabt habe, verlockt, und moralische Bedenken hat er damals, wenn überhaupt, kaum besessen. Aber er bezeichnet Corona auch als die »Überschöne«, und vor Frauen solcher Art hat er sich stets gescheut wie vor der Ehe. Er ist noch einmal einer solchen Überschönen begegnet, der Frau von Branconi, die als ehemalige Mätresse des Erbprinzen von Braunschweig ein einsames und trauriges Leben führte, berühmt weithin als eine der Schönheiten der Zeit. Sie hat Goethe in Weimar besucht; sie sind zusammen spazierengegangen, und das immer kuppelnde Weimar hat sogleich eine »Liebe« gewittert. Goethe schreibt Lavater darüber, und es fällt das höchst bezeichnende Wort, daß eine solche Frau ihm wohl »die Seele aus dem Leibe winden würde…« Er flüchtet sofort, in die Einsamkeit, den Wald bei Ilmenau, hinauf auf den Gickelhahn, die Waldhütte und schreibt dort bald darauf an die Wand sein Gedicht: »Über allen Gipfeln ist Ruh…«

Es dauert etwas länger, bis Ruhe zwischen ihm und Corona eintritt. Ein halbes Jahr geht es hin und her: Gemeinsame Bühnenproben, Besuche in Goethes Gartenhaus, Redouten, auch Herzklopfen und fliegende Hitze werden im Tagebuch notiert. Der Herzog mischt sich hinein. Man spaziert zu dreien, ißt vor allem Volk im Freien, die Schauspielerin in etwas freiem Kostüm mit fleischfarbenen Trikots unter dem griechischen Gewand. Wieland, der »umherschnopert« – er selber verwendet das Wort: Dies alles muß »gesehen und beschnuffelt werden« –, schreibt an Merck darüber, sie habe in der unendlich edlen attischen Eleganz ihrer Gestalt wie die Nymphe in einer anmutigen Felsengegend ausgesehen, und dies alles »so offen unter Gottes Himmel und in den Augen aller Menschen, die von Morgen bis in die Nacht ihres Weges vorbeigehen«. Der Klassizismus liebt solche Attitüden; in Neapel wird Goethe wenige Jahre später noch die schöne Emma Hamilton sehen, die Geliebte des britischen Botschafters, die sich am Strande in sehr griechischer Gewandung den Gästen präsentiert und von den Londoner Kupferstechern in einem ganzen Album verewigt wird.

Es kommt zu schweren Spannungen. Goethe macht Karl August Vorwürfe, die Herzogin ihrem Mann; sie bittet sich bei der Geburt des Erbprinzen, der sie endlich rehabilitiert, aus, daß »diese Person« ihr nicht mehr vor Augen kommen dürfe. Frau von Stein, die sonst

Goethes offene Bekenntnisse über seine Liebeleien ignoriert, wird über dieses »Misel« – es ist bezeichnend, daß Goethe auch für Corona immer diesen Ausdruck wählt, der eigentlich seine »niedere Minne« bedeutet – unwillig und besorgt; sie bleibt der Aufführung der IPHIGENIE fern, in der die Schröter die Titelrolle spielt; Corona macht Goethe schwere Vorwürfe, wie aus seinem einzigen erhaltenen Brief an sie zu ersehen ist; er beendet die unmöglich gewordene Situation. Er bittet um Verzeihung; wenn er geirrt habe, so sei das menschlich: »Laß uns freundlich zusammen leben ... das Vergangene können wir nicht zurückrufen, über die Zukunft sind wir eher Meister, wenn wir klug und gut sind.«

So meistert er auch diese schwierige Lage. Er hat bereits die Züge des großen Meisters entwickelt. Er hat die Fäden zu entwirren: seine Liebe zu Charlotte, zu Corona, seine Verehrung für die Herzogin, die auch beinahe in Anbetung übergeht, Coronas Pläne einer Liaison mit Karl August und die Bedürfnisse der Theateraufführungen, bei denen die schöne Schauspielerin unentbehrlich ist. Alle fügen sich, alles fügt sich. Er dichtet eine Huldigung für Corona. Der wackere Hoftischler Mieding ist gestorben, der die Dekorationen für das Liebhabertheater so vorzüglich zimmerte, die Bühne aufschlug, auch er eigentlich unentbehrlich und lange vermißt. Goethe widmet ihm das längste Gedicht dieser Jahre, preist ihn überschwenglich als »Direktor der Natur« – ein Wort, das unendliche Bedeutungen bei ihm haben kann – und flicht auch Verse über das Schauspielvolk ein, die Schauspielerinnen, die Schwestern auf dem Thespiskarren, die ihr »vor Hunger kaum, vor Schande nie bewahrt, von Dorf zu Dorf euch feilzubieten fahrt«. Unter diesen nun Corona hervortretend: gefällig, anständig, absichtslos, doch wie mit Absicht schön. »Ein Ideal, das Künstlern nur erscheint.« Sie spricht die Abschiedsworte für den Hoftischler. Es sind zugleich Goethes Abschiedsworte an sie, die Huldigung eines Hofpoeten, der ihr einen wohlgeordneten Kranz in die Hand drückt, mit Trauerband und Anspielung auf den Namen Corona.

Traurig ist das weitere Leben der Abgedankten. Sie bleibt in Weimar, singt bei der Amalie mit verdeckter Stimme Rousseaus Lieder oder Gluck; sie komponiert ein paar Liederhefte, darin Schillers WÜRDE DER FRAUEN. Sie malt, gibt Unterricht, um ihre schmale Pension zu ergänzen. Schiller lernt sie noch kennen, die bereits halb verschollene, und schreibt von der Vierzigjährigen, die »Trümmer« ihres Gesichts und ihre Figur ließen noch auf frühere Schönheit schließen; ihre Deklamation sei vorzüglich. Der Hof vergißt sie; Goethe hat sie längst vergessen. Ein eigentümliches Zwielicht ist um die Frau. Jahrelang hat sie noch eine lahme und aussichtslose Beziehung zu dem Hofmann Einsiedel, der ein Spieler ist, verschuldet, auch er einer der vielen Halben und Steckengebliebenen in Weimar. Sie haben chiffrierte Briefe gewechselt mit unsicheren Beteuerungen »später freundschaftlicher Liebe«, die zu nichts führen kann. Einsam stirbt sie in Ilmenau – zur gleichen Zeit, da die IPHIGENIE, ihre große Rolle bei den Liebhaberaufführungen, zum ersten Male im Hoftheater gegeben werden soll. Niemand ist beim Begräbnis außer ihrer alten Begleiterin. Aus Weimar kommt kein Kranz mit dem Namen Corona. Nur Goethes Ur-Freund Knebel kümmert sich um ihr Andenken, der selbst halb Vergessene. Im Auftrag der kränkelnden kleinen Prinzeß Karoline läßt er ihr einen Leichenstein setzen; die Prinzessin bittet ihn aber, das heimlich zu behandeln, man müsse »ein wenig politisch sein und sich der am Hof herrschenden Richtung fügen«. Ein kleines Denkmal mit Lorbeerkranz, Schmetterling und Tränenkrüglein wird errichtet. Bitter klagt er in einem Brief an seine Schwester, eine weitere Entsagende, die ihm den Auftrag übermittelt. Sie schreibt zurück: »Es ist hier in Weimar, wo das Leben aus vollen Pulsen quillt und die Tätigkeit und Wirksamkeit zur höchsten Anstrengung steigt, nicht Sitte von Toten oder gar von Begrabenen zu sprechen.« Sie meint damit Goethe und sagt das auch ausdrücklich. Als man ihm den Tod einer andern von ihm Geliebten, der hübschen Engländerin Elise Gore, mitteilen wollte, habe er das Gespräch gleich zurückgewiesen und gesagt: wie man sich mit einem Märchen, das immer dasselbe wäre, unterhalten könnte. »In dem Genuß seines vollen Lebens darf ihn Nichts stören.«

Es sind nicht seine Feinde, es sind Freunde, die das sagen. Die eisige Kälte, die so vielfach an ihm bemerkt wurde, ist keine Legende. Das Abgetane ist für ihn abgetan, ob es eine Geliebte, ein Freund oder die eigene Mutter ist. Und gelassen vermerkt er dann in seinen ANNALEN zum Tode der Corona, er habe sich damals nicht in der Verfassung gefühlt, ihr ein wohlverdientes Denkmal zu setzen; es erscheint ihm aber »angenehm wunderbar«, daß er ihr doch vor so vielen Jahren ein Andenken gestiftet habe, nämlich in dem Gedicht auf den Theaterdekorateur Mieding.

Aus solchem Stoff werden die großen Dichtungen geschaffen. Es kann kaum ein Zweifel sein, daß die schöne Corona zum mindesten im Kostüm, den Gesten, den griechischen Umrissen ihren Teil zu Goethes Iphigenie beigetragen hat – ihren Teil. Er ist vielleicht größer als der einer Frau von Stein, die man immer dafür herangezogen hat. Und jedenfalls ist es eine seltsame Ironie des dichterischen Schaffens, daß gerade dieses Drama, das so »verteufelt human« ist, wie Goethe bald sagt, das hohe Lied der Humanität, mit solchen Menschenopfern verbunden ist.

Menschenopfer sind das ursprüngliche Grundmotiv der IPHIGENIE. Menschen werden am Altar der Jagdgöttin Artemis geschlachtet, damit die Jagd gelingt, die das ganze Volk oder den Stamm erhält, in der Urzeit. Iphigenie soll am Altar der Göttin geopfert werden, damit der große Jagdzug nach Troja gelingt: Das ist die IPHIGENIE IN AULIS, für Goethes Zeitgenossen vor allem durch Glucks Oper ein Begriff, aber auch durch Racine gegenwärtig. Die Antike hatte bereits das Menschenopfer ersetzt durch eine symbolische Handlung: Die Jungfrau wird nach Tauris, an die Gestade der Krim, entrückt. Dort findet sie der Bruder Orest, raubt sie den Barbaren und bringt das Bild der Göttin, der sie dient, mit der Schwester in die Heimat zurück. Das ist die IPHIGENIE IN TAURIS. Was Goethe von den Vorbildern kannte, dem Euripides, Racine, von Glucks IPHIGENIE IN TAURIS, die wenige Monate, ehe er seine Arbeit begann, in Paris aufgeführt wurde, ist unklar. Sehr weise hat er einmal gesagt, daß gerade seine Unkenntnis der antiken Vorbilder ihn gefördert habe: »Das Unzulängliche ist produktiv. Ich schrieb meine Iphigenia aus einem Studium der griechischen Sachen, das aber unzulänglich war. Wenn es erschöpfend gewesen wäre, so wäre das Stück ungeschrieben geblieben.«

Vergleiche mit diesen Vorbildern haben daher nur sehr begrenzten Sinn; sie können lediglich zeigen, wie ungriechisch Goethes Werk ist, das dann zum Inbegriff der Neuen Klassik wurde. Für Euripides sind die Barbaren eben Barbaren; sie zu überlisten oder ihnen Gewalt anzutun, ist wohlgetan und Griechenrecht. Orest ist der Retter: Iphigenie hilft ihm nur, indem sie den Barbarenkönig durch Lügen, doppelsinnige Gebete betrügt; der auf der antiken Bühne allgegenwärtige *Deus ex machina* greift zum Schluß ein und vollendet die Rettung durch Machtspruch der Götter. Die gleiche Lösung hat übrigens auch Glucks Oper, die überhaupt sehr viel »klassischer« ist als Goethes Schauspiel. Sie ist auch unvergleichlich dramatischer, schon im Text, den ein junger Poet aus reiner Begeisterung für den Komponisten, ohne Auftrag, wie es sonst bei Librettos üblich war, geschrieben hatte, und erst recht in der Musik und Bühnenform, die ihr der große Theaterkenner Gluck auf der Höhe seines Schaffens gab. Da sind all die Wirkungen, die Schiller dann, auch ein Meister der Bühne, an Goethes Werk schmerzlich vermißte: Die Furien rasen auf der Szene, nicht nur in Orestens Brust. Mit einem unvergleichlichen Furioso beginnt es schon: Sturm, Schreie des Chors (»Helft uns Ihr Götter!«), Schreie der Iphigenie. So hatte noch keine Oper eingesetzt und kaum ein neueres Stück – und so geht es weiter, immer in stärksten Kontrasten, auch zwischen der wilden Skythenwelt und der edleren der Griechen, mit scharfer Charakteristik der Gestalten, mit Aufbietung aller Opern- und Bühneneffekte: eine große Traumerzählung, von größter Folge für die späteren Musikdramatiker Wagner, Strauss, die das Werk bewundert und bearbeitet haben; Totenfeier Iphigeniens für den Bruder, den sie verstorben wähnt, das Erkennen des Geschwisterpaares erst im letzten, dramatischen Augenblick. Die Priesterin hebt das Opfermesser, Orest stöhnt: So sank auch meine Schwester in Aulis hin, und Iphigenie schreit auf: Mein Bruder!...

Kein Schrei hallt in Goethes Werk. Kaum sind Kontraste angedeutet. Alle Gestalten sind edel, bis zu den Nebenfiguren. Auch der Barbarenkönig ist vornehm und verzeiht. Es stürmt nicht, es weht kaum ein Wind in den Wipfeln des Hains der Diana. Alle äußeren Effekte sind vermieden bis zu dem Punkt, an dem die Handlung nahezu unverständlich wird; die beiden Gefangenen Orest und sein Freund gehen und kommen, als ob es keine Wachen gäbe, was wiederum Schiller, als er das Stück für die Bühne bearbeiten sollte, beunruhigte. Iphigenie ist so sehr die Hauptfigur, daß alle andern nur als ihre Zubringer erscheinen. Sie hat im Grunde keinen Gegenspieler. Wenn jemand Einwände macht, so macht er sie gewissermaßen in ihrem Namen, er spricht nur aus, was sie insgeheim erwägt. Das Stück ist kein Drama, sondern eine Hymne, ein Gebet um Reinheit, Menschlichkeit, Verstehen und Verzeihung.

»Möge die Idee des Reinen, die sich bis auf den Bissen erstreckt, den ich in Mund nehme, immer lichter in mir werden«, so notiert Goethe in den Tagen, da er an dem Werk arbeitet. Iphigenie ist eine »reine Seele«, freilich auch nichts als Seele. Sie ist Priesterin, Schwester, und die Erinnerung an seine verstorbene Schwester Cornelia hat Goethe dabei ebenso bewegt wie die Gegenwart der Schwester Charlotte. Durch ihre Reinheit rettet sie den Bruder. Sie ist überhaupt weniger durch Modelle bestimmt, sie ist vielmehr eine Idealgestalt, eine ersehnte, erhoffte. Ihr fehlt selbst der geringste klein-menschliche oder frauliche Zug. Ihr Gewand ist kanneliert in strengen, abweisenden Falten. Auch das ist schon zu grob: Sie ist ganz und gar nur Seele. Sie spricht mit fast christlichen Worten, das Herz muß »unbefleckt« sein. Mit diesem unbefleckten Herzen entsühnt sie den Bruder, versöhnt sie den Barbarenkönig; in Frieden scheiden sie.

Frieden, Reinheit, Unbeflecktheit, Verstehen und Verzeihen, das sind die leisen, ätherischen Töne, die er anschlägt. Mit leiser Kammermusik hat er sich die nötige Stimmung verschafft, das Werk zu beginnen; Glucks stürmische und wilde Akkorde sind meilenfern und waren auch kaum bis nach Weimar gedrungen, wo man nur von dem großen, europäischen Erfolg etwas wußte. Wie aber geht es weiter, als er den Gedanken gefaßt hat? Klassische Themen waren an und für sich auch in Weimar nichts Neues; viele der Stücke behandelten eine Medea, Alkestis, Polyxena; Orestes und Pylades waren seit langem allgemein beliebte Bühnenfiguren. Goethe hat auch etwas Lektüre getrieben. Mit einigen antikischen Sentenzen regte er sich immer wieder zur Weiterarbeit an, so wie Bach sich oft durch Abspielen fremder Themen und Stücke inspirierte: »Ein unnütz Leben ist ein früher Tod!« oder: »Weh dem, der fern von Eltern und Geschwistern / Ein einsam Leben führt . . .« Einsam ist jedoch sein Leben nicht, während er dies Stück dichtet, wenn wir von Charlotte und Corona ganz absehen wollen. Die unwahrscheinlichsten Bedingungen umgeben die Entstehung des großen Kunstwerks: vom 14. Februar bis 28. März, er notiert es genau wie kaum zuvor. Dazwischen Straßenbesichtigungen, Rekrutenaushebung. »Mit einem Fuß nur im Steigriemen des Dichterhippogryphen«, vermerkt er. Er galoppiert zu den verschiedensten Orten; diese Dichtung entsteht nicht am Schreibtisch; auf Dörfern, in kleinen Städten, im Wirtshaus werden diese stillsten aller Szenen zu Papier gebracht. Für ein paar Tage zieht er sich in das einsame Schloß Dornburg zurück. Er klagt: »Immer nur Skizzen! man muß sehen, was ihm für Farben aufzulegen.« In Umrissen arbeitet er nur wie beim Zeichnen, wo er auch erst nachträglich koloriert; es kommt aber kaum zum Auflegen der Farben, die Gestalten gehen in Weiß. Er stürzt wieder nach Apolda, »Thoas soll reden, als ob kein Strumpfwirker in Apolda hungerte«. Eine Szene »quält«, ein Tag wird »ohne viel dramatisches Glück hingebracht«. Vier Tage später ist das Werk fertig.

Das Geheimnis für diese unmöglich scheinende Form des Schaffens ist Goethes Fähigkeit, seine ganzen Kräfte für einen kurzen Augenblick auf einen Punkt zu konzentrieren. Er mag auch manches schon in sich ausgetragen haben, das dann nur noch niedergeschrieben werden mußte. Das wilde Leben dieser Wochen ist aber ebenso der geheime Antrieb, nun die Stille zu erflehen, die Reinheit. Das Rekrutenpressen war eigentlich ein recht schmutziges Geschäft, wie Goethe es auch empfand. Seine Verhältnisse zu Frauen, den andern Menschen überhaupt, waren denkbar dunkel und verworren. Er war im Streit mit sich und der Umwelt. Hier, im Gedicht, findet er die Lösung.

Mit größter Eile, in kaum einer Woche, wird die Aufführung vorbereitet, Corona spielt die Titelrolle, Goethe den Orest, der törichte Prinz Konstantin, bei der nächsten Aufführung von seinem Bruder abgelöst, den Pylades, der Ur-Freund Knebel den König. Die Zuschauer: der kleine Kreis der Hofgesellschaft in Ettersburg. Die Kostüme: antikisch; Corona in langfließenden weißen Gewändern, Goethe in einer Art römischer Imperatorentracht, mit hohen Sandalen, wallende Locken ums Haupt, einen Schuppenpanzer um die Hüften. »Man glaubte einen Apoll vor sich zu sehen«, berichtete ein später Erinnerung ein Zuschauer. Goethe vermerkt am Abend: »Iphigenie gespielt. Gar gute Wirkung, besonders auf reine Menschen.« Am nächsten Tag: »Kriegskommission.« Weitere Ritte, Reisen, ein, zwei Wiederholungen des Stückes vor Besuchern von auswärts. Und dann notiert Goethe, wiederum in seltsamstem Kontrast zu all diesem Treiben, Gedanken »über den Instinkt zu einer Sache: Jedes Werk, was der Mensch treibt, hat möcht ich sagen einen Geruch. Wie im groben Sinne der Reiter nach Pferden riecht, der Buchladen nach leichtem Moder und um den Jäger nach Hunden: so ists auch im Feineren. Die Materie, woraus einer formt, die Werkzeuge, die einer braucht, die Glieder, die er dazu anstrengt, das alles zusammen giebt eine gewisse Häuslichkeit und Ehstand dem Künstler mit seinem Instrument. Diese Ruhe zu allen Saiten der Harfe, die Gewißheit und Sicherheit, womit er sie rührt, mag den Meister anzeigen in jeder Art. Er geht, wenn er bemerken soll, grad auf das los, wie Batty auf einem Landgut, er träumt nicht im allgemeinen wie unsereiner ehemals um bildende Kunst. Wenn er handeln soll, greift er grad das an, was jetzt nötig ist.«

Nur so, durch Zugreifen, im Zustand der Gewißheit seiner Meisterschaft, inmitten des Geruchs nach Pferden und Jägerei, ist die Entstehung des Werkes erklärlich. Goethe hat übrigens, wie fast alle seine Arbeiten, die IPHIGENIE nie als vollendet angesehen. Die erste Fassung war in Prosa, er hat die rhythmisch bewegten Zeilen dann abgeteilt, sie in Italien auf Anraten Herders in Verse umgegossen; er hat Schiller die Bearbeitung für die Bühne überlassen; das Stück war ihm sehr rasch fremd geworden. Es hat lange gebraucht, ehe es ins Bewußtsein der Leser hineinwuchs, noch länger, bis es auf die Bühne kam; es ist dann ein »Bildungserlebnis« geworden, eine Aufgabe für Schulaufsätze und Seminararbeiten oder feinsinnige Betrachtungen; es muß vielleicht erst noch etwas ausruhen, bevor es in einen neuen Wirkungskreis tritt.

Er beginnt Szenen für einen TASSO, in Italien erst ausgearbeitet, schreibt Literatursatiren im Jahrmarktsstil. Eine Literaturkomödie sind auch seine VÖGEL, die mit Aristophanes' gewaltiger Komödie wenig zu tun haben und nur das reizvolle Vogelkostüm benutzen und Klopstock oder Bodmer lächerlich machen sollen. Komödie wird auch im Park gespielt: Der alte Jugendfreund Jacobi hat einen Roman WOLDEMAR geschrieben, der das Thema des Mannes zwischen zwei Frauen behandelt. Goethe ärgert sich empfindlich darüber. Jacobis Henriette, die Seelenfreundin des Helden, ist feingebildet, keusch, ein »Engel«, voll Verständnis für die geistigen Neigungen des Mannes; sie muß Goethe wie eine Karikatur auf Frau von Stein erscheinen; die Handlung ist verworren, der Übergang von »Liebe zu Freundschaft«, wie das Buch ursprünglich heißen sollte, ungeschickt, erotische Spannungen ergeben sich, alles nah an Goethes Erleben heranführend. Vor der Hofgesellschaft nagelt er das Buch an eine Buche wie eine Krähe, steigt in die Zweige hinauf und hält den höchlichst Amüsierten eine Predigt über den armen Sünder. Die Parodie wird obendrein noch auf Amaliens Privatdruckerei in einem kleinen Heft WOLDEMARS KREUZERHÖHUNGSGESCHICHTE gedruckt und verteilt. Eine »Albernheit«

nennt sie Goethe bald darauf und entschuldigt sich Lavater gegenüber mit leichtsinnig trunknem Grimm und dem Haß auf das Halbgute und Anspruchsvolle. Schattenspiele, Festzüge werden arrangiert, ein *Zug von Lappländern*, pantomimische Balletts; bei einem tut sich der Berg auf und zeigt all seine Schätze, wie man sie vom Ilmenauer Stollen sehnsüchtig erhofft; da geht es nur nicht mit Zauberschlag. Ein Doktor wird in SCHERZ, LIST UND RACHE geprellt durch Scapin und Scapine, alte bewährte Komödienfiguren. Hofdienst, Hofpoetenstücklein – »ich lade fast zuviel auf mich«, schreibt Goethe im Februar 1781 an Lavater, »und wieder kann ich nicht anders. Staatssachen sollte der Mensch, der drein versetzt ist, sich ganz widmen, und ich möchte doch soviel anderes auch nicht fallen lassen. Die letzten Tage der vorigen Woche habe ich im Dienste der Eitelkeit zugebracht. Man übertäubt mit Maskeraden und glänzenden Erfindungen oft eigne und fremde Not. Ich traktiere diese Sachen als Künstler, und so gehts noch. Wie Du die Feste der Gottseligkeit ausschmückst, so schmück ich die Aufzüge der Torheit.«

Nur Flucht kann ihn aus diesem Treiben retten, das zehn lange Jahre seines frühen Manneslebens einnimmt. Er widmet sich während dieser Zeit keiner Sache ganz, so wie er das selber von den »Staatssachen« sagt, keiner Frau ganz, keiner Dichtung ganz; er zweifelt überhaupt, ob er ein Dichter sei, und spürt nur beim Reiten einmal die Mähre unter sich durchgehen und die Flügel spreiten wie die Schwingen eines Pegasus. Die Verleger und auch die dichtenden Mitgenossen haben ihn aufgegeben als Dichter; man druckt nur die früheren Werke nach, einige Gedichte; in einem ganz obskuren schwäbischen Magazin erscheinen einige Szenen aus IPHIGENIE. Wohl ebensowenig wie für die Entstehung dieses Werkes gibt es ein Beispiel für ein solches Jahrzehnt nach solchen Anfängen, bei einem Dichter, der weder Krankheit noch Not noch sonstige Schicksalsschläge für eine derartige Pause verantwortlich machen kann. Es ist sein freier Wille, daß er sich so versäumt. Er weiß das, und er flüchtet.

Flucht

Goethes eigentümlich privilegierte Stellung in Weimar hat es ihm erlaubt, vielfach zu flüchten. Zuweilen ist er auch in Begleitung des
Herzogs gereist, was wiederum nicht selten eine Art Flucht der beiden
war. Im Jahr 1777 schreibt er in sein Tagebuch: »Projekte zur heimlichen Reise«, während Karl August auf der Wildschweinjagd ist.
Einen »dunklen Zug« oder eine Irrfahrt nennt er die Reise in den
Harz, mitten im tiefsten Winter unternommen. Er hat sich in eine
neue Verkleidung gesteckt, nennt sich Weber, behauptet, ein Maler zu
sein, und genießt es, unbekannt umherzuziehen. »Mit Frauens habe
ich noch gar nichts zu schaffen gehabt«, versichert er Frau von Stein
im Brief. Er freut sich am einfachen Stil des Reisens, an einfachen
Menschen, denen er begegnet. In der sogenannten »niederen Klasse«
finde man doch alle Tugenden beisammen: Treue, Genügsamkeit,
Dulden, Ausharren. Seine Mephisto-Natur hat gleichfalls ihr Vergnügen: »Niemand macht mir mehr Freude als die Hundsfütter, die
ich nun so ganz vor mir gewähren und ihre Rolle gemächlich ausspielen lasse.« Er fühlt sich wie in seiner ersten Jugend, die nicht gar so
weit zurückliegt. Bei gelindem Wetter und leisem Regen notiert er
sich die ersten Worte eines seiner schönsten Naturgedichte, DEM
GEIER GLEICH. Die Berg- und Hüttenwerke werden aufgesucht, damit
man etwas Nützliches erzählen kann. »Den ganzen Berg bis ins
Tiefste befahren« – dann hinauf bis zur höchsten Spitze, dem Brocken.
Das ist auch eine sportliche Leistung und Lust; nur mit Mühe überredet er den Förster, mit ihm den Gang durch den Dezemberschnee
zu wagen.

Im nächsten Jahr ist er mit Karl August in Berlin, der einzigen
größeren Stadt, die er je besucht hat, mit Ausnahme von Rom, Neapel, Venedig. Das ist nun eine politische Mission. Ein weiterer Erbfolgekrieg droht – um Bayern, und Friedrich der Große rüstet sich

zum Eingreifen. Goethe fühlt sich im militärisch-diplomatischen Treiben gänzlich fehl am Platze; man sieht seinen Aufzeichnungen an,
wie wenig er dazu geschaffen war, als Staatsmann in größeren Verhältnissen zu wirken. Der weimarische Staatsminister sieht nur, »wie
die Großen mit den Menschen und die Götter mit den Großen spielen«, oder: »Je größer die Welt, desto garstiger wird die Farce, und
ich schwöre, keine Zote und Eselei der Hanswurstiaden ist so ekelhaft
als das Wesen der Großen, Mittleren und Kleinen durcheinander.« Er
schaut sich das an wie einen Raritätenkasten auf dem Jahrmarkt. Den
König hat er nicht gesehen, aber dessen Bruder Heinrich, das Haupt
der stillen Fronde gegen Friedrich, bei Tisch die Generäle, die alle
meuterisch und mißmutig gestimmt sind, da der große und furchtbare
Alte nicht sterben will. »Dem alten Fritz bin ich recht nah worden«,
schreibt er an Merck über einen Ausflug nach Potsdam und Sanssouci,
»da hab ich sein Wesen gesehn, sein Gold, Silber, Marmor, Affen,
Papageien und zerrissene Vorhänge und hab über den großen Menschen seine eignen Lumpenhunde räsonnieren hören.« Im übrigen
schweigt er nachdrücklich in Gesellschaft, so daß man ihn für stolz
und ungefällig hält. Schon die Größe der Stadt, ihre »Pracht«, die
bescheiden genug war, bedrückt ihn, und er hat den Besuch nie wiederholt, so dringlich man ihn später immer wieder eingeladen hat; er
ist auch nie in Wien gewesen, geschweige denn in Paris oder London.
Das Menschengewimmel erschreckt ihn, das Mobilisierungswesen, der
»Überfluß«, wie ihm das im Vergleich zur Weimarer Armut erscheint,
die preußische Ordnung, die »tausend und tausend Menschen, bereit
für sie geopfert zu werden«. Nach vier Tagen ist er zurück und beschließt im militärischen Stil, sein Inneres zu befestigen, das er zu
vertrauensvoll offenbart hat, die *Zitadelle seines Herzens* auszubau-
en. Auch diese Flucht ist bezeichnend. Die Zitadelle ist für ihn hinfort
ein Symbol. Schon jetzt, als noch nicht Dreißigjähriger, bereitet er sich
auf die ersehnte Einsamkeit vor und schreibt das ausdrücklich seiner
Geliebten.

Um den sich auftürmenden Schwierigkeiten in Weimar zu entgehen und auch den Herzog-Freund aus seinen mannigfachen Verwicklungen herauszuziehen, wird 1779 eine »Geniereise« nach der Schweiz
unternommen, die zugleich das Land sanieren soll. Inkognito reist
diesmal Karl August. Man spricht in Frankfurt vor, wo Goethe bei
seiner Mutter Quartier bestellt hat mit kurzen Anweisungen für die
Zimmerverteilung: Der Herzog schläft im kleinen Stübchen, er liebt
einen sauberen Strohsack, worüber ein Leintuch gebreitet wird und
eine leichte Decke. »Für mich oben in meiner alten Wohnung auch
ein Strohsack, wie dem Herzog.« Kein großes Essen, »sondern Eure
bürgerlichen Kunststücke aufs beste«, am Morgen Obst, wenn möglich. Vor der Abreise hat er die Ernennung zum Wirklichen Geheimen

Rat erhalten: »Es kommt mir wunderbar vor, daß ich so wie im Traum mit dem dreißigsten Jahr die höchste Ehrenstufe, die ein Bürger in Teutschland erreichen kann, betrete. Man kommt am weitesten, wenn man nicht weiß, wohin der Weg führt, sagte ein großer Kletterer dieser Erde.«

Jubelnd berichtet die Mutter an die Herzogin-Mutter über den Besuch, das Staunen der Nachbarschaft, »wie sich unsere Hochadliche Fräulein Gänssger brüsteten und Eroberungen machen wollten, wie es aber nicht zustande kam«. Goethe benutzt diese Reise, um rekapitulierend seine früheren Lieben aufzusuchen; Friederike in Sesenheim, die still und friedlich ist, und Lili Schönemann, nunmehr Frau von Türckheim in Straßburg, »die gute Kreatur«, die mit einer sieben Wochen alten Puppe spielt. Reines Wohlwollen erfüllt ihn, »ungetrübt von einer beschränkten Leidenschaft« sieht er nun seine Verhältnisse zu diesen Menschen. Die Berge liegen vor ihm.

Eine große, für die Zeit anstrengende Bergfahrt hob an, nachdem in Bern die Anleiheverhandlungen glücklich erledigt waren. Sie steigen ins Berner Oberland hinauf, über die Gletscher, nicht ohne Spannungen zwischen Goethe und Karl August, der immer »den Speck spicken« möchte und auf sinnlose Nebentouren drängt; Goethe denkt einen Augenblick daran, auch auf dieser Fluchtreise noch zu flüchten und davonzuziehen. Nie empfindet er seine Günstlingsrolle als die eines bloßen Dieners, wie Dienst bei einem Fürsten sonst allgemein aufgefaßt wird. Er gibt nur ein Gastspiel, das jederzeit abgebrochen werden kann. Er zeichnet und geht seinen Kunstinteressen nach. Er wird unruhig, sobald er eine gemalte Landschaft eines andern sieht, »die Fußzehen in meinen Schuhen fangen an zu zucken, als ob sie den Boden ergreifen wollten, die Finger der Hände bewegen sich krampfhaft«; er will und muß ganz sinnenhaft besitzen: »Ich suche mit meinen Augen zu ergreifen, zu durchbohren.« Er ist sich gleichzeitig darüber klar, daß er dabei nur kritzelt und stümpert. »Was ist denn das, dieses sonderbare Streben von der Kunst zur Natur, von der Natur zur Kunst zurück? Deutet es auf einen Künstler, warum fehlt mir die Stetigkeit?« Er sieht bei einem Sammler eine *Danaë*, die ihn ebenfalls unruhig macht. Denn was weiß er eigentlich vom menschlichen Körper? So veranlaßt er einen jungen Freund, im See zu baden, freut sich an den Formen und bevölkert Wälder und Wiesen mit Adonis-Gestalten; er läßt sich in Genf durch eine Kuppelmutter ein junges Mädchen vorführen und erlebt dabei zum ersten Male in seinem Leben ein nacktes Weib. »Was sehen wir an den Weibern«, ruft er aus, »was für Weiber gefallen uns? und wie verwirren wir alle Begriffe? Ein kleiner Schuh sieht gut aus, und wir rufen: welch ein schöner kleiner Fuß! Ein schmaler Schnürleib hat etwas Elegantes, und wir preisen die schöne Taille.«

Der Goethe der RÖMISCHEN ELEGIEN kündigt sich schon an, auch in der Schlußszene dieses gestellten Bildes. Das Mädchen hat seine wohlstudierten Attitüden beendet und bettet sich auf das Lager, sie scheint zu träumen, streckt die Hände nach einem Geliebten aus und sagt: Komm, mein Freund, oder ich schlafe wirklich ein!

Scharf urteilt er nun über das Land, mit dem Blick des Staatsmanns und Realisten, nicht des Romantikers der ersten Schweizerfahrt, der in jedem Bergbewohner einen Rousseauischen Naturmenschen sehen wollte. Schwarz erscheinen ihm die Städtchen, schmutzig, er bemerkt die vielen Kropfigen und Idioten. Die kleinen Republiken, deren Regierungen oft genug verknöchert und autokratisch waren, bedenkt er mit harten Worten; vom sagenhaften Tell, dem Befreier, sei die Rede, aber »nun erschuf ihnen die liebe Sonne aus dem Aas des Unterdrükkers einen Schwarm von kleinen Tyrannen«. Sie erzählen das alte Märchen fort und fort und sitzen hinter ihren Mauern mit ihrer Philisterei oder draußen auf den Felsen, das halbe Jahr wie ein Murmeltier vom Schnee gefangen.

Großartig erscheint ihm nur die Landschaft; er schildert in mächtigen Zügen die Gletscher, das Massiv des Montblanc, die vereisten Pässe und fügt auch topographisch genaue Übersichten hinzu. Über die Furka ziehen sie hinauf zum Gotthard. Es ist noch ein gewagtes Unternehmen mitten im Winter, obwohl die Schweiz bereits durch die in allen Ländern umherschweifenden Engländer entdeckt ist, die hie und da sogar schon eine Schutzhütte gebaut haben. Im übrigen reist man mit Bedienung, mit Führern, zu Pferde meist. In Zürich wird bei Lavater Station gemacht und dem Herzog das Bild eines musterhaften, patriarchalischen Familienlebens vorgeführt. Der Seelenhirt nimmt Karl August ins Gebet, und Goethe jubelt voreilig über den Erfolg seiner pädagogischen Reise; Lavater ist noch einmal die Blüte der Menschheit. Beim Anblick seiner Häuslichkeit meditiert Goethe: »In was für einem sittlichen Tod wir gewöhnlich leben, und woher das Eintrocknen und Einfrieren eines Herzens kommt, das in sich nie dürr und kalt ist.« Er fürchtet sich bereits vor dem »Schirokko von Unzufriedenheit, Widerwille, Undank, Lässigkeit und Prätension«, der ihm in Weimar entgegendampfen wird.

Auf dem Rückweg werden süddeutsche Fürstenhöfe besucht. In Stuttgart stellt der Herzog Karl Eugen die Eleven seiner Karlsschule vor. Ein hochaufgeschossener, hagerer Schüler Schiller erhält einen Preis und darf dafür seinem Landesherrn den Rockzipfel küssen. Goethe ist in der Mitte seiner Ministerlaufbahn dem Hofleben schon sehr entrückt. Er verzeichnet die Jämmerlichkeit der kleinen Residenzen, die Langeweile, man ißt und trinkt sogar schlecht, die Leute sind Fremden gegenüber ängstlich, die Fürsten »haben meist Schöpse und Lumpen um sich«.

Vier Monate hat die Reise gedauert, vier Jahre geht das Treiben in Weimar weiter. Der Herzog, hoffnungsvoll als »gebessert« empfangen, ist sehr bald, wie er immer war, ein kleiner Tyrann in allzu kleinem Lande mit sehr menschlichen Zügen, offen, freundschaftlich; einem Knebel, für den er keine rechte Verwendung hat, schreibt er einen ganz unfürstlich warmen Brief, als der Mißvergnügte fortgehen will. Auch dies ist aber als Hintergrund für Goethes ständige Wünsche nach einem Ausbrechen aus der Enge wichtig: Nur sehr wenige Menschen fühlen sich in Alt-Weimar wohl. Wer irgend kann, sucht anderswo unterzukommen; es bleiben nur solche, die gar keine Möglichkeit dazu sehen. Karl August selber späht unaufhörlich umher nach einem militärischen Kommando und wartet nur darauf, daß der große und immer bedrohliche Friedrich stirbt. Ehe es aber dazu kommt, muß er sich mit der Jagd begnügen, den Pferden oder Liebeleien meist sehr untergeordneter Natur. Goethe atmet bereits auf, als sich eine höhere Affäre mit einer Gräfin Werthern anspinnt, Schwester des späteren Staatsmannes Freiherr vom Stein; selbst diese sehr stolze und reichsunmittelbare Familie findet keinen Anstoß an einem Verhältnis eines ihrer Mitglieder zu einem Kleinfürsten.

Goethe bewundert die Dame schrankenlos. Zum ersten Male sieht er eine Frau von Welt vor sich – Charlotte ist das nicht –, von vollendeter Sicherheit des Benehmens. Wie Musik erscheint ihm das, als spielte sie auf dem Klavier der Menschen. »Was in jeder Kunst das Genie ist, hat sie in der Kunst des Lebens«, schwärmt er. »Sie kennt den größten Teil vom vornehmen, reichen, schönen, verständigen Europa, teils durch sich, teils durch andere...« – die Große Welt mit einem Worte. Charlotte kann das nur mit Kummer und Eifersucht lesen, es steht in einem Brief an sie. Sie ist vornehm, aber eine Kleinstädterin. Sie kann Goethes Benehmen erziehen und ein wenig sein Herz, aber sie weiß nichts von der Großen Welt. Goethes Bewunderung hat ebenfalls etwas Kleinstädtisches; er verherrlicht die Gräfin in seinem Wilhelm Meister, und der Adel spielt hinfort in seinen Romanen eine dominierende Rolle. Aber »Welt« in diesem Sinne ist in keinem seiner Werke; sie spielen in der Goethe-Welt. Und als er später tatsächlich die Große Welt in den böhmischen Kurorten kennenlernt, da kann er sie nur in zierlichen und devoten Huldigungsgedichten feiern. Seine Adligen in den Romanen sind vornehme Herren und Damen, die ihren Neigungen leben, schöngeistiger oder anderer Art, allen unbequemen Fragen des täglichen Daseins entrückt; die Männer flüchten allenfalls in irgendeinen unbestimmten Kriegsdienst, wenn es ihnen zu Haus zu schwierig wird. Vom tüchtigen Landadel, der sich oft herzlich plagen mußte mit seinen vielköpfigen Familien, ist kaum je bei Goethe die Rede; vom armen Adel, der in Weimar überwog, überhaupt nicht.

In einer seiner raschen Wandlungen ist der Dichter des WERTHER mit seinem Spott über die »hochadligen Gänschen« zum Bewunderer einer ständischen Ordnung geworden, deren Kümmerlichkeit er bei seinen Besuchen an anderen Höfen nur mit bitterem Hohn zur Kenntnis nehmen kann. Er selber wird nun nobilitiert. Karl August, der als Kleinfürst solche Würden nicht verleihen kann, hat für den Freund beim Kaiser in Wien den Antrag gestellt, und am 10. April 1782 wird das Diplom erteilt. Die Rangverhältnisse bei Hof müssen geordnet werden, Goethe wird zu Missionen bei den anderen Höfen gebraucht, und man kann den nun Unentbehrlichen nicht ständig an der »schlechten Marschallstafel« essen lassen. Eine Ehrung des Dichters ist es nicht, obwohl der Antrag auch von seiner geistigen Bedeutung spricht. Lässig nimmt Goethe die Nachricht entgegen – wie jede Schicksalsfügung. Als Wappen jedoch wählt er sich bezeichnenderweise den Morgenstern.

Der Geheime Rat von Goethe reist sogleich, wie geplant, bei den benachbarten Höfen umher. Er regiert strenger. Auch vom Schatullenverwalter des Herzogs fordert er genauere Rechnungslegung ein; Landes- und Hofetat gehen immer durcheinander: »Sie erheben also dies Vierteljahr abgeredtermaßen nichts. Mit Anfang April können Sie den Monat April ganz erhalten. Nachher wünschte ich aber, daß es mit dem Monat Mai bis zu dessen Ende anstehen könnte.« Er droht sogar mit Rücktritt: »Haben Sie die Güte, lieber Rat, und machen Ihre Einrichtung danach, denn ich muß entweder Johanni in Ordnung sein oder abdanken.« Er warnt den Herzog auch vor außenpolitischen Abenteuern. Die Pläne für einen Fürstenbund, bei denen er zeitweilig als Karl Augusts Geheimschreiber mitwirkt, sind ihm bedenklich, zumal sie immer mehr ins Fahrwasser Preußens geraten. Er ist gegen die Soldatenspielerei und rüstet die Weimarer »Armee« auf die Hälfte ab. Als Eheberater ergreift er immer mehr Partei für die Herzogin Luise und widmet ihr einen eignen Luisen-Kult. Als endlich nach langen Jahren ein Erbprinz geboren wird, der den Bestand der Dynastie und des Landes sichert, ist das für ihn ein Höhepunkt seiner Rolle als Vermittler und zugleich ein Abschluß. Er zieht sich mehr und mehr zurück, von den Jagden, für die Karl August nun andere Kumpane gefunden hat, dem Hofe, den Amtsgeschäften, die ihm immer lästiger werden. Er trennt sich, schon bewußt oder unbewußt seine große Flucht vorbereitend, von allem, auch seinem geliebten Gartenhaus. Er nimmt ein Haus zur Miete, das dann das berühmte Goethe-Haus wird, am Frauenplan, ein ziemlich weitläufiges Gebäude. Er braucht Dienerschaft, eine Köchin, zwei oder drei Diener, dazu den Philipp Seidel, der in die Rolle eines Sekretärs aufrückt. Er gibt steife Teegesellschaften einmal in der Woche, um seinen gesellschaftlichen Verpflichtungen zu genügen, »aufs wohlfeilste«, wie er schreibt. Er ordnet seine Papiere und läßt sie vom Buchbinder heften, was dann seine ständige Gewohnheit wird; auch die Briefe Goethes sind schon immer für den Druck vorbereitet, soweit er sie nicht verbrennt. Er schreibt an Knebel: er habe es sich schon in Frankfurt nicht einfallen lassen, seine juristische Praxis und sein geistiges Leben zu verbinden; »ebenso getrennt lasse ich jetzt den Geheimrat und mein anderes Selbst, ohne das ein Geheimrat sehr gut bestehen kann. Nur im Innersten meiner Pläne und Vorsätze und Unternehmungen bleib ich mir geheimnisvoll selbst getreu und knüpfe so wieder mein gesellschaftliches, politisches und moralisches und poetisches Leben in einen verborgenen Knoten zusammen.« Als poetisches Fazit richtet er ein langes Gedicht an den Herzog, das leicht und gefällig mit Ilmenauer Erinnerungen an das Lagerfeuer im Walde beginnt und immer mahnender wird bis zu den Zeilen: »Wer andre wohl zu leiten strebt / Muß fähig sein, viel zu entbehren.«

Die alten Freunde stößt er vor den Kopf; Merck wird, wie er bitter schreibt, empfangen, als ob er ein Bittsteller wäre; mit Lavater bricht er schroff, am Ende brutal. Er notiert sich, als der Seelenhirt ihm mit überschwenglicher Widmung (»Edler, Trugloser, Lieber Lieber!«) eines seiner Werke schickt, in sein Heft: »Du kommst mit deiner Salbaderei an den Unrechten. Pack dich, Sophist, oder es gibt Stöße!« Goethe kann sehr unbarmherzig sein gegen Menschen, die ihre Rolle ausgespielt haben in seinem Leben. Er vergißt ebenso rasch eine Entfremdung. Herder, im Schatten der Kirche, hat sieben Jahre neben ihm her gelebt, bitter, zurückgesetzt, auch in amtlichen Fragen, dem Schulwesen etwa, das Herder sehr am Herzen lag und um das Goethe sich nicht kümmerte. Jetzt versöhnen sie sich auf einer neuen Basis. Goethe ist nicht mehr der Schüler, der Mond. Herder hat wie Wieland abgedankt; er hat das allerdings nie ganz verwunden. Goethe braucht ihn als Anreger für neue Pläne und Forschungen, auch als Mitarbeiter. Denn von nun an wird es seine Gewohnheit, seine Werke stets mit einem Stab von Helfern zu umgeben, die ihn in technischen Fragen beraten, die Manuskripte korrigieren, was ihm stets lästig ist, Korrespondenz mit den Verlegern besorgen; Goethe braucht einen Generalbevollmächtigten für seine Abwesenheit.

Damit bereitet sich auch seine Trennung von Charlotte von Stein vor. Sie klagt, daß mit ihm nicht zu reden sei, im Beisammensein sei er unerträglich. Das ist nicht nur weibliche Empfindlichkeit. Auch sie hat ihre Rolle ausgespielt. Nur in der Korrespondenz lebt sie noch fort. Die geht weiter – mit den immer gleichen Beteuerungen. Dann schreibt er, ein Jahr vor dem endgültigen Abschied: »Da es scheint, als ob unsre mündliche Unterhaltung sich nicht wieder bilden wolle, so nehme ich schriftlich Abschied, um Dir nicht völlig fremd zu werden.« Das ist bereits der Abschied, auch wenn es noch weiter heißt:

»Ich gehe und mein Herz bleibt hier … ich habe Dich unsäglich lieb und möchte nicht von Dir weichen, Dich überall wiederfinden …«

Eine neue Geliebte hat sich eingestellt, da die Menschen, die Geschäfte, auch die Dichtungen ihn immer wieder enttäuschen: die Naturforschung. Da antwortet, wie Goethe sagt, immer alles »rein«. Reinlich und sauber ist das System Linnés, das er eifrig studiert. Fein und klar stellt sich ihm das Knochensystem des Menschen dar, das ihm der Anatom Loder in Jena in Privatlektionen demonstriert. Ungenügend erscheinen ihm jedoch die großen Gedankengänge der Wissenschaft, die nur sammelt und rubriziert, wie er meint, und die Zusammenhänge des Ganzen vernachlässigt. Herder, der ihn schon als Jüngling so stark angeregt hatte und der nun an seinen IDEEN ZUR GESCHICHTE DER MENSCHHEIT arbeitet, kommt ihm nun wieder nahe mit seinen Gedanken über eine organische, natürliche Entwicklung alles Existierenden. Herder geht es dabei um den Aufstieg der Menschheit zur Humanität als dem Endziel – Goethe um die Entwicklung des Reiches der Steine, Pflanzen, Tiere bis zum Menschen hin; was aus dem Menschengeschlecht wird, das ihm immer fragwürdig erschien, interessiert ihn nicht. An eine organische Weiterentwicklung glaubt er da nicht. Fest und deutlich treten ihm die Phänomene der Natur entgegen, und er empfindet sie wie längst geahnte Gestalten. Durch den Bergbau ist er zur Geologie gekommen. Er schreibt einen hymnischen Aufsatz über den GRANIT, als Vorstudie für einen geologisch gedachten ROMAN DES WELTALLS, und ernennt ihn zum Urgestein und Stammvater aller Gebirgsbildung. Das Wort »Ur« beginnt von hier ab entscheidend für ihn zu werden; er will bis zum Ursprung der Dinge vordringen. Er umkleidet dies Gestein mit königlicher Würde; unmutig spricht er davon, daß man es zeitweise durch falsche Deutungen »erniedrigt« habe. Seine Anschauung der Naturphänomene ist immer durchaus persönlich, dichterisch, anthropomorph. Er ernennt auch später den Purpur zur »Königsfarbe«, weil die Griechen ihn für ihre Königsmäntel benutzt hätten; er spricht von »charakterlosen« Pflanzengeschlechtern, die sich in allzu unübersichtliche Abarten verlieren. »Diese Geschlechter habe ich manchmal die Liederlichen zu nennen mich erkühnt und die Rose mit diesem Epithet zu belegen gewagt, wodurch ihr freilich die Anmut nicht verkümmert werden kann …«

Er gibt den Naturerscheinungen Namen, denn sie antworten ihm. Er spricht mit ihnen, als er älter wird, und sagt zu einem selteneren Stein auf der Straße: »Da bist du ja!« Er sieht die Natur, die er sich in jüngeren Jahren als schönes junges Mädchen gedacht hat, an deren Busen gut ruhen ist, immer als Gestalt und sucht sie nachzuschaffen. Er baut sie sich neu auf und liebt dann über alles Modelle, Tafeln, Karten, Kartons, an denen er mit eignen Händen unermüdlich bastelt.

Dieses sinnliche Zugreifen ist für ihn ein wesentliches Element. Er baut schon jetzt, noch ahnend, ein ganzes Universum auf, in dem alles zusammenhängt, ineinander verwoben ist, sich organisch entwickelt, es gibt keine Sprünge. Alles Sprunghafte, Gewalttätige ist ihm verhaßt; er führt deshalb auch bald einen verzweifelten Kampf mit den Vulkanisten. Zart, behutsam, fließend soll sich alles entwickeln, ohne Getöse oder Geschiebe. Die Samen der Pflanzen interessieren ihn. Er wird von einem jungen Gelehrten in Jena unterstützt, von Kräutersammlern, dem Weimarer Apotheker, der einen kleinen Garten mit Medizinalpflanzen unterhält. Die lebendige Berührung mit Menschen ist für Goethe immer unentbehrlich. Er liest auch den Linné, aber lieber sind ihm Leute, die mündlich vortragen, was sie wissen. Und kaum hat er die ersten Schritte auf einem Gebiet getan, so muß er sich sogleich andern mitteilen. Mit Befriedigung notiert er sich aus Rousseaus Botanik, daß der Dichter seine Forschungen gebildeten Frauen vorgetragen hat, daß der Dilettant so vieles zum Vorteil der Wissenschaft beitragen kann. Auch er beginnt zu lehren. Frau von Stein schreibt seine botanischen Studien ab. Ein Kreis von Damen hört zu, wenn er über seine Gedanken spricht und Skizzen an die Tafel zeichnet.

Er hat bei Loder Anatomie gehört und hält alsbald Vorträge an der Zeichenschule über den Knochenbau des Menschen als der wichtigsten Grundlage für die richtige künstlerische Darstellung eines Körpers. Unendlich ist sein Lehrbedürfnis, und immer lernt er dabei. Er beginnt zu forschen, zu vergleichen, zu kritisieren. Aufgeregt teilt er Herder eine große Entdeckung mit: »Ich habe gefunden – weder Gold noch Silber, aber was mir eine unsägliche Freude macht – das *os intermaxillare* am Menschen! Ich verglich mit Lodern Mensch- und Tierschädel, kam auf die Spur, und siehe, da ist es. Nur bitt ich Dich, laß Dich nichts merken, denn es muß geheim behandelt werden. Es soll Dich auch recht herzlich freuen, denn es ist wie der Schlußstein zum Menschen: fehlt nicht, ist auch da! Aber wie! Ich habe mirs auch in Verbindung mit Deinem Ganzen gedacht, wie schön es da wird!« Der Zwischenkieferknochen, *os intermaxillare*, sollte, so war die allgemeine Ansicht, nur beim Tier vorkommen, beim Menschen nicht; man sah darin einen wesentlichen Unterschied zwischen Mensch und Tier. Die Trennung des Menschen vom Tierreich war nicht so sehr eine naturwissenschaftliche, sondern vor allem eine theologische Forderung; noch Darwin hat ja damit zu kämpfen gehabt. Goethe hatte keine theologischen Hemmungen, und außerdem konnte er zuweilen sehr genau beobachten. Er wollte den lückenlosen Zusammenhang finden, und er fand ihn. Es war seine erste Entdeckung, und er war mit Recht stolz auf seinen scharfen Blick, denn der Knochen ist beim Menschen nicht ein deutlich unterschiedenes Glied wie bei den Tieren, sondern mit dem Oberkieferknochen zusammengewachsen und nur durch sehr feine Nahtlinien angedeutet. Goethe stürzt sich nun in Versuche und Vergleiche. Er läßt aus Kassel einen Elefantenschädel kommen und versteckt ihn im innersten Zimmer: »Damit man mich nicht für toll halte. Meine Hauswirtin glaubt, es sei Porzellan in der ungeheuren Kiste.« Er zeichnet, schreibt eine Dissertation über den Fund, alles immer heimlich, er fürchtet, jemand könne ihm zuvorkommen. Professor Loder übersetzt ihm die Abhandlung ins Lateinische. Eine Abschrift verschickt Goethe an den berühmten Anatomen Camper in Holland, der als bedeutendste Autorität auf diesem Gebiet galt; zu seinem Kummer lobt Camper nur »ansprechende Beobachtungen«, lehnt aber den Grundgedanken ab und tadelt die beigelegten Zeichnungen; Camper war selbst ein berühmter Zeichner anatomischer Vorlagen. Auch einige andere Gelehrte, an die Goethe sich wendet, bleiben kühl. Nur Loder ist überzeugt und veröffentlicht einige Jahre später, 1788, in seinem anatomischen Handbuch eine Tafel über den Zwischenkieferknochen mit Goethes Entdeckung. Goethes Dissertation ist erst 1820 in seiner Hauszeitschrift ZUR NATURWISSENSCHAFT erschienen. Die Richtigkeit seiner Ansichten hatte sich damals schon durchgesetzt. Leider war auch inzwischen bekanntgeworden, daß der französische Anatom Vicq-d'Azyr bereits 1780 als erster in Paris die Entdeckung gemacht und 1784 publiziert hatte. Die Priorität gehört zweifellos Vicq-d'Azyr. Goethe hat nur fast zur gleichen Zeit und unabhängig von dem Pariser Gelehrten, von dem er nichts wußte, die gleichen Schlüsse aus seinen Beobachtungen gezogen.

Für Goethe aber waren Prioritätsfragen in wissenschaftlichen Dingen, die oft bitteren Streit verursachen, sehr viel wichtiger als die ersten Ausgaben seines GÖTZ oder WERTHER, die er bald gar nicht mehr besaß und für gleichgültig hielt. Nur hier, auf diesem neu eroberten Gebiete, war er eifersüchtig und anspruchsvoll bis zum Extrem, rabiat rechthaberisch und geradezu verzweifelt dann in seinem Kampf gegen das Spektrum Newtons. Er hat denn auch in der späten Publikation seiner These seinen französischen Vorgänger nicht erwähnt, obwohl er von ihm gehört hatte. Der erste gewesen zu sein, der Kolumbus – dies sein Vergleich –, war sein Stolz und seine Not. Denn immer wieder stieß er auf Widerspruch und Ablehnung, wie jetzt schon bei den wenigen Gelehrten, an die er sich mit seinem »Knöchlein« wandte, wie er es zärtlich nannte. Ein Haß gegen die Gilde, die Zunft, die wissenschaftlichen »Pfaffen« beginnt, der ihm bis ans Lebensende bleibt. Dieser Haß ist begreiflich als Reaktion auf seine anfängliche Begeisterung. »Ich habe eine solche Freude, daß sich mir alle Eingeweide bewegen«, schreibt er an Frau von Stein über das »Knöchlein«, und auch in seinen Briefen an Herder jubelt er wie selten sonst. Wenn er im späten Rückblick höchst undankbar meint, er habe in seinem ganzen Leben eigentlich kaum vier Wochen richtigen Behagens gekannt, so kann die Freude über seine Entdeckungen und Forschungen nicht mitgezählt sein. Er sieht da nur noch das »ewige Wälzen eines Steines, der immer von neuem gehoben sein wollte«.

Der Mißmut über das matte Echo auf seinen herrlichen Fund trägt weiter dazu bei, ihm seine Existenz in Weimar zu verleiden. Der Herzog ist ungeduldig nach Militärdienst; »wie Krätze« juckt diese Kriegslust unter der Haut, meint Goethe. Das Regierungsgeschäft ist langweilig geworden, die Geliebte schwierig, unter die Freunde hat er »einen Strich gemacht«. Gedichtet hat er in den letzten drei Jahren vor 1786 kaum etwas, außer Mignon-Liedern, in denen die Sehnsucht nach Italien zum Ausdruck kommt: KENNST DU DAS LAND oder NUR WER DIE SEHNSUCHT KENNT... Eine neue Ausgabe seiner Schriften, diesmal autorisiert, soll vorbereitet werden. Aber er hat außer Abdrucken früherer Werke kaum neue Arbeiten vorzulegen, Fragmente nur oder ein paar der Weimarer Nichtigkeiten für den Hof. Die »Misels« machen ihm keine Freude mehr, das Wort kommt kaum noch vor. Er lebt einsam in seinem stattlichen Haus mit den fünf Dienstboten. Das Wichtigste: Er spürt eine neue Schlangenhaut unter der alten wachsen.

Heimlich, wie er es mit dem Fund des Knöchleins gehalten haben wollte, bereitet er die Flucht vor. Niemand darf davon wissen, am wenigsten Charlotte. Er begleitet sie noch nach Karlsbad, wo sie die Kur nimmt. Er schreibt ihr, als sie abgereist ist: »Du solltest immer mit mir sein; wir wollten gut leben.« An Karl August richtet er eine Art Urlaubsgesuch auf unbestimmte Zeit; er sei in Weimar nun entbehrlich und wolle sich in Gegenden verlieren, wo er ganz unbekannt sei. Er nennt nicht einmal Italien. Nur der getreue Seidel weiß seine Adresse, aber auch die ist ein Pseudonym und soll niemand mitgeteilt werden: Jean Philippe Möller in Rom, Maler. Am 3. September 1786, morgens oder vielmehr nachts um drei, damit niemand die Abreise bemerkt, stiehlt sich Goethe in der Postchaise davon, nur einen Jagdranzen und Mantelsack als Gepäck.

Italien

Goethes italienische Zeit wird meist nach der Darstellung, die er ihr in hohem Alter gegeben hat, als seine ITALIENISCHE REISE bezeichnet. Es ist aber eher ein Leben in Italien für zwei Jahre, in Rom vor allem. Es ist keine Tour, die auf einem Urlaub oder zum Vergnügen unternommen wird, und die Betrachtung von Sehenswürdigkeiten nimmt dabei nur einen verhältnismäßig geringen Raum ein. Goethe nahm zwar den Baedeker seiner Zeit mit, den *Volkmann*, eine Kompilation aus englischen und französischen Reiseführern, aber er hat ihn nur gelegentlich benutzt, meist um ihm zu widersprechen. Er machte wenig Besuche, ging zu keiner »conversazione«, wo der Fremde stets willkommen war, und sah wenig vom italienischen Gesellschaftstreiben, dem Hauptziel damaliger Besucher; nur in Neapel wurde auch das ein wenig mitgemacht. Die meiste Zeit verbrachte er tatsächlich, wie in seinem Decknamen vorgesehen, im einfachsten Quartier als Maler unter Malern. Er zeichnete, träumte noch einmal davon, ein Maler zu werden, und förderte daneben auch die Ausgabe seiner GESAMMELTEN SCHRIFTEN. Im wesentlichen hat er dort gelebt, geliebt, ist viel umhergewandert, hat die Sonne genossen, die Landschaft. Er hat sich in Italien zu Hause gefühlt, zum ersten- und letztenmal in seinem Leben; er spricht sonst nur von sich als einem »Verbannten«. Nach der Rückkehr fühlt er sich erst recht im Exil, »der Verzweiflung übergeben«, unwiederbringlich ausgestoßen, in der Fremde.

Die Wahrheit ist freilich, daß es für Goethe überhaupt kein Zuhause gab. Er hätte auch in Rom nicht dauernd bleiben können. Der Versuch, das italienische Erlebnis zu wiederholen, endete mit einem verdrossenen Besuch in Venedig, und beim dritten Anlauf blieb er in der Schweiz stecken und kehrte erleichtert nach Weimar zurück, um die vom Kunstfreund Meyer in Italien gesammelten unschätzbaren Notizen in aller Ruhe zu verarbeiten.

Auch Italien, die größte Liebe seines Lebens, kann ihn nur für eine gewisse Zeit fesseln.

Nur der »Bildungsgehalt« bleibt, der dann immer größeren Raum bei ihm einnimmt. Er stellt ihn in seinen Schriften ständig mehr in den Vordergrund, und auch seine Reisebeschreibung wäre wahrscheinlich davon noch stärker angefüllt worden, wenn Goethe nicht im Alter die lässige Gewohnheit gehabt hätte, aus alten Papieren mit Hilfe seines Mitarbeiterstabes und der Schere Werke zusammenzustellen. Er hat buchstäblich seine alten Briefe in kleine Streifen zerschnitten, wobei Unersetzliches verlorengegangen sein mag, und das Ganze so flüchtig redigiert, daß sich allerhand Nähte ergeben. Vieles wurde fortgelassen, und erst die »Urform« der Reise, die wir nun rekonstruieren können und an die immerhin noch manches Herrliche in dem fertigen Buch erinnert, gibt uns ein Bild seines stärksten Erlebnisses.

Enttäuscht waren denn auch die deutschen Künstler in Rom, alles enragierte Goethe-Verehrer, als das Werk 1816 erschien. Sie diskutierten es leidenschaftlich in ihren Tavernen an der Piazza d'Espagna. Das sollte Italien sein, wie sie es kannten? Was sagte der große Meister über die Kunst? Nichts über Giotto, kaum etwas über Florenz, wie wenig über Raffael! In der Sixtinischen Kapelle schlummert er gar ein, wie er ohne Scheu erzählt. Nur von der Antike spricht er immer wieder in höchsten Tönen, die ihnen nun keineswegs mehr das allein seligmachende Ideal ist. Seine Lehre von den Alten als dem ewigen Vorbild kommt ihnen kalt und überholt vor; sie schwärmen für das fromme Mittelalter. Sein »Egoismus«, der ausschließlich das Individuum, die auserwählte Persönlichkeit im Auge hat, im Grunde das Individuum Goethe, ist ihnen unsympathisch; sie suchen die Gemeinschaft, die Bruderschaft innig miteinander verbundener Seelen. Sie sind Romantiker, er vertritt die Klassik, und sie wissen, wie unfreundlich er über die Romantik denkt, die er als das »Kranke« bezeichnet.

Aus Mißverständnissen besteht die Geschichte der Kunst und des geistigen Lebens. Man hat den Reisebericht dann als Handbuch benutzt, »mit Goethe in Italien«. Er eignet sich wenig dafür, wenn man keine Goethe-Natur ist. Zu den Klagen der Künstler von 1816 ließen sich viele hinzufügen aus dem wiederum ganz veränderten Bild späterer Zeit. Man könnte einen ganzen Katalog dessen aufstellen, was Goethe nicht gesehen hat: den ganzen Barock etwa, kein Wort über Bernini, den noch sein sonst so trockner Vater in seinem *Viaggio* wohl bemerkt, die ganze frühe Kunst, ob das nun Giotto ist oder die Mosaiken in Venedig und Monreale. Das ist müßig, auch unsere Kunstbetrachtungen sind in fünfzig Jahren hinfällig. Die politischen Zustände Italiens waren ihm gleichgültig, er verliert kaum einen Satz darüber. Sogar seine Dichtungen sind ihm zunächst nicht sehr wichtig, nur auf Drängen der Freunde hat er seine Fragmente mitgenommen. Er will malen, seine Augen füllen mit neuen Bildern, aufatmen. Es ist eine der großen Epochen des Einatmens in seinem Leben.

Seine Brust weitet sich, die eng geworden war. Es ist übrigens deutlich, wie sein gesamter Habitus sich auf dieser Reise wandelt: Er wird breiter, voller, am Ende fast majestätisch. Die Bilder und Büsten, die um diese Zeit von ihm angefertigt werden, zeigen einen schönen Apoll mit üppigen Locken oder einen Künstler mit breitem Rembrandthut, der aus großen Augen die Campagna überschaut. Nach seiner Lehre von der Antizipation sieht er, was er sich immer erträumt hat, es scheint ihm alles vertraut, eine Wiederbegegnung. »Zu meiner Welterschaffung habe ich manches erobert, doch nichts ganz Neues und Unerwartetes«, so schreibt er schon über den Anstieg im Gebirge. Das unbewegliche Gestein beginnt sich unter seinen Füßen zu rühren: Er glaubt es pulsieren zu spüren, die Berge »machen das Wetter« und erzeugen die Spannung der Luft, die nichts anderes ist als die Spannung in seiner Brust. Er sieht einen Felsgipfel wie ein Weib mit dem Rocken in der Hand eine Wolke abspinnen. Die erste Sonne – im Tal von Bozen nach Trient: »Man glaubt wieder einmal an einen Gott.« Milde Luft, nach Sonnenuntergang zirpen die Heuschrecken: »Da fühlt man sich doch einmal in der Welt zu Hause und nicht wie geborgt oder im Exil. Ich lasse mir's gefallen als wenn ich hier geboren und erzogen wäre und nun von einer Grönlandfahrt, einem Walfischfange zurückkäme.« Alles ist willkommen, auch die Primitivität der Gasthäuser, der Staub auf den Straßen.

Goethe zeichnet unaufhörlich und bringt dann fast tausend Blätter mit nach Hause. Gleich an der Grenze zwischen österreichischem und venezianischem Gebiet, in Malcesine, wird er fast als Spion verhaftet wegen seines Skizzierens, wie Hogarth, der das Tor von Calais malen wollte. Die Republik ist, nicht ohne Grund, besorgt über Annexionspläne des Kaisers Joseph. Dessen Kanzlei wiederum hält Goethe aus anderen Gründen für verdächtig. Geheimberichte des Gesandten beim Vatikan begleiten die Künstlerreise, Goethes Pseudonym schützt ihn bald nicht mehr; der Gesandtschaftssekretär stiehlt sogar einen Brief der Mutter Goethe an ihren Sohn, in dem freilich nichts steht als Jubel darüber, daß ihm nun endlich dieser große Wunsch, Italien zu sehen, erfüllt sei. Auch in den Geheimberichten steht nichts, als daß man »ein wachsames Auge auf seine Aufführung und allfällig geheime Absichten« habe. Für den Wiener Hof ist der Minister Goethe, der an den Geheimverhandlungen über einen deutschen Fürstenbund teilgenommen hat, nicht der Maler Möller; er betreibt womöglich Konspirationen gegen Kaiser und Reich.

Goethe weiß nichts von dieser Spioniererei des Reformkaisers, und das Heilige Römische Reich Deutscher Nation, dem er eben entflohen, ist ihm völlig gleichgültig. Er sucht das alte Rom. In Verona sieht er, als erstes Zeugnis der Antike, das Amphitheater, das er sich sogleich mit Zuschauern belebt denkt. Unaufhörlich muß er schöpferisch eine kleine Welt aufbauen, sich regen und bewegen lassen. Und so füllt er das weite und leere Gebäude mit Menschen an: »Das vielköpfige, vielsinnige, schwankende, hin- und herirrende Tier zu einem edlen Körper vereinigt ... als *eine* Gestalt, von *einem* Geiste belebt.« Er sieht ein ideales Publikum vor sich.

Gemälde betrachtet er mehr pflichtgemäß, um darüber zu berichten, und bekennt, »daß ich von der Kunst, von dem Handwerk des Malers wenig verstehe«. Er bezeugt seine Hochachtung vor einem Veronese, lobt die Leichtigkeit des Pinsels bei einem Tintoretto oder meint: »Die Eva ist doch das schönste Weibchen auf dem Bilde und noch immer von alters her ein wenig lüstern.« Seine Kunsturteile sind deshalb so unbeträchtlich – es gibt ganz andere aus seiner Zeit, etwa von seinem Altersgenossen Heinse –, weil er beim Betrachten von Bildern nicht mitschöpferisch tätig sein kann, und so bleibt es meist bei den allgemeinsten Ausdrücken der Verehrung oder des Nutzens, den solche Schätze stiften. Die Denkmäler der Antike hingegen haben für ihn darin ihren besonderen Reiz und ihre Bedeutung, daß er sie eben fast immer in Ruinen, in unvollkommener Gestalt sieht. Auch hier gilt sein Wort über seine IPHIGENIE: »Das Unzulängliche ist produktiv.« Aus Trümmern sich ein Bild aufzubauen, aus einem leeren Amphitheater die Gestalt eines Volkes, aus den Fragmenten eines Sarkophags die Figuren der göttlichen Griechen: das ist seine Art zu sehen, die Art des Sehers, des Dichters. Kunstkennerschaft und Archäologie, die er ebenfalls betreibt, kommen erst in zweiter Linie. Da hält er sich an bewährte Autoritäten wie den hochverehrten Winckelmann oder sucht nach einem Helfer mit festen Kenntnissen und Daten, den er dann auch bald in seinem unschätzbaren Meyer findet.

In Vicenza tritt ihm eine weitere Autorität entgegen: Palladio. Der wird ihm nun zum Führer, wie er das seit Ende des 16. Jahrhunderts für ganze Generationen von Architekten und Baulustigen gewesen ist. Die vier Bücher des Palladio sind für Goethe die Evangelien der Baukunst. Er sieht in ihnen nicht die Renaissance oder den frühen Barock, alles Begriffe, die er nicht kennt und die damals niemand kennt. Palladio ist ihm die Wahrheit, etwas Göttliches, und wie dieser das schwierige Problem löst, die Mauern mit den Säulen zu verbinden, das hat für Goethe »die Force des großen Dichters, der aus Wahrheit und Lüge ein Drittes bildet, dessen erborgtes Dasein uns bezaubert«.

Überglücklich erwirbt er in Venedig eine Prachtausgabe des Palladio, die der britische Konsul Smith herausgegeben hatte: »Das muß man den Engländern lassen, daß sie von lange her das Gute zu schätzen wußten und daß sie eine grandiose Manier haben, es zu verbreiten.« Bewegt steht er am Grabe des vortrefflichen Konsuls, dem eigentlich ein Denkmal gebührte. Er weiß nichts vom Leben des Mannes, das ein Schelmenroman ist, mit fragwürdigen Geldgeschäften, Kuppelei, dazwischen Kunsthandel großen Stils, bereits sehr modern mit kunsthistorischer Untermalung des Geschäftes.

Sonst ist Goethe unruhig in Venedig, er will nach Rom, nach Rom. Die Mosaiken der Markuskirche sagen ihm nichts, sie sind vor der Zeit, in die seine Wurzeln reichen. In einer Antikensammlung sieht er ein Stück Tempelgebälk und ruft aus, die Begeisterung seiner Straßburger Zeit verleugnend: »Das ist freilich etwas anderes als unsere kauzenden, mit Kragsteinlein übereinander geschichteten Heiligen der gotischen Zierweisen, etwas anderes als unsere Tabakspfeifen-Säulen, spitze Türlein und Blumenzacken; diese bin ich nun Gott sei Dank auf ewig los!«

Auf dem Lido sammelt er Samen und Taschenkrebse und freut sich seiner neuerworbenen Naturkenntnisse: »Was ist doch ein Lebendiges für ein köstliches, herrliches Ding! wie abgemessen in seinem Zustand, wie wahr, wie seiend!« Dann treibt es ihn weiter. Venedig, das ihm der Vater so oft gepriesen, hat nur das vorgefaßte Bild bestätigt, er sieht es nicht zum erstenmal.

Er jagt kurz durch Bologna, mit einem Lohndiener, nimmt sich für Florenz drei Stunden Zeit und fährt schließlich von Norden her nach Rom ein, so ungeduldig in den letzten Tagen, daß er sich kaum noch des Nachts auskleidet und im frühesten Morgengrauen anspannen läßt.

Er sieht nicht die Campagna, die wüst und vernachlässigt ist wie kaum eine Gegend Italiens, weiß nichts von Räubern, dem Hauptthema aller damaligen Reisenden, sehr sichtbar mit den halbverwesten Armen und Beinen der Hingerichteten, die von der päpstlichen Regierung am Wege zur Schau gestellt werden und die mächtige Banden nur wenig schrecken. Er sieht nur von weitem die Kuppel der Peterskirche hell im Novemberlicht. Das ist noch die Anfahrt der alten Zeit, bei der Rom sich allmählich und triumphierend vor dem dunklen Hintergrund der Umgebung in großer Steigerung emporhebt. Der Ponte Mollo als erste Grenzmarke der Stadt, weit draußen, mit mächtigen altrömischen Bogen. Der Tiber gelb, unreguliert, mit fahlen Sandbänken. Die Via Flaminia, unbebaut, verwildert, ehrwürdig nur durch den klassischen Namen. Die Porta del Popolo endlich, festungsartig wie ein Fort, und durch sie fährt er ein auf die Piazza, die er aus den Stichen im Vaterhaus seit seiner Jugend kennt. Alles ist so, wie er es erträumt hatte: die beiden gleichen Kuppelkirchen rechts und links, der ovale Platz, in der Mitte der Corso, der geradewegs auf das Kapitol zuführt. Er steigt am Tiber in einem bescheidenen uralten Gasthof ›dell'Orso‹ ab, in dem auch Montaigne zweihundert Jahre zuvor gewohnt hat. Ein deutscher Künstler Tischbein sucht ihn auf, dem Goethe durch einen der bekannten Fürsten ein mehrjähriges Stipendium verschafft hat. Goethe steht am Kamin, im grünen Reiserock, es ist kühl um diese Zeit. Der Maler, ungewandt und unsicher, blickt fragend zu ihm auf. »Ich bin Goethe«, sagt der Gast und reicht ihm die Hand. Er fragt nach einem einfachen, billigen Quartier, er will nicht im Gasthaus bleiben. Tischbein schlägt ein Zimmer in dem Hause vor, das er mit anderen deutschen Künstlern bewohnt, ängstlich freilich, ob das dem Geheimrat genügen werde. Die Wirtsleute sind ein altes Ehepaar, ein Lohnkutscher und seine Frau, ein Ehepaar wie Philemon und Baucis. Der Sohn, Lohndiener, sei ein anstelliger Mann. Goethe ist mit allem zufrieden. Er bezieht eine Kammer, die kaum Möbel aufweist, ein niedriges Lager ist in der Mitte, er stellt seinen Koffer in die Ecke. Das Haus liegt am Corso, nahe dem Palazzo Rondanini. Die »deutschen Maler beim Rondanini« nennen die Einheimischen die kleine Kolonie. Ein stilles Studentenleben beginnt für Goethe. Der Pfarrer, der die Wohnlisten des Bezirks zu führen hat, trägt ein: Filippo Miller, tedesco, pittore, 32, neben den anderen, deren Namen er nur ungefähr umschreiben kann, Tisben, pittore, 28, Bir, was Bury heißen soll, 24, Zicci für Schütz, 28, alles Protestanten und alles junge Leute. Goethe fühlt sich wohl wie nie in seinem Leben. Die Alten sorgen für ihre Gäste wie für ihre Kinder. Es wird einfach gegessen: eine Zwiebelsuppe, eine Polenta. »Wie wohl mir das aufs italienische Wirtshausleben tut, fühlt nur der, der es versucht hat«, schreibt Goethe. Wenn er den Laden seines Zimmers am Morgen aufschlägt, fällt sein Blick auf die Pinienwipfel des Pincio. Ein kurzer Gang die Straße hinab führt ihn zum Kapitol. In ein paar Stunden läuft er alles ab: »Es ist alles, wie ich mirs dachte, und alles neu.«

Erst jetzt gibt der Treulose nach Weimar Nachricht. Man vermutet ihn noch irgendwo in den böhmischen Wäldern. Charlotte hat begriffen, daß dies das Ende ihrer Erziehungsarbeit ist, und alle Briefe, die er dann weiterhin an sie richtet, können sie nur obenhin täuschen, obwohl er so liebevoll schreibt wie je und sie in das neue große Erlebnis einzubeziehen sucht, als wäre nichts gewesen. Die Entfernte ist nun für ihn eine Empfangende und zugleich auch ein Publikum für seine Reiseerlebnisse. Er schreibt auch an den Herzog, an Herder. Er teilt bereits in Hefte und Kapitel ein, mit seinen Zeichnungen will er einen Bildbericht geben; er hat an eine illustrierte Ausgabe gedacht, zu der es nicht kam. Die jungen Künstler um ihn her sollen helfen. An Wieland schickt er ein paar Kapitel, die im MERKUR veröffentlicht werden.

Ungeheuer erscheint ihm die Ewige Stadt und fast aussichtslos das Bemühen, sie zu erfassen. Er klagt, daß er nicht früher hergekommen sei, daß er keinen verständigen Mann als Mentor habe. Und wie er immer findet, was er sucht, so begegnet ihm der gleich in den ersten Tagen. Er eilt zum Quirinal, wo damals der Papst residiert, sieht ihn eine Messe zelebrieren, die ihn enttäuscht, die »protestantische Erbsünde« regt sich in ihm, der sonst von der Erbsünde nichts wissen will; es erscheint ihm alles weltlich und oberflächlich. Wie anders die Bildersäle! Da sind die deutschen Künstler versammelt und diskutieren vor den Gemälden. Goethe mischt sich unter sie, fragt nach dem Namen eines Meisters, dessen Bild er bewundert, niemand kann Auskunft geben. Ein kleiner, bescheidener Mann, ein Schweizer namens Meyer, tritt hervor, mit rundlichem Gesicht, schmalen Augen und festen Zügen, eher wie ein Handwerker aussehend als ein Künstler. Bestimmt und gewissenhaft erläutert er: Ein Pordenone ist dies, eins der besten Bilder des Meisters. Goethe ist entzückt. Das ist der Führer nach seinem Herzen. Große Gedanken, weitfliegende Phantasie braucht er nicht. Er wünscht zuverlässige Mitteilungen. Meyer wird sein »lebendes Lexikon«, wie man ihn später genannt hat, stets nachschlagebereit, fleißig, Material heranschaffend. Er wird sein Intimus in Kunstfragen fürs Leben, sein Hausgenosse in Weimar für lange Jahre. Bis zum Tode ist Meyer der engste seiner Vertrauten. Er stirbt im gleichen Jahr wie Goethe, einige Monate nach dem Dichter, als hätte sein Leben nun keinen Sinn mehr.

Für die Antike muß er sich an Winckelmanns Buch halten oder an dessen Nachfolger als Cicerone, den Rat Reiffenstein, einen vielgeschäftigen Mann, der etwas Kunsthandel treibt wie die meisten Fremdenführer, jungen Malern Aufträge verschafft und selber etwas in Pastell dilettiert oder in Experimenten mit eingebrannten Wachsfarben nach »antiker Art«; Goethe, der nichts unversucht ließ, hat auch an dieser Spielerei teilgenommen. Sonst klagt er, wie mühsam es doch sei, sich das Altertum aus den Trümmern »herauszuklauben«. Er klagt auch über die neueren Baumeister, das heißt der Renaissance und des Barock, die alles »verwüstet« hätten, was noch geblieben war. Er klagt überhaupt oft in seinen Briefen, auch über grenzenlose Zerstreuung selbst in diesem fast klösterlich abgeschlossenen Leben. Vieles davon mag schlechtes Gewissen sein, das Gefühl, den Daheimgebliebenen nicht allzu bevorzugt zu erscheinen.

Der Jubel überwiegt. Er ist frei von allen Bindungen, gesund, er hat keine Geldsorgen, sein Gehalt läuft weiter, wie Karl August freundschaftlich versichert. Er hat Rom vor sich, das lang ersehnte, kann zeichnen, Naturwissenschaft treiben, dichten, lernen, genießen, und all das tut er. Er lernt auf seine Weise, ohne Führer und Handbuch. Er streift umher. Das Rom seiner Zeit ist noch klein und übersehbar, so gewaltig die Ruinen aus dem Schutt emporragen. Es ist nicht mehr die »Hauptstadt der Welt« und kaum noch als Sitz des

Papstes eine Macht. Skeptiker sprechen selbst in der heiligen Stadt davon, daß »dies alles« wohl kaum noch dauern werde. Der allmächtige Jesuitenorden ist bereits vom Vorgänger des jetzigen Papstes abgeschafft worden; der nun regierende Pius VI. hat sogar eine demütigende Bittfahrt nach Wien unternehmen müssen, unerhört in den Annalen des Vatikans, um vom Kaiser Milderung seiner Reformmaßnahmen zu erflehen, und schlimmer noch: Er hat nichts erreicht. Der Kirchenstaat ist auf dem tiefsten Punkte seiner Herrschaft angekommen. Kaum funktioniert noch die einst so strenge Zensur. Dem katholischen Edelmann Montaigne hat man in Rom sein französisches Gebetbuch abgenommen, als »gallikanischer Abweichungen« verdächtig, Winckelmann bei seinem Eintreffen seinen Voltaire; Goethe passiert ohne Anstand durch die päpstliche Dogana.

Der Staat ist arm, die Stadt Rom ist arm, sie hat 160 000 Einwohner und ist weit hinter anderen italienischen Städten zurückgeblieben. Die Mauern der römischen Kaiserzeit umfassen ein Gebiet, das kaum mehr zu einem Drittel ausgefüllt ist; das übrige sind Gärten mit vielen halbverfallenen Villen, Herden weiden über den antiken Trümmern, die Einwohner sind halbe Ackerbürger wie in Weimar, Gärtner, kleine Gewerbetreibende. Sie hausen in winzigen Löchern und stellen ihre Waren auf der Straße zur Schau. Die Palazzi der Großen bilden Inseln und Wohnviertel für sich, sie geben der Umgebung die Namen: Goethe wohnt »beim Rondanini«. Eine Stadt für sich ist der Vatikan drüben auf der anderen Seite des Flusses, auch da ein Wirrsal von Elendsquartieren, dicht an die größten Prachtbauten der Christenheit gedrängt. Kleine eigne Bezirke sind die ausländischen Gesandtschaften, mit eigner Gerichtsbarkeit und Asylrecht. Der Pincio ist spanisch. Das gleiche Nebeneinander herrscht in der Geistlichkeit: Ein paar unermeßlich reiche Kardinäle oder Nepoten, der Neffe des Papstes hat soeben eines der wenigen neuen Gebäude aufgeführt, einen Palazzo an der Piazza Navona, und dann die Scharen von blutarmen Mönchen oder Abbés mit halb zerrissenen Gewändern, die sich den Fremden zu jeder Kommission anbieten. Unzähmbar das Volk, trotz schwerster Strafen und der Galgen, die an der Engelsbrücke aufragen. Goethe notiert die vielen Totschläge, die gelassen hingenommen werden. Gewalttat gilt als kühn, »der Mörder erreicht eine Kirche und so ist's gut«.

Unbezähmbar ist auch die Vergnügungslust. So ärmlich das Leben ist, so reich präsentiert sich der Festkalender. Bis tief in die Nacht hinein ziehen Scharen durch den Corso, plaudernd, singend, mit Mandolinen oder Gitarren. Das Alltagsleben spielt sich auf der Straße ab, Handel und Verkauf, das Kunstgespräch. Auf der Straße spielen halbnackt die Kinder, säugen Mütter ihre Kleinen, wird gehobelt, gehämmert, geröstet, gebraten. Die Waren liegen auf Brettern und

Bänken aus, es gibt kaum Läden. Auf den Plätzen werden Märchen erzählt von wandernden Rhapsoden, Lieder und Balladen vorgetragen in derber, freier Sprache. Das Römische ist kräftig und von einer Unverblümtheit, die den nordischen Fremden erstaunt, soweit er es versteht. Die Liebe ist das große Thema aller Gespräche und Gesänge. Vor allem Volke stehen die Liebenden des Abends und singen oder schwärmen zu einem Fenster hinauf. Die ganze Stadt ist ein großer Markt und der Liebesmarkt eines ihrer Hauptgeschäfte. Alle nehmen daran teil, keineswegs nur die Huren. Die führen vielmehr ein recht gedrücktes Leben um die Piazza d'espagna herum, wo die Fremden verkehren; wenn sie von den Sbirren erwischt werden und sich nicht durch hohes Trinkgeld loskaufen, droht ihnen der Ritt auf dem hölzernen Esel, ein Volksvergnügen mit erbarmungslosem Gelächter der Kinder und jungen Weiber.

In den eleganten »Conversazionen« übernimmt ein Abbate oder junger Edelmann die Vermittlung für den Fremden und führt ihn bei einer Dame ein, wie schon der Vater Goethe das in seinem *Viaggio* beschrieb. In den Kirchen – es gibt strenge und »galante« wie S. Carlo am Corso – übernehmen die Bettlerinnen die Kuppelei. Man wendet sich an Domestiken, Lohndiener oder folgt einfach einer Schönen. Die deutschen Künstler erzählen sich, daß einer von ihnen einer hübschen Bürgersfrau bis vor die Haustür nachgegangen sei. Sie dankt freundlich, daß er sich so bemüht habe, es sei aber heute nicht möglich, der Mann sei zu Hause, venite domani, »kommen Sie doch morgen«!

Goethe spricht in seinem Reisebericht nicht von der Liebe, er läßt sogar für die Daheimgebliebenen ein paar kühle Sätze fallen, wonach er nur gelernt und sich »im Soliden« befestigt habe. Am Schluß seines Buches lediglich, da er sein Publikum kennt, fügt er novellistisch eine Episode mit einer schönen Mailänderin ein, die sehr ehrbar ausgeht: Sie ist verlobt und er verzichtet. Der Name ist ermittelt worden, auch ihr Bild: Sie hieß Maddalena Riggi und heiratete einen bekannten Kupferstecher. Ihr Porträt zeigt ein volles, lombardisches Gesicht mit starkem Kinn und kräftiger Nase. Keine Nachricht, von sehr vagen Spekulationen abgesehen, ist von der wahren Geliebten Goethes überliefert, die er im Gedicht als Faustina mit altrömischem Namen verherrlicht hat. Es können auch zwei gewesen sein – nach seinem fast als Lebensprinzip geübten Brauch.

Es ist nun nicht nur ein galantes Abenteuer und eine Episode, was er in Rom als Faustina erlebt. Goethe wird erst hier, als Vierzigjähriger, erotisch ganz frei, erst jetzt hat er ein volles Liebeserlebnis. Was immer seine vielen »Misels« in Weimar bedeutet haben mögen – höchstwahrscheinlich waren es oft harmlose Neckereien, von der immer erwartungsvollen Gesellschaft eifrig kommentiert –, eine Geliebte im vollen erotischen Sinne des Wortes hat er nicht besessen.

Was immer die vielen »Dorfmädeleien« gewesen sind: Es waren allenfalls ganz flüchtige Begegnungen im Vorübergehen und Davonreiten. Die ganz unbeschreiblich neugierige Weimarer Fama mit ihren zahllosen sehr intimen Briefen hat darüber nichts von Belang zu berichten gewußt. Das Gartenhaus mit seinem Schlafraum, der nicht größer war als eine Klosterzelle, und dem Strohsack und fichtenem Schragen lud auch eine Geliebte kaum ein, selbst wenn sie sehr anspruchslos war. In den Zimmern seiner Stadtwohnung stand er unter ständiger Beobachtung des ganzen Städtchens. Es mag seltsam erscheinen, daß der große Erotiker ein gereifter Mann werden mußte, ehe er zur Liebe kam, wie die Antike sie kannte. So ist es aber, und er selber bekennt das mit aller Deutlichkeit.

Faustina ist die lebendige Antike. Er sieht anders, fühlt anders, sinnlicher, der Marmor bekommt Haut unter seinen Fingern und belebt sich. Es ist schon bedeutsam, daß er, der bisher nur Gipsabgüsse oder dürftige Kupferstiche gesehen hat, nun überhaupt erst einmal in den römischen Sammlungen antike Originale vor die Augen bekommt. Es verschlägt nichts, daß es meist römische Kopien griechischer Originale sind, wie wir jetzt wissen, oder daß gerade die Bildwerke, die ihm als die höchsten Wunder des Altertums und der Kunst überhaupt erscheinen, heute in eine andere Rangklasse versetzt werden. Er genießt, entdeckt und formt sich ein Ideal, das ihm für immer verbleibt. Er hat die Wahrheit gefunden, die Schönheit, seine Wahrheit. Sein Zimmer füllt sich mit Abgüssen, die Göttin aus dem Palazzo Ludovisi hat es ihm besonders angetan. Tischbein hat den Raum gezeichnet mit den überlebensgroßen Köpfen aus Gips, dem runden Koffer darunter, dem Bücherstapel, den das Brett hält und aus kaum gelesenen Werken besteht, den an die kahle Wand geheftteten Zeichnungen, das winzige Tischlein mit einer Öllampe in der uralten antiken Form und in der Mitte das breite niedrige Bett mit einem zweiten Kopfkissen für Faustina. Mit leichter Hand taktiert er ihr die Hexameter auf den Rücken, wie er es in seinen Versen bekennt. Er dichtet im antiken Versmaß und ist noch etwas unsicher in dem neuen Medium. Sicher und beruhigt fühlt er sich nur im Besitz der jungen Frau.

Ein ganz neues Element kommt in sein Leben: Behagen. Auch das hat er kaum je gekannt, am wenigsten in seinen Beziehungen zu Frauen. Die Römerin erwartet und fordert nichts als die üblichen Geschenke: ein Kleid, eine Ausfahrt im Wagen, ein Kettchen. Selbst die Damen der hohen Gesellschaft nehmen an, daß sich ein Amant erkenntlich zeigt; eine Marchesa betrachtet mißtrauisch den Rosenstrauß, der ihr überreicht wird, und lächelt erst wieder befriedigt, als sie unter den Blättern die Brillant-Ohrringe entdeckt. Goethe freut sich, daß er nicht zu sparen braucht, das Mädchen, daß er nicht knauserig ist wie ihre Landsleute, die Mutter ist zufrieden mit dem generösen Gast; alle wissen sie, daß das nicht lange dauern wird, aber es ist gut, solange es dauert. Nie braucht Goethe sich gefangen zu fühlen – seine größte Lebensangst –, niemand wacht, lästert, kritisiert sein Betragen. Er lebt in Rom, wie man in Rom lebt, Filippo Miller, pittore. Das Feuer, das die Geliebte am Morgen im Kamin auf dem Vorplatz anzündet, erwärmt ihn wie kein Liebesfeuer bisher. Das war immer Unruhe, Flackern, Not und Verzicht oder Flucht. Hier kann er in Ruhe aus- und einatmen. Wer immer die namenlose »Faustina« gewesen sein mag: Sie hat in Goethes Leben und seiner Dichtung eine ebenso große Bedeutung wie die Vielgenannten und Zuvielbeschriebenen. Sie gehört weder der »hohen« noch der »niederen Minne« an und ist mit moralischen Maßstäben nicht zu messen, die für dieses Rom und für diesen Goethe nicht existieren. Wenn Goethe dann in seinen RÖMISCHEN ELEGIEN ein antikes Gewand für sie wählt, so ist das nur eine leichte Hülle zum Schutz gegen Vorwürfe, die auch nicht ausbleiben. Der »ächte nackete Amor«, wie er es nennt, kennt nur Mann und Weib.

Es wird nicht immer geliebt, es wird auch vernünftig gesprochen – mit der Geliebten, von einfachen Dingen, ihrer Jugend, den Nachstellungen der Männer, mit den Künstlerfreunden von Kunst. Ein neuer Helfer kommt hinzu, der Goethe in der Metrik berät: Carl Philipp Moritz. Er ist ein junger Philologe und Dichter aus Berlin, bekannt geworden durch seinen autobiographischen Roman ANTON REISER mit der Schilderung seiner schweren und verquälten Jugend. Er erscheint Goethe wie ein jüngerer Bruder: »nur da vom Schicksal verwahrlost und beschädigt, wo ich begünstigt und vorgezogen bin«. Moritz ist vor einer unglücklichen Liebe nach Italien geflüchtet. Goethe läßt sich bei der Umarbeitung seiner IPHIGENIE in Verse von ihm beraten, glücklicherweise ohne allzu tief auf Moritz' Theorien einzugehen; sie diskutieren über ästhetische Probleme, und Moritz hat auch da seine eignen Gedanken. Goethe geht liebevoll auf sie ein, wie er überhaupt um diese Zeit ganz aufgeschlossen ist und nur lernen, hören, schauen will. Bei seinen Zeichnungen paßt er sich sogar dem Stil der jungen Kunstfreunde oft bis zur Entäußerung seiner Natur an, neben starken, schwungvollen Skizzen, die seine eigne Diktion haben. Brüderlich pflegt er den Freund, als Moritz sich beim Sturz vom Pferd einen Arm bricht; wochenlang sitzt er in der Kammer des Leidenden.

So eng lebt er mit den jungen Künstlerfreunden zusammen in der kleinen Kolonie am Rondanini, daß andere eifersüchtig werden. Die deutschen Maler in Rom, etwa zwei Dutzend, sind fast alles arme Teufel. Sie leben von irgendwelchen Stipendien eines großen Herrn, vom Kopieren, Porträtieren von Reisenden, wie noch Ingres das lange

Jahre tun mußte. Aber auch sie sind noch in Grüpplein zerfallen. Einer von ihnen, Friedrich Müller, der sich auch mit einem FAUST-Fragment als Stürmer und Dränger gezeigt hat, äußert sich über Goethes »Leibgarde« sehr abfällig: »Es schien mir immer, wenn ich den starken Goethe unter den schmalen Schmachtlappen so herum marschieren sah, als erblickte ich den Achill unter den Weibern von Skyros.« In der Tat sah Bury wie ein junges Mädchen mit vollen Wangen aus, Tischbein hatte etwas Subalternes und Gedrücktes in seinem Wesen, und Moritz ähnelte mit seinem stumpfnasigen und verstörten Gesicht dem unglücklichen Lenz. Goethe umgibt sich immer gern mit kleineren, anschmiegsamen Gefährten. Sie bereden ihn, doch seine IPHIGENIE vor dem gesamten Künstlerkreis vorzulesen. Es wird sein erster eklatanter Mißerfolg. Die meisten haben sich wie Müller etwas Starkes erwartet, einen GÖTZ – nun diese stille Seelenlandschaft. Sie wollen Altdeutsches – er Klassisches, und Antike brauchen sie nicht, die haben sie um sich her. Goethe reagiert auf die Ablehnung sehr empfindlich. Die Epoche der Entfremdung hebt an. Er hat ein Jahrzehnt geschwiegen. Ein weiteres Jahrzehnt schweigen nun die Leser und Zuhörer.

Drei Monate dauert der erste römische Aufenthalt, dann geht er nach Neapel. Eine neue Stadt, dreifach größer, tut sich auf, mit buntem Leben, einer bunten Gesellschaft, an der er nun auch teilnimmt. Er reist jetzt als Herr von Goethe, nicht mehr als Maler Möller. Statt der weißen Marmorfiguren Roms sieht er nun Farben, und Neapel ist noch ungeheuer farbig: die Kirchen außen bunt bemalt, die Menschen geschmückt mit seidenen Bändern oder Blumen, die Kaleschen hochrot angestrichen, die Pferde mit Rauschgold aufgeputzt, die Weiber in mit Gold und Silber besetzten Scharlachwesten. Die Schiffe sind reich bemalt, die Hammelkeulen bei den Fleischern vergoldet. Goethe verteidigt in seinem Bericht für Wielands MERKUR energisch das wimmelnde Volk, das alle Reisenden als faul schildern: nein, fleißig seien sie, rastlos tätig, die kleinsten Kinder tragen schon Holz, Wasser, Obst. Die Lazzaroni selber, so meint er, seien nicht müßig, und schließlich will all das nicht arbeiten, um bloß zu leben, sondern um zu genießen, seines Lebens froh zu sein. Mit geheimer Sehnsucht schaut er auf die Fröhlichkeit, die ihm nicht gegeben ist.

Vom Hof sieht er nicht viel; König Ferdinand ist meist auf der Jagd, als der fanatischste Nimrod einer Zeit der großen Jagdnarren. Die Regierung überläßt er seinem englischen Premier Lord Acton; der britische Botschafter Hamilton, bei dem Goethe verkehrt, ist die einflußreichste Persönlichkeit im gesellschaftlichen Leben der Stadt; er besitzt eine prachtvolle Villa am Posilipp, wo er großzügig empfängt. Goethe betrachtet lässig die Schätze des großen Sammlers, der als einer der ersten die antiken Vasen als Kunstobjekt entdeckt hat und sie aufkauft, zu Hunderten, auch heimlich ausgraben läßt; staunend sieht das Volk, das diese Tonscherben oft noch vergessen auf einem Kaminsims aufbewahrt oder zum täglichen Gebrauch benutzt, den hohen Herrn mit blauem Ordensband und Stern eigenhändig ganze Körbe davon zusammen mit einem Lazzarone über die Straße schleppen. Hamilton publiziert seine Funde in großen Foliobänden mit Kupferstichen; eine ganze, das Empire vorwegnehmende Mode all'etrusca und alla greca entsteht, und Tischbein, der mit Goethe nach Neapel gegangen ist, wird für diese Vasenstiche engagiert. Der Ritter ist auch sonst ein Kenner, er hat sich aus London die berühmte Schönheit Emma Hart geholt, die er später an Lord Nelson abtritt; in antikischen Schaustellungen mit den Attitüden seiner Vasenbilder führt er sie ausgewählten Gästen vor. Goethe beschreibt ihre Schleiertänze mit wechselndem Ausdruck und verschiedenem Kopfputz, der die Hauptkleidung darstellt. Der Ritter Hamilton hält das Licht dazu und findet in ihr seine Antiken wieder, »ja selbst den Apoll von Belvedere selbst«. Im übrigen wird auch vorzüglich musiziert, der junge Mozart hat bei Hamilton vorgespielt; der Ritter ist Sportsmann und hat zweiundzwanzigmal den Vesuv bestiegen und darüber ausführlich an die Royal Society berichtet. Goethe, durch ihn angeregt, unternimmt ebenfalls die Tour und findet den berühmten Vulkan nicht sonderlich gefährlich.

Eingehend unterhält er sich mit dem kultivierten Juristen Filangieri, der im Sinne Montesquieus und Beccarias Reformpläne ausarbeitet und an einer achtbändigen SCIENZA DELLA LEGISLAZIONE schreibt. Er lobt das zarte, sittliche Gefühl des Mannes, sieht mit ihm im Kaiser Joseph das »Bild eines Despoten«, wie er überhaupt den Reformkaiser mit seinen hastigen Maßnahmen nie gemocht hat; die Unterhaltung mitten im Reiche eines hemmungslosen Despotismus hat freilich eine seltsame Ironie. Goethe ist da durchaus ein Kind der Aufklärungszeit, die mit einem Buch im Geiste des besten Wollens die Welt zu ändern sucht. Er sieht den jugendlichen Mann das Gute wirken; die Zustände Neapels bemerkt er nicht, und auch die deutschen sind ihm fern.

Soeben hat er die Nachricht erhalten, daß Friedrich der Große gestorben ist. Karl August, der nur auf diesen Augenblick wartete, kann nun nach Preußen gehen und als Kommandeur eines Kürassierregimentes in die Dienste des Nachfolgers, seines Schwagers, treten. Goethe hat immer davon abgeraten; jetzt nimmt er es gelassen hin. Der Herzog wird unter seinen Kürassieren so selig sein wie Goethe unter den römischen Marmorbildern und um so weniger auf Rückkehr seines Ministers drängen. Das Ländchen Weimar mag sich selbst regieren, und in der Tat geht da auch alles seinen Gang, ohne den noch kurz zuvor unentbehrlichen Geheimrat Goethe. Schiller, der eben in

Weimar eingetroffen ist, schreibt mit der ganzen Schärfe seines Wesens über Goethe: »Während er in Italien malt, müssen die Voigte und Schmidts für ihn wie die Lasttiere schwitzen. Er verzehrt in Italien für Nichtstun eine Besoldung von 1800 Thalern, und sie müssen für die Hälfte des Geldes doppelte Lasten tragen.«

Goethe macht sich darüber keine Skrupel, er denkt nun vielmehr an noch weiter ausgreifende Reisepläne. Sizilien, das noch recht unbekannte, lockt. Tischbein ist beim Ritter Hamilton hängengeblieben, an seiner Stelle engagiert Goethe einen jungen, sehr bescheidenen und fleißigen Zeichner namens Kniep. Mit Befriedigung hat Goethe bemerkt, wie der junge Maler seine schönen englischen Bleistifte immer aufs sorgfältigste schärft. Mit hartem Blei zeichnet Kniep seine großen, sehr sauber ausgeführten Veduten, die einen eigenen trockenen Reiz haben. Goethe selber ist des Zeichnens ein wenig müde geworden; er möchte aber topographisch präzise Landschaften von den noch wenig dargestellten Gegenden mitbringen. Bei Philipp Hackert, dem Hofmaler Ferdinands, hat er noch einmal Unterricht genommen, aber der hat ihn ermahnt: er müsse mindestens ein Jahr bei ihm in die Lehre gehen, dann könne etwas aus ihm als Maler werden. Goethe zweifelt, ob sich das lohnen würde. Aber er hat Hackert ein treues Gedächtnis bewahrt und ihm später, nach hinterlassenen Aufzeichnungen des Künstlers, eine eigne kleine Monographie gewidmet.

In Pästum wird Station gemacht, und Goethe sieht nun zum ersten Male einen echten griechischen Tempelbau. Völlig fremd erscheint der ihm, lästig, ja furchtbar: die schweren, stumpfen Säulen, die enggedrängten Massen. Sein Blick ist erzogen an später römischer Kunst oder Palladios Klassizismus. Er muß sich erst zusammennehmen – und es ist großartig, wie er sich bemüht, die früheren Bilder von schlankerer Architektur abzustreifen, auch dieses Fremde sich anzueignen, bis er den alten Baumeister preisen kann. Einen ganzen Tag wandert er dort umher. Kunstwerke werden damals noch erwandert, entdeckt, erworben: Man weiß, daß man das nie wiedersehen wird, und Abbildungen können keine Vorstellung von einem solchen Gebäude geben, wie Goethe weise bemerkt. Fürs Leben muß man das behalten, und Goethe hat es sich behalten, auch wenn das, was er sich unter einem klassischen Tempel vorstellt, dann kaum den Formen der alten Zeit entspricht; die späteren waren ihm näher.

Zu Schiff nach Palermo und quer über die Insel bis Messina, zu Pferde auf einsamen Pfaden; eine Reise durch Sizilien war noch eine Expedition. Ein Tempel in Girgenti nähert sich schon wieder »unserem Maßstabe des Schönen und Gefälligen« – im Unterschied zu dem Riesenbild von Pästum. Aber eine andere Leidenschaft verfolgt ihn nun, ein Gespenst, das ihm schon einige Tage nachgeschlichen, wie er es ausdrückt. Im Garten zu Palermo stehen unter freiem Himmel

Pflanzen in Kübeln, die sonst hinter Fenstern in Töpfen aufbewahrt werden. Sie scheinen ihm in der Luft aufzublühen, sich deutlicher zu entfalten. Und so fällt ihm »die alte Grille« wieder ein, ob sich unter ihnen nicht die »Ur-Pflanze« entdecken ließe. »Eine solche muß es denn doch geben! Woran würde ich sonst erkennen, daß dieses oder jenes Gebilde eine Pflanze sei, wenn sie nicht alle nach einem Muster gebildet wären?« Er hat eigentlich an einer Nausikaa dichten wollen, unter dem antiken Himmel, jetzt ist der poetische Vorsatz gestört, ein »Weltgarten« hat sich aufgetan statt des Gartens des Alkinoos. »Warum sind wir Neueren doch so zerstreut, warum gereizt zu Forderungen, die wir nicht erreichen noch erfüllen können?« bemerkt er nachdenklich. Seine Nausikaa bleibt Fragment, die Ur-Pflanze wird sein Traum und seine Plage für Jahrzehnte.

Noch mehr der Zerstreuungen: im Park eines Prinzen Pallagonia fratzenhaft verrenkte Skulpturen, die heute niemand mehr schrecken könnten, Goethe aber wahrhaft entsetzen; er hat auch für Karikaturen nie etwas übrig gehabt. Er besucht Verwandte des großen Schwindlers Cagliostro und spielt dort etwas gütige Vorsehung. Nach viertägiger Seefahrt, mit einem Sturm vor Capri, ist er wieder in Neapel, wo er Kniep verabschiedet, der fleißig gezeichnet hat und ihm ein schönes Portefeuille aushändigt mit großen und oft vorzüglichen Veduten. Der bescheidene Mann bleibt bis zu seinem Tode dort in kümmerlichen Stellungen, halb vergessen und selber vergeßlich werdend; als nach langen Jahren deutsche Künstler den alten Reisebegleiter Goethes aufsuchen, fragt der Greis sie, was der Geheimrat denn wohl inzwischen geschrieben habe.

Noch fast ein Jahr bleibt Goethe in Rom. Seine Lebensführung wird breiter, die Maskerade mit Möller ist aufgegeben, nur sein Lager bei dem alten Ehepaar ist das gleiche, vielleicht mit einer anderen Faustina oder der gleichen oder jetzt erst mit der Römerin. Er nimmt nun sogar Ehrungen entgegen, läßt sich in die Gesellschaft der Arkadier wählen, zeichnet anatomische Studien und gibt auch einmal ein kleines Fest. Auf einer Villeggiatur bei dem Engländer Jenkins in Castel Gandolfo macht er noch einmal einen letzten Versuch, sich zum Künstler zu bilden mit den jungen Malergenossen: Er geht auf die Jagd nach gefälligen Motiven und liest sogar mit heißem Bemühn des Abends die Aesthetik Sulzers, die der junge Goethe grimmig verspottet hat. Dann verzichtet er endgültig auf diesen Traum. Er verzichtet auch in seiner Liebschaft mit der Mailänderin Maddalena Riggi.

Sein Hauptumgang in Rom ist Angelika Kauffmann, die »unschätzbare«, wie er sie nennt, berühmt in London wie Italien als größte Malerin der Zeit und später bei ihrem Tode in einem Triumphzug zu Grabe geleitet, wie er selten einem Künstler zuteil geworden ist: hundert Geistliche aller Orden, der Adel, die Maler, weißgekleidete Mädchen, die zwei ihrer Bilder vorantragen. Ihr ganzes Leben ist ein Triumph, als Wunderkind ist sie schon weithin bekannt, in London der Liebling der Gesellschaft, mit einem kleinen Malheur, das sie erst recht rührend macht: Ein Lakai, der sich für einen vornehmen Herrn ausgibt, heiratet sie und stirbt glücklicherweise nach einiger Zeit, so daß sie einen Maler Zucchi ehelichen kann. Mit dem führt sie dann in Rom das angenehmste Leben, mit gastlichem Haus, vielen Aufträgen und Besuchern aus aller Welt. Man schätzt das Seelenvolle an ihr, die »Dichterin mit dem Pinsel«, alles das, was uns ihre Bilder und die zahllosen Stiche danach, meist in weichlich-wohliger Punktmanier, schwer erträglich macht. Wie viele Seelenmenschen hat sie auch eine ganz reale Seite und betreibt mit Zucchi einen sehr ausgebreiteten Kunsthandel. Sie malt Goethe, weich und mit Zügen, die ihn wie einen Bruder ihres Selbstporträts erscheinen lassen, und auch er, der sonst ihr »wirklich ungeheures Talent« bestaunt, meint, es sei ein hübscher Junge, aber sonst nichts. Sie zeichnet für Goethes Schriften, die nun erscheinen sollen, Illustrationen und führt ihn durch die Galerien. Es ist sehr fraglich, ob Goethes Kunstverständnis dabei gewonnen hat, so belehrend er es empfindet, die Gemälde mit Leuten zu betrachten, »die theoretisch, praktisch und technisch gebildet waren«. Wenn er mit den Augen anderer sieht, wird er klein, wenn er mit seinen eignen umherschaut wie in Pästum, ist er groß. Diese Anschmiegsamkeit ist zum Teil Bequemlichkeit. Er braucht schon jetzt unablässig Helfer, Zuträger, Adjutanten und nimmt nur zu leicht solche Lehren, wie eine Angelika sie ihm geben konnte, als willkommene Erleichterung hin. Gleichzeitig will er nun aber nach seiner Art sogleich lehren und erziehen. Tischbein ist ihm zu eigenwillig, und andere kommen an die Reihe. Mit einem jungen Musiker Kayser gibt er sich lange ab; er hat keine gute Hand damit, und alle Versuche, mit Kayser zusammen etwas zu schaffen, mißlingen oder bleiben stecken, und auch später hat Kayser nie Nennenswertes geleistet. Goethe läßt von ihm alte Musik abschreiben und hört einmal die berühmte Kapelle des Papstes in der Sixtina. Vom großen Musikleben Italiens, der Oper vor allem, die ihn langweilt, verspürt er wenig. Er nimmt sich nur einige Librettos mit und arbeitet sie um, alles Arbeiten, die andere besser machen. Er wird, in polarer Umkehrung der weichen Periode seines ersten Aufenthaltes, hart und herrschsüchtig seinen jungen Genossen gegenüber: »Ich bin unbarmherzig, unduldsam gegen alle, die auf ihrem Wege schlendern oder irren ... mit Scherz und Spott treibe ich so lang, bis sie ihr Leben ändern oder sich von mir scheiden.« Die meisten dieser jungen Maler waren gute Jungen, die sich auch ein wenig ihres Lebens freuen wollten und sich im übrigen schwer genug plagen mußten. Goethe hat sich ins Strenge und Hohe gewandelt und verlangt sogleich, daß man ihm darin folgt. Er weilt aber überhaupt bereits in anderen Regionen. Das Zeichnen, so findet er, hat dem Dichtungsvermögen aufgeholfen. Die Ausgabe seiner Schriften wird gefördert, der Tasso, die Iphigenie, der Egmont; vom Faust allerdings, der sich ihm noch weigert, schreibt er nur eine Szene. Für sein Kunstinteresse bedeutet Meyer ihm den herrlichsten Gewinn, wie er sagt: »Er hat mir zuerst die Augen über das Detail, über die Eigenschaften der einzelnen Formen aufgeschlossen«, er hat ihn in das eigentliche *Machen* eingeführt, »die einzige wahre Linie beschreibend«. Goethe spricht nur von Formen, Linien, nicht von der Farbe. Sein Blick ist auf das Plastische gerichtet, und das bleibt seine Haltung. Mit Moritz, der in seiner brütenden Trägheit auf etymologische Phantasien verfallen ist, treibt er eine Art »Schachspiel« mit einem Verstandes- und Empfindungs-Alphabet. Es ist immer wieder erstaunlich, wie Goethe ausweicht, sich zerstreut – er selber sagt das unaufhörlich – und wie er sich dann erneut aufrafft.

Noch einmal tritt eine große Versuchung an ihn heran: Eine Reise nach Griechenland wird ihm angeboten. Das sollte, so müßte man meinen, für seine Begeisterung an allem Antiken die willkommenste Gelegenheit sein. Aber er lehnt ohne Bedenken ab. Er begnügt sich damit, die Zeichnungen zu betrachten, die Sir Richard Worsley aus Athen mitgebracht hat, und sieht da, in sehr unvollkommenen Umrissen nur, die Plastiken des Phidias und seiner Schule auf der Akropolis. Erst als ganz alter Mann wird er den Abguß eines Pferdekopfes aus London erhalten und dann allerdings über dieses »Urpferd« staunen. Ein anderer Reisender bringt Skizzen aus Baalbek und Palmyra mit. Überall wird damals gegraben, entdeckt, auch in Rom, in Neapel, auf dem Lande. Die klassische Woge schlägt mit jedem Tage höher. Die Publikationen häufen sich. Schon ist Winckelmanns großes Werk, vor wenigen Jahrzehnten erschienen, in vielen Einzelheiten überholt. Jeder Tag bringt neue Erkenntnisse. Goethe beharrt auf dem einmal gewonnenen Boden. Er hat sich eine Ordnung geschaffen, auch schon ein Ritual. Sein Kanon steht fest. Er will das nicht erneut aufs Spiel setzen.

Er will nun sammeln und einbringen. Schon spinnen sich Fäden wieder nach Weimar hinüber. Er kauft für Amalie Kunstwerke, versieht sich mit Mappen und Stichen, denkt an sein Haus und wie er es mit seinen neuen Schätzen bevölkern kann. Er kauft Abdrücke von Gemmen, »das Schönste, was man von alter Arbeit hat«. Der Karneval, den er noch einmal erlebt, ist ihm bereits eine »entsetzliche Plage«, er ist froh, als die Narren zur Ruhe gebracht sind, und beschreibt das Ereignis nur aktenmäßig sorgfältig für die Daheimgebliebenen. Schütz zeichnet dazu die Figuren, und das Heft wird dann in einer kleinen Auflage mit Stichen gedruckt.

In einem schmutzigen Winkel liegt hinter einem Bretterzaun einer der großen ägyptischen Obelisken, die von den Kaisern nach Rom geschleppt worden waren, am Boden. Man hat ihn dann auf dem Monte Citorio aufgerichtet, bald nach Goethes Zeit. Er tritt heran, bewundert den herrlichen Granit, die Hieroglyphen, die er nicht deuten kann und die niemand damals versteht. Tief ergriffen bemerkt er, daß auch an der Spitze, die der Sonne entgegenschauen soll, unsichtbar jedem Menschenauge und auf keinen irdischen Effekt berechnet, heilige Zeichen und Bilder stehen. Er läßt sie abgießen und nimmt sie mit. Sie sind ihm ein Symbol seiner eignen Zeichen und Bilder.

Feierlich nimmt er Abschied. Drei volle Mondnächte begleiten den Auszug und fassen, so dichtet er, noch einmal alles in großen Lichtmassen ahnend zusammen. Allein wandert er umher, schreitet die vertrauten Wege noch einmal ab, zum letztenmal, wie er fühlt, den Corso, das Kapitol. Vor dem Kolosseum macht er halt. Es ist vergittert damals, im Innern wohnt ein Eremit in seiner Kapelle. Goethe kehrt um. Er hat Rom nicht wiedergesehen.

Rasch reist er ab, mit kurzem Aufenthalt in Florenz, Mailand, wo er Leonardos ABENDMAHL besichtigt. Nicht einmal in Frankfurt, wo seine Mutter ihn erwartet, macht er Station. Ungeduldig, wie er gekommen, kehrt er nach Norden zurück.

Erotikon

Schon von Rom aus hat Goethe seine künftige Stellung geordnet, in Briefen an den Herzog. Er schreibt da wie ein Souverän an den andern, und Karl August beweist seine edlere Natur darin, daß er das akzeptiert. Die Korrespondenz zwischen den beiden, die bis dahin oft studentisch-kameradschaftlich war, auch derb – die derbsten Zettel, in denen sie ihre Erfahrungen in der niederen Minne austauschten, sind verschwunden –, erreicht in diesen Monaten eine Höhe, die einsam dasteht in den Annalen fürstlichen Verhaltens einem Dichter gegenüber. Der Herzog bleibt im übrigen, wie er immer war, und fällt auch bald in seine sinnlose Jagdleidenschaft zurück. Goethe begleitet ihn da nicht mehr. Er ist nur noch ein »Gast«, wie er sich bezeichnet –, »was ich sonst bin, werden Sie beurteilen und nutzen«. Vor allem aber, das ist ihm in Rom deutlich geworden, ist er nun Künstler. Er versteht darunter nicht die Malerei; diesen Traum hat er endgültig aufgegeben. Er will Dichter sein, Schriftsteller, Naturforscher, mit einem Worte Goethe, ein »Universalmensch«, der sich das bescheidene Weimar zu seinem Wohnsitz ausgesucht hat.

Eine solche Stellung hat es nie gegeben und wird es nicht geben. Karl August deutet mit einer vornehmen, symbolischen Geste an, wie er sie versteht. Von allem »Mechanischen« der Regierungsgeschäfte wünscht Goethe ausdrücklich entbunden zu werden. Der Herzog entscheidet, daß weiterhin ein Sessel im Ministerrat für Goethe zur Verfügung steht – und zwar sein eigner. Goethe hat ihn kaum je eingenommen; wenn er Karl August noch weiterhin beriet, so tat er das im intimen Gespräch wie früher. Aber das Bewußtsein dieses freundschaftlichen Rückhaltes war ihm eine wesentliche Sicherung – auch, nicht zu vergessen, seiner materiellen Existenz. Denn sein Gehalt läuft unvermindert weiter, und Goethe hat bis in sein vorgerücktes Alter hinauf ganz vorwiegend davon gelebt. Seine Einnahmen als Schriftsteller konnten nur etwa sein Gartenhaus unterhalten oder einmal eine Reise finanzieren, nicht aber den breiteren Lebensstil im großen Hause am Frauenplan. Ein breites Leben will er nun führen, mit Sammlungen, Helfern, Sekretären, mit Behagen in allen Dingen des Lebens, wie er es in Rom verspürt hat. Er ist schwer geworden, schon rein körperlich, nicht nur an geistigem Gehalt, den er nun verarbeiten will. Er ist sinnlich geworden, wie seine alte Freundin Charlotte sogleich bemerkt, und das gilt nicht allein für einen, sondern für alle Sinne. Er blickt anders umher als zuvor. Als ein Fremdling kam er zurück, und er ist erstaunt, daß man ihn wie einen Fremden empfängt.

So weise Goethe in allen Fragen ist, die das Menschengeschlecht und sein Treiben im allgemeinen angehen, so ergreifend naiv kann er sein, wenn es sich um seine eigne Person handelt. Er ist ohne Abschied geflüchtet, hat sich in die Einsamkeit zurückgezogen, sich umgeformt und eine neue Gestalt angenommen: Er erwartet ohne weiteres, daß man ihn empfängt, als ob er der alte wäre. Er hat unendlich viel gesammelt und erfahren: Nun sollen sie begeistert zuhören, was er zu erzählen hat. Er hat auf das angenehmste mit einer römischen Geliebten die Nächte verbracht: Er möchte Charlotte davon berichten und ist enttäuscht, daß sie davon nichts hören mag. Er hat die Ur-Pflanze in Palermo gesehen oder doch fast erblickt; er nimmt ohne weiteres an, daß sich nun jeder sofort für Botanik und Morphologie interessiert und ihm auf diesem noch unbetretenen Wege folgt. Er ist einsam und wünscht Gesellschaft, er ist freundlos und will Freunde. Er ist kalt geworden und will Wärme. In diesem Zwiespalt wird er lange Jahre leben müssen. Er wäre daran wohl zugrunde gegangen oder ganz bitter und öde geworden, wenn er nicht wieder, wie stets in seinem Leben, gerade in diesem Augenblick den Menschen gefunden hätte, den er brauchte.

Ein junges Mädchen oder eigentlich eine junge Frau – sie ist dreiundzwanzig, was damals fast jenseits des heiratsfähigen Alters liegt – tritt im Park an ihn heran. Sie macht einen ergebenen Knicks und überreicht dem Geheimrat eine Bittschrift. Ihr Bruder braucht dringend Hilfe, ein gewisser Vulpius, ehemals Student, jetzt Sekretär bei einem Baron in Nürnberg, der ihn schlecht bezahlt und obendrein entlassen will, weil er eine noch billigere Hilfskraft gefunden hat. Der junge Mann unterstützt seine Geschwister, die elternlos sind und ohne alle Mittel. Er ist fleißig, er hat viel für die Buchhändler geschrieben, die ebenso schlecht zahlen wie der Baron, Ritterromane, Abenteuer des Prinzen Kalloandro, Blondchens Geschichte, Lustspiele, ein Glossarium des 18. Jahrhunderts, er arbeitet an einem vierbändigen Sammelwerk Skizzen aus dem Leben galanter Damen. Er ist rührig, ein guter Junge, aber er kann es zu nichts bringen. Er braucht dringend Protektion. Vielleicht ließe sich in Weimar etwas für ihn finden.

Erwartungsvoll blickt das Mädchen zu ihm auf, unbefangen. Sie ist nicht groß und nicht eben schön, Goethe liebt nicht die Überschönen. Sie ist hübsch, bräunlich, mit frischem Mund, rundem Kinn und runden Wangen, niedriger Stirn, die halb verdeckt ist von den schönsten Locken; ungeflochten und unfrisiert ringelt sich dieser Reichtum um das Gesicht. Ganz einfach ist auch ihre Kleidung. Wovon lebt Sie, mein Kind? Sie arbeitet in Bertuchs Blumenfabrik. Goethe erinnert sich an einen Besuch in dem Gebäude, das keine Fabrik ist, sondern ein großer Mansardenraum im Wohnhaus Bertuchs, des ehemaligen Schatullsekretärs Karl Augusts, der nun zum rührigen Unternehmer herangewachsen ist auf allen möglichen Gebieten; mit seiner Frau hat er in der Mansarde eine Art großer Nähstube eingerichtet. Da sitzen zwei Dutzend Mädchen, schneiden aus Taft- und Seidenresten Blumen aus und nähen sie zusammen. Bertuch hofft damit den großen Bedarf der Residenz an Besatz für die blumenfreudigen Hüte und Kostüme zu decken. Bertuch hält auf Ordnung; Goethe mag ihn eigentlich nicht, obwohl er der weitaus Tüchtigste im ganzen Lande Weimar ist; einen »entsetzlich behaglichen Laps« hat er ihn einmal genannt. Auch Wieland hat ihn verspottet mit seiner Nähstube und den »jungen, züchtigen Brigitten / Gleich rein an Fingern wie an Sitten«. Der Geheimrat verspricht wohlwollende Prüfung des Gesuchs.

Er schickt Empfehlungsbriefe aus, nachdem er sich noch etwas erkundigt hatte. Der Vater, Amtsarchivar, soll an Trunksucht gestorben sein, der Sohn hat viel geschrieben, »das ist nun nicht eben die beste Recommandation«, wie Goethe in seinem Brief an den Jugendfreund Jacobi bemerkt. »Wir erschrecken über unsere eigenen Sünden, wenn wir sie an andern erblicken.« Vulpius hat sich aber redlich um seine Bildung bemüht, und Goethe müht sich redlich, ihn unterzubringen. Er hat die Schwester in sein Gartenhaus bestellt, und sie ist seine Geliebte geworden, nicht viel anders als die römische »Faustina«, der sie vielleicht auch im Typus ähnelt.

Eine Weile läßt sich das verheimlichen, und Goethe dichtet eine schöne Elegie auf die Verschwiegenheit, die teure Göttin, die ihn sicher durchs Leben geführt habe. Nur dem Hexameter möchte er die Geliebte anvertrauen, »wie sie des Tags mich erfreut, wie sie des Nachts mich beglückt«. Weimar ist nicht Rom. Man sieht das Mädchen im Garten. Man spricht, klatscht, entrüstet sich. Der junge Fritz von Stein, den die Mutter während Goethes Abwesenheit wieder in ihr Haus zurückgeholt hat, ist der erste, der von diesem neuen Gast im Gartenhaus berichtet. Charlotte, enttäuscht seit langem und mißtrauisch genug über die noch immer wiederholten Beteuerungen unverbrüchlicher Liebe, empört sich nun offen und vor allen Leuten. Sie ist fast eine Fünfzigerin, in den Jahren des Lebenswechsels, kränkelnd und von den vielen Wandlungen in ihrer Beziehung zu Goethe erschöpft; sie hat nun den Lebensinhalt verloren, den er ihr gegeben hatte, und irrt verbittert umher. Es ist nicht bloße Eifersucht auf das Mädchen; sie hat manche Nebenaffären Goethes hingenommen oder übersehen. Sie spürt, daß ihr Part zu Ende ist und daß es nie wieder so werden wird, wie es war. Sie fühlt sich auch – sie müßte keine Frau und keine Dame sein – lächerlich gemacht und heruntergesetzt vor ganz Weimar, das bewundernd und neidisch auf die beiden schaute, ein fast legendäres Liebesverhältnis, bei dem man an berühmte Vorbilder denken konnte. Man mutet ihr etwas viel zu, wenn man ihr vorwirft, daß sie nicht mit großzügiger Geste abdankte oder versuchte »zu verstehen« und sich in die neue Situation zu schicken. Sie weiß viel zu gut, hellsichtiger darin als Goethe, daß dies nicht nur eine »Miselei« ist, sondern eine festere Bindung, ganz gleich, ob diese Mamsell Vulpius nun bleibt oder eine andere kommt, was auch Goethe noch nicht weiß.

Ganz unbefangen, als handelte es sich um eine harmlose Nebenliebschaft nach früherer Art, schreibt er an Charlotte. Er hat ihr schon gleich nach seiner Ankunft erklärt, sie solle es nicht zu genau nehmen mit seinem »jetzt so zerstreuten, ich will nicht sagen zerrissnen Wesen«. Er ist jedoch gar nicht zerstreut oder zerrissen, eher sehr gefaßt, selbstbewußt. Er schreibt, noch ehe von dem Blumenmädchen die Rede ist, davon, daß man besser »freundlich abrechnet, als daß man sich immer einander anähnlichen will«. Dies, ihr Ziel und ihre Hoffnung, von ihm so lange genährt, verbittet er sich nun ausdrücklich, und das ist der endgültige Bruch. Es kann ihr kein Trost sein, daß er sich im gleichen Brief als ihr Schuldner bekennt, um Nachsicht bittet und schließt: »Lebe wohl und liebe mich. Gelegentlich sollst Du wieder etwas von den schönen Geheimnissen hören«, den römischen Erlebnissen mit »Faustina«, die sie mit Gelassenheit angehört hat.

Fast aufgeregt, daß man ihn so mißversteht, erklärt er ihr dann, als das neue schöne Geheimnis entdeckt ist: »Und welch ein Verhältnis ist es? Wer wird dadurch verkürzt? Wer macht Anspruch auf die Empfindungen, die ich dem armen Geschöpf gönne? Wer an die Stunden, die ich mit ihr zubringe?« Er wird scharf. Das frühere beste innigste Verhältnis könnte noch weiterbestehen, wenn sie gestimmt wäre, mit ihm »über interessante Gegenstände zu sprechen«. Sonst aber könne er die Art, wie sie ihn behandelt, nicht dulden. Sie beschuldige ihn der Kälte, kontrolliere jede seiner Mienen und Bewegungen, sie tadele unaufhörlich, nie sei er in ihrer Gegenwart *à son aise*, was alles wohl stimmen mag. Er gibt am Ende dem zu vielen Kaffeetrinken schuld, vor dem er sie immer gewarnt hat. Das verstärke die Hypochondrie. Vielleicht bewirkt die Badekur eine Besserung ... Wenige Tage darauf bittet er: »Sieh die Sache aus einem natürlichen Gesichtspunkte an, erlaube mir, Dir ein gelaßnes wahres

Wort darüber zu sagen, und ich kann hoffen, es soll sich alles zwischen uns rein und gut herstellen.«

Ein natürlicher Gesichtspunkt war für die sehr unnatürliche Beziehung der beiden nicht so leicht zu gewinnen. Es bleibt bei der Entfremdung auf lange Jahre hinaus. Das Blumenmädchen geht im Gartenhaus aus und ein. Die gesamte Weimarer Gesellschaft empört sich. Das ist nicht nur Klatschsucht und Spießertum. Man hat Goethe, wie Schiller unmutig und erstaunt bei seinem ersten Besuch in Weimar feststellt, mit einer stillen und fast abgöttischen Bewunderung umgeben. Man sah ein höheres Wesen in ihm. Nun erscheint er mit einem Male grob-irdisch, mit einer sehr gewöhnlichen Person liiert, die kaum lesen und schreiben kann, ein breites Thüringisch spricht, einen unfrisierten Lockenkopf trägt und einen Leinenkittel über dem derben Leib, der allenfalls fürs Bett gut sein mochte. Einen »Bettschatz« nennt auch die Mutter Goethe sie in ihrem unverblümten Stil, ohne jede abschätzige Bedeutung, als sie einige Jahre später von dieser Mamsell Vulpius erfährt. Sie klagt nicht, im Gegenteil: Sie freut sich, daß ihr »Hätschelhans« es jetzt so gut hat, daß er leiblich so wohl versorgt ist mit Bett, Küche und allem, was notwendig ist. Unbeirrt bleibt sie bei dieser Meinung, auch als ihr dann später immer wieder Beschwerden zugetragen werden: die Vulpiussen sei so vergnügungssüchtig, sie tanze fortwährend in Goethes Abwesenheit – was denn: »Tantzen Sie immer liebes Weibgen, frölige Menschen die mag ich gern!«

Sehr möglich, daß gerade diese Fröhlichkeit den häufig verdrossenen Weimarern ein Ärgernis war. Sie bedeutete für den ebenfalls sehr oft schwer hypochondrischen Goethe ein unschätzbares Gegengewicht. Die ersten Jahre mit Christiane Vulpius sind erfüllt von diesem Gefühl. Er schreibt seine leichtesten, fröhlichsten Verse; er dichtet seine römischen Erinnerungen Christiane auf den Leib und schafft in seinen RÖMISCHEN ELEGIEN das schönste Denkmal dieser Liebe. Es ist seine heidnische Liebe, zum »Leib mit allen seinen Prachten«, wie er es in einem Gedicht an diese Frau ausdrückt. Sie hat wenig Geistiges, und er genießt das. Er freut sich an Wärme, Lebenslust, Munterkeit, offenen Fragen und offenen Antworten eines unverbildeten Kopfes, der gar nicht so töricht ist, wie die Damen der Gesellschaft meinen. Er empfindet Behagen, wie zuerst schon in Rom, aber dauernder nun. Er hat ein ganz unendliches Bedürfnis danach, denn ihm selbst ist das nicht gegeben; er kann liebenswürdig sein, Menschen bezaubern, wohlgelaunt mit ihnen scherzen, aber immer ist um ihn eine Distanz, ein Respekt, eine Kühle. Selbst Christiane wird ihn bis an ihr Ende nie anders als Herr Geheimrat bezeichnen; es ist nicht einmal sicher, ob sie ihn auf dem gemeinsamen Lager je anders als mit Sie angesprochen hat. Aber es bedarf gar nicht allzu vieler Worte zwischen

ihnen. Sie verstehen sich. Und dann schreibt Goethe im alten Freund-
schaftsstil ein Briefgedicht an Karl August, der sich mit langweiliger
Verwandtschaft plagen muß, und beschließt es mit den Versen:

> »Indes macht draußen vor dem Tor,
> Wo allerliebste Kätzchen blühen,
> Durch alle zwölf Kategorien
> Mir Amor seine Späße vor.«

Den Kommentaren der Weimarer Gesellschaft sind zahllose Betrachtungen gefolgt, die Goethe eine andere, bessere, edlere Frau gewünscht haben oder diese Christiane, da sie nun einmal zu seiner
Lebensgefährtin wurde, veredeln wollten. Das ist verlorne Liebesmüh. Goethe schafft sich sein Leben selber, auch die Schwierigkeiten
und Lasten dieser Beziehung, die wenig mit der Weimarer Gesellschaft zu tun haben. Er lebt als Gast in Weimar und als Gast in dieser
Liebe, dies auch wörtlich genommen. Er geht und kommt, wie es ihm
beliebt oder notwendig erscheint; viele Monate, oft halbe Jahre lang
bleibt er fort; er hat seine anderen Lieben. Er hat seine Interessen,
seine Dichtungen, von denen sie nichts versteht; er spricht davon zu
ihr, wenn die Gedanken ihn bewegen, fragt sie auch einmal um Rat
und freut sich an ihrem Mutterwitz, der oft einen richtigen Punkt er-
hascht, wenn die hohen Geister ihn nicht begreifen wollen. Aber er
braucht seine Unabhängigkeit. Die wahrt er sich ständig, auch später,
als er die in langen Jahren Erprobte und im Kriegsdrangsal von 1806
Bewährte heiratet und ihr seinen Namen gibt. In seinem Testament
von 1797 bezeichnet er sie als seine »Freundin und vieljährige Haus-
genossin«, in seinem Brief an den Geistlichen, der sie trauen soll,
als seine »kleine Freundin, die so viel an mir gethan« und die er nun
auch völlig und bürgerlich anerkennen will.

Bis dahin ist sie die Demoiselle Vulpius oder die Vulpia oder die
Vulpiussen für andere. Anfangs nennt er sie antikisch das kleine
Erotikon, und er denkt zunächst noch nicht an eine dauernde Verbindung. Karoline Herder schreibt von Goethes »Klärchen«, sie hat
den eben erschienenen EGMONT gelesen. Dem Herzog gegenüber
spricht Goethe von einer »studentischen Ader«, der er sich nicht zu
schämen hätte. Karl August hat volles Verständnis für seinen Freund.
Ein Knabe wird geboren, zu Weihnachten 1789, und der Herzog steht
bei dem Kinde Pate. Christiane ist in Goethes Haus eingezogen. Sie
hat ihre Stiefschwester nachkommen lassen, dann auch ihre Tante,
der Bruder wohnt ebenfalls eine Zeitlang dort mit. Goethe hat mit
einem Male eine ganze Familie um sich, und sie würde sich noch weiter vermehren, wenn nicht eine düstere Fügung, medizinisch nicht
recht aufgeklärt, über der Beziehung waltete. Vier weitere Geburten

folgen, alle unglücklich mit totgeborenen oder sogleich nach der Geburt sterbenden Kindern. Nur August, der älteste, bleibt am Leben und wächst kräftig heran; auch er hat, wie sich dann herausstellt, körperlich und geistig ein unseliges Erbe mitbekommen.

Ein recht seltsamer Haushalt ist dieses Goethe-Haus. Goethe schließt sich immer enger an das kleine Geschöpf an, das er, wie es im Gedicht heißt, mit all seinen Wurzeln ausgegraben und in seinen Garten verpflanzt hat. Er sorgt sich um sie, und sie sorgt für seine Behaglichkeit. Oft erscheint sie ihm unentbehrlich, und er kehrt von einer Reise rasch zurück. Aus Schlesien, wo er mit dem Herzog weilt, schreibt er 1790 an Herder: »Es ist überall Lumperei und Lauserei und ich habe gewiß keine vergnügte Stunde, bis ich mit Euch zu Nacht gegessen und bei meinem Mädchen geschlafen habe. Wenn Ihr mich lieb behaltet, wenige Gute mir geneigt bleiben, mein Mädchen mir treu ist, mein Kind lebt, mein großer Ofen gut heizt, so hab ich weiter nichts zu wünschen.«

Er spricht auch einmal von »leidenschaftlicher Liebe«, wenn er das Mädchen und sein Kind den Freunden während seiner Abwesenheit ans Herz legt. Die unbefangene Zusammenstellung mit Haus, Kind und Ofen und Bett kommt der Wirklichkeit näher. Aber wer wollte dies Gefühl der Wärme geringachten? Goethe hat sie sonst nie und nirgends verspürt. Die vielen feinen Fäden des täglichen Zusammenlebens, die ihn wie Ranken umschlingen, hat er dann freilich auch als starke Bindung empfunden, und in seiner Elegie AMYNTAS erscheint ihm die Geliebte als Efeu, der sich mit tausend Fasern in die Wurzeln seines Lebensbaumes einsenkt, das Mark, die Seele aussaugt. Auch hier kommt seine ständige Lebensangst zum Ausdruck, die sich nie ganz verliert. Er spürt sich schon verdorren, »sie nur fühl ich, nur sie, die umschlingende, freue der Fesseln / Freue des tötenden Schmucks fremder Umlaubung mich nur«. Nach zwei Jahrzehnten des Zusammenseins sagt Goethe wie abwesend und verwundert: »Sollte man wohl glauben, daß diese Person schon 20 Jahre mit mir gelebt hat? Aber das gefällt mir eben an ihr, daß sie nichts von ihrem Wesen aufgibt, sondern bleibt wie sie war.«

Sie bleibt fröhlich, und das kann ihr nicht immer leichtgefallen sein. Goethe sorgt zwar für sie und den ganzen Vulpius-Clan, der sich in seinem Hause etabliert. Er schickt Geschenke von seinen Reisen und fragt nach ihrem Befinden, besonders bei den vielen Schwangerschaften, für die sie das wunderliche Wort »Krabskrälligkeit« verwenden, das etwas gespenstisch klingt bei all dem Sterben. Aber er läßt sie doch immer wieder allein. Gleich nach der Geburt des ersten Kindes ist er fast das halbe Jahr fort, zuerst in Italien, dann in Schlesien mit Karl August, und so geht es weiter. Wenn Gäste kommen, ißt sie nicht mit bei Tisch, lange Jahre hindurch; nur Vertraute bekommen sie zu sehen. Seiner Mutter teilt er die Beziehung erst nach fünf Jahren mit, der Sohn August ist schon zu einem munteren Buben herangewachsen; die Rätin freilich nimmt die Nachricht sehr viel großzügiger auf als die Weimarer Gesellschaft, sie verspricht Goethe sogleich, sie werde an sein »Liebchen« schreiben, und entledigt sich dieser Aufgabe mit Grandezza und menschlicher Wärme. Goethe schließt, nach langer Entfremdung, seine Freundschaft mit Schiller, der auch einige Wochen in seinem Hause wohnt. Keine Zeile in dem Briefwechsel aus elf Jahren, mit Ausnahme eines flüchtigen Nebensatzes, erwähnt die Lebensgefährtin, obwohl von den unseligen Geburten teilnahmsvoll die Rede ist; an seinen Freund Körner schreibt Schiller nur von Goethes »elenden häuslichen Verhältnissen, die er zu schwach ist zu ändern«.

An und für sich war ein solches freies Verhältnis damals nichts Unerhörtes. Der königlich großbritannische Universitätsprofessor Lichtenberg in Göttingen lebte mit einem Mädchen zusammen, der »Magus des Nordens«, Hamann, mit der Dienstmagd seines Vaters; Schiller war mit seiner erklärten Geliebten Frau von Kalb in Weimar eingetroffen und lebte dann, nachdem er sich für das Haus von Lengefeld entschieden hatte, eine Zeitlang in einer unklaren Gemeinschaft mit den beiden Schwestern, ehe er sich entschloß, die weniger schöne, aber sanftere und häuslichere Lotte zu heiraten. Von den Damen der Weimarer Gesellschaft hatte jede, die nicht ganz unansehnlich war, ihren »Roman«. Die Schwester der Frau von Stein hatte einen Herrn von Imhof geheiratet, der als unermeßlich reich galt, als »Nabob«, zwei Mohrenknaben begleiteten ihn als Trabanten; sein Reichtum stammte aus Indien, wo er Kriegsdienste genommen und Warren Hastings seine Frau verkauft hatte, seine erste, eine bildhübsche Feldwebelstochter. Imhof war ein Spieler und Verschwender, vielleicht war auch Hastings' Abfindung nicht so hoch, wie man glaubte; die zweite Madame von Imhof mußte einige Male nach London fahren, um sich von der ersten, nunmehrigen Lady Hastings, Unterstützung zu erbitten. Charlotte, ihre Schwester, meinte zu dem Frauentausch ihres Schwagers nur, daß der »Aufenthalt in den fremden Gegenden die moralischen Begriffe auslösche«. In seinen Briefen an Charlotte plaudert Goethe mit leiser Bewunderung über eine ihrer Freundinnen, Frau eines Kammerherrn, die sich in ein anderes Mitglied der Hofgesellschaft verliebt hatte; sie ließ sich auf einem entfernteren Gute in Gestalt einer Stoffpuppe feierlich begraben, unter Beisein der Geistlichkeit, traf sich mit ihrem Liebhaber in Tunis, zusammen mit ihm tauchte sie wieder in Weimar auf: »Zu sterben!«, schrieb Goethe, »nach Afrika zu gehen, den sonderbarsten Roman zu beginnen, um sich am Ende auf die gemeinste Weise scheiden und kopulieren zu lassen! Ich hab es höchst lustig gefunden. Es läßt sich in dieser Werkeltags-Welt nichts Außerordentliches zustande bringen.« Man fand es nicht einmal außerordentlich, daß der protestantische Generalsuperintendent Herder mit einem reichen katholischen Domherrn und auf dessen Kosten nach Italien reiste. In der Kutsche fuhr die Mätresse des frommen Würdenträgers mit, die Tochter des Kammerpräsidenten, bei dem Goethe nach seiner Ankunft in Weimar abgestiegen war, ein sehr munteres Weibchen, Witwe nach einer »höchst vergnügten Ehe« mit einem Hofherrn, eine Art Philine wie im WILHELM MEISTER.

Das ist der Schauplatz des Weimarer Lebens. Es ist nicht frivoler als in anderen Residenzen, sehr viel freier allerdings als in der Reichsstadt Frankfurt. Das bürgerliche Zeitalter ist noch nicht angebrochen, das dann vergeblich nach einer passenden Bezeichnung für Goethes Liebe zu Christiane suchte. Es ist und bleibt eine sehr freie Beziehung. Nur damit war sie Goethe erträglich. Zahllos sind in den Briefen der beiden die Anspielungen auf »Äugelchen«, das Wort, das jetzt die früheren »Misel« ersetzt und auch oft nicht viel mehr bedeutet. Nur wenn Goethe es etwas zu stark treibt mit dem Äugeln, wenn Christiane allzu beunruhigende Nachrichten erhalten hat über schöne Damen auf den Badereisen – die er ebenfalls allein macht –, wird sie unruhig, traurig, und er muß trösten. Aber ebenso hat er gar nichts dagegen, daß sie tanzt, umherkutschiert, sich auf Landpartien vergnügt mit ein paar Freundinnen, auch wenn die Weimaraner darüber lästern, die Studenten ihre Glossen machen über »Göthes Mätresse«, die auf Dorfbällen ihre Schuhe durchtanzt. Er nimmt es nicht ernst, wenn man klatscht, sie trinke etwas reichlich; er selber trinkt gern und viel. Sie hat als Umgang fast nur die Schauspieler, die in Weimar noch außerhalb der Gesellschaft stehen: Um so besser, sie kann da manches vermitteln mit ihrer liebenswürdigen, gefälligen Art, ihrem hellen Köpfchen. Sie wird, als er dann die Leitung des Hoftheaters übernimmt, seine wichtigste Helferin in der Personalpolitik. Mit Kind und Kegel, denn sie sind meist verheiratet, rücken die Akteure bei ihm ein, Christiane betreut die Kinder wie die eignen, die sie verloren hat. Wenn sie einsam ist, gräbt sie im Garten, der ihr Stolz und ihre Zuflucht ist.

Wunderlichste Züge: Seit einem Jahrzehnt leben sie zusammen, die Aufregung der Weimarer kann unmöglich mehr andauern, aber Goethe, der sich wieder einmal, wie oft, nach Jena zurückgezogen hat, will sie besuchen. Heimlich, verstohlen, wie ein Liebhaber schleicht er sich in sein eignes Haus, nachts, niemand darf etwas davon erfahren. Ein andermal bittet sie ihn, doch bald zu kommen, sie sehne sich nach ihm. Sie verspricht ihm, daß sie nicht ungerufen des Morgens an sein Bett kommt und ihn stört. Auch der Kleine wird ihn nicht behelligen . . .

Sie weiß aus langer Erfahrung, welch ungemein empfindliches

Gefäß dieser kräftige, starke Körper ist. Jeder unangenehme Anblick muß ihm erspart werden. Tod vor allem: davon will er nichts hören und nichts sehen. Ihre Stiefschwester, die mit ihr seit vielen Jahren im Hause wohnt, stirbt an Tuberkulose; man hat ihm die Krankheit schon möglichst verheimlicht, niemand wagt es, ihm den Tod mitzuteilen; erst nach und nach, als das Begräbnis längst vorbei ist, erfährt er davon.

Ziemlich bald wird sie breit und füllig, dann schwer und dick und endlich unförmig. Ihre unverminderte Lustigkeit wirkt immer peinlicher, auch für gute Freunde des Hauses, ihr fortwährendes Tanzen und Umherkutschieren hat etwas Verzweifeltes. Selbst die Wirtschaft, die sie anfangs so tüchtig gehalten, wächst ihr über den Kopf, als der Haushalt immer größeren Umfang annimmt. Ihre große Stunde kommt in der Kriegszeit 1806, als plündernde Franzosen eindringen und sie sich resolut vor ihren Geheimrat stellt. Goethe legitimiert sie in stiller Privattrauung. Am nächsten Tage führt er sie als Geheimrätin von Goethe in eine Gesellschaft, allerdings nicht die Weimarer, die sich noch lange sträubt, sondern in den Salon einer Ausländerin, einer reichen Witwe Schopenhauer aus Danzig, der Mutter des Philosophen, die sich Weimar als Aufenthalt gewählt hat. Madame Schopenhauer, die auch schriftstellert, erklärt: wenn Goethe der Frau seinen Namen gebe, so könne man ihr wohl eine Tasse Tee reichen. Und erst mit dieser Tasse Tee, die Goethe der Schopenhauerin nie vergessen wird, ist Christiane in ihrer neuen Würde ratifiziert. Auch die anderen Damen Weimars folgen; sie lästern weiter in ihren Briefen, behaupten, Goethes »dicke Hälfte« sei eine heimliche Säuferin, verleite sogar den Sohn zum frühzeitigen Trinken, aber sie erscheinen nun bei ihr zum Tee oder Essen.

Christiane stirbt früh, als eben Fünfzigjährige, nach schwerem Leiden, an Urämie, von Kuren mit Egerer Brunnenwasser nur weiter aufgeschwemmt. Das Ende ist bei der Ratlosigkeit der Ärzte und dem Mangel an allen Linderungsmitteln ein zweitägiger grauenvoller Todeskampf. Goethe liegt zur gleichen Zeit krank an einem Katarrh, der wie oft bei ihm Flucht in die Krankheit gewesen sein mag. Nur von andern hat er Berichte gehört, er hat Christiane nicht mehr gesehen. Eine Schauspielerin, die Mätresse Karl Augusts, auch sie nun als Frau von Heygendorff legitimiert, als Nebengattin, ist die einzige, die sich zu der Schreienden hineinwagt und ihr die Hand drückt. Goethe vermerkt in seinem Kalenderheft: »Nahes Ende meiner Frau. Letzter fürchterlicher Kampf ihrer Natur. Sie verschied gegen Mittag. Leere und Totenstille in und außer mir. Ankunft und festlicher Einzug der Prinzessin Ida und Bernhards. Hofrat Meyer, Riemer. Abends brilliante Illumination der Stadt. Meine Frau um zwölf nachts ins Leichenhaus. Ich den ganzen Tag im Bett.«

An eine Aufbahrung war nicht zu denken; die Leiche wurde sogleich am Abend aus dem Hause geschafft und am nächsten Morgen in aller Frühe begraben. Goethe notiert hierzu: »Meine Frau um 4 Uhr begraben. Verschiedene Briefe. Fragment aus dem Ramayan an Major von Knebel. Akten geheftet. Rehbein, Huschke und Kämpfer. Im Garten. Das nächstzubeobachtende durchgedacht. Farbenversuche vorbereitet. Mittags mit August. Kupfer zu Peron. Um 3 Uhr Kollekte meiner Frau von Voigt erhalten. Englische Journale. Hofr. Meyer. Schloßflügelbau besonders.«

Das »Nächstzubeobachtende« ist ihm das Wichtigste. Es läßt sich annehmen, daß das seine Maske ist, die er bei allen Todesfällen vor das Gesicht nimmt. Es kann auch die steinerne Gesichtsmaske sein, die uns oft aus Goethes Leben und seinen eignen Zeugnissen entgegenstarrt und die nur ins Rührselige und Landläufige umgedeutet wird, wenn man meint, er habe hinter dieser Kälte eben die ganz besondere Tiefe seiner Gefühle verbergen wollen. Dazu hatte er gar keine Zeit.

Fast drei Jahrzehnte hat er mit Christiane verbracht, und es ließe sich überhaupt fragen, welchen höheren Wert diese Gemeinschaft gehabt hätte. Entwickelt hat Christiane sich nicht, sie blieb die gleiche, wie Goethe nach zwanzig Jahren feststellte – und an ihr lobte. Er hat, so rastlos sein Erziehungsdrang war, so gut wie nichts an ihr erzogen. Er hat ihr nicht einmal das leidlich korrekte und lesbare Schreiben beigebracht, obwohl das ein Punkt war, dem er sonst geradezu symbolischen Wert beilegte. Er hat nur gelächelt, wenn Christiane einen ihrer verkrakelten und halbverklecksten Zettel zu Papier brachte, ihren breiten thüringischen Dialekt in Zeichen umsetzend. So schreibt sie, als sie mit ihrem Söhnchen Goethe auf dem Wege nach Jena bis Kötschau begleitet hat und dort Abschied nimmt: »Wie du in Käuschau von uns wech wahrst gin wir naus und sahm auf dem berch dein Kuss fahren da fingen wir alle bey eile am zu Heulen und sachten beyde es wär uns so wuderlich.« Er hat gar nichts dagegen, wenn sie ihre Briefe von andern schreiben und abfassen läßt, und später, wo die Korrespondenz einen höheren Schwung nimmt von seiner Seite, richtet er seine Briefe nicht so sehr an Christiane als an die Hausgenossen oder schickt einfach seine Tagebuchaufzeichnungen, die zu weiterer Verwendung an anderer Stelle aufgehoben werden sollen. Ein noch reizvolleres Spiel, seiner Natur entsprechend, hebt an: Die Gesellschafterin, die Demoiselle Ulrich, von der später zu sprechen sein wird, schreibt in Christianes Namen und nach ungefähren Angaben die charmantesten Episteln, und Goethe antwortet doppelsinnig, sowohl Christiane wie das »liebliche Nebengeschöpf« bedenkend; im Grunde spricht er über die Frau hinweg mit der anderen.

So hat er es oft gehalten, und nur eine Frau oder ein Weibchen

wie Christiane konnte das ertragen. Wenn man alle »Nebenge-
schöpfe«, die zuweilen Hauptgeschöpfe werden, aus diesen Jahren
streichen wollte, würden Goethes Leben und seine Dichtung sehr viel
enger aussehen. Die Breite und Fülle seiner Existenz beruht darauf,
daß er sich in alle Regionen ausbreiten kann, und auch sehr wesentlich darauf, daß er sich bei Christiane wieder ausruhen darf. Sie ist
weit über die RÖMISCHEN ELEGIEN hinaus, in denen man gern die
Rechtfertigung des sonst ärgerlichen Verhältnisses sieht, ein entschei-
dendes Element: die Entspannung, die Ruhe, der Ausgleich. Wenn
das Bett dabei der Hauptfaktor ist, so wollen wir den erst recht nicht
unterschätzen. Goethes Sinnlichkeit oder Sinnenfreudigkeit ist seine
Stärke. Sie gibt seinen Werken erst die unvergleichliche Spannweite;
ein FAUST, der nur aus philosophischen Gedanken bestehen würde,
wäre ein Schemen, den man freilich oft genug zu konstruieren versucht hat. Aber nur die Freiheit dieses Verhältnisses zu Christiane
hat Goethe auch die Freiheit gegeben, die Erotik so unbefangen zu
behandeln, in allen Variationen, den »zwölf Kategorien Amors«, bis
zum Grob-Derben hinab, in Versen, die er nur Vertrauten zeigte
und die lange sekretiert wurden, bis zum Frech-Übermütigen oder
zum Spiel zwischen den Geschlechtern; hinauf wiederum bis zu den
feinsten und zärtlichsten Regungen, wenn er in der Umarmung der
Geliebten das leise Klopfen des noch Ungeborenen spürt und daraus
eine ganze Weltschöpfung gestaltet...

Es fehlt nicht an grotesken Zügen in dieser Beziehung, denn oft
ist das Mädchen nur ein Gefäß für seine Gedanken und Interessen. Er
quält sich mit der weltbewegenden Idee der Metamorphose, ein Wort,
das ihr unmöglich etwas sagen kann. Leicht faßlich, so meint er, hat
er in ganz einfachen Distichen das zusammengefaßt; ein Kind, eine
liebe Kleine muß das ohne weiteres begreifen: »Dich verwirret,
Geliebte, die tausendfältige Mischung / Dieses Blumengewühls über
dem Garten umher?« Er läßt nun die von ihm entdeckten ewigen
Gesetze der Botanik, des organischen Wachstums vor ihr auferstehen:
vom Samen über Teilung, Kerbung, Kelch, vom Pflanzenreich durch
die ganze Schöpfung bis hinauf zum holden Menschenpaar, über dem
Hymen schwebt. Sie versteht ihn, wenn er von den schwellenden
Früchten im Mutterschoß spricht oder dem Keim der Bekanntschaft,
der holden Gewohnheit, die zu Freundschaft wird, und sie versteht
den Jubel seiner Schlußworte: »Freue dich auch des heutigen Tags!«
Goethe freut sich, daß wenigstens *ein* Menschenkind seinen Jubel
mitempfindet über den gewaltigen Fund des organischen Zusammen-
hangs alles Geschaffenen, während die gelehrten Herren zögern oder
über seine Thesen den Kopf schütteln.

Gedichte, nicht nur die expreß Christiane auf den Leib geschriebenen, und Zeichnungen zeugen von dieser Liebesbeziehung, am schön-

sten vielleicht eine Skizze, die sie schlummernd auf dem Sofa zeigt, im weiten bauschigen Rock, mit offenen Locken um das ganze Gesicht. In Versen hat er das, ebenso leicht und zärtlich, nachgedichtet; er betrachtet die Schlafende lange, legt ihr nur schweigend zwei Pomeranzen und Rosen auf das Tischchen, die sie beim Erwachen begrüßen sollen:

»Seh ich diese Nacht den Engel wieder,
O wie freut sie sich, vergilt mir doppelt
Dieses Opfer meiner zarten Liebe.«

Am seltsamsten ist vielleicht eine Porträtskizze mit fast surrealistischen Zügen: der derbe Kopf mit Haaren bis über die Brauen, und aus den Locken zwei weitere Lockenköpfe herauswachsend, wiederholte Spiegelungen der gleichen Christiane, der eine lächelnd und schelmisch fröhlich, der andere ernster gesenkt und traurig. Auch dieses einfache Menschenkind ist nicht nur mit einer einfachen Formel zu erfassen, und Goethe weiß oder ahnt das schon früh.

Goethes Schriften

Als Künstler im umfassenden Sinne ist Goethe aus Italien zurückgekommen. Als Autor beginnt er nun, nach zehnjähriger Pause, wieder vor dem Publikum zu erscheinen, das ihn fast aufgegeben hat. Seine früheren Arbeiten werden allerdings noch gelesen. Nicht weniger als sieben verschiedene Raubausgaben seiner GESAMMELTEN WERKE sind in diesen Jahren erschienen, in der Schweiz, Berlin, Amsterdam, der Heimatstadt Frankfurt, in Reutlingen. Ein Pirat bestiehlt den andern. Der Berliner Himburg hat die beliebteste Ausgabe hergestellt, mit hübschen Stichen von Chodowiecki. Er hat Goethe sogar eine Entschädigung angeboten: ein Service Berliner Porzellan für seine Tafel. Die später so berühmte Manufaktur hatte keinen rechten Absatz; Friedrich der Große verfügte, daß alle Juden als Sondersteuer bei Eheschließung eine bestimmte Menge zu erwerben hätten. Die alten Berliner jüdischen Familien besaßen daher später das schönste »Alt-Berlin«, bis es ihnen im weiteren Verlauf in Neu-Berlin zerschlagen wurde. Goethe lehnte das freche Angebot ab. Der Nachdruck ging weiter.

Die Nachdruckerei in deutschen Landen hat ihre politische Seite. Jeder Landesherr, nach den merkantilistischen Ideen der Zeit, wollte die Industrie seines Territoriums schützen und förderte daher den Raub an geistigem Eigentum, wenn dadurch seine Papiermühlen und Druckereien zu tun bekamen. Der Kaiser wiederum erteilte zwar gegen entsprechende Gebühr ein kaiserliches Reichsprivilegium, das wenig Wirkung hatte; er protegierte aber gleichzeitig in seinen Erblanden, vor allem Wien, die Nachdrucker. Sein Hofbuchdrucker Trattner – der mit sehr anmutigen »Röslein und Zieraten« seine Diebsware aufputzte – brachte es damit bis zu einem stattlichen Palais und dem Ehrentitel Edler von Trattnern. Wie sehr das Heilige Römische Reich nur noch eine Fiktion geworden war, läßt sich an diesem Rechtszustand ablesen. Goethe konnte sich weder für das Reich noch für den Reformkaiser Joseph begeistern, von dem er außerdem gehört hatte, er habe Käse und Bücher für gleich wichtige Erzeugnisse erklärt – merkantil gesehen ganz folgerichtig.

Versuche der Autoren mit Selbstverlag endeten wie bei Goethes und Mercks Götz mit Verlust. Gemeinschaftsunternehmungen, die man in Dessau mit einer *Gelehrtenbuchhandlung* anstrebte, mißlangen gründlich. Man half sich ein wenig mit Subskriptionslisten. Das machte Mühe und artete oft in Bettelei aus. Goethes langjähriges Schweigen hat nicht nur, aber auch diesen Hintergrund.

Er war keineswegs ohne geschäftlichen Ehrgeiz. So stellt er nun, als kurz vor seiner Italienreise ein ernstes Angebot an ihn herantritt, sehr nachdrückliche Forderungen: 2 000 Taler in Gold, im voraus zu zahlen, sorgfältigster Druck, Eingehen auf all seine Wünsche in bezug auf Anordnung und Erscheinungstermine. Der Verleger ist ein jüngerer Mann in Leipzig, Georg Joachim Göschen, der soeben mit Hilfe des Schiller befreundeten, recht spekulativ veranlagten Konsistorialrats Körner eine Firma begründet hat. Er wird dann der erste große Verleger der deutschen Klassiker, Schillers, Wielands vor allem, Lessings, Klopstocks, der einzige, der nicht nur viel, sondern auch schön gedruckt hat, im großen Stil mit Prachtausgaben, für die er von Didot in Paris die Lettern bezog. Goethe ist sein erster Autor von Ruf und bleibt es nicht lange; er ist bald unzufrieden mit Göschen, und der läßt ihn ohne allzu große Bedenken ziehen. Denn diese erste Ausgabe der Schriften des ersten Dichters der Deutschen, acht kleine, schmale Bändchen, wird ein eklatanter Mißerfolg. Sie bringt die bis dahin unbekannten neuen Werke: den EGMONT, IPHIGENIE, TASSO, den FAUST als Fragment, die erste Sammlung von Gedichten Goethes – aber das Publikum bleibt kühl. Göschen hat hoffnungsvoll einen Druck auf holländischem Papier für Liebhaber angekündigt, neben der »ordinären« Ausgabe; er hat die Kupferstiche – Chodowiecki, der allzu Vielbeschäftigte, liefert »elendes Zeug«, wie Göschen schreibt – durch bessere ersetzt; er hat als besonders raffinierte Maßnahme seine eigne Ausgabe nachgedruckt, um damit den erwarteten Piraten mit vier billigen Bänden in den Rücken zu fallen. Es rührt sich aber kein Nachdrucker, und das ist das sicherste Zeichen für die Gleichgültigkeit der Leser. Die billige Ausgabe bleibt liegen, die bessere ebenfalls, die schöne Ausgabe wird gar nicht komplettiert. Vergebens nimmt Göschen die Bogen auseinander und versucht sie mit neuen Titeln als Einzelausgaben zu vertreiben. Er bemüht sich bis zu seinem Tode darum, die Vorräte sind noch nicht erschöpft. Göschens Sohn geht nach England und wird dort Bankier, der Enkel Finanzminister unter Disraeli und Viscount Goschen; der Urenkel Sir Edward Goschen, britischer Botschafter in Berlin vor dem Ersten Weltkrieg, konnte noch den Band aus den Originalbeständen zu einer Mark erwerben.

Noch kennzeichnender ist die Subskribentenliste. Sie weist 303 Namen auf und nur sehr wenige von geistiger Bedeutung. Wieland ist einer der zwei Besteller aus Weimar. Aus Frankfurt: sechs Namen, davon drei Buchhändler. Aus München: ein Besteller, der obendrein preußischer Legationssekretär ist. Die großen Buchhändler Leipzigs fehlen. Ganze Länder und Landschaften fehlen, alle großen Höfe, selbst von den benachbarten thüringischen sind nur einige vertreten. Dafür meldet sich ein einfacher Musketier vom Regiment Henkel in Königsberg; der dankbare Verleger verleiht ihm den Titel »Herr«. Es gibt andere Listen der Zeit. Als Klopstock seine GELEHRTENREPUBLIK herausgab, war das ganze gebildete Deutschland wie auf einer Ehrentafel versammelt. Hier, bei Goethes wichtigster Publikation – er hat nie wieder eine solche Fülle auf einmal vorgelegt –, gab es nur kleine Grüppchen, zerstreut über weite Räume, in Münster etwa, Königsberg, der Schweiz, Berlin, auch Wien. Der Gesamteindruck für Goethe mußte deprimierend sein. Die große Einsamkeit beginnt.

Sie hat schon vorher begonnen, und Goethe ist nicht ohne Schuld an dieser Wendung, die ihn um so stärker trifft, als er sehr verwöhnt ist. Man hat ihn bei seinen ersten Arbeiten vergöttert. Nun legt er diese großen, gewichtigen Werke vor und spürt kein Echo. Den Zeitgenossen stellt sich das anders dar: Der Dichter des WERTHER und Götz hatte seinen jungen Ruhm hingeworfen wie einen lästigen Mantel, sich ins Hofleben gestürzt als Favorit, Geheimrat, Minister, man hat sonst nichts von ihm gehört, er soll Maskeraden und Festspiele für die Hofgesellschaft geschrieben haben. Die nehmen denn auch in dieser so ernsten und bedeutenden Sammelausgabe einen ganz wunderlichen Platz ein: bunt durcheinandergewürfelt mit einem FAUST oder TASSO. Die Bände kommen zudem nach und nach heraus, von 1787 bis 1790 zieht sich das Erscheinen hin. Goethe hat ursprünglich mit etwas lässiger Gebärde erklärt, er wolle für die zweite Hälfte nur Fragmente und Skizzen liefern, was weitere Käufer abschreckt. Erst auf dringende Vorstellungen der Freunde und des Verlegers entschließt er sich, seine Papiere nach Rom mitzunehmen. Nur unter ständigem Drängen vollendet er die Stücke. Es ist sicher, daß ohne den Zwang dieser fatalen Gesamtausgabe Goethes Œuvre um die starke Mitte gekommen wäre, die dann sehr wesentlich seinen Ruhm begründet hat. Denn im Liegenlassen und Nichtvollenden hat Goethe alle großen Dichter übertroffen. Strenggenommen ist eigentlich überhaupt kaum eines seiner Werke abgeschlossen worden: Der WERTHER sollte fortgesetzt werden und erhielt Schweizer Reiseskizzen als zweiten Teil angestückt, die IPHIGENIE ging durch verschiedene Formen, der TASSO wurde später ins Un-Tragische umgearbeitet, der

FAUST nur mit Lücken publiziert, der WILHELM MEISTER in vielen Um-
formungen. Es gibt sogar so bedenkenlose Wendungen um die Achse
wie bei STELLA, die Goethe später statt in einer Ehe zu dritt in Selbstmord der Hauptbeteiligten enden läßt. Es gibt vor allem die ständige
Veränderung von Hauptgestalten, am charakteristischsten im FAUST,
wo Mephisto zeitweilig zur dominierenden Persönlichkeit wird, neben
der sein Herr und Meister nur als etwas schwächlicher Begleiter
wirkt. Es gibt die unablässige Verwandlung von Gegenspielern, die
im Laufe der Arbeit immer mehr Züge Goethes annehmen: Ein Alba
oder Oranien im EGMONT, ein Antonio im TASSO wird von ihm so mit
Eignem getränkt, bis er dem Helden gleichberechtigt gegenübersteht.
Dies Proteus-Spiel, von höchstem Reiz, können wir jetzt am Gesamt-
werk verfolgen. Die Zeitgenossen mußten sich an das halten, was
ihnen vorlag, und so ist es nicht nur stumpfe Roheit, wenn sie vielfach verwirrt waren und kühl blieben.

Goethe wandelt nicht nur seine Gestalten, sondern auch seinen Stil,
und dies nicht ein- oder zweimal, sondern immer wieder. Nichts ist
aber für das Publikum schwerer zu ertragen, das sich eben und mit
Mühe an eine Manier gewöhnt hat und nun umlernen soll. Goethe
war sich völlig darüber klar, daß er als Autor am besten getan hätte,
ein weiteres Dutzend Ritterdramen zu schreiben, vier oder fünf neue
Werther-Romane. Statt dessen erschien er nun im strengen klassischen Gewande, mit Ausschaltung jedes lauten Wortes, mit Kammer-
spielen von zartester Seelenmusik. Kaum hat sich das Bild eines
TASSO- und IPHIGENIE-Dichters befestigt, so erschreckt er die feineren
Seelen durch neurömische Elegien mit nacktester Sinnlichkeit, und
wiederum kurz darauf tritt nach einem Theaterroman ein deutsches
Paar HERMANN UND DOROTHEA vor die Öffentlichkeit, wie es sittlicher
und sinniger nicht gedacht werden konnte. Es ist leicht, das jetzt als
sinnvolle Einheit zu sehen; es war schwer, das damals zu begreifen.

So kommt es zu einem schweren Einbruch, der seine langdauernden Folgen hat. Goethe beginnt die Periode des Hasses und der Verachtung und sagt seine bittersten Worte auf die Deutschen. Er hat
sich nie viel um das gekümmert, was als »Geschmack« galt, obwohl
der gute, der richtige Geschmack – was man immer darunter verstehen mochte – das absolut herrschende Kriterium des Jahrhunderts
war. Nun macht er sich völlig frei. Er schreibt nicht für seine »lieben
Deutschen«, sondern für sich oder eine imaginäre Gefolgschaft. Er
nimmt keine Rücksichten auf die Bühne, so wie er in seiner Lebensführung keine auf die Gesellschaft nimmt. Es ist ihm völlig gleichgültig,
welche Vorstellung man sich von ihm macht. Er folgt seinem Stern.

Das Schicksal nun steht über den Gestalten der Dramen, die er in
seiner Ausgabe vorlegt. Napoleon hat später zu ihm gesagt: was man
denn mit dem Schicksal wolle? Das sei eine überholte Konzeption:

»Die Politik ist das Schicksal!« Damit meinte er sich. Goethe versucht mit dem EGMONT ein politisches Drama zu schreiben; Schiller, der ein politischer Kopf und ein großer Dramatiker war, hat das Stück gleich nach seinem Erscheinen scharf kritisiert. Für ihn geht es bei diesem Thema um den Freiheitskampf der Niederländer gegen das spanische Joch. Wenn das Volk dabei seine ganze Liebe auf den Grafen Egmont geworfen hat und sich von ihm die Rettung erhofft, dann muß ein solcher Mann uns auch mit Größe und Ernst vorgeführt werden. Egmont hingegen tändelt mit seinem Liebchen und schlägt jede Warnung lächelnd in den Wind. »Nein, guter Graf Egmont«, ruft Schiller aus, »wenn es Euch zu beschwerlich ist, Euch Eurer eignen Rettung anzunehmen, so mögt Ihrs haben, wenn sich die Schlinge über Euch zusammenzieht. Wir sind nicht gewohnt, unser Mitleid zu verschenken.« Schillers persönlicher Gegensatz zu Goethe spielt mit, und er zitiert Egmonts Worte über die Liebe, die ihm von allen Menschen entgegengebracht wird: »Die Leute erhalten sie auch meist allein, die nicht danach jagen ... hätte ich nur etwas für sie getan! Es ist ihr guter Wille, mich zu lieben.« So scheint es Schiller auch mit Goethe zu stehen: Sie lieben ihn alle, auch wenn er nicht den großen Ernst des Helden zeigt.

In der Tat ist es Goethe nicht um den Freiheitskampf der Niederländer zu tun. Er zeichnet das Volk mit sicheren Strichen, aber ist fast ängstlich bemüht, es nicht eingreifen zu lassen; der Agitator Vensen wird sogar als Hetzer und verdächtige Gestalt geschildert, wie in Vorahnung der gegen die Französische Revolution gerichteten Stücke Goethes. Nur das Liebchen stürzt auf die Straße, als ihr Geliebter zum Tode verurteilt ist, und ruft auf zum Kampf, doch vergeblich. Aber ihr geht es am wenigsten um die Freiheit; sie will ihren Liebsten retten und sonst nichts. Wenn sie zum Schluß Egmont in seinem letzten Schlummer vor der Hinrichtung verklärt als Göttin der Freiheit erscheint, so ist das, wie Schiller sagt, ein Salto mortale in die Opernwelt. Beethoven erst hat das mit seiner Egmont-Musik ins Heroische umgedichtet – Goethes Werke haben oft so weiterzeugend gewirkt – und in einer Siegessymphonie ausklingen lassen.

Goethe geht es um seine höchstpersönlichen Probleme und Nöte. Das Stück stammt noch aus der Werther-Zeit. Schauder vor der Ungewißheit des Schicksals, dem dämonischen Spiel der Götter mit dem Menschen, und auch seine eigne Unentschlossenheit in der Liebe wie in seinem Leben – das bewegt ihn zunächst. Das Schwanken des unheldischen Helden ist sein eignes Schwanken, das Liebchen treu, fest, unverbrüchlich, eine Sehnsuchtsgestalt, wie er sie sich erträumt, der selber so wenig treu ist. Sie ist damit ohne jedes erkennbare Modell gerade eine seiner lebendigsten Figuren geworden, und selbst das heroinenhafte Deklamieren am Schluß kann das nicht verwischen.

»Jeder Jüngling wünscht sich so geliebt zu werden«, sagt Goethe vom Werther, und das gilt ebenso vom Egmont und seinem Klärchen. Es ist aber auch ein Theaterstück, und Goethe hat es achtzehn Jahre mit sich herumgetragen. Die Liebesszenen, die zu seinen schönsten gehören, wollte er nicht aufgeben. Die Staatsaktion war auch nicht auszuschalten, wenn das Ganze nicht hinfällig werden sollte. So arbeitet er, immer in Unterbrechungen, an den Gegenspielern des Grafen. Sie nehmen immer mehr Züge seines eignen Wesens an, der Warner Oranien wird zum diplomatischen Mahner Goethe, der kalte und unbarmherzige Diktator Alba wird zum Vertreter der höheren Staatsräson, die Goethe durchaus anerkennt. Sie wachsen, und der Held wird damit schwächer, bis er am Ende, wie Schiller meint, fast zu Recht seinem Tode entgegengeht. Noch weiter treibt Goethe sein Bedürfnis nach Ausgleich, seine »Konzilianz«, wie er selber es einmal genannt hat, eine verhängnisvolle Eigenschaft für einen Dramatiker: Er muß dem Gewaltstreich des Diktators Alba eine menschlich versöhnende Note geben. Der eigne Sohn des finsteren Spaniers bekennt sich schwärmerisch zu dem Todgeweihten. Und so wird das Trauerspiel nahezu aufgehoben und in Harmonie verwandelt. Goethe hat danach keine Tragödie mehr versucht – mit Ausnahme der Gretchen-Tragödie, die nur in das Gesamtgefüge des FAUST eingebaut ist.

Auch sein TASSO, der tragisch angelegt war, unterliegt diesem Verwandlungstrieb, der tief in Goethes Natur begründet ist und oft selbst mit den deutlichsten künstlerischen Erfordernissen in Widerstreit gerät. Streit mit der Umwelt, Streit des Genies mit sich selbst, Gefahr, dabei zugrunde zu gehen: das ist der Ausgangspunkt. Auch das reicht bis in die Sturm-und-Drang-Zeit zurück, und ein anderer Stürmer, der genialische Wilhelm Heinse, hat ihm die ersten Anregungen gegeben. Die Gestalt des unglücklichen italienischen Dichters war damals der Prototyp des von seinem Genie ins Unheil gestürzten Poeten; wir sind inzwischen mit genialen Wahnsinnigen in Kunst und Dichtung sehr viel mehr vertraut geworden; es hat sich am Ende die Vorstellung herausgebildet, daß ohne eine gewisse Beigabe von Irrsinn letzte geniale Leistung überhaupt nicht zu erwarten sei. So sah man den Tasso damals nicht. Er war ein Sonderfall, ein besonders Unglücklicher, keinem andern großen Dichter zu vergleichen. Man dachte sich einen Dichter noch durchaus als gesund; vielleicht mit Anwandlungen von Melancholie, die zum Bilde des Poeten gehörte, auch verfolgt von widrigem Schicksal wie Dante. Aber das kranke Genie war noch nicht das Ideal; Goethe hat sogar, schon als junger Mensch und nicht erst im Alter, mit fast grausamer Ungeduld die Gescheiterten abgelehnt, die sich »nicht zu fassen wußten« wie der geniale Günther und denen damit ihr Leben wie ihr Dichten zerrann. Er hat auch für seinen jüngeren Bruder Lenz nicht die geringste Nachsicht aufgebracht. Von Rousseaus Verfolgungswahn wußte man noch kaum etwas; man sah in ihm nur das Genie, das von den Philistern vertrieben und verfolgt wurde.

So ist Tasso zunächst, in Heinses Beschreibung, der große Dichter, gegen den sich alles vereinigt, um sein angeborenes Genie zu erstikken: Er liebt die Prinzessin am Hofe von Ferrara, und sie versagt sich ihm; der Herzog kerkert ihn ein, durch Intriganten verführt, als angeblich Wahnsinnigen, während Tasso nur liebeskrank ist; erst die siebenjährige Haft macht ihn rasend und läßt ihn Gespenster sehen. Er widerlegt jedoch durch seine Gedichte die Beschuldigung und beweist, »daß gewisse fieberhafte Anfälle zu den Eigenschaften der großen Genien gehören«. Nach Flucht und Umherwandern stirbt er in Rom, eben, da man ihn auf dem Kapitol zum Poeten krönen will, »so sanft und heiter als ob er in einem süßen Traume vor Wonne nicht mehr Atem holen könne«.

Darin lag der Stoff für ein Drama, mit den Liebes- und Kerkerszenen als Mittelpunkt, dem Hof-Intriganten als Gegenspieler. Dem jungen Goethe ganz nahe war auch Heinses Paraphrase über den Dichtergeist, das allmächtige Gefühl, das »die Leidenschaften aus den Tiefen der Hölle und den Höhen des Himmels in den Kreis seines Herzens fordert, den Blick voll Kraft, der in ein Alles auf einmal sieht, und alles darinnen gegenwärtig hat; das Feuer, das die Bilder der Dinge zusammen schmelzt, und in ihrer schöneren Gestalt, von ihren Schlacken gereinigt, wieder hervorbringt...«

Das ist nahezu identisch mit den Stimmungen Goethes zur Werther-Zeit, und sein erster Tasso, den wir nicht mehr haben, mag ähnlich gewesen sein; er hat sicherlich das Intrigenspiel beibehalten, die Liebe zu der Herzogsschwester. Historisch ist das alles nicht; da spielte ein politisches Moment die Hauptrolle: Tasso, grüblerisch, ständig von religiösen Zweifeln gequält, hatte freiwillig der Inquisition seine Skrupel gebeichtet. Der Herzog fürchtete, daß er dabei ketzerische, calvinistische Tendenzen am Hofe, seiner Gemahlin vor allem, verraten könnte und ließ ihn deshalb als Irrsinnigen in Haft halten. Er war kein milder, aufgeklärter Fürst, wie Goethe ihn schildert, sondern ein kalter Despot; die Liebesgeschichte ist Legende, die Luft, die um den geschichtlichen Tasso weht, ist die kühle, strenge Luft der Gegenreformationszeit.

Goethes Drama spielt auf einem anderen Schauplatz und in anderer Luft. Sein Tasso trägt nur den Namen eines großen Dichters – und wird dann hundert Jahre lang eine Flut von Künstlerdramen hinter sich herschleppen. Goethes Hofgesellschaft besteht aus Idealgestalten. Allerdings, Goethe hat nicht umsonst zehn Jahre an einem Hofe gelebt, ist nicht umsonst durch eine Schule der Herzensbildung und feinen Sitte gegangen – und so wird es auch eine Huldigung. So sollte jedenfalls, so könnte vielleicht ein solcher edler Kreis aussehen. Es ist schon viel, daß die recht irdischen Figuren Weimars den Anlaß gegeben haben zu diesen Gestalten, und da kann auch Charlotte von Stein ihren Platz finden. Vergebens jedoch wird man sie oder andere in den Personen des Dramas suchen. Sie sind aus Sehnsucht geschaffen: Solche Menschen müßte der Dichter um sich haben, edel alle, auch der frühere Intrigant, wahre Genies des Verständnisses für jede Seelenregung.

Goethe versucht da eine Gesellschaft zu schaffen, die schwierigste und eigentlich unlösbare Aufgabe für einen Dichter. Sie ist aristokratisch. Das Volk wird ausdrücklich ausgeschaltet, es war ihm schon im EGMONT fragwürdig geworden. Die Gräfin Sanvitale sagt, als von Florenz die Rede ist: »Das Volk hat jene Stadt zur Stadt gemacht / Ferrara ward durch seine Fürsten groß.« Wenige Edle nur bilden die Gemeinschaft. Sie sind das Vaterland – »die Menge macht den Künstler irr und scheu«. Allein will jedoch der Künstler nicht sein, er braucht Freunde, Helfer. Alle wollen ihm helfen, jeder auf seine Weise, und jeder hat recht: der Herzog mit seiner Regierungsweisheit, die Prinzessin mit ihrer Zurückhaltung, der Hofmann Antonio mit seinen männlich-festen Ratschlägen, die Gräfin Sanvitale sogar, die weltlichste von allen, die ihn aus dem Zauberkreis seiner Wirrungen herausführen will. Es ist ihm jedoch nicht zu helfen, aus keinem anderen Grunde als dem, daß er ein Genie ist. Das allein ist Bedrohung genug. Es sind nicht »gewisse fieberhafte Anfälle« von Zeit zu Zeit. Es ist ständige Krankheit, unheilbare, durch nichts zu lindern. Goethe will sich nicht befreien lassen, denn er spricht von sich. Er will im Drama das Dichtergefühl, das weltschmerzliche, bis zum Grunde auskosten. Er will seinen Tasso scheitern lassen, um sich, Goethe, zu retten und von seiner Furcht zu befreien, so wie er sich in seinem Werther von der Werther-Krankheit heilte. Er hörte es gern, wenn man später den Tasso als einen »gesteigerten Werther« deutete, wie das ein geistreicher junger Franzose tat. Und seine Zeilen: »Und wenn der Mensch in seiner Qual verstummt / Gab ihm ein Gott zu sagen was er leidet«, hat er als Lebenserfahrung selber an wichtigen Wendepunkten zitiert – so in seinen letzten Liebeswirren in Marienbad.

Der TASSO ist Goethes größtes Kunstwerk, als Kunstgebilde ein Kammerspiel, ein Quintett mit fünf gleichberechtigten Instrumenten und feinster Stimmführung. Jede dieser Stimmen singt ihren Part, sie werden oft gedämpft bis zum leisesten Pianissimo, das nur noch andeutet und das Ungesagte ahnen läßt. Und doch hat er ihnen zugleich so viel an »Körper« gegeben, daß es sogar gute Schauspielerrollen werden können. Es sind Idealgestalten, und sie leben. Die ganz imaginäre und unwahrscheinliche Gesellschaft sogar, die er sich erträumt, bildet sich allmählich als eine Art Tasso-Gemeinde. Hugo von Hofmannsthal hat sie in einem schönen Aufsatz nachgedichtet und nachgeträumt, mit Figuren, die es ebensowenig im Wien von 1906 gab wie die Originale im Weimar von 1790. Auch solche Träume sind eine Wirklichkeit.

Goethe hat wie bei fast all seinen Werken seine Schöpfung mit veränderter Lebenserfahrung umwandeln wollen. Er hat Bühnenfassungen hergestellt, als das Stück, nach zwanzig Jahren erst, auf die Bühne kam und gestrichen, was Tasso als »überreizt, empfindlich und von ungerechter Heftigkeit zeigt«, sogar seine Verzweiflung, bis am Ende keine Katastrophe mehr droht, sondern Gesundung erhofft werden kann. Ein Rezensent schrieb befriedigt: Tasso erkenne, der Mensch müsse nicht bloß phantasieren, sondern auch handeln, wenn er sich hienieden glücklich fühlen will. Auch dies, sein intimstes und persönlichstes Werk, darf nicht tragisch sein. Es ist ein Spiel.

Wie in der griechischen Tragödie folgt ein Satyrspiel. Goethe hat soeben das Werk beendet und an Göschen geschickt, mit sorgfältigen Verbesserungen und Korrekturen, wie er sie kaum je so eingehend vorgenommen. Er hat noch in der Reinschrift des Sekretärs immer wieder gemildert, aus »schelten«, das ihm zu stark erscheint, »tadeln« gemacht, aus »Pöbel« »Volk«. Die Handlung, die ohnehin kaum äußere Handlung zu nennen ist, wird noch weiter entschärft: Wenn Tasso ursprünglich seinen Degen abgeben soll nach der einzigen Szene eines »Ausbruchs«, so heißt es nur noch: »Verlaß uns Tasso, bleib auf deinem Zimmer.« Jetzt, unmittelbar danach, kommt die andere Seite von Goethes Wesen zur Geltung – in Werken ganz anderer Art. Er schreibt seine schärfsten Verse, seine ungehemmtesten Erotika, die noch heute in allen Goethe-Ausgaben fehlen, seine bittersten Worte über die Deutschen, ja ihre Sprache, der er eben ihre feinsten Töne entlockt bis zu Schwebungen, die seine Kunst nicht wieder erreicht hat. Er hat sich aus der überirdischen und geträumten Gesellschaft unter die Gaukler begeben, die Huren, und er genießt das. Er ist »frech«, wie er selber seine Epigramme nennt. Warum nicht? fragte er: Es sind nur Überschriften, die Welt schreibt die Kapitel des Buchs. Rein und unrein, auch Kot, Spelunken, verworrene Pfade, ingrimmige Worte über den Pöbel, ein Wort, das er eben noch gestrichen hat, die Kirche, selbst Christus wird verhöhnt. Es ist ein wahrer Ausbruch, eine Entladung nach der übermäßigen Gespanntheit und Haltung, ähnlich seinen altdeutsch-groben Späßen zur Werther-Zeit.

Als VENEZIANISCHE EPIGRAMME hat Goethe einiges davon publiziert, der Anna Amalie gewidmet, die recht frei dachte; es waren immer noch sehr freie Stücke darin verblieben neben harmloseren, die dazwischengestreut sind, damit die Sache nicht allzu verfänglich wird.

Er ist noch einmal nach Italien gegangen, im März 1790, in höfischem Auftrag: Anna Amalie sollte von ihm in Venedig herumgeführt werden, auf der Rückreise von ihrer längeren Italienreise. Ebenso kraß wie der Widerspruch zu der Tasso-Stimmung ist der Kontrast zu seiner überschwenglichen ersten Italienliebe. Er kann kein Erlebnis wiederholen. Alles erscheint ihm nun jämmerlich, was ihn begeisterte. Er klagt über das Wetter, die Prellerei der Fremden; die Ruinen des Altertums sind nur noch »zerstreutes Gebein«, Venedig ist ein »Stein- und Wassernest«, er ist intoleranter gegen das »Sauleben dieser Nation« als das vorige Mal. Die Wahrheit steckt in einem anderen Briefsatz: »Nicht daß mir's in irgendeinem Sinne übel ergangen wäre, wie wollt' es auch? Aber die erste Blüte der Neigung und Neugierde ist abgefallen.« Er ist in einer seiner periodischen Stimmungen der Antiklimax. Er ist zu hoch hinaufgestiegen und muß nun herunter, und wie alles tut er das nicht halb, sondern ganz. Das Liebchen zu Hause mit dem eben geborenen Sohn wird einmal als »Perlchen« erwähnt, das er am Strande gefunden; er legt es auch den Freunden daheim zur Fürsorge ans Herz, aber er bleibt ein gutes halbes Jahr fort in diesem merkwürdigen Jahr 1790. Ein »Klärchen« genügt seinem Bedürfnis nach Entspannung nicht. Er braucht stärkere Stimulanzien, und er führt sie sich zu, ohne Bedenken; er spricht und schreibt auch davon ohne Scheu. Die gesellschaftlichen Hemmungen, die der Umgang mit Frau von Stein ihm auferlegt hatte, waren schon in Rom und dann durch seine Beziehung zu Christiane durchbrochen. Sie fallen jetzt ganz fort. Er fühlt sich als antiker Mensch, heidnisch frei, und im antiken Versmaß dichtet er seine leichtesten und losesten Erlebnisse und legt sie seiner Fürstin vor. So groß ist jetzt schon sein Ansehen, daß man ihm auch dies gestattet; die aristokratische Gesellschaft des Rokoko, aus der Amalie stammt, ist vorurteilslos und erlaubt sich selber jede Freiheit.

Die Bezeichnung EPIGRAMME, die Goethe für seine kleine Gedichtsammlung wählt, ist willkürlich; er hat zwar dort dialektisch gehaltene Stachelverse mit einer spitzen Pointe geschrieben, aber das war nicht seine Sache. Er macht seinem Unmut über die Französische Revolution Luft, die eben begonnen hat, ebenso über die Fürsten, die seiner Ansicht nach nicht besser sind als die Demagogen. Die Franken sind ihm lästig und die Deutschen; er lästert blasphemisch, man solle jeden Schwärmer im dreißigsten Jahre ans Kreuz schlagen; er bringt gar seine Abneigung gegen Hunde wie Menschen zu Papier: »Denn ein erbärmlicher Schuft ist wie der Mensch so der Hund.« Das ist alles weder sprachlich noch geistig von Belang; Goethe hat in der antiken Form des Epigramms selten Glück gehabt.

Erst wenn er »Epigramme« schreibt, die keine solchen sind, sondern Elegien im Stil seiner römischen, wird er wieder zum Dichter. Es ist nicht alles Unmut und Unbehagen in Venedig. Zwar »Faustinen find ich nicht wieder«, heißt es; dafür ist es eine Bettine, ein Gauklermädchen, leicht, behende, knabenhaft. Er spielt mit allen »zwölf Kate-gorien Amors« und nicht mit einer Partnerin. Die große Zeit der venezianischen Courtisanen ist schon längst vorbei wie überhaupt die große Zeit Venedigs; die Courtisanen waren ohnehin meist eine recht feierliche Angelegenheit gewesen, ein Besuch bei einer dieser teuren und statiösen Damen, die auf strenge Etikette hielten, gehörte zum Bildungserlebnis auf der Grand Tour wie später der im Museum, der Unterschied war nicht groß. Goethe ist lässig gestimmt. »Lacerten« nennt er die Mädchen, die wie Eidechsen über die Plätze hin- und herfahren, in einem Winkel verschwinden, er schlendert die Gäßchen nach, in Spelunken, zum Kaffee führt die Schöne, »und *sie* zeigt sich geschäftig, nicht du«. Er spielt mit zwischengeschlechtlichen Regun-gen und sieht die knabenhafte Bettine als einen Ganymed, dem er als Jupiter zuschaut; er hat auch davon gesprochen, daß Knabenliebe ihm nicht fremd gewesen sei. In Rom hatte er sich, wo Frauenrollen noch von Männern gespielt werden mußten, bereits an dem eigentümlichen Reiz solchen Geschlechtswechsels amüsiert, diesem »Schein der Um-schaffung, den die antike Sage in der Geschichte vom Seher Tiresias mythisiert hatte. Seine Mignon im WILHEM MEISTER wird zunächst ein solches Zwitterwesen; sie behält knabenhafte Züge, auch als er sie dann in der endgültigen Fassung seines Romans als Mädchen vor-stellt. Zwielichtig ist alles in diesen venezianischen Wochen, in der alten Stadt, die dicht vor ihrem Ende steht; Goethe ist alt mit seinen kaum vierzig Jahren, und seine Vergnügungen haben nichts von ju-gendlich-übermütiger Ausschweifung, fast muten sie an, als müsse er nun den ganzen Katalog des Wissenswerten mit guter Miene ab-solvieren, ehe es zu spät wird.

Alt fühlt er sich den Jüngeren gegenüber, die nun als Autoren und Lieblinge der Nation hochgerückt sind. Schiller ist ihm besonders un-sympathisch mit seinen RÄUBERN, die gerade den *Sturm und Drang* noch einmal und stärker als bei allen Vorgängern wieder aufleben las-sen. Goethe hat das hinter sich gebracht und möchte es nun nicht mehr bei andern sehen. Sein Jugendgenosse Heinse, kein Jüngling mehr, sondern gleichaltrig mit ihm, hat soeben einen feurigen Italien- und Künstlerroman ARDINGHELLO veröffentlicht, ein wahres Geniestück. Begeistert wird der aufgenommen. So etwa hätte man sich Italien von Goethe, wie er noch in der Erinnerung der Zeitgenossen lebte, ge-schildert gedacht. Er hat jedoch Rom ganz anders gesehen, und so ist ihm das Buch Heinses geradezu verhaßt, es verdirbt den Geschmack, Heinses »Sinnlichkeit« wird gerügt. Es ist ein Paradox, das Goethe in seinem Verhalten zu andern öfters gar nicht zum Bewußtsein kommt, daß er, der eben den nackten Amor gefeiert hat, das fröhliche rhyth-mische Knarren des Bettes, an Heinses sehr viel harmloseren Baccha-nalen Anstoß nimmt. Er sieht in dem Hochbegabten einen Nebenbuhler, fast wie im wörtlichen Sinne, und empfindet das als unangenehm und fratzenhaft: So soll man nicht buhlen, vor allem nicht mit der Kunst. Ein Künstlerbacchanal ist der Höhepunkt des Romans, und da würden Goethes römische bescheidene Hausgenossen, die Tischbein oder Meyer, gewiß nicht hineinpassen, die der Maler Müller »Schmachtlappen« genannt hatte: Efeubekränzt schwärmen sie bei Heinse mit ihren Mädchen und Modellen, die am Ende die Hemden abwerfen und nackt ihren Reigen schwingen, »es ging immer tiefer ins Leben und das Fest wurde heiliger . . .« Goethe wünscht seine Liebesfeste allein zu feiern. Ihn stört an Heinse, was Schiller dann an Goethe stört: das allzu starke Betasten aller Dinge, bei den Kunstbetrachtungen vor allem, die reichlich eingestreut sind. Heinse hat ein sehr viel innigeres und stärkeres Verhältnis zur Kunst, und seine ästhetischen Anschauungen haben weiter und länger gewirkt als die Goethes, noch auf die Romantik, das junge Deutschland; er besaß auch eine sehr viel lebendigere Beziehung zur italienischen Musik, der er einen weiteren Roman gewidmet hat. Barocke und romantische Elemente mischen sich in ihm; Goethe aber ist eben bei seinem Klassizismus angelangt, und so ist ihm das alles widerwärtig, nicht zuletzt Heinses politische Phantasien, die auf Demokratie hinauslaufen: »Ein Staat von Menschen, die des Namens würdig sind, vollkommen für alle und jeden, muß im Grund immer eine Demokratie seyn« – das will Goethe jetzt nicht hören. Heinse endet seinen Roman, Byron um ein Menschenalter vorwegnehmend, mit einem phantastischen Auszug in die Freiheit; ein Seeräuberstaat auf den griechischen Inseln wird gegründet, mit einem Heldengeschlecht der schönsten Jünglinge und Jungfrauen, einer neuen Religion und Staatsordnung, ein »Land für Themistoklesse und Scipionen, für Praxitelesse und Horaze, keine Mönche und Barbaren«. Goethe hatte es leicht, sich darüber zu erheben, sooft auch er davon geträumt hat, einmal alles hinter sich zu lassen und irgendwo, in Amerika, ein neues Leben zu beginnen. Eben das, was an Heinse seinen eignen Neigungen und Zügen so nahe ist, irritiert ihn wie sein Bild im Zerrspiegel. Und in der Tat ist Heinses Sinnlichkeit um ganze Grade von der Goethes verschieden: Sie hat etwas Wucherndes und rastlos Flackerndes, und sie ruht nicht auf einer mächtigen Natur, die das Erotische in den ganzen Menschen einbezieht. Heinse ist vielmehr immer, so kühn und renaissancehaft er sich gibt mit seinen Gestalten, die wie Vorläufer von Nietzsches »blonder Bestie« toben, ein wenig der arme Pastorensohn aus Thüringen, der arme Hofmeister, das Zeitschicksal aller begabten Genies der Zeit, und am Ende muß er kümmerlich als Vorleser bei einem aufgeklärten katholischen Kirchenfürsten unterkriechen, dem er aus Boccaccio und Aretin etwas vorträgt.

Der Beifall, den »die Andern« finden, läßt aber Goethe nicht unberührt. Die Zeit der olympischen Gelassenheit ist noch in weiter Ferne. Neidisch im gewöhnlichen Sinne ist er nie gewesen, wohl aber sehr empfindlich. Er erwartet immer, daß jeder an seinen Wandlungen teilnimmt, und fühlt sich geradezu in seiner Existenz bedroht, wenn die andern andere Wege einschlagen. Er hat nie, wie Wieland oder Tieck, für geniale und starke Naturen Verständnis oder Geduld aufgebracht; die Beziehung zu Schiller war die Ausnahme und beruhte darauf, daß sich beide als Bundesgenossen in einem Augenblick näherten, da ihre geistigen Interessen auf ein gemeinsames Ziel deuteten. Sonst brauchte er bescheidene Helfer, Zuträger und Mitarbeiter. Das ist auch der Grund, weshalb er nie eine Schule gehabt und nicht einmal einen Kreis um sich geschart hat.

So empfindlich ist er in diesen Jahren nach Italien, daß er ernstlich daran denkt, alles hinzuwerfen – alles, das heißt das Dichten, die Schriftstellerei, das Autorspielen. Es gibt kein Beispiel dafür, daß ein ganz großer Künstler seiner eigensten Berufung mit solcher Gleichgültigkeit immer wieder gegenüberstand, als handelte es sich um eine »Grille«, die man eine gute Weile kultiviert und die man nun auch lassen kann. Daß sein Dichterruhm eine Verpflichtung bedeuten könnte, daß es vielleicht der Mühe wert sein sollte, um das zu kämpfen, was er soeben in Iphigenie und Tasso verkündet hatte, kommt ihm nicht einen Augenblick in den Sinn. Diese Werke, kaum geboren, sind ihm schon gänzlich fremd geworden. Er setzt sie aus wie Findelkinder; mögen sie sehen, wie sie durchs Leben kommen. Er ist fast verwundert, als sie sich dann doch durchschlagen und groß werden.

Eine andere »Grille« – so nennt er es ausdrücklich – hat ihn erfaßt oder auch eine Krankheit. Er verwendet das Gleichnis vom »Geimpftwerden«, der Inokulation. Das Impfen war damals noch eine gefährliche, gewalttätige Angelegenheit, ein Eingriff, der ein Ausgeliefertsein an das Schicksal bedeutet, und so verstand Goethe das auch. Ein Keim ist ihm eingepflanzt worden. Der wächst und wuchert. Er erzeugt ein Fieber, nicht nur für kurze Zeit, immer wieder, mit intermittierenden Anfällen, eine dauernde Krankheit, die ihn für Jahrzehnte plagt. Das ist seine eigne Interpretation. Er findet auch Worte höchster Beseligung für diesen Zustand.

Bisher war Naturbetrachtung für ihn eine Lust gewesen, die Landschaft der Schauplatz für seine Leiden und Freuden, die Natur ein Mädchen. Jetzt beginnt er zu forschen, zu denken. Er spricht von der Mutter Natur. Er glaubt ihre ewigen Gesetze entdeckt zu haben und will seine Entdeckungen verkünden. In diesem Verkündenwollen steckt das religiöse Element seiner neuen Leidenschaft. Er hat für sich einen neuen Glauben gefunden und sucht Gläubige dafür. Wenige, sehr wenige schließen sich ihm an, und damit beginnt eine lange Zeit der Entfremdung von den Menschen. Seinen Fund des »Knöchleins«

hat er noch vorsichtig für sich behalten oder nur wenigen Eingeweihten gezeigt. Nun will er seine Entdeckungen publizieren. In kleinen schmalen Heften legt er seine Resultate vor oder vielmehr seine ersten Gedanken. Auch diese Broschüren gehören zu »Goethe's Schriften«. Sie fanden nicht viel Anklang zu seinen Lebzeiten und noch weniger im Jahrhundert der gewaltig aufblühenden exakten Wissenschaften; sie wurden dann vor einigen Jahrzehnten neu entdeckt, mit allen Mißverständnissen, die solche Renaissancen zu umgeben pflegen. Man hat versucht, sie in den Gang der Wissenschaften einzufügen, zu beweisen, daß »Goethe schon« diese und jene bedeutsame Entwicklung vorausgesehen oder überhaupt alles gewußt, geahnt, gedeutet habe. Allerdings haben einige seiner Gedanken weit und fruchtbar gewirkt. Aber er ist kein Forscher. Er ist ein Künstler.

Naturdeutung

Während der Wochen in Venedig, 1790, fährt Goethe einmal mit seinem jungen Diener Paul Götze hinaus nach dem Lido. Dort liegt auf ungeweihtem Grunde zwischen den Dünen der Friedhof der Juden. Götze, umherstöbernd, bringt seinem Geheimrat einen geborstenen und verwitterten Schädel. Goethe nimmt ihn sorgfältig in die Hand und erklärt, dies sei kein Menschen-, sondern ein Hammelschädel. Er klopft die Erdreste heraus, wendet die dürre Schale hin und her und schaut immer wieder in die Höhlung. Seine Augen leuchten, als ob er mit diesem Schöpsenkopf einen unschätzbaren Fund gemacht hätte. Götze hat seinen Herrn seit langem nicht so gesehen.

Goethe hat im italienischen Licht – es ist nicht ohne Bedeutung, daß ihn diese helle Sonne dabei umgibt – seine zweite Vision gehabt, seine zweite Bestätigung eines vorgeahnten Bildes. In Palermo hatte er drei Jahre zuvor, fast um die gleiche Jahreszeit, im Frühling, die »Ur-Pflanze« im Botanischen Garten gesehen. Jetzt sieht er auf dem Judenfriedhof die »Ur-Form« der Knochenbildung. Pflanzen- und Tierreich folgen, wie er seit langem geahnt, dem gleichen Bauplan. In der Pflanze entwickelt sich alles aus der letzten ursprünglichen Bildungseinheit, dem Blatt, beim tierischen Organismus aus dem Wirbel; auch der Schädel ist nur eine Weiterentwicklung der Wirbelform. So wie er in Palermo die Ur-Pflanze vor seinen Augen aus der Urgestalt emporwachsen sah, sprossen, sich teilen, fiedern – so sieht er hier die Wirbelknochen in den geborstenen Schafschädel einziehen, dessen Nähte das Schicksal so sinnreich für ihn gelockert hat durch die Verwitterung. Mühelos fügen sie sich zu den Gesichtsknochen zusammen. Der Übergang vom Flügelbein zum Siebbein, den Muscheln: das baut sich unwiderleglich vor ihm auf. Es ist die Metamorphose, die Verwandlung des nur zu ahnenden Urprinzips in das Gestaltete, Geprägte der ausgebildeten Naturerscheinung. Die Natur macht keine

Sprünge. In sanftem, folgereichem Fluß geht alles ineinander über, immer höher hinauf durch alle Stadien bis zum Menschen, ihm, Goethe, der das nun als erster Mensch auf dieser wunderlichen Erde erkennt und sieht.

Auf das Sehen kommt es an, auch das In-der-Hand-Halten: Man muß diese Dinge erfassen, buchstäblich, in der freien Natur, nicht im Studierzimmer. Dann kommt einem, wenn man einen solchen Schöpsenschädel recht beschaut und betastet, die göttliche Eingebung, die wie ein *coup de foudre* in einer Liebesbeziehung ist. Er nennt einen solchen »Geistesblitz« ein »Aperçu« – in seinem höchst persönlichen Sprachgebrauch. Denn Goethe schafft sich, das hat die Verständigung mit der Wissenschaft erschwert und erschwert auch das Verständnis überhaupt, seine eigne Terminologie. Den Ausdruck »Metamorphose« allerdings hatten schon viele benutzt, ganz abgesehen von Ovid, der einmal sein Lieblingsdichter gewesen war, ehe Herder ihn als römischen Nachfahren der so viel originaleren Griechen abtun wollte und Goethe auf das »Ur«, das Ursprüngliche hinwies. Voltaire spottete in seinem philosophischen Wörterbuch: Die Erde ist voll von Metamorphosen. Linné, den Goethe eifrig las, hatte schon Gedanken ausgesprochen, die dem Wortlaut nach mit Goethes Ideen von der Metamorphose so gut wie identisch sind. Goethe sah sie als Vorformen seiner Anschauung an, die er weiterzuentwickeln habe. Wieweit er Linné und dessen Ordnungswelt, die der seinen in so vielem entgegengesetzt war, verstand, ist Sache der Interpretation und führt in die Geschichte der Wissenschaften, die erst jetzt mit einiger Gründlichkeit betrieben wird; auch sie hat es mit Metamorphosen zu tun, mit »Gedankenkeimen« und deren Entwicklung. Goethe hat Linné auf das höchste verehrt. Er nennt ihn neben Shakespeare und Spinoza als einen der drei großen Lehrer, denen er am meisten verdanke; er fügt bei Linné aber hinzu: »Nur nicht in der Botanik!« Er sagt nicht, worin. Er sagt nur an anderer Stelle, »Trennen und Zählen lag nicht in meiner Art«, oder »das, was er mit Gewalt auseinanderzuhalten suchte, mußte nach dem innersten Bedürfnis meines Wesens zur Vereinigung anstreben«. Daß Linné »mit Gewalt auseinanderzuhalten« gesucht habe, ist natürlich Goethes Interpretation, die zeigt, daß er sich auch einen Linné ganz persönlich dachte – mit den Zügen, die er überhaupt den Wissenschaftlern zuschrieb. Diese waren für ihn nur die Männer des Teilens und Trennens. Er sah das Ganze. Das Ganze war die Einheit der Natur, die er mit einem religiösen Ausdruck *Gott-Natur* benannte.

Bei Spinoza hatte er Sätze gefunden, die ihn in diesem Glauben – unbestimmt schon von Kindheit an in ihm lebendig – bekräftigten. Wir sagen Sätze, denn er las Spinoza nur in Absätzen, und das Gesamtsystem des Philosophen, *more geometrico* demonstriert, war ihm fremd; es ist auch sehr fraglich, ob er es je im Ganzen studiert hat. Zunächst kannte er Spinoza überhaupt nicht im Original, sondern den ziemlich ausführlichen Artikel in Pierre Bayles DICTIONNAIRE, dem Hauptwerk der frühen Aufklärung. Goethe wurde aufmerksam. »Spinozismus« war bereits eine Macht geworden und breitete sich im Laufe des Jahrhunderts immer weiter aus, je mehr »Ketzerei« und Freidenkertum überhandnahmen. Die traditionelle Auffassung von Gott war Goethe früh fragwürdig geworden; er schildert in DICH-TUNG UND WAHRHEIT, dichterisch seine Entwicklung auslegend, wie er bereits als Knabe sich seinen eignen Natur-Altar aufgebaut habe aus der Naturaliensammlung seines Vaters, mit einer Räucherkerze, die er zur Andacht anzündete. Spinoza, den er dann durch Herder näher kennenlernt, bestätigt ihn in seinem Gefühl. *Deus sive natura* heißt es bei dem Philosophen, das ist für Goethe ein Kern- und Glaubenssatz. Im Grunde genügt ihm das.

Dichterisch wird das gestaltet in Versen und Prosahymnen an die Natur, auch im Gespräch mit andern; ein Schweizer Besucher in Weimar, Tobler, hat ein solches Fragment DIE NATUR aufgezeichnet, das in starken Antithesen wie in einem Wechselgesang diese Gedanken oder vielmehr Naturgefühle wiedergibt. Goethe hat das Stück, als es ihm im hohen Alter vorgelegt wurde, nur zögernd anerkannt, denn er fühlte sich inzwischen darüber hinausgewachsen. Er nannte es eine Stufe, einen Komparativ seines Wesens, der sich zum Superlativ entwickelt habe. »Man sieht die Neigung zu einer Art von Pantheismus, indem den Welterscheinungen ein unerforschliches, unbedingtes, humoristisches, sich selbst widersprechendes Wesen zum Grunde gedacht ist, und mag als Spiel, dem es bitterer Ernst ist, gar wohl gelten.«

Der eigentümliche und wieder völlig persönliche Gebrauch, den Goethe da von dem Wort »humoristisch« macht, kann auch als Hinweis auf seine Denkart gelten. Denn seine Schwierigkeiten beginnen – nicht in der Dichtung oder Hymne, wo er sich mühelos und mit größter Kühnheit bewegen kann –, sobald er seine Vision und Offenbarung mitteilen will auf Gebieten, in denen bereits gewisse Konventionen bestehen. Alles, was er sieht, erscheint ihm leicht und auch nicht neu: »Soviel Neues ich finde, find ich doch nichts Unerwartetes, es paßt alles und schließt sich an, weil ich kein System habe und nichts will, als die Wahrheit um ihrer selbst willen«, so sagt er beim ersten botanischen Beobachten. »Es drängt sich mir alles auf, ich sinne nicht mehr darüber, es kommt mir alles entgegen, und das ungeheure Reich (der gesamten Natur) simplifiziert sich mir in der Seele, daß ich bald die schwersten Aufgaben gleich weglesen kann.« Er kennt da weder Skrupel noch Zweifel: Alles ist einfach, die Grundgesetze der Schöpfung sind auf wenige faßliche Grundgedanken zu reduzieren, und die sind »die Wahrheit«. Er hat sie erschaut, sie hat sich ihm offenbart.

Bei der Mitteilung – und er will verkünden – stößt er, so wie beim Regieren, auf die träge Menge, auf die Widerstände der plumpen Worte und Ausdrücke. Man müßte eigentlich, so sagt er später einmal, eine neue Sprache dafür erfinden, die unmißverständlich wäre; dies Problem hat ja dann auf mathematischer Grundlage bis zu den Versuchen der modernen Logistik und ihres Kalküls die Geister beschäftigt. Aber mathematisches Denken ist ihm gänzlich verschlossen, ebenso das philosophische. Er streitet sich bei seinen Unterhaltungen mit Herder: »Ich fühlte mich zu sinnlichen Betrachtungen der Natur geneigter als Herder, der immer schnell am Ziele sein wollte und die Idee ergriff, wo ich kaum noch einigermaßen mit der Anschauung zustande war.« Er widerspricht unmutig Schiller, dem er bei ihrer ersten näheren Begegnung seine Ur-Pflanze als seine »Erfahrung« erklärt und mit einigen Strichen aufzeichnet. Schiller schüttelt den Kopf: »Das ist keine Erfahrung, das ist eine Idee.« Goethe nimmt sich nur mit Mühe zusammen und erwidert: »Das kann mir sehr lieb sein, daß ich Ideen habe, ohne es zu wissen, und sie sogar mit Augen sehe.« Der trennende Punkt zwischen ihnen, so sagt Goethe, war damit auf das strengste bezeichnet. Es ist auch der Strich, der Goethes ganze Anschauung von der aller anderen scheidet.

Was er »sehen« nennt, in gutem Glauben, ist visionäre Schau. Die Wissenschaft hat es mit Allgemeinverbindlichkeit zu tun, was nicht heißt, daß der Wissenschaftler nicht auch ähnliche visionäre Erlebnisse haben und von ihnen ausgehen kann. Er hat dann zu beweisen und seine Beweise der Prüfung der Republik der Geister zu unterwerfen. Goethes *Gott-Natur* ist jedoch ein Glauben, der keiner weiteren Prüfung unterstellt wird. Er ist für ihn die Wahrheit, ein für allemal. Es kann sich nur darum handeln, in einzelnen Naturerscheinungen besonders einleuchtende Zeugnisse dafür zu entdecken, so wie jeder Glauben seine Glaubenszeugen braucht. Wir werden noch sehen, wie sein Glauben dann mit der Zeit theologische Formen annimmt, und ganz unbefangen benutzt Goethe schließlich die alten kirchlichen Bezeichnungen, schilt einen Schüler, der von seiner Meinung abweicht, einen Ketzer und weist ihm grimmig die Tür.

Im Anfang ist er sanfter und sehr höflich. Er glaubt noch daran, sich in den Gang der Wissenschaften einschalten zu können. Als schmale Broschüre veröffentlicht er 1790 seinen VERSUCH DIE METAMORPHOSE DER PFLANZEN ZU ERKLÄREN. Der Titel ist schon bescheiden. Er nennt das Werk einen »Vortrag«, weist auf künftige Arbeiten hin und auf gleichgesinnte Schriftsteller. In ruhiger Sprache, in 123 kurzen Abschnitten, trägt er vor, was er zu sagen hat. Es ist seine schönste Arbeit dieser Art, und sie hat vielfach weitergewirkt, wenn auch nicht sofort.

Das Blatt ist das Grundorgan der Pflanze, aus dem sich alle anderen, bis zu den Staubgefäßen, in proteischen Verwandlungen entwikkeln. »Alles ist Blatt. Und durch diese Einfachheit wird die größte Mannigfaltigkeit möglich.« Über eine solche Hypothese – Goethe nennt sie selber so in seinem Entwurf – läßt sich debattieren. Sie wird jedoch in dem Augenblick, da er sie aufstellt, für ihn zu einer »Erfahrung«, ein Stück seines Lebens, zumal sie mit der Grundanschauung seines Wesens so herrlich übereinstimmt. Deshalb hält er jeden Zweifel oder schon bloße Gleichgültigkeit dieser These gegenüber für einen Angriff, eine Beeinträchtigung seiner Existenz. »Jedes Lebendige ist kein Einzelnes«, so sagt er, »sondern eine Mehrheit: selbst insofern es uns als Individuum erscheint, bleibt es doch eine Versammlung von lebendigen, selbständigen Wesen, die der Idee, der Anlage nach gleich sind, in der Erscheinung aber gleich oder ähnlich, und gleich oder unähnlich werden können. Diese Wesen sind teils ursprünglich schon verbunden, teils finden und vereinigen sie sich. Sie entzweien sich und suchen sich wieder und bewirken so eine unendliche Produktion auf alle Weise und nach allen Seiten.« Das Verbinden, die Vereinigung: das ist es, was er sucht und findet. Er wünscht nun, daß auch alle andern daran teilnehmen.

In seinem Aufsatz über die Entstehung der kleinen Schrift spricht er selber davon, wie er »auf eine kindliche Weise den Begriff der Pflanzenmetamorphose gefaßt, mit Freude, ja mit Entzücken demselben in Neapel und Sizilien liebevoll nachgehangen« und ihn Herder enthusiastisch mitgeteilt habe. Kindlich vertrauensvoll legt er die Broschüre seinen Bekannten vor und verschickt sie an Zeitschriften und Gelehrte. Das Publikum stutzt über diese neue Wandlung des Autors, es will »gut und gleichförmig bedient sein«; es kann sich auch nicht allzusehr für botanische Entwicklungsprobleme, für Knotenbildung, Zentralstellung oder Anastomose erwärmen. Die GÖTTINGER ANZEIGEN bescheinigen ihm zwar »ausnehmende Klarheit«, aber er fühlt sich nur halb gefördert; er will weiter, er wünscht tätige Hilfe, begeisterte Zustimmung. Nur sein Malerfreund Tischbein meldet sich aus Rom. Der meint, Goethe wolle den Künstler lehren, wie man aus einfachsten Anfängen immer zierlichere Blumenformen erfinden kann. Das gefällt Goethe ungemein, denn bei all seinen Arbeiten zur Naturforschung denkt er immer auch an praktische Auswirkung; nichts hätte ihn später bei seiner FARBENLEHRE so gefreut wie die Nachricht, daß Maler nach seiner Theorie malten. Die Weimarer Damen sind mit seiner »abstrakten Gärtnerei keineswegs zufrieden«, sie wollen bei Blumen von Geruch und Farbe hören, nicht von gespensterhaften Schemen. Er setzt seine Gedanken in Hexameter und widmet sie seiner Geliebten Christiane, was im engeren Weimarer Kreise nur weitere Verwunderung hervorruft: das Blumenmädchen und die Naturphilosophie!

Goethe versteigt sich in seiner Enttäuschung zu den stärksten Ausdrücken. Er spricht vom »radikalen Bösen in seiner häßlichsten Gestalt«, von Neid und Widerwillen. Diese kindlich-menschlichen Züge sind jedoch von großer Bedeutung für seine Einstellung den naturwissenschaftlichen Arbeiten gegenüber. Er gibt die Sache sofort auf, veröffentlicht keine Fortsetzung, wie angekündigt, läßt überhaupt die Pflanzenlehre auf Jahrzehnte hinaus fallen und kommt erst sehr viel später wieder darauf zurück. All seine naturwissenschaftlichen Publikationen werden so behandelt, mit Ausnahme seines Lieblingskindes, der FARBENLEHRE, an der er dann einige Jahre zäh festhält. Sonst veröffentlicht er in Abständen einen Aufsatz. In seinem Innern ist das alles innig verbunden. Als »Bruchstücke einer großen Konfession« hat er überhaupt sein gesamtes Œuvre aufgefaßt wissen wollen. Das ist ein Anspruch, der erst anerkannt werden konnte, als sein Leben und Werk abgeschlossen vorlag. Und selbst heute, da diese Aufsätze gesammelt, neugeordnet, kommentiert vorliegen, ist es schwer, sich durch die vielen Wunderlichkeiten zu den Hauptgedanken hindurchzufinden. Es ist nicht ganz leicht, Goethes bis zu den extremsten Ausdrücken getriebene Klagen über »Verzweiflung«, »Raserei«, »Zugrundegehen« ernst zu nehmen. Es gibt freilich eine weinerliche Schule, die sich am Unglück genialer Menschen unverbindlich delektiert, wofür genügend Schicksale zur Verfügung stehen. Bei Goethe hat sie wenig zu suchen. Wir glauben ihm seinen Jubel und seine Melancholien, die oft nichts anderes sind als die Reaktion auf hochgespanntes Glücksgefühl oder große schöpferische Leistungen. Wir glauben ihm nicht seine Beschwerden über mangelnde Anerkennung und Mitarbeit. Sie beruhen zum großen Teil darauf, daß er sich beim kleinsten Anlaß auf sich zurückzog – auf sich »zurückgewiesen wurde«, wie er es ausdrückt –, daß er keinerlei Einwände hören wollte und auf keine Anregung einging. Denn Goethe ist gänzlich unfähig zur wissenschaftlichen Zusammenarbeit, zum *team work*. Er kann, das liegt in seiner Schöpfernatur begründet, nur Handlanger brauchen, die zutragen und zustimmen. Schon die haben es nicht leicht bei ihm, wie wir noch sehen werden. Den Zweifel, eines der mächtigsten und schärfsten Instrumente des Forschers, kennt er nicht. Das ist seine Stärke und seine Schwäche.

Gradeswegs, ohne sich umzuschauen, schreitet er von den Pflanzen zu den Tieren fort. Er will eine METAMORPHOSE DER KNOCHENLEHRE, der tierischen Entwicklung schreiben. Wie stets kommt vielerlei dazwischen. Er veröffentlicht sie, häufig gedrängt und ermahnt von Freunden und Interessenten, die keineswegs fehlen, erst dreißig Jahre später.

In dieser unverbindlichen Art geht er durchaus als Dilettant vor, der sich eben, wie das Wort besagt, an den Dingen und Problemen

»vergnügt«, wenn sie ihn gerade beschäftigen, und sie fallen oder ruhen läßt, wenn anderes ihn in Anspruch nimmt. Er selber beruft sich darauf, daß gerade Dilettanten oft die Wissenschaften und die Technik gefördert und bereichert haben. Als Beispiele nennt er merkwürdigerweise Ärzte, die sich mit Architektur beschäftigen, Geschäftsleute, die leidenschaftliche Romanleser seien, ernsthafte Hausväter, die jeder anderen Unterhaltung eine Theaterposse vorziehen: das Menschenleben sei aus Ernst und Spiel zusammengesetzt. Nur wer sich im Gleichgewicht zwischen beiden bewegt, kann weise und glücklich genannt werden. Ernst und Spiel: dies Bild kehrt immer wieder.

Er hätte sehr viel bedeutsamere Beispiele anführen können. Denn in seiner Zeit waren noch die Grenzen zwischen den Disziplinen fließend, ging eine Wissenschaft sehr leicht in die andere über und griffen Nicht-Fachleute oft erfolgreich in den großen Gang der Entdeckungen ein. Ein Priestley, mit dem er durch seine optischen Arbeiten in Berührung kommt, Theologe, Prediger in Dissidentengemeinden, entdeckt in seinem winzigen Privatlaboratorium den Sauerstoff, das Ammoniak, den Chlorwasserstoff, das Kohlenoxyd und wird zum wichtigsten Vorläufer Lavoisiers. Rousseau schreibt seine Botanik. Ein praktischer Optiker Dollond in London macht die wichtige Entdeckung der aus verschiedenen Glassorten zusammengesetzten achromatischen Linsen und ermöglicht damit ganz neue Fortschritte der Astronomie. Herschel, Musiklehrer und Organist, wird zu einem der großen Astronomen der Zeit. Franklin, Buchdrucker, erfindet den Blitzableiter; der Papierfabrikant Montgolfier steigt mit den ersten Ballons in die Lüfte, und vor Goethes Augen in Weimar versucht sich der dortige Apotheker mit solchen Montgolfieren, die er allerdings quadratisch konstruiert, weshalb sie nicht recht fliegen wollen. Graf Rumford, mit dessen gelegentlichen Aphorismen zu optischen Problemen sich Goethe aufgeregt auseinandersetzt, Militär, Staatsmann, Sozialreformer und Erfinder, liefert bedeutsame Beiträge zur Wärmelehre. Neben diesen Entdeckern geht ein breites kraß-dilettantisches Treiben einher, auch eine breite Populär-Literatur; und diese wiederum reicht von Schriften der ersten Autoren bis zu alchemistischen Traktaten ältesten kabbalistischen Stiles und vielbändigen Sammelwerken über NATÜRLICHE MAGIE, in denen die neuesten Entdeckungen des Galvanismus mit Rezepten für Geheimtinten durcheinandergemengt werden.

In dieser Welt lebt Goethe. Züge der alten Alchemistenschule, deren Werke er mit der Klettenberg studiert hatte, bleiben in ihm unbewußt lebendig. Entdeckerlust, die er überall am Werke sieht, beflügelt ihn; er sieht gar nicht ein, warum nicht auch er, mit seinem »guten Kopf«, eine der großen Erfindungen des Jahrhunderts machen soll. Er ist einer solchen auf der Spur. Die Welt der Farben hat noch niemand beschrieben oder erfaßt. Er wird sie nun erleuchten.

Der Zufall spielt seine Rolle. Goethe hat sich von einem Professor in Jena einige Prismen ausgeliehen, mit denen er gelegentlich experimentieren will. Er vergißt sie in seiner Schublade. Der Professor mahnt und schickt schließlich einen Boten. Goethe händigt die geschliffnen Gläslein ohne Zögern aus. Im letzten Moment jedoch, buchstäblich zwischen Tür und Angel, nimmt er ein Prisma in die Hand. Er hat dunkel aus seiner Jugend in Erinnerung, daß man beim Durchschauen das bunteste Farbenspiel erblickt. Er hat in irgendeinem Kompendium gelesen, daß Newton behauptet, man könne mit Hilfe des Prismas das Licht in einzelne Farben aufteilen. Rasch richtet er das Prisma gegen die Wand. Sie ist weiß, er hat das Zimmer soeben neu kalken lassen. Und siehe da: Kein buntes Farbenspiel ergibt sich! Er sieht nur weiß vor der weißen Wand. Wie ein Blitz kommt ihm die Erleuchtung: Newtons Theorie ist falsch. Das Licht ist nicht aufzuteilen und zu trennen. Es ist eins: »Das einfachste, unzerlegteste, homogenste Wesen, das wir kennen. Es ist nicht zusammengesetzt. Am allerwenigsten aus farbigen Lichtern.« So schreibt er bald am Anfang seiner »Erfahrungen« in knappen Thesen nieder. Jetzt im Augenblick bewegt ihn noch stärker, daß er eine grundlegende Entdeckung gemacht hat: Die Teiler und Trenner, ihm schon seit langem verhaßt, haben unrecht. Newton, oberste Autorität seit einem Jahrhundert, hat falsch beobachtet, falsch geschlossen. Wenn man an einem solchen Kardinalpunkt nachweisen kann, daß die gesamte Theorie, die ganze Schulwissenschaft verkehrt denkt, verkehrt sieht, so hat man eine kopernikanische Tat begangen. Man hat wie Kolumbus ein neues Land entdeckt. Mit Kolumbus wird er sich dann in der Tat vergleichen.

Von diesem Erlebnis aus beginnt sein jahrzehntelanger Kampf, der immer erbitterter wird, gegen Newton, die Zunft, die Pfaffen der Wissenschaft. Diese Entdeckung – nicht die vielen, oft wertvollen und folgereichen Beobachtungen, die sich im Lauf seiner Farbenforschungen ergeben – ist sein Fund. Um diese Aufdeckung eines jahrhundertealten Irrtums geht es ihm. Sein ganzes Werk Zur Farbenlehre dient dazu; die Polemik ist nur ein Teil davon, und sie könnte, wie er sagt, auch notfalls fortbleiben: denn das Ganze ist *eine* Polemik.

Er gibt nun die Prismen nicht mehr zurück. Er behält sie und schickt den Boten mit einer freundlichen Entschuldigung zurück. »Ein entschiedenes Aperçu ist wie eine inokulierte Krankheit anzusehen: man wird sie nicht los, bis sie durchgekämpft ist.« Der Kampf beginnt sogleich bei der ersten Unterredung mit einem Fachmann, einem Physiker. Der weist den Geheimrat vorsichtig darauf hin, daß Newton gar nicht behauptet, man könne beim Blick durch das Prisma gegen eine weiße Wand die Aufteilung des Lichtes in einzelne Farben beobachten. Vielmehr habe er für den Versuch ganz bestimmte Bedingungen vorgesehen: ein enges, sehr feines Loch, durch das der Strahl einfällt, eine gewisse Aufstellung der Prismen, überhaupt eine Reihe von genau umschriebenen Kauteln. Goethe zählt das grimmig für sich auf in elf Punkten und sagt ganz naiv: Man verändere diese Bedingungen nur, man mache die Öffnung groß, »und das beliebte Spektrum kann und wird nicht zum Vorschein kommen!« Er erklärt das alles kurzweg für »Hokuspokus«. Die sehr einfache und grundlegende Voraussetzung für ein wissenschaftliches Experiment, daß es gewissen wiederholbaren Bedingungen unterworfen sein muß, die man nicht beliebig verändern kann, erscheint ihm nur als eine Konvention der Zunft. Er will damit nichts zu tun haben.

Er schafft sich dichterisch eine eigne Sprache, sehr bildhaft, für seinen Kampf gegen das verhaßte Spektrum Newtons, das man ihm immer vorhält. Er nennt es, dem griechischen Wortsinn nach, »das Gespenst«. Das Gespenst in der Höhle – er hingegen steht im Freien und sieht die Sonne, das Licht, eins und alles, mit offnen Augen. Durch ein enges Löchlein soll das heilige Licht nach Newton »gequält« werden, aufgedröselt. Die Natur soll auf die »Marterbank gelegt werden«, bis sie ihre Geheimnisse gesteht. Mit unverständlichen Hieroglyphen, den ägyptischen Zeichen ähnlich, teilen sich die Priester dieses Unsinnsglaubens ihre Geheimnisse mit. Einer plappert dem andern nach, und jeden, der nicht zur Zunft gehört, lehnen sie ab. Mehr noch: sie möchten ihn am liebsten umbringen. Sie möchten ihn kreuzigen. »Auch mich bratet ihr noch als Huß vielleicht«, dichtet er.

Er steht nun aber nicht im Freien und schaut in die Sonne. Er sperrt sich ein in die Höhle mit dem Gespenst. Er will als Ritter die Farbenprinzessin befreien, so drückt er es aus. Er hantiert mit den tückischen geschliffenen Gläslein, konstruiert sich ein großes Gartenprisma aus Fensterglasscheiben mit einem Holzgestell, um damit endlich ins Freie zu kommen. Er zeichnet, malt, schneidet Papptafeln aus und beklebt sie mit seinen Mustern. Und gleich, ehe die Sache weiter vorgerückt ist, beginnt er seine Erfahrungen zu publizieren, denn es eilt ihm unbeschreiblich. Er ist grenzenlos ungeduldig.

Ein paar Versuche, sich von Fachgelehrten Rat zu holen, macht er noch; im Grunde will er nur Bestätigung hören. Er schreibt an Lichtenberg. Der ist einer der geistreichsten Köpfe und im Hauptamt ordentlicher Professor der Naturwissenschaften in Göttingen. Lichtenberg antwortet, ehrerbietig, ausführlich. Er findet Goethes Aufsatz vortrefflich, die Versuche frappant, das Ganze einen herrlichen Anfang. Von Ablehnung, wie Goethe das dann schildert, keine Spur. Er weist nur auf eigene Beobachtungen hin, auf weitere Literatur, die nützlich sein könnte.

Da sind sie, die Bücher. Er hat sie gelesen, wie er Lichtenberg versichert, oder wird sie lesen. Sie sind »nichts Besonderes«. Und überhaupt, dies der entscheidende Satz: »Wir mögen noch so geneigt sein, auf Zweifel und Widerspruch zu hören, so ist es doch unserer Natur gar zu gemäß, dasjenige begierig zu ergreifen, was mit unserer Vorstellungsart überein kommt.« Lichtenberg gibt es bald auf, den schwierigen Geheimrat zu belehren oder mitzuarbeiten, wie er sich anfangs erboten. Auch Goethe gibt diesen störrischen Kontrahenten auf. Ingrimmig bemerkt er später, daß Lichtenberg als Herausgeber des maßgebenden physikalischen Handbuches seines Vorgängers Erxleben ihn nicht erwähnt. Daß er im *Erxleben* übergangen wird, hat ihn stärker gegrämt als jede Nichtbeachtung seiner Dichtungen.

Unverdrossen schickt er jedoch gedruckte Hefte aus, eine ganze Reihe soll es werden, aber nur zwei davon erscheinen. Er nennt sie BEITRÄGE ZUR OPTIK. Er schreibt, wie er in der Ankündigung sagt, nicht nur für Kenner. Er hofft auf das schöne Geschlecht, »dessen Auge jedes Verhältnis der Farben so fein beurteilt«, die Künstler, die Lehrer der Jugend, die damit ein angenehmes Mittel der Unterhaltung ihrer Zöglinge zur Hand haben, die Liebhaber der Naturlehre. Rüstig schreitet er voran. Er ist überzeugt, daß man ihm nur zu folgen hat, um ungeahnte Erkenntnisse zu gewinnen.

Sein Ton ist ganz anders als in der Broschüre über die Pflanzenmetamorphose. Er schreibt mit dichterischem Schwung: Ein Märchen ist Italien mit seinem harmonischen Himmel, dem reinen tiefen Blau; er entwirft ein schönes Gemälde von der südlichen Landschaft und meint bedauernd, er müsse nun den Vorhang fallen lassen und sich ruhiger Betrachtung zuwenden. Geheimer Groll zittert aber schon in ihm. Von einer abstrakten Theorie ist zu handeln. Die Versuche sind schwierig. Man hat behauptet, daß optische Probleme sich nicht ohne Einsicht in die Mathematik beurteilen ließen. Demgegenüber beruft er sich auf »reine Erfahrungen«; er wird das Wort »rein« immer wieder verwenden, so wie die Theologie von der reinen Lehre spricht und die andern als Unreine hinstellt. Er hat sich entschlossen, das Licht und die Farben »ohne jede andere Rücksicht« vorzunehmen, das heißt ohne Rücksicht auf mathematisches Formelwesen. Eine Lehre hat sich in der Optik seit einem Jahrhundert starr erhalten, ohne je nachgeprüft zu werden; die Nachprüfung muß er nun vornehmen. Unbequem wie eine »Festung« steht die Lehre im Wege. Das erste Heft erscheint im Jahr der Französischen Revolution, und Goethe, der diese sonst haßt, beruft sich hier sehr energisch darauf, daß man in einer Zeit lebe, »wo die verjährtesten Rechte bezweifelt und angegriffen werden«. Er wird diese Burg stürmen, das Ratten- und Eulennest, und die Gefangenen befreien. Er nennt Newton, sein Erzfeind schon jetzt, noch behutsam einen »sinnigen Mann«; bald wird er ihn als den »Bal Isaak« bezeichnen und als einen bewußten Betrüger hinstellen. Er spricht von der »zarten Empirie«, mit der man zu Wege gehen müsse. Auch das Wort »innig« verwendet er gern. Aus Liebe und Haß ist seine Haltung in polaren Gegensätzen bestimmt, und das Prinzip der Polarität beherrscht dann seine Deutung des Weltwesens.

Um die schwierigen Probleme, von denen er sprechen will, zu verstehen, muß man gerüstet sein, schon rein äußerlich. Es gehören Instrumente dazu, Prismen, Tafeln mit Abbildungen. Er hat für alles gesorgt. Den Heften sollen sie beigegeben werden. Goethe hat in der Weimarer Spielkartenfabrik seines früheren Dieners Kärtchen dafür herstellen lassen. Sie werden in eine Kassette gepackt und sollen mit der Broschüre versandt werden. Der Buchhändler liebt freilich solche Beigaben nicht; die Kassetten werden verkramt oder bleiben liegen, obwohl ohne sie der Text unverständlich ist. Goethe fordert weiter: eine Riesentafel in Folio, sauber auf Pappe gezogen und koloriert. Man kann sie leider nicht rollen, und so wird sie kaum verschickt. Sie verschwindet in irgendwelchen Schubladen. Selbst Goethe hat sie sehr bald nicht mehr besessen – eines der unzähligen Paradoxe seines Lebens; sie wird zum Mythus und ist erst vor wenigen Jahren in einem einzelnen Exemplar in Stuttgart wieder aufgetaucht. Nicht genug: Er verlangt, man solle sich ein Prisma anschaffen. Künftigen Lieferungen wird man vielleicht ein solches Gerät beigeben. All das hält er, die Worte kehren immer wieder, für einfach.

Man braucht nur die Spielkärtchen zur Hand zu nehmen, das Prisma, die große Tafel, und die Beobachtungen mit dem Text zu vergleichen. Er sieht ernstlich bemühte Kreise um sich, die das tun. Zu ihnen spricht er. Er hat sich völlig von der Erde und ihren lästigen Widerständen gelöst. Auf dem Umschlag der Kassette hat er einen Holzschnitt anbringen lassen – nach einer eigenen Zeichnung. Sie stellt wie ein freimaurerisches Symbol ein einsames, riesiges Auge dar, vermutlich sein eignes. Unter Wolkenbrauen blickt es wie das eines Gottvaters hervor, vom Regenbogen umgeben. Siegreiche Sonnenstrahlen blitzen nach allen Seiten und vertreiben die Finsternis; am Boden liegen Prisma und Spiegel der Newtonianer, die mit diesen törichten künstlichen Hilfsmitteln die Geheimnisse des Lichtes erfassen wollen. Goethe blickt über das alles hinweg. Er erschaut mit unbewaffnetem Auge das ewige, reine, ungeteilte Licht.

»Licht und Finsternis führen einen beständigen Streit miteinander«, so teilt er wie ein Gottvater ein in Weiß und Schwarz. Was dazwischenliegt, nennt er, wieder mit einem selbstgeprägten Ausdruck, »das Trübe«, ein auch ins Deutsche nicht übersetzbarer Begriff. Er hängt wie alle seine Begriffe eng mit seinem Lebensgefühl zusammen: »Die Menschen als Trübes betrachten«, notiert er, oder: »Lieben und Hassen, Hoffen und Fürchten sind auch nur differente Zustände unseres trüben Innern«; das steht der alten theologischen Auffassung von der Erde als trübem Jammertal nahe. »Blicken wir durch diese trübe organische Umgebung nach dem Lichte hin, so lieben und hoffen wir; blicken wir nach dem Finstern, so hassen und fürchten wir. Beide Seiten haben ihr Anziehendes und Reizendes, für manche Menschen sogar die traurige mehr als die heitere.« Beides war in ihm und oft die dunkle Seite stärker als die helle. Seine Naturdeutungen sind immer nur zu begreifen, wenn sie im Licht seiner Grundanschauungen gesehen werden.

Wir können auf die wissenschaftliche Seite seiner Broschüren nicht näher eingehen. Dazu gehörten Fachdiskussionen und übrigens auch ein Überblick über die historische Entwicklung der Naturwissenschaften. Goethes FARBENLEHRE steht aber außerhalb des Ganges der Wissenschaft. Sie ist eine Goethe-Lehre. Sie ist autochthon und autokratisch konzipiert. Man kann sich ihr nur als Gläubiger und Jünger anschließen oder sie biographisch als einen Zug seines Wesens zu begreifen suchen.

Die Polarität seines Wesens tritt hier so deutlich zutage wie kaum sonst, und damit ergeben sich auch die zahllosen Widersprüche, die ihm gar nicht als solche erscheinen. Er beschäftigt sich jahrelang mit einem fein geschliffenen Instrument, dem Prisma. Gleichzeitig erklärt er es feierlich als das größte Unheil der neuen Physik, daß sie »bloß in dem, was künstliche Instrumente zeigen, die Natur erkennen will«. Doch auch die Instrumente dienen ja schließlich dazu, die Natur besser und tiefer zu erforschen; auch Goethe benutzt sie unbefangen, das Mikroskop, wenn er sich für Infusorien interessiert, das Barometer als tägliches und unentbehrliches Gerät bei der Wetterbeobachtung, Elektrisierapparate, wenn Phänomene der Elektrizität ihn fesseln. Astronomie dagegen, bei der man nicht gut auf komplizierte Apparate und auch auf die ihm ganz verhaßten Berechnungen verzichten kann, läßt er beiseite. Er sagt, der Mensch sei eigentlich der feinste und vollkommenste Apparat. Er lehnt schon Brillen ab, obwohl er selbst ein Lorgnon benutzt; ein Besucher mit Brille hat wenig Aussicht, bei ihm vorgelassen zu werden. Solcher Widersprüche gibt es unendlich viele bei ihm. Er besitzt später ein ganzes physikalisches Laboratorium mit zum Teil für die damalige Zeit recht modernen Geräten; das feinste davon, ein neuestes Polarisationsgerät, das man ihm ehrfürchtig aus München zum Geschenk gemacht, verleibte er stillschweigend seiner Sammlung ein, ohne es je zu benutzen.

Soviel er von Ganzheit spricht, so souverän läßt er ganze Gebiete der Probleme unberücksichtigt, mit denen er sich gerade beschäftigt. Bei seinen Pflanzenstudien lehnt er bereits alles ab, was unter der Erde vorgeht. Die Wurzel, die sich seiner Deutung des Blattes als Grundform nicht recht fügen will, wird ins Schattenreich verwiesen:

»Sie ging mich eigentlich garnichts an, denn was habe ich mit einer Gestaltung zu tun, die in Fäden, Strängen, Bollen und Knollen und bei solcher Beschränkung sich nur in unerfreulichem Wechsel allenfalls darzustellen vermag.« Man sieht förmlich sein angewidertes Gesicht. In der Physik ist von Strahlen die Rede. Goethe wettert: »Man hört nun bei Versuchen von gebrochnen Strahlen, von zurückgeworfnen, gebeugten, zerstreuten, gespaltnen, ja zuletzt wollte man gar unsichtbare Strahlen beobachtet haben!« In den Verben, die er benutzt, kommt rein physisch sein Widerwille gegen solche Beugung und Spaltung zum Ausdruck. Das Unsichtbare nun obendrein! Er hält das für Taschenspielerkunststücke der Zunft. In seiner nächsten Nähe hat der genialische Privatgelehrte Ritter, mit dem er sich eine kurze Zeitlang unterhält und den er als einen »wahren Sternenhimmel des Wissens« preist, das Ultraviolett entdeckt, nachdem ein Jahr zuvor Herschel in London bereits das Ultrarot nachgewiesen hatte. Herschel benutzte das Thermometer zur Messung der Wärmereaktion, Ritter Silbersalzaufstriche zur photochemischen Prüfung. Beide erweiterten damit den Bereich des Spektrums über das dem Auge ohne Zwischenglied Erreichbare hinaus. Aber Goethe will vom Spektrum, dem »Gespenst«, nichts wissen, und alles, was damit zusammenhängt, ist ihm verdächtig und verhaßt.

Das tritt jedoch nun an ihn heran, und er muß sich damit herumschlagen. Und anders als bei seinen übrigen Forschungen hält er mit ganz ungewöhnlicher, sonst nirgends bei ihm zu beobachtender Zähigkeit an diesem einen Problem fest. Er könnte eigentlich seine Sonnenschau in großen Hymnen aussingen, vielleicht ein Lehrgedicht nach dem Muster des Lukrez, wie er einmal kurz geplant hat. All das ist vorbei. Denn etwas Neues ist in sein Leben getreten: Er hat eine Entdeckung gemacht. Sie wird ihm bestritten. Er muß um sie kämpfen. »Des Denkers einziges Besitztum sind die Gedanken, die aus ihm selbst entspringen; und wie ein jedes Aperçu, was uns angehört, in unsrer Natur ein besonderes Wohlbefinden verbreitet, so ist auch der Wunsch natürlich, daß es andere als das unsrige anerkennen, indem wir erst dadurch etwas zu werden scheinen. Daher werden die Streitigkeiten über die Priorität einer Entdeckung so lebhaft; genau gesehen sind es Streitigkeiten um die Existenz selbst.«

Er sagt das über Newton, aber es gilt viel eher für Goethe. Er führt eine Art Kampf um seine Existenz. Er schafft sich einen Gegner, einen mythischen Feind, mit dem er ringen muß. Er führt, vielfach mit den Mitteln des Advokaten, seinen »Prozeß Goethe gegen das Spektrum«, wie man es genannt hat. Wir werden noch sehen, wie dieser Prozeß ausgeht.

Zunächst erscheint ihm alles noch unbeschreiblich einfach. Er hat Licht und Finsternis getrennt, das Trübe dazwischengestellt. Er ernennt zwei Farben, Blau und Gelb, zu den zwei Hauptfarben, die allein einen »ganz reinen Begriff geben«; vermischt ergeben sie Grün. Blau und Gelb sind übrigens die Werther-Farben.

Er hat sich jedoch auf eine nicht ganz einfache Sache eingelassen. Das Wort »Farbe« muß für drei verschiedene Erscheinungen herhalten: farbige Körper (er nennt sie nach Lichtenbergs Vorschlag »Pigmente«), also etwa ein Karminrot im Tuschkasten; Farbempfindungen wie die Empfindung rot, die in die Physiologie und Psychologie gehören; und die physikalischen Farben, die im Spektrum als farbiges Licht erscheinen. Das Spektrum aber und seine Aufteilung des Lichtes in der Dunkelkammer, wie Newton sie zuerst vorgenommen hatte, war für Goethe der große Irrtum, der Betrug, die Lüge, die es ein für allemal zu beseitigen galt. Er muß sich nun wohl oder übel mit dem tückischen kleinen Prisma beschäftigen, das er uns zunächst im Märchenerzählerton als bei den Morgenländern hochgeehrt vorstellt; der Kaiser von China behält sich sogar den Besitz des Prismas als Majestätsrecht vor. Dann gerät er in die Welt der Winkel und Dreiecke. Man macht ihn darauf aufmerksam, daß Mathematik zu optischen Forschungen doch wohl unentbehrlich sei. Er dekretiert sogleich: Nein! Die Mathematik hat in der Physik nichts zu suchen. Wir beobachten, wir schauen durch das Gläslein hindurch, das genügt. Das ist die »reine Erfahrung«; die Rechnerei – er bezeichnet die Mathematik immer als Rechenkunst – kann uns dabei nur stören.

Die physiologische Seite der Farbempfindungen, auf der er dann bei fortschreitender Arbeit seine wertvollsten Beobachtungen macht, ist ihm zunächst noch weniger wichtig. Erst als er sich an den Anatomen Sömmering wendet, der seine Versuche lebhaft begrüßt, tritt ihm auch dieses Gebiet näher. Bald schreibt er ihm, er sei in das Farbenreich so weit hineingerückt, »daß ich fast den Ort nicht mehr sehe, von dem ich ausgegangen bin. Ich höre nicht auf zu experimentieren.« Wenn alles auf das Einfachste zurückgebracht ist, wird man der Theorie Newtons glücklich zu Leibe gehen können, »und alsdann werden Sie sich wundern und freuen, wie sie zerstiebt ... selbst jetzt erhält sie sich nur durch Kunststückchen...«

Er liest alles, was er sich nur beschaffen kann auf diesem Gebiet, die ältesten Bücher, das riesige Sammelwerk des gelehrten Jesuiten Kircher, der in Rom eine gewaltige Sammlung alles Wissenswerten zusammengetragen und eine wahre Fabrik umfangreicher Enzyklopädien geschaffen hatte, mit Bänden über DIE GROSSE KUNST DES LICHTES UND DER SCHATTEN, über die Vulkane, die Musik, über China; von ihm scheint er seinen Begriff des »Trüben« übernommen zu haben. Er liest die neuesten physikalischen Zeitschriften, das Buch des blutroten Marat über die Farben – er nimmt es in den gleichen Tagen zur Hand, da Marat in Paris ermordet wird; das interessiert ihn jedoch nicht einen Augenblick, er will wissen, ob Marat auch dem Newtonischen Irrtum verfallen ist. Eine andere Bastille gilt es zu erstürmen. Er baut sein Wasserprisma im Garten auf, zeichnet, skizziert, experimentiert mit farbigen Gläsern, Kerzen, den farbigen Schatten. In seinen ANNALEN schreibt er über den Beginn des Jahres 1791: »Ein ruhiges, innerhalb des Hauses und der Stadt zugebrachtes Jahr! Die freigelegenste Wohnung, in welcher eine geräumige Dunkelkammer einzurichten war, auch die anstoßenden Gärten, woselbst im Freien Versuche aller Art angestellt werden konnten, veranlaßten mich, den chromatischen Untersuchungen ernstlich nachzuhängen«; »damit ich aber doch von dichterischer und ästhetischer Seite nicht allzu kurz käme, übernahm ich mit Vergnügen die Leitung des Hoftheaters...«

1791 ist eines der unruhigsten und folgenreichsten Jahre der Weltgeschichte. Mit keinem Wort erwähnt er, was sich »da draußen« auf der Weltbühne abspielt. Windstille herrscht um ihn. Er beobachtet die Farbenphänomene, das Blau an den Berghängen. Er schreibt nieder: »Licht und Finsternis führen einen beständigen Streit miteinander.«

Revolutionszeit

Die Revolution begann für Goethe nicht erst 1791 oder 1789. Er hat früher als andere mit seinen empfindlichen Organen ein Erdbeben gespürt; er ist deshalb auch früher auf seine Weise damit »fertig geworden«. Charakteristisch für ihn ist, daß er sich nicht mit den politischen Idealen, noch weniger den Parolen der Zeit befaßt, sondern von Menschen und Ereignissen ausgeht. Freiheit oder als Gegensatz Tyrannei: das sagt ihm nichts, er braucht diese Worte kaum, und wenn seine Sturm-und-Drang-Genossen sich nicht genugtun können in wilden Ausbrüchen über diese Themen, so nimmt er das ironisch hin. Das Volk als Begriff ist ihm gleichgültig. Er hat bei seinen Wanderungen großen Respekt vor den »einfachen Menschen«, denen er begegnet; er macht sich bei seinen Regierungsgeschäften Gedanken darüber, daß der Hof, zu dem er ja nun gehört, doch eigentlich »das Mark des Landes verzehrt«; er unterhält sich einmal stundenlang mit dem Buchbinder, der ihm seine Korrespondenz in Bände heften soll. So, im direkten Umgang, versteht er sich mit dem Volk – die Masse, die Menge ist ihm unsympathisch und erscheint ihm nur bedrohlich.

Es kommt hinzu, daß er von ihr überhaupt nur vom Hörensagen weiß. In Weimar gibt es nur sehr sorgfältig geteilte winzige Grüppchen, die Adels- und Hofgesellschaft, die Bürger, die ihre eigne Vereinigung haben und sich vom Adel abschließen oder ausgeschlossen werden, und die »kleinen Leute«, die nicht zählen. Ein selbstbewußtes und Ansprüche stellendes Bürgertum existiert in Weimar nicht; ein großer Teil der Gewerbetreibenden lebt von den Bedürfnissen des Hofes. Der einzige Unternehmer und »Kapitalist« der Stadt und des Landes, Bertuch, ist ein ehemaliger Schriftsteller, dessen Hauptunternehmungen seine illustrierten Zeitschriften, Modejournale und Kinderbücher darstellen; er druckt auch Landkarten, geographische Werke und gibt Goethes OPTISCHE BEITRÄGE heraus; er betreibt in den Mansardenräumen seines großen Hauses, des stattlichsten Privatgebäudes in Weimar, seine Blumenfabrik. Bertuch, der einzige gebürtige Weimaraner, der es in der Heimat zu etwas bringt, bleibt Goethe zeitlebens unbehaglich und fremd, und nicht selten behandelt er ihn sehr von oben herab; die glatte Stirn, der etwas spöttische Mund reizen ihn, das schwer Greifbare des Mannes, der sich allen entzieht, dem Herzog, dem er eine Weile als Schatullensekretär gedient hat, den verschiedenen Weimarer Cliquen. Am meisten wird Goethe verdrossen haben, daß gerade dieser Mensch den Forderungen so nahe kam, die er an einen Tüchtigen und Tätigen stellte. Goethe hatte außerdem ganz generell eine Abneigung gegen alles Kaufmännische. Im WILHELM MEISTER ist der Kaufmann der Mann, der »seine Geschäfte verrichtet, Geld schafft«; der Kaufmannsfreund hat nebenbei dafür zu sorgen, daß der Held Wilhelm unbesorgt seinen Bildungsdrang abschließen kann. So nimmt Goethe es gerne hin, daß Bertuch die Weimarer Zeichenschule ins Leben ruft und deren Zöglingen in seinem Verlag mit den vielen illustrierten Sammelwerken Arbeit verschafft, daß er die ALLGEMEINE LITERATURZEITUNG begründet, die zum einflußreichen Rezensionsorgan heranwächst und Weimar zu einem gefürchteten kritischen Zentrum Deutschlands macht.

Das ganze Weimar jedoch, mitsamt Bertuch und seinen vierhundert Angestellten und Arbeitern, wäre mühelos in einer Seitenstraße eines Pariser Faubourgs unterzubringen gewesen. Da trat nun die Masse in Erscheinung, in Aufzügen, Demonstrationen, sie bewaffnete sich, stürmte die Bastille, das Schloß; sie holte den König von der Flucht zurück und köpfte ihn. Sie hatte ihre Nationalversammlung, ihre Parteien, ihre großen Redner. All das war Goethe in seinem Lebensumkreis fremd. In den vier Landesteilen seines Herzogs gab es zwar »Stände«, aber sie wurden nur sehr selten einberufen und hatten so gut wie nichts zu sagen; sie hätten auch, wenn sie befragt worden wären, schwerlich etwas anderes vorgebracht als sehr eigensüchtige ständische Sonderwünsche; sie bestanden ganz überwiegend aus Vertretern der Ritterschaft. Von Rednern oder Reden kam Goethe nichts zu Ohren; regiert wurde in Weimar auf dem Schriftwege. Eine öffentliche Meinung gab es dort nicht; es hatte sie auch in der Reichsstadt Frankfurt nicht gegeben. Es gab keine Presse, nur ein Amtsblatt, es gab keine Versammlungen, es gab nicht einmal, wie bereits in vielen deutschen Städten, eine Lesegesellschaft, in der auswärtige Zeitungen und Broschüren auslagen.

Diese Lesegesellschaften bildeten die Zellen, die ersten »Klubs« in den Teilen Deutschlands, in denen die Revolution und die Neue Zeit diskutiert wurden. Es waren nur einzelne Gegenden, ebenso wie bei der literarischen Revolution, an der Goethe mitgewirkt hatte. Die Zersplitterung und Auflösung des Reiches tritt da noch einmal in voller Schärfe hervor, vor allem, daß ein Zentrum fehlt, eine Hauptstadt; Berlin und Wien stehen sich feindlich gegenüber, und was dazwischen ist, sucht sich kümmerlich ein Eigenleben zu behaupten. Es gibt keine Nation, es gibt nur Territorien, und sie sind in diesem Jahrhundert so ständig in Bewegung, daß nur eine Landkarte mit beweglichen Grenzen sie aufzeichnen könnte. Preußen hat sich, als die Französische Revolution ausbricht, weit nach Polen hinein vorgeschoben und wird nach der Dritten Polnischen Teilung bis nach Warschau reichen; Rußland rückt in breiter Front nach Westen und Süden vor. Der Kaiser hat als eines seiner Hauptprojekte die südlichen Niederlande im Auge, den am weitesten von seinen Stammlanden abgelegenen Besitz seines Hauses. Aufstände waren da im Gange gewesen, Goethe spricht in Italien von den »Brabanter Wirren«, die ihn an die Aufgabe erinnern, seinen EGMONT zu vollenden. Ein belgischer Staat sollte von den Rebellen geschaffen werden; er kam dann erst in Goethes letzten Lebensjahren zustande. Das belgische Beispiel hatte am entgegengesetzten Ende des Habsburger Reiches, in Ungarn, neue Unruhen ausgelöst. Geheime Delegierte ungarischer Kreise hatten in Berlin und Weimar verhandelt, und dabei war das phantastische Projekt aufgetaucht, Karl August mit preußischer Waffenhilfe zum König von Ungarn zu machen. Goethe hat die Korrespondenz darüber mit dem Berliner Hof geführt, vorsichtig, abwartend; auch der Herzog blieb lieber bei seinem Kürassierregiment. Die Episode zeigt nur, wie bedenkenlos das dynastische Spiel betrieben wurde und wie wenig der Begriff der Nation galt.

In Frankreich aber tritt nun die Nation geschlossen und mit größtem Selbstbewußtsein in Erscheinung. Sie schafft sich eine Nationalversammlung, eine Nationalgarde, sie gibt sich eine Verfassung. Sie verkündet zugleich über ihre Grenzen hinaus in einer Charta die allgemeinen Menschenrechte. Das ist die erste Phase der Revolution.

In deutschen Landen wird der Anbruch einer neuen Epoche sehr unterschiedlich aufgenommen. Ein großer Teil der Jugend, der Intelligenz, begeistert sich, andere sind zaghaft oder mißtrauisch. Klopstock preist die Einberufung der Generalstaaten als »die größte Handlung dieses Jahrhunderts« und fragt seine Deutschen mahnend: »Frankreich frei – und Ihr zögert? Schweigt?« Schiller, Herder, Humboldt begrüßen hoffnungsvoll die neue Zeit. Der junge Hölderlin im Tübinger Stift dichtet seine HYMNE AN DIE FREIHEIT. Sein Freund Hegel gilt unter den Studiengenossen als »derber Jakobiner«. Man feiert Lafayette als den neuen Timoleon, Mirabeau als Demosthenes; ohne antike Reminiszenzen geht es nicht ab, auch in Paris, wo man auf den Spielkarten die Könige durch Brutus oder Cato ersetzt. In den deutschen Lesekabinetten, soweit sie erlaubt sind, wird der Pariser MONITEUR verschlungen und diskutiert.

Die Höfe und Regierungen nun? Sie sind anfangs keineswegs so einheitlich ablehnend, wie ihre spätere Haltung und die vereinfachende Geschichtslegende vermuten lassen. Sie gönnen zunächst Frankreich und seinem Königtum, das sich seit Ludwig XIV. über alle andern erhaben gefühlt hatte, diese »Lektion« und erhoffen sich leichtherzig eine Schwächung des gefährlichen Rivalen. Jüngere Fürstensöhne sympathisieren zuweilen mit den neuen Ideen; ein gothaischer Prinz gilt ebenfalls als »Jakobiner«. Unter den kleinen Potentaten allerdings herrscht Panik. Ein Fürst Wallerstein, weitblickender als seine Standesgenossen, hat bereits seit Jahren das Gefühl gehabt, daß es mit seinesgleichen nicht mehr lange dauern werde; er leiht sich Geld von seinen fürstlichen Kollegen, zahlt seine Gehälter nicht mehr und vertröstet die Beamten auf später, transferiert alle Einnahmen in die Schweiz und hofft, im Augenblick der Gefahr rechtzeitig verschwinden zu können. Zahlreiche Fürsten lebten ohnehin im Ausland, aus anderen Gründen, meist weil sie sich daheim zu sehr langweilten. Die Finanzierung ihrer Lebensführung erfolgte vielfach durch Verkauf und Vermietung ihrer Truppen.

An und für sich trieben alle Staaten Soldatenhandel und auch Soldatenraub. Die eignen Landeskinder zu schonen und Ausländer zu mieten, galt als Zeichen sorgsamer Regierungskunst. In Frankreich bestand ein großer Teil der Regimenter aus Iren, Deutschen, Schweizern. Die Holländer hatten schottische Brigaden. In Preußen wurde aus gepreßten sächsischen Kriegsgefangenen oder aus Mannschaften rekrutiert, die man in den thüringischen und anderen benachbarten Ländern auf mehr oder minder ehrliche Weise zusammengebracht hatte. Das Aufgreifen von »Landstreichern«, die auch wandernde Studenten sein konnten, war eine allgemein übliche Praxis. Der Schriftsteller Johann Gottfried Seume wurde auf einer Reise nach Paris von hessischen Werbern gefangen, zum Dienst gepreßt, mit den Mietstruppen nach Amerika verschifft zum Kampf gegen die Vereinigten Staaten; er kam zurück und fiel in die Hände preußischer Werbepiraten, bis ein mitleidiger Bürger ihn freikaufte.

Zwar sah man lange, auch in aufgeklärteren Bürgerkreisen, das Prinzip der Miete oder des Pressens als wohltätig an: »Wer Vater und Mutter nicht gehorchen will, der muß dem Kalbfell folgen«, so hieß die Formel dafür. Allmählich änderte sich das jedoch. Man wurde empfindlicher, die Empfindsamkeit trug nicht unwesentlich dazu bei. Die barbarischen Strafen empörten, das unablässige Prügeln, das Spießrutenlaufen. Der Begriff der »Menschenwürde« war eine der vornehmsten Konzeptionen des Jahrhunderts; man fand, es sei Zeit, ihn auch auf diese Armseligsten anzuwenden.

Schiller hat in dem zeitkritischsten seiner Stücke, in KABALE UND LIEBE, die bekannteste Theaterszene über den Soldatenhandel geschrieben: Der Fürst läßt seiner Mätresse ein Kästchen mit Diamanten überreichen, sie »kosten nichts«, wie der Diener versichert, »gestern sind 7 000 Landeskinder nach Amerika fort – die zahlen alles«. Goethe hat nur nebenbei das Thema angerührt, in der zweiten Fassung seiner MITSCHULDIGEN, wo der neugierige Wirt nach allerhand Staatsneuigkeiten fragt: Ist Friedrich wieder krank? Nichts aus Amerika? »Aus Hessen, bleibts dabei? gehn wieder Leute? ...« Der Landgraf von Hessen-Kassel war der berüchtigtste der fürstlichen Händler. Aber auch der Herzog von Braunschweig, dem Weimarer Hof durch Anna Amalie eng verwandt und Goethe aus Besuchen und Besprechungen über die Fürstenbund-Pläne wohlbekannt, beteiligte sich an dem lukrativen Geschäft. Er galt als besonders aufgeklärter Fürst. Bei der Lieferung seiner Regimenter für den Krieg gegen die amerikanischen Rebellen suchte er die Differenz zu dem »doppelten Sold« der britischen Truppen und seiner heimischen Löhnung in seine Tasche zu stecken; es wurde lange darüber verhandelt und ebenso über die Prämien für Tod und Verwundung. Der Lieferant war an möglichst hohen Verlusten interessiert und sah nur ungern größere Mengen seiner Leute in die Heimat zurückkehren. Von dem Kap-Regiment, das der Herzog von Württemberg an die Holländer verkaufte und das dann nach Java verschifft wurde, ist kein einziger Überlebender registriert worden.

Diejenigen Herrscher, die wie Friedrich der Große über diesen Handel spotteten, brauchten jeden Mann für ihre eignen Kriege; der Schweizer Bauernjunge Ulrich Bräker, den ein preußischer Offizier nach Berlin verschleppte, hat seine Erlebnisse und seine Flucht in seiner Autobiographie VOM ARMEN MANN IM TOCKENBURG beschrieben, dem besten Buch von einem Mann aus dem Volke in dieser Zeit.

Neben dem Soldatenhandel war die Mätressenwirtschaft der Höfe das Hauptthema für erbitterte Diskussionen. Sie ist nicht übertrieben worden, wie das eifrige Lokalhistoriker später behaupteten, die einige großmütige Damen und ihre Verdienste ins Licht stellten; auch Schiller schildert seine Lady Milford, für die es kein rechtes Modell gibt, als edle Seele. Die Franziska von Hohenheim, die Geliebte seines früheren Landesherrn Karl Eugen von Württemberg, soll allerdings später ihren sehr fragwürdigen Herrn zum Guten angehalten haben. Die meisten dieser Damen waren gefürchtet als Intrigantinnen und spielten diese Rolle ja auch in der großen Politik, wo selbst die Weltgeschichte von ihnen Notiz nehmen muß. Manche waren nur Opfer der Familienpolitik wie das bedauernswerte Fräulein von Schlotheim, das dem Erbprinzen von Hessen in Hanau zugeführt und von ihrer Sippe wieder eingefangen wurde, als sie flüchten wollte; sie hatte zweiundzwanzig Kinder mit ihm, »alle ohne Liebe geboren«, wie sie den Leuten versicherte. Diese Kinder aus fürstlichem Blut mußten standesgemäß versorgt werden; die Salzsteuer in der Grafschaft Hanau wurde jeweils um einen Kreuzer erhöht. In den meisten Ländern rückten solche Nebensprößlinge in den Adel ein; nur Karl August, der ohnehin genug arme Aristokraten um sich hatte, steckte sie unter seine Waldhüter und Jäger. Das Elend solcher Mätressen hat kaum einer der zahllosen Romane der Zeit geschildert, wohl aber die zahllosen Gewalttaten, Erpressungen, die an den Töchtern des Landes verübt wurden. Die Haremswirtschaft ging vielfach sehr viel weiter als in orientalischen Ländern, 100 oder auch wie bei August dem Starken von Sachsen 364 gezählte Bastarde waren nicht ganz selten. Die große Politik grenzte wiederum auch an diese Kleinstaatenprobleme: Die Fürsorge des Kurfürsten Karl Theodor von der Pfalz für seine unehelichen Kinder – eheliche besaß er nicht – stand hinter den Problemen, die zum Bayrischen Erbfolgekrieg führten und fast einen neuen europäischen Konflikt entfesselt hätten.

Es gab auch andere Herrscherhäuser. Sie waren selten. Maria Theresia stand allein unter den großen Höfen mit ihrem vorbildlichen Familienleben; der Fürst von Dessau, den Goethe verschiedentlich aufsuchte, galt als Ausnahme unter den Kleinfürsten. Wenn die besonders schlimmen und jämmerlichen Potentaten sehr klein waren und es allzu toll trieben wie einer der Rheingrafen, der seine Schulden von den Ortsschulzen gezwungenermaßen unterschreiben ließ und sein ganzes Land verpfändete, so konnten sie vom Kaiser unter Reichsaufsicht gestellt werden. Sie saßen dann am Fenster ihres halbleeren Schlosses wie ein Hohenlohe-Schillingsfürst und hielten jeden der vorbeigehenden Untertanen zu einem Gespräch an; das Einkommen dieses Souveräns war auf dreihundert Gulden reduziert. Einige gaben das Spiel einfach auf; der Markgraf von Ansbach verkaufte sein Land an Preußen und zog sich mit seiner letzten Geliebten, einer Lady Craven, nach London zurück.

In dies Treiben, das selbst in der unter strengster Zensur stehenden deutschen Literatur der Zeit deutlich genug geschildert ist, stoßen nun die Fanfarenstöße von jenseits des Rheins hinein. In den Lesezirkeln wird diskutiert. Die Dichter schreiben ihre Hymnen. Man erwartet sich eine Besserung, irgendwie und von irgendwoher. Es ist bezeichnend, daß schon die Brutus-Verehrung und der Tyrannenhaß des *Sturm und Drang* nie wagen, einen Namen zu nennen, einen genaueren Hinweis zu geben, wen man denn haßt oder verehrt. Eine mythische Entscheidungsschlacht im unbestimmten Raum soll geschlagen werden im Gedicht des Reichsgrafen Stolberg, der zween Jünglinge hervorsprengen läßt, Stolberg ihr Name, »es stürzen dahin die Throne, in die goldnen Trümmer Tyrannen dahin!«. Die Freiheit, in Riesengestalt, »gießt aus mit blutiger Hand der Freiheit Strom! Er ergeußt sich über Deutschland. Segen blüht an seinen Ufern wie

Blumen an der Wiese Quelle«. Karl August, dem der Graf das vor-
las, fragte nicht ohne Humor: »Sie gehen nach Berlin, wollen Sie das
Gedicht nicht dem großen Friedrich dedicieren?«

Das war das vage Vorspiel gewesen. Nun bekamen die Dinge
Namen. Es ging um Personen. Man mußte Stellung beziehen. Der
Freiheit Strom, von Stolberg so leichthin beschworen, wird blutig aus-
gegossen. Fronten bilden sich. Welche Front aber sollen die Deutschen
beziehen? Sie haben nicht einmal eine Grenze. Sie haben nur dem
Namen nach einen Kaiser. Sie haben kaum selber einen Namen. Die
Dichter müssen auf den mythischen Urnamen zurückgreifen und von
»Germanien« sprechen. Für Frankreich wird die alte Stammesbezeich-
nung »Franken« gewählt, als die »Neu-Franken« bezeichnet man sie,
die jüngeren Brüder, oder auch als die »Patrioten«. Das Wort »Patriot« bedeutet jahrelang ausschließlich soviel wie französischer Revolutionär und wird erst allmählich adoptiert; es behält lange noch
den Beiklang des Revolutionären. Von einer deutschen Nation wagt
man nicht zu sprechen; das wäre Untreue, ja Hochverrat gegen den
Landesherrn. Man kann aber auch nicht etwa von einer Sachsen-Wei-
marischen Nation sprechen; man kann sich nur zu einem angestammten Landesherrn bekennen, vorausgesetzt, daß dieser nicht wechselt,
was häufig vorkommt. Man hat keine gemeinsame Flagge, keine
Hymne.

Die Trikolore wird, stärker als alle Manifeste und Broschüren, zu
einer Macht, auch weit über Frankreich hinaus. In Hamburg, wo sich
eine starke Gruppe von Freunden der Revolution rührt, einflußreiche
Großkaufleute sind darunter, gibt man Feste zu Ehren des 14. Juli,
die Damen tragen dreifarbige Schärpen, die Männer Kokarden. In
Mainz, der bis dahin stillen Residenz eines der geistlichen Kurfürsten,
bildet sich eine sehr energische Partei, ein »Klub« unter dem Zeichen
der Trikolore; der Weltreisende Georg Forster ist einer der Anführer.
Ein neues Symbol taucht auf: der Freiheitsbaum, mit Bändern bewim-
pelt und der phrygischen Freiheitsmütze geschmückt. Man tanzt im
Freien, singt die wilden französischen Lieder, das *Ça ira, L'aristocrat
à la lanterne!*, die *Marseillaise*. An anderen Orten, wo die Aufsicht
strenger ist, flüstert man nur im kleinen Kreise oder reicht sich die
Pariser Broschüren weiter. Ein Student in Göttingen studiert den
Kurrendeknaben die Melodien der Revolutionslieder mit Texten aus
dem hannoverschen Gesangbuch ein und läßt sie so singend von Haus
zu Haus ziehen, bis die Geistlichkeit dahinterkommt. Begierig horcht
man auf die Berichte der Reisenden, die eben noch in Paris waren;
auch Goethes Freund Merck ist dort gewesen, hat sich in den Jakobinerklub einführen lassen und Tränen vergossen über ein Stück Die
Einnahme der Bastille, »ein völlig Shakespearisches Drama, das
Göthe nicht besser hätte calculieren können«.

Das ist die erste Phase der Begeisterung. Sie dauert kurz. Mit der Hinrichtung des Königs ist sie für die meisten Deutschen zu Ende. Die französische Nationalversammlung hat siebzehn berühmten Persönlichkeiten des Auslands das französische Bürgerrecht verliehen, die Urkunde wird von Danton unterzeichnet: neben Joseph Priestley als erstem Jeremias Bentham, Thomas Paine, Washington, auch dem Deutschen Klopstock und in einem Nachtrag »dem Publizisten Gille«, worunter Schiller zu verstehen ist. Klopstock beginnt bald die Reihe seiner Oden, die warnen, klagen, zürnen; in dem Gedicht DIE VER-WANDLUNG ist das Kind Freiheit von den beiden Furien Rachsucht und Ehrgeiz in ein Monstrum verwandelt. Schiller denkt an ein weithin hallendes Plädoyer zugunsten des Königs und gibt es bald auf. Die Revolution schreitet fort, sie frißt ihre Kinder. Die Kriege haben begonnen, die zwanzig Jahre dauern werden.

Goethe steht alldem ungerüstet gegenüber. Seine Haltung ist nicht damit zu begreifen, daß man auf sein »konservatives« Denken verweist; er hat sich aus seiner verwandten Natur heraus für Napoleon sehr begeistert. Aber für Massenbewegungen hatte er keinerlei Sympathie. Er hat gelegentlich einmal gesagt: »Zuschlagen soll die Menge, dann ist sie respektabel / Urteilen gelingt ihr miserabel.« Er hat auch für hinweggefegte Monarchen keine große Hochachtung bezeugt: »Warum denn wie mit einem Besen / Wird so ein König hinweggekehrt? / Wären's Könige gewesen / Sie stünden noch heute unversehrt!« Aber sein Blick richtet sich immer auf die Persönlichkeit: Ein Herrscher, der König ist, scheint ihm recht; ein gutmütiger Tropf wie der unselige Ludwig XVI. mag fallen. Vor allem wünscht er in dem, was ihm zu Gesicht kommt, eine Gestalt zu sehen; die Revolution erscheint ihm als ein wirres und wüstes Durcheinander, ein Geschrei vieler Stimmen, die sich gegenseitig befehden. Er hat sich gerade zu einem sehr bestimmten Ideal ruhiger, fortschreitender Bildung entschlossen, das er nun gefährdet sieht. Er glaubt auf dem besten Wege zu sein, ein Reich aufzubauen, das nichts mit dem Heiligen Römischen Reich oder seinen Teilstaaten zu tun hat, weder mit Frankreich oder irgendeiner staatlichen Einheit noch mit politischen Parolen oder Tendenzen. Er lebt in sehr weiten Räumen, sehr weit voraus und in manchem auch sehr weit in der Vergangenheit. Das Naturreich ist ihm im Augenblick weitaus wichtiger als die Menschenwelt, das Spiel der Farben zwischen Licht und Finsternis bedeutsamer als das Blau-Weiß-Rot der Trikolore. Das stille Wachsen eines Pflanzenkeims, den er mit seinen Augen aus der »Ur-Pflanze« sich entwickeln sieht, sagt ihm sehr viel mehr als etwaige politische Keime, die vielleicht noch wachsen oder auch zertreten werden.

Wir dürfen nicht vergessen, daß die verschiedenen Phasen der Revolution, jetzt aus weiter Entfernung bequem auseinandergelegt und geordnet, mit rasender Geschwindigkeit aufeinander folgten: Die ganze ausgesprochen revolutionäre Epoche dauerte kaum fünf Jahre. Und auch heute wird, je nach dem politischen Standpunkt, sehr verschieden beurteilt, wer denn nun der »wahre« Revolutionär gewesen sei und wer der Verräter: ein Mirabeau? Danton? Der tugendhafte und schreckliche Robespierre? Und ist Napoleon als »Sohn der Revolution« der Vollstrecker ihrer »besten Gedanken« oder nur der Mann, der Ordnung machte und dann die Revolution verriet mit seiner korsischen Familienpolitik und seinen maßlosen Eroberungskriegen? All diese Fragen haben ihre Bedeutung für Goethes Leben. Er sah jedenfalls in Napoleon den großen Ordnungsstifter wie die meisten Zeitgenossen. Er sah in ihm dann mit künstlerischem Wohlgefallen die faßliche Gestalt eines großen Dämons, eine lebendige Urpflanze des Machtwillens gewissermaßen, die sich vor seinen Augen großartig entwickelte, bis sie wieder vergehen mußte, was Goethe ebenso gelassen als schicksalhaft empfand.

Schließlich haben wir zu bedenken, welche Informationen Goethe überhaupt zukamen. Zeitungen las er um diese Zeit kaum oder nur gelegentlich. Die Reden der Pariser Oratoren waren ihm gleichgültig, obwohl sie auch in Deutschland viele bewegten; für Rhetorik hatte er kein Ohr, zum Unterschied von Schiller oder Klopstock, dessen Oden große und oft mächtige Rhetorik sind. Er bezog sein Wissen zumeist aus Gesprächen mit andern, und seine mephistophelische Ader pochte dabei stark. Er erfuhr also, was jemand gelesen oder gehört haben wollte – oder Einzelheiten aus Straßburg, Mainz, dem Rheinland. Er war skeptisch, wenn ein Reisender begeistert aus Paris berichtete, und mißtrauisch, wenn einer der französischen *émigrés*, die auch in Weimar auftauchten, sich in wilden Prophezeiungen über den baldigen Zusammenbruch des »ganzen Spuks« erging.

Schon lange vor dem Ausbruch der Revolution, vor Goethes Abreise nach Italien, war eine der Broschüren nach Weimar geflattert, die sich mit der berüchtigten *Halsband-Affäre* beschäftigten. Man las sie und amüsierte sich königlich über diese Blamage des stolzen französischen Hofes. Goethe war keineswegs amüsiert. Er ging wie verstört umher. Das Haupt der Gorgo schien ihm entgegenzustarren, seine Freunde hielten ihn für leicht wahnsinnig. Was war denn da geschehen? Eine geschickte Betrügerin hatte die leichtsinnige Marie Antoinette geprellt. Ganz Paris lachte, die Hofgesellschaft in Versailles lachte; die eignen Brüder des Königs beteiligten sich an der Demütigung ihres törichten Bruders und seiner Gemahlin. Man spielte mit dem Feuer, aber das ahnte niemand. Man spielte Komödie, dies auch wirklich auf dem Theater, mit verteilten Rollen; die Aufführung des frechen FIGARO von Beaumarchais, eines weiteren Auftaktes zur Revolution, wurde von der vergnügungssüchtigen

Königin durchgesetzt, weil sie in eigner Person mitspielen wollte, gegen den Willen ihres sonst so dumpfen Mannes, der da doch eine unbequeme Wallung in seiner bequemen Seele spürte.

Eine veritable Komödie war die Halsband-Geschichte, und Goethe versuchte dann mit sehr unzulänglichen Mitteln, sie mit seinem Gross-Kophta auf die Bretter zu bringen. Der Groß-Kophta ist der Schwindler Cagliostro, Graf Cagliostro, wie er sich nannte; er war ebensowenig Graf wie Casanova ein Chevalier, sondern ein schlichter Balsamo aus Sizilien. Goethe hat in Palermo die Familie aufgesucht und versucht, sich ein wenig um die Leute zu kümmern. Gauner und Schwindlergestalten haben stets eine Faszination auf Dichter von ganz entgegengesetzter Natur ausgeübt, als heimliches anarchistisches Vergnügen, das sie nicht im Leben auskosten konnten. In Cagliostro trafen wie in einem Brennspiegel alle Züge zusammen, die der Zeit unmittelbar vor der Revolution Farbe geben. Da sind sicheres gesellschaftliches Auftreten zur Einführung, Kabbalistik, Mystik, Spiel mit Geheimgesellschaften, keckes Spekulieren auf unermeßliche Gewinne, erotische Gelegenheitsmacherei, hohe Politik und die niedrigsten Instinkte – und das alles repräsentiert durch einen bezaubernden unverschämten Kerl, der auch den Seelenspürer Lavater in seinen Bann zieht. Goethe aber schreibt ihm: »Ich habe Spuren, um nicht zu sagen Nachrichten, von einer großen Masse Lügen, die im Finstern schleicht . . . Glaube mir, unsere moralische und politische Welt ist mit unterirdischen Gängen, Kellern und Kloaken unterminiert.« Mit ähnlichen Gefühlen hatte er bei seinen Mitschuldigen den unsicheren Boden gespürt, auf dem das nach außen hin so sichere Frankfurter Bürgerleben stand.

Aus den Kloaken stürzen nun in Scharen die Ratten hervor. Goethe hört sie pfeifen, während seine Zeitgenossen nur die Achseln zucken. Als er erfährt, daß Cagliostro in die Halsband-Geschichte verwickelt ist und die Broschüren darüber liest, scheint ihm der Boden zu schwanken. Das ist Selbstaufgabe der Herrscher. Er hat später, bei den Vorarbeiten für seinen Lebensbericht, ein merkwürdiges Fragment diktiert, in dem er diesen Vorgang weit zurückverfolgt: »Vorgang der Großen, zum Sanskulottismus führend. Friedrich sondert sich vom Hofe. In seinem Schlafzimmer steht ein Prachtbette. Er schläft in seinem Feldbette daneben. Verachtung der Pasquille, die er wieder anschlagen läßt. Joseph (II.) wirft die äußeren Formen weg. Auf der Reise, statt in den Prachtbetten zu schlafen, bettet er sich nebenan, auf der Erde auf eine Matratze. Bestellt als Kurier auf einem Klepper die Pferde für den Kaiser. Maxime: der Regent sei nur der erste Staatsdiener. Die Königin von Frankreich (Marie Antoinette) entzieht sich der Etikette. Diese Sinnesart geht immer weiter, bis der König von Frankreich sich selbst für einen Mißbrauch hält.« Die Notiz ist ungemein bezeichnend für Goethes Formensinn: Er sieht im Nebeneinander von Prachtbett und Feldmatratze die Unvereinbarkeit von fürstlichem Anspruch und ganz persönlicher Neigung. Das Wort vom »ersten Diener des Staates«, das dann in allen Schulbüchern zitiert wird, ist für ihn ungültig. Der Herrscher hat zu herrschen, nicht zu dienen. Er hat auch in der äußerlichsten Repräsentation seine Stellung würdig zu wahren.

Wenig Würde war in der Halsband-Affäre zu erkennen. Sie ist eine der Episoden, in denen die Geschichte als Künstler gestaltet, oder sie zeigt, wie Heine seinem Verleger schrieb, der ihm die Hofgeschichten des 18. Jahrhunderts übersandt hatte, die »Autorgröße des lieben Gottes« im hellsten Lichte, »solch eine Sammlung von Schurken und Narren bringt doch unsereiner nicht zustande«. Kein Autor hat sie denn auch mit Erfolg behandelt, Goethe am wenigsten. Er möchte in seinem Stück die unbequeme Sache in der Stille und friedlich beilegen. Das wäre wohl auch in Wirklichkeit das klügste gewesen, aber der Kernpunkt ist eben, daß Marie Antoinette töricht war und den Eklat heraufbeschwor, der sie nicht nur das Halsband, sondern den Hals kosten sollte.

Goethe hatte als Straßburger Student die Hauptakteure persönlich gesehen: die junge Prinzessin in ihrer gläsernen Kutsche, den damals jungen Grafen Rohan, der für seinen Onkel die Messe zelebrierte und der nun, Kardinal zwar, aber nicht klüger geworden, in seiner unwahrscheinlichen Blindheit den Skandal entfesselte. Eine geschickte Betrügerin tritt hinzu als dritte Akteurin und spiegelt dem Tropf vor, er könne sich die Königin geneigt machen oder sie gar erobern, wenn er ihr das fabulöse Brillantenhalsband eines Pariser Juweliers überreicht, das sie nicht zu kaufen wagt, weil der König etwas ärgerlich geworden sei über ihre leichtsinnigen Ausgaben; der Staatsbankrott steht vor der Tür. Als Statistin hat das Gaunerweib ein Hürlein aus dem Palais Royal engagiert, das im Park von Versailles die Rolle der Königin spielen soll. Und tatsächlich wird diese Komödie dort aufgeführt, der Kardinal küßt ihr den Rocksaum, und sie flüchtet; der Betrug kommt an den Tag, die Königin rast, Rohan wird vor ein Adelsgericht gestellt, das den Standesgenossen freispricht, die Betrügerin wird gebrandmarkt und alsbald von der »guten Gesellschaft« im Gefängnis besucht; man läßt sie nach London entkommen, und von da schickt sie ihre giftigen Broschüren über Marie Antoinette in die Welt, die sie als hemmungslose Erotikerin, Messalina oder Fredegundis verleumden und mehr als alles andere dazu führen, daß man in ihrem Prozeß dann den Kopf eines solchen »Monstrums« verlangt. Es ist der erste große Pressemord der Weltgeschichte, und die aufgeregte Sexualpsychologie spielt bei dem Urteil über Marie Antoinette die Hauptrolle.

Es ist zugleich die charakteristischste Episode in dem Prozeß, bei dem die Aristokratie an ihrem eignen Untergang mitwirkte. Dieses Vorstadium, gewitterschwül und frivol, mit der korrupten Hofgesellschaft, den Mystikern, Narren und Gaunern, könnte zu einer Komödie reizen. Goethe, der allerdings den düsteren Schlußakt noch nicht kannte, macht eine Oper daraus und dichtet einen versöhnlichen Ausgang. Er arbeitet mit bewährten Hausmittelchen der Dramaturgie und schlimmer noch – mit politischen Beruhigungstränken.

Der unmittelbare Anlaß für sein Stück war die Übernahme der Theaterleitung. Er geht bei der Zusammenstellung seines Spielplans vorsichtig vor, denn er weiß, daß er dem Weimarer Publikum der »klassischen Zeit« nicht allzuviel zumuten kann. Singspiele, Operetten, die übliche Dramenware, das ist der Hauptbestand und bleibt es auf lange hinaus. Er traut es sich zu, mit ähnlich leichter Kost das Programm ein wenig zu verbessern, und denkt daran, etwa drei bis vier nette Stücke im Jahr beizutragen. Mit leichter Hand, oft in ein paar Tagen, schreibt er seine ersten Versuche hin oder diktiert sie mit fester Stimme, ohne abzusetzen. Er will auch erziehen und belehren. So koppelt er das Motiv seiner Oper vom Groß-Kophta, der eine ägyptisch-freimaurerische Geheimgesellschaft gegründet hat und für den Cagliostro das Vorbild war, mit der Hofintrige um den Schmuck; aus der Oper soll ein Bühnenstück werden. Das Ganze wird in eine unbestimmte Kleinstaatatmosphäre verlegt, ein Liebespaar, wichtig für die Rollenbesetzung der Kleinstadtbühne, hinzugefügt, und es endet milde und sanft: Der Kardinal, hier Domherr, wird nur für eine Weile vom Angesicht seiner Fürstin verwiesen, die Gauner bringt man in aller Stille über die Grenze, die Naive, die anstelle des Pariser Hürchens die Betrugsrolle im Park gespielt hat, soll zunächst einmal in ein Kloster gehen und bereuen, dann wird sie der jugendliche Liebhaber abholen und der Welt wiedergeben. Der Groß-Kophta schwadroniert noch einige grandiose Worte über die Geister, die er zu seiner Hilfe herbeirufen will, und wird von den Polizeisoldaten hinausgeprügelt wie in den alten Farcen. Goethe hat keine hilfreichen Geister mobilisieren können für dieses Stück. Statt dessen verläßt er sich auf Bühneneffekte, wie er sie versteht, und gibt in der entscheidenden Szene die Regieanweisung: »Sie machen auf der rechten Seite des Theaters eine schöne Gruppe, in welcher die zwei Schweitzer nicht zu vergessen sind.« Er liebt dies Spiel mit Gruppen oder Tableaux. Das Drama aber hat es mit Handlung zu tun.

Ein zweites Zeitstück, DER BÜRGERGENERAL, wird diktiert, und Goethe nimmt es da noch leichter. Ein Lustspiel DIE BEIDEN BILLETS eines Skribenten Wall war über alle Bühnen gegangen; der Franzose Florian hatte es verfaßt, der das halbschäferliche Dorfmilieu wieder auf die Bühne brachte. Marie Antoinette, die schärfere Kost liebte, bezeichnete seine Stücke als »Milchsuppe«, und nicht viel stärker ist die Kost, die Goethe auftischt. Er setzt seinen Vorgänger als bekannt voraus und hängt sich als »Fortsetzung« an. Er übernimmt ein wackeres Bauernpaar, wie aus einer der beliebten Dorfszenen von Greuze, einen Murrkopf als Vater. Er hat aber auch von allerhand wunderlichen und gefährlichen Käuzen reden hören, die in Straßburg und dem Rheinland durch die Revolution heraufgespült worden seien und die wackeren Bürger schreckten mit wilden Phrasen und Säbelrasseln, Barbiere, Schneider – ein Spottlied vom »Schneider Kakadu« ging überall um – und ähnliche unbefugte Leute. Und so läßt er in das Dorfidyll einen Bader als Revoluzzer hineinplatzen. Der hat sich in der Stadt von einem Sendboten der Jakobiner mit Freiheitsmütze und Schleppsäbel ausrüsten lassen und spielt sich als »Bürger General« auf vor dem Vater des Liebespaares. Eine Milchsuppe wird buchstäblich angerührt, mit handgreiflichen Revolutionstiraden: Hier haben wir den Topf mit süßem Rahm, der Bader reibt das Brot, die Aristokratie, hinein, streut den Zucker, die Pfaffen, darüber und will schmausen. Es setzt Prügel, Geschrei, der Richter kommt und am Ende der Gutsbesitzer, ein prächtig-besonnener Edelmann, der alles zum Guten wendet. Die Lappalie soll nicht aufgebauscht werden: »Kinder liebt euch, bestellt euren Acker und haltet gut Haus – fremde Länder laßt für sich sorgen und den politischen Himmel betrachtet allenfalls einmal Sonn- und Festtags ... In einem Lande, wo der Fürst sich vor niemand verschließt, wo alle Stände billig gegeneinander denken, wo niemand gehindert ist, auf seine Art tätig zu sein, wo nützliche Einsichten und Kenntnisse allgemein verbreitet sind: da werden keine Parteien entstehen. Was in der Welt geschieht, wird Aufmerksamkeit erregen, aber aufrührerische Gesinnungen ganzer Nationen werden keinen Einfluß haben. Wir werden in der Stille dankbar sein, daß wir einen heiteren Himmel über uns haben, indes unglückliche Gewitter unermeßliche Fluren verhageln.« – »Es hört sich Ihnen so gut zu«, sagt das Bauernmädchen.

Noch zweimal setzt Goethe an, das große Zeitthema zu behandeln, aber es werden nur Fragmente. In dem Stück DIE AUFGEREGTEN kommt er ihm wenigstens nahe: Ein Aufstand der Bauern gegen ihre Gutsherrschaft ist im Gange; mit gefälschten Dokumenten hat das gräfliche Haus die Gemeinde um alte Rechte betrogen. Aber auch da biegt er in seiner »Konzilianz« ab: Die junge Gräfin, eine geistige Verwandte des prächtigen Edelmanns im BÜRGERGENERAL, bringt die Sache resolut in Ordnung, mit der Jagdflinte in der Hand nimmt sie dem schurkischen Verwalter das bedenkliche Papier ab; nur schlechte Berater sind an solchen Dingen schuld. Die Bauern, schon bewaffnet auf dem Wege zum Schloß, beruhigen sich, und »so schließt das Stück zu allgemeiner Zufriedenheit«, wie Goethe ausdrücklich in seinem

Entwurf bemerkt. Es sollte eigentlich ZEICHEN DER ZEIT betitelt werden und ist nur ein Zeichen dafür, wie wenig es Goethe gegeben war, sie in einer aktuellen Form zu deuten. Er bemüht sich redlich um Verständnis nach allen Seiten; er läßt die Mutter der Gräfin, die Gutsherrin, die kurz vor der Revolte von einem Besuch in Paris zurückgekehrt ist, sehr löbliche Absichten verkünden: In Zukunft will sie jede unbillige Handlung vermeiden, offen über Ungerechtigkeit sprechen, sogar bei Hofe, »und wenn ich auch unter dem verhaßten Namen einer Demokratin verschrien werden sollte«. Goethe hat noch später, als 1830 eine neue Revolution die Gemüter aufregte, diese Stelle herausgehoben und seinem Eckermann interpretiert: Die Gräfin habe sich in Paris überzeugt, »daß das Volk wohl zu drücken, aber nicht zu unterdrücken ist, und daß die revolutionären Aufstände der unteren Klassen eine Folge der Ungerechtigkeit der Großen sind – ich dächte diese Gesinnung wäre durchaus respektabel. Sie war damals die meinige und ist es noch jetzt.«

Ein Trauerspiel DAS MÄDCHEN VON OBERKIRCH blieb gänzlich Skizze; es sollte noch unmittelbarer in die Zeitgeschichte hineinführen mit einer Szene im Münster von Straßburg, wo das Mädchen als *Göttin der Vernunft* auftritt, und einem Ende durch Gefangennahme und Tod.

Damit endet Goethes Versuch, »etwas für die Bühne zu schreiben«, und überhaupt die Reihe seiner Dramen, die für das Theater bestimmt sind. Er schrieb hinfort nur noch Festspiele oder Dichtungen hohen Stils, bei denen an die Bühne kaum gedacht wird. Es ist merkwürdig, aber bezeichnend, daß Goethe während der fast dreißigjährigen intimen Beschäftigung mit dem Weimarer Theater kein einziges Theaterstück geschrieben hat. Er überließ auch die Bühnenbearbeitung seiner früheren Dramen nach Möglichkeit anderen Mitarbeitern, und was er gelegentlich an solchen Versionen beisteuerte, auch nach Stücken von Kotzebue oder Shakespeare, das gehört zu den Bereichen seines gewaltigen Œuvre, die selbst seine größten Verehrer nur mit Scheu betreten. Er genießt dabei leider nicht den Schutz der alten Meister, deren Leben weniger genau dokumentiert ist; denen kann die Forschung dann solche Arbeiten mit großer Sicherheit absprechen.

Seine Auseinandersetzung mit der Revolution endet aber nicht mit den Bühnenstückchen. Sie geht noch lange weiter und führt aus diesen Niederungen hinauf zu Werken von großem Gehalt, zum bürgerlichen Epos HERMANN UND DOROTHEA und der unvollendeten Trilogie, von der uns DIE NATÜRLICHE TOCHTER verblieben ist. Ehe es dazu kommt, muß er noch etwas mehr hören als Berichte über Besuche in Paris oder über Barbiere, die sich als Bürgergeneral gebärden. Er muß dem gespenstischen Phänomen etwas näherrücken, obwohl er lieber mit dem Gespenst des Spektrums ringen würde. Ein Interventionsfeldzug ist geplant, der den französischen König befreien und dem Spuk in Paris ein Ende machen soll. Karl August als preußischer Regimentskommandeur ist dabei. Er wünscht, daß Goethe ihn begleitet. Ungern entschließt er sich. Er packt seine Notizen über Newton, seine Aufzeichnungen über die Farben, das große physikalische Lexikon von Gehler ein und fährt seinem Herzog nach.

Goethe im Felde

»Von hier und heute geht eine neue Epoche der Weltgeschichte aus, und Ihr könnt sagen, Ihr seid dabeigewesen«, so erklärte Goethe am Abend der Kanonade von Valmy in der Champagne am 20. September 1792 seinen Kameraden. Es ist nicht sicher, ob er es damals so gesagt hat; seine KAMPAGNE IN FRANKREICH wurde erst sehr spät im hohen Alter verfaßt, und Goethe hat dabei seine Erinnerungen durch Journale anderer Teilnehmer, Memoirenwerke und Erzählungen seines alten Dieners und Begleiters aufgefrischt. Der Satz besteht aber zu Recht. Der Feldzug, so kümmerlich er verlief, war von weltgeschichtlicher Bedeutung. Mit ihm wurde das Schicksal der Französischen Revolution entschieden. Er war zugleich, auf die Zukunft vordeutend, der erste große Interventionskrieg aus weltanschaulichen Gründen.

Goethes Alterswerk hat seine eignen Reize. Es ist sorgfältig komponiert, mit motivischen Verflechtungen. Es enthält viel Persönliches; seine FARBENLEHRE ist ihm stets wichtiger als die Kriegsereignisse: »Glückselig der, dem eine höhere Leidenschaft den Busen füllt!« ruft er dazu aus. Und das endliche Wiederfinden seines schmerzlich vermißten physikalischen Lexikons, das die Köchin seines Herzogs im großen Küchenwagen mitgeschleppt hat bis ins Hospital zu Trier und unter ihrem Kopfkissen hervorholt, tröstet ihn völlig über die Niederlage hinweg. Eine geschichtliche Darstellung ist sein Werk nicht. Dazu mußte Goethe auch damals noch, 1819, zu viele Rücksichten nehmen, und überhaupt war Geschichte nicht seine Sache. Er sah sie ein für alle Male als »Mischmasch von Irrtum und Gewalt« an.

Selten hat sich dieser Wirrwarr auch so katastrophal dokumentiert wie bei dieser Campagne von 1792. Dem vereinfachenden Blick und der Legende erscheint freilich alles klar und übersichtlich: hier die Revolution, dort die Reaktion, die über Frankreich herfällt. Die Söldnerscharen werden von den begeisterten Freiwilligen der jungen Republik blutig geschlagen. Hier ein neuer Glaube, der alle zum Kampf um das bedrohte Vaterland vereint, dort eine Koalition von Mächten der alten Zeit. Die Ereignisse sind komplizierter und sehr viel faszinierender als solche Formeln.

Es fängt damit an, daß nicht die Koalition, sondern Frankreich den Krieg eröffnet; der unselige Ludwig XVI. muß die Kriegserklärung noch unterschreiben, man drängt ihn dazu; eine Ablenkung der gefährlichen Situation im Innern nach außen hin scheint den Männern der ersten Revolutionsregierung die beste Lösung – ein Rezept, das noch oft wiederholt werden wird. Frankreich ist gereizt und fühlt sich gedemütigt: Die Preußen sind 1787 in Holland einmarschiert und haben den Erbstatthalter wieder eingesetzt, den die Patriotenpartei vertrieben hatte. Karl August hat als preußischer General an dieser nicht übermäßig ruhmvollen Aktion teilgenommen. Österreich herrscht noch in den südlichen Niederlanden und hält die belgischen Patrioten nieder. Frankreich will diesen zu Hilfe kommen, und außerdem denkt es daran, sich die belgischen Provinzen einzuverleiben, ein altes Ziel der französischen Politik, das dann wenige Jahre später durch die Republik verwirklicht wird. Dieses alte Schicksals- und Schlachtengebiet der europäischen Politik in Belgien steht zunächst im Vordergrund, für die französischen Minister wie für die in Wien. Natürlich täuscht man mit weithinhallenden Parolen darüber hinweg: Frankreich will Blutsbrüder schützen und befreien, Wien den bedrohten Herrscher, der nur gezwungenermaßen seinem erlauchten Bruder die Kriegserklärung zugesandt hat. Sie richtet sich nicht an den Deutschen Kaiser, sondern an den »König von Böhmen und Ungarn«; das Heilige Römische Reich bleibt aus dem Spiele, und die Reichstruppen, die es gab, nehmen nicht teil an dem Feldzug und somit auch das Herzogtum Weimar nicht, wohl aber sein Herzog als preußischer Regimentskommandeur.

Denn Preußen ist ebenfalls an der Seite des Königs von Böhmen und Ungarn. Es war zwei Jahre zuvor noch an der böhmischen Grenze aufmarschiert zum Krieg gegen Österreich. Karl August war mit seinen Kürassieren nach Schlesien gerückt, und Goethe, in seiner Begleitung, dichtet im Stil seiner Rokokojahre:

»Kriegerisch reiten wir aus, besteigen Silesiens Höhen,
Schauen mit mutigem Blick vorwärts nach Böhmen hinein.
Aber es zeigt sich kein Feind – und keine Feindin! O bringe
Wenn uns Mavors betrügt, bring' uns Cupido den Krieg!«

Er war des Lagerlebens bald überdrüssig geworden, Cupido wollte sich in Breslau nicht zeigen; Goethe trieb Studien zur vergleichenden

Anatomie, besuchte die schlesischen Bergwerke, die freilich etwas anderes waren als sein Stollen in Ilmenau und schon damals zu den bedeutendsten Europas gehörten; auf einer Grube sah er die erste Dampfmaschine, die von England auf dem Kontinent eingeführt worden war. Ausflüge nach dem altberühmten Salzbergwerk von Wielicka bis nach Polen, mit Krakau und Czenstochau, schlossen sich an.

Die polnische Frage hatte dann dem Streit zwischen Preußen und Österreich ein Ende gemacht; man einigte sich und schloß sogar ein Waffenbündnis. Eine große Beute lockte, Polen sollte nun endgültig aufgeteilt werden; Rußland drohte, sich dabei den Löwenanteil zu sichern, und die eben noch feindlichen Mächte rückten zusammen. Man blickte von Wien und Berlin ebenso nach Osten wie nach Westen: Man fürchtete Frankreich mit seiner Revolutionsregierung und auf der anderen Seite die alte und große Katharina, die ihr Reich bereits gewaltig vergrößert hatte und nun an eine letzte und schönste Eroberung dachte. Sie war von allen Souveränen am entschiedensten aufgetreten gegen die »Kanaille« in Paris und versprach vage, Truppen für die Intervention zu stellen; sie brauchte ihre Regimenter aber für die Aktion gegen Polen, die denn auch blutig genug verlief und erst 1795 mit dem Verschwinden des alten Staates ihr Ende fand. Auch dieses Vorspiel ist wichtig; die polnische Frage war schuld daran, daß der Feldzug im Westen nur mit sehr ungenügenden Kräften geführt wurde. Sie ist auch schuld daran, daß man die Versicherungen der Vertreter des Legitimismus nur als bare Heuchelei ansehen kann: Bedenkenlos setzten sie sich über die legitimen Ansprüche eines Staates hinweg, den sie garantiert hatten, und schufen damit Probleme, die bis in unsere Tage hineinreichen.

Das Feldlager in Schlesien ist die letzte »Campagne« im alten Stil, mit Manövrieren und Verhandeln, fröhlichen Bällen im Hauptquartier, mit »Cupido« und »Mavors« als Dekorationsstücken. Dann wird es anders. Bei den Vorbereitungen zu dem neuen Feldzug folgt man allerdings noch ganz der Tradition; sie ziehen sich lange hin. Preußen präsentiert als Feldherrn für das gemeinsame Unternehmen den Herzog von Braunschweig. Niemand erhebt Widerspruch. Er gilt allgemein als der größte Soldat der Zeit. Von allen Arten des Ruhmes ist der militärische der unerklärlichste; er ist auch ganz und gar Mittelmäßigen und Versagern zuteil geworden. Karl Wilhelm Ferdinand hatte als junger Reiterführer unter Friedrich dem Großen gedient und sich damit den Ruf erworben, aus der größten militärischen Schule der Zeit zu stammen. Die Fridericus-Legende galt nicht nur in Deutschland, sie wurde auch in England, in Frankreich anerkannt. Keine Schlacht hat der Braunschweiger je gewonnen; in Holland war er bei der Polizeiaktion von 1787 erfolgreich gewesen durch vorsichtiges Manövrieren, das als oberste Weisheit der alten Strategie galt.

Er soll nun die Verbündeten kommandieren, verliert den Feldzug, wird abermals zum Oberbefehlshaber ernannt und führt noch 1806 die Niederlage von Jena und den Zusammenbruch Preußens herbei. Jetzt, im Sommer 1792, begibt er sich nach Potsdam zum Kriegsrat.

Kurz vorher aber, so groß ist sein Ruhm in aller Welt, hat ihn in Braunschweig noch ein Abgesandter der französischen Revolutionsregierung aufgesucht mit dem Angebot, den Oberbefehl über die französische Armee zu übernehmen. Er soll sie reorganisieren und neuen Ruhmestaten entgegenführen. Man schätzt ihn in Paris ungemein, nicht nur als Musterschüler Friedrichs, sondern weil er als aufgeklärt, human, fortschrittlich gilt. Noch mehr der Seltsamkeiten: Auch die aufständischen belgischen Patrioten wollen ihn für ihre Sache als Feldherrn gewinnen; sie verhandeln mit ihm und sprechen davon, daß sich aus Limburg und Luxemburg vielleicht eine Entschädigung für seine Mühewaltung schaffen ließe. Das Zutrauen von allen Seiten ist unbegrenzt. Im eignen Lande kennt man den Herzog als sparsamen Verwalter, der den von seinem verschwenderischen Vater verursachten Staatsbankrott wiedergutgemacht hat. Man weiß auch, wie weit seine Sparsamkeit geht: Bei der Rückkehr der nach Amerika vermieteten braunschweigischen Soldtruppen verlangt der Herzog, die Krüppel und Lahmen sollen drüben zurückbleiben; er will sie nicht wiederhaben. Als innerlich eiskalt schildern ihn alle, die mit ihm zusammenkamen; Goethe hat ihn verschiedentlich gesehen und mit Mißtrauen beobachtet und wird noch von des Herzogs verabschiedeter Mätresse Branconi Näheres erfahren haben. Die berühmte Schönheit an seinem Hofe zu haben, dient dem Repräsentationsbedürfnis Karl Wilhelm Ferdinands; sie wird dann kurzerhand entlassen und durch ein Potsdamer Hoffräulein ersetzt. Vor dem Spiegel, so erzählen die Eingeweihten, studiert er seine Haltung ein: So wünscht er sich als Liebhaber zu präsentieren, so als Kriegsheld, so als besorgter Landesvater. Er spielt ausgezeichnet Violine, seine Bildung und Umgangssprache ist französisch; er ist zugleich der einzige deutsche Fürst, der dem schwierigen Lessing eine Stellung anbietet und ihn vor Angriffen der orthodoxen Kirchenleute schützt. Er ist keineswegs ein Tor wie viele seiner Mit-Fürsten, sondern sieht mit seinem scharfen Verstand vieles deutlicher als sie; Goethe hat sogar nach der Katastrophe von Jena gemeint, Karl Wilhelm Ferdinand habe den ganzen Zusammenbruch seit Jahren vorausgeahnt und den Tod auf dem Schlachtfeld gesucht. Diesen Mann wählt das alte System nun als Führer für den entscheidenden Waffengang.

Er zögert, wie immer, beim Kriegsrat in Potsdam. Er kennt die Schwierigkeiten: die französische Festungskette, die französische Armee, die vielleicht angekränkelt ist von den politischen Ereignissen, aber wesentlich intakt, mit vielen vorzüglichen Offizieren alter Schule.

Er weiß, daß man ihm nur ungenügende Kräfte zur Verfügung stellen wird, Österreich nur wenige Regimenter, Rußland gar keine. Er plädiert für langsames, methodisches Vorgehen und Verhandeln. Er wird überstimmt. Sein Gegenspieler ist ein anderer Schicksalsmann, König Friedrich Wilhelm ii., der Neffe Friedrichs und Erbe seiner berühmten Armee. Er ist groß gewachsen, im Gegensatz zu seinem fast krüppelhaft kleinen Onkel, vollblütig, bekannt für Mätressenwirtschaft bei Hofe, voll zärtlicher Fürsorge für seine Geliebten, dabei fromm oder vielmehr bigott. Er will mit der laxen Aufklärung seines Vorgängers aufräumen und verbietet seinem Philosophen Kant, über religiöse Fragen zu schreiben. Er ist leutselig und gutmütig; das unbarmherzige Fuchteln mit dem Korporalsstock wird durch seinen Feldmarschall Möllendorf auf seinen Wunsch hin eingeschränkt. Er ist beliebt bei den Mannschaften, mit denen er sich freundlich unterhält und die er nicht nur als Kanonenfutter ansieht. Er ist tapfer vor dem Feind und reitet unbekümmert im strömenden Regen der Champagne ohne Mantel, worüber die verwöhnten französischen Emigrantenprinzen in seiner Suite stöhnen, die aus Etikette ebenfalls ihren zarten Leib dem Wetter aussetzen müssen. Alle möglichen Ideen für Reformen und Reaktionen wirbeln in seinem großen, nicht sehr starken Kopf durcheinander. Er hört auf jeden Ratgeber; die französischen Emigranten in Berlin schildern ihm die Situation in Paris in den leichtesten Farben – und er wird sie nach der Katastrophe im Gespräch mit einem seiner Posten verfluchen. Jetzt glaubt er ihnen: Es wird ein Spaziergang sein. Vor ein paar preußischen Husarenregimentern wird der ganze Spuk verfliegen. Und so gibt er die Entscheidung: Rascher Vormarsch auf Paris.

Das Zögern bei den Beratungen bringt bereits die entscheidende Wendung: Man bricht zu spät auf. Feldzüge werden damals im Sommer geführt. Im Herbstwetter, in Regen und Schlamm, wird die Campagne steckenbleiben, und wie üblich beschuldigt man dann den Wettergott. Der Braunschweiger ruft beim Rückzug Goethe heran und freut sich, daß bei allem Unglück ein so berühmter Autor zugegen sei: der solle nun dem Publikum mit seiner mächtigen Feder klarmachen, daß man nicht militärisch, sondern durch die Macht der Elemente besiegt worden sei. Goethe hat sich gehütet, die undankbare Aufgabe zu übernehmen. Er hat auch in seinem späten Bericht nur in vorsichtigen Nebensätzen gesagt, was er von der Führung hielt.

Später Abmarsch also, im August. Karl August ist mit seinen Kürassieren Goethe vorangeeilt. Vor der Abreise hat er seinem Freund noch ein fürstliches Geschenk gemacht: das Haus am Frauenplan, ein breiter, schöner Besitz mit Garten im Wert von sechstausend Talern. Goethe hat begonnen sich einzurichten. Der unschätzbare Kunstfreund Meyer ist auf seinen Wunsch nach Weimar an die Zeichenschule berufen worden. Goethe nimmt ihn in sein Haus auf und vertraut ihm Christiane und das Söhnlein an. Er setzt sich in seine Equipage und fährt der Armee nach. Er reist nicht ohne Komfort: Sein Diener Paul Götze begleitet ihn und der Sekretär Vogel; Goethe hat vor, während der Spazierfahrt eifrig an seiner FARBENLEHRE zu diktieren.

In Frankfurt sieht er nach dreizehn Jahren seine Mutter wieder. Er muß ihr nun auch von seinem neuen Hausstand berichten, dem fünfjährigen Enkelkind, dem Liebchen, für das die Rätin sogleich Geschenke besorgt. Von der nächsten Station schreibt er an die kleine Freundin: »Wo das Trier in der Welt liegt, kannst Du weder wissen noch Dir vorstellen; das schlimmste ist, daß es weit von Weimar liegt und daß ich weit von Dir entfernt bin.« Er ermahnt sie auch zur Treue, spricht davon, daß er eifersüchtig sei auf andere Männer, die ihr womöglich besser gefallen: »Das mußt Du aber nicht sehen, sondern Du mußt mich für den Besten halten, weil ich Dich entsetzlich lieb habe und mir außer Dir nichts gefällt.« Er verspricht, hübsche Dinge aus Paris mitzubringen.

Die Armee ist inzwischen bereits über die Grenze vorgestoßen, in Trier ist das Hauptquartier der Etappe. Goethe trifft hier auf das Korps der Emigranten, die den dritten wichtigen Faktor beim Mißlingen des Feldzugs bilden. Französische *réfugiés* hatten sich seit dem Edikt Ludwigs XIV., das auch den Großvater Göthé aus Lyon vertrieb, in ganz Europa einen guten Namen gemacht, als Begründer neuer Industrien, als Offiziere, Beamte, Kaufleute. Die *émigrés* von 1790, die Brüder des Königs an der Spitze, waren von anderem Schlage. Da waren Hochadlige, die vor Ingrimm zitterten über ihre adligen Standesgenossen drüben und ihr Zusammengehen mit der *crapule*; Ex-Minister und Finanzexperten, die am Staatsbankrott mitgewirkt hatten, neue Finanzpläne in Bereitschaft hielten und eine Fälscherwerkstatt mitführten, in der sie die Assignaten der Revolutionsregierung nachdruckten; Goethe sah die riesigen Gerätewagen beim Rückzug. Vertriebene Gutsbesitzer, Verwalter, Spekulanten. Auch eine Reihe junger und feuriger Royalisten, die bereit waren, mit der Waffe um ihre Rechte zu kämpfen. Goethe beobachtete sie im Lager zu Trier: Sie tränken ihre Pferde selber, sie haben keine Reitknechte. Ein junger Vicomte de Chateaubriand marschiert bei einem dieser Emigrantenkorps mit, ein Marquis de Las Cases, dem Napoleon dann auf Sankt Helena seine Memoiren diktiert. Sie haben einige altgediente Soldaten bei sich, von großer Disziplin selbst beim Rückzug, wie Goethe bewundernd notiert hat.

Undiszipliniert und leichtsinnig ist das Gros: Goethe sieht bildhaft neben der kleinen Kampftruppe die riesige Wagenburg der Kutschen mit Ehefrauen, Liebchen, Kindern, Zofen, Lakaien aufgefahren, die

Gefährte bis zum Himmel mit Hutschachteln bepackt. Er sieht den Briefkasten am Posthaus, in den sie zahllose Briefe nach Paris einwerfen. In wenigen Tagen sollen sie ankommen.

Die *émigrés* sind nicht die einzigen, die mit solchem Troß ausziehen. Auch die strenge preußische Armee rückt mit schwerer Bagage an. Eine Menge von Fürstlichkeiten: das bedeutet einen Stab an Fourieren, Köchen, Leibdienern, Ordonnanzen, Stabsoffizieren – das »Federvieh« genannt nach den wehenden Hahnenfedern auf den gewaltigen Hüten. Auch für die Hunde muß gesorgt werden; Karl August hat ebenfalls seinen geliebten Pudel dabei. Außer Minister Goethe, der keinen weiteren Auftrag hat, als seinen Herrn zu begleiten, führen die Verbündeten einen zahlreichen diplomatischen Stab mit, der wieder eigenes Personal und entsprechend gehobene Verpflegung erfordert. Verpflegt werden soll das alles aus rückwärtigen Magazinen. Ein umfangreicher Train ist dafür nötig. Dem Troß folgt eine unbestimmte Menge von Marketenderinnen und Lagerhuren. Goethe schildert eine alte und erfahrene *Mutter Courage*, die unbarmherzig requiriert, versteckte Vorräte aufstöbert und resolut dafür sorgt, daß eine schwangere Lagerdirne mitten im Tumult der Flucht ihr Kind zur Welt bringt.

Das Mißverhältnis zwischen kämpfender Truppe und Troß, in allen Feldzügen ein Geheimnis der Generalstäbe und ihrer Geschichtsschreiber, muß in dieser Campagne besonders kraß gewesen sein. Die Armee ist obendrein schon beim Vormarsch zusammengeschmolzen; in Trier wimmelt es bereits vor Goethes Augen von Maroden und Nachzüglern. Viele sind alte Leute von fünfzig und darüber, andere junge Burschen von sechzehn. Dazwischen tauchen in den Berichten sehr disziplinierte und schlagkräftige Einzelformationen auf. Die braunen Husaren unter dem alten General Wolfradt, Schüler Zietens und Lehrer Blüchers, die »Fleischhauer« genannt, reiten gut und hauen erbarmungslos ein; die Mannschaften sind aus dem polnischen Oberschlesien rekrutiert. Sie sind die einzigen, die in diesem sonst wunderlich kampflosen Feldzug einige Male zur Aktion kommen und die ungeübten französischen Freiwilligenformationen in wilde Flucht jagen. An einem Punkt der Campagne führt das beinahe zur Katastrophe für die Revolutionsarmee. Aber man beachtet bei der Führung der Alliierten solche Scharmützel nicht. Der Braunschweiger ist für methodische Kriegführung. Seine Armee besteht aus 42 000 Mann Preußen, einem schwachen Korps von 14 000 Österreichern, zu denen aus den Niederlanden noch eine Abteilung stoßen soll, die dann zu spät kommt; der Landgraf von Hessen hat sich als einziger Reichsfürst mit 5 000 Mann an der Koalition beteiligt.

Zunächst bewährt sich des Braunschweigers Strategie. Die beiden Grenzfestungen Longwy und Verdun fallen. Die Stimmung bei den

Alliierten wird sogleich übermütig, der Weg nach Paris scheint frei. Friedrich Wilhelm drängt, er will noch in diesem Jahr den Sieg erfechten, während der Braunschweiger die anderen Festungen nehmen und verhandeln will. Die Emigranten drängen. Sie haben auch ein übermütiges und verhängnisvolles Manifest aufgesetzt, und der Braunschweiger, immer schwankend, hat sich zur Unterzeichnung überreden lassen. Da wird Frankreich furchtbar gedroht, Paris für die Sicherheit der königlichen Familie verantwortlich gemacht, vom Niederbrennen der Häuser und schwersten Strafen für jeden »Rebellen« ist die Rede. Dieses Manifest, alsbald in Paris veröffentlicht, ist der erste Schritt zur Niederlage. Es entmutigt die Franzosen keineswegs. Auch die alten Linientruppen und ihre Offiziere fühlen sich solcher Sprache gegenüber als Patrioten. Freiwillige strömen in die Depots. Kein einziger Deserteur zeigt sich bei den Alliierten, während die Emigranten den Übertritt ganzer Armeen als sicher in Aussicht gestellt hatten. In Paris, wo die Presse den Braunschweiger noch immer – und übrigens während des ganzen Feldzugs – mit Hochachtung behandelt, meint man, das Manifest sei dem liberalen Fürsten zweifellos unterschoben worden.

Es hat noch eine andere Wirkung: Wenige Tage nach dem Bekanntwerden in Paris werden die Tuilerien gestürmt, der König mit seiner Familie wird gefangengesetzt. Die Nationalversammlung berät über seine Absetzung. Lafayette, der Bannerträger der ersten Revolution, Organisator der neuen Armee und Führer der Truppen an der Ostgrenze, versucht gegen die »zweite Revolution« zu intervenieren, verliert jeden Einfluß und muß flüchten. Sein Nachfolger ist ein gewisser Dumouriez, von dem die Alliierten nur wissen, daß er Kriegsminister war. Sie wissen überhaupt sehr wenig, sie tappen im Nebel. Das ist die Lage, als Goethe Ende August im Feldlager bei Longwy eintrifft mit seiner vierspännigen Reisekutsche. Ein anderer Anblick bietet sich ihm dar als die musterhafte Ordnung in dem schlesischen Manöverkrieg. Er sieht eine Zeltwüste im Regen, der Boden ist aufgewühlt, alles hat sich verkrochen, nicht einmal Posten sind aufgestellt, wie sein unmilitärisches Auge befremdet bemerkt. Mit Mühe fragt er sich zum Regiment Weimar durch, den sechsten preußischen Kürassieren. Da findet er endlich bekannte Gesichter, man erzählt vom langen Marsch, den Abenteuern in westfälischen Klöstern, »hatte mancher hübschen Frau zu gedenken« und klagt bereits über fürchterliche Strapazen. Die prachtvollen Uniformen – die Kürassiere haben hellgelbe Koller, die vorschriftsmäßig jeden Tag mit gelber Kreide aufgefrischt werden sollen – sind bereits verdreckt. Die Disziplin ist locker. Die Soldaten plündern oder werfen den Einwohnern Bons hin, die Ludwig XVI. einlösen soll. Die Profosen bei den Preußen sind machtlos, schlecht bezahlte Invaliden für den Garnisonsdienst, grau gekleidet wie Sträflinge und verachtet von den Mannschaften, die nicht einmal an einem Feuer mit ihnen sitzen wollen. Die Soldaten fluchen: »Was Sakkerment soll man denn hier schonen? Sinds nicht verfluchte Patrioten? Die Kerls sind schuld daran, daß wir so viel ausstehen müssen.« Die Offiziere prahlen: »So muß mans ihnen zeigen! So schlagen die Preußen den Leuten das Leder voll! Und in drei Wochen wird der ganze Patriotenspuk verschwunden sein!«

Ein gewöhnlicher Musketier berichtet, das der verbummelte Magister Laukhard, dessen Memoiren auch Goethe für sein Buch eingesehen und benutzt hat. Er mildert freilich so krasse Stellen, aber auch er ist bewegt über das Abschlachten einer ganzen Hammelherde, die Mienen der Schäfer, denen man die wertlosen Bons aushändigt und die nun sehen müssen, wie ihre »wolligen Zöglinge von den ungeduldigen, fleischlustigen Soldaten vor ihren Füßen ermordet wurden. Es ist mir nicht leicht eine grausamere Szene und ein tieferer männlicher Schmerz in allen seinen Abstufungen jemals vor die Augen und zur Seele gekommen.« Die griechische Tragödie allein habe so Ergreifendes geschildert.

Im eroberten Verdun sieht es wieder freundlicher aus. Goethe schickt ein Kästchen mit den berühmten lokalen Dragées, verzuckerte Gewürzkörner, nach Hause an das Liebchen. Er ist bei den Stabsbesprechungen zugegen und hört etwas über die weiteren Pläne. Man diskutiert eifrig die Frage, wer denn nach der Flucht Lafayettes die Gegner anführe. Von Dumouriez ist nur bekannt, daß er der Kriegsminister war, der so nachdrücklich zum Kriege getrieben hatte; man hält ihn für einen Mann der Kanzlei, mit dem man leicht fertig werden würde.

Dumouriez – ein halb verschollener Name heute – und doch auch er einer der Schicksalsmänner der Zeit. Goethe hat ihn lange in Erinnerung behalten und Schiller zur Beachtung empfohlen als eine Art Wallenstein. Auch Dumouriez ist Soldat und Politiker zugleich; er hat sich unter dem alten Regime emporgedient bis zum Brigadegeneral, mit vielen landsknechthaften Abenteuern beim Partisanenkrieg auf Korsika, in Polen, Spanien, Portugal und Sondermissionen im *secret du roi*, der Geheimdiplomatie, die so unübersichtlich war, daß man ihn auch einmal auf die Bastille setzte, was ihn dann zum Anhänger der neuen Ordnung machte. Seine große Konzeption ist, die Preußen von den Österreichern zu trennen, die Koalition zu sprengen. Er bedauert es, daß Preußen mitmacht, und baut ihm dann goldne Brücken beim Rückzug. Er haßt Österreich und will die österreichischen Niederlande für Frankreich erobern, und beides gelingt ihm wie fast alles in dem einen großen Jahr seiner Laufbahn, nur eines nicht: sein großes Spiel weiterzuführen. Zu früh springt er ab und geht zu den Alliierten über – ein Jahr nach der Campagne; er endet als Flüchtling und Memoirenschreiber in London, nachdem er »Projektemacher, Minister, Royalist, Konstitutioneller, Girondist, Jakobiner« gewesen war, wie ein Zeitgenosse sagt, »Republikaner, General, Sieger, Flüchtling und Geächteter«. Das ist der Gegenspieler der Alliierten, und ohne seine heimlichen Schachzüge kann man die Campagne nicht begreifen. Er ist aber auch ein tüchtiger General, und das erfahren die Verbündeten sehr bald.

Unbegreiflich genug geht alles vor sich – und das auf beiden Seiten. Die Franzosen haben ebensowenig einen Feldzugsplan wie ihre Feinde noch eine bestimmte Politik. Einig sind sie sich nur in ihrem Patriotismus. Einmarsch eines fremden Heeres, Bestimmung des Auslands über die Staatsform: das will niemand, auch die alten Offiziere nicht, die überall noch kommandieren. Selbst der Braunschweiger hat ursprünglich in seinem verhängnisvollen Manifest versichern wollen, daß die neue Verfassung nicht angetastet werden solle; er hat sich das dann, ewig schwankend, streichen lassen und damit den Radikalen in Paris in die Hände gespielt. Die kommen nun zum Zuge und beginnen den Terror mit Danton an der Spitze. Erst während dieses Feldzuges und unter dem Druck der Drohung von außen her nimmt die Umwälzung wahrhaft revolutionäre Formen an: mit Massenmorden an Gefangenen, blutigen Kämpfen der Parteien und gewaltigen Energien, die nach innen wie außen entfesselt werden. Paris ist der entscheidende Schauplatz. Da werden die Kämpfe ausgefochten. Da tritt das Volk in Massen in Erscheinung wie nie zuvor. Paris ist eine Stadt von 600 000 Menschen, und voll Hohn schreien sie, als die Invasionsarmee heranrückt: Laßt sie nur herein, der Faubourg Sainte-Antoine allein wird sie in Stücke reißen! Der Braunschweiger, der Paris kennt, hat auch das erwogen. Er ist wenig geneigt, seine kleine Armee in diesen Hexenkessel hineinzuführen.

Das Geschrei der Zeitungen und Redner ist freilich großenteils Prahlerei. Die Regierung in Paris denkt schon an Verlegung ihres Sitzes nach dem Süden und wagt nur nicht, die Hauptstadt zu verlassen. Die Armee soll die Rettung bringen. Man hat sie in drei Abteilungen weit vorgeschoben gegen Belgien, die Ardennen, die deutsche Grenze. Jetzt wird der größte Teil zurückgerufen; er soll unter Dumouriez der Invasionsarmee den Weg nach Paris versperren. Als Generalissimus hat man in der Verwirrung anstelle des Braunschweigers einen anderen Deutschen angeworben, den Marschall Luckner, Bierbrauersohn aus Bayern, auch er ein »Schüler Friedrichs des Großen«, wie man meint, seit längerem schon in französischen Diensten. Ein Landsknecht mit robusten Zügen und nicht ohne Pfiffigkeit; er dient jedem Regime und streckt auch noch den Jakobinern die Marschallshand hin: »Verdammt! ich bin Jakobiner!« Es hilft ihm nichts, er wird dann doch geköpft. Aber jetzt ist er zunächst »le brave Luckner«, »le père Luckner« bei den Soldaten, die er duzt und auf die Schulter schlägt. Er ist nicht der einzige Ausländer: Zwei englische Söldnergenerale treten in dieser Campagne auf, von denen einer den symbolischen Namen Money trägt, ein Kreole Miranda, ein Husaren-oberst Stengel aus der Pfalz, der bei Valmy den rechten Flügel befehligt unter dem Elsässer Kellermann. Es fehlt nicht an tüchtigen Franzosen wie Berthier, dem späteren Generalstabschef Napoleons, und auch hohen Aristokraten und Ex-Prinzen: Neben Kellermann steht bei Valmy der Sohn des Herzogs von Orleans als General Chartres; Goethe erlebt ihn noch als König Louis Philippe von Frankreich. Das seltsamste Gegenüber für den Autor des WERTHER ist vielleicht der Verfasser des genialsten Romans der Zeit vor der Revolution, der LIAISONS DANGEREUSES – als Oberst Choderlos de Laclos kommandiert er unter Luckner den großen Waffenplatz Châlons, das Hauptziel der Alliierten bei ihrem Marsch auf Paris.

Mannschaften sind im Überfluß vorhanden, 300 000 Mann sind aufgeboten. Freiwillige strömen hinzu. Aber es fehlt an Ausrüstung und Disziplin. Die Freiwilligen des jüngsten Aufgebots bedrohen ihre Offiziere, politisieren, desertieren, plündern so gut wie die Invasionstruppen; sie schreien Verrat bei jedem Rückschlag und laufen zuweilen in ganzen Bataillonen davon. Die Freiwilligen der älteren Jahrgänge sind der eigentliche patriotische Kern; sie haben sich mit den alten Liniensoldaten zusammengetan, ihnen das Waffenhandwerk abgelernt und den neuen Stil nationaler Begeisterung eingeführt. Auf diese buntscheckige Masse, deren Generäle aufeinander eifersüchtig sind, trifft der Stoß der Alliierten. Er hat gute Chancen, und mehr als einmal schwankt das Zünglein an der Waage.

Zwischen Verdun und Paris, so hört Goethe bei der Stabsbesprechung, liegt nur noch ein größeres Hindernis: der Argonnerwald. Dann kommt Châlons, wo Oberst de Laclos kommandiert, und das Weitere ist ein Spaziergang auf schönen Straßen. Durch die Argonnen führen nur sechs schmale Zugänge, die der Braunschweiger systematisch besetzen will. Der Kavalleriegeneral Graf Kalckreuth, der als eine Hoffnung der preußischen Armee gilt, aber bei der höheren Führung unbeliebt ist, schlägt raschen Vorstoß gegen den südlichsten Durchgang vor, bei Les Islettes, ein Ortsname, den Goethe noch oft und in erbitterten Diskussionen hört. Er wird überstimmt. Der Braunschweiger will nach allen Regeln der Kunst operieren. Man soll ihm nicht nachsagen, daß er sich je in der Flanke habe fassen lassen: Vom Rhein her rückt der Elsässer Kellermann mit seiner Armeeabteilung heran, um sich mit Dumouriez zu vereinigen. Man wird diese beiden zusammen schlagen und dem Feldzug ein Ende machen.

So rücken sie vor, auf schlechten Straßen, im Regen. Die Dörfer sind fast leer, die zurückgebliebenen Einwohner mürrisch. Goethe macht Beobachtungen über das Spiel der Farben an einer Tonscherbe in einem Wassertümpel und findet seine Meinung bestätigt, daß der Blick in freier Natur doch allem Spähen in der Dunkelkammer überlegen ist. Er diktiert dem Sekretär im Zelt, durch dessen Bahnen das Wasser tropft und seine Notizen aufweicht. Sein Malerauge verzeichnet von einer Anhöhe aus die »reiche Staffage«, die große Reitermassen in der Landschaft machen, und er wünscht sich einen van der Meulen als Schlachtenmaler zur Seite. »Einige Dörfer brannten zwar vor uns auf, allein der Rauch tut in einem Kriegsbild auch nicht übel.«

Sie treten in die Champagne ein. Der Braunschweiger hat geschickt operiert. Einer der wichtigsten Pässe in den Argonnen ist durchstoßen, er will nun Dumouriez mit einem weiteren Manöver von hinten her matt setzen. Aber der König hat Nachricht bekommen und fürchtet, der Feind könne sich ihnen womöglich entziehen. Er befiehlt eine Rechtsschwenkung, man soll die Franzosen direkt angreifen. Er will die Entscheidungsschlacht, sofort, den Sieg. Der Braunschweiger fügt sich. In stockdunkler Nacht wird anmarschiert. Ein preußischer Major deutet sie dann als symbolisch für die strategische Verdunkelung dieses Vorgehens. Goethe setzt sich zu Pferde. Er hat sagen hören, daß man im Felde am besten bei der kämpfenden Truppe aufgehoben sei. Mit der Leibschwadron seines Herzogs reitet er in das größte Abenteuer seines Lebens hinein.

Dumouriez hat sich mit Kellermann vereinigt und auf den Höhen bei Valmy eine wohl ausgesuchte Stellung eingenommen, in einer Art weitem Amphitheater, wie Goethe es schildert. Vor den Hügeln sind kleine Bäche und Schluchten als weitere Deckung, davor liegt ein weites, kahles Kreideplateau. Auf dem marschiert die preußische Armee in großer Manöverordnung auf. Der höchste Punkt dieses Plateaus ist eine ›Ferme La Lune‹, von beiden Seiten zunächst nicht beachtet. Die Schlacht beginnt damit, daß Karl August, mit Goethe zur Seite, drei Reiterregimenter hinter sich, eine große Attacke reitet. Seine militärische Begabung, auch sonst von höheren Offizieren, die ihn kennenlernten, nicht hoch eingeschätzt, erscheint hier in blassem Licht. Nebel liegt auch noch über der Landschaft, leichter Regen fällt, der Feind ist unsichtbar, und man hat nur sehr oberflächlich rekognosziert; einige Husaren haben die ungefähre Marschrichtung angewiesen. So sprengen sie vor im Morgengrauen. Eine Chaussee wird überquert, deren Pappelbäume Goethe in der Erinnerung blieben; sonst ist sein Bericht so unklar wie die ganze Attacke. Man stürmt, wie er schreibt, »immerfort gegen Westen zu«. Aus der Flanke, von dem Vorwerk ›La Lune‹ her, wo Kellermann inzwischen rasch eine vorgezogene Batterie postiert hat, werden die drei Regimenter unter Feuer genommen. Sie stutzen, verwirren sich, es gibt verwirrte Befehle, und dann flutet die ganze Reiterdivision, ohne einen Mann verloren zu haben, im Galopp zurück. Ein preußischer Augenzeuge schildert die flatternden, dicht über den schwarzen Pferdeleibern liegenden weißen Mäntel. Es ist die seltsamste Kavallerieattacke, die sich denken läßt, und mit ihr endet das aktive Eingreifen Karl Augusts an diesem Tage. Ein Adjutant Braunschweigs sprengt heran und beordert ihn zurück hinter das Vorwerk, das von einer reitenden Batterie genommen werden soll. Da steht die hin- und herwogende Reitermasse am Hang, energisch zusammengehalten, Goethe als Beobachter neben der Leibschwadron. Von ›La Lune‹ her werden sie noch weiter beschossen, aber die Kugeln reichen nicht bis zu ihnen herüber, nur der Schmutz sprüht auf die Reiter, die Pferde scheuen. Die Standarte schwankt in der Hand eines schönen jungen Fähnrichs über dem Gewühl, und Goethe vermerkt dazu: »Sein anmutiges Gesicht brachte mir, seltsam genug, aber natürlich, in diesem schauerlichen Augenblick die noch anmutigere Mutter vor die Augen, und ich mußte an die ihr zur Seite verbrachten friedlichen Momente gedenken.« Ein weiterer Befehl kommt, sie werden in eine tiefer gelegene Reservestellung zurückgezogen und reiten »mit großer Ordnung und Gelassenheit« den Hang hinab. Die Verluste der drei Reiterregimenter bei der Schlacht von Valmy bestehen in einem gefallenen Pferd.

Ordnung, die Ordnung des Manövers und Exerzierplatzes, ist die Losung auch für die Hauptarmee, die nun Aufstellung nimmt. Es ist der letzte Tag des friderizianischen Parade-Schauspiels, das von ganz Europa mit Schrecken bestaunt wurde. Bis zum Mittag dauert es, ehe die Formationen in zwei Treffen ausgerichtet stehen. Das Kreideplateau hallt wider von Kommandorufen, Getrommel; mit fliegenden Fahnen ziehen die altberühmten Regimenter heran, die Kommandeure voraus, und vor allen reiten der Braunschweiger, der König und ihre Suite mit den Federbüschen. Das Vorwerk ›La Lune‹, das diese ganze Herrlichkeit um ein Haar über den Haufen geworfen hätte, ist noch rechtzeitig von einer reitenden Batterie genommen worden. Die Armee marschiert so weit vor, daß sie bis in das Feuer der Franzosen gerät. Die meisten Kugeln gehen zu kurz, aber einige schlagen in die liniengerade ausgerichteten Reihen. Die Soldaten bücken sich, was noch als gänzlich unerlaubt und feige gilt. Friedrich Wilhelm pflanzt sich auf seinem Gaul in seiner ganzen majestätischen Größe vor der vordersten Front auf und brüllt: »Sie sollen herschauen auf ihn, er bietet mehr Ziel zu Roß als sie!« Die alten Soldaten murmeln unwillig: »Er hat gut reden, er ist kugelfest wie all die Hohenzollern, nur eine silberne Kugel kann ihn treffen.« Einige Glieder wanken und werden wieder rangiert. Man hat zu stehen. Die Artillerie ist vorgezogen und beginnt auf die beiden Hügel von Valmy zu feuern. Der Nebel hat sich gehoben. Die Kanonade beginnt.

Die Feldherren, mit Feldstechern bewaffnet, reiten bis an den Rand des Plateaus vor. Erst jetzt sehen sie, was sie vor sich haben: eine wohlgeordnete Armee in vorzüglicher Position. Die Entfernung beträgt wenig mehr als einen Kilometer. Die beiden Hügelkuppen von Yvorn und Valmy, wo eine Mühle steht, sind dicht besetzt in tief gestaffelten Reihen. Die französische Artillerie feuert unablässig, in der Talsenke am rechten Flügel stehen starke französische Kavallerieabteilungen. Die Reiter, abgesessen, füttern ruhig ihre Pferde, unbekümmert um das Geschützfeuer, das bis zu ihnen hinreicht. Auf dem Hügel von Valmy hält Kellermann zu Roß, er hat seinen Hut auf den Säbel gespießt und schwenkt ihn, seine Leute antworten mit wildem Geschrei. Die Regimentsmusik spielt das *Ça ira* und die *Marseillaise*. Der Braunschweiger kann nicht die geringste Unordnung drüben erblicken, trotz der Kanonade, die alles übertrifft, was man seit fünfzig Jahren erlebt hat. Die Franzosen antworten Schuß um Schuß. Ein Pulverwagen fliegt neben der Mühle in die Luft, und für eine halbe Stunde ist wilder Aufruhr, dann bringt Kellermann mit dem Bürger Chartres seine Leute wieder zum Stehen. Es ist nicht so sehr eine Schlacht oder ein Artillerieduell als vielmehr ein Sichmessen von zwei Ordnungen, und nach vier Stunden erklärt der Braunschweiger, nun mit einem Male sehr fest und ohne Widerspruch zu dulden: »Hier schlagen wir nicht!« Der König fügt sich diesmal. Die französischen Königsbrüder in seiner Suite drängen verzweifelt: man müsse losschlagen. Da steht die berühmte preußische Infanterie – und sie tut keinen Schritt vorwärts. Friedrich Wilhelm ist nicht geneigt, seine besten Regimenter in dies Feuer hineinzuwerfen. Man wird das Schlachtfeld behaupten und die Ehre retten. Die Kanonade läßt gegen Abend nach, die Munition wird knapp. Die Schlacht wird abgebrochen.

Was tut Goethe nun inzwischen? Er ist ebenfalls auf Erkundung ausgeritten, auf eigne Faust. Er will das Phänomen des Kanonenfiebers beobachten. Und so zieht der einsame Geheimrat im braunen Zivilmantel über das Schlachtfeld, hinauf zum Vorwerk ›La Lune‹ und weiter. Er begegnet Offizieren, die ihn mit zurücknehmen wollen, aber eigensinnig reitet er weiter. Die Kanonenkugeln schlagen dumpf in den feuchten Boden ein. Er notiert eine gewisse Hitze, die sich dem ganzen Körper im Feuer mitteile, und findet, daß die Welt dabei »einen gewissen braunrötlichen Ton« annimmt. Das Geräusch der fliegenden Kanonenkugeln bezeichnet er als zusammengesetzt aus dem Brummen des Kreisels, dem Butteln kochenden Wassers und dem Pfeifen des Vogels. So hat er auch diese Erfahrung gemacht. Langsam reitet er zurück.

Es kommt Befehl, auf dem Schlachtfeld zu kampieren. Feuer darf nicht angezündet werden. Goethe steht mit einigen Offizieren zusammen im Dunkel. Die Stimmung ist miserabel. Niemand weiß, was man zu alledem sagen soll. Goethe ermuntert die Kameraden: man habe schließlich an einem großen Ereignis teilgenommen, das noch unübersehbare Folgen für die Geschichte haben werde. So etwa werden seine berühmten Worte gelautet haben.

Wind fällt ein, es regnet. Man hat weder Zelte noch weit und breit ein Quartier. Jemand schlägt vor, man solle sich eingraben. Die Artillerie leiht Schanzzeug, man hebt den leichten, weißen Kreideboden aus und legt sich zur »voreiligen Bestattung«, wie Goethe meint. Begraben wird an diesem Abend auch der Feldzug, der Ruhm des preußischen Armee-Systems und überhaupt des alten Systems. Selten ist eine weltgeschichtliche Entscheidung so unblutig verlaufen. Die Preußen verlieren 184 Mann, Tote und Verwundete zusammengerechnet, die Franzosen 150 Tote und 260 Verwundete. Die Schlachten in unserer Zeit, auf dem gleichen Kampfplatz in der Champagne und an der Somme, weisen andere Ziffern auf. Aber selbst diese Schlacht bei Valmy, so sparsam geführt im Kampf, endet blutig in Ruhr, Typhus, Erschöpfung; man verliert beim Rückzug die Hälfte aller Leute.

Valmy hat noch ein Nachspiel im Jahr 1825, als einer der beiden Königsbrüder, die in Friedrich Wilhelms Suite die Campagne mitgemacht haben, als Karl x. den Thron besteigt und sich im mittelalterlichen Stil zu Reims krönen läßt. Er besucht Valmy, neben ihm reitet sein Vetter Orleans, der Ex-General Chartres. Man müsse sich doch damals in dieser Gegend gesehen haben? meint der König. »Ja, Sire«, sagt Orleans, »aber nicht unter den gleichen Fahnen.« – »Ich habe nie gewußt«, erklärt der König, »ob Braunschweig damals mit Geld bestochen war, oder irgendwelche geheimen Anweisungen erhalten hatte, sich zurückzuziehen...« Das war die allgemeine Ansicht der Emigranten nach der Einstellung der Kanonade gewesen: Sie glaubten, der Konvent habe Braunschweig bestochen, oder er habe seine Ordres von den Freimaurern bezogen, deren Oberhaupt er in Deutschland war; es ging auch die Version um, er selber habe französischer König werden wollen.

Der Braunschweiger entfaltet jedenfalls in der Katastrophe seine diplomatischen Begabungen und rettet die Armee. Er verhandelt mit Dumouriez, geht auf dessen Lieblingsplan ein, die Alliierten zu trennen, spiegelt ihm vor, es könne recht wohl zu einem Bündnis Preußens mit Frankreich kommen; er überspielt den Spieler, und bald wird man Dumouriez in Paris ebenso des Verrats und der Bestechung beschuldigen, wie die Emigranten den Braunschweiger verdächtigen. Das Mißtrauen bleibt ihm auf den Fersen, und sein wirklicher Verrat ein Jahr später ist vor allem Flucht vor der Guillotine.

Noch hat er das Heft in der Hand. Er verteilt die Rollen: Kellermann soll den Preußen folgen, er selber bricht auf nach Belgien. Kellermann, ein guter Troupier und beschränkter Kopf, übernimmt die

Aufgabe mit Vergnügen. Er traut sich noch größere Pläne zu als Dumouriez und gedenkt eine welthistorische Rolle zu spielen. Aus seinem Stabsquartier gehen die phantastischsten Vorschläge aus: Er will den deutschen Kaiser beseitigen, Preußen durch weitere Teile Schlesiens und mit Danzig belohnen, in der Ostsee mit einer französisch-preußischen Flotte die Russen angreifen. Der Braunschweiger hört sich das alles freundlich an; ihm liegt nur daran, aus dem Hexenkessel herauszukommen. Er will seine Fahnen und Kanonen retten, die Symbole militärischer Ehre, und er bringt sie nach Hause.

Es wird trotzdem eine furchtbare Niederlage, obwohl kaum noch ein Schuß fällt. Die Armee lagert eine Woche auf dem kahlen Kreideplateau, um »das Schlachtfeld zu behaupten« und wegen der Verhandlungen. Es fehlt an Zelten, an Brot, an Wasser, man schöpft das Regenwasser aus den Pfützen, die Leute verlausen. Goethe notiert die unsinnigen Befehle der Führung: Die Soldaten sollen sich mit genügend Kreide eindecken, die reichlich vorhanden ist, und ihre Uniformen weißen. Offiziere, verdreckt wie ihre Mannschaften in den Erdlöchern, werden beim Rapport bei den immer noch wohlversorgten Stäben scharf gerüffelt wegen ihres Aussehens. Grimmig kehren sie zurück, als »halbe Jakobiner«, wie überhaupt eine meuterische, kritische, skeptische Stimmung bis zu den höheren Stabsoffizieren hinauf jahrelang zurückbleibt und sich in Diskussionen über die nun fälligen Reformen Luft macht; aus ihr gehen dann die Männer der Reformpartei des preußischen Militärs hervor, die von den Herren der alten Schule lange als »Jakobiner« bezeichnet werden, bis sie den ehemaligen Schimpfnamen »Patrioten« erhalten.

Goethe organisiert seinen Rückzug auf eigne Faust. Er behält in der allgemeinen Mißstimmung seine gute Laune: Wir werden daheim den Damen noch etwas zu erzählen haben, scherzt er vor den Kameraden. Er wechselt aus seiner vierspännigen Chaise in den bequemeren sechsspännigen Küchenwagen seines Herzogs über und liest dort in Gehlers physikalischem Lexikon. Er setzt sich zu Pferd, als auch der Sechsspänner nicht fortkommt. Er erzählt von gelungenem Fouragieren und attachiert sich noch außer seinem Diener Götze einen findigen Husaren, einen Luxemburger, der Französisch spricht, ihm überall Platz schafft, weil er den Geheimrat als Verwandten des Königs ausgibt, und mit dessen Hilfe kommt er glücklich bis nach Luxemburg.

Er hat genug gesehen. Die Verwundeten und Kranken zurückgelassen, in den Lazaretten oder am Wegrand. »Die Krankheit«, wie Goethe sie unbestimmt nennt, verursacht die größten Verluste, Dysenterie, vielleicht Typhus oder Ruhr, durch unvorsichtiges Wassertrinken aus verschmutzten Bächen und Brunnen. Die Erschöpften sinken zusammen und werden von den Geschützen überfahren. Wilde Gerüchte: Bei Reims sollen sich 20 000 Bauern zusammengerottet haben, um die Eindringlinge zu massakrieren. Marodeure und Nachzügler in Scharen hinter der Front wie im Dreißigjährigen Kriege. Die Pferde brechen zusammen und werden geschlachtet. Es kommt Befehl: Die Reiter haben abzusteigen, ihre Gäule vor die Kanonen zu spannen, die auf alle Fälle gerettet werden müssen. Karl August erläßt eine weitere Order: Die Kürassiere haben ihre Sättel abzunehmen und zu tragen, sie dürfen auch nicht ohne ihre Sättel nach Hause kommen. Goethe sieht die langen Kolonnen auf den engen, aufgeweichten Wegen, buntlackierte Kutschen der Emigranten dazwischen, Lakaien, Dienerschaft der Fürstlichkeiten, eine hohe zweistöckige Kutsche des Ministers Haugwitz, über alle hinausragend und eine vollendete Mittelmäßigkeit beherbergend. Ein Trost sind für ihn nur ein paar altgediente französische Liniensoldaten vom Emigrantenkorps, die sorgfältig jede Pfütze vermeiden, im Quartier sogleich ihre Gamaschen auswaschen und bürsten: Sie erfreuen seinen Ordnungssinn bei der allgemeinen Auflösung. Flucht aber ist das Ganze unverkennbar. Und neue katastrophale Nachrichten treffen ein: Custine mit seiner französischen Armeeabteilung, den man unbedenklich im Rücken gelassen hatte, ist ins Rheinland eingefallen. Er hat Speyer genommen, das Nachschubzentrum der gesamten Invasionsarmee, er bedroht Mainz, Frankfurt ist alarmiert. In Koblenz erwartet man ihn, und es soll weite Kreise geben, die ihn mit Begeisterung für die Sache der Revolution erwarten. In vier Wochen hat sich das Klima der Welt verändert, und Goethe könnte jetzt in der Tat »rötlich« sehen wie im Feuer bei Valmy.

Er beschäftigt sich mit anderen Farben. In Luxemburg bringt ihn sein findiger Husar gut unter bei Verwandten. Goethe packt seinen Koffer aus, der sich trotz aller Widerwärtigkeiten erhalten hat: »Das Konvolut ZUR FARBENLEHRE brachte ich zuerst in Ordnung, immer meine früheste Maxime vor Augen: die Erfahrung zu erweitern und die Methode zu reinigen.« Er reinigt auch seinen äußeren Menschen, läßt sich zum ersten Male seit Wochen wieder sorgfältig rasieren und frisieren; im Spiegel hat er sich mit struppigem Bart und Haaren bis auf die Schulter gesehen. Er fährt ab nach Trier, wo das Posthaus, in das die Emigranten ihre Briefe nach Paris einwarfen, nun verlassen steht. Im Kreis von Offizieren drängt man ihn, er solle die ganze unselige Campagne doch beschreiben und aufklären; ein alter Husarenoberst meint dazu weise: »Glaubt es nicht, er ist viel zu klug! Was er schreiben dürfte, mag er nicht schreiben, und was er schreiben möchte, wird er nicht schreiben.« Daran hat Goethe sich dann auch gehalten.

Am Rhein trifft er seinen Herzog wieder und das Kürassierregiment, das bereits seine Koller mit gelber Kreide putzen muß. In Stabsgesprächen wird die Bilanz der Campagne gezogen. Kaum 1 000 Mann hat man vor dem Feind verloren, aber 19 000 auf dem Marsch. Das

Regime, das man retten wollte, ist gestürzt, der französische König ein Gefangener, die Republik erklärt, ihre Truppen sind überall im Vormarsch. Die Koalition, die den Kreuzzug unternahm, ist im Auseinanderbrechen. Was von der Armee noch übrig ist, kann auf lange hinaus zu keiner Aktion verwendet werden. Die Lazarette sind überfüllt, das Sterben geht weiter.

Der Musketier Laukhard hat diese Lazarette geschildert, in denen weitere Tausende krepieren. Die preußische Armee hat das Sanitätswesen völlig vernachlässigt; der Regimentsphysikus war eine Art Unternehmer, der ein Kopfgeld erhielt, dafür die Verpflegung der Kranken und das Personal bezahlen sollte und an allem sparte oder verdiente. Laukhard, der einen kranken Kameraden besuchen will, beschreibt die Feldscherer als Gauner und Rohlinge, die Wärter als alte, steife Krüppel; die Kranken werden bestohlen oder sich selbst überlassen. Sie schleppen sich hinaus auf die Latrinen und sterben dort, die Gruben liegen voll von Leichen.

Auch Goethe hat einen leichten Anfall der allgemeinen Krankheit, aber er schreibt nun an Herder, als seine persönliche Bilanz, er sei wie aus einem bösen Traum erwacht, »der mich zwischen Kot und Not, Mangel und Sorge, Gefahr und Qual, zwischen Trümmern, Leichen, Äsern, und Scheißhaufen gefangen hielt«. Seltsam: Er eilt nicht nach Hause zu dem Liebchen – er flüchtet in ganz entgegengesetzter Richtung nach Westen, den Rhein hinab, zu den alten Freunden, den Jacobis in Pempelfort bei Düsseldorf. Geruhsam gleitet er im Boot dahin und liest dabei einen Brief seiner Mutter aus Frankfurt: Sein Oheim Textor ist gestorben, und damit wäre die Bahn für ihn frei, als Ratsherr in die Regierung der Vaterstadt einzutreten. Die Rätin nahm offenbar an, daß in so unsicheren Zeiten, da die Throne wankten, ein Ratsherrenposten in der Republik Frankfurt besser sei als eine Ministerstelle beim Herzog von Weimar. Goethe denkt nicht daran, seine völlig unabhängige Position mit den strengen und altväterlichen Verhältnissen seiner Heimatstadt zu vertauschen. Er hat auch an sein Liebchen und sein Kind zu denken, die dort kaum recht am Platze wären. Und so schweigt er zu dem Angebot.

Zwei Monate bleibt er noch von Weimar fort, bei den Jacobis zunächst, dann in Münster, wo ebenfalls ein Kreis von Goethe-Verehrern versammelt ist. Die Fürstin Gallitzin bildet den Mittelpunkt, eine reiche, fromme Dame, die zum Katholizismus übergetreten ist; Freundin des Philosophen Hemsterhuis, des »nordischen Magus« Hamann, der in ihrer Nähe wenige Jahre zuvor sein Grab gefunden hat. Goethe spricht wenig von der Campagne und viel über seine FARBENLEHRE; man hört nur zerstreut zu, denn die Fürstin möchte ihn zum Glauben bekehren. Davon will nun Goethe nichts wissen. Die Fürstin besitzt eine kostbare Sammlung antiker geschnittener Steine, und Goethe hat immer eine besondere Zuneigung zu dieser Kleinkunst gehabt. Er macht sich das Vergnügen, in diesem streng christlichen Kreise die allerliebsten heidnischen Motive dieser Gemmen auszudeuten; er dichtet auch einmal wieder und trägt als sein Glaubensbekenntnis einen selbstgeschaffenen Mythos vor: Amor, der Jüngling, erzeugt mit Venus Urania einen neuen Amor, und dessen »reizender Pfeil stiftet die Liebe der Kunst«. Die Fürstin, enttäuscht über den unverbesserlichen Heiden, aber großzügig, gibt ihm das Kästchen mit den Gemmen zum weiteren Studium mit, und überglücklich reist Goethe nach Weimar ab.

Verwundert muß er auf der Fahrt feststellen, daß der Krieg, den er vergessen hatte, nicht ebenso pausiert hat, sondern ihm folgt. Überall begegnen ihm französische Emigranten, die nun auch aus dem Rheinland weiterflüchten müssen ins innere Deutschland. Sie sind höchst unbeliebt, denn sie haben »nichts gelernt und nichts vergessen«, wie man später bei ihrer Rückkehr nach Frankreich sagen wird. Sie kommandieren, schimpfen, zahlen mit gefälschten Assignaten und verbreiten neben allgemeiner Mißstimmung noch Währungswirrwarr. Goethe wird in einem Gasthof abgewiesen, weil man ihn für einen dieser ungebetenen Gäste hält, und erst aufgenommen, als er sich zu erkennen gibt.

Kurz vor Weihnachten trifft er in Weimar ein. Das Liebchen hat mit Meyer dafür gesorgt, daß alle Umbauten im Haus beendet sind; kein Wort der Klage fällt über sein langes Ausbleiben, mit Jubel wird er begrüßt. Sorglich trägt er das Kästchen mit den kostbaren Steinen in das Zimmer, das hinfort den antiken Sammlungen gehören soll. Darüber wird noch vieles mit Meyer zu sprechen sein. Er will sich nun wieder dem Studium des Altertums widmen, da die Gegenwart sich so erbärmlich gezeigt hat. Er liest im Plato. Da spricht Sokrates in seiner APOLOGIE von seinem Daimon, der heimlichen Stimme, die ihn seit seiner Kindheit berät: »Und jedesmal, wenn sie sich hören läßt, redet sie mir von etwas ab, das ich tun will – zugeredet aber hat sie mir nie. Das ist es, was sich mir widersetzt, daß ich keine Staatsgeschäfte betreiben soll.« Die Naturforschung darf nicht vernachlässigt werden; die Akten zur FARBENLEHRE sind gerettet, auch die vom Regen durchweichten Bogen. Die Gedanken formen sich ihm schon zu unwiderleglichen Sätzen. Nur wenige Jahre noch, in Ruhe verbracht, und er wird damit hervortreten.

Sein *Kriegs- und Reisetagebuch* hat er in Düsseldorf verbrannt.

Die erste deutsche Republik

Die Weltgeschichte läßt ihm diese Ruhe nicht. Im Januar 1793 hört er, daß Ludwig XVI. hingerichtet wurde, verurteilt vom Konvent mit einer oder ein paar Stimmen Mehrheit. Die Guillotine arbeitet seit einem halben Jahr mit ständig zunehmender Geschwindigkeit, denn zahllos sind die Verräter und Schuldigen. Sie wird erst aufhören, nachdem sie einige tausend davon geköpft hat, die Verräter Danton, Desmoulins, der den Sturm auf die Bastille anführte, die Girondisten, die den ersten Revolutionskrieg begannen, die Ultra-Radikalen und am Ende die Verräter Robespierre und Saint-Just, dazu zahlreiche Generäle der Revolution, Generalissimus Luckner, Marquis de Custine, auch Dichter wie André Chénier, Gelehrte wie den großen Chemiker Lavoisier, Aristokraten, Hutmacherinnen, Lebensmittelschieber, Idealisten, Verschwörer, viele kleine anonyme Leute und große Namen. Für Goethe, der nur einen dumpfen Widerhall von alledem vernimmt, wird dies Spiel der Intrigen und Parteien, der ehrgeizigen Persönlichkeiten, die sich gegenseitig denunzieren und umbringen, der reinen Seelen und heimlichen Geschäftemacher immer undurchsichtiger. Unschuldige werden gewürgt wie die Hasen, Gerissene schleichen sich wie die Füchse davon und triumphieren.

Zu Anfang des Jahres fällt ihm die alte Geschichte vom REINEKE FUCHS in die Hände, und die scheint ihm ein rechter Zeitspiegel. Die Mönche des Mittelalters hatten die Fabel gestaltet und heimlich ihre eigne Sache dabei im Auge gehabt: Der Kopf, die Intelligenz gilt, nicht die dumme Faust. Reineke zeigt sich als Meister; mit seinen Schlichen ist er all den starken Wappen- und Adelstieren überlegen, dem Wolf, dem Bären, dem noblen und törichten Löwen, dem König. Er siegt sogar im Zweikampf und durch Gottesgericht über seinen Feind Isegrim, der auf die blanke Waffe seiner Zähne vertraut. Durch List siegt er: Er läßt sich vor dem Kampf scheren, salbt sich, um glatter zu sein, rührt den Staub auf mit dem Schwanze, der mit eignem scharfen Wasser genetzt, packt den Wolf im Gemächte von unten her und zerrt ihn, bis er sich blutend im Unrat wälzt. Er triumphiert, und alle Untaten, die er reichlich begangen, sind vergessen. Die Mönche haben die Moral der Fabel je nach dem Stand des Jahrhunderts bemessen: Im rauhen 10. Jahrhundert wird der Betrüger verherrlicht, im etwas milderen 13. läßt der Holländer Willem ihn am Ende ächten und für vogelfrei erklären, bald wird er wieder der Triumphator, dem alle zulaufen. So dichtet auch Goethe: »In der Welt gehts immer so zu«, ein »Jeglicher wollte der nächste neben dem Sieger sich blähn. Die einen flöteten, andere sangen, bliesen Posaunen und schlugen Pauken dazwischen.« Goethe braucht nicht viel hinzuzufügen. Fast wörtlich übersetzt er aus einer Prosafassung, die Gottsched von der alten Dichtung hergestellt hatte.

Er braucht keine Modelle, die Zeitgeschichte liefert sie, und die ganze Geschichte dieses Jahres ist bis in die einzelnen Gestalten hinein eine lebende Illustration der alten Tierfabel, die ewige Typen geschaffen hatte und eine ewig neu erprobte zynische Weisheit. Er arbeitet noch an diesen Gesängen, als Karl August ihn noch einmal ins Feld beruft. Kaum ein Vierteljahr hat Goethe es sich bequem machen können in seinem breiten Hause mit dem gut geheizten Ofen und seinem Mädchen. Es ist viel geschehen inzwischen. Der Zeiger ist abermals um ein ganzes Stück vorgerückt. Custine ist ins Rheinland eingefallen, noch während des Rückzugs der Alliierten. Er unternimmt eigentlich Handstreiche, wenn auch stets von »Armeen« die Rede ist, mit 18 000 Mann, auf eigne Faust, ohne Feldzugsplan oder Order aus Paris, wo weder ein echter Oberbefehl noch sonstige stabile Autorität besteht. Man läßt ihn gewähren, solange er Erfolge hat. All die Revolutionsgeneräle sind Condottieri oder War-Lords. Jeder hat seine eignen Pläne, seinen eignen Stil. Custine, Ex-Marquis, trägt einen gewaltigen Schnurrbart, das Zeichen des freien Mannes, »le général moustache« nennen ihn seine Leute. Er liebt es, gewaltige Reden zu halten mit revolutionären Phrasen; von den Rednern in Paris hält er wenig, er verachtet sie als Schwätzer. Er benutzt ihre Parolen: »Krieg den Palästen, Friede den Hütten«, so hat der Abgeordnete Merlin aus Thionville verkündet. Danton hat die Weltrevolution ausgerufen. Alle befreiten Völker sollen sich um die französische Nation als Bannerträgerin der Freiheit scharen. Sie sollen freie Republiken bilden oder sich besser noch der großen Universal-Republik angliedern. »Kühnheit, Kühnheit und noch einmal Kühnheit!« hat er als Kriegsruf ausgegeben, in Umkehrung des alten Satzes vom Feldmarschall Montecuccoli, wonach drei Dinge zum Krieg notwendig sind: Geld, Geld und drittens Geld. Das war der Stil der Söldnerheere, die meuterten oder zum Feind übergingen, wenn er besser bezahlte. Jetzt kämpfen freie Männer. Bezahlen muß der Gegner.

Custines freie Männer sind wilde Burschen, zerlumpt oft, man lacht anfangs über sie auf der anderen Seite, auch Goethe schildert sie noch so. Zwergenhaft klein erscheinen sie ihm und wie Räuber gegen die großen Kürassiere seines Herzogs mit dem sorgfältig gepuderten Zopf – auch er trägt ihn noch –, den sauber mit gelber Kreide geputzten Waffenröcken, den hohen Stiefeln, die bis zur Hüfte reichen. In Schuhen, mit langen, zerfransten Hosen, auch barfuß laufen diese Sansculotten einher. Am Hut haben sie sich den Eßlöffel durch einen Schlitz gesteckt, die »Löffelsoldaten« nennt man sie im Rheinland. Ihr General benutzt einen großen Löffel und schöpft den reichen, verschlafenen Reichsstädten ihren lange gehegten Überfluß ab. Kontributionen sind die neue Form, den Krieg zu finanzieren; für den Feldherrn fällt dabei einiges ab. Diese »Horden« sind nach früheren Begriffen undiszipliniert. Sie haben ihre eigne Disziplin. Bewundernd beobachtet der preußische Ex-Musketier Laukhard, der zu den Neu-Franken übergelaufen ist, wie sie beim Marsch auseinanderreißen, eine Todsünde bei den alten Armeen, wo ein Nachzügler nicht ohne Grund unweigerlich als Deserteur angesehen wird. In kleinen Gruppen, singend, schwatzend, wandern sie dahin, aber am Abend sind sie wieder beisammen, im Gefecht sind sie zur Stelle. Sie zerstreuen sich auch da, in Schützenketten, als Tirailleurs, nehmen Deckung hinter Bäumen. Ihre Offiziere, die häufig den amerikanischen Krieg mitgemacht haben, erzählten ihnen von dieser Taktik der Fallensteller und Hinterwäldler. Aber sie kommen vorwärts, während die baumlangen, wohlgepflegten Kürassiere nie ein Gefecht gewinnen, sie müssen geschont und zusammengehalten werden. Wie ein Wolf bricht Custine in die fromme Schafherde an der alten »Pfaffenstraße« ein, in die reichen, verstaubten Erzbistümer und Reichsstädte. Die haben zwar formell den Interventionskrieg nicht mitgemacht, das »Reich« war neutral geblieben. Solche Formalitäten gelten nicht mehr. Speyer, freie Stadt, war Hauptdepot der Alliierten geworden, der Stadtrat hatte protestiert und sich gefügt. Grund genug, die Stadt zu nehmen. Koblenz, Mainz waren Zentren der Emigration, Grund genug, sie zu erobern. Die Reichsstadt Frankfurt, ohne rechtes Schuldkonto, könnte als Stützpunkt für den Gegner dienen. Custine stößt auch bis dorthin vor. Goethes Mutter erlebt zum ersten Male Kriegswirren und Besetzung, zwei Millionen Franken haben die Reichsstädter zu zahlen. Custine hält ihnen eine seiner Ansprachen und erinnert an die Krönung vor wenigen Jahren: »Habt Ihr hier noch einen Kaiser gesehen? Ihr werdet keinen mehr sehen!« Er behält recht.

Er muß zurück nach kurzer Zeit, die Preußen und Hessen rücken heran. In Mainz hat er sich eine feste Basis geschaffen. Da hat man ihn begeistert begrüßt und gefeiert. Eine freie rheinische Republik soll begründet werden, und von da aus wird sich ganz Deutschland in

Freiheit erheben. Die besten deutschen Geister haben nach Befreiung vom Tyrannenjoch gerufen. Jetzt ist der Zeitpunkt gekommen. Man muß sich nur für den neuen Gedanken der Nation begeistern, wie die Neu-Franken es gezeigt haben, dann fallen die Ketten ab.

Die Deutschen sind jedoch keine Nation. Ihr Kaiser steht als König von Böhmen und Ungarn im Krieg; seine Mannschaften, Panduren, Kroaten, Tschechen, Slowenen, verstehen selten Deutsch. Preußen schickt sich eben an, seine Bevölkerung um ein Drittel Polen zu vermehren. Es gibt Sachsen, auch ein Herzogtum Sachsen-Weimar-Jena-Eisenach, Reichsstädte, geistliche Bistümer, Abteien, Grafschaften. Es gibt eine Reichsarmee, die man selten im Felde gesehen hat, einen Reichstag in Regensburg, von dem Goethe in einer Ministersitzung erklärt, daß man sich nur »kühle Teilnahme« von ihm versprechen kann, wenn etwas Ernstliches passiert. Die Deutschen hängen an ihren angestammten Fürstenhäusern, falls diese nicht allzuhäufig wechseln oder ihre Länder tauschen, und in den geistlichen Fürstentümern wechseln die Herren bei jeder Wahl. Sie hängen an ihren alten Freiheiten und Rechten, wo diese noch vorhanden sind, und an alten Unfreiheiten, an die sie sich gewöhnt haben.

In Mainz regiert Erzbischof von Erthal. Eigentlich regiert Frau von Coudenhoven, eine anmutige, kultivierte Dame. Goethe lernt sie nach den Ereignissen kennen und erklärt sie für ein Schmuckstück des Hofes, »la parure du château«. Sie lobt ihm gegenüber Frankfurt: das habe, zum Unterschied von den unzuverlässigen Mainzern, doch aufrechten Bürgersinn bewiesen, sie würde gerne eine Frankfurterin sein. Nun, meint Goethe, das ließe sich leicht bewerkstelligen, sie brauche nur ihn zu heiraten.

Der Erzbischof, Erzkanzler des Reiches, Vorsteher des Kurfürstenkollegiums, gilt als reichster Prälat der Christenheit. Seine Lande erstrecken sich weithin, im Mittelalter reichte sein Sprengel einmal bis Prag und Olmütz. Noch jetzt gehört mitten im protestantischen Thüringen Erfurt zu seinen Besitzungen; sein Statthalter dort, Dalberg, ist Freund und Berater des nahen Weimarer Hauses, Gönner Goethes, der häufig mit ihm korrespondiert und ihm seine Farbenforschungen vorträgt. Erthal liebt den Prunk wie all die geistlichen Fürsten. Schon einer der Vorgänger hat eine der schönsten Schloß- und Parkanlagen des Jahrhunderts, ›La Favorite‹ genannt, gebaut. Erthal hat die alte Universität neu belebt. Er ist aufgeklärt und steht nur auf kühlem Fuß mit dem Papst, mit Österreich, er hält sich zur preußischen Seite. Als Sekretär hat er sich den großen Historiker Johannes von Müller herangezogen, als Bibliothekar den Weltreisenden Georg Forster, sein Vorleser ist der Stürmer und Dränger Wilhelm Heinse. Das Mainzer Theater ist berühmt. Etwas unvorsichtig hat Erthal sich für die Emigranten eingesetzt, die neben der seinen – und mit Mainzer

Geld – eine neue Hofhaltung aufrichten und sich unbeliebt machen durch den neuen Luxus, den sie einführen und der absticht vom altgewohnten, behäbigeren der Domherren und Ordensritter.

Die Ideen der neuen Zeit sind auch in Mainz eingedrungen. Im Lesekabinett Sartorius trifft man sich: Professoren, Beamte, Studenten, Kaufleute. Der Leibarzt des Erzbischofs ist dabei, sein Polizeikommissar Macke. Man liest die Gazetten, diskutiert die Weiberwirtschaft bei Hofe, die Verschwendung; trotz ungeheurer Einnahmen ist der Kurfürst verschuldet. Man begeistert sich für die großen Tribunen in Paris, die Verfassung, klagt über die stumpfe Mainzer Bevölkerung, die keinen höheren Sinn zeigt und unter dem sanften Krummstab dahindämmert. Man spricht von den Bauern auf dem flachen Lande, die nicht so glücklich träumen und mit ihren Abgaben das alles finanzieren müssen. Aufrufe werden entworfen. Es brauchen eigentlich nur einige beherzte Männer zuzugreifen, und die ganze altständische Herrlichkeit bricht zusammen wie der feudale Prachtbau von Versailles. Sie warten nur auf einen großen Augenblick, und er kommt.

Custine rückt heran. Die Besatzung der großen Grenzfestung, die eigentlich etwa 30 000 Mann betragen müßte, um die weiten Wälle und Bastionen zu verteidigen, besteht aus 2 000 Mann, meist Österreichern und Preußen. Das Mainzer kurfürstliche Militär, etwa ebensostark, ist den Franzosen entgegengerückt und alsbald gefangengenommen worden. Die Bürgerschaft wird mit Trommelschlag aufgerufen, die Wälle zu bemannen. Custine ist bis in die Gartenfelder vorgedrungen, wo die Mainzer Wäsche zum Trocknen liegt. »Die Franzosen waren so artig und hießen die Weiber die Wäsche hinwegnehmen, daß sie nicht beschmutzt würde«, erzählt ein Augenzeuge. Sie feuern einen Kanonenschuß über die dichtbesetzten Wälle ab: »Da rannten die Herren rechts und links den Wallgang hinunter und in weniger als fünf Minuten war kein Bürger mehr zu sehen.«

Als Farce beginnt es – und ernst ist der Ausgang. Die Lesegesellschaft formiert sich beim Einzug Custines als Klub, die »Klubbisten« fortan genannt. Der Freiheitsbaum wird aufgepflanzt, es wird getanzt, gesungen, jeder trägt die dreifarbige Kokarde, man feiert ein großes Freiheits- und Verbrüderungsfest. Im Theater wird am Abend für die Gäste DAS MÄDCHEN UND DER GANZE KRAM vom Grafen Brühl gespielt. Ein Wachtmeister kommt darin singend auf die Bühne, er trällert das Ça ira, l'aristocrat à la lanterne, das ganze Parterre stimmt mit dem Orchester ein. Zwei Tage später wird dem Schauspieler ein Brief zugestellt, vom Intendanten, der nach Aschaffenburg geflüchtet ist: Er erhält einen Verweis für ungebührliches Betragen und die Mitteilung, die gesamte Truppe werde bis auf weiteres beurlaubt; bei besseren Verhältnissen könne sie jedoch auf Weiterführung der Kontrakte rechnen.

Custine ruft die Korporationen der Stadt zusammen und legt ihnen folgende Fragen vor: Nehmt ihr die neue französische Verfassung an? Wollt ihr eine eigne oder die alte? Die Korporationen beteuern ihre große Verehrung für Frankreich, erklären aber, daß ihnen ihre Situation und »ihr natürliches Phlegma« – unsterbliche Antwort – nicht erlaubten, Stellung zu nehmen zu so kühnen Vorschlägen. Eine gemäßigte monarchische Lösung sei wohl das beste.

Der Klub greift ein. Er übernimmt die Führung. Es sind ehrliche Idealisten dabei. Da ist Georg Forster, der mit Cook bis nach Tahiti und den Südpolargegenden gereist ist, Naturforscher, Goethe hat mit ihm korrespondiert, er ist der Freund und Lehrer Alexander von Humboldts und einer der besten Prosaschriftsteller der Zeit; sein Schicksal, mit frühem Tod in Paris, hat lange die Gemüter beschäftigt. Aus einem der Dörfer der Umgebung ist Adam Lux gekommen, der »philosophische Bauer«, ein junger Mann mit langen, fließenden Haaren, grauen Augen, einem feinen Mund, eher eine Hölderlin-Seele als ein Revolutionär. Mit einer Dissertation ÜBER DEN ENTHUSIASMUS hat er begonnen; als ekstatischer Verteidiger der Charlotte Corday wird er unter der Guillotine enden, in Paris, wo er mit Forster die Botschaft der ersten deutschen Republik dem Konvent zu überbringen hat; enttäuscht, verzweifelt nach wenigen Wochen, Flugschriften verteilend mit Mahnungen zur Einigkeit: brüderliche Union aller, nicht tyrannische! Er hat durch seinen Tod ein Beispiel geben wollen wie der antike Curtius, ist, wie Forster schreibt, »aufs Schafott gesprungen«, die Republik zu retten, die keine Notiz nimmt von diesem Selbstmord unter dem Fallbeil. »Kein Deutscher soll ihn vergessen«, hat Jean Paul über den Jüngling geschrieben, den auch die Deutschen rasch vergaßen. Goethe hat ihm in HERMANN UND DOROTHEA ein verstecktes kleines Denkmal gestiftet, in dem ersten Bräutigam des Mädchens, der »ein edler Jüngling, im ersten Feuer des hohen Gedankens nach edler Freiheit zu streben, selbst hinging nach Paris und bald den schrecklichen Tod fand; denn wie zu Haus, so dort bestritt er Willkür und Ränke«.

Das erste Feuer hoher Gedanken wandelt sich bald in Willkür und Ränke. Der Klub schon ist geteilt, neben den Idealisten sind Schwätzer, Geschäftemacher, dann wieder tüchtige Männer, die es später zu hohen Verwaltungsposten bringen. Streit beginnt zwischen Einheimischen und »Zugereisten«, die keine Mainzer Kinder sind. Custine ist enttäuscht. Er hat sich mehr Teilnahme des Volkes versprochen, er hält von den Intellektuellen des Klubs ebensowenig wie von denen in Paris. Er hat sich bequem und mit beträchtlichem Aufwand installiert; statt der Coudenhoven ist nun eine Madame Daniels das Gespräch der Mainzer; der General hat ihr symbolisch das Bett des Erzbischofs geschenkt. Custine wünscht Resultate zu sehen, um diese nach Paris melden zu können. Man drängt von dort. Man will nichts von selbständigen Republiken hören: Anschluß, Eingliederung der befreiten Länder! Man hört nichts von tatkräftiger Rekrutierung der neuen Gegenden.

Im Februar haben Wahlen stattgefunden, bei schwacher Beteiligung. In Worms hat überhaupt niemand wählen wollen. Die aus Paris entsandten Kommissare haben erklärt: »Wir wollen keine Feiglinge als Soldaten. Wir werden aber alle, die nicht das Herz haben, Männer zu sein, bei militärischen Hilfsarbeiten verwenden.« Der Abgeordnete Merlin erscheint in Mainz und löst den Klub auf. Er ernennt einen neuen. Custine hat bereits geäußert: »Die Rheinländer wollen Sklaven sein!« Forster meint bitter: »Man muß ihnen die Freiheit *befehlen*!«

Mainz ist düster geworden. Der Handel stockt, die Handwerker haben wenig zu tun. Auf dem Lande wird requiriert und fouragiert, die Kontributionen werden oft zwei- und dreimal eingetrieben. Die alten Lasten sind abgeschafft, die neuen sind nicht weniger schwer. Die Furcht kommt hinzu. Die Truppen der Preußen und Österreicher rücken überall heran. Unter sehr ungewissen Auspizien treten die Abgeordneten im März zusammen, im Rittersaal des Deutschordenshauses zu Mainz. Noch einmal gehen die Hoffnungen hoch. Sie beschließen einen freien, unabhängigen Staat. Er soll das ganze linksrheinische Gebiet umfassen.

Das genügt jedoch Custine nicht. Nach unklaren Beratungen wird einstimmig beschlossen: »Das rheinisch-germanische Volk will in die französische Republik aufgenommen werden.« Forster, Lux und ein dritter Abgeordneter werden nach Paris delegiert, den Beschluß dem Konvent vorzulegen. 90 Abgeordnete von 130 haben unterzeichnet, die übrigen haben sich gedrückt oder sind schon geflüchtet und werden für Deserteure erklärt. Dreißig Kanonenschüsse verkünden die Entstehung der ersten deutschen Republik.

Die Bevölkerung hört aber auch die Kanonen von jenseits des Rheins aus der Ferne. Sie hat den Eid auf das neue Regime zu leisten; wer nicht schwört, wird ausgewiesen und sein Besitz beschlagnahmt. Auf den Plätzen stehen neben dem einen Freiheitsbaum vier Galgen. Im Vorfeld von Mainz wird geschanzt. Die ›Favorite‹ verschwindet mit allen Pavillons und Parkanlagen, die Lindenallee zum Rhein wird abgeholzt. Auch Custine ist verschwunden. Er ist zum Oberbefehlshaber der Rheinarmee ernannt worden und nach Landau gegangen. Es heißt, daß er dort empfindliche Schlappen erlitten hat. Er fordert aus Mainz Verstärkungen an. Preußische, österreichische, hessische Truppen rücken überall vor. Die Koalition, die schon am Zusammenbrechen war, ist wieder geflickt worden, auch das Reich ist nun im Krieg, wohl oder übel, England, Holland, Sardinien sind beigetreten.

Im April ist Mainz von den Alliierten eingeschlossen. Es hat einen neuen Kommandanten, einen stillen, mürrischen älteren General bekommen. Die Mitglieder des Klubs, soweit sie geblieben sind – manche sind schon nach Straßburg geflüchtet –, legen Uniform an; sie beschließen, die Haare kurz zu schneiden und keinen Puder mehr zu benutzen. Die Versammlungen hören nun auf, sie müssen auf Wache ziehen. Die Regierung der rheinisch-germanischen Republik besteht noch, aber ihr Wirkungskreis ist auf die Amtszimmer beschränkt. In der Stadt regiert die Kommandantur, auf dem Lande regieren bereits die Alliierten.

Ende Mai trifft Goethe im Lager ein bei seinem Herzog und seinen preußischen Kürassieren, die im Festungsgelände eigentlich nicht recht verwendbar sind. Man hat ihm viel zu erzählen: von Überfällen der Besatzung, bei denen fast das Oberkommando gefangengenommen worden wäre und die eben noch glücklich abgeschlagen wurden. Statt des Braunschweigers ist Kalckreuth Befehlshaber der Preußen. Er hat in der Champagne scharf kritisiert, daß man nicht rasch genug zugriff, nun wird er kritisiert, daß er sich die besten Ausgangsstellungen entgehen ließ. Man berichtet Goethe von den ständigen Spannungen mit den Österreichern, die wieder mit möglichst kleiner Truppe erschienen sind; ihr Befehlshaber, Schönfeld, so hieß es eines Tages, sei zu den Franzosen übergelaufen, was sich später als Gerücht herausstellte. Goethe nimmt an vielen Stabsgesprächen und politischen Diskussionen teil, macht sich seine Gedanken und wird so wenig wie möglich davon zu Papier bringen. Er hat sich seine Notizen und Literatur zur FARBENLEHRE mitgebracht, den REINEKE FUCHS und schreibt zur gleichen Zeit seine Hexameter und optischen Lehrsätze.

Sein Quartier in Marienborn ist bequem, und den Fürstlichkeiten, wieder reich vertreten, werden die anmutigsten Pavillons, Lusthütten, Parkanlagen gebaut, eine neue ›Favorite‹ entsteht. An Favoritinnen fehlt es auch nicht. Friedrich Wilhelm II. weilt vorwiegend in Frankfurt bei Fräulein Bethmann, die sich Hoffnungen macht, linker Hand geheiratet zu werden. Prinz Louis hatte eine Liaison mit der schönen Emigrantin Madame de Contades angeknüpft. Für die Mannschaften, die auch versorgt werden müssen, denn Friedrich Wilhelm ist ein Soldatenfreund, werden Zeltbordelle eingerichtet mit Preisen von 8 bis 45 Kreuzer.

Von weit her kommen die Besucher ins Lager, das große Bombardement mit anzuschauen. Goethe notiert die »himmlischen Erscheinungen« der mecklenburgischen Prinzessinnen, darunter die spätere preußische Königin Luise, die bei seiner Mutter als Pensionäre gewohnt haben. Die Bauern der Umgebung, im Sonntagsstaat mit Familie, pilgern herbei. Gegen Trinkgeld lassen die Posten sie bis in die vorderen Linien und warnen sie, wenn sie das Mündungsfeuer in der Redoute aufblitzen sehen: »Buck!« Die Bauern bücken sich bis zur Erde, und die Kanonenkugel, langsam reisend, rattert über die Schanzen hinweg.

Es ist ein Krieg, der mit Humor und Kavalierszügen geführt wird. Ein französischer Offizier fährt des Nachts mit Booten über den Rhein, überfällt ein Dorf, in dem die Kavalleristen eben beim Tanz sind mit den Dorfmädchen. Er nimmt sie gefangen und entschuldigt sich höflich bei den Schönen, daß er ihnen ihre Tänzer entführen muß. Die Posten beschimpfen sich gegenseitig (»Königsmörder!« – »Sklavenseelen!«) und tauschen Geschenke aus, die Franzosen ihr weißes Brot, das schwarze Kommißbrot der Preußen weisen sie mit Verachtung zurück. Sie spotten über das armselige Schanzen, die ungenügende Artillerie des Gegners: »Dumm Coujon, viel Schanz, wenig Canon!« Ein preußischer Offizier bietet einem seiner Leute einen Taler, wenn er ihnen den nackten Hintern von der Brüstung zeigt. Der Musketier lehnt ab: Das schickt sich nicht, Herr Leutnant!

Ein französischer Kommandeur wechselt Pistolenschüsse mit einem preußischen Kapitän und fordert ihn, als er die Pistole leergeschossen, auf Säbel heraus. Der Preuße: Gut, kann geschehn. Wenn ich Ihnen aber als Freund entgegentrete? – »Ebenfalls willkommen!« – Sie schütteln sich die Hand, umarmen sich. Kameraden eilen herzu und tun das gleiche. Man beschließt für den nächsten Tag ein gemeinsames Picknick zwischen den Fronten. Die höheren und höchsten Funktionäre nehmen teil, auf preußischer Seite Prinz Louis, bei den Franzosen die beiden Volkskommissare des Konvents. Champagner wird serviert, die Franzosen haben aus Mainz Rebhühner und Pasteten herbeigeschafft, um zu zeigen, wie gut versorgt die Festung ist. Neugierig betrachten die Preußen den sagenhaften Revolutionsmann Merlin. Das ist nun einer der Königsmörder, der Mann, der »Krieg den Palästen« gerufen hat: klein, stämmig und doch sehr beweglich, fast schwarz im Gesicht, mit langen zotteligen Haaren bis auf die Schultern. Er trägt die Uniform eines einfachen Kanoniers, den Hut ohne Tressen und schleppt einen riesigen Säbel nachlässig hinter sich her. Man weiß, daß er die Seele der Verteidigung ist, tapfer, die Soldaten nennen ihn »Feuerteufel«, und vor allem ist er ein mächtiger Mann in Paris. Prinz Louis unterhält sich eingehend mit ihm.

Dahinter steht natürlich auch die neueste Politik. In Paris hat Danton, der eben die Parole ausgab, die Throne durch Propaganda zu unterminieren, das Dekret des Wohlfahrtsausschusses weithin veröffentlicht: Keine Einmischung in die Regierungsangelegenheiten der anderen Mächte! Er will wie Dumouriez, sein nun geflüchteter Freund, mit Preußen verhandeln, die Alliierten trennen. Im Hauptquartier Custines wird ein neuer europäischer Teilungsplan ausgeheckt: Preußen soll weiten Gebietszuwachs am rechtsrheinischen Ufer bekommen: Köln, halb Trier; Bayern die andere Hälfte und die Länder des Kurfürstentums Mainz; die Stadt Mainz selbst soll als erste deutsche Republik erhalten bleiben. Dafür wünscht man freie Hand gegen Österreich in Belgien. Durch diplomatische Kanäle wird das eingeschleust und zur Diskussion gestellt. Goethe hört davon bei den Besprechungen im Hauptquartier; er sagt kein Wort davon und fühlt sich nur in seiner Ansicht bestätigt, wie sinnlos dieser ganze Länderschacher doch ist, wie wertlos das Heilige Römische Reich, das seine eignen Glieder da verhandelt. Man horcht sehr aufmerksam in Preußen auf diese Stimmen, die dann auch zwei Jahre später im Frieden von Basel zum Zuge kommen.

Jetzt wird noch gekämpft. Merlin, als kluger Fuchs, weiß, daß in Paris bereits wieder ein neuer Wind weht. Danton, der allmächtige Tribun, wankt, Robespierre ist im Kommen, der unbarmherzige. So wird es besser sein, nicht zu rasch zu kapitulieren. Der Konvent ist schreckhaft. Man kann dabei seinen Kopf verlieren.

Die Alliierten haben inzwischen etwas mehr Artillerie herangezogen. Aus Würzburg haben sie vom frommen Bischof die »Zwölf Apostel« ausgeliehen, 24-Pfünder. Sie schieben ihre Parallelen und Laufgräben näher heran. Es gibt blutige Gefechte um die Schanzen und Dörfer. Prinz Louis wird durch einen Prellschuß in die Seite verwundet und sagt lässig zu seinem Adjutanten, er möge den König informieren, er sei im Augenblick zu nichts mehr zu gebrauchen. »Ich bitte ihn, mich nach Mannheim zu schicken zur Madame de Contades.«

Goethe führt inzwischen seine eigne Belagerung durch, gegen die Festung Newtons, die »Bastille« des physikalischen Aberglaubens. Er hat sich bei seinen Forschungen zur FARBENLEHRE mit Munition versehen. Der Arzt und Schriftsteller Marat, jetzt drüben der schärfste aller Revolutionäre, hat vor einigen Jahren eine Schrift mit ENTDEK-KUNGEN ÜBER DAS LICHT veröffentlicht, die sich gegen Newton richten soll. Goethe hat sie mitgenommen und vergleicht. Er stellt die Parallelen zusammen und seine eigenen »Erfahrungen« daneben. Zwei Tage bevor er das Blatt unterzeichnet, Marienborn, am 15. Juli 1793, ist Marat von Charlotte Corday im Bade erstochen worden; sein Freund David wird das in einem berühmten Bild für die Nachwelt festhalten. Goethe stellt seine Thesen in monumentalen Sätzen auf: »Das Licht ist das einfachste, unzerlegteste, homogenste Wesen, das wir kennen. Es ist nicht zusammengesetzt. Am allerwenigsten aus farbigen Lichtern.« Die bisherigen Experimente sind falsch.

Er geht weiter und entwirft einen Aufruf für eine große Gesellschaft, eine Akademie, die seine Thesen nun weiter verfolgen, die neue Lehre verbreiten, den Kampf gegen die Pfaffen des alten Irrglaubens durchführen soll. Wie in einem seiner Maskenzüge läßt er sie alle auftreten, Chemiker, Physiker, den Mechaniker, der neue künstliche Geräte dafür zu erfinden hat, Maler, Historiker, die aus der Geschichte weiteres Material beschaffen werden, um das Festungsgebäude zum Einsturz zu bringen. Am Schluß tritt er selber auf. Er findet den Weg schon gebahnt, scheidet das Falsche und Verwickelte aus und nimmt auch die Polemik gegen alle auf sich, die versuchen, die reine Lehre zu trüben. Er bittet um Teilnahme und weist darauf hin, wie wohltätig solche Forschung »besonders in unseren Zeiten werden kann, wenn sie das Gemüt von anderen andrängenden Gedanken ableitet«.

Kein Dokument könnte deutlicher zeigen, wie weit ab er sich vom Streit des Tages fühlt. Er will eine Republik der Geister, ein Reich der Bildung; die rheinisch-germanische Republik ist ihm gänzlich gleichgültig – und ebenso, welche Stücke sich etwa Preußen oder Bayern aus dem Flickmantel des alten Reiches herausschneiden. Er wird aus den Erfahrungen dieser Jahre heraus alle Weltereignisse nur noch als stiller Beobachter, skeptisch-ironisch, zur Kenntnis nehmen und selbst den Befreiungskampf seines eignen Volkes fast verwundert registrieren. Er ist nicht engagiert. Er empfindet sich auch in dieser politischen Welt wie in Weimar nur als Gast. Er hat sich seine eigne aufgebaut. Seine Zeitgenossen haben das größtenteils verstanden. Ihnen war dieses deutsche Geister-Reich ein Trost und eine Hoffnung in ihrer sonstigen Hilflosigkeit. Erst die Späteren haben ihn getadelt und beschimpft.

Die Parallelen zur Festung sind inzwischen weit genug vorgeschoben, die Beschießung wird wirksam. Die »Zwölf Apostel« schießen den Dom in Brand, die Kirchen. Goethe hat den Maler Kraus von der Weimarer Zeichenschule mitgebracht, der eifrig skizziert. Der Engländer Charles Gore, wohlhabender Weltenbummler und Maler-Dilettant, hilft ihm dabei, er benutzt als Vorläufer der Amateurphotographen die *camera obscura*. Gore hat sich seit einigen Jahren in Weimar niedergelassen; seine beiden hübschen Töchter Emilie und Elise sind ein belebendes Element des immer leicht stockenden Gesellschaftslebens und werden von Karl August und Goethe umschwärmt. Kraus soll ein großes Transparent anfertigen, das man daheim, von hinten beleuchtet, aufstellen wird: Es soll »mehr als irgend eine Wortbeschreibung die Vorstellung einer unselig glühenden Hauptstadt des Vaterlandes überliefern«.

Nach drei Wochen kapituliert die Festung. Die Garnison erhält ehrenvolle Bedingungen: freien Abzug mit Fahnen und Waffen; die Truppen dürfen nur ein Jahr lang nicht gegen die Alliierten im Felde stehen. Die Klubbisten, ein schwieriger Verhandlungspunkt, sollen ausgetauscht werden gegen Geiseln, die Custine aus den Mainzer Notabeln ausgewählt und nach Belfort verschleppt hat. Kalckreuth verspricht, sie bis zu den Vorposten der französischen Rheinarmee zu eskortieren.

Vom Fenster eines Chausseehauses sieht Goethe den Auszug mit an, der zwei Tage dauert. Amüsiert schaut er auf die Sansculotten, buntscheckig, klein gewachsen, sie sind nicht niedergeschlagen, sie singen, schütteln den Preußen die Hand, winken der Bevölkerung zu. Ihnen zur Seite, das Bündel in der Hand, Mainzer Mädchen, die mit nach Frankreich ziehen: »Ei Jungfer Lieschen«, wird ihnen zugerufen, »will Sie sich auch in der Welt umsehen? Wird Sie nicht bald Ihre Sohlen durchgelaufen haben? Glückliche Reise!« Linientruppen dann, die Jäger zu Pferde, deren Kapelle im langsamen Schritt die *Marseillaise* spielt: »Es war ergreifend und furchtbar«, schreibt Goethe, »und ein ernster Anblick, als die Reitenden, lange, hagere Männer von gewissen Jahren, die Miene gleichfalls jenen Tönen gemäß, heranrückten; einzeln hätte man sie Don Quichote vergleichen können, in Masse erschienen sie höchst ehrwürdig.« Am Schluß die Kommissare, an Merlins Seite geht Rieffel, der Klubbistenoberst. Die Mainzer stürzten sich auf ihn. Merlin brüllt: »Ihr kennt mich! Ich bin Repräsentant der Nation! Ich werde jede Beleidigung rächen. Ihr habt mich hier nicht zum letzten Mal gesehen!« Die Menge weicht zurück, preußische Begleitmannschaften strecken ihre Bajonette vor. Merlin mit den uniformierten Klubbisten zieht ab.

Am nächsten Tage gibt es wildere Szenen. Die erste Kolonne war die Elite, die zweite besteht aus weniger disziplinierten Scharen. Inzwischen sind auch die Vertriebenen und Geflüchteten zurückgeströmt in die Stadt. Sie wüten gegen die Klubbisten. Merlin hat nur solche, die sich in Uniform bei der Verteidigung aktiv beteiligten, mit seiner ersten Kolonne mitgenommen und die andern, die Schreiber oder Schwätzer, ihrem Schicksal überlassen. Sie versuchen in Kutschen und Wagen zu flüchten, werden herausgezerrt, geschlagen, einige werden totgeprügelt. Goethe verhindert vor dem Quartier des Herzogs eine solche Lynchszene. Donnernd gebietet er Halt. Keine Gewalttätigkeit! Der König hat freien Abzug gestattet! Die Menge weicht zurück. Goethe meint zu Gore, der ihm Vorwürfe macht, es hätte übel ablaufen können: »Es liegt nun einmal in meiner Natur: ich will lieber eine Ungerechtigkeit begehen, als Unordnung ertragen.«

Die meisten Klubbisten werden ergriffen, die französischen Freiwilligen selber weisen zuweilen auf einen hin, der sich in ihre Reihen eingeschlichen hat. Die Menge stürzt in die Stadt, plündert, zerschlägt das Mobiliar bekannter Sympathiseure. Das Militär greift zögernd ein und verhaftet die Überlebenden. Ihre Situation ist jammervoll. Sie werden von allen Seiten im Stich gelassen. Die französische Rheinarmee weigert sich, die Kapitulation anzuerkennen. Die Geiseln werden nicht ausgetauscht. Die Klubbisten bleiben zwei Jahre in Gefangenschaft, bis die Auswechslung erfolgt, kurz vor dem Frieden von

Basel 1795, der Frankreich das linke Rheinufer zuspricht und Mainz für zwanzig Jahre zu einer französischen Provinzstadt macht.

Die Rheinarmee hat sich nicht ohne Grund geweigert, denn nun hebt ein trauriges Spiel an, bei dem Merlin die Rolle des Reineke übernimmt. Die Führer der französischen Armeen, die Mainz entsetzen sollen, haben die Gefahr als erste erkannt, in der sie schweben. Ihre Vertreter eilen nach Paris und fordern Kriegsgericht gegen die Verräter, die länger hätten aushalten müssen, bis man ihnen zu Hilfe gekommen wäre. Sie gehen zum Angriff vor, ehe sie selber angegriffen werden. Der Konvent beschließt Verhaftung und Vorladung der schuldigen Mainzer Offiziere. Merlin stürzt nach Paris. Der erste Offizier, der ihm an der Grenze begegnet, berichtet ihm mit Tränen in den Augen, daß Marat ermordet worden ist. »Um so besser!« meint Merlin, dem damit ein Stein vom Herzen fällt. Er faßt sich rasch, als er das Gesicht des andern sieht: »Um so besser, sage ich: aus dem Blut des Märtyrers werden uns Tausende von Soldaten neu entstehen!« Verschmutzt, unrasiert stürmt er in die Sitzung des Konvents, auf die Tribüne, sie schreien: Merlin, er ist es!, umarmen ihn, er hat Freunde. Er stürmt in den Jakobinerklub, redet, lügt, die Festung sei ausgehungert gewesen, man habe Ratten und Katzen gefressen, die Soldaten seien ohne Verbandszeug gewesen, die Kanonen ausgeschossen, er habe – das wichtigste Argument – der Republik 16 000 tapfere Krieger gerettet, die sonst unfehlbar zugrunde gegangen oder mindestens in die Gefangenschaft abgeführt worden wären. Seine Freunde helfen, einer verkündet: die Mainzer Garnison habe 30 000 Feinde erschlagen – die wirklichen Verluste der Alliierten betrugen 3 000 Mann. Das Dekret wird aufgehoben. Merlin fordert nun Kriegsgericht gegen die Rheinarmee. Das wird abgelehnt. Er verbündet sich mit dem Delegierten der Rheinarmee zu gemeinsamem Vorgehen: Custine soll die Zeche bezahlen. »Monsieur de Custine« nennt er ihn im Wohlfahrtsausschuß, und das ist schon das Todesurteil.

Merlin hat die richtige Witterung gehabt. Danton ist kaltgestellt. Robespierre tritt auf. Er erklärt, Custine sei der Mörder der Nation, es brauche keine weiteren Beweise, kein umständliches Verfahren. Er hat sich in Mainz dem Luxus ergeben, den Ausschweifungen, die Truppen paralysiert, überall in der Armee finde man bereits die Spuren seiner Komplotte.

Der erste Eroberer des Rheinlands und der Festung Mainz, der Schöpfer der ersten deutschen Republik wird guillotiniert, mit seinem Sohn und Adjutanten, seiner Frau, wenige Tage bevor Adam Lux, der Delegierte des rheinisch-germanischen Volkes, das Schafott besteigt. Merlin, ein letzter Meisterstreich des Vielgewandten, der so bald als möglich von dem glühendheißen Boden in Paris fortkommen muß, läßt sich in die Vendée entsenden, um mit den Kapitulationstruppen die aufständischen Bauern und Aristokraten der Provinz niederzuschlagen.

Goethe reist bald aus der zerstörten Stadt ab, und wie nach der Campagne kehrt er nicht sogleich nach Hause zurück. Er besucht in Mannheim den Prinzen Louis, in Heidelberg die alte Freundin, die Handelsjungfer Delph, und trifft dort seinen Schwager Schlosser. Zu ihm, als dem Welterfahrenen und Geschäftskundigen, spricht er von seinem großen Plan einer allgemeinen Akademie, die seine Farben-forschungen im großen weiterführen soll. Schlosser lächelt und hält das für Kinderei, zumal in dieser Zeit. Goethe wird scharf, bissig, sie trennen sich in Unfrieden, und er hat den Schwager danach nicht wie-dergesehen. Er nimmt die Ablehnung symbolisch: nirgends Teil-nahme, so meint er sogleich, nirgends Förderung, Bereitschaft zur Mitarbeit, nur Spott und Hochmut oder starres Besserwissen. Von Euler, dem Mathematiker, hat der Schwager sogar gesprochen, als ob Mathematik, diese bloße Rechnerei, in der Optik und Farbenlehre et-was zu suchen hätte. Die Folgen der Französischen Revolution, so erklärt er es sich, haben alle Gemüter aufgeregt und in jedem Privat-mann den Regierungsdünkel geweckt. Einsam und allein wird er sei-nen Weg gehen müssen. Kein Freund wird ihm dabei zur Seite stehen.

Nachdenklich, verdrossen kehrt er Ende August nach Weimar zu-rück. Auch dort im behaglichen Haus mit dem Liebchen und dem Sohn hält er es nicht lange aus. Im Oktober zieht er nach Jena in eine kleine Junggesellenwohnung. Wenn die Menschen nicht antworten, so will er sich mit den Pflanzen beschäftigen, die still und dankbar sind. Ein Botanischer Garten soll bei der Universität eingerichtet wer-den. Man wird sich nun endgültig in die Stille zurückziehen. Selbst Karl August, der Unruhige, hat seinen Abschied als preußischer Re-gimentskommandeur genommen und wird sich eine Weile wieder der Regierung seiner vier Landesteile widmen.

Ein Tag im Hauptquartier in der Champagne, so faßt Goethe es später zusammen, und ein Tag im zerstörten Mainz sind ihm Sym-bole für die gleichzeitige Weltgeschichte, des fürchterlichen Zusam-menbrechens aller Verhältnisse. Dem tätigen, produktiven Geist wird man es zugute halten, wenn er sich an stille Studien »wie an einen Balken nach dem Schiffbruche« hält.

Zwei Meister

Mit diesem Jahr 1793, Goethes vierundvierzigstem Lebensjahr, endet seine aktive Teilnahme an den Weltereignissen. Die weiteren Jahrzehnte, die ihm noch zugemessen sind, verbringt er im engsten Kreise in Weimar. Er unternimmt nur noch regelmäßig Badekuren, Jahr für Jahr, in den böhmischen Bädern, oder einige kleinere Reisen an den Main und Rhein. Er sieht keine größere Stadt mehr, weder Paris, dem er in der Champagne so nahe war, noch Wien, Berlin oder nur Hamburg. Er nimmt vom Zeitgeschehen nur die allernotwendigste Notiz. In seinem Briefwechsel mit Schiller, der nun sein großer Freund und Partner im Gespräch wird, kommt in zwölf Jahren der Name Bonaparte kaum vor, der sonst alle Welt erfüllt. Wer aus dieser Korrespondenz entnehmen wollte, wie es damals in der Welt aussah, in Europa, in Deutschland, der würde wenig darüber finden. Es geht da um ganz andere Dinge. Die Grundprobleme der Poetik werden diskutiert. Gesetze und Regeln sollen aufgestellt, epische und dramatische Dichtung sorgfältig getrennt werden. Eine neue Klassik ist zu schaffen, dem Vorbild der Antike ebenbürtig. Man analysiert vor allem auf das eingehendste sich selber, denn im Grunde ist es ein Dialog auf einer einsamen Hochebene, die weder Baum noch Strauch hat. Wenn von Mitarbeitern die Rede ist, so sind es meist Handlanger oder Mittelmäßigkeiten; wenn das Publikum erwähnt wird, die Deutschen, so nur mit grenzenloser Verachtung.

Als eine »aristokratische Anarchie« bezeichnet Goethe im Rückblick den Zustand des deutschen Geisteslebens um diese Zeit. Er vergleicht ihn mit dem Mittelalter, »das einer höheren Kultur entgegenging«. Er und Schiller haben sie nun zu schaffen, und das ist geschehen.

Sieben Jahre hat Schiller in Weimar gelebt, ehe eine Annäherung zustande kam. Als der Dichter der RÄUBER, des FIESKO, des DON

CARLOS im Juli 1787 in Weimar eintraf, voller Hoffnungen auf die »Weimarer Riesen«, den Musenhof, mußte er bittere Enttäuschungen erleben. Herder empfing ihn freundlich und hatte nichts von ihm gelesen, »überhaupt ging er mit mir um wie mit einem Menschen, von dem er nichts weiter weiß, als daß er für etwas gehalten wird«. Wieland hatte etwas von ihm gelesen, vermißte aber Geschmack, Delikatesse und Feinheit in Schillers Werken, die Anna Amalie liebte sie nicht, bei Knebel stellte Schiller fest, daß Goethes Geist alle Menschen seines Zirkels gemodelt habe: Verachtung aller Philosophie, dafür übertriebene Naturverehrung, »kurz, eine gewisse kindliche Einfalt der Vernunft bezeichnet ihn und seine ganze hiesige Sekte. Da sucht man lieber Kräuter oder treibt Mineralogie...« Schiller fand in Weimar »so viele Familien, so viele abgesonderte Schneckenhäuser, aus denen der Eigentümer kaum herausgeht, um sich zu sonnen«. Mit großem Selbstbewußtsein fühlte er sich dieser Kleinwelt überlegen: »Ich bin wirklich zu sehr Weltkind unter ihnen, die ganz unerfahrener Natur sind.« Und in der Tat hatte er sich bald eine gewisse Stellung geschaffen. Schiller besaß eine ausgesprochene diplomatische Begabung, und Goethe meinte später, er wäre im Staatsrat ebenso groß gewesen wie am Teetisch, wenn man ihn dort zugezogen hätte. Er plante seine Produktion mit Übersicht und Realismus: »Ich muß von Schriftstellerei leben, also auf das sehen, was einträgt.« Er heiratete, nach den verschiedensten Projekten, die er sehr sachlich mit seinem Freund Körner besprach, ein Mädchen aus altem thüringischen Adelshaus und schuf sich damit gesellschaftliche Verbindungen. Nur mit Goethe, der ihn strikt ablehnte, gelang ihm kein Kontakt. Er fand ihn steif und verschlossen bei der ersten Begegnung. Es verdroß ihn, daß Goethe alle Menschen fesselte, bezauberte und sich dabei immer frei hielt »wie ein Gott, ohne sich selbst zu geben – dies scheint mir eine konsequente und planmäßige Handlungsart, die ganz auf den höchsten Genuß der Eigenliebe kalkuliert ist. Ein solches Wesen sollten die Menschen nicht um sich herum aufkommen lassen.« Bald fand er, »dieser Mensch, dieser Goethe, ist mir einmal im Wege, und er erinnert mich oft, daß das Schicksal mich hart behandelt hat. Wie leicht ward sein Genie von seinem Schicksal getragen, und wie muß ich bis auf diese Minute noch kämpfen.«

Etwas von dieser Stimmung ist Schiller ständig verblieben, auch in der Zeit seines intimen Umgangs mit Goethe, den man mit dem Worte Freundschaft nur ungenügend bezeichnet, so herzerfreuend es sein mag, sich die beiden Dichter da innig vereint zu denken, Hand in Hand, wie sie auf dem Denkmal dargestellt sind. Es ist kein »Hand-in-Hand« geworden, eher fast eine Art Waffenstillstand zwischen zwei großen Mächten, die sich aufs höchste respektieren und über die Demarkationslinie hinweg miteinander verkehren, und wie ein

Notenaustausch wirken viele ihrer Briefe. Als Diplomat mußte Schiller ständig mit dem sehr schwierigen Partner verhandeln, und Goethe hat es ihm oft schwergemacht. Die Worte höchster Bewunderung, die er über Schiller gesprochen hat, stammen aus der Zeit nach dem Tode des Gefährten, und erst da ist ihm der Verlust ganz deutlich geworden.

Schiller mußte um ihn werben wie um eine spröde Schöne, und in seiner männlichen Ungeduld hat er das einmal ganz drastisch ausgedrückt: »Ich betrachte ihn wie eine stolze Prüde, der man ein Kind machen muß.« Eine ganz sonderbare Mischung von Liebe und Haß stellte er bei sich fest, Brutus-Gefühle einem Cäsar gegenüber, »ich könnte seinen Geist umbringen und ihn wieder von Herzen lieben«. Mit Spionen will er Goethe umgeben, die ihm berichten sollen, denn er selber möchte ihn nie über sich befragen und sich nicht der Gefahr aussetzen, eine kalte Abweisung zu erleben, wie sie ihm oft zuteil geworden ist.

Goethe weigert sich lange. Schiller ist ihm schon physisch nicht sympathisch: der langaufgeschossene, hagere Mann, ungesund mit hektischen Wangen; der Geruch von Krankheit ist ihm immer verhaßt, das viele Tabakrauchen und Tabakschnupfen, der gelbe Tabakfleck unter der scharfen Adlernase. Schillers Lebensführung ist das völlige Gegenteil von der seinen: ungeregelt bis zum Exzeß, mit spätem Aufstehen, oft erst gegen Mittag, Nachtarbeit, wobei verschiedene Stimulanzien benutzt werden: Kaffee, Punsch oder die berühmten faulingen Äpfel in der Schublade. Als Goethe sie eines Tages zu riechen bekommt, reißt er entsetzt das Fenster auf und badet seine Lungen in der frischen Luft. Die Werke dieses Mannes, für die ganz Deutschland begeistert ist, wie es nur über seine ersten Jugendarbeiten gejubelt hat, erscheinen ihm wirr, abstrus oder in den philosophischen Aufsätzen verkehrt, ja gefährlich in vielem. Daß gerade dieser Mann sich in Weimar etabliert und eine gewisse Macht wird, ist ihm fatal. Er schneidet ihn so lange als möglich und soweit er es eben tun kann, ohne einen offnen Eklat zu verursachen. Er sucht ihn auf gute Art loszuwerden und hätte sicherlich nichts dagegen gehabt, wenn Schiller einen seiner vielen Pläne verwirklicht hätte und nach Mainz zum Erzbischof Erthal gegangen wäre oder nach Paris, was durch den Bürgerbrief der Nationalversammlung angeregt wurde; Schiller hat mit dem Gedanken gespielt, ehe er durch die Hinrichtung des Königs wie viele enttäuscht wurde. Goethe verfällt schließlich auf den Vorschlag, Schiller als Dozenten an die Universität Jena zu berufen. Das ist zwar keine auch nur leidlich dotierte Stellung, und Schiller überlegt sich das Angebot eine ganze Weile, aber er nimmt es doch an, um nicht allgemein zu verstimmen. Goethe hat in seinem Promemoria an den Herzog auf Schillers historische Arbeiten hingewiesen, seinen Charakter und seine Lebensart kühl als »vorteilhaft« bezeichnet;

»sein Betragen ist ernsthaft und gefällig und man kann glauben, daß er auf junge Leute guten Einfluß haben werde«. Karl August hat akzeptiert, »besonders da diese Acquisition ohne Aufwand zu machen ist«. Schiller erhält kein Honorar, sondern nur die Kolleggelder, und nach der ersten Begeisterung der Studenten, die das Auditorium stürmen und dem Dichter der RÄUBER eine Nachtmusik mit dreifachem Vivat bringen, sinkt die Zahl der Hörer bald auf dreißig herab, die nicht alle bezahlen. Der Herzog von Weimar bewilligt ihm schließlich, mit gesenkter Stimme und verlegenem Gesicht, zweihundert Taler, das sei alles, was er für ihn tun könne. Auf dieses Gehalt hin heiratet Schiller. Nicht aus Weimar, sondern aus dem fernen Dänemark wird ihm erst durch den Erbprinzen von Holstein und den Minister Schimmelmann eine Jahresgabe von tausend Talern gereicht, die ihn für einige Jahre leidlich sorgenfrei macht. Die Finanzgeschichte der »Weimarer Riesen« des klassischen Zeitalters ist ein besonders trübes Kapitel; Goethes Freundschaft mit Herder ging an solchen Fragen zugrunde, und in späteren Jahren kam es zu einem veritablen Exodus der allzu jämmerlich bezahlten Jenaer Gelehrten.

Sie alle müssen vorwiegend von Nebeneinnahmen leben, von Schriftstellerei. Schiller ist Schriftsteller und Journalist in diesen Jahren, und es steckt ein großer Journalist in ihm. Seine rhetorische und politische Begabung kommt da aufs schönste zur Geltung, sein weiter Blick, seine Fähigkeit, große Komplexe zu gruppieren und mit Schwung darzustellen. Die historischen Arbeiten, von denen er jahrelang leben muß, sind große Journalistik, und seine GESCHICHTE DES DREISSIGJÄHRIGEN KRIEGES erscheint in Göschens HISTORISCHEM KALENDER FÜR DAMEN. Geschichtsforschung hat er nie betrieben. Bei den Vorbereitungen für seine Kollegs, die ihm schwerfallen, meint er selber: »Mancher Student weiß vielleicht schon mehr Geschichte als der Herr Professor.« Eine großzügige universalhistorische Übersicht – damit beginnt er, und das ist das einzige, was ihm Lust und Freude macht, das andere ist Amtspflicht, die er so bald als möglich aufgibt. Viele bloße Brotarbeiten hat er herausgegeben; nur die Schiller-Sammler kennen noch etwa die Bandreihen über MERKWÜRDIGSTE REBELLIONEN, die HISTORISCHEN MEMOIREN, die Sammlung von Kriminalgeschichten nach dem Pitaval. Schiller hat an einen DEUTSCHEN PLUTARCH gedacht, der vielleicht sehr schön geworden wäre, und anderes. Der Verleger und Großunternehmer Cotta, der eben seine Karriere begann, wollte ihn zum Chefredakteur einer neuen Tageszeitung, nach dem Muster der großen englischen und französischen Journale, machen, die dann als AUGSBURGER ALLGEMEINE für ein halbes Jahrhundert das einflußreichste deutsche Blatt wurde. Schiller hatte andere Pläne. Er wollte sich wie Goethe von der Tagespolitik ins Reich der Gedanken zurückziehen. Er entwirft das Projekt einer Zeitschrift der besten Köpfe, die Epoche machen soll. Er läßt den Prospekt drucken und sagt mutig:»Ein Verleger, der diesem Unternehmen in jeder Rücksicht gewachsen ist, hat sich bereits gefunden...«; mit seiner prachtvoll weitgeschwungenen Handschrift setzt er dann nachträglich den Namen Cotta ein, nachdem er mit ihm abgeschlossen hatte. Er kündigt an, daß sich bereits die bekanntesten Autoren zu einer Gesellschaft vereinigt hätten, während er eben nach allen Seiten Briefe mit Bitte um Teilnahme versenden läßt. Kant, Herder, Goethe sollen gewonnen werden. Ein Titel mit klassischem Klang ist bereits gefunden: DIE HOREN. Alles, was nur die Stunde angeht, den Tag, soll jedoch ausgeschlossen sein. Nichts über Staatsreligion und politische Verfassung – man widmet die Zeitschrift der schönen Welt zum Unterricht und zur Bildung, der gelehrten zur freien Erforschung der Wahrheit und zum fruchtbaren Austausch der Ideen.

Mit diesem Projekt nähert er sich Goethe, und diesmal, nach so langen Jahren, glückt es ihm. Das Gespräch über die Ur-Pflanze vor seinem Hause in Jena, das er auch mit Umsicht eingeleitet und geführt hat, ist die erste nähere Berührung mit dem Unnahbaren. Goethe hat dabei gespürt, trotz allen Unmuts, daß er da einen Ebenbürtigen vor sich hat. Die Demarkationslinie ist von vornherein gezogen: Man wird sich über sie hinweg unterhalten können. Schiller ist ein philosophischer Kopf, nun gut, er ist es nicht. Aber Philosophie, so vernimmt Goethe von allen Seiten, ist nun eine gewaltige Macht geworden. Immer wieder hört er den Namen Kant; Jena ist voll von Kant, die Professoren schwören auf ihn und behaupten, mit Kant beginne eine neue Epoche, er sei der »Alleszermalmer«, der alle bisherige Spekulation ein für alle Male hinweggefegt habe, der Begründer einer entscheidenden Wendung der Geistesgeschichte, so wichtig wie die Französische Revolution. Das »Volk der Dichter und Denker« sollen die Deutschen sein, »Staatsreligion« – was auch Staat als Religion heißt – und politische Verfassungen wollen sie getrost andern überlassen. Dieses Programm ist Goethe sympathisch und plausibel. Er liest keine philosophischen Bücher, aber er will sich informieren, und im Gespräch lernt er am liebsten. Dieser Hofrat Schiller, an den Gedanken Kants geschult, wird ihm darüber etwas sagen können. Er spricht gut, feurig, wenn auch mit unangenehmem schwäbischem Dialekt und häßlicher Stimme. Er ist höchst respektvoll und kann, wie es scheint, auch gut zuhören. Er soll Mediziner von Haus aus sein; vielleicht kann man ihn auch für die Farben, die Naturwissenschaften interessieren, sobald man ihm klargemacht hat, daß es dabei auf das Schauen ankommt und nicht auf die sogenannten »Ideen«. Schließlich versteht sich der Hofrat Schiller, wie Goethe allgemein versichert wird, auf den Kontakt mit dem Publikum. Alles, was er unternimmt, glückt ihm. Seine Theaterstücke werden allenthalben aufgeführt, seine Aufsätze überall diskutiert, er ist der Liebling der Buchhändler, der Leser; sogar Karl August, der wenig liest, schätzt seine Arbeiten. Goethe hat gar kein Glück gehabt mit dem Publikum, seit fast fünfzehn Jahren. Seine SCHRIFTEN bei Göschen sind noch auf Lager, von den naturwissenschaftlichen Heften hat niemand etwas wissen wollen, eine neue Reihe seiner Werke, bei Unger in Berlin, einem anderen Verleger, begonnen, ist bisher unfreundlich aufgenommen worden; der erste Band enthielt den GROSS-KOPHTA, der allgemein enttäuschte. Goethe fühlt, daß es Zeit ist, endlich einmal wieder hervorzutreten. Seit langem hat er einen Roman geplant, skizziert, in einer vorläufigen Fassung geschrieben und wieder beiseite gelegt; er soll im Theatermilieu spielen, das immer interessiert, und den Bildungsgang eines jungen Mannes darstellen, was hohe pädagogische Bedeutung haben könnte. Wilhelm Meister will er diesen jungen Lehrling nennen. Er ist eifersüchtig auf dieses Projekt, das ihm besonders vielversprechend erscheint; als er hört, daß der alte Freund Merck an etwas Ähnliches denkt, verbietet er ihm das energisch und reserviert sich das Thema. Er weiß aber auch, wie langsam und stets nur auf günstigen Fahrtwind wartend er arbeitet, wie wohltätig der Zwang eines Verlagsvertrages sich bei der endlichen Fertigstellung des TASSO, der IPHIGENIE ausgewirkt hat. Und so hat er mit dem neuen Verleger Unger bereits über den erst geplanten WILHELM MEISTER abgeschlossen. Er soll den Hauptteil der NEUEN SCHRIFTEN bilden, zwei, drei oder vielleicht vier Bände, das wird sich ergeben.

So sagt Goethe auf Schillers sehr ehrerbietige Einladung zur Mitarbeit an den HOREN zu. Von einer ihn unbegrenzt verehrenden Gesellschaft hat der Hofrat gesprochen, er hat einige Namen genannt: Fichte, Wilhelm von Humboldt, den Historiker Woltmann. Der Name Fichte ist Goethe nicht ganz behaglich. Der Mann ist schroff, stolz; er ist eben an die Universität berufen worden, und sogleich hat es Schwierigkeiten gegeben. Gegen seine wissenschaftliche Bedeutung ist nichts zu sagen, er gilt als eine Art Kronprinz des Königs Kant, sein Buch KRITIK ALLER OFFENBARUNG, anonym erschienen, ist für ein Werk des Meisters selbst gehalten worden, bis Kant den Verfasser genannt hat. So wäre er ein erfreulicher Ersatz für seinen Vorgänger, Wielands Schwiegersohn Reinhold, der die mäßig honorierte Professur mit einer besseren in Kiel vertauscht hatte und ebenfalls ein großer Kantianer war. Aber Fichte hat unangenehme politische Broschüren verbreiten lassen, das Publikum wegen seiner Irrtümer über die Französische Revolution zurechtgewiesen, die Denkfreiheit von den Fürsten Europas zurückgefordert, die sie unterdrückten. Er hat in schärfsten Worten von den Fürsten gesprochen, die »größtenteils in Trägheit und Unwissenheit erzogen werden« und »allemal wenigstens um ihre Regierungsjahre hinter ihrem Zeitalter zurück sind«.

Die Fakultät hat ihm ausdrücklich erklärt, er dürfe keine Politik bei seinen Vorlesungen berühren. Die Herren sind offenbar auch verärgert, daß Fichte über fünfhundert Hörer hat, eine damals von keinem Professor erreichte Zahl. Die Geistlichkeit beschwert sich, daß er sogar am Sonntag liest. Der unbequeme Mann erwidert, er treibe gar keine Politik im Kolleg. Im übrigen habe er sich nicht um die Stelle beworben, er sei berufen worden, und man hätte ihn kennen müssen. Und was die Theologen betrifft, sagt er bissig: »Möchte ich doch immer an den höchsten Feiertagen lesen, wenn es vor leeren Bänken wäre!« Es sei nichts als akademischer Neid.

Goethe hat als Berater Karl Augusts in allen Kultusfragen mit diesen Dingen amtlich zu tun. Die Universität Jena ist ohnehin sein Schmerzenskind. Fast ein Jahrhundert lang galt sie als die Hochschule der gröbsten Sauf- und Raufstudenten, der rabiatesten landsmannschaftlichen Verbindungen; er selber hat im Auftrag des Herzogs dort Unruhen unterdrücken müssen. Jetzt endlich herrscht seit einiger Zeit ein gesitteter Ton, und schon setzt es neue Unruhe.

Andererseits gefällt ihm der tüchtige Mann. Er hat etwas Ungeschliffenes und soll aus einfachsten Verhältnissen stammen, der Vater war ein armer Bandweber, aber vielleicht tut etwas frisches Blut unter den Professoren ganz gut. Fichte hat ihm auch die Aushängebogen seines neuesten Werkes über die Grundlagen der gesamten Wissenschaftslehre zugesandt, mit einem Huldigungsbrief: »So lange hat die Philosophie ihr Ziel noch nicht erreicht, ehe die Resultate der reflektierenden Abstraktion sich noch nicht an die reinste Geistigkeit des Gefühls anschmiegen. Ich betrachte *Sie,* und habe Sie immer betrachtet, als den Repräsentanten der letztern, auf der gegenwärtigen errungenen Stufe der Humanität. An Sie wendet mit Recht sich die Philosophie. *Ihr* Gefühl ist derselben Probierstein.«

Das läßt sich hören. Bisher hat ihm das noch kein Philosoph gesagt. Es scheint, daß man doch hie und da unter den Besseren seine Verehrer hat. Auch von dem Baron vom Humboldt, der in Jena weilt, um sich als reicher Privatmann fortzubilden, ist ihm zu Ohren gekommen, daß er ein großer Bewunderer Goethes sei. Der Statthalter Dalberg in Erfurt hat mit Hochachtung von dem Baron gesprochen, dessen Frau in der Nähe ausgedehnte Güter besitzt. Sie haben in Erfurt wahre philosophische Bataillen miteinander ausgefochten. Der Statthalter ist ein feiner und für alle kulturellen Fragen interessierter Kopf. Der Baron hat sich Über die Grenzen der Wirksamkeit des Staates verbreitet, in privat zirkulierenden Heften und einigen Zeitschriften. Da findet sich ein Satz, der etwa das trifft, was Goethe eben bewegt: »Endlich steht, dünkt mich, das Menschengeschlecht jetzt auf einer Stufe der Kultur, von welcher es sich nur durch Ausbildung der Individuen höher emporschwingen kann; und daher sind alle Einrichtungen, welche diese Ausbildung hindern und die Menschen mehr in Massen zusammendrängen, jetzt schädlicher als ehmals.« Da steht: »Der wahre Zweck des Menschen ist die höchste und proportionierlichste Bildung seiner Kräfte zu einem Ganzen.« Da wird dem Staat, von dem jetzt überall mit ganz übertriebener Wichtigkeit die Rede ist wie von einer neuen Religion, ein sehr eng begrenzter Wirkungskreis zugewiesen. Auf die Ausbildung des Menschen in der höchsten Mannigfaltigkeit kommt es an. Das alles stimmt durchaus mit Goethes Anschauungen überein. Er nimmt den Baron in den Kreis seiner Bekanntschaften auf. Es ist ihm sehr sympathisch, daß solch ein Herr aus bestem Hause sich in Jena niederläßt, um sich ausschließlich geistigen Studien zu widmen; Humboldt führt den Titel Legationsrat, aber er hat den preußischen Staatsdienst nach ganz kurzer Zeit quittiert; er hat sich eingehend mit Sprachstudien, der Antike, beschäftigt, obwohl ihm sicherlich hohe Staatsämter bevorstanden. Man wird sich mit einem solchen Manne, der frei ist von allen Bindungen an ein Amt oder eine akademische Zunft, nutzbringend unterhalten können. Vielleicht ist er auch für die FARBENLEHRE zu gewinnen; Goethe schreibt ihm sogleich, noch im selben Jahr der Bekanntschaft, darüber und diskutiert mit ihm das Problem, wieweit das Wahrnehmen naturwissenschaftlicher Phänomene von der »Meinung« soweit als möglich gesondert und gereinigt werden könne, »da bei meinen physikalischen und naturhistorischen Arbeiten alles darauf ankommt«.

Ein Bruder des Barons, Alexander von Humboldt, zur Zeit Bergrat in den ansbachischen Besitzungen Preußens, Freund und Schüler des inzwischen in Paris unselig verstorbenen Georg Forster, soll ebenfalls ein interessanter Mann sein mit umfassenden Kenntnissen. Er ist in die Lehre des Meisters Werner in Freiberg gegangen, den Goethe als höchste Autorität in der Geologie schätzt, vor allem, weil er die Entstehung der Formationen durch sanften, allmählichen Niederschlag im Meer erklärt: Neptun ist der Gott dieser Schule, die ihre Gegner, die Vulkan-Anbeter, spöttisch die »Neptunisten« nennen. Goethe ist entschiedener Neptunist und wird die Vertreter der »vermaledeiten Polterkammer« bis an sein Lebensende hassen. Alexander von Humboldt hat sich zum Besuch für das nächste Jahr angesagt. Er will wie sein Bruder den Staatsdienst verlassen und weite Reisen unternehmen. Goethe verspricht sich auch von ihm fördernde Unterhaltung. Und so baut er sich, gewissermaßen im Sinne des Neptunismus, die ersten Schichten der breiten Goethe-Landschaft auf, die ihn schließlich wie ein gewaltiges Gebirgsmassiv umgeben wird.

Die beiden Brüder bleiben ihm ständig verbunden. Wilhelm wird, in der kurzen, kaum einjährigen Periode seiner Tätigkeit 1809 als Leiter des preußischen Unterrichtswesens, der Begründer der Berliner Universität und des humanistischen Gymnasiums, das die in Jena im

Umgang mit Goethe und Schiller gewonnenen Bildungsideale pädagogisch verwirklichen soll; ein innerlich sehr problematischer Mensch, voller Widersprüche, gefühlskalt, trocken und leer im Grunde und fast charakterlos – er selber sagt in einer großartigen Selbstanalyse, er habe Charakter als Natureigenschaft gar nicht, »wenn ich aber will, im höchsten Grade«. Mit eisernem Eigensinn bleibt er seinem Jugendprogramm treu, der Bildung der Persönlichkeit, und gerade sein geheimes Mißtrauen gegen das Ungenügen seiner eignen Anlagen befähigt ihn so ungemein, nach außen zu wirken, die vielfach getrennten Kräfte des deutschen Geisteslebens zu erkennen, zu würdigen, an sich zu ziehen, Schiller wie Goethe, die Antipoden, einen Fichte sogar, einen Hegel, und so eine ganze Lehre und Schule zu begründen. Das ist sein historisches Verdienst, und ohne ihn ist die weite Wirkung der deutschen Klassiker in der Folgezeit kaum zu denken. Sein Bruder Alexander wiederum wird auf dem Gebiet der Naturwissenschaften der letzte universale Forscher. Er ist Goethe darin gleich, daß er noch versucht, das gesamte Universum zu erfassen, und als Achtzigjähriger veröffentlicht er mit seinem vierbändigen Kosmos eine Synthese des von ihm Erforschten. Das kam freilich zu spät, das Werk wurde von den Gebildeten begeistert begrüßt, die damit ein »Hausbuch« der ihnen meist sehr fremden Naturwissenschaften zu besitzen glaubten und es ehrfürchtig in den Schrank stellten; die Wissenschaftler betrachteten es respektvoll als Geistergruß aus längst vergangener Zeit, denn inzwischen war die Entwicklung weitergeschritten; die Einzeldisziplinen hatten sich mit Arbeitsteilung ausgebildet. Sie achteten und verehrten aber in ihm den Begründer und Pfadfinder. Sein Forschen hat überall Folgen gehabt, während das Goethes die einsame Sicht eines einzelnen blieb. Humboldt hat unmittelbar weitergewirkt und weite Forschungsgebiete erst aufgewiesen: in der Klimatologie, Meereskunde, Pflanzengeographie, durch praktisches Organisieren von internationalen Observatorien für meteorologische und erdmagnetische Beobachtungen, die bis heute bestehen und ungeahnte Bedeutung bekommen haben. Ungleich Goethe war er auch darin, daß er nicht nur in Gedanken bis zu den höchsten Gipfeln schweifte: Er steigt mit leichten Schuhen und ohne bergsteigerische Ausrüstung zum Chimborasso hinauf bis zu einer Höhe von 6 000 Metern; er ist der große Neuentdecker ganz Mittel- und Südamerikas für seine Zeit und reist noch im hohen Alter nach Zentralasien. Sein Werk über seine Reisen in Amerika um die Jahrhundertwende, das er mitten im Kriegsjahr 1814 in Paris zu veröffentlichen begann und das nie ganz abgeschlossen wurde, obwohl es bis zu fast dreißig Bänden in Folio und Quart anwuchs, ist die gigantischste Publikation, die je ein einzelner unternommen hat; Humboldt hat für die mehreren tausend Tafeln in feinstem Kupferstich, von den besten Künstlern hergestellt, den größten Teil seines erheblichen Vermögens geopfert. Der Reichtum dieses Werkes an Beobachtungen auf allen Gebieten, von den Pflanzen und dem Tierreich, der Geologie und Astronomie bis zur Anthropologie und auch Wirtschaft und Politik der besuchten Länder, ist noch immer unerschöpft. Humboldts Ruhm zu Lebzeiten, ständig anwachsend, war dem Goethes ebenbürtig und überstrahlte ihn noch im Zeitalter der Naturwissenschaften. Es gehörte zu der eigentümlichen Doppelnatur seines Wesens, daß der große Kosmopolit, der die entscheidenden Jahre seines Lebens auf Reisen und in Paris verbracht hatte, dann auch in der Enge der preußischen Politik und des Hofes eine Rolle spielen wollte. Ärgerlich und grotesk ist der Anblick des Weltberühmten, den die Hofleute die »enzyklopädische Katze« nennen und dem ein unverschämter Feldmarschall auf die Schulter klopft: »Nun, Weltweiserchen, wie gehts?« Auch Goethe hat mit seiner Devotion Fürstlichkeiten gegenüber oft eine peinliche Figur abgegeben – für unser Empfinden und auch das vieler seiner Zeitgenossen –, aber wir haben nicht gehört, daß ihm jemand auf die Schulter geklopft hätte.

Der unmittelbare Kontakt der beiden Großen war nur kurz und wurde später von Zeit zu Zeit erneuert. Goethe hat staunend die Vielseitigkeit Humboldts zur Kenntnis genommen: »Wohin man rührt, er ist überall zu Hause und überschüttet uns mit geistigen Schätzen«, meint er im Alter bei einem Besuch. Seine eignen Ansichten läßt er sich dadurch nicht in Zweifel ziehen, oder er behält sie für sich; über die FARBENLEHRE, sein Schmerzenskind, spricht er nicht mit Humboldt; die Ideen des großen Vulkanforschers über die »Poltergeister« sind ihm unheimlich, und er traut sich zu, wie er zu seinem Freunde Müller sagt, daß er ihn noch einmal »schändlich blamieren« werde. Er nimmt den Unerschöpflichen vor allem als Quelle und Anregung für neue Weltkenntnisse: »Einen Brunnen mit vielen Röhren, wo man überall nur Gefäße unterzuhalten braucht und wo es uns immer erquicklich und unerschöpflich entgegenströmt.«

Humboldt jedoch war tiefer erfaßt von Goethes Geist. In Erinnerung an die Jenaer Gespräche hat er noch während seiner großen Amerikareise bekannt, wie Goethes Naturansichten ihn »gleichsam mit neuen Organen ausgestattet« hätten. Er hat dem Autor der METAMORPHOSE seine IDEEN ZUR GEOGRAPHIE DER PFLANZEN gewidmet und mit einem klassischen Titel von Thorwaldsen versehen lassen. So ist selbst bei diesen ganz entgegengesetzten Naturen die Ausstrahlung von Goethes Geist wirksam, ganz gleich, welche Brechungen die Strahlen in Humboldts Prisma nehmen mußten.

Unvergleichlich stärker ist jedoch der gegenseitige Gedankenaustausch mit Schiller, der nun in Jena beginnt. Der Hofrat erobert Goethe geradezu: Er hat sich das vorgenommen und führt es durch.

Der Zusage Goethes zu den HOREN folgt auf dem Fuße ein langer Brief, eine Abhandlung eher, ein Essay, und die erstaunlichste Analyse, die je einem großen Dichter von einem anderen vorgelegt wurde. Die Summe seiner Existenz, so antwortet Goethe, sei damit gezogen. Schiller ist nie größer, als wenn er groß zusammenfaßt, gliedert, in starken Strichen etwas entwirft. Seine Handschrift schon, die das widerspiegelt, hat Goethe angesprochen: Er ging sehr von solchen optischen Eindrücken aus. Schiller verwendet die höchsten Ausdrücke. Er bezeichnet Goethe als einen Griechen, dessen griechischer Geist in diese nordische Schöpfung »geworfen« wurde, ein Wort, das eine unserer heutigen Philosophien wiederaufgenommen hat. Er deutet vorsichtig und taktvoll die Schwierigkeiten an, die sich auch dem größten Genie aus solchem Geworfensein ergeben müssen. Er bietet sich als Führer aus dem Wirrsal an, als der Vergil gewissermaßen, der Dante durch die Unterwelt geleiten wird. Goethe vertraut sich dankbar dieser Führung an. Es scheint ihm, »als wenn wir, nach einem so unvermuteten Begegnen, miteinander fortwandern müßten«. Er ist sich klar darüber, daß vieles bei ihm dunkel ist, daß er oft und zu lange zaudert; Schiller wird ihn beleben und fördern. Immer hat er nach einem solchen Helfer gesucht. Herder hat ihn darin enttäuscht, schon in Straßburg. Der konnte einmal einen Anstoß geben, aber dann ließ er sogleich los oder wurde gallig bitter. Die Frauen, eine Charlotte von Stein etwa, hatten von sich aus nichts zu bieten, sie konnten zuhören, empfangen, wie das nun die Natur des Weibes ist. Hier, zum ersten- und auch zum letztenmal, begegnet ihm ein Mann von hohen Ansprüchen und großem Format, der bereit ist, ihn durchaus als überlegen anzuerkennen – was Herder, immer eifersüchtig, nie recht tun wollte – und der doch genug Eigenes beitragen kann. Eine gewisse Vorsicht wird zu wahren sein. Allzu stürmisch drängt der Hofrat Schiller; er hat wohl Eile, mit seiner Gesundheit steht es schlecht, und er wird nicht lange leben. Goethe hat sich schon seit seiner Jugend, da Lavater verwundert meinte: »Du tust auch, als wenn wir dreihundert Jahre alt werden wollten«, auf langes Leben, unendlichen Raum eingerichtet. Auch jetzt schreibt er an Schiller, er fühle sehr lebhaft, daß sein Unternehmen »das Maß der menschlichen Kräfte und ihrer irdischen Dauer weit übersteigt«. So möchte er bei ihm »manches deponieren und dadurch nicht allein erhalten, sondern auch beleben«.

Das Verbum »deponieren« bezeichnet mit unübertrefflicher Prägnanz seine Haltung. Sein wichtigstes Werk, den Roman WILHELM MEISTER, deponiert er nicht. Er behält ihn sich vor, zur großen Enttäuschung Schillers, der gerade damit für die Zeitschrift sehr gerechnet hatte. Man wird über das Werk diskutieren, und Schiller wird aufs gründlichste, innigste darauf eingehen, aber Goethe gibt es nicht aus der Hand. Statt dessen händigt er dem Herausgeber eine kleine Novellensammlung aus, Unterhaltung deutscher Ausgewanderten. Das ist eine Rahmenerzählung nach dem Muster des Boccaccio: Statt der Pest ist es die Pest der Revolution, die vertriebene Familien aus den linksrheinischen Gebieten zusammenführt. Sie debattieren über die neue Zeit und ihre Tendenzen – was eigentlich der Ankündigung der Horen widerspricht und Kritik der Leser hervorruft – und erzählen sich dann eine bunte Reihe von Anekdoten aus aller Welt, die zum Teil aus französischen Memoiren übersetzt sind; es sind nicht eben Goethes »exquisiteste« Stücke, wie Schiller unmutig seinem Freund Körner mitteilt. Überhaupt muß der Hofrat erkennen, wie schwer es ist, aus Goethe etwas herauszulocken, wie eigentümlich ein solches »naives« Genie – im Unterschied zu seinem, das er als das »sentimentalische« bezeichnet – arbeitet. Da wird eigentlich nichts geplant, obwohl er gelegentlich viel »schematisiert«, das heißt in unverbindlichen Skizzen hinwirft. Da kommt alles auf die glückliche Eingebung des Augenblicks an, auf günstigen Fahrtwind, der das Segel füllt; läßt die Brise nach, so wird pausiert oder zu anderen geistigen Gebieten geflüchtet oder auch geklagt über unendliche Zerstreuungen durch das äußere Leben. Schiller arbeitet grundsätzlich anders. Er kommandiert die Poesie. Er plant, entwirft und führt durch – mit Anspannung seines ganzen gewaltigen Willens. Er stellt mit kühnem Griff Forderungen und ästhetische Kunstgesetze auf, weil er nun einmal ein philosophischer Kopf ist, und hat keinerlei Bedenken, sie ebenso kühn wieder umzustoßen und das geistvoll zu motivieren. Goethe hingegen bringt ihn oft zu stiller Verzweiflung durch die Beharrlichkeit, mit der er an seinen einmal gewonnenen Prinzipien oder »Erfahrungen« festhält. Er läßt sich stimulieren, auch treiben, aber er ändert sich nicht, er bleibt immer, der er war und ist, und oft entzieht er sich, zuweilen mit geradezu weiblich anmutenden listigen Schlichen, dem Zugriff des Gefährten.

So wird es eher ein Kampf als eine Freundschaft, aber ein höchst fruchtbarer Agon wie bei den Wettbewerben der Griechen. Beide haben sie davon den größten Gewinn: Schiller schreibt erst jetzt die großen Dramen, sein Hauptwerk; Goethe vollendet seinen Roman, er schreibt durch Schiller getrieben seine großen Balladen für die Almanache, die der Freund herausgibt, seine epische Dichtung Hermann und Dorothea; sein Faust gerät wieder in Bewegung, der schon fast aufgegebene; er hat »das alles« schon beiseite lassen wollen – nun dichtet er überhaupt erst wieder. Nach der Begegnung mit Schiller dachte er nicht mehr an eine Flucht vor seiner größten Begabung und Berufung. Und so ist diese Freundschaft, in der Mitte seines Lebens, von größter, entscheidender Bedeutung, eine wahre Wende. Unter seinen vielen Metamorphosen ist dies diejenige, die ihn am stärksten verwandelt hat. Er hat sie nicht wie eine Schlangenhaut hinter sich lassen können wie alle früheren Zustände. Die Farbe dieser Zeit mit Schiller bleibt ihm auf der Haut bis zum Ende.

Es ist eine seltsame Art von Freundschaft. Nie wird Goethe das vertrauliche »Du« in die Feder kommen, das auch er so viel Kleineren gewährt; nie wird Schiller in den Tagebüchern anders erwähnt als »Hofrat Schiller«. Der Hofrat wiederum erwähnt in den Briefen aus zwölf Jahren die Lebensgefährtin seines großen Freundes mit kaum einem Worte und klagt nur über Goethes »elende häusliche Verhältnisse«. Denen gibt er auch schuld, daß Goethe nicht genug arbeitet, »im ganzen bringt er jetzt zu wenig hervor, so reich er immer noch an Erfindung und Ausführung ist«. Unaufhörlich zu treiben, zu mahnen, anzuregen – das war sein Amt. Er übt es mit allen Mitteln seiner Diplomatie aus, durch liebevolle Kritik, durch Vorschläge für die noch ungeschriebenen Kapitel des Romans – selten von Goethe übernommen – und durch Aufstellung eines großen philosophisch fundierten Systems einer klassischen Ästhetik. Auch darauf geht Goethe ein, dessen weibliche Züge in dieser Beziehung stärker hervortreten als je. Schiller ist der Mann; er ist scharf, schneidend zuweilen, freilich nicht Goethe gegenüber, den er immer mit zärtlichster Schonung behandelt, dessen schwache Seiten er sogar vor andern verteidigt. Er formuliert, stellt kategorische Imperative auf, Dogmen, Gesetze. Die klassische Ästhetik Schillers und Goethes hat ein Jahrhundert lang in Deutschland die Geister bewegt, teilweise beherrscht, und sie ist noch des akademischen Studiums wert. Sie wollte Regeln prägen, einen Kanon. Die Antike, summarisch als eine Einheit gesehen und ein für allemal »das Vorbild«, *die* Wahrheit, sollte die Richtschnur abgeben. Welche Werke der Antike aber? Das Problem »des Schönen« oder auch »des Erhabenen« hatte bereits das ganze Jahrhundert hindurch eine unermeßliche Flut ästhetischer Schriften aufgerührt, in Frankreich, England vor allem; in Deutschland hatte der Schweizer Sulzer ein vielbändiges Kompendium darüber herausgegeben, vom blutjungen Goethe verspottet, vom ältergewordenen in Rom mit den Malergenossen eifrig durchblättert. »Das ideale Schöne« war dabei je nach der Persönlichkeit und dem Erfahrungsumkreis des Betrachters etwas ganz Verschiedenes. Hogarth, dessen Schrift ein Lessing übersetzte, wollte es in einer Schlangenlinie gefunden haben und brachte diese sogar wie ein Wappenzeichen stolz auf seinem Selbstporträt an. Der weiche und mittelmäßige Maler Rafael Mengs, als größter Künstler seiner Zeit international gepriesen, empfahl »eine mittlere Disposition, die einen Teil von Vollkommenheit und einen Teil Wohlgefälligkeit in sich schließt«. Goethe hat sich mit Mengs, durch Winckelmann veranlaßt, beschäftigt und auch die »Künstlerkneipenweisheiten« des Malers, wie Benedetto Croce sie nennt, ohne jeden Spott mit angehört.

Winckelmann wiederum ging von der Kunstkennerschaft aus, die er ja nun in hohem Maße besaß und übte, und forderte, was Goethes Anschauungen sehr entgegenkam, einen feinen inneren Sinn zum Erkennen der Schönheit, die er nicht genau definieren konnte; sein Hauptobjekt war die antike Plastik, und so wollte er gar, da er diese für farblos hielt, die Farbe soweit wie möglich ausschließen und nur als ein sekundäres Element der Schönheit gelten lassen. Formen, Linien – darin spricht sich die Schönheit aus. Das war von großem und dauerndem Einfluß auf Goethes Kunstanschauung.

Nun ergriff auch der größte der lebenden Philosophen, Kant, das Wort in der dritten und letzten seiner drei großen KRITIKEN, der KRITIK DER URTEILSKRAFT. Kants Kenntnis von bildender Kunst war auf das äußerste beschränkt; er ist nie aus Königsberg herausgekommen, er hat nie ein Bild oder eine Statue von Rang gesehen, sondern nur nach Kupferstichen geurteilt wie auch Lessing. Seine Lektüre dichterischer Werke war ebenfalls begrenzt; er ging von den Naturwissenschaften aus. Seine Ästhetik ist nur im Zusammenhang mit seiner gesamten Erkenntnistheorie zu begreifen, und die war Goethe unzugänglich wie jedes strenge Philosophieren. Die KRITIK DER REINEN VERNUNFT legte er ungelesen beiseite, aus der KRITIK DER URTEILSKRAFT strich er sich in seinem Handexemplar einige Sätze an, die ihm seine eignen Anschauungen zu bestätigen schienen. Wie bei Spinoza liest Goethe nur das, was er schon weiß; das »System« interessiert ihn nicht. Kants System, wenn es geschrieben worden wäre, hätte ihn auch nur erschreckt und entsetzt; der Mann war ihm unheimlich, er spürte den diametralen Gegensatz zu seinem eignen Wesen. Er beschäftigte sich nur mit ihm, weil ihm Philosophie und Kant als ihr vornehmster Vertreter immer wieder als geistesgeschichtliche Macht von größter Bedeutung entgegentrat. Eine wahre Rage des Philosophierens hatte die Deutschen ergriffen; je kümmerlicher ihre äußere Lage war, um so leidenschaftlicher flüchteten sie in die Gedankenwelt. Das deutsche Philosophieren hat immer eine andere Note gehabt als das englische oder französische: Da sprachen große Männer des tätigen Lebens, ein Kanzler Bacon, ein Locke, der Staatssekretär gewesen war, Männer von Weltkenntnis wie Hume oder Shaftesbury, in Frankreich Montaigne; in Deutschland ist Philosophie, Leibniz ausgenommen, immer »Kathederphilosophie« gewesen. Das war Goethe seiner ganzen Natur nach fremd. Er mußte es erleben, daß um ihn her alle Welt bis aufs tiefste dadurch aufgerührt war. Herder wehrte sich erbittert und mit recht unglückseligen Schriften gegen Kant. Junge Menschen wie ein Heinrich von Kleist, der sich von Kant völlig aus der Bahn geworfen fühlte, brachen zusammen über der Lektüre des Königsberger Professors. Reinhold, der Vorgänger Fichtes in Jena, ein ruhiger und fast ängstlicher Mann, hatte schwärmerisch zu

Schiller gesagt: nach hundert Jahren werde Kant die Reputation von Jesus Christus haben. In den Berliner Salons diskutierten die geistreichen Jüdinnen über Kant. In Königsberg saßen Offiziere der Garnison in seinen Vorlesungen und schrieben mit. In Würzburg wies ein Professor nach, die Französische Revolution sei auf Kants Philosophie und ihre zerstörenden Wirkungen zurückzuführen.

Goethe wehrt sich nach Kräften gegen Kant. Zuweilen erscheint er ihm wie ein zweiter Newton: »Eine Drohung, eine Zwingfeste, von woher die heiteren Streifzüge über das Feld der Erfahrung beschränkt werden sollten.« Kants Lehre vom radikal Bösen im Menschen erregt ihn so sehr, daß er meint, der Philosoph habe den Mantel der Philosophie, den er von so vielen sudelhaften Vorurteilen gereinigt hatte, nun »freventlich mit dem Schandfleck des radikalen Bösen beschlabbert«. Er findet, daß Kant nur die pathologische Seite am Menschen herauskehrt, und er erklärt sich das aus düsteren Eindrücken in dessen Jugend: »Es ist immer noch etwas in ihm, was einen, wie bei Luthern, an einen Mönch erinnert, der sich zwar sein Kloster geöffnet hat, aber die Spuren desselben nicht ganz vertilgen konnte.« Er denkt dabei an Kants Herkunft aus einer armen Sattlermeistersfamilie, an die langen dürftigen Jahre als Hofmeister, als Dozent; erst der fast Fünfzigjährige war Professor geworden; er denkt wahrscheinlich nach Erzählungen Herders und anderer, die Kant erlebt hatten, an das in der Tat fast mönchische Leben des Philosophen in seiner schlichten Königsberger Stube, den Blick seit vierzig Jahren unverrückbar auf die gleiche Kirchturmspitze gerichtet, die seinem Denken den Richtungspunkt gibt. Er weiß nichts vom jüngeren Kant, der eine breite und sehr kultivierte Geselligkeit pflegte, als sehr geistreicher Tischgast bekannt war und im Umgang mit Fremden aus vielen Ländern in der reichen Handelsmetropole Königsberg sich weite Weltkenntnisse verschaffte. Vor allem aber stößt ihn ab, was eben Kants wesentliche Gabe war – das scharfe Trennen und kritische Ausscheiden: »Wenn sich die Philosophie vorzüglich aufs Trennen legt, so kann ich mit ihr nicht zurechte kommen, und ich kann wohl sagen: sie hat mir mitunter geschadet, indem sie mich in meinem natürlichen Gang störte.« Sie ist ihm nur willkommen, wenn sie »unsere ursprüngliche Empfindung, als seien wir mit der Natur eins, erhöht, sichert und in ein tiefes, ruhiges Anschauen verwandelt«.

Das hatte er bei Spinoza gefunden. Nun aber will Schiller, der sich mit Vehemenz auf Kant gestürzt hat, auf dessen Philosophie die neue klassische Kunstlehre aufbauen. Goethe läßt sich mitreißen, wenn das nicht ein zu leidenschaftlicher Ausdruck ist. Er wandert eine Strecke mit, mehr ist es nicht. Verwundert hat er später zurückgeblickt auf Schiller und die »unselige Zeit jener Spekulationen«, die »unsägliche

Verwirrung«, den Schaden, der durch Schillers philosophische Richtung für dessen Poesie entstanden sei: »Denn durch sie kam er dahin, die Idee höher zu halten als alle Natur, ja die Natur dadurch zu vernichten. Was er sich denken konnte, mußte geschehen, es mochte nun der Natur gemäß oder ihr zuwider sein. Es ist betrübend, wenn man sieht, wie ein so außerordentlich begabter Mensch sich mit philosophischen Denkweisen herumquälte, die ihm nichts helfen konnten.« So 1823. Jetzt aber ist 1795, und die neue Lehre wird resolut aufgerichtet. Ein Gesetzbuch, so formuliert Schiller es ausdrücklich, soll geschaffen werden – in Frankreich arbeitet man in den gleichen Jahren an den Grundlagen zum CODE NAPOLEON. Die jungen Kunstrichter sind richtungslos. Sie sollen einen festgefügten Kanon in die Hand bekommen. Man will Kritiker und Künstler bilden, in Klassen eingeteilt wie in der Schule. Ein kritischer Fechtplatz soll in den HOREN eröffnet werden. Man ist sehr kriegerisch gestimmt, Schiller vor allem. Widerspruch, der sogleich einsetzt, soll niedergeschlagen werden. Die beiden Dioskuren beginnen die Reihe ihrer schärfsten Stachelgedichte, nach antikem Muster XENIEN, »Gastgeschenke«, genannt. Ein Literaturstreit entspinnt sich, der eine ziemlich trübselige Berühmtheit erlangt hat. Von allen Seiten wird viel Munition verschossen; es setzt eine gewaltige Aufregung, und dann bleibt alles, wie es war. Nur eines hat sich verändert: Die beiden Dioskuren stehen nun vereint da als eine unbestreitbare Macht. Man hört auf sie, wie seit langem nicht mehr, aufmerksamer als auf ihre Werke von Bedeutung und Gewicht. Auch das ist eigentlich trübselig. Aber Kontroversen haben immer das Publikum lebhafter interessiert als ein schönes Gedicht oder ein guter Essay. Es gibt ganze Kapitel der Literaturgeschichte, die von ihnen angefüllt sind, und bekannte Namen, die ihr Renommee durch nichts anderes gewonnen haben. Bei Goethe und Schiller blieb es eine Episode, eine peinliche und unerfreuliche, und sie wurde durch die bald darauf folgenden großen Leistungen der beiden einigermaßen legitimiert.

Der Anlaß ist der Mißerfolg der HOREN. Das mit so viel Hoffnung angekündigte Journal ging nicht. Es wurde kritisiert, nicht ganz ohne Grund; Goethes Beiträge bestanden außer den UNTERHALTUNGEN, die seinen Ruhm nicht gut fördern konnten, meist aus Übersetzungen. Den beiden Herausgebern war vieles interessant oder wichtig für ihre Diskussionen über Kunstformen, was die Leser eher langweilte. Goethe wird ganz ungewöhnlich erregt. Ein kleiner Skribent eines Berliner Blattes hat beklagt, daß Deutschland doch so arm sei an vortrefflichen klassischen Prosawerken. Goethe schreibt eine geharnischte Erwiderung und bezeichnet das als »literarischen Sansculottismus«. Er gibt eine sehr lehrreiche und vortreffliche Übersicht über die Schwierigkeiten der deutschen Schriftsteller: nirgends ein gesellschaftlicher Mittelpunkt, kein Zusammenhang, auch das Publikum zerstreut, der Autor oft gezwungen, Arbeiten zu übernehmen, die er selbst nicht achtet, nur um leben zu können. Dabei sei durch das Beispiel von Männern wie Wieland, den er höchlichst lobt, bereits ein viel höheres Niveau erreicht als früher: Der junge Mann von heute kommt in einen viel größeren und lichteren Kreis als die früheren Schriftsteller, die es schwerer hatten. Der Stil ist besser denn je, »da fast jedermann gut schreibt«. Die kritischen Blätter und Journale geben Beweise eines »übereinstimmenden guten Stils«. Die Sachkenntnis erweitert sich, die Übersicht wird klarer, Philosophie tritt hinzu. »So sieht ein heitrer, billiger Deutscher die Schriftsteller seiner Nation auf einer schönen Stufe« – man entferne den mißlaunigen Krittler, der nur Mißtrauen beim Publikum hervorrufen kann.

Damit wäre eigentlich die Sache erledigt. Goethe bleibt gereizt. Er dichtet Stachelverse. Die kritisierenden Journale der Konkurrenz sollen einige Hiebe abbekommen. Schiller tritt hinzu. Beide schmieden um die Wette Epigramme. Und mit einmal verwandelt sich die »schöne Stufe« der zeitgenössischen Literatur in einen Jahrmarkt der Mittelmäßigkeiten. Im Jahrmarktston wird das vorgetragen, mit einem Wagen voll bunter Konterbande fahren die Dioskuren vor und rufen ihre Ware aus. Es sind Distichen in antiker Form, oft holprig, besonders im Pentameter, der selten schlagkräftig und mit schlagender Zäsur gehandhabt wird. Sie streuen fast wahllos ihre Zettel aus. Goethe bedenkt fast alle seine alten Freunde mit solchen Versen: Stolberg, Lavater, den er nun einen »Schelm« nennt, den Komponisten Reichhardt, den besten seiner Liederdichter, seinen Schwager Schlosser, Heinse, der wegen seiner »Sinnlichkeit« die Zeilen erhält: »Der Dämon wechselt bei dir mit dem Schwein ab, und das nennest du Mensch«; Jung-Stilling wird zu den »schlechten Gesellen« geworfen. Der unglückliche Forster, eben verstorben in Paris, wird nicht verschont, Kant hereingezogen. Der junge Friedrich Schlegel, der sich gerade anschickt, die Goethe-Begeisterung der neuen Generation durch einen leidenschaftlichen Essay zu organisieren, erhält einen wuchtigen Hieb, den er nicht so bald vergessen wird. Man höhnt den achtzigjährigen Greis Gleim, er besitze nicht mehr die Schnellkraft seiner Jugend; Jean Paul wird ironisiert, Goethes Zorn auf Newton entlädt sich in törichen Auslassungen, die den meisten Lesern völlig unverständlich sein müssen. Schiller spießt kleine Gymnasialdirektoren auf, die den Tasso übersetzt haben, auch wirkliche Mittelmäßigkeiten werden bedacht, mit wenigen witzigen Worten wie »Geschmeiß, Schmierer, Pfuscher«. Politische Weisheit wird verkündet: »Sagt, wo steht in Deutschland der Sansculott? In der Mitte / Unten und oben besitzt, jeglicher was ihm behagt.« Die Sache ist um so peinlicher, als kaum eines der Epigramme durch Schärfe oder treffende

Formulierung entschädigt, wie Lessing das verstanden hatte. An keinem der Angegriffenen sind die Zeilen hängengeblieben oder haben sich als Zitat erhalten. Es ist eine böse Rache, daß eigentlich nur das Anti-Xenion eines sonst sehr Unbedeutenden aus dem ganzen Krieg mit seinen vielen Gegen-Broschüren im Gedächtnis haftenblieb: »In Jena und in Weimar macht man Hexameter wie der; / aber die Pentameter sind noch viel excellenter«, hieß es da in gegen den Strich gebürsteter Skandierung und Persiflage. Nur die Erinnerung an einen großen Sturm erhielt sich, der dann unter Berufung auf die gezüchtigten Kleinen so gedeutet wurde, als habe er die deutsche Literatur wie ein Gewitter gereinigt.

Eine wohltätige Folge hat die Sache doch gehabt: Goethe hat sich nie wieder an Ähnlichem beteiligt. Er hat auch weiterhin scharfe Gedichte auf Gegner gemacht, meist in der glücklicheren Form des Knittelverses, aber er zeigte sie nur Eingeweihten. Nur in der Polemik seiner FARBENLEHRE, die hier schon hereinspukt, kommt noch einmal der ärgerliche und hemmungslos gereizte Goethe zutage, der auch zum vollständigen Bild seiner Persönlichkeit gehört.

Sehr rasch ist den Dioskuren das Spiel unheimlich geworden. Schiller, der erst so energisch gedrängt hatte und sogar meinte, man müsse »das Insekt Reichhardt zu Tode hetzen«, wird als Redakteur der Musenalmanache zuerst vorsichtig und biegt Goethes Vorschlag, die Kampagne fortzusetzen, ab. Und Goethe zieht dann mephistophelisch weise die Bilanz über die Angriffe von allen Seiten: »Wenn ich aber aufrichtig sein soll, so ist das Betragen des Volkes ganz nach meinem Wunsche; denn es ist eine nicht genug gekannte und geübte Politik, daß jeder, der auf einigen Nachruhm Anspruch macht, seine Zeitgenossen zwingen soll, alles was sie gegen ihn in petto haben von sich zu geben. Den Eindruck davon vertilgt er durch Gegenwart, Leben und Wirken jederzeit wieder.«

Ein deutsches Idyll

Leben und Wirken – das war das große Ergebnis der Freundschaft mit Schiller. Als eine neue Jugend hat Goethe diese Zeit bezeichnet. Den Xenien-Jahrmarkt kann man, mit reichlichem Wohlwollen, als etwas spät-jugendlichen Übermut deuten, ähnlich Goethes früherem JAHRMARKT VON PLUNDERSWEILERN. Jetzt galt es, den so hoch erhobenen Anspruch auf geistige Führung durch Werke zu belegen. Beide, Goethe wie Schiller, haben das getan.

Die so mühsam aufgestellten Regeln und Gesetze bleiben dabei der akademischen Diskussion überlassen, die noch lange weitergeht. Das »klassische Ideal« wird vor allem für die bildenden Künste, und mit großer Hartnäckigkeit, als Muster aufgestellt und vertreten; es hat da nur sehr schwache Leistungen hervorgebracht. In der Dichtung kommt bereits, den Gesetzgebern noch unbewußt, eine neue mächtige Strömung heran, die dann »Romantik« heißen wird. Goethes erstes Werk von Bedeutung, das er am Schluß seiner UNTERHALTUNGEN in den HOREN vorlegt, das MÄRCHEN, ist schon von dieser Strömung erfaßt und hat auf die Romantiker stark eingewirkt, die darin die gegebene Form sahen, sich auszudrücken. Sie haben die Gattung des »Kunstmärchens« geschaffen, das oft sehr kunstvoll und auch verkünstelt ist, und sie haben mit den Gebrüdern Grimm das alte Volksgut an Märchen und Sagen wieder gehoben und neu in Umlauf gebracht. Goethes MÄRCHEN ist freilich etwas anderes. Es ist das erste seiner Erzeugnisse, das bewußt mit dem Element des Vieldeutigen, des »Inkommensurablen« arbeitet. Es ist weit entfernt von den heiteren, durchsichtigen Feenmärchen des 18. Jahrhunderts. Es will absichtlich dunkel sein, viele Möglichkeiten offenlassen, zum Weitersinnen anregen. »Man kann sich nicht enthalten, in allem eine Bedeutung zu suchen«, schreibt Schiller; er hat sich wohl gehütet, eine Ausdeutung zu versuchen. Auch Goethe, sooft er gedrängt wurde, hat standhaft eine Erklärung verweigert. Beziehungen auf die Französische Revolution wurden darin gesucht. Er schwieg. Man wollte »das gegenseitige Hilfeleisten der Kräfte« in der Schlange, dem Riesen, der Lilie sehen. Goethe lächelte. Er meinte, daß hundert Auslegungen möglich seien. Drei davon, ausgewählt aus den Einsendungen, die ihm zugeschickt wurden, hat er nebeneinandergestellt und an andere Bewunderer verschickt, um sie loszuwerden.

Das Aufstellen von genau abgegrenzten Kategorien und der Versuch, mit Schiller alle Kunstformen sorgfältig zu trennen – Goethe ist hier gar nicht gegen Trennen und Teilen –, führt ihn dazu, sich systematisch an den verschiedensten Arten der Dichtung zu versuchen. Vom Epos haben sie gesprochen, und so wird ein Epos gedichtet. Homer ist da das ewige Vorbild; Goethe beginnt eine ACHILLEIS, die zwischen ILIAS und ODYSSEE stehen soll. Er will nur noch »Homeride« sein. Er geht in seinem Klassizismus so weit, daß er den Alten auch darin folgen will, »worin sie getadelt werden, ja ich muß mir zu eigen machen, was mir selbst nicht behagt; dann nur werde ich einigermaßen sicher sein, Sinn und Ton nicht zu verfehlen«. Er will alles Subjektive und »Pathologische« – als fast gleichbedeutend angesehen – ausschalten. Er studiert aufs eifrigste archäologische Werke, späte Lateiner, Lexika und hat den weisen Ausspruch über seine IPHIGENIE vergessen, daß eben die »unzulängliche Kenntnis« produktiv mache. So werden es nur Fragmente, die bei aller Pracht der Sprache oft wie die Übersetzung aus einem Dichter der alexandrinischen Zeit anmuten.

Ein anderes episches Gedicht gelingt, ursprünglich ebenso als Kunstübung unternommen. »Außer Hero und Leander habe ich eine bürgerliche Idylle im Sinn, weil ich doch so etwas auch muß gemacht haben«, schreibt er an Schiller. Eine alte Zeitungsnotiz über die Salzburger Emigranten war ihm in die Hände gefallen: Der Erzbischof Firmian hatte 1731 alle Protestanten, die nicht ihren Glauben aufgeben wollten, ausgewiesen; in großem Zug, mit Wagen, Hausrat, Weibern, Kindern, ihrem Vieh, wanderten sie quer durch ganz Deutschland nach Ostpreußen, wo die preußische Regierung sie ansiedelte. In einem ähnlichen, wenn auch sehr viel furchtbareren Treck zogen ihre Nachkommen zweihundert Jahre später nach Westen zurück. In dem alten Nachrichtenblatt stand eine erbauliche Geschichte über eine Brautschaft zwischen einem Salzburger Mädchen und einem wohlhabenden Bürgerssohn einer kleinen Stadt; der Jüngling verliebt sich auf der Stelle in die Jungfrau, führt sie seinen Eltern zu, die einverstanden sind, daß er die Bettelarme heiratet; als er ihr den Verlobungsring ansteckt, greift sie in ihren Busen und zieht ein Beutelchen mit zweihundert Dukaten hervor, die sie als »Malschatz« mit in die Ehe bringt. Aus dieser Kalendergeschichte wird Goethes episches Idyll, in ganz kurzer Arbeit; Schiller kann sich nicht genug wundern, wie Goethe nur leise am Baum zu schütteln braucht, damit ihm die reifsten Früchte in den Schoß fallen. Es ist übrigens das einzige seiner größeren Werke, das er in einem Zug vollendet und als endgültig abgeschlossen angesehen hat; er hat nie daran gedacht, es zu erweitern, fortzusetzen, umzuarbeiten wie bei fast jedem der andern. Gern las er daraus vor, immer mit stiller Rührung und gewissermaßen einem Staunen, daß ihm das gelungen sei: aus dem sprödesten Stoff, einer banalen Kleinbürger-Verlobung, ein hohes Idealbild zu schaffen. »Ich habe«, so sagte er, »das rein Menschliche der Existenz einer kleinen deutschen Stadt in dem epischen Tiegel von seinen Schlacken abzuscheiden gesucht und zugleich die großen Bewegungen und Veränderungen des Welttheaters aus einem kleinen Spiegel zurückzuwerfen getrachtet. Die Zeit der Handlung ist ungefähr im vergangenen August (1796), und ich habe die Kühnheit meines Unterfangens nicht eher wahrgenommen, als bis das Schwerste schon überstanden war.«

Das Welttheater – das ist die Zeit der Revolutionskriege. Weimar bleibt davon zunächst verschont, aber vom Rhein her ziehen immer wieder Flüchtlinge, einzeln und in Scharen, vorüber. Schon auf dem Rückzug aus der Champagne hat Goethe das Emigrantenelend kennengelernt, damals noch auf die französischen und oft nicht sehr sympathischen Flüchtlinge beschränkt. Jetzt kommen Landsleute. Man schickt Goethe aus den bedrohten Gegenden Schmucksachen, Wertpapiere zur Aufbewahrung; er hört von allerlei Schicksalen. Es ist bezeichnend für ihn, daß ihn diese Kleinschicksale einzelner Familien oder älterer Personen stärker ergreifen als die großen, allgemeinen Tendenzen und Parolen der Zeit. Er sieht in einer solchen wandernden Schar einen Mikrokosmos, eine Welt in der Nußschale, faßlich, begreiflich. Urzustände der Menschheit stellen sich da wieder her wie in der Patriarchenzeit: Unordnung, Streit unter den Unseligen, tüchtige Menschen darunter, ein Mädchen, das zugreift und einer Wöchnerin hilft, ein weiser Alter wie einer der Richter der Bibel, der ordnet und schlichtet. Eine solche Welt kann er gestalten und ebenso die ihm vertraute einer kleinen Stadt, ein kleines Weimar oder Ilmenau oder einer der Flecken, durch die er auf der Badereise nach Karlsbad fuhr.

In Hexametern wird das gedichtet; Voß, der Homer-Übersetzer, hat das antike Versmaß in Umlauf gebracht. Viel bewundert wird seine ländliche Idylle LUISE, mit dem traulichen Pfarrhaus unter den Linden, dem Besuch des Bräutigams, der Hochzeit, dem Auftragen der reichlich bereiteten Speisen; auch dies Gedicht hat Goethe gern und mit Rührung vorgetragen, mit seiner tiefen, melodischen Stimme. Er behandelt das Versmaß jedoch lässiger und läßt sich die Bogen von Humboldt oder dem Sohn Voßens korrigieren, es kommt ihm nicht darauf an; später liest er sein Gedicht am liebsten in der lateinischen Übersetzung, es erscheint ihm da vornehmer und als ob es erst so zu seinem Ursprung zurückgekehrt wäre. Klassisch soll die Form sein, die Gesänge werden unter die Namen der neun Musen gestellt wie bei Herodot; einen griechischen Namen, Dorothea, gibt er dem Mädchen. Der Jüngling soll Hermann heißen wie der altdeutsche Held. Er wehrt sich gegen den Vater, der ihm eine ganz andere, reichere Braut zugedacht hat. Mutig will er am Schluß zu den Waffen greifen, die einzige unter Goethes Männergestalten, die einige heldische Eigenschaften an den Tag legt. Wenig Heroisches geschieht sonst, und die Handlung ist denkbar einfach, sie folgt der alten Nachricht in den Grundzügen. Nur in wenigen vorsichtigen Strichen wird das Zeitgeschehen behandelt, das wie eine Gewitterwolke am Horizont steht. Mit großer Kompositionskunst verteilt Goethe die Akzente: Das Mädchen, als überragende, kräftigste Figur, tritt erst spät auf, damit sie den schwächeren Jüngling, der trotz mutiger Züge doch noch viel Gehemmtes und Stockendes hat, nicht überschattet. Malerische Bilder sind der Hauptreiz, und kein Werk Goethes ist denn auch so oft illustriert worden, keines hat sich so sehr durch Bilderszenen dem Bewußtsein des Publikums eingeprägt; die Hexameter, so leicht sie gehalten waren, blieben ein Hindernis, und von den ersten Anfangszeilen abgesehen, hat kein Vers des Gedichtes solche Geltung erlangt wie so viele von Goethes Reimen.

Trotzdem wurde das Idyll Goethes populärstes Werk, mehr noch als der WERTHER, der sich an eine Oberschicht wandte. »Schneider – Nätherinnen – Mägte, alles liest es«; die Pastoren segnen den Autor, die Buchhändler empfehlen es als schönstes Geschenk bei Hochzeiten, wie die Mutter Goethe jubelte. Als einen Ehrenspiegel empfand das deutsche Bürgertum das Werk. Man fühlte sich erhoben, bestätigt, man wurde durch gar nichts beunruhigt oder befremdet wie in fast allen anderen Werken des Dichters. Alles war verständlich, vertraut, es endete in der schönsten Ehe und sogar in patriotischer Hoffnung: »Und drohen diesmal die Feinde / Oder künftig, so rüste mich selbst und reiche die Waffen ... Und gedächte jeder wie ich, so stünde die Macht auf / Gegen die Macht, und wir erfreuten uns alle des Friedens.« Das war ein Trost in einer Zeit, da keiner aufstand, alles jammervoll schwankte, das Heilige Römische Reich nun endgültig in Fetzen gerissen wurde. Denn das Werk erschien im gleichen Spätjahr 1797, als der Kongreß zu Rastatt der alten Reichsherrlichkeit ein Ende machte.

Goethe weilt zur Zeit dieses Kongresses in nächster Nähe in Stuttgart; ein weimarischer Delegierter nimmt an den Verhandlungen teil, die über das Schicksal der deutschen Länder entscheiden sollen. Der weimarische Minister Goethe nimmt nicht die geringste Notiz davon, das Wort Rastatt kommt in seinen Briefen an Schiller nicht vor. Er spricht nur von einem Reisenden, der ihm »sehr artige Späße« aus England und Frankreich berichtet hat: Er war gerade am 18. Fructidor – dem Tage des ersten Staatsstreiches Bonapartes – in Paris gewesen »und hatte also manche ernste und komische Szene miterlebt«. Weder fällt der Name dieses Generals, noch wird überhaupt etwas Weiteres über die Schicksalsstunde Deutschlands und Europas gesagt. Goethe hat sich noch einmal aufgemacht zu einer größeren Reise, er will nach Italien, obwohl geheime Widerstände dagegen in ihm am Werke sind. Er hat eben und schon mit Ungeduld das Gedicht HERMANN UND DOROTHEA beendet und sucht nach einem neuen Gegenstand: »Die Poesie, wie wir sie seit einiger Zeit treiben, ist eine gar zu ernsthafte Beschäftigung.« Schiller hat in diesen Ton eingestimmt. Er meint, es sei ihm klargeworden, »daß man den Leuten, im ganzen genommen, durch die Poesie nicht wohl, hingegen recht übel machen kann, und mir deucht, wo das eine nicht zu erreichen ist, da muß man das andere einschlagen. Man muß sie inkommodieren, ihnen ihre Behaglichkeit verderben, sie in Unruhe und Erstaunen setzen. Eins von beiden, entweder als Genius oder als ein Gespenst muß die Poesie ihnen gegenüber stehen. Dadurch allein lernen sie an die Existenz einer Poesie glauben und bekommen Respekt vor den Poeten.«

Wie zwei Auguren winken sich die beiden zu, und in diesem Winken ist die praktische Weisheit ihres Gedankenaustausches enthalten. »Wenn uns Dichtern, wie den Taschenspielern, daran gelegen sein müßte, daß niemand die Art, wie ein Kunststückchen hervorgebracht wird, einsehen dürfte, so hätten wir freilich gewonnen Spiel«, schreibt Goethe an den Freund, »so wie jeder, der das Publikum zum besten haben mag, indem er mit dem Strome schwimmt, auf Glück rechnen kann. In HERMANN UND DOROTHEA habe ich, was das Material betrifft, den Deutschen einmal ihren Willen getan, und nun sind sie äußerst zufrieden. Ich überlege jetzt, ob man nicht auf eben diesem Wege ein dramatisches Stück schreiben könnte, das auf allen Theatern gespielt werden müßte und das jedermann für fürtrefflich erklärte, ohne daß es der Autor selbst dafür zu halten brauchte.« Im gleichen hoch-spöttischen Ton haben sie von Goethes FAUST gesprochen, der so gar nicht in die hoch-klassischen Theorien passen will. Goethe hat gemeint, das Balladenstudium – auch im antiken Kanon nicht vorgesehen – habe ihn wieder »auf diesen Dunst- und Nebelweg gebracht, und die Umstände raten mir, in mehr als Einem Sinne, eine Zeitlang darauf herum zu irren«. Schiller ist überrascht, zumal Goethe gerade nach Italien gehen will. »Aber ich habe es einmal für immer aufgegeben, Sie mit der gewöhnlichen Logik zu messen.« Das lange verschnürte Paket der alten FAUST-Szenen ist aufgemacht worden. Goethe hat rasch ein Schema skizziert. »Es käme jetzt nur auf einen ruhigen Monat an, so sollte das Werk zu männiglicher Verwunderung und Entsetzen wie eine große Pilzfamilie aus der Erde wachsen. Sollte aus meiner Reise nichts werden, so habe ich auf diese Possen mein einziges Vertrauen gesetzt.«

Es ist nicht recht einzusehen, wer Goethes Ruhe denn stört; der Minister wird von niemand behelligt, die Mamsell Vulpius sorgt für breites, behagliches Leben, der Freund Schiller für geistreiche Anregung. Seine eigene innere Unruhe treibt ihn, kaum daß dieses FAUST-Schema entworfen ist, hinaus. Er flüchtet wieder einmal vor der großen Aufgabe in die leichtere, sich mit den vom unschätzbaren Meyer in Italien gesammelten Zeichnungen und Stichen zu beschäftigen. In der Schweiz wollen sie sich treffen und dann vielleicht, wenn die Zeitumstände es erlauben, nach Rom gehen. Goethe weicht noch weiter aus in einen ganz uferlosen Plan: Kunst, Wirtschaft, Politik, soziale Zustände Italiens sollen erfaßt werden, das eben, wie ihm kaum zum Bewußtsein zu kommen scheint, in völliger Umwälzung seines Lebens steht. Ein ganzer Stab von Mitarbeitern wäre nötig; Goethe legt schon Aktenfaszikel an. Wir können froh sein, daß dies Unternehmen nicht zustande kam, das ihn als Dichter auf viele Jahre lahmgelegt hätte. Übriggeblieben sind nur zahlreiche Akten, Tagebuchnotizen und Briefe, aus denen Eckermann dann eine flüchtig redigierte REISE IN DIE SCHWEIZ zusammenstellte.

Langsam und zögernd setzt Goethe sich in Bewegung, umständlich und oft mißmutig schildert er die Vaterstadt, in der zuerst Station gemacht wird. Vom Wiedersehen mit seiner Mutter sagt er kein Wort, nur über das Haus des Großvaters Textor, beim Bombardement durch die Franzosen zerstört, äußert er sich, auch da »mit Gemütsruhe und Methode«, wie er sich bei Beginn der Reise vorgenommen. Die Stadt erscheint ihm eng, gotisch, verwinkelt, der Krämer »liebt die engen Straßen, als wenn er den Käufer mit Händen greifen wollte«; das berühmte alte Rathaus beschreibt er als ein früheres Warenlager, »wie es noch in seinen Gewölben für die Messe einen dunkeln und dem Verkäufer fehlerhafter Waren günstigen Ort gewährt«. Der Finanzminister Goethe findet viel Bedenkliches an der durch schwere Kontributionen und Kriegsschäden erschütterten Finanzwirtschaft; und der Staatsmann Goethe hat an der altstädtisch und langsam funktionierenden Stadtregierung und der Kritik, die an ihr geübt wird, manches auszusetzen. Er meint: es wäre der Mühe wert, darzustellen, »wie das Volk den Regenten, die nicht absolut regieren, von jeher das Leben und das Regiment sauer gemacht«. Leichtsinn bei den Bürgern wird festgestellt, die sich dem Glücksspiel hingeben oder ausschließlich ihren Geschäften leben, »ihre Zeit ist nur zwischen Erwerben und Verzehren geteilt«; er bemerkt sogar »eine Art von Scheu gegen poetische Produktionen«, und auch das Theater dient nur der

Zerstreuung. Der Hoftheaterintendant Goethe setzt einen Bericht über die Frankfurter Bühne auf, deren Personal ihm mittelmäßig erscheint. Nur ein Mailänder Bühnenmaler Fuentes mit seinen Dekorationen im streng klassizistischen Geschmack findet Gnade vor seinen Augen und regt ihn zu Ideen über dies Thema an: Die Baukunst – was bei Goethe *Palladio* heißt – hat die Grundsätze für das Bühnenbild abzugeben, das Anmutige soll nicht vernachlässigt werden, »die Dekorationen sollen überhaupt, besonders die Hintergründe, Tableaus machen«. Im ganzen irritiert ihn die »große Stadt« mit ihren dreißigtausend Einwohnern, er sehnt sich bereits nach dem stillen Weimar zurück und möchte überhaupt »von aller dieser empirischen Breite nichts mehr wissen«. Karl August, dem er seine Berichte übersendet, meint: »Goethe schreibt mir Relationen, die man in jedes Journal könnte einrücken lassen; es ist gar possierlich, wie der Mensch feierlich wird.«

Nur weil die Reise einmal angefangen, setzt er sie fort, nach Stuttgart, der Schweiz, wo er Meyer trifft, er steigt noch einmal zum Gotthard hinauf, kehrt aber von dessen »unfruchtbaren Gipfeln« rasch um. In Meyers aus Italien mitgebrachten Sammlungen an Kopien, Zeichnungen, Stichen findet er sich endlich »von dem Formlosesten zu dem Geformtesten« zurück und beschließt umzukehren; in Weimar soll das verarbeitet werden. Der Plan zu einem neuen epischen Gedicht WILHELM TELL wird mitgebracht und bald Schiller überlassen. In Nürnberg, wo um diese Zeit der alte Freund Knebel haust, wird auch einiges »über politische Verhältnisse« gesprochen.

Im Grunde interessieren ihn die politischen Verhältnisse dieses sehr schicksalsreichen Jahres 1797 kaum. Er sieht ein, so schreibt er, »daß jeder nur sein Handwerk ernsthaft treiben und das übrige alles lustig nehmen soll. Ein paar Verse, die ich zu machen habe, interessieren mich mehr als viel wichtigere Dinge, auf die mir kein Einfluß gestattet ist, und wenn jeder das Gleiche tut, so wird es in der Stadt und im Hause wohl stehen.« In Frankfurt hat ihn noch ein junger Mann aufgesucht, schüchtern, er sieht »etwas gedrückt und kränklich aus, aber er ist wirklich liebenswürdig und mit Bescheidenheit, ja mit Ängstlichkeit offen«. Es ist der Magister Hölderlin, jetzt Hauslehrer in einer reichen Kaufmannsfamilie; Schiller hatte Goethe bereits einige Gedichte von ihm vorgelegt, die der Meister »weder durch sinnliches noch durch inneres Anschauen gemalt« fand. Er rät Hölderlin, nun »kleine Gedichte zu machen und sich zu jedem einen menschlichen Gegenstand zu wählen«.

Nicht der Minister Goethe, dieser weltfremde, reine Jüngling Hölderlin ist Augenzeuge der Liquidation des deutschen Reiches, des wilden und erbärmlichen Karnevals, der sich in Rastatt abspielt. Mit seinem Freund Sinclair, Legationssekretär des Hofes von Homburg, hat er sich dorthin begeben und die Eindrücke, die er vom Wesen und Treiben der Deutschen gewann, in den letzten Kapiteln seines Griechen-Romans HYPERION niedergelegt. Es sind die bittersten Worte, die in jener Zeit über sie geschrieben worden sind, und sie sind nicht wie Goethes oder Schillers Klagen an ein literarisches Publikum gerichtet, sondern an alle Deutschen: Kein Volk, das zerrissener wäre, »Handwerker siehst du, aber keine Menschen, Priester aber keine Menschen, Denker aber keine Menschen, Herren und Knechte, Jungen und gesetzte Leute, aber keine Menschen – ist das nicht wie ein Schlachtfeld, wo Hände und Arme und alle Glieder zerstückelt untereinander liegen . . .?«

Das Idyll des Hermann und seiner Dorothea und dieser Ausbruch Hölderlins stehen im gleichen Jahr nebeneinander, die weltabgewandte Kunstreise Goethes und dieser Kongreß, der einen schon sechs Jahre dauernden Krieg beenden sollte und weitere Kriege für fünfzehn Jahre heraufbeschwor. Für einen Hölderlin war da eigentlich kein Platz vorgesehen, eher für weltlichere Naturen; es gehörte zum guten Ton, in Rastatt, wenigstens für kurze Zeit, angefahren zu kommen, auch Alexander von Humboldt zeigte sich. Neben den Diplomaten, die Europa verteilten, mit allem Zeremoniell des alten Stiles, bildeten sich gelehrte, gesellschaftliche Zirkel und kleine Gruppen, die für den neuen Stil der Revolution schwärmten. Hölderlin findet sich in einem Kreis junger Männer »voll Geist und reinen Triebs«, ein herrlicher Alter darunter, der wie ein Jüngling spricht in froher Begeisterung, »daß wir so recht eine durch und durch harmonische Familie machen«. Auch dies ist sehr deutsch und charakteristisch für die Zeit: Der eine der jungen Leute schreibt an einem kühnen philosophischen Werk, Hölderlin an seinem HYPERION, sie diskutieren, phantasieren, träumen von einer neuen Griechenwelt, begeistern sich für die Heldengestalt Bonapartes, die für einen ganz kurzen Augenblick in Rastatt aufgetaucht ist nach fabulösen Siegen in Italien. Hölderlin versucht, ihn im Gedicht zu gestalten, und muß es aufgeben. »Der Dichter laß ihn unberührt wie den Geist der Natur, / An solchem Stoffe wird zum Knaben der Meister. / Er kann im Gedichte nicht leben und bleiben, / Er lebt und bleibt in der Welt.« Diese Welt aber nun: ein Jahrmarkt von Plundersweilern im großen, bei dem zum letzten Male die ganze altdeutsche ständische Unordnung wie in einem Maskenzug vorbeidefilliert. Zur letzten Kaiserkrönung in Frankfurt, sieben Jahre zuvor, waren die großen und kleinen Potentaten noch mit Pracht und großem Gefolge barocken Stiles erschienen; jetzt hatten sie Delegationen entsandt, die verzweifelt um die Existenz ihrer Herrschaften kämpfen mußten; der Kanzler von Mainz macht Augen »wie ein gebissener Dachs, der in seinem stillen Grimme gern noch einmal zugeschnappt hätte«. So erzählt es der beste Chronist dieses Karnevals, der Ritter Lang. Bunt das alles, in prachtvollen Uniformen, Domherren in Taft und Atlas, Malteserritter in hochroten Mänteln, Vertreter der Rhein- und Wildgrafen, der Hansestädte, Frankfurts, Augsburgs. Um die Entschädigung der linksrheinischen Gebiete, der Besitzungen, in denen Goethe in seinen Straßburger Tagen gewandert war, sollte es ursprünglich gehen; die Integrität des Reiches wird noch einmal mit höchstem Pomp vom kaiserlichen Gesandten verkündet. Aber inzwischen ist viel geschehen. Vier Revolutionen haben sich in Paris abgelöst, die französischen Armeen stehen am Rhein, in Italien, den Niederlanden. Frankfurt ist bombardiert worden, das Haus des Großvaters Textor ein Schutthaufen, ein beträchtlicher Teil des vom Großvater Schneidermeister ererbten Vermögens Goethes ist durch Kontributionszahlungen verlorengegangen. Preußen hat als erste Großmacht in Basel Frieden mit der Revolution geschlossen, Österreich erst nach schweren Niederlagen in Italien. Goethe feiert das Ereignis in einem Maskenzug: »Der lang ersehnte Friede nahet wieder, / Und alles scheint umkränzet und umlaubt, / Hier legt die Wut die scharfen Waffen nieder, / Dem Sieger ist sogar der Helm geraubt...«

Der Sieger drückt den Helm fester in die Stirn. »Man eilet, sich harmonisch zu vereinen«, dichtet Goethe. Man eilt in Wirklichkeit, Beute zu machen, zu plündern, sich gegenseitig zu überspielen mit Geheimabmachungen, Wortbrüchen, in brutalster und kurzsichtigster Interessenpolitik. Die Entschädigung für linksrheinische Verluste, so erklären die französischen Delegierten kurz, ist in der Säkularisation der geistlichen Besitzungen zu suchen. Damit wird das Signal zum Länderraub und zur Zerschlagung des Reiches gegeben. »Jeder größere Stand machte sich seinen Plan, irgend ein Bistum, oder einen Fetzen davon, der kleinere irgend eine Abtei, der geringste Edelmann irgend einen Schafhof davon zu reißen.« Die geistlichen Herren fallen untereinander ab: Die Bischöfe wollen die Klöster preisgeben, wenn sie selber bestehen bleiben, die Erzbischöfe die Bistümer, falls man ihnen etwas davon zum Trost zukommen läßt; am Ende will Mainz alle andern fallenlassen, wenn man wenigstens den deutschen Patriarchen und Primas verschont. Preußen intrigiert gegen Österreich, Österreich gegen alle übrigen Glieder des Reiches; die französischen Delegierten schauen verwundert dem Schauspiel zu, das ihnen die Repräsentanten des Legitimismus und der deutschen Nation geben; es endet in neuen Kriegserklärungen. Dieser Kongreß, nicht erst die umständliche Liquidierung einige Jahre später, ist im Grunde das Ende des Heiligen Römischen Reiches, in dem Goethe das erste Halbjahrhundert seines Lebens zugebracht hat. Der unmittelbare Abschluß der Tagung ist noch anarchischer als die Verhandlungen: Österreichische Husaren überfallen – in geheimem Auftrag aus Wien – die abziehenden französischen Gesandten, zerren sie aus dem Wagen und ermorden sie.

Das ist das Welttheater. Goethe ignoriert es bis zu einem Grade, der uns heute kaum noch vorstellbar ist. In seinen ANNALEN, die sorgsam Jahr für Jahr die Ereignisse aufzeichnen, wird für die nächsten zehn Jahre, bis die Katastrophe von 1806 über Weimar hereinbricht, mit keinem Wort der Zeitereignisse gedacht. Vom Weimarer Theater ist die Rede, den Naturwissenschaften, von Schauspielern, die ausführlich charakterisiert werden, nicht von den großen Akteuren der europäischen Bühne. Jean Paul schildert bei seinem ersten Besuch Goethes diese gottähnliche Distanz des Olympiers, der er schon damals für die Zeitgenossen ist. Man hat den jungen Romancier gewarnt: »Jeder male ihn ganz kalt für alle Menschen und Sachen auf der Erde.« Charlotte von Kalb hat gesagt: »Er bewundert nichts mehr, nicht einmal sich.« – »Bloß Kunstsachen wärmen noch seine Herznerven an.« Das Haus frappiert, das heißt kühlt bereits ab: das einzige Weimars im italienischen Geschmack. Ein Pantheon voll Bilder und Statuen. Angst preßt die Brust des Besuchers. »Endlich tritt der Gott her: kalt, einsilbig, ohne Akzent. Sagt Knebel: Die Franzosen ziehen in Rom ein. – Hm! sagt der Gott.« Dieses »Hm« wird noch von vielen vernommen. Es ist natürlich oft die Abwehr des Großen gegen lästige Besucher und Ausfrager, die ihm seit dem WERTHER ins Haus fallen mit albernen Wünschen und Forderungen. Es herrscht noch ganz allgemein die Sitte, bei einem berühmten Mann vorzusprechen, und auch der Berühmteste kann sich dem nicht ohne weiteres entziehen. Es wird erwartet, daß er etwas Bedeutendes sagt, sich als »Goethe« zeigt.

Auch der junge Jean Paul wartet darauf: »Endlich schürete nicht bloß der Champagner, sondern die Gespräche über die Kunst, Publikum und so fort an, und: man war bei Goethe. Er spricht nicht so blühend und strömend wie Herder, aber scharf-bestimmt und ruhig.« Zuletzt liest er ein noch ungedrucktes Gedicht vor, »wodurch sein Herz durch die Eiskruste die Flammen trieb«. Er liest nicht: Er spielt vor, wie Jean Paul sagt; sein Vorlesen »ist ein tieferes Donnern, vermischt mit dem leisesten Regen-Gelispel, es gibt nichts Ähnliches«. Im übrigen: »Er hält seine dichterische Laufbahn für beschlossen.«

Sein Aussehen schildert Karl von Stein seinem Bruder, dem langjährigen Zögling Goethes: die Zeit habe ihn nahezu unkenntlich gemacht, »sein Gang ist überaus langsam, sein Bauch nach unten zu hervorstehend wie der einer hochschwangeren Frau, sein Kinn ganz an den Hals herangezogen, von einer Wassersuppe dichte umgeben; seine Backen dick, sein Mund in Halber-Monds-Form; seine Augen allein noch gen Himmel gerichtet; sein Hut aber noch mehr, und sein ganzer Ausdruck eine Art von selbstzufriedener Gleichgültigkeit, ohne eigentlich froh auszusehen. Er dauert mich, der schöne Mann, der so edel in dem Ausdruck seines Körpers war!«

Ein Porträt von der Hand des Kunstfreundes Meyer, der keinerlei frühere Reminiszenzen zum Vergleich heranzuziehen hatte, stellte ihn ähnlich dar, schwer, massig, finster; die Form des schönen, strahlenden Greises hat sich erst allmählich aus dieser Unförmigkeit herausgebildet, die übrigens auch ungesund war und nach vielerlei Störungen zu schweren Krankheiten geführt hat.

Goethes Leben geht in die Breite wie sein Körper. Er hält seine dichterische Produktion für beschlossen, wie Jean Paul berichtet. Der FAUST wird wieder beiseite gelegt, trotz Schillers ständigem Drängen, trotz hoher Angebote des neuen Verlegers Cotta. Schiller übernimmt auch bei diesen Verlagsverhandlungen die Rolle des Mittlers, und sie ist nicht einfach. »Es ist, um es gerade heraus zu sagen, kein guter Handel mit Goethe zu treffen, weil er seinen Wert ganz kennt und sich selbst hoch taxiert und auf das Glück des Buchhandels, davon er überhaupt nur eine vage Idee hat, keine Rücksicht nimmt. Es ist noch kein Buchhändler in Verbindung mit ihm geblieben; er war noch mit keinem zufrieden, und mancher mochte auch mit ihm nicht zufrieden sein. Liberalität gegen seine Verleger ist seine Sache nicht.« Cotta hat bereits mit den HOREN Verluste gehabt; er übernimmt danach Goethes Kunstzeitschrift, die PROPYLÄEN, von denen er kaum vierhundert Exemplare absetzen kann; er verlegt geduldig Goethes Übersetzungen, den TANCRED und MAHOMET Voltaires, den CELLINI, die Briefe Winckelmanns, er geht auf alle Wünsche Goethes ein, nur nicht auf den, nun auch die Werke des Kunstfreundes Meyer herauszubringen. »Vielleicht könnten Sie aber«, schreibt Schiller, »all diese Risikos nicht achten in der Hoffnung, sich auf einmal an dem Goethischen FAUST für alle Verluste zu entschädigen. Aber außerdem, daß es zweifelhaft ist, ob er dieses Gedicht je vollendet, so können Sie sich darauf verlassen, daß er es Ihnen, der vorhergehenden Verhältnisse und von Ihnen aufgeopferten Summen ungeachtet, nicht wohlfeiler verkaufen wird als irgend einem andern Verleger. Und seine Forderungen werden groß sein!«

Cotta bleibt beharrlich und wird schließlich der alleinige Verleger Goethes. Der FAUST, Erster Teil, erscheint erst 1808 in einer neuen Gesamtausgabe der Schriften Goethes; eine weitere folgt, und in den letzten Lebensjahren des Dichters das große Unternehmen der vollständigen AUSGABE LETZTER HAND, in vierzig Bänden, mit zwanzig Nachlaßbänden, in denen als erster der Zweite Teil des FAUST im Todesjahr Goethes herauskommt. Cotta bringt in Einzelausgaben alles, was Goethe ihm aushändigt; er hat Glück mit den Gesamtausgaben. Das deutsche Publikum von damals liebt über alles GESAMMELTE WERKE seiner Dichter, und es ist unwahrscheinlich, welche Bandreihen auch kleiner und mittelmäßiger Autoren erschienen und abgesetzt worden sind. Cotta hat es schwer mit Einzelwerken, selbst Goethes WESTÖSTLICHER DIVAN, das größte seiner Alterswerke, bleibt wie der TASSO oder die IPHIGENIE Göschens zum großen Teil unverkauft und war noch Anfang unseres Jahrhunderts beim Verlag zu haben, bis die Antiquare die Bände aufkauften.

Auch diese Verlagsverbindung ist jedoch wesentlich für die breitere Lebensführung Goethes um die Jahrhundertwende. Er bezieht nun Honorare, wie sie bis dahin kein deutscher Autor gekannt hat, und er braucht Geld. Er sammelt Kupferstiche, Münzen, Majoliken, Handschriften. Sein Haus wird ein Museum. Er legt Wert auf gute Küche, schöne Tafeldekoration. Er gibt ein elegantes Abendessen, als die alte Jugendbekannte La Roche in Weimar zu Besuch erscheint, und lädt dazu auch Charlotte von Stein, die darüber berichtet: ein empfindsames Diner, die Namen auf den Couverts, sorgfältig zur gegenseitigen Unterhaltung ausgesucht, Blumentöpfe mit seltenen Gewächsen auf der Tafel, zum Dessert eine unsichtbare sanfte Tafelmusik, Früchte und schön vom Konditor geformte Kuchen. Bei anderen Anlässen wird ein kaltes Büfett serviert, »mit Kunst arrangierte Speisen, Krebse, Zungen usw. Dazu wurde der feinste Wein gereicht.« Sein Weinkeller ist wohlgefüllt und enthält noch berühmte Jahrgänge aus dem inzwischen verkauften Nachlaß des Großvaters Schneidermeister und Weinhändler. Er schafft sich Equipage und Kutscher an, nur selten steigt er noch zu Pferde. Ein Landgut wird erworben, und Goethe zeigt sich dabei wunderlich ungeschäftlich: Ohne sich den Besitz überhaupt einmal anzusehen, schließt er den Kaufvertrag ab. Er muß Gelder aufnehmen, um die Summen bezahlen zu können; das Gut liegt ungünstig, weit ab, die Baulichkeiten sind unbequem und in schlechtem Zustand, der Pächter macht Schwierigkeiten; nach wenigen Jahren wird der Besitz wieder verkauft. Goethe ist nur ganz selten und stets mißvergnügt dort gewesen. Der Anlaß für die unvorsichtige Transaktion war das Bemühen Goethes, für Christiane eine etwas angesehenere und gehobenere Position zu schaffen. In Weimar hat man sich noch immer nicht mit dem Verhältnis abgefunden; die ganze innere Roheit der hochkultivierten Gesellschaft bricht zuweilen aus. Karl von Stein schildert eine solche Szene: Der Oberforstmeister Nordheim sagt auf der Redoute zu Goethe: »Schick dein Mensch nach Hause! Ich habe sie besoffen gemacht!« Stein fügt hinzu: »Also Goethe geht hin und deutet der armen Vulpius an, nach Haus zu gehen, die ganz nüchtern gewesen ist.« Aber auch im Kreise der Jenaer Romantiker, die selber in den ungebundensten Liebes- und Eheverhältnissen durcheinander leben, kann man sich nicht damit abfinden, daß der göttlich verehrte Goethe mit dieser höchst irdischen Gestalt verbunden ist: »Ich sprach noch heut mit der Schillern davon«, schreibt Caroline Böhmer-Schlegel-Schelling, »warum er sich nur nicht eine schöne Italienerin mitgebracht hat?«

Unbehaglich ist den meisten Besuchern in seiner Nähe. Der große Mime Iffland, zu Besuch in Weimar, meint: »Es ist etwas Unstetes und Mißtrauisches in seinem ganzen Wesen, wobei sich Niemand in seiner Gegenwart wohl befinden kann. Es ist mir, als wenn ich auf keinem seiner Stühle ruhig sitzen könnte. Er ist der glücklichste Mensch von außen. Er hat Geist, Ehre, Bequemlichkeit, Genuß der Künste. Und doch möcht ich nicht 3 000 Thaler Einnahme haben und an seiner Stelle sein.« Eine tiefe und weitgehende Goethe-Verdrossenheit hat sich breitgemacht, je breiter Goethe sein Leben gestaltet mit Gesellschaften, Kränzchen, Vorträgen. Er versucht nach Minnesängersitte einen Liebeshof zu begründen, der wöchentlich einmal in seinem Haus zusammentreten soll, eine Art Picknick – denn die eigentliche »Dame des Hauses«, Christiane, kann nicht dabei sein –, die andern Damen sollen das Essen, die Herren den Wein mitbringen. Die alten Freunde und Freundinnen sind ebenfalls nicht dabei; Goethe hat neue gefunden. Es wird eine frostige Angelegenheit trotz aller Versuche mit Rätselraten, Gedichtlein, Zusammenstellung von »zärtlichen Paaren«. Goethe hat immer wieder, auch noch im hohen Alter, über Mangel an Geselligkeit geklagt, immer wieder sich bemüht, einen Kreis zusammenzubringen, und immer wieder ist es ihm mißlungen. Er wird lehrhaft, doziert bei solchen Gelegenheiten. Er will durchaus seine FARBENLEHRE vortragen oder sonst etwas, was ihn gerade beschäftigt. Er ist autokratisch und will regieren, schließt den Zirkel willkürlich ab und erklärt, wenn man frage, warum, so solle man nur sagen, er sei »der Bär«.

Er ist ein Bär, wenn es sich um solche Zusammenkünfte handelt. Er kann im kleinen oder kleinsten Kreise liebenswürdig, aufgeschlossen, bezaubernd sein, am liebsten, wenn er sich im weichen Hausrock geben darf. Im Gespräch zu zweit oder allenfalls zu dritt entfaltet er all seine Gaben, und er selber hat einmal notiert, man habe ihn im Gespräch größer gefunden als in seinen Werken auf dem Papier. Aber es fehlt ihm gänzlich an der Gabe, einen weiten Kreis zusammenzuhalten, wie Schiller das bedeutend besser verstand, bei dem sich um diese Zeit die Leute sehr viel wohler fühlen.

Auch dieser größte seiner Freunde wird am Ende unmutig. Er schreibt an Wilhelm von Humboldt: »Es ist zu beklagen, daß Goethe sein Hinschlendern so überhandnehmen läßt und, weil er abwechselnd Alles treibt, sich auf Nichts energisch konzentriert... Wenn Goethe noch einen Glauben an die Möglichkeiten von etwas Gutem und eine Konsequenz in seinem Tun hätte, so könnte hier in Weimar noch Manches realisiert werden, in der Kunst überhaupt und besonders im Dramatischen. Es entstünde doch Etwas, und die unselige Stockung würde sich geben. Allein kann ich nichts machen. Oft treibt es mich, mich in der Welt nach einem andern Wohnort und Wirkungskreis umzusehen. Wenn es nur irgendwo leidlich wäre, ich ginge fort« (17. 2. 1803).

So sieht die Blütezeit der deutschen Klassik, das Ilm-Athen Weimar aus der Nähe aus: einzelne Schneckenhäuser, wie Schiller sie schon bei seiner Ankunft fand, Enttäuschte, Verbitterte, Verfeindete, Herder als fast krankhafter Nörgler, Knebel ein mißmutiger Einsiedler, der spät noch sein Verhältnis, eine Schauspielerin, geheiratet hat und der jungen Frau das Leben sauer macht, Wieland nur mühsam seinen Ruf bewahrend, Karl August mit einer neuen Geliebten beschäftigt, der Sängerin Jagemann, die auf der Bühne regiert. Der Musenhof der Anna Amalie sogar steht in stiller Opposition gegen den früheren Favoriten Goethe und begünstigt den vielgeschäftigen Kotzebue, der allerhand Intrigen gegen die Dioskuren spinnt. Es ist eine Kleinwelt, und man begreift, daß Schiller, eben auf der Höhe seines gewaltigen Schaffens, sich dort heraussehnt. Es ist schwerer zu begreifen, daß Goethe dort ausharrt.

Eine Lähmung hat ihn ergriffen nach großen schöpferischen Anstrengungen. Er weicht aus vor der Aufgabe des FAUST. Er veröffentlicht zehn Jahre lang – eine zweite große Pause nach der ersten, die ebenfalls zehn Jahre dauerte – nur Nebenwerke, von dem Fragment seiner NATÜRLICHEN TOCHTER abgesehen. Er läßt sich vom Herzog, der sehr viel mehr Geschmack am französischen Theater findet als an den Stücken seiner Klassiker, den Auftrag geben, Voltaires MAHOMET und TANCRED zu übersetzen, und führt ihn ergebenst aus. Er übersetzt zu eignem Behagen die Autobiographie CELLINIS und erfreut sich und seine Leser an dem bunten und derben Wesen des italienischen 16. Jahrhunderts. Er übersetzt aus Diderots Schriften über die Malerei für seine Hauszeitschrift DIE PROPYLÄEN, die er zusammen mit Meyer herausgibt. Sie wollen noch weiter wirken, durch jährliche Preisaufgaben der *Weimarer Kunstfreunde*, die unmögliche Themen vorschlagen; nach wenigen Jahren geht das Unternehmen ein. Begleitet werden die Würdigungen der eingesandten Arbeiten durch ausführliche archäologische Abhandlungen Goethes und Meyers, und den Höhepunkt bildet ein Versuch, die nur aus der alten Literatur bekannten Gemälde Polygnots in Delphi zu rekonstruieren. Ein braver Illustrator Riepenhausen hat es dreist unternommen, diese zu skizzieren, und Goethe führt das gründlichst aus. Die Reisebeschreibung des Pausanias ist seine Quelle, der trockne und gründliche Baedeker für die Römer des zweiten vorchristlichen Jahrhunderts, die Attika als das gelobte Land der Kunst besuchten. Die Vorstellung, daß sich angehende junge Künstler durch solche Studien am würdigsten für ihren Beruf vorbereiten könnten, zeigt Goethe auf dem Gipfel seines welt-

und kunstfremden Klassizismus. Sie hat aber auch noch eine geheime Bedeutung: Seine Vorstellung der Antike ist aus der Anschauung jener Zeit des Pausanias etwa gebildet. Er schätzt und kennt die römischen Kopien und Umbildungen; er kennt echte griechische Kunst nur aus der Literatur. Wenig genug war damals überhaupt bekannt, die ganze archaische Kunstwelt wurde erst in Goethes später Lebenszeit entdeckt und hätte ihm schwerlich etwas zu sagen gehabt. Sein Rat für einen jungen Maler lautet: Zunächst viel nach antiken Statuen oder Gipsabgüssen zeichnen. Anatomie dann, Perspektive. Die Konturen sind bedächtig mit der Feder zu ziehen, nicht etwa mit Kreide, die unbestimmter ist oder gar zweideutig. Wenn nach Gemälden gearbeitet wird, so jedenfalls nach solchen, bei denen die Deutlichkeit der Formen und ihre Reinheit vorbildlich ist.

Es sind Selbstgespräche oder Unterhaltungen mit Meyer, dem stets bereiten Zuhörer und Zuträger weiteren Materials. Goethe lebt auf einer Insel. Es ist rührend zu sehen, wie treufleißig er die kümmerlichen Einsendungen für seine Wettbewerbe behandelt, eigenhändig, »auf einen hinlänglichen Stab gerollt«, die Blätter zurückexpediert und sich ungemeine Wirkung auf das gesamte Kunstleben Deutschlands von seinen Lehren verspricht, während längst ganz andere große Strömungen heranrollen. Kein Bild, keine Plastik von leidlichem Rang ist ja danach entstanden. Seine Wirkung war eine ganz andere. Sie ging von seiner Dichtung aus. Es gehört zu der eigentümlichen Farbenblindheit seines Wesens, daß er das nicht wahrhaben wollte, daß er obstinat glaubte, er müsse auf allen Gebieten der Kunst wie des Wissens lehren, wirken, Menschen bilden nach seinem Ebenbild.

Und nur da, wo es sich um Menschenbilden handelt, gewinnen diese Schemata und Schemen Gestalt. Winckelmann, der hinter diesem ganzen Klassizismus steht als der große Lehrer, wird von Goethe gefeiert in der Einleitung zu seinen Briefen. Der Ruhm des Begründers der Kunstwissenschaft war bereits bedroht. Es muß etwas getan werden, die neue romantische Richtung einzudämmen. Goethe feiert Winckelmann als Griechen. Er erwähnt auch, was damals noch kühn war, seine »griechischen Neigungen« zur Homosexualität, seinen unbedenklichen Übertritt zum Katholizismus: Er fiel ihm um so leichter, meint Goethe, als Winckelmann im Grunde völliger Heide und an beiden Konfessionen uninteressiert war. Er kann bei dieser Gelegenheit sein eigenes Heidentum betonen, wie überhaupt diese Darstellung in vielem ein Selbstporträt ist und ein Bekenntnis seiner Kunstanschauungen. Die Antike – das ist die goldne Zeit, da alles der tätigen Gegenwart zugewandt war. Da wirkte alles ineinander. Da verlor man sich nicht ins Uferlose wie die Neueren. Da galt das Ideal der Schönheit – und als letztes Produkt der sich immer steigernden

Natur: der schöne Mensch. Dieser, im Leben nur in einem Augenblick möglich, wird durch die Kunst nochmals gesteigert und steht nun als Kunstwerk da in »idealer Wirklichkeit«. Er bringt dauernde Wirkung hervor, nimmt alles Herrliche und Verehrungswürdige in sich auf und erhebt den Menschen über sich selbst, ja »vergöttert ihn für die Gegenwart, in der das Vergangene und Künftige begriffen ist«. Von solchen Gefühlen wurden die Griechen erfaßt, die den Jupiter von Olympia erblickten. Der Gott war zum Menschen geworden, um den Menschen zum Gott zu erheben. Man erschaute die höchste Würde und ward für die höchste Schönheit begeistert.

Das ist Goethes Lehre, und das ist auch er selber als Olympischer Jupiter. Er schreibt – und der Aufsatz ist unter dem Eindruck schwerer Bedrohung durch Krankheiten mit Todesahnungen verfaßt – eine Apotheose des früh Verstorbenen. »Die Gebrechen des Alters, die Abnahme der Geisteskräfte hat er nicht empfunden... Er hat als Mann gelebt und ist als vollständiger Mann von hinnen gegangen. Nun genießt er im Andenken der Nachwelt den Vorteil, als ein ewig Tüchtiger und Kräftiger zu erscheinen: denn in der Gestalt, wie der Mensch die Erde verläßt, wandelt er unter den Schatten.« Sein Werk gilt es fortzusetzen.

So sollte man auch ihn, Goethe, sehen, wenn er jetzt die Erde verlassen müßte, in Schönheit, nach »einem kurzen Schrecken, einem schnellen Schmerz«. Er gleitet sanft über das Ende des verehrten Vorbildes hinweg, denn er will im Grunde vom Tod nichts wissen. Winkelmann ist in Wirklichkeit nicht in Schönheit gestorben, von einem griechischen Jüngling war dabei nicht die Rede: Ein untersetzter, derber Kerl, Koch, Dieb, Zuhälter, mit dem er die Abende im Gasthaus zu Triest verbrachte, hat ihn ermordet, geblendet von den Goldmedaillen mit ihrer herrlichen klassischen Prägung, die der Gelehrte ihm zeigte. Es war kein kurzer Schreck – der tödlich Getroffene ist umhergeirrt, den Strick des Mörders um den Hals, man hat zum Beichtvater geschickt statt zum Arzt, den Sterbenden mit Verhören gequält, einsam ist er verschieden, auf der Reise, unter Fremden. In seinem Gepäck fand man den Homer, das durchschossene Exemplar seiner Kunstgeschichte, eine in Silber gefaßte Lupe und einen römischen Maßstock; die Wirklichkeit dichtet mit einer symbolischen Gewalt, die kein Autor je erreicht. Aber auch für Goethes Kunstanschauungen ließen sich keine knapperen Formeln finden: Homer und der römische Maßstock – das sind für ihn die Richtungsweiser, die man einmal in seinem Nachlaß finden soll.

Goethes Theatralische Sendung

Goethes Hauptwerk in den Jahren der Freundschaft mit Schiller, der Roman WILHELM MEISTERS LEHRJAHRE, erschien 1795/96 in vier kleinen, starken Bänden, gedruckt in einer schönen neuen Frakturschrift, die der Verleger Unger damit dem Publikum präsentierte. Diese Drucktype wurde dann von den Dichtern der Romantik für ihre Werke adoptiert, ein kleiner, aber symbolischer Zug; sie adoptierten ebenso den Roman und fanden in ihm ihre Ästhetik und ihr – noch ungeschriebenes – Programm auf das herrlichste bestätigt. Friedrich Schlegel sah in ihm »eine der größten Tendenzen des Zeitalters«.

Das Werk hat aber eine lange Geschichte, die über Goethes ganzes Leben und darüber hinaus reicht. An Unger schrieb er, es sei unter all seinen Produktionen die »obligateste« und schwerste; sie müsse mit größter Freiheit und Leichtigkeit gemacht werden, und dazu gehöre Zeit und Stimmung. Zeit aber hat Goethe nur in großen Abständen darauf verwandt, und auch die Stimmung wollte sich nicht immer einstellen. In der Werther-Zeit schon tauchte der Plan auf, dann wurde in den ersten zehn Weimarer Jahren mit vielen Unterbrechungen eine erste Fassung WILHELM MEISTERS THEATRALISCHE SENDUNG hergestellt, diese zehn Jahre später in die LEHRJAHRE umgearbeitet; eine Fortsetzung war sogleich geplant und wurde immer wieder verschoben. Nach fünfundzwanzig Jahren erschienen 1821 die WANDERJAHRE, aus denen er vorher schon verschiedene Einzelteile in Taschenbüchern publiziert hatte. Das Buch war als »erster Teil« angekündigt; Goethe begann einige Jahre später weiter daran zu arbeiten, es sollten zwei Bände seiner großen AUSGABE LETZTER HAND werden. Beim Druck stellte sich heraus, daß Material fehlte, um die Bände gleichmäßig stark zu machen; Goethe überließ es seinem Eckermann, dafür aus dem Goethe-Archiv Betrachtungen und Gedichte herauszusuchen, die eingefügt und angehängt wurden, und in dieser

Gestalt erschienen die WANDERJAHRE 1829. Damit nicht genug: Goethe gab, an diesem Verfahren irre geworden, Eckermann Vollmacht, die Beigaben wieder zu beseitigen, und so wurde der Roman dann fünf Jahre nach Goethes Tod publiziert. Und erst 1910 kam jene erste SENDUNG, als *Ur-Meister* begrüßt, in der Schweiz zutage, wo die Abschrift vergessen im Nachlaß der Barbara Schultheß geschlummert hatte; ein Schüler brachte das alte Manuskript eines Tages seinem Gymnasiallehrer, und auch der ließ es erst noch eine Weile in seinem Schreibtisch liegen, weil der Umschlag den Band als eine Kopie des WERTHER bezeichnete, und machte erst bei näherer Durchsicht die große Entdeckung. Kein weltberühmter Roman hat eine solche Entstehungs- und Editionsgeschichte über 125 Jahre hinweg. Keiner ist auch so ungleich in seinen Teilen. Da ist hoher Kunstverstand, frischeste Erfindung, buntestes Leben, da sind einige der stärksten Gestalten, die Goethe geschaffen hat. Dann wieder Nachlässigkeit, wie sie sich kaum ein Großer je erlaubt hat, und zwar nicht nur in dem Alterswerk mit der Auffüllung der vom Verleger angeforderten Bogen oder der losen Aneinanderreihung von Erzählungen, die ursprünglich für ganz andere Zwecke bestimmt waren. Aber auch in den früheren Stadien hat Goethe oft die Lust verloren, die Stimmung wollte sich nicht einstellen, und schon bei der Arbeit an den LEHRJAHREN dachte er zeitweilig daran, die Sache aufzugeben; Schiller oder jemand anderer sollte den Schluß schreiben. Keiner der Romane hat überhaupt einen wirklichen Abschluß. Nur Goethes Tod ist das Ende.

Ein Theaterroman sollte zunächst geschrieben werden, die SENDUNG. Ein Entwicklungs- und Bildungsroman entstand daraus, die LEHRJAHRE. Die weitere Entwicklung des Lehrlings Wilhelm zum Meister, auf Wanderungen, mit dem Italienerlebnis als hohem Bildungsgehalt, sollte sich anschließen; dazu kam es nicht. Nur Goethe selber wurde zum Meister. Die WANDERJAHRE schließlich sind kein Roman mehr, sondern ein Repositorium für Goethes Altersweisheit, für seine Gedanken über Erziehung, die Welt, die Menschen; der Held Wilhelm verschwindet fast völlig aus seinen Augen und soll sich in einem künftigen Leben bescheiden-praktisch als Wundarzt bewähren.

Ein phantastisches Erzeugnis ist der ganze MEISTER-Komplex. Er spottet aller Regeln. Goethe selber hat oft darüber gespottet, vor allem über das rastlose Bemühen seiner lieben Deutschen, nun doch eine »Idee« herauszufinden. Das Werk, so sagt er, »gehört zu den inkalkulabelsten Produktionen, wozu mir fast selbst der Schlüssel fehlt. Man sucht einen Mittelpunkt, und das ist schwer und nicht einmal gut. Ich sollte meinen, ein reiches, mannigfaltiges Leben, das unsern Augen vorübergeht, wäre auch an sich etwas ohne ausgesprochene Tendenz, die doch bloß für den Begriff ist.« Damit der Schüler, er spricht zu Eckermann, etwas getrost nach Hause tragen kann, fügt er hinzu:»Im Grunde scheint doch das Ganze nichts anderes sagen zu wollen, als daß der Mensch trotz aller Dummheiten und Verwirrungen, von einer höheren Hand geleitet, doch zum glücklichen Ende gelangt.«

So darf natürlich nur Goethe sprechen. Er nennt seinen Helden Wilhelm auch einen »armen Hund« – an anderer Stelle identifiziert er sich mit ihm. Er bewundert einmal Walter Scott: Der hat die Herrlichkeit der drei britischen Königreiche und ihrer Geschichte vor sich, er nur die Landschaft zwischen Thüringer Wald und den mecklenburgischen Sandwüsten, »sodaß ich in WILHELM MEISTER den allerelendsten Stoff habe wählen müssen, der sich nur denken läßt: herumziehendes Komödiantenvolk und armselige Landedelleute, nur um Bewegung in mein Gemälde zu bringen«.

Herumziehende Komödianten – damit beginnt es. Die THEATRALISCHE SENDUNG sollte ein Roman aus dem Leben der fahrenden Schauspieltruppen werden. Es gab Vorbilder, der Theaterroman war ein beliebtes Genre. In Frankreich hatte Paul Scarron seinen ROMAN COMIQUE geschrieben; in Venedig, dem Bühnen-Eldorado, gab es eine ganze Reihe solcher Werke. Der spanische Schelmenroman hatte diese Ableger erzeugt. Zur Gattung der Schelmen, Gauner, unehrlichen Leute gehörten auch bis zu Goethes Zeit die Schauspielertruppen. Hogarth hat in einem berühmten Stich Glanz und Elend einer solchen Truppe dargestellt, die Lumpen, prächtigen Kostüme, die nackten Beine und nackten Blicke der Aktricen.

Was kannte Goethe nun von diesem Schauspielerleben? Blutjung hatte er sich in Frankfurt im Ankleidezimmer der französischen Theatertruppen herumgetrieben und erste Eifersuchtsszenen erlebt. Er hatte mit der schönen Corona geliebelt; sein Freund Klinger, der eine Weile mit einer Schauspielergesellschaft umherzog, wird ihm einiges erzählt haben. Bühnenklatsch und Anekdoten hörte er von allen Seiten, und es gab bereits eine reiche Literatur darüber. Das meiste erfuhr er, und es ist wichtig für seine Darstellung, aus zweiter Hand.

In seinen Leipziger Studentenjahren war ihm bereits von der berühmten Prinzipalin Neuberin allerhand zu Ohren gekommen: wie sie, von Gottsched belehrt, versucht hatte, Schluß zu machen mit dem groben alten Jahrmarktsstil, den wilden Improvisationen, dem Harlekin als Hauptattraktion. Da war schon der Gedanke einer »Sendung« – beim Meister Gottsched, nicht so sehr bei der Neuberin. Die war eine vollblütige Schauspielerin, keine Missionarin; sie brach mit dem Professor, machte ihn als »Tadler« lächerlich, verlor aber damit die Gunst des immer braver werdenden Publikums. Elend und halb vergessen, mit vielen immer jämmerlicheren Liebschaften bis zum Ende, war sie gestorben. Im Kreis der Neuberin war noch ein anderes Grundmotiv des WILHELM MEISTER angeschlagen: der zum Theater, in die Literatur entlaufene Student. Ihr Mann, der Neuber, war ein solcher gewesen, oder der neunzehnjährige Lessing, dessen erstes Stück die Neuberin zum Kummer der frommen Pastoreneltern gespielt hatte. Studenten waren auch die Stückeschreiber der Wandertruppen, sie spielten mit, wanderten mit, bis sie eine bessere Stellung fanden oder untergingen. Im Unterschied zu den früheren Mimen – die sich aus Feuerfressern oder Seiltänzern zusammensetzten wie noch der große Schröder, das Vorbild für Goethes Theaterdirektor im MEISTER – brachten die Ex-Akademiker einige höhere Gedanken mit. Wenn Deutschland schon keine Nation war, so wollte man wenigstens ein National-Theater haben und eine National-Literatur. Die entstand nun. Werke von Lessing, Goethe, Klinger, Lenz wurden in das Bühnen-Repertoire aufgenommen, das sonst aus Brot- und Butterstücken bestand. Das National-Theater mußte noch warten. Es ist nie recht zustande gekommen.

Das war Goethes Ausgangspunkt: ein junger Mann aus gutem Bürgerhaus, der zu den Komödianten läuft und da eine »Sendung« verwirklichen will. Die Neuberin mit ihren Altersliebschaften wird in der ersten Fassung seines Romans als Prinzipalin de Retti vorgestellt, ein Mannweib, erzerfahren in allen Tricks des Metiers, nur nicht in dem, Geld zu machen, vernarrt in einen stämmigen Kerl der Truppe. Goethe behandelt ihn wie seinen persönlichen Feind: Bendel heißt der Mann, und er möchte ihn am liebsten »Bengel« nennen, »wenn das nicht dem guten Geschmack ungenießbar wäre«. Wenige Seiten später nennt er ihn dann doch unbefangen Bengel, einen Mosje, Trinker, Nichtskönner, albern, es setzt Prügel. Bendel-Bengel hat die Aufführung des Stückes BELSAZAR – Goethes Jugendwerk, hier als Schöpfung seines Helden Wilhelm Meister präsentiert – verdorben. Das Publikum rast, stürmt die Szene, zertrampelt die Dekorationen, reißt die ganze Schaubude ein. Die Retti brennt mit ihrem Liebhaber durch und bleibt ihrer Gesellschaft die Gagen schuldig.

Diese Hanswurstiade ist etwa der erste Keim. Sie mag noch bis in Goethes Leipziger Jahre zurückreichen; er hat da ähnliche »Suiten« geschrieben, nach lokalen Begebenheiten, wie das schon der verbummelte Student Christian Reuter getan hatte, um sich an unsympathischen Leuten zu rächen. Goethe in Weimar ist aber kein Student mehr. Es soll Bildungsgehalt hinzukommen. Er sieht sich, ein früh entwickelter Zug, biographisch-historisch. Und so stellt er die ganze Jugendgeschichte seines Helden voran, mit vielen noch nahen Erinnerungen an das Vaterhaus, die wertvoll sind für Goethes Jugendgeschichte, weniger für einen Theaterroman; es wird ein Entwicklungsroman. Immer mehr Bildungsgepäck wird dem Helden aufgeladen,

aus Goethes Bildungsgang beigebracht, Gespräche über Jugendarbeiten, ästhetische Diskussionen, die Literaturgeschichte der letzten
Jahrzehnte wird gestreift, längere Betrachtungen über die Natur des
Menschen im allgemeinen sind eingestreut, und an das Theaterthema
erinnert nur die Liebschaft des Helden mit der jungen Schauspielerin
Mariane. Ein Liebesroman scheint beabsichtigt, aber er endet rasch,
und Mariane kommt im weiteren Verlauf der SENDUNG nicht mehr
vor. Es wird ein Reise- und Abenteuerroman, der allerdings erst mit
dem dritten der sechs Bücher beginnt. Es sind keine großen Abenteuer,
von einem Überfall durch Räuber im Walde abgesehen: Der Held zieht
mit einer wandernden Schauspieltruppe umher, elendem Volk, mäßigen Akteuren, die denn auch meist schlecht genug behandelt werden. Goethe hatte zum Theater ein merkwürdig gespaltenes Verhältnis: Er wurde verlockt und abgestoßen. Er hat sich immer wieder
damit beschäftigt, auch jahrzehntelang als Bühnenleiter, als Erzieher,
Ästhetiker, aber er hat das Theater nie geliebt. Es erschien ihm immer zu dürftig, zu erdgebunden, die Komödianten armselige Leute.
Seine Bühne waren nicht die »Bretter, die die Welt bedeuten«, sondern
die Goethe-Bühne, die nicht aus gemalter Leinwand bestand. Und so
behandelt er auch hier seine Truppe fast widerwillig und unfreundlich nur als Mittel, um seinen Helden höheren Zielen zuzuführen,
der »Sendung«. Das Ziel wird nur angedeutet – wie übrigens in allen
drei MEISTER-Romanen –, die Verwirklichung nicht geschildert. Wilhelm findet am Ende des Buches Anschluß an einen Theaterdirektor
Serlo, mit ihm und seiner Schwester soll das deutsche National-Theater ins Leben gerufen werden. Damit bricht das Manuskript der
THEATRALISCHEN SENDUNG ab.

Als höheren Gehalt für die Irrfahrt hatte sich Goethe die Einführung in die Große Welt versprochen: Die Truppe wird auch auf ein
Grafenschloß eingeladen. »Dreimal glücklich sind diejenigen zu preisen, die ihre Geburt sogleich über die untere Stufe der Menschheit
hinaushebt«, so ruft er dabei aus, »allgemein und richtig muß ihr
Blick auf dem höheren Standpunkt werden . . . Welche Bequemlichkeit,
welche Leichtigkeit gibt ein angeborenes Vermögen . . . Heil also den
Großen dieser Erde! Heil allen, die sich ihnen nähern!« Das ist gänzlich ohne Ironie gesagt. Goethe war durch seinen Besuch bei der Gräfin Werthern, der Geliebten seines Herzogs, völlig fasziniert; das
schwingt hier nach. Bequem und leicht genug geht es zu auf dem
Schlosse. Die Offiziere spaßen »nicht aufs feinste mit den Actricen«,
und es werden »gar bald Versuche gemacht, paarweise in die Winkel
zu kriechen«. Die Annäherung an die Großen läuft darauf hinaus,
daß der Graf Wilhelm bei einigen Aufführungen als Regisseur und
Festspieldichter mitwirken läßt. Einige kleine Liebeleien, dann werden die Akteure an die Luft gesetzt, und sie müssen weiterziehen.

Wenn das Buch nicht mehr enthielte als diese Dinge, so wäre es zu Goethes Nebenwerken zu zählen. Er hat selten so unsicher gearbeitet, bis in Einzelheiten des Stils hinein. Bald ist er feurig, kräftig zupackend wie nur je, bald schleppend und lehrhaft; nicht erst der alte Goethe hat diese Neigungen. »Es würde unverantwortlich sein, wenn wir unsere Leser, die sich schon ohnedies hier und da über allzuweitläufiges Detail beklagen dürften, nochmals mit den Abenteuern und Begebenheiten, denen unsere Gesellschaft ausgesetzt gewesen, unterhalten wollten«, meint er an einer Stelle. Die Freude über das wiedergefundene und lange vermißte Werk und die Möglichkeiten zu Stilvergleichen mit dem späteren Buch oder auch das Interesse an den noch sehr nahen Beziehungen zur Jugend Goethes dürfen darüber nicht täuschen. Die Schönheiten, die das Buch enthält, im Detail aufzuzeigen, wäre unverantwortlich den Lesern gegenüber.

Aber aus dem Kreis der Figuren minderer Ordnung lösen sich einige Gestalten heraus, die ein seltsames Eigenleben führen. Sie geben dem Roman das Geheimnisvolle. Aus der Gauklerwelt läßt Goethe ein Kind hervortreten, rasch, wie mit einem Sprunge: Mignon, bald er, bald sie genannt, ein Zwitterwesen. Mignon bedeutet im Sprachgebrauch der Zeit einen homosexuellen Liebling oder auch eine Mätresse, ein Schoßkind oder einfach etwas Allerliebstes. Von alledem ist etwas in dieser Gestalt und noch mehr. Das Kind ist eine Art Elementarwesen, elfisch, auch böse elbenhaft und unberechenbar. Es ist sehr um seinen »Meister« Wilhelm bemüht, hysterisch, ein Irrlicht, und dann auch wieder derb-praktisch. Mit verbundenen Augen tanzt es vor Wilhelm seinen komplizierten Eiertanz, als geheimes Symbol, das wie ein abstraktes Muster sein Wesen aufzeigt. Dieses Muster auszudeuten, wird dann zu einer reizvollen Aufgabe, die freilich nie zu lösen ist; es ist ein Tanz mit verbundenen Augen. Mignon ist eine sehr romantische Gestalt und hat als solche die Romantiker verzaubert, die vergeblich versuchten, etwas Ähnliches zu schaffen. Noch in der Oper des Ambroise Thomas lebt sie in einer zweiten Romantik nach, mitten im zynischen zweiten napoleonischen Kaiserreich. Und selbst da, in einem Libretto von Routiniers und zu flüssiger Bühnenmusik, allen Goethe-Verehrern ein Greuel, schlagen im zweiten Akt die Flammen aus und bilden einen der wirkungsvollsten Aktschlüsse der Opernliteratur. Wahrscheinlich hätte das Goethe gar nicht mißfallen; er begrüßte lächelnd jede Wirkung seiner Werke auf die Welt, auch wenn sie weit von seinen Absichten abwich.

Es gibt aber bei Mignon keine ursprüngliche Absicht, geschweige eine »Idee«. Sie hat Goethe überwältigt. Er hat seine Sehnsucht nach Kindern in sie hineingedichtet und das Kind mit seinem Wilhelm und dem alten Harfner, einer ebenso geheimnisvollen Figur, eine kleine

Familie bilden lassen. Die Lieder seiner Italiensehnsucht sind ihr in den Mund gelegt. Mignon hat knabenhafte Züge, die dann später getilgt wurden. Er schildert sie ganz realistisch – erwähnt selbst die von der Schminke verdorbene Haut – und dann wieder mysteriös. Die Gestalt läßt ihn nicht los; in den LEHRJAHREN dichtet er weiter an ihr, und wiederum überwältigt sie ihn: Er schreibt die höchst merkwürdige und großartige Szene, in der es zunächst offenbleibt, ob Mignon sich des Nachts zu Wilhelm ins Bett schlich oder vielleicht die andere ganz lebendige Figur des Romans, Philine. Am Morgen nach der unbestimmten Nacht tritt Mignon in verwandelter Haltung vor Wilhelm hin, größer, ernster, gereift, ohne die gewohnten kindlichen Zärtlichkeiten. Sie ist ein Weib. So war das geplant; Goethe hat sich dann unbegreiflicherweise mitten in der Arbeit bereden lassen, den nächtlichen Besuch doch lieber der leichtfertigen Philine zuzuschreiben, wie das im weiteren Verlauf zutage kommt. Freilich war eine Mignon als Weib auch nicht zu schildern; Elementarwesen entwickeln sich nicht. Goethe läßt sie verlöschen wie ein Irrlicht und mit einer Trauerfeier, einem feierlichen Wort-Oratorium mit Musik im Stil der ZAUBERFLÖTE, beisetzen. Noch unbegreiflicher als in der Nachtszene hebt er dann das Phantastisch-Geheimnisvolle dieses Gebildes völlig auf durch eine nachträgliche Auflösung im üblichsten Romanstil: Es wird mitgeteilt, daß sie ein Kind der Blutschande war, aus großem italienischem Hause stammte, Tochter des geheimnisvollen Harfners, der sich das Leben genommen hat. Das ist eine der »Verzahnungen«, die der Autor, wie er Schiller sagte, angebracht hatte, um seinen Helden in der Fortsetzung nach Italien zu führen.

Philine, die leichtfertige – das ist die andere Gestalt mit Eigenleben. Sie ist gewissermaßen das ganze ungebundene und Goethe nicht sympathische Künstlervölkchen in einer Person. Er wehrt sich ständig gegen sie und kann sie nicht genug mit abschätzigen Worten belegen. Einmal nennt er sie sogar »unrein«, es quält ihn, daß sie einer so reinen Idealgestalt wie der schönen Amazone gegenübersteht, die seine Schauspielertruppe vor den Räubern rettet. Aber in einer der wunderlichsten Erscheinungen der literarischen Schöpfungsgeschichte triumphiert dies Persönchen doch siegreich über den Widerwillen des Autors. Ihre Pantöffelchen klappern auf das reizendste durch den ganzen Roman. Sie spielt über den Kopf des Dichters hinweg ihre Rolle, und alles, was er gegen sie vorbringt, verhindert nicht, daß sie zu einer der charmantesten und lebendigsten Gestalten seines ganzen Œuvres wird.

Diese beiden, Mignon und Philine, sind schon da, als Goethe darangeht, den Roman neu zu schreiben. Vom Theater ist im Titel nicht mehr die Rede: Er heißt LEHRJAHRE, und im Buch verschwindet dann auch das Bühnenvolk und die Schauspieltruppe in der Mitte der

Handlung. Der Gedanke an eine Sendung, das Theater als große Aufgabe, wird endgültig fallengelassen; andere Mächte sollen den Helden Wilhelm weiterführen. Der Stil der Erzählung ist verändert: Goethe schreibt sehr gefaßt, mit einem Reichtum des Ausdrucks, wie er ihn in der Prosa nie wieder erreicht hat. Er beginnt so rasch und farbig wie in keinem seiner Werke und mit einem der besten Anfänge der Romanliteratur: »Das Schauspiel dauerte sehr lange. Die alte Barbara trat einigemale ans Fenster und horchte, ob die Kutschen nicht rasseln wollten.« Der alte Tolstoi, der auch über Fragen seines Metiers nachdachte, meinte einmal, der Satz »die Gäste versammelten sich« sei die vorzüglichste Einleitung zu einem Roman; er hätte auch Goethe zitieren können, aber den las er nicht, er fand ihn unmoralisch. Leicht und beschwingt geht es weiter, und für leichtfertig und unmoralisch haben übrigens auch viele von Goethes Zeitgenossen, darunter Herder, seinen WILHELM MEISTER gehalten. Ironie und Humor spielen hinein, und wenn Wilhelm seiner Mariane seine Jugendgeschichte, in der SENDUNG so umständlich an den Anfang gestellt, erzählen will, so schläft das hübsche Mädchen darüber ein. Das Bildungsgepäck bleibt zunächst zurück. Die Abenteuerfahrt mit der Schauspieltruppe beginnt, und sie folgt im wesentlichen der früheren Fassung; die Gestalten werden nur sehr viel lebendiger charakterisiert.

Aber so herrlich im schönsten Erzählertempo geht es nicht weiter. Das Bildungsgepäck rückt nach. Auch die Einführung in die Große Welt auf dem Grafenschlosse genügt nicht mehr. Shakespeare tritt nun auf, allerdings nicht auf der Bühne, sondern im gelesenen Text, den ein Begleiter des Grafen dem Helden Wilhelm vermittelt. Goethe schreibt ausführliche Betrachtungen über den HAMLET, die bedeutsam sind für sein Erleben des Dichters, den er freilich ganz auf seine eigene Weise versteht. Er hat später in grandioser Verkennung des größten aller Theaterdichter gemeint, seine Stücke seien eigentlich gar nicht für die Bühne bestimmt. Diese Lektüre deutet schon den Übergang an: Das ganze Theatertreiben war ein Irrtum, eine mindere und niedere Welt, die Wilhelm nicht zum Meister machen kann.

Die höhere Welt, in die der unheldische Held nun eintreten soll, ist kein Grafenhof mehr, aber eine aristokratische und unbestimmte Geheimgesellschaft nach Art der Freimaurer oder Illuminaten; ein »Abbé« ist der dirigierende »Meister vom Stuhl«, »ein fataler Kerl, dessen geheime Oberaufsicht lästig und lächerlich wird«, wie Novalis meinte. Goethe ist da ganz ein Kind seiner Zeit, in der Geheimgesellschaften florierten, von denen man sich viel versprach. Er hat verschiedentlich an einen solchen Bund der »Besten« gedacht und wollte in der nie geschriebenen Fortsetzung des MEISTER einen »Weltbund« schildern. Sein Fragment gebliebenes Epos DIE GEHEIMNISSE sollte einen geistlichen Ritterorden zum Mittelpunkt haben, einen »Humanus« als führenden Geist, der alle religiösen Gedanken der verschiedenen Glaubensrichtungen zur Humanitätsreligion vereinigt. Goethe ist Mitglied der Weimarer Loge gewesen und hat ihr einige schöne Maurer-Lieder und Ansprachen gewidmet; er hat sich auch in den Illuminatenorden aufnehmen lassen, all dies allerdings mehr im Auftrag seines Herzogs, der über die weitreichenden Pläne dieser Bünde unterrichtet sein wollte. Hier im MEISTER ist Goethes »Gesellschaft des Turmes« eher eine Allegorie als eine Wirklichkeit. Sie soll »die Gesellschaft« symbolisieren. Goethes Anschauung ist aristokratisch. Überlegene und sichere Persönlichkeiten sollen leiten. Sie wachen über dem Lebensgang seines Helden wie eine weltliche Vorsehung, im Dunkeln, mit recht mysteriösen Eingriffen in sein Erleben, führen ihn zum glücklichen Ende und erteilen ihm »den Lehrbrief«. »Wo die Worte fehlen, spricht die Tat«, heißt es darin. »Der echte Schüler lernt aus dem Bekannten das Unbekannte entwickeln, und nähert sich dem Meister.«

Von Taten ist nun aber nicht die Rede, weder bei dem Helden Wilhelm noch den Edelleuten, in deren Gesellschaft er sich bewegt. Sie reisen umher, gehen ihren Liebschaften nach, warten auf eine glückliche Spekulation oder den Tod eines Oheims, um ihre Finanzen zu regulieren, oder ziehen einmal nach Amerika – ein alter Traum Goethes, der bis in die WANDERJAHRE hineinspukt –, um dort ein neues Leben zu beginnen, und kehren zurück; es wird allenfalls davon gesprochen, daß sie »gewisse Änderungen« an ihren Gütern vornehmen wollen. Sie entsprechen ziemlich genau dem Bilde, das Goethe in Weimar oder auf seinen Reisen kennengelernt hatte; er hat sich scharf genug darüber geäußert, sie dann auch in seinem späteren Urteil über den MEISTER kurzweg »armselige Landedelleute« genannt und ebenso resolut seinen Wilhelm in den WANDERJAHREN in einen praktischen Beruf verwiesen.

Die Frauen nur sind tüchtig, tätig in diesen LEHRJAHREN, oder ein bürgerlicher Kaufmann, Wilhelms Freund Werner, der dafür schlecht genug vom Dichter behandelt wird. Er hat dafür zu sorgen, daß Wilhelm unbesorgt seinen Neigungen nachgehen kann, und in einer Szene muß er beim Wiedersehen feststellen, daß sein Freund dabei aufblüht und gesund wird, während er über seiner mühsamen Arbeit kläglich zusammenschnurrt. Goethe hält es durchaus mit seinem Helden, der sich ebensowenig wie die Aristokraten darum kümmert, woher die Mittel für seine Abenteuerfahrten kommen sollen, und an keiner Stelle an ein »tätiges Leben« denkt. Nur *eine* Aufgabe wird ihm von dem Geheimbund gestellt: Er soll sich der Erziehung seines Söhnchens Felix widmen, das ihm die verschollene Mariane hinterlassen hat. Aber ehe er damit ernstlich beginnt, ist Wilhelm schon in

Gedanken auf der für die Fortsetzung geplanten Reise nach Italien. Wenn von Erziehung die Rede ist, so von künftiger. Es versteht sich, daß wir vom »Erziehungsroman« sprechen, den Goethe ja nun beabsichtigt hatte, nicht vom bunten Leben, das immer wieder einmal hineinspielt und bezaubert, vor allem in den »leichtfertigeren« Episoden.

Goethe spricht *pro domo*. Er hat es stets als selbstverständlich hingenommen, daß ihm die Mittel zur Verfügung standen, seinen Reisen, Neigungen, Liebschaften zu leben. Wir wollen dankbar dafür sein, daß das Geschick ihm einen tüchtigen und tätigen Großvater und einen großzügigen Fürsten gewährt hat. Er hat sich durch großartige Leistungen dafür legitimiert. Ein Erziehungsprinzip, wie in den LEHRJAHREN vorausgesetzt, dürfte das nicht sein. Es ist ein Glücksfall.

Die Frauen nur retten das Buch und den Helden, der immer mehr gegen Ende hin zum »armen Hund« wird. Lange kann er sich nicht entscheiden, und auch Goethe schwankt, wen er mit seinem Wilhelm verheiraten soll: die tüchtige Therese oder die schönere Natalie, die Amazone aus der Überfallszene. Beide sind auf das liebevollste dargestellt, aus Goethes Neigung, mit zwei Frauen zugleich umzugehen, und nur gezwungen und wie in einem Opernfinale läßt er schließlich die Paare zusammentreten. Da werden die Figuren kaum noch wirklich ernst genommen: Der fröhliche Friedrich stürmt herein und arrangiert, presto, prestissimo, das Schluß-Tableau: Wilhelm zu Natalie, Therese zu Lothario, er selber hat die charmante Philine zugeteilt bekommen.

Goethes Verfahren, nicht nur bei diesem Schluß, ist lediglich dadurch zu erklären, daß er das Werk in keinem Stadium als abgeschlossen ansah, auch während der Arbeit nicht. Unaufhörlich läßt er sich von Schiller hineinreden, der die sinnliche Stärke der Gestalten durchaus in schönen Worten anerkennt, aber Goethe beharrlich auf »bessere Motivierung« hinweist, die Goethe dann mit den Mitteln ältester Romantechnik erledigt; für die Fortsetzung schlägt er gar vor, Wilhelm in die Philosophie einzuführen, die ihm, Schiller, so naheliegt. Goethe, wie übrigens sehr oft, ist da ganz feminin nachgiebig, fast hingebend, und schreibt an Schiller einmal, er möge doch nicht ablassen, »ihn aus seinen eigenen Grenzen herauszutreiben«. Am Ende wird es ihm zuviel, und er schickt Schiller nur noch die ausgedruckten Bogen. Das Buch soll nun erscheinen. Er hat es bereits hinter sich gelassen.

Goethe ist nie ganz von dem Verdacht freizusprechen, daß er das Ganze nur als ein Spiel ansieht – mit Ironie. Schon das hohe Wort »Sendung« kann – es muß nicht – leicht ironisch gemeint sein. Das Buch ist voller Obertöne, die mitschwingen und nicht immer gehört werden. Es hat großen Reichtum an entlegenen Stellen, in scheinbar belanglosen Passagen, die durch ihre Einfachheit täuschen und sehr viel mehr besagen, als auf den ersten Blick deutlich wird. Das Werk ist vieldeutig und auf viele Weisen deutbar; man kann Wilhelm auch wie einen der mittelalterlichen Helden auf »Aventiure« ausreiten sehen, und seine »tumbheit« würde dazu passen. Man kann sich, wie Goethe das wünschte, an die bunten Szenen halten und die lehrhaften eben mitnehmen oder die Shakespeare-Betrachtungen herausgreifen als Thema für weitere Exegesen. All das war beabsichtigt. Das Buch sollte »inkalkulabel« sein, und das ist es.

So war die Wirkung auch vielfältig: Friedrich Schlegel sah in ihm das große Beispiel der romantischen Schule, die erst noch zu gründen war. Novalis fand es »prätentiös und preziös«, ja undichterisch, »Aventuriers, Komödianten, Krämer, Mätressen«, und dann wieder das Gemeinste wie das Wichtigste in romantischer Ironie vereinigt: »Die Akzente sind nicht logisch, sondern (metrisch und) melodisch – wodurch eben jene wunderbare romantische Ordnung entsteht, die keinen Bedacht auf Rang und Wert – Erstheit und Letztheit – Größe und Kleinheit nimmt.« Herder empörte sich, Humboldt tadelte die Unbestimmtheit, Stolberg schnitt sich die »Bekenntnisse einer schönen Seele« des sechsten Buches mit den Erinnerungen der Klettenberg als Andachtsbüchlein heraus und verbrannte das übrige. Das Buch wird immer verschieden wirken, auch auf den gleichen Leser zu verschiedenen Zeiten.

Goethe und das Theater nun: Er war Leiter der Weimarer Hofbühne, als er die LEHRJAHRE schrieb. Das war eine der Aufgaben, die der Herzog ihm nach der Rückkehr aus Italien überlassen hatte, neben der Universität, der Bibliothek, der Zeichenschule, den Sammlungen. Ein »Kultusminister«, wie es zuweilen heißt, ist Goethe nie gewesen, und um die Schulen hat er sich, bei allen pädagogischen Absichten, nie gekümmert. Erst wenige Jahre vor seinem Tode hat der Staatsminister zum ersten Male ein Schulgebäude, die neugebaute Bürgerschule, betreten. Die Kinder hatten sich in jämmerlichen, verstreuten Gebäuden herumdrücken müssen, nun seien sie, wie er dem Herzog berichtet, »aller düsteren Dummheit entrückt und sie können einer heiteren Tätigkeit ungehindert entgegen gehen«.

Wenig fand er beim Theater vor. Man hatte während der ersten zehn Weimarer Jahre Goethes Liebhaberaufführungen veranstaltet, hier und dort, in Tiefurt, im Walde, im Tanzsaal, der Hoftischler Mieding schlug jedesmal die Bretter dafür auf. Dann war einige Jahre ein Unternehmer Bellomo mit einer mäßigen Truppe engagiert; 1791 wurde das Hoftheater eröffnet, ebenfalls mit mäßigen Kräften. Weimar war arm. Schauspieler von Rang erschienen allenfalls einmal zu einem kurzen Gastspiel. Das Bühnenhaus wurde von einem früheren

Hofjäger auf Spekulation erbaut, der Hof gab einen gewissen Zuschuß, nicht mehr. Der Unternehmer wollte auf seine Kosten kommen, die Redouten waren das Hauptgeschäft. So hieß das Gebäude das »Redouten-Comödienhaus«. Bälle, Kostümfeste, Maskenzüge: Goethe hat auch dafür seine Beiträge geliefert. Er hat viel Lust und Mühe auf seine MASKENZÜGE verwendet, die oft auch sehr persönliche Gedanken enthalten; bis in den FAUST hinein wirkt das nach. Die Form des Maskenzuges ist überhaupt sehr viel bedeutsamer für ihn als die antiken strengen Kunstformen, über die er mit Schiller so angestrengt debattierte. In kleinen Heften, manchmal auch auf langen Atlasstreifen, wurde das gedruckt für den engeren Kreis der Beteiligten; viele Anspielungen sind verloren, und wir können überhaupt nur sehr ungefähr ahnen, wie es aussah. Oft war es nur feierlich-prächtig, und eine der Teilnehmerinnen, Johanna Schopenhauer, meinte dazu: »Wir sind von zu ernsthaften Leuten umgeben, man versteht weder Spaß zu machen noch zu nehmen – wir machten eigentlich die Redoute, die Andern waren bunt angezogen und sahen zu.« Goethe mustert die Teilnehmer vor dem Einzug: »Er exerciert, commandiert nach Herzenslust, ich habe ihn nie so lebendig gesehen, wir alle werden von seinem gewaltigen Leben ergriffen.«

Diese Kunstscheune, schlicht wie ein Bürgerhaus von außen, innen mit Gesellschaftsräumen und Restaurationsbetrieb, wurde nun das berühmte Weimarer Hoftheater, die Stätte, wo Schillers große Dramen und einige von Goethes Stücken ihre Uraufführung erlebten. Das Repertoire sah sonst sehr bescheiden aus: Kotzebue, der Goethe verhaßte, als Hauptstütze des Programms, Ifflands Dramen, Gesellschaftsstücke, Singspiele vor allem (von Dittersdorf oder auch Mozart), für die Goethes Schwager Vulpius die Bearbeitungen lieferte. Man spielte nichts anderes, als was sonst auf kleinen Bühnen gebracht wurde. Vom Schauspieler wurde erwartet, daß er sich für alles verwenden ließ: Er mußte eine leidliche Stimme für die Singspielrollen haben, sich anständig in Gesellschaftsstücken bewegen und gesittet und verträglich sein. Das war auch für Goethe ein Hauptpunkt. Er hatte als Vertrauter des Herzogs und mit seiner unbezweifelbaren Autorität diesen Kindergarten in Ordnung zu halten. Widerspenstige drohte er unverzüglich auf die Wache bringen zu lassen. Einer Schauspielerin, die ohne sein Wissen in Berlin gastiert hatte, stellte er beim Hausarrest einen Soldaten vor die Tür. Wenn bei der Aufführung nach seiner Auffassung unziemlich gelacht wurde, erhob er sich in seiner Loge und gebot: »Man lache nicht!« Studenten aus Jena, ein wichtiger Teil des Publikums und unentbehrlich für den Restaurationsbetrieb, brachten Schiller am Schluß einer Vorstellung aus Begeisterung ein »Vivat!«. Husaren sollten die Übeltäter verhaften, und die Sache wurde mit Mühe beigelegt. Kritik in den Zeitschriften, so sanft sie war, wurde nicht geduldet. Als der Gymnasialprofessor Böttiger, mehrere Jahre lang Goethes Mitarbeiter in Kunstfragen und metrischen Problemen, ein etwas übergeschäftiger, aber hochgelehrter Mann, es wagte, das von Goethe einstudierte Stück Friedrich Schlegels, den ION, zu bemäkeln, griff Goethe mit rücksichtsloser Zensur ein; Böttiger mußte aus Weimar fortgehen.

Napoleonisch regierte Goethe seine kleine Theaterwelt, und als eine Art Code Napoléon setzte er seine Regeln für Schauspieler auf. Da wird vor allem darauf gesehen, daß der Schauspieler »idealen Anstand« wahrt. Er hat zu beachten, »daß er bei leidenschaftlichen Stellen nicht kunstlos hin und wider stürmt, sondern das Schöne zum Bedeutenden gesellet«. Die Haltung wird genauestens geregelt: »Die Finger müssen teils halb gebogen, teils gerade, aber nur nicht gezwungen gehalten werden. Die zwei mittleren Finger sollen immer zusammenbleiben, der Daumen, Zeige- und kleine Finger etwas gebogen hängen«, der Oberarm muß immer etwas an den Leib anschließen. Jeder Dialekt ist zu vermeiden, die Aussprache hat deutlich zu sein, mit kleinen Pausen in jedem Versanfang. Es sind förmliche Quartett-Proben abzuhalten, das Skandieren der Verse wird mit auf- und abgeschwenktem Arm eingeübt oder auch mit dem Taktstock dirigiert.

Das alles gilt natürlich nur für Weimar und auch da nur für eine gewisse Periode. Goethe will Versdramen spielen, den Schauspielern verhaßt und noch ungewohnt, er will klassisches Theater. Er leitet ein Hoftheater und verlangt Anstand, gutes Benehmen, auch im Privatleben. Er erläßt genaue Anweisungen über den Gebrauch des Schnupftuches, des Spazierstocks, den er seinen Akteuren für die Bühne verbietet; »die neumodische Art, bei langen Unterkleidern die Hand in den Latz zu stecken, unterlassen Sie gänzlich«. Als »Hofdilettantentheater« ist Goethes Weimarer Bühne vom Chronisten der deutschen Schauspielkunst, Devrient, bezeichnet worden, und ein anderer großer Bühnenkenner und Theaterleiter, Heinrich Laube, hat gemeint, Goethe sei den Charakter des Liebhabertheaters im höheren Sinne nie losgeworden. Beide standen seiner Zeit noch nahe und kannten die Zöglinge der Weimarer Schule.

Spätere oder gar unsere Vorstellungen vom Theater sind auf Goethes Weimar nicht anzuwenden. Er hatte ein kleines Publikum und kleine Schauspieler zur Verfügung; doch er plante Großes. Zusammen mit Schiller wollte er die »Sendung« verwirklichen, die im WILHELM MEISTER aufgegeben war. Er wollte auch experimentieren; den Plautus ließ er in antiken Masken spielen. Das alles hat wenig Wirkung gehabt. Die »Weimarer Schule« genoß bei den Theaterleuten seiner Zeit, bei allem gebührenden Respekt vor dem großen Dichternamen, den zweifelhaften Ruf monotoner und pathetischer

Deklamation. Die großen Mimen und Bühnentraditionen bildeten sich in ganz anderen Orten heraus: in Hamburg, Berlin, Wien, wo ja auch ein ganz anderes Publikum zur Verfügung stand.

Goethe war kein Theatermann. Ihm fehlte die leidenschaftliche Hingabe, die Besessenheit, ohne die kein Theater leben kann. Die Bühne war für ihn eine Beschäftigung unter vielen und nicht die wichtigste. Er ließ Possen spielen, wenn es verlangt wurde, und es wurde viel verlangt. Französische Stücke wurden einstudiert, wenn Karl August das wünschte, dessen Geschmack nach Paris tendierte. Goethe hat auch bedeutende Werke gebracht, Calderon, Schiller, Shakespeare. Er hat sich sehr zurückgehalten mit seinen eignen Dramen und deren Bearbeitung Schiller überlassen. Und schließlich ist er sehr bald der Sache überdrüssig geworden: Schon nach fünf Jahren bat er um Enthebung von dem Amt – und dann noch öfter. Wenn er trotzdem sechsundzwanzig Jahre dabei blieb, so war das ein Zeichen für die gänzlich freie Stellung, die er in Weimar einnahm. Christiane übernahm einen großen Teil des Umgangs mit dem Schauspielervolk; ein tüchtiger Kammerrat Kirms das »Mechanische«.

Goethe hat trotzdem unendliche Zeit und Mühe auf diese Aufgabe verwendet, die Proben selber abgehalten, vorgelesen und den Takt der Verse mit der Hand skandiert, bald freundlich zugeraten, bald energisch befohlen: »Man mache das so!« Er hat sich um die Kleinigkeiten des Personals gekümmert, die Urlaubsreisen, die Gastspiele, die ihm verhaßt waren, die Gagen und Vorschüsse. Die meisten Schauspieler erhielten einen Wochenlohn, am Freitag, und machten Schulden, denn er war sehr niedrig. Die Schauspielerinnen nähten ihre Kostüme selbst, manche verdienten sich mit Schneiderei für die Damen von Weimar etwas dazu. Die Kostüme wurden oft gewendet oder vom Hof ausgeliehen, alte Vorhänge dienten als Krönungsmantel. Goethe erklärt, er habe sich gehütet, in Liebeshändel mit einer der Schauspielerinnen verwickelt zu werden: »Ich fühlte mich zu mancher leidenschaftlich hingezogen, auch fehlte es nicht, daß man mir auf halbem Wege entgegenkam. Allein ich faßte mich und sagte: nicht weiter!«

Sein Herzog war weniger heikel. Er entnahm dem Personal die letzte und ausdauerndste seiner Mätressen: Karoline Jagemann, eine begabte Person mit etwas glotzigen Augen, üppig, gute Sängerin, Tragödin und tüchtige Intrigantin. Sie hat den schon alternden Karl August fest an die Leine genommen und sich schließlich die Stellung einer halb-amtlichen Nebengattin erworben, unter Zustimmung der Herzogin Luise. Die Söhne, die sie Karl August gebar, wurden nicht unter die Förster gesteckt, sondern in den Weimarer Adel aufgenommen, nachdem der Herzog der Mutter ein Rittergut und den Titel einer Frau von Heygendorff verliehen hatte. Karoline war stolz auf ihre Stellung und ihr Vermögen, sie erschien ostentativ mit dem Schmuck, den ihr der Herzog geschenkt hatte, auf der Bühne, mit »5000 Gulden um den Hals«, wie die sehr armen und schmucklosen Weimarer Damen bitter vermerkten. Sie fühlte sich bald so sicher, daß sie, wie in Weimar noch lange erzählt wurde, ungeniert ihren fürstlichen Liebhaber des Abends am Fenster erwartete und ihm mit dröhnender Bühnenstimme ein »August, kommst du endlich!« entgegenschickte. Goethe hielt lange gegen sie aus und wurde dann doch durch sie zu Fall gebracht. Ein törichtes Stück, bei dem ein dressierter Pudel mitspielen sollte, war der Anlaß; der Jagemann lag sicherlich nichts an der Posse, ihr Fach waren tragische Rollen, aber sie wollte ihren Willen durchsetzen. Der Pudel betrat die Bühne, und Goethe trat ab. Er wurde kurzerhand von seinem alten Freund 1817 als Theaterleiter entlassen, und damit fand seine über fünfundzwanzigjährige Verbindung mit der Bühne ein Ende. Er betrat das Haus nicht mehr. Und als nach einem Brand der alten Kunstscheune 1825 ein Neubau aufgeführt werden sollte, beteiligte er sich nur von ferne, zusammen mit seinem Freund, dem Baudirektor Coudray, an Plänen; auch da griff die Jagemann ein, und Karl August bestimmte einen anderen Entwurf zur Ausführung. »Mir kann es ganz recht sein«, meinte Goethe. »Ein neues Theater ist am Ende doch immer nur ein neuer Scheiterhaufen, den irgend ein Ungefähr über kurz oder lang wieder in Brand steckt.«

Die jahrzehntelange Beschäftigung mit der Bühne hat so gut wie keine Spuren im Werke Goethes hinterlassen, sie hat im Gegenteil das Ende seiner dramatischen Produktion bedeutet. Nur ein Stück hat er noch geschrieben, bei dem an unmittelbare Aufführung gedacht war: DIE NATÜRLICHE TOCHTER; es blieb ein Fragment, der erste Teil einer geplanten Trilogie, und es ist der Bühne ferner als jedes andere seiner Dramen. Es ist ein hohes Spiel für die Phantasie des Lesers, von dem viel verlangt wird, zu viel für die Ungeduld der meisten. Goethe wollte seine Gedanken über die Französische Revolution, so leichthin im BÜRGERGENERAL und GROSS-KOPHTA behandelt, im hohen Stil gestalten. Eine neue Form sollte dafür geschaffen werden, noch über die Strenge der klassischen französischen Tragödie hinausgehend: das symbolische Drama. Die Gestalten werden aller aktuellen oder historischen Merkmale entkleidet: Es heißt nur noch »König«, »Herzog«, »Eugenie«, eine Zeit wird nicht angegeben, der Schauplatz ist unbestimmt: ein Wald, ein Zimmer, ein Platz am Hafen mit dem Blick aufs Meer. Die Sprache, in Blankversen, ist bedeutungsschwer, reich an feinsten Stilisierungen. Die Handlung bleibt nahezu unverständlich und weist auf Künftiges hin, das nicht vollendet wurde.

Ein Memoirenbuch war der Anlaß: Im sechsten Revolutionsjahr hatte eine Französin ein Buch herausgegeben, in dem sie verzweifelt um ihre Rechte als angebliche Prinzessin aus königlichem Hause kämpfte. Sie wollte die natürliche Tochter des Prinzen Conti-Bourbon und einer Herzogin von Mazarin sein. Der König, so erzählt sie, habe sie kurz vor der Revolution legitimieren wollen; eine Intrige vereitelte das: Man lockte sie in ein Kloster, ein bestochener Pfarrer stellte einen falschen Totenschein aus, man schleppte sie weiter, machte sie bewußtlos, und der schurkische Geistliche traute sie in diesem Zustand mit einem ebenfalls erkauften bürgerlichen Provinzanwalt. Vergeblich wollte sie die Bestrafung des Verbrechens und ihre Anerkennung durchsetzen; erst die Revolutionszeit gab ihr die Möglichkeit, ihre Geschichte zu publizieren; sie unterzeichnete jedes einzelne Exemplar stolz mit dem angemaßten Namen Stéphanie Louise de Bourbon. Die Bourbonen waren ja nun inzwischen abgesetzt, der König und Marie Antoinette geköpft, aber unter dem Direktorium herrschte eine gewisse Pressefreiheit, und übrigens wird man es begrüßt haben, daß dieses Buch noch einmal die Korruption des alten Regimes anprangerte. Man hielt sonst diese Dame, die sich mühsam als Privatlehrerin über Wasser hielt, für eine Schwindlerin, noch lange; sie starb 1825, halb vergessen, im Elend. Die Kriminalgeschichte scheint wahr zu sein, wie neuerlich festgestellt wurde; ein Bruder, der die Miterbin fürchtete, und seine Mutter standen hinter dem Komplott.

Das Thema der unebenbürtigen Geburt war Goethe nicht ganz fremd; er hatte um die Legitimierung seines eignen Sohnes zu kämpfen, die Karl August noch vor der Heirat Goethes mit Christiane bewilligte. Herder konnte sich in seiner bissigen Art nicht enthalten, ihm zu sagen, als Goethe ihm das Stück vorlegte: »Dein natürlicher Sohn ist mir lieber als Deine natürliche Tochter«, womit die jahrzehntelange Freundschaft endete. Fürstenkinder solcher Art gab es überall, auch in Weimar, in Preußen; die Ansprüche von übergangenen Prinzen und Prinzessinnen spielten bis in die Weltpolitik hinein und wurden oft brutaler unterdrückt als mit Kloster und bürgerlicher Heirat; die große Katharina ließ Prätendenten kurzweg ermorden. In Rom hatte Goethe die letzten Stuarts erlebt, eine natürliche Tochter des Prätendenten Charles, die sich Charlotte Stuart nannte; Goethe war von ihr eingeladen worden, hatte aber abgesagt, mit etwas schlechtem Gewissen. Goethe ging bei seinem Drama weniger von dem Memoirenwerk aus als von der Zeitstimmung, und er wendet sich von der Kriminalgeschichte ins Allgemeine: »O diese Zeit hat fürchterliche Zeichen, / Das Niedere schwillt, das Hohe senkt sich nieder.«

An die unmittelbaren Zeichen der Zeit erinnern nur kleine und versteckte Züge, die allerdings den Zeitgenossen noch gegenwärtig waren. Wenn die unglückliche Eugenie etwa mit Verbannung nach den Fieberinseln bedroht wird, wo der Tod durch die »Qualen erhitzter Dünste« gewiß ist, so wußte jeder, daß damit die »trockne Guillotine« gemeint war, wie man sie in Paris nannte, nachdem die blutige etwas mißliebig geworden war: die Hölle der französischen Kolonialinseln in Westindien; weitere Tausende wurden auf diese Weise hingerichtet. Wenn die Heldin durch ein geheimnisvolles Schreiben des Königs von Stufe zu Stufe verfolgt wird, so dachte man an den geheimen Verhaftungsbefehl, die *lettre de cachet* der royalen Praxis. Aber das sind nur ganz vereinzelte Züge. Goethes König ist nicht Ludwig XVI., sondern ein anonymer Herrscher, seine Eugenie das Opfer jeder Willkür. Der eigentliche Gegenspieler tritt gar nicht auf: der Bruder. Sein Sekretär schildert ihn nur aus der Entfernung als den Vertreter hemmungslosen Besitzwillens: »Willkürlich handeln ist des Reichen Glück, / Genug besitzen hieße darben. Alles / bedürfte man!« Das ist die eigentliche Begründung; es wird nur leise angedeutet, daß das Mädchen zum Spielball der Parteien werden und damit das Staatsgefüge bedrohen könnte. Es wäre also ein Spiel der blinden Gewalt, der Macht.

Dies Drama wird jedoch nicht gespielt. Goethe schreibt eine dramatische Elegie. Die edle, schuldlose Eugenie wird vor unsern Augen zugrunde gerichtet, nachdem man ihr zu Anfang Hoffnung gemacht hatte, sie werde ihr Ziel erreichen. Von hoher Freudigkeit geht es unaufhaltsam hinab, Stufe um Stufe. Vor der Tragödie aber scheut Goethe zurück, zu der ein Dramatiker *pur sang* gegriffen hätte: Der bürgerliche Notar, im Memoirenwerk das bestochene Instrument der Willkür, wird zum Liebenden. Er bietet der Verfolgten seine Hand und rettet sie damit. Es endet jedoch nicht in bürgerlicher Ehe üblicher Art: Eugenie willigt ein, mit ihm vor den Altar zu treten, aber er hat ihr fernzubleiben, bis sie ihn vielleicht eines Tages rufen wird. Entsagung ist die Losung.

Wie die weiteren Teile aussehen sollten, ist ungewiß. Goethe liebte die Gestalt der Eugenie. Er sagte im hohen Alter, die Figuren hätten ihn immer wieder besucht »wie unstete Geister, die wiederkehrend flehentlich nach Erlösung seufzen«. Die Wahrheit dürfte sein, daß seine dem Tragischen immer mehr abgeneigte Natur für ein so essentiell tragisches Thema keine Lösung fand. Er hat auch für die Revolution keine Antwort gewußt. Er hat sich Stichworte oder dunkle Sätze notiert: »Die Masse wird absolut. Vertreibt die Schwankenden. Erdrückt die Widerstrebenden. Erniedrigt das Hohe. Erhöht das Niedrige. Um es wieder zu erniedrigen.« Er hat den Despotismus »ohne Oberhaupt« gesehen, die Sucht nach Besitz, die Druck erzeugt. Das »Streben nach Einheit und einem oberen Verbindungspunkt« — und dies Streben war nur in ihm selbst angelegt, nicht im Weltgeschehen. Auch in ihm wird diese Einheit nur durch langes Leben, immer wieder geübte Disziplin und Zusammenfassung der Kräfte nach langen Perioden der Zerstreuung, ja fast der Anarchie, gewonnen.

Wie eine Vorahnung dessen, was nun bald hereinbrach, klingen die Worte seines Herzogs in der NATÜRLICHEN TOCHTER: »Verhaßt sei mir das Bleibende, verhaßt / Was mir in seiner Dauer Stolz erscheint: / Erwünscht, was fließt und schwankt. Ihr Fluten schwellt / Zerreißt die Dämme, wandelt Land in See... Weit verbreitet euch, ihr kriegerischen Reihen, / Und häuft auf blutigen Fluren Tod auf Tod.«

Das wurde nun auch für Goethe nahe Wirklichkeit.

Napoleon-Zeit

Beim Rückblick auf das Unheilsjahr 1806 spricht Goethe von den Interimshoffnungen, »mit denen wir uns philisterhaft schon manche Jahre hingehalten... Zwar brannte die Welt in allen Ecken und Enden, Europa hatte eine andere Gestalt angenommen, zu Lande und See gingen Städte und Flotten zu Trümmern, aber das mittlere, das nördliche Deutschland genoß noch eines gewissen fieberhaften Friedens, in welchem wir uns einer problematischen Sicherheit hingaben.« Goethes Privatleben folgt in diesen Jahren vor dem Sturm einem festgefügten Turnus. Die Reise von 1797, die in der Schweiz abgebrochen wurde, war die letzte größere Unternehmung. Er bleibt von da ab seßhaft, allerdings mit ständigem Wechsel zwischen Weimar und Jena. In Weimar wird sein Haus immer mehr zum Museum. Behaglich stattet er es aus. Die Sammlungen mehren sich, er kauft Münzen an und vertieft sich dabei in Geschichtliches, Majoliken, Kupferstiche und Handzeichnungen, er hat ein eignes Naturalienkabinett, Abgüsse von Büsten, antiken Gemmen; er hat Equipage, Kutscher, Köchin, Diener, Sekretär, eine reichbestellte Tafel und einen guten Weinkeller. Bestellungen nach allen Seiten gehen dafür aus, auch die Honorare werden zum Teil direkt an die Weinhändler überwiesen. Ein Buchhändler in Bremen hat ihn durch Übersendung eines Kistchens guter Weinsorten »auf eine verbindende Weise« eingeladen, zu einem Taschenbuch einen Beitrag zu liefern, und er erhält ihn. Man sollte meinen, daß das stille Weimar ruhig genug gewesen sei, zumal Goethe seine Verpflichtungen dem Hof gegenüber nicht allzu ernst nahm. Aber seine ungemein empfindliche Natur reagierte auf die kleinste Störung. Hundegebell konnte ihn bereits völlig aus der Fassung bringen. Falk erzählt die Geschichte, vielleicht etwas anekdotisch aufgeputzt, wie Goethe, durch Hundegebell von der Straße her in seinen Gedanken unterbrochen, mit Heftigkeit ans Fenster fährt und dem Köter hinausruft: »Stelle dich wie du willst, Larve, mich sollst du doch nicht unterkriegen!« Zahlreich sind seine Eingaben gegen Störenfriede, eine Kegelbahn, deren Bau er mit allen Mitteln seiner geheimrätlichen Macht zu unterbinden sucht, einen Leineweber, dessen Webstuhl ihn behelligt. Der Stadtrat hat keine rechte Lust, darauf einzugehen. Goethe schreibt in seiner Beschwerde an den Ministerkollegen Voigt: »Wie stark die Erschütterung sey zu zeigen gehören feinere Experimente dazu. Man stelle z. B., wenn die verschiedenen Stühle im Gange sind, in das Zimmer, das Prof. Meyer bewohnt, ein Gefäß mit Wasser auf den Fußboden und man wird die anhaltende Erschütterung der leichtbeweglichen Oberfläche entdecken. Ich habe zwar den Versuch nicht gemacht, denn ich wollte nichts vornehmen, was mir den Zustand noch hätte verdrießlicher machen können. Allein das weiß ich, daß wenn ich Abends im grünen Saale unter dem Gespräch, ohne an etwas zu denken, wider einen Türpfosten mich anlehnte, daß ich die Erschütterung fühlte.«

So zieht er sich, vor allem wenn er arbeiten will – und Goethe, obzwar unaufhörlich tätig und beschäftigt, arbeitet nur immer in kurzen Absätzen und nach langen Pausen –, nach Jena zurück in eine Art Junggesellenwirtschaft. Christiane hat von Weimar her für Zufuhr an Lebensmitteln zu sorgen und darf auch gelegentlich einmal zu Besuch kommen. Sonst lebt Goethe dort in einem anderen und neuen Familienkreis, bei dem Buchhändler Frommann, und wird dort auch eine neue Liebe finden. Es ist eine sehr vorsichtig behandelte Beziehung des fast Sechzigjährigen zu der achtzehnjährigen Pflegetochter des Hauses, Minna Herzlieb. In sehr formgerechten Sonetten, der Buchhändler hatte eben Petrarcas Sonette neu herausgegeben, hat Goethe mit dem Namen des Mädchens gespielt und eine neue Liebeslegende gestiftet, die alsbald von seinen Verehrern aufgenommen und weitergetragen wurde. All diese Diskussionen über Goethes unzählbare »Lieben« sind nicht erst ein Produkt des bürgerlichen Zeitalters, das sie dann freilich ganz unerträglich sentimental ausspann oder auch in streng philologischen Abhandlungen über den »Einfluß« dieses und jenes Liebchens weiterführte. Goethe hat sich das schon lächelnd gefallen lassen und das Treiben gelegentlich befördert. So sagte er, immer wieder gedrängt, er habe das Mädchen, im engeren Kreise Minchen genannt, wohl »mehr als billig« geliebt, was jede Deutung offenläßt. Interessant ist diese Minna nur, weil sie wiederum wie so oft in seinem Leben ein Schwester- und Nonnentyp ist, hier in ein »Töchterchen« verwandelt. Ihr weiterer Lebenslauf bezeugt das: Wie Goethes nie vergessene Schwester Cornelia scheut sich das Mädchen vor der Ehe. Sie versucht es doch, verlobt sich mit einem braven Professor, weigert sich aber dann zum Entsetzen aller, ihn zu heiraten; Goethe schreibt dazu an eine ihrer Freundinnen:

»Grüßen Sie Minchen, ich habe immer geglaubt, dieses Geistchen gehöre einem treueren Element an. Doch soll man sich hüten, mit der ganzen Sippschaft zu scherzen.« Es geht noch trübseliger weiter: Sie heiratet dann doch einen anderen Professor, was ganz unglücklich endet wegen ihres Widerwillens gegen jede physische Vereinigung; sie wird darüber gemütskrank und stirbt in einer Nervenheilanstalt. Der Posten einer Äbtissin wäre auch für sie die beste Lösung gewesen.

Daß Goethe gerade solche zwielichtigen und eigentlich »unberührbaren« Naturen so häufig bevorzugte, ist begreiflich. Sie bieten ihm Sicherheit davor, daß die Beziehung allzu leidenschaftlich wird, und sie sind zugleich reizvoll genug, um in die Dichtung in erhöhter und verwandelter Form Eingang zu finden. Goethe benötigt immer die Anregung durch ein persönliches Erlebnis, eine Gelegenheit für seine Gelegenheitsgedichte; wenn er nun einmal seine Hand an der klassischen Form des Sonetts erproben will, die er sonst nicht verwendet, so ist Minchen ein erwünschter Anlaß. Es ist auch durchaus denkbar, daß die scheue und verschlossene Minna der Gestalt der Ottilie in den WAHLVERWANDTSCHAFTEN einige Züge ihres Wesens geliehen hat. Im übrigen hat Goethe durch die Bezeichnung »Geistchen« die Beziehung sehr treffend und abgrenzend charakterisiert.

Jena ist nicht nur das Frommann-Haus und die Pflegetochter. Es ist in den Jahren um die Jahrhundertwende, sehr viel mehr als Weimar, das geistige Zentrum Deutschlands, mit einer Fülle von Namen und Talenten, wie sie kaum je an einem Orte zusammengekommen sind: Schiller, Fichte, Schelling, Hegel, Humboldt, die Brüder Schlegel, Brentano, Tieck, Voß, eine Menge damals bedeutender Namen in der Medizin, den Naturwissenschaften. Goethe wohnt in einem Zimmer des alten, sehr einfachen und fast baufälligen Schlosses, später in einem Erkerzimmer des ›Gasthofs zur Tanne‹, das er seine »Zinne« nennt; gelegentlich wohnt er auch im Botanischen Garten, und das Haus Frommann sorgt dann für seine Mahlzeiten. Seine Stellung in den Jenaer Kreisen ist eigentümlich: Er ist zunächst einmal der Minister, dem die Sorge für die Universität anvertraut ist, eine höchst komplizierte Institution. Denn keineswegs kann er da, wie es seiner monarchischen Natur entspräche, schalten und walten. Er kann nicht einmal als Vertreter des Herzogtums Weimar seinen Willen geltend machen, denn die Universität untersteht zugleich den anderen thüringischen Kleinstaaten. Die Mittel sind äußerst beschränkt, und fast alle Gelehrten von Rang haben denn auch in Jena nur sehr kurze Zeit eine Gastrolle gegeben. Ein Hegel muß sich sechs Jahre lang als Dozent mit Kolleggeldern behelfen; er hat nur wenige Hörer, bekommt den Titel außerordentlicher Professor ohne Gehalt, mit einer Zuwendung von 100 Talern; Goethe schreibt an seinen

Freund Knebel: »Bedarf Hegel etwas Geld, so gib ihm bis etwa auf 10 Thaler.« Hegel bewirbt sich in seiner Not schließlich um eine freigewordene botanische Professur, wofür er seine in der Schweiz während seiner Hauslehrerzeit gesammelten Herbarien hervorholen könnte; er geht dann aus Jena fort, wird Zeitungsredakteur in Bamberg und Schuldirektor in Nürnberg, ehe mit einer Professur in Heidelberg und Berlin sein Aufstieg beginnt. Ritter, genialischer Experimentator, Entdecker der ultravioletten Strahlen, von Goethe als »wahrer Wissenshimmel auf Erden« gepriesen, muß sich als Privatgelehrter behelfen. Er geht nach wenigen Jahren nach München; auch der Chemiker Seebeck, Goethes Vertrauter in seinen optischen Forschungen, lebt ohne Stellung in Jena und wird erst durch die Berufung an die Berliner Akademie als führender Physiker legitimiert. Das akademische Leben in Jena ist eine Misere, aber es ist eine sehr fruchtbare Misere, der hochdotierte Anstalten mit allen reichbestellten Instituten nicht leicht etwas an die Seite zu stellen haben. Goethe ist schwerlich für die Armut seines geistigen Lieblingskindes verantwortlich zu machen; er hat versucht zu helfen, wo er konnte – mit den beschränkten Mitteln. Er hat sich bis in die intimsten Privatfragen der Dozenten hinein bemüht, und, da er nun einmal keine angemessenen Gehälter bieten konnte, Wert gelegt auf Professoren mit wohlhabenden Frauen; selbst einiges Ehestiften läuft dabei unter. Er hat viel Zeit für Aufgaben verwendet, die untergeordnete Kräfte hätten erledigen sollen; die Ordnung einer riesigen Gelehrtenbibliothek, als Nachlaß nach Jena gelangt, hat ihn jahrelang in Atem gehalten. Eine mineralogische Gesellschaft bietet ihm Gelegenheit, seine geologischen Kenntnisse zu erweitern, Modelle werden angefertigt, die »beim ersten Anblick eine anmutige Landschaft« darstellen, dann auseinandergezogen die Gebirgsformationen aufzeigen sollen. Ein anatomisches Museum wird eingerichtet. All das ist immer halb privat, von kleinen Kreisen oder Gesellschaften begründet und unterhalten; auch Goethes Interesse geht meist von seinen persönlichen Neigungen aus, die freilich nahezu universell sind und nur die ihm unsympathische Geschichte oder Theologie nicht berühren oder alles, was an Staat und Politik angrenzt.

Sein Ideal einer Universität ist durchaus wie das Humboldts, der im größeren Rahmen seine Gedanken verwirklichen konnte, die Bildung selbständiger Persönlichkeiten von freier und weiter Kultur. Jede Störung von außen her und von innen muß ihn empfindlich treffen, und er wehrt sich mit allen Mitteln dagegen; es ist zu berücksichtigen, daß er in einem wehrlosen, armen und kleinen Staatswesen lebt, das ständigem Druck von allen Seiten her ausgesetzt ist. So muß er auch hier, nachdem er 1797 Jena »auf dem Gipfel des Flors« gesehen hatte, sehr bald entsagen. Sechs Jahre später kommt es zu einem wahren Exodus der besten Professoren, die nach Halle oder Würzburg auswandern; Fichte ist schon vorher gegangen, weil man ihn des »Atheismus« beschuldigte; er hat sich mit »Ungestüm und Trotz«, wie Goethe sagt, dagegen gewehrt. Goethe erklärt sich die allgemeine Unruhe durch den Einfluß der Französischen Revolution. Die habe die Menschen rastlos gemacht, so daß sie »entweder an ihrem Zustand zu ändern oder ihren Zustand wenigstens dem Ort nach zu verändern gedachten«. Er ist realistisch genug, einzusehen, daß auch die Aussicht auf besseres Einkommen und weiteren Wirkungskreis dazu verlocken könnte. Bitter hat er es doch empfunden und noch einen zähen Kampf geführt gegen die Abtrünnigen, die das einflußreiche Rezensionsorgan der ALLGEMEINEN LITERATUR-ZEITUNG nach Halle mitnahmen; als Goethe dann ein Jenaer Konkurrenzorgan begründete, kam es zu einem zweiten »Xenien-Streit« mit Broschüren und kleinen, mäßig witzigen Satiren. Die Blütezeit Jenas war kurz wie alle Blütezeiten.

Nicht für den Minister als »Oberaufsicht«, wie sein amtlicher Titel lautete, aber für Goethe den Universalgeist war Jena sehr viel mehr als Weimar ständige Anregung und Belebung. Für die Botanik war der Botanische Garten da, für seine anatomischen Studien der Professor Loder, der dann nach Moskau ging, für jedes der vielen Fächer seines Forschungsdranges irgendein Gelehrter, Kenner oder Helfer. Mit Ritter werden Experimente über Galvanismus gemacht. Mit Schelling wird über Naturphilosophie diskutiert. Es kommt da sogar zum ersten und einzigen Male zu einer unmittelbaren Berührung Goethes mit einem Philosophen von hohem Rang und zu einem Gedankenaustausch, der allerdings für Schelling fruchtbarer blieb als für den Dichter. Die Persönlichkeit des achtundzwanzigjährigen jungen Mannes ist Goethe bereits sympathisch: das Kräftige, Derbe, das, was Schellings Freundin Caroline »Granit« an ihm nannte. Schelling war zugleich von allen Philosophen der einzige, der eine musische Ader besaß; in Goethes Geist und Stil und in Hans-Sachs-Versen hat er sein EPIKUREISCH GLAUBENSBEKENNTNIS HEINZ WIDERPORSTENS verfaßt, das trotzig und widerborstig Front macht gegen die mystisch-religiösen Strömungen der beginnenden Romantik. Da meint er, daß nur das »wirklich und wahrhaft ist, was man kann mit Händen betasten«, polemisiert gegen den Kirchenglauben und stellt ihm seine »Weltseele« gegenüber. Goethe nimmt diesen Begriff auf und schreibt mit dem Gedicht gleichen Titels die schönste seiner poetischen Schöpfungsgeschichten. Sehr goethisch und kaum noch schellingisch läßt er es mit dem ersten Menschenpaar enden, das in seligem Wechselblick alles unbegrenzte Streben in sich aufnimmt: »Und so empfangt mit Dank das schönste Leben / Vom All ins All zurück.« So weit geht die Nähe Goethes zu dem jungen Philosophen, daß er ernstlich daran denkt, ihm das große geplante Natur-Epos zur Ausarbeitung zu überlassen. Caroline jubelt: »Er überliefert Dir seine *Natur*. Da er Dich nicht zum Erben einsetzen kann, macht er Dir eine Schenkung unter Lebenden.« Schelling arbeitet an dem Plan, gibt aber die Sache auf.

Caroline steht unablässig drängend zur Seite, und sie ist die Seele des Goethe-Kultes, der von Jena ausgeht. Sie ist auch der Mittelpunkt des Kreises, den man später die »ältere Romantik« nennt und der damals aus blutjungen Leuten besteht. Caroline selber ist nicht blutjung, sondern eine Vierzigerin, als sie sich nach kurzer Ehe von August Wilhelm Schlegel, ihrem zweiten Mann, scheiden läßt und Schelling heiratet. Goethe hat diese Ehewirrungen mit großer und zarter Anteilnahme begleitet; er hat sich auch aufs liebevollste Schellings angenommen, als dieser in eine schwere Krise geriet. Man hatte ihn beschuldigt, die Tochter seiner Frau aus erster Ehe, ein frühreifes Kind, das wie ein romantischer Kobold zwischen den Mitgliedern des Kreises umhertollte, durch unvernünftige Heilmethoden zugrunde gerichtet zu haben. Der Brief, den Caroline an Goethe richtete, ist ein schönes Zeugnis dafür, daß man in ihm nicht nur den marmorkalten Olympier sah, sondern auch einen Helfer und Seelenarzt: »Sie haben das Gewicht über ihn, was die Natur selber haben würde, wenn sie ihm durch eine Stimme vom Himmel zureden könnte. Reichen Sie ihm in ihrem Namen die Hand. Es bedarf weniges weiter als Sie wirklich schon thun...« Und dem Geliebten ruft sie tröstend zu: »Er liebt Dich väterlich, ich liebe Dich mütterlich – was hast Du für wunderbare Eltern! Kränke uns nicht.«

Der Ehe- und Liebeswirren gibt es viele in diesem Kreise. Das romantische Wesen ist darin ausgeprägt – längst ehe es literarisch und zu einem Programm wird. Der ganze Irrgarten dieser Beziehungen, die oft schon von Monat zu Monat oder innerhalb eines einzigen Briefes wechseln, ließe sich nur graphisch darstellen und würde damit jeden Reiz verlieren. Genug, daß Goethe als gelassener Beobachter darübersteht und das wunderliche Treiben all dieser hochbegabten Menschen in sich aufnimmt. Denn hochbegabt sind sie alle, die Frauen nicht weniger als die Männer, die Frauen oft männlicher als die Männer. Caroline ist es, die den recht weiblich-matten August Wilhelm Schlegel zu Goethe hinführt; der eigenwilligere Friedrich Schlegel macht seine eigne Goethe-Entwicklung durch, von der Vergötterung zur Entfremdung. Goethe ist ihm dann bald, seiner formulierten Theorie des Poetischen entsprechend, nicht mehr poetisch genug. Die romantische Ironie will es, daß die beiden Brüder Goethe in der Epoche ihrer Entwicklung am höchsten ehren, die sie als Klassizisten reinsten Wassers zeigt, mit wahrer »Gräcomanie«, wie Schiller es bezeichnet. Ihre schwächsten und unlebendigsten Werke, die klassizistischen Dramen ION und ALARCOS, führt Goethe auf seinem

Hoftheater auf, gegen Schillers Rat, der eine »totale Niederlage« voraussieht, wie sie denn auch eintritt. »Es ist seine Krankheit, sich der Schlegels anzunehmen, über die er doch selbst bitterlich schimpft und schmählt«, schreibt Schiller an seinen Freund Körner. Im Rückblick hat Goethe die beiden als forcierte Talente bezeichnet, unglückliche Menschen, die immer mehr vorstellen wollten, als ihnen von Natur gegönnt war; sie hätten in Literatur wie Kunst viel Unheil angerichtet.

Damals, in Jena, haben sie kein Unheil angerichtet. Sie haben Goethes Ruhm verkündet. Durch sie wird er nicht nur als der erste deutsche Dichter proklamiert und Schiller auf den zweiten Platz verwiesen, sondern als einer der vier oder fünf Größten der Weltliteratur. Das wird nicht nur einmal gesagt oder geschrieben. Die Schlegels begründen mit ihren Vorlesungen vor einem freien Publikum in Wien, Paris, mit ihren Zeitschriften und Werken die neuere Literaturkritik großen Stiles, und sie sind es gewesen, die Goethe seine überragende Stellung eingeräumt haben. Durch August Wilhelm, der sich jahrelang der Madame de Staël anschloß, wird sein Name und seine Bedeutung über das noch allmächtige Medium des Französischen zum europäischen Begriff. Und aus Goethes Geist und mit dem durch ihn geschaffenen Reichtum der Sprache entsteht in diesen Jenaer Jahren Schlegels Übersetzung des Shakespeare, das erste große Kunstwerk der Übertragung eines großen Dichters; es entstehen die Übersetzungen Dantes, Calderons. *Weltliteratur* wird Goethe in diesen Jahren nahegebracht, und es wäre sehr ungerecht, den Anteil der beiden Brüder daran – oder überhaupt ihre Bedeutung – an seinen späten Worten zu messen.

Weimar und Jena im Wechsel als Wohnsitz: Dazu kommen die alljährlichen Badereisen, nach Karlsbad vor allem. Da treten neue Menschen in seinen Gesichtskreis. Goethe ist dort noch freier von allen häuslichen Bindungen. Er läßt sich sehr behaglich und ungeniert feiern und anbeten; er spinnt mit großer Unbekümmertheit neue Liebesaffären an. »Auf alle Fälle habe ich gleich einen kleinen Roman aus dem Stegreif angeknüpft«, schreibt er an Schiller, 1795, »der höchst nötig ist, um einen morgens um fünf Uhr aus dem Bette zu locken. Hoffentlich werden wir die Gesinnungen dergestalt mäßigen und die Begebenheiten so zu leiten wissen, daß er vierzehn Tage aushalten kann.« Als berühmter Schriftsteller wird er gut aufgenommen; es gibt auch Enttäuschungen, ein »allerliebstes Weibchen« schwärmt von seinem neuesten Roman, der leider vom Jugendgenossen Klinger verfaßt ist. Sein Ton den Frauen gegenüber, »die nicht streng auf sich halten, ist nicht fein, und an zarter Grazie fehlts ihm überhaupt«, so klagt eine Verehrerin. Er rezitiert mit drastischer Mimik seine Verse und Stücke und erscheint der braven Dame wie sein Faust; man meint

ihn auf dem Faß reiten zu sehen, »dann glaubte ich wieder, der Gott-
seibeiuns würde ihn auf der Stelle holen. O Goethe, wie irret dein
großer Geist umher... Nun schwebt er zwischen Himmel und Hölle.«
Vom steifen Geheimrat ist hier nicht die Rede. Goethe läßt sich gehen,
er steigt vom Kothurn herab, der in Weimar leicht zur wirklichen
Starrheit in der Haltung wie in der Dichtung verführt. Er hat die Bekanntschaft von zwei hübschen Berliner Jüdinnen gemacht, Töchter
eines reichen Kaufmanns Meyer. Die älteste, Marianne, morganatisch
mit dem Fürsten Reuß verheiratet, nach dessen Tode als Frau von
Eybenberg in Wien lebend, wird viele Jahre lang seine intimste
Freundin auf den Badereisen; er trifft sich auch einmal heimlich mit
ihr in Dresden und korrespondiert auf das eifrigste und charman-
teste mit »Mariannchen«. Sie ist elegant, viel umworben, klug, sie
hat zarte Lippen und eine spitze Zunge, wie Goethe von ihr sagt. Sie
unterhält ihn aufs angenehmste, und er revanchiert sich; bei der ersten Bekanntschaft schon regaliert er sie mit Reminiszenzen an seine
römischen Abenteuer. Er schreibt ins Stammbuch, auf den Fächer, er
schickt seine Manuskripte, und Marianne versorgt ihn aus Wien mit
Schokolade, einmal mit vier Fäßchen Kaviar, mit griechischen und römischen Münzen für seine Sammlung und Theaterberichten. Sie
mahnt anmutig zu weiterer Arbeit am FAUST, »von dem ich so viel
hörte, daß ich wie die Kinder rufe: mehr, mehr! Überhaupt bin ich
unersättlich, wenn es darauf ankömmt etwas von Ihnen zu sehen
oder zu hören.« Sie erhält die leichtesten und beschwingtesten Briefe
und Billetts von Goethe, dessen Briefstil sonst sehr kurial ist: »Was
haben Sie gesagt, liebe Freundin, daß ich Ihnen so entsprungen bin?
Eigentlich bin ich entführt worden und werde jetzt gehalten. Leben
und leben lassen! Ziehen und ziehen lassen, das sind ja wohl ein paar
Hauptmaximen, wovon aber keine recht diplomatisch ist...« So
schreibt er aus Franzensbad, wo er mit einer anderen hübschen Freundin, Silvie von Ziegesar, als »Tochter, Freundin, Liebchen« im Gedicht
gefeiert, sich ein wenig von dem allzu anstrengenden Umgang mit
Mariannchen erholt. Er hat als Stellvertreter seinen Adlatus und Ge-
heimsekretär Dr. Riemer zurückgelassen, der ihm alsbald berichtet,
Frau von Eybenberg sei nun auch »unser einem zugänglich und ich
bin oft bei ihr. Ew. Excellenz sind immer der Hauptgegenstand unserer Unterhaltung und wie das Gespräch sich auch wende, wir kehren
immer wieder auf Sie zurück. Wenn ich Ihnen nur die Hälfte von den
Anekdoten, Späßen, Bonmots und wie die Artigkeiten alle heißen,
mittheilen könnte, Ew. Excellenz würden glauben, wieder um sie zu
sein.«

Es ist gewiß keine »große Liebe« Goethes, deren es überhaupt
nicht so viele gibt, wie die unermüdlichen Ausdeuter seiner Beziehungen zu Frauen wahrhaben wollen. Aber sie hat sehr wesentlich mit-

geholfen, das Wort »heiter«, oft nur wie im Trotz und desperat ausgesprochen, für ihn zur Wirklichkeit werden zu lassen, und das ist
nicht wenig. Er dankt ihr einmal: »Sie haben – daß ich Sie doch einmal ganz direct lobe – unter so vielen liebenswürdigen Eigenschaften
die besondere, daß Sie die kleinen, grillenhaften Wünsche Ihrer
Freunde für etwas halten, und um sie zu befriedigen sich eine gefällige Mühe geben mögen. Sie wissen vielleicht selbst nicht, daß diese
Eigenschaft so selten ist.«

Nicht unwesentlich ist auch, wieviel Goethe diesen Frauen, der
Marianne und ihren Freundinnen, als Autor verdankt; denn sie verkünden leidenschaftlich sein Lob. Die Empfehlung von Mund zu
Mund ist immer stärker gewesen als jeder gedruckte Essay, auch
wenn er von einem Friedrich Schlegel stammte. Vor allem aber geben
sie Goethe das lange vermißte Gefühl, daß er ein Publikum hat, Leser, Leserinnen, die ihn verstehen und schätzen, auch bei schwierigen
Produktionen. Wieviel sie davon verstanden, das ließ er auf sich beruhen; er hatte auch keine allzu hohe Meinung vom Verständnis der
Essayisten und wußte recht gut, daß man ihn nur pries, um eine private
These zu verfechten oder mit seinem Namen einen andern herabzu-
setzen. Goethe hat nie an die breiten Lesermassen appelliert; wenn
seine Werke großen Erfolg hatten, so nahm er das hin oder spottete darüber. Einsam jedoch wollte er nicht sein. Und so waren
für ihn die kleinen Lesergemeinden, die sich nun zu bilden begannen,
sein Publikum. Im Grunde hat er bis heute kein anderes gehabt; der
große Name hat damit wenig zu tun.

Von Berlin geht die stärkste Goethe-Bewegung aus, und die Berliner Jüdinnen sind ihre Hauptträger. Sie hatten in einer sozialen
Übergangszeit die ersten literarischen Salons in Deutschland geschaffen, eine Henriette Herz, eine Rahel Varnhagen. Es war nur
eine ganz kurze Epoche; mit der Zeit der Romantik beginnt schon
eine Reaktion; man neigt zu strikt judenfeindlichen Klubs oder Gesellschaften, die sich auf das »echt christliche« und altdeutsche Erbe
des Mittelalters berufen. Nur für ein bis zwei Jahrzehnte, vor der
bürgerlichen Emanzipation der Juden und vor der Emanzipation des
deutschen Bürgertums überhaupt, kann sich diese geistig ungemein
lebendige, gesellschaftlich sehr lose Form der jüdischen Salons entwickeln, größtenteils durch eine Verbindung mit Elementen des
Adels, der sie frequentiert und protegiert.

Henriette Herz begann ihren Salon mit den Schülern ihres Mannes, der Arzt und Philosoph war und als »Statthalter Kants« in Berlin galt; durch Bildung allein konnten sich die Juden Ansehen und
eine gewisse gesellschaftliche Duldung verschaffen. Rahel Levin, später Varnhagen, sah in ihren Mansardenräumen in der Jägerstraße,
die sie etwas kokett ihre »Dachkammer« nannte, alle bekannten oder

angehenden Schriftsteller und Publizisten: Friedrich Schlegel, Tieck, Jean Paul, die Brüder Humboldt, den Prinzen Louis Ferdinand, Diplomaten, Junker, Schauspieler. Zur Klasse der Theaterleute etwa, die noch erheblich um bürgerliche Anerkennung zu kämpfen hatten, konnte man die Juden rechnen, wenn man überhaupt von Klassen reden kann; beide standen außerhalb der Gesellschaft und galten noch als fragwürdiger Umgang. Sie waren darum anziehender als die »gute Gesellschaft«, die Goethe im Epigramm verspottet: »Man nennt sie die gute / Wenn sie zum kleinsten Gedicht keine Gelegenheit gibt.« Für die Rahel war Goethe der Abgott ihres Lebens, sie empfand ihn als Trost und großen Ratgeber: »Hören Sie auf Goethe«, so schreibt sie an eine Freundin, »mit Tränen schreibe ich den Namen dieses Vermittlers in Erinnerung großer Drangsale«, unfehlbar habe er sie durchs ganze Leben begleitet. Die Frauen haben, wie wir schon bei Caroline Schelling sahen, diese Wirkung stärker verspürt als jede ästhetische. Selbst die Königin Luise, der er sonst ganz fremd war und die ihn bei ihrem Besuch in Weimar ignorierte, fand dann im Unglück Trost an dem »wer nie sein Brot mit Tränen aß« in WILHELM MEISTER.

Die Jüdinnen aber begnügten sich nicht mit dem Genuß seiner Werke oder ihrer Wirkung auf sie selbst. Sie warben für ihn. Sie waren, wie sein Adlatus Riemer über die jüdischen Verehrer Goethes sagt, aufmerksamer und teilnehmender »als ein National-Deutscher und ihre schnelle Fassungsgabe, ihr penetranter Verstand, ihr eigentümlicher Witz machen sie zu einem sensibleren Publikum, als leider unter den zuweilen etwas langsam und schwer begreifenden Echt- und Ur-Deutschen angetroffen wird. Frauen besitzen jene Gaben öfter in noch liebenswürdigerer Gestalt, und so kam es, daß Goethe seine neuesten dichterischen Erzeugnisse ihnen, einzeln oder in Gesellschaft, z. B. in Karlsbad, gern vortrug, da er immer einigen Anklang zu finden gewiß sein konnte.« Sie liebten auch, da sie schon aus der jüdischen Tradition den Umgang mit schwierigen Problemen kannten, das Schwierige, Hoch-Anspruchsvolle seines Werkes. Und schließlich sahen sie in ihm den Geistesfürsten eines großen Reiches, dem anzugehören ihnen eher möglich schien, als Staatsbürger Preußens oder Österreichs zu werden. Wenn sich die meisten von ihnen dann zur Taufe entschlossen, so war das nicht mehr als das »Entré-Billet« zur Gesellschaft, wie Heine es spöttisch nannte. Im Grunde konvertierten sie zur deutschen Kultur, und Goethe war ihnen deren vornehmster Repräsentant.

Für ihre Werbung standen ihnen besondere Mittel zur Verfügung: Sie waren alle untereinander verwandt; von Berlin nach Wien, nach Paris oder London gingen die Beziehungen; sie verfügten über einen Brief- und Nachrichtendienst, der schon den jüdischen Hof-Faktoren ihre sonst so unsichere Stellung geschaffen hatte. Sie waren gewohnt, genau zu beobachten, abzuwägen, auch künftige Werte einzusetzen. Und sie hatten neben diesen technischen Vorteilen einen Enthusiasmus eigener Art, das Gefühl einer Sendung, wenn sie sich für eine geistige Leistung begeisterten. Alle Mittel wurden dabei mobilisiert: Die unschöne Rahel warb mit ihrem starken Intellekt, die hübsche Marianne mit ihrer Liebenswürdigkeit, die Eskeles, Fanny Arnstein oder Flies mit ihren weitreichenden gesellschaftlichen Beziehungen. Es wäre töricht, diesen Kreisen ein Monopol der Goethe-Verehrung zuzuschreiben, und ebenso, sie zu unterschätzen. Goethe jedenfalls hat das nicht getan, obwohl er sonst keineswegs Philosemit war wie etwa Lessing; in Fragen der staatsbürgerlichen Gleichberechtigung war er ebensowenig für Emanzipation der Juden wie für Pressefreiheit.

Das Behagen bei diesen Badereisen beschränkte sich auch keineswegs auf diese Bewunderer. Unaufhörlich muß irgendwelchen Fürstlichkeiten »aufgewartet« werden, lange Listen der gnädigsten oder allergnädigsten Damen und Herren sind in seinen Tagebüchern und ANNALEN enthalten. Eigentümlich kontrastiert dies Treiben mit der Napoleon-Zeit. Im Gespräch mit hohen Herren und Diplomaten weht gelegentlich ein scharfer Windzug herein. Goethe sagt dann kaum mehr als das »Hm«, das Jean Paul beim Einzug der Franzosen in Rom festgehalten hatte. Das Heilige Römische Reich findet 1803 endgültig sein Ende, das noch ruhmloser ist als das des alten römischen Imperiums. Es wird nicht von außen, sondern von seinen eignen Mitgliedstaaten in Fetzen gerissen; der sogenannte »Reichsdeputationshauptschluß« ist schon in seiner sprachlichen Abscheulichkeit das Symbol für einen bürokratischen Länderschacher trübseligster Art, wie er in Rastatt begonnen hatte. Kaiser Franz, als letzter noch in Frankfurt gewählt, nennt sich hinfort nur noch Kaiser von Österreich. Goethe meint auf der Heimreise von Karlsbad, der Streit seines Kutschers und Dieners auf dem Kutschenbock habe ihn mehr interessiert als das Ende des Reiches. Das sei etwas gewesen, was man nicht fassen konnte, ein bloßer leerer Begriff. Unfaßlich ist dieses Gebilde in der Tat, das zur Zeit seiner Auflösung noch fast ebenso viele reichsunmittelbare Mitglieder zählte wie Jahre, nämlich etwa 1800. Genau waren sie oder ihre Grenzen und Einwohner gar nicht festzustellen; beim Rastatter Kongreß hatte ein rühriger Publizist in aller Eile ein paar Tabellen darüber drucken lassen.

Goethe hat seit dem Feldzug in der Champagne ständige weitere Kriege in der Ferne an sich vorüberziehen lassen, deren Einzelheiten auch den Zeitgenossen nach kurzer Zeit durcheinandergingen. Preußen ist zehn Jahre lang Frankreich gegenüber wohlwollend neutral geblieben, kurz vor seinem Sturz in den Abgrund hat es sich sogar mit ihm verbündet. Österreich kämpft in Süddeutschland, Italien, der Schweiz und wird immer wieder geschlagen. Russische Korps kämpfen in den Alpen. Es gibt kurzlebige Friedensschlüsse und kurzlebige Koalitionen. Konstant sind nur der unaufhaltsame Aufstieg Napoleons und die hartnäckige Gegnerschaft Englands gegen ihn. Goethe fühlt sich von alledem unberührt. Er schreibt an einen Schweizer Pädagogen, der daran dachte, ins Ausland zu gehen: »Das Unwahrscheinlichste wird in unsern Tagen möglich, und es bleibt jedem denkenden, entschlossenen Manne, der in sich einige Selbständigkeit fühlt, nichts übrig, als daß er sich den Mut und die Fähigkeit sich zu verpflanzen bei sich erhalte. In dem Augenblick, da man überall beschäftigt ist, neue Vaterlande zu erschaffen, ist für den unbefangenen Denkenden, für den, der sich über seine Zeit erheben kann, das Vaterland nirgends und überall« (15. 3. 1799). Er rügt einen Rezensenten in der Jenaer Literaturzeitung, der hart gegen die Pariser Konsularregierung vorgeht: »Mögen doch Völker und Gouvernements sehen, wie sie miteinander fertig werden! Erst wenn ihre Händel zu Papier geworden sind, dann gehören sie in eine allgemeine Literaturzeitung, und ein ächter Literator kann Gott danken, daß er das Weltwesen historisch zu traktieren befugt ist« (1804).

Kriege sind damals noch im wesentlichen eine Angelegenheit der unmittelbar beteiligten Armeen. Man reist nach Italien, auch wenn dort berühmte Schlachten stattfinden, und wenn man nicht mit der Reisekutsche in die marschierenden Kolonnen gerät, und selbst dann, wird man kaum behelligt. Man reist in die böhmischen Bäder und hört dort, daß irgendwelche Truppenbewegungen in der Nähe stattfinden, Gefechte, Niederlagen; die verwundeten Offiziere begeben sich alsbald zur Kur auf Urlaub und erzählen. Gelehrte fahren zu wissenschaftlichen Kongressen nach Paris, selbst aus England, das mit Frankreich im Krieg ist; sie lassen vorher anfragen und erhalten die Antwort, daß die Wissenschaft selbstverständlich ungehindert ihre Gedanken austauschen dürfe. Die Schlachten sind blutig genug, seitdem die allgemeine Wehrpflicht, zunächst in Frankreich, dann allmählich in andern Ländern, eingeführt ist und unerschöpfliche Mengen neuen Kanonenfutters zur Verfügung stehen. Aber sie dauern kurz, einen Tag, und sie werden als Schicksalsentscheidung hingenommen. Die Feldzüge sind kurz. Die völlige Vernichtung des gegnerischen Staates ist selbst für Napoleon noch kein unbedingtes Ziel. Die modernen Mittel der Wirtschaftsblockade ganzer Länder, der Absperrung ganzer Kontinente werden schon angewandt, aber sie können aus Mangel an Kontrolle nicht durchgeführt werden; der Schmuggel macht sie illusorisch, und auch die Staaten beteiligen sich eifrig daran.

Goethe steht mit seiner Uninteressiertheit an den Weltbegeben-

heiten nicht allein. Europa ist noch sehr kosmopolitisch, nur in
Frankreich und England gilt bereits der Begriff der Nation in voller
Schärfe. Die führenden Staatsmänner der anderen Staaten sind eine
internationale Mischung: In Preußen ist der italienische Marchese
Lucchesini, den Goethe in Italien kennen- und schätzengelernt hat,
eine der einflußreichsten Persönlichkeiten, er wechselt dann nach
Österreich hinüber; in Rußland ist ein Grieche aus Korfu, Capo
d'Istrias, Minister, dann ein Rheinländer Nesselrode der führende
Diplomat; die Militärs wechseln die Uniformen, ein französischer
General und Advokatensohn Bernadotte wird schwedischer König;
selbst der Schicksalsmann der Zeit, Bonaparte, ist nicht Franzose und
spricht das Französische stets mit Akzent. Der Schweizer Johannes
von Müller wird der preußische Hofhistoriograph, der Schwabe Reinhard Diplomat der französischen Republik, Außenminister unter dem
Direktorium, Mitarbeiter Talleyrands. Die Gelehrten, die Künstler,
die Musiker gehen dorthin, wo ihnen ein »weiterer Wirkungskreis«
eröffnet wird. Alexander von Humboldt verbringt die wichtigsten
Jahre nach seiner Amerikareise in Paris. Goethe selber, Reichsstädter
von Haus aus, ist Minister eines thüringischen Fürsten, der wiederum als Soldat in preußischen Diensten steht.

Die Landkarte verändert sich von Jahr zu Jahr, die deutschen geistlichen Fürstentümer verschwinden, revolutionäre Republiken tauchen
auf mit klassizistischen Namen wie Batavische, Zisalpinische Republik und verschwinden; ein Königreich Etrurien mit geradezu archäo-
logisch klingendem Titel wird vom Konsul Bonaparte gegründet und
mit einem Bourbonen besetzt; der Konsul rühmt sich, es sei ganz
gut, wenn sich die Leute daran gewöhnten, einen Bourbonen im
Zimmer des ersten französischen Staatsbeamten »antichambrieren«
zu sehen. Auch das verschwindet sehr rasch. Die deutschen Fürsten
im Süden und Westen bilden einen Rheinbund; man würde sie heute
als »Satelliten« bezeichnen, und sehr bald gibt es noch phantastische-
re Neubildungen, mit denen Mitglieder des korsischen Familienclans
bedacht werden oder Marschälle, Kriegsgurgeln, Generalstäbler.

Goethe schreibt in seinen ANNALEN über das Jahr 1806: »Das große
Reich im Westen war gegründet, es trieb Wurzeln und Zweige nach
allen Seiten hin.« Als Naturforscher betrachtet er das Gebilde. Die
FARBENLEHRE ist seine Hauptbeschäftigung und Hauptsorge in dieser
Zeit. Er spürt, daß ein Sturm sich zusammenbraut, auch wenn er davon nichts wissen will. Es handelt sich für ihn vor allem darum, dies
wichtigste und größte seiner Werke, wie er es ansieht, unter Dach
und Fach zu bringen. Er hat seit Beginn des Jahrhunderts einige
schwere Krankheiten überstanden und ist auch körperlich stark erschüttert. Schillers früher Tod, 1805, bedeutet für ihn den Abschluß
einer Epoche. Eine neue, unerwartete bricht für ihn an.

Es beginnt mit Durchzügen preußischer Truppen zu Anfang des Jahres. Er sieht mit seinem Adlatus Riemer das Manuskript zum FAUST durch, an dem er in langen Pausen immer wieder gearbeitet hat und das nun abgeschlossen werden soll. Er geht wieder nach Karlsbad und zeichnet dort viel; ein »Reise-, Zerstreuungs- und Trostbüchlein« in Bildern soll für die kleine, kränkelnde Prinzessin Karoline entstehen. Es ist eine sehr seltsame Produktion, eine Flucht in südliche Landschaften mit antiken Baumotiven oder Triumphbogen, einer palladianischen Villa, Schweizer Reminiszenzen an das Hochgebirge. Ein gewaltiges Nordlicht bricht wie eine Explosion auf. Dann entwirft er, nachträglich, eine Skizze des Schlachtfeldes von Jena und Auerstedt.

Es ist bezeichnend für ihn, daß er eine solche Bilderfolge statt des Wortes wählt, mit dem er diese Ereignisse nicht beschreiben kann und will. In seinen ANNALEN spricht er nur vom »Kriegsdrang, der jedes Verhältnis aufzulösen drohte«; er rühmt, daß es gelang, das Weimarer Theater als einen »öffentlichen Schatz« zu bewahren und die Vorstellungen schon nach wenigen Wochen wieder zu eröffnen. Lediglich das Herannahen der Katastrophe verzeichnet er: seine Unterhaltungen in Karlsbad mit einem General, der ihm die schmähliche Kapitulation der österreichischen Armee in Ulm vom Jahre vorher erzählt; die Gespräche deutscher Patrioten, die einen Volksaufstand entfesseln wollen, was ihm als »Nebel und Dunst« erscheint. Auf der Rückreise nach Weimar erfährt er von der Bildung des Rheinbundes, der Auflösung des Deutschen Reiches; er verzeichnet zwischen diesen beunruhigenden Nachrichten die wohltätig ablenkende: »Landgraf Karl von Hessen, tieferen Studien von jeher zugetan, unterhielt sich gern über die Urgeschichte der Menschheit und war nicht abgeneigt, höhere Ansichten anzuerkennen.« Der Minister Goethe muß immerhin sorgenvolle Besprechungen mit seinem Herzog führen, dem er »prägnant« abrät, sich in das preußische Abenteuer zu stürzen; sie bleiben ohne Erfolg wie all seine Mahnungen in dieser Richtung.

Er begibt sich nach Jena, um seine in Karlsbad gesammelten Mineralien zu katalogisieren. Inzwischen füllt sich das Schloß, wo er wohnt, mit den Offizieren des preußischen Hauptquartiers. Der Oberst von Massenbach, ihm aus der Campagne von 1792 bekannt, hat ein leidenschaftliches Manifest gegen Napoleon verfaßt. Goethe, vom Drucker und besorgten Magistratspersonen gewarnt, die alle schon den Sieg der Franzosen befürchten, vertritt energisch die Zivilgewalt und verhindert die Publikation. Ein langaufgeschossener Adjutant steht unbewegt dabei mit starren Gesichtszügen und wundert sich über die »Kühnheit eines Bürgers«. Er ist das Symbol des starren Preußentums, das in diesen Tagen sein Ende findet.

Ein anderer Preuße, der Major von der Marwitz, beschreibt Goethe beim Mittagstisch: »Ein großer, schöner Mann, der stets im gestickten Hofkleide, gepudert, mit einem Haarbeutel und Galanteriedegen durchaus nur den Minister sehen ließ und die Würde seines Ranges gut präsentierte, wenngleich der natürlich freie Anstand des Vornehmen sich vermissen ließ.« Ein Elsässer, von Blumenstein, nur gebrochen Deutsch sprechend, sucht sich vergeblich mit der Exzellenz zu unterhalten, die mürrisch schweigt. Nach der Tafel fragt Marwitz Blumenstein, wo er denn seine sonstige Beweglichkeit gelassen. Der Elsässer: »Der verfluchten Kerlen hatte ja wie ein Pechpflaster auf seinen Maulen, wollten nicht antworten, schweigen ick auch stille! – Wovon sprachen Sie denn? – Wovon kann man denn sprecken mit einem Poete als von seinen Wercken. – Fehlgeschossen! Sie mußten von Verwaltungsangelegenheiten des Herzogtums reden. – Aha! ist er so hochmütig? Nach meinen Meinungen issen ein großer Poete ganz andere Kerlen als ein kleiner Minister. – Von welchen Werken redeten Sie denn? – War ein verfluckter Streichen. Deutsche Litraturen mir nicht so geläufig. Wollten Sie vor Tische noch fragen, was der Kerl eigentlich hat geschrieben, vergessen aber. Und nun sitzen ick da, kann mir partout nix erinnern, zum größten Glücken fällt mir noch die *Braut von Messina* ein.«

Ein weiterer Preuße, Prinz Louis Ferdinand, hat Goethe noch beim Aufmarsch in Weimar besucht. Er schreibt an seine Geliebte, eine seiner vielen Geliebten: »Ich habe nun Goethen wirklich kennen gelernt, er ging gestern noch spät mit mir nach Hause und saß dann vor meinem Bette, wir tranken Champagner und Punsch und er sprach ganz vortrefflich! Endlich deboutonnierte sich seine Seele, er ließ seinem Geiste freien Lauf; er sagte viel, ich lernte viel und fand ihn ganz natürlich und liebenswert.« Karl August, der sich früh zurückgezogen hatte, notierte: »Die Andern aber tranken die ganze Nacht ungeheuer viel um die Wette, und Goethe blieb nichts schuldig, er konnte fürchterlich trinken.« In Jena trifft Goethe den Prinzen wieder, der bei den Jüngeren als die große Hoffnung Preußens gilt, vom Kreise der Rahel vergöttert, von den Frauen angebetet und von den Musikern geschätzt wird; sogar ein Beethoven hat seine Kompositionen gelobt, die man nach seinem Tode veröffentlichte, mit dem fliegenden preußischen Adler auf dem Titelblatt: »Garnicht prinzlich, sondern ausgezeichnet!« Bei Hof war er unbeliebt wegen seines maßlosen Schuldenmachens und ungebundenen Lebens, bei den Militärs der alten Schule als disziplinloser Draufgänger. Er fällt als erstes Opfer von Jena; Goethe notiert am 10. Oktober: »Treffen zwischen Saalfeld und Rudolstadt. Prinz Louis kam um.«

Das war das Vorspiel. Goethe hat schon vorher Unheil geahnt. Der Braunschweiger, unerschüttert in seinem friderizianischen Ruhm, war wiederum Oberbefehlshaber; unter den Generalen, bei den Stäben herrschte die gleiche Unzufriedenheit wie in der Champagne oder vor Mainz. Goethe, so wenig er gesagt hat, war ein scharfer Beobachter. Er stellte, nicht nur im Falle des Obersten Massenbach, die »Autoren-Eitelkeit« der preußischen Stabsoffiziere fest, die in der Tat fast alle unaufhörlich schrieben, publizierten oder künftige Publikationen vorbereiteten. Er konnte nicht sehen, daß alle späteren Größen der künftigen Feldzüge gegen Napoleon schon in hohen Stellungen bei dieser Katastrophe vertreten waren. Ein Scharnhorst war Stabschef; er schrieb eine Woche vor der Schlacht: »Was man tun müßte, das weiß ich wohl; was man tun wird, wissen die Götter.« Sie alle hatten erst noch zu lernen, und sie erhielten eine fürchterliche Lektion in praktischer, nicht theoretischer Kriegführung.

Goethe, der in Jena als Verpflegungskommissar tätig gewesen war, kehrt kurz vor der Schlacht von Auerstedt nach Weimar zurück. Am Abend vor der Schlacht wird im Weimarer Theater die Operette FANCHON DAS LEIERMÄDCHEN vom Kapellmeister Himmel gespielt. Am nächsten Tag grollt ferner Kanonendonner, in Wellen herüberwehend. Man setzt sich zu Tisch im Hause Goethe, in gedrückter Stimmung. Die Kanonade hört auf, und man beruhigt sich ein wenig. Dann fallen Schüsse aus nächster Nähe über das Dach hinweg, die Tafel wird aufgehoben. Die flüchtenden preußischen Truppen, in völliger Verwirrung, schreiend, stürzen durch die Straßen, verlieren sich auf dem Wege nach Erfurt. Es tritt nochmals eine Stille ein. Dann tasten einige französische Husaren vor. Goethes Sekretär Riemer und sein Zögling August bringen ihnen einige Flaschen Bier. Mehr Truppen rücken nach. Goethe begibt sich in Begleitung eines Husarenoffiziers auf das Schloß, das halb verlassen ist, nur die stille Herzogin ist standhaft zurückgeblieben. Sie hat in diesen Tagen ihre große Zeit, ebenso wie Goethes Christiane. Goethe läßt nach Haus bestellen, sie möchten unbesorgt sein, man werde den Marschall Ney als Einquartierung bekommen und solle sonst niemand hereinlassen, außer einigen Kavalleristen aus dessen Eskorte.

Die meisten von ihnen sind Elsässer. Sie werden im Bedientenzimmer auf Stroh untergebracht; sie sind so ermüdet, daß sie nichts essen wollen und auf ihr Lager fallen. Christiane läßt die Tafel decken für den Marschall und seine Begleitung, die Zimmer herrichten, die Notlage hat ihre schon etwas eingeschlummerte Hausfrauentüchtigkeit wieder aufgeweckt, sie ist unaufhörlich tätig, greift zu, ordnet an. Der Marschall erscheint jedoch nicht, und inzwischen strömen immer weitere Truppenmassen in die Stadt.

Es wird ernst. Die Truppen plündern, schlagen Türen und Fenster ein. Es brennt an verschiedenen Ecken der Stadt. Wer sich widersetzt, wird schwer mißhandelt; Goethes alter Freund, der Maler Kraus, stirbt daran. Die Wohnung der Frau von Stein wird völlig ausgeraubt und zerschlagen, seinem Schwager Vulpius geht es nicht besser. Goethe ist vom Schloß nach Haus gekommen und hat sich in sein Schlafzimmer im oberen Stock begeben. In der Nacht kommen zwei Tirailleurs von der »Löffelgarde«, wie Riemer sie beschreibt; das Biwakieren auf den Plätzen – es ist kalt im Oktober in Weimar – ist ihnen lästig geworden, sie wollen unterkommen, donnern mit Kolbenstößen ans Tor, werden eingelassen und bewirtet. Sie fragen dringend nach dem Hausherrn. Riemer weckt ihn, er kommt im weiten Schlafrock, seinem »Prophetenmantel«, die Treppe herab, würdig, ehrfurchtgebietend, sie schenken ihm ein Glas ein und stoßen mit ihm an. Er schreitet wieder hinauf, sie laufen ihm nach, sie wollen auch ein wenig plündern, sie drohen ihn niederzuschlagen. Christiane mit einem der Elsässer Husaren, so erzählt Riemer, habe ihn befreit, die Marodeure hinausgedrängt und die Tür verschlossen. In den Zimmern, die für die Begleitung des Marschalls bestimmt waren, legen sie sich in die Betten. Am Morgen werden sie durch den Adjutanten, der sich das Quartier ansehen will, mit der flachen Klinge hinausgefuchtelt. Der Marschall erscheint. Eine Wache tritt vor die Tür.

Damit ist für Goethe die Gefahr beseitigt. Er hat hinfort nur noch Marschälle als Gäste, einen nach dem andern: Lannes, Sohn eines Stallknechtes, nun mit dem Titel eines Herzogs von Montebello ausgezeichnet; Augereau, Sohn eines Obsthändlers, nunmehr Herzog von Castiglione. Goethe erhält einen Anschauungsunterricht. Das sind andere Gestalten als der kalte und ewig zögernde alte Braunschweiger, der um diese Zeit, blindgeschossen, umherirrt, sein Land verloren hat und bald darauf seinen Wunden erliegt. Es sind Männer in vollster Kraft, blühend, berühmt durch ihre Tapferkeit, Lannes als der Fahnenträger von Arcole, der mit drei schweren Wunden bedeckt vom Verbandsplatz zurückgeeilt war, sich an die Spitze der Teufelskolonne gesetzt und als erster die Adda überschritten hatte. Es sind große Räuber, Augereau hat sich in Italien maßlos bereichert, er ist ein Abenteurer, aber derlei stört Goethe wenig. Sie sind Soldaten vor allem, und nichts anderes. Sie haben keinen Ehrgeiz, als Autoren zu glänzen wie die preußischen Offiziere, sie wollen nichts als siegen, und sie siegen unaufhörlich. Goethes Bildnergeist erscheinen sie als vollkommene Exemplare ihres Typus und gut gewählte Diener ihres Herrn. Mit den Geschlagenen hat er wenig Sympathie; er hat abgeraten, sich mit ihnen einzulassen, und recht behalten.

Obendrein droht Karl Augusts unzeitige Wiederaufnahme seines preußischen Kommandos – bei der Schlacht hat er gar keine Rolle gespielt, man hat ihn zu einer sinnlosen Seitenaktion nach Franken hin in Bewegung gesetzt – die völlige Vernichtung des Landes Weimar herbeizuführen. Goethe fühlt den Boden seiner mühsam aufgebauten

Existenz wanken. Das verwandte und benachbarte Braunschweig wird mit einem Federstrich kassiert. Das Schicksal Weimars hängt an einem Faden. Napoleon ist erschienen, düster, grob. Er herrscht die Herzogin an, die allein zurückgeblieben ist; die Söhne, die Erbprinzessin, die amtierenden Minister sind geflüchtet. »Wo ist Ihr Mann?« Sie antwortet still und würdig, er sei an der Stelle seiner Pflicht. Napoleon ist beeindruckt oder stellt sich so. Er droht noch eine Weile; in Wirklichkeit hat er längst beschlossen, das Land seinen Rheinbundvasallen einzuverleiben. Er braucht unablässig neue Rekruten; das *Empire de recrutement* hat ein französischer Historiker das neue Gebilde genannt, das nun entsteht. Er verzeiht großmütig und mit einer Geste zur Herzogin hin. Weimar hat aber die ungeheure Summe von über zwei Millionen Taler Kontribution zu zahlen; das Weimarer Kontingent soll unverzüglich zu den französischen Waffen stoßen, und es kämpft bereits bei der Belagerung von Kolberg gegen die Preußen mit. Der Herzog hat seinen Abschied aus preußischen Diensten zu nehmen, den er auch in der allgemeinen Verwirrung sogleich erhält; er irrt noch eine ganze Weile umher und versucht vergeblich, sich seinem neuen Lehnsherrn und Oberbefehlshaber vorzustellen. Erst im nächsten Jahr kehrt er in seine Residenzstadt zurück, die inzwischen seine Frau als Retterin des Landes gefeiert hat.

Karl August ist nicht der einzige, der so ruhmlos die Waffen streckt. Die Niederlage bei Jena – über die Schuld an ihr wird bald erbittert gestritten – löst eine Kettenreaktion aus. Der eigentliche Zusammenbruch ist nicht die Schlacht, sondern was ihr folgt: die kampflose Übergabe der wichtigsten Festungen, die Ratlosigkeit, Feigheit, das Aufgeben aller, auch der moralischen Positionen. In wenigen Tagen ist Napoleon in Berlin, in Sanssouci, wo er sich den Degen Friedrichs des Großen einsteckt, um ihn bis nach St. Helena mitzuschleppen.

Goethe, obwohl persönlich gesichert durch die hohen Gäste und ein ausdrückliches Schreiben des französischen Stadtkommandanten, eines geborenen Pfälzers, der in Jena studiert hat, irrt ebenfalls verstört umher. Er glaubt, er werde seinen Stab weitersetzen müssen, in Weimar sei seines Bleibens nicht mehr. Er sieht den Zusammenbruch seiner Stellung, seines Vermögens. Christiane ist in diesen Tagen sein Halt. Sie sorgt für das Haus, die Gäste, es geht über ihre sorgsam gesammelten Vorräte her, den Keller, sie weiß noch dem völlig ausgeplünderten Bruder und seiner Familie zu helfen und anderen von der Katastrophe Mitgenommenen. Goethe setzt ein Schreiben an den Hofprediger auf. In aller Stille, in der Sakristei der Hofkirche, findet die Trauung statt, der Sekretär Riemer und der Sohn August, ein Siebzehnjähriger nun, sind die Zeugen. Die Trauringe läßt Goethe auf den 14. Oktober, den Tag der Schlacht von Jena, datieren. Er rechnete von diesem Tage an eine neue Epoche seines Lebens und nannte die davorliegende die »antidiluvianische« Zeit.

Die Gewässer verlaufen sich. Sie lassen allerhand Schlamm zurück. Goethes Trauung nach so langen Jahren eines vielfach bespöttelten Verhältnisses setzt die Federn in Bewegung. In der Zeitung seines Verlegers Cotta erscheint ein Bericht aus Jena, der nur erwähnenswert ist, weil er die ganze Roheit des damaligen Presse- und Literaturtreibens zeigt: »Goethe ließ sich unter dem Kanonendonner der Schlacht mit seiner vieljährigen Haushälterin Demoiselle Vulpius trauen, und so zog sie allein einen Treffer, während viele tausend Nieten fielen.« Ein weiterer Bericht, noch schäbiger, nimmt seinen Schwager Vulpius her, der durch seinen Räuberroman RINALDO RINALDINI einer der beliebtesten Unterhaltungsschriftsteller geworden war: »Unserm famösen Romanfabrikanten V...s ist es auch scharf ans Leben, und seiner Frau ans Nothzüchtigen gegangen; aber wenn es traurig ist, dergleichen zu erleben, so ist es eine Wonne, ihn die Szene erzählen zu hören. In jenen Momenten ist die Gebärmutter seines Geistes, aus der schon so viele Räuber und Ungeheuer hervorgingen, gewiß aufs neue zu einem Dutzend ähnlicher Schöpfungen geschwängert worden, die in den nächsten Messen wie junge Ferkel herumgrunzen werden.«

Es war nicht ein Winkelblatt, das diese Artikel brachte, sondern eine der angesehensten Zeitungen Deutschlands. Auch dieser Zusammenbruch ist wert, verzeichnet zu werden. Goethe verteidigt sich sehr würdig. Er schreibt an Cotta, mit dem er soeben die Herausgabe einer neuen Gesamtausgabe seiner Werke vereinbart hat, man habe ihn ernst zu nehmen: »Ich habe ein ernstes Leben geführt und führ' es noch.« Was seinen Schwager betreffe, so sei es doch wohl nicht die Zeit, einen Geplünderten anzugreifen und zur Kritik des RINALDINI aufzurufen. »Und wo bleiben, daß ichs gradeheraus sage, diejenigen Artikel, die dem Buchhändler am besten fruchten?« Abschließend meint er: »Man weiß sehr gut, daß der Friede, wie das stehende Wasser, solches Ungeziefer hervorbringt, wenn es aber im Kriege erscheint, dann ist es erst recht ekelhaft.«

Solche persönlichen Erfahrungen bestärken ihn nur in seinem allgemeinen Gefühl, daß es sinnlos sei, sich mit dem Streit der Völker und Regierungen zu befassen. Er wendet sich energisch seiner FARBENLEHRE zu.

Ein Parterre von Königen

Die wissenschaftlichen Bemühungen wurden nur »wenige Tage unterbrochen«. Darunter versteht Goethe vor allem seine FARBENLEHRE,
die Cotta, schweren Herzens immer noch auf den FAUST hoffend, verlegen will. Goethe bemüht sich auch um seine Universität Jena und
setzt für den Marschall Berthier eine Denkschrift auf. Die ist instruk-
tiv und präzis, wie es ein französischer Bürokrat erwartet, und Berthier
ist der erste große Bürokrat des Generalstabswesens. Goethe vergißt
nicht hervorzuheben, welchen Nutzen seine Institute international
gestiftet hätten, daß ausländische Gelehrte an seiner Jenaer Literaturzeitung mitarbeiteten; er erwähnt mit Zärtlichkeit die Zeichenschule
»unter der Aufsicht des Geheimrats von Goethe, welcher der Ansicht
ist, daß die Künste mehr und mehr herunterkommen, wenn sie nicht
den Handwerken dienen«; er weist auch auf die bescheidenen Kunst-
sammlungen hin und seine Kunstausstellungen. All diese für französische Augen ganz ungemein dürftigen Dinge haben den einen
Vorteil: Man läßt dieses Klein-Weimar und Klein-Jena gänzlich un-
geschoren. An anderen Orten geht es weniger schonungsvoll zu. Im
Gefolge der Besatzungstruppen erscheint Vivant Denon, den Goethe
schon aus Venedig kennt, er wohnt einige Zeit im Haus am Frauenplan. Goethe unterhält sich angeregt mit dem höchst kultivierten
Mann, der als Zeichner Bonaparte nach Ägypten begleitet hat und nun
zum Generalintendanten der Museen und Sammlungen aufgerückt
ist; mit kultivierter und sicherer Hand organisiert er in allen Ländern den größten Raub an Kunstschätzen, Büchern, Manuskripten,
den die neuere Zeit kennt. In Weimar ist dafür nichts zu holen, wie
Denon bald einsieht. Im verwandten und nahen Braunschweig wird
ein junger Mann namens Henri Beyle, Protektionskind seines Vetters
Daru, des großen Intendanten der Armee, eingesetzt. Der soll die
hochberühmte Wolfenbütteler Bibliothek mit ihren Schätzen, in einer

anderen Kriegszeit, während des Dreißigjährigen Krieges, von einem leidenschaftlichen herzoglichen Sammler zusammengetragen, inspizieren und wertvolle Dinge für den Abtransport aussuchen. Glücklicherweise ist Beyle ein sehr träger Beamter; er studiert das gesellschaftliche Leben der Stadt und des Nachts die deutsche Volksseele, die sich ihm in Gestalt eines Mädchens mit dem sehr deutschen Namen Knabelhuber präsentiert. Goethe liest später einige Werke des Mannes, der sich nach Winckelmanns Geburtsort den Namen de Stendhal zugelegt hat, und hält ihn für einen Autor mit großer Beobachtung und psychologischem Tiefblick, seine Frauencharaktere allerdings findet er zu romantisch. Ein andermal nennt er ihn einen mittleren Geist, dem das Erste, Beste fehle, was einen ungewollten tieferen Sinn hat; das erste beste war nicht Stendhals Sache.

Grund zur Besorgnis gibt es genug und auf lange hin. Die Lage des kleinen Herzogtums bleibt gänzlich ungewiß. Karl August bemüht sich zwar, seinen Verpflichtungen als Rheinbundvasall korrekt nachzukommen; das kleine Weimarer Kontingent, von Goethe so drastisch abgerüstet in seiner aktiven Ministerzeit, wird aufgefüllt und hat dann in Spanien zu kämpfen, wo ganz unbotmäßige, halbwilde Völkerstämme sich gegen das napoleonische Weltreich wehren. Das Wort Guerilla, kleiner Krieg, wird damals geprägt. Es ist kein kleiner Krieg, er verschlingt viele Divisionen. Goya hat ihn mit der Radiernadel in seiner ganzen Unbarmherzigkeit geschildert. Viele der Weimarer Offiziere fallen dort. Charlotte von Stein meint: »Die Welt ist eine langweilige Wiederholung von Tyrannei, Hab- oder Eroberungssucht, und was das Lächerlichste ist, armer Mensch: von Stolz! Zu was soll denn alle Kriegführerei? Wie die Altväter um Brunnen und Zisternen Krieg führten, da war's doch noch ein vernünftiger Grund, aber jetzt sind ja Brunnen überall, um sein Vieh zu tränken. Ich versteh unsern Herrgott nicht und möchte Herrnhuterin werden, um mehr Ergebung zu haben.«

Goethe erschreckt seine alten Freunde durch seltsame Heiterkeit und Ermahnungen, sich nicht dem unbesiegbaren Dämon Napoleon entgegenzustellen. Sie vermeiden es oft, überhaupt mit ihm zu reden. »Ich kann nicht offen gegen ihn sein«, schreibt Schillers Witwe, »manchmal ist er ganz wie verrückt, und nicht allein mir kommt er so vor.« Seine Traurigkeit, die zuweilen durchbricht, erscheint ihr wohltuender »als seine unnatürliche Lustigkeit«.

Er hat seine Sorgen. Karl August, sympathisch in den Zügen seiner Unbedachtheit, unterstützt heimlich preußische Kriegskameraden, hilft Blücher mit einem Darlehen aus, stellt entlassene und verwundete preußische Offiziere in Weimar an. Ein kleines Spionagezentrum bildet sich, das dem großen und sehr gut organisierten Geheimdienst Napoleons nicht unbekannt bleibt; es gibt Beschwerden, Drohungen,

Schwierigkeiten. Goethe erregt sich darüber, er befürchtet eine end-gültige Annexion des Herzogtums Weimar. Der Weimarer Falk, als Dolmetscher für die französische Regierung tätig, hat in seinen Un-terredungen mit Goethe, die oft sehr fragwürdig, oft sehr wertvoll sind, einen langen und rhapsodisch stilisierten Ausbruch verzeichnet. Da sieht Goethe sich bereits am Bettelstab mit seinem Herzog durch die Dörfer wandern. Die Leute sagen: Das ist der alte Goethe und der ehemalige Herzog von Weimar, den der französische Kaiser sei-nes Thrones entsetzt hat, weil er seinen Freunden treu im Unglück war. »Ich will ums Brot singen! Ich will ein Bänkelsänger werden und unser Unglück in Liedern verfassen! Ich will in alle Dörfer und in alle Schulen ziehen, wo irgend der Name Goethe bekannt ist; die Schande der Deutschen will ich besingen, und die Kinder sollen mein Schandlied auswendig lernen, bis sie Männer werden und damit mei-nen Herrn wieder auf den Thron herauf- und euch heruntersingen!« Das ist freilich erst nach den Befreiungskriegen niedergeschrieben. Es wird trotzdem Goethes zeitweilige Stimmungen wiedergeben. Schandlieder hat er allerdings nicht gesungen, und wenn ihm die leidenschaftlichen Haßgesänge Heinrich von Kleists in die Hände gekommen wären, hätten sie ihn entsetzt und abgestoßen.

Die Überwachung durch die französischen Behörden und die scharfe Zensur, die nun überall einsetzte, war keine Einbildung. In Erfurt, alsbald französisches Staatsgebiet und Hauptfestung gegen Osten, wurde sehr genau Buch geführt über die Zustände im nahen Weimar. Goethe hatte einige Zeit vor der Katastrophe den Besuch der Madame de Staël in Weimar erlebt, die wie eine Sturmschwalbe Napoleons Siegen vorausflog und den Ruf seiner brutalen Unterdrückungs-methoden verbreitete. Sie selber, eine Großmacht der Literatur und Politik, wie sie sich fühlte, war eines seiner ersten Opfer gewesen; nie vergaß sie ihm seine böse Bemerkung, als sie sich ihm hoffnungs-voll am Konsularhof präsentierte, den üppigen Busen stolz aufge-reckt: »Sie nähren Ihre Kinder selber, Madame?« Sie hatte viele Kin-der, von vielen Männern, und viele Männer mit den verschiedensten Rollen, politische, künstlerische, schriftstellerische Männer, auch nur robuste Geliebte, eine Katharina die Große der Literatur mit ihrem eignen Hof in Coppet am Genfer See. Goethe schätzte sie als Autorin und übersetzte aus einem ihrer Werke; er war abwehrend und iro-nisch, als sie ihm entgegentrat auf ihrem Siegeszug durch die deut-schen Städte, wo sie wie eine Fürstin empfangen wurde. Er liebte es nicht, ausgefragt zu werden, und fürchtete das Notizbuch in den Händen der Staël. Er fand, daß letzte Probleme sich nicht für gesell-schaftliches Gespräch eigneten. Das aber war gerade die Stärke und Absicht der gebietenden Dame, die sogleich beim Eintritt in Deutsch-land den Plan gefaßt hatte, dieses merkwürdige, arme, musikalische, philosophische und nebelhafte Volk nun einmal der europäischen Öffentlichkeit zu schildern, die nichts von ihm wußte. Sie hat das dann auch aufs großzügigste verwirklicht mit ihrem Buch DE L'ALLE-MAGNE, das zum ersten Male die deutschen Dichter und Denker der Welt vorstellte und von Napoleon sofort beschlagnahmt wurde; es erschien dann in London. Die Anekdote hat seine Haltung in folgender Szene zusammengefaßt: Savary, sein Polizeiminister, berichtet über Neuerscheinungen und erwähnt, die Staël habe ein Werk über Deutschland verfaßt; er habe die drei Bände gelesen und nichts zu beanstanden gefunden, an keiner Stelle werde der Kaiser erwähnt. »Ein dreibändiges Werk, in dem ich nicht vorkomme, wird sofort verboten!« dekretierte der Gewaltige. In Wirklichkeit ist es ein wenig anders gewesen, aber der Anekdote sehr nahe, wie aus einem Brief Savarys an die Staël hervorgeht, der etwas gewundener genau das gleiche sagt.

Bei der Begegnung in Weimar war Goethe den politischen Problemen noch sehr entrückt, und er entzog sich nach wenigen anstrengenden Tagen unter dem Vorwand einer »Erkältung« der Staël. Er hatte aber immer wieder gehört, mit welchem Respekt sie, als Repräsentantin des freien Gedankens oder der Opposition gegen Napoleon, überall empfangen worden war, beim Hof zu Weimar, in Berlin, wo die Königin Luise ihr erklärte: »Madame, ich hoffe, Sie begreifen, daß wir Geschmack genug besitzen, Ihre Gegenwart in Berlin als schmeichelhaft zu empfinden.« Er hatte ebenso gehört, mit welchem hartnäckigen Haß Napoleon diese Gegenspielerin verfolgte, wie gefährlich es war, den Weg des Dämons zu kreuzen. Die Staël mochte sich in solcher Rolle gefallen; sie konnte sich dabei außer auf ihr europäisches Renommee als gefeiertste Schriftstellerin der Zeit auch auf ihr gewaltiges Vermögen stützen, auf das Erbe des Bankier- und Ministervaters Necker mit 120 000 frs jährlicher Rente, dem Mehrfachen der Zivilliste eines Herzogs von Weimar. Sie konnte auf ihrem fürstlichen Gutsbesitz in der Schweiz ihren Hof halten, einem internationalen Musenhof und einem Garten der Circe präsidieren, in den auch August Wilhelm Schlegel eingesperrt wurde, mit opulentem Jahresgehalt als Hofmeister der Kinder und einem privaten Liebesschuldschein, in dem er sich für ewig zum sklavischen Knecht der Geliebten erklärte. Für Goethe gab es solche Möglichkeiten eines freien Lebens nicht. Er war Minister eines Landes, dessen Zukunft in der Hand des Dämons lag, und hatte eben noch einen Teil seines väterlichen Vermögens durch die Kriegsereignisse verloren. Über das Schicksal Weimars wurde im Hauptquartier Napoleons beraten. Die unangenehmsten Gerüchte kamen von dort.

Napoleon, der Sohn der Revolution, ist seit der Kaiserkrönung Legitimist. Er sorgt für Unterbringung seiner Familie, des korsischen

Clans. Unbekümmert um die Landkarte oder die Unfähigkeit seiner Brüder, setzt er sie auf alte oder neugeschaffne Throne oder schickt sie herum wie Joseph, der mit dem Titel eines Königs nach Neapel und bald darauf nach Spanien abkommandiert wird, Louis, der Holland erhält und bald verliert, weil er zu milde regiert. Für den Jüngsten und Törichtesten, Napoleons Liebling, wird aus allerhand deutschen Länderfetzen ein Königreich Westfalen geschaffen, mit Kassel als Hauptstadt; als »König Lustig« regiert der hübsche Bursche da, nicht besser als die davongejagten deutschen Potentaten. Aus einer der vielen Liebschaften dieses Jérôme mit seinen Hofdamen wird später eine illegitime Tochter als Jenny von Pappenheim in Weimar auftauchen und ein geliebtes Töchterchen des ganz alten Goethe werden.

Zunächst geht es jedoch nicht um das lustige Leben in Kassel. Die Grenzen der Neugründung sind noch unbestimmt. Napoleon stößt kurzerhand nach einiger Zeit große Teile wieder ab und verwandelt sie in französische Departements; er wirft von Anfang an sein Auge auf die Nachbarstaaten in Thüringen, darunter Weimar. Karl August reist in Eile nach Sachsen, Napoleons getreuestem Verbündeten, um eventuell dort Anschluß zu finden. Er wird am Ende doch verschont, nicht weil man ihn für wichtig hält, sondern aus dynastischen Gründen: Sein Sohn, der Erbprinz, ist mit einer Zarentochter verheiratet, und Napoleon wünscht einen Ausgleich mit Rußland, jedenfalls vorläufig.

Goethe hört von diesen Dingen nicht durch die Zeitungen. Er hat im Bade die Bekanntschaft von Karl Friedrich Reinhard gemacht, dessen merkwürdige Karriere und Persönlichkeit ihn fesselt: Aus dem Tübinger Theologenstift ist der junge Schwabe nach Paris und in die Revolution geraten, dort als einziger der vielen deutschen Enthusiasten und Schwärmer nicht untergegangen, sondern klug und beharrlich aufgestiegen, als Bürochef und Mitarbeiter Talleyrands, immer ein Mann zweiten Ranges, aber immer wieder verwendet in wichtigen Missionen, denn auch Napoleon braucht Leute, die nicht brillieren, sondern arbeiten. Er wird neben seinen vielen Posten unter allen Regimen, die ihn zum Schluß unter der Restauration zum Grafen und Pair von Frankreich erhöhen, zum inoffiziellen Botschafter Goethes in Frankreich und außerdem zu einem der wenigen Altersfreunde, mit denen er eine umfangreiche Korrespondenz bis zum Tode unterhält. Reinhard ist Diplomat. Er respektiert Goethes Neigungen, er geht liebevoll auf die FARBENLEHRE ein, er empfiehlt sich durch angenehme Geschenke, Autographen für Goethes Sammlung, auch durch Intervention in Ordensfragen, durch Kunstsendungen und liebevollste Anteilnahme an allen neuen Werken. Er sagt kaum je sehr Bedeutendes darüber, aber er ist ausführlich und nicht oberflächlich. Er schickt gewissermaßen Gesandtschaftsberichte über Paris und Frankreich an den Hof am Frauenplan. Sie sind so zuverlässig wie seine amtlichen, die Napoleon schätzte.

Zuverlässig ist auch seine Schilderung Goethes beim ersten Kennenlernen in Karlsbad, 1807. Er hatte ihn sich anders vorgestellt, schreibt er an einen Freund. »Seine Statur ist lang und scheint hager, weil man sieht, daß er embonpoint verloren hat. Seine Gesichtsfarbe ist dunkel, fast nächtlich. Etwas Hartes in seinen geistreichen Zügen macht, daß man, was ehemals in seinem Gesicht schön war und in seinen Blicken noch ist, kaum mehr erkennt. Nur sein Auge ist noch wie ehemals ein zurückgehaltener Strahl, der im Augenblick leuchtet, wenn er lächelt, und dann blickt auch der Schalk unverkennbar hervor. Seine Manieren sind nicht ganz elegant. Sie scheinen mir etwas schamlos und eben darum etwas fast Unpreziöses zu haben; wenn er bloß höflich sein will, fällt er in etwas Affektuöses, das ihn nicht kleidet, weil es erkünstelt ist, aber ich habe ihn schon sich erwärmen gesehen und aus der inneren Fülle kochen hören, und so erkenne ich den Löwen an der Kralle.« Dieser Mann nun wird Gesandter Napoleons in Kassel. Er soll den törichten Bruder Jérôme beaufsichtigen. Die politischen Nachrichten, die er Goethe im Brief zukommen läßt, sind vorsichtig gehalten, denn auch die höchsten Beamten des Empire müssen mit Kontrolle ihrer Briefe rechnen. Und so hört Goethe durch Reinhard von einem der kühnsten und skrupellosesten Gewaltstreiche des Dämons in hochklassizistischen Wendungen, nur dem Kenner des Homer verständlich: »Zeus ist ja nun zu den frommen Aithiopen gegangen.« Das bedeutet, daß Napoleon sich nach Bayonne begeben hat, wo er im April 1808 den spanischen König und seinen Sohn in einen Hinterhalt lockt, zur Abdankung zwingt, während seine Truppen schon das Land besetzen und sein Bruder Joseph aus Neapel nach Madrid beordert wird auf einen höchst unsicheren Thron. In Neapel wird der Reitergeneral Murat König, der mit einer Schwester Bonapartes verheiratet ist, und mit diesen beiden Schritten beginnt Napoleon bereits, auf dem Höhepunkt seiner Macht, seinen Untergang vorzubereiten, der viel mehr sein eignes Werk ist als das seiner Gegner. Er stößt dort, an den am weitesten entlegenen Grenzen seines Empire, auf das Element, das ihn in Frankreich emporgetragen hat: das Volk. Auch in Kalabrien wird alsbald lange und blutig gekämpft wie in Spanien. In den Tiroler Bergen kämpfen unbelehrbare Bauern. Die Französische Revolution, in Frankreich vom Mann der Ordnung gründlich liquidiert, treibt »Wurzeln und Zweige« nach allen Seiten hin, wie Goethe vom großen Reich im Westen schrieb. Überall regt sich das Volk in Bewegungen, die Goethe noch »Nebel und Dunst« erscheinen. Das Wort »Landsturm« taucht auf, ein sehr revolutionärer Begriff, den Regierenden recht unsympathisch und nur widerwillig akzeptiert in der Not, in Österreich zunächst, dann in Preußen. Die »Jakobiner« unter der jüngeren Offiziersgeneration setzen ihre anfangs noch sehr theoretischen Gedanken in die Praxis um; sie haben die revolutionäre Taktik Napoleons gelernt und den Ersatz der kostbaren Söldner durch die unerschöpflichen Rekruten bei allgemeiner Wehrpflicht.

Das große Reich im Westen, Weimar nun sehr nahe mit seiner Bastion Erfurt, will dort im Jahr 1808 eine Heerschau und Gipfelkonferenz abhalten, und Goethe tritt bei dieser Gelegenheit dem Gewaltigen persönlich gegenüber. Der Dichter hat die Begegnung mit dem Schicksalsmann der Zeit als eines seiner größten Erlebnisse empfunden. Er hat nach seiner Art ein Geheimnis daraus gemacht und erst spät darüber etwas aufgezeichnet, von andern gedrängt. Andere haben, ebenfalls nicht sehr zuverlässig, schon damals etwas niedergeschrieben.

Die Goethe-Legende und die Napoleon-Legende stoßen hier zusammen. Es ist verlockend, in der Begegnung des großen Mannes der Tat und des Mannes der Feder eine schöne Gruppe zu sehen, mit blitzartigem Erkennen von Genie zu Genie. Etwas in dieser Art, wenn auch einfacher und praktischer, schwebte Napoleon vor. Er wollte in Erfurt neben der großen Politik auch Kulturpolitik treiben. Zu dem *Empire de recrutement* des Rheinbunds sollte eine Rekrutierung der deutschen geistigen Kräfte für die Cadres seines Reiches treten. An Willigkeit dafür fehlte es nicht. In Kassel sollte eine neue deutsche Hauptstadt entstehen. Johannes von Müller, der bedeutendste lebende Historiker deutscher Sprache, war dafür schon gewonnen; der Geschichtsschreiber Friedrichs des Großen sollte das Buch über Napoleon den Großen schreiben. Jakob Grimm war als Bibliothekar angestellt. Beethoven sollte als Kapellmeister berufen werden, was nur daran scheiterte, daß ein Konsortium von Wiener Hochadligen ihn durch Aussetzung einer lebenslänglichen Pension zum Bleiben bewog. Deutsche Philosophen, Hegel an der Spitze, sahen in Napoleon den verkörperten Weltgeist. Die Publizisten, mit wenigen Ausnahmen, feierten ihn. Dichter und Schriftsteller, die Napoleon als eine nicht unbeträchtliche Größe in seine Berechnungen einsetzte, sollten hinzustoßen. In Frankreich wollte es ihm damit nicht glücken; eine Staël, ein Chateaubriand hatten sich als widerspenstig und schwierig erwiesen; Napoleons Anweisung an den Innenminister, »er möge dafür sorgen, daß sich das bessert«, war ohne Erfolg geblieben. Die Deutschen würden sich als gelehriger erweisen. Man hatte ihm zwei Namen als die der bedeutendsten Literaten genannt: Wieland und Goethe. An Goethes WERTHER erinnerte er sich aus der Zeit, da er als junger Artillerieleutnant selber Romane zu schreiben versucht hatte; das Buch stand in seiner Feldbücherei. Daru, sein Intendant, hatte ihn informiert, von Berlin aus, wo er die großen preußischen Kontributionen mit gewohnter Tüchtigkeit eintrieb, »le bon bœuf pour le labour«, wie sein Meister ihn nannte. Das große Arbeitstier hatte auch literarische Neigungen: Er übersetzte Horaz, verfaßte ein Epos über die Alpen, als er dort den Nachschub der Armee organisierte. Seine Information war nicht sehr genau; er scheint Goethe mit Schiller verwechselt und ihn seinem Herrn vor allem als den bedeutendsten deutschen Dramatiker empfohlen zu haben. Gerade das aber paßte in Napoleons Pläne. In Erfurt sollte, außer den Verhandlungen mit dem Zaren über eine Aufteilung der Welt in Interessensphären, ein großes Schauspiel gegeben werden. Das Theater war neben der Weltbühne als Schauplatz dafür vorgesehen.

Bis ins kleinste war das vorbereitet, in ausführlichen Besprechungen mit dem Intendanten der Comédie Française: »Keine Komödie, das verstehen sie drüben über dem Rhein nicht!« Klassische Tragödie, Corneille, CINNA; da gibt es nach anfänglichen Verschwörungen eine Szene großer kaiserlicher Milde: Der Herrscher hält verzeihend seine Hand über die tiefgebeugten Widersacher. Da stehen bedeutungsvolle Verse:

»Die Staatsverbrechen all, um einen Thron begangen,
Vergibt der Himmel uns, von ihm sind sie empfangen.
Wer bis dorthin gelangt, ist jeder Schuld befreit:
Was er auch tat und tut, er ist durchaus gefeit!«

Mit dem großen Talma ist geprobt worden, von dem es heißt, daß er den Imperator unterrichtet hat, wie ein Cäsarenmantel antiken Schnittes zu tragen sei. Er hat Anweisung erhalten, welche Stellen mit Betonung vorzutragen sind, welche nebenher zu sprechen. Denn all diese klassischen Stücke stecken auch voll geheimen politischen Dynamits. Voltaires MAHOMET? Napoleon liebt das Werk nicht und wird das Goethe sagen, der es seinem Herzog zuliebe übersetzt hat; wenige Jahre später kommt es in Wien zu lauten Demonstrationen bei den Versen von Goethes Übersetzung:

»Auf deinen Lippen schallt der Friede, doch
Dein Herz weiß nichts davon.«

Aber MAHOMET gehört zum klassischen Repertoire, das man vollständig vorführen will, und er enthält auch die sehr brauchbare Zeile: »Wer machte ihn zum Herrn? Wer krönte ihn? Der Sieg!« MAHOMET wird gegeben.

Wagenkolonnen mit Mobiliar aus den Pariser Schlössern, Teppichen, Bronzen sind seit Wochen unterwegs gewesen, um das bescheidene Erfurt im Stil des neuen Empire auszustatten, den Talleyrand als Mann des *Ancien régime* boshaft kennzeichnet: eine Mischung von Europäischem und Asiatischem, »gelehrter Luxus«, der Mantel der Cäsaren und die Tradition des alten Hofes. Polizeiminister Savary hat in jedes Haus der Gäste Hofbeamte gelegt, die nebenbei Geheimpolizisten sind. Denn die politische Szene ist ebenfalls voll Dynamit. Hinter den Kulissen wird ein noch größeres Spiel gespielt: Talleyrand, als höchster Berater Napoleons, warnt den Zaren und den österreichischen Gesandten vor den Friedensbeteuerungen, von denen das Herz des Dämons nichts weiß; er wird seinen Herrn verraten oder, wie man auch sagen kann, den Versuch machen, dem kommenden Unheil rechtzeitig Halt zu gebieten.

Weltbewegende Pläne sind im Gange. Napoleon will eine Schwester Alexanders heiraten, und Weimar würde damit mit dem Gewaltigen verschwägert sein. Er will die Türkei aufteilen und Alexander einen noch unbestimmten Teil zukommen lassen. Er will zu Land nach Indien, um dort England zu treffen. Ein General ist bereits nach Persien entsandt, den Weg zu erkunden. Napoleon hat ein Parterre von Königen, Großherzögen, Fürsten entboten, die meisten von ihm ernannt, befördert, mit seinem Clan oder seinen Marschällen verschwägert. Seine besten Kavallerieregimenter stehen zur Parade bereit. Salut wird nur für den Zaren geschossen, der seit Tilsit, ein Jahr zuvor, sein unsicherer Verbündeter ist. Nur ihm kommt Napoleon bis zur Tür entgegen, die anderen Könige haben aufzuwarten. Ihm neigt er sich im Theater zu, als der Schauspieler wie auf einem Teller die Zeile aus Voltaires OEDIPE präsentiert: »Die Freundschaft eines großen Mannes ist ein Geschenk der Götter!« Auch Alexander spielt mit. Er ergreift bewegt die Hand des Kaisers. Napoleon erwidert mit italienisch ausdrucksvollen Gesten: er sei solcher Gunst kaum würdig. Er nickt bedeutungsvoll bei den nächsten Zeilen:

»Eroberer nicht nur, Besieger einer Welt –
Sein Name sei auch nun: der große Friedensheld!«

Aber die Verhandlungen, ob nun wegen Talleyrands Warnungen oder Alexanders ständiger Unentschlossenheit, stocken. Der Vertrag wird nicht unterzeichnet, in dem Napoleon den Aufmarsch der Russen gegen Österreich wünscht, während er seine Truppen nach Spanien abziehen will. Der Heiratsplan kommt nicht von der Stelle. Es ist Zeit für ein kulturpolitisches Intermezzo. Herr von Goethe wird zur Audienz befohlen.

Goethe ist nur recht unwillig nach Erfurt gegangen, mit China, der FARBENLEHRE beschäftigt. Aber sein Herzog hat Grund, sich dem Gefürchteten mit Aufbietung aller präsentablen Kräfte seines bedrohten Ländchens angenehm zu zeigen. Im Salon einer baltischen Dame, die auf Bildungsfahrten umherreiste und schon in Weimar gewesen war, wird Goethe mit Innenminister Maret, früher Redakteur des MONITEUR, bekannt gemacht. Maret verständigt den Dichter, daß Napoleon ihn zum Dejeuner erwarte. Goethe steigt am 2. Oktober die Stufen des ihm wohlbekannten Palais des ehemaligen Statthalters Dalberg hinan, der nun, als einziger der geistlichen Fürsten übriggeblieben, mit dem Titel »Fürstprimas« Doyen des Rheinbunds ist und zum Großherzog von Frankfurt, einer weiteren Neugründung, ernannt werden soll. Goethe notiert in seinem Tagebuch: »Der alte Schauplatz, mit neuem Personal.«

Das neue Personal ist zahlreich vertreten. Es wird keine eigentliche Audienz. Der Kaiser frühstückt, Goethe steht. Der Kaiser empfängt nicht nur den Dichter, sondern läßt sich von verschiedensten Seiten Bericht erstatten. Talleyrand kommt und geht. Daru erscheint und legt die preußischen Kontributionslisten vor. Ein General erstattet Meldung über Polen, das unruhig ist, weil Napoleon ihm die Freiheit versprochen hat und damit zögert. Goethe hat Zeit, das Zimmer zu betrachten: »Die alten Tapeten. Aber die Porträts an den Wänden waren verschwunden. Hier hatte das Porträt der Herzogin Amalie gehangen, im Redoutenanzug, eine schwarze Halbmaske in der Hand...« Das war die Rokokowelt gewesen. Jetzt stand ihm die neue gegenüber, der Soldatenkaiser in der knappen grünen Uniform seiner Gardejäger. Mit kurzen Gesten seiner kleinen, weiblichen Hand, die er bei der Unterhaltung in der weißen Weste versteckt, regiert er vor Goethes Augen. Für eine kurze Stunde seines Lebens steht Goethe auf der großen Weltbühne, im Zentrum der Begebenheiten. Er sieht, wie die Geschicke der Völker entschieden werden, mit einer Handbewegung, einem Kommandowort. Er ist fasziniert und bleibt es bis ans Ende seines Lebens.

Auch sein Auftritt kommt. Napoleon, vierzig, ist schon schwer geworden, massig, sein Kinn erinnert eher an das Neros als an das des Augustus wie auf den Medaillen seiner Jugend. Goethe, sechzig, im Frack, das Gesicht braun, die Haare sorgfältig gebrannt, sieht sehr stattlich aus in seiner geraden Haltung. Er macht Eindruck. Darauf bezieht sich Napoleons Wort zur Begleitung, »Voilà un homme«, das wohl etwa besagen sollte, er habe da ein ausgezeichnetes Exemplar der Gattung Mensch vor sich gehabt.

Napoleon stellt zunächst einige Paß-Fragen: Wie alt? Sechzig! Sie haben sich gut gehalten (voilà un homme). Familie? Kinder? Der Herzog? Napoleon spricht von Karl August wie von einem Schulknaben: Er war ungezogen und ist zurechtgewiesen worden. Goethe verteidigt seinen Herrn: er sei ein Beschützer der Wissenschaften, der Dichtung.

Das bringt Napoleon auf sein Thema. Er spricht vom Theater, lädt Goethe ausdrücklich zur Vorstellung am Abend ein. Der Fürstprimas wird zugegen sein und an der Schulter des Königs von Württemberg einschlafen. Sie haben den Zaren schon gesehen? – Noch nicht! Goethe hofft vorgestellt zu werden. – Schreiben Sie über die Tagung in Erfurt! Widmen Sie ihm Ihre Darstellung! – Goethe entschuldigt sich, er habe so etwas noch nie gemacht. Napoleon weist ihn auf die großen Autoren Ludwigs XIV. hin. Goethe weicht weiter aus.

Napoleon will den stattlichen Mann gewinnen. Er spricht vom WERTHER, den er siebenmal gelesen haben will. Er sagt, daß er ihn bis zu den Pyramiden mitgenommen habe. Er sagt nicht, daß er damals bei der Überfahrt nach Ägypten seine Generäle im Salon des Flaggschiffes angetroffen hatte, Romane in der Hand, einer las PAUL ET VIRGINIE, der andere, sein späterer Reiteroberst Bessières, den WERTHER: »Zeug für Domestiken!« hatte der Feldherr Bonaparte brüsk entschieden und dem Bibliothekar befohlen, alle Romane einzusperren. Nur Geschichtswerke sollten ausgegeben werden, männliche Nahrung für Heldenseelen, die den Alexanderzug wiederholen.

Auch jetzt kritisiert er, »wie ein Kriminalrichter«, nach Goethes Worten, die Literatur betrachtend. Er tadelt, daß im WERTHER die beiden Motive für den Selbstmord, gekränkter Ehrgeiz und unerfüllte Liebe, vermischt seien. In seinem Kopf sind genau getrennte Fächer, hier Liebe, dort Ehrgeiz. Goethe verteidigt sich mit Komplimenten, noch nie habe jemand diesen Fehler bemerkt.

Napoleon geht nun auf sein Ziel los. Das Theater könnte die Schule der Völker sein. Es fehle an großen Stücken. Da ist der TOD CÄSARS von Voltaire, der den Helden nicht angemessen gewürdigt hat. Man müßte zeigen, wie Cäsar die Menschheit beglückt hätte, wenn ihm Zeit geblieben wäre, seine gewaltigen Pläne auszuführen. Noch auf St. Helena wird er dies Thema, mit Bezug auf sich, behandeln. Er glaubt in Goethe, den man ihm als ersten Dramatiker Deutschlands bezeichnet hat, das Werkzeug gefunden zu haben. Direkt geht er ihn an: »Kommen Sie nach Paris! Ich fordere das durchaus von Ihnen!« Nur da könnten solche Pläne verwirklicht werden.

Das ist nun ein großer Augenblick. Es ist verständlich, daß Goethe ihn nicht vergessen konnte. Er mag an das Wort Napoleons gedacht haben, daß er einen Corneille zum Fürsten machen würde, wenn er noch lebte. Wir wissen nicht, was er antwortete, wahrscheinlich eine unbestimmte Wendung.

Noch mehr wird, unter dem Kommen und Gehen der Würdenträger, gesprochen. Die Berichte sind zerstückelt und nachträglich zusammengesetzt. Napoleon fragt auch nach der Stimmung der Bevölkerung. Ist sie zufrieden? Glücklich? – Man erhoffe sich viel, antwortet Goethe vorsichtig. Durch den Kammerherrn läßt er anfragen, als neue Besucher kommen, ob er sich beurlauben dürfe. Napoleon, über die Berichte aus Polen gebeugt, nickt. Der Dichter nimmt seinen Abschied.

Im Theater hat man mit einiger Mühe für den Geistesfürsten ein Plätzchen unter den vielen gekrönten Häuptern gefunden. Die Rangordnung ist strikt dynastisch-militärisch: Vor dem Orchester, erhöht, sitzen die beiden Kaiser und die von Napoleon ernannten Könige von Bayern, Sachsen, Württemberg, dann kommen die Fürsten, Prinzen, Herzöge, danach die Marschälle als wichtigste Persönlichkeiten der Militärherrschaft, in den hinteren Reihen erst Botschafter und auf den letzten Sesseln die Minister. Unter den russischen Würdenträgern befindet sich der Botschafter in Paris, Graf Tolstoi, der einem anderen Mitglied seiner Familie dann Einzelheiten über den Kongreß übermitteln wird; in KRIEG UND FRIEDEN glänzt die schöne Gräfin Helene in den Salons von Erfurt und wird der Kaiser aus direkter Familientradition geschildert, bis zum feisten, gepflegten Körper, der immer stark nach Eau de Cologne duftet.

Die Bevölkerung, das Volk bleibt draußen. Es hat durch Illuminieren der Fenster seine Teilnahme zu bezeugen. Ein Transparent hat die Inschrift:

»Gäb's jetzt noch einen Gottessohn,
So wär's gewiß Napoleon.«

Der große Maskenzug geht weiter. Paraden, Besuch Weimars, wo Karl August eine große Treibjagd organisiert hat, dem kurzsichtigen Zaren wird ein kapitaler Hirsch bis auf fünf Schritte vor die Flinte getrieben und auch glücklich erlegt. Ein Hasentreiben wird veranstaltet, wie in Erinnerung an die Schlacht von Jena, und der preußische Delegierte Prinz Wilhelm taktvollerweise dazu eingeladen. Ein großes Zelt mit Modellen der Schlacht ist aufgebaut. Napoleon reitet mit Alexander die Stellungen von vor zwei Jahren ab und demonstriert ihm, wie eine altberühmte, unbesiegbare Armee zu schlagen sei. Das thüringische Volk drängt sich jubelnd herbei; so behauptet Napoleons Hofmarschall und auch die deutsche Festschrift. Die Fürsten drängen sich. Jeder will wenigstens gesehen werden, wie Fürst Talleyrand vermerkt, der hinzufügt: »Es gibt Geheimnisse der Schmeichelei, die ausschließlich Fürstlichkeiten offenbar sein mögen.«

Im Weimarer Schloß ist Hofball. Napoleon richtet dabei noch einmal das Wort an Goethe und legt ihm die Tragödie als Hohe Schule für überlegene Menschen ans Herz. Es fallen die Worte über das Schicksal: »Was will man mit dem Schicksal? Die Politik ist das Schicksal!« Das Hauptgespräch führt er mit dem alten Wieland. Der hält sich gut und aufrecht trotz seines hohen Alters. Er hat sich sorgfältig präpariert durch Korrespondenz mit Johannes von Müller. Er nimmt an, daß Napoleon von Tacitus sprechen wird, den er als »Verläumder der Cäsaren« haßt. Und in der Tat: Er kommt darauf zu sprechen. Wieland, in elegantem Französisch, wagt es, Tacitus zu verteidigen. Er deutet sogar kühn an, daß er doch wohl gewissermaßen als ein Autor zum andern sprechen dürfe? Habe die Majestät nicht als General Bonaparte dem *Institut de France* angehört, habe nicht auf dem Briefkopf des Oberbefehlshabers dieser akademische Titel an erster Stelle gestanden? Napoleon nickt gnädig, er hört das gern. Die umstehenden Weimarer sind stolz auf ihren greisen Meister im schwarzen Käppchen, der dem Gewaltigen widerspricht.

Noch andere Persönlichkeiten erhalten einen Blick, der Mediziner Stark, der Bürgermeister von Jena, der beweglich klagt über die Leiden seiner Stadt und sich durch Tiraden gegen die Engländer empfiehlt, die an allem Unheil der Welt schuld seien. Napoleon verspricht der Stadt Jena 300 000 frs Nothilfe (die dann, wie Goethe notiert, »nicht kommen wollten«). Er sichert zu, daß die Weimarer Truppen vom Feldzug in Spanien verschont werden sollen (wohin sie bald marschieren müssen). Mit Karl August hat er noch eine kurze Unterredung während der Jagden in Eckersberg, und sie zeigt deutlicher als die großen Staatsgespräche das Geheimnis des großen Dämons auf. Der Herzog entschuldigt sich wegen der Ärmlichkeit der Räume, die nur weiß gekalkt sind. Napoleon, den Hut auf dem Kopfe, widerspricht: im Gegenteil, so fühle er sich behaglich, als Soldat, wie seit Jugend gewöhnt. In Paris, in den Prachträumen langweile er sich, er könne das Leben da nicht aushalten. Nur im Krieg sei ihm wohl...

Er fährt nach Erfurt zurück und schließt die Tagung mit großen Ordensverleihungen ab, Großkreuze, Komturkreuze, einfache Kreuze der Ehrenlegion. Im Bulletin heißt es: »Durch Verfügung vom heutigen Tage wird das Kreuz der Ehrenlegion verliehen den Herren v. Goethe, Geh. Rat des Herzogs von Weimar, Wieland, desgl., Stark, Oberstabsarzt in Jena, Vogel, Bürgermeister von Jena.«

Am 14. Oktober, dem Jahrestag der Schlacht von Jena, auch dies ist genau arrangiert, reist Napoleon aus Erfurt ab, nach Paris und Spanien. Er vergißt Goethe und kommt auf seinen Vorschlag nicht weiter zurück. Er hat den Feldzug gegen die »frommen Aithiopen« zu führen, im folgenden Jahr gegen Österreich, dann gegen Rußland. Erst auf der Flucht aus Moskau, incognito als Sekretär seines Außenministers reisend, macht er des Nachts in einer kleinen Stadt halt. »Was ist das hier?« – »Weimar, Sire.« – »Lassen Sie meine Grüße an M. Göt bestellen.«

Taten und Leiden des Lichtes

Während des Fürstentages zu Erfurt 1808, der Goethe das Kreuz der Ehrenlegion einträgt – er zeigt es überall mit Stolz und spricht von Napoleon als »mein Kaiser« –, erscheint anonym und ohne Druckort ein kleines Heft mit SCHRIFTPROBEN. Es ist von Joseph Görres geschrieben, dem wortstärksten der jungen Romantiker und ihrem größten Publizisten. Als Typenprobe für eine Druckerei getarnt, mit wechselnden Schriften von Nonpareille bis zu groben Text-Schriften, sagt es bittere Wahrheiten in dunkler Sprache. Görres spottet über die Deutschen, die sich nun Teutsche nennen, über teutsche Treue, Biedersinn, Kraft, teutschen Mut, teutsche Jungfrau, teutsches Mutterweib faseln – »hätten wir doch zum mindesten teutschen Sarkasm!«. Er verhöhnt die Knechtsseelen: »Diener des Herrn nennen sie sich, der Herr hat ihnen ein Trinkgeld gelassen, sie sollen sich bey einer andern Herrschaft verdingen. Jetzt sind schöne Expectanzen bey Polizey und Kammer erledigt, ohnmaßgeblich riethen wir, sie rückten dort ein.« Er macht sich lustig über die Preußen: »Sie hatten ihren alten Ruhm *à fond perdu* gegeben und dachten nun pfiffig immerwährende Leibrenten zu ziehen von dem erdarbten Capital. Da hat die Zeit, klüger und listiger noch, die alten Wucherer mit dem Hammer erschlagen, und Kapital und Zinsen mit einem Streiche gewonnen.« Er fügt das Wort Friedrichs des Großen an seine Soldaten hinzu: »Wollt ihr denn ewig leben, ihr Hunde?«

In dunklen Andeutungen, denn er schreibt in Heidelberg, unter den Augen der französischen Zensur, spricht er auch von einer Wiedergeburt der Zeiten. Paracelsus hat ein gutes Rezept dafür gegeben: »Zerhackt den Leib in seine Partikeln, jede Gliedmaße besonders geschieden, dann Alles in ein reinliches Fäßchen gepackt, die Füße zu unterst, dann Viertel, Bauchlappen, Caldaunen, Herz, Leber und Lunge, Arme, zuoberst der Kopf, endlich oben drüber die ewige

Lampe angezündet.« So etwa sahen die jungen feurigen Geister die Zeit. Und in einer merkwürdigen Gleichzeitigkeit zu Gedanken Goethes sagt er:»Zur Rechten den Tag – zur Linken die Nacht, aus der Verbindung Beyder sind alle Dinge geworden, und unter Andern auch wir.«

Goethe schließt in diesen Tagen die Hauptarbeit an seiner FARBEN-LEHRE ab, die vom Kampf des Lichtes mit der Dunkelheit handelt. Die Farben sind »Taten und Leiden des Lichtes«, meint er. Er hat seit der Katastrophe von 1806 fieberhaft an diesem Werk gearbeitet, alles, was nur eben fertig wurde, in die Druckerei geschickt, ständig in Furcht, daß die Zeitverhältnisse ihm diese Lebensaufgabe zunichte machen könnten. Denn als eine Grundlage seiner Existenz faßte er diese Lehre auf, nicht als einen bescheidenen Beitrag zur Forschung oder wissenschaftlichen Diskussion. Nur so ist das Buch zu verstehen. Es ist keine Wissenschaft, sondern eine Lebenslehre. Es beruht auf seinen höchst persönlichen Grundanschauungen, im Gespräch mit Schiller noch zu Begriffen präzisiert: der Polarität aller Dinge und dem Prinzip der Steigerung. Aus polaren Gegensätzen ist Goethes eigne Natur zusammengesetzt, Steigerung ist sein Ziel. Dafür gilt es nun in der Welt der Naturerscheinungen Beispiele und Beweise zu finden.

Er ist vorwiegend ein Augenmensch. Sein Auge ist, wie schon allen Besuchern immer wieder auffiel, sein vornehmlichstes Organ, mächtig, durchdringend, beherrschend. Die anderen Sinne sind nicht verkümmert, keineswegs, aber sie treten zurück, und oft äußern sie sich nur durch Empfindlichkeit und Abwehr. Sein Geruchssinn reagiert bereits in der Jugend schmerzlich, wo ihm der Moderdunst der Manege die ganze Lust am Reiten nimmt; sein Freund Knebel erzählt, daß Goethe ihn dringend bat, doch seine Pfeife auszumachen, da er vom Tabakrauch in fieberhafte Erregung versetzt werde. Musik soll sanft und leicht sein, mit einem Quartett im Nebenzimmer stimmt er seine Nerven für die Arbeit an der IPHIGENIE. Temperaturschwankungen registriert er mit größter Empfindlichkeit, auch die Jahreszeiten haben entscheidenden Einfluß auf ihn; er umgibt sich unbeschadet seiner These, daß der Mensch das vollkommenste Instrument sei, mit möglichst vollkommenen Barometern und Thermometern und liest sie sorgfältig ab. Er erfindet sogar eine eigne Theorie, seinem Grundgefühl vom Einatmen und Ausatmen entsprechend: die Schwerkraft der Erde sei nicht konstant, sie wechsele, pulsiere. Damit erklärt er sich die Zu- und Abnahme des Luftdrucks und den Wechsel in den atmosphärischen Spannungen.

Bei all diesen Reaktionen seiner Organe verhält er sich »leidend« gegenüber den Taten der Naturphänomene. Sein Auge nur ist herrscherlich. Er zitiert, umdichtend, altgriechische Weisheitssprüche:

»Wär' nicht dein Auge sonnenhaft,
Wie könnt' es je die Sonn erblicken?
Wes'te nicht in uns die eigne Gotteskraft,
Wie könnt' uns Göttliches entzücken?«

Aus dem Plotin hat er das entnommen, dem letzten großen Philosophen des Altertums, der sechshundert Jahre nach Plato noch einmal eine neuplatonische Schule begründete. Er las ihn in lateinischer Übersetzung und entnahm dem Buch wie bei der Lektüre Spinozas nur diesen Hauptsatz als *Aperçu*, das ihn wie ein Blitz berührte; das eigentliche Denken Plotins blieb ihm fremd. Die Griechen, so erklärt er, sind bereits »mit allem bekannt gewesen, das wir als Grund der Farbenlehre anerkennen, was wir als die Hauptmomente derselben verehren«, und ursprünglich habe er daran gedacht, das Büchlein des Aristoteles-Schülers Theophrast nur umzuschreiben. Die Griechen bedeuten für ihn das goldene Zeitalter und Vorbild für Kunst und Wissenschaft. Auch seine FARBENLEHRE gehört der Zeit seines ausgesprochenen Klassizismus an.

Die Alten erkannten alle Hauptpunkte, aber sie gelangten nicht dazu, ihre Erfahrungen zu reinigen und zusammenzubringen. »Und wie einem Schatzgräber, der durch die mächtigsten Formeln den mit Gold und Juwelen gefüllten blinkenden Kessel schon bis an den Rand der Grube herausgebracht hat, aber ein einziges an der Beschwörung versieht, das nah gehoffte Glück unter Geprassel und Gepolter und dämonischem Hohngelächter wieder zurücksinkt«, so geht alles wieder auf Jahrhunderte verloren. Er muß den Schatz nun heben. Ein neues Hindernis hat sich aufgetan: Newton hat eine Bastille, eine Zwingburg erbaut, die aller reinen Forschung den Weg versperrt. Immer weiter ist diese Schandbastion vergrößert worden, man hat nur nicht bemerkt, daß sie kaum noch bewohnt ist. Sie steht leer, »nur von einigen Invaliden bewacht, die sich ganz ernsthaft für gerüstet halten«. Nichts einfacher, als sie zu stürmen: »Es ist also hier die Rede nicht von einer langwierigen Belagerung oder einer zweifelhaften Fehde. Wir finden vielmehr jenes achte Wunder der Welt schon als ein verlassenes, Einsturz drohendes Altertum und beginnen sogleich von Giebel und Dach herab es ohne Umstände abzutragen, damit die Sonne doch endlich einmal in das alte Ratten- und Eulennest hineinscheine.« Das liest sich gut wie viele Partien des Werkes, das voll ist von Weisheiten über die Menschen, von geistreichen Vergleichen. Es ist auch voll von unfruchtbarster Polemik und trokkenster Theorie, mühsamen Erläuterungen zu mühsamen Deutungsversuchen. Es enthält viele praktische Anweisungen für Experimente, die man anzustellen hat. Man hat sich das notwendige Gerät zu beschaffen oder herzustellen. Die FARBENLEHRE muß man *tun*, nicht nur lesen, so erklärt er später. Sein getreuer Eckermann versucht das und meint, er sei dabei ein besserer Mensch geworden. Dann glaubt der Zauberlehrling, selber etwas entdeckt zu haben, worin Goethe vielleicht irrt. Mutig, wenn auch beklommen, tritt er vor ihn hin und stottert seine Sache vor. Da kommt er aber schön an. »Als ob Ihrs gefunden hättet!« donnert der Olympier. »Das gehört ins vierzehnte Jahrhundert, und im übrigen steckt Ihr in der tiefsten Dialektik.« Etwas milder fährt er fort: »Es geht mir mit meiner Farbenlehre grade wie mit der christlichen Religion. Man glaubt, treue Schüler zu haben, und ehe man sichs versieht, weichen sie ab und bilden eine Sekte. Sie sind ein *Ketzer*, wie die andern auch, und Sie sind nicht der erste, der von mir abgewichen ist!« In der Tür noch, als Eckermann sich davonschleicht, wird ihm das Wort »Ketzer!« nachgerufen. Die Episode ist nicht unwichtig oder Goethes andere Äußerungen, wonach dieses Werk seine bedeutendste Leistung sei: »Auf alles, was ich als Poet geleistet habe, bilde ich mir garnichts ein. Es haben treffliche Dichter mit mir gelebt, es lebten noch trefflichere vor mir, und es werden ihrer nach mir sein. Daß ich aber in meinem Jahrhundert in der schwierigen Wissenschaft der Farbenlehre der einzige bin, der das Rechte weiß, darauf tue ich mir etwas zu gute, und ich habe daher ein Bewußtsein der Superiorität über viele.« Ein andermal vergleicht er sich mit Luther, der die Finsternis der Pfaffen zu überwinden hatte, »und mir ist der Irrtum der Newtonschen Lehre zuteil geworden«.

Im Kampf gegen diesen Erbfeind sieht er die Hauptaufgabe, die ihm zugefallen ist. Er geht da in seinem Haß bis zu den gröbsten Verdächtigungen und Entstellungen, und er hat bei den Uneingeweihten viele Sympathien für sich. Hier der Seher, der Dichter, mit dem allumfassenden Weltauge – dort der kalte Rechner. Hier der Mann des freien Blickes, erhobenen Hauptes, den Blick auf das Himmelsblau gerichtet – und da der verhockte Stubenmensch mit seiner Apparatur. Das Mißtrauen gegen die »exakten« Wissenschaften ist noch gewachsen, seitdem das Treiben der Wissenschaftler immer unheimlicher geworden ist und viele von ihnen es selber kaum noch übersehen. Die Freude am unaufhaltsamen Fortschritt ist erloschen. An ihre Stelle ist Verwirrung und Angst getreten. Da liegt es nahe, zu Goethe wie zu einer Vater-Figur aus einer verlorenen goldenen Zeit zurückzublicken, wie er sie in den Griechen sah, einer Zeit der »Ganzheit«. Man ignoriert, daß es nicht golden hell aussah in Goethes Farbenwelt, sondern trübe, daß Streit und Widerstreit herrschten; er war zwar ein ganzer Mensch, aber von polaren Gegensätzen hin- und hergerissen, die jeden anderen zerstört hätten.

In der unendlichen Vielfalt der Goethe-Gestalten, die er in sich beherbergt, tritt in seinem Kampf gegen Newton auch einmal der krasse Parteimann, der Demagoge, hervor; er gehört ebenso zu seinem vollen Bild wie der milde und allesverstehende Goethe. Der Phrenologe Gall hat einmal seinen Schädel als den eines Volksredners gedeutet, was sonst wunderlich erscheint; hier hat es eine gewisse Berechtigung. Goethe schlägt in seinem Zorn wie ein Luther auf das Pult und donnert: »Und wenn so viele Teufel in den Hörsälen und Buchläden sich gegen mich widersetzten als Zeichen und Zahlen zugunsten der falschen Lehre seit hundert Jahren verschwendet werden, so sollen sie mich doch nicht abhalten, laut zu bekennen, was ich einmal für wahr anerkannt... Was ist denn Pressefreiheit, nach der jedermann so schreit und seufzt, wenn ich nicht sagen darf, daß Newton sich in seiner Jugend selbst betrog und sein ganzes Leben anwendete, diesen Selbstbetrug zu perpetuieren!«

Niemand hat je versucht, ihm seine Publikationen zu verbieten; wohl aber hat er selber, wo er die Macht dazu besaß, mit strenger Zensurhand eingegriffen. Bismarck hatte sehr unrecht, wenn er meinte, daß Goethe nicht hassen konnte. Er konnte hassen. Er haßt Newton wie einen persönlichen Feind, der ihm das Leben verkümmert hat, lange, ingrimmig, lebenslänglich, und er versucht mit allen Mitteln, ihn zu verdächtigen, als Charakter, als Forscher, als Menschen.

Wie schildert er nun den Feind, den er »Bal Isaak« nennt? Kriegerisch intoniert er: Es muß »jeden, der nicht verwahrlost ist, zum Erstaunen, ja zum Entsetzen bewegen«, wie Newton untersucht. Er getraut sich, eine Galerie von Charakteren – er denkt dabei an Cagliostro – zu entwerfen, die von der klarsten Verruchtheit bis zur dumpfen Ahnung sich selbst und andere betrügen, und »so würde uns niemand verargen, wenn er Newton auch in der Reihe fände, der eine trübe Ahnung seines Unrechts gewiß gefühlt hat«. Zum Kanzler Müller hat Goethe im späten Alter einmal behaglich-grimmig gesagt: »O ich kann wohl auch bestialisch sein und verstehe mich gar sehr darauf.«

Er kämpft gegen einen Schatten. Sein Charakterbild Newtons ist so völlig verzeichnet, daß auch seine beschränkte Kenntnis der Person des Gegners ihn nicht entschuldigt. Als »wohlorganisierten, gesunden, wohltemperierten Mann« führt er ihn ein, »ohne Leidenschaften, ohne Begierden«. Gesund? Newton war schwächlich als Kind, später wurde er immer wieder von schwersten Nervenkrisen heimgesucht. Nach den großen schöpferischen Ausbrüchen weniger Jahre war er dem Wahnsinn nahe; man hat auch von seinen »irren Perioden« gesprochen. Von allen wissenschaftlichen Genies ist er wohl das ungesundeste, ein Thema für pathologische Studien. Er hat das selber gespürt und sich, als Schutz vor weiteren Anfällen, in die Stille seines Staatsamtes als Münzdirektor gerettet in seinen letzten Jahrzehnten, in denen er kaum noch an der wissenschaftlichen Diskussion teilnahm. Wohltemperiert? Newton war scheu, reizbar, auch wieder bis zur Krankhaftigkeit, Freunde erst haben seine wichtigsten Entdeckungen, die dann die Welt bewegten, mit liebevollem Verständnis ans Licht gebracht. Dies Versteckspiel hat Newton in viele unerquickliche Streitigkeiten verwickelt, so mit Leibniz über die Priorität der Infinitesimalrechnung; er hat darüber geseufzt, die Dame Wissenschaft sei doch eine so prozeßsüchtige Person, daß man es lieber mit den Advokaten zu tun haben sollte – als ob er den Prozeß »gegen das Spektrum« vorausgeahnt hätte, den hundert Jahre später ein weimarischer Geheimrat gegen ihn anstrengte. Sein Leben ist keine wohltemperierte ebene Landschaft, seine Kurve zeigt die schroffsten Aufstiege und bestürzende Abstiege in Melancholie.

Goethe sieht in ihm nur den Mathematiker, den »Rechner«, und läßt es auch dahingestellt sein, was es damit auf sich habe: die »mittleren Köpfe seiner Zeit« hätten ihn verehrt, die besten erkannten ihn für ihresgleichen – oder gerieten mit ihm in Streit, »und so dürfen wir ihn wohl, ohne näheren Beweis, mit der übrigen Welt für einen außerordentlichen Mann erklären«.

Nun aber kommen wir zur Erfahrungsseite, wie Goethe das ausdrückt. Da tritt er in eine Welt ein, die auch wir kennen. Da verleitet die Mathematik nun zum Irrtum, so sicher sie in sich selbst sein mag, und kann den Irrtum »ungeheuer machen und sich künftige Beschämungen vorbereiten«. Newton hat sich übereilt, seine Theorie aufgebaut, alles entfernt, was ihr schaden könnte, und »je vernünftiger der Mensch ist, desto lügenhafter wird er, sobald er irrt«, er wird »treulos gegen die Welt, und um innerlich wahr zu sein, erklärt er das Wirkliche für eine Lüge«.

Das Duell ist so spannend, weil es sich nicht wie bei Goethes sonstigen Feinden um kleine unwichtige Insekten, zum Beispiel einen Böttiger oder Kotzebue, handelt. Es erregt schon deshalb, weil Newton das genaue Gegenteil des Bildes ist, das Goethe entwirft. Er ist vorsichtig, eher ängstlich, immer wieder das Vorläufige seiner Gedanken betonend, so abgeneigt allen peremptorischen Hypothesen, daß ihm das immer wieder vorgeworfen wird. Seine zukunftsreichsten Gedanken stellt er in Form von *Queries*, Fragen, zur Debatte. Er zögert, während Goethe mit halb- oder viertelsfertigen Ideen sogleich zum Druck eilt, jahre-, jahrzehntelang mit seinen Publikationen. Er ist vor allem keineswegs der bloße »Rechner«, den Goethe in ihm sehen will. Er ist im Gegenteil ein Mann der Intuition in höchstem Maße, einer der dichterischen Intuition durchaus ebenbürtigen Schau, die ein Bild der Welt sieht und dann allerdings Erklärungen und Demonstrationen vorlegt. Auch dafür verwendet er bescheiden den Ausdruck »illustrieren«. Er äußert sich in Bildern und Zeichen, die Goethe als Hieroglyphen erscheinen. Er ist sogar ein Magier mit okkulten Neigungen und liest im Jakob Böhme. Es gibt den Alchemisten Newton, der von unheimlichen Umwandlungen der Elemente spricht,»die der Welt nicht ohne ungeheure Gefahren bekanntgegeben werden sollten«, als ob er die künftige Entwicklung geahnt hätte. Dieser Newton ist eher Goethes Faust als der trockene Wagner. Er konzipiert in einem schöpferischen Ausbruch, der ohnegleichen ist in der Geschichte der Forschung, als junger Mann die drei Hauptgedanken seines Lebenswerkes, das Rechnen mit unendlichen Reihen, die Optik, die Gravitationslehre. Er hat als einer der größten Revolutionäre das Weltgefühl der Menschheit grundlegend umgestaltet: Erst mit ihm wird das Weltall bis zu den entlegensten Himmelskörpern den gleichen Gesetzen unterworfen, die auf der Erde gelten, und in das Bewußtsein des Menschen einbezogen. Mit ihm beginnt erst in Wahrheit die Neuzeit, die Welt, in der wir leben und die nun auf Newtons Bahnen hinausgreift bis ins Weltall. Ob das zum Wohl und Heil der Menschheit geschieht, ist eine andere Frage, für die er nicht verantwortlich gemacht werden kann. Denn niemand hat noch je den Punkt bezeichnet, wo die Forschung einmal wie mit einem Ruck haltmachen oder womöglich»umkehren« sollte.

Newton ist ferner, sehr zum Unterschied von Goethe, unvergleichlich bescheidener. Er hat betont, daß er, wenn es ihm vielleicht gelungen sei, weiter zu sehen als andere, das nur den Großen verdanke, auf deren Schultern er habe stehen dürfen. Das ist auch die Formel für seine Wirkung: Auf seinen Schultern stehen die Folgenden, bis heute, auch wenn sie seine Gedanken und Formeln umgewandelt haben. Ein Einstein, der mehr dazu beigetragen hat als jeder andere, hat das dankbar anerkannt und Newtons Optik neu herausgegeben. Er lobt ihn da als vorbildlichen Experimentator und »Künstler des Ausdrucks«. Newton hat nicht, wie Goethe meinte, eine starre Lehre verkünden wollen und noch weniger versucht, sich eine sophistische Schule zu schaffen, die seine»Irrtümer« verteidigen sollte. Er hat Experimente vorgelegt, Fragen gestellt, die zur Weiterarbeit anregen wollten. Er hat nicht alles gewußt noch für alles die letzte Deutung in Anspruch genommen. Er hat die Wellentheorie des Lichtes abgelehnt und dafür seine Korpuskulartheorie geschaffen, die lange als Umweg und Irrtum galt; in der heutigen Forschung ist wieder von korpuskularen Strahlen und einem Welle-Korpuskular-Dualismus die Rede. Auch das mag vielleicht einmal anders gefaßt werden; darauf kommt es nicht an. Es kommt darauf an, daß sein Verfahren Folge hatte, daß die besten und stärksten Geister auf seinem Wege fortschritten, Neues fanden, für den Menschen die Natur immer weiter ergründeten.

Dabei wird auch gerechnet, gemessen, gewiß. Es werden Apparate benutzt, Linsen, Spiegel, Prismen, wie Goethe sie ebenfalls, allerdings in unvollkommener Form, verwandte. Es ist ein Paradox, das ihm, der immer die Reinheit seiner Versuche betonte, nie deutlich wurde, daß er mit unreinen Prismen arbeitete, woraus viele Fehlschlüsse resultierten, mit trüben und unreinen Tuschfarben seine Täfelchen ausstattete, die oft zum Text nicht passen wollten. Es läßt sich aber kaum behaupten, daß unsere moderneren Instrumente aus reinerem Quarz und die Dinge, die sie aufzeigen, nun nicht zur »Natur« gehörten, die ja nicht damit beginnt, daß man vom Zimmer in den Garten geht. Auch hier hat noch niemand die Grenze gezogen, wo »Unnatur« und wo »Natur« beginnen sollte. Goethe freilich zog die Grenze. Er spricht vom »Ur-Phänomen«, das nicht weiter erforschbar sei und vor dem man ehrfürchtig haltzumachen habe. Er hat nie deutlich gesagt, wo es beginne oder aufhöre und wo man haltzumachen habe. Er hat nur angedeutet, in dichterisch-mystischer Sprache, wo er, Goethe, innehält und den Kreis für beschlossen sieht.

Für einen geschlossenen Farbenkreis hält er die Welt der Farben. Dieser Kreis gilt für ihn, sein Leben, sein Denken und Forschen. Er hat keine Folge gehabt außer für ihn selber. Niemand hat nach seiner Lehre gemalt, wie er das im stillen hoffte, kein Färbemeister hat sie benutzt, wie er das anregte, und kein Physiker hat sich bekehrt, wie Goethe ebenfalls von der Zukunft erhoffte. Nur eine kleine Sekte ist ihm gefolgt, und auch deren Mitglieder haben es nicht leicht gehabt mit ihm. Der junge Schopenhauer hat ihm zugehört, Goethe glaubte in ihm einen gelehrigen Schüler gefunden zu haben, aber Schopenhauer begann auf eigne Hand weiterzudenken – mit nicht mehr Glück als der Meister. Er wurde von Goethe im Faust als dreister junger Besserwisser karikiert. Der Physiker Seebeck in Jena half Goethe eine Zeitlang und wurde in der Farbenlehre ausführlich zitiert; er fiel ebenfalls dann ab. Schopenhauer, der ihn in Berlin noch aufsuchte, in Invektiven nicht weniger hurtig als Goethe, behauptet, Seebeck habe eigentlich insgeheim Goethe doch recht gegeben und sich nur nicht getraut, das der Welt zu sagen. »Er starb seitdem, der alte Feigling«, fügt Schopenhauer hinzu.

Schopenhauers Urteile über Gegner sind nur Äußerungen eines mächtigen Temperamentes, das sich keinerlei Zwang auferlegte. Er folgt darin aber Goethe. Der Ton der »Goethe-Sekte« und des Meisters selber in diesem Kampf über viele Jahrzehnte hinweg ist selbst begeisterten Goethe-Verehrern wie einem Achim von Arnim peinlich gewesen. Denn da wird nicht sachlich debattiert über wissenschaftliche Fragen, die eben immer Fragen sind, sondern ganz wie bei den theologischen Streitigkeiten früherer Jahrhunderte der Gegner rundweg verdammt als böswillig, betrügerisch, als Taschenspieler, Gaukler, Scharlatan, der wie die Marktschreier mit Hokuspokus und Tricks die Leute zum besten hält. Das alles sind Goethes

Worte, auch über die Mathematik, die ihm immer wieder als unentbehrlich entgegengehalten wird.

Ein Dichter wird nun sehr selten ein Verhältnis zur Mathematik haben; Paul Valéry ist vielleicht eine der wenigen Ausnahmen. Goethes Kenntnisse der Mathematik waren äußerst dürftig; er hatte als Knabe nur gelegentlich etwas Geometrie gelernt und sogleich begonnen, sich damit spielerisch einige hübsche Giebel und Luftgebäude aufzubauen, wie er in DICHTUNG UND WAHRHEIT erzählt. Er hat dann jahrzehntelang das Wort gar nicht erwähnt. Erst bei seinen ersten optischen Arbeiten kommt es wieder in seinen Gesichtskreis, als Mahnung und Vorwurf. Er nennt die Mathematik immer etwas abschätzig die Rechenkunst oder Meßkunst. Der Geometer ist für ihn der Mathematiker. In einer Aufzählung aller wissenschaftlichen Bemühungen und Persönlichkeiten Weimars im Kreis seiner »Freitagsabende« erwähnt er als »Mathematiker« vorzüglich die Feldmesser, die eine neue Landkarte herzustellen hatten, und auch die tüchtigen Jäger und Forstleute Karl Augusts, die seine Waldbestände nach Kubikfuß berechnen sollten. Andere Mathematiker kennt er nicht persönlich. Einmal besucht ihn einer und bringt »das Allerfremdeste, was in mein Haus kommen kann, die Mathematik an meinen Tisch, wobei wir jedoch schon eine Konvention geschlossen haben, daß nur im alleräußersten Fall von Zahlen die Rede sein darf«. Der äußerste Fall dürfte nicht eingetreten sein.

Es ist vollkommen richtig, wenn er ein andermal sagt, er sei auf Wort, Sprache, Bild angewiesen und völlig unfähig, sich durch Zeichen und Zahlen zu verständigen; das ist nicht Sache des Dichters. In der FARBENLEHRE geht er aber dann weiter und bezeichnet die mathematischen Formeln, deren Sinn ihm unzugänglich ist, als »steif und ungelenk«. In einer Betrachtung über die MATHEMATIK UND IHREN MISSBRAUCH geht er noch einige Schritte weiter. Da werden die Mathematiker wie Newton schlicht der »Unredlichkeit« geziehen, von Starrsinn, Dünkel, Neid, Rivalität dem Fortschritt gegenüber ist die Rede und anderen »widerwärtigen Leidenschaften«. Goethe vergleicht sie, die mit »verwickelten Mitteln einfache Zwecke zu erlangen suchen«, mit einem Mechaniker, der, um den Korken aus einer Weinflasche herauszuziehen, eine umständliche Maschine erfand. Er lobt nur die »einfache Geometrie mit ihren nächsten Rubriken, da sie dem gemeinen Menschenverstand näher liegt«. Die kann Nützliches wirken, und sie ist denn auch das einzige, was ihm an Mathematik einigermaßen zugänglich war.

Warum aber nur, so muß man immer wieder fragen, dieser rabiate Kampf gegen Newton und die Mathematik – die für ihn im Grunde identisch sind – und diese Ausdrücke, die der Würde der Mathematik sicherlich nicht Abbruch tun können, wie der Herausgeber einer sonst sehr vollständigen Goethe-Ausgabe meinte, der diesen Aufsatz fortließ? Dieser Kampf ist der Kernpunkt seiner FARBENLEHRE, und man kann ihn nicht mit verlegenen Nebensätzen abtun, wie meist geschieht. Um diesen Punkt geht es ihm vor allem und immer wieder. Seine polare Natur braucht einen Gegner, einen Feind. Er empfindet sich als die Helligkeit mit seinem gottgleichen Sonnenauge und den andern als die Finsternis. In die Höhle will er ihn verfolgen, mit ihm ringen, ihn niederwerfen und die »siebenfarbige Prinzessin« – so nennt er die Farben – befreien. Er kämpft gegen ein Gespenst. Die Mathematik, wie kaum gesagt zu werden braucht, ist nicht nur Feldmesserkunst oder Rechnerei, wie Goethe meinte, der ganz unbefangen sagt: »Ihre ganze Sicherheit ist weiter nichts als Identität. 2 × 2 ist nicht vier, sondern es ist eben zweimal zwei, und das nennen wir abgekürzt vier. Vier ist aber durchaus nichts Neues.« Daß die Mathematik gerade seiner Zeit, die einen Euler, Lagrange, Laplace hervorbrachte, auch schöpferische Phantasie bedeutet, neue Ideen, daß sie sich wandelt, ihre eignen Schönheiten kennt, scheint Goethe niemand jemals vorgestellt zu haben. Und daß gerade ihre Zeichensprache an seinen Sinn für das Universelle hätte appellieren müssen, wurde ihm nie deutlich. Allerdings spricht er einmal, wieder mit einem der unzähligen Paradoxe seines Wesens, davon, als er sich mit dem Unvermögen der Sprache bei komplizierten Vorgängen quält, daß man vielleicht doch nach algebraischer Art Formeln wie x und y verwenden sollte... – aber er läßt das schnell wieder fallen, als ob er sich die Finger dabei verbrannt hätte.

Sein Kampf gegen die Mathematik als Symbol des ihm diametral Entgegengesetzten kann noch anders gedeutet werden. Das vorhergegangene Jahrhundert, bis in seine Jugendjahre hinein, war recht eigentlich das mathematische Jahrhundert gewesen. Leibniz hatte »das Wesen der Dinge gleich den Zahlen« gesetzt und wollte »alle Wahrheiten auf einen bestimmten Kalkül zurückführen«. Das hatte auch zu Spielereien geführt: Ein holländischer Mathematiker wollte gar physiognomisch die Umrisse eines Gesichtes durch algebraische Formeln wiedergeben. Das ganze europäische Publikum, die Fürstlichkeiten, die auch Leibniz' vertraute Korrespondenten waren, die Frauen besonders, nahmen an dieser Weltmode teil. Jeder Fürst hatte seinen Hofmathematikus; in Weimar war ein Erhard Weigel angestellt, der einen riesigen »Himmels-Spiegel« vorlegte und eine gewaltige Himmelskugel, 63 Fuß hoch, aufrichtete. Durch Mathematik, so glaubte man, sei nun Ordnung in die verwirrte Welt gekommen. Die Aufklärung wurde durch sie eingeleitet. Dagegen empörte sich die Zeit des jungen Goethe unter Herders Führung. Man wollte weder von Zahlen etwas wissen noch von Kalkül, auch nichts von den weiten, hallenden Himmelsräumen, die der jungen Generation etwas leer erschienen. Die Natur sollte inniger, näher empfunden werden. Und als solche nähere, innigere Erfassung im Sinne seiner Jugendjahre wollte Goethe auch seine FARBENLEHRE verstanden wissen. Der Widerspruch der »alten Schule«, wie er sie nennt, reizt ihn erst zur Polemik, die dann fast alles überwuchert, was er mühsam zusammengetragen hat. Sauer hat er es sich werden lassen. Er hat für dieses Werk mehr Werke gelesen oder durchblättert als sonst in seinem ganzen Leben zusammengenommen. Er hat unaufhörlich experimentiert, mit dem tückischen Prisma, mit Linsen, gefärbten Gläsern, mit Pflanzen, Täfelchen, Wachslichtern, Spiegeln. Er hat auch seine Augen schweifen lassen und um sich geschaut, und diesen Beobachtungen entstammen seine wertvollsten Gedanken. Er hat länger als an jedem anderen Werk an dem Buch gearbeitet, mit vielen Unterbrechungen, vieles dreimal umgeschrieben, wieder in einen Papiersack gesteckt und herausgeholt. Nun, unter dem Drang der Zeit, muß es in Druck gegeben werden, in zwei dicken Bänden mit über 1300 Seiten und einem Tafelband, das weitaus umfangreichste Werk, das Goethe je veröffentlicht hat, auch dieses nur ein Fragment mit Aussicht auf Weiteres im Nachlaß. ZUR FARBENLEHRE nennt er es daher lediglich, einen Beitrag. In drei Teile teilt er es ein: einen didaktischen, einen polemischen, der dem Kampf gegen den »Bal Isaak« gilt, und einen geschichtlichen.

Er beginnt mit dem, was er die subjektiven Farben nennt oder die physiologischen. Sie sind »unaufhaltsam flüchtig, schnell verschwindend«; sie bilden für ihn das Fundament der ganzen Lehre. Man nannte sie, denn sie waren durchaus bekannt, phantastische Farben, Gesichtsbetrug, Augentäuschungen, sie gehörten aber dem gesunden Auge an. Es sind die »geforderten« Farben: »Wie dem Auge das Dunkle geboten wird, so fordert es das Helle; es fordert Dunkel, wenn man ihm Hell entgegenbringt und zeigt eben dadurch seine Lebendigkeit, sein Recht, das Objekt zu fassen, indem es etwas, das dem Objekt entgegengesetzt ist, aus sich selbst hervorbringt.« Er sieht darin den »stillen Widerspruch, den jedes Lebewesen zu äußern gedrungen ist, wenn ihm irgendein bestimmter Zustand dargeboten wird. So setzt das Einatmen schon das Ausatmen voraus und umgekehrt.« Es handelt sich bei diesen Farben um die Grundlage seines Lebensgefühls, »es ist die ewige Formel des Lebens«. Nun gibt es in der Tat diese Kontrasterscheinungen, und die Beobachtungen, die Goethe dazu anführt, haben in der physiologischen Optik weitergewirkt. Er beschreibt einen Abend in einer Schmiede, wo er lange auf das glühende Eisen unter dem Hammer gestarrt hat, er wendet sich ab und blickt in einen offenen Kohlenschuppen. Ein ungeheures purpurfarbnes Bild schwebt ihm vor Augen, und als er die Augen nun vom Dunkeln auf einen hellen Bretterverschlag richtet, wird die

Farbe halb grün, halb purpurfarben. Das klingt dann allmählich ab. Der vom Schnee Geblendete erblickt Purpurfarbe. Er wandert im Garten und schaut in der Dämmerung auf Mohnblüten, die zu »blitzen« scheinen: Das Scheinbild der Blume erscheint in der geforderten blaugrünen Farbe. Diese Farben, vom Auge geschaffen, dem sonnenhaften, sind seine Farben, die Goethe-Farben, wie man sie genannt hat. Sie sind flüchtig, vergehen rasch, sie können nur beschrieben werden, man kann sie nicht festhalten, geschweige denn reproduzieren; viele, ja die meisten Menschen haben sie nie beobachtet, und die Experimente, die er angibt und zur Nachahmung empfiehlt, haben etwas Überraschendes für die meisten Betrachter, auch allerhand Schwierigkeiten, denn sie gelingen nicht immer nach Wunsch. Wenn sie gelingen, so zeigen sich in diesen »Nachbildern« besonders reine Farben, den Spektralfarben ähnlich; das Purpurrot, das Goethe schildert, kommt im Spektrum nicht vor und wird vom Physiker nur erzeugt, wenn er Rot und Violett, die Endfarben des Spektrums, mischt. Dieser Purpur ist für Goethe die »Königsfarbe« in Analogie zu den purpurnen Königsgewändern der Alten. Er treibt dabei allerdings Mythologie, denn die Farbe, die in der Antike aus der Purpurschnecke gewonnen wurde, war violett.

Eine Mythologie von eigner Art ist das Ganze. Das Licht Goethes ist nicht das Licht der Physiker, weder in seiner Zeit oder Newtons noch später, es ist jenseits der Physik, »meta-physisch«. Es ist »das einfachste, homogenste, unzerlegteste Wesen, das wir kennen«. Auf der anderen Seite, der Nachtseite, steht die Finsternis, ebenfalls kein Begriff der Physik, sondern uraltes theologisches Erbgut, in vielen Religionen als Gegenkraft des Lichtes, des Göttlichen, verstanden und verdammt. In Goethes Religion wird sie nicht verdammt. Sie ist der gleichberechtigte Partner des Lichtes, sie tritt mit ihm in Wechselwirkung, so wie sein Mephisto der notwendige Gegenspieler seines Faust ist. Goethe stellt sich nach dem Bild des Magneten, der ihm den Gedanken der Polarität eingegeben hat, vor, daß Licht und Finsternis wie Nord- und Südpol miteinander in Wettstreit liegen: Jeder kann den andern in seiner Wirkung beeinflussen, zurückdrängen. Zwischen beiden liegt »das Trübe«, die Welt der Farben. Er ernennt zwei Farben zu »reinen« Hauptfarben: Blau und Gelb; das Blau ist Finsternis, durch das Licht aufgehellt, das Gelb Licht, durch die Finsternis getrübt. Von hier aus baut er seinen Farbenkreis auf: Blau und Gelb vermischt ergeben Grün, weiter getrübtes Gelb wird Orange, dann Rubinrot, Blau zu Violett. Er zeichnet, und es ist wichtig, daß er immer mit seinen eignen Händen tätig eingreift, einen Farbenkreis, in sich geschlossen, nicht mit Rändern, die ins Unsichtbare ausgehen wie das verhaßte Spektrum. Dieser in sich geschlossene Farbenkreis ist seine Welt, rund, einheitlich, seine Goethe-Welt.

Er nennt Licht und Finsternis die »Ur-Phänomene«; das Präfix »Ur« hat einen mythischen und geheimnisvollen Klang, es fehlt in anderen Sprachen. Im Deutschen hat es eine besondere Rolle gespielt, auch bei der Goethe-Betrachtung; man hat dann sogar Goethes »Ur-Erlebnisse« für dies und jenes seiner Werke aus der unendlichen Vielfalt seiner Erlebnisse herausdestillieren wollen. Goethe nennt die entgegengesetzten Pole aber auch »Phänomene«, eine Erscheinung. Die Farb-Erscheinungen der Kontrast- oder Nachbilder im Auge, die er an die Spitze seiner Betrachtungen stellt, sind solche Phänomene. Er »sieht« nach ihrem Bilde diese »Ur-Phänomene« vor sich, ihren Kontrast, etwa so, um ein anderes Bild zu verwenden, wie Michelangelo in der Sixtinischen Kapelle die Schöpfung der Welt, die Trennung von Licht und Finsternis, in großen Gleichnissen malt. Goethe malt mit Worten, der Sprache, und die ist eigentlich unzureichend, wie er selber weiß, diese Dinge genügend wiederzugeben, geschweige denn zu präzisieren. Sie hat jedoch den Vorteil, vieldeutig zu sein, Ahnungen oder Erinnerungen und Assoziationen hervorzurufen. Und so bleibt Goethes »Ur-Phänomen« den verschiedensten Interpretationen offen, je nach der Person, Herkunft, Bildung und dem Glauben des Betrachters. Der Physiker strengerer Observanz wird sie ablehnen, der Theosoph innig begrüßen, der Theologe wird beunruhigt über die Gleichberechtigung der Finsternis sein, der Ästhet erfreut.

Sein Farbenkreis hat für Goethe auch ästhetische Bedeutung. Von der bildenden Kunst, in Italien, war er ausgegangen. Er sucht die »Harmonie«, und es ist wiederum seine ganz persönliche und sehr zeitbedingte Farbenharmonie, die er zu finden glaubt. Wir sahen schon, wie wenig die Farbe ihn eigentlich beim Bilderbetrachten interessierte: Die Gestalt und das Motiv des Bildes waren ihm wichtig. Seine eignen Zeichnungen sind nur gelegentlich mit blassen Farben angetuscht. Was die matten Künstler, die er kannte, ihm über die Farben beibringen konnten, war ihm selber ungenügend; er entnahm den Gesprächen nur, daß sie von »kalten und warmen Tönen« etwas wußten. Der unschätzbare Meyer konnte ihm lediglich antiquarische Notizen über »das Kolorit« der italienischen Maler oder der Antike beschaffen, von deren strahlender Buntheit man damals nichts wußte; Goethe sah die Bildwerke weiß, die Tempel weiß, aber sie waren ihm eben damit »das Licht«, das seinen Weg erhellte, alles Spätere »die Trübe«. Seine ästhetischen Betrachtungen stehen völlig im Bann seines Klassizismus.

Er will nun auch die »sittliche« Bedeutung der Farben untersuchen und gerät dabei auf ein besonders problematisches Gebiet. Zweifellos haben bestimmte Farben besondere Wirkungen; sie können reizen oder beruhigen, begeistern oder deprimieren. Aber solche Wirkung ist zeitlich und geographisch verschieden, nicht universell. Schwarz ist im Okzident die Farbe der Trauer, Weiß im Fernen Osten. Grün, das Goethe für »neutral« erklärt, hat eine sehr kriegerische Bedeutung für den Islam. Es kann da ebenso »aufreizend« wirken wie Rot in anderen Teilen der Erde. Eine Geschichte des Sehens oder der Farbempfindungen ist noch nicht geschrieben. Goethe bleibt auch da in dem von ihm gezogenen Kreis.

Nach der Polemik gegen Newton macht er noch einen Versuch, sich dem Problem durch geschichtliche Betrachtung zu nähern. Er gibt eine große Übersicht der Farbenlehre von der Urzeit bis zu seiner Gegenwart. Es ist der lesbarste und sprachlich schönste Teil seines Werkes, denn da handelt es sich um Gestalten, um Menschen, Persönlichkeiten. Und so gibt er sein Bild des Plato oder Aristoteles, wie Raffael sie in der Schule von Athen gegeneinandergestellt hat; es ist freilich nicht der ganze Plato, sondern Goethes Plato, nicht der Plato, der jedem Nicht-Mathematiker den Eintritt in seinen Kreis verwehren wollte. Er sieht in ihm einen »seligen Geist, dem es beliebt, einige Zeit auf der Erde zu herbergen. Es ist ihm nicht sowohl darum zu tun, sie kennen zu lernen, weil er sie schon voraussetzt, als ihr dasjenige, was er mitbringt und was ihr so nottut, freundlich mitzuteilen. Er dringt in die Tiefen, mehr um sie mit seinem Wesen auszufüllen, als um sie zu erforschen. Alles, was er äußert, bezieht sich auf ein ewig Ganzes, Gutes, Wahres, Schönes, dessen Forderung er in jedem Busen aufzuregen strebt.«

Es ist eine Selbstschilderung, und so verfährt er auch bei der FARBENLEHRE. Als Gast hat er sich immer empfunden, als »trüber Gast auf der dunklen Erde«, wie er im Gedicht sagt, der sich erst zur Persönlichkeit steigern muß durch »Stirb und Werde«, durch den Kampf zwischen Licht und Finsternis. Auch da geht es nicht so sehr darum, zu erforschen, sondern das schon Vorausgesetzte, Mitgebrachte wiederzufinden, bestätigt zu sehen; es ist sein ständiges Lebensgefühl der Antizipation. Und weil er nun das, was er gefunden hat, als Rechtfertigung seines ganzen langen Lebens empfindet, erscheint ihm jeder Widerspruch als Angriff auf seine Existenz. So wird auch diese schöne, weitgefaßte Übersicht zunehmend gereizter, je näher er dem Schatten des verhaßten »Bal Isaak« rückt; da ist jeder, der Newton bezweifelt, hochwillkommen, jeder, der ihm recht gibt, verworren oder ein Abenteurer.

Ein Abenteuer war nun das Ganze in vieler Beziehung, und nicht umsonst verwendet Goethe das Bild vom Ritter, der die siebenfarbige Prinzessin aus der Höhle befreien soll. Das Buch ist bei allem genau Beobachteten, Wertvollen, das weitergewirkt hat, bei allen treufleißigen Experimenten in Stil und Anlage ein Erzeugnis einer weit zurückliegenden Zeit, dem Paracelsus etwa näher als dem Beginn des 19. Jahrhunderts. Goethe hat mit dem Gedanken gespielt, es in einen

Roman umzuformen, eine barocke Idee, die aber auch Leibniz gehabt hatte, der am Ende seines Lebens sein gesamtes Weltgebäude in solcher Form zusammenfassen wollte. Goethe hat daran gedacht, einen Dialog zwischen einem Newtonianer und einem Schüler zu schreiben, eine umgekehrte FAUST-Szene: Der Schüler sollte den Meister durch seine Bedenken ins Gedränge bringen. Er hat mit Versen immer wieder gekämpft, gegen Newton, gegen andere Gelehrte wie einen Wünsch, dessen kühne Hypothese der Darstellung aller Farben aus Rot, Grün, Veilchenblau noch heute Grundlage der physiologischen Theorien des Farbensehens ist; Goethe verspottet das als »Gurkensalat«. Er hat wie spielend und scherzend und doch mit tieferer Bedeutung für seine Lehre geschrieben, man solle doch auch einmal den Menschen als Trübes betrachten: auf hellem Grunde gelb, heiter aufgeklärt; auf dunklem Grunde blau umnebelt, obskuriert. »Blauer Dunst ist bekannt; Frage, ob es nicht auch einen gelben gebe?« Oder er schickt einem Bekannten ein Buch: »Der blaue Autor nimmt das Leben freilich etwas ernsthafter als der gelbe.«

Dies Werk nun wird dem Publikum vorgelegt. Es ist begreiflich, daß die Gelehrten nicht viel damit anfangen konnten; Goethes unmäßige Klagen über ihre Feindschaft, mit den Behauptungen, sie hätten ihn verbrennen oder kreuzigen wollen, wenn sie nur gekonnt hätten, sind nicht wörtlich zu nehmen. Er hat im Gegenteil Förderung erfahren, wie sie selten einem Außenseiter zuteil geworden ist. Die Bibliotheken schleppten ihm heran, was er nur anforderte, und beschwerten sich nur vorsichtig, wenn er jahrelang Bücher nicht zurückgab. Man behandelte ihn in den Rezensionen stets mit großer Ehrfurcht, aber man konnte sich freilich nicht entschließen, Newton zu verdammen, das Spektrum aufzugeben, wie er verlangte. Man besorgte ihm Apparate. Schweigger, der Herausgeber der einflußreichsten physikalischen Zeitschrift, sandte ihm eine kostbare moderne Polarisationsapparatur als Geschenk. Goethe zögerte, sie anzuwenden, sah nur flüchtig hinein und machte halt, wie er es für sein »Ur-Phänomen« forderte. Sie könnte den »reinen Menschenverstand« verwirren. Es ist dies vielleicht die bezeichnendste Episode, die ihn von der eigentlichen Forschung trennt.

Er findet ein anderes Publikum. In Karlsbad trägt er den Kurgästen seiner Bekanntschaft die neue Lehre vor, und sie wird von ihnen verstanden. Dankbar zählt er die Fürstlichkeiten, Diplomaten auf; immer wieder macht er die Erfahrung, daß solche Leute, gewohnt, einen Bericht entgegenzunehmen und »das Wesentliche« zu erkennen, doch viel aufgeschlossener seien als die verstockten Pfaffen der Zunft. Er wirbt, liest vor, demonstriert leidenschaftlich. Es muß ein schönes Bild gewesen sein: der prachtvolle Greis mit den leuchtenden Augen, der warmen Stimme, der weitberühmte Dichter, der sich nun vor den eleganten Damen und Herren mit seinem neuen Lieblingskind produziert. Wie er sich erregt, wenn vom Erbfeind die Rede ist! Seine Stimme donnert. Wie er zärtlich von den Pflanzen spricht, dem Kressesamen, den er unter gelbem und blauem Glase gezogen hat. Wie interessant seine Bemerkungen über die Farbenblinden, er zeigt ein Täfelchen vor, das die berühmte Angelika Kauffmann nach seinen Angaben gemalt hat: So sieht eine Landschaft für einen Farbenblinden aus.

In Wien wird die FARBENLEHRE eine Zeitlang Mode und sogar nachgedruckt, was wenigen Werken Goethes in späterer Zeit zuteil geworden ist. Man legt sie im Salon auf ein Tischchen, blättert in den hübschen Täfelchen, von denen eines auch unter farbigen Herzen und Karos die Inschrift »Newtonische Mucken« und dazu einige kleine Mücken zeigt.

Auch Literaten und Philosophen interessieren sich. Hegel, nun kein armseliger unbezahlter Dozent mehr, sondern eine Größe in Berlin, schreibt ihm einen langen Brief, den Goethe dankbar abdruckt. Er preist Goethes »Ur-Phänomen« als das »Einfache und Abstrakte«, das sich auch philosophisch mit Nutzen verwenden ließe. »Haben wir nämlich endlich unser zunächst austernhaftes, graues oder ganz schwarzes – wie Sie wollen – Absolutes doch gegen Luft und Licht hingearbeitet, daß es desselben begehrlich geworden, so brauchen wir Fensterstellen, um es vollends an das Licht des Tages herauszuführen; unsere Schemen würden zu Dunst verschweben, wenn wir sie so geradezu in die bunte, verworrene Gesellschaft der widerhältigen Welt versetzen wollten.« Da kommt ihm das »Ur-Phänomen« vortrefflich zustatten. Er bezeichnet es, um die vielen Deutungen dieses Goethe-Begriffs noch um eine weitere Schwierigkeit zu vermehren, als »geistig und begreiflich durch seine Einfachheit, sichtlich oder greiflich durch seine Sinnlichkeit«. Und so begrüßen sich die beiden Welten, »unser Abstruses und das erscheinende Dasein einander«.

Goethe schickt ihm als eine Art Hausorden, mit der Widmung »dem Absoluten empfiehlt sich schönstens das Ur-Phänomen«, ein gelb gefärbtes böhmisches Trinkglas. Darin befindet sich ein Stück schwarzer Seide, die das Gelb als Blau durchscheinen läßt. Hegel dankt mit etwas umständlichen und täppischen Geistreicheleien über den Geist, der ihm beim Trinken aus dem Glas zukommen wird, und findet den Becher einen vergnüglicheren Apparat als das Prisma, »der dreieckige Glasprügel, womit ohnehin der Satansengel, ihn in seinen Fäusten führend, die Physiker schlägt«. Er erinnert sich an den Ausspruch der Exzellenz: »daß Sie noch den Physikern die Eselsohren auf den Tisch nageln wollten.« Ein Schüler Hegels, der Jurist von Henning, hat an der Berliner Universität eine Zeitlang Vorlesungen über Goethes FARBENLEHRE gehalten; die Physiker blieben bei dem dreieckigen Glasprügel.

Goethe hat bis zu seinem Tode den Glauben aufrechterhalten, daß er die große Tat des Jahrhunderts vollbracht habe; er hat die weiteren Forschungen verfolgt, soweit sie ihn zu bestätigen schienen, und ignoriert, wenn sie ihn in seiner Lehre störten. Ein Phänomen jedoch hat nie aufgehört ihn zu beschäftigen, und er hat immer wieder damit gerungen, denn es gelang ihm nicht, es in sein »System« einzufügen: der Regenbogen. Newton hatte auch dafür Deutungen vorgelegt. Davon wollte er nichts wissen. Er konnte nicht leugnen, daß da, nicht in der dunklen Höhle, sondern am freien Himmel, ein Farbenspiel auftauchte, das dem verwünschten Spektrum verzweifelt ähnlich sah. Zuweilen hat er davor direkt die Augen verschlossen: Sein Freund Meyer malte für ihn als Deckengemälde im neuen Treppenhaus am Frauenplan eine Iris, aber er hatte nach Goethes Anweisung nicht die Regenbogenfarben der Natur zu wählen, sondern sich auf die ideelle Darstellung der drei Hauptfarben Blau, Rot, Gelb zu beschränken. Noch in seinen letzten Lebenswochen hat Goethe mit einer Schusterkugel experimentiert, wie sie der erste Klassiker der Regenbogenforschung, Theoderich von Freiburg, um 1300 benutzt hatte, von dem er schwerlich etwas wußte. An den Freund Boisserée schreibt er darüber. Der Regenbogen sei der komplizierteste Fall von Refraktion, wozu noch Reflexion komme. Er polemisiert noch einmal gegen die Strahlen, die man nur als Abstraktion zur mathematischen Demonstration brauche und die aber wenig oder nichts besagten. Dann schließt er ergreifend: »Nun aber denken Sie nicht, daß Sie diese Angelegenheit jemals loswerden. Wenn sie Ihnen das ganze Leben über zu schaffen macht, müssen Sie sichs gefallen lassen.« Er sucht noch einmal einen Rückblick über sein ganzes Forscherleben zu geben, und das Wort »Glaube« ist dabei das entscheidende: »Ich habe immer gesucht, das möglichst Erkennbare, Wißbare, Anwendbare zu ergreifen, und habe es zu eigner Zufriedenheit, ja auch zu Billigung anderer darin weit gebracht. Hierdurch bin ich für mich an die Grenze gelangt, dergestalt, daß ich da anfange zu glauben, wo andere verzweifeln, und zwar diejenigen, die vom Erkennen zu viel verlangen und, wenn sie nur ein gewisses dem Menschen Beschiedenes erreichen können, die größten Schätze der Menschheit für nichts achten. So wird man aus dem Ganzen ins Einzelne und aus dem Einzelnen ins Ganze getrieben, man mag wollen oder nicht.

Für freundliche Teilnahme dankbar,
Fortgesetzte Geduld wünschend,
Ferneres Vertrauen hoffend.

Weimar, den 15. Februar 1832«

Patriarchenluft

Mit der FARBENLEHRE hatte sich Goethe die größte Last seines Lebens vom Halse geschafft und seinen einzigen großen Feind oder Gegner. Er kann nun aufatmen. Der Groll bleibt zwar und macht sich von Zeit zu Zeit Luft in Versen, Briefen, im Gespräch, aber das sind nur Nach-Gewitter. Es ist noch zu bemerken, daß Goethe das Werk in den Jahren schrieb, in denen er körperlich in schlechtester Verfassung war, schwammig, oft leidend, zweimal, 1801 und 1805, von schwerer Krankheit heimgesucht, zuerst einer Gesichtsrose, dann einer Angina mit anschließenden Nierenkoliken. Aus dem massigen Körper mit dem Bauch und den hängenden Wangen, den Säcken unter den Augen, arbeitet sich allmählich der sehr viel schlankere alte Goethe hervor, der schöne Greis.

Mit dem Tode der Dichter und Schriftsteller der älteren Generation, Wielands, Schillers, Herders, Lavaters, ist Goethe nun der einzige große Überlebende einer Zeit, die den Jüngeren bereits historisch geworden ist. Die Herzogin-Mutter Amalie war ebenfalls gestorben, kurz nach der Katastrophe von Jena, und ihr Musenhof, zum Schluß etwas kümmerlich von Wieland und einigen kleineren Geistern bestritten, ist zur Legende geworden. Es gibt hinfort nur noch den Hof Goethes, der tatsächlich die Formen einer Hofhaltung annimmt. Dr. Riemer ist der Majordomus oder Hofmarschall; als Erzieher des bis dahin so ziemlich gänzlich vernachlässigten Sohnes August ins Haus gekommen, ist er bald unentbehrlich: Sekretär beim Diktieren, Korrektor beim Korrekturlesen mit weitgehender Vollmacht, auch Satzbau, ganze Wörter zu ändern oder zu streichen, was alles Goethe lästig und langweilig ist. Er hat das Goethe-Protokoll in Händen, und an ihn müssen sich alle wenden, die vom Meister etwas wollen, sei es auch nur ein Empfang als Besucher. Riemer ist ein untersetzter, wenig ansehnlicher Mann mit weichem, fleischigem Gesicht und vorstehenden Augen, kurzem Hals und niedriger Stirn; er ist im Grunde träge und hat denn auch, obwohl er jahrzehntelang in Goethes Nähe lebte, nur mit Mühe seine MITTEILUNGEN über den Meister zusammengebracht, die neben allerwertvollsten Notizen eine Menge Unwichtiges enthalten. Er ist bei Goethe steckengeblieben, wie viele in Weimar steckenblieben; er hat das gespürt und nur matt dagegen angekämpft. Er war ein feingebildeter Altphilologe, hatte sich als Hauslehrer bei Wilhelm von Humboldt in Rom etwas in der höheren Welt umgetan und sich dabei sogleich in die Dame des Hauses verliebt, was dieser Karriere ein Ende machte. So kam er, fortempfohlen, zu Goethe und blieb da, mit Unterbrechungen durch ein Amt als Gymnasiallehrer, bis zum Ende und darüber hinaus. Er wurde der Goethe-Riemer, sonst wurde nichts aus ihm. Er hat das allen besseren Angeboten vorgezogen, verbittert und stolz auf seine Stellung. Die Kompensation war das Gefühl, wichtig, bedeutend zu sein. Er hat in kaum noch ganz feststellbarer Weise den Text der Werke Goethes, nicht nur in der Korrektur, beeinflußt. Goethe hat ihn zu Rate gezogen, ihm die Entscheidung über wichtige Fragen vorgelegt oder einfach überlassen. Bald spricht Riemer nur noch von »wir« in seinen Briefen. »Wir« arbeiten jetzt an den WAHLVERWANDTSCHAFTEN oder am Lebensbericht. Riemer zeichnet ein wenig, dichtet ein wenig im Goethe-Stil, er scharmutziert auch ein wenig als Goethes Statthalter mit dessen Freundinnen, wenn der Meister bei einer andern Freundin ist, und er heiratet schließlich nach Christianes Tod die Gesellschafterin der Frau Geheimrat, Goethes anmutiges »Nebengeschöpf« und fast auch Nebenfrau. Selbst dazu muß er von Freunden erst getrieben werden. Er möchte dem Meister nicht im Wege stehen. Noch vor dem Tode Christianes, während ihrer vielen Krankheiten, wird diskutiert, was das Nebengeschöpf denn tun solle nach dem Tode der Geheimrätin. Sie müsse unbedingt bei Goethe bleiben, meint Riemer. – Was würden die Leute aber dazu sagen? – Nun, dann wird er dich doch heiraten, erklärt Riemer.

Die Geheimrätin, der dies Treiben etwas allzu unheimlich ist, greift dann noch kurz vor ihrem Ende ein und dringt auf Heirat der beiden. Beide bleiben bei Goethe, Riemer mit einer kümmerlichen zweiten Stelle als Bibliothekar der Landesbibliothek, deren erster Direktor Goethes Schwager, der Verfasser des RINALDO RINALDINI ist. Riemers ganzes Leben hat etwas Kümmerliches, und das wird noch unterstrichen durch seinen hoffnungslosen Hang, auch ein wenig den Schwerenöter zu spielen, ein wenig auch zu liebeln, Sonettchen zu dichten, bei den Maskeraden mitzuprunken in prachtvollem Kostüm. Aber nie läßt er sich, bei allem heimlichen Maulen, ein Wort gegen den Meister entschlüpfen, der ihn in diese lebenslängliche, schlechtbezahlte Fron zwingt. Seine Verehrung ist grenzenlos. Und die leider auch allzu träge aufgezeichneten Bemerkungen von und über Goethe enthalten die überraschendsten Einblicke. So, wenn er von Goethes Krankheiten sagt, daß sie »meistens unmittelbare Folgen zurückgedrängten und verhaltenen Seelenschmerzes waren« – der Gedanke der Verdrängung ist nicht so neu, wie vielfach angenommen wird. Oder der Satz über lästige Besucher: »Man mußte auch etwas bringen, wenn man etwas mitnehmen wollte«, was ziemlich erschöpfend Goethes Haltung zu den vielen Besuchern seiner letzten Jahrzehnte kennzeichnet. Über Goethes Arbeitsweise, die er ja nun intim kannte: »Er wartete öfters, wie ein römischer Augur auf Vogelflug und Omen, daß sich etwas ereignen, ihm aufgehen, ins Haus kommen werde, welches zum Abschluß seiner Arbeit dienen könne, und hatte seine Tage, wo er aufs Erfinden ausging. Meistens glückte es ihm...« Das ist kein bloßer Kopist. Riemer denkt mit. Er denkt zuweilen über Goethe hinaus, und dann wird er zur Ordnung gerufen. Aber er ist unentbehrlich, für Goethe wie für uns.

Das Nebengeschöpf im Patriarchenhaushalt: Demoiselle Ulrich, der »kleine Chinese« oder »Mandarin« genannt wegen der schrägstehenden, wendischen Augen in dem zarten, hübschen Gesicht, eine Waise aus gutem Bürgerhaus, die als Begleiterin und Gesellschafterin für Christiane engagiert wird, als diese nun Frau Geheimrat geworden ist. Ihre lebhafte, lustige Art wirkt günstig auf die schwer gewordene, bald kranke Frau ein; sie wirkt noch günstiger auf den ebenfalls oft hypochondrischen Goethe. Seine Briefe an die Ehegattin sind zunächst an beide gerichtet, und die Ulrich schreibt im Auftrag Christianes die Antworten; oft schreibt Goethe, obwohl an Christiane adressiert, an sie. Die Ulrich lebt im Hause, wird Besuchern als Nichte vorgestellt. Sie wird der Schutzgeist, das »schöne Kind«, die »Juvenile«, es setzt bereits Tränen und kleine Eifersuchtsszenen, wenn sie von Goethes vielen Karlsbader Freundinnen hört. Er diktiert ihr, und sie gewöhnt sich seine Handschrift an, er wiederum gleicht seine der ihren an, schenkt ihr einen Rubinring, Gedichte. Sie wird vielfach umworben, aber sie bleibt in der höchst unklaren und oft peinlichen Stellung; sie heiratet Riemer, den sie kaum mag, nur um in Goethes Nähe bleiben zu können, und stickt als Frau Riemer dann ihren Kummer in feingearbeitete Deckchen, Lampenschirme und Pantöffelchen, die sie dem Patriarchen zum Geburtstag überreichen darf.

Der Goethe-Hof nimmt orientalische Züge an und wird zum Sultanat. Der Westöstliche Divan bereitet sich vor. Riemer notiert in Karlsbad unter den vielen leider nie ausgeführten Plänen des Meisters einen Roman Der Sultan wider Willen, der für vier Frauen oder Mädchen zugleich etwas empfindet, »jede ist auf eine eigne Art liebenswürdig; jede trifft er, wenn er sich ihr nähert, seinem

Zustande angemessen, *allein* liebenswürdig, und unbegreiflich, wie er eine andere lieben kann«. Nicht nur in Karlsbad mit Mariannchen, der Silvie von Ziegesar mit dem länglichen Gesicht und der länglichen Nase im nahen Franzensbad und der munteren Pauline Gotter, die später Schelling heiratete, auch in Weimar waren die »Äugelchen« ein unaufhörlich betriebenes Spiel. Eine biedere Göttinger Professorengattin beschreibt das, mitten im Trubel der Erfurter Kongreßtage: »Weiber, Wein, Gesang, und unsern Freund, für den ein ewiger Frühling blüht, begeistern die beiden noch im Herbst seines Lebens zu den herrlichsten Gesängen. Verliebt sein ist die Weise des Hauses, verliebt ist jedermann, der darin ein- und ausgeht; ich war zuletzt wahrhaft besorgt, auch uns würde die Epidemie ergreifen. So hat er diesen Sommer in Karlsbad ein Liebchen gehabt, dem er seine süßesten Lieder gesungen, und diese Sonette, die noch sämtlich ungedruckt sind, teilte er uns mit.« Sie sind inzwischen gedruckt, nebst ausführlichen Untersuchungen, auf wen sich die einzelnen Gedichte beziehen mögen, worüber schon zu Goethes Lebzeiten von den Damen hitzig gestritten wurde.

Riemer verzeichnet auch den Plan zu einem Roman DER EGOIST. Der Sinn war, »daß die Meisterschaft für Egoismus gelte«. Kein Vorwurf ist Goethe öfter gemacht worden als der, daß er doch ein unbeschreiblicher Egoist sei. Meist wurde er von solchen erhoben, die etwas von ihm wollten oder erwarteten und sich enttäuscht fühlten. Was aber das Verhalten seinem einzigen Sohn gegenüber betrifft, so kann man ihn schwerlich von diesem Vorwurf freisprechen. Söhne großer Männer haben es nie leicht, auch wenn sie begabter oder tüchtiger sind als dieser August, der weder begabt noch tüchtig war und nur die Pedanterie vom Vater geerbt hatte. Was immer Goethe an pädagogischen Weisheiten in seinen Werken verkündet, als praktischer Erzieher hat er mit keinem seiner Zöglinge eine glückliche Hand gehabt. Das Prinzip, man sollte die Kinder wie die griechischen Hydrioten gleich mit aufs Schiff nehmen und an Bord herumkrabbeln lassen, so hätten sie Teil am Gewinn, würden die tüchtigsten Seefahrer und verwegensten Piraten, hatte schon bei dem jungen Stein keine erfreulichen Resultate gezeitigt. August läßt er ebenso wild »herumkrabbeln«; er wird immer mitgenommen, um »Welt und Weite« kennenzulernen, und dann wieder vergessen. Er lernt nicht Welt und Weite kennen, sondern nur nahe Unordnung, denn der Goethe-Haushalt mit all seinen Museumsschätzen und Aktenfächern ist nur ein unbeschreiblich ungeordnetes Gebilde, und selbst in den Akten geht es seltsam drunter und drüber; nach wenigen Jahren schon hat Goethe die Hefte und Tafeln seiner OPTISCHEN BEITRÄGE verschenkt oder verkramt und erbittet sich vom Verleger Bertuch ein Exemplar, als er an der FARBENLEHRE arbeitet. Ein Fach für den Sohn ist überhaupt nicht vorgesehen. Er erhält weder geregelten Unterricht noch irgendwelche gründliche Unterweisung. Er drückt sich herum, zeitweise wohnt er gar nicht in dem breiten geräumigen Haus, als ob da kein Platz für ihn wäre. Die alte Charlotte von Stein nimmt sich zuweilen des Kindes an. Er trinkt früh, hat früh seine Liebschaften; er wird ein stattlicher Bursche mit immer etwas hektisch roten Wangen, unsicher flackernden Augen. Er ist reizbar und scheu, beliebt bei einigen wenigen Freunden und unbeliebt bei der Weimarer Gesellschaft, die in ihm immer nur den Sohn der Mamsell Vulpius sieht. Außerhalb glückt es ihm etwas besser; als Student in Heidelberg, als Besucher in Frankfurt wird er von Goethes Bekannten gut aufgenommen, es sind seine besten Jahre. Dann wird er zurückbeordert, vom Vater in eine halbamtliche Stellung als »Assessor« hineinprotegiert; im Grunde ist er nichts anderes als Sekretär, Hausverwalter, Vermögensberater des Hauses Goethe. Und da wird er verbraucht.

Außer der Hofhaltung in Weimar hat Goethe seine Botschafter und Korrespondenten in aller Welt. In Rom ist es der preußische Gesandte Wilhelm von Humboldt und seine feingebildete Frau Caroline, in Kassel der französische Bevollmächtigte Reinhard. In Berlin wird der Maurermeister, Bauunternehmer und Musiker Zelter sein Statthalter und Freund, der einzige, dem er in späteren Jahren noch das brüderliche Du angeboten hat; eine derbe, tüchtige Natur, Handwerker von Haus aus im Maurergewerbe seines Vaters. Als Komponist ist er eine Enttäuschung für jeden, der seine Liederhefte zur Hand nimmt; die bösmauligen Berliner meinten, er mauere seine Lieder mit Ziegelsteinen, aber sie sind eher mit leichten Gerüsten aufgeschlagen. Gerade das jedoch war nach Goethes Sinn, der seine Gedichte nicht von der Musik überdeckt sehen wollte. Zelters Bedeutung lag auf anderem Gebiete. Er schuf, tätig und gesellig veranlagt, mit seiner Liedertafel den ersten der Singkreise, die sich dann über ganz Deutschland ausbreiteten und das Tafellied pflegten; Goethe hat dazu behaglich beigesteuert, und von da aus gingen einige seiner Lieder in studentische Kreise und in die ersten Kommersbücher ein. Mit komischer Ängstlichkeit hat er es bewundert, daß es der aufrechte Mann in Berlin aushalten mochte, »denn es ist dort ein so verwegener Menschenschlag beisammen, daß man Haare auf den Zähnen haben und mitunter etwas grob sein muß, um sich über Wasser zu halten«. Nie hat er sich denn auch unter diesen verwegenen Menschenschlag gewagt, sooft er eingeladen wurde. Mit Zelter aber stand er bis zum Tode in Korrespondenz, er ließ sich – und Zelter schreibt vorzüglich, lebendig, drastisch – von ihm unterhalten, berichten, leider auch beraten in musikalischen Fragen, wo Zelter alles Neuere ablehnte, ob es nun Beethoven oder Berlioz war; Händel und Bach waren seine Götter, und die erste Aufführung der MATTHÄUSPASSION, die sein Schüler Felix

Mendelssohn nach langem Sträuben des alten Meisters 1829 veranstaltete, wurde das große Ereignis seiner letzten Jahre. Er starb wie der alte Freund Meyer Goethe nach, wenige Monate nach dessen Tod. Die Freundschaft mit Zelter war für Goethe die einzige wirkliche Männerfreundschaft seines Lebens, in Krisenzeiten bekräftigt, wo Zelter herbeieilte, ihn zu trösten, breit und wohlig gepflegt in ruhigeren Tagen, wo auch willkommene Sendungen mit Teltower Rübchen für seine Tafel aus Berlin eintrafen und Tafellieder mit dem »Ergo bibamus!« zurückreisten. Das ist nicht alles. Zelter wird nach Schillers Tode und wie dieser der Korrespondent, bei dem er viele seiner Gedanken »deponiert«. Der Briefwechsel wird sorgfältig in Bänden geheftet, und der Alte freut sich, wie er doch so ständig »Masse« macht; künftige Publikation als Supplement zu den Werken ist sehr bald ins Auge gefaßt und wird dann auch von Riemer in sechs Bänden nach Goethes Tode vorgenommen. Zelter ist natürlich ein ganz anderer Kontrahent als Schiller; er hat keine eignen philosophischen Gedanken oder Forderungen. Aber er ist eine »Natur«, mit offenem Blick für Menschen und Zustände, und Goethe, der sich jedem Korrespondenten gegenüber auf dessen Eigenart einstellt, nimmt sich zusammen, um dem derben tüchtigen Mann als ebenso resolut zu erscheinen, das »Ächzen und Krächzen« abzutun, das ihm sonst sehr naheliegt, und selbst bei schweren Unglücksfällen, die Zelter nicht erspart blieben – er verlor seine sämtlichen Söhne –, liebevoll und gefaßt zu sein. Zelter hat, so weit auch der Abstand zwischen ihm und dem Meister war, als Erzieher auf Goethe eingewirkt, nicht durch Rat oder Mahnung wie Schiller, sondern einfach durch sein Wesen.

In Frankfurt, der Vaterstadt, taucht als Irrwisch Bettina Brentano auf, Tochter der frühverstorbenen Maximiliane, deren schwarze Augen im WERTHER die blauen der Lotte verdrängt haben, Enkelin der geschäftigen La Roche. Die war als sehr alte Dame noch einmal in Weimar erschienen, wie ein heraufziehendes Ungewitter von Wieland, ihrem Anbeter vor fünfzig Jahren, gefürchtet, von Goethe mit einem feierlichen Souper im Stile längstverschollener Empfindsamkeit »abgespeist«; in ihrer unheilbar literatenhaften Weise hatte sie das sogleich zu Papier gebracht: »Alte Baucis, Dein scherzender Traum steht nun als Wahrheit vor Dir! Du dachtest in Weimar ein Göttermahl nur von der Türschwelle eines Tempels zu sehen und bekommst nun selbst einen Anteil von Ambrosia!« Die Enkelin, schreiblustig wie sie, aber dazu eine Dichterin, begnügt sich nicht mit der Türschwelle. Sie will ins Innerste des Tempels hinein, dem Gott auf den Knien sitzen, ihn umhalsen; sie will noch mehr, sie hat gierige, dreiste Augen und einen vollen, übervollen Busen. Als »Kind« gebärdet sie sich, als BRIEFWECHSEL GOETHES MIT EINEM KINDE hat sie dann ihre

474

Korrespondenz mit dem Abgott veröffentlicht, ein Buch, das Echtes, Geträumtes, Gefälschtes zu wirkungsvoller Einheit mischt, das lange gewirkt hat und noch heute faszinieren kann. Als Kind hockte sie zu den Füßen der Mutter Goethe, lauschte und schrieb sogleich auf. »Bettine ist bestimmt täglich zwei Stunden bei der Göthe«, schreibt ihr Bruder, der Dichter Clemens, an seine Geliebte, »ohne die sie und die ohne sie nicht leben kann, sie hat ein großes Buch dort liegen und schreibt aus dem Mund der Mutter und des Sohnes in der bekannten kräftigen Manier auf.« Das große Buch ist bedauerlicherweise nicht erhalten, auch die kräftige Manier nicht; Bettinens Manier ist eine andere, die romantische. Bettina buhlt unaufhörlich mit der Natur, den Menschen, mit sich selbst im Spiegel; daß kein Spiegel an der Wand war, ist der größte Kummer ihrer Klosterzeit in der Jugend, und dann steht sie einmal vor dem Glas und rezitiert Goethes IPHIGENIE: »Meine Rührung, mein tief von Goethes Geist erschütterter Geist waren also Veranlassung, mein dramatisches Kunstgefühl zu steigern; ich empfand deutlich die Begeisterung der Begeisterung.« Das ist die Grundformel ihres Wesens. Ihre Begeisterung ist echt, »zum Tempeldienst bin ich geboren«, meint sie einmal, und sie hat ihn an Goethe, Beethoven und anderen geübt, immer sogleich Legenden spinnend, Träume, Phantasien, und im Grunde immer sich dabei im Spiegel sehend und kontrollierend, immer auch mit einem peinlichen erotischen Unterton. Eine bloße »Gehirnsinnlichkeit« bemerkt einer ihrer späteren Freunde, der Fürst Pückler, an ihr, die nur künstlich herangeschraubt sei und obendrein jeden Augenblick einem andern Objekt zugewandt werden kann. Sie verteidigt das mit dem »labyrinthischen Grazientanz« ihrer Empfindungen, der in einer prophetisch-poetischen Aufregung häufig den tieferen Wahrheiten voranginge.

Dieses Wesen, gerüstet mit den Jugenderinnerungen der Rätin als willkommener Gabe für den Meister, rückt Goethe nun in Weimar ins Haus, auf die Stuhllehne, auf den Schoß, wenn es irgend geht. Sie ist kein Kind, aber sie spielt das Kind; sie ist vierundzwanzig, mit feinem, italienisch braunem Kopf und scharfer Nase, üppig sonst in der kleinen Figur und mit merkwürdig großen, fast plumpen Händen. Ungeniert versucht sie zuzugreifen. Als Frankfurter Kind führt sie sofort das Du ein mit dem Olympier. Sie schäkert unaufhörlich mit Anspielungen auf Jugendlieben, die Mutter Maximiliane, die »bequemen Gärtchen«, in denen er sich mit andern Schätzen vergnügt habe, das Offenbacher Mädchen. Sie schwadroniert von einem bildschönen französischen Husarenoffizier, »Sohn der ersten Heißgeliebten« Lili, der durch Frankfurt gekommen sei, sich in sie verliebt habe und davongesprengt sei in den Kugelregen – die erste Jugendliebe des Abgottes und ihre eigne erste in einer Episode zusammengefaßt. Goethe hört gelassen zu. Das Geschwabbel, der vertraute

Frankfurter Tonfall regt allerhand Erinnerungen in ihm an. Christiane, nun Geheimrätin, schaut mißtrauisch auf die verwöhnte Person aus reichem Hause, deren Dialekt sie kaum versteht, deren rastlos tastende Blicke sie aber wohl begreift. Auf der Hinreise, in Dresden, hat Bettina ihrem Freund Tieck, auf der Stuhllehne reitend, noch keck versichert: »Weischt Du, Tieck, vom Goethe muß ich um jeden Preis ein Kind haben – das muß ein Halbgott werden!« Es mag eine Anekdote sein, aber sie selber phantasiert dann in ihrem Buch von einem heimlichen Besuch Goethes: des Nachts sei er zu ihr in den Gasthof ›Zum weißen Elephanten‹ geschlichen, drei Treppen hinauf, auf dem Sofa, wo sie zusammengekuschelt lag, habe er sie in seinen Mantel geschlossen. Der Mantel, bald dunkel, bald weißwollen, kehrt als ständiges Symbol in ihrem Briefroman wieder. Er bedarf keiner weiteren Auslegung.

Es kommt zu einer kleinen Katastrophe bei einem der Besuche: Christiane und Bettina geraten sich in einer Kunstausstellung, wie es scheint buchstäblich, in die Haare. Achim von Arnim, nun Bettinas Mann, führt die zitternde Gattin hinaus. Goethe verbietet dem Ehepaar sein Haus. Bettina, bald gefaßt, verbreitet in Weimar und sonst die Version: »Eine tollgewordene Blutwurst hat mich gebissen«, was bei allen Anklang findet, die Christianes unschön gewordene Figur kennen. Goethe meidet die Arnims, als er ihnen im Bade wieder begegnet, und schreibt an seine Frau, er sei froh, die Tollhäusler nun endgültig losgeworden zu sein. Er hat sie nach dem Tode Christianes doch gelegentlich empfangen, mit Vorsicht; »Frau von Arnims Zudringlichkeit abgewiesen«, notiert er im Tagebuch beim letzten Besuch. Seine Briefe an das Hurli-Gurli-Wesen, die Zigeunerin, sprechen eine andere Sprache. Auch ihr gegenüber verwandelt er sich, er geht auf den kecken, scherzenden Ton ein, das quecksilbrige Mädchen fasziniert ihn mit seiner Mischung von Echtem und Gemachtem. Er weiß die Mitteilungen aus seiner Jugend, die sie ihm übermittelt, wohl zu schätzen, so vage und märchenhaft sie erzählt sind; ihm selber ist diese längstvergangene Zeit nur noch traumhaft in der Erinnerung. Er übernimmt vieles davon in DICHTUNG UND WAHRHEIT und wird durch Bettina erst nachdrücklich dazu gebracht, nun sein Leben als großgefaßten Bericht, zum Kunstwerk gestaltet, dem Publikum vorzuführen.

Der Anblick dieser Erz-Romantikerin hat jedoch nicht eben günstig auf seine Vorstellungen der ganzen Richtung, Schule, des Kreises, oder wie man es nennen will, eingewirkt. Von ihrem Mann Achim von Arnim hat er DES KNABEN WUNDERHORN, das dieser mit Clemens Brentano 1806/08 in Heidelberg herausgegeben hatte, mit freundlichem Dank entgegengenommen und eine längere Rezension darüber geschrieben; über den Dichter Arnim äußerte er sich nur abschätzig: er sei wie ein Faß, wo der Böttcher vergessen habe, die Reifen festzuschlagen, »da läufts denn auf allen Seiten heraus«. Das ist eine Seite von Arnims Wesen, aber nur eine; es ist fraglich, wieviel Goethe von ihm gelesen hat. Ungeduldig machten ihn sehr bald all diese jungen Leute, durch ihr Leben wie durch ihre Werke. Von Novalis hat er nur im Vorübergehen Kenntnis genommen, Hölderlin war als ein kränklicher junger Mann wie ein Geist durch sein Zimmer geschritten und hatte den wohlgemeinten Rat erhalten, doch kürzere Gedichte über »menschlich interessante Gegenstände« zu schreiben. Mit Heinrich von Kleist stieß er hart zusammen; er führte den ZERBROCHENEN KRUG in Weimar auf und teilte dabei sehr unglücklich das Stück in drei Akte auf; das Ergebnis war ein völliger Mißerfolg. Die ihm ehrfurchtsvoll zugesandte PENTHESILEA lehnte er als unaufführbar ab. Auch da erteilte er didaktische Belehrung: man solle nicht auf ein künftiges Theater warten, »vor jedem Brettergerüste möchte ich dem wahrhaft theatralischen Genie sagen: hic Rhodus, hic salta! Auf jedem Jahrmarkt getraue ich mich, auf Bohlen über Fässer geschichtet, mit Calderons Stücken der gebildeten und ungebildeten Masse das höchste Vergnügen zu machen.« Es wäre aber töricht, ihm solche Verkennungen allzu hoch anzurechnen. Das schöpferische Genie hat selten, wenn je, das Verständnis für andere Genies seiner Zeit, das die weniger Großen, ein Wieland oder Tieck, besitzen. Es ist nicht einmal nötig, in Goethes Abneigung gegen Kleist den Widerwillen gegen ein von ihm überwundenes Sturm-und-Drang-Stadium zu sehen; der junge Dichter erschien ihm vor allem – er erkannte durchaus eine große Begabung – auf dem falschen Wege. Er wünschte aufführbare Theaterstücke für seine Bühne. Keiner der Jüngeren lieferte sie ihm, mit Ausnahme des Zacharias Werner, den er eine Weile protegierte und für einen »sehr genialischen Mann« hielt, bis ihm die Mystik und die Unruhe des rastlosesten aller Romantiker zuviel wurden. Nach drei Ehen in zwölf Jahren, großen Erfolgen mit einem Luther-Schauspiel und einem Schicksalsdrama, DER 24. FEBRUAR, das auch in Weimar Sensation machte, trat Werner in Rom zum Katholizismus über – durch Goethes WAHLVERWANDT-SCHAFTEN dazu veranlaßt, wie er dem Dichter schrieb; er endigte als beliebter Kanzelprediger und Ehrendomherr in Wien.

Es ist merkwürdig, daß Goethe, der so stark vom persönlichen Eindruck ausging, an der Groteskfigur Werners Gefallen fand, die auffällig genug war mit der hageren, immer zappeligen Gestalt, dem unaufhörlichen Spielen mit dem Taschentuch, den fahrigen Blicken und den unmöglichen Manieren; bei einer der Weimarer Gesellschaften wurde das Dienstmädchen der Madame Schopenhauer ausgesandt, um den lange Ausbleibenden zu holen; schreiend über einen Vergewaltigungsversuch kam es zur Herrin zurück, was keineswegs unglaubwürdig ist, wenn man Werners Tagebücher vergleicht. An Kleists Stirne sieht Goethe nur, wie er schreibt, das Kainszeichen der Selbstzerstörung: »Wie Schauder und Abscheu, wie ein von der Natur schön intentionierter Körper, der von einer unheilbaren Krankheit ergriffen wäre.«

Die persönliche Begegnung entschied auch über Goethes Verhältnis zu Beethoven, mit dem er in Teplitz zusammentraf und der ihm vorspielte. Der Dichter beobachtet dabei das Zusammengeraffte, Energische, Innige seines Gesichtes, das bei der schon vorgeschrittenen Taubheit besonders eindrucksvoll gewesen sein wird. An Zelter schreibt er dann aber von Beethovens »leider ganz ungebändigter Persönlichkeit, die zwar gar nicht unrecht hat, wenn sie die Welt destestabel findet, aber sie freilich dadurch weder für sich noch für andere genußreicher macht«.

Bettina, unaufhörlich Legenden webend, hat dann die Anekdote von den beiden Großen auf der Kurpromenade verbreitet: sie seien den kaiserlichen Herrschaften begegnet, Goethe ehrerbietig mit tiefer Reverenz zur Seite tretend, während Beethoven trotzig mitten durch die hohe Gesellschaft hindurchgeschritten sei; er habe nachträglich Goethe Vorwürfe gemacht über seine Devotion. Richtig daran ist, daß Beethoven in einem Brief an seinen Verleger davon spricht, Goethe behage wohl die Hofluft mehr, als einem Dichter zieme; ein Flegel war Beethoven jedoch nicht, der in Wien ständig bei der hohen Aristokratie verkehrte, stolz und selbstbewußt, aber ohne anzustoßen, und der seine Werke diesen Prinzipessen, Grafen oder Erzherzögen widmete. Wenn überhaupt etwas dieser Art stattgefunden hat, so wird es sich darauf beschränkt haben, daß Beethoven die etwas reichlichen Verbeugungen der Exzellenz nach allen Seiten hin zuviel erschienen.

Von Beethovens Musik kannte Goethe so gut wie nichts, bis der junge Felix Mendelssohn ihm etwas vorspielte, die c-moll-Symphonie, frei auf dem Klavier phantasiert; vom Orchester hat Goethe das nie spielen hören. Und schon da brummt er: »Das ist sehr groß, ganz toll; man möchte befürchten, das Haus fiele ein – und wenn das nun alle Menschen zusammen spielen!« Er zählte Beethoven zu den »neueren Technikern«, von denen das junge Wunderkind Felix ihm mit einem gründlichen Kurs über die Musikgeschichte, angefangen mit Bach und Händel, auch eine gewisse Vorstellung geben sollte.

Fast mit den gleichen Worten, eine Überwältigung fürchtend, hat er auf Bilder der Romantiker reagiert. Die Blätter Philipp Otto Runges von den Tageszeiten, so sanft und lieblich sie uns erscheinen, erschrecken ihn fast: »Da sehen Sie einmal, was das für Zeug ist, zum Rasendwerden, schön und toll zugleich.« Der Besucher vergleicht sie mit Beethovenscher Musik, die eben am Klavier gespielt wird. »Freilich«, sagt Goethe, und er meint Beethoven und Runge zugleich, »das will alles umfassen und verliert sich darüber immer ins Elementarische...« Über Runge, der eben jung gestorben war, fügt er noch hinzu:»Aber der arme Teufel hats auch nicht ausgehalten, er ist schon hin, es ist nicht anders möglich, was so auf der Kippe steht, muß sterben oder verrückt werden, da ist keine Gnade.« Von Caspar David Friedrich spricht er mit Lob über fleißige Behandlung verschiedener Baumarten, mit Bedenken über die mystisch-religiöse Richtung und in scharfem Tadel darüber,»daß er die Kunst der Beleuchtung entweder nicht kennt oder verschmäht, wie er denn auch die Anwendung der Farben, deren Milderung und Übereinstimmung nicht beachtet«. Auch dies Urteil zeigt, was er unter Farbenharmonie verstanden wissen wollte.

Seine Ablehnung dieser ganzen jungen Generation ist nahezu umfassend. Sie geht auf seine Kunstanschauungen zurück, die»Milderung und Übereinstimmung« fordern, einen mild-strengen Klassizismus. Sein heidnisch-naturhafter Glaube verwirft die neuaufkommende Frömmigkeit als Frömmelei. Und nicht zuletzt verwahrt er sich gegen überstarke Eindrücke, ebenso wie er Erlebnisse mit Über-Schönen vermeidet. Er fühlt sich ständig bedroht und muß sich schonen. Die starken Worte und Zurufe zum Derben, Tüchtigen werden an Zelter geschickt und sind für den verwegenen Menschenschlag Berlins bestimmt. Für sich wünscht er sanfte Musik, gefällige Bilder, anmutige Gedichte, auch»artig« können sie sein, was nun ein Lieblingswort wird. Das stört ihn nicht, das erheitert und fördert, wie er meint, das Rechte, Wahre. Wer sich dagegen vergeht, der ist »bald hin« wie der arme Teufel Runge.

Die Ironie will es, daß nun gerade diese junge Generation Goethes FAUST in die Hände bekommt, dessen Erster Teil 1808 zum ersten Male vollständig erscheint, und sich grenzenlos daran begeistert. Da ist gerade das Allesumfassenwollen, das Goethe an Runge und Beethoven tadelt. Da sind keine mild-strengen klassischen Kompositionen, sondern Geniefetzen, wild hingewühlt. Da ist kein treufleißig ausgeführter Baumschlag, sondern der Blocksberg mit wüsten, gespaltenen Baumriesen, die knarren und gähnen. Da ist Mystik, Mittelalter, die altdeutsche Welt, die Goethe den jungen Malern verbieten möchte, Gott und der Teufel, Liebe und Wahnsinn. Und das alles nicht in klassischen Hexametern, sondern in frischesten Hans-Sachs-Versen, mit Reimen, von denen viele als geflügelte Worte wie Löwenzahnsamen über ganz Deutschland ausstäuben. Nicht nur die Deutschen – die Franzosen, die Engländer begeistern sich sogleich für das Werk, so schlecht es anfangs übersetzt wird, in Auszügen vielfach nur oder Paraphrasen, auch mündlich schon bekanntgegeben. So liest etwa Matthew Lewis, der Verfasser des»gothischen« Romans DER MÖNCH, in dem bereits faustähnliche Szenen vorkamen, dem

Kreis Shelleys und seiner Freunde aus dem Faust vor; Lewis verstand nicht allzuviel Deutsch, aber es genügte, seinen Hörern die ungefähre Vorstellung zu geben, daß da etwas Gewaltiges gedichtet worden sei, ruchlos, satanisch, von Schwefelglanz umwittert, und Shelley veröffentlicht dann in Byrons kurzlebiger Zeitschrift The Liberal seine Übertragung einiger Szenen aus dem Werk. Die Philosophen bemächtigen sich des Buches oder eigentlich des Themas Faust und haben es nicht mehr losgelassen. Goethe wird, nachdem er ein ganzes langes Leben hindurch der Autor des Werther gewesen war, der Dichter des Faust. Und auch er selber wird eine legendäre Faust-Gestalt mit seinem Forschungsdrang nach allen Seiten, von dem man einiges gehört hat, auch wenn man nicht bereit war, die beiden Bände der Farbenlehre zu studieren.

Die Zeiten sind kläglich für die Deutschen, aber sie haben nun doch den Trost, diesen Dichter zu besitzen. Sein Reich kann nicht konfisziert werden, wie das ihren deutschen Ländern ergeht, die Napoleon in französische Departements verwandelt oder einem seiner Marschälle als Herzogtum schenkt. Sie müssen sich ducken, und sie tun das – gründlich und aus alter Übung. Hier aber können sie den Kopf hochhalten im Reich der Gedanken und der Dichtung. Das Volk der Dichter und Denker ist eine Einheit, eine Nation sind sie nicht und werden es lange nicht sein. Die jungen Patrioten, die von einer Nation träumen, ungewiß, ob unter preußischer, österreichischer Führung oder in einer unbestimmten Form, verehren den Schöpfer dieses geistigen Reiches, auch wenn sie oft genug Anstoß nehmen an dem Geheimrat, der bei jeder Gelegenheit seinen französischen Orden trägt und im Gespräch mahnt: man solle sich zufriedengeben, die Künste und Wissenschaften pflegen und die Weltereignisse denen überlassen, die es besser verstehen.

Goethe sieht das mit grimmiger Gelassenheit an. Da loben sie den Faust, dichtet er, und was noch sonst in meinen Schriften braust,

»Das alte Mick und Mack,
Das freut sie sehr;
Es meint das Lumpenpack,
Man wär's nicht mehr.«

Er ist es noch, aber anders als sie meinen. Er steht außerhalb der Physik und außerhalb der Zeit. Er lebt in anderen Regionen. Lieder und Liederchen wollen sie von ihm, patriotischer Art womöglich, Tiraden gegen den Tyrannen. Das war nie seine Sache. Er weilt in der Vorzeit und der Zukunft.

Sein mythisches Festspiel Pandora für eine imaginäre Bühne – vielleicht für eine Friedensfeier gedacht – spielt vor aller Zeit, am

Anfang der Menschheit und eigentlich vor allem Licht im ganz frühen Morgen; am Schluß erst erscheint Eos, die Morgenröte. Die Namen der Gestalten sind allerdings griechisch, und die Szenerie soll im Stile Poussins gedacht werden, aber Goethe verwandelt die Figuren in seine ganz persönliche Mythologie: Pandora ist nicht die Unheilbringerin der Griechen, die in ihrer Büchse – beim altertümlichen Hesiod ist es noch ein ganzes Faß – alle Krankheiten und Leiden auf die Erde verschleppt; sie wird eine Lichtgestalt und Geliebte, die Muse, die Kunst, die allein der Kriegerwelt der Tat gegenüber bestehen kann. Prometheus, dem jungen Goethe so nahe, wird zum Vertreter des Machtgedankens, sein Bruder Epimetheus, der »Nachdenkende«, ist mehr dem alten Goethe gemäß.

Eine Trilogie war geplant, die wie bei der NATÜRLICHEN TOCHTER nicht zustande kam. Das Fragment ist eine Art Wort-Oratorium, mit Rezitativen, Chor, sprachlich Goethes vielfältigstes Opus, mit herrlich strömenden Versen und auch künstlichen Experimenten in antiken Metren. Es sei »alles ineinander gekeilt«, meinte Goethe. Das Werk läßt sich nicht aufführen, man kann es nur lesen wie eine Partitur, in der man die verschlungene Stimmführung und den Reichtum der Motive verfolgt. Man ist dann bei einem Schöpfungsakt dabei: der Erschaffung der ersten Menschen, die im Keim schon alles in sich tragen, was dann die Welt bewegt und verwirrt. Es ist zugleich der Schöpfungsakt, mit dem Goethe, der Gereifte und Entsagende, seine Welt noch einmal zu ordnen sucht.

Das wird nun überhaupt sein Anliegen. Er versucht Ordnung zu schaffen, so wüst es um ihn aussieht, so wenig geordnet sein eignes Dasein ist. Seine Ehe, wenn man sie so nennen kann, ist eine Beziehung, die nicht nur den Weimarer Philistern fragwürdig erscheint, sondern auch seinen besten Freunden. Er selber hat sie wie in seiner Elegie AMYNTAS als schwere, fast lebensbedrohende Fessel empfunden. Seine Anhänglichkeit an die Gefährtin bleibt bestehen, bei allen Belastungen, denen sie ausgesetzt wird. Trotz ist dabei, auch Dankbarkeit für treue Pflege, mutige Haltung im Notjahr und einfache Gewöhnung. Erträglich ist das Verhältnis nur, weil er sich jede Freiheit vorbehält. Christiane nimmt das geduldig hin. Die Gesellschaft, das Publikum verfolgt Goethes bekannte, ja gefeierte Liebschaften mit Interesse, Neugier, zuweilen auch mit Kritik. Er ist nun aber zur repräsentativen Persönlichkeit geworden. Man erwartet von ihm Stellungnahme zu den großen Problemen des Lebens. Und nun versucht er, wie man hört, die Ehe als Kardinalfrage menschlicher Gemeinschaft zu lösen oder zu behandeln.

Sein Roman DIE WAHLVERWANDTSCHAFTEN ist aus der Weiterarbeit am WILHELM MEISTER hervorgegangen. Er hat immer wieder Anläufe genommen, das Werk weiterzuführen; es sind nur einzelne

Novellen geworden. Eine davon wächst sich aus, und er beschließt, sie abzulösen und zu einem Roman umzugestalten. Wie immer bei Goethe spielt die Gelegenheit eine Rolle: Die scheue, zu jeder physischen Liebesbeziehung unfähige Minna Herzlieb hat ihn mit ihrer an seine Schwester erinnernden Art erregt und eine Gestalt auftauchen lassen, die ihn immer wieder beschäftigt. Andere Gestalten seiner Erfahrung treten hinzu, alle verwandelt bis zur Unkenntlichkeit; sie alle werden reduziert auf ganz wenige Figuren, ein Quartett. Auch dieser Roman, wie der Tasso, dem er nahekommt an Kunst, ist Kammermusik. Er ist ursprünglich, wie Goethe ausdrücklich betont hat, für einen kleinen Kreis von Lesern gedacht, der ihm befreundet ist, ihn versteht, der zuhören kann.

Das Buch ist rasch geschrieben, rasch zum Druck gegeben; daher hat es, zum Unterschied von Goethes meisten anderen Werken, die Einheitlichkeit. Die Gestalten haben keine Zeit, sich zu verwandeln wie sonst. Sie stehen von vornherein fest, ihr Schicksal ist unwandelbar bestimmt und muß sich tragisch erfüllen. Goethe hat keine Tragödien schreiben wollen: Hier im Roman – oder eigentlich einer erweiterten Novelle – hat er eine Tragödie geschrieben, so streng auf wenige Personen und einen Schauplatz konzentriert wie nur das klassische Drama der Franzosen, von dem er gerade in Erfurt kurz zuvor durch Talma und seine Truppe große Beispiele im hohen Stil gesehen hatte. Streng architektonisch ist der Aufbau, mit genau abgemessenen Kapiteln und symmetrischer Anordnung. Ein Architekt, einer Karlsbader Badebekanntschaft nachgebildet, ist Goethes Lieblingsfigur in dem Roman, obwohl er eine Nebenrolle spielt: Er legt gewissermaßen die Szenerie an, in der sich die Hauptgestalten bewegen, und baut auch die symbolische Kapelle für die Zentralgestalt Ottilie, die eine Heilige ist. Riemer, der als Adlatus bei der Entstehung des Romans dabei war, deutet das feinsinnig aus: Goethe habe die unendliche und doch verlorene Mühe zeigen wollen, die sich die Menschen oft geben, um zuletzt nur einen Schauplatz der unglücklichsten Ereignisse bereitet zu haben. »Es ist, als hätten jene Personen das Holz selbst herbeitragen müssen zu dem Scheitergerüst, das sie alle verzehren sollte.« Er fügt hinzu, daß all diese Details aus des Dichters Selbsterfahrung und Selbstpraktik herrühren, »und darum kann man sagen, daß er auch hier sein Leben symbolisch abgespielt oder seine Konfessionen hineingelegt oder – wie er in späteren Jahren scherzhaft mit dem ihm eigenen Sprachtone und Miene zu sagen pflegte – *hineingeheimnisset* habe«.

Geheimnis webt um die Gestalten, so sehr, daß die Deutungen des Buches sich in den wunderlichsten Extremen bewegt haben. Die kirchlich Frommen haben es als »unsittlich« verdammt, obwohl es ein Heiligenleben schildert und am Ende mit einer wahrhaft »katholischen« Wendung schließt, die ein glückliches Wiederfinden der unglücklich Liebenden im Jenseits ankündigt. Andere haben als »Idee« den Kampf zwischen Neigung und Pflicht darin gesehen. Goethe selber hat, zu einer Äußerung gedrängt, den Bibelspruch zitiert: »Wer ein Weib ansiehet ihrer zu begehren, der hat schon mit ihr die Ehe gebrochen in seinem Herzen.« Er hat im Gespräch mit Riemer, noch während der Entstehung des Werkes, gemeint, er wolle zeigen, wie das Sinnliche Herr wird über die Menschen, »aber bestraft durch das Schicksal, das heißt durch die sittliche Natur, die sich durch den Tod ihre Freiheit salviert«. Immer bemüht, die Kontinuität seines Gesamtwerkes zu betonen, hat er den Vergleich mit seinem Werther gezogen, der sich erschießen mußte, »nachdem er die Sinnlichkeit Herr über sich hatte werden lassen«; man hat den Roman auch als einen gesteigerten oder aus gereifter Alterserfahrung geschaffenen WERTHER ansehen wollen. Goethe hat es keineswegs verschmäht, auf persönliche Erlebnisse anzuspielen, und zu seinem jungen Freund Boisserée davon gesprochen: »Die Sterne waren aufgegangen, er sprach von seinem Verhältnis zu Ottilie, wie er sie lieb gehabt und wie sie ihn unglücklich gemacht. Er wurde zuletzt fast rätselhaft ahnungsvoll in seinen Reden. Dazwischen sagte er dann wohl einen heiteren Vers. So kamen wir müde, gereizt, halb ahndungsvoll, halb schläfrig im schönsten Sternenlicht bei scharfer Kälte nach Heidelberg.« Man möchte keinen der Sätze aus diesem Bericht missen, auch die heiteren Verse als Ausgleich nicht.

Es ist ein Liebesroman, von der Liebe wird gehandelt, und sie wird hier als furchtbare, lebenszerstörende Naturmacht angesehen. »Lieben heißt leiden«, meint Goethe zu Riemer, »man kann sich nur gezwungen (natura) dazu entschließen, das heißt, man muß es nur, man will es nicht.« Er sagt ebenfalls, als der Roman gerade erschienen ist, 1810: »Die höchsten Kunstwerke sind schlechthin ungefällig, sie sind Ideale, die nur approximando gefallen können und sollen, ästhetische Imperative.«

Goethe stellt in diesem Roman einen Imperativ auf, neben dem Kants kategorische Forderung milde und sanft erscheint. Er fordert Entsagung von allem Sinnlichen und geht dabei selbst so weit, daß schon die Gedankensünde zum Tode der Beteiligten führt. Mit äußerster Konsequenz führt Goethe diese Idee durch, für die sich weder in seinem Leben noch in seiner Natur irgendein Anhalt findet. Er hat weder je entsagt noch die Sinnlichkeit seines Wesens – zum großen Glück seines Werkes – je ausgeschaltet. Aber er hat allerdings die Liebe stets als etwas ungeheuer Bedrohliches empfunden und sich auf jede nur denkbare Weise ihr zu entziehen gesucht: durch Flucht, Verteilung der Gefahr auf mehrere Geliebte oder durch »Verdrängung« in die Gestaltung, ins Kunstwerk. Und wie nach seiner

FARBENLEHRE jede Farbe die Kontrastfarbe fordert, so soll hier von dem All-Liebenden der stärkste Kontrast dargestellt werden: die Liebe als das Unheil, das »Trübe«, das Verhängnis, das alle Beteiligten am Ende vernichtet. Die Natur oder das Schicksal sind grausam, gnadenlos und verschonen auch edle Menschen nicht, die »bei allem inneren Zwiespalt«, wie Goethe zu Riemer sagt, »doch das äußere Dekorum behaupten«. Die Versuche dieser vornehmen Menschen, die Form zu beachten, eine Lösung für ihre Wirrnisse zu finden, geben dem Roman die innere Spannung. Das Ende ist jedoch vorgeschrieben, und es muß tragisch sein. Der Schluß zeugt nur für Goethes »Konzilianz«, die auch bei diesem, seinem einzigen wahrhaften Trauerspiel, doch eine versöhnlich-hoffnungsvolle Note anklingen lassen muß.

Der Roman ist ein Experiment, der spätere *roman experimental* ist schon vorweggenommen, ein psycho-chemischer Versuch. Der Titel stammt aus der zeitgenössischen Chemie; der große schwedische Chemiker Torbern Bergman verwandte den Begriff der »Wahlverwandtschaft« als *attractio electiva*; in dem physikalischen Lexikon von Gehler hatte Goethe ihn wiedergefunden. Goethe bezog allerdings bei allem weitausgreifenden Forschungsdrang die Chemie am wenigsten in den Kreis seiner Interessen ein; sie wandelte sich zu rasch, und im Roman klagt sein Eduard darüber, daß man eigentlich nun alle fünf Jahre umlernen müsse; seine Frau Charlotte polemisiert noch gegen das »traurige Wort Scheidung«, das man nun so viel höre, und gegen die Bezeichnung »Scheidekünstler« für den Chemiker: Man sollte ihn lieber »Einungskünstler« nennen, ein von Goethe geprägtes Wort. Solche »Einung« aber, gewünscht, ersehnt, ist eben das Gefährliche. Wenn der Chemiker, die Willkür der Natur symbolisierend, die Naturkörper zusammenbringt – »dann gnade ihnen Gott!«.

Mit solcher Diskussion im gesellschaftlichen Kreise wird das Thema angeschlagen. Der Roman spielt in jener adligen Gesellschaft, die Goethe schon im WILHELM MEISTER als Ideal vor sich gesehen hatte; hier ist sie noch mehr jeder irdischen Beziehung entrückt, und in Goethes Lebensumkreis ist gewiß dafür kein Vorbild zu finden. Es sind vornehme Leute auf einem Schloß, die sich allenfalls damit beschäftigen, einen neuen Park, einen Spazierweg, den Neubau eines Lusthauses anzulegen; sie erhalten Besuche, die sehr kunstvoll den Roman steigern und die Katastrophe befördern; sie unterhalten sich ungemein kultiviert und treiben auch damit die tragische Lösung unaufhaltsam näher heran. Sie leben ganz ausschließlich ihren Neigungen und Leidenschaften, und dadurch gehen sie zugrunde. Sie ziehen sich über Kreuz an in geheimer »Wahlverwandtschaft«.

Die vier Menschen, der Baron Eduard, seine Frau Charlotte, der Hauptmann (ohne Namensbezeichnung) und das Mädchen Ottilie, aus denen die Tragödie besteht, sind eigentlich kaum Lebewesen, sondern etwas wie Elemente; mit A, B, C, D werden sie vom Seelenchemiker Goethe zunächst gegenübergestellt – nach den Angaben seines physikalischen Lexikons. Zu dem Ehepaar treten die beiden neuen Elemente: der Hauptmann, der sich mit Charlotte verbinden will, das Mädchen Ottilie als Partnerin des Barons. Goethe stattet diese Schemen aber nun mit aller seiner Kunst, wie die Gestalten seines TASSO, so reich aus, daß sie glaubhaft werden, auch wenn sie sich kaum bewegen, sondern nur wie in einem ständigen Gefälle der Katastrophe zutreiben. Er charakterisiert mit vielen Einzelzügen, die wiederum sehr symmetrisch verteilt werden. Er benutzt auch sehr »moderne«, damals moderne Mittel zur Charakterisierung; die Einflüsse der Zeit sind keineswegs spurlos an ihm vorbeigegangen, so zeitlos der Roman angelegt ist, von dem wir überhaupt nicht wissen, wann er spielt. Außer der Chemie wird der Magnetismus herangezogen, mit dem Goethe sich viel beschäftigt hat, die Wünschelrute, die ihm der genialische Ritter nahebrachte, das Siderische Pendel, Naturglauben, alchemistische Vorstellungen vom Einfluß der Metalle auf den Menschen, Mystik, auch Wunderglauben der katholischen Kirche: alles, was die Zeitgenossen bewegt und was Goethe an den Romantikern tadelt. Sein Roman ist darin eminent »romantisch«, so klassisch sein Aufbau angelegt ist. Er ist aber doch darin gänzlich goethisch, daß all diese Dinge nur eben mit verwendet werden, als willkommene Zugaben, die hier und da ein Licht aufsetzen. Es ist nicht ganz deutlich zu unterscheiden, wieweit bei Goethe etwa »Aberglauben« wirklich vorhanden war und wieweit er ihm nur als ein poetisch sehr wirkungsvolles Mittel erschien. Solche Symbole, so sagt er zu Riemer, »sind geistreicher und lassen sich eher mit Poesie, ja mit Sozietät verbinden als alle übrigen«, weil sie dem Gemüt und nicht dem Verstand angehören.

Dem Gemüt und nicht dem Verstand gehört denn auch die Hauptfigur, das Mädchen Ottilie, an. Den Namen hatte Goethe schon in Straßburg gehört; die heilige Odilia war die Schutzpatronin des Elsaß; das Kloster Odilienberg hatte Goethe auf seinen Ritten durch die Landschaft besucht. Die blind Geborene, die durch die Taufe erst sehend wurde, ist die Helferin der Blinden und Augenleidenden; ihre Embleme sind Augen, Arme und ein Buch. Es ist fraglich, wieviel Goethe von der Legende in der Erinnerung geblieben war, er nennt jedenfalls seine Ottilie »Augentrost« und gibt ihr bei der entscheidenden Katastrophe, da sie das Kind der Charlotte vom Kahn ins Wasser gleiten läßt, höchst merkwürdig und hieratisch ein Buch in die Hand. Tieferen Sinn jedoch hat die Beziehung auf die Blindheit. Denn wie Nachtwandler schreiten all diese Menschen auf ihr Schicksal zu. Die Liebe macht sie blind. Auch Ottilie, wie ihre Patronin oder

Goethes Schwester oder Minna Herzlieb jeder physischen Liebe abhold, bleibt hartnäckig bei ihrer Liebe zu Eduard, obwohl sie die Vereinigung mit ihm nicht will. Er hat ihr viele Züge aus seinen Erfahrungen mit Mädchen und Frauen solchen Schlages verliehen und sie damit auch körperlich vorstellbar gemacht, denn ein reines Heiligenbild wäre wohl schwerlich seiner Kunst gelungen. Sie ist ihm aber zugleich ein Ideal, und das Ideale ist für ihn nur in weiblicher Gestalt denkbar. Sehr seltsam sagt er einmal zu Riemer: »Die Begattung zerstört die Schönheit, und nichts ist schöner als bis zu diesem Moment. In der antiken Kunst allein ist die ewige Jugend festgehalten und dargestellt. Und was heißt ewige Jugend anders als keinen Mann, keine Frau erkannt zu haben.« Er erinnert darin an sein Vorbild Leonardo, der ebenfalls die physische Vereinigung der Geschlechter mit noch stärkeren Worten abgelehnt hat; es ist ungewiß, ob aus homosexueller Veranlagung heraus oder aus der sehr starken femininen Komponente seines Wesens, die noch deutlicher ausgeprägt ist als bei Goethe. Bei diesem ist vielleicht – wir wagen diese Deutung nur vorsichtig – in seiner polaren Natur das Weibliche abweisend, »kalt«, negativ, den Akt verneinend, das Männliche positiv, bejahend. Aus solchen Spannungen ließe sich vieles in seinem Leben und in seiner Dichtung begreifen und auch diese Gestalt der Ottilie, die sonst so künstlich wäre wie die Handlung, in die sie gestellt wird.

Goethe muß alle seine Kunst aufbieten, um das tragische Ende herbeizuführen. Die schicksalhafte Szene – die von vielen seiner Zeitgenossen als so »unsittlich« empfunden wurde – ist ein seelischer Ehebruch: Eduard hat im Schlafzimmer seiner Gattin Charlotte das Bild der geliebten Ottilie vor Augen, Charlotte denkt an ihren Hauptmann. Das Kind, das aus dieser Nacht hervorgeht, hat Ottiliens Augen und des Hauptmanns Gestalt. Es muß sterben, Ottilie läßt es aus Unachtsamkeit bei der Überfahrt über den Schloßteich ins Wasser fallen. Auch sie muß sterben, obwohl Charlotte ihr den Weg zum Geliebten freigeben will. Sie fühlt sich schuldig, weil sie »aus ihrer Bahn geschritten« sei, sie kasteit sich, nimmt keine Nahrung zu sich und erlischt; an ihrem Grabe geschehen Wunder; Eduard stirbt ihr nach.

Als Scheidekünstler und als »Einungskünstler« hat Goethe diese Geschichte geschrieben, die eher eine »unerhörte Begebenheit« schildert, wie er es von der Novelle verlangte, als gesellschaftliche Zustände, wie das für einen Roman gegeben wäre. Die Einheit liegt im Stil, der jedes Glanzlicht vermeidet, aber reich ist an Weisheit, ahnungsvollen Bezügen und auch Ironie. Jede Generation hat daher neue Deutungen versucht. Die Zeitgenossen, von den Freunden abgesehen, an die er das Buch als »Zirkular« verschickt hatte, blieben meist verwirrt, respektvoll stumm oder waren empört. Wenn sie sich von dem Werk einen förderlichen Beitrag zum Problem der Ehe erwartet hatten, so ist es begreiflich, daß sie dafür keine Lösung in dem Buch fanden.

Breiteste Wirkung fand erst wieder Goethes Lebensgeschichte. Er war sich historisch geworden mit dem Hinsterben der Altersgenossen – und übrigens schon früher; von »Epochen« seines Lebens spricht er bereits in der Jugend, abschließende Betrachtungen über einen Abschnitt hat er oft angestellt, die verschiedenen Autodafés seiner Papiere und Briefe bedeuteten ebenfalls jeweils eine deutliche Zäsur. Nun findet er es an der Zeit, seinen Werdegang in großen Zügen darzustellen, ehe andere sich dieser Aufgabe bemächtigen. Sein Gedächtnis ist »wie ein Sieb«, wie er zuweilen sagt; die Mutter, die noch viel für die Jugend hätte beisteuern können, ist gestorben und hat nur der Bettina einige Anekdoten hinterlassen, von dieser ins Bettinische übersetzt. Goethe liegt aber auch gar nicht so sehr an Fakten, Zuständen, Ereignissen. Er will vor allem sich schildern, und er hat die Zuversicht, daß sein Werdegang exemplarisch sei und im höchsten Sinne erzieherisch wirken könne.

Geschichte als »Mischmasch von Irrtum und Gewalt« ist ihm fern und verhaßt: Er schreibt nicht die Geschichte seiner Zeit, und das eigentlich Historische wird in dem Buch nur herangezogen, wenn es unbedingt nötig ist, und auch da bleibt es blaß. Auch Literatur- und Bildungsgeschichte werden nur berücksichtigt, wenn sie zur Entwicklung des Phänomens Goethe beitragen. Das wächst, nach dem Bild seiner Pflanzenlehre, empor von der Ur-Pflanze bis zur weitgefiederten Palme; so jedenfalls war es ursprünglich beabsichtigt. Der Autor und Dichter hat dann sehr bald erkannt, daß ein allzu breites Bild seine Gefahren haben würde; persönliche Rücksichten auf die noch lebenden Gestalten des Weimarer Kreises mögen hinzugekommen sein, und so schließt Goethe sehr wirkungsvoll und weise mit dem Fortgang aus Frankfurt ab. Das bietet auch den Vorteil, daß sein Leben bis dahin eine einzige unaufhaltsame Steigerung und Entfaltung ist, mit dem Höhepunkt der berühmten Werke seiner Geniezeit. Fast nichts retardiert, es gibt kein Zaudern, Sichversäumen oder Ausweichen in andere Lebensbezirke und Aufgaben: Es ist der Lebenslauf eines Dichters, von der Kindheit bis zum noch jünglinghaften Mannestum.

Als Dichtung ist das denn auch geschrieben, und so hat es gewirkt. Goethe hat, im Unterschied zu allen anderen Autobiographen, nichts zu »bekennen«; er hat sein übriges Leben und Schaffen als eine einzige große Konfession bezeichnet. Er will uns nicht mit »Wahrheiten« überraschen. Er will überhaupt nicht überraschen, weder durch Aufdeckung von Lastern oder Verirrungen oder psychologische Blitzlichter, die ein »neues Licht« auf bisher verschwiegene Seelenzustände werfen, noch durch frappante Einsichten ins Weltgetriebe und die Zeitzustände. Er ist ruhig, seiner Sache sicher; er hat es nicht einmal nötig, eitel zu sein, wie fast alle, die ihr eignes Leben beschreiben. Das Schicksal hat es gut mit ihm gemeint, und er findet das völlig in der Ordnung: Er sieht darin überhaupt die große Ordnung. Es gibt keinen Zufall. Alles ist sinnvoll angeordnet, schon die Geburtsstunde steht unter günstiger Konstellation der Gestirne, zur rechten Stunde stellt sich alles ein, die erste Liebe, erster Kummer, erster Erfolg, und zum Schluß trägt ihn der Sonnenwagen neuen Schicksalen entgegen, von denen jeder Leser weiß, daß sie den Dichter weiter hinaufführen werden.

Diese Einfachheit hat etwas Grandioses, auch wenn sie zuweilen fast einfältig erscheint und für uns, die wir Kinder einer anderen Zeit sind, viele Wünsche offenläßt. Sie kann wie ein Vorwurf wirken und irritieren. Nichts von Tod, Kummer, Sorge – erst ganz kurz vor seinem Tod haucht »die Sorge« den schon sterbenden Faust an, was ein Symbol seines ganzen Lebens ist –, keine Angst, kein Feind oder Gegner, selbst der Feind in der eignen Brust, das schwere hypochondrische Erbe, wird fast gänzlich ignoriert. Alles »Unerfreuliche« wird beiseite gelassen. Das Buch soll heiter sein, Behagen verbreiten. Das ist ein Grundelement des Romans, Behagen, und in DICHTUNG UND WAHRHEIT ist es Goethe besser gelungen, dies Gefühl zu verbreiten als in seinen ausdrücklich als Romane bezeichneten Werken. Das Buch wurde fast so etwas wie ein deutsches Hausbuch. Seine Gestalten wurden Familienmitglieder, und selbst die vielen Geliebten waren dabei herzlich einbezogen, denn »Dichterlieben« wurden ein wahrer Kult und bald auch eine Industrie, die noch keineswegs ihre Webstühle eingestellt hat. Seine Lotte, Friederike, Lili traten als runde Figuren neben die Schöpfungen seiner Dichtung, ein Gretchen, Klärchen; sie wurden bald im Bild verherrlicht, im Holzschnitt, Kupferstich, Öldruck, als Wandverzierung.

Auf den Zusammenhang kommt es ihm an und auf die richtige Verteilung von Licht und Schatten, wobei im Sinne der Kunstanschauung seiner späteren Jahre eine wohltuende Harmonie zu herrschen hat. Es ist bezeichnend, daß er sogar von seinen Werken, die sonst den Ausgangspunkt für die Darstellung bilden – als verbindendes Glied für die neue Gesamtausgabe seiner GESAMMELTEN SCHRIFTEN war die Arbeit anfangs gedacht –, diejenigen fortläßt, die ins Problematische führen: STELLA mit der beunruhigenden Frage einer Ehe zu dritt, FAUST mit einer der Zentralfiguren seines Werkes und Lebens, dem Mephisto. Mephistophelisch ist nichts angeleuchtet; Schwefelglanz gehört nicht zu den Farben seiner Palette für diesen Bericht. Der Widersacher schweigt. Den tollen, wüsten, hemmungslosen Goethe, der auch zum vollen Menschenbild gehört, sehen wir nicht, und es war nicht nur Rücksicht auf die Weimarer Umgebung, daß er die eigentlich problematische Zeit seines Lebens fortließ. So bekommt die Schilderung vielfach etwas Zahmes und Braves, etwas vom Musterknaben, und nur versteckt und gelegentlich blitzt die gefährliche Ironie seines Wesens auf, die über den freundlich-fördernden Gang der Erzählung hinweg doch andeutet, daß auch noch ganz anderes gesagt werden könnte.

So dichtet Goethe bei lebendigem Leibe die Legende seines Lebens, und seinem Buch ist sie vor allem zu verdanken. Wenn dann immer wieder das Wort zitiert wurde, daß eigentlich sein Leben das »größte Kunstwerk« sei, das er geschaffen, so geht das auf ihn zurück. Wenn er das Wort aussprach, daß alles, was er geschrieben, »eine einzige große Konfession« sei, so hat das dazu geführt, daß die einzelnen Dichtungen oder auch Fragmente im Zusammenhang gewertet werden, nicht als Schöpfungen von eigenem Leben. Das ist in der Tat eine große Leistung seiner Kunst, die sonst keinem gelungen ist. So unentbehrlich für uns ist, was er sonst über sich und sein Leben gesagt und geschrieben hat – und an scharfer Einsicht über sich und seine Fehler übertrifft er ebenfalls die meisten –, keine Darstellung Goethes kann dieses Buch ignorieren. Es ist das eigentliche Denkmal, das er sich gesetzt hat. Es hat alle Züge eines solchen, aber es ist darum nicht weniger großartig.

Es hat auch wie die Denkmale seiner Zeit viele Reliefs und Friese am Sockel; diese Nebenfiguren sind nicht sein geringster Reiz. Wie manche große Romane ist auch Goethes DICHTUNG UND WAHRHEIT am stärksten und lebendigsten in solchen Nebengestalten, während er eine so entscheidende Persönlichkeit wie seine Mutter fast gänzlich im Ungewissen läßt. Überflüssig zu erwähnen, daß Goethes Altersweisheit immer wieder die reichsten Sprüche, Bemerkungen, Betrachtungen ausstreut, aus denen sich ein eignes Kompendium zusammenstellen ließe. Er zieht, wie er das von Schillers großartigem Huldigungsschreiben gesagt hatte, die »Summe seiner Existenz«, und sie ergibt einen gewaltigen Ertrag. Sehr weise und treffend hat er einmal gesagt, als man über die Eitelkeit und den Anspruch sprach, den doch jede Selbstschilderung eigentlich bedeute: der Autobiograph sei im Grunde der höflichste aller Menschen.

Erwachen des Schläfers Epimenides

Der Kontakt mit den Zeugnissen seiner Jugend hat Goethe verjüngt. Staunend betrachtet er das alte Manuskript seines SATYROS, das ihm der alte, so oft verspottete und doch treu gebliebene Freund Fritz Jacobi zugeschickt hat. »Ein Dokument der göttlichen Frechheit unserer Jugendjahre« nennt er es behaglich. Gedruckt werden soll es freilich vorläufig nicht, es würde zu schlecht zu den antikischen Säulen der neuen Lehre passen. Aber Goethe wird doch nachdenklich. Ein Vers summt ihm im Kopf herum: »Wir sind vielleicht zu antik gewesen – / Nun wollen wir es moderner lesen.« So historisch er sich empfindet, er hat sein Leben noch keineswegs abgeschlossen, im Gegenteil, er fühlt sich neu belebt. Eine weitere Schlangenhaut wächst unter der alten heran.

Rein Physisches kommt hinzu. Die etwas schwammige Fettleibigkeit ist verschwunden, wie, ist nicht ganz klar, denn er liebt das gute und reichliche Essen wie zuvor, wenn er auch etwas mehr Diät hält – auch dies mit Maßen und nicht in verzweifelten *fits* wie Byron, der mit rabiaten Hungerkuren gegen seinen Hang zum Dickwerden ankämpfte. Er trinkt wie stets täglich seinen guten Rotwein in großen Flaschen, Champagner, den schweren Würzburger Steinwein. Die Zähne sind ihm ausgefallen, und das ist vielleicht sein Glück, denn nicht wenige seiner rheumatischen und sonstigen Beschwerden mögen darauf zurückzuführen gewesen sein. Die Haut spannt sich. Er schaut lebendiger um sich, die Dinge der Welt treten näher an ihn heran und werden nicht nur als ungreifbare »Ur-Phänomene« betrachtet. Denn was Goethe auch über »reine Anschauung« bei seiner Naturforschung und Naturdeutung gesagt hat: sie ist vor allem Denken, geistiges Gestalten, der Versuch, die Welt nachzuschaffen. Das viele Experimentieren, das er auch übt, dient im wesentlichen dem »Wiederfinden« des schon Geahnten oder Gewußten. Immer aber braucht er den sinnlichen Kontakt mit den Dingen, er muß auch mit seinen Händen zugreifen, während er denkt. Und so wandert er nun ständig mit einem kleinen Geologenhammer umher, beklopft die Gesteine in der Umgebung von Karlsbad, freut sich an einem schönen kristallinischen Bruch oder noch mehr an den »Sprudelsteinen«. Diese Produkte der sanft und langsam aufbauenden Natur gefallen ihm weitaus besser als unbequeme und rätselhafte Erscheinungen wie etwa der Basalt, bei dem ihm immer wieder, hartnäckig wie der Newtonische Irrtum, vorgehalten wird, er sei doch wohl vulkanischen Ursprungs. Der Basalt wird für ihn ein anderer Widersacher und teuflischer schwarzer Feind: »Da steckt schon wieder der Basalt seinen verfluchten Mohrenkopf hervor!« murrt er ingrimmig und wendet sich ab, um verträglichere Gesteine zu betrachten. Mit dem »Polter- und Schiebewesen« will er nichts zu tun haben, weder in der Natur noch in den Zeitgeschehnissen, wo es um ihn herum überall vulkanisch kracht und in glühender Lava herausströmt. Die Gegenwart gilt für ihn, nicht eine ungewisse und womöglich düstere Zukunft. Bald wird das in seinem Festspiel Des Epimenides Erwachen verkündet: Der Seher, lange Zeit von den Göttern in einer Höhle eingeschlossen, wird aufgerufen vom Schlaf. Er soll sich entscheiden, ob er nun die Gegenwart oder die Zukunft sehen will. Unverzüglich wählt Goethe die Gegenwart, mit heitrem Sinn das, was das Auge, das Ohr ihm bietet: »Und gleich erschien durchsichtig diese Welt, / Wie ein Kristallgefäß mit seinem Inhalt.« Es ist die Gegenwart der Natur, die er meint.

Die Gegenwart: Das sind aber auch schöne, geistreiche, belebende Frauen. Was immer Goethe in seinen Wahlverwandtschaften verkündet über den hohen Sinn der Ehe als »Anfang und Gipfel aller Kultur«, die Nachtseite aller Leidenschaften – sein Leben ist das eines orientalischen Patriarchen, eines »Sultans«, wie es in dem gleichzeitig mit den Wahlverwandtschaften geplanten Roman heißen sollte. Er verwendet den Titel des großen, tragischen Buches auch für seine kleinen, diätetischen Beziehungen: »Eine kleine Liebschaft ist das einzige, was uns einen Badeaufenthalt erträglich machen kann; sonst stirbt man vor Langeweile. Auch ich war fast jedesmal so glücklich, dort irgend eine kleine Wahlverwandtschaft zu finden ...«

Karlsbad gehört zur Goethe-Landschaft. Er hat das Bad zwölfmal aufgesucht, zuerst vor der Reise nach Italien, zuletzt 1820. Die Leiden, die durch die Kur besänftigt werden sollten, werden von ihm immer sehr unbestimmt beschrieben: Wie vom Tod spricht er von Krankheit nur mit Scheu oder Umschreibung, es heißt »das Leiden« oder die »alten Übel«. Wahrscheinlich handelte es sich um Nierenkoliken. Die Hauptsache für ihn ist jedoch der Sommeraufenthalt, Geselligkeit, Umgang mit anderen Menschen als den ewigen Weimaranern, sanftes Wandeln oder Spazierenfahren, ein wenig Botanisieren und Geologisieren. Er schwelgt in seinem Lieblingsgestein, dem Granit, einem seiner »Ur-Phänomene«, aus dem er sich alle anderen Gesteine entstanden denkt; er hat eine wahrhaft mystische Beziehung zu ihm und meint einmal, daß man wirklich »die Urgebirge berührend, ein neuer Mensch werde und immer wieder frisch gewahre, in wie schönem und doch wie seltsamen Verhältnis wir zur Natur stehen«. Die Phänomene des Sprudels und der Wärme des Brunnenwassers erklärt er sich, sorgfältig die »Polterkammer der Natur« vermeidend, durch Galvanismus oder »Erdbrände« unter den Gebirgen, durch fortbrennende Steinkohlenflöze, wie er sie im Elsaß in seiner Jugend kennengelernt hatte. Zuweilen tritt ein Fachmann, einer der »Zunft«, heran, aber dann kommen sogleich »abweichende, ja kontrastierende Vorstellungsarten an den Tag«, die nur fruchtbar werden können, »wenn man das Gespräch auf die Erfahrung hinzuwenden weiß«, und unter »Erfahrung« versteht Goethe, wie wir schon sahen, seine eignen Hypothesen und Theorien. Lieber unterhält er sich mit dem alten Bademeister Joseph Müller, der die Sprudelsteine zurechtschneidet, reinlich poliert und für zwei Dukaten das Kästlein feilbietet. Müller schickt ihm auch ein Gutachten, das in ähnlicher Orthographie gehalten ist wie die selbstgeschriebenen Briefe Christianens, und hofft, daß der »Gelehrte Gafflier (= Kavalier) dem Ganzen Natur gelehrten deatrum von Karlsbad eröffnen werde«, was er geforscht hat. Tatsächlich wird eine BESCHREIBUNG DER KARLSBADER MÜLLERISCHEN STEINSAMMLUNG ZUR KENNTNIS DER BÖHMISCHEN GEBIRGE von Goethe herausgegeben.

Das ganze Theatrum von Karlsbad ist nun kein gelehrtes Publikum. Man treibt zwar alles mögliche, um die Langeweile zu verscheuchen, auch ein wenig Geologie, wenn es sein muß, man hört sich einen Vortrag über die FARBENLEHRE an. In der Hauptsache wird promeniert, geklatscht, Konversation gemacht, Politik getrieben und viel Liebelei. »Vom Granit durch die ganze Schöpfung durch bis zu den Weibern«, schreibt Goethe schon bei seinem ersten Aufenthalt an Karl August, »alles hat beigetragen mir den Aufenthalt angenehm und interessant zu machen.« Das Bad, obwohl damals der Treffpunkt der eleganten europäischen Welt, ist für unsere Augen unendlich bescheiden. Beliebt war der Ort seit langem; Johann Sebastian Bach hatte schon in Begleitung seines Köthener Brotherrn, ein Jahrhundert zuvor, die Reise machen und den Kurgästen am eigens mittransportierten Cembalo aufwarten müssen. Aber die Häuser waren im alten Stil verblieben, aus Fachwerk gebaut, mit Schindeln gedeckt, dicht gedrängt in dem engen Tal der Tepl, über die kleine Holzbrücken führten. Das Eintreffen jedes Kurgastes wird mit Trompetenstoß angekündigt, die Kurliste verzeichnet etwa fünfhundert Personen, später über tausend, als der kaiserliche Hof das Bad frequentiert. Man wohnt in Gasthöfen mit den alten Wirtshausnamen: ›Zur schönen Königin‹, ›Zum goldenen Elephanten‹, ›Zum grünen Papagei‹ oder in Pensionen, die etwa ›Zum roten Herzen‹ heißen, was nicht ohne Bedeutung ist. »Der Sprudel quillt«, wie Goethe schreibt, als eine kleine Explosion die Quelle freigelegt hat, »in einem hölzernen Kasten, der unmittelbar auf den Riß der Decke aufgesetzt ist, gewaltsam herauf und läuft in einer Rinne ab, so daß die Becher untergehalten werden. Es ist ein großer Anblick, diese ungeheuer siedende Gewalt zu sehen, die man sonst sehr philisterhaft gezwungen hatte, Männerchen zu machen.« Eine hölzerne Wandelhalle wird schließlich gebaut und von Goethe als »ein kühnes, vielleicht in früherer Zeit nicht denkbares Unternehmen« bezeichnet; die Einheimischen nannten sie die »Trampelbahn«.

Jeder kennt jeden, es ist eine geschlossene Gesellschaft. Der hohe Adel überwiegt, und es fehlt nicht an Grafen, die resolut einen der Gasthöfe übernehmen. Man spricht Französisch vor allem, auch Deutsch, Italienisch, Russisch, Polnisch; Karlsbad ist eine internationale Oase in einer zunehmend nationalistischer werdenden Welt. Man tanzt auf den Bällen die polnische Polonaise, bei der auch Geheimrat von Goethe mitmarschiert und freundlich nach schönen Bekanntschaften hin seine Grüße aussendet. Die Herren spielen des Abends hoch und verwegen; selbst der kaiserliche Kurkommissar Fürst Lobkowitz verspielt einmal seine elegante Equipage samt Pferden. Ausflüge in die Umgebung werden gemacht, eine Porzellanfabrik besichtigt, Glasschleifer, bei denen man die beliebten böhmischen Gläser bestellt, mit Ansichten des Kurortes und kunstvoll verschlungenen Buchstaben, die Bezug nehmen auf eines der vielen »Äugelchen«. All das macht Goethe mit. Es wird auch gearbeitet dazwischen. Er reist mit Diener und Sekretär, einem kleinen und schmächtigen Kerl namens John, der Goethe nach kurzer Zeit sehr auf die Nerven geht, obwohl er eine saubere Hand schreibt. »Er ist prätentiös, speisewählerisch, genäschig, trunkliebend, dämperich und arbeitet nie zur rechten Zeit. Überhaupt war es mit Riemern eine andere Sache«, der nun Gymnasiallehrer geworden ist. John, als Student ein lebenslustiger Freund des Sohnes August, durch den er zu Goethe kam, wird bald nach Berlin fortempfohlen, wo er bei der Zensurbehörde unterkommt und unbarmherzig die jungen Revolutionäre denunziert und malträtiert.

Es ist immer für einen Widerstand der trüben Welt gesorgt in Goethes Leben. Sonst jedoch läßt er es sich in Karlsbad wohl sein, mitten in den Kriegen, auf einer Insel. Nur von fernher, wie aus der Türkei, kommt Kunde vom verworrenen Zeitgeschehen oder durch Erzählungen von Kurgästen, Diplomaten, Fürstlichkeiten, Militärs. Goethe notiert sich einiges und behält das meiste für sich. Der von seinem großen Bruder Napoleon schmählich davongejagte Ex-König von Holland, nun als bescheidener Graf von St. Leu in der Kurliste aufgeführt, wohnt Wand an Wand mit ihm; sie führen lange Unterhaltungen, aber Goethe wird in seiner Bewunderung des unbesiegbaren Dämons nicht einen Augenblick irregemacht. Noch höhere Gunst wird Goethe zuteil. Die Kaiserin Maria Ludovica erscheint, schmal, kränkelnd, die dritte Frau des »guten Kaisers« Franz, der in Wirklichkeit ein engherziger, ebenfalls ungesunder und auf seine tüchtigeren Brüder hemmungslos neidischer Tropf ist, beliebt nur beim treuherzigen Volk durch seine einfältig-bauernschlaue Bonhomie. Goethe treibt mit der blassen Maria einen eignen Kult, der seine Anbetung der Weimarer Luise noch weit übersteigt. Er schreibt an den Freund Reinhard über sie: das Glück, dieses Wunderwesen kennengelernt zu haben, sei so überschwenglich, daß nur »die Sorge, meine Kräfte möchten nicht hinreichend sein, es auszutragen, oft mitten im Genuß an die menschliche Beschränktheit erinnert«.

Eine solche Erscheinung noch gegen Ende seiner Tage zu erleben, gibt die Empfindung, »als wenn man bei Sonnenaufgang stürbe und sich noch recht mit inneren und äußeren Sinnen überzeugte, daß die Natur ewig produktiv, bis ins Innerste göttlich, lebendig, ihren Typen getreu und keinem Alter unterworfen ist«. Die Einbeziehung seines Begriffes »Natur« auch in diesem Zusammenhang zeigt, welche vielfachen Bedeutungen das Wort bei Goethe haben kann. Es ist aber wohl nicht nur höfische Devotion, was Goethe vor dieser Majestät zu den höchsten Worten seines Vokabulars greifen läßt. Auch diese zarte, kinderlose, unfroh mit ihrem Manne lebende Maria Ludovica gehört in den Reigen seltsam schattenhafter Gestalten, der mit seiner Schwester beginnt. Goethe wartet mit Gedichten auf, für die Kaiserin, die Hofdamen, für andere Größen der Badegesellschaft wie den Fürsten Ligne, einen geistreichen Herrn der alten Schule aus belgischem Adel, der russischer, dann österreichischer Feldmarschall gewesen war, kein Wort Deutsch verstand und Goethe in französischen Versen Komplimente machte; er hatte noch mit Voltaire, Rousseau, Friedrich dem Großen korrespondiert und konnte ungemein witzig, satirisch, weltweise plaudern. Im alten Stil ist Goethes Treiben unter dieser Badegesellschaft und seine Versmacherei. Auch Napoleon und sein Personal passen sich überraschend schnell an die Formen des *Ancien régime* an. Die Heirat des Dämons mit der österreichischen Kaisertochter Marie Luise, einer ganz und gar undämonischen und belanglosen Person, ist die Krönung dieses Prozesses; sie hat nur die Aufgabe, einen Thronfolger für das neue Imperium zu gebären, und sie entledigt sich dieser Aufgabe mit habsburgischer Pünktlichkeit. Damit scheint Napoleons Reich auf unabsehbare Zeiten für das dynastische Denken gesichert. Goethe feiert die Herrscherin und ihr Söhnlein, das man als König von Rom in eine antikisch-orientalische Wiege gelegt hat, mit anderen Versen als holde Friedensbraut. Im neuen Reich empfängt sie das Behagen von Millionen, die aus düsterer Nacht wieder aufschauen zu gesunden Tagen. Napoleon wird nochmals hoch gepriesen, zum Schluß mit dem Wunsch nach Frieden: »Der alles wollen kann, will auch den Frieden.« Das ist 1812 gesprochen, am Vorabend des Feldzuges gegen Rußland. Napoleon ist kein Mann des Friedens. Er ist Soldat, nur im Felde, im Sattel oder Zelt fühlt er sich wohl, wie er Karl August gegenüber bei der Erfurter Begegnung ganz ungeschminkt bekannte, der Frieden würde ihn einfach langweilen. Zu Land will er nach Indien, um England dort zu treffen, das er zur See nicht packen kann. Rußland liegt auf dem Weg beim Alexanderzug nach Osten, es muß daher rasch zerschmettert werden. Napoleon rechnet als General mit der größten Armee der neueren Zeit. Sie »alle, alle kamen«, wie es bald in anderem Sinne hieß. Weimar ist unter den Hilfstruppen, Karl August ist nun französischer General, Spanier, Italiener, Preußen, Bayern, Württemberger marschieren; König Ludwig von Bayern wird später in München einen schwarzen Obelisken als Denkmal für die dreißigtausend in Rußland gebliebenen Söhne seines Landes errichten. Die französischen Soldaten sollen möglichst geschont werden, denn das Land ist erschöpft, es hat in zwanzig Jahren Krieg fast zwei Millionen junger Männer verloren. Man beginnt zu desertieren, und keine Kriegsgeschichte meldet die Zahlen der Entlaufenen oder Drückeberger. Auch die großen Marschälle, die sich ihren Marschallstab aus dem Tornister geholt haben, beginnen weich zu werden und unwillig. Sie sind samt und sonders vielfache Millionäre, Herzöge, Grafen oder sogar Könige geworden wie Murat und Bernadotte; sie wollen nun ihren Ruhm und ihre Revenuen genießen. Marschall Lannes, der 1806 Goethes Quartiergast gewesen war, ist bei Aspern gefallen; Napoleon hat den Schwerverletzten, dem beide Beine zerschmettert waren, noch auf dem Schlachtfeld aufgesucht. Es sollte eine ergreifende Szene des Abschieds von dem alten Kriegskameraden werden, dem Tapfersten der Tapferen, dem Herzog von Montebello. Aber der alte Stallknechtssohn hatte nur bitter und verzweifelt geflucht, in Stallknechtsworten, über seinen Herrn und Meister und die ewigen Kriege. Napoleon hört nicht das »Genug!« in diesen Flüchen. Er vertraut der gewaltigen Ziffer von vierhunderttausend Mann, ganz gleich, welcher Couleur, und seinem Stern.

Goethe erfährt viel in seinen Gesprächen mit einflußreichen Leuten, aber das Bild, das sich ihm da ergibt, scheint ihm äußerst fragwürdig. Er sieht in Gestalten: Da ist der Gewaltige, ein orientalischer Despot nun sicherlich, aber das stört ihn wenig. Da sind die Gegenspieler, der schmächtige Kaiser Franz, schwankend, epileptisch, neidisch auf seinen begabteren Bruder Karl, der als erster bei Aspern Napoleon einmal Halt gebietet und daraufhin entlassen wird, seinen anderen Bruder Johann, der mit den Tiroler Bauern einen Aufstand entfesselt und lebenslänglich in Ungnade fällt. Da ist der Preußenkönig Friedrich Wilhelm III., ein beschränkter Kommißoffizier, der im Jargon des Potsdamer Kasinos spricht mit abgehackten Sätzen: »Wissen das – lassen das – wünschen nicht«; er läßt alle Talente und Genies grundsätzlich beiseite, einen Dichter Goethe wie einen Freiherrn vom Stein, er umgibt sich gerne mit Mittelmäßigkeiten und findet sie mit sicherem Blick für verwandte Naturen. Der Zar Alexander endlich: ein Schwankender auch er mit stark weiblichen Zügen, voll von unklaren Volksbeglückungsideen, die Goethe immer verhaßt sind, als Knabe von einem Schweizer Republikaner mit Ideen der Enzyklopädisten gefüttert. Er ist halb taub, das eine Trommelfell ist ihm zersprungen, als die große Katharina zu seiner Ertüchtigung die Batterien vor dem Fenster des Kindes feuern ließ; das gesunde Ohr hält er ständig wechselnden Ratgebern hin, die nach Sibirien verbannt werden wie der große Reformplaner Speranski, sobald ein neuer das Vertrauen des ewig mißtrauischen Selbstherrschers gewinnt. Er ist kurzsichtig obendrein und schießt nur auf fünf Schritte den Hirsch, den man ihm in Weimar bei der Fürstentagung vor die Flinte treibt; kurzsichtig tappt er in allen Strömungen und Richtungen der Zeit umher. Er schwärmt für Aufklärung, dann religiöse Mystik der krassesten Art, bei der auch Goethes alter Jugendbekannter Jung-Stilling noch einmal auftaucht neben einer Baronin Krüdener aus dem gleichen Kreise, die dem Zaren suggeriert, er sei zum Retter der Welt vor dem apokalyptischen Ungeheuer bestimmt.

Das sind die Gegenspieler. Goethe dichtet nicht nur devote Huldigungsverse. Er schreibt auch im Jahre 1812 – aber es wird erst spät gedruckt – die Zeilen: »Sind Könige je zusammengekommen / So hat man immer nur Unheil vernommen.« Den größten Gegenspieler Napoleons ignoriert er. Von Volksaufständen ist viel die Rede, in Spanien zuerst, in Kalabrien, in Tirol; Bettina erzählt ihm in ihren Briefen viel von den heldenhaften Bergbauern und möchte ihnen zu Hilfe eilen in Wams und Hosen: »Die kurze grün und weiße Standarte schwingend, weit voran auf steilstem Gipfel, und der Sieg brennt mir in den Gliedern.« Er hält das für Exaltationen des romantischen Mädchens und geht darüber hinweg; als sie ihm von der Erschießung des Andreas Hofer berichtet, schickt er ein paar Worte der Teilnahme an ihrer patriotischen Trauer und meint: »Lasse Dir nur das Leben mit seinen eigensinnigen Wendungen nicht allzu sehr verleiden…« Der preußische Generalstäbler Gneisenau legt seinem Friedrich Wilhelm den Plan für eine Volkserhebung vor; die Randbemerkung des Königs dazu lautet: »Gut als Poesie«, und nicht viel anders würde auch Goethe geurteilt haben. Er hält alle solche Pläne für »Nebel und Dunst«, wie er in Karlsbad einem Offizier bei ähnlichen Projekten gesagt hatte.

In seiner halbamtlichen Stellung als Minister ohne Portefeuille ist Goethe, wie stets, aufs äußerste behutsam. Ein neuer Gesandter Napoleons ist nach Weimar geschickt worden. Goethe schreibt an Reinhard in Kassel: »Aufrichtig, so glaube ich, daß alles darauf ankommt, daß man sich mit der Truppenstellung willfährig und tätig erzeige, und dann möchte das Übrige alles gut sein.« Er fragt um einige Winke dazu an, er habe sich zwar von den Geschäften losgesagt, »aber mit einiger Kenntnis und gutem Willen läßt sich doch manches lenken und befördern«. »Allerdings«, antwortet Reinhard, »ist, was Sie sagten, zu tun, und das übrige der Zeit, dem Kaiser oder Gott zu überlassen, das einzige. Es gibt gar keine Politik mehr. Selbst für diejenige, die alles leitet, ist es Maxime, sich von den Umständen leiten zu lassen, aber immer weiter.«

Goethe notiert in diesem Schicksalsjahr 1812 in seinen ANNALEN die Gastspiele von Schauspielern, einen Aufsatz über MYRONS KUH, in der Naturwissenschaft liest er über die Verdauungswerkzeuge der Insekten ein Buch, das ihm abermals seine Denkweise über die allmähliche Steigerung organischer Wesen bestätigt. In Böhmen kommen fossile Knochen zur Sprache. In Jena wird durch eine Stiftung der Erbprinzessin eine Luftpumpe für das physikalische Kabinett angeschafft. Inzwischen wälzt sich Napoleons Völkerzug nach Moskau.

Reinhard schreibt ihm über den Brand der Stadt. Goethe erwidert: »Daß Moskau verbrannt ist, tut mir garnichts. Die Weltgeschichte will auch was zu erzählen haben.« Im Konzept des Briefes heißt es: »Und nun weiß man freilich nicht, wo man alles das Erstaunen hernehmen soll, das uns die großen Begebenheiten abnötigen. Unsere Einbildungskraft weiß sie nicht zu fassen und unser Verstand nicht zurechtzulegen. Die Weltgeschichte sammelt auf unsere Kosten sehr große Schätze.«

»Das Volk steht auf, der Sturm bricht los«, heißt es im Lied des jungen Theodor Körner, Sohn des Dresdner Konsistorialrats, der Schillers Freund gewesen war und Goethes erste Ausgabe der GESAMMELTEN SCHRIFTEN mit finanziert hatte. Der Vater hat Goethe die ersten Verse und Theaterstücke des Frühbegabten übersandt. Goethe lobt sie. Das ist ein junger Dichter nach seinem jetzigen Geschmack: Die Verse zeichnen sich durch »Fazilität« aus, seine Stücke sind kurz und leicht aufführbar, »was hat sich nicht Schiller für Schaden getan«, fügt er hinzu, »als er so vaste Konzeptionen dramatisch und theatralisch behandeln wollte«, und so sehen sie jetzt nur wie Bruchstücke mit kostbaren Einzelheiten aus, »aber sie verfehlen den reinen ästhetischen Effekt, der nur aus dem Gefühl des Ganzen entspringt«. Auf das liebevollste erbietet er sich, den jungen Dichter zu beraten, er solle nur ja an seiner »Fazilität« festhalten und nicht »künsteln«. Er sieht in Körner einen hoffnungsvollen Nachwuchs für die Bühne, und wahrscheinlich wäre er das auch geworden. Blutjung ist er bereits als Theaterdichter nach Wien berufen worden und feiert dort Triumphe, obwohl der gute Kaiser Franz ihm eigenhändig das erschütternd harmlose Lustspielchen DIE BRAUT verbietet, das selbst die Zensur nicht beanstandet hatte. Der junge schlesische Baron Eichendorff, der in Wien studiert, notiert in seinem Tagebuch die Bekanntschaft mit dem »jungen noch kindlich genialen und burschikosen Theodor Körner, Verfasser der kleinen Stücke in der Burg, mit dem sächsischen Maule. Er macht nichts als dichten.«

Kopfschüttelnd vernimmt Goethe beim Besuch in Dresden, auf dem Weg in die böhmischen Bäder, daß dieser Jüngling mit den besten Aussichten sich als Kriegsfreiwilliger gemeldet hat, zu den preußischen Freikorps obendrein, obwohl er Sachse ist; der Vater wird die größten Schwierigkeiten deswegen haben. Er trifft bei Körners noch einen anderen Patrioten, einen Herrn Ernst Moritz Arndt, der sich »durch Schriften bekannt gemacht hat«, wie Goethe nach Hause schreibt; er hat sie nicht gelesen und hätte sie sicherlich mißbilligt, denn sie sind von rabiatem Franzosenhaß erfüllt, und die Berliner königlich preußische Zensur verbietet sie selbst dann noch, als die Franzosen schon abgezogen sind. Arndt hat die Begegnung in seinen Erinnerungen geschildert und Goethes zornig gesprochenes Wort überliefert: »Schüttelt nur an Euren Ketten; der Mann ist Euch zu groß. Ihr werdet sie nicht zerbrechen.« Kopfschüttelnd hört Goethe denn auch, daß der lockige Jüngling Körner sogleich gefallen ist, bei einem waghalsigen Überfall auf eine stark bewachte französische Wagenkolonne. Wenige Stunden vor dem Gefecht hat er noch sein letztes Gedicht geschrieben, denn er macht nichts als dichten, ein Brautlied an sein Schwert, mit den Schlußzeilen: »Der Hochzeitsmorgen graut, / Hurrah du Eisenbraut«, und die Anmerkung hinzugefügt: »Bey dem Hurrah! wird mit den Schwertern geklirrt.«

Erst spät, als Körner schon zur Legende geworden ist wie die ganze Zeit der Befreiungskriege, hat Goethe sich Eckermann gegenüber gegen den Vorwurf, er habe beiseite gestanden, verteidigt: »Kriegslieder schreiben und im Zimmer sitzen! Das wäre meine Art gewesen! Aus dem Biwak heraus, wo man nachts die Pferde der feindlichen Vorposten hört: da hätte ich es mir gefallen lassen. Aber das war nicht mein Leben und nicht meine Sache, sondern die von Theodor Körner ... Auch können wir dem Vaterlande nicht auf gleiche Weise dienen, sondern jeder tut sein Bestes, je nachdem Gott es ihm gegeben.«

Legende ist das meiste, was über diese Zeit in Schul- und Lesebüchern und auch den Geschichtswerken lange verbreitet wurde. Das

Volk steht nicht auf. Nirgends werden die flüchtenden Trümmer der *Grande Armée* auch nur belästigt; man bedauert die Zerlumpten, die von der furchtbaren Kälte stammeln. Der preußische General Yorck hat mit dem russischen General Diebitisch bei Tauroggen eine Konvention geschlossen, die sein Korps neutralisiert; sein König hat ihn sogleich zum Hochverräter erklärt und abgesetzt, was sich dadurch erklären läßt, daß Friedrich Wilhelm noch von französischen Besatzungstruppen umgeben war; verziehen hat er seinem General die Eigenmächtigkeit nie. Zögernd, widerwillig, gedrängt setzt er die »Erhebung« in Gang, die das Werk feuriger Reformer ist, der »Jakobiner«, wie man sie in Kreisen der immer noch allmächtigen Reaktion nennt. Eine Landwehr, ein Landsturm soll geschaffen werden, das bloße Wort »Sturm« ist bereits verdächtig, es führt zu »völliger Anarchie und Umsturz des Thrones«, wie der preußische Polizeiminister erklärt. Der König hebt den Berliner Landsturm sogleich auf, ehe noch die wirklichen Kämpfe begonnen haben; er erläßt ein Edikt gegen den »Mißbrauch der Landsturmwaffe«, als ob es sich um feindliche Banden handelte. Er liebt die Freikorps gar nicht, die sich fast gegen seinen Willen bilden und zu denen sich die akademische Jugend meldet; die Freiwilligen müssen sich auf eigne Kosten equipieren und tragen eine schwarze Uniform, die sehr von dem korrekten Blau der Linienregimenter absticht. Er unterzeichnet einen Aufruf AN MEIN VOLK, den einer der Reformer verfaßt hat, er verspricht auch Verfassungsreformen und widerruft sie unverzüglich nach dem Siege. »Es ist kein Krieg von dem die Kronen wissen« oder: »Der Freyheit eine Gasse!« und »Auf, deutsches Volk erwache!« singt Körner, und man hätte es ihm gestrichen bei der Zensur, wenn es nicht erst im Nachlaß erschienen wäre.

Es ist kein Krieg, von dem die Kronen wissen. Die Herrscher sind für Mäßigung, für Verhandlungen mit dem Gewaltigen, den sie noch immer fürchten und der sie zunächst auch mit einer eilig zusammengerafften halben Million Soldaten blutig aufs Haupt schlägt. Als General ist er kaum je größer gewesen als in seinen letzten Tigersprüngen; als Kaiser ist er ein Abenteurer, der bis zum letzten Augenblick auf eine glückliche Wendung hofft, jedes Angebot ablehnt und nur die verzweifelte Karte einer Sprengung der Koalition ausspielt.

Der Krieg ist anfangs ein Hin- und Herziehen, ein Tasten, und die Patrioten – das Wort ist nun ein Ehrenname geworden – sind oft nahe daran zu verzweifeln.

Goethe ist beim Nahen der ersten Truppenteile der Alliierten auf Drängen seiner Umgebung ins Bad gefahren. Christiane bleibt zu Hause und versorgt, etwas mühsamer als anno 1806, denn sie ist nun schwer und kränklich geworden, die verschiedenen Einquartierungen. Wie auf einer Bildungsreise beschreibt Goethe, ausführlicher denn je, den Daheimgebliebenen, der Frau und dem Nebengeschöpf Uli, seine Kunsteindrücke, den Naumburger Dom, in dem er wiederum wie seinerzeit in Straßburg die großen Plastiken nicht sieht, während er die »hübschen Gedanken« des Chorgestühls vermerkt. In Dresden gerät er in den Kriegstrubel, die Russen haben die Stadt besetzt, eine »fürchterliche Erscheinung« weckt ihn auf, ein Trupp Soldaten, die noch des Nachts Quartier verlangen und bei Fackelschein in das Gebäude hineinstürzen; mit Rindfleisch und Sauerkraut sowie Branntwein werden sie besänftigt. Er besucht die Gemäldegalerie, betrachtet die Kosaken, die ein Kamel mit sich führen, und sieht den Einzug des Zaren und des Preußenkönigs, für die illuminiert wird. Wenige Monate später wird erneut illuminiert für den »unbesiegten Napoleon«, der wieder in Dresden einzieht. Auch das verzeichnet Goethe auf der Rückreise: er sei bei schönstem Wetter in der Stadt angelangt, »noch zeitig genug, um einen Teil des Napoleonfestes, das auf diesen Tag verlegt war, mit anzusehen«. Im Bade, es ist diesmal Teplitz, hat er an der Fortsetzung des Lebensberichtes diktiert und Erzählungen von verwundeten Offizieren angehört. Einer berichtet ihm, wie er, auf seiten der Alliierten mitkämpfend, nach einer Verwundung von russischen Marodeuren ausgeplündert und mißhandelt, dann von den Franzosen gefangen, abermals beraubt und schwer verletzt worden ist; er will sich nun auskurieren und von neuem zu den Preußen. »Dieses ist einer von den vielen Tausenden, die jetzt in der Irre herumgehn und nicht wissen, welchem Heiligen sie sich widmen sollen.«

Goethe weiß durchaus seinen Weg. Er schließt sogar mit einem befreundeten Beamten eine Wette ab, daß Napoleon siegen werde, und zahlt seine Schuld dann im nächsten Jahre, »jetzt, da man überm Rhein ficht«, mit Rheinwein. »Wie sich in der politischen Welt irgendein ungeheures Bedrohliches hervortat, so warf ich mich eigensinnig auf das Entfernteste.« Und so widmet er sich nach der Rückkehr aus dem Bade der Geschichte Chinas.

Im Oktober wird die Schlacht bei Leipzig geschlagen, die das militärische Ende Napoleons bedeutet, nachdem er im Juni in einer Unterredung mit Metternich politisch sein Schicksal besiegelt hatte. »Ich habe zwei Schlachten gewonnen, ich werde nicht Frieden schließen«, sagt er dem österreichischen Staatsmann, der ihm die Rheingrenze anbietet. »Im Oktober sprechen wir uns in Wien.« Metternich macht ihn auf den Stand der Armee aufmerksam, er habe die Soldaten gesehen, es seien Kinder, eine »anticipierte Generation«. »Sie sind kein Soldat«, fährt Napoleon ihn an, »ich bin im Felde großgeworden, ein Mann wie ich kümmert sich nicht um das Leben von einer Million Menschen.« Metternich schlägt vor, man solle die Türen öffnen, damit ganz Frankreich seine Worte hören könne. Napoleon, nun völlig unbeherrscht, meint, die Franzosen könnten sich nicht über ihn beklagen. Er habe sie geschont, er habe die Deutschen und Polen geopfert vor Moskau, dreihunderttausend Mann verloren, gewiß, aber davon waren nicht mehr als dreißigtausend Franzosen. »Sie vergessen, Sire, daß Sie zu einem Deutschen sprechen«, erwidert Metternich. Er endet mit den Worten: »Sie sind verloren, Sire.«

Mit Leipzig beginnt der Zusammenbruch. Die Rheinbundfürsten fallen ab und suchen sich rechtzeitig ihre durch Napoleon verliehenen Kronen zu retten, der Schwager Murat fällt ab, um König von Neapel zu bleiben, der Ex-Marschall Bernadotte ist schon vorher zu den Alliierten gestoßen; am Ende werden auch die übrigen Marschälle mit ganz wenigen Ausnahmen ihren Frieden machen, sich ihre Herzogstitel, ihre erbeuteten Vermögen in Sicherheit bringen.

Goethe führt noch im Dezember 1813 ein denkwürdiges Gespräch mit einem jungen Historiker Luden. Der rührige Bertuch will ein politisches Journal in Weimar herausgeben, die NEMESIS, Luden soll es redigieren. Goethe rät aber dringend ab. Er empfiehlt, zu geschichtlichen Arbeiten zurückzukehren, »die Welt ihren Gang gehen zu lassen und sich nicht in die Zwiste der Könige zu mischen, in welchen doch niemals auf Ihre und meine Stimme gehört werden wird«. Luden verteidigt mutig seinen Standpunkt: Gerade daß der deutsche Michel bisher nur für sich selbst gesorgt, seinen Kloß gegessen und sich behaglich den Mund gewischt habe, gerade das habe doch alles Unglück über das Vaterland gebracht! Er hat in Jena einen Bürger gesprochen: »Ja, Herr Nachbar, wie sollte es gehen? Gut! Die Franzosen sind fort, die Stuben sind gescheuert, nun mögen die Russen kommen, wenn sie wollen.« Goethe spricht sanft, weise, weit über die Zeit hinaus. Ein Journal gegen Napoleon? Aber die Windrose hat viele Strahlen. »Alsdann werden Sie an die Throne stoßen ... Sie werden alles gegen sich haben, was groß und vornehm in der Welt ist, denn Sie werden die Hütten vertreten gegen die Paläste und die Sache der Schwachen führen gegen die Hand der Starken ... Mit denen ist nicht gut Kirschen essen. Den Waffen derselben hat man nichts einzusetzen.«

Er sei nicht gleichgültig gegen die Idee des Vaterlandes, »ich habe oft einen bitteren Schmerz empfunden bei dem Gedanken an das deutsche Volk, das so achtbar im einzelnen und so miserabel im ganzen ist. Eine Vergleichung des deutschen Volkes mit anderen Völkern erregt uns peinliche Gefühle, über welche ich auf jegliche Weise hinwegzukommen suche, und in der Wissenschaft und in der Kunst habe ich die Schwingen gefunden, durch welche man sich darüber hinwegzuheben vermag, denn Wissenschaft und Kunst gehören der Welt an und vor ihnen verschwinden die Schranken der Nationalität.« Er fügt hinzu, wenn Luden richtig berichtet, daß das doch nur ein leidiger Trost sei und das Bewußtsein nicht ersetzen könne, einem starken und großen Volk anzugehören. Auf die Zukunft müsse man daher hoffen. Wann die Zeit gekommen sei, könne niemand voraussehen. Als Luden vom Erwachen des Volkes spricht, sagt er:»Ist denn wirklich das Volk erwacht? Weiß es, was es will, und was es vermag? Der Schlaf ist zu tief gewesen, als daß auch die stärkste Rüttelung so schnell zur Besinnung zurückzuführen vermöchte. Und ist denn jede Bewegung eine Erhebung? Erhebt sich, wer gewaltsam aufgestöbert wird? Wir sprechen nicht von den Tausenden gebildeter Jünglinge und Männer, wir sprechen von der Menge, den Millionen. Und was ist denn errungen worden? Sie sagen: die Freiheit, vielleicht aber würden wir es richtiger Befreiung nennen – nämlich Befreiung nicht vom Joche der Fremden, sondern von einem fremden Joche. Es ist wahr, Franzosen sehe ich nicht mehr, und nicht mehr Italiener, dafür aber sehe ich Kosaken, Baschkiren, Kroaten, Magyaren, Kassuben, Samländer, braune und andere Husaren. Wir haben uns seit einer langen Zeit gewöhnt, unsern Blick nur nach Westen zu richten und alle Gefahr von dorther zu erwarten, aber die Erde dehnt sich noch weithin nach Morgen aus...«

Luden wagt nicht, das weitere Gespräch aufzuzeichnen, das immer bestimmter und schärfer wurde, wie er sagt. Er sieht in Goethes Worten nur die schmerzliche Resignation, zu der er sich in seiner Stellung und bei seiner Kenntnis der Menschen und Dinge entschließen mußte, und den Irrtum derer, die ihn beschuldigen, er habe keinen Glauben an das deutsche Volk gehabt.

Lässiger und im Rokokoton, der immer wieder einmal durchklingt, schreibt Goethe an einen alten bergmännischen Freund:»Unsere jungen Herren finden nichts bequemer als hinauszumarschieren, um anderen ehrlichen Leuten ebenso beschwerlich zu sein, als man uns gewesen, und das ist ein sehr lockender Beruf, da man noch nebenher für einen ausgemachten Patrioten gilt.« Dem Sohn August verbietet er ausdrücklich, sich den Weimarer Freiwilligen anzuschließen; seinen Herzog kann er nicht hindern, nun als russischer General eine Abteilung zu kommandieren. Er fügt seinem Brief noch hinzu:»Uns Übersechzigern aber bleibt nichts übrig, als den Frauen schön zu tun, damit sie nicht gar verzweifeln. Wie wollen wir das nun anfangen? Mit den Bejahrten spiele ich Karten, und die Jüngeren lehre ich irgend etwas. Vivat sequens. Gott erhalte Deinen Humor! Ich habe keine weitere Ambition als daß man zu mir sagen möge: You are the merriest undone Man in Europe.«

Ernster wiederum, als von einem»moralischen und literarischen Verein« die Rede ist, meint er im nächsten Jahre, die Vereinigung des deutschen Reiches im politischen Sinne»überlassen wir Privatleute, wie billig, den Großen, Mächtigen und Staatsweisen«. Aber auch eine solche kulturelle Vereinigung wäre nur denkbar durch ein Wunder:

»wenn es nämlich Gott gefiele, in Einer Nacht den sämtlichen Gliedern deutscher Nation die Gabe zu verleihen, daß sie sich am andern Morgen einander nach Verdienst schätzen könnten«. Er analysiert diesen Fehler: er beruhe auf einem Vorzug, nirgends gebe es so viel vorzügliche Individuen. »Weil nun aber jeder bedeutende Einzelne Not genug hat, bis er sich selbst ausbildet, und jeder Jüngere die Bildungsart von seiner Zeit nimmt, welche den Mittleren und Älteren fremd ist, so entspringt, da der Deutsche nichts Positives anerkennt und in steter Verwandlung begriffen ist, ohne jedoch zum Schmetterling zu werden, eine solche Reihe von Bildungsverschiedenheiten, um nicht Stufen zu sagen, daß der gründlichste Etymolog nicht den Ursprung unseres babylonischen Idioms, und der treueste Geschichtsschreiber nicht dem Gange einer sich ewig widersprechenden Bildung nachkommen kann. Ein Deutscher braucht nicht alt zu werden, und er findet sich von Schülern verlassen, es wachsen ihm keine Geistesgenossen nach. Jeder, der sich fühlt, fängt von vorn an ...«

Er spricht *pro domo* und für alle Zukunft. Er sieht auch scharf die Probleme der nächsten Zeit: Die am Krieg teilgenommen haben, werden ihre Ansprüche anmelden, »so muß der Konflikt immer wilder, und die Deutschen mehr als jemals, wo nicht in Anarchie, doch in sehr kleine Parteien zersplittert werden. Verzeihen Sie mir, daß ich so grau sehe; ich tue es, um nicht schwarz zu sehen, ja manchmal erscheint mir dieses Gemisch farbig und bunt.«

Im April 1814 trifft in Weimar die Nachricht ein, daß Paris von den Alliierten besetzt wurde. Napoleon dankt ab und geht nach Elba. Aus Berlin wird Goethe der Antrag gemacht, ein Festspiel zur Siegesfeier zu schreiben. Er lehnt ab, widerruft die Ablehnung und schreibt sein allegorisches Spiel DES EPIMENIDES ERWACHEN. Man zögert, es aufzuführen, denn es wirkt recht befremdend mit seiner höchstpersönlichen Symbolik. Nur aus Respekt vor dem großen Dichter entschließt man sich doch, es auf die Bühne zu bringen. Die Vorstellung findet am 30. März 1815 statt. Der Jahrestag der Eroberung von Paris soll gefeiert werden. Zur gleichen Zeit ist Napoleon, aus Elba entflohen, triumphierend noch einmal in Paris eingezogen, während in Wien der Kongreß tanzt, der große Länderschacher begonnen hat und ein neuer Krieg, diesmal zwischen den Alliierten, nur eben mit Mühe vermieden wird.

Festspiele zu offiziellen großen Gelegenheiten pflegen selten die Sache großer Dichter zu sein oder überhaupt großer Künstler. Auch Beethovens Kantate DER GLORREICHE AUGENBLICK für die in Wien versammelten Monarchen ist ein wunderliches Werk, obwohl in ihm schon Töne der 9. Symphonie vorklingen, zu peinlich devoten Texten eines Lokalpoeten. Das treuherzige Volk singt: »Kein Aug ist da, / Das seinem Fürsten nicht begegnet!« Der Chor verkündet: »Und die alten Zeiten werden / Wieder seyn auf Erden«, was die ausgesprochene Parole des Kongresses darstellt. Goethe wählt die Antike, mit Säulen und Pfeilern, einen griechischen Seher Epimenides, der niemand anders als er selber ist. Epimenides als Gestalt hat ihn schon öfter beschäftigt: der altgriechische Weise, noch aus märchenhafter Urzeit stammend, vor aller Philosophie und Naturforschung, den die Götter lange Zeit in einer stillen Höhle vor der Welt bewahren. Da sammelt er im Schlummer geheimnisvolle Kräfte, die in großen Weissagungen nach dem Erwachen zum Ausdruck kommen; als Priester zieht er umher, stiftet Sühnehandlungen für schwere Verbrechen, auf Delos, in Athen, und versöhnt das Volk. Das Motiv des langen Schlafes hat Goethe dann noch im Divan in der christlichen Legende von den Siebenschläfern behandelt, die vor den Verfolgungen des Kaisers Decius flüchten und zweihundert Jahre in einer Höhle, vom Engel Gabriel beschützt, die Zeit überdauern, bis einer von ihnen in Jugendfrische hervortritt und die Urenkelschar begrüßt. Bei den Griechen schläft Epimenides siebenundfünfzig Jahre, Goethe hat die Zeit nicht gezählt, die die Götter ihn selber ruhen ließen. Aber er entschuldigt sein Fernbleiben während der Zeit der Erhebung mit diesem mythischen Schlaf. Er spricht von sich, auch in diesem Festspiel, das seine persönliche Auseinandersetzung mit dem Kriegsdämon behandelt. Es wird aber kein Dialog. Den Kampf mit dem Gewaltigen müssen Genien und allegorische Figuren vollführen, während er schlummert, auf prächtigem Lager übrigens, nicht in einer Höhle, mit einer wohlerleuchteten Lampe zu Häupten. Glaube, Liebe, Hoffnung treten auf, die Einigkeit wird zitiert. Am Ende erscheint ein »Jugendfürst«, in dem die Zeitgenossen den alten Marschall Blücher sahen, und spricht: »Vorwärts, siegen heißt es oder fallen.« Epimenides, vom Schlaf erwacht, sagt:

»Doch schäm ich mich der Ruhestunden,
Mit euch zu leiden war Gewinn;
Denn für den Schmerz, den ihr empfunden,
Seid ihr auch größer, als ich bin.«

Man tröstet ihn: Es war der Götter Willen, »sie bewahrten dich im stillen, daß du rein empfinden kannst«. Nun soll sein Blick entbrennen, in fremde Zeiten auszuschaun. Aber Goethe überläßt dem Chor, den Priestern das Wort, und es folgt ein choralartiges Finale:

»So rissen wir uns ringsherum / Von fremden Banden los,
Nun sind wir Deutsche wiederum / Nun sind wir wieder groß . . .
Und Fürst und Volk und Volk und Fürst
Sind alle frisch und neu . . .«

Als Oper ist das gedacht, als »große Gruppe«, wie die ausdrückliche Regieanweisung lautet. Goethes eigentliche Meinung und Stimmung spricht nur aus dem Anfang, wo die Muse vom Seelenfrieden singt und auch den Dämon, faustisch-mephistophelisch, einbezieht: »Wir sind für stets dem guten Geist zu Teile / Der böse selbst, er wirkt zu unserm Heile.«

Die Vornehmheit der persönlichen Bekenntnisse kann die Schemen-haftigkeit des Ganzen nicht ausgleichen. Goethes erster Instinkt, den Auftrag abzulehnen, war der richtige gewesen. Im Grunde war er mit dem Erlebnis Napoleon gar nicht fertig; sein Kriegsdämon ist denn auch eine ganz allgemeine und ganz unnapoleonische Figur, die sich von Gespenstern und Wolkengestalten schrecken läßt. Er hat überhaupt den Mann der Tat nicht gestaltet, weder damals noch später. Er hat nur grimmige Hans-Sachs-Verse gedichtet; da steht Napoleon am Jüngsten Tag vor Gottes Thron, der Teufel liest ein langes Sündenregister vor, der Herr entscheidet:

»Wiederhols nicht vor göttlichen Ohren!
Du sprichst wie die deutschen Professoren.
Wir wissen alles, mach es kurz,
Am Jüngsten Tag ists nur ein Furz.
Getraust du dich, ihn anzugreifen,
So magst du ihn nach der Hölle schleifen.«

Vom Dämonischen aber, das er in Napoleon am stärksten verkörpert sah, hat er in DICHTUNG UND WAHRHEIT, ohne ihn zu nennen, die gültigen Worte gesprochen: »Alle Philosophien und Religionen haben prosaisch und poetisch dieses Rätsel zu lösen und die Sache schließlich abzutun gesucht, welches ihnen noch fernerhin unbenommen bleibe.

Am furchtbarsten aber erscheint dieses Dämonische, wenn es in irgend einem Menschen überwiegend hervortritt... Es sind nicht immer die vorzüglichsten Menschen, weder an Geist noch an Talenten, selten durch Herzensgüte sich empfehlend; aber eine ungeheure Kraft geht von ihnen aus, und sie üben eine unglaubliche Gewalt über alle Geschöpfe, ja sogar über die Elemente, und wer kann sagen, wie weit sich eine solche Wirkung erstrecken wird? Alle vereinten sittlichen Kräfte vermögen nichts gegen sie; vergebens, daß der hellere Teil der Menschheit sie als Betrogene oder als Betrüger verdächtig machen will, die Masse wird von ihnen angezogen. Selten oder nie finden sich Gleichzeitige ihresgleichen, und sie sind durch nichts zu überwinden als durch das Universum selbst, mit dem sie den Kampf begonnen.«

Der östliche Divan

Goethes Erwachen ist anderer Art als das Heraustreten des griechischen Epimenides aus seiner Höhle, mit dem überhaupt seine klassi-
zistische Zeit abschließt. Er wandelt sich abermals und legt ein neues
Gewand an. Wenn Norden, Westen, Süden zersplittern, die Throne
bersten, so flüchtet er, »im reinen Osten Patriarchenluft zu kosten«.
Napoleons Alexanderzug ist zu Ende, sein Empire zusammen-
geschrumpft zu der kleinen Insel Elba. Goethe beginnt erst seine Reise in den Orient. Man müßte eigentlich im Zelt leben, hat er noch viele
Jahre später gesagt, aus der ewigen Unruhe seines Wesens heraus,
die nur durch das strenge, regelmäßige Leben in dem kleinen Dreieck
Weimar–Jena–Karlsbad zu bannen ist. Als Gast fühlt er sich auf
der trüben Erde, und nun will er bei den Hirten in der Oase zu Gast
sein, des Nachts durch die Wüste reiten, »über meiner Mütze nur die
Sterne«. Der Osten, den er nie gesehen, ist ihm eine vertraute Landschaft von Jugend auf, aus der Bibel; den Zug der Kinder Israel durch
die Wüste hat er immer wieder einmal nachdichten wollen. Er hat im
Koran gelesen, und jetzt ist ihm ein alter persischer Dichter Hafis in
die Hände gekommen, in der Übersetzung eines Herrn von Hammer
von der Hofkanzlei in Wien, eines vielgeschäftigen Mannes, der zehn
Sprachen kennt, keine so recht genau, aber unermüdlich aus der noch
weitgehend unbekannten orientalischen Literatur publiziert. Hammer
hat eine zeitschriftenartige Heftfolge FUNDGRUBEN mit anderen herausgegeben, die sehr schön und in großem Format gedruckt ist und
Beiträge über orientalische Literatur enthält; Goethe hat darin ge-
blättert und sie etwas zu fachlich und schwer verständlich gefunden.
Jetzt erhält er durch seinen Verleger Cotta den HAFIS, und wenn die
Fachleute auch bald viel an der Übersetzung zu mäkeln haben und
Hammer Hunderte von Fehlern nachweisen – ihn rührt der alte Dichter wie ein Geistes- und Schicksalsverwandter an: Da ist Leben am

Hofe, sind wechselnde Reiche, die zusammenstürzen, Begegnung mit einem großen Eroberer, dem Timur. Da wird mit ungestörtem Frohsinn von Nachtigall und Rose, Wein und Liebe gesungen; da ist auch, wie man behauptet, tiefe Mystik hinter den leichten Versen, und vielleicht bedeutet die Liebe den Glauben, der Wein den Geist. Fast möchte er meinen, er sei schon einmal ein halbes Jahrtausend zuvor dort in den Gärten von Schiras gewandelt.

Noch andere Anregungen kommen hinzu, seinem Bedürfnis nach sinnlich Faßbarem entsprechend: Ein Blättchen aus einem arabischen Kodex wird von einem der armseligen Weimarer, die in Spanien für Napoleon kämpfen mußten, von dort mitgebracht. Seine Freude am Kalligraphischen belebt sich an den schön geschwungenen Schriftzügen, er schickt das Blatt nach Jena zum Übersetzen. Die einrückenden russischen Truppen, Baschkiren, halten mohammedanischen Gottesdienst im Weimarer Gymnasium ab, er hört die Suren des Korans murmeln; man schenkt ihm uralte Bogen und Pfeile, die diese Krieger noch mit sich führen; er hängt sie über seinem Kamin auf und blickt auf das Zeichen, das auch wie eine Schrift zu ihm spricht. Eine ganze Sammlung orientalischer Handschriftenblätter kommt an die Bibliothek zu Jena, und er bezeichnet sie bereits als eine »Kamels-Last« von Bänden. Sein Vokabular füllt sich mit fremden Wörtern. Er liest von den berühmten Liebespaaren, den sechs klassischen der östlichen Dichtung, Salomo und die Braune, vertraut schon aus der Bibel wie so vieles im Islam, Medschnun und Leila, die »nur für einander da sind«, was ihm wohl etwas zuviel erscheint, und er wählt aus ihnen Jussuph und Suleika für sich aus. Sie sind nichts anders als Joseph, der Sohn Jakobs, und Suleika, die Frau des Potiphar, vor der Joseph, der keusche und vorsichtige Wesir des Pharao, geflohen war. Solches Flüchten und zugleich Angezogenwerden entspricht ganz ungemein Goethes eigner Haltung. Er adoptiert Suleika und ernennt sie zu seiner östlichen Geliebten.

Die orientalischen Dichter haben die Verführungsgeschichte behandelt und noch die merkwürdige »polare« Umwandlung hinzugefügt, daß die Leidenschaftliche nach sieben Jahren, Joseph war inzwischen der Schatzmeister des Reiches geworden, ihm vom Pharao zur Frau gegeben wird; und nun weigert sie sich ihm, obwohl sie ihn nicht weniger liebt, aus Furcht, seine Achtung verloren zu haben, kämpft einen langen Kampf zwischen »Scham und Begier«; die Scham siegt, aus der sinnlichsten Liebe wird die enthaltsamste, als Keusche lebt sie neben ihm her; so liest es Goethe beim Herrn von Hammer. Die deutschen Dichter haben es vorgezogen, Joseph eine Tochter Potiphars zur Frau zu geben, die schöne Assenat, und die Suleika an ihrem Liebeskummer sterben zu lassen, wie einer der Barockdichter, Philipp von Zesen, in dem ersten großen Josephs-Roman der deutschen Literatur erzählt, lange vor Thomas Mann, der den größten dieser Romane schreibt. Goethe liest viel über die östlichen Dichter, die er nur in Andeutungen erfassen kann, und findet beim Poeten Nisami, wie doch all diese Paare durch Ahnung, Geschick, Natur, Neigung füreinander bestimmt sind und durch Grillen, Zufall, Nötigung oder Zwang wieder getrennt werden. Seine Lebensmelodie tönt an. Aus diesen Stoffen erwächst »die Erregung einer ideellen Sehnsucht, – Befriedigung finden wir nirgends. Die Anmut ist groß, die Mannigfaltigkeit unendlich.«

Er liest nicht nur. Er ist kein »Orientalist«, die ganze Wissenschaft vom Orient steckt ja noch in den Kinderschuhen, in Deutschland zum mindesten; in Frankreich gibt es bereits bedeutende Forscher, und ihrem größten, dem Baron de Sacy, huldigt Goethe dann am Schluß seines DIVAN. Von Frankreich war auch mit dem Zug Napoleons nach Ägypten die große Strömung der Neuentdeckung des Orients ausgegangen, die Entzifferung der Hieroglyphen, des jahrhundertelangen Rätsels, das Goethe noch in Rom beschäftigt hatte, als er den gestürzten Obelisken betrachtete, die wissenschaftliche Erforschung einer Welt, die man bis dahin nur aus Berichten von Missionaren oder Reisenden kannte. Der großsultanische Hof Napoleons schmückte seine Möbel und Dekorationen mit den Sphinxen und ägyptischen Palmenmotiven. Die Romantik, nach allen Seiten ausschwärmend, hatte Spanien entdeckt, das halb arabische; Indien rückte näher mit Friedrich Schlegels kühnen ersten Versuchen ÜBER SPRACHE UND WEISHEIT DER INDER; der Architekt der englischen *Regency*, Nash, stellte in Brighton einen veritablen indischen Nabob-Palast an die Küste für seinen Gönner und Freund, den Regenten, der im orientalischen Stile lebte. Lord Byron reiste in Griechenland und Albanien in türkischer Tracht mit Turban und Schärpe und veröffentlichte seine Verserzählungen über die bunte Welt des Nahen Ostens, der so lange, bis zu Goethes Jugend, die furchtbare Drohung für das Abendland gewesen war und nun zum willkommenen Jagdgrund für abenteuerlustige junge Aristokraten, für ernste Archäologen und nach neuen, stärkeren Farben ausschauende Maler wurde.

Goethe treibt unbewußt in dieser Strömung. Er wehrt sich theoretisch und oft mit grimmigen Worten gegen die Romantik, die ihm zügellos, fahrig erscheint, was sie auch oft genug ist, vor allem im Lebenslauf ihrer Repräsentanten. Er meint zu Riemer: »Das Romantische ist kein Natürliches, Ursprüngliches, sondern ein Gemachtes, Gesuchtes, Gesteigertes, Übertriebenes, Bizarres bis ins Fratzenhafte und Karikaturartige.«

Er kann sich jedoch den Wellen, die ihn rings umspülen, nicht entziehen. Und so läßt er nun einmal die Antike beiseite: Das strenge, plastische Bilden der Griechen sogar, immer wieder als Vorbild verkündet, hat ihn ermüdet, er will, wie er im Gedicht sagt, »in den Euphrat greifen / Und im flüßgen Element / Hin und wider schweifen...«. Es soll freilich kein bloßes flüchtiges Schweifen werden: »Schöpft des Dichters reine Hand, / Wasser wird sich ballen.«

Das Wichtigste ist, daß er sich noch einmal jung fühlt, mit einer neuen Haut, frischerem Atem; es ist eine seiner wiederholten Pubertäten, von denen er selber spricht, und die schöpfungsmächtigste seines späteren Lebens. Er hat sich in dem kleinen weimarischen Badeort Berka im Sommer 1814 gestärkt. Das Wetter ist herrlich. Er unterhält sich über weit vom Orient abliegende Dinge mit seinem Freund, dem Gräzisten Wolf, dem großen Zerschmetterer Homers, der die ILIAS in einzelne Rhapsodengesänge zerlegt hat und ihm eigentlich so unsympathisch sein müßte wie Newton als Zerteiler des einen unteilbaren Lichtes. Er läßt sich von dem Organisten, einem dicken, robusten Mann, aus Bach vorspielen, den man nun wiederzuentdecken beginnt, und freut sich, von tieferer Bach-Kenntnis ist noch keine Rede, an einem »Trompeterstückchen« des alten Meisters, dem CAPRICCIO, das Bach für seinen Bruder beim Abschied geschrieben hatte. Gott mag wissen, wie das Stückchen nach Berka gelangt war; Bach war sonst in Thüringen gänzlich vergessen. Aber der Organist spielt es mit Gusto, und Goethe kann sich »Sinn und Gemüt nicht ersättigen« an der *Aria del Postiglione* mit dem unablässig wiederholten Hornruf, der schließlich in eine Fuge übergeht und den Wagen dahinrollen läßt.

Das Signal des Postillions mag in Goethe die Erinnerung an den Schwager wachgerufen haben, der ihn seinerzeit vor der Abreise nach Weimar aus der Unschlüssigkeit bei der Handelsjungfer Delph herausblies und einer neuen Epoche entgegenführte. Er beschließt jedenfalls, noch einmal eine Reise zu tun. Weimar ist ihm zu eng geworden, zu schal. Er will in den Osten fahren zu den Kameltreibern und Patriarchen, und er begibt sich, seinem Morgenstern folgend, nach Westen, zurück in das Land seiner Jugend. In Berka hat er schon angefangen zu dichten, im neuen-alten Stil, nachdem er das Festspiel schlecht und recht zu Ende gebracht hatte. Das Klassische ist abgetan. Er will nichts mehr von Säulen und Pfeilern wissen. Er fängt gewissermaßen ganz von vorne an, mit der Schöpfungsgeschichte der Bibel, nicht des Olymp.

In derben Reimen beginnt er: »Hans Adam war ein Erdenkloß, / Den Gott zum Menschen machte.« Er überschlägt die »Elemente«, aus denen der Dichter sein Lied zu schaffen habe: Liebe, Gläserklang, auch Waffenklirren; schließlich muß der Dichter hassen können. Es sind Kapitel für ein künftiges Buch, ein Schema, wie er es gerne aufzeichnet, und es ist noch sehr im Bann des Vorbildes Hafis.

Aber nun beginnt die Reise. Goethe fährt bequem in einer schönen Kutsche, das »Fahrhäuschen« nennt er sie. Auf dem Bock sitzt neben dem Kutscher ein munterer junger Bursche, sein Diener Stadelmann. Der kopiert wie der frühere Philipp Seidel seinen Herrn, geologisiert wie er, scharmutziert mit den Küchenmägden und korrespondiert mit seinen Freunden, denen er im lebendigsten Stil seine Fahrten und Abenteuer beschreibt. Das Wetter ist herrlich, und dies Wort kehrt unablässig wieder auf der Reise.

Es ist eine Flucht, Goethe wird sie wie die des Mohammed von Mekka nach Medina seine Hedschra oder Hegire nennen und von ihr ab eine neue geheime Zeitrechnung beginnen. »Im Jahr der Welten« wird er seine Gedichte nennen. Es ist nicht die übliche Rechnung mit dem Wiener Kongreß, dem Sturz Napoleons und der Neuverteilung Europas. Der große Augenblick für Goethe wird eine Vollmondnacht mit einer anmutigen kleinen Frau am Fenster auf der Gerbermühle bei Frankfurt sein. Es ist warm, heiß sogar, Juli. Goethe kutschiert dahin. Alles kommt ihm entgegen, die Wälder regen sich, die Felder fluten näher heran, die bewaldeten Berge tanzen vorbei, und als ein neuer »Copernicus«, der die Weltbewegung umkehrt, dichtet er:

>»Wenn ichs recht betrachten will,
> Und es ernst gewahre,
> Steht vielleicht das alles still
> Und ich selber fahre.«

Er widerspricht bereits der alten östlichen Weisheit: Der Dichter Dschelal-ed-din-Rumi hat gemeint, die Welt fliehe als ein Traum, nicht Hitze noch Kälte vermag der Mensch zu halten, und was dir blüht, sogleich wird es veralten. Goethe opponiert: »Verweile nicht und sei dir selbst ein Traum, / Und wie du reisest, danke jedem Baum, / Bequeme dich dem Heißen wie dem Kalten, / Dir wird die Welt, du wirst ihr nie veralten!« Er ist fünfundsechzig, aber er fühlt sich nicht alt, ein schöner Greis mit weißem Kranz von sorgfältig gelockten Haaren um das braune, volle Gesicht mit den dunklen orientalischen Augen.

Als Wahrzeichen begrüßt ihn der erste Regenbogen, und siehe, es ist nicht der immer rätselhafte Irrkreis der Spektralfarben: Weiß ist er im Nebel, ein weißer Regenbogen:

>»So sollst du, muntrer Greis,
> Dich nicht betrüben,
> Sind gleich die Haare weiß,
> Doch wirst du lieben.«

Überall grüßen ihn Erinnerungen an frühere Lieben. In Erfurt spaziert er unter den Marktbuden, da ist eine Bäckerstochter, eine Schusterin, »Eule keinesweges jene, / Diese wußte wohl zu leben«. Man will sogar den Namen der Schustersgattin wissen, die eine stadtbekannte Schöne namens Frau Vogel gewesen sein soll. Er sieht sie bereits als Huri im Paradies den verklärten Jüngling empfangen. Die reichen Blumen- und Mohnfelder um Erfurt, die Stadt der großen Sämereien und Gartenschulen, bringen Farben in sein Auge und werden in Lustzelte für schöne Frauen eines Wesirs, in Teppiche für eine Hochzeit verwandelt. In Eisenach duftet es ihm vom Berg und Wald herunter wie vor alters, »da wir noch von Liebe litten, / Und die Saiten meines Psalters / Mit dem Morgenstrahl sich stritten«. Das Jagdlied mit rundem Ton tönt noch einmal auf wie ein Nachklang des Trompeterstückchens vom alten Bach. Alle Sinne sind offen. Auch der Kunstverstand ist rege. Das Fahrhäuschen ist wohl ausgestattet mit Schreibblock und Stift. Es wird notiert, ein Heftchen stellt sich zusammen, ein Buch, er teilt schon in Gedanken ein. Reinschriften werden am Abend beim Eintreffen in Fulda angefertigt. Behaglich überschaut er das schon Geschaffene: »Wenn des Dichters Mühle geht, / Halte sie nicht ein.« Er fühlt sich erwärmt, frei, »Dichten ist ein Übermut«. Ein alter »Fasanentraum« wird im Tagebuch vermerkt: Fahrt an eine unbekannte Inselküste, das ganze Schiff beladen mit den bunten Vögeln, deren schimmernde Federschweife über die Bordkante hängen und in der Sonne funkeln; in Italien hat er das schon einmal geträumt und der damaligen Geliebten von dem köstlichen Geflügel geschrieben, das obendrein gut schmeckt.

Alles ist willkommen, selbst der Staub auf den Wegen, der abermals an Italien erinnert. Ein Gewitter schlägt ihn nieder. Die Donner rollen, der ganze Himmel leuchtet, ein heilig-heimliches Wirken schwillt, es grunelt und grünt, man sieht förmlich den Greis sich aufrichten und weit umherschauen auf das »All-Leben« um ihn her. Das letzte Gedicht, gleich bei der Ankunft in Wiesbaden, schließt bereits mit dem Symbol des Flammentodes diese erste schöpferische Periode ab:

»Keine Ferne macht dich schwierig,
Kommst geflogen und gebannt,
Und zuletzt, des Lichts begierig,
Bist du Schmetterling verbrannt.«

Ein trüber Gast auf der dunklen Erde nur, wer dieses Stirb und Werde nicht kennt. Als Gast fühlt er sich immer, aber trübe erscheint ihm die Erde jetzt nicht. Sie ist hell, heiter. Er sagt das Wort sonst immer etwas trotzig-fordernd vor sich hin. Hier fließt es ihm leicht von den Lippen.

In Wiesbaden wird mit einem »Töchterchen« ein wenig geliebelt, gezeichnet, spazierengegangen. Sie springt allzu rasch die Stufen eines Weinbergs hinauf, Goethe sucht nachzueilen, sie zu fangen, und fällt; er ist doch schon etwas unbeweglich geworden. Ein Hafis springt überhaupt nicht. Er sitzt behaglich auf dem Kissen und läßt sich von den Schönen aufwarten, nur mit den Augen und den Händen ewig munter, die durchs Kraushaar fahren wollen.

Ein solcher Krauskopf tritt ihm nun im vorbereiteten Augenblick entgegen. Der alte Freund seines Hauses, der Bankier Willemer, macht ihm einen Besuch an der Kurtafel. Ihm zur Seite eine hübsche, füllige, krausköpfige Person, die das Tagebuch als »Demoiselle Jung« bezeichnet. Bei der nächsten Eintragung ist sie »Willemers kleine Gefährtin«, in der folgenden heißt sie schon »Marianne«. Als Suleika wird sie verewigt, und sie hat dabei mitgedichtet, an den Versen wie an der Liebesbeziehung. Sie ist die einzige Partnerin Goethes, die sich für einen kurzen Augenblick zu seiner Poetenhöhe aufgeschwungen hat. Die Literatur- und Geistesgeschichte kennt vielfach das Aufleuchten produktiver Kräfte im Umkreis eines Genies; sie kennt lebhaftes Mitarbeiten oder Auchdichten und Auchschreiben, aber kaum je den Fall, daß sich da ein Dialog auf höchster poetischer Höhe abspielt. Ein Zwiegespräch wird es von Mund zu Mund, in gleichen Klängen, gleichen Worten, gleichem Rhythmus. Es wird ein sehr persönliches Geheimnis, zwischen den beiden gewahrt, auch wenn die Verse dann im Druck erscheinen, die seltsamste Maskerade Goethes, der es immer liebt, sich zu verkleiden und zu mystifizieren. Bis lange über seinen Tod hinaus dauert das Spiel, und wenn es Marianne nicht selber als alte Frau dem jungen Freund Herman Grimm bekanntgegeben hätte, so wäre es ganz verborgen geblieben. Kein Forscher hätte es gewagt, eine ganze Reihe der schönsten Gedichte Goethes einer kleinen ehemaligen Tänzerin zuzusprechen.

Die Demoiselle Jung ist etwa dreißig, als Goethe, der Fünfundsechzigjährige, sie kennenlernt. Sie lebt in Willemers Haus in ähnlicher Situation wie Christiane, und an das »Erotikon« von einst mag sie Goethe äußerlich in manchem erinnert haben. Sie ist ein Theaterkind aus Österreich, unsicherster Herkunft; der Vater ist nicht bekannt, das Geburtsdatum ebensowenig, der Name Jung war von der Mutter angenommen, die in kleinen Wiener Vorstadttheatern in winzigen Rollen auftrat. Die Tochter hat sie früh zum Tanzen abgerichtet. Beide tauchen um die Jahrhundertwende in Frankfurt auf, die Mutter als Theaterdienerin, die Tochter als vorletztes Mitglied des Personals. Marianne spielt im Chor mit, in kleinen Hosenrollen als Küchenjunge oder Zwerg; ihren größten Erfolg hat sie in einem Ballett GEBURT DES HARLEKIN. Ein Ei ging von Hand zu Hand, vergrößerte sich, bis schließlich Marianne als junger Harlekin die Schale durchbrach, herauskroch und ein paar zierliche Pas tanzte.

So sah sie der Bankier Willemer, Senator, zweimaliger Witwer, Finanzagent der preußischen Regierung und dafür mit dem Titel Geheimrat bedacht, der bei solchen Gelegenheiten etwa dem späteren Kommerzienrat entsprach. Willemer war ein literarisch vielfach interessierter Mann, der neben Broschüren über pädagogische und politische Fragen auch Theaterstücke schrieb, als Gönner des Frankfurter Theaters wirkte und sich des jungen Mädchens annahm. Er hat Marianne einfach der Mutter abgekauft, die zweihundert Gulden erhielt und mit einer kleinen Rente in die österreichische Heimat verschwinden mußte. Willemer lebte als Witwer mit vier Kindern, zu denen er noch einen Pflegesohn annahm, und als Gesellschaft für seine Töchter führte er die kleine Tänzerin zunächst in die Familie ein. Um die Meinung der Frankfurter Gesellschaft kümmerte er sich wenig; er stand ohnehin vielfach in Opposition: zur Geistlichkeit, die seine Theaterführung zu frei fand und ihm seine brillanten Soupers für die Schauspieler übelnahm, zu anderen Senatoren, zu den Aristokraten, die ihn zu revolutionär fanden, zur Stadtregierung, die ihn beargwöhnte wegen seiner Beziehungen zur preußischen Regierung. Er scheint ein etwas streitbarer Herr gewesen zu sein, mit romantischen Neigungen; die Mutter Goethe schreibt einmal, die Lektüre von Goethes WILHELM MEISTER habe ihn so in die »Mariane« des Romans verliebt gemacht, daß er beinahe einen dummen Streich begangen hätte. Das war vor der Zeit der Marianne Jung und bezieht sich auf eine andere Schauspielerin.

Ein etwas unklares Zusammenleben beginnt, als Willemer das junge Mädchen auf seinem Landhaus, der Gerbermühle, am Wege nach Offenbach, unterbringt. »Hier bringe ich euch noch eine Schwester«, sagt er den Töchtern. Ein Hauslehrer wird engagiert. Marianne lernt Französisch, Italienisch, Lateinisch, sie hat Zeichenunterricht, sie spielt Gitarre und bekommt Gesangsstunden. Gelegentlich wirkt sie bei einem Konzert mit, sonst sieht man sie selten in der Öffentlichkeit, und wenn sie einmal an Willemers Seite auftritt, wird gespöttelt: »Bald wird er dieses neue Vergnügen satt haben«, schreibt eine Bekannte.

Zu aller Verwunderung bekommt Willemer, der sonst als wenig ausdauernd und stetig bekannt ist, das Vergnügen nicht satt, um das junge Menschenkind zu werben, das sich ihm immer wieder entzieht und doch in seinem Hause bleibt. Der junge Clemens Brentano kommt ins Haus, musiziert mit ihr, braust auf, als sie einen falschen Griff auf der Gitarre tut, und fährt sie an: »Falsch! falsch wie Deine Stellung in Willemers Haus!« Er dichtet sie an, als Biondetta läßt er sie in seinen Romanzen von einem unheilvollen Zauberer belauern und in seinen Turm ziehen. Willemer wird eifersüchtig. Es wiederholt sich das Spiel, das dreißig Jahre zuvor der junge Goethe mit Brentanos Mutter Maximiliane gespielt hat. Clemens schreibt an seinen Freund Arnim: »Die Jung liebt mich, weint oft in meiner Nähe, ich sprach davon mit Willemer, seine Eifersucht vertrieb mich, wir haben uns noch lieb, so so...« Er hat inzwischen eine neue Liebe in Jena angesponnen.

Nach acht Jahren des Werbens schreibt Willemer an Goethe, mit dem er verschiedentlich korrespondierte: »Die Zukunft ist an eine törichte Hoffnung verspielt, von der eine achtjährige Erfahrung mich belehrt hat, daß sie nie in Erfüllung gehen wird.« Er harrt aus. Er macht mit Marianne eine Bildungsreise nach Italien. In Rom tritt Zacharias Werner an sie heran, der soeben fromm geworden ist, Marianne mit Sonetten umschwärmt und ihr ernste Vorwürfe wegen ihres Verhältnisses zu Willemer macht. Mit spöttischen Versen, denn sie dichtet auch, wehrt sie den Zudringlichen ab. Sie hat eine leichte, aber feste Hand.

Nach vierzehn Jahren des Zusammenlebens mit Willemer entschließt sie sich, ihm diese Hand zu geben. Eine stille Privattrauung findet statt, im Hause, denn Geburtspapiere oder sonstige Dokumente kann Marianne nicht beibringen. Willemer ist vierundfünfzig, sie dreißig, eine reife Frau, erfahren in vielen Dingen des Lebens, lustig und schwermütig, von feinster Bildung, mit einem Herzen, das bisher nur Abwehr gekannt hat. So lernt Goethe sie kennen bei seinem ersten Besuch; er hat Willemer noch zugeraten, den Schritt zu tun, den er selber erst wenige Jahre zuvor unternommen hatte. Wie im Fall von Goethes Eheschließung spielen die Zeitverhältnisse hinein, nur im umgekehrten Sinne: Waren es damals die aufgelösten Zustände, so ist man jetzt für Ordnung, Wiederherstellung alter Sitte. Der Patriotismus – und Willemer ist eifriger Patriot, er entwirft sogar eine neue altdeutsche Frauentracht, die Marianne tragen soll – fordert Abkehr von welscher Zuchtlosigkeit. Die Ehe als Grundlage des Staatswesens soll geehrt werden.

Das alles stimmt eigentlich nicht so ganz zu Goethes orientalischer Maske. Als Lehre seiner WAHLVERWANDTSCHAFTEN hatte er verkündet: »Wer nur ein Weib ansiehet ihrer zu begehren, der hat schon mit ihr die Ehe gebrochen.« Seine Augen hat er sicherlich zu Marianne erhoben; ob er wirklich die eben von ihm protegierte Ehe gebrochen hat, ist eine andere Frage, die wir auf sich beruhen lassen wie viele ähnliche. Um »moralische Bedenken« geht es ihm dabei nicht – er hat sie oft genug resolut ignoriert –, auch nicht um Entsagung, die ihm immer wieder zugeschrieben wird. Es geht ihm um etwas anderes, das für ihn das »Letzte« ist: um *die* Liebe, wie wir schon in seinen Leipziger Jahren sahen, nicht um ein Käthchen, eine Lotte oder wer immer es sei. Goethe ist außerdem, um es doch einmal auch menschlich-einfach zu sagen, sehr vorsichtig; er wünscht sich keineswegs zu tief zu verwickeln, denn »die Leidenschaft bringt Leiden«, wie er an anderer Stelle verkündet. Er will nicht leiden, er will gestalten. Und so liebt er hier Suleika, die schon Gestalt angenommen hatte und ihm nun, wie vorgeahnt, in erwünschter Wirklichkeit entgegentritt. Daß es dann doch nicht ohne Leiden abgeht und ohne schwere Erschütterungen, ist unvermeidlich, eine geheime Rache, die das Schicksal an ihm nimmt, das kein behutsames Manipulieren mit einer so gewaltigen Macht wie der Leidenschaft dulden kann. Zunächst aber ist Marianne für Goethe kein literarischer Schemen. Sie bedeutet Nähe, Wärme, Behagen, und sie wird zur willigen Partnerin in dem Liebesspiel einer erneuten Jugend. Unbedenklich läßt er sich verwöhnen, auf feinere und beziehungsreichere Weise als je zuvor. Alles ist Symbol, und Marianne versteht sich darauf, die einfachsten Dinge des Lebens sinnig-symbolisch zu erhöhen.

Im weißen Hausrock aus Flanell, der ihn wie ein »Prophetenmantel« umgibt, fühlt Goethe sich am wohlsten, da streckt er behaglich die Glieder, die steif werden, wenn er zum Mittagessen im korrekten Frack erscheint. Türkische Pantoffeln wird Marianne ihm dann stikken. Nicht mit hartem antikem Lorbeer, sondern mit einem Turban aus feinem Musselin umwindet sie ihm das Haupt. Sie stiften sich ein ganzes orientalisches Ritual, mit Worten, die nur ihnen verständlich sind. »Hudhud« etwa: das ist der arabische Name für den Wiedehopf. Er ist als Bote zwischen Salomo und der Braunen, der schönen Königin von Saba, Balkis, hin- und hergegangen, im Koran noch in dem ernsten Auftrag, ein weiteres Reich für den wahren Glauben zu gewinnen. Bald ist er der Liebesbote des Märchens, und im Volksglauben führt er ein Zauberkraut im Schnabel, das verborgene Schätze aufschließen kann; seine Federn, aufs Haupt gelegt, stillen das Hauptweh, sein Herz das Herzweh. Zwischen Goethe und Marianne fliegt er hin und her und verursacht neues Herzweh, zumindest bei einem der beiden.

Denn für Goethe ist diese kurze Begegnung nur eine von vielen seines langen Lebens, obwohl auch sie ihn, so literarisch-spielend die Sache begann, bis auf den Grund seines Wesens verstört. Für die Frau ist es mehr. Im Rückblick hat sie dann gesagt: »Einmal in meinem Leben war ich mir bewußt, etwas Hohes zu fühlen, etwas Liebliches und Inniges sagen zu können, aber die Zeit hat alles nicht sowohl zerstört als verwischt.«

Das erste Zusammentreffen, im Sommer 1814, ist nur flüchtig, und die eben vollzogene Eheschließung wirkt distanzierend. Goethe ist nicht nur als Hafis nach dem Süden gereist. Noch andere Zeitströmungen wirken auf ihn ein, und bei seiner universalistischen Natur haben sie sehr wohl neben dem Orient Platz. Er nimmt hier und da sein Quartier, bei Verwandten in Frankfurt, den Brentanos auf ihrem Landsitz, er macht Ausflüge in die Rhein- und Mainlandschaft. Bei Bingen wird die Kapelle des heiligen Rochus neu geweiht, die während der Revolutionsjahre in Verfall geraten war. Der Reisende durch die arabische Wüste, der Gott Allah nennt und den Koran zitiert, schließt sich einem katholischen Pilgerzug an. Er findet mehr Gefallen an dem so viel bunteren, volkstümlicheren Brauch der katholischen Kirche als an den kahlen Kirchen und düsteren Predigten der Protestanten, die ihm nie etwas gesagt haben. Auf dem Wege zu der Kapelle schon freut er sich an einem italienischen Gipsgießer, der ein Brett mit Heiligenfiguren balanciert. Das sind nicht,»wie man sie nordwärts antrifft, farblose Götter- und Heldenbilder, sondern der frohen und heitern Gegend gemäß, bunt angemalte Heilige«. Mit bunten Farben malt er das Fest, die reiche Weinlandschaft mit den berühmten Weinorten Hattenheim, Rüdesheim; er trinkt unter den Pilgergästen den guten Wein aus braunen Tonkrüglein mit dem Namen des Heiligen. Es ist eine der wenigen Gelegenheiten, wo man Goethe unter dem Volk erblickt, am langen Tisch, man rückt zusammen, plaudert von den Weinlagen, dem Hochheimer, Johannisberger, dem Aßmannshäuser Roten, der Elfer von vor drei Jahren wird als Jahrhundertwein gepriesen und dann von Goethe im Gedicht verherrlicht. Es ist zugleich Goethes hoffnungsvollste Begegnung mit der Zeit: Man glaubt an den Frieden, an Versöhnung, Ausgleich der Gegensätze. Der Heilige, dessen Geschichte er vergeblich genauer zu ergründen sucht und sich erst nachträglich verschafft, erscheint ihm wie ein Schutzpatron gegen jede Krankheit, nicht nur die Pest. Er dichtet sogar die Festpredigt des Bischofs nach und stiftet später ein Rochus-Bild in die Kapelle.

Die altdeutsche Kunst soll ihm nun nahegebracht werden: Ein junger Sammler und Kunst-Enthusiast, Sulpice Boisserée, versucht es, den»decidierten Heiden« und Verkünder der Antike zum frommen Mittelalter zu bekehren. Mit seinem Bruder und einem dritten Gefährten hat Boisserée eine große Sammlung von Tafelbildern alter deutscher und niederländischer Meister zusammengebracht; seine Familie stammt aus Brabant, und eine große Tuchhandelsfirma in Köln, von den Eltern begründet, liefert den Söhnen die Mittel für ihre Sammlerleidenschaft. Es ist nicht einmal allzuviel Geld dafür nötig, denn die Kunstschätze sind durch die Zeitereignisse in Bewegung gekommen und liegen manchmal buchstäblich »auf der Straße«; die Boisserées halten einmal einen Handkarren an, der eines der später berühmten Altarbilder auf den Schutthaufen führen will. Ein anderer Sammler entdeckt einen van Eyck auf dem Fischmarkt zu Gent im Stande einer Hökerin, die das schöne solide Eichenholz der Rückseite zum Abschuppen ihrer Fische benutzt. In wenigen Jahren haben die Boisserées eine ganze Galerie der alten Meister in ihren

Zimmern an den Wänden aufgestapelt, die heute den Ruhm der Münchner Pinakothek ausmacht. Sie sind Dilettanten, und die ältere Kunst ist ja damals überhaupt noch kein Gegenstand ernster Forschung; sie geben ihren Bildern Namen, die inzwischen ebenso hinfällig geworden sind wie ihre kunstgeschichtlichen Theorien, in denen sie etwa von einer »byzantinischen« Kunst reden, die bis zum Ende des 14. Jahrhunderts in ganz Europa verbreitet gewesen sei, oder vom jahrhundertelangen Einfluß der Kölner Maler ihrer Geburtsstadt. Sie sind fromm und sehen in der mittelalterlichen Kunst die wahre Religiosität; als »geborene Katholiken« haben sie eine gewisse Gelassenheit in Glaubensfragen, und deshalb hat sie der weise Diplomat Reinhard auch an Goethe empfohlen, von dem er weiß, daß er den hitzigen Eifer der Konvertiten haßt. Ihre Sammlung verlegen sie nach Heidelberg, dem Vorort der Romantik, und da wird sie zum Heiligtum und Wallfahrtsort. In Heidelberg hatten Brentano und Arnim DES KNABEN WUNDERHORN herausgegeben, das Goethe wohlwollend begrüßte, ihre ZEITSCHRIFT FÜR EINSIEDLER; in der Musik wollte ein anderer Enthusiast, der Jurist Thibaut, die »Reinheit der Tonkunst« wiederherstellen durch Ausschaltung der »unreinen« Instrumentalmusik und Neubelebung des A-cappella-Gesanges der alten Meister. An diese Stätte der ihm sonst so fratzenhaft und bizarr erscheinenden Bewegung begibt sich Goethe in jenem gelösten und versöhnlichen Reisesommer 1814.

Sulpice Boisserée hat ihn auf das herzlichste eingeladen. Sein erster Bekehrungsversuch, einige Jahre zuvor bei einem Besuch in Weimar, war nicht recht zum Ziele gekommen; Goethe war mißtrauisch, er wollte auch von Hinweisen auf seinen feurigen Jugendaufsatz über Erwin von Steinbach nichts hören. Als »Abgötterei« erschien ihm das jetzt, und wenn er ehemals das Straßburger Münster als Inbegriff deutscher Kraft und Herrlichkeit gepriesen hatte, so wunderte er sich nun über den deutschen Patriotismus, »der diese offenbar sarazenische Pflanze als aus seinem Grund und Boden entsprungen sehen möchte«, wie er an Reinhard schrieb. Der junge Mann, von schwerem belgischem Typus, mit dem fleischigen Gesicht, das von verhaltener Energie und Begeisterung bebte, gefiel ihm aber in seinem Ernst, seinem Takt, seiner unbedingten Verehrung. Und wenn die unbequeme und verkehrte romantische Richtung, die offenbar doch nun eine Macht geworden war, zur Kenntnis genommen werden mußte, so ließ Goethe sich diesen Repräsentanten am ehesten gefallen.

Im Herbst 1814 entschließt er sich also zu einer Besichtigung der hochgepriesenen Schätze. Er steigt in Heidelberg im Haus der Boisserées ab. Die Bilder, etwa zweihundert, sind in drei mittelgroßen Zimmern an den Wänden wie in einem Atelier aufgestapelt, denn zum Hängen ist kein Platz. Goethe läßt sich eines nach dem andern auf die Staffelei stellen. Erwartungsvoll stehen die Gastgeber um ihn herum und möchten nun sehen, wie er von dieser Pracht überwältigt wird. Goethe ist aber nicht überwältigt. Er äußert sich behutsam: eine neue und ihm bisher unbekannte Welt von Farben trete ihm da entgegen, die ihn aus dem alten Gleise seiner Anschauungen »herausgezwungen« habe, so notiert es dann Boisserée. »Wie ganz anders muß zu Eycks Zeit das Kunstleben geblüht haben; jetzt verschlingt der schlechte Luxus alles.« Goethe spürt auch sehr weise, daß eigentlich Kenntnis der politischen Geschichte und Kirchengeschichte jener Zeiten nötig sei, um diese Bilder zu verstehen; dazu fehlen aber die lebenden Lexika, sein Meyer vor allem, und die Brüder Boisserée können ihm darüber nichts beibringen. Sie vermerken hoffnungsvoll ein kräftiges Wort des alten Meisters: »Das waren andere Kerle als wir, ja Schwerenot, die wollen wir loben und abermals loben!« Goethe verspricht ihnen auch, über ihre Sammlung etwas zu schreiben, und sie glauben bereits, ihn für ihre schöne Sache gewonnen zu haben. Er lobt aber nur einmal und nicht abermals; beim zweiten Aufsatz bleibt er stecken.

Die Schriftstellerin Helmine von Chezy gibt den anschaulichsten Bericht über seine Eindrücke: »Seit drei Jahren werd ich um die Bilder hier gequält. Da kommen sie und schwatzen mir von Hemmlink und van Eyck, daß mir braun und blau vor den Augen wird. Kommen die Narren und machen mich toll, kommt dann auch ein Mann von Einsicht und lobt, so daß ich's in Überlegung nehme. Zuletzt kommt Frau von Helwig und macht mir eine recht poetische Beschreibung, da geht mir der Ekel an. Ich denke, nun muß ich selbst sehen, daß dem Ding ein Ende wird; und nun bin ich da. Was mich aber freute, das ist, daß die Lumpen all das Rechte nicht gesehen haben, ich hab's gesehn.«

Die altdeutsche und niederländische Kunst lag »vor seiner Zeit«. Nach der Rückkehr vertieft er sich sogleich wieder in seine italienischen Erinnerungen, und da findet er »wenig Falsches zu bedauern«. Er schreibt an Boisserée im hochspöttischen Ton, geht auf dessen »byzantinische« Theorie ein und meint dazu, er sei nun überzeugt, daß der »ganze Cyklus des christlichen Olymps« von da her stamme, wie es wohl sein mußte, wenn man »die charakteristischen Verschiedenheiten der Ober- und Untergötter« ausdrücken wollte. Er bleibt bei seinem alten Olymp. Und nur in ganz unverbindlichen Versen stellt er einmal »Hans van Eyck« und Phidias nebeneinander und meint: »Das ist die Kunst, das ist die Welt / Daß eins ums andere gefällt.« Noch seltsamer nimmt er einen der Bildeindrücke aus der Sammlung in seinen orientalischen Divan hinüber: Das Gemälde eines der alten Kölner Meister vom Schweißtuch der Veronika mit dem dunklen Schmerzensantlitz Christi erscheint ihm da als ein »heitres Bild des Glaubens«. Goethes Kunsturteile haben immer nur

Bezug auf sein persönliches Gefühl; wahrscheinlich beruhigt ihn diese Darstellung, weil sie keine Kreuzigung oder Marterwunden zeigt, die er stets ablehnt.

Von der Wallfahrt zu den altdeutschen Bildern und der Rochus-Kapelle kehrt er zurück zu den Willemers und erlebt auch da noch einen Abend, der wenig mit Suleika und der Welt des Ostens zu tun hat. Marianne trägt nun die von ihrem Gatten so eifrig propagierte »altdeutsche« Tracht. Der Jahrestag der Schlacht von Leipzig wird gefeiert, durch Freudenfeuer auf den Bergen, ein Brauch, den Ernst Moritz Arndt angeregt hat; er besteht nur kurze Zeit, das Spiel mit dem Feuer scheint den Regierungen gefährlich, und die Flammen-zeichen werden durch offizielle Paraden ersetzt. Jetzt, im Oktober 1814, brennen noch überall die Holzstöße. Goethe, in Begleitung Mariannes, betrachtet die »Lichtlein« angeregt. Sie haben für ihn andere als patriotische Bedeutung. Er freut sich an der Natürlichkeit, dem hellen Kopf der jungen Frau, die ihm umsichtig die Gipfel der Umgebung Frankfurts erklärt – er selber kennt seine Vaterstadt und ihre Landschaft nicht mehr. Sie spart auch nicht mit kritischen Bemerkungen, den »kleinen Kritikus« nennt er sie wohlgefällig und dann den »kleinen Blücher«, als sie ein wenig energischer auf ihn eindrängt. Die entfernten Lichtlein sind ihm behaglich, das allzu nahe Freudenfeuer erschreckt ihn. Er zieht sich sogleich zurück und verspricht nur, im nächsten Jahre wiederzukommen.

In Weimar jedoch spürt er die Enge, er fühlt sich wie »zwischen alten Wänden, Rauchfängen und Feueressen eingeklemmt«. Er sehnt sich nach dem offenen Fenster bei Willemers mit dem Blick auf den breiten Strom. Die Verse machen schon ein Büchlein aus. Der Name Suleika steht fest für Marianne. Für sich wählt er nun statt Hafis einen anderen, weniger berühmten: Hatem, der auf zwei persische Dichter zurückgeht, Hatem Thai, den »alles Gebenden«, und Hatem Zograi, den »reichlichst Lebenden«. Er studiert eifrig in orientalischen Quellenwerken und Reiseberichten; vom großen mongolischen Eroberer Timur ist da oft die Rede, und er plant, dabei an Napoleon denkend, ein ›Buch Timur‹; doch nur ein Gedicht entsteht. Denn eben, als er an diesen ersten Versen schreibt, kommt im Frühjahr 1815 die Nachricht, daß der Herr der Insel Elba aus seinem lässig bewachten Ruhesitz ausgebrochen und in Frankreich gelandet ist. Der Wiener Kongreß schrickt auf aus seinen Vergnügungen und Verhandlungen, bei denen man sich über die Beute stritt und bis an den Rand eines Krieges unter den Alliierten geriet. Die gemeinsame Gefahr zwingt die Koalition noch einmal zusammen. Der Große Krieg beginnt von neuem.

Minister Goethe fährt wieder, mitten durch die marschierenden Kolonnen, mit seinem Fahrhäuschen an den Rhein nach Wiesbaden.

Noch versagt er sich ein Wiedersehen mit Marianne, dem »kleinen Blücher«, während der große Blücher nun immer ungeduldiger auf das entscheidende Treffen mit seinem Gegner drängt. Goethe treibt Geologie mit einem befreundeten Bergrat, und der muntere Diener Stadelmann – in der Gasthausküche begeistert begrüßt: der Karl! der Karl! – schleppt ebenfalls aus dem Fluß einige Kiesel herbei und gibt seine Meinung dazu ab. Er muß auch als Faktotum seinen Geheimrat vor zudringlichen Besuchern schützen: Eine Souffleuse vom Mainzer Theater belagert ihn, ein »schwarzes Rabenaas«, wie er in seinem Tagebuch sagt; sie will durchaus, daß Goethe ihren Mann nach Weimar engagiert, und verspricht Stadelmann für seine Vermittlung, »daß sie in einigen Tagen ein Paar recht schöne Mädchen bekäme, wenn ich etwa etwas brauchte. ›Ach‹, sagte sie, ›wenn die Herren mit liebeglühenden Herzen Sehnsucht empfinden, so brauchen sie sich nur an mich zu wenden, denn es sind ein Paar allerliebste Kinder.‹«

Noch immer weicht Goethe aus vor Marianne. Er begleitet den Bergrat auf einer Dienstreise und trifft in Nassau den Freiherrn vom Stein. Der lädt ihn ein zu einer Reise nach Köln und läßt den Dichter, als er zögert, kurzerhand in seinen Wagen setzen und abfahren. Goethe kann sich der »ehrenden Gesellschaft« des großen Staatsmannes nicht entziehen, wie er sagt, und ist wohl außerdem insgeheim ganz froh über diese Entführung, die ihn noch weiter von Frankfurt entfernt. Der kleine, schroffe Reichsfreiherr mit der gewaltigen Nase, den felsharten Zügen, für eine kurze Zeit der große Gegenspieler Napoleons, ist um diese Zeit schon ein fast völlig Gescheiterter. Der Preußenkönig, der ihm ohnehin nur eine kurze Gastrolle gewährt hatte, will nichts mehr von ihm und seinen Reichsplänen wissen; der Zar Alexander, bei dem er als ein von Napoleon Geächteter Zuflucht gefunden hatte und dessen Berater beim Wiener Kongreß er nominell noch ist, hängt neuen, mystischeren Plänen nach; die kleineren Fürsten hassen Stein, und er haßt sie seinerseits mit dem Stolz des Reichsunmittelbaren, der sich ihnen ebenbürtig fühlt und überlegen durch größere Konzeptionen als die Gewinnung eines benachbarten Landfetzens. Auch für Stein ist diese Reise eine Flucht, eine Flucht in die Vergangenheit. Der Kölner Dom soll besucht werden, die große Ruine einer großen früheren Zeit, von seinem Wiederaufbau ist die Rede, als Symbol für ein Reich, das wieder geschaffen werden soll. Es wird eine stille Fahrt. Vorsichtig spricht Stein nur mit dem Dichter, dessen so ganz andere politische Ansichten er kennt; er dämpft sogar seine messerscharfe Stimme und mahnt die Begleiter: »Lieben Kinder, still, still, nur nichts Politisches, das mag er nicht; wir können ihn da freilich nicht loben, aber er ist doch zu groß.« Schweigend blicken sie zu dem Dom auf mit den kaum zur Hälfte vollendeten Türmen, der eingesunkenen Mitte des Schiffes, das wie ein Symbol der deutschen Zustände den Bau in zwei Teile zerfallen läßt. Goethe ist einsilbig und zieht sich früh auf sein Zimmer zurück. »Nie habe ich Steins Rede in Gesellschaft stiller tönen gehört«, schreibt Arndt, der zugegen war. Es war das Vorspiel zu Steins Rückzug aus der Politik. Die beiden haben dann nur noch über Steins Plan korrespondiert, die alten deutschen Geschichtsschreiber als MONUMENTA GERMANIAE herauszugeben, als Denkmal einer größeren Vergangenheit für eine Gegenwart, die den Kölner Dom ebenso unvollendet ließ wie das Reich.

Im August ist Goethe dann schließlich bei den Willemers auf der Gerbermühle, unter den dichten hohen Bäumen, den breiten Fluß vor Augen und die kleine Frau um sich. Morgens um zehn trinkt er aus einem silbernen Becher. Mittags legt er den Frack an und seine Orden und ist förmlich. Napoleon ist bereits auf der Reise nach Sankt Helena, aber Goethe trägt nach wie vor die Ehrenlegion, den russischen Annenorden, der ihm gleichfalls in Erfurt verliehen wurde, und nun den österreichischen Leopoldsorden, den man ihm nach Waterloo überreicht hat. Nachmittags unternimmt er Spaziergänge, macht auf Wolkenbildungen aufmerksam, ein neues Lieblingsgebiet seiner Studien, wobei ihm dann der Quäker Luke Howard zum Führer wird, ein stiller und beharrlicher Mann, Drogist von Hause aus und zu Goethes großer Genugtuung kein »Pfaffe der Zunft«; er dankt ihm später in schönen Gedichten und fügt den von Howard geprägten, noch heute geltenden Bezeichnungen für die Wolkenformen eine eigene hinzu, die sich nicht durchgesetzt hat.

Abends, im weißen Prophetenmantel, ist Goethe völlig ungezwungen und gelöst. Marianne singt Goethes GOTT UND DIE BAJADERE, und die Eingeweihten sehen darin eine Anspielung auf ihre eigne Geschichte, das »verlorne schöne Kind«, das wohl in seiner Tänzerinnenzeit nicht viel mehr als eine kleine Bajadere gewesen ist. Beziehungsvoll singt sie vom geschäftigen Dienst um ihren Besucher, Mahadöh, den Gott, vom Erwachen der Liebe unter den geschminkten Wangen, dem Tod des Gastes, dem sie mit ausgestreckten Armen in den Flammentod folgt und der sie mit feurigen Armen in seinen Himmel emporhebt.

Goethe ist gerührt und flüchtet nochmals vor diesem Liebesfeuer. Willemer räumt ihm seine Stadtwohnung ein, und von dort aus beginnt Goethes Dialog in Gedichten mit der kleinen Frau, die mit einem Male zur Dichterin wird für eine kurze Zeit, so viele hübsche Verschen sie bisher gemacht hat. Goethe beginnt mit dem Sprichwort von der Gelegenheit, die Diebe macht; sie stahl ihm den Rest der Liebe, die ihm verblieben war: »Dir hat sie ihn übergeben, / Meines Lebens Vollgewinn, / Daß ich nun, verarmt, mein Leben / Nur von dir gewärtig bin.« Marianne antwortet, im gleichen Ton, nur voller; sie spricht von keinem Rest, sie will nichts von »verarmen« wissen: »Meine Ruh, mein reiches Leben / geb ich freudig, nimm es hin! / Scherze nicht! Nichts von Verarmen! / Macht uns nicht die Liebe reich? / Halt ich dich in meinen Armen / Jedem Glück ist meines gleich.«

Noch einmal wagt Goethe sich hinaus auf die Gerbermühle, zum Abschied; er hat bereits die nächste Station in Heidelberg vorbereitet. Marianne singt am Abend, und man bleibt lange zusammen, der junge Freund Boisserée ist dabei, der Goethe abholen will; Willemer schlummert ein. Bis ein Uhr sind sie auf, dann zieht Goethe sich zurück. Auch jetzt kann er nicht schlafen. Er tritt mit Boisserée auf den Balkon, es ist Vollmond. Mit einer Kerze sucht er Boisserée »das Phänomen der farbigen Schatten« zu demonstrieren. Marianne beobachtet die beiden von ihrem Fenster aus.

Am nächsten Tage reist Goethe nach Heidelberg. Marianne folgt ihm, zunächst mit Gedichten: »Was bedeutet die Bewegung? / Bringt der Ostwind frohe Kunde?«, dann in persona, mit Willemer und dessen Tochter. Zwei Tage verbleiben ihnen, mit Spaziergängen, einer weiteren Vollmondnacht, neuen Gedichten. In Goethes Versen heißt es: »Unter Schnee und Nebelschauer / Rast ein Ätna Dir hervor«, in seltsamer Umkehrung seiner sonstigen Abneigung gegen alles Vulkanische. Es ist keine Liebesraserei. Auf alle Fälle aber ist es ein »drohendes Übel«, das dann ausbricht, wie Goethe in einem Brief aus diesen Tagen schreibt: »Es entstand ein Brustweh, das sich fast in Herzweh verwandelt hätte«, was doppelsinnig gemeint ist; der Brief ist an Willemers Tochter gerichtet, kurz nach dem Abschied von Marianne. Goethe läßt offen, ob es nicht die »natürliche Folge der Heidelberger Zugluft« sei – und dann spricht er vom tieferen Sinn, der sich hinter allem verstecke, was die äußeren Sinne erfassen: »Woraus ich, vielleicht zu voreilig schließe, daß man am besten täte, etwas ganz Unverständliches zu schreiben, damit erst Freunde und Liebende einen wahren Sinn hineinzulegen völlige Freiheit hätten.«

Die beiden Liebenden haben sich nicht wiedergesehen. Im Gedicht strömt die Lava hervor, ein ganzes ›Buch Suleika‹ entsteht, das Herzstück seines DIVAN, und für das Leben wird ein stiller, heimlicher Liebeskult über weite Entfernungen hin gestiftet, mit dem Vogel »Hudhud« als Liebesboten. Marianne läßt ihn auf einen Palmenstecken schnitzen und schickt ihn Goethe, in stiller Hoffnung, er werde den Stab zu einer neuen Wanderung an den Main benutzen. Der Dichter stellt ihn neben seinen Schreibtisch.

Die Rückreise war verstört gewesen. Boisserée begleitete Goethe und berichtet von tiefer Unruhe, Goethe sei krank oder fühle sich krank, wolle sein Testament machen, habe sich aber schließlich im Wagen erholt. An Willemer hat er noch einen Abschiedsbrief geschrieben, von »hundert Einbildungen eines Wiedersehens« gesprochen: »Wann? wie und wo? ... Nun kommt's aber! und ich eile über Würzburg nach Hause, ganz allein dadurch beruhigt, daß ich ohne Willkür und Widerstreben den vorgezeichneten Weg wandle und um desto reiner meine Sehnsucht nach denen richten kann, die ich verlasse.« Er fügt noch einen Auftrag hinzu – er weiß, daß ein gewisser Schmerz zurückbleiben wird. »Das werden Sie, Herzenskundiger, zu vermitteln wissen.«

Das Weitere ist Korrespondenz, die zum Teil in Chiffre-Briefen geführt, zum Teil vernichtet wurde – und Dichtung. Es entsteht der Westöstliche Divan, wie Goethe das Buch dann tauft; vier Jahre lang strömen ihm die Verse noch zu, und eigentlich schließt er das Werk nie ganz ab. Er veröffentlicht es 1819 nur in vorläufiger Form und fügt immer wieder Stücke hinzu oder dichtet im gleichen Ton »Divan-Gedichte«.

Marianne schreibt, als sie das gedruckte Buch erhält: »Wenn Ihnen mein Wesen und mein Inneres so klar geworden ist, als ich hoffe und wünsche, ja sogar gewiß sein darf, denn mein Herz lag offen vor Ihren Blicken, so bedarf es keiner weiteren ohnehin höchst mangelhaften Beschreibung. Sie fühlen und wissen genau, was in mir vorging, ich war mir selbst ein Rätsel; zugleich demütig und stolz, beschämt und entzückt, schien mir alles wie ein beseligender Traum, in dem man sein Bild verschönert, ja veredelt wieder erkennt und sich alles gerne gefallen läßt, was man in diesem erhöhten Zustande Liebens- und Lobenswertes spricht und tut.«

Die Zeitgenossen waren meist enttäuscht, als das Buch erschien, und lange galt der Divan als ein etwas frostiges Alterswerk; die Auflage blieb zum Teil bis Anfang unseres Jahrhunderts im Keller des Verlegers liegen. Man griff allenfalls einzelne Verse heraus und zitierte, »höchstes Glück der Erdenkinder / Sei nur die Persönlichkeit«, wobei man das »doch ich bin auf andrer Spur« fortließ. Man begann, als das »Marianne-Geheimnis« aufgedeckt wurde, einen Mariannen-Kult zu treiben, der sich an den Kult der anderen Goethe-Lieben anschloß. Das Buch wurde als Gesamtkunstwerk gedeutet, als »Weltspiegel« umfassender Art, wie es auch geplant gewesen war, aber nicht ausgeführt wurde. Goethes »Glaube« wurde in einigen der Gedichte gefunden, ausgedeutet, und jeder Ausleger beschuldigte seine Vorgänger, »nicht tief genug geschürft« zu haben – ein oft beliebtes Gleichnis bei Goethe-Betrachtungen, das vom Bergbau her genommen ist, wo man den Himmel nicht mehr über sich sieht. Goethe hat sich selber genügend oft gegen die Leute verwahrt, die »zu tief« graben wollten, um den »Ideen« seiner Werke auf den Grund zu kommen. Bei keinem seiner Werke hat aber dieses Ausmessen nach hoch, tief oder flach so wenig Sinn wie bei seinem Divan.

Das Buch ist, wie es zu der orientalischen Szenerie paßt, ein reicher und bunter Teppich. Es wird immer übersehen, wie wichtig für Goethe gerade solch bunter Reichtum ist – er hebt das unmutig auch bei den Kritiken an seinem WILHELM MEISTER hervor. Die »leichtesten« Muster sind oft die schönsten, die flüchtigsten Verse oft die reizvollsten. Darüber läßt sich allerdings dann wenig Tiefsinniges mehr sagen.

Leicht und bunt stellt er denn auch seine Bücher zusammen; er hat ursprünglich sogar an kleine, anmutige Vignetten gedacht, die wie Bildzeichen Motive anschlagen sollten, ein Turban etwa, ein Hut, und so erschienen die ersten Gedichte in einem Taschenbuch. Spruchweisheit wird in einem Buch vorgetragen, die vielfach aus anderen Fächern seines Vorrats entnommen ist, und auch, wenn man streng sein will, an anderer Stelle stehen könnte. Es hat aber gar keinen Sinn, streng zu sein mit diesem Buch. Selbst die sprachlichen Flüchtigkeiten haben etwas Entwaffnendes, so wenn er des Reimes halber mit einer halb englischen Wendung vom »Kriegesthunder« spricht und obendrein unter den Wüstensöhnen Cupido und Mavors zitiert. Er trägt das arabische Kostüm überhaupt leicht, obwohl er viele arabische Wörter verwendet, die einen Kommentar brauchen. Ein Anhang mit Noten und Abhandlungen wird beigefügt, die jedoch nur neue Schwierigkeiten schaffen, neue Schönheiten enthalten oder auch gelegentlich zu einfachen Inhaltsangaben eines gelesenen Buches in Kapitelüberschriften ausarten. Ein Buch, das ›Schenkenbuch‹, huldigt der Knabenliebe, nach östlichem Vorbild, der Vollständigkeit halber und um der allzu heftig drängenden Suleika ein gewisses Gegengewicht zu bieten: Der schöne junge Schenke weist die »verschmitzte Dirne« von der Tür seines Herrn und meint: »Deine Wangen, deine Brüste / Werden meinen Freund ermüden.« Ein schöner junger Kellner in Boisserées Tagebüchern ist ausfindig gemacht worden, dem Goethe über dem Weinglas freundlich zunickte; wichtiger ist das Wort »ermüden«, das Goethe verwendet. In diesen Tagebüchern, die leider nur in verbesserter und verwässerter Abschrift auf uns gekommen sind, wie so vieles aus Goethes Umkreis, steht auch der bittere Satz, auf jener Divan-Reise nach langen Gesprächen über seine verschiedenen Lieben gesagt: »Die Verhältnisse mit Frauen allein können doch das Leben nicht ausfüllen und führen zu gar vielen Verwicklungen, Qualen und Leiden, die uns aufreiben, oder zur vollkommenen Leere.« Das klingt hart – als unmittelbarer Ausklang der Tage mit Marianne. Und damit sind die »Verhältnisse mit Frauen« nicht erschöpft: »In Hardtheim Mittagessen, junges, frisches Mädchen, nicht schön, aber verliebte Augen. Der Alte kuckt sie immer an. Kuß –...« notiert Boisserée. Auch Derbes wird diskutiert; Goethe erzählt dem jungen Freund vom Lingam, dem phallischen Symbol der Inder, und in den nachgelassenen Divan-Gedichten heißt es aus dem neugewonnenen Kraftgefühl heraus:»Steckt doch Mark in jedem Knochen, / Und in jedem Hemde steckt ein Mann.«Frechste blasphemische Wendungen gegen christliche Glaubensvorstellungen gehen Goethe durch den Kopf; dem frommen jungen Kölner hat er sie kaum anvertraut, obwohl der auch eine gewisse kräftige Ader hatte, aber seinen Papieren. Das Kreuz wird noch einmal verspottet wie in den Venezianischen Epigrammen; da wandeln himmlisch weibliche Naturen im Paradies:»Abends immer sind sie Huren, / Jungfraun mit des Morgens Scheine.« Goethe wandelt in der Tat durch alle Tiefen und Höhen, er geht dabei weit und zuweilen auch in die Breite. Es ist vielleicht kein so großes Unglück, daß dies Buch ein Fragment blieb, so kostbar uns jede gerettete Zeile sein muß.

Ein »Weltspiegel« ist es nicht geworden, wie geplant war, aber ein Goethe-Spiegel, und das ist eine Welt. Die Einheit liegt nicht in der Komposition – »der Dichter betrachtet sich als einen Reisenden«, so sagt Goethe in seiner Ankündigung des Buches; es ist ein lyrisches Reisebuch, und er schlägt sein Zelt nicht nur bei den Beduinen auf, sondern schweift auch zurück zu seiner Jugend, den Mohnfeldern bei Erfurt, an den Main und Rhein, und dann wieder voraus ins Paradies mit den Huris, die wiederum, wie er lächelnd sagt,»in Knittelversen« sprechen. Die Sprache ist die Einheit, und sie reicht vom derben Hans-Sachs-Ton bis zu den leichtesten Flügelschlägen, mit denen er sich in die Regionen des kaum noch Sagbaren erhoben hat. Er schreibt überhaupt nicht auf Papier oder auf orientalische Seidenblätter, wie er altersweise in einem der späteren Gedichte meint: Dem Staub, dem beweglichen, zeichnet er seine Verse ein, der Wind überweht sie. »Aber die Kraft besteht, / Bis zum Mittelpunkt der Erde / Dem Boden angebannt«, und der Wanderer, der Liebende wird kommen. Betritt er die Stelle, ihm zuckt's durch die Glieder:»Hier vor mir liebte der Liebende ... Ich liebe wie er, Ich ahnd' ihn!«

Und so läßt sich aus dem Staub, der auf dieses Buch gefallen ist, für den Liebenden der Herzschlag herausspüren. Es ist ein unruhiges, oft verwirrtes Herz, immer in Gefahr, sich zu verlieren, und immer wieder gebändigt durch hohen Kunstverstand oder einen eignen, unentzifferbaren Glauben, der alle Symbole des Westens wie des Ostens für sich in Anspruch nimmt, den Islam, der »Ergebung« heißt, wie resolute fränkische Volksweisheit. Es wird auch jetzt, nach dieser größten Schöpfung des Alters, noch nicht zur Ruhe kommen.

Wanderungen und Wandlungen
in Weimar

Die Reise in den Orient und an den Main war die letzte größere Reise Goethes. Er nahm zwar noch einmal, ein Jahr nach dem Abschied von Marianne, im Sommer 1816 einen Anlauf und setzte sich mit Meyer in den Wagen, aber das Gefährt verunglückte auf den immer noch entsetzlichen Wegen, die auch Geheimrat Goethe als Leiter der Wegebaukommission nicht hatte verbessern können. Meyer verletzte sich, und sie kehrten um; wahrscheinlich war Goethe froh, daß sich dieser Vorwand fand; auch bei seinem letzten Versuch, das Italien-Erlebnis zu erneuern, gab er die Reise auf. Nur in Gedanken fährt er rasch einmal nach Frankfurt hinüber. Verführerisch schreibt er an Willemer und Marianne, die sich grämt, kränkelt und sehnt: »Ich hoffe, daß Sie nicht erschrecken sollen, wenn es in tiefer Nachtzeit am ernsthaften Tore zuweilen poltert und klingelt. Möchte das Gespensterwesen doch einmal in Wirklichkeit ausarten.«

Es artet nicht aus, es bleibt Gespensterwesen. Goethe wird nun zum Greis. Die alte biblische Rechnung gilt damals noch, die siebzig als höchste Grenze setzt für den Sterblichen und nur den Urvätern und Patriarchen fast unendliches Leben zubilligt. Als ein solcher fühlt Goethe sich aber. Er will vom Tode nichts hören, geschweige denn sehen, und wenn um ihn her jemand stirbt, mag es ein so alter und bewährter Freund sein wie der Minister Voigt, sein ständiger Vertrauensmann in den Regierungsgeschäften, so entzieht er sich einer letzten Begegnung mit grausamer und feierlicher Beharrlichkeit. Voigt schickt Goethe noch einen Zettel herüber mit bittenden Worten, einem »ach, lieber Goethe, wir wollen doch innig zusammenleben«, einem »vielleicht noch morgen«, aber Goethe zögert mit der Antwort, entschuldigt sich dann: »Wenn gegenwärtige Geliebteste sich auf eine Reise vorbereiten, so stemmen wir uns dagegen. Sollten wir im ernstesten Falle nicht auch widerspenstig sein? Lassen Sie mir also die schönste Hoffnung...«

Goethes Einsamkeit ist eine selbstgeschaffene Einsamkeit. Sie geht zusammen mit Klagen, daß man ihn allein lasse. Dem Kanzler Müller macht er einmal einen nahezu verzweifelten Vorschlag, wie eine »Wintergeselligkeit« in seinem Haus organisiert werden könnte, die ihm »heitere Anregungen« bieten soll. »Jeder käme«, so meint er, »und bliebe nach Belieben, könnte nach Herzenslust Gäste mitbringen. Die Zimmer sollten von sieben Uhr an immer geöffnet, erleuchtet, Tee und Zubehör reichlich sein. Man triebe Musik, spielte, läse vor, schwatzte, alles nach Neigung und Gutfinden. Ich selbst erschiene und verschwände wieder, wie der Geist es mir eingäbe... Helft mir, ich bitte euch, diese vorläufigen Ideen fördern und ausbilden!« Der Wunsch hat etwas Ergreifendes, aber Goethe übersieht, daß sich Geselligkeit nicht gut ohne eine Gastgeberin bilden kann und daß sie durch das Kommen und Gehen eines olympischen Geistes, der nach Belieben wieder verschwindet, nicht gerade befördert wird. Sein Sohn ist nun verheiratet, eine Schwiegertochter im Hause, aber an die ist dabei nicht zu denken; sie mag inzwischen ins Theater gehen oder zu anderen Gesellschaften, wie sie das auch tut. Ein Familienleben führt Goethe nicht in seinen Altersjahren. Er hat es nie geführt.

Die Ehe Augusts ist von Goethe gestiftet, und er hat dabei ebensowenig eine glückliche Hand gehabt wie bei der Erziehung seines einzigen Sohnes. Die »indolente Sinnlichkeit« Augusts war ihm lange eine Sorge, wie er selber sagt, das viele Trinken, die kümmerlichen Liebesaffären mit einer Soldatenfrau, die in der ganzen Stadt mit dem Verhältnis renommiert und das Geld ihrem Husaren heimbringt. Goethe hat August zum Assessor, zum Kammerrat ernennen lassen durch den Herzog, aber außer kleinen Nebenbeschäftigungen in irgendwelchen Kommissionen ist er in der Hauptsache der Verwalter und Schriftführer des Hauses Goethe. Er hat ihm verboten, sich im Kriege zu den Freiwilligen zu melden, und August ist dadurch in peinliche Streitigkeiten verwickelt worden: Alle »Herren von Stande« hatten sich gemeldet, erst nach der Schlacht von Leipzig allerdings, die es auch dem Herzog nahelegte, die französische Uniform mit der russischen zu vertauschen. Sonderliche Kriegstaten hatte das Weimarer Kontingent von ein paar hundert Mann nicht zu verzeichnen, es wurde sogar bald heimgeschickt, aber man hieß doch nun »Kriegsteilnehmer«, führte den Säbel spazieren und die Zunge und höhnte über den Goethe-Sohn, der vom Vater auf den sicheren Posten eines Verpflegungskommissars in Frankfurt gebracht worden war. Eine Duellforderung, aus solchen Spöttereien entstanden, wurde durch Goethes Machtwort unterdrückt. Man sah in dem stattlichen, früh etwas dicklichen August nur den »Sohn der Mamsell Vulpiussen« und fand mit Genugtuung, daß diese unedle Verbindung nur Unedles hervorgebracht habe. Eine standesgemäße Heirat sollte nun das Ansehen Augusts etwas heben. Auch diese Ehe wurde erst nach vielen Stockungen, Wirren und unerfreulichen Finanzverhandlungen mit der Familie des Mädchens geschlossen.

Die Braut, die August sich bestimmt hatte, war ein changierendes Geschöpf, aus so verschiedensten schillernden Farben zusammengesetzt, daß sie wohl auch unter anderen Bedingungen als denen des höchst ungeregelten Goethe-Hauses nicht reüssiert hätte. Ottilie von Pogwisch stammte aus sehr verfahrenen Familienverhältnissen: Die Mutter, Tochter einer Gräfin Henckel von Donnersmarck, hatte einen armen preußischen Offizier geheiratet und sich scheiden lassen, da man nicht »standesgemäß« miteinander leben konnte; sie war Hofdame in Weimar geworden, wo ihre Mutter als Oberhofmeisterin fungierte. Eine ziemlich aussichtslose Beziehung zu einem der Hofkavaliere, der dann eine bessere Partie abschloß, bildete den Hintergrund ihres recht kümmerlichen Lebens in Weimar. Die Henckels waren arm, die Pogwischs waren arm, und die Hofstellen in Weimar waren sehr mäßig dotiert. Ottilie und ihre Schwester wohnten irgendwo im Schloß in einer Dachkammer, dann bei der Großmutter, sie aßen bei anderen Hofchargen, die sich um die vernachlässigten Mädchen kümmerten, und nahmen allenfalls an den Seelennöten ihrer Mutter teil. Ottilie hatte, wie man jetzt sagt, einen »Vaterkomplex« – der entschwundene preußische Held schwebte ihr vor Augen, sie betätigte sich als leidenschaftliche Patriotin während der Kriegsjahre und hatte eine kurze romantische Begegnung mit einem preußischen Freiwilligen, der als Verwundeter in Weimar zurückgeblieben war. Sie war klein, zierlich, mit unruhigen blauen Augen, schönem Haar und einem ungenauen Mund, der sehr gewandt plaudern konnte. Sie sang, zeichnete, war gefühlvoll und früh gewitzt. Der ungeschickte, pedantische August, der sie anhimmelte und sich dann wieder mit ihr stritt, konnte ihr wenig sagen. In Goethe erblickte sie einen Vater. Seine Werbung entschied die Ehe. Die adelsstolze Großmutter Gräfin bestand allerdings darauf, daß der Tod der Mamsell Vulpius abgewartet werden müsse; sie hatte sonst nichts gegen die Verbindung, der Kammerrat August schien eine gute Partie, die Goethes waren reich und hatten schließlich einen Namen, wenn er auch recht neuen Ursprungs war.

Zelter, recht voreilig, malte Goethe das neue Leben, das nun für ihn beginnen würde, mit den rosigsten Farben aus. Er schreibt vom »tüchtigen August« und dem Mädchen, »das von Stadt und Land geliebt und gelobt wird«. Und dann »kommt das junge Weiblein und streichelt dem alten Herrn den Bart und krault ihm hinter den Ohren und schleicht zur rechten Zeit wieder von dannen und kostet das Süppchen und guckt in die Winkel und tupft mit dem Finger das Stäubchen auf«, sie läßt den Wagen vorfahren »und vexiert das alte

Kind an die Sonne und läßt ihn durchlüften«, und »Väterchen hinten und Väterchen vorne, und wo sichs verschieben, verdrücken oder reißen will, da tritt sie still ein und stellt wieder her die magnetische Kraft behaglichen Beisammenseins...« Behaglich wird es kaum je. Die junge Frau versteht nicht das geringste vom Haushalt und denkt nicht daran, ein Stäubchen aufzutupfen; das große Goethe-Haus mit seinen vielen Dienstboten verstaubt vielmehr buchstäblich immer wieder, worüber Goethe selber klagen muß, wenn der Diener ihm seine Mappen mit den Kupferstichen heranträgt. Ottilie streut das Geld mit vollen Händen aus, für Nichtigkeiten oder aus Unverstand. In der ersten Zeit läßt Goethe sich die neue Fröhlichkeit mit Vergnügen gefallen. Auch die Schwester Ulrike zieht ins Haus, so wie Christiane ihre Stiefschwester mitgebracht hatte. Goethe freut sich an der Gelehrigkeit Ottiliens, die Sprachtalent besitzt, eifrig Englisch treibt, sich für Byron begeistert und die byronisierenden jungen Engländer, die in dem berühmt gewordenen Weimar Aufenthalt nehmen. Sie hat Freude am Theater, am Betrachten seiner Bilder und Sammlungen. Sie dichtet auch ein wenig und schreibt über ihr Verhältnis zu August die Zeilen:»Zwei Flammen, die nie eine war, / Zwei Ringe, die kein Reif geworden«, was zwar grammatisch nicht gerade schön ist, aber dem Sinne nach richtig. Die Ehe, schief angelegt von vornherein, geht sehr rasch in die Brüche. Zwei Söhne werden geboren, Goethes Enkelkinder, die ihn als muntere Knaben noch erfreuen und deren spätere Entwicklung er zu seinem Glück nicht mehr erlebt hat; eine Tochter Alma folgt nach zehnjähriger Ehe. Aber beide Ehegatten gehen ihre eignen Wege, und Ottilie geht nicht nur, sie läuft, stolpert, rast beinahe, mit viel Gefühl und Seelenschmerzen, oder bietet sich auch wahllos einem der jungen Besucher des Hauses nach dem andern an. Ihr späterer Lebenslauf, nach Goethes Tode, ist ein einziges Umherirren – von einem Freund zum andern; in Wien, weit von Weimar, wo sie unmöglich geworden war, findet sie noch einmal einen Kreis, in dem sie geschätzt wird, aber dann hat sie ihr Vermögen finanziell wie seelisch verbraucht und sogar das Kapital der Söhne angegriffen; sie muß zurück in das alte, inzwischen völlig verstaubte und halb baufällig gewordene Haus am Frauenplan, wo sie in ihrer alten Mansardenwohnung stirbt. Die Söhne enden noch trübseliger, als menschenscheue, ängstlich-vornehme Hagestolze; sie sperren das Goethe-Haus und seine Schätze ab und sterben auf der Reise fern von Weimar wie auf der Flucht vor dem Erbe, das sie nicht zu tragen vermögen. Mit ihnen erlischt das Geschlecht; der eine von ihnen hat sich selber als ein »Überbliebener aus Tantalus' Haus« bezeichnet.

Es war ein dunkles Erbe, und es sei hier noch einmal zusammengestellt: der Bruder des Rates Goethe schon ein Schwachsinniger, die

Schwester des Dichters eine Unglückliche, seine übrigen Geschwister lebensunfähig, seine eignen Kinder ebenso, der einzige überlebende Sohn schwer belastet, die Enkel in Nervenkrisen oder in einem Dämmerleben verkümmernd. Und auch in Goethe selber, in dem die Natur wie in einer einzigen übergroßen und überhellen Blüte diesen Stamm ausbrechen läßt, sind dunkle Flecken und Strähnen; auch er hat ständig mit schwersten hypochondrischen Krisen zu kämpfen, auch er überläßt sich oft brütendem Dahinleben, das er dann in rastloses Sammeln, Ordnen und Anordnen verwandelt, und dies nicht erst im Alter. Wer diese Züge übersieht, verkennt die große Leistung seiner Lebensarbeit.

Die rastlose Person Ottilie, die nicht wertlos ist, aber ohne jeden Halt, hat Goethe sich nun als Stütze seiner letzten Jahre gewählt. Es ist, als ob ein Zug seines Wesens in ihr lebendig geworden wäre, wuchernd und tastend nach allen Seiten ausgreifend, während seine eigne Sinnlichkeit nur als eine allerdings sehr wesentliche Eigenschaft den ganzen Menschen abrundet. Wie in einem Zerrspiegel könnte er das beobachten, aber er zieht es vor, die Augen zu schließen, manchmal wohlgefällig blinzelnd oder auch klagend, wenn das »Töchterchen« es zu bunt treibt und ihn ganz gröblich vernachlässigt. In seinem Sohn sind andere Eigenschaften fratzenhaft weitergebildet, aber auch da begrüßt er eher die Neigungen zum Aktenwesen, zur Registratur, zur Pedanterie und zum breiten Leben.

Nach den Kriegsjahren wird auf größerem Fuße gelebt denn je zuvor. Auch Weimar hat sich vergrößert, die Stadt wie das Land; es ist auf dem Wiener Kongreß *Großherzogtum Sachsen-Weimar* geworden. Karl August hatte da allerdings keine sonderlichen Verdienste vorweisen können. Er war preußischer Regimentskommandeur gewesen bei der Niederlage von 1806, dann Rheinbundfürst und französischer General, auch noch nach Moskau. In Weimar war Napoleon zu Pferde gestiegen zum Frühjahrsfeldzug gegen die Preußen und Russen: »Er blieb im Sattel bis zum Waffenstillstand und sagte: ›Diese Campagne werde ich als General Bonaparte führen und nicht als Empereur.‹ An seiner Seite ritt Karl August von Weimar. Seitdem der Imperator im Sattel saß – oder vielmehr halb nach rechts hing, denn er machte eine miserable Figur beim Reiten – schien er besser gestimmt. Er trällerte wiederholt Marlborough s'en va-t-en guerre...«, so erzählt es der Adjutant. Erst ein Kosakenoberst, der dem Herzog mit dem ersten einrückenden russischen Pulk die Nachricht vom Siege bei Leipzig überbrachte, hatte ihn bewogen, in russische Dienste zu treten, und Goethe war unwillig gewesen über diese Übereilung. Aber die anderen Rheinbundfürsten hatten es nicht anders gemacht, und der einzige der von Napoleon ernannten Könige, der von Sachsen, der getreulich bei seinem Protektor ausharren wollte, wurde schwer bestraft für seine Anhänglichkeit und verlor die Hälfte seines Landes an Preußen. Karl August hatte in Wien auch nicht durch gesellschaftliche Talente geglänzt, die wichtig waren in dem glanzvollen Treiben; er fiel eher auf durch sein burschikoses Wesen, als »Altburche«, wie man ihn nannte. Aber er führte einen sehr tüchtigen Minister Gersdorff mit sich, und vor allem verfügte er über eine Karte, die beim dynastischen Spiel stach: Sein Sohn, der Erbprinz, war mit einer Zarentochter verheiratet. Das gab den Ausschlag. Das Land Weimar wurde fast um die Hälfte vergrößert. Großherzog Karl August konnte sich hinfort »Königliche Hoheit« nennen, und Goethe gratulierte feierlich von Frankfurt aus mit der Hoffnung, »Höchstdieselben bald glücklich wiederzusehen«. Eine Feier hatte stattgefunden, bei der Goethe als ältester Diener der Dynastie neben dem Throne stand. Ein Orden »Vom weißen Falken« war geschaffen worden, und Goethe hatte einen Stern auf der Brust erhalten, an den sich noch im Jahre 1901 der Großherzog von Weimar aus seinen Knabenjahren erinnerte: »Es stand ihm gut.« Ein Staatsministerium in aller Form war gebildet worden, statt des bisherigen Conseils, und Goethe trug nun offiziell die Bezeichnung Staatsminister, die man ihm bisher nur im Sprachgebrauch verliehen hatte. Karl August hatte ihm die »Oberaufsicht über die Anstalten für Wissenschaft und Kunst« übertragen und nicht zuletzt eine Gehaltserhöhung bewilligt. Und um diese offiziellen Ehrungen zu Ende zu bringen, die Goethe ganz und gar nicht unwesentlich waren: Auch seine sehr geliebte Ehrenlegion durfte er behalten. König Ludwig XVIII., der als Comte de Provence Goethe in der Campagne von 1792 begegnet war, hatte beschlossen, die Auszeichnung, die so viele mit Stolz auf große Feldzüge trugen, beizubehalten; er war nicht ganz so töricht, wie die Napoleon-Legende es wahrhaben wollte. Er hatte auch recht taktvoll bestimmt, daß das Bild Napoleons durch das Heinrichs IV. ersetzt werden sollte, nicht durch sein eignes. Goethe schrieb an seinen alten Freund Reinhard, nunmehr Kanzleichef unter den Bourbonen, und erhielt die willkommene Nachricht von der Erneuerung des Kreuzes. Er begnügte sich aber damit nicht und fragte, ob bei dieser Gelegenheit nicht der »silberne Heinrich« in einen goldenen verwandelt werden könnte, in die nächsthöhere Klasse. Auch diese Metamorphose ging glücklich vonstatten, er erhielt den »goldenen Heinrich«. Sorgfältig erkundigte sich Goethe bei Reinhard, in welchen Anredeformen er seinen Dank beim Ordenskanzler und Premierminister auszusprechen habe. Wir sehen, wie genau schon der Dreißigjährige solche Formen nahm. Es gehört zu seinem ausgeprägten Sinn für Ordnung.

Ordnung soll nun auch in den Papieren geschaffen werden, denn außer all diesen Posten und Auszeichnungen ist Goethe, wie er schon in der Zeit seiner ersten Ministertätigkeit notiert hatte, »eigentlich doch ein Schriftsteller«. Er ist nun in diesem eigentlichen Beruf, nach einem halben Leben mit meist recht kümmerlichen Resultaten, sehr erfolgreich, vor allem durch seine Verbindung mit dem eminent tüchtigen Verleger Cotta, der jetzt auch zum Freiherrn von Cottendorf erhöht worden ist. Der WESTÖSTLICHE DIVAN allerdings, das einzige Buch Goethes, das Cotta etwas geschmackvoller ausgestattet hatte, war liegengeblieben. Aber die Gesamtausgaben werden in rascher Folge abgesetzt, in zwölf, zwanzig, sechsundzwanzig Bänden, mäßig gedruckt und mit vielen Druckfehlern, in Doppeldrucken während des Erscheinens mit neuen Fehlern oder Verbesserungen. Die Honorare, die Goethe dafür erhält, sind die höchsten, die bis dahin ein deutscher Autor erzielte: 10 000 Taler für die erste, 16 000 für die zweite Gesamtausgabe, je 2 000 für die verschiedenen Bände des Lebensberichtes. Goethe rechnet genau, und August, der sich darauf versteht, rechnet mit und voraus. Goethe gedenkt auch nicht, sich dieses in harter Arbeit gewonnene Einkommen durch Steuerabgaben allzusehr verkürzen zu lassen. Er schreibt eine umfangreiche Eingabe an die Regierung und weist darauf hin, daß er nun eine »öffentliche Person« geworden sei, bei der von allen Seiten Briefe eingingen; er habe keinen Posttag Ruhe vor diesen Geistern und müsse viel Zeit und Kosten auf die Antworten verwenden. Und so »wird mir nicht verargt werden, wenn ich einige Erleichterung von Staats wegen in bescheiden gebetenem Maße mir schmeicheln darf«. Sie wird ihm zuteil. Die Steuern, die Goethe bei einem Einkommen von sieben-, acht- oder auch zehntausend Talern im Jahr zu zahlen hat, betragen hundertfünfzig Taler. Seine Vaterstadt denkt kaufmännischer und verärgert ihn: Er muß für die dort noch stehenden Hypotheken aus dem Vermögen des Großvaters Schneidermeister sehr lästige Abgaben entrichten. Er beantragt daher Entlassung aus dem Bürgerverband, und sie wird kurzerhand bewilligt. Bei seinem letzten Besuch hatte ihn die Frankfurter Oberpostamtszeitung als »den letzten und noch lebenden großen Heros der deutschen Literatur« begrüßt; nun wird nur noch am Rande des alten Bürgerbuches ein Vermerk eingetragen. Dabei ist nicht vergessen, daß noch Verhandlungen über Rückstände vorausgingen und daß der Geheimrat »mit Löbl. Einkommenskommission Richtigkeit gepflogen« hat. Und somit »wurde der Name des gedachten Geheim Rahts dahier im Bürger Buche ausgelöschet. 30 Kreuzer sind dafür... verrechnet«. Ein kräftiger Strich durch die alte Eintragung vom Jahre 1771 beendet die Prozedur unter dem Datum 1818, am 2. März.

Wenige Jahre später schlagen allerdings Frankfurter Goethe-Verehrer ein Denkmal für den Siebzigjährigen vor, aber daraus wird nichts, obwohl sich Goethe selber an der Diskussion beteiligt und ein

Memorandum vorlegt ›Über ein dem Dichter Goethe in seiner Vaterstadt zu errichtendes Denkmal‹.

Das ist der äußere Lebensrahmen. Für Goethes inneres Gefühl gilt der Satz, den er an Wilhelm Grimm schrieb, als erneut ein Projekt für eine kulturelle Vereinigung aller deutschen Landschaften auftauchte: Er meint da, er habe sich nur »als unsteter Wanderer von jeher umgetrieben, ohne sich irgendwo anzusiedeln«; er ließ das vorsichtigerweise im Entwurf stehen und schickte es nicht ab.

Als Wanderer geht er durch die Weimarer Landschaft, die sich nun verändert hat. Die Stadt, so lange eng eingeschlossen zwischen den Mauern, mit Torsperre und Visitation, ist offener geworden. Parks sind überall entstanden, er hat dabei mitgewirkt, ein »römisches Haus« für Karl August errichten lassen und stolz vermerkt, es sei das »erste Gebäude, das im Ganzen in dem reineren Sinne der Architektur ausgeführt wird«; es wird dann allerdings, wie Goethe an Meyer schreibt, »mit jedem Tage unrömischer, und die Seite der Luft- und Hühnerstiege immer abscheulicher, je fertiger Alles darum herum wird«.

Die Gasthöfe haben sich verbessert und beherbergen Besucher aus England, Amerika, Polen, Rußland. Die Erbprinzessin als reiche Zarentochter hat eine gewisse Opulenz in das früher so arme Ländchen gebracht. Das Schloß ist langsam wieder aufgebaut worden, das in Goethes ersten Weimarer Jahrzehnten eine ausgebrannte Ruine war. Die Einwohnerzahl ist auf nahezu zehntausend angestiegen.

Die Besuche gelten weniger dem Fürsten, der auch als Großherzog nur eine sehr bescheidene Rolle spielen kann und lavieren muß unter den Großen; er macht sich in der Nachkriegszeit bald unbeliebt in Wien und Petersburg, denn in seiner schlichten Natur hat er die Versprechungen, die man dem Volke während der »Erhebung« gegeben hatte, nicht ganz vergessen. Er gewährt seinem Land eine Verfassung, es herrscht Pressefreiheit, alles Dinge, die sein Staatsminister Goethe wenig billigt oder zuweilen offen mißbilligt. Die Gäste in Weimar aber pilgern vor allem zu der Goethe-Residenz. Sie werden in Audienz empfangen, wenn sie die breite Freitreppe mit den Gipsabgüssen nach der Antike hinaufgeschritten sind. Goethe steht, im langen dunklen Rock, der etwas Statuarisches hat und die kurzen Beine nicht in Erscheinung treten läßt. Er hält die Hände auf dem Rücken, und diese Haltung wird bald in Statuetten, Zeichnungen, Kupferstichen verbreitet. Man hat es mit einem Unnahbaren zu tun. Zum Abschied reicht er zuweilen die Hand, nicht immer und nur, wenn der Besucher ihn sympathisch berührt hat. Das ist selten genug der Fall, und was sollen ihm auch diese Neugierigen, die unfehlbar nur den »Jupiter« in ihm sehen? Sie kommen mit einem vorgefaßten Bilde und tragen es nach Hause, wie sie gekommen sind. Sie wollen einen Weisheitsspruch, einen Stammbuchvers. Er teilt das aus und sagt nur leise sein »Hm«, wenn der Gast zu geschwätzig ist. Er macht sich seine eigne Taktik zurecht, die Leute zum Sprechen zu bringen und etwas zu erfahren, was möglichst nicht mit Literatur oder Kunst zu tun haben soll. Der Ritter Lang schildert eine dieser Audienzen: den »alten eiskalten, steifen Reichsstadtsyndikus«, der ihn, nachdem er lange tonlos geblieben, schließlich fragt: »Sagen Sie mir, ohne Zweifel werden Sie auch in Ihrem Ansbacher Bezirk eine Brandversicherungsanstalt haben?« Er will gründlich berichtet haben, wie dort ein Brand gelöscht wird: »Wollen wir, wenn ich bitten darf, den Ort ganz und gar abbrennen lassen!« Lang läßt das Feuer sausen, rückt am nächsten Tag zur Schätzung des Schadens an, spricht von den neuen Bauplänen, die lange in München liegenbleiben; das sind alles Goethe vertraute und hochinteressante Mitteilungen. »Ich danke Ihnen!«, sagt er zum Schluß; er fragt nur noch, wie groß der Kreis im Ansbachischen denn sei. – »Etwas über 500 000 Seelen.« – So, so, meint er; es ist fast das Doppelte seines Großherzogtums, »hm, hm, das ist schon etwas«.

Es brennt noch immer viel im Weimarischen, obwohl die Häuser nun meist mit Ziegeln gedeckt sind. Es brennt in Jena, in den Köpfen der Studenten. Friedrich Wilhelm III. von Preußen hat sich schon beim siegreichen Einzug in Berlin seinem Minister Schuckmann gegenüber entrüstet, daß man die ganze Stadt illuminiert habe: »Wer hat sich unterstanden, ohne meine Erlaubnis meine eignen Gebäude, das Zeughaus sogar zu beleuchten?«; mit Mühe hatte man ihn abgehalten, die sofortige Löschung dieser Freudenfeuer zu befehlen. Die Sitte der Holzstöße auf den Bergen zum Gedenken der Schlacht bei Leipzig war jedenfalls sehr bald untersagt worden. Es flackert weiter in den Gemütern der Jugend. Die Studenten stehen an der Spitze, und Jena wird ihr Sammelpunkt. Da wird auch eine Burschenschaft gegründet – gegen die früheren Landsmannschaften und in schwerem Streit mit ihnen. Goethe als »Oberaufsicht« muß sich mit diesen Fragen beschäftigen. Er tut das ganz auf seine Weise, abratend und auch insgeheim einmal erfreut, wenn die Jugend aufbegehrt.

Geheimbünde, Konspirationen – das wünscht er nicht. Er hat zwar in seinem WILHELM MEISTER, in seinen GEHEIMNISSEN an Geheimgesellschaften gedacht, aber als Vereinigungen Weiser, Gereifter, überlegener Geister. Die Regierungsgeschäfte bleiben denen vorbehalten, die dafür berufen sind und es verstehen. Freiheit der Presse? Er ist da ganz skeptisch, sie artet nur in Unduldsamkeit aus: »Kommt laßt uns alles drucken / Und walten für und für, / Nur sollte keiner mucken / Der nicht so denkt wie wir!«, dichtet er. Er ist durchaus für Verbote und hat seine höchstpersönliche Zensur durchgeführt, wenn man seine Theaterleitung angriff. Aber andererseits ist er ebenso bereit, eine gegnerische Macht zu respektieren, wenn sie ihm sichtbar und kräftig genug entgegentritt. Und er meint: »Hätte ich das Unglück, in der Opposition sein zu müssen, ich würde lieber Aufruhr und Revolution machen, als mich im finsteren Kreis ewigen Tadelns herumzutreiben.« Das bloße maulende Kritisieren irritiert ihn. Und dann steht er noch ganz im Banne des »aufgeklärten Absolutismus«: Geistreiche, satirische Opposition, wie sie etwa die französischen Enzyklopädisten getrieben hatten, erkennt er an; er meint sogar, daß sie wohltätig sei, die Kräfte im Kampf gegen den Gegner ausbilde und dazu nötige, sich mit den Waffen des Geistes zu wehren.

Von Geist kann er nun bei der Jugend wenig erblicken. Sie turnt vor allem, die Turnerei wird zur Leidenschaft. Der »Turnvater« Jahn, der Reck und Barren erfunden hat, sich einen altgermanischen Wotansbart wachsen läßt und eine neue echt deutsche Sprache einführen will, schreibt an Goethe, erhält aber keine Antwort. In Jena wird ein Turnplatz eingerichtet. Die Turner tragen Kleidung aus ungebleichter Leinwand und duzen sich; einer der ungebleichten Knaben duzt auch die Exzellenz Goethe, als sie herantritt, was sehr ungnädig aufgenommen wird. Goethe freut sich aber auch einmal an dem Spiel der jugendlichen Körper und klagt, daß er mit seinem alten Leib nicht mehr mitmachen kann. Im Stil längstverflossener Zeit meint er: »Leider ist man nicht jung genug, um bei dieser Gelegenheit nach einem süßen Kuß zu schnappen.«

Das war gar nicht der Stil der Turner und Burschenschafter. Sie waren für rauhe Sitten, Tugend, Keuschheit; aus dem *Tugendbund* der Kriegsjahre hatten sich ihre Vorkämpfer rekrutiert. »Blücher und Weimar« brachten sie als Trinkspruch aus, und es ist fraglich, wie Goethe das aufnahm. Er hatte zwar dem legendären Volkshelden einen Spruch für das Denkmal gestiftet, als man ihn darum anging, aber man hatte sogleich an seinen Versen gemäkelt und sie umdichten wollen. In Karlsbad hat er ihn einmal flüchtig kennengelernt; Blücher saß beim Whist, er spielte hoch und bedenkenlos. Fontane erzählte gerne, wie der alte Marschall dabei mogelte, bis seine eignen Stabsoffiziere nicht mehr mit ihm spielen wollten. Über den Kriegsruhm des »Marschall Vorwärts« kamen Goethe allerhand Schriften zu Gesicht, die Blücher jede größere strategische Bedeutung abstritten und Goethe in seiner Meinung bestärkten, daß sich Militärs nicht als Autoren betätigen sollten. Die Kriege und ihre Führer lagen nun überhaupt hinter ihm, er wollte sie vergessen. Die Teilnehmer hatten sie noch nicht vergessen. Viele von ihnen bildeten den Kern der studentischen Bewegungen. Sehr radikale Elemente waren darunter, sie nannten sich die »Unbedingten«. Sie sangen – es wurde viel gesungen –, und einer von ihnen erklärte: »Ein gutes Turnlied ist mir lieber als der ganze Fouqué und Goethe.« Ein anderer dichtete einen

Turnerchor mit den Zeilen: »Zwingherrn den Kopf abgehackt! / Freiheitsmesser gezückt! / Hurrah, den Dolch durch die Kehle gedrückt!«
Einer der Tyrannenmörder, der Theologiestudent Sand, meldet sich bei Goethe und trägt ihm den Plan einer gedeckten Turnhalle vor, damit man auch im Winter üben könne, »um wie die Alten stark zu werden und unter uns auch wieder eine schöne Gemeinschaft zu bekommen wie vor Zeiten«.

Die unerwünschten Feuer auf den Bergen sollen doch angezündet werden. Die Jugend beschließt 1817 eine große Feier zum dreihundertjährigen Gedenken der Reformation, und die Jenaer Studenten, mit vielen Abordnungen aus anderen Teilen Deutschlands, ziehen auf die Wartburg. Goethe warnt vor der Demonstration, der Altbursche Karl August erlaubt sie. Es ist eigentlich eine sehr geordnete und behördlich genehmigte Angelegenheit, die Professoren sind dabei, auch andere offizielle Persönlichkeiten. Ein Kriegsteilnehmer mit dem Eisernen Kreuz auf der Brust hält die Festrede; Gebet und ein kirchlicher Lobgesang beschließen die Feier im Rittersaal. »Im heitern Tafelkreise wurden Freundschaften geschlossen, mit Küssen und Schwüren besiegelt und Bündnisse geschlossen, die dauern sollten bis an das Ende der Tage. Da ward vieles beredet und besprochen, was geschehen sollte zur Ehre und zum Ruhm der deutschen Nation«, wie ein Teilnehmer erzählt. Auf Karl August wird ein Hoch ausgebracht: »... wir rufen's frei / Dir Herzog! hier zu Lande, / Der Du Dein Wort gelöset treu, / Wie du es gabst zum Pfande. / Verfassung heißt das eine Wort, / Des Volkes wie des Thrones Hort!«

Am Abend erst wird ein Feuer angezündet zur Erinnerung an die Leipziger Schlacht. Man denkt auch an die Verbrennung der Bannbulle durch Luther und wirft Schriften bekannter Reaktionäre ins Feuer, des Herrn von Haller, der eine RESTAURATION DER STAATSWISSENSCHAFT verfaßt hat, des verhaßten Schmalz in Berlin, der sich als Denunziant aller geheimen Bünde betätigt, des deutschen Schriftstellers und russischen Staatsrates Kotzebue, der Geheimberichte nach Petersburg liefert, dazu einen Korporalsstock und einen Schnürleib, als Anspielung auf die Korsetts der preußischen Gardeleutnants, mit den Versen: »Es hat der Held- und Kraft-Ulan / Sich einen Schnürleib angetan, / Damit das Herz dem braven Mann / Nicht in die Hosen fallen kann.«

Ein studentischer Ulk war das eher als eine Revolution, und Goethe nimmt es zunächst behaglich-humoristisch. Kotzebue hat ihm durch Intrigen vielfach zu schaffen gemacht, obwohl er als Bühnenautor unentbehrlich ist für das Weimarer Theater und fast ein Drittel seines Programms bestreitet. Es freut ihn aber, daß man dem Vielgeschäftigen nun einen Denkzettel verabreicht hat, »aller End her kamen sie zusammen / Dich haufenweise zu verdammen, / Sankt Peter freut sich dieser Flammen«. Die Regierungen in Berlin, Wien, Petersburg freuen sich nicht. Sie sehen Revolutionsfanale von der Wartburg rauchen. Von einer deutschen Nation ist die Rede, die Burschenschaften tragen die Farben Schwarz-Rot-Gold, die keiner der vorgeschriebenen Landesflaggen entsprechen, sondern die des deutschen Reiches sein sollen, das es nicht mehr gibt und nicht geben soll; beim Wiener Kongreß ist eine andere Ordnung beschlossen worden. Sie machen sich lustig über das Militär, was besonders verstimmt. Der preußische Staatskanzler begibt sich eigens nach Weimar, ein österreichischer Gesandter kommt angereist. Das kleine Ländchen, das man eben erst so großmütig behandelt hatte, ist mit einem Schlage in den Mittelpunkt der Politik gerückt und sehr unbeliebt bei den hohen Mächten. Karl August hat um seine »Königliche Hoheit« zu bangen. Goethe denkt an beruhigende Pulver für seine »lieben Brauseköpfchen«, wie er sie nennt. Er hat noch keineswegs begriffen, was vor sich geht.

Der Turner und Theologiestudent Sand fährt nach Mannheim, wo Kotzebue seine Zeitschriften herausgibt, seine Sonderberichte für die russische Regierung schreibt und eben ein Lustspiel vollendet hat, das letzte seiner über dreihundert Stücke: DER GRADE WEG IST DER BESTE. Er gilt der Jugend als Schleicher, Denunziant, als einer der Haupthandlanger der Reaktion. Sand, der die Parole »Freiheitsmesser gezückt!« wörtlich nimmt, sticht ihn mit dem Dolch nieder.

Es war eine Wahnsinnstat, der Reaktion hochwillkommen. Umfassend griffen die Regierungen der großen Mächte jetzt durch. Sie verboten die Burschenschaften, stellten die Universitäten, die Presse unter schärfste Kontrolle; in Karlsbad kamen ihre Minister zusammen und einigten sich, in angenehmster Umgebung und bei festlichen Diners, zu gemeinsamem Vorgehen. Die Karlsbader Beschlüsse sahen eine zentrale Untersuchungskommission zur Bekämpfung der »demagogischen Umtriebe« vor; Spitzelei, Denunziantentum wurden großgezogen; Verhaftungen folgten. Viele von Goethes »Brauseköpfchen« konnten bei Wasser und Brot über ihre Pläne für eine »Verfassung« nachdenken, viele wurden in die Verbannung getrieben, nach der Schweiz, England, Amerika. Es begann die Zeit der russischen Vorherrschaft über Preußen; Zar Alexander hatte zur gleichen Zeit, da die Wartburgfeuer brannten, im eignen Land eine Geheimgesellschaft entstehen sehen, die als Bund der wahren Söhne des Vaterlandes eine Verfassung, eine Duma, forderte und ähnliche ungeheuerliche Umsturzideen propagierte. Sie wurde rücksichtslos unterdrückt. Das engverbündete Preußen folgte dem großen Vorbild; es folgte auf Jahrzehnte jedem Wink aus Petersburg, preußische Garderegimenter trugen den Zarennamen und spielten den »Alexandermarsch«, und in Potsdam entstand dann eine russische Kolonie mit russischen Blockhäusern in altrussischer Holzbauart. Im übrigen Deutschland begann die Ära Metternichs, des rheinländischen Grandseigneurs, der von Wien aus die Diplomatie lenkte mit feinen, schlanken Händen und vielen, auch zarten Beziehungen zu allen Höfen und hochkultivierten und geistreichen Damen, die seine inoffiziellen Botschafterinnen waren. Goethe hat ihn ebenfalls im Bade kennengelernt und einen »gnädigen Herrn« an ihm gefunden, wie er schreibt. Weimar aber wird nicht gnädig behandelt. Die Mächte stellen es vielmehr unter Aufsicht. Als erste Warnung erlassen Preußen und Österreich ein Verbot für ihre Untertanen, in Jena zu studieren. Karl August erhält eine Weisung nach der andern. Er muß die Zeitschriften verbieten, die NEMESIS des Professors Luden, das Oppositionsblatt. Er hat, wie in Karlsbad beschlossen, einen »Kurator« für die Universität zu ernennen und möchte Goethe dafür bestimmen. Der lehnt aber ab und zieht sich gänzlich auf seine eignen Arbeiten zurück.

Die politischen Zeitschriften sind verboten. Niemand aber hat etwas dagegen, daß der große Dichter und Staatsminister nun seine eignen Zeitschriften herausgibt. Er schafft sich für seinen reichen Vorrat an Notizen, Aphorismen, Gedanken ein eignes Hausorgan: ZUR NATURWISSENSCHAFT ÜBERHAUPT, BESONDERS ZUR MORPHOLOGIE mit Kupfertafeln, Gedichten, Epigrammen und dem sehr bezeichnenden Untertitel »Erfahrung, Belehrung, Folgerung, durch Lebensereignisse verbunden«. Eine andere Hauszeitschrift KUNST UND ALTERTHUM dient den Kunstbetrachtungen und wird bis zu seinem Tode weitergeführt; Meyer ist der Hauptmitarbeiter. Goethe wird zum Redakteur des eignen Nachlasses bei Lebzeiten; er schreibt auch ganz unbefangen einem jungen Verehrer, der eine Abhandlung über Goethe plant: »Verharren Sie beim Studium meines Nachlasses.« Er meint, es sei sehr erfreulich, wenn Jüngere sich nun mit seinem Leben »dem Werden nach« beschäftigten, das vermittle die wünschenswerteste Bildung. Er fügt hinzu: »Ob wir eine einzelne Tätigkeit, die sich mit der Welt mißt, unter der Form eines Ulyss, eines Robinson Crusoe auffassen, oder etwas Ähnliches an unsern Zeitgenossen im Laufe sittlicher, bürgerlicher, ästhetischer Ereignisse wahrnehmen, ist ganz gleich. Alles, was geschieht, ist Symbol, und indem es vollkommen sich selbst darstellt, deutet es auf das Übrige. In dieser Betrachtung scheint mir die höchste Anmaßung und die höchste Bescheidenheit zu liegen.« Er hat auch über des gleichen jungen Forschers Arbeit, die zu einem zweibändigen Werk auswuchs, das tiefe und selten genügend beachtete Wort gesagt: »Schubarth geht manchmal ein bißchen zu tief.«

Noch stärker kommt sein Unmut, auch über das eigne Sammeln und Sichten, in einem Brief an Boisserée zutage: »Leugnen will ich Ihnen nicht, und warum sollte man großtun, daß mein Zustand an die Verzweiflung grenzt, deshalb ich auch, indem ich mich zu zerstreuen suchte, auf das allerfalscheste Mittel geraten bin, indem ich nämlich mich unfähig fand, irgendeine Produktion des Augenblicks von mir zu erwarten.« So habe er nun die alten verschollenen Papiere hervorgesucht, »wo zwar manches Erfreuliche und Brauchbare sich findet, aber auch ein Wust von erst durchgeschmolzenem Gestein, wo man ein schreckliches Feuer und Schmiedearbeit anwenden müßte, um das bißchen Metallische herauszugewinnen«. Das Feuer fehlt, die Schmiedearbeit wird nicht vorgenommen. Er redigiert »so gut es gehen will«, wie er dem Freund schreibt. So entstehen die ITALIENISCHE REISE aus den zerschnittenen alten Briefen mit Bleistiftstrichen über »erledigt« auf den Zetteln, die KAMPAGNE IN FRANKREICH nach alten Tagebüchern, und schließlich diktiert er ANNALEN, die sein Leben Jahr für Jahr katalogisieren. Wertvolle Einblicke sind eingesprengt, die bedeutsamsten Ereignisse und Personen werden übergangen. Das Wort »bedeutend« kehrt ständig wieder, das Goethe nun auch benutzt, wenn es sich um die Heirat eines entfernten Verwandten oder einen neuen Bibliothekar handelt. Nur einige Episoden sind etwas lebhafter gehalten, die längste behandelt den sehr wunderlichen Professor Beireis, den er in Helmstedt besucht hat. Der haust dort wie eine Faust-Karikatur: Wundertäter mit seinen geheimnisvollen Kuren, Erfinder von Farbersatzmitteln für Karmin und Indigo, die ihm ein Vermögen einbringen, Bildersammler mit Dutzenden von angeblichen Raffaels, Tizians, Correggios um den Thronhimmel seines Bettes aufgestapelt, mit seinen Automaten, der Ente, die frißt und verdaut, und seinem berühmten Diamanten von der Größe eines Gänseeis, den er kurzweg aus der Hosentasche hervorholt. Der dämonische Greis bewirtet Goethe und seine Begleitung von Gutsdamen der Umgebung mit riesigen Krebsen auf chinesischem Porzellan und scherzt dabei unaufhörlich: »mit den Müttern, als wenn sie ihm wohl auch früher hätten geneigt sein mögen, mit den Töchtern, als wenn er im Begriff wäre, ihnen seine Hand anzubieten«.

Nicht viel anders scherzt Goethe auf seinen Badereisen; im Winter fühlt er sich wie in einer »Dachshöhle« vergraben. Da wird er hypochondrisch und verliert völlig die Lust an allem: »Der Mensch ist wohl ein seltsames Wesen! Seitdem ich weiß, wie's zugeht, interessiert michs nicht mehr. Der liebe Gott könnte uns recht in Verlegenheit setzen, wenn er uns die Geheimnisse der Natur sämtlich offenbarte, wir wüßten vor Unteilnahme und langer Weile nicht, was wir anfangen sollten.«

Er wird zunehmend mystisch und dichtet ORPHISCHE URWORTE mit seiner eignen Mythologie unter griechischen Namen, wobei *Dämon* die angeborne unzerstörbare Individualität des Menschen ist, durch *Tyche*, den Zufall, verwandelt, durch *Eros* mit Fliehen und Wiederkehren geplagt, durch *Ananke* unter das Gesetz gezwungen und schließlich durch *Hoffnung* befreit: »Ihr kennt sie wohl, sie schwärmt durch alle Zonen, / Ein Flügelschlag, und hinter uns Äonen!«

Er setzt das in seine Hefte Zur Naturwissenschaft, die seinen anderen Lebensbericht Dichtung und Wahrheit nach der Seite des Denkens, Forschens, Deutens ergänzen sollen. Als Aphorismen hatte er eigentlich seine Gedanken äußern wollen, und vielfach – und oft glücklicherweise – sind sie so geblieben. Da stehen viele von Goethes am stärksten auf die Nachwelt einwirkenden Gedanken, seine Lehre von der *Gestalt*, die noch der modernen Gestaltpsychologie als Leitbild gedient hat von der *Morphologie*; die Wissenschaft hat den Begriff aufgenommen und weitergebildet, wobei Goethe in den Zeiten des begeisterten Darwinismus als Vorgänger angesehen, dann vom Monismus für sich in Anspruch genommen wurde; es gibt noch mannigfache spätere Entwicklungsstufen. Er rätselt auch über das »Ur-Phänomen«, das ihm keine Ruhe läßt und ihn schließlich zur Resignation zwingt. Er lehnt die Lehre von »unteren« und »oberen« Seelenkräften ab: Im Menschengeist wie im Universum sei nichts unten oder oben, sondern alles mit gleichem Recht auf einen gemeinsamen Mittelpunkt bezogen, der sein geheimes Dasein eben durch das harmonische Verhältnis aller Teile zu diesem Zentrum manifestiert.

Dann fühlt Goethe sich aber auch zunehmend erstarren und kalt werden, und er wehrt sich dagegen. Er will nicht ruhen, er will immer neu staunen und bewundern: »Zum Erstaunen bin ich da!« Das ist sein schönstes Teil. Da ist er ewig jung und beweglich, »und umzuschaffen das Geschaffene, / damit sichs nicht zum Starren waffne, / Wirkt ewiges lebendiges Tun«, dichtet er.

In seinen morphologischen Aufsätzen spricht er von den Rinden, den Schalen oder der Haut, die sterben und sich erneuern: »Ewig sich absondernde, abgestoßene, dem Unleben hingegebene Hüllen, hinter denen immer neue Hüllen sich bilden, unter welchen sodann, oberflächlicher oder tiefer, das Leben sein schaffendes Gebilde hervorbringt.«

Trilogie der Leidenschaft

Das Jahr 1823 beginnt für Goethe mit einer Herzbeutelentzündung. Einen Coronarinfarkt mit Pericarditis vermutet der Mediziner, der für die vorangegangenen fast zwanzig Jahre keine ernste Störung feststellen kann. Diesmal wird der immer noch mächtige Körper schwer erschüttert von Schüttelfrost, Atemnot; die Füße werden schwer, er fühlt sich verloren und spottet über die Ärzte: »Treibt nur eure Künste, ihr werdet mich doch nicht retten!« Dann meint er mystisch: »Es lasten solche Mengen von Krankheitsstoff auf mir seit 3000 Jahren...« Zwischendurch triumphiert er über die Schärfe seiner Sinne: seine Zunge habe in der Arznei noch den leisen Anisgeschmack herausgefunden. Wohlgefällig hört er, daß man ihm nun Arnika geben will. Er hält sogleich eine botanische Vorlesung über die Blume, in Böhmen habe er sie häufig und sehr schön angetroffen.

Aber er erholt sich. Er fragt sich verwundert, ob der zerrissene, gemarterte Körper sich wohl noch einmal »als neue Einheit« wiederherstellen werde. Bald bewegt er sich im Garten. Er ist geistig lebendiger denn zuvor und meint, er müsse sich eher zurückhalten als antreiben. Auch körperlich fühlt er sich besser als vor der Krankheit, die er herankommen fühlte, ohne zu wissen, wie ihr vorzubeugen sei.

Der Genesende wird durch eine Festaufführung seines TASSO gefeiert, bei der man seine Büste mit einem Lorbeerkranz ziert. Weithin verbreitet sich Rührung und Erhebung, daß er noch einmal erhalten blieb. Man glaubt ihn nun reif zur Einkehr und Läuterung. Die nie gesehene Jugendgeliebte Auguste Stolberg, weißhaarig, Witwe des dänischen Ministers Bernstorff, schreibt ihm einen schönen Brief in Erinnerung an »the Songs of Old Times«, wie sie sagt, seine alten Briefgesänge vor vierzig Jahren. Sie bittet ihn, von der Eitelkeit der Welt abzulassen, den Blick zum Ewigen zu wenden. Oft habe sie in seinen Schriften Bedenkliches bemerkt, »wodurch Sie so leicht andern Schaden zufügen – O machen Sie das gut, weil es noch Zeit ist!« Sie betet für ihn.

Goethe antwortet ebenfalls sehr schön. Von Familiendingen, die sie gerne hören würde, will er nichts sagen. »Lassen Sie mich im Allgemeinen bleiben... Lange leben, heißt vieles überleben, geliebte, gehaßte, gleichgültige Menschen, Königreiche, Hauptstädte, ja Wälder und Bäume, die wir jugendlich gepflanzt. Wir überleben uns selbst und erkennen durchaus noch dankbar, wenn uns nur einige Gaben des Leibes und Geistes übrig bleiben.« Zum Bekehrungsversuch sagt er, er habe es stets redlich gemeint und »aufs Höchste hingeblickt«, und so sei er um die Zukunft unbekümmert; in unseres Vaters Reich sind viele Provinzen, und vielleicht wird man sich im Jenseits einmal von Angesicht zu Angesicht kennenlernen und lieben können. »Möge sich in den Armen des alliebenden Vaters alles wieder zusammen finden...«

Alle Versuche, auch anderer, Goethe für irgendeine Glaubensrichtung zu gewinnen oder zu reklamieren, bleiben fruchtlos. Er hospitiert in der Jugend bei den Pietisten. Er bezeichnet sich Lavater gegenüber als »dezidierten Nicht-Christen«, dann als Heiden. Er schreibt blasphemische Verse, immer wieder, und lästert im Gespräch, daß die Partner nicht wagen, es aufzuzeichnen. Er spricht von Gott-Natur, von den Göttern, vom »christlichen Olymp«. Er beschäftigt sich verehrend mit katholischen Heiligen, dem Filippo Neri oder Rochus. Er lobt Luther, den er anderwärts schilt. Er fühlt sich als Protestanten, wenn vom Protestieren die Rede ist – in Kunst und Wissenschaft will er protestieren. Und so protestiert er im Reformationsfestjahr 1817 im Namen der W. K. F., der *Weimarer Kunstfreunde*, gegen die neudeutsche religiös-patriotische Kunst der jungen Maler, die sich in Rom einem frommen Klosterleben weihen, eine Bruderschaft bilden und alles Tändelnde, Leichtfertige abtun wollen. Goethe versucht sogar 1817 eine Kantate für die Reformationsfeier zu schreiben; er kommt dabei, da er gerade in der Divan-Welt des Ostens lebt, ins Tändeln und läßt zunächst Salomos Geliebte Sulamith im Suleika-Ton sprechen: »Wenn mich auch die Wächter schlügen, / Da dem Liebsten forsche nach, / Einzig ist mir das Vergnügen / Seiner Liebe Nacht und Tag.« Das war nun nicht eben das Richtige für die Versammlung strenger Kirchenmänner in schlichten schwarzen Talaren, die bei dieser Gelegenheit vom Hausvater Luther als dem Begründer echten deutschen Familienlebens etwas hören wollten, und so blieb der Entwurf stecken.

Vom traulichen Familienleben kann Goethe nicht gut schreiben, weder an Auguste Stolberg noch für eine Feier der Reformation, denn es sieht düster und verwirrt aus um ihn her. Selbst während der letzten schweren Krankheit hat das vergnügungssüchtige Treiben in der

Mansardenwohnung über ihm, wo August und Ottilie wohnen, kaum aufgehört, und Goethe selber hat sagen lassen, sie solltens sich nicht stören lassen; dankbar hat er nur geflüstert, wenn die Schwiegertochter an sein Bett trat:»Nun, Ihr Seidenhäschen, wie schleicht Ihr so leise herbei?« Dann meint er wieder zu Müller: das Treiben Ottiliens sei »hohl, leer, es sei weder Leidenschaft, Neigung noch wahres Interesse, es sei nur eine Wut, aufgeregt zu sein«. Er muß auch davon gesprochen haben, daß er es in Weimar nicht mehr aushalten könne und mit dem Gedanken umgehe, fortzuziehen, vielleicht nach Frankfurt. Da wartet man auf ihn, wie er weiß. In den Zeitungen sogar ist von einem solchen Fortgehen aus Weimar die Rede. Das Bad soll wieder Erholung bringen und fröhlichere Gesichter. Auch die geliebten Gesteine sind dort. Karlsbad war seit einigen Jahren als geologisches Jagdgebiet für ihn erschöpft, er hatte dort alles beklopft und beschrieben. Er wandte sich dem eben als Kurort aufblühenden Marienbad zu und machte auch Ausflüge nach dem Kammerberg bei Eger, mit dem er nicht fertig wurde und der ihn immer wieder magnetisch anzog. Er mühte sich mit Erklärungen und suchte, seinen »neptunistischen« Anschauungen entsprechend, nach einer sanften Deutung: ganz Böhmen sei ursprünglich ein Binnensee gewesen, in dem sich bei zurücktretendem Wasser die Berge abgesetzt hätten. Dann wurde er an dieser Theorie doch etwas irre und fand widerwillig »vulkanische« Erscheinungen; später änderte er die Meinung abermals, und schließlich – es ist eine wichtige Stelle – erklärte er ganz gelassen, alle Ansichten gelten lassend: »Hierdurch mußte bei mir eine milde, gewissermaßen versatile Stimmung entstehen, welche das angenehme Gefühl gibt, uns zwischen zwei entgegengesetzten Meinungen hin- und herzuwiegen und vielleicht bei keiner zu verharren. Dadurch verdoppeln wir unsere Persönlichkeit ...« Seine Geologie und seine Liebesbeziehungen folgen dem gleichen Lebensrhythmus.

Seit 1821 hat er Marienbad als Kurort gewählt. In dem Katalog der dortigen Gesteine, den er mit 84 Nummern sogleich veröffentlicht, zu weiterem Nachdenken auffordernd, erwähnt er seinen Hauswirt aufs freundlichste, den Herrn von Brösigke. Brösigke, ehemaliger preußischer Offizier, besitzt ein kostbares Dokument, den Patenbrief, den Friedrich der Große ihm seinerzeit ausgestellt hat. Goethe nimmt das Blatt an sich, das für seinen Ordnungssinn jammervoll unordentlich behandelt wird und angeknickte Ränder hat; Brösigke sieht es bereits bei dem als Autographensammler bekannten Geheimrat auf Nimmerwiedersehen verschwinden. Er erhält es aber nach einem Jahr zurück, sauber aufgezogen, mit Widmungsversen versehen und in einer hellblauen Mappe mit Goethes Wappenfarbe eingeschlossen.

Brösigke besitzt noch einen anderen Magneten, der Goethe veranlaßt, das Haus so wiederholt als Standquartier zu wählen. Seine Tochter ist eine Frau von Levetzow, die Goethe bereits im Unheilsjahr 1806 in Karlsbad kennengelernt und unter dem Stichwort »Pandora« in seinem Tagebuch verzeichnet hat. Sie war damals eine neunzehnjährige junge Frau, eben verheiratet mit einem mecklenburgischen Hofmarschall, nicht eben glücklich, die Ehe wurde bald getrennt, und sie nahm einen gleichnamigen Vetter des Mannes, der dann bei Belle-Alliance fiel. Nun, als Goethe sie wiedertrifft, ist sie eine Witwe mit drei heranwachsenden Töchtern. Sie lebt aber keinesfalls im Witwenstand. Ihr Freund ist ein Graf Klebelsberg, mit Besitzungen im Böhmischen und Anwartschaft auf eine hohe Regierungsstelle in Wien. Eine Heirat der beiden kommt nicht in Frage, da der erste Mann noch lebt und Klebelsberg katholisch ist, aber in Österreich kann man sich viele Dinge »richten«, und so tritt das Paar gemeinsam auf; Klebelsberg errichtet für die Eltern Brösigke ein stattliches Pensionshaus, und dort nimmt Goethe Aufenthalt. Vor dem Haus ist eine Terrasse, eine weite Wiese. Der Blick ist schön, Goethe wird von der gesamten Familie Brösigke-Levetzow verwöhnt und hat hier in der Fremde, was ihm zu Hause nicht zuteil wird, Häuslichkeit, Behagen, Anregung, Fürsorge. Die drei Töchter, Ulrike, Amalie und Bertha, sorgen für jugendliche Frische und Munterkeit; Amalie, die zweitälteste, ist ein Wildfang, Bertha, die jüngste, verspricht eine Schönheit zu werden, und Ulrike, die älteste, ist ebenfalls sehr reizvoll: etwas schmal, mit großen blauen Augen, blondem Haar und feiner Nase. Sie ist soeben aus einer Pension in Straßburg zurückgekommen und plaudert davon. Sehr unbefangen sitzt die Siebzehnjährige neben dem dreiundsiebzigjährigen Geheimrat auf der Bank vor dem Hause. Er fragt sie nachdenklich nach Straßburg aus. Das liegt nun Menschenalter hinter ihm. Er hat in DICHTUNG UND WAHRHEIT darüber geschrieben, und »sinnige Leser« haben an der Sesenheimer Idylle besonderen Gefallen gefunden. Dies junge Fräulein von Levetzow weiß davon nichts. Sie hat nie eine Zeile von Goethe gelesen. Sie weiß nicht einmal, daß er ein Dichter ist. Sie läßt sich das Interesse des »großen Gelehrten« – so nennt sie ihn dann noch in ihren Erinnerungen – freundlich gefallen. Er spricht so belehrend, er gibt ihr auch eines seiner Bücher, WILHELM MEISTERS WANDERJAHRE; soeben erschienen, das große Repositorium seiner Altersweisheit und nicht eben eine leichte Lektüre für eine Siebzehnjährige. Sie spürt heraus, durch die verschiedenen Anspielungen auf den früheren Roman, daß »da noch etwas vorher ist«, ganz recht, aber das ist nichts für die Unschuld; Goethe zieht es vor, dem »Töchterchen« ausgewählte Stücke in neuer Fassung daraus zu erzählen. Der große Gelehrte ist im übrigen sehr beschäftigt. Er stellt eine ausführliche Tabelle des Barometerstandes von Marienbad her; Wetterbeobachtungen und Wolkenflug sind nun seine neue Liebhaberei. Er wandert viel umher mit seinem kleinen Hammer, klopft und bringt Steine nach Hause; sein Tisch ist voll damit bis zum Brechen. Er versucht dem Töchterchen zu erklären: »Dies ist ein fleischroter Granit, mit überwiegendem Quarzgehalt, dies ein loser Zwillingskristall, ein sehr seltenes Stück, mein Kind, das einzige vielleicht, das man hier bisher gefunden.« Das Kind kann mit den Steinen nicht viel anfangen. Der Alte merkt es und versteckt ihr eine Tafel Schokolade darunter. Die wird dann bald herausgefunden und dankbar begrüßt. Belehrt durch diesen Zwischenfall, bringt er ihr Blumen statt Steine von seinen Exkursionen mit.

Im nächsten Jahr kommt er wieder ins Haus Brösigke, das übernächste, 1823, ist er nochmals in Marienbad. Er wohnt da allerdings im Gasthof zur ›Goldnen Traube‹ gegenüber; Karl August hat sich bei den Brösigkes einquartiert, die das beste und eleganteste Haus des Ortes führen. Auf der Terrasse trifft man sich. Ein reiches gesellschaftliches Treiben beginnt, und Goethe genießt es ausgiebig. Er ist noch von »krankhafter Reizbarkeit«, wie er an den Freund Zelter schreibt, spricht ihm aber auch von seinen vielen Bekanntschaften: »Ältere Verhältnisse verknüpfen sich mit neuen und ein vergangenes Leben läßt an ein gegenwärtiges glauben.«

Er rekapituliert: Das Wort »Straßburg« hat die Erinnerungen an Friederike wachgerufen, an Lili, die dort als Frau von Türckheim lebte und die er noch schildern muß. Auch an Lotte in Wetzlar denkt er, denn der Verleger der Originalausgabe seines WERTHER will nun eine Jubiläumsausgabe herausgeben und hat ihn dafür um ein Vorwort gebeten; Goethe überlegt Verse, die diesen längstvergangenen Schatten beschwören sollen. Ein Sohn Lottes, einer ihrer zwölf Kinder, Archivrat nun, ist unter den Kurgästen, man wird ihm ein paar freundliche Worte widmen müssen. In Weimar lebt still Charlotte, ausgesöhnt mit ihm; er hat ihr noch einmal ein schönes Gedicht gewidmet, EINER EINZIGEN ANGEHÖREN, und sie als »Stern der höchsten Höhe« neben Shakespeare gestellt: »Euch verdank ich, was ich bin.« Die Achtzigjährige, verarmt, enttäuscht, die noch immer in der alten Dienstwohnung des längst verstorbenen Mannes wohnt, wo Goethe täglich ihr Gast war, weiß es sich zu deuten, daß sie so in Sternenweiten entrückt wird.

Aber Goethe will Gegenwart. Er stürzt sich förmlich hektisch in das Gesellschaftstreiben, und da man seine Vorliebe für hübsche junge Kinder kennt, werden sie ihm wie einem Großsultan von allen Seiten zugeführt. Zelter hat aus Berlin mit derb-resolutem Zuruf geschrieben, daß er den Freund »in der Fülle der Kraft und Macht vor sich sehe«. Er hat eine junge Schülerin nach Marienbad entsandt,

»mit Gruß und Reim«. Eine Fürstin Hohenzollern vermittelt energisch die Bekanntschaft, die Damen ziehen schon am frühen Morgen an Goethes Fenster vorbei: »Hier wohnt er!«, sagt die Fürstin und ruft ihn kurzerhand heraus. Er kommt, im Schlafrock, ans Fenster, sich entschuldigend, daß er noch so »morgendlich« sei. Die Fürstin stellt das Mädchen vor, von dem er sicherlich schon gehört habe? Wie sollte er das wohl, aber es tut nichts, er geht auf das Spiel ein und hofft, »die angenehme Bekanntschaft, die von einiger Höhe herab angefangen, in der Ebne fortzusetzen«. Selbst bei solchen Schäkereien weiß er die Worte symbolisch-bezeichnend zu setzen.

Die kluge Staël hat von ihm gesagt: »Sie brauchen die Verführung!« Er zitiert das selber mit Behagen, und jede Verführung ist ihm recht. Man trifft sich bei der Fürstin, plaudert, über Berlin, er wird dringend dorthin eingeladen: »Nein, da hüte ich mich wohl«, wobei er einen Seitenblick auf das hübsche junge Mädchen wirft, »am Ende würde man den Rückweg nicht finden...«.

Man spricht vom Theater, Goethe erwähnt Talma, der ihn nach dem Erfurter Fürstenkongreß besucht hatte. Er mimt die Akteure des französischen Theaters nach: »Da war der alte Nerestan – nun, der Mann war bei Jahren, und man konnte ihm das Zittern nicht verargen, der hielt beide Hände in die Höhe und zitterte sehr!« Makaber diese Szene des Alten, der die Hände hebt und zitternd das vorführt, aber die Damen lachen unmäßig; Goethe führt die Szene noch weiter: »Die beiden Liebenden zur Seite Nerestans taten desgleichen und es war ein schöner Anblick, diese 6 zitternden Hände in der Luft zu erblicken, noch nicht genug, im Hintergrunde stand ein Vertrauter, als der die allgemeine Bewegung sah, erhob auch er seine Hände, und so waren es denn 8!«

Abschied, Grüße an Zelter, aber das Mädchen hat »das Beste« vergessen: »Gleich laufen Sie ihm nach!«, kommandiert die energische Fürstin, und so bekommt sie auf der Treppe ihren Gruß und Kuß und ein »mein schöner Engel, Millionen Dank sage ich Ihnen!« Und noch einen Kuß, den letzten oder »letztesten«. Das Mädchen Lili, eine weitere dieses Namens in Goethes Katalog, vergißt nicht, das Erlebnis sogleich in ihrem Tagebuch mit zierlicher Handschrift niederzulegen, und sagt als tüchtige Berlinerin: »Da die Momente der Ekstase selten genug im Leben sind, so habe ich sie nicht vorüber gehen lassen, sondern redlich genutzt.«

Am Brunnen promeniert die Kurgesellschaft, und Goethe grüßt nach allen Seiten: den Exkönig von Holland, Napoleons Stiefsohn Eugen, einstmals König von Italien, nun Herzog von Leuchtenberg, den Großherzog, der »aussieht wie ein Bäcker, er hatte eine ungeheuer breite und weiße Weste an«, wie die Berlinerin vermerkt. Das unheilbar literarische Mädchen versucht noch eine Lese-Reminiszenz anzubringen: »Ich bin eigentlich die Lili aus Ihrem Park, aber ich habe leider keine Menagerie.« Ach ja, sagt Goethe immer wieder und gibt einen großen Überblick über das Badeleben im allgemeinen, wie die Szene sich so bald verwandelt, ein anderes Geschlecht tritt auf, man hilft sich wie man kann, bis dann zuletzt sich einer nach dem andern verliert und man immer leerer und einsamer wird...

Einsamkeit und rastlose Geselligkeit: Goethe promeniert unaufhörlich, grüßt, er geht zu den Assembleen, zum Ball, er schreitet der Polonaise voran, und man spielt ihm auch da die hübschesten Kinder bei der Damenwahl in die Hand. Er sitzt auf der Terrasse bei den Brösigkes, und er sitzt dort wie auf einer Bühnenrampe, ganz Marienbad beobachtet ihn, beneidet die kleine Levetzow, die ganz offenbar sein Favorit-Töchterchen ist, und schreibt darüber nach Hause. Nur durch dieses Kind kann man Goethe vorgestellt werden, man benutzt die Gelegenheit ausgiebig; der Alte geht auf alles ein: »Bist Du nun zufrieden, mein Töchterchen?«

Dann sieht man ihn wieder einsam oder mit einem Begleiter hinaufwandeln in die Berge mit seinem kleinen Geologenhammer. Den »alten Merlin«, den Zauberer, nennt man ihn nach einer Sagengestalt, die nun von den Romantikern wieder in Umlauf gebracht worden ist. Sein Begleiter will aus zwei Fundstellen mit Tonschiefer die Struktur des ganzen Berges deuten, Goethe meint: »Es wäre nicht richtig, weil mich das Mädchen den ersten und dritten Tag geküßt hat, daß sie den zweiten Tag nicht den Andern geküßt haben kann.«

Er dichtet Verslein, wie das vom Dichter erwartet wird, auf die wohltätige Quelle Hygieia; die weiß »uns nach aller Art zu kirren / Durch Spiel und Tanz und Neigung zu verwirren. / So wird von Tag zu Tag ein Traum gedichtet...« Er hört, noch ungewiß und mit etwas ungelenken Versen aufgezeichnet, Töne einer Äolsharfe summen, die ihm das Wasser in die Augen treiben, denn er ist sehr weich gestimmt, die Tränen kommen leicht und wohltätig.

Auch große Musik spielt hinein. Konzerte werden gegeben, von Berühmtheiten. Die Milder singt, und Goethe hört nun einmal eine geschulte und volle Stimme ersten Ranges. Eine schöne Polin, Madame Szymanowska, spielt Klavier, und Goethe fühlt sich »aufgefaltet« wie eine zuvor geschlossene Hand. Er läßt sich vorstellen, geht mit ihr spazieren, er ist bezaubert, verliebt in die schöne Person mit den Mandelaugen und schwarzen Augenbrauen, dem zarten, sehr bestimmten Mund und der leichten Stupsnase, der flüssigen, gewandten Konversation, die für ihn etwas mühsam ist, denn die Polin spricht nur Französisch. Aber sie verstehen sich, auch wenn nicht jedes Wort verstanden wird.

Maria Szymanowska, Hofpianistin der Zarin, als erste Klavierspielerin der Zeit gerühmt von Cherubini und Rossini, stammt aus einer Warschauer Familie Wolowski, die zu einer seltsamen jüdischen Sekte gehörte, den »Frankisten«; der Gründer Frank, schwankend zwischen Judentum und christlichen Ideen und beiden Parteien nicht geheuer, zog irrend umher und gab auch in Offenbach eine Zeitlang eine Gastrolle, wo er im großen Stil hofhielt, als der »Polackenfürst« bestaunt wurde und dann wieder verschwand. Maria, früh ein musikalisches Wunderkind, hatte einen Herrn Szymanowski aus der gleichen Sekte geheiratet; aus dieser Verbindung ging eine Tochter hervor, die dann die Frau des Dichters Mickiewicz wurde. Maria ließ sich bald scheiden und begann in Begleitung ihrer Schwester ihre großen europäischen Tourneen, die zu einem Triumphzug wurden, nicht zuletzt durch ihre Persönlichkeit und ihren Charme. Sie komponierte auch neben Salonstücken, von denen LE MURMURE das beliebteste war, als Vorläuferin Chopins schöne Etüden, die noch Robert Schumann lobte als »das Bedeutendste, was die musikalische Frauenwelt bisher geliefert hat«. Er preist die »zarten blauen Schwingen ihrer Musik«.

Goethe genießt den Umgang, die Bewunderung des anmutigen Wesens. Das ist nun kein Töchterchen, sondern eine Frau, eine sehr berühmte obendrein, eine sehr elegante, eine Frau von Welt und eine große Musikerin. Ihr Spiel dürfte nicht so überwältigend und ihn zur Abwehr nötigend gewesen sein wie das Beethovens, das er nur für einen Augenblick ertrug; wahrscheinlich war LE MURMURE ihr Hauptstück bei den Konzerten oder eine der zarten Etüden mit blauen Schwingen. Aber Goethe fühlt sich »aufgefaltet«, er hat seit zwei Jahren kaum Musik gehört, und so hatte sich dies Organ, wie er an Zelter schreibt, »zugeschlossen und abgesondert«. Jetzt aber »fällt die Himmlische auf einmal über Dich her, durch Vermittelung großer Talente, und übt ihre ganze Gewalt über Dich aus, tritt in alle ihre Rechte und weckt die Gesamtheit eingeschlummerter Erinnerungen«. Das führt aus der Welt heraus und hebt über sie hinaus. Und etwas abschwächend fügt er an Zelter sogleich hinzu, er sei überzeugt, daß er schon bei den ersten Tönen seiner Singakademie den Saal verlassen müßte. Ein ganzer, mächtiger Chor oder womöglich alle Instrumente wie bei einer Beethovenschen Symphonie, das wäre zu viel, das wäre nicht zu ertragen für ihn.

Auch die Szymanowska ist zu viel, sie erschüttert ihn zu sehr mit ihrer Musik. Er flüchtet zu dem Töchterchen und der Terrasse über der sanften Wiese. Sein Dämon hat ihm eine neue und letzte Erschütterung vorbehalten. Das Traumspiel von Tag zu Tag wird Ernst. Er hat seinem Sekretär, wie als Vorspiel seiner Stimmungen, ein Fragment diktiert, mag der Esel es für eine Skizze zu den WANDERJAHREN nehmen; Goethe diktiert überhaupt alles, auch sein Tagebuch. Feierlich hebt er an: »In diesen heiligen Nächten, von welchen Shakespeare sagt...«, dann läßt er vier Zeilen frei, er meint den Anfang des HAMLET:»Dann darf kein Geist umhergehn, sagen sie, / Die Nächte sind gesund, dann trifft kein Stern, / Kein Elfe naht, noch mögen Hexen zaubern, / So gnadevoll und heilig ist die Zeit« – und fährt fort:»habe ich umständlich und ausführlich von Ihnen geträumt. Ich fand Sie freundlich und hübsch, anmutig und schön, so liebenswürdig als möglich und mir wie immer gewogen. Ihre Gegenwart war mir unentbehrlich geworden und alle traumartigen Hindernisse, die mich in der großen palastartigen Wohnung von Ihnen zu entfernen sich fügten, vermochten es nicht. Ich war immer wieder an Ihrer Seite, gleich vertraut und vertrauend, ich verweilte statt zu gehen, und wenn ich gegangen war, kam ich wieder, sogar daß es mir zuletzt schien beschwerlich geworden zu sein. Ich beschied mich, eilte nach der Tür eines großen Gartens, die ich aber verschlossen fand. Sollte das nicht auf eine recht innerlichste Zuneigung deuten, auf unbezwingliche Anhänglichkeit und wahre Liebe? Dies sei also gleich zu Papier gebracht, damit der wache Traum des Lebens diese lieblichen Erscheinungen nicht unbemerkt verschwinden mache...«

»Conciliante Träume«, notiert er nun im Tagebuch. Es soll nicht bei Träumen bleiben. Der Umgang freilich mit der ganzen Familie bleibt der gleiche: Goethe beschäftigt sich mit Amalie, der zweiten, die etwas zu wild ist, er liest mit der dritten, Bertha, einen Roman von Walter Scott und mahnt sie, sorgfältig und deutlich zu sprechen. Er scherzt mit der Mutter über gemeinsame Erinnerungen. Aber Ulrike tritt nun aus den Träumen und Schemen näher heran. Sie ist zutraulich zu dem großen Gelehrten, auch sicherlich jungmädchenhaft stolz auf die unverhoffte Rolle, die sie in der anspruchsvollen Gesellschaft spielt, während sie bisher ein ganz und gar unbedeutender Backfisch war, den niemand beachtete.

Goethe sieht sie bei den Bällen tanzen und vorüberschweben, leicht, unbefangen, immer ein wenig ernsthaft, denn sie ist »heiter, aber nicht lustig«, wie ihre Mutter von ihr meint. Er sieht sie von der Terrasse aus auf der Wiese, im Schottenkleid, die Walter-Scott-Mode hat auch auf die Kostüme übergegriffen, und das steht ihr gut. Sie tut dem großen Gelehrten den Gefallen und bückt sich, ihm ein paar Steinchen aufzusammeln und zu bringen:»Zu den hundert Stellungen, in denen ich sie vor mir sehe, wieder ein neuer Gewinn«, wie er dann ganz unbefangen an die Mutter schreibt. Es sind nicht die hundert klassischen Attitüden, die Emma Hamilton ihm in Neapel vorgeführt hat. Es ist Gegenwart, ganz unklassisch, lebendig, atmend. Sie verführt ihn zu abenteuerlichen Gedanken und noch abenteuerlicheren Schritten. Es wird eine Geschichte mit »schauerlichkomischen, hoch-blamablen, zu ehrfürchtigem Gelächter stimmenden Situationen«, wie Thomas Mann sie bezeichnet, der sie beschreiben

wollte und dann als »Tragödie des Meistertums« in seinen Tod in
Venedig verwandelte.

Goethe begibt sich zum Arzt. Er wünscht zu wissen, ob ihm eine
Heirat bei seinem Alter schaden könne. Der Mediziner beruhigt ihn;
er dürfte dabei sein Lächeln nur mühsam unterdrückt haben. Goethe
geht weiter. Er zieht den alten Freund Karl August ins Vertrauen.
Der lacht ihn aus: »Alter, immer noch Mädchen!« Nein, es ist ernst
gemeint. Den Großherzog rührt das Bild des Greises, der ganz jüng-
lingshaft drängt, eine wilde, unsinnige Hoffnung in den dunkelbraunen Augen, die sonst so herrscherhaft blitzen und Karl August oft
genug zu schaffen gemacht haben. Den Herzog reizt die Situation. Es
mag etwas Bosheit dabei im Spiele sein: Wenn der Olympier sich ein
wenig lächerlich machen will, so mag er seinen Willen haben. Vielleicht wären aber die Levetzows in der Tat eine Bereicherung Weimars? Die Kinder Goethes waren es sicherlich nicht. Er läßt sich bei
der Mutter melden und trägt die Werbung für den alten Freund vor.
Die Weltdame hält das zunächst für einen Scherz, der Herzog ist bekannt dafür, daß er nicht allzu fein spaßt. Karl August verspricht
eine hohe Pension für Ulrike, falls der Geheimrat, was nicht allzu
weit abliegt, vor ihr stirbt. Die Mutter spricht besorgt vom voraus-
sichtlichen Widerstand der Kinder Goethes, von Unfrieden im Hause.
Auch dafür soll gesorgt sein: Karl August will dem »jungen Paar«
Goethe und Ulrike ein eignes Haus, dem Schloß gegenüber, zur Verfügung stellen. Die Mutter wendet das Alter ihres »Kindes« ein.
Aber Ulrike ist neunzehn, und sie selber war um diese Zeit bereits
fast geschieden. Ulrike habe allerdings bisher keinerlei Lust zum
Heiraten gezeigt, überhaupt kein Interesse für die Männerwelt. Sie
muß jedenfalls gefragt werden. Es ist sicherlich eine ungemein
ehrenvolle Angelegenheit.

Karl August hat seine Mission erledigt, und ob nun er davon gesprochen hat oder die Mutter: sie wird sogleich bekannt. Briefe gehen
nach allen Seiten. Goethe selber schreibt an die Schwiegertochter. Er
deutet vorsichtig an, die bisherigen Schwierigkeiten des Zusammenlebens könnten behoben werden, wenn noch »etwas drittes oder
viertes« hinzukäme.

Was Frau von Levetzow mit der Tochter gesprochen haben mag,
wissen wir nur aus Ulrikes Bericht im hohen Alter. Auch sie gehört
zu der langen Reihe von Goethes »Äbtissinnen«, die mit seiner
Schwester beginnt. Sie hat weder damals noch später Interesse für die
Männerwelt gezeigt. Als einsames Stiftsfräulein »zum Heiligen Grabe«, fast eine Hundertjährige, kurz vor Beginn unseres Jahrhunderts
ist sie gestorben, auf dem Gut ihres Stiefvaters Klebelsberg, der nach
dem Tode des ersten Levetzow die Mutter hatte heiraten können.

»Keine Liebe war es nicht«, hat die alte Stiftsdame einmal gesagt, als sie von den Neugierigen bedrängt wurde. Sie hat dann erklärt, die Rücksicht auf die Familie Goethes habe sie abgehalten. Außerdem sei ihr die Trennung von den Großeltern, den Schwestern, der Mutter schwergefallen. Und schließlich habe sie überhaupt keine Lust zum Heiraten gehabt. Was Goethe angehe, so habe sie ihn »wie einen Vater« liebgehabt. Sie hätte ihn vielleicht geheiratet, wenn sie ihm hätte »nützlich« sein können. Jedenfalls habe er selber nie davon gesprochen, weder zu ihr noch zu der Mutter.

Es folgt noch ein Nachspiel. Die Levetzows sind, um der unbehaglichen Situation zu entgehen, nach Karlsbad abgereist. Goethe hat sich für einige Tage nach Eger begeben. Er schreibt von da einem naturwissenschaftlichen Freund über die »Verhältnisse sehr guter Menschen« zu ihm: »Es kam augenblicklich der Friede Gottes über mich, der mich mit mir selbst und der Welt ins Gleiche zu setzen sanft und kräftig genug war«, und setzt hinzu: »Wie doch alles Höhere im Wissenschaftlichen und so durchaus alsbald ethisch wirkt und so viel sittlichen Vorteil bringt.«

Der Friede hält nicht an. Er muß durchaus das Mädchen wiedersehen. Er fährt den Levetzows nach Karlsbad nach, quartiert sich im Gasthof einen Stock über ihnen ein. Man kommt mit Anstand über die nächsten zwölf Tage hinweg. Zum Geburtstag erhält Goethe einen geschliffenen Becher mit dem Datum und den Initialen der drei Töchter. Die Mutter legt Wert darauf, daß es alle drei sind. Alle drei haben dann auch hinfort mit zierlichen, von der Mutter aufgesetzten Worten dem Geheimrat zum Geburtstag zu gratulieren und an den »Tag des öffentlichen Geheimnisses« zu erinnern; der ganze Kurort wußte von dem Ausflug und dem Becher. »Fortgesetzte Lustigkeit«, notiert Goethe im Tagebuch. »Heitre Verwechselung der Sterne« – bei nächtlicher Rückkehr leuchten die Lichtlein des Ortes im Tal wie herabgesunkene Sterne. Es heißt hoffnungsvoll: »Neue Projekte. Man blieb noch lange zusammen.« Dann muß gepackt werden. Der Abschied steht bevor.

Frau von Levetzow läßt zuerst packen. Die Angelegenheit ist ungemein ehrenvoll, und man wird sie auch in Zukunft mit höchster Delikatesse behandeln, aber sie beginnt unmöglich zu werden. »Allgemeiner, etwas tumultuarischer Abschied«, notiert Goethe. Ulrike springt noch einmal die Treppe hinauf zu einem Abschiedskuß. Dann geht Goethe zu Fuß die Straße hinab zu dem Gasthof, wo sein Wagen wartet. Es ist noch früh, neun Uhr, ein heller Septembertag. Goethe weiß, daß es für ihn Abend ist. Er hat das Mädchen nicht wiedergesehen. Er hat nur noch lange gehofft, Briefe geschrieben, voll vorsichtiger Andeutungen, einmal mit halb verzweifelten Wünschen: »Mögen die meinen den Ihrigen begegnen! Möge sich dem Erfüllen und Gelingen nichts! nichts! entgegensetzen!«

Im Wagen jedoch ist er sich bereits klar darüber, daß dies der Abschied war. Es schüttelt ihn gewaltig. Er empfindet zugleich den Schmerz und das Hochgefühl, ihn gestalten zu können. In Marienbad hat er schon auf die Szymanowska ein Gedicht angefangen: »Die Leidenschaft bringt Leiden«, aber es klang versöhnlich aus im »Doppelglück der Töne wie der Liebe«. Nichts davon jetzt. Er notiert von Station zu Station, überträgt aus der Schreibtafel im Wagen aufs Papier. Als er in Weimar anlangt, ist das Gedicht fertig. Er schreibt es auf neun Bogen in Reinschrift, die noch die Schule des alten *Magister artis scribendi* aus Frankfurt zeigt. Er bindet es selber ein, in blauer Pappe, seiner Wappenfarbe, so wie er Ulrikens Großvater den Patenbrief überreicht hatte, den sorgfältig geglätteten und wiederhergestellten.

Sorgfältig geglättet sind auch diese Verse, die stärksten und großartigsten, die er geschrieben. In der Dichtung stellt er sich wieder her, so stark beschädigt er sich gefühlt hat. Er zitiert sich selbst zu Anfang mit den Tasso-Worten: »Und wenn der Mensch in seiner Qual verstummt / Gab mir ein Gott zu sagen, was ich leide.« Die Form der Strophen schon ist kunstvoll, der italienischen Stanze angenähert, aber kürzer, schlichter. Es werden alle Kunstgriffe angewendet: Er läßt die Geliebte sprechen wie in einer halb-dramatischen Szene, er selber ergreift am Ende das Wort und weist unsichtbare Freunde ab: »Verlaßt mich hier!« Er schreibt lyrisch strömende Strophen, er gibt anmutige Bilder der Geliebten, die er sich in allen Stellungen noch einmal vor Augen ruft, mit dem Kuß am Abend, dem letzten auf der Treppe, dem »letztesten« dann. Er schlägt biblische Töne an mit dem »Frieden Gottes«, des Gebetes, »sich einem Höheren, Reinern, Unbekannten / Aus Dankbarkeit freiwillig hinzugeben«. Er läßt die Geliebte weise Worte zu ihm sagen, weit über ihre Jahre hinaus: Er soll nicht an die Vergangenheit, die Zukunft denken, sondern dem Augenblick ins Auge sehen, »kein Verschieben!«. Im Sprechstil antwortet er, unwillig, fast grob: »Du hast gut reden« – was soll ihm dieser Augenblick, der nur trennt? Er will allein sein, weist jede Begleitung fort, die geliebte Naturforschung selbst wird als Trost abgelehnt: »Betrachtet, forscht, die Einzelheiten sammelt / Naturgeheimnis werde nachgestammelt.« Er fühlt sich verloren, »der ich noch erst den Göttern Liebling war, / Sie prüften mich, verliehen mir Pandoren, / So reich an Gütern, reicher an Gefahr; / Sie drängten mich zum gabeseligen Munde, / Sie trennen mich, und richten mich zugrunde«. So, ohne jeden Trost, mit den schroffsten Endzeilen, die er je geschrieben, beschließt er das Gedicht.

Er hat es, wohl wissend, was er da geschaffen, als eine Art Heiligtum betrachtet und ein Ritual dafür gestiftet. Nur Auserwählte bekamen es zu sehen und zu hören. Der Diener Stadelmann stellte

Wachskerzen auf den Tisch und entfernte sich. Dann begann Goethe mit seiner volltönenden Stimme zu lesen.

Wilhelm von Humboldt, einer der ersten, die dieser Auszeichnung für würdig befunden wurden, schreibt darüber seiner Frau, staunend über das Gedicht:»Es ist mir sehr klar geworden, daß Goethe noch sehr mit den Marienbader Bildern beschäftigt ist, allein mehr, wie ich ihn kenne, mit der Stimmung, die dadurch in ihm aufgegangen ist und mit der Poesie, mit der er sie umsponnen hat, als mit dem Gegenstand selbst. Was man also vom Heiraten und selbst von der Verliebtheit sagt, ist teils ganz falsch, teils auf die rechte Weise zu verstehen.«

Ganz Weimar ist aufgeregt, als Goethe nach Hause kommt, und nimmt Partei, zumeist für ihn, denn der Sohn und Ottilie zeigen sich von der rücksichtslosesten Seite. August droht, mit seiner Frau nach Berlin zu ziehen, wenn mit diesem Heiratsprojekt Ernst gemacht würde. Die andere Ulrike, Ottiliens Schwester, mischt sich ein. Gott mag wissen, welche lieblosen Worte oder direkten Grobheiten gefallen sind, wie deutlich August hat spüren lassen, daß er auch ganz materiell sein Erbe gefährdet sah. Goethe erlebt, eigentlich zum ersten Male in seinem Leben, was Szenen, Wut, Haß im engsten Zusammenleben von Menschen bedeuten. Er hat sich dem stets behutsam entzogen. Nun überfällt ihn das im hohen Alter.»Alles war in Verzweiflung«, schreibt Schillers Witwe,»das ist nicht der Weg, sein Herz zu besänftigen. Er hat die Natur, daß ihn der Widerstand verhärtet. Ich weiß nicht, wie es enden wird!«

Goethe schreitet wie abwesend durch dies Treiben. Er macht dem Sohn keine Gegenszenen, er ist sogar heiter zuweilen. Der alte Freund Reinhard kommt zu Besuch und meint dann zum Kanzler Müller, er habe den Eindruck gewonnen, daß Goethe die Seinigen mit der Marienbader Geschichte nur ein wenig foppen wolle. Zu Müller spricht Goethe über das Problem der Unsterblichkeit und das Fortleben nach dem Tode: er könne sich ein Aufhören des Denkens und Lebens nicht vorstellen. Aber sobald man dogmatisch eine persönliche Fortdauer nachweisen wolle, jene innere Wahrnehmung philisterhaft ausstaffiere, so verliere man sich in Widersprüche. Der Mensch sei trotzdem stets getrieben, das Unmögliche vereinigen zu wollen. Fast alle Gesetze seien»Synthesen des Unmöglichen, z. B. das Institut der Ehe«. Und doch sei es gut, daß es so sei; denn erst dadurch werde das Möglichste erstrebt, daß man das Unmögliche postuliere. Es ist das zur gleichen Zeit gesagt, als er noch hoffnungsvoll an eine Ehe mit Ulrike denkt und der Mutter Levetzow darüber schreibt.

Im November aber kommt noch eine letzte Aufregung und Freude. Die Szymanowska ist für ein Konzert in Weimar gewonnen

553

worden. Man gibt ein Souper, Goethe ist zugegen. Ein Toast auf die »Erinnerung« wird ausgebracht. Heftig fährt er empor zu einer stürmischen Abschiedsrede, die in Prosa sein Gedicht widerruft: »Ich statuiere keine Erinnerung in Eurem Sinne!« ruft er in den Saal, »das ist nur eine unbeholfene Art, sich auszudrücken! Was uns irgend Großes, Schönes, Bedeutendes begegnet, muß nicht erst von außen her wieder erinnert, gleichsam erjagt werden, es muß sich vielmehr gleich vom Anfang her in unser Inneres verweben, mit ihm Eins werden, ein neueres besseres Ich in uns erzeugen und so ewig bildend in uns fortleben. Es gibt kein Vergangenes, das man zurücksehnen dürfte, es gibt nur ein ewig Neues, das sich aus den erweiterten Elementen des Vergangenen gestaltet, und die echte Sehnsucht muß stets produktiv sein, ein neues Besseres erschaffen!«

Auf die Szymanowska hinweisend, setzt er hinzu:»Haben wir dies nicht alle in diesen Tagen an uns selbst erfahren? Fühlen wir uns nicht alle insgesamt durch diese liebenswürdige, edle Erscheinung, die uns jetzt wieder verlassen will, im Innersten erfrischt, verbessert, erweitert? Nein, sie kann uns nicht entschwinden, sie ist in unser innerstes Selbst übergegangen, sie lebt in uns, mit uns fort, und fange sie es auch an wie sie wolle, mir zu entfliehen: ich halte sie immerdar fest in mir!«

Die Szymanowska kommt noch einmal in sein Haus. Sie hat selbstgearbeitete Geschenke mitgebracht. Sie dankt mit feinen, wohlkomponierten Worten, die wie eine Etüde in vornehmer Lebensart klingen und in weiblicher Einfühlung Goethes Worte aufnehmen: sie scheide reich und getröstet von ihm, »Sie haben mir den Glauben an mich bestätigt, ich fühle mich besser und würdiger, da Sie mich achten!«. Goethe blickt erschreckt auf die anmutige Gestalt. Sie ist in tiefem Schwarz erschienen; sie muß noch bei Hof Besuch machen, wo offizielle Trauer wegen eines fürstlichen Todesfalles angesagt ist. Goethe nimmt die Farbe symbolisch. Sie verstört ihn, er weiß nichts zu sagen. Der Wagen ist vorgefahren. Ehe er es bemerkt, ist die Frau mit ihrer Schwester fort. Da bricht es aus ihm hervor, leidenschaftlich: Holt sie mir zurück, holt sie zurück! Er drängt, bittet, man eilt der Szymanowska nach, und sie kommt noch einmal. Sprachlos schließt er sie in die Arme. Die Tränen laufen über das braune, große Gesicht mit den vielen feinen Falten. Er schaut ihr nach, wie sie durch die lange, offene Reihe seiner Prachtgemächer entschwindet, Raum um Raum. Es ist kein »letztester« Kuß. Es ist der allerletzte, unwiderrufliche Abschied vom Leben.

Auch die Szymanowska hat er nicht wiedergesehen. Er hat sie sogar noch überlebt; sie stirbt jung, 1831, von der gleichen Choleraepidemie erfaßt, die auch Hegel auf der Höhe seines Ruhmes dahinraffte.

554

Die beiden Abschiede in Karlsbad und Weimar haben die etwas trügerische neuerwachte »Fülle der Kraft und Macht« völlig aufgezehrt. Die Krankheit kommt zurück, oder Goethe flüchtet ins Bett, wie Riemer es bei Krisen vermutet. Er ist schwach, willenlos, und um ihn herrscht nur weitere Aufregung und Haß, denn das Heiratsprojekt ist noch keineswegs völlig aufgegeben. Freunde sorgen dafür, weil man ihn im Hause nicht genügend betreut, daß sein alter Diener Paul Götze gerufen wird. Der ist nun Wegebauinspektor und errichtet für seinen alten Herrn die Dämme gegen Überschwemmungen an den unregulierten Flußufern. Er macht nicht allzuviel Federlesens mit seinem Geheimrat: »Ja, Euer Excellenz«, sagt er zu ihm, »Polnisch geht es nun nicht mehr mit uns!«

Ein anderer Resoluter, Derber eilt herbei, Zelter, mit Extrapost. Niemand ist am Tor. Ein weibliches Gesicht schaut aus der Küche, zieht sich zurück. Der Diener Stadelmann kommt und zuckt die Schultern. »Ich stehe noch an der Haustür«, schreibt Zelter in seinem Tagebuch, »soll man etwa wieder gehen? Wohnt hier der Tod? Wo ist der Herr? – Trübe Augen. – Wo ist Ottilie? – Nach Dessau. – Wo ist Ulrike? – Im Bette. – August kommt: Vater ist nicht wohl, krank, recht krank. – Er ist tot! – Nein, nicht tot, aber sehr krank. – Ich trete näher, und Marmorbilder sehn und sehn mich an. So steig ich auf. Die bequemen Stufen scheinen sich zurückzuziehn. Was werde ich finden? Was finde ich? Einen, der aussieht, als hätte er Liebe, die ganze Liebe mit aller Qual der Jugend im Leibe. Nun, wenn das ist, er soll davonkommen! Nein! er soll sie behalten, er soll glühen wie Austernkalk!«

Zelter ist nicht nur derb, er versteht sich auch auf psychologische Hausmittel, wie sie im Hause Goethe angebracht sind. Der Dichter zeigt ihm seine Elegie, und Zelter liest sie ihm dreimal hintereinander vor. Goethe meint: »Du liest gut, alter Herr!« – »Das war ganz natürlich«, schreibt Zelter an eine Bekannte, »aber der alte Narr wußte nicht, daß ich dabei an meine eigne Liebste gedacht hatte.« Die Ärzte schütteln den Kopf über die Naturheilmethoden des Musikers, aber Goethe erholt sich überraschend schnell. Befriedigt reist Zelter wieder ab. Er hat Goethes Gesundung »befehligt«, wie er sagt, und verläßt ihn in »völliger Munterkeit«.

Goethe geht an die Arbeit. Die Elegie behält ihren Sonderplatz, aber sie soll nun eingerahmt werden. Das künstlerische Problem einer Trilogie hat ihn oft beschäftigt; weder bei der PANDORA noch der NATÜRLICHEN TOCHTER ist es ihm gelungen, den Plan durchzuführen. Hier, im Gedicht, gelingt es. Er stellt fünf Strophen an seinen Werther voran, ironische, bittere Verse an den »vielbeweinten Schatten«, der gefühlvoll lächelt und ihn zurückgelassen hat: »Zum Bleiben ich, zum Scheiden du erkoren / Gingst du voran – und hast nicht viel verloren.« Dies Wiedersehen nach fünfzig Jahren rührt die Erinnerung an anderes Wiedersehen auf, an anderen Abschied, und am Ende harrt tückisch das Lebewohl, das Scheiden – »Scheiden ist der Tod«. Dann folgt die Elegie mit dem unbarmherzigen Schluß, aber tragisch soll es auch diesmal nicht enden. Das Gedicht an die Szymanowska bildet den Ausklang mit dem »Doppelglück der Töne wie der Liebe«. TRILOGIE DER LEIDENSCHAFT nennt er das Ganze.

»Mich soll nur wundern, ob diese so zerrissene, so gemarterte Einheit wieder als neue Einheit wird auftreten und sich gestalten können«, hatte er gesagt, als er ein Jahr zuvor sich zu erholen begann. Im Gedicht ist sie wiederhergestellt, die erstaunlichste Verwandlung des unbegrenzt Verwandlungsfähigen, der nicht sterben will, nicht starr werden will, der sich mit allen Kräften wehrt gegen das Scheiden, das der Tod ist.

Unterhaltungen mit Goethe

Goethes letztes Jahrzehnt wird rein äußerlich im engsten Kreise verlebt; geistig ist es die Zeit weiten Ausgreifens in ungemessene Räume. Er reist nicht mehr, selbst das nahe Jena wird ihm fremd. Das große Haus am Frauenplan wird nun der ständige Aufenthalt. Bis in jeden Winkel füllt es sich an mit den Zeugnissen seines Lebens, Geschenken, Ehrendiplomen, naturwissenschaftlichen Sammlungen, Kunstschätzen. Es ist schon zu seinen Lebzeiten ein Museum, ein Archiv, in dem am Dichternachlaß gearbeitet wird, eine Kanzlei, aus der fast täglich unendliche Korrespondenz in alle Welt ausgeht. Es ist auch die Stätte festlicher Empfänge. Goethe führt sein Haus im großen Stil. Bei anspruchsvolleren Gelegenheiten hat man im Frack »mit Distinktionen« zu erscheinen, die Damen in Toilette. Der junge Prinzenerzieher Soret notiert bei einem Abendessen, das keine »große« Gelegenheit ist, als einigermaßen kontrastierend mit den Gewohnheiten seiner Genfer Heimat: Tassen mit starker kalter Bouillon (die Soret zunächst für Schokolade hält); dann Kaviar; danach kaltes Fleisch und Wild. Es folgen drei oder vier Schüsseln mit Salaten und Sandwiches, mit Anchovis und Lampreten garniert. Drei Sorten Wein dazu, als Dessert eingemachtes Essigobst und schließlich Obsttorten. Goethe trinkt auch als hoher Greis reichlich, schenkt reichlich ein aus großen, bauchigen Flaschen.

Besucher kommen aus allen Ländern und werden selten abgewiesen, wenn sie eine Empfehlung vorweisen können. Studenten sind darunter, große Staatsmänner, neugierige Damen, berühmte oder erst angehende Dichter. Der junge Heinrich Heine, Göttinger Student, von einer Fußreise durch den Harz kommend, die er mit einem grünen Ranzen auf dem Rücken gemacht hat und beschreiben will, läßt sich melden und wird vorgelassen. Nach einigen belanglosen Worten fragt ihn Goethe: »Womit beschäftigen Sie sich jetzt?« – »Mit einem

Faust.« – »Haben Sie weiter keine Geschäfte in Weimar?« fragt der Olympier. – »Mit meinem Fuße über der Schwelle Ew. Excellenz sind alle meine Geschäfte in Weimar beendet«, sagt der junge Frechling und empfiehlt sich. Der bereits fünfunddreißigjährige und berühmte Grillparzer wird wie von einem »Audienz gebenden Monarchen« empfangen; »nicht als wäre meine Eitelkeit beleidigt gewesen, Goethe hatte mich im Gegenteile freundlicher und aufmerksamer behandelt als ich voraussetzte. Aber das Ideal meiner Jugend, den Dichter des Faust, Clavigo und Egmont als steifen Minister zu sehen, der seinen Gästen den Thee gesegnete, ließ mich aus allen Himmeln fallen. Wenn er mir Grobheiten gesagt und mich zur Thür hinausgeworfen hätte, wäre es mir fast lieber gewesen.« Tags darauf ist der Olympier verwandelt. Er führt den Besucher freundlichst zu Tisch, lobt dessen Sappho, ja ermuntert den Gast, doch nach Weimar überzusiedeln. Der ewig gehemmte Grillparzer ist so überwältigt, daß er eine abermalige Einladung versäumt, die ihm vielleicht den aufgeschlossenen Goethe im weißen Flanellrock gezeigt hätte, eine große Flasche Rotwein vor sich, eine weitere für das Gegenüber und unsterbliche Worte ausstreuend, die freilich nicht für Massenempfänge und neugierige Unbekannte bestimmt sein konnten.

Das sind etwa die drei verschiedenen Haltungen Goethes, in denen er sich präsentiert; es gibt noch mehr. Alle Besucher haben seit dem Welterfolg seines Werther sogleich aufgeschrieben, was der Dichter sagte. Sie haben ihn angehimmelt mit jenen unerträglichen Phrasen, die noch jetzt einen großen Teil der Goethe-Literatur unlesbar machen. Sie haben gestaunt wie Gretchen: »Du lieber Gott! was so ein Mann / Nicht alles, alles denken kann! / Beschämt nur steh ich vor ihm da, / Und sag zu allen Sachen ja.« Sie waren enttäuscht, wenn er nicht dem vorgefaßten Bild entsprach oder ihnen etwas mitgab, was sich daheim vorzeigen ließ. Sie sahen in ihm einen »Höfling«, wenn sie Republikaner waren oder Kleinbürger und sich über seine Orden ärgerten, die er so gerne trug. Sie bemerkten, wenn sie selber Höflinge waren, mit einiger Genugtuung, daß die Exzellenz sich doch nie mit der wahren Ungezwungenheit des Weltmanns bewegte. Und selten wird überhaupt etwas präzise beobachtet, und noch seltener ist die Fähigkeit, das zu Papier zu bringen. Soret, naturwissenschaftlich geschult, hat genauer hingesehen. Er unterhält sich mit Goethe über die Farbenlehre, der er skeptisch gegenübersteht, und blickt dabei in die leuchtenden Augen des Meisters: »Die Iris ist aus drei verschiedenen Farben zusammengesetzt; ein großer blauer Ring umgibt den braunen Grund der Iris, was mit dem tiefen Schwarz der Pupille drei konzentrische Kreise ergibt und einen eigentümlichen Eindruck macht.«

Riemer bemerkt weise: »Man mußte auch etwas bringen, wenn

man etwas mitnehmen wollte«, und: »Lauernder Blick, unverhehltes Aufpassen, karglautes oder apodiktisches Erwidern konnten sich freilich keiner großen Offenheit von seiner Seite getrösten.« Trotzdem werden die Besucher, sofern sie nur irgendeine Empfehlung vorweisen können, empfangen, vor allem Ausländer, die »ihm das Reisen ersetzten und ihm die entfernte Welt, die er nicht mehr in Augenschein nehmen konnte, wenigstens stückweis in die Nähe und vor Augen brachten«. Er interessiert sich wenig für deutsche Literatur; für Ästhetik, ein Lieblingsthema der Jüngeren, überhaupt nicht. Aber gerne hört er, was in England, Frankreich, im fernen Amerika vorgeht, in Rußland, China. Er hört von großen Projekten, einem Kanal bei Panama, bei Suez. Er schweift viel in Gedanken auf das Meer hinaus, das er nur einmal kurz gesehen hat auf seiner Italienreise. Sein Thales im FAUST läßt alles aus dem Ozean entspringen: »Du bist's, der das frischeste Leben erhält.«

Frisch kann das Leben eines fast Achtzigjährigen wohl nicht sein, aber Goethe ist noch immer von erstaunlichster Regsamkeit. Er hat um sich seinen Stab, seine Schreiber, darüber seine Goethe-Räte und Fach-Dezernenten, seine »lebenden Lexika«, wie ein Besucher sie nennt. In denen schlägt er nach, wenn er etwas wissen will. Riemer ist für Antike und klassische Philologie zuständig, Meyer für Kunst; ein Baudirektor Coudray, der Weimar nun, da man über reichere Mittel verfügt, verschönern soll, für Architektur. Goethe plant vieles mit ihm, aber es wird nicht viel ausgeführt. Eine Fürstengruft ist darunter, in der er neben Schiller beigesetzt werden soll. Vom Tod ist sonst nicht oft die Rede. Goethe kann noch ungemein leidenschaftlich sein, so scharf wie in der Jugend, großartig ungerecht und großartig weise. »Da ging das Lästern an«, notiert Boisserée, bei dem er sich offen äußert; Goethe sucht sich die Partner dafür aus. Der Kanzler Müller, Justizminister, dem wir die besten Niederschriften von eben Gesagtem verdanken, sagt bei einem Gespräch über Pressefreiheit: »Es ist mit Goethe hierüber in der Tat nicht zu streiten, da er viel zu einseitig und despotisch sich ausspricht.«

Müller ist schon der Herkunft nach gleichgestellt, kein Untergebener oder irgendwie Abhängiger, geadelter Bürgerssohn wie Goethe, gewandt in politischen Verhandlungen und auch im Gesellschaftlichen. Einer der Abhängigen, der Prinzenerzieher Soret aus der französischen Schweiz, ebenfalls ein wertvoller Aufzeichner von Gesprächen, hat das mit stillem Neid beobachtet: Müller belege alle fremden Schönen sogleich mit Beschlag, meint er, »dagegen kann niemand an. Denn er besitzt nicht nur das Geheimnis, sein Herz mit zwanzig Schönheiten so zu teilen, daß jede es ganz zu besitzen glaubt, sondern ihnen auch seine ganze Zeit zu widmen; ich Unglücksrabe habe nicht einmal soviel Urlaub, um meine besten Freundschaften zu pflegen.« Auch darin sind Züge zu erkennen, die Müller zu einem Partner ganz anderer Art als alle die anderen machen mußten. So hat Goethe sich ihm gegenüber freier, wenn er wollte sogar unbeherrschter gegeben und fröhlich bekannt: »O, ich kann auch bestialisch sein.« Er hat die bekanntesten Namen in seiner Gegenwart unbarmherzig durchgehechelt: »Und nun ging er die bedeutendsten unserer Männer durch mit epigrammatischer Schärfe und schneidender Kritik« – Müller teilt leider die Epigramme nicht mit. Er hat aber Goethes »Proteusnatur, sich in alle Formen zu verwandeln, mit allem zu spielen, die entgegengesetztesten Ansichten aufzufassen und gelten zu lassen«, mit sicherem Blick erkannt und auch Goethes bewußt kultivierte Widersprüchlichkeit festgehalten. Sie sprechen einmal über industrielle Unternehmungen, die er alle verwirft, und als Müller ihn erinnert, er habe darüber sonst ganz anders gedacht, erwidert Goethe gelassen: »Ei, bin ich darum denn achtzig Jahre alt geworden, daß ich immer dasselbe denken soll? Ich strebe vielmehr, täglich etwas anderes, Neues zu denken, um nicht langweilig zu werden. Man muß sich immerfort verändern, erneuen, verjüngen, um nicht zu stocken.« Es ist eine Kardinalstelle, und sie bildet eine schwere Verlegenheit für alle, die nun zusammenfassend formulieren wollen, was Goethe denn über dieses und jenes Problem »eigentlich« gedacht habe. Müller hat aber auch den prophetischen Weisen schön geschildert, der über die Jahrtausende und Völker hinwegschaut und sich eine Art »Alphabet des Weltgeistes« daraus zusammensetzt. Dann steht er auf und geht den Berghang hinunter zu seinen Steinen: »Nach solchem Gespräch geziemt es dem alten Merlin, sich mit den Urelementen wieder zu befreunden. Wir sahen ihm lange und frohbewegt nach, als er, in seinen lichtgrauen Mantel gehüllt, feierlich ins Tal hinabstieg, bald bei diesem, bald bei jenem Gestein oder auch bei einzelnen Pflanzen verweilend, und die ersteren mit seinem mineralogischen Hammer prüfend. Schon fielen längere Schatten von den Bergen, in denen er uns wie eine geisterhafte Erscheinung allmählich entschwand.«

Schweigen ist nun oft seine liebste Unterhaltung: »Steine sind stumme Lehrer; sie machen den Beobachter stumm, und das Beste, was man von ihnen lernt, ist nicht mitzuteilen.« So sitzt er zuweilen mitten unter seinen Getreuen schweigend da wie ein Fels. Ein Bergrat, mit dem er sich zu unterhalten liebt, wird durch einen reitenden Boten aus Jena herbeizitiert, der Wagen folgt in einer Stunde. Der Bergrat wirft sich in seinen guten Anzug und fährt eilig nach Weimar. Als er in Goethes Stube tritt, so erzählt sein Sohn, »saßen Riemer, Eckermann etc. um den Tisch und der alte Herr hatte seinen grünen Schirm vor den Augen, niemand sprach ein Wort, jeder hatte eine Flasche Rotwein vor sich. Als sich mein Vater vorstellen und anfragen wollte, was Seiner Excellenz zu Diensten stehe, zischelte

Riemer ihm leise zu: die Excellenz denkt! Endlich um zehn Uhr wurde aufgebrochen mit der bekannten Äußerung: Ich wünsche den Freunden eine gute Nacht. Am andern Morgen wußte die Excellenz nichts mehr von der Einladung.« Kein Schweigsamer ist jedoch der Hauptzeuge dieser Jahre: Johann Peter Eckermann. Den hat Goethe sich aus den vielen jungen Leuten, die sich ihm anboten, mit sicherem Blick herausgegriffen, mit fester Hand in Weimar gehalten, geformt, gepreßt und erst mit seinem Tode entlassen in die einzige Aufgabe seines Lebens: das Gehörte und kurz in Stichworten Notierte auszuarbeiten, zu verdichten, eine Art DICHTUNG UND WAHRHEIT daraus zu schaffen, seine GESPRÄCHE MIT GOETHE IN DEN LETZTEN JAHREN SEINES LEBENS. Das ist Goethes letztes großes Werk, bewußt als eine neue Form der Äußerung und die letzte ihm nun im höchsten Alter noch mögliche unternommen. Es verschlägt nichts, daß Eckermann, wie man ihm nachgewiesen hat, vieles später verändert, manches hinzugetan hat, daß er »unzuverlässig« ist. Man kann ihm noch mehr nachsagen. Er ist servil oft oder auch eitel auf seine Fähigkeit, dem großen Alten die Stichworte zu soufflieren; sein Unterscheidungsvermögen zwischen bedeutenden Werken und nichtigem Kleinkram versagt nicht selten; seine Bildung ist mangelhaft und wird erst im Zusammensein mit Goethe gehoben. Sein späterer Lebenslauf hat wie bei Riemer etwas Jämmerliches; schlecht bezahlt, mit einem wertlosen Hofratstitel vom Hof abgespeist, bleibt er in Weimar, und als zu Goethes hundertstem Geburtstag alle Häuser der Stadt hell illuminiert werden, bleibt sein kleines Fenster dunkel.

Sein Werk ist hell, keine Sonnenhelle, sondern Mondlicht; von Goethe angestrahlt, hat er mit diesem einzigen Werk schöpferisch etwas vollbracht, sonst nichts und nie wieder. Er ist wie viele, die in Goethes Bannkreis gerieten, völlig verbraucht worden. Sein Lohn – seine sonstige Entlohnung war nicht der Rede wert – ist eine kleine Unsterblichkeit, wie die Nachwelt zu trösten pflegt; für den Lebenden war es ein bitteres Brot.

Ein bitteres Leben, eine bittere Jugend: der Vater ein heruntergekommener Handelsmann, Hausierer; der Junge hilft ihm die schweren Packen mit Beiderwand tragen. Bis zum vierzehnten Jahr geht er nicht in die Schule. Er ist klein, schwach auf der Brust, die Bekannten raten, er solle Schneider werden, aber er lernt nun doch lesen und schreiben und kommt als Schreiber bei einer Intendantur unter, erschreibt sich einen kleinen Beamtenposten und will mit vierundzwanzig Latein lernen. Man hilft ihm, ein freundlicher Intendanturoberst läßt ihm sein kleines Gehalt weiterzahlen, damit er auf das Gymnasium gehen kann. Er dichtet, verlobt sich mit einem ebenfalls blutarmen Hannchen, die dann dreizehn Jahre auf die Heirat warten muß. Student mit Freitisch in Göttingen, er liest viel, studiert nicht Jura, wie von seinen Gönnern vorgesehen, sondern Literatur, Philosophie und gibt das nach drei Semestern auf, zieht sich in ein Dorf bei Hannover zurück und schreibt BEITRÄGE ZUR POESIE MIT BESONDERER HINWEISUNG AUF GOETHE. Er polemisiert da gegen den »Wahn übelverstandener Originalität«, das heißt die Romantik, und stellt die Antike und Goethe als Muster hin. Goethe empfängt das Manuskript freundlich und sorgt für den Druck. Der Meister nimmt den jungen Literaten, der nur als Schriftsteller jung ist, freundlich auf; sonst präsentiert sich Eckermann als ein Dreißigjähriger, schon mit Kummerfalten auf den schmalen Wangen, auf die lange, blasse Haarsträhnen herabhängen. Diese Haartracht gefällt Goethe gar nicht, sie entspricht der »altdeutschen« Zeitmode junger Leute, und er ermahnt Eckermann, sie sich doch recht bald brennen zu lassen, wie er das sorgfältig seit fünfzig Jahren tut: Strahlend blitzt er mit dem gelockten Olympierhaupt und den großen Augen den Dürftling an. Der hat keine strahlenden Augen, sondern schmale, versonnene. Er ist sogar ein Träumer, ein »Spökenkieker«, wie manche in seiner niedersächsischen Heimat. Im Traum hat er Goethe erschaut, ehe er zu Fuß nach Weimar pilgerte, und das seinem Hannchen sogleich geschildert: »Mir träumte vorige Nacht ich sei bei Goethen, ich habe viel mit ihm gesprochen. Ich faßte immer seine Beine an, aber er hatte dicke Unterhosen an; er sagte, er könne anders nicht mehr warm werden. Er war schon sehr alt, aber mich hatte er sehr lieb, er holte mir auch aus der Kammer eine ganze Hand voll Birnen, die er auch schälte, aber bloß am Stiel; ich sollte alle aufessen, aber ich sagte ihm, zwey wollte ich an mein Hannchen in Hannover mitnehmen ...« Das Hannchen hat lange auf diese Birnen warten müssen, und erst im letzten Jahre Goethes kann Eckermann sie heiraten, und auch daraus wird nichts Rechtes, sie ist schon zu alt und stirbt bald darauf im ersten Kindbett.

Eckermann ist jedoch nicht nur ein Träumer. Er hat die Beharrlichkeit der Stillen und eine gewisse Umsicht bei der Durchführung seiner Mission. Schon seine Annäherung an den Gewaltigen war sorgfältig vorbereitet durch Korrespondenz mit Leuten des Weimarer Kreises; Riemer schließlich, nun der Senior der Goethe-Räte, begönnert ihn ein wenig, bis er endlich vor dem Meister steht. Goethe braucht zu dieser Zeit einen Helfer, und er hat sich verschiedentlich umgeschaut; alle die jüngeren Leute, Schubarth, der manchmal etwas »zu tief« denkt, und andere stellen gewisse Forderungen und würden ohne ein leidliches Gehalt nicht nach Weimar zu ziehen sein. Eckermann ist genügsam, er fordert nichts. Es genügt ihm, dienen zu dürfen. Er erhält auch so gut wie nichts, außer kleinen Taschengeldern, und sogar das armselige Hannchen muß ihm mit kleinen Zuwendungen aushelfen.

Monarchisch und resolut hält Goethe ihn fest. Das Büchlein, an Cotta gesandt und von diesem dem Meister zuliebe gedruckt, wird mit seinem Honorar für die nächste Zeit aushelfen. Goethe spannt den Adepten sogleich für Redaktionsarbeiten ein. Er legt ihm zwei dicke Bücher mit den FRANKFURTER GELEHRTEN-ANZEIGEN von 1772/73 vor, die seine allerersten Arbeiten enthalten, und stellt ihm die Aufgabe, die Goethe-Rezensionen herauszufinden. Das ist nun zwar eine unmögliche Forderung, die auch geschulte Philologen nicht gelöst haben, aber Eckermann macht sich eifrig daran. Er möchte sich eigentlich erst noch etwas in der Welt umschauen, er will an den Rhein. Nichts da, Goethe meint: »Wenn man *eine* Sache mit Klarheit zu behandeln vermag, wird man auch zu vielen anderen Dingen tauglich sein.« Er schickt ihn aber zu einem kurzen Aufenthalt nach Jena. Dort soll er sich im befreundeten Hause Frommann erst ein wenig gesellschaftlich vervollkommnen, denn er ist gar zu weltfremd und ungewandt, um sich am Hofe Goethes sehen lassen zu können. In Jena liest Eckermann Goethes Briefe aus Italien, die »frische Luft eines großen Lebens wehet einem daraus entgegen... hätte ich nur die Hälfte von dem allen gesehen, es würde mir genug seyn, so aber habe ich großen Durst nach Leben!«.

Goethe bestimmt, daß er einen Index für KUNST UND ALTERTHUM herstellen soll. Er sagt väterlich bei der Abreise nach Marienbad: »Möge ich Sie in stiller Tätigkeit antreffen, aus der dann doch zuletzt am sichersten und reinsten Weltumsicht und Erfahrung hervorgehen!« Nach der Rückkehr entscheidet er: »Ich wünsche, daß Sie diesen Winter bei mir in Weimar bleiben.« Eckermann bleibt und kommt nicht mehr fort. Er erhält kleine Zuwendungen, aber kein Gehalt. Er bekommt Anträge, für ausländische Zeitschriften über Weimar, das nun international berühmte, zu schreiben, aber Goethe warnt ihn vor solcher Zersplitterung. Er möchte die Worte des Meisters recht bald veröffentlichen. Auch das wird ihm untersagt. Es sei zu früh. Goethe deutet ihm an, daß er noch mehr, noch Bedeutenderes zu sagen habe, wenn er warten könne. Er sagt dann sehr Bedeutendes – und diesem nicht sehr barmherzigen Spiel mit dem Jünger verdanken wir viele seiner letzten Weisheiten. Eckermann ist für alles fast ohne Unterschied begeistert: »Er schleppt wie eine Ameise meine einzelnen Gedichte zusammen, ohne ihn wäre ich nie dazu gekommen, es wird aber gar artig werden«, schreibt Goethe, »er sammelt, sondert, ordnet und weiß den Dingen mit großer Liebe etwas abzugewinnen... Ihn interessiert, was für mich kein Interesse mehr hat.« Eckermann redigiert die REISE IN DIE SCHWEIZ von 1797. Er schreibt die Unterhaltungen auf. Goethe sieht die Notizen durch: »Sie sind auf dem rechten Wege. Sie können nichts aus dem Stegreif und obenhin, sondern Sie müssen Ihren Gegenstand mit Ruhe durchdringen können, auf diesem Wege aber wird das Höchste geleistet.« Eckermann leistet das Höchste, das ihm gegeben ist. Goethe hat in einem höheren Sinne recht mit seinem Verfahren.

Literarische Vorbilder regen mit an zu dem Unternehmen. Luthers TISCHREDEN hatte schon sein Zeitgenosse Mathesius aufgezeichnet, und an einer Stelle spukt da der historische Dr. Faust hinein; aber das hatte Goethe nicht gelesen. Des Captain Medwin UNTERHALTUNGEN MIT BYRON interessierten ihn, wie alles, was den dämonischen Lord betraf; er fand darin aber zuviel Klatsch, so wünschte er nicht dargestellt zu werden. Der Marquis de Las Cases hatte begonnen, sein MÉMORIAL DE ST. HÉLÈNE zu veröffentlichen, seine Gespräche mit Napoleon im Exil, der nun verkündete, wie er die Welt beglückt hätte, wenn ihm Zeit dazu geblieben wäre; in Erfurt hatte er zu Goethe über Cäsar im gleichen Sinne gesprochen. Das Buch wurde von unvergleichlicher Wirkung auf die jüngere Generation, die das große Morden schon vergessen hatte. Mythenbildung begann überall, nicht nur um Napoleon.

Goethe ist sich selbst zur Legende geworden, sein Lebensbericht war abgeschlossen. Und so errichtet er nun mit Eckermann das Denkmal seines hohen Alters, des »Vollendeten«. Alles Unbehagliche, Problematische bleibt fort. Der Mephisto in Goethe kommt nirgends zum Vorschein, wir sehen nur Faust, und auch da nicht den irrenden, suchenden. Das Finden oder Wiederfinden des längst Geahnten nach Goethes Lebenslehre von der Antizipation ist die Hauptsache. Dennoch hat Eckermann unendlich viel Wertvolles aufgezeichnet, das sonst verlorengegangen wäre, und wir haben ihm dankbar dafür zu sein, auch wenn wir gegen das ständige Polieren des Marmors mißtrauisch sein müssen.

Seine große Leistung ist, daß er es versteht, Goethe zum Sprechen zu bringen, und das mit allen Mitteln: durch ehrfürchtige Fragen, Verlockung mit interessanten Themen, historische Anspielungen auf geschichtlich gewordene Goethe-Werke, auch durch Naivitäten, die er gravitätisch im Goethe-Stil vorbringt und die den Meister veranlassen, dann weit über den Kopf des Jüngers hinweg ins Große zu gehen. Wir hören Goethe sprechen, gewählt freilich immer und stets unfehlbar das Richtige treffend. Das Wort »Verzweiflung«, das sonst für Goethe eine sehr starke Bedeutung hat, kommt bei Eckermann nicht vor.

Eckermann selber hätte wohl oft Grund gehabt, verzweifelt zu sein. Er schweigt darüber. Er dient, verehrt und schreibt auf. Sein Hannchen, in ihrer fast witwenhaften Brautschaft, wird ungeduldig und fragt, warum der Goethe, der ihn doch so liebt, nicht irgend etwas für ihn tue? Peter weist sie zurecht. Er bewohnt ein kleines möbliertes Zimmer. Es ist nicht die Rede davon, daß er wie Meyer zum Hausgenossen avanciert. Möbliert ist der Raum mit Vogelkäfigen. Auf dem Markt kauft er Raubvögel, Turmfalken, Sperber, alles wilde, kühne Tiere. Die sperrt er nun bei sich ein, vierzig Stück am Ende, es muß wie in einer Menagerie gerochen haben. Er übt sich im Bogenschießen und will weithin treffen; er borgt sich Goethes Baschkirenbogen aus und triumphiert, daß ein Pfeil im Fensterladen des Meisters stecken bleibt und nicht mehr herausgezogen werden kann. Er hat einen großen »Durst nach Leben«, hält sich für einen Dichter und fängt eine aussichtslose Dichterliebe zu einer großgewachsenen Schauspielerin an, die dann einen stattlichen Kollegen heiratet. Als Aphorismus notiert er: »Über die Wonne, ein Gedicht zu genießen, ja selbst zu machen, geht bloß die: eines zu *leben*; so wie ein Kuß von blühendem Munde ganz anders behagt als ein poetischer auf dem Papiere.« Es bleibt beim Papier: »Entbehren wir aber so erquickliche Wirklichkeit, so mag der poetische derweilen als Surrogat dienen.« Er sieht, unablässig goethesierend, die »Geliebte« als Klärchen, Gretchen, schleicht in ihr Zimmer in ihrer Abwesenheit und zitiert: »Nicht jedes Mädchen hält so rein.« Er verführt sie, allerdings nur zu chromatischen Studien nach Goethe. Eckermann will mit ihr Beiträge zu Goethes FARBENLEHRE schreiben. Die Lehre vom »Trüben« scheint ihm das Klarste, was je darüber gesagt wurde. Im Rückblick auf die zehn Jahre seines Goethe-Dienstes schreibt er im Brief, er sei doch zu Anfang so gut gewesen, so voll Vertrauen, »jetzt hat mich die Welt ein wenig verändert, sie hat mir Anwandlungen von Mißtrauen eingeimpft wie eine Krankheit«. Nichts davon steht in seinem Buch. Da ist unverbrüchliches Vertrauen, grenzenlose Verehrung, und Goethe erwidert sie durch kostbare Geschenke. Er läßt Eckermann die Pläne seines FAUST II sehen, bespricht sie mit ihm, er zeigt ihm als einem der wenigen Auserwählten die MARIENBADER ELEGIE. Er ernennt ihn kurzerhand, da ein Mann ohne jeden Titel im Weimarer Kreise unmöglich ist, bei der Vorstellung zum Dr. Eckermann und wandelt das, als die Universität Jena ihm bei seinem fünfzigjährigen Amtsjubiläum zwei Ehrendoktorate zur freien Verfügung stellt, in das amtliche Diplom um. Er betraut Eckermann neben Riemer mit der Herausgabe seines Nachlasses; das Honorar dafür ist allerdings überaus dürftig, und Peter wagt es kaum, seinem Hannchen die Ziffer mitzuteilen, es sind etwa achthundert Taler, und sie verteilen sich auf jahrelange Arbeit an zwanzig Bänden. Er lebt von Privatstunden, zeitweise von einer kleinen Vergütung als Prinzenlehrer. Er muß schließlich seine vierzig Raubvögel abschaffen, die Goethe nie gesehen, aber von denen er mit Unmut gehört hat. Er muß auf den großen »Durst nach Leben« verzichten. Er macht einmal eine große Reise, nach Italien, als Begleiter des unseligen Sohnes August, zerstreitet sich mit ihm und kehrt auf halbem Wege um. Er ist ein Halber, aber er hat ein ganzes rundes Werk geschaffen, das zu Goethes Œuvre gehört.

Eckermann ist nicht Sekretär, zum Diktat wird er nicht herangezogen, das besorgen andere. Goethe braucht nun drei Schreiber. Ein Weimarer, Theodor Kräuter, ist der tüchtigste von ihnen, brauchbar auch für Kommissionen, Ankäufe bei Auktionen, in Bibliotheksangelegenheiten, er versteht es, sich unentbehrlich zu machen. Er bringt die Weimarer Bibliothek unter sich, die Goethes Schwager Vulpius, der RINALDINI-Dichter, nur sehr unordentlich verwaltet. Kräuter murrt, wie alle, gelegentlich: »Es ist traurig, wenn man um große Herren herum ist, da verliert man ganz seine Selbständigkeit, darf keinen eignen Willen mehr haben, genug, man ist ihr Fangball, den sie nach ihrer Willkür herumwerfen.« Aber er ist umsichtig, fleißig, der ideale Schreibstubenfeldwebel des großen Goethe-Stabes. Er hat geschildert, wie genau es im Arbeitszimmer zuging, dem äußerst einfachen Büro mit den schlichten Regalen und Kästen, den harten Stühlen, der kleinen Handbibliothek mit dem Konversationslexikon, in dem Goethe oft nachschlägt, wenn seine lebenden Lexika nicht zur Hand sind. Die Feder darf nicht zu lang, nicht zu kurz geschnitten sein, sie soll beileibe keinen Busch haben. Die Tinte nie zu voll eingegossen! Vorsichtig eingetaucht, kein Tropfen darf danebenfallen! Kein Streusand für frisch Geschriebenes, lieber stellt sich der Meister mit dem Blatt eine Weile an den Ofen. Zum Siegeln kleine quadratische Blättchen, damit der Lack nicht das Papier anklebt. Dabei brummt er unaufhörlich vor sich hin: »Nur still! nur ruhig!«

Er steht oder geht beim Diktieren, die Hände auf dem Rücken. Er diktiert so sicher, als ob er aus einem Buch abläse. Kommt der Barbier, ein Kanzlist, so wird unterbrochen und danach beim letzten Satz weiter im Text fortgefahren. Oft bleibt Goethe stehen und gruppiert die Gestalten, die er vor sich sieht: »Mit ausgebreiteten Händen und unter Beugung des Körpers nach der einen oder anderen Seite brachte er den Gegenstand ins Gleichgewicht und in kunstgerechte Stellung. War ihm das gelungen, so rief er gewöhnlich: ›So recht! ganz recht!‹«

So erzählt der letzte der Sekretäre, Schuchardt, der auch für die Sammlungen zu sorgen hat mit ihren unzähligen Schubladen und Fächern, den sorgfältig geschriebenen Katalogen für die verschiedenen Gebiete. Seine eignen Dichtungen und Arbeiten hat Goethe seit langem in »Aktenfaszikel« eingeteilt, anderes wie die wichtigeren Briefwechsel mit Schiller oder Zelter wird vom Buchbinder zu künftigen Bänden geheftet. Wie alle Bürokratie hat auch dieses Goethe-Archiv seine eigentümliche innere Unordnung, die bis heute noch nicht ganz aufgelöst ist, so viele Generationen von Philologen sich darum bemüht haben. Da liegen wichtige Dinge in falschen Ordnern; sehr wichtige fehlen, und Goethes Suchen auf Buchauktionen nach den

Originalausgaben seiner eignen Werke hat etwas Erheiterndes. Seine geliebten Kupferstiche selbst, die er Gästen und Freunden vorzuzeigen und zu erläutern pflegt, verstauben oft. Dem Diener Stadelmann, der sie heranzubringen hat, muß er immer wieder dafür einen Verweis erteilen.

Der ist ein munterer Bursche, aber er trinkt. Er kopiert den Meister auf das groteskeste in Gang, Stil, in naturwissenschaftlichen Interessen. An Kräuter schreibt er: »Sehen Sie, hier in Jena, da laufen unsereinem die Professoren immer vor den Füßen herum: da kommt ein Bergrat, dort ein Chemiker, da wieder ein Künstler, ein Technolog und Gott weiß wer alles; ich muß mich den ganzen Tag mit den Leuten herumbalgen, und da habe ich denn jedem so etwas abgemerkt.« Es ist Goethes Treiben in der Optik Sancho Pansas. Er liebelt auch herum und schreibt, wieder an den Kollegen Kräuter aus Jena: »Wertgeschätzter Guter! Ach du lieber Gott! geschwind, geschwind! Ach, ich bin ganz außer Atem! Nur gleich Pferde! Wagen! Eingepackt! Eingesetzt! Und nach Jena! Denn sehen Sie, wie himmlisch daß es hier ist, können Sie garnicht glauben. Alles weiß! Alles weiß! Warm! Sonne! Und prächtig, göttlich, himmlisch ist ein Dreck dagegen. Ich bin erschöpft. Oder wollen Sie nicht Partie machen und einmal in einen süßen Apfel beißen? Verschieben Sie es ja nicht zu lange, sonst kommen Sie zu spät. Gute Nacht!« Er forscht und tritt ganz wie Eckermann eines Tages vor den Meister hin. Er hat mit einem Weinglas, das ihm nicht von ungefähr in die Hand geriet, ein Farbenexperiment gemacht. Darf ich es Exzellenz vorführen? – Laßt sehen, Stadelmann, laßt sehen. – Stadelmann hat ein Weinglas genommen, ein Stück Papier daruntergelegt, eine Kerze darübergehalten, und nun produziert das Licht, das durch den Wein scheint, auf dem Papier das Bild von drei Sonnen oder den Regenbogen. Goethe: »Stadelmann ist ein Genie, der mit der Natur rivalisiert, und nun laß uns das Glas und deine drei Sonnen hier, wir wollen das noch näher beschauen.« Stadelmann geht ab und murmelt, er werde noch ganz andere Entdeckungen machen, wenn er nur Zeit dafür hätte. Aber er spielt zu viel mit dem Weinglas, er muß entlassen werden. In Jena bringt Goethe ihn als Gehilfen im optischen Institut unter; auch da tut er nicht gut, er endet im Armenhaus, trinkt, wenn er ein paar Groschen in die Hände bekommt, wird völlig vergessen nach Goethes Tode und erst bei Einweihung des Goethe-Denkmals in Frankfurt 1844 ans Licht gezogen und als Ehrengast eingeladen. In einem alten Rock Goethes fährt er dorthin und sitzt in der ersten Reihe. Man sammelt, verspricht ihm eine kleine Rente, aber ehe die eintrifft, trinkt er sich noch einmal einen gewaltigen Rausch an, geht auf den Wäscheboden des Armenhauses und erhängt sich. Sein Gesicht schien zu lächeln, wie die Leute sagten, die ihn fanden, ein »reinliches, sanft coloriertes Gesicht«. Aus Achtung vor Goethes Namen wird er nicht in die Anatomie gebracht, sondern ordnungsgemäß bestattet.

Auch dies Schicksal gehört zum Goethe-Umkreis, der eben nicht nur sanfte Helle und musterhafte Ordnung ist. Der Sohn trinkt nicht weniger als Stadelmann. Bei aller Unordnung seines Lebens hält er seine Mansardenräume in peinlichster Sauberkeit, »wie eine Schiffs-kajüte«, das »Schiffchen« nennt sie Goethe. August sammelt Napo-leon-Andenken aus Trotz gegen die Weimarer, die ihm seine Rolle im Befreiungskrieg nicht vergessen haben, oder begeistert sich für Schiller aus Trotz gegen den Vater. Er wird von Goethe als Stellver-treter zu offiziellen Gelegenheiten entsandt, in die Freimaurerloge, zu Reden. In Weimar hat er keinen Freund, nur auswärtige Besucher nehmen sich seiner an, bedauern ihn oder finden auch verborgene genialische Züge.

Das Treiben in dem Schiffchen über Goethes Kopfe und im ganzen Hause, der Streit, die Vernachlässigung der Wirtschaft werden oft so unbehaglich, daß der Alte sich einmal in sein Gartenhäuschen flüchten muß für einige Sommerwochen. Da atmet er erst wieder auf. Sinnend wandert er unter den Bäumen, die er vor fünfzig Jahren gepflanzt. Das Rosenspalier ist bis zum Dach hinaufgewachsen und mit Dutzen-den von Vogelnestern besteckt, Hänflinge, Grasmücken verschiede-ner Arten. Goethe schickt den Wagen, der ihn hergebracht, leer zurück und läßt sich zu einer »separat-extemporierten Studenten-wirtschaft« in den fast kahlen Räumen nieder. Er sagt einem Besu-cher: »Wir haben hier in diesem Gartenhause tüchtige Jahre verlebt, und weil es denn mit uns sich auch dem Abschlusse nähert, so mag sich die Schlange in den Schwanz beißen, damit es ende, wo es be-gonnen!« Nach einer Woche schon notiert er ins Tagebuch: »Griff das Hauptgeschäft an und brachte es auf den rechten Fleck.« Das Hauptgeschäft ist der Abschluß des FAUST. Am Abend leuchtet seine Lampe über die Wiese. Ein französischer junger Verehrer, Sohn des großen Physikers Ampère, geht mit Eckermann unten am Fluß vorbei und schaut hinauf und kann sich lange von dem stillen Licht nicht trennen.

Das ist die Stille, und dann muß Goethe zurück in das große laute Haus. Ottilie tobt umher, fällt beim Reiten vom Pferde und zerschlägt sich das Gesicht, ihre Schwester Ulrike stürzt beim unsinnigen Tan-zen auf das Parkett und trägt einen langdauernden Schaden davon; das Personal wird rebellisch und muß gewechselt werden, streitet sich, stiehlt, die Ausgaben wachsen ins Ungemessene. Die Enkel-kinder klettern wie die kleinen Hydrioten an Deck des großen Goe-the-Schiffes umher. Goethe entwirft zwar gerade in seinen WANDER-JAHREN das große Bild einer »pädagogischen Provinz« mit strengster Erziehung, den »drei Ehrfurchten«, die von den Zöglingen in genau bemessenen Ehrfurchtsgebärden und Verneigungen beobachtet werden müssen. Der »größte Respekt wird allen eingeprägt für die Zeit als für die höchste Gabe Gottes und der Natur und die aufmerksamste Begleiterin des Daseins«. Nichts von solchem Respekt herrscht im Hause Goethe. Der Erzieher der Enkel klagt, die Buben wollten des Morgens nicht aufstehen; sie haben auch später ihr halbes Leben im Bett verdämmert. Goethe erklärt, er solle ihnen sagen: Der Großvater will es! Nach ein paar Tagen fragt er nach dem Resultat. – Verlegen meint der Erzieher: er habe es ihnen gesagt, »aber es hat gar nichts geholfen«. Goethe meint »Hm« und wendet sich ab.

Das Schiffchen im oberen Stockwerk schwankt so heftig, daß Goethe noch einen letzten Versuch macht, den Sohn auf eine geradere Bahn zu bringen. Italien! Vielleicht ist eine große Reise die Rettung. August dichtet insgeheim, dem Vater wagt er nichts zu zeigen. Da schreibt er ungelenke und ahnungsvolle Zeilen, er will nicht mehr am Gängelbande gehn, er spricht von seinem zerrißnen Herzen: »Sein Untergang ist sichres Los.« Er faselt einem Freund von außerhalb, lallend und rot vom Wein, vor: »Sie glauben, ich bin betrunken? Ich bins nie, wenn ichs nicht scheinen will! Überhaupt, Ihr kennt mich alle nicht! Für einen wilden, oberflächlichen Gesellen haltet Ihr mich – aber hier drinnen, da ist es so tief! Wenn Sie einen Stein hinabwürfen, Sie könnten lange lauschen, bis Sie ihn fallen hörten!« Mit Eckermann, der als Begleiter so ganz ungeeignet ist und nicht nach Italien will, sondern zurück zu seinen Aufzeichnungen über Goethes Italienreise, wird er auf den Weg gebracht. Er ist reich mit Geld ausgestattet, mit Empfehlungsbriefen. Die deutschen Künstler in Rom warten auf ihn. In der Osteria ›Zur goldnen Glocke‹ am Theater des Marcellus treffen sie sich. Da soll Goethe, der alte, seinem römischen Liebchen verstohlen im verschütteten Wein das Datum der nächsten Zusammenkunft auf den Tisch gemalt haben. Ein grüner Baum steht vor der Halle mit den nackten, schwarzen Steinwänden, den ungehobelten Bänken und Tischen. Der Präses liest die RÖMISCHEN ELEGIEN vor. Sie singen. Sie trinken, auf die Gesundheit des Meisters. Einer von ihnen dichtet, Wilhelm Müller, der Sänger der MÜLLERLIEDER:

»Aus des Lebens vollem Flor,
Aus der Erde tiefem Herzen
Sog er alle Lust und Schmerzen,
Keinen Tropfen er verlor.«

Und diese deutschen Künstler begleiten im November 1830 den Trauerzug, der August von Goethe zur Pyramide des Cestius an der Porta San Paolo bringt, zum kleinen protestantischen Friedhof, wo auch Shelley und Keats ihre Grabsteine haben. »Here lies one whose name was writ in water«, diese Zeilen, die Keats als Grabinschrift für sich bestimmte, könnten weit eher für den unseligen Goethe-Sohn gelten. Ein gnädiges Geschick hat ihn mit einem raschen Fieber aus einem hoffnungslosen Leben entführt; der Obduktionsbefund meldet: »Verwachsungen im Gehirn.« Goethe empfängt die Nachricht gefaßt: »Ich wußte, daß ich einen Sterblichen gezeugt.« Zu Eckermann, der sich zögernd nach Weimar zurückschleicht, nachdem er sich schon in Genua von August getrennt, spricht er kein Wort über den Toten. Ein Blutsturz nur, einige Wochen später, zeugt von der Erschütterung. Aber auch das überwindet der Lebenswille noch einmal. An Marianne schreibt er von dem kommenden Weihnachtsfest für die Kinder, die fröhlich musizieren und spielen, als läge nichts hinter ihnen.

Im Hause jedoch muß der Einundachtzigjährige nun als Hausvater Ordnung machen. Die Wirtschaft ist so sehr in Unordnung geraten, daß ein junger amerikanischer Besucher in seinem Tagebuch vermerkt, die Leibwäsche des großen alten Mannes sei ihm doch nicht sehr sauber erschienen. Goethe fordert die Schlüssel ab, den zum Holzschuppen legt er sich des Nachts unter sein Kopfkissen. Das Brot muß in Zukunft abgewogen und zugeteilt werden. Man tut gut, sich diesen Hintergrund vor Augen zu halten, ebenso wie das Wohnen Wand an Wand mit dem wahnsinnigen Mieter seines Vaters in den Frankfurter Jahren, als Goethe die ersten Szenen seines FAUST schrieb. Er schreibt jetzt die letzten. Ottilie ist keine Hausfrau, wie Goethe gehofft, sie ist auch keine Ehefrau und keine Witwe; sie ist ein Weibchen, hungrig, ruhelos, unbefriedigt, nicht ohne kleine künstlerische Gaben, sie singt gut, liest gut vor, sie redigiert auch eine kleine Hauszeitschrift für den engeren Kreis und ihre jungen englischen Verehrer. Der Titel CHAOS ist symbolisch für ihr ganzes Wesen.

In seinem eignen Bereich hat Goethe sich schon vorher leidliche Ruhe bewahrt und seine stillen Kulte gestiftet. Da ist Marianne in Frankfurt. Briefe, Geschenke gehen hin und her. Er sendet ihr Myrte und Lorbeer mit Versen, als Gedenken seliger Stunden und »zum Symbol eines wie Hatem und Suleika in Liebe und Dichtung wetteifernden Paares«. Sie empfindet das als »Herzstärkung«; ihr Herz braucht viel Stärkung, sie ist oft krank. Es kann ihr kaum ein rechter Trost sein, wenn eines der Gedichtlein beginnt: »Da das Ferne sicher ist, Nahes zu überwiegen«, wenn noch einmal das Scherzwort vom »kleinen Blücher« herangezogen wird, die Verwegenheit, der liebenswürdige Übermut. Sie ist nicht mehr verwegen. Es kommt zu keiner Begegnung mehr.

Goethe kann kein Erlebnis wiederholen, außer im Gedicht. Und so bleiben die beiden bei ihrem mondblassen, sehr traurigen Ritus: Beim Aufgehen des Vollmonds, wie seinerzeit auf der Gerbermühle im Oktober beim Jahrestag der Schlacht von Leipzig, wollen sie aus der Ferne einander gedenken. Von den Feuerbränden auf den Bergen wird nicht mehr gesprochen. Kurz vor seinem Tode sichtet Goethe endgültig die »grenzenlosen Papiere«, die sich um ihn versammelt haben. Er sondert die ihren ab, versiegelt sie und schickt sie ihr zurück, mit der Bitte, sie uneröffnet bis zu unbestimmter Stunde liegenzulassen: Dergleichen Blätter »geben uns das frohe Gefühl, daß wir gelebt haben«.

Ein anderer, mehr literarischer Kult wird Lord Byron gewidmet. Goethe hat ihn zwar nie gesehen, aber es ist auch die Frage, ob eine Begegnung gut abgelaufen wäre; Byron konnte sowohl bezaubernd wie unausstehlich sein. Er verstand auch kein Wort Deutsch, außer ein paar Flüchen wie »Hundsfott« oder »Sakrament«, die er von den Postillionen auf der Straße aufgeschnappt hatte. Aber er wußte vom WERTHER, er hatte die WAHLVERWANDTSCHAFTEN in einer französischen Übersetzung gelesen, und er wußte von Goethes europäischem Ruhm. Er hörte viel von ihm durch Reisende. Der junge Amerikaner George Bancroft, der spätere Historiker, suchte ihn auf; er war als Göttinger Student in Weimar gewesen und hatte sich in seinem Tagebuch etwas über Goethes »Unmoral« notiert, über seine »Prostituierten« als Romanheldinnen; er vermißte jene »Reinheit des Gedankens und Erhabenheit der Seele, die gerade der Dichter hervorbringen soll«. Wenn er sich ebenso zu Byron äußerte, so wird das für den Lord nur eine Empfehlung des großen Unbekannten gewesen sein. Er hörte aber auch von Goethes Vorsicht und sagte zu Bekannten spöttisch etwas über »den alten Fuchs, der nicht aus seinem Bau herauskommt und von da aus moralische Sermone predigt«. Immerhin: Byron beschloß, ihm eines seiner Werke zu widmen, und schrieb eine feierliche Zueignung zu seinem SARDANAPAL; er bezeichnet sich »als literarischer Vasall, der dem ersten aller lebenden Schriftsteller als seinem Lehnsherren seine Huldigung darbringt – ihm, der die Literatur seines eignen Landes geschaffen und die ganz Europas erleuchtet hat«. Das Blatt in Byrons Handschrift wurde Goethe zugesandt, um seine Einwilligung einzuholen. Im Druck erschien die Widmung dann nicht, der Verleger vergaß sie und holte sie in erheblich reduzierter Form bei der Ausgabe von Byrons WERNER nach; eine ganze Komödie der Irrungen mit eingeklebten und vertauschten Titelblättern schloß sich noch an.

Goethe aber war überwältigt, als ihm das Blatt von Byrons Hand, unkorrigiert und mit flüchtigen Verbesserungen, vorgelegt wurde. Das war nicht irgendeine belanglose Dedikation, wie sie ihm sonst zukamen – die Liste der Goethe gewidmeten Werke ist fast durchweg mit sehr dürftigen Namen besetzt. Es war die Anerkennung durch den berühmtesten aller dichtenden Zeitgenossen. Goethe ließ das Blatt sogleich lithographisch faksimilieren und versandte es an

Freunde; bekümmert nur gab er das Original zurück, und zu seiner großen Freude erhielt er es aus Byrons Nachlaß wieder. Er legte es in eine kostbare Saffianmappe zu den anderen Andenken an den Heldenjüngling, dem Abschiedsbrief, den Byron kurz vor seiner Abfahrt nach Griechenland, schon von Bord seines Schoners ›Herkules‹ aus, an ihn gerichtet hatte. Da war von einem Besuch in Weimar die Rede, »wenn ich je zurückkehren sollte«. Es war der letzte Gruß eines Todgeweihten, der sehr wohl wußte, was ihn erwartete bei diesem Abenteuer, denn er kannte Griechenland besser als die Herren der »Philhellenenkomitees«, die ihn entsandten und dann im Stich ließen. Im Grunde war es eine Flucht nach vorn, vor dem Ruhm, der ihm langweilig geworden war, seiner letzten Geliebten, seinem ganzen bisherigen Leben, mit öffentlich zur Schau getragener Schwermut und wahrer Verzweiflung, in ein ganz verzweifeltes Unternehmen mit Bandenhäuptlingen, streitsüchtigen Parteileuten, mit Fieber, Meuterei, Schmutz – und am Fieber und Schmutz ist er denn auch in Missolunghi zugrunde gegangen.

Aber das wurde nun doch ein glorreiches Ende. Die Griechen, so hieß es, hätten ihn zu ihrem König machen wollen. Durch ganz Europa ging eine neue Welle der Begeisterung für das unterdrückte Brudervolk, das mit weiteren Kreuzfahrerexpeditionen befreit werden sollte. Ein deutsches Philhellenenbataillon war schon kurz vor Byrons Tode auf dem Peloponnes gelandet und blutig von den Türken geschlagen worden; die Überlebenden, Jenaer Studenten darunter, flüchteten zurück und erzählten vom Bürgerkrieg der Hellenen untereinander, den Parteien, Verrätereien, dem großen Häuptling Odysseus mit dem klassischen Namen, der sich an die Türken verkaufte, von Bestechung, Grausamkeiten, Feigheit und Verrat, von all den Dingen, die sie nicht erwartet hatten, als sie auszogen und Helenen in jedem Weibe und Leonidas in jedem Klephtenführer zu sehen hofften. Als eine Zeit der »grimmigsten Anarchie« hat Goethe die Kampfjahre der griechischen Unabhängigkeit bezeichnet, und sie waren anarchisch genug wie die Anfangsjahre aller lange unterdrückten Völker.

Er hat diese Kämpfe aufmerksam verfolgt, mit innerer Abwehr und Skepsis. Einige der Führer kannte er, wie Capo d'Istrias, der ihm in Karlsbad begegnet war, damals noch russischer Minister und Diplomat; als er hörte, er sei nun zum Regierungschef des noch sehr unbestimmten Griechenstaates ernannt worden, meinte er: der werde sich nicht halten können, er sei kein Soldat. »Wir haben aber kein Beispiel, daß ein Kabinettsmann einen revolutionären Staat hätte organisieren und Militär und Feldherrn sich hätte unterwerfen können. Mit dem Säbel in der Faust, an der Spitze einer Armee mag man befehlen und Gesetze geben, und man kann sicher sein, daß einem gehorcht werde; aber ohne dieses ist es ein mißliches Ding.« Er sah richtig; Capo d'Istrias wurde im Streit der Häuptlinge und Parteien ermordet.

Diese Bandenkämpfe sagten ihm nichts: Byron war ihm eine faßliche Gestalt. Auch an seinem letzten Unternehmen fand er freilich »etwas Unreines«, das ihn störte und beunruhigte. Aber vieles an Byron sprach ihn als verwandt an oder als Erfüllung eigner geheimer Wünsche, die er nie hatte verwirklichen können. Er las Byron eifrig, versuchte ihn zu übersetzen, zu kommentieren; er las sogar Literatur über den Lord, den dreibändigen Schlüsselroman GLENARVON der Caroline Lamb; er hörte viel über ihn, die ganze Jugend byronisierte, und Ottilie war eine der fanatischsten Anbeterinnen des dämonischen Dichters. In einer Zeit der Windstille, nach dem Fall des wahrhaft großen Dämons Napoleon, sehnte man sich nach etwas Farbe, Abenteuer, Wildheit in einer immer zahmer werdenden Welt. Der Geiger Paganini wurde überschwenglich gefeiert, dem der Teufel selber die Violine gestimmt haben sollte. Und wie ein Komet war der blasse Lord seine Bahn gezogen, ein Virtuose auch er, der dem Publikum seine Teufelstriller und die ergreifende Klage auf seiner G-Saite vorspielte, bis ihm das Instrument vom Schicksal aus der Hand geschlagen wurde. Goethe bewunderte ihn maßlos und hielt ihn für seinen einzigen Pair. In ein kostbares Seidentuch gehüllt, bewahrte er die Blätter auf, die ihm sein Andenken wachhielten, und zeigte sie Auserwählten. Als »Euphorion« in seinem FAUST erhält Byron von ihm das kostbarste Denkmal, das einem neueren Dichter gestiftet worden ist.

Die Vollendung des FAUST wird nun das »Hauptgeschäft« seiner letzten Jahre, und sie ist wohl die größte Leistung, die ein Dichter-Greis vollbracht hat. Beharrlich aber versucht Goethe auch die vielen halbvollendeten und liegengebliebenen Werke noch zu irgendeinem Abschluß zu bringen. Die Lebensgeschichte wird bis zum geplanten Ende gefördert; was nicht mehr im fortlaufenden Bericht gestaltet werden kann, legt er in Fragmenten nieder. Er sieht sich da schärfer im Spiegel, als je einer seiner Kommentatoren ihn zu beschreiben gewagt hat. »Ich habe niemals einen präsumptuoseren Menschen gekannt als mich selber, und daß ich das sage, zeigt schon, daß wahr ist, was ich sage. Niemals glaubte ich, daß etwas zu erreichen wäre, immer dachte ich, ich hätte es schon. Man hätte mir eine Krone aufsetzen können, und ich hätte gedacht, das verstehe sich von selbst. Und doch war ich gerade dadurch nur ein Mensch wie andere. Aber daß ich das über meine Kräfte Ergriffene durchzuarbeiten, das über mein Verdienst Erhaltene zu verdienen suchte, dadurch unterschied ich mich bloß von einem wahrhaft Wahnsinnigen.«

Alles wird ihm fraglich, selbst die geliebte Naturforschung. Nach-

denklich spricht er vor sich hin: »Bey allen meinen Naturforschungen
habe ich nichts weiter gewonnen als die Überzeugung, daß ich nichts
weiß.« Eckermann schreibt es sogleich auf, aber er wagt nicht, das
Wort in sein Buch aufzunehmen. »Hätte ich mich nicht so viel mit
Steinen beschäftigt und meine Zeit zu etwas Besserem verwendet, ich
könnte den schönsten Schmuck von Diamanten haben.« Eckermann
schreibt auf, streicht durch und bringt den Satz dann doch im Anschluß an Goethes Bedauern, er habe so viel Zeit »auf Dinge verwendet, die nicht zu meinem eigentlichen Fache gehörten. Wenn ich be-
denke, was Lope de Vega gemacht hat, so kommt mir die Zahl meiner poetischen Werke recht klein vor. Ich hätte mich mehr an mein
eigentliches Metier halten sollen.«

Nun, auch im eigentlichen Metier liegt genügend vor. Goethe will
das in einer großen AUSGABE LETZTER HAND zusammenfassen und
ordnen. Das soll sein Testament werden, in vierzig Bänden, mit weiteren zwanzig für den Nachlaß. Es soll zugleich das erste Beispiel
dafür werden, daß ein deutscher Autor auch die Früchte seiner Arbeit einheimst und nicht nur die Nachdrucker beschäftigt. Seine sehr
umsichtigen Verhandlungen, die das große Unternehmen nach allen
Seiten hin durch Privilegien sichern sollen, geben auch ein Bild der
politischen Lage. Da hat man in Wien mit viel Mühe einen *Deutschen
Bund* zusammengezimmert, ein sehr loses, schwankendes Gerüst,
eigentlich nur eine ständige Konferenz mit Frankfurt als Tagungsort.
Exekutivgewalt hat dieser »Reichs-Ersatz« nicht, er kann nur beraten
und empfehlen, und die größeren Staaten unter den Teilnehmern
kümmern sich sowenig darum wie seinerzeit um die Beschlüsse des
Reichstags zu Regensburg. Goethe muß daher jeden einzelnen Bun-
desstaat angehen. Er spannt alle seine weitreichenden Verbindungen
ein, bittet, lobt, verhandelt zäh mit fast einem Dutzend der verschiedensten Verleger, fordert die gewaltige Summe von hunderttausend
Talern Honorar und erteilt schließlich Cotta, der sich schon bewährt
hat, den Zuschlag mit sechzigtausend. Es ist fast eine Auktion, und
sie zeigt Goethe zu seiner Befriedigung den weiten Umkreis seiner
Geltung, das weite Goethe-Reich, das er sich aufgebaut hat. Es ist
größer als der *Deutsche Bund* und dauerhafter.

Ein eigner Redaktionsstab wird für das Unternehmen geschaffen;
ein Altphilologe Göttling ist die Hauptautorität für Rechtschreibung,
die eigentliche »letzte Hand« hat der Korrektor der Cottaischen
Druckerei in Augsburg. Goethe überwacht das Ganze, nimmt gelegentlich einmal Korrekturbogen zur Hand und bessert aus, was dann
oft wieder rückgängig gemacht wird, und läßt im übrigen den Dingen
ihren Lauf. Nur die Einteilung hat er sich entschieden vorbehalten. Er
wünscht keine chronologische Ordnung. Der ganze Goethe, Altes
neben Neuestem, soll vor das Publikum treten. Seine Arbeiten, so

erklärt er ausdrücklich, »sind Erzeugnisse eines Talents, das sich nicht stufenweis entwickelt und auch nicht umherschwärmt, sondern gleichzeitig, aus einem gewissen Mittelpunkt, sich nach allen Seiten hin versucht und in der Nähe sowohl als der Ferne zu wirken strebt, manchen eingeschlagenen Weg für immer verläßt, auf andern lange beharrt«.

Die vierzig Bände der WERKE hat Goethe noch auf seinem Schreibtisch gesehen: »Ich dacht es nicht zu erleben«, sagte der Achtzigjährige. Der erste Band der Nachlaßreihe brachte dann nach seinem Tode den Zweiten Teil des FAUST, Teile des Lebensberichtes, die naturwissenschaftlichen Schriften, viele Nachträge zu den Gedichten und anderes. Auf das eigentümlichste wird in diesem ganzen »Testament« und Monumentalwerk sein Gefühl für Ordnung und Gestaltung verwirrt und vermengt mit sehr zeitlichen Wünschen: Das Publikum soll im Nachlaß noch mit bedeutenden und unbekannten Arbeiten bekannt gemacht werden, damit das Interesse nicht erlahmt; manches wird auch von der Kanzlei erst aus dem Archiv herausgezogen, anderes schon als »Vorankündigung« für Späteres in die früheren Arbeiten eingeschoben. Es entsteht ein sehr unharmonisches Gebilde, das man bald nach Goethes Tode neu ordnen muß. Man hat dann, aus falschverstandenem Respekt, versucht, Goethes LETZTER HAND in der großen wissenschaftlichen Ausgabe von 1885 zu folgen; das zog sich bis 1919 hin und ergab in 143 Bänden ein Allerletztes an Unübersichtlichkeit und halbherzigen Kompromissen.

Aber das hat die gewaltige Wirkung nur wenig gehindert. In kleinen, handlichen Bänden, nicht besonders schön oder sorgfältig gedruckt, im Taschenformat, gingen Goethes Werke in die Lande; Cotta hatte auch eine größere, schönere Parallelausgabe veranstaltet, aber die kam nur in wenige Hände. Die Taschenausgabe war fortan »der Goethe« für die allermeisten Leser. Aus ihr nahmen sich die Liederkomponisten ihre Texte. Goethes Wort aus seiner Jugend – »Nur nicht lesen, immer singen, / Und ein jedes Blatt ist dein!« – wird dann Wirklichkeit, und das deutsche Lied, von Schubert bis zu Hugo Wolf, ist zu einem sehr wesentlichen Teil Goethe-Lied. Die Ästhetiker griffen sich die Bändchen über Kunst und Literatur heraus, die Forscher die verschiedenen Frühstadien und Bearbeitungen, das deutsche Bürgerhaus hatte nun seinen »vollständigen Goethe« im Schrank, und zuweilen wurde er auch gelesen.

Für diese Ausgabe hatte Goethe auch nach vielen Anläufen versucht, seinen WILHELM MEISTER zu vollenden, und es wird ebenso ein Letztes an Weisheit und Unordnung. Das bunte Leben, das seinen ersten Roman so reich machte, wird nun in den WANDERJAHREN ausgeschaltet, die nicht bunt sind, sondern bewußt und bis zur Hartnäckigkeit grau, farblos, ja vielfach düster. Vom Wandern ist eigentlich nicht die Rede, jedenfalls nicht in dem romantischen Sinne, den gerade die Zeit so liebte und in Wanderliedern verherrlichte. Goethes Gestalten ziehen umher, sie wechseln den Schauplatz, aber jede Unbefangenheit, jeder Übermut, jedes fröhliche Schweifen ist ihnen untersagt. Sie haben strengen Absichten zu dienen und zu entsagen, ›Die Entsagenden‹ lautet der Untertitel. Sie sollen erzogen werden, und eine »pädagogische Provinz«, eine Erziehungsutopie, ist das Hauptstück des Buches. So viel Goethe aber da Disziplin und Zucht predigt, sein Buch ist das wahre Gegenbeispiel. Es ist lässig zusammengestellt, aus Novellen oder Erzählungen, die schon früher veröffentlicht und für eine andere Sammlung bestimmt waren, einige von hohem Wert, andere dürftig. Goethe hat sich das Handexemplar seiner ersten Fassung mit blauem Papier durchschießen lassen für Nachträge und Ergänzungen, und Eckermann bringt sie aus den Schubladen herbei. Das Blau des Papiers scheint überall durch und wird vielfach gar nicht ausgefüllt. Maximen, Reflexionen, Gedichte sind eingestreut. An seinen früheren Gestalten hat Goethe jede Lust verloren; sein Wilhelm, der dem Roman den Titel gibt, verschwindet fast völlig, die charmante Philine wird sogar, wie in einer späteren Rache an der Figur, die ihn schon in den LEHRJAHREN beunruhigt hatte, zur biederen Hausfrau mit dem Strickstrumpf erniedrigt. Andere Figuren verblassen völlig zu Schemen und Allegorien oder verwirren sich, bis der Autor selber sich nicht mehr herausfindet und die Fäden fallen läßt. Gelassen macht er dann eine redaktionelle Bemerkung an sein Publikum, das sehen mag, was es damit anfangen kann.

Goethe ist aber auch ein großer Zauberer und liebt das Spiel. Mit seinen Enkelkindern Wölfchen und Walter treibt er mit großem Vergnügen Taschenspielerkünste. Ein »magisches Quodlibet«, Zauberquadrate, Zusammensetzspiele werden beschafft; Marianne besorgt ihm einen solchen Wunderkasten aus Frankfurt. Ein Taschenspieler, mit dem Ehrennamen Professor bedacht, wird eingeladen und erhält die Verse dediziert: »Bedarfs noch ein Diplom, besiegelt? / Unmögliches hast du uns vorgespiegelt.«

Ein solches magisches Spiel ist Goethes Utopie, ein »Glasperlenspiel«, wie es Hermann Hesse, von Goethes WANDERJAHREN ausgehend, nachzuspielen versucht hat. Goethe geht von einem Märchentraum aus. Sein Märchen von der NEUEN MELUSINE, das ihn von Jugend auf beschäftigt hat, steht in der Mitte des Buches. Er will es schon in Sesenheim den Mädchen vorgetragen haben, und damals hatte es vielleicht geheimen Sinn. Melusine ist kein Wasserwesen mit einem Fischschwanz, sondern ein Zwergenweibchen aus der Pygmäenwelt, und von ihr in einen noch so reizenden Liliput-Haushalt eingesperrt zu werden, ist sein Angsttraum, wie der vom dunklen Ehe-Sack, der ihn in Leipzig peinigte. »Wie schrecklich ward mir zumute, als ich von Heirat reden hörte«, sagt der Held des Märchens, den die Kleine in ihre Enge lockt. Er feilt sich den Ehering, der ihn gefangenhält, heimlich ab und wächst endlich wieder hinauf in seine vorige Größe, wie er es erträumt hatte: »Ich hatte ein Ideal von mir selbst und erschien mir manchmal im Traum wie ein Riese.« Der uralte Riese Goethe träumt noch einmal einen Traum. Er möchte die Miniaturwelt, in der er leben muß, umgestalten. Er will Weisheit lehren, das Lehrhafte ist immer sehr stark in ihm gewesen, und schon der blutjunge Student wollte seine Schwester oder ihre törichten Freundinnen unablässig erziehen. Im praktischen Leben hat er damit selten, wenn je, Glück gehabt, weder mit seinen Weimarer Zöglingen noch mit dem eignen Sohn. Er will in die Weite wirken, auf die künftigen Generationen, eine künftige Gemeinschaft, denn nun ist nicht mehr die Einzelpersönlichkeit, wie in den LEHRJAHREN, sondern die Gemeinschaft das Ziel. Es ist keine aristokratische Gesellschaft mehr, sondern sie soll tätig, bescheiden, praktisch zugreifend sein; sein Held Wilhelm, dem in den LEHRJAHREN noch einer der geheimnisvollen Oberen den Adelstitel zugebilligt hatte, soll Wundarzt werden. Von einem weiteren Zusammenschluß zum Staat ist freilich nicht die Rede: Auch hier kann sich Goethe nur eine kleine Gruppe denken, eine Schar verbündeter, gleichgestimmter Seelen, die auszieht, um sich irgendwo Neuland zu erobern, in Amerika zum Beispiel; die längstvergangene Geliebte Lili wollte einmal so mit dem jungen Goethe auswandern in die Neue Welt. Die Erziehung dieser kleinen Gruppe wie überhaupt der Menschen zu solchem entsagungsvollen, praktisch-tüchtigen Leben denkt Goethe sich in seiner Utopie der »pädagogischen Provinz« aus, und es ist nicht Zufall, daß er gerade das Wort »Provinz« dafür wählt. »Irgendwo« und nirgends liegt diese Gegend, wie in jeder Utopie. Riemer hat, aus lebendiger Erinnerung an Goethes Gespräche, dazu gemeint: »Der durchaus lehrsüchtige Deutsche« habe darin reale Vorschläge für eine Art Landerziehungsheim erblicken wollen. Es gebe aber auch eine »Durchsichtigkeit, ein Ein- und Durchdringen der Beziehung zu dem Künstler, die ihn während der Arbeit fähig macht, sich mit heiterem Humor über seine eigne Darstellung zu ergehen«.

Nur auf diese Art, wenn auch wir mit einigem Humor Goethes Bilder betrachten, ist diese Provinz eigentlich erträglich. Das Theater, einst die »Sendung«, wird den Zöglingen schlicht verboten: »Das Drama setzte eine müßige Menge, vielleicht gar einen Pöbel voraus, dergleichen sich bei uns nicht findet«, sagt der Vorsteher, »denn solches Gelichter wird, wenn es nicht selbst sich unwillig entfernt, über die Grenze gebracht.« Theater ist Gaukelei und unvereinbar mit dem ernsten Zweck dieser Erziehungswelt. Plato, mit dem ein Zeitgenosse Goethe alsbald verglich, zur Freude des alten Meisters, hat ähnlich freudlos den Homer aus seinem schrecklichen Zukunftsstaat verbannt. Die Phantasie selbst, als »vages, unstetes Vermögen«, soll nach Möglichkeit ausgeschaltet werden: Strenger Fingersatz wie beim Klavierüben, keine »Originalität und Selbständigkeit« werden empfohlen. Zucht, Ehrfurcht sind in vorgeschriebenen Verbeugungen und Gesten zu üben, Respekt »sogar vor dem, was man konventionell nennen könnte – denn was ist dieses anders, als daß die vorzüglichsten Menschen übereinkamen, das Notwendige, das Unerläßliche für das Beste zu halten«. Es gibt kaum eine polare Umkehrung alles dessen, was Goethe, der junge, der feurige Schöpfergeist, oder auch noch der Mann getan, gedacht und erhofft hat, die hier nicht vorgenommen würde. Auch Christus, dem er immer so fern gewesen ist, wird in seinen Plan eingefügt als ein tätiger Christus, der leidende soll ausgeschaltet werden; das Kreuz hat in dieser Anstalt keine Stätte, »wir ziehen einen Schleier über diese Leiden«.

Ein Schleier liegt über dem ganzen Buch und seinen Gestalten, die keine Gestalten mehr sind, sondern nur noch Figuren mit Spruchbändern wie auf alten Tafelbildern, Goethes Ansichten verkündend und nicht ihr eignes Leben lebend. Das Werk hat kein Ende, nur einen Abschluß: Wilhelm, der Wundarzt, rettet seinen Sohn Felix vor dem Ertrinken; ein neues Leben mag jenseits des Romans beginnen, wie für die anderen Auswanderer. Gezeigt wird das Gemeinschaftsleben nicht: Es ist eine Lehre, eine Forderung oder Absicht und damit jedem zum Weiterdenken überlassen, wie Goethe es dann selber sagt. »Schon Goethe«, wird es dann heißen, habe gewußt, was uns bevorstand, wenn er etwa von drohendem Unheil der Industrie spricht. Er hat das nicht »gewußt«, und von Industrie war ihm, der im ländlichen Weimar lebte, kaum je etwas vor Augen gekommen. Er hat geahnt, gedeutet und übrigens auch das Modell der ersten Eisenbahn in seine Sammlungen gestellt. Er hat vieles in diesem Buch niedergelegt, von dem man eher meinen könnte: »Noch Goethe hat gesagt...« Er steht an der Wasserscheide der Zeiten, und oft empfindet er, daß mit seinem Leben eine ganze Epoche vorbei ist, die nicht wiederkommen wird.

Das Echo auf dieses Werk ist denn auch sehr zwiespältig und verworren. Gerührt und ergriffen begrüßt er aber jede Anerkennung, die das schwierige und undankbare Buch bei sinnigen Lesern gefunden hat. Er sieht darin tätige Mitarbeit: Sie lassen nicht nur das gelten, was er geleistet hat, sondern verleihen ihm noch »aus eigner holder Fruchtbarkeit höhere Bedeutung und kräftigere Wirkung«. Er freut sich, das Problem seines Lebens, »an dem ich selbst wohl noch irre werden könnte, vor der Nation so klar und rein aufgelöst zu sehen, wobei ich mich denn auch über manches Zweifelhafte belehrt, über manches Beunruhigende beschwichtigt fühle«.

Er fügt diesen Betrachtungen ein »Lebenslied« an, von der Mitternacht, deren Glockenzeichen ihn von Kindheit an begleitet hat bis zur Lebenshöhe. Nachdenklich wiederholt er das dunkel klingende Wort immer wieder am Schluß jeder Strophe. Es mahnt ihn an eine letzte Mitternacht, die nun heranrückt.

Faust

Das große Wunder der letzten Lebenszeit Goethes ist die Vollendung des FAUST. Es gibt manche Beispiele für große Schöpferkraft noch im höchsten Alter: Sophokles, der als fast Neunzigjähriger das letzte seiner 125 Stücke, den ÖDIPUS AUF KOLONOS, schreibt; Verdi, der mit achtzig seine erste komische Oper schafft; die Maler besonders, die das Öl und das Atelier zu konservieren scheint: Monet mit seinen Phantasien über die Wasserlilien seines Gartens, den Visionen des alten Goethe so nahe, Frans Hals, der als Vierundachtzigjähriger die Vorsteher des Altershauses malt, mit Greisenfarben ohne das leiseste Bunt. Goethe zitiert gerne Tizian, der nach der Legende fast hundert wurde, und meint, er habe schließlich den Samt nur noch symbolisch gemalt, »die Idee des Samtes«, was seine Bedeutung für Goethes eigne Arbeit am FAUST hat.

Als einen Hundertjährigen hat er seinen Faust sterben lassen. Goethe mag geglaubt haben, er könne ein solches Alter erreichen. Aus dem Kreis seiner Verehrer kamen ihm Stimmen zu, die das erhofften, so vom romantischen Bayernkönig Ludwig I. Heiter bewegt erinnert Goethe sich dabei an Ninon de Lenclos, die große Liebende. Die sei neunzig geworden, »nachdem sie bis in ihr achtzigstes Hunderte von Liebhabern beglückt, und zur Verzweiflung gebracht«. Er scheut solchen Vergleich keineswegs. Die großen Liebenden und Sünderinnen der kirchlichen Tradition stehen in dem Reigen, der Faust im Himmel begrüßt. »So herrsche denn Eros, der alles begonnen«, singen seine Sirenen. Das »Ewig-Weibliche« ist das Schlußwort.

Verwegen scherzt er auch im Leben über das Sterben. Sein alter Freund Sömmering, mit dem er Gedanken über die FARBENLEHRE ausgetauscht hat, ist gestorben: »75 Jahre alt!« murrt Goethe, »was für Dummköpfe sind doch die Menschen, daß sie nicht den Mut haben länger auszuhalten als das!« Er lobt sich dagegen Bentham, den »großen radikalen Narren – der hält sich gut, und ist noch einige Wochen älter als ich«. Jeremias Bentham ist für ihn ein Narr mit seinen radikalen Ideen für Parlamentsreform, seiner Nützlichkeitslehre vom »größten Glück der größtmöglichen Zahl von Menschen«. Aber er hört mit Behagen, daß der Mann erzgesund ist, stämmig, nie einen Tag krank bis zu seinem Tode, der dann in das gleiche Jahr wie das Ende Goethes fällt.

Goethe denkt nicht an den Tod. Um ihn her ist es leer geworden, auch die Mitglieder des nächsten Kreises sind gestorben, Karl August, Luise; die Dichter seiner Generation sind längst dahingegangen, auch die jüngeren schon, Kleist, Novalis, Byron. Die großen Musiker sind jung gestorben: Mozart, Schubert, Weber. Sie alle mußten »ruiniert« werden, wie er zu Eckermann sagt. Sie hatten ihre Sendung erfüllt. Es war Zeit, daß sie gingen, »damit auch anderen Leuten in dieser auf eine lange Dauer berechneten Welt noch etwas zu tun übrig bliebe«. Die Leiche Schillers, des vor dreißig Jahren Verstorbenen, ist ausgegraben worden, um feierlich in der Gruft beigesetzt zu werden, die für Goethe schon bereitsteht. Er hat seinen Schädel in der Hand gehalten, die »dürre Schale«, und sich an der Form entzückt, »als ob ein Lebensquell dem Tod entspränge . . . Ein Blick, der mich an jenes Meer entrückte, / Das flutend strömt gesteigerte Gestalten«. Steigerung, auch über das leibliche Ende hinaus, ist sein Lebensprinzip. Für seinen Faust wählt er beim Ende das Bild der kirchlichen Tradition: »Der Schluß war schwer zu machen«, sagt er zu Eckermann; er hätte sich leicht im Vagen verlieren können, »wenn ich nicht meinen poetischen Intentionen durch die scharf umrissenen christlich kirchlichen Figuren und Vorstellungen eine wohltätig beschränkende Form und Festigkeit gegeben hätte«. Für sich selber lehnt er jedoch die Vorstellungen kirchlich Gläubiger ab, mit Spott: das sei etwas für solche, die hienieden nicht zum besten weggekommen sind, oder frömmelnde Weiber. Die haben ihn oft genug examiniert, wie Gretchen den Faust: Wie hast du's mit der Religion? »Ich ärgerte sie aber, indem ich sagte: es könne mir ganz recht sein, wenn nach Ablauf dieses Lebens uns ein abermaliges beglücke, allein ich wolle mir ausbitten, daß mir drüben niemand von denen begegne, die hier daran geglaubt haben.« Auch eine ewige Seligkeit mit einem ewigen Gretchen zusammen wäre ihm sicherlich höchst fatal gewesen. Zu Müller meint er: »Ich muß gestehen, ich wüßte auch nichts mit der ewigen Seligkeit anzufangen, wenn sie mir nicht neue Aufgaben und Schwierigkeiten zu besiegen böte.« Für Aufgaben ist noch gesorgt: »Wir dürfen nur die Planeten und Sonnen anblicken, da wird es noch Nüsse genug zu knacken geben.« Und zu Eckermann sagt er: »Die Überzeugung unserer Fortdauer entspringt mir aus dem Begriff der Tätigkeit; denn wenn ich bis an mein Ende rastlos wirke, so ist die Natur verpflichtet, mir eine andere Form des Daseins anzuweisen, wenn die jetzige meinen Geist nicht ferner auszuhalten vermag.« Man kann es nicht stolzer und vermessener ausdrücken.

Als eine fortwirkende Krafteinheit sieht er sich, als eine unzerstörbare. Er benutzt dafür den philosophischen Ausdruck *Entelechie*, der von Aristoteles stammt und den er für sich umbildet, denn auch in seinen Begriffen herrscht das Gesetz der Metamorphose. Das *telos*, das Ziel, ist ihm das Wesentliche an diesem Wort, ein unendliches Ziel, zu dem die einmal geprägte Form hinstrebt. Von Leibniz nimmt er den Begriff der *Monade*; darunter versteht er »die Hartnäckigkeit des Individuums, und daß der Mensch abschüttelt, was ihm nicht gemäß ist«. Diese hartnäckig sich bewahrende Einheit ist unsterblich: »Ich zweifele nicht an unserer Fortdauer, denn die Natur kann die Entelechie nicht entbehren; aber wir sind nicht auf gleiche Weise unsterblich, und um sich künftig als große Entelechie zu manifestieren, muß man auch eine sein.«

Das sind nun philosophische Fachausdrücke, frei, sehr frei benutzt. Aber Philosophie war auch für Goethe eigentlich etwas, für das er »kein Organ besaß«, wie er sagte. Unmutig wendet er sich ab, wenn man ihm aus Berlin vertrauensvoll Werke der Hegelschen Schule zusendet, die nun die beherrschende geworden ist: »So viel Philosophie, als ich bis zu meinem seligen Ende brauche, habe ich noch allenfalls im Vorrat, eigentlich brauche ich gar keine.«

Es wird dann Aufgabe der Philosophen sein, den philosophischen Grundgehalt des FAUST in ihrer Sprache zu erörtern. Die Theologen werden sich mit dem Problem der Gnade beschäftigen, ebenfalls in ihrer Sprache. Der Jurist wird die Frage untersuchen, ob Faust seine Wette verloren hat, und anderer Meinung sein als sein Kollege, »car tel est son métier«. Die literarische Forschung wird den sechzig Jahre dauernden Werkprozeß verfolgen, die vielen Sprünge, Unstimmigkeiten und Lücken zeigen, die sich nicht leugnen lassen, und versuchen, sie zu überbrücken. Es sind subtile Untersuchungen darunter, Goethes würdige, und biedere Fleißarbeiten. Noch andere werden sich einmischen. Man wird eingängige und problematische Formeln vom »faustischen Menschen« aufstellen, der den »gothischen Menschen« ablöste oder auch mit ihm identisch sein sollte. Sozialkritische Studien werden folgen.

Wir wissen nicht, was Bach mit seinem WOHLTEMPERIERTEN KLAVIER »beabsichtigte«. Wir wissen nicht, was Goethe mit dem FAUST »beabsichtigte«, er selber hat es ausdrücklich abgelehnt, das zu sagen. Es ist eine Dichtung. Zornig sagt er zum Kommentator Schubarth, der herumrätselt und eigne Lösungen erdenkt: »Wie ich meinen Faust abgeschlossen habe, sollten Sie dem Dichter überlassen!« Schubarths Versuche seien durchaus »prosaisch-wirklich«, die seinen »poetisch-symbolisch«.

Das Poetisch-Symbolische ist vieldeutig, und das ist von Goethe, wenn überhaupt von Absichten die Rede sein soll, beabsichtigt. »Inkommensurabel« soll eine Dichtung sein, so erklärt er immer wieder. Orphische, sibyllinische Sprüche, Weissagungen, »geheim Orakelsprüche« – das ist die Form, in der er sich im Alter auszudrücken liebt oder auch zu dichten »geruht«, wie Rilke mit einem hübschen Wort gesagt hat. Er wendet schon im MÄRCHEN oder in der NOVELLE genannten Legende die vielfältig deutbare Form bewußt an. Es fehlt auch nicht an einem Auguren-Lächeln, das er mit Schiller getauscht hat und für das er später nur selten einen ebenbürtigen Partner fand. Goethe glaubt aber vor allem an die Intuition, bei diesem Werk mehr als bei allen andern, den glücklichen Einfall, das *Aperçu*, wie er es bei seinen naturwissenschaftlichen Arbeiten nennt. In der Jugend hieß es Dumpfheit, unbewußtes Ahnen. Es war die heilige Besessenheit des Sehers, der Pythia der Antike, die auf dem Dreifuß über der Felsspalte saß, umwogt vom Nebel aus den tiefsten Erdgründen.

In FAUST II wird dieser Dreifuß zum Gleichnis für dichterische Schöpferkraft. Ehe Faust Helena beschwören kann, muß er zu den »Müttern« hinabsteigen, die im tiefsten Grunde weilen, »die einen sitzen, andre stehn und gehn, wie's eben kommt«; Goethe verwendet die allerlässigste Form des Satzes für das geheimnisvolle Bild: »Gestaltung, Umgestaltung, / Des ewigen Sinnes ewige Unterhaltung, / Umschwebt von Bildern aller Kreatur.« Der glühende Dreifuß steht dort. Faust soll ihn mit dem Schlüssel berühren, den Mephisto ihm übergibt, der wird die rechte Stelle wittern. Der Dreifuß schließt sich dem Schlüssel an, er folgt als »treuer Knecht«, was sich sinnlich nicht leicht vorstellen läßt; es ist eben ein Symbol, ein Zeichen, fast eine Chiffre, und es wäre für einen surrealistischen Maler ein leichtes, das zu zeichnen. Er schließt sich an wie das Eisen an den Magneten, Pol zum Pol, und mit diesem magischen Zeichen kann sich der Weihrauchnebel in Götter verwandeln lassen, wird Helena aus der Vergangenheit ans Licht gehoben. Faust wird sie erwecken sich zur Unterhaltung. Weder Zeit noch Ort ist für diese Mütter angegeben, und vergeblich versucht man sie nun zu lokalisieren oder begrifflich zu bestimmen, etwa als »Ur-Phänomene« oder Verwalterinnen des »Typus«. Goethe, von Eckermann befragt, verweigert denn auch jede Auskunft, blitzt ihn nur mit großen Augen an und zitiert seine eignen Verse: »Die Mütter, Mütter, 's klingt so wunderlich...« Er gibt dem Schüler dann doch einen Hinweis: beim Plutarch habe er da etwas gefunden und umgestaltet. Zum Plutarch nun! Da steht aber nur, daß eine Stadt in Sizilien berühmt gewesen sei durch Göttinnen, die als »die Mütter« verehrt wurden. Eine andere Stelle wird ausfindig gemacht, im Dialog über den Niedergang der altberühmten Orakel. Da wird über die Anzahl der möglichen Welten disputiert, Zahlenmystik und Geometrie getrieben, und einer berichtet nach einem Gewährsmann »von weither« von einem sehr seltsamen Modell des Kosmos: Ein ungeheures Dreieck wird vorgestellt, an jeder der Seiten hängen 60 Welten, an den Spitzen noch 3, also 183 Welten insgesamt, die alle sich wie in einem sanften Tanz bewegen. Im Innern des Dreiecks jedoch, dem »Feld der Wahrheit«, liegen unbewegt die Vorbilder aller Dinge, die waren und sein werden – dreifach bezeichnet mit den unübersetzbaren griechischen Wörtern *logoi, eide* und *paradigmata* –, und ringsherum ist die Ewigkeit, aus der die Zeit wie ein überfließender Strom den Welten zugetragen wird. Das mag dann »von weither« zu vielen Deutungen Anlaß geben, die immer tiefer zu den »Müttern« hinabsteigen wollen. Mephisto aber sagt in einer von Goethes großartigsten Umkehrungen, ehe er Faust zum »allertiefsten« Grunde hinabfahren läßt: »Versinke denn! Ich könnt auch sagen: steige!«

Das fast ängstliche Schweigen Goethes auf die Frage des Schülers hat aber noch eine andere Bedeutung. Das Wort »Mütter« trifft Faust immer »wie ein Schlag«. Er mag es nicht hören, so wie Goethe von seiner Mutter eigentlich nichts hören will. Er will an seinen Ursprung gar nicht erinnert werden. Er will nicht erstarren, so läßt er es auch seinen Faust sagen. Mutter – das ist das Beharrende, Unwandelbare, so wie seine Mutter eine Unveränderliche ist, eine »geprägte Form«, die sich zu ihrem eignen Ziel hin entwickelt hat. Goethe schaudert davor, hinabzusteigen zum Urgrund. »Das Schaudern ist der Menschheit bestes Teil.« Dieser Mutterschoß ist das Dunkel, aus dem er kam. Er will jedoch hinauf zur Helligkeit. Und so läßt er Mephisto auch an dieser Stelle das Wort vom »Steigen«, vom »Hinauf« sagen.

Wir deuten das nur an und haben es hier mit Goethes Leben zu tun. Schauder, geheime Scheu, wie sie Fausten erfaßt bei diesem Erweckungsvorgang, hat auch ihn vor diesem Werk immer wieder gepackt, ihn immer wieder zögern lassen. Oft hat er sogar daran gedacht, dies Hauptwerk gänzlich aufzugeben oder es zu begraben, zu »bestatten«. Er schreibt einmal eine ABKÜNDIGUNG, erklärt den ganzen Ersten Teil für Barbarei, ein Begriff, den er sich zusammen mit Schiller geschaffen hat, um alles zu bezeichnen, was nicht griechisch-antikisch ist. Im »Wirrwarr des Gefühles« sei das entstanden, nun sei er zur Klarheit vorgedrungen, und damit soll der »beschränkte Kreis mit seinen Zaubereien« geschlossen werden. Auch Mephisto, der böse Geist, Freund und Feind zugleich, soll verschwinden. Aber das Werk ist stärker als alle solche ästhetischen Theorien, und auch die Gestalt Mephistos wird er nicht los bis zum Schluß. Das Werk meldet sich immer wieder, mit neuen Bedenken und neuer Schöpfungslust.

Der Ruhm des Werkes ist ebenfalls ständig gewachsen. Da ist es nun, ein »reiches, buntes und so höchst mannigfaltiges Leben«, und nun kommen sie, noch ehe der Zweite Teil veröffentlicht ist, und fragen unablässig. »Was sind doch die Deutschen für wunderliche Leute«, meint er zu Eckermann, »sie machen sich durch ihre tiefen Gedanken und Ideen, die sie überall suchen und hineinlegen, das Leben schwerer als billig. So habt doch endlich einmal die Courage, euch den Eindrücken hinzugeben, euch ergötzen zu lassen, euch rüh- ren zu lassen, euch erheben, ja auch belehren und zu etwas Großem entflammen und ermutigen zu lassen! Aber denkt nicht nur immer, es wäre alles eitel, wenn es nicht irgend ein abstrakter Gedanke und Idee wäre! Da kommen sie und fragen, welche Idee ich in meinem Faust zu verkörpern gesucht. Als ob ich das selber wüßte und aus- sprechen könnte. Vom Himmel durch die Welt zur Hölle – das wäre zur Not etwas; aber das ist keine Idee, sondern Gang der Handlung. Und ferner, daß der Teufel die Wette verliert, und daß ein aus schwe- ren Verirrungen immerfort zum Besseren aufstrebender Mensch zu erlösen sei: das ist zwar ein wirksamer, manches erklärender guter Gedanke, aber es ist keine Idee . . .« Nein: »Je inkommensurabler und für den Verstand unfaßlicher eine poetische Produktion, desto bes- ser!«

Der Symbolismus zu Ende des 19. Jahrhunderts hat dann mit Mallarmés bekanntem Satz, Gedichte würden nicht aus Gedanken, sondern aus Wörtern gemacht, Goethes Auffassung weitergeführt. Paul Valery hat das als Schüler des Meisters noch ausdrücklicher for- muliert: »Meine Verse haben den Sinn, den man ihnen verleiht. Es ist ein Irrtum, konträr dem Wesen der Poesie, und unter Umständen tödlich für sie, wenn man verlangt, daß jedem Gedicht ein wirklicher Sinn (un sens véritable) entsprechen solle.«

Der FAUST hat den Sinn, den der Betrachter ihm verleiht. Goethe selber distanziert sich immer sehr bald von seinen Werken. Den WERTHER liest er ein Menschenalter nicht wieder, HERMANN UND DOROTHEA gefällt ihm besser in lateinischer Übertragung, sein FAUST I in französischer Fassung. In dieser »alles erheiternden Sprache« er- scheint ihm sein Gedicht »schon um vieles klarer und absichtlicher«. Man lobt ihn im Pariser GLOBE, und Goethe übersetzt den Artikel, aber er macht alsbald seine Vorbehalte. Warnend wird noch einmal die antike Mythologie als Beispiel hochgehalten. Die ist mehr zu emp- fehlen »als das häßliche Teufels- und Hexenwesen, das nur in düste- ren ängstlichen Zeitläuften aus verworrener Einbildungskraft sich entwickeln und in der Hefe menschlicher Natur seine Nahrung finden konnte. Freilich muß es dem Dichter erlaubt sein, auch aus einem solchen Element Stoff zu seinen Schöpfungen zu nehmen, welches Recht er sich auf keine Weise wird verkümmern lassen.«

Dieses Sichentfernen vom Geschaffenen kann bei Goethe bis zur völligen Entfremdung gehen. Der Erste Teil des FAUST erlebt 1819 seine erste Aufführung, im Schloß Monbijou zu Berlin, im Liebhaberkreis. Fürst Radziwill, musikalischer Dilettant, der einen kultivierten Salon unterhält, hat die Musik komponiert. Goethe steuert für diese kantatenhafte Fassung »Verbesserungen« für den Text bei. Für ein Libretto, so schreibt er einmal an seinen Liederkomponisten Reichardt, müsse man »alles poetische Gewissen, alle poetische Scham nach dem edlen Beispiel der Italiener ablegen«. Und so läßt er den Chor, in zwei Halbchöre geteilt, bei der Unterzeichnung des Paktes singen:

> »Wird er schreiben?
> Er wird schreiben.
> Er wird nicht schreiben.
> Er wird schreiben.«

Und als Mephisto zum neuen Lebenslauf »gratuliert«, tönt der Chor nach:

> »Hinaus! Hinauf!
> Kühn und munter.
> Sind wir einmal oben drauf
> Gehts wieder hinunter.«

Jeder würde das für Zusätze des fürstlichen Dilettanten halten, wenn es nicht ausdrücklich als Goethes Arbeit belegt wäre. Wir zitieren diese Zeilen nicht als unfreiwillige Selbstparodie – die es auch bei Goethe gibt –, sondern um seine Einstellung dem Publikum gegenüber zu zeigen: »Das wird so etwa das sein, was sie da in Berlin bei einem Theaterabend verstehen, was sich leicht in Musik setzen läßt; mag's genug sein den Kinderchen.« Wir wollen nicht sagen, daß er im FAUST den gleichen Standpunkt einnahm. Da erhebt er auch hohe und allerhöchste Ansprüche. Er erwartet sogar, daß man auf »Miene, Wink und leise Hindeutung« zu achten habe. Aber er erwartet das keineswegs von allen, wie er in seinem ›Vorspiel auf dem Theater‹ mit grimmigem Humor deutlich genug macht. Neugierige Weiber, Gelangweilte, die eben gut gegessen haben, oder das Schlimmste: »Gar mancher kommt vom Lesen der Journale«; nach dem Theater Kartenspiel oder eine wilde Nacht an einer Dirne Busen – »halb sind sie kalt, halb sind sie roh«, das ist das Publikum. Der Theaterdirektor spricht so, aber es ist ebenso Goethes Stimme.

Für diese Kinderchen also, fürs Theater – und FAUST ist auch ein Theaterstück – die derben, drastischen Szenen, die oft vom alten

Puppenspiel herkommen und die noch im Schluß einmal wiederkehren, die balladesken Teile, von größter lakonischer Kraft. Viel buntes Geschehen, ein Osterspaziergang, ein Mummenschanz, Gesänge, Lieder, lyrische Stellen und vieles andere. Für die Leser und die Nachwelt – »das Echte bleibt der Nachwelt unverloren«, meint sein Dichter – hält er noch anderes bereit: »Wer sichert den Olymp, vereinet Götter?« Er bietet eine ganze Welt von Gestalten auf, aus dem Olymp, dem Tartarus, der nordischen und antiken Mythologie. Er vereint die Götter nicht nur, er trennt sie auch oder verwandelt sie bis zur Unkenntlichkeit.

So altgeheiligte mythologische Figuren wie die Furien läßt er in seinem Mummenschanz am Kaiserhof als »hübsch und jung und Schmeichelkätzchen« einhertänzeln. Das kann freilich, man ist nie vor seiner Ironie sicher, Satire auf die Hofgesellschaft sein, auf das törichte Amüsiervolk, das nicht weiß, daß die Furien ihm schon auf den Fersen sind. Er tritt auch aus dem Drama überhaupt heraus und schreibt zwischen den Text die Skizze einer ganzen Literaturrichtung, die ihm verhaßt ist, als Bühnenanweisung: »Die Nacht- und Grabdichter lassen sich entschuldigen, weil sie soeben im interessantesten Gespräch mit einem frisch entstandenen Vampiren begriffen seien, woraus eine neue Dichtungsart sich vielleicht entwickeln könnte.« Vielerlei könnte sich aus Anregungen entwickeln, die er nur eben skizziert hat oder ahnen läßt. Er hat die bekannten Figuren und Situationen der alten Volkssage benutzt, dazu ein Gretchen aus seinem nächsten Frankfurter Erlebniskreis; das wird jeder verstehen. Dann schlägt er in dem alten mythologischen Lexikon von Hedrich nach, das er schon als Knabe las, und zieht sich dort seltsame Namen aus wie Empusa, Manto, Phorkyades, Telchinen. Wenn der Schüler Eckermann stutzt und fragt, meint er: Bildung habe noch nie geschadet! Möge er nachlesen. Wer nicht nachlesen will, der soll sich an dem bunten Zug erfreuen. »Des Menschen Leben ist ein ähnliches Gedicht: / Es hat wohl einen Anfang, hat ein Ende, / Allein ein Ganzes ist es nicht. / Ihr Herren, seid so gut und klatscht nun in die Hände«, so heißt es in seiner ABKÜNDIGUNG.

Sechzig Jahre hat für Goethe die Arbeit gedauert, und sie hat noch eine Vorgeschichte von dreihundert Jahren. Aus dem dunklen Mutterboden der alten Sage ist der Faust erwachsen, Goethe hat ihn nicht »erfunden«, aber er hat ihn gestaltet und umgeformt aus einer sehr rohen Figur, die dennoch, schon in ihrer frühen Ungestalt, vorbestimmt war, ein Weltgedicht zu werden. In Frankfurt war 1587 das erste Faust-Buch gedruckt worden, eine Buchhändlerspekulation, bei einem federflinken Theologen bestellt. Es ist ein Traktat, Schwanksammlung und Tatsachenbericht über einen Dr. Faust, der tatsächlich zu Beginn des Jahrhunderts gelebt hatte. Er war fahrender Gelehrter,

Arzt, Astrologe, Prahlhans und Magier, hieß eigentlich Sabellicus und nannte sich »Faustus«, den Glücklichen; er starb unglücklich und arm und wurde, wie es hieß, vom Teufel geholt, etwa im Jahre 1540. Er wird historisch von Luther erwähnt, aus dessen TISCHREDEN das Buch zitiert. Melanchthon nennt ihn eine abscheuliche Bestie, ein »Scheißhaus aller Teufel«, einen Gaukler, der mit einem Hund als Leibteufel umherzieht und sich rühmt, durch seine Zauberkünste die kaiserliche Armee in Italien zum Siege geführt zu haben. Das Büchlein nun präsentiert Faust als ziemlich klägliches Wesen, unablässig von Gewissensangst gefoltert. Der Leibteufel Mephostophiles selber seufzt zuweilen und denkt an die Gnade Gottes, die vielleicht auch ihm und seinem Obristen Luzifer aufhelfen könne. Aber da ist schon der Pakt, auf vierundzwanzig Jahre geschlossen, der Famulus Wagner, der Faustens Nachlaß erbt und bald in eignen Wagner-Büchern nachlebt. Die Schwänke mit den Studenten im Leipziger Weinkeller werden erzählt, und auch Helena wird beschworen – nach vielen anderen Buhlschaften, die der Verfasser statistisch zusammenstellt: 2 Niederländerinnen, 1 Ungarin, 1 Engländerin, 2 Schwäbinnen, 1 Fränkin. Helena macht im 23. Paktjahr den Beschluß und gebiert Fausten einen Sohn; hoffnungsvoll schreibt der fromme Skribent die Frage an den Rand: »Ob dieser wohl getauft worden sei?« Sie verschwindet aber mit dem ungetauften Söhnlein nach Faustens Abfahrt in die Hölle.

Ein Himmelsstürmer ist dieser Faust kaum, obwohl er zu Anfang die stolzen Worte spricht: er wolle Adlersflügel an sich nehmen, alle Gründ auf Erden und am Himmel erforschen. Er ist ein Spekulierer, verrennt sich ins Studium fremder obskurer Sprachen, der Kabbalistik, Nekromantie. Die Bücher sind sein Unglück, und das Zauberbuch besiegelt sein Geschick. Es ist eigentlich ein Buch gegen das Buch. Nicht zufällig wird Faust immer wieder mit der Erfindung der Buchdruckerkunst, der »schwarzen Kunst«, in Verbindung gebracht. Es ist ein Buch gegen die Studierten, die Gelehrten, jedenfalls solche, die sich vom Pfade wackerer und orthodoxer Theologie entfernen. Es ist ein Werk der Reaktion auf das stürmisch aufbegehrende Humanistenzeitalter, das so glorreich begonnen hatte. Da wollte man die Antike wiedererwecken – auch Faust erbietet sich, die verlornen Komödien des Plautus und Terenz herbeizuschaffen –, unbegrenzte Forschung betreiben, nach den Sternen und Sonnen greifen. Die »Gelehrten die Verkehrten«, so hieß es in einer gleichzeitigen Verssatire Fischarts. Der Faustbuchverfasser stimmt ein. Nur Unheil entsteht aus solcher Vermessenheit. Er tut sein Bestes, den Doktor klein und jämmerlich zu zeigen und kläglich enden zu lassen. Aber er kann doch die Gestalt nicht, wie er wohl wünschte, ein für allemal bannen.

Im Gegenteil: Sie erhebt sich erst jetzt zu ungeahnter Macht wie mit Magie. Man ist nicht aufgeklärter geworden durch Reformation und Renaissance, sondern erst recht abergläubisch, gejagt von Dämonenangst, Furcht vor Zaubermeistern und heimlicher Bewunderung solcher Wundermänner. Die Scharteke wird zum größten Bucherfolg der Zeit, immer wieder nachgedruckt, in fünf, sechs Sprachen übersetzt. Sie wandert, sie rennt durch ganz Europa. Kaum ein Jahr vergeht, da entsteht schon in London die erste große Faust-Dichtung. Der junge Christopher Marlowe stellt nun mit einem Schlage diese Figur in ihrem ursprünglichen Glanz wieder her, der durch den Traktat verdunkelt war, oder gibt ihr eigentlich erst wahre Größe. Marlowe gehört zu der Gruppe junger Akademiker, die wie Goethes Genossen des *Sturm und Drang* von Stolz und Selbstbewußtsein geschwellt sind. Er hat eben sein Geniedrama über die Gottesgeißel TAMERLAN geschrieben. Nun greift er nach dem Gottesleugner Faust. Um sein Stück weht eine andere Luft als in dem Faust-Buch, das den mühsamen Atem der Studierstube einer winkligen Kleinstadt hat. Marlowe steht im großen Treiben am Meer, am Hafen, er blickt hinaus in die Welt, in die Drake und die andern königlichen Piraten ausfahren, ein Imperium oder ungeahnte Schätze zu erobern. Sein Faust will Indien, den Ozean mit seinen Perlen plündern, alle Winkel der »neugefundenen Welt«, ein Heer mit den erbeuteten Schätzen heuern und den Fürsten von Parma aus seinem Lande jagen. Der böse Geist bietet ihm durch Nekromantie alle Schätze der Natur: »Sei du auf Erden Jupiter im Himmel, Herr und Gewaltiger der Elemente!« Sein Faust ist der Zeitgenosse Bacons, nicht Luthers oder Melanchthons. Marlowe läßt ihn bereits den kühnen Gedanken vorbringen, er könne seinen Teufelspakt ganz unbesorgt abschließen, denn: »Was ist die Hölle? Ein Hirngespinst! Ewige Qualen? Ein Ammenmärchen!« Sein Mephostophiles selber deutet an, die Hölle sei kein genau umschriebener Ort an irgendeiner Stelle: »Wo wir sind, da ist die Hölle!« Am Schluß freilich muß doch der Held traditionsgemäß enden, denn sonst würde man dem Dichter den Prozeß machen. Unter Blitzen fährt Faust dahin. Der Chor verkündet die obligate Weisheit, man dürfe nicht mehr wollen, als der Himmel erlaube. Er beklagt aber auch den Helden: abgehauen der Trieb, der so hoch und steil aufwachsen wollte, verbrannt der Lorbeer Apolls, der in diesem klugen Manne wuchs.

Goethe hat dies Geniestück erst kennengelernt, als er seinen FAUST schon geschrieben hatte. Aber durch dieses Marlowe-Drama hat die Faust-Gestalt weitergewirkt auf der Bühne, dem Theater, im Volksschauspiel bis hinab zum Puppenspiel, verkümmert, entstellt, zur Posse geworden, und so hat Goethe sie dann in seiner Jugend gesehen. Daneben her jedoch, und gänzlich getrennt von dieser lebendigen Bühnengestalt, geht eine lange Reihe von deutschen Traktaten, die ganz im Sinne des ältesten frommen Kompilators über die »greulichen und abscheulichen Sünden und Laster« des Doktor Faust zetern, immer stärker aufgeschwellt werden und schließlich in ganz trocken-lehrhaften Auszügen im Stil des 18. Jahrhunderts enden. Goethe hat einmal eine dieser Scharteken in der Hand gehabt, aber es ist sehr fraglich, ob er sich davon irgendwie beeinflussen ließ; der Bühnen-Faust aus dem Volksschauspiel oder Puppentheater war die große Anregung.

Der war auf höchst merkwürdige Weise nach Deutschland gelangt: Die wandernden englischen Komödianten spielten ihn nach Marlowe, dessen erste Nachfolger schon sogleich das Stück veränderten, mit Clownsszenen vergröberten; so wurde das dem deutschen Publikum vorgetragen. Diese Wandertruppen spielten anfangs englische Stücke, aber man verstand sie, obwohl damals kaum jemand in Deutschland Englisch sprach: Sie waren Mimen, wie es sie nur je gegeben hatte, mit ungeheuer drastischen Gesten und Effekten, der Narr war die Hauptattraktion mit seiner Pritsche, die er zwischen die Beine nahm wie die antiken Phallus-Komödianten. Dr. Faustus war vor allem mimische Schau. Wir kennen diese ersten Stücke nicht, wir haben nur die Berichte der ehrbaren Magistrate, die das Schauspielergesindel immer wieder auswiesen und immer wieder zulassen mußten. An den Höfen fanden sie Protektion, in Braunschweig beim Herzog Heinrich Julius, der selber Stücke schrieb, im neuesten Stil der Prosa, und der als Ratgeber am Hofe Rudolfs II. in Prag endete in jener seltsam »faustischen« Atmosphäre, die Kabbalistik, Zauberwesen, feinsten Kunstverstand und brutalen Aberglauben vermischte und zum Hexentanz des Dreißigjährigen Krieges überleitete.

Ein großer Hexenverbrenner war schon dieser sonst so moderne Heinrich Julius gewesen; zu Hunderten standen die Pfähle mit den verkohlten Leichen um seine Residenz Wolfenbüttel. Denn jetzt erst begann die eigentliche große und blutige Zeit des Dämonenglaubens. Der Blocksberg, der Brocken, der braunschweigischen Residenz benachbart, wurde zum geheimen Sammelpunkt für alle Mären von Walpurgisnacht und Herrn Urian, der dort hofhielt. Mit Behagen malte sich die vergiftete Sexualphantasie das wüste Treiben aus. Anti-Feminismus war das Hauptkennzeichen der Seuche: Das Weib, das Weib, nicht der Mann, war der Sitz des Übels. Aus ihrem Bauch spricht der Teufel. Die gelehrten Skribenten lieferten die Beweise. Ein Jean Bodin, großer Staatslehrer, noch von der Aufklärung gefeiert, schreibt mit seiner »Dämonologie« das »wissenschaftliche« Hauptwerk; er beruft sich dabei auf Plato oder die Physiologie, die zeigt, daß die inneren Organe des Weibes schon durch ihre Größe unstillbare Begier verursachen müssen, die zum Satan führt. Das wird gedruckt, exzerpiert, erweitert; noch um die Wende zum 18. Jahrhundert wird in Frankfurt ein solcher *Bodinus* mit Zusätzen eines ehrsamen deutschen Juristen gedruckt, der aus den Akten genau darlegt, was sich auf dem Blocksberg zuträgt.

Das »häßliche Teufels- und Hexenwesen«, wie Goethe es dann abwehrend im Alter nennt, hat dennoch auch auf ihn eine große Gewalt ausgeübt. Es war häßlich genug. Mit Salbe aus dem Fett ermordeter Neugeborener schmieren sich die Weiber ein, auf Ofengabeln, Besen, Zubern reiten sie zum Kamin hinaus – »auff und davon, oben aus und nirgend an, ins bösen Feindes Namen!« – zum Blocksberg. Da sind Lichter, Fackeln, unzähliges Volk, auch große Herren, Kavaliere, Offiziere, wie in Goethes Walpurgisnacht, Geistliche, Gelehrte, Bauern. Die Hexen haben sich dem Satan zu präsentieren, der als Bock in der Mitte thront, und ihm zur Anbetung den Hintern zu küssen. Auch das hat Goethe in einer verwegenen Szene bedichtet, die er dann allerdings in seinen *Walpurgissack* steckte, in dem viel verschwand. Sie war der konsequente Gipfel des Hexenreigens, mit Bocksgesang und Bocksgestank. Satan belehrt die Gemeinde der Böcke und Ziegen: Das glänzende Gold und der glänzende Phallus, das sind die Symbole der letzten Dinge. Der Chor stimmt ein: »Er zeigt euch die Spur / Des ewigen Lebens / Der tiefsten Natur.« Da ist wieder das Zauberwort Natur. Er hat dieses Motiv noch öfter behandelt, auch im Zweiten Teil des FAUST, in vorsichtigerer, maskierter Form. Es gehört sehr wesentlich zu den Grundgedanken des Werkes.

Das dunkle Zauber- und Hexenwesen reicht bis weit in seine Lebenszeit hinein, und es ist nicht nur Buchwissen und Zitat oder entferntes »Mittelalter« wie für die Romantik. Es ist noch Gerichtspraxis oder volkstümliche Justiz. Hexen werden noch verhört, ersäuft, verbrannt, nicht in Massen, aber doch mit Leib und Leben. Aus England berichtet das ANNUAL REGISTER von 1776 über eine Hexenprobe aus Leicester, bei der nur ein paar resolute Gentlemen die Unglückliche aus dem Teich retten. In Deutschland wird erst nach Goethes Tode die »letzte« Hexe bei Danzig ins Wasser geworfen. In Jahrmarktschriften treibt Dr. Faust sein Wesen. FAUSTS HÖLLENZWANG, als Rezeptbuch zum Geisterbeschwören, zirkuliert in Handschriften; selbst der Theologe Bahrdt, von Goethe in einer Jugendparodie als platter Modernist verspottet, versucht es einmal damit. Das alles ist Gegenwart für den jungen Goethe, ebenso wie die kabbalistischen und alchemistischen Bücher, die Geister Swedenborgs, dem er den »Erdgeist« seines FAUST entnimmt, der »rote Leu« seines Experimentierens mit Sandbad und »jungfräulichen Erden«.

Goethes FAUST entsteht nicht nur aus Büchern. Das alte Frankfurt ist der Hintergrund, und aus den Gerichtsakten, die sich sein Vater kopieren ließ, hat man die Hinrichtung einer Kindesmörderin ausgezogen, die Susanna Margaretha hieß mit Vornamen. Der Fall ereignet sich 1772, nach Goethes Rückkehr aus Straßburg. In seinen THESEN für das Examen als Lizentiat hatte er zum Schluß die Frage der Strafe für eine solche Tat behandelt; die Fachleute seien sich darüber nicht einig. Als Minister hat er für die traditionelle Todesstrafe gestimmt. Im Frankfurt seiner Jugend wurde sie noch mit traditionellem, grausigem Pomp zelebriert, ein Schauspiel für die ganze Stadt. Das Mädchen, armes Soldatenkind, ist von einem Goldschmiedgesellen verführt worden, der sich bald davongemacht hat. Die Angeklagte behauptet, ihr Buhle habe sie durch ein Mittel, das er in den Wein getan, betäubt. Dann spricht sie unablässig vom Teufel: Satan sei nicht mehr von ihrer Seite gewichen, bis der Mord am Kind vollbracht war. Sie bereut bitterlich und wird zum Tod durch das Schwert verurteilt. Der Richter verkündet das Urteil im schwarzen Rock, mit Stiefeln und Sporen, mit rotem Mantel, unter dem er das kleine rote Stäbchen hervorholt. Er zerbricht es und wirft es dem Mädchen vor die Füße. Im Armesünderstübchen die Henkersmahlzeit mit üppigen Gängen, und nach der Sitte der Zeit sind außer dem Henker auch die Richter dabei und die Geistlichkeit; die Pastoren nehmen nur wenig, das Mädchen einen Schluck Wasser. Mit Stricken umwunden, schleppt man die Verbrecherin in großer Prozession durch die ganze Stadt, »die Menge drängt sich... der Platz, die Gassen, können sie nicht fassen«, singt Goethes Gretchen dann im Kerker. Der Henker führt sie am Seil schließlich hinauf zum Schafott, zum Blutstuhl. »Unter beständigem Zurufen der Herren Geistlichen wurde ihr durch einen Streich der Kopf glücklich abgesetzt«, wie das Protokoll erleichtert berichtet. Die Schwester quittiert den Nachlaß: einige Kleider, ein Gesangbuch, ein Perlenkettchen, das vielleicht von dem Goldschmiedgesellen stammte.

Diese Frankfurter Episode – von der Goethe in DICHTUNG UND WAHRHEIT nicht spricht, er erwähnt nur unbestimmt »gräßliche Auftritte« – ist natürlich nicht allein die »Gretchen-Tragödie«. Kindesmord war ein allgemeines und literarisch viel behandeltes Thema. Auch der junge Schiller hat ein pathetisch-theatralisches Gedicht darüber verfaßt; mit frühem Bühnenblick wird da die »Rosenschleife« der Liebenden dem »schwarzen Totenband« auf dem Richtplatz gegenübergestellt. Schiller hat auch in seiner PHANTASIE AN LAURA die Ängste jedes jungen Mannes von damals ausgesprochen: »Um die Sünde flechten Schlangenwirbel / Scham und Reu, das Eumenidenpaar, / Um der Größe Adlerflügel windet / Sich verräterisch die Gefahr.« Ob Goethe, nach Sesenheim oder sonst, solche Ängste, Reu und Scham empfunden hat, ist ungewiß; die Zeugnisse seines Lebens oder seiner Briefe sprechen eine sehr viel unbedenklichere Sprache.

Aus welchen »Quellen« sein erstes Faust-Drama stammt, ist noch ungewisser. Goethe selber hat ein Geheimnis daraus gemacht. Es gab die Puppenspiele, die Groschenhefte vom Dr. Faust, Volksschauspiele, von denen er vielleicht in Straßburg eines gesehen hat. Es »quillt« aber aus allen Ecken und Enden von Faust-Gestalten, auch wenn Marlowes kühner Himmelsstürmer inzwischen zu einem fahrenden Quacksalber mit roter Clownsnase entartet war. Das Publikum lachte bereits erwartungsvoll, wenn ein Dr. Faust auftreten sollte, und Lessing wurde, als er ein Faust-Drama plante, von wohlmeinenden Freunden gewarnt, sich mit dieser komischen Jahrmarktsfigur zu befassen. Lessing schrieb dann doch ein Faust-Drama oder zwei und veröffentlichte ein Bruchstück; das übrige ging verloren. Er wollte jedenfalls die Gestalt bereits veredeln und in ihr das Streben nach Wahrheit zum Ausdruck bringen. Ein Engel sollte der Hölle den Triumph streitig machen: »Die Gottheit hat dem Menschen nicht den edelsten der Triebe gegeben, um ihn ewig unglücklich zu machen.« Die andere Fassung war dann sogar als bürgerliches Drama »ohne alle Teufelei« geplant; auf das Volkstümliche verstand sich Lessing nicht, der so vieles verstand. Es gab noch andere Faust-Dramen, ein Wiener Hofkanzlist schrieb unter anderer Dutzendware auch einen FAUST mit frommen Engelschören, der Maler Müller, den Goethe in Rom wiedersah, lose Faust-Szenen im Stil der Sturm-und-Drang-Zeit mit einer genialischen Titelradierung, die das Beste daran ist. All das zeigt nur, daß die Gestalt darauf zu warten schien, neu erweckt zu werden.

Auch Goethe hat zunächst in seiner Geniezeit wie Müller nur lose Szenen »hingewühlt«, auf losen Blättern und Fetzen. Er hat diese Anfänge vernichtet. Fünfzig Jahre nach seinem Tode wurde im Nachlaß des buckligen Weimarer Hoffräuleins von Göchhausen eine Abschrift früher Szenen gefunden, die man in der Begeisterung über die große Entdeckung hoffnungsvoll den UR-FAUST taufte. Und seither ist man nicht müde geworden, zu vergleichen, zu deuten, zu spekulieren – denn sehr vieles muß Spekulation bleiben –, vom UR-FAUST bis zu den letzten nachgelassenen Fragmenten, die obendrein aus verschiedensten Lebensaltern und Stadien des Werkes stammen. Auch Goethes Leben ist ein »höchst mannigfaltiges«, wie das seines Faust, das er so verstanden wissen wollte. Es hat viele Widersprüche, und seine Aussagen über den FAUST bezeichnen jeweils nur die Stimmung eines bestimmten Alters oder den Versuch, ihm schon fremd gewordene frühere Stadien im Sinne eines neu gewonnenen Standpunktes zu deuten. Und oft genug spricht er als Mephisto zum Schüler.

Goethe hat im hohen Alter gesagt, er habe von Anfang an die Konzeption »jugendlich, von vornherein klar« vor sich gesehen. Er sieht im Alter alles klar, was er in der Jugend Dumpfheit nennt. Er hat jedenfalls klar gesehen oder dumpf geahnt, daß dieser Faust ein unvergleichliches Gefäß war, um die verschiedensten Gedanken aufzunehmen: seine Sehnsucht nach Allumfassen der Natur. Forscher-drang, rastloses Streben. Er sah auch, daß dieser Stoff »aus der Hefe der Menschheit« dazu geeignet war, ein buntes, reiches Leben zu entfalten in allen Höhen und Tiefen, wobei die Tiefen keineswegs vernachlässigt werden mußten. Bildnerlust war am Werke und bleibt bis zum Schluß lebendig, der wieder an den frühen Anfang anknüpft.

Aber nicht nur der Schluß war »schwer zu machen«. Und so kommt es immer wieder zu langen Unterbrechungen. In der Frankfurter Jugend werden die ersten Szenen geschrieben. Zehn, zwölf Jahre dichtet er kaum etwas hinzu, in Italien eine Szene, nach der Rückkehr noch einiges, und so erscheint FAUST, EIN FRAGMENT 1790 zum ersten Male vor dem Publikum in der Ausgabe seiner GESAMMELTEN SCHRIFTEN. Wiederum durch den Zwang einer neuen Gesamtausgabe veranlaßt, schließt Goethe den Ersten Teil ab und veröffentlicht ihn 1808. Und die AUSGABE LETZTER HAND ist dann der Anlaß, den Zweiten Teil 1831 zu vollenden. Das sind die knappen Daten. Den UR-FAUST schrieb er als fünfundzwanzigjähriger Jüngling, den Ersten Teil der Tragödie als Mann von fünfzig, den Zweiten Teil als Greis, um es summarisch zu sagen. Mit der Veröffentlichung des abgeschlossenen FAUST I durch den fast Sechzigjährigen beginnt erst die eigentliche Wirkung der Dichtung auf Deutschland und die Welt, die sich sehr lange Zeit auf den Ersten Teil beschränkte.

Der Faust der ersten frühesten Szenen ist dem alten Volksbuch noch sehr nahe. Wie der alte Doktor hat er sich »verstudiert« und ist so klug wie zuvor. Er hat auch weder Gut noch Geld noch Ansehen in der Welt, »es mögt kein Hund so länger leben! / Drum hab ich mich der Magie ergeben...«. Er will freilich auch erkennen, »was die Welt / Im innersten zusammenhält« – mit seinem magischen Zauber-buch beschwört er den »Erdgeist«, den Goethe aus dem Swedenborg kennt; der weist ihn hoheitsvoll ab, als er sich ihm gleichstellen will. Statt dessen ist Mephisto mit einem Male da, wir wissen nicht, woher er kommt, es wird auch kein Pakt geschlossen: Die Reise ins volle Menschenleben beginnt sogleich. »Lebens Genuß von außen gesehn... in der Dumpfheit Leidenschaft«, notiert sich Goethe dazu im späteren Rückblick. Der Teufel führt Fausten in die Studenten-kneipe der alten Volksschwänke, zu Gretchen, die ganz Goethes Eigentum ist. Es endet tragisch mit der Wahnsinnsszene im Kerker und Mephistos Worten: »Sie ist gerichtet!« Es ist ein Entwurf zu einer Tragödie, ohne jeden Rettungsversuch, und die Bezeichnung Tragödie hat Goethe dann für beide Teile beibehalten. Dieser frü-heste FAUST ist noch ganz »altdeutsch«, er spielt etwa in der Zeit des historischen Doktors. Mephisto ist die traditionelle Gestalt, der Teu-fel als Verführer, als getreuer Diener seines Zauberherrn. Es wetterleuchtet aber schon um ihn, wie es überhaupt in diesen Szenen knistert. Sie sind geladen mit Möglichkeiten.

Schwer begreiflich, daß Goethe das in einen Papiersack steckte, aber so geschah es. Das Werk weigert sich ihm, und er flüchtet. In Weimar liest er zuweilen etwas vor, man drängt ihn zur Weiterarbeit, aber er schreibt seine Stücke für die Liebhaberbühne und agiert auf dem »Welttheater« des kleinen Staates; er überläßt der Göchhausen gelegentlich das Manuskript – oder Teile davon –, und auch das hat er sehr bald vergessen. Das Publikum hat ihn nahezu vergessen, als er das »Fragment« im Druck vorlegt, das weitere Neugier erregt und durch seine Unvollständigkeit enttäuscht. Erst Schiller mahnt wieder, dringt auf ihn ein, mit Forderungen – die Fabel des Faust gehe ins »Grelle und Formlose«, man müsse zu »Ideen« geführt werden: »Kurz, die Anforderungen an den Faust sind zugleich philosophisch und poetisch, und Sie mögen sich wenden wie Sie wollen, so wird Ihnen die Natur des Gegenstandes eine philosophische Behandlung auflegen und die Einbildungskraft wird sich zum Dienst einer Vernunftsidee bequemen müssen.« Goethe nimmt, hochspöttisch, nur das letzte Wort auf und meint, solche Vorsätze träfen zwar mit seinen Plänen zusammen, »nur daß ich mirs bei dieser barbarischen Komposition bequemer mache und die höchsten Forderungen mehr zu berühren als zu erfüllen denke. Ich werde sorgen, daß die Teile anmutig und unterhaltend sind, und etwas denken lassen...« Im übrigen werde das Ganze immer ein Fragment bleiben.

Es wird doch abgeschlossen und erscheint dann nach Schillers Tode in der bekannten und endgültigen Form. Inzwischen hatte Goethe Pläne zur Fortführung entwickelt. Helena taucht auf, sie soll das Hauptstück des Zweiten Teiles bilden. Auch dies Werk muß warten, fünfundzwanzig Jahre lang, fast die Lebenszeit manches der jungen Genies, die um ihn her wegsterben. Aber dann spürt Goethe die Mitternacht herannahen. Er bietet noch einmal alle seine Kräfte auf, die er oft verzettelt hat, und es sind gewaltige Kräfte. Er verwendet wie oft äußere Zwangsmittel, veröffentlicht die Helena, die Anfangsszenen des Zweiten Teils, im voraus in den ersten Bänden seiner Ausgabe letzter Hand mit dem kategorischen Imperativ: »Ist fortzusetzen.« Er läßt sich das Manuskript mit weißen Bogen für die Lücken heften, so wie Richard Wagner seine Partituren vorher liniert und einteilt, ehe er eine Note niederschreibt. Diesen Folianten, als Forderung, hat er vor sich. Am 22. Juli 1831 schreibt er die Notiz: »Alles Reingeschriebene eingeheftet.« Im August versiegelt er das Paket. Die Unruhe arbeitet in ihm weiter. Er bricht wenige Wochen vor dem Tode die Siegel noch einmal auf und notiert: »Neue Aufregung zu Faust in Rücksicht größerer Ausführung der Hauptmotive, die ich um fertig zu werden zu lakonisch behandelt hatte.« Aber er muß es bei dem belassen, was er geschrieben hat. Mag es nun genug sein. Es ist genug.

Der FAUST besteht aus Verwandlungen: Goethe hat sich gewandelt und seine Gestalten. Diese Folge von Metamorphosen, in einer Dichtung zusammengefaßt, ist die Einheit. In seiner FARBENLEHRE hat Goethe den Streit der beiden Mächte Licht und Finsternis als den gleichberechtigter Kräfte formuliert; sie sind nichts anderes als die beiden Pole seines Wesens. Zwischen beiden entwickelt sich das bunte Spiel der Farben – und in seiner Dichtung das bunte Spiel des FAUST. Mephisto, anfangs der traditionelle Verführer und Abgesandte der Hölle, wird der »Geselle« Faustens, sein Partner, oft nur der Räsoneur wie im alten Theater; zuweilen vergißt der Dichter alle beide und beschäftigt sich mit Gestalten anderer Art. Unaufhörlich befragt über sein Stück und seine Absichten, meint Goethe dann, der Erste Teil sei aus einem befangeneren, leidenschaftlicheren Individuum hervorgegangen, »welches Halbdunkel den Menschen auch so wohl tun mag«. Der Zweite Teil solle nun eine höhere, breitere, leidenschaftslose Welt zeigen. Zwischendurch freilich erinnert er sich an »goldne Frühlings Sonnen Stunden«, an »holde Dunkelheit der Sinnen«, in der dieser Traum begann. Der Widersprüche sind viele. Goethe ist ein Mensch.

Der große Widersprecher des Dramas heißt Mephisto, und er ist kein bloßes Prinzip, sondern eine dichterisch gestaltete Figur, oft lebendiger als sein Partner Faust, und zuweilen spricht er Goethes Anschauung deutlicher aus als der Doktor. Er ist nicht nur »der Geist, der stets verneint«. In einem seiner Maskenzüge (1818) läßt Goethe ihn auftreten und rechtfertigt ihn. Faust hatte sich in unfruchtbares Grübeln verloren, »da fand er mich auf seinem Gang«, sagt Mephisto: »Ich macht ihm deutlich, daß das Leben / Zum Leben eigentlich gegeben, / Nicht sollt in Grillen Phantasien / Und Spintisiererei entfliehn. / Solang man lebt, sei man lebendig!« Das habe Faust begriffen und sei mit ihm den neuen Weg gegangen. Mephisto ist da nicht der Verführer, sondern der Führer zum Leben. Und vom Jenseits will Faust auch im Drama bis zum Schluß nichts wissen: »Nach drüben ist die Aussicht uns verrannt, / Tor! wer dorthin die Augen blinzelnd richtet, / Sich über Wolken seinesgleichen dichtet! / Er stehe fest und sehe hier sich um!«, so spricht noch der Sterbende. So spricht auch noch der sterbende Goethe.

Er spricht auch im Leben nicht selten als »Mephisto«. Soret berichtet einmal eine solche Szene, als sie sich über den »radikalen Narren« Bentham unterhalten, der unablässig und radikal reformieren will. Auch Exzellenz Goethe, so meint Soret, würde sich doch wohl, wenn er in England lebte, Reformen nicht verschließen? Goethe (in diesem Augenblick den paradoxen und ironischen Ton seines Mephisto annehmend und dem Gespräch eine andere Wendung gebend, zweifellos um politische Diskussionen zu vermeiden, die er nicht liebt): »Halten Sie mich für einen Tropf? Ich hätte da in England die Mißbräuche aufspüren und aufdecken sollen? Ich hätte von ihnen gelebt und sie genutzt! Wenn ich als Engländer geboren wäre – was Gottlob nicht der Fall ist – wäre ich ein Herzog und Millionär, oder besser noch ein Bischof mit 60 000 Pfund Einkommen.«

Vergebens sucht Soret einzuwenden, daß man doch in der Lebenslotterie auch eine Niete ziehen könne. »Glauben Sie, daß ich so albern gewesen wäre?« meint Goethe. Er steigert sich in die Rolle eines resoluten Verfechters der anglikanischen Glaubensartikel hinein, als ob er bereits Bischof wäre. »Ich hätte, in einem Wort, so lange in Vers und Prosa gelogen, daß mir die 60 000 Pfund nicht hätten entgehen können. Man muß sich über alles erheben, wenn man nicht zerdrückt werden will und von solcher Höhe herab die Menge betrachten, die nur aus Unsinnigen und Schwachköpfen besteht.« Man muß sich ihre Dummheit zunutze machen und das nicht andern überlassen. Die Narren bringen Goethe auf das Tollhaus: Karl August hat ihn einmal in eine Irrenanstalt einführen wollen, obwohl er des Meisters Abneigung gegen solchen Anblick kannte. Er habe das aber noch rechtzeitig bemerkt und sich abgewendet: »Ich brauche garnicht erst noch die zu sehen, die man einsperrt!«

Ein Narrenhaus die Welt, ein Tor, wer das nicht zu seinem Vorteil wendet. Auch das ist Goethe. Man kann ihn nicht halbieren. Man kann auch seinen Mephisto nicht zerlegen, der wiederum aus »hohen« und »niederen« Zügen besteht.

Um das ganze hohe Spiel leidlich klarzumachen, hatte Goethe seinem Ersten Teil den ›Prolog im Himmel‹ vorangestellt und dann noch das ›Vorspiel auf dem Theater‹. Beide haben neue Unklarheiten verursacht, vor allem dadurch, daß man einzelne Zeilen herausgriff. Der FAUST ist durch Goethes große epigrammatische Kunst – hier stärker als in den ausdrücklich EPIGRAMME benannten Gedichten – zur meistzitierten deutschen Dichtung geworden. Nicht zu ihrem Heil; man könnte sogar in der Hohlform eine ganze Psychologie des deutschen Spießertums aus dem ablesen, was aus dem FAUST »Allgemeingut« geworden ist. »Hier bin ich Mensch, hier darf ichs sein«, zitierte der Bürger, wenn er sich im Biergarten niederließ oder in ein Seitengäßchen davonschlich. Es ließe sich aber auch, wir sagen das ohne Hochmut, eine Psychologie des deutschen Gelehrtentums entwerfen aus dem, was in den FAUST hineingedeutet oder aus ihm herausgelesen worden ist. Der Beruf des Gelehrten ist ein entsagender. Und so hat man dann immer wieder Goethes »Entsagung« betont.

Er ist jedoch kein Entsagender. Er hat zuweilen, im Alter naturgemäß mehr als in der Jugend, verzichten müssen, selten freiwillig.

Entsagt hat er bis zu seiner letzten Stunde nicht. Er will weiterkämpfen. Das ist denn auch der Wesenszug seines Faust, der zum Schluß noch die Elemente besiegen möchte. Tätigkeit, rastlose, unbegrenzte – nicht »die Tat«, Faust ist nicht der »Tatmensch«, ebensowenig wie Goethe. Es ist bezeichnend, daß er zwar sonst fast alle Züge der alten Volkssage wieder aufgenommen hat, nicht aber die Beschwörung Alexanders des Großen, des Mannes der Tat. Und eine der groteskesten Verirrungen der Faust-Auslegung wurde es dann, das »faustische Streben« bis auf die Gründung des zweiten deutschen Kaiserreiches oder den Expansionsdrang »der germanischen, wenn man will, der west-arischen Völkerfamilie« ausdehnen zu wollen, was schon bald nach 1871 von einem sonst sehr feinen Goethe-Kenner gesagt wurde, der im Zivilberuf Finanzberater des Hohenzollernhauses war.

Tätigkeit: Das wird Faust im Prolog vom Herrn zugewiesen, da die Menschheit sonst leicht erschlafft. Der Teufel, der »Schalk«, soll ihn reizen und dahin wirken, daß er sich nicht der unbedingten Ruhe ergibt. Auch von einer »Wette« ist die Rede, denn das Stück hat nun einmal einen Rahmen. Und so fällt das unendlich zitierte Wort: »Ein guter Mensch in seinem dunklen Drange / Ist sich des rechten Weges wohl bewußt.« Unendliche Ironie wetterleuchtet auch um diese Szene, so gewaltig sie von den Erzengeln mit einer Weltschöpfung intoniert wird. Nicht umsonst verwendet Mephisto die Worte vom »Alten«, der »so menschlich mit dem Teufel selbst« spricht. Den »Alten« – so bezeichnet Goethe ihn auch im Brief. Den »guten Menschen« Faust nennt er ein andermal »den armen Menschen«, was nicht ganz weit ab ist von dem »armen Hund«, als den er seinen Wilhelm Meister bezeichnet. »In jeden Quark begräbt er seine Nase«, das steht gleich nach den feierlichsten Versen, die Goethe geschrieben hat. In diesem Schillern, dieser Spannung zwischen Höchstem und Gewöhnlichstem, liegt Goethes unvergleichlicher Ton, und jedes Herausgreifen einer Einzelzeile zerstört diese Einheit und führt nur zu Pedanterien oder Aufsatzthemen.

Und weil auch dieser Prolog nicht genügt, läßt Goethe noch vor dem Vorhang den Dichter, die lustige Person als den »Schalk« und den Theaterdirektor als Herrgott der Bühne zusammentreten. Der Dichter verkündet seine hohen Ziele, der Narr die tiefen Weisheiten, der »Alte« der Bühne beschließt die Szene. Er mahnt den Dichter, der lange gezögert hat, nun die Poesie zu kommandieren, »stark Getränke« zu brauen; das ganze Weltall des Theaters steht ihm zur Verfügung für sein Spiel: die Himmelslichter, Prospekte, Maschinen, Wasser, Feuer, wie in der ZAUBERFLÖTE, dem großen Vorbild für die opernartigen Szenen. So mag er in dem engen Bretterhaus den ganzen Kreis der Schöpfung ausschreiten, »vom Himmel durch die Welt zur Hölle«.

Zur Hölle: Das war geschrieben, ehe noch für Goethe der Schluß feststand. Er hat lange gezögert und keinesfalls die Poesie kommandiert. Ob er ursprünglich die traditionelle Lösung mit der Höllenfahrt im Auge hatte, wissen wir nicht. Er übernahm jedenfalls die alte Rahmenhandlung: Faust verschreibt sich dem Teufel und schließt einen Pakt mit ihm. Das alte Volksbuch nimmt diese Verpflichtung noch rechtschaffen ernst: Als ein Mönch den Doktor bekehren will und ihm Gottes Gnade verheißt, meint Faustus, das wäre nicht ehrlich, »daß ich mein Brief und Siegel, das doch mit meinem Blut gestellet, widerlauffen sollte, so hat mir der Teuffel auch redlich gehalten, was er mir zugesagt, darumb will ich ihm wieder redlich halten, was ich ihm zugesagt«. Er hat sich gegen Gottes Gebot vergangen, er muß und will dafür büßen. Für Goethe gilt diese Theologie nicht, und er will überhaupt keinen tragischen Schluß. Er hat schon das Gretchen seines Ur-Faust, das dort als »gerichtet« bezeichnet wurde, durch eine »Stimme von oben« als »gerettet« verkünden lassen. Im ›Prolog im Himmel‹ ist bereits eine glückliche Lösung vorausgesehen, denn Mephisto ist nichts anderes als einer der »Gottesgedanken« des Herrn selber, ein wohltätig-belebender Geist, der mit Faust sein Spiel treiben mag, solange der »gute Mensch« lebt. Was nach dem Tode aus ihm wird oder aus seiner Seele, das interessiert Mephisto – auf etwas verwirrende Weise – gar nicht: »Mit den Toten hab ich mich niemals gern befangen.« Die Hölle des alten Glaubens wird überhaupt nicht erwähnt.

Im Drama selbst aber hatte Goethe die Schuldverschreibung, das Bündnis des Menschen Faust mit dem Teufel, dem Teufel der alten Volkssage, an den Anfang gestellt. Der Pakt wird nach uralter Weise mit Blut unterschrieben. Die Bedingungen sind deutlich formuliert: Der Teufel wird ihm *hier* dienen, Faust soll *drüben* das gleiche tun. Faust schlägt ein: »Das Drüben kann mich wenig kümmern« – was er dann noch unmittelbar vor seinem Tode mit fast denselben Worten wiederholt. Er bekräftigt seine Unterschrift ausdrücklich: »Nur keine Furcht, daß ich das Bündnis breche! Das Streben meiner ganzen Kraft / Ist grade das, was ich verspreche.« Lediglich der Augenblick, in dem dieser Pakt fällig werden soll, ist unbestimmt gelassen. Im alten Volksbuch ist er genau bemessen mit vierundzwanzig Jahren, an denen nicht zu rütteln ist. Goethe erfindet eine ganz neue und eigne Form für den Pakt, den er nun eine »Wette« nennt, die fast studentisch leichtherzig mit »Topp« und »Schlag auf Schlag« abgeschlossen wird. Faust will unbegrenzten Lebensgenuß, Gold, Spiel, Mädchen, Ehre, so zählt er das auf – das höhere Streben meint er, kann der »arme Teufel« doch nicht begreifen. Er ist sich seiner Sache sehr sicher: Mephisto wird ihm diese Schätze der Welt nie zu seiner völligen Befriedigung bieten können, es wird ihm nie gelingen, ihn durch Genuß zu betrügen, und so spricht er die bekannten Worte: »Werd ich zum Augenblicke sagen: / Verweile doch! du bist so schön! / Dann magst du mich in Fesseln schlagen, / Dann will ich gern zu Grunde gehn!«

Mit diesem Pakt kann die Reise ins bunte Leben beginnen, die zu den Studenten führt, zum Blocksberg mit der höchsten Steigerung der Sinnenlust, zu Gretchen, und damit tritt das Drama aus dem Spiel mit bloßen Abenteuern heraus und wird zur Liebestragödie.

So hatte Goethe den Ersten Teil enden lassen, und so, als Tragödie, hat der Faust vor allem auf die Welt gewirkt, auf die Leser wie auf das Publikum im Theater, dem das Werk ja auch ausdrücklich zugedacht war. Im Zweiten Teil wurde aber die Tragödie zum Weltgedicht, das »bloß Subjektive«, wie Goethe den Ersten Teil nannte, erweiterte sich zum Allgemeinen, eine »höhere, breitere, hellere« Welt sollte gezeigt werden; Faust sollte sich »Ehre« erwerben, wie er das in seinem Pakt sich ausbedungen, Reichtum, in weitesten Bezügen sein Leben führen; die altdeutsche Welt verschwand und machte dem Griechentraum der »Helena« Platz. Mephisto wurde vom Teufel der alten Sage zum Begleiter, Partner oder bloßen Sprecher, der sich auch direkt ans Publikum wendet; der Pakt wird vergessen und ist zeitweilig völlig aufgehoben; Goethe dachte auch daran, das Hauptstück der »Helena« als »Zwischenspiel« zu bezeichnen und so aus dem Zusammenhang des Ganzen herauszuheben.

Ein Schluß mußte aber gefunden werden, und Goethe kehrt zum Anfang zurück, zum Teufel der Volkstradition und zur Hölle. Dabei kam auch der alte Pakt wieder zum Vorschein, und er hat Goethe beträchtliche Schwierigkeiten gemacht. Den unermüdlichen Fragern erteilt er recht zweideutige Auskünfte. Zu Schubarth, der wie viele nach ihm vor allem an der »Schuldfrage« interessiert ist, meint er: »Und wenn die halbe Schuld auf Faust ruhen bleibt, so tritt das Begnadigungsrecht des alten Herrn sogleich herein, zum heitersten Schluß des Ganzen« (1820). Er ist sich noch keineswegs klar, wie er das ausführen soll. Er schreibt zuerst, als die verhängnisvollen Worte der Auslösung des Paktes fallen, die Verse Faustens: »Ich *darf* zum Augenblicke sagen, / Verweile doch, du bist so schön!« Das korrigiert er vorsichtig um: »Zum Augenblicke *dürft* ich sagen«, und setzt die Zeilen hinzu: »Im Vorgefühl von solchem hohen Glück / Genieß ich jetzt den höchsten Augenblick.« Damit mag es genug sein.

Es hat aber den Auslegern nicht genügt, die nun durchaus wissen wollen, ob die Wette zu Recht verloren oder gewonnen sei. Goethe hatte in seinem Brief von einer »halben Schuld« gesprochen, aber kann man eine Seele »halb« verwetten oder mit einem halben Vorbehalt? All solche Halbheiten sind dann vorgebracht worden: Faust habe bei seinem Pakt »eigentlich« doch etwas anderes gemeint als der

Teufel, der die Sache wörtlich nimmt, während Faust sie in »höherem Sinne« verstanden habe. Noch weitere Zweideutigkeiten: Faust, so heißt es, genießt gar nicht »den Augenblick«, sondern nur das »Vorgefühl« eines künftigen Augenblicks. Oder, noch problematischer: Er hat nicht seinen persönlichen Genuß oder Vorteil im Auge, sondern will aus wertlosem Sumpfland »freies Land für ein freies Volk« schaffen, ein edles, wünschenswertes Ziel. Vergessen wird, daß Faust dies edle Ziel nicht aus eigner Kraft verwirklichen will, sondern ausschließlich durch die rasche und bequeme Hilfe des Teufels; daß er zwar kurz zuvor davon gesprochen hat, er würde gern einmal »Magie von seinem Pfad entfernen«, aber das nicht tut: Mephisto soll das Land herbeizaubern. Es wird dabei schwerlich ohne große Menschenopfer abgehen, wie die vorhergehenden Landbeschaffungen Faustens gezeigt haben. Manche Leute glauben allerdings, daß ein hohes Ziel auch größte Menschenopfer und teuflische Mittel rechtfertige.

Fragwürdig sind alle solche Deutungen. Die Rechtfertigungen muten an wie Goethes Haltung in dem Gespräch mit Soret, wo er sich ausdrücklich erbietet, die Rechtfertigungslehren der anglikanischen Kirche mit aller Macht vorzutragen, wenn man ihm die Bischofsmütze aufsetzen würde. Er spielt mit diesem Gedanken. Auch sein FAUST ist ein hohes Spiel. Die Errettung Faustens erfolgt durch alt-kirchliche Gnade, einen Begriff der Tradition, den Goethe sehr frei verwendet und an den er für seine eigne Person nicht glaubt. Die Hölle wird als Prospekt oder Maschinerie, wie im Prolog angedeutet, seitlich der Bühne aufgetan, mit der ironischen Bühnenanweisung: »Der greuliche Höllenrachen tut sich links auf«, ein Bild aus den alten Mysterienspielen, bei denen das eine Hauptszene war und ein Hauptvergnügen des Publikums, wenn die teuflischen Häscher die Verdammten aufgriffen und mit wilden Gesten hinunterstießen in das aufgerissene Maul Satans. Goethe ist da den alten Spielen näher als selbst in seiner Jugend und beschwört die Teufelei mit den derbsten Groteskszenen. Er läßt einen verwegenen Kampf um die Rettung oder den Raub der Seele anheben, und der Himmel muß sich dabei der kühnsten, nahezu verfänglicher Mittel bedienen. Die großen Sünderinnen der Kirchentradition, die viel geliebt haben und denen vergeben wurde, spenden aus ihrer vor der Gnade liegenden Erfahrung die feurigen Liebesrosen, mit denen die Teufel vertrieben werden. Goethe verwandelt ohne Bedenken auch die kirchliche Anschauung von dem Gnadenschatz, den Heilige angesammelt haben und den sie übertragen können. Es ist, als ob Goethe alles, was in ihm immer noch an feurigem Brennen lebt, in solchen Bildern gestaltungsfreudig auslodern lassen möchte, ehe dann sein Faust in die höheren, helleren Regionen entrückt wird, die schließlich mit einem Neutrum »Das Ewig-Weibliche« heißen. Sein Mephisto, zurückverwandelt in den alten Teufel, der immer etwas der »Dumme« ist, wird durch lockende Engel verführt, die so »appetitlich« sind, mit allen Möglichkeiten bis zur Knabenliebe, daß der kühne Geist, der »stets verneint«, ja sagt zu den »holden Rackern« und sie umarmen möchte. Er wird dabei, wie es in der Bühnenanweisung heißt, »ins Proszenium gedrängt«, das heißt aus der Handlung heraus.

Die »scharf umrissenen kirchlichen Figuren« treten heran in »wohltätig beschränkender Form«, wie er zu Eckermann gesagt hatte. Der Schluß auf dem Theater wird ein Tableau, wie Goethe es oft liebt, gebildet nach Erinnerungen an das große Fresko im Campo Santo zu Pisa mit seinen strengen hierarchischen Rängen und Gruppen. Es ist eine »schöne Gruppe« am Ende eines ungeheuren Maskenzuges. Goethe hat auch noch weiter gedacht und wollte einen »Seelenprozeß Faustens« hinzufügen, wie er aus dem Mittelalter und dem Verfahren bei der Kanonisierung von Heiligen bekannt war, wo der *Advocatus diaboli* auftritt; er hat das weise fortgelassen. Als Heiligen konnte er seinen Faust, auch wenn er als Vertreter der ganzen Menschheit mit all ihrem Wohl und Weh gelten soll, nicht gut präsentieren, und der Teufelsadvokat hätte allerhand einzuwenden gehabt. Faust war allenfalls ein »guter Mensch in seinem dunklen Drange«, und selbst das Beiwort »gut« ist recht fragwürdig und nur zu verstehen, wenn es von allerhöchster Stelle herab ironisch-wohlwollend vom Herrn gesagt wird.

Im alten Mysterienspiel von EVERYMAN-JEDERMANN treten die »Guten Werke« und der »Glaube« dem Sterbenden zur Seite als Helfer. Gute Werke oder Taten lehnt Goethe aber ab als Rechtfertigung, und Faust hätte auch nichts dergleichen aufzuweisen, an keiner Stelle seines langen Weges. Er ist »nur durch die Welt gerannt, ein jed Gelüst ergriff ich bei den Haaren«, wie er selber bekennt. Er hat Gretchen verführt und mit Schrecken angesehen, wie sie zugrunde ging; er hat sie sogleich vergessen, und sie kommt erst an der Schwelle zum Himmel wieder vor. Faust hat sich dann »höheren Regionen« zugewandt, dem Kaiserhof. Als »Zwischenspiel« hat er Helena beschworen und mit ihr im Traumreich der griechischen Schönheit gelebt. Er hat den Herrschertraum geträumt: »Herrschaft gewinn ich, Eigentum«, er hat dem Kaiser durch des Teufels Hilfe eine Schlacht und für sich dabei einen breiten Landstrich am Meer gewonnen, der fruchtbar gemacht werden soll. Der Hundertjährige will nicht in die Ewigkeit schweifen, der »Glaube« steht ihm nicht zur Seite. Er will noch ein großes Werk vollenden, dafür genügt »ein Geist für tausend Hände« und ein Teufel, der die tausend Hände beschafft: »Ermuntre durch Genuß und Strenge, / Bezahle, locke, presse bei!« Er sieht Raum für Millionen, auf freiem Grund als freies Volk zu wohnen, und stirbt so, im Vorgefühl den höchsten Augenblick genießend. Faustischer Drang herrscht bis zum Schluß und für die Zukunft: der Sterbende sieht sich als den einen Geist, der das Gewimmel beherrscht, unter seinen künftigen Landbewohnern stehen. Sie haben emsig zu sein, sie sollen sich die Freiheit unter Gefahren täglich neu verdienen. Ruhm wird ihn umstrahlen: »Es kann die Spur von meinen Erdentagen / Nicht in Äonen untergehen«; als künftiger Herrscher sinkt er ins Grab.

Es ist schön und tröstlich, daß Goethe die Worte vom »freien Grund und freien Volke« sprechen läßt, und er zeigt sich da, wie oft, seiner Zeit überlegen. Eine Soziallehre läßt sich daraus nur mit Mühe ablesen, und an bestimmtere Formen solcher Gemeinschaft hat Goethe nicht gedacht. Er sieht, wenn man sein Leben befragt und auch den FAUST, immer den einen Geist, den überlegenen, der das Gewimmel dirigiert. Es ist auch sehr fraglich, ob seine Dichtung so hoffnungsvoll gemeint ist, wie man häufig glaubt und wie das Ende mit seinem »heitersten Schluß des Ganzen« andeutet. Der alte Goethe, zum Unterschied vom alten Faust, ist eher düster-pessimistisch, »verwirrende Lehre zu verwirrendem Handel waltet über der Welt«, schreibt er kurz vor dem Tode an Wilhelm von Humboldt.

Er weiß auch die Geschichte, die ihm immer verwirrend erscheint, nicht zu deuten, und seine Pläne, das historische Geschehen, den Kampf des Pompejus und das Schlachtfeld von Pharsalus in den FAUST einzubeziehen, hat er fallenlassen. Krieg, wenn er erwähnt wird in seiner Tragödie, ist Zufall, und Gaukeleien bringen die Entscheidung. Wenn das weite Ausgreifen in neue Erdräume, wie er es in seiner Zeit noch erlebte, zur Sprache kommt, so heißt es knapp und schlagend: »Man hat Gewalt, so hat man Recht... Krieg, Handel und Piraterie / Dreieinig sind sie, nicht zu trennen«, wobei Goethe sich noch heimlich über diese unheilige Trinität lustig macht. Kanäle und große Bauten sind von Faust geplant, Goethe hatte von den Projekten der Kanäle bei Panama und Suez gehört, aber sie kosten ungeheure Opfer, auch wenn der Teufel sie in einer Nacht vollendet: »Menschenopfer mußten bluten, / Nachts erscholl des Jammers Qual«, so singt das fromme Mütterchen Baucis, das mit Recht fürchtet, daß ihre kleine Hütte dem großen Bauherrn im Wege steht. Auch sie muß mit ihrem Philemon weichen und wird vernichtet, weil der Herrscher Faust den winzigen Besitz braucht, die wenigen Bäume verderben ihm den »Weltbesitz«. Es ist derselbe Trieb wie der des unermeßlich reichen Bruders in der NATÜRLICHEN TOCHTER: »Genug besitzen hieße darben. Alles / bedürfte man! Unendlicher Verschwendung / Sind ungemeßne Güter wünschenswert.« Und Mephisto spricht zu diesem Wunsch die Formel des »faustischen Drängens«, das schon zu Goethes Zeiten beginnt: »Was willst du dich denn hier genieren, / Mußt du nicht längst kolonisieren?«

Die Helfer, mit denen Faust seine Taten vollbringen will, von Mephisto beschafft, heißen »Raufebold«, »Habebald«, »Haltefest«, die »drei Gewaltigen«, und sie haben auf keinen Dank zu rechnen. Faust als Herrscher ist der Fürst, der sich jeder Verantwortung entzieht und sich vorbehält, über »Mißgriffe« und Gewalttat der ausführenden Organe unmutig zu werden, ein ewiger Typus. Es geht nicht heiter zu, wie Goethe sich immer wieder zuruft und uns zuweilen in heiteren Phantasmagorien vorgaukelt. Gold will sein Kaiser, Vergnügen sein Hof, und Goethe verschafft es ihnen, sich mit Behagen als Festordner betätigend wie so oft in Weimar. Eigentum, Landbesitz will Faust. Keiner bekommt, was er wünscht: Dem Kaiser bringt der Geldsegen nur neues Unheil, Krieg, einen Gegenkaiser, nach dem Sieg neuen Streit mit der Kirche. Faust erhält wie in der schönen Legende Tolstois WIEVIEL ERDE BRAUCHT DER MENSCH? die Grube, ein längliches Viereck, genau bemessen von Kopf zu Fuß. Er endet an einem Sumpf.

Das alles ist düster und rechtfertigt die Bezeichnung Tragödie. Die Errettung Faustens, höchst problematisch, wenn sie ethisch oder religiös gerechtfertigt werden soll, erfolgt durch *poetische* Gnade. Goethes dichterische Gestaltungskraft feiert Triumphe und triumphiert auch über alle Auslegungen. Er hat dafür gesorgt, daß sich unaufhörlich »Probleme« ergeben, aus seinen Gestalten und Bildern. Er ist nicht der Mensch einer unverrückbar gegebenen Glaubenswelt wie Dante, für den die Erlösung im *Paradiso* von vornherein feststeht. Er ist ein moderner Mensch, der irrt, solange er strebt. Und wenn das überlieferte Wort aus seiner Todesstunde gelten soll, was wiederum problematisch ist, so hat er nicht an »ewige Ruhe in Gott dem Herrn« gedacht, sondern an »mehr Licht!«. Er hat die Fragen nicht aufgelöst, die sich aus seinem Werk ergeben. Als der Schüler Eckermann nach den »Müttern« fragt, dem Geheimnis des dichterischen Schöpfungsvorgangs, drückt er ihm stillschweigend das Manuskript zur Lektüre in die Hand: »Mögen Sie sehen, wie Sie zurecht kommen!«

Zwischen dem Pakt und dem Ende geht das hohe Spiel über die Bühne; wir haben es nicht nachzuzeichnen. Wir können nur auf einige Züge hinweisen, die auf Goethes Leben und seine Haltung diesem Werk gegenüber Bezug haben. Seine Ironie, das große Kunstmittel, das er im FAUST ständig verwendet, macht das nicht leicht, und sie kann ja nun auch nicht ohne eine gewisse Ironie aufgenommen werden. Sie hebt auf, kehrt um, Hoch in Tief, verwandelt Zeit und Raum, die Gestalten stellen sich selbst in Frage. Ein »letztes Wort« gibt es nicht. Es läßt sich durchaus denken, daß Goethe bei noch längerem Leben auch seinen Zweiten Teil als überwundenes Stadium betrachtet hätte wie den Ersten. Der Tod nur schreibt *Finis*.

Erheben will Goethe seinen Faust nach der Liebestragödie des

Ersten Teils in die höhere, hellere Welt der Schönheit. Dazu wird Helena beschworen und mit ihr die »Vermählung des deutschen mit dem griechischen Geist« gefeiert. Die schönste aller Frauen wird ganz leiblich-herrlich geschildert, es kommt zu einem innigen Liebesduett, zu einem arkadischen Idyll, bei dem der Ahorn von süßem Safte trächtig ist, laue Milch quillt, der Honig trieft: »Ein jeder ist an seinem Platz unsterblich, / Sie sind zufrieden und gesund.« Ein Kind sogar, Euphorion, wird geboren. Aber das alles, Goethes Lebenstraum, ist von vornherein fraglich, eine »Phantasmagorie«; Helena selber stellt sich in Frage und bezeichnet sich als »Idol«. Die Verse sogar, die klassisch weitgeschwungenen, ironisiert der Dichter – in einem seiner Fragmente – als »langgeschwänzte Zeilen« oder mit noch stärkerem Hohn über klassisch-feierliche Diktion: »Da spricht ein jeder sinnig mit verblümtem Wort / Weitläufig aus, was ohngefähr ein jeder weiß.« Er verwendet auch ungescheut das Wort Langeweile in dieser Szene, das überhaupt nicht selten bei ihm auftaucht; Goethe, der so rasch und ungeheuer intensiv denkt und empfindet, fühlt immer rasch Überdruß, auch nach seinen höchsten Schöpfungen oder Erlebnissen. Das Klassische wird alsbald ins Romantische verwandelt: eine mittelalterliche Burg auf dem Peloponnes, zugleich umspielt von zeitgeschichtlichen Erinnerungen an die Kämpfe in Griechenland, an Byron, der eben gestorben ist, das Stück spielt von 3000 vor Christus »bis zu Missolonghi«. Eine Oper wird dann daraus, »durchaus mit vollstimmiger Musik gedacht«, die Goethe im Leben nicht hören wollte. Tanz kommt hinzu: Euphorion führt den Reigen an, ungebärdig wie der englische junge Lord, kriegerisch, er steigt höher und höher hinauf und stürzt ab wie Ikarus. Helena muß ihm folgen, Faust behält nur ihren Schleier in der Hand, die symbolische Hülle der Poesie. Goethe sieht sich allein mit seinem Griechentum. Mit ihm endet eine Epoche. Die Jüngeren, so meint er, können nur scheitern mit ihrem romantischen »Höher und Höher«, »Wilder und Wilder«. Es ist eine literarische Parodie und ein Gleichnis für das Vergehen aller Dichterträume, denn die ganze Griechenwelt verschwindet ebenso. Und so dichtet Goethe nun Fausts Tod.

Er ist lange gewandert und hat viel gesehen, und vieles hat er aufgeben müssen. Wo ist der kühne Forscher geblieben, in Goethes Leben wie im FAUST? Goethe hat bei all seinen Forschungen nur die Überzeugung gewonnen, »daß ich nichts weiß«. Faust spricht das schon zu Beginn des Mysteriums aus. Als Forscher erscheint er gar nicht mehr, nur noch zuweilen als Naturbetrachter; er führt einmal eine geologische Unterhaltung mit Mephisto, die Goethes Grimm auf die Vulkanisten höchst malerisch vorführt. Und da, wo die Studierstube erneut ins Spiel gebracht wird, ist es nicht Faust, sondern sein Schüler Wagner, der trockne Schleicher und Mann der Retorten, der den

Homunkulus fabriziert hat in emsigem Experimentieren. Ein künstliches Menschlein, eine Vorform des Lebens, geschlechtslos, in einer Glasglocke eingeschlossen wie in einer künstlichen Embryonalhülle, schwebend und unbestimmte Deutungen hervorrufend. Er ist unbestimmt schon als Schöpfung Goethes, der ursprünglich daran dachte, ihm ein »artiges Weiblein« beizugeben, eine Homunkula, für die aber die Ingredienzien nicht zusammenkommen wollten. Das Schillern, Ironisieren geht da bis ins völlig Zauberhafte und läßt alle späteren »surrealistischen« Phantasien weit hinter sich. Goethe läßt das »artige Männlein« an seine Glasglocke stoßen, daß sie wie in geheimen Geburtswehen mächtig erklingt, dann wieder durch die Wandung hinaus die weiche Luft des Meerwassers riechen, was sehr goethisch ist und nicht recht zu dem Eingesperrten paßt. Aber wer wollte mit einer Seifenblase rechten? Einem, der erst entstehen möchte? Proteus nimmt sehr sinnig dies wandelbare Gebilde auf den Rücken und trägt es hinab ins Meer, wo es am Muschelwagen der Galatea zerschellt.

Aber Goethe hat, während er an diesem Zaubergebilde dichtete, gerade eine naturwissenschaftliche Abhandlung gelesen über das Meeresleuchten, das aus Millionen kleinster Lebewesen entsteht. Ihn reizt dieser Entwicklungsgedanke. Er macht sich keine Sorge darüber, daß dieser »Ur-Zeuger« *Homunkulus* aus der Retorte geklaubt und ein chemisches Produkt des trockenen Wagner ist. Er läßt das zerschellende Vor-Gebilde feurig aufleuchten, es wird zu glühenden »Körpern«, das Unkörperliche, und es soll sich da im Wasser durch tausend und aber tausend Formen weiterentwickeln, bis zum Menschen empor.

Ein eigentümliches Licht würde aus diesem Feuerwerk der Phantasie auf Goethes Naturbetrachtung fallen; es ist aber eben Dichtung, ein Gedanke in vielen Spiegelungen einer leuchtenden Glasglocke. Auch hier wird Goethe schon wieder ängstlich gefragt, was das denn »bedeuten solle«. Er hält dem Schüler Eckermann das feierliche Wort »Entelechie« hin, das er weitergeben wird. Es verschlägt Goethe nichts, daß er diesen Begriff sonst als »geprägte Form« versteht, er kann hier noch einmal umgewandelt werden und auch das noch nicht geprägte Gebilde einschließen, das gänzlich unbestimmte. Wo Gespenster Platz nehmen, so kommentiert Mephisto, ist der Philosoph willkommen, und »damit man seiner Kunst und Gunst sich freue / Erschafft er gleich ein Dutzend neue« Gedankengespinste. »Willst du entstehn, entsteh auf eigne Hand!« ruft er dem *Homunkulus* zu. Und so läßt Goethe ihn auf eigne Hand entstehen, in feurigen Bildern, dem Ozean vermählt, nicht einer kleinen Homunkula. Der Chor singt dazu und feiert die alten vier Elemente Wasser, Feuer, Luft und Erde: »Heil dem seltnen Abenteuer!« Das ist Goethes Naturphilosophie. Die Schöpfung nachzuschaffen im dichterischen Bilde, ist sein Streben. Auch das größte Geheimnis, den uralten Menschheitstraum der Urzeugung, ihm schon aus den Alchemistenbüchern seiner Jugend vertraut, sucht er hier zu gestalten. Es muß beim Versuch bleiben. Er ist kein Gott, er fühlt sich nur Gott ähnlich.

Er ist kein Gott und muß sterben. Seinen Faust hat er hundert Jahre alt werden lassen und durch viele Lebensbereiche geführt. Es ist höchst sinnreich, daß erst an den Sterbenden die großen dunklen Gestalten herantreten, die sonst das Leben der Menschen begleiten, die vier grauen Weiber: Mangel, Schuld, Not, Sorge. Faust hat sich wie Goethe nie mit ihnen plagen müssen. Goethe hat seine eignen Nöte gehabt aus den dunklen Strähnen seines Wesens, er hat es sich sauer werden lassen, und im Rückblick auf sein Leben hat er darin nur Mühe und Arbeit sehen wollen, das ewige Wälzen eines Steines, eine Sisyphusmarter, aus zornigem Widerspruch gegen alle, die ihn als vom Glück Begünstigten priesen. Er hat die Menschen verbraucht, die Frauen, die dienenden Geister, die »armen Teufel«, und Schuldgefühle können ihm nur angedichtet werden, er hat sie ebensowenig wie sein Faust. Er hat sich keinen Wunsch versagt, er hat nur zuweilen verzichten müssen beim Eingreifen in die Welt und ins tätige Leben oder bei dem Versuch, die Jüngeren zu belehren. Er war ein Gast in Weimar, in Deutschland, der Welt. Gewohnt hat er in seinen Schöpfungen. Da hat er großen Reichtum gesammelt und ausgestreut nach allen Seiten. Als reicher Mann stirbt er wie sein Faust.

Und selbst jetzt können die grauen Weiber Not, Mangel, Schuld nicht zu dem Sterbenden herein, nur die Sorge, der Gedanke an den Tod. Sie haucht ihn an. Er erblindet. Als Blinder, dem das Licht im Innern noch leuchtet, will Faust nun die Tat vollbringen. Er ruft die Knechte auf mit Schaufel und Spaten und sinkt in das Grab, das ihm die Lemuren, die »geflickten Halbnaturen«, im weichen Boden am Meer bereitet haben.

Aus polaren Gegensätzen, aus Nacht und Helligkeit, ist dies Sterben komponiert. Die Synthese – denn Goethe will kein tragisches Ende – liegt nicht in dem allegorisch-kirchlichen Gemälde; wir haben schon gesagt, was Goethe darüber dachte. Sie ist angedeutet in der Gestalt seines Türmers Lynkeus, der über die Handlung von hoher Warte hinwegschaut und singt: »Ihr glücklichen Augen, / Was je ihr gesehn, / Es sei wie es wolle, / Es war doch so schön!« Auch er muß freilich nach einer kurzen Pause, die nicht länger als ein Gedankenstrich ist, sogleich Entsetzen der finstren Welt, Brand, Mord, Untergang der Unschuldigsten beobachten.

Aber so wünscht Goethe nicht zu enden. Er glaubt an Fortdauer. Für das Spiel wählt er mystische Chöre. Seinen Mephisto hat er schon im Ersten Teil bekennen lassen, daß man der verdammten Tier- und Menschenbrut nichts anhaben könne: Der Luft, dem Wasser, der Erde entwinden tausend Keime sich, »und immer zirkuliert ein neues frisches Blut«. Der Naturforscher Goethe sieht dies unendliche Keimen selbst beim Zerschellen des *Homunkulus* im Meer von neuem anheben. Der Goethe der Tat-Gedanken läßt in der Vision des Erblindeten auf neuem Grund ein freies Volks entstehen. Der Dichter hofft beim Tode Euphorions auf neue Lieder, neues Leben: »Denn der Boden zeugt sie wieder, / Wie von je er sie gezeugt.« Der Mensch Goethe glaubt an seinen Morgenstern.

Weltliteratur

Die Vollendung des Faust ist die große dichterische Leistung Goethes in seinen letzten Lebensjahren, aber über das eigne Werk hinaus geht sein Wirken als schöpferische Persönlichkeit, und vielleicht ist das sein schönstes Vermächtnis. »Die Menschen aus den entferntesten Ländern werden einer mit dem andern sprechen und sich antworten«, heißt es in den Rätselworten des alten Leonardo, und dies Wort klingt wie ein Motto zu Goethes nach allen Seiten weit ausgreifender Tätigkeit bis zum Tode. Der alte Leonardo lebt einsam, in der Fremde. Auch er hat seinen Eckermann um sich, den getreuen Schüler Melzi, der die Manuskriptschätze für die Nachwelt rettet. Wie Goethes Faust plant Leonardo große Kanalarbeiten, Trockenlegung ganzer Landschaften, und wie Goethe erscheint ihm das alles »leicht zu machen«; er erdenkt schon vorgefertigte Einheitshäuser und planmäßige Grundrisse für die Siedlungen. Wie Goethe wirkt auch er gern als Festordner bei Besuchen des Hofes, mit sinnigen Maskenzügen und Maschinen: einem Löwen zum Beispiel, dessen Brust sich öffnet und ganz in blauer Farbe erscheint, die auch die Lieblingsfarbe des Dichters ist. Ein Herz wird hereingetragen, spaltet sich und zeigt die Gestalt der »Begierde«, auf einer Erdkugel stehend und »polar« geteilt, die rechte Hälfte zur Eroberung gerüstet, die linke verweint und blaß, in Fetzen gekleidet. Aber Leonardo ist ganz einsam. Seine größten Werke verderben schon zu seinen Lebzeiten; Goethe hat beim Anblick des Abendmahls darüber geklagt, daß ein so erfinderischer Künstler doch sein Gemälde so unvorsichtig dem Untergang ausgesetzt habe. Goethe will schon in diesem Leben wirken, im Hier und Heute. Er spricht zur Welt, und sie antwortet ihm.

Er spricht im Brief. Die Nähe ist ihm unbequem, ja lästig. Nur Menschen, die sich völlig aufgeben, halten es da aus. Und selbst an den besten seiner Freunde, Zelter, schreibt er: »Die Gegenwart hat etwas Beengendes, Beschränkendes, oft Verletzendes – die Abwesenheit hingegen macht frei, unbefangen, weist jeden auf sich selbst zurück.« Das Wort gilt nicht nur für seine Beziehungen zu Männern. Noch deutlicher werdend, meint er: »Der Abwesende ist eine ideale Person, die Gegenwärtigen kommen sich einander trivial vor.« Und so wird er, je mehr sein Ruhm zunimmt, seiner näheren Umgebung immer fremder. Feierlich-freundliche Besuche der Mitglieder des Herzogshauses, Feiern zu Gedenktagen, gravitätische Gutachten in seiner Eigenschaft als »Oberaufsicht über die Anstalten für Wissenschaft und Kunst«, das ist sein Verhältnis zum Lande Weimar. Als er einige Jahre vor seinem Tode zum ersten Male eine Schule besucht, einen Neubau, staunt er über die heiteren Räume und spricht von den früheren dunklen Winkeln, die er nie gesehen hat. »Die Lehrart selbst war mir zu fremd, als daß ich mir einen deutlichen Begriff hätte machen können.« Einige Jahrzehnte später hat ein anderer Dichter, der noch unbekannte Tolstoi, die gleiche Schule besucht auf seinen Wanderjahren durch Europa. Er nahm sich die Hefte der Zöglinge mit nach Hause, um sich eingehend über deutsches Schulwesen zu orientieren. Von deutscher Literatur hielt er wenig, er schätzte allenfalls Berthold Auerbachs DORFGESCHICHTEN als volkserzieherische Lektüre und von Goethe HERMANN UND DOROTHEA aus dem gleichen Grunde; später lehnte er Goethe ganz ab.

Der Prinzenerzieher Soret, Goethe sehr ergeben, hat in seinem schönen Nachruf auf den Dichter die Wandlungen geschildert, die sich in seinen letzten Jahren im Lande Weimar vollzogen hatten. »In wenigen Jahren«, so sagt er zum Schluß, »hat sich der Anblick Weimars verändert. Überall sind neue Schulen gebaut worden, überall ist der Grundunterricht verbessert, sind gute Hospize geschaffen anstelle der traurigen Löcher, in denen die Armen vernachlässigt und schmutzig seufzten.« Es gibt nun Vereinigungen, die sich um Wohlfahrt, allgemeine Bildung, Hebung der Landwirtschaft, Gefangenenfürsorge bemühen; all das gab es offenbar vorher nicht. Er endet mit den Worten: »Dieser Ruhm ist nicht so glänzend wie jener der vorhergehenden Zeit, aber auch er hat sehr wohl seinen Wert in den Augen besonnener Geister.«

Und über Goethes Tätigkeit für die Universität Jena schreibt ein ebenfalls den Dichter hoch verehrender Bergrat nach seinem Tode, als die ersten Publikationen zu Goethes amtlicher Laufbahn erschienen: »Niederschlagend war es für mich, den ganzen, schon vergessen geglaubten Kreis verdrießlicher Zustände früherer Jahre wieder durchlaufen und einen von aller Welt anerkannten Irrtum eines großen, von mir so vielfach geliebten Mannes wie durch alle Noten durchgespielt sehen zu müssen. Goethe verwechselte auf diesem Felde (der Administration) durchaus seinen guten Willen mit dem

Prinzip. Er haßte die Gelehrten wegen seiner FARBENLEHRE; er glaubte ohne vielen Stoff bloß mittels der Idee bei ihnen fertig werden zu können und begriff nie den Charakter einer Universität. Daher das so häufige Anstellen ungeschickter, ungelernter Leute, die Zähigkeit, wenn einem Mangel abgeholfen werden sollte, und eine gewisse Illiberalität, die er – *horrendum dictu!* – sogar seine Liberalität nannte!«

Der Staatsminister und Geheimrat gehören zu seinem Leben, aber eben doch als Nebenrolle. Vieles ist dabei nur Beschäftigung, Ausweichen vor schwereren Aufgaben oder Ausruhen nach großen produktiven Epochen. Goethe hat vieles getan, was andere hätten erledigen sollen. Seine Organisationsgabe war nicht groß; er hat ja auch seinen Haushalt immer nur sehr unvollkommen dirigieren können. Er war eine Herrschernatur und zugleich lässig und dann rasch ungeduldig. Das Detail, das er immer so hoch pries, langweilte ihn sehr schnell und sollte von andern besorgt werden. Es gehört zu seinem Doppelwesen, daß er dann doch zuweilen mit äußerster Hartnäckigkeit in die Kleinarbeit eingriff, und der Aktenstücke, die seinen Namen tragen, gibt es unzählige, bis zu seinem Ende. Das Wesentliche hatte er aber schon bei der Rückkehr aus Italien ein für alle Male an den Herzog geschrieben: »Nehmen Sie mich als Gast auf, lassen Sie mich an Ihrer Seite das ganze Maß meiner Existenz ausfüllen . . .«

Nun in diesen letzten Jahren tritt all dies »Mechanische«, wie er es schon damals genannt hatte, zurück, und Goethe ist nur mehr Dichter, Schriftsteller und weithin wirkende Persönlichkeit. Er hat den Begriff *Weltliteratur* geprägt und in Umlauf gebracht. Er versteht darunter nicht so sehr die Schätze an alten, klassisch gewordenen Meisterwerken, sondern vor allem lebendigen Kontakt der Gegenwart, geistigen Austausch der Nationen, besseres Sichkennenlernen. Er denkt auch an direkten persönlichen Verkehr, im Brief, durch Reisen, Begegnungen. Er selber hat sich freilich selten aus Weimar fortbewegt. Die Welt kommt nun zu ihm mit Repräsentanten aller Völker, selbst solcher, die erst dabei sind, eine Nation zu werden, wie die Serben oder Tschechen. Er sucht zu verstehen, aufzunehmen bis ins letzte Alter hinein, auch als Vermittler zu wirken, als »Ombudsman« gewissermaßen, wie der Schiedsrichter des dänischen Staatslebens, der über den Parteien und Interessengruppen steht. Unbegrenzte Verehrung wird ihm entgegengebracht, wie sie kaum je einem Lebenden zuteil geworden ist. Sein Reich ist sehr groß geworden und umfaßt so gut wie die gesamte Kulturwelt; im Geiste bezieht er auch den Orient mit ein und den Fernen Osten mit China.

Aus kleinen Anfängen ist dieses Goethe-Reich erwachsen, aus winzigen Konventikeln, die wie die frommen Zirkel der Pietisten hier und da im Lande verstreut waren. Größere Kolonien gliederten sich an, in Berlin, der Schweiz, Wien. Dann war, vor allem durch das Buch der Staël, das Ausland hinzugekommen, Frankreich, England, Skandinavien; auch in Rußland und Polen gab es Verehrer. Die Mitte, wie immer bei großen Expansionen, war dabei schwächer geworden. Für die Deutschen wurde Goethe historisch, der letzte Überlebende einer vergangenen Epoche. Den Jüngeren war er vielfach schon eine Last. Man zollte ihm Respekt, maulte heimlich oder griff ihn offen an. Die Nationalisten fanden ihn nicht deutsch genug, andere sahen in ihm den »Höfling«. Die deutschen Dichter und Schriftsteller konnten freilich selten ein förderndes Wort des großen Alten vorzeigen. In den rund zweihundert Aufsätzen und Rezensionen zur Literatur aus seinen letzten zwanzig Jahren kommen sie so gut wie überhaupt nicht vor, von einigen freundlichen Erwähnungen abgesehen. Eine kahle Tabelle mit Zensuren wie »begabt, peinlich, gewandt, beunruhigend«, das ist alles, was er da je über »neueste deutsche Poesie« gesagt hat, ohne einen Namen zu nennen. Im Gespräch oder Brief ist er deutlicher, und seine Briefe wurden ja wie Sendschreiben umhergezeigt. Dort hieß es: »Schwaches Zeug, die Poeten schreiben alle, als wären s_e krank und die ganze Welt ein Lazarett.« In den Musenalmanachen findet er nur »Seufzer und Interjektionen wohldenkender Individuen«, nichts geht ins Allgemeine, Höhere, die großen Fragen von Staat und Kirche werden vermieden. Er lobt demgegenüber die junge französische Literatur, die sich »nicht einen Augenblick vom Leben und Leidenschaft der ganzen Nationalität abtrennt«, wenn sie dabei auch als Opposition auftreten muß. Es ist sehr die Frage, ob er deutsche Autoren der Opposition so wohlwollend beurteilt hätte. Aber es läßt sich begreifen, daß er seine Landsleute strenger und ungerechter beurteilt als Fremde. Er sieht da jeden Fehler schärfer. Er empfindet jede Abweichung von dem »richtigen Weg«, den er soeben aufgezeigt hat, als bedrohlich; von den Ausländern erwartet er gar nicht, daß sie seinen Wegweisungen folgen. Und schließlich: Goethe respektiert immer die Kraft, die Macht. Er sieht in Frankreich Kraft am Werke, Geist, Witz, Begabung, auch Wildheit wie etwa bei Victor Hugo. Es läßt sich nicht leugnen, daß ihm dagegen die Uhland, Eichendorff und Rückert matt und provinziell erscheinen mußten; für ihre stillen Tugenden brachte er keine Geduld auf. Und dann ist es sehr die Frage, ob er überhaupt etwas von ihnen las. Er hat gesagt, er habe in seinen späteren Jahren etwa jeden Tag ein Buch gelesen. Es ist kein Wunder, daß viele davon unaufgeschnitten blieben oder eben einmal angeblättert wurden.

Diese Schwäche ist seine Stärke, denn auch ein Riesengeist verfügt nicht über unbegrenzte Zeit und Interessen. Er greift weit aus und oft mit erstaunlich sicherem Blick. Er erkennt in Manzoni den großen italienischen Dichter, noch ehe er in seiner Heimat recht anerkannt ist, und hilft nachdrücklich, ihn durchzusetzen. Er irrt sich auch, und seine Bewunderung Bérangers erscheint uns unverständlich; einen deutschen Béranger hätte er wohl grimmig zerzaust. Er begeistert sich für Byron in einem Ausmaß, das sich nur durch den ganz bestimmten Zeitpunkt begreifen läßt, in dem diese Gestalt ihm nahetrat und er sie brauchte; ein wenig spielt mit, daß der ungezogene Götterjüngling eben ein Lord war. Eine Analyse der Gründe, aus denen Goethe richtig urteilte oder sich vergriff, hat nur historisches Interesse. Das Wesentliche ist seine große Konzeption, die er immer wieder und mit aller Macht vertritt: gegenseitige Bereicherung, Steigerung. Die Eigenart jeder Nationalliteratur soll dabei durchaus gewahrt, ja eher gestärkt werden; nichts liegt ihm ferner als eine blasse Universalsprache.

Er ist sich über die Unvollkommenheit aller Übersetzungen völlig klar, aber ebenso über ihre Unentbehrlichkeit. Zu Carlyle macht er einmal die Bemerkung, »daß der Übersetzer nicht nur für seine Nation arbeitet, sondern auch für die, aus deren Sprache er das Werk herübergenommen. Denn der Fall kommt öfter vor als man denkt, daß eine Nation Saft und Kraft aus einem Werke aussaugt und in ihr eigenes inneres Leben dergestalt aufnimmt, daß sie daran keine weitere Freude haben, sich daraus keine Nahrung weiter zueignen kann. Vorzüglich begegnet dies den Deutschen, die gar zu schnell alles, was ihnen geboten wird, verarbeiten und, indem sie es durch mancherley Wiederholungen umgestalten, es gewissermaßen vernichten.« Er vermerkt mit Stolz, wie die deutsche Sprache sich bereichert durch die vielen Übersetzungen, die um ihn herum entstehen und von ihm gefördert werden; es freut ihn, daß sie damit zum allgemeinen Umschlagplatz für die fremden Literaturen wird. Und in der Tat ist in seinem Umkreis eine Fülle von meisterlichen Übertragungen entstanden. August Wilhelm Schlegel hatte mit seinem Shakespeare, der Jenaer Gries mit seinem Calderon Leistungen vollbracht, denen damals keine andere Nation etwas zur Seite stellen konnte. Die Zeit der größten, oft nahezu uferlosen Übersetzertätigkeit verursachte keineswegs eine »Überfremdung«, sondern ging im Gegenteil mit der höchsten Produktivität des deutschen Geisteslebens zusammen. In diesem anderen Sinne war Weltliteratur für Goethe nicht nur eine Forderung seines Alters, sondern eine Lebenserfahrung, in der er heranwuchs. Er hat da verschiedene Epochen durchgemacht: die englische mit Shakespeare, Sterne, Richardson, Goldsmith in seiner Jugend; die französische mit Voltaire und Diderot; Italien mit Tasso und Cellini. Die spanische Welt mit Calderon war hinzugekommen, der arabische und persische Orient, Indien durch die SAKUNTALA Kalidasas, dem er auch die Idee zum Vorspiel seines FAUST entnahm; im Alter interessiert ihn noch die Volksdichtung der Serben und Neugriechen. Er hat tätig an all diesen Bewegungen teilgenommen, und seine eignen Übersetzungen reichen von den ersten Übungen des Knaben am Corneille und Terenz bis zu den Bemühungen des Greises um Byron oder Manzoni. Sie umfassen große Arbeiten wie den CELLINI, der ihm in der Zeit seines Hochklassizismus hochwillkommen war als ein Gegengewicht, ein Stück derbes, buntes, kräftiges Leben, Diderots NEFFEN DES RAMEAU, der in seiner Übertragung zuerst erschien, Jahrzehnte vor dem französischen Original. Auch sehr Nebensächliches befindet sich unter seinen Übertragungen, italienische Opernlibretti, Stücke von Voltaire, die der Herzog gewünscht hatte, auch einmal ein finnisches, ein brasilianisches Lied aus einer Reisebeschreibung. Anderes ist wieder ganz mit seiner eignen Dichtung verschmolzen und nur durch philologische Spürarbeit aus dem völlig Goetheschen auszusortieren, in Gedichten, den WANDERJAHREN, dem FAUST II, und all das gehört nach der Einteilung seiner AUSGABE LETZTER HAND wie auch sonst entschieden zu seinem Œuvre.

Ebenso charakteristisch wie das, was er sich aneignet, ist das, was er nicht aufnimmt. Die ganze nordische Mythenwelt bleibt ihm fremd, ein düsterer Nebel mit ungeschlachten Gestalten, die deutsche Dichtung des Mittelalters ebenso, obwohl er sich einmal, immer wieder gedrängt, um das Nibelungenlied bemüht hat. Auch Dante ist »vor seiner Zeit«, wie Giotto oder Cimabue. Aus der indischen Welt hat ihm nur Kalidasa etwas zu sagen, die Götter und Mythen lehnt er ab wie auch die indische Kunst. Er kannte sie nur aus ungemein kümmerlichen, flachen Kupferstichen, in denen die für volles Sonnenlicht geschaffenen Plastiken wie trockene Herbariumblätter aussehen. Und da erschienen sie ihm unerträglich: »die leidigen Elefantenrüssel, / Das umgeschlungene Schlangengenüssel, / Tief Ur-Schildkröt im Weltensumpf, / Viel Königs-Köpf auf einem Rumpf, / Die müssen uns zur Verzweiflung bringen, / Wird sie nicht reiner Ost verschlingen«; Sakontala, Nala, der Wolkenbote Megha-Duta, das sind seine »Seelenverwandten«, und er ruft aus: »In Indien möcht ich selber leben, / Hätt es nur keine Steinhauer gegeben.«

Unser Bild der Weltkunst hat sich gewandelt, aber wir haben deshalb das seine nicht als eng zu rügen; das unsere wird in hundert Jahren ebenfalls wunderlich und willkürlich erscheinen. Die matten römischen Kopien des Apoll von Belvedere, die ludovisische Juno, die Goethe als unvergleichliche Vorbilder aller Kunst anbetete, seine ganze ausgebleichte, weiße Antike hat uns nichts zu sagen. Erst im höchsten Alter hat er eigentlich ein Stück echter griechischer Kunst zu Gesicht bekommen: einen der Pferdeköpfe vom Parthenon-Giebel. Sonst jedoch bleibt er das Kind der Zeit, in der er groß geworden war und seine »Lehre« geformt hatte. Was er da lehrt, ist sehr vergänglich und hat schon zu seiner Zeit bald Widerspruch gefunden. »Jeder sei auf seine Art ein Grieche, aber er seis!« ruft er aus, und er begreift unbefangen auch die holländischen Maler damit ein, von denen er eben gesprochen hat. Von Raffael sagt er mit höchstem Lob: »Er gräzisiert nirgends, fühlt, denkt, handelt aber durchaus wie ein Grieche.« Er versteht darunter nichts anderes, als daß er mit »immer gleicher und größerer Leichtigkeit« sein ganzes Leben hindurch wirkt. Klarheit der Ansicht, Heiterkeit der Aufnahme, Leichtigkeit der Mitteilung – das ist griechisch. So soll man schaffen. Das »Klassische« ist für ihn einfach das Gesunde, Schöne, Wahre, das »Romantische« das Unwahre, Kranke. Der ganze Streit dieser beiden Begriffe ist unwesentlich geworden, sosehr er seine Zeit erregte; er war nur eine Fortführung der endlosen Diskussionen des 18. Jahrhunderts über den Vorrang der Antike oder der Moderne. Und in Goethes eignen Werken sind beide Richtungen auf das reizvollste vermischt; seine Helena, in der Epoche eines Hochklassizismus konzipiert, wird zur »klassisch-romantischen Phantasmagorie«. Ein Schinkel baut die schönsten streng klassizistischen Tempel Berlins und malt die schönsten hochromantischen Dekorationen zur ZAUBERFLÖTE oder neugotische Dome im Abendlicht.

Noch ältere Züge seines Entwicklungsganges kommen immer wieder einmal zum Vorschein. Wenn er im höchsten Alter seine CHINESISCH-DEUTSCHEN JAHRES- UND TAGESZEITEN schreibt, nach Anregungen aus Reisewerken, so ist das ein Nachklang der Chinoiserien des Rokoko, das ihm überhaupt in zierlichen Wendungen, Vignetten, Emblemen zeitlebens verbleibt. Auch da geht es unversehens ins Eigne über: »Wohin mein Auge spähend brach, / Dort ewig bleibt mein Osten!« Wie in der Oeser-Zeit betrachtet er immer wieder die kleinen Gemmen und Kameen antiker oder pseudo-antiker Arbeit, und was sieht er da alles in die winzigen, kaum daumennagelgroßen Gebilde hinein! Bei einem Orpheus, der durch seine Musik einige Tiere angezogen, dichtet er sogleich, daß der Sänger von der »herandringenden Menge« geängstigt erscheine; sie besteht allerdings nur aus drei Tierchen. Er glaubt zu erkennen, daß Orpheus' Angesicht »scheu« sei, mit wilden Haaren, »und höchst geistreich ist der Gedanke, daß ein Schmetterling, gleichfalls angezogen, wie nach einem Lichte so nach den Augen des Sängers hinflattert...«. Im Gedicht kehrt das wieder mit dem Gleichnis vom Schmetterling, der begierig ins Licht flattert und verbrennt. Goethe dichtet weiter, er fühlt sich produktiv angeregt, unendliche Bezüge stellen sich sogleich her. Und er sagt selber bei Betrachtungen über das GRABMAL EINER GRIECHISCHEN TÄNZERIN, er habe vielleicht zu viel aus den Bildern herausgelesen, man möge seine Erklärung »als ein Gedicht zu einem Gedichte ansehen, durch deren Wechselbetrachtung wohl ein neuer Genuß entspringen könnte«.

Auch die Weltwirkung Goethes ist vielfach ein Gedicht zu einem

Gedicht. Sie beruht nur zu geringem Teil auf näherer Kenntnis seiner Werke, die anfangs fast durchweg schlecht übersetzt sind, in Auszügen, nach dem Französischen, von Dilettanten. Seine Lyrik, als das Hauptstück seines Œuvre, entzog und entzieht sich überhaupt der Übertragung. Man verehrt ihn im Ausland aus ganz verschiedenen Gründen, und die Irrtümer sind dabei ebenso fruchtbar wie die »Wahrheiten«.

Für das junge Frankreich ist sein FAUST I, sein Mephisto, der große romantische Zauber. Goethe liest die Übersetzung des achtzehnjährigen Gérard de Nerval, der noch nicht der vom Surrealismus wiederentdeckte Dichter ist mit seinem »épanchement du songe dans la vie réelle«; solche Ergießung des Traums in die Wirklichkeit wäre Goethe wohl kaum sympathisch gewesen. Nerval ist ein junger Mann, der ein wenig Deutsch versteht, er übersetzt in Prosa mit lyrisch bewegten Partien. Aber er schwärmt für ein romantisches Deutschland: »Spürt Ihr nicht«, so schreibt er, »schon das reine und belebende Wehen, das uns aus Deutschland herüberkommt, ganz duftgesättigt mit wilden Gerüchen, über die Vogesen, die Ardennen her, von da draußen, da drüben jenseits des Rheines, noch weiter, des Taunus, wo ein ewiges düsteres Waldgrün herrscht?« Diesen wilden Geruch spüren sie im FAUST, den »exotischen« Reiz. Eine weitere Übersetzung wird Goethe vorgelegt, mit Lithographien von Delacroix, eine Prachtausgabe, während sein eigner Verleger den FAUST so dürftig und fast schäbig gedruckt hat wie nur möglich. Goethe freut sich auch über Format, Papier und ein wenig über die Illustrationen, die ihm dann aber bald bedenklich werden. Er hat allerhand Ungünstiges über den jungen Maler gehört, von »Getümmel seiner Kompositionen«, »Roheit des Kolorits«, und findet nun, Delacroix habe sich »zwischen Himmel und Erde, Möglichem und Unmöglichem, Rohestem und Zartestem ergangen«, was ja nun ziemlich genau dem FAUST entspricht. Dem Alten aber scheint der Prachtglanz der schönen Ausgabe gedämpft, »der Geist vom klaren Buchstaben in eine düstere Welt geführt«. Meyer, der Kunstreferent des Goethe-Hauses, dürfte hinter diesen Urteilen stehen; der mäkelt dann noch weiter an der »sorglosen« Zeichnung – Delacroix hatte in der noch ganz neuen Technik der Lithographie mit saftigen, souveränen Kreidestrichen gearbeitet. Ein Deutscher, so meint Meyer, würde das glatter, zarter tun, die Figuren sorgfältiger, »wissenschaftlicher« behandeln. So hatten es die Deutschen getan, wie etwa Moritz Retzsch, dessen Faust-Stiche Goethe als »reinlich« lobte: saubere, leere Umrisse, die uns mit ihren gezierten Gesten wie Karikaturen vorkommen.

Delacroix wurde übrigens nicht so sehr durch Goethes FAUST zu diesen Arbeiten angeregt als durch ein Spektakelstück FAUST in London, mit Mephisto als Glanzrolle für einen der beliebtesten Schauspieler »und allem was es nur an tiefster Schwärze gibt«, wie der Maler von seiner Reise schreibt. Und das war es eben: die tiefste Schwärze, was die jungen Franzosen begeisterte, die »düstere Welt«, die Goethe nun ablehnte. Vom griechischen Faust des Zweiten Teiles konnten sie noch nichts wissen, und als er erschien, waren sie enttäuscht.

Ein anderes junges Genie des romantischen Kreises, Hector Berlioz, legt Goethe sein Opus I vor, acht Szenen zum FAUST, aus denen später seine große DAMNATION DE FAUST hervorging. Wie einen König redet er den Meister mit »Monseigneur« an, seit Jahren sei der FAUST seine Lektüre, er könne einen »Schrei der Bewunderung« nicht zurückhalten. Aber Zelter, der Musikreferent Goethes, hat mit gröbsten Worten das Werk heruntergemacht, und so erhält dieser Einsender keine Antwort.

Goethes Verhältnis zur Musik ist das eines Dichters. Das Wort ist ihm wichtig, der Komponist soll nur vorsichtig begleiten. Auch Schubert, der ihm sein Opus 19 zusendet, wird nicht beachtet und stirbt noch vor Goethe; er hinterließ die größte und schönste Sammlung aller Goethe-Lieder, die man nie in Weimar gehört hatte; sie hätten übrigens dort auch keinen Beifall gefunden, denn sie waren viel zu »schwer«. Musik soll für Goethe leicht sein, Geselligkeit, Anregung; er veranstaltet auch bei sich Hauskonzerte. Instrumentalmusik ist ihm willkommen als Quartett, zur Stimmung beim Arbeiten, aus dem Nebenzimmer gespielt. Im Konzert langweilt er sich schon, und als Weber in Weimar einen Abend gibt, unterhält sich der Olympier laut. Seine Bewunderung für Mozart gilt dem Phänomen Mozart, weniger dem Musiker, dem Genie, dessen Wirkung mit der ZAUBER-FLÖTE alle Welt überwältigt hatte; Goethe hat dieses Werk fortführen wollen mit einem zweiten Teil – die ZAUBERFLÖTE Schikaneders, nicht Mozarts. Was im FAUST II Oper ist, geht darauf zurück, und in Goethes Libretto heißt es bei einer Verwandlung: »Das Theater geht in ein Chaos über, daraus entwickelt sich: Ein Königlicher Saal«, was eher wohl als Anweisung für manche Teile des FAUST gelten könnte.

Nur mit dem jungen Felix Mendelssohn, den sein Lehrer Zelter ihm zuführte, ist Goethe einmal ein Musiker von Rang nahegekommen. Der erinnerte ihn an das Wunderkind Mozart aus seiner Jugend. Der Knabe Felix, elfjährig, als er zum ersten Male bei Goethe erscheint, ist fein gebildet, übermütig, ein kleiner Kobold, und er spielt alles, was der Alte wünscht, auch einen ganzen musikhistorischen Kursus von Bach bis zu den »neueren Technikern« Beethoven und Weber, wie der Jupiter sie nennt. Er trägt ihm Bach vor, den neuentdeckten, und Goethe meint bei der D-Dur-Ouvertüre: »Man sieht ordentlich die Reihe geputzter Leute, die von einer großen Treppe heruntersteigen.« Er ist Augenmensch. In Bildern nur kann er sich Musik vorstellen. Und in musikalischen Bildern hat dann auch sein FAUST vor allem weitergewirkt, jeder hat »seinen Faust« geschrieben: Wagner, Liszt, Boito, der seinen MEFISTOFELE sogar mit philosophischen Fußnoten begleitete, Busoni, der auf das alte Puppenspiel zurückgreifen wollte. Im Lied aber – einem ganz anderen Lied, als Goethe es für seine Dichtungen wünschte – hat seine Lyrik die größte internationale Wirkung entfaltet: »le Lied« wurde auch bei den anderen Nationen zum Begriff, in Frankreich besonders, wo selbst die französische Lyrik einen neuen Ton dadurch erhielt. Musset spricht von der »douce obscurité«, die mit dem deutschen Lied in Frankreich einwanderte.

Ganz anders war Goethes Beziehung zu England, das lange Zeit nichts von deutscher Literatur wissen wollte und Goethe als »unsittlich«, irreligiös ansah und den tiefen Gehalt in seinem Werk vermißte. Selbst Coleridge und Wordsworth lehnten ihn noch entschieden ab; Shelley war der einzige Dichter von Rang, der einige Szenen aus der Walpurgisnacht übertrug – und dies nicht zuletzt, weil er sich für den »Atheisten« Goethe begeisterte. Nun, in Goethes letzten Jahren, taucht ein junger Mann namens Thomas Carlyle auf, Bauernsohn aus dem ärmsten Schottland; er wohnt in seinem Sandsteinhäuschen inmitten der Moore der Grafschaft Dumfries, in einem Örtchen Craigenputtock, das Goethe vergeblich auf der Landkarte zu finden sucht. Er sendet seine Übersetzung des WILHELM MEISTER ein, seine Aufsätze in angesehenen Zeitschriften und bekennt sich verehrungsvoll als Schüler des Meisters, nein mehr: als Sohn zum geistigen Vater. Durch Goethe sei er aus Finsternis zum Licht gerettet worden. Später hat Carlyle von einer wahren »Bekehrung« gesprochen. Goethe hört in dem Brief aus Schottland einen Ton, der ihm bisher noch nicht ans Ohr geklungen war. Als Dichter hat man ihn gefeiert, aber als eine moralische Macht, als einen Heiligen fast – Carlyle verwendet das Wort, er habe so manchen anderen Heiligen aus seinem Kalender gestrichen, seit er Goethe kennenlernte – hat ihn noch niemand gesehen. Die jungen Engländer, die er kannte, waren anderen Schlages. Da war der junge Crabb Robinson gewesen, der einige Jahre in Jena studiert hatte und dann in Londoner Magazinen Übersetzungen von Goethe-Gedichten veröffentlichte; er bemühte sich vergeblich, Goethes Hexameter in das dafür sehr widerspenstige Englisch zu übertragen. Da waren die vielen jungen Besucher, die eine Weile in Weimar hospitierten, ein junger Mann namens W. M. Thackeray, der Begabung zum Karikaturenzeichnen besaß und den Meister skizzierte, in vorgebeugter Haltung, die Hände auf dem Rücken; in einer englischen Zeitschrift wurde das dann veröffentlicht. Weimar war sehr beliebt als Aufenthalt: ein kleiner Hof ohne große Ansprüche, bequemes gesellschaftliches Leben; die jungen Engländer fühlten sich dort wohl. Sie traten sehr frei und sicher auf. Goethe bewunderte sie: »Liegt es in der Abstammung, im Boden, liegt es in der freien Verfassung, der gesunden Erziehung?« meint er zu Eckermann. Sie fühlten sich nie verlegen »und so bequem, als wären sie überall die Herren und als gehöre die Welt überall ihnen. Das ist es denn auch, was unsern Weibern gefällt und wodurch sie in den Herzen unserer jungen Dämchen so viele Verwüstungen anrichten... Es sind gefährliche junge Leute, aber freilich, daß sie gefährlich sind, das ist eben ihre Tugend.«

Wie anders sind da seine Deutschen! Schon die Kinder, die auf der Straße spielen, ängstigen sich, wenn ein Polizeidiener erscheint: »Es geht bei uns alles dahin, die liebe Jugend frühzeitig zahm zu machen und alle Natur, alle Originalität und alle Wildheit auszutreiben, so daß am Ende nichts übrig bleibt als der Philister.« Die jungen deutschen Gelehrten erst, die ihn aufsuchen: »kurzsichtig, blaß, mit eingefallener Brust«. Er vermerkt unmutig, »daß sie ganz in der Idee stecken und nur die höchsten Probleme der Spekulation sie zu interessieren geeignet sind. Von gesunden Sinnen und Freude am Sinnlichen ist bei ihnen keine Spur.« Könnte man ihnen, nach englischem Vorbild, nur mehr Tatkraft beibringen, weniger Philosophie und Theorie!

Als ein tüchtiger, tätiger junger Mann erscheint ihm dieser Mr. Carlyle, den er zunächst Sir Thomas Carlyle nennt und den er herzlich ermuntert, in seinem Eifer für deutsche Literatur fortzufahren. Eine fast zärtliche Brieffreundschaft beginnt, mit vielen liebevoll verpackten Geschenken Goethes an das junge Ehepaar, Kettchen für Mrs. Carlyle, einer Medaille mit Goethes Kopf, die er in späteren Jahren als Hausorden zu verleihen pflegt. Carlyle schreibt an den Meister bei Augusts Tode, es müsse Goethe doch ein Trost sein: er habe überall Brüder und Kinder in der Welt, wo man die Wahrheit suche, geistige Klarheit und Schönheit.

Goethe gewinnt in der Tat einen Sohn und einen Missionar. Carlyle ist im Grunde ein Laienprediger, sein Stil der Kanzelstil, wortreich und wirkungsvoll durch fanatische Überzeugung. Goethe erscheint ihm als das ewige »Ja«, das dem ewigen »Nein« entgegengesetzt werden muß. Er verkündet als erster nicht den Ruhm einzelner Werke, sondern den ganzen Goethe als Überwinder und Sieger, als Helden. HELDEN UND HELDENVEREHRUNG ist sein Lebensthema. Wir wissen, wohin dieser Kult dann führte; wir wissen auch, wie gespalten und ständiger Anrufung bedürftig Carlyles eignes Leben war. Wenn er in Goethe eine Art Puritaner nach seinem eignen Herzen sah, den großen »Entsagenden« — er selber führte das deutsche Wort »Entsage« auf seinem Siegel —, so hatte das seine biographischen Gründe; wir brauchen dabei nicht noch seine über alle Begriffe zur Entsagung verurteilte Lebensgefährtin heranzuziehen. Aber

Carlyle hat ein Goethe-Bild geschaffen, das noch jetzt weiterwirkt, und vielleicht konnte er ihn zunächst nur so der angelsächsischen Welt nahebringen. Kaum je hat ein Dichter einen solchen Evangelisten gehabt. Essays, Übersetzungen, Briefe, Aufsätze auch über deutsche Literatur im ganzen: Carlyle hat in diesen Anfangsjahren, noch ehe er seine eignen großen Buchreihen begann, eine Arbeit geleistet, die allein ein anderes Leben ausgefüllt hätte. Er stimmt auch sogleich Goethes Gedanken einer *Weltliteratur* zu und führt ihn weiter: Er sieht bereits Literatur als die alles umfassende Kraft, fast als die Religion der Zukunft: »unsere Kirche, unser Senat, unsere Sozialverfassung«. Er hofft, daß sie auch die Kriege im Lauf der Zeiten unmöglich machen werde.

Goethe greift diesen Gedanken auf. In seiner Besprechung von Carlyles Anthologie GERMAN ROMANCE spricht er davon, daß das Bestreben der besten Dichter aller Nationen schon seit längerem auf das allgemein Menschliche gerichtet sei: »Da nun auch im praktischen Lebensgange ein gleiches obwaltet und durch alles irdisch Rohe, Wilde, Grausame, Eigennützige, Lügenhafte sich durchschlingt und überall einige Milde zu verbreiten trachtet, so ist zwar nicht zu hoffen, daß ein allgemeiner Friede sich dadurch einleite, aber doch, daß der unvermeidliche Streit nach und nach läßlicher werde, der Krieg weniger grausam, der Sieg weniger übermütig.« Sein literarisch-politisches Glaubensbekenntnis lautet nun: »Eine wahrhaft allgemeine Duldung wird am sichersten erreicht, wenn man das Besondere der einzelnen Menschen und Völkerschaften auf sich beruhen läßt, bei der Überzeugung jedoch festhält, daß das wahrhaft Verdienstliche sich dadurch auszeichnet, daß es der ganzen Menschheit angehört.« Er hat sich über das Ideal von der Ausbildung der Einzelpersönlichkeit hinaufentwickelt zu einem universelleren Ideal. Er verkündet es in einer Zeit, die zunehmend nationalistisch wird und wenig Geduld aufbringt für solche Weisheiten eines alten Dichters.

In den ersten Augusttagen 1830 sind sehr beunruhigende Nachrichten über die politische Lage in Paris am Weimarer Hofe eingetroffen. Eine Revolution scheint da noch einmal im Gange zu sein, ein Gespenst, das man seit vierzig Jahren gebannt glaubte. Soret begibt sich nach dem Mittagessen sogleich zu Goethe.

»Nun«, ruft dieser ihm entgegen, »was denken Sie über dieses große Ereignis? Da haben wir es: alles steht in Flammen! Das ist keine Sache mehr, die hinter verschlossenen Türen verhandelt wird – der Vulkan ist ausgebrochen!«

»Eine furchtbare Geschichte«, erwidert Soret. »Eine so jämmerliche Familie, da läßt sich wenig hoffen, und noch dazu gestützt auf ein ebenso jämmerliches Ministerium! Es wird damit enden, daß man sie hinausjagt.«

»Aber ich spreche nicht von diesen Leuten«, meint Goethe unwillig. »Was gehen sie mich an! Es handelt sich um den großen Streit zwischen Cuvier und Geoffroy!«

Für ihn handelt es sich um die Diskussion zwischen den beiden Gelehrten in der Akademie der Wissenschaften; da ist, wie er meint, der Vulkan ausgebrochen. Soret spricht von der Königsfamilie, die in der Tat hinausgejagt wird, von Karl x., der seinerzeit in der Champagne mitgeritten war als Comte d'Artois und den Goethe dort in der Begleitung des Preußenkönigs gesehen hatte. Das interessiert ihn im Augenblick nicht. Er verfolgt seit Monaten mit größter Aufmerksamkeit eine ganz andere Auseinandersetzung im Schoß der Akademie. Es geht da um scheinbar sehr spezielle Fragen: die Organisation der Mollusken, der Fische. Goethe ist jedoch ungemein erregt: Hinter diesen Fachdebatten steht für ihn ein Grundproblem seiner Naturlehre. Geoffroy Saint-Hilaire vertritt die Naturphilosophie, Cuvier die mehr analytische Forschung. Geoffroy verkündet die »unité de composition organique«, eine »grande harmonie et des rapports nécessaires« aller Naturphänomene, Cuvier betont den Vorrang des Beobachtens, des Ordnens des greifbar Vorhandenen. Solche Fragen könnten eigentlich nur »hinter geschlossenen« Türen verhandelt werden, aber man ist nun demokratischer geworden, das Publikum ist zu den Sitzungen der Akademie zugelassen, der Streit der beiden weltberühmten Autoritäten greift auf die Zeitungen über, es wird eine *Cause célèbre* inmitten des Streites über die vom König bedrohte Pressefreiheit, die Arbeiter-Assoziationen und die Intrigen um ein neues Ministerium. Goethe hat beschlossen einzugreifen. Er ist durchaus auf seiten Geoffroys und seiner »großen Harmonie« und Einheit alles Organischen. Er muß allerdings Cuvier respektieren: Das ist kein bloßer »Pfaffe« der Zunft, wie er die deutschen Professoren kurzweg nennt, sondern ein großer Kenner des gesamten Naturreiches, dem auch Goethe viel verdankt. Er hat sich unter Napoleon als Organisator des Bildungswesens bewährt, er ist ein Mann von Welt, und er hat Goethe seine schönen Gedenkreden über verstorbene Wissenschaftler mit Widmung übersandt. Goethe plant einen Aufsatz und will dabei noch einmal auf seine eignen Gedanken zurückkommen, die ihm durch Geoffroy herrlich bestätigt scheinen. Er sucht sich diese beiden Gegner als Personen, als Gestalten zu vergegenwärtigen, nicht nur als entgegengesetzte Prinzipien, geht ihrem Bildungsgang nach, bis zu Buffon zurück und schreibt eine Art Geschichte der französischen Naturwissenschaft der letzten fünfzig Jahre. Cuvier erscheint ihm gewissermaßen als der Newton, Geoffroy als der Goethe der Forschung. Versöhnlicher jedoch als früher sieht er nun die Gegensätze, nahezu als eine notwendige Auseinandersetzung, eine Dialektik, die sich immer erneuern wird. Und auch für

die spätere Betrachtung läßt sich in dem Streit aus dem Revolutionsjahr 1830 nicht einfach das Recht auf seiner Seite entdecken; eine
Wissenschaft, die nur aus Cuviers oder nur aus Geoffroys bestehen
würde, wäre bald erstarrt und am Ende.

Sehr im Fluß sind nun auch die politischen Dinge in Paris, von
denen Goethe keine Notiz nehmen will. Da ist nicht von Mollusken
oder kleinen Fischen die Rede. Es geht um andere Fragen als die
»grande harmonie« Geoffroys. In Paris rührt sich ein neuer Stand,
die Industriearbeiterschaft, in der Hauptstadt schon stark vertreten,
in »Associationen« organisiert, wenn auch noch ohne rechte Führung.
Neue Ideen bewegen die Gemüter, der Graf Saint-Simon, aus berühmtem, in der ersten Revolution verarmtem Herzogshaus, hat den
Gedanken der körperlichen Arbeit in die Mitte seines noch unbestimmten Gesellschaftssystems gestellt, ein »Neues Christentum«
gefordert, die Arbeit soll heiliggesprochen, die ärmste und zahlreich-
ste Klasse gehoben werden; sein Schüler Bazard redete schon von der
»Ausbeutung des Menschen durch den Menschen«. Goethe hat noch
von dieser Schule der Saint-Simonisten gehört; sie übernehmen im
Revolutionsjahr 1810 den GLOBE, den er so aufmerksam las und der
ihm dann unheimlich wird. Er warnt seinen Sohn Carlyle im fernen
Craigenputtock, der in ihnen ein bedeutsames »Zeichen der Zeit«
erblickt und den sie zur Mitarbeit aufgefordert haben. Auch Carlyle
ist mit der Zeit unzufrieden und schlägt zornig auf die Kanzel. Er
wettert gegen das Maschinenzeitalter, sieht mechanische Erziehung,
mechanische Religion mit Dampfschiff und Dampfroß einziehen, die
Wissenschaft, die Kunst werden mechanisiert. Es gibt nicht mehr den
einsamen Schöpfer, nur noch rührige Gesellschaften und Komitees.
Das stand in der EDINBURGH REVIEW, die Goethe häufig las. Er
wurde von verschiedenen Seiten informiert. Sein alter Freund Reinhard, der Revolutionär von 1792, jetzt Mitarbeiter Talleyrands, der
gleich ihm so viele Wandlungen durchgemacht hat und abermals in
der Mitte der Ereignisse steht, schreibt an Goethe wenige Monate vor
der Revolution über die »entschiedene, aber ruhige Stellung, die die
Nation eingenommen hat . . . sie will keine Revolution, aber die Kon-
terrevolution noch viel weniger«. Gerade diese aber wollte der starr-
sinnige Karl x. mit seinen »Ordonnanzen«: Unterdrückung der
Presse, Rückkehr zum entschiedenen Absolutismus, und so gab es
dann doch einen »Ausbruch des Vulkans«, nicht nur in der Akademie.

Goethe hat, so wenig er darüber sagte, dieses letzte große politische
Ereignis seines langen Lebens mit Anteilnahme verfolgt, wenn ihn
auch Cuvier und Geoffroy leidenschaftlicher interessierten. Der weimarische Minister Gersdorff schickte ihm die Geheimberichte zur
Einsicht. Das letzte Buch, das neben Goethes Sterbebett lag, vom
französischen Gesandten ihm überreicht, war eine Darstellung der

SECHZEHN MONATE, die Europa und die Welt bewegten. Es war allerdings ein mattes, wäßriges Werk eines Grafen de Salvandy, den Goethe als Romanautor schätzte. Von den Vorgängen erzählt es wenig, aber es räsoniert viel über Anarchie und Desorganisation, die alles durchdringt, Politik, Literatur, die Zeitungen, das Theater, die Straße. Diese Anarchie »drängt, herrscht bis in die Kreise der Besitzenden hinein«. Es ist die Frage, ob Goethe das Buch noch las, er ließ sich jedenfalls darüber berichten, und seine Worte an Humboldt beziehen sich darauf: »Verwirrte Lehre zu verwirrtem Handel waltet über der Welt.«

Verwirrt waren die Lehren und das Handeln. Wir besitzen die Berichte eines Dichters der jungen Generation, Heinrich Heines, der bald nach der Revolution aus Paris für Goethes Verleger Cotta und dessen ALLGEMEINE ZEITUNG seine glänzenden Reportagen und Kunstberichte schreibt. Da wird gejubelt: Der gallische Hahn hat zum zweitenmal gekräht! Da steht Paris wieder mit einem Schlage in der Mitte, als leuchtendes Beispiel für alle Völker. Da hat Delacroix als Revolutionsplakat die Freiheit als schönes, derbes junges Weib gemalt, das die Trikolore in der Hand hält; Heine notiert aus der gleichen Kunstausstellung auch die aufsehenerregenden Bilder FAUST und GRETCHEN von Ary Scheffer, wegen ihrer düsteren Farbe als »Schnupftabak und grüne Seife« bezeichnet. Die Farbe auf dem Freiheitsplakat sei schon eingeschlagen, meint Heine; er schreibt es ein Jahr danach. Die Barrikadenkämpfer haben kaum Zeit gehabt, die Augen zu wischen. Dann erfahren sie, daß der schmalgesichtige erzaristokratische Karl geflüchtet ist und daß sein Vetter Orleans als Louis Philippe auf die Bühne getreten ist. Auch er war seinerzeit bei der Kanonade von Valmy zugegen, Goethe gegenüber auf dem Hügel mit der Windmühle, als Bürgergeneral Chartres, unter der Trikolore, die nun wieder über ihm flattert. Er ist dick geworden in der langen Wartezeit, die »Birne« werden ihn dann die Karikaturisten nennen. Zu Fuß schreitet er durch die aufgeregten Massen, mit dem Regenschirm, drückt rechts und links die Hände, auch die schwielige Arbeiterfaust. Der Minister seines Vorgängers, Polignac, Großgrundbesitzer in der Normandie mit der größten Merinoschafherde Frankreichs, wird ersetzt durch Casimir Périer, der große Eisenwerke und Banken besitzt, einen knochigen, stämmigen Mann, von dem sich der Journalist Heine viel erhofft. Die Professoren sind dabei, der kleine zähe Thiers, ein »Indifferentist von der tiefsten Art«, wie Heine schreibt, »der so wunderbar Maß zu halten weiß in der Klarheit, Verständigkeit und Veranschaulichung seiner Schreibweise, dieser Goethe der Politik«. Es beginnt das Juste-Milieu mit Eisenbahnbauten, bei denen einige der feurigsten Saint-Simonisten sich als tüchtige Finanziers betätigen und Millionäre werden – mit Fabriken,

Handel, Kolonialkriegen. Auch Algier wird in diesem Schicksalsjahr 1830 von den Franzosen erobert; die Kämpfe ziehen sich lange hin und sind erst 1962 beendet worden.

Vieles ist farcenhaft an dieser Revolution, die mit Bürgerfeigheit beginnt: Die Hoflieferanten nehmen vorsorglich ihre Wappenschilder herunter, als sie von eventuellen Unruhen hören, und geben damit das Zeichen zu allgemeiner Zertrümmerung der Embleme des verhaßten Regimes. Ungeheure Menschenmengen fluten in der Julisonne durch die Straßen, und Heine spottet: »Zu guten Emeuten gehört gutes Wetter!« Die Truppen des Königs sind ein fast jammervolles Häuflein von ein paar tausend Mann, Schweizer Söldner bilden den Kern der Garde; die Linientruppen verbrüdern sich alsbald mit der Bevölkerung. Zu ernsten Kämpfen kommt es nur an wenigen Stellen, und der erste Schuß wird von einem Engländer aus einem Hotelfenster auf ein vorbeimarschierendes Detachement abgegeben. Hilflos irren die kleinen Kommandos in den noch engen Häuserschluchten umher: Napoleon III. wird sie dann in breite Boulevards umwandeln, die seine Geschütze bestreichen können. Weder die Aufständischen noch das Militär haben einen Kampfplan, auch keinen klaren politischen Plan, und es endet dann auch mit dem Kompromiß des »Bürgerkönigs« Louis Philippe, an den zu Anfang niemand gedacht hatte. Und doch hat diese Revolution der drei Sommertage so weithin gewirkt. Nach allen Seiten sprangen die Funken über. Wenn Goethe die Geheimberichte des Ministers Gersdorff las, so brannte Europa an allen Enden: In Polen erhoben sich die Patrioten und wurden blutig niedergeschlagen durch den Zaren Nikolaus, ihr Land durch einen höhnisch »organisches Statut« genannten Ukas von Rußland annektiert. In Italien unterdrückten österreichische Truppen Aufstände im Kirchenstaat, in Modena, Parma; die französische Flotte griff in Portugal ein. Belgien riß sich von Holland los. Auf allen Seiten erscholl der Ruf nach Interventionen. Neuer Weltkrieg drohte. So sah die Weltlage im letzten Lebensjahr Goethes aus.

Auch von Deutschland war in den Geheimberichten die Rede: Aufstände in Dresden, in Aachen. Im Weimar benachbarten Braunschweig wird in der ersten und einzigen wilden Revolutionshandlung der deutschen Geschichte das Schloß, in dem Anna Amalie ihre freudlose Jugend verbracht hatte, niedergebrannt. Der Herzog muß flüchten, ein miserabler, launischer Bursche, unbeliebt selbst bei seinen Standesgenossen. Er irrt lange umher mit einem riesigen Vermögen, vorsorglich in Diamanten angelegt, und findet schließlich ein Asyl in Genf; die Bürgerrepublik setzt dem »Diamantenherzog« sogar bei seinem Tode ein Denkmal zum Dank für die Schenkung von einigen vierzig Millionen.

Nicht nur Goethe ist verstört über das, was er hört und liest. Ein kühler und nüchterner Beobachter, der Historiker der römischen Geschichte, Niebuhr, schreibt ihm am Ende des Revolutionsjahres 1830 fast fassungslos: »Ich glaube nicht, daß Sie es irrig finden, noch zweifeln, daß wir der rohesten und widerlichsten Barbarei entgegengehen.« Man werde noch aus dem Lande flüchten müssen. Nur die Tatsache, daß Goethe noch unter den Lebenden weilt, scheint ihm ein Trost: Damit »steht der Barbarei und Ausartung eine Macht entgegen, nach deren Verschwinden alles unter ihre Gewalt fallen würde«.

Eine Zeit geht zu Ende. Heine bezeichnet sie dann als die »Kunstperiode«, das Zeitalter Goethes. Und dieser sieht in seinem Brief an Humboldt, unmittelbar vor dem Tode, sein Werk, das er eben vollendet, »an den Strand getrieben, wie ein Wrack in Trümmern daliegen und von dem Dünenschutt der Stunden zunächst überschüttet«.

In dem »zunächst« liegt die beharrliche Hoffnung. An völligen Untergang glaubt Goethe nicht. Die politische Welt mag verwirrt genug aussehen, er hat sie in achtzig Jahren kaum anders gekannt. Er glaubt an andere Werte. In einem Aufsatz EPOCHEN GESELLIGER BILDUNG hat er ein Bild entworfen, wie er sich die Entwicklung der Menschheit denkt: vom kleinen nationalen Kreis über die »soziale oder zivilische Epoche« zur allgemeineren und schließlich zur universellen – »alle fremden Literaturen setzen sich mit der einheimischen ins Gleiche, und wir bleiben im Weltumlaufe nicht zurück«. In einem letzten großen Gespräch mit Soret blickt er noch einmal auf sein ganzes Leben zurück. Der Ausgangspunkt ist ein Buch über Mirabeau, das die Pariser Kritik getadelt hat: der Autor habe viel zu sehr betont, daß der große Volkstribun das Beste den Anregungen seiner Zeit verdanke und die Gedanken anderer benutzt habe. Gewiß, das tat Mirabeau, meint Goethe, und warum nicht? »Das größte Genie würde nicht weit kommen, wenn es sich vermessen wollte, alles aus dem eignen Boden zu ziehen. Was wäre denn das Genie, wenn man ihm die Gabe absprechen würde, alles sich nutzbar zu machen, was sich ihm darbietet, hier den Marmor zu nehmen, dort das Erz um sein Gebäude aufzurichten?« Er fragt, wie aus der Ferne auf sich schauend: »Wer bin ich? Was habe ich geschaffen? Ich habe alles aufgenommen und mir angeeignet, was ich nur hörte und beobachtete. Meine Werke haben sich genährt von Tausenden der verschiedensten Wesen, Toren und Weisen, hellen Köpfen und Narren.« Oft habe er geerntet, was andere säten. »Mein Werk ist das eines Kollektivwesens und es trägt den Namen Goethe« (17. 2. 1832).

Er ist nicht nur großartig gelassen, er bricht auch noch einmal aus in Hohn über die Theoretiker und Grübler: »Absurdes Volk! das treibt es wie gewisse Philosophen unter meinen Landsleuten. Die schließen sich dreißig Jahre in ihrer Kammer ein, ohne auf die Welt zu blicken. Die beschäftigen sich nur damit, die Ideen immer wieder durchzusieben, die sie aus dem eignen armseligen Hirn gezogen haben, und da finden sie wohl eine unerschöpfliche Quelle originaler, großer, brauchbarer Einfälle! Wissen Sie, was dabei herauskommt? Hirngespinste, nichts als Hirngespinste! Töricht genug war ich, mich lange über diese Narreteien zu ärgern: jetzt erlaube ich mir auf meine alten Tage zum Zeitvertreib darüber zu lachen!«

Er ist weise-versöhnlich in seinen Botschaften an die Welt und läßt es sich nicht nehmen, vor seinen wenigen Getreuen auch seinem Spott und Grimm freien Lauf zu lassen. Und selbst vor diesen hat er seine kleinen Heimlichkeiten. Ehe Soret zu Besuch kam, hat Goethe mit ein paar sorgfältig ausgestanzten und bemalten Pappscheiben ein seltsames Kreiselspiel gespielt. Nur Eckermann, der Unbedingte, darf davon wissen. Eilig räumt er es beiseite, als Soret hereintritt; der »Skeptiker«, der Kristallograph würde das nicht verstehen. Noch immer plagt ihn der Wunsch, die »siebenfarbige Prinzessin« zu befreien. Newton, der ewig verhaßte, hat einen Farbenkreisel beschrieben und behauptet, daß er bei Drehung »weiß« ergibt; es ist allerdings kein reines Weiß, da die Pigmente nie rein aufzutragen sind; Goethe sieht darin den Gegenbeweis gegen Newton und bezeichnet das Ergebnis als »Kotfarbe«. Wir wissen nicht, welche »reinen Phänomene« er in seinen kreisenden Scheiben zu sehen glaubte. Noch immer sinnt er auch dem unerklärlichen Mysterium des Regenbogens nach, für dessen Erklärung ein Menschenleben nicht ausreicht, wie er an Boisserée schreibt.

Bis in die letzten Tage bleibt sein Interesse an allen Gebieten seines Universums lebendig: Naturwissenschaft, Mineralogie, sogar Astronomie, mit der er sich früher wenig eingelassen hat, weil dabei die tückische »Rechenkunst« hineinspielt. Er mahnt aber die Sternwarte in Jena, sich auf den Empfang des Kometen vorzubereiten, der für 1834 erwartet wird. Er vernimmt mit Befriedigung, daß man bei den Ausgrabungen in Pompeji ein Haus die Casa di Goethe getauft hat. Die neue Ausgabe seiner METAMORPHOSE DER PFLANZEN in der französischen Übersetzung Sorets liegt vor und wird von der französischen Akademie mit großem Respekt entgegengenommen. Er betrachtet Zeichnungen junger Maler, seine Enkel besuchen nun das Theater und berichten ihm. Er liest den neuesten Roman Balzacs, im Plutarch: Es ist keinerlei Nachlassen seiner geistigen Kräfte zu bemerken, im Gegenteil, sein Briefstil ist eher gelöster und freier als der oft formelhaft-amtliche der vorangegangenen Jahre. Seine Umgebung glaubt nicht an ein nahes Ende.

Zu seinem letzten Geburtstag hat er sogar noch eine kleine Reise unternommen: nach Ilmenau, wo er seinerzeit den Bergbau in Gang setzen wollte. Er ist zu dem kleinen Jagdhaus im Walde hinaufgestiegen, wo er das Gedicht »Über allen Gipfeln...« vor zweiundfünfzig Jahren auf die Wand schrieb. Er hat die Verse betrachtet, die nun unter Glas stehen, denn die Holzhütte ist bereits ein Wallfahrtsort geworden, und nachgesonnen über das »warte nur, balde ruhest du auch«. Aber er hat auch seine Augen noch einmal weit schweifen lassen. An Zelter schrieb er darüber: »Nach so vielen Jahren war denn zu übersehen: das Dauernde, das Verschwundene. Das Gelungene trat vor und erheiterte, das Mißlungene war vergessen und verschmerzt. Die Menschen lebten alle nach wie vor, ihrer Art gemäß, vom Köhler bis zum Porzellanfabrikanten. Eisen ward geschmolzen, Braunstein aus den Klüften gefördert, wenn auch in dem Augenblick nicht so gesucht wie sonst. Pech ward gesotten, der Ruß aufgefangen, die Rußhüttchen künstlichst und kümmerlichst verfertigt. Steinkohlen mit unglaublichster Mühe zu Tage gebracht, kolossale Urstämme, in der Grube unter dem Arbeiten entdeckt...«, und so ging's dann weiter, vom alten Granit durch die angrenzenden Epochen, wobei immer neue Probleme sich entwickeln, welche die neusten Weltschöpfer mit der größten Bequemlichkeit aus der Erde aufsteigen lassen. Im ganzen herrscht ein wundernswürdiges Benutzen der mannigfaltigsten Erd- und Bergoberfläche und Tiefen.«

Kaum hat er je in der Zeit seiner aktiven Ministertätigkeit mit einem Male so viel vom mühseligen Treiben der Menschen gesehen. Aber er steht noch einmal auf dem Granit, seinem Urgestein, das ihm immer das Gefühl antäischer Berührung und Stärkung durch die Erde vermittelt. Sein Blick faßt die dunkelgrünen Tannen des Thüringer Waldes zusammen mit den schwarzen Farnbäumen der Steinkohlenzeit. Er wehrt sich noch einmal gegen die »Neuesten« mit ihren Eruptionen und Revolutionen, unter der Erde und über der Erde. Er sieht Tätigkeit, bewundernswertes Nutzen aller Höhen und Tiefen.

»Kein Wesen kann zu nichts zerfallen!« schreibt er in seinem letzten großen Gedicht als VERMÄCHTNIS nieder: »Das Ewge regt sich fort in allen, / Am Sein erhalte dich beglückt!« Auch da wandelt er noch einmal sein ganzes Leben in kurzen Zeilen ab und wendet sich zum Schluß an die kommenden Generationen: »Denn edlen Seelen vorzufühlen, / Ist wünschenswertester Beruf«, wobei er gleichsam mit der Hand, wie bei seinen Leseproben, das etwas umständliche Eigenschaftswort skandiert.

Dann bleibt er im Haus und bestellt es. Er macht sein Testament mit dem alten Freund Müller. Er verfügt über seinen Nachlaß, die Werke, die Sammlungen. Er sendet Marianne in Frankfurt ihre Briefe zurück. Frau von Levetzow hat einen letzten Gruß erhalten nach einem Blick auf das Trinkglas aus Marienbad auf seinem Schreibtisch, »das auf so manche Jahre zurückdeutet und mir die schönsten

Stunden vergegenwärtigt«. Das Kapitel ›Lili‹ für DICHTUNG UND WAHRHEIT ist abgeschlossen. Seine Korrespondenz wird bis in die allerletzten Tage hinein weitergeführt, auf höchster geistiger Höhe.

Aber der Körper ist nun verbraucht. Einer der alten Freunde sieht ihn, klein geworden, sehr klein, gebückt, fast nur noch ein Schatten unter den alten Bäumen seines Gartenhäuschens. Die Jahreszeiten haben immer eine große Rolle in Goethes Lebenshaushalt gespielt. Der Winter war die »Dachshöhle«, in der er sich verkroch. Mit Ungeduld wartet er auf den Frühling, den Kalender in der Hand. Ungeduldig läßt er denn auch im März 1832 seine Chaise anspannen zu einer kurzen Ausfahrt, obwohl es noch kühl ist und ein scharfer Wind weht. Mit einer Erkältung kommt er zurück und legt sich zu Bett. Sein Arzt Dr. Vogel, seit Jahren auch sein Mitarbeiter in der »Oberaufsicht«, berichtet über das Ende: »Catarrhalfieber, Lungenentzündung, Versagen der Atmung und des Herzens.« Er schildert auch mit klinischer Objektivität – sein Bericht war für eine medizinische Zeitschrift bestimmt – die grausige Szene der Todesangst, die Goethe überfällt, und sie ist unvergleichlich wahrer und großartiger als die nach allen Seiten ausgehenden Briefe der Getreuen, die nur vom sanftesten Entschlummern, einer mythischen Entrückung des Olympiers in den Dichterhimmel sprechen. Um das Sterbebett jedes Großen versammeln sich die Aufzeichner, die womöglich eine Bekehrung in allerletzter Stunde oder ein bedeutsames, symbolisches Wort der Nachwelt überliefern wollen. So hat Eckermann noch ein letztes Gespräch Goethes mit ihm seinen Unterhaltungen hinzugedichtet, das ihn von dem vielfach erhobenen Vorwurf der Ungläubigkeit reinigen und als Verehrer der christlichen Glaubenslehre, wenn auch in freier und eigner Form, zeigen sollte. Andere haben das vielzitierte »mehr Licht!« als letztes Wort verbreitet, was vielleicht auf einen leisen Befehl an den Diener zurückgeht, die Fensterläden weiter aufzumachen, während sich in Wirklichkeit wohl nur die Augen schon verdunkelt hatten. Noch mehrere solcher Worte sind mit peinlicher Neugier aufgefangen worden, und peinlich erscheint uns auch Eckermanns Betrachtung der nackten Leiche, trotz seiner sprachlich eindrucksvollen Beschreibung des »Gewaltigen« und göttlich Vollendeten. Goethe war gewaltig und vollendet in anderer Beziehung. Sein Körper konnte nichts anderes sein als der eines dreiundachtzigjährigen Greises. Er wird sehr feierlich und festlich aufgebahrt, in seidenem Petrarkahemd, gemäß der Bühnentradition, mit den Emblemen von goldner Leier und Lorbeerkranz; er wird in der Fürstengruft an der Seite Schillers beigesetzt, ganz im Stil der Zeit, wie man damals einen großen Mitbürger ehrte. Sein Anfang und Ende kommt dabei doch in einem Symbol zum Ausdruck: Der Sarg wird auf den alten gotischen Brautteppich aus dem Besitz der

Familie gestellt, über dem der Täufling in der Katharinenkirche zu Frankfurt seine Taufnamen Johann Wolfgang erhalten hatte.

Goethe ist nicht leicht gestorben. Er hat noch bei den leisesten Anzeichen von Besserung gehofft und seinen Diener nach dem Datum gefragt. Als er hörte, es sei der 22. März, meinte er: »Also hat der Frühling begonnen und wir können uns umso eher erholen.« Zur Schwiegertochter spricht er vom April, der zwar stürmisches Wetter, aber auch schöne Tage bringen werde. Den Arzt bittet er, ihm keine Arzneien mehr zu geben, durch Bewegung in der freien Natur werde er sich schon stärken. Aber der Mediziner hat bereits zwei Tage zuvor das Ende gesehen, als er am frühen Morgen gerufen wurde: »Ein jammervoller Anblick erwartete mich. Fürchterliche Angst und Unruhe trieben den seit lange nur in gemessenster Haltung sich zu bewegen gewohnten hochbejahrten Greis mit jagender Hast bald ins Bett, wo er durch jeden Augenblick veränderte Lage Linderung zu erlangen vergeblich suchte, bald auf den neben dem Bette stehenden Lehnstuhl. Der Schmerz, welcher sich mehr und mehr auf der Brust festsetzte, preßte dem Gefolterten bald Stöhnen, bald lautes Geschrei aus. Die Gesichtszüge waren verzerrt, das Antlitz aschgrau, die Augen tief in ihre lividen Höhlen gesunken, matt, trübe; der Blick drückte die gräßlichste Todesangst aus. Der ganze eiskalte Körper triefte von Schweiß, den ungemein häufigen, schnellen und härtlichen Puls konnte man kaum fühlen; der Unterleib war sehr aufgetrieben; der Durst qualvoll.«

Am 22. März ist er gestorben, im Lehnstuhl neben seinem Bett, gegen Mittag, wie er geboren war. Er träumt noch: »Seht den schönen weiblichen Kopf – mit schwarzen Locken – in prächtigem Kolorit – auf dunklem Hintergrunde.« Er kann nicht mehr sprechen, und so hebt er, wie er es beim Diktieren gewohnt ist, die Hände, mit den kurzen, gar nicht aristokratischen Fingern, die eher Arbeiterhände sind. Er versucht noch ein wenig Ordnung herzustellen und zeichnet in die Luft. Dann werden ihm auch die Arme schwer und sinken herab. Er schreibt mit dem Finger auf das Oberbett, das seine Knie bedeckt. Schreibend stirbt der große Schriftsteller. Er setzt sogar, wie die Umgebung beobachtet haben will, genaue Interpunktionszeichen. Er malt zuletzt einen großen Buchstaben, ein W. Wir können ihn als den Anfangsbuchstaben seines eignen Namens Wolfgang deuten oder im Sinne seiner letzten großen Gedanken über die Weltliteratur und das gegenseitige Verstehen der Menschheit als Welt.

Nachwort

Es gibt Zeiten der Goethe-Nähe und Goethe-Ferne, und beide Arten haben wir erlebt. Als ich zuerst Goethe zu lesen begann, vor über fünfzig Jahren, bestand noch eine festgefügte Goethe-Tradition, die unmittelbar nach Weimar zurückreichte. Bis zur Wende unseres Jahrhunderts lebte noch die letzte seiner vielen Geliebten als uraltes Stiftsfräulein in Böhmen, der Großherzog von Weimar, der als Knabe mit den Enkeln gespielt hatte, und ich habe von Leuten gehört, die mit ihnen gesprochen hatten. In meiner eignen Familie besaßen wir einige solcher direkten Verbindungen zum »großen Alten«, wie er damals unweigerlich genannt wurde. Mein Urgroßvater mütterlicherseits, Konrektor Elster in Helmstedt, Verfasser eines Buches über DIE HÖHERE ZEICHENKUNST mit mannigfachen Hinweisen auf Goethe, hatte sich an einer der Kunstausstellungen des Dichters beteiligt und ein eigenhändiges Schreiben erhalten mit ausführlicher Würdigung, worin vermerkt war, daß er das Blatt »auf einen hinlänglichen Stab gerollt« zurückerhielte. Dieser »hinlängliche Stab« war ein geflügeltes Wort bei uns, und er hat tiefere Bedeutung. Ein anderer Urvater väterlicherseits war der Berliner Verleger Adolph Martin Schlesinger, der vor allem Musik verlegte, die MATTHÄUS-PASSION, die Felix Mendelssohn soeben aufgeführt hatte, Beethovens letzte Quartette und Zelters Liederhefte; er war aber auch an Literatur interessiert und brachte erste Übersetzungen Balzacs heraus, der junge Heine wohnte in seinem Haus ›Unter den Linden‹. Und so beteiligte er sich an dem Wettbewerb um die große GESAMTAUSGABE LETZTER HAND und schickte seinen Sohn dazu nach Weimar. Der »große Alte« forderte die damals enorme Summe von hunderttausend Talern. Das war nicht zuviel für Goethes Werke, aber für den Musikverleger, und so erhielt dann Cotta den Zuschlag.

Daneben gab es in meiner Jugend die ebenfalls bereits sehr etablierte Goethe-Forschung, die noch an der wissenschaftlichen Ausgabe seiner Werke arbeitete und mit ihren 143 Bänden erst fertig wurde, als ich aus dem Ersten Weltkrieg nach Hause kam; sie war später in meinem Besitz. Sie ist mir allerdings ebenso abhanden gekommen wie meine übrige große Sammlung von Ausgaben Goethes, seiner Zeitgenossen und von zeitgenössischen Memoirenwerken, Zeitschriften und Dokumenten oder die schöne große Farbskizze Tischbeins aus der römischen Campagna. All das verschwand während der Zeit des Zweiten Weltkrieges, der ja auch eine Zeit der Goethe-Ferne war.

Damals aber, in meiner Jugend, las ich vor allem Goethe in der gerade erscheinenden Ausgabe des Insel-Verlages. Die Bände waren auf englischem Bibelpapier gedruckt, von den Buchkünstlern der Schule des William Morris ausgestattet und, wie der Prospekt verkündete, »unzerreißbar« gebunden. Sie haben mich seither begleitet und sich in der Tat als unzerreißbar erwiesen, selbst als sie mir 1944 bei einem Bombenangriff aus meiner Londoner Wohnung in den Garten geschleudert wurden, wo ich sie wieder aufsammelte. Ich hatte, als ich in ihnen zu lesen begann, noch keine Ahnung, daß ich einmal mit dem Verleger dieser schönen Ausgabe in Beziehung treten würde und daß meine eignen Bücher unter dem gleichen Signet mit dem Insel-Schiff erscheinen würden. Mit Anton Kippenberg habe ich dann, als er mein Verleger wurde, manche Gespräche über Goethe geführt. Der Katalog seiner Sammlung ist mir noch heute der wertvollste Wegweiser durch die unermeßliche Goethe-Literatur, und nicht weniger wichtig waren mir die Hinweise, die dieser größte und leidenschaftlichste aller Goethe-Kenner in der Unterhaltung gab. Da wurde nicht im tremolierenden Ton der unausstehlichen Goethe-Schwärmerei geredet. Es wurde sachlich, auch mit Bremer Humor, gesprochen. Da habe ich viel gelernt, was nicht in den Büchern stand.

Dann wurde ich auch mit der Goethe-Philologie vertraut; ich habe selbst eine Goethe-Auswahl in zwei Dünndruckbänden herausgegeben, 1932 und 1952 in erweiterter Ausgabe im Knaur-Verlag, eine englische GOETHE-CHRONICLE, einen Privatdruck seiner englisch gekritzelten Versuche für die Maximilians-Gesellschaft. Ich habe mich weiter mit Goethe beschäftigt und auch die vielen Bände der »Goethe-Gesellschaft« gelesen, deren erste Serie meine Großmutter noch abonniert hatte, die englische, französische, amerikanische Literatur und vor allem die Werke der Zeit, die über Weimar hinausführen in den weiteren Umkreis seiner Epoche. Die Goethe-Zeit: Das ist nicht nur »Alt-Weimar«, das kaum ganz so traulich war, wie es oft dargestellt wird. Da gibt es Kriege, Revolutionen; da ist nicht nur das zierliche, sondern auch das brutale Rokoko mit seinem Soldatenhandel; unmittelbar neben dem Musenhof wird Spießruten gelaufen, am Vorabend der IPHIGENIE. Da gibt es große Umwälzungen der gesellschaftlichen Ordnung, nicht nur der Kunststile, die vom Barock bis zur Romantik gehen. Darüber fand ich wenig in der Goethe-Literatur. Es schien mir wohl der Mühe wert, den Dichter, den Weisen, den Naturdeuter einmal hineinzustellen in diese größeren Zusammenhänge. Denn diese Zeit, so weit sie zurückzuliegen scheint, ist auch unsere Zeit: Damals wurden die Grundlagen gelegt für die Welt, in der wir uns einrichten müssen. Es ist kein »goldnes Zeitalter«, wie Goethe es im Griechentum erträumte, sowenig er eine Vaterfigur ist, zu der man sehnsüchtig zurückschauen könnte. Er ist ein Mensch mit seinem Widerspruch, nach seiner eignen Lebenslehre aus »polaren« Gegensätzen zusammengesetzt und zur Einheit gestaltet. Wer nur die Resultate abschöpfen und sich an den »Ganzheitsmenschen« Goethe halten – oder anklammern will, der verkennt die große Leistung. Der ganze Goethe: Das ist nicht nur der »vollendete« olympische Greis, der sehr wohl toben, lästern, »bestialisch sein« konnte, wie er fröhlich bekannte; das ist Mephisto und Faust; das ist Iphigenie und die derbe römische Geliebte, die beide zur gleichen Zeit bedichtet werden, die eine ganz Seele, die andere ganz Leib – und so, in Seele und Leib, scheint mir, muß Goethe erfaßt werden, wenn man ihn verstehen und – das wichtigste – sein Werk genießen will.

Meine Arbeit an Goethe vollzog sich in Abständen und wurde häufig unterbrochen, was vielleicht seine Vorteile hatte. Jede Neubegegnung war zugleich ein Neuentdecken, während das unablässige Drehen der Goethe-Mühle leicht eine gewisse Müdigkeit und Verdrossenheit erzeugen kann. Man ging inzwischen durch verschiedenste Schicksale und Lebensbezüge – und nicht nur durch literarische Epochen. Wenn man sich 1915 an nahezu derselben Stelle wie Goethe in der Champagne in den lockeren Kreideboden hat eingraben müssen, »zur voreiligen Bestattung«, wie er sagte, so sieht man einen solchen Feldzug mit anderen Augen, und so geht es mit vielen Dingen. Hat man die »voreilige Bestattung« überstanden, die auch noch später nicht selten drohte, so ergibt sich eine andere Haltung zum Leben wie zur Literatur. Man wird eine gewisse Ironie walten lassen dürfen oder auch Humor, ohne den solche Zeiten kaum zu bewältigen sind. So steckt in meinem Buch auch, wie ich glaube, neben vielem Quellenstudium eine nicht unbeträchtliche Menge von Lebenserfahrungen. Das bedeutet nicht eine »Entzauberung« – es bleibt des Zaubers genug in diesem Leben mit seinen Höhen, Tiefen und vielen Mittelstufen, die alle wichtig sind. Hugo von Hofmannsthal hat einmal in seinem Aufsatz DER DICHTER UND DIESE ZEIT gewünscht, es möchte ein freierer Ton angeschlagen werden den Großen und gerade auch Goethe gegenüber, »ein menschlicher Ton, ein männlicher Ton, ein

Ton des Zutrauens und der freien ungekünstelten Ehrfurcht«. Das schien mir ein gutes Motto.

Mein Buch behandelt Leben und Zeit. Es versucht keine ausführlichen Werkdeutungen; das ist eine andere Aufgabe, und sie ist oft genug in Angriff genommen worden. Und ein ganzes, für uns vielleicht das größte und herrlichste Gebiet seines Schaffens, die Lyrik, mußte größtenteils dem Genuß und der Finderfreude des Lesers überlassen bleiben. Dafür sind die Gedichte – wie überhaupt die Werke – auch bestimmt. Zu ihnen soll hingeführt werden, nicht durch einzelne Hinweise, sondern durch ein Bild der Gesamtpersönlichkeit Goethes, seines Umkreises und der Epochen, durch die sein langes und reiches Leben gegangen ist.

Und so hoffe ich, meinen Beitrag zu einer Aufgabe geliefert zu haben, die von jeder Generation neu unternommen werden muß. Goethe meinte in seinem Aufsatz SHAKESPEARE UND KEIN ENDE, es möchte scheinen, »als wäre nichts mehr zu sagen übrig; und doch ist dies die Eigenschaft des Geistes, daß er den Geist ewig anregt«.

London, im Sommer 1963   Richard Friedenthal

Zeittafel

1749   am 28. 8. geboren in Frankfurt. Vater Johann Caspar Goethe (1710–1782), Mutter Katharina Elisabeth, geb. Textor (1731–1808).

1759   Frankfurt besetzt durch die Franzosen. – *Siebenjähriger Krieg 1756–1763.*

1764   *Kaiserkrönung Joseph II.*

1765   Oktober bis 1768 Student in Leipzig. Liederbuch ANNETTE, LAUNE DES VERLIEBTEN.

1768/70 Frankfurt.

1770   März bis 1771 August in Straßburg. Besuche in Sesenheim, Friederike Brion (1752–1813). Promotion zum ›Lizentiaten der Rechte‹.

1771/72 Frankfurt. Kurze Anwaltspraxis. GÖTZ. FRANKFURTER GELEHRTEN-ANZEIGEN. VON DEUTSCHER BAUKUNST.

1772   Mai bis September in Wetzlar. Lotte Buff, verh. Kestner (1753 bis 1828).

1773/75 Frankfurt. Farcen, Fastnachtspiele, Gedichte, CLAVIGO, Anfänge des FAUST und EGMONT. WERTHER. Verlobung mit Lili Schönemann (1758–1817).

1775   Mai bis Juli Reise nach der Schweiz. November Ankunft in Weimar – auf Einladung des Herzogs Karl August (1757–1828).

1776   Ernennung zum Mitglied des Geheimen Rates. Charlotte von Stein (1742–1827). DIE GESCHWISTER. Bergbau in Ilmenau.

1777   November bis Dezember Harzreise.

1778   Mai Besuch in Berlin. – *Bayrischer Erbfolgekrieg 1778–1779.*

1779   Übernahme von Kriegs- und Wegebaukommission. IPHIGENIE in Prosa. September bis Januar 1780 zweite Reise nach der Schweiz.

1782   Adelsdiplom. Übernahme der Finanzverwaltung.

1784   Anatomie, Entdeckung des Zwischenkieferknochens.

1785   Verhandlungen über den Fürstenbund. Botanische Studien.

1786   September bis Juni 1788 Reise nach Italien. IPHIGENIE in Versen, EGMONT, TASSO.

1788   Entlastung von Regierungsgeschäften. Christiane Vulpius (1765 bis 1816). RÖMISCHE ELEGIEN.

1789	Dezember Sohn August geboren (gestorben 1830), einzig Überlebender von fünf Kindern.
1790	Abschluß von Goethes SCHRIFTEN in 8 Bändchen. März bis Juni in Venedig. VENEZIANISCHE EPIGRAMME. Juli bis Oktober Feldlager in Schlesien. Naturwissenschaftliche Studien zur Anatomie, Botanik, Optik. METAMORPHOSE DER PFLANZEN.
1791	Übernahme der Leitung des Hoftheaters. GROSS-KOPHTA. BEITRÄGE ZUR OPTIK, 2 Hefte.
1792	August bis November Campagne in Frankreich. – 1. Koalitionskrieg 1792–1797. NEUE SCHRIFTEN beginnen zu erscheinen (7 Bände bis 1799).
1793	REINEKE FUCHS. DER BÜRGERGENERAL. Mai bis Juli Belagerung von Mainz.
1794	Beginn der nahen Beziehung zu Schiller (1759–1805). WILHELM MEISTERS LEHRJAHRE (beendet 1796).
1795	Die HOREN. UNTERHALTUNGEN DEUTSCHER AUSGEWANDERTEN, MÄRCHEN.
1796	XENIEN, mit Schiller. HERMANN UND DOROTHEA.
1797	BALLADEN. Juli bis November Reise nach Süddeutschland, der Schweiz. – Kongreß von Rastatt 1797/98.
1798	Zeitschrift DIE PROPYLÄEN (bis 1800).
1799	ACHILLEIS. – 2. Koalitionskrieg 1799–1802.
1801	Erkrankung an Gesichtsrose.
1803	DIE NATÜRLICHE TOCHTER. Verkehr im Hause Frommann in Jena; dort 1807 Bekanntschaft mit Wilhelmine Herzlieb (1789–1865). – Reichsdeputationshauptschluß, Ende des Heiligen Römischen Reiches.
1804	Madame de Staël. WINCKELMANN. – Napoleon Kaiser.
1805	Schwere Nierenkrankheit. Tod Schillers. Freundschaft mit Zelter (1758–1832).
1806	14. Oktober Schlacht bei Jena; Besetzung Weimars. Trauung mit Christiane Vulpius. – Begründung des Rheinbundes.
1807	Abschluß des FAUST I. PANDORA.
1808	FAUST I erschienen; erste Gesamtausgabe der WERKE in 12 Bänden (1806–1808). Begegnung mit Napoleon beim Kongreß zu Erfurt. – Beendigung des 3. Koalitionskriegs 1805–1807.
1809	WAHLVERWANDTSCHAFTEN. AUTOBIOGRAPHIE begonnen. – Feldzug Napoleons gegen Österreich. Aufstände in Tirol, Spanien, Kalabrien.
1810	FARBENLEHRE.
1811	AUS MEINEM LEBEN DICHTUNG UND WAHRHEIT (6 Bände bis 1822).
1812	Begegnung mit Beethoven, Kaiserin Maria Ludovica von Österreich. – Napoleons Feldzug in Rußland.
1813	April bis August in Teplitz. – Krieg der verbündeten Russen, Preußen, Österreicher gegen Napoleon, 16.–18. Oktober Schlacht bei Leipzig; April 1814 Abdankung Napoleons; Isolierung auf Elba; Wiener Kongreß.
1814	DES EPIMENIDES ERWACHEN. Reise an den Main und Rhein. Marianne von Willemer (gestorben 1860).

1815	Erneute Reise an den Main und Rhein; Ausflug nach Köln mit Freiherr vom Stein. Zweite Gesamtausgabe der WERKE in 20 Bänden (1815–1819). – *Die 100 Tage; Waterloo; Verbannung Napoleons nach St. Helena. Weimar Großherzogtum.*
1816	Tod Christianes. Zeitschrift KUNST UND ALTERTHUM (bis 1832 fortgeführt).
1817	Entlassung als Theaterleiter. Heirat des Sohnes mit Ottilie von Pogwisch (1796–1872); Enkelsöhne Walter (1819–1885), Wolfgang (1820–1883), Tochter Alma 1845 als Siebzehnjährige gestorben. Zeitschrift ZUR NATURWISSENSCHAFT (bis 1824). – *Im Oktober Wartburgfest.*
1819	WESTÖSTLICHER DIVAN. Erste Aufführung von Faust-Szenen in Berlin. – *Karlsbader Beschlüsse.*
1821	WILHELM MEISTERS WANDERJAHRE, 1. Teil.
1823	Zu Jahresbeginn schwere Erkrankung. Johann Peter Eckermann (1792–1854) kommt nach Weimar. Juni bis September in Böhmen; in Marienbad Ulrike von Levetzow (1804–1899). MARIENBADER ELEGIE.
1825	Arbeit am FAUST II wiederaufgenommen.
1826	GESAMTAUSGABE LETZTER HAND: bis 1831 40 Bände, 20 weitere 1833–1842, darin als Band 1 FAUST II, 1833. Betrachtung von Schillers Schädel, Terzinen. NOVELLE.
1827	CHINESISCH-DEUTSCHE JAHRES- UND TAGESZEITEN.
1830	Tod des Sohnes in Rom. Goethes Anteil an der Kontroverse Cuvier–Geoffroy in der Pariser Akademie. – *Juli Revolution in Paris; Beginn des »Bürgerkönigtums« Louis Philippes.*
1831	Testament. FAUST abgeschlossen. Letzter Geburtstag in Ilmenau.
1832	14. März letzte Ausfahrt, 16. März Erkrankung, 22. März Tod, 26. März Bestattung in der Fürstengruft.

Bibliographische Hinweise

Eine ausführliche Angabe von Quellen, besonders zur Zeitgeschichte, würde einen Nachtragsband erfordern; ich gebe daher nur einige Werke an und muß auch leider darauf verzichten, einzelne Aufsätze und Beiträge der Jahrbücher oder Zeitschriften anzuführen, denen ich wesentliche Belehrung verdanke. Der Kenner wird ohnehin sehen, daß ich fast durchweg auf unmittelbare Zeugnisse zurückgegriffen habe. Als Anleitung für weitere Beschäftigung mit Goethe verweise ich auf die kommentierte Ausgabe des Christian Wegner Verlages (Hamburg 1949 ff., 14 Bde) oder das »Goethe-Handbuch« (Metzler, Stuttgart 1958 ff., 4 Bde). Der Katalog der Sammlung Kippenberg (Leipzig 1913, 2. Aufl. 1928, 3 Bde) war mir immer ein wichtiger Wegweiser, neben den Angaben in den »Goethe-Jahrbüchern«.

Für die Werke muß noch immer die »Sophien-Ausgabe« (Weimar 1887 bis 1919, 143 Bde) benutzt werden, deren Mängel bekannt sind. Eine neue kritische Ausgabe des Weimarer Archivs ist bisher nicht über einige Bände hinaus gediehen, auch an einem sehr nötigen »Goethe-Wörterbuch« wird noch gearbeitet. Ergänzungsbände liegen vor über die Zeichnungen Goethes, seine Sammlungen und die »Amtlichen Schriften« (Bd. 1, Weimar 1950). Die naturwissenschaftlichen Schriften sind jetzt in der Ausgabe der »Leopoldina« zu Halle neu geordnet (Weimar 1947, bisher 7 Bde, mit reichhaltigen Kommentarbänden).

Das Leben Goethes ist in einigermaßen ausführlicher und wissenschaftlicher Form nicht behandelt worden, obwohl bei Öffnung des Goethe-Archivs 1885 die Schaffung einer umfassenden Biographie als Aufgabe vorgesehen war. Die als »Biographie« bezeichneten Bücher versuchen den Lebenslauf mit mehr oder weniger geglückter Deutung der Werke zu vereinigen. Es gibt hingegen mehrere Darstellungen der Geschichte der Goethe-Biographien; die neueste, von Wolfgang Leppmann (GOETHE UND DIE DEUTSCHEN, Stuttgart 1963), vermerkt, die englische Biographie von George H. Lewes (London 1855) – ein damals respektables Unternehmen, das auch in deutscher Übersetzung viele Leser fand – sei nach dem Urteil »namhafter Kenner« noch heute die beste Einführung. Die Bücher von Schulmännern wie Karl Heinemann (1895) oder Albert Bielschowsky (1904) waren für das gebildete Bürgerhaus und den Unterricht bestimmt; auch die Biographien von Richard M. Meyer (1913) oder Georg Witkowski (1932), die Fachgelehrte waren und in anderen Arbeiten wertvolles Material beibrachten, gingen nicht wesentlich darüber hinaus. Die weiteren Werke haben das sogenannte »äußere Leben« immer stärker zurückgestellt. Es wäre jedoch sehr undankbar, wenn ich nicht wenigstens die Namen von Konrad Burdach, Georg Simmel, Friedrich Gundolf, Ernst Cassirer, Hermann Korff nennen wollte oder die Essays von Hugo von Hofmannsthal, Rudolf Alexander Schröder, Thomas Mann, Max Kommerell und Walter Benjamin. Von neueren Arbeiten haben mir Emil Staiger (GOETHE, 3 Bde, Bern 1952 bis 1959), Barker Fairley (A STUDY OF GOETHE, London 1947) und die Studien von Wilhelm Emrich die meisten Anregungen gegeben.

Ernst Beutler hat in seinen ESSAYS UM GOETHE (2 Bde, 4. Aufl. Wiesbaden 1948) und in den Bänden der von ihm herausgegebenen »Artemis-Ausgabe« (Zürich, 24 Bde, die noch fortgesetzt werden) wertvolle Beiträge zur Biographie geliefert. Sonst war ich vor allem darauf angewiesen, die Jahrbücher und Schriften der »Goethe-Gesellschaft« (seit 1880), des »Freien Hochstiftes« in Frankfurt (seit 1902), der »English Goethe Society«, das sehr inhaltsreiche Jahrbuch der Sammlung Kippenberg (1921–1935), die Festschriften, Ausstellungskataloge und Sonderdrucke zu konsultieren. Publiziert ist nun irgendwann und irgendwo so ziemlich alles über Goethe, oft, um dann wieder in Vergessenheit zu geraten. Die GESPRÄCHE (hrsg. v. Woldemar Frhr. von Biedermann und seinem Sohn Flodoard, 2. Aufl. Leipzig 1909–1911) und die Sammlungen von Heinz Amelung (GOETHE ALS PERSÖNLICHKEIT, München–Berlin 1914/1915) sowie Wilhelm Bode (GOETHE IN BRIEFEN SEINER ZEITGENOSSEN, Berlin 1918–1923) sind unentbehrlich; die Gespräche mit Frédéric Soret zitiere ich nach der französischen Originalfassung (CONVERSATIONS AVEC GOETHE, ed. A. Robinet de Cléry, Paris 1932), nicht nach der Übersetzung Eckermanns. Die verschiedenen Briefwechsel, zum Teil nur in den »Goethe-Jahrbüchern« vorliegend, führe ich nicht einzeln an. Den soziologischen Hintergründen hat als fast einziger Walter H. Bruford einige Bücher gewidmet: GERMANY IN THE 18TH CENTURY – THE SOCIAL BACKGROUND OF THE LITERARY REVIVAL, London–Cambridge 1935; THEATRE, DRAMA AND AUDIENCE IN GOETHE'S GERMANY, 1959, und CULTURE AND SOCIETY IN CLASSICAL WEIMAR, 1962. GOETHE UND SEINE ZEIT (Bern 1947) von Georg Lukacz genießt ein gewisses Ansehen als »marxistische« Interpretation; Lukacz spricht über Goethe mit feinem Verständnis, über die Zeit in Klischees. Hans Eberhardt bringt in GOETHES UMWELT (Weimar 1951) gründliches Material zur »gesellschaftlichen Struktur Thüringens« bei.

DIE ZEIT: Die deutsche Geschichte der Goethe-Epoche ist vor allem Landes- und Lokalgeschichte; in großen Zügen behandelt das Zeitalter Friedrich Christoph Schlosser GESCHICHTE DES 18. UND 19. JAHRHUNDERTS »mit besonderer Rücksicht auf geistige Bildung« (Heidelberg 1836–1848) oder sein Schüler Ludwig Häusser DEUTSCHE GESCHICHTE BIS ZUR GRÜNDUNG DES DEUTSCHEN BUNDES (1854–1857). Ich habe im Zusammenhang mit früheren Arbeiten einige dieser Landesgeschichten näher verfolgt, so über Braunschweig, Hannover, Hessen, die Pfalz, und mich im übrigen vor allem an die Zeugnisse der Zeit gehalten, an Zeitschriften wie August Ludwig Schlözers

»Staatsanzeigen« (Göttingen 1783–1793), das erste deutsche politische Organ von Format, Christian Daniel Schubarts »Deutsche Chronik« (Augsburg–Ulm 1774–1777), die sehr lebendig im Sturm-und-Drang-Stil geschrieben ist, oder die »Europäischen Annalen« (hrsg. v. Ernst Ludwig Posselt), die bei Cotta in Tübingen, 1795–1806, erschienen sind und von Goethe und Schiller gelesen wurden. An Memoirenwerken erwähne ich: MEMOIREN DES KARL HEINRICH RITTERS VON LANG, Braunschweig 1842; Daniel Schubarts LEBEN UND GESINNUNGEN, Stuttgart 1791–1793; die Schauspielermemoiren von Joseph Anton Christ SCHAUSPIELERLEBEN IM 18. JAHRHUNDERT, München 1912; Johann Christian Brandes MEINE LEBENSGESCHICHTE, Berlin 1799; Eduard Genast TAGEBUCH EINES ALTEN SCHAUSPIELERS, Leipzig 1862–1866; Karoline Jagemann ERINNERUNGEN, Dresden 1926; FRIEDRICH PERTHES' LEBEN von seinem Sohn Clemens (Gotha 1848–1855), der auch mit Gründlichkeit über DEUTSCHES STAATSLEBEN VOR DER REVOLUTION (1845) und ZUSTÄNDE ZUR ZEIT DER FRANZOSENHERRSCHAFT (1862) schrieb. CHRISTIAN GOTTLOB HEYNES LEBEN von Arnold Heeren (Göttingen 1818) zeigt den Aufstieg eines großen Forschers aus ärmlichsten Verhältnissen; der von Goethe verspottete Karl Friedrich Bahrdt (GESCHICHTE SEINES LEBENS, VON IHM SELBST BESCHRIEBEN, Berlin 1790–1791) präsentiert sich mit großer Offenherzigkeit als der Typus des halb verbummelten Gelehrten. Henrich Steffens WAS ICH ERLEBTE, Breslau 1840 ff. Die Memoiren der Befreiungskriege verzeichnet in H. H. Houbens »Bibliogr. Repertorium«, Berlin 1912. Von den zahlreichen Reisebeschreibungen führe ich nur an: Charles Burney THE PRESENT STATE OF MUSIC IN GERMANY, London 1774; James Boswell GERMANY AND SWITZERLAND IN 1764, Yale University 1953; die BRIEFE EINES REISENDEN FRANZOSEN (Karl Risbeck) ÜBER DEUTSCHLAND, Zürich 1784, oder Christoph Friedrich Nicolais REISE DURCH DEUTSCHLAND UND DIE SCHWEIZ, Berlin 1783 ff. Der »Almanach de Gotha« (seit 1764) verzeichnet den dynastischen Wirrwarr; Hegel in seiner genialischen Jugendschrift DIE VERFASSUNG DEUTSCHLANDS VON 1802 (WERKE, hrsg. v. Georg Lasson, Bd. 7, Leipzig 1923) spricht das Schlußwort: »Deutschland ist kein Staat mehr«, und gibt einen glänzenden und treffenden Rückblick.

ALLGEMEINES: René Wellek A HISTORY OF MODERN CRITICISM, Bd. 1 und 2, London 1955. Antike: Ernst Grumach GOETHE UND DIE ANTIKE, Berlin 1949; Humphrey Trevelyan GOETHE AND THE GREEKS, London 1949. Die zeitgenössische Kunstliteratur steht bei Julius Schlosser DIE KUNSTLITERATUR, Wien 1924, verzeichnet. Wichtig erschienen mir aber auch die Kupferstichwerke der Zeit: James Stuart ANTIQUITIES OF ATHENS, London 1762 bis 1794; Robert Wood THE RUINS OF PALMYRA, London 1753; THE RUINS OF BAALBEC, London 1757; Thomas Major THE RUINS OF PAESTUM, London 1768. Benedetto Croce ESTETICA, 10. Aufl. Bari 1958, dessen Band über Goethe (OPERE, Bd. 12), Bari 1960; Paul Frankl THE GOTHIC, LITERARY SOURCES AND INTERPRETATIONS THROUGH EIGHT CENTURIES, Princeton 1961.

JUGEND: Ernst Beutler BRIEFE AUS DEM ELTERNHAUS, Zürich 1960, mit ausführlichen Einleitungen über Eltern und Schwester; der VIAGGIO des Vaters, Rom 1932; K. Knetsch AHNENTAFEL GOETHES, Leipzig 1932; LABORES JUVENILES (Faksimile-Ausgabe), Frankfurt 1932.

Der Frankfurter Stadtarchivar Georg L. Kriegk hat wichtiges Material über das alte Frankfurt aus den Akten veröffentlicht: DEUTSCHE KULTURBILDER AUS DEM 18. JAHRHUNDERT (Frankfurt 1874), darin auch Auszüge über Goethe als Anwalt. Den Geheimchronisten Senckenberg zitiert Kriegk in DIE GEBRÜDER SENCKENBERG (Frankfurt 1869) offenbar mit einiger Vorsicht, ebenso später Ernst Beutler. Ich erwähne dies nur, weil auch sonst viel, was Goethe betrifft, verschollen ist. Er selber hat die Zeugnisse seiner Jugend systematisch vernichtet, auch die Briefe Mercks, der Corona Schröter u. a.

»Goethes Beziehungen zu seiner Vaterstadt«, Ausstellung Frankfurt 1895, veranstaltet vom »Freien Hochstift«. Mit gleichem Titel: Friedrich Bothe, Frankfurt 1949.

STUDIENJAHRE: Julius Vogel GOETHES LEIPZIGER STUDENTENJAHRE, Leipzig 1923; Jean de Pange GOETHE EN ALSACE, Paris 1925; Ernst Traumann GOETHE DER STRASSBURGER STUDENT, Leipzig 1923. Die »Friederiken-Literatur« beginnt schon zu Goethes Lebzeiten: A. F. Näke WALLFAHRT NACH SESENHEIM (1822), hrsg. v. Varnhagen, Berlin 1840; August Stöber, der mit Georg Büchner befreundet war und ihm die Anregung für seinen LENZ gab, publizierte die beiden Bändchen DER DICHTER LENZ UND FRIEDERIKE VON SESENHEIM (Basel 1842) und DER AKTUAR SALZMANN (Frankfurt 1853); Stefan Ley GOETHE UND FRIEDERIKE, Bonn 1947. Heinrich Gloël GOETHES WETZLARER ZEIT, Berlin 1911; August Siegfried von Goué MASUREN ODER DER JUNGE WERTHER, Frankfurt 1775; der Jesuit F. Callenbach UTI ANTE HAC – AUFF DIE ALTE HACK (o. J., wahrscheinlich Nürnberg ca. 1714).

Pietismus: DIE SCHÖNE SEELE (Frl. v. Klettenberg), hrsg. v. Heinrich Funck, Leipzig 1911; DER DEUTSCHE PIETISMUS (Bekenntnisse), hrsg. v. Werner Mahrholz, Berlin 1921, und DEUTSCHE SELBSTZEUGNISSE, Bd. 7 (PIETISMUS UND RATIONALISMUS), hrsg. v. Mathilde Beyer-Fröhlich, Leipzig 1933; Gottfried Arnold UNPARTHEYISCHE KIRCHEN- UND KETZERHISTORIE, Frankfurt 1700, und dessen HISTORIE UND BESCHREIBUNG DER MYSTISCHEN THEOLOGIE, 2. Aufl. Leipzig 1738; Carl Heinrich von Bogatzky GÜLDENES SCHATZKÄSTLEIN, Halle 1718; ich zitiere aus dessen GEISTLICHEN LIEDERN, 2. Aufl. Halle 1755.

Alchemie: John Ferguson BIBLIOTHECA CHEMICA, Glasgow 1906; Gustav Hartlaub DER STEIN DER WEISEN – WESEN UND BILDWELT DER ALCHEMIE, München 1959; Will-Erich Peuckert DIE ROSENKREUZER, 1928; Swedenborg: Immanuel Kant TRÄUME EINES GEISTERSEHERS, Königsberg 1766; Martin Lamm SWEDENBORG, SEINE ENTWICKLUNG ZUM MYSTIKER UND GEISTERSEHER (aus dem Schwedischen), Leipzig 1923.

STURM UND DRANG: »Klingers Jugendwerke« (hrsg. v. Kurt Wolff), Leipzig 1912–1913. Eine Monographie von Olga Smoljan F. M. KLINGER (Weimar 1962) bringt Neues über Klingers russische Zeit, sonst wenig, was über die früheren gründlichen Bände von Max Rieger hinausgeht: F. M. KLINGER (3 Bde mit Briefen), Darmstadt 1880–1896. Lenz: WERKE (hrsg. v. Franz Blei), München 1909; BRIEFE, München 1918. Merck: BRIEFE VON UND AN MERCK (3 Sammlungen, hrsg. v. Karl Wagner), Darmstadt 1835, 1838, 1847; SCHRIFTEN UND BRIEFE (hrsg. v. Kurt Wolff), 2 Bde, Leipzig 1909; FABELN UND ERZÄHLUNGEN (hrsg. v. Hermann Bräuning-Oktavio), Darmstadt 1962. Heinse: WERKE (hrsg. v. C. Schüddekopf), Leipzig 1902 ff.; die Zeitschrift »Iris«, Düsseldorf 1774–1777; Heinses Übersetzung des BEFREYTEN JERUSALEM (Mannheim 1781) mit dem LEBEN TASSOS. Roy Pascal THE GERMAN STURM UND DRANG, Manchester 1959; Friedrich Grundolf SHAKESPEARE UND DER DEUTSCHE GEIST, 2. Aufl. Berlin 1914. PORTRAITS (anonym), Leipzig 1779. – Hamann habe ich absichtlich nicht ausführlicher behandelt; er gehört in einen anderen Zusammenhang.

WEIMAR: Über beinahe alle Persönlichkeiten des Goethe-Kreises gibt es Biographien, neuerdings auch über den tüchtigen Bertuch: A. von Heinemann FRIEDRICH JUSTIN BERTUCH, Weimar 1955. Anna Amalie ist mehrfach behandelt worden, von Wilhelm Bode (AMALIE HERZOGIN VON WEIMAR, 3 Bde, Berlin 1907) und Otto Heuschele (ANNA AMALIE, 1947). Bode hat aus emsiger Lokalarbeit viel über Alt-Weimar beigebracht, über CHARLOTTE VON STEIN (Berlin 1910), GOETHES SOHN (Berlin 1918), auch in seiner vielbändigen Biographie (Berlin 1922 ff.). Ich verweise hier nur auf Willy Andreas KARL AUGUST (Stuttgart 1955) und die dort angeführten Werke über den Herzog. Fritz Hartung DAS GROSSHERZOGTUM SACHSEN UNTER DER REGIERUNG KARL AUGUSTS, Weimar 1923; Joseph A. von Bradish GOETHES BEAMTENLAUFBAHN, New York 1937; A. Diezmann AUS WEIMARS GLANZZEIT, Leipzig 1855; Karl von Lyncker AM WEIMARISCHEN HOF, Berlin 1912; Karl August Böttiger LITERARISCHE ZUSTÄNDE UND ZEITGENOSSEN, Leipzig 1838. Viel Material, von Mitlebenden beigesteuert – darunter Eckermann –, enthalten die frühen Ausgaben von Brockhaus' Konversationslexikon, das auch Goethe eifrig benutzte, so die Ausgabe 1?32, dazu die Serie »Zeitgenossen« als Ergänzung. Ferner der jährlich erscheinende »Nekrolog der Deutschen« von Friedrich Schlichtegroll (1794–1806), der Goethes Zorn erregte wegen seines Beitrags über den eben verstorbenen C. Ph. Moritz und in den XENIEN als kadaverfressender »Rabe« verspottet wurde.

ITALIEN: Die ITALIENISCHE REISE, MIT DEN ZEICHNUNGEN GOETHES, SEINER FREUNDE UND KUNSTGENOSSEN (mit 124 Tafeln), Leipzig 1912; die Tagebücher und Briefe sowie die NACHGESCHICHTE in: »Schriften der Goethe-Gesellschaft«, Bd. 2 u. 5 (Weimar 1886, 1890); dort auch Bd. 25 GOETHE UND TISCHBEIN (1910); über diesen Franz Landsberg WILHELM TISCHBEIN, Leipzig 1908, ferner DIE KUNST DER GOETHEZEIT, Leipzig 1931. Die Reiseführer: Der von Goethe benutzte J. J. Volkmann HISTORISCH-KRITISCHE NACHRICHTEN VON ITALIEN, 3 Bde, Leipzig 1777 (»aus den neusten französischen und englischen Reisebeschreibungen und eignen Anmerkungen zusammengetragen«, wie der Kompilator selber vermerkt, der ganze Serien von Führern schrieb). Dessen Vorbilder, vor allem Jonathan Richardson AN ACCOUNT OF THE STATUES AND PICTURES IN ITALY usw. (London 1754), der auch von Winckelmann geschätzt wurde und zusammen mit seinem Sohn gleichen Namens das Kunsturteil für ein halbes Jahrhundert beeinflußte. Die Reiseführer, auch für einzelne Städte, stehen bei Julius Schlosser DIE KUNSTLITERATUR (Wien 1924) verzeichnet; ich sah eine Reihe davon, vor allem den Giuseppe Vasi, den bekanntesten Baedeker der Zeit, sowie dessen Kupferstichalbum MAGNIFIZENZE DI ROMA (Rom 1786). Der Führer des Vaters Goethe – und auch noch Mozarts –, Joh. Georg Keyssler NEUESTE REISE

DURCH TEUTSCHLAND ... ITALIEN usw. (Hannover 1740–1741), bringt auf fast 1 500 Seiten auch viel über Deutschland und die Schweiz. Die Reisebeschreibungen und die Geschichte der Italiensehnsucht: Wilhelm Waetzoldt DAS KLASSISCHE LAND, Leipzig 1927; daraus vor allem Carl Philipp Moritz REISEN EINES DEUTSCHEN IN ITALIEN, Berlin 1792–1793. Über C. Ph. Moritz: Eckehard Catholy K. PH. MORIT, Tübingen 1962, und Robert Minder, Berlin 1936. Ferner J. W. von Archenholz ENGLAND UND ITALIEN (Leipzig 1787), den Goethe ablehnte, und J. H. Baron von Riedesel REISE DURCH SIZILIEN (Zürich 1771), den er lobte. Henry Swinburne TRAVELS IN THE TWO SICILIES, London 1785. Sir William Hamilton CAMPI PHLEGRAEI (Neapel 1776–1779), das opulenteste Vedutenwerk der Zeit mit Stichen von Fabri, jetzt in Auswahl faksimiliert (Milano 1962, mit Bibliographie der Publikationen Hamiltons). Lady Emma Hamilton ATTITUDES AFTER THE ANTIQUE (Umrißstiche), London 1807. Benedetto Croce GOETHE A NAPOLI (OPERE, Bd. 43), Bari 1954; Antonio Valeri GOETHE A ROMA, Rom 1899. Von der sehr reichhaltigen deutschen Literatur nenne ich nur Friedrich Noack DEUTSCHES LEBEN IN ROM (Stuttgart 1907) und H. Smidt EIN JAHRHUNDERT RÖMISCHEN LEBENS (Berichte von Augenzeugen, Leipzig 1904). Die Reiseskizzen von Wilhelm Müller, dem Dichter der Müllerlieder, ROM, RÖMER UND RÖMERINNEN (Leipzig 1820) sind das lebendigste der älteren Reisebücher; darin auch das Gedicht über Goethe, das ich zum Tode des Sohnes zitiere.

KRIEGS- UND REVOLUTIONSJAHRE: Arthur Chuquet LES GUERRES DE LA RÉVOLUTION, 11 Bde, Paris o. J. Chuquet war eine seltene Verbindung von militärischem Fachmann (als Lehrer an der Kriegsschule zu Paris) und feinem Kenner der deutschen Literatur; in seinen ETUDES D'HISTOIRE (7 Bde, Paris 1903–1914) und seinen ETUDES DE LITTÉRATURE ALLEMANDE (Paris 1900–1902) auch Aufsätze über GOETHE EN CHAMPAGNE, Klopstock, Adam Lux, Stolberg, Karl August u. a. Friedrich Christian Laukhard LEBEN UND SCHICKSALE, 5 Bde, Halle 1792–1802. BRIEFE EINES PREUSSISCHEN AUGENZEUGEN ÜBER DEN FELDZUG DES HERZOGS VON BRAUNSCHWEIG, Hamburg 1794. Das militärische Taschenbuch MINERVA (Hamburg 1792 ff.), dessen Herausgeber Archenholz bereits Kriegsberichterstatter modernen Stiles entsandte. Die »Revolutions-Almanache« (hrsg. v. Heinrich A. O. Reichard), Gotha 1793 ff. Georg Forster »Sämtl. Schriften«, Leipzig 1843 (jetzt kritische Neuausgabe durch die Berliner Akademie begonnen). Franz Xaver Remling DIE RHEINPFALZ IN DER REVOLUTIONSGESCHICHTE, Speyer 1865. Helene Voegt DIE DEUTSCHE JAKOBINISCHE LITERATUR, Berlin 1955. Erich Weniger GOETHE UND DIE GENERALE, Leipzig 1942. Willy Andreas GOETHE UND KARL AUGUST BEI DER BELAGERUNG VON MAINZ (Abh. der Bayr. Akademie), München 1955.
Erfurt: Talleyrand MÉMOIRES, Paris 1891–1892; NAPOLEONS HOFMARSCHALL (»Jahrbuch Kippenberg«, Bd. 5). Erwin Redslob GOETHES BEGEGNUNG MIT NAPOLEON, Weimar 1944. GOETHES BRIEFWECHSEL MIT REINHARD, Wiesbaden 1957. Das Wort über das »empire de recrutement« stammt von Gabriel Hanotaux.
Goethes Beziehungen zu den Romantikern und den österreichischen Freunden wurden in den Bänden 13/14 (Weimar 1898–1899) und 17/18 (1902–1903) der »Schriften der Goethe-Gesellschaft« behandelt. Madame de Staël: Christopher Herold MISTRESS OF AN AGE, New York 1961. Rahel

Varnhagen: Hannah Arendt RAHEL VARNHAGEN, München 1960. Hilde Spiel FANNY ARNSTEIN ODER DIE EMANZIPATION, Frankfurt 1962.

NATURWISSENSCHAFTEN: Ich bin im Haus eines Naturforschers aufgewachsen; mein Vater war Physiologe, Professor in Berlin, befreundet mit Ernst Haeckel, Iwan Pavlov, Wilhelm Ostwald, allerdings kein »Mann der Zunft« in Goethes Sinne. In seinem Bücherschrank standen die Werke Albrecht von Hallers und Johannes Müllers und daneben als sein Lieblingsbuch der Ariost. Die Heidelberger Vorträge des meiner Familie befreundeten Pharmakologen Rudolf Magnus (GOETHE ALS NATURFORSCHER, Leipzig 1906) waren meine erste Einführung in dieses Gebiet; sie sind noch jetzt wertvoll. Seitdem ist diese Literatur ins Unermeßliche gewachsen (Bibliographie von Günther Neumann GOETHE UND DIE NATURWISSENSCHAFTEN, Halle 1940) und hat vielfach mystische Formen angenommen. Rudolf Steiner GOETHES WELTANSCHAUUNG (Weimar 1897) scheint mir noch lesenswert; das Buch seines Schülers E. Lehrs MAN OR MATTER (London 1958) hat mich sehr viel weniger angesprochen. Den Gegenpol bildet etwa die nüchterne Schrift des Physiologen Sir Charles Sherrington GOETHE ON NATURE AND SCIENCE, 2. Aufl. Cambridge 1949. Die Betrachtungen von großen Physikern wie Werner Heisenberg oder Max Born zeigen, wie problematisch die weitere Entwicklung ihrer Wissenschaft den bedeutendsten Vertretern ihres Faches geworden ist; ob sich damit ein Weg »zurück zu Goethe« eröffnet, ist eine andere Frage. Carl Friedrich von Weizsäcker betont mit Recht zur Auswahl der NATURWISSENSCHAFTLICHEN SCHRIFTEN (Bd. 13 der »Hamburger Ausgabe«) den Zusammenhang der Naturforschung Goethes mit seiner Dichtung und Persönlichkeit. Die engere Literatur steht dort verzeichnet. Ich habe außerdem einen Teil der zeitgenössischen Werke konsultiert: Priestleys GESCHICHTE DER OPTIK, Lichtenbergs ERXLEBEN und dessen sehr inhaltsreiches »Göttingisches Magazin der Wissenschaften und Literatur«, Göttingen 1780 ff. Das Buch von Georg Landgrebe ÜBER DAS LICHT (Marburg 1834) gibt einen lehrreichen Überblick über die Forschung der Goethe-Zeit; dort auch ausführlich über Ritters Entdeckungen. Dessen FRAGMENTE (Heidelberg 1810) gehen zum Teil auf Novalis' Nachlaß zurück und führen in die romantische Naturphilosophie. Goethe im Zusammenhang mit der Naturforschung seiner Zeit, die keineswegs nur aus »Teilern und Trennern« bestand, müßte erst noch dargestellt werden. Novalis' Bemerkungen über Ritter zeigen, wie nahe dieser eigentlich Goethe hätte stehen müssen, der ihn zwar lobte, aber bald aufgab. »Ritter«, so Novalis, »sucht durchaus die eigentliche Weltseele der Natur auf. Er will die sichtbaren und ponderablen Lettern lesen lernen und das *Setzen* der höhern geistigen Kräfte erklären. Alle äußeren Prozesse sollen als Symbole und letzte Wirkungen innerer Prozesse begreiflich werden.«

Über Newton: Edward Neville da Costa Andrade ISAAC NEWTON, New York 1950; M. Roberts NEWTON AND THE ORIGIN OF COLOURS, London 1938; K. T. A. Halbertsma HISTORY OF THE THEORY OF COLOURS, Amsterdam 1949; P. J. Bouma FARBE UND WAHRNEHMUNG, Eindhoven 1951; A. Wolf A HISTORY OF SCIENCE IN THE 18TH CENTURY, London 1938. Über den Regenbogen: Carl B. Boyer THE RAINBOW – FROM MYTH TO MATHEMATICS, New York 1959.

Zur Morphologie: Der Botaniker Wilhelm Troll, dessen Ausgabe der MORPHOLOGISCHEN SCHRIFTEN GOETHES (Jena 1932) reich illustriert und kommentiert ist. Zur Wetterkunde: Waldemar von Wasielewski GOETHES METEOROLOGISCHE STUDIEN, Leipzig 1910. Zur Geologie: Max Semper DIE GEOLOGISCHEN STUDIEN GOETHES, Leipzig 1914, und G. Linck GOETHES VERHÄLTNIS ZUR MINERALOGIE UND GEOLOGIE, Jena 1906. Alexander von Humboldt: STUDIEN ZU SEINER UNIVERSALEN GEISTESHALTUNG (hrsg. v. J. Schultze), mit Beiträgen aus drei Kontinenten, Berlin 1959.

Leonardo da Vinci: Ich darf hier vielleicht auf mein Buch LEONARDO DA VINCI (München 1959) hinweisen, das ähnliche Probleme eines Universalgeistes berührt.

DER ALTE GOETHE: DER WESTÖSTLICHE DIVAN (hrsg. v. Hans-J. Weitz), Wiesbaden 1951; Eckermanns GESPRÄCHE MIT GOETHE (hrsg. v. Fritz Bergemann), Wiesbaden 1955. Julius Petersen DIE ENTSTEHUNG DER ECKERMANNSCHEN GESPRÄCHE, 2. Aufl. Frankfurt 1924; Heinrich Hubert Houben J. P. ECKERMANN, 2 Bde, Leipzig 1925–1928, sowie dessen HIER ZENSUR, Leipzig 1918, und VERBOTENE LITERATUR, 2 Bde, Leipzig 1924, sowie OTTILIE VON GOETHE, Leipzig 1923. Aus Ottilies und ihrer Mutter Nachlaß, der nach Amerika gelangt ist, hat Heinz Bluhm noch BRIEFE AUS DER VERLOBUNGSZEIT (Weimar 1962) sowie TAGEBÜCHER UND BRIEFE (Wien 1963) veröffentlicht, die eine Ergänzung der früher in den »Schriften der Goethe-Gesellschaft« (Bd. 27/28, Weimar 1912–1913) publizierten Korrespondenz bilden. Liselotte Lohrer COTTA, GESCHICHTE EINES VERLAGES, Stuttgart 1960. Bettina Brentano: BRIEFWECHSEL MIT GOETHE (hrsg. v. Fritz Bergemann), Leipzig 1927; jetzt Neuausgabe der Werke (Bd. 5, Frechen 1961). Marianne von Willemer: Edwin Zellweker MARIANNE WILLEMER, Wien 1949; Hans Pyritz GOETHE UND MARIANNE VON WILLEMER, Stuttgart 1948; Bernard von Brentano DASS ICH EINS UND DOPPELT BIN – MARIANNE VON WILLEMER UND GOETHE, Wiesbaden 1961; die Neuausgabe des Briefwechsels (Wiesbaden 1963) habe ich noch nicht einsehen können. Zur Kunst: Richard Benz GOETHE UND DIE ROMANTISCHE KUNST, München 1940. Zur Musik: Hans Joachim Moser GOETHE UND DIE MUSIK, Leipzig 1949; Romain Rolland GOETHE ET BEETHOVEN, Paris 1930; FELIX MENDELSSOHNS BRIEFE (Gesamtausgabe in einem Band), Leipzig 1899, und die sehr gediegenen Aufsätze von Max Friedländer in den »Goethe-Jahrbüchern« (bes. Jg. 1916); von diesem auch 2 Bde mit Gedichten Goethes in Kompositionen von Zeitgenossen in den »Schriften der Goethe-Gesellschaft«, Bd. 11 u. 21, Weimar 1896, 1916; Anna Amalies Vertonung von ERWIN UND ELMIRE, Leipzig 1921.

Böhmen: Johannes Urzidil GOETHE IN BÖHMEN, Zürich 1962; E. Hlawaček GOETHE IN KARLSBAD, 2. Aufl. Karlsbad 1883. Eliza M. Butler GOETHE AND BYRON, London 1956; Frederic Norman H. C. ROBINSON AND GOETHE (»English Goethe-Society«), 2 Bde, 1930–1931; Thomas Carlyle ESSAYS, 4 Bde, London 1839, und CORRESPONDENCE WITH GOETHE, London 1887. Gérard de Nerval ŒUVRES COMPLÈTES, Bd. 1, Paris 1868; Charles Dedeyan GÉRARD DE NERVAL ET L'ALLEMAGNE, 2 Bde, Paris 1957–1958; Eugène Delacroix LETTRES (hrsg. v. Burty), Paris 1880.

Revolution 1830: Augenzeugenberichte im »Annual Register«; Narcisse Achille de Salvandy SEIZE MOIS OU LA RÉVOLUTION ET LES RÉVOLUTIONNAIRES,

Paris 1831 (das Exemplar des British Museum ist nach Eintragung des Vor-besitzers das Exemplar Goethes). Maria Szymanowska ALBUM MIT KOMPO-SITIONEN (Faksimile-Ausgabe), Krakau 1953; in Polen sind in letzter Zeit verschiedene Darstellungen ihres Lebens und ihrer Familie erschienen, über die ich mir nur berichten lassen konnte. Zur Weltliteratur: Fritz Strich GOETHE UND DIE WELTLITERATUR, Bern 1946.

Personenregister

Abraham a Santa Clara 118
Acton, Sir John Francis Edward 271
Addison, Joseph 48
Alexander I. von Rußland 156,
 446 ff., 450, 496, 500, 520, 537
Alexander der Große 598
Alfieri, Vittorio 148
Ampère, Jean-Jacques 568
André, Johann 26 f., 145, 168 f.
Anna Amalia, Herzogin von Sach-
 sen-Weimar 47, 86, 180 ff., 185,
 189 f., 192 ff., 196 f., 199, 218,
 236, 240, 242, 247, 251, 276,
 299 f., 369, 399, 448, 469, 624
Aretino Pietro 303
Aristophanes 247
Aristoteles 30, 454, 465, 582
Arndt, Ernst Moritz 498, 519 f.
Arnim, Achim von 459, 476 f., 514,
 517
Arnim, Bettina von, s. Brentano,
 Bettina
Arnold, Gottfried 64
Augereau, Marschall 436
August der Starke, Kurfürst von
 Sachsen 325

Bach, Johann Sebastian 8, 40, 213,
 245 f., 473, 478, 492, 509, 511,
 582, 617
Bach, Philipp Emanuel 38, 40

Bacon, Francis 381, 589
Bahrdt, Karl Friedrich 591
Balzac, Honoré de 204, 226, 626
Bancroft, George 10, 571
Basedow, Johannes Bernhard 164 f.
Batty, George 208 f., 218, 247
Bayle, Pierre 35, 307
Bazard, Saint-Amand 622
Beaumarchais, Pierre Augustin
 Caron de 144, 152, 206, 328
Beccaria, Cesare 272
Beethoven, Ludwig van 38, 295,
 434, 445, 473, 475, 478 f., 503,
 548, 617
Behrisch, Auguste 41, 149
Behrisch, Ernst Wolfgang 40 ff.,
 47 ff., 53, 149
Beireis, Gottfried Christoph 539
Bellomo, Joseph 412
Bentham, Jeremias 327, 581, 596
Béranger, Pierre Jean de 613
Bergman, Tobern 484
Berlioz, Hector 473, 617
Bernadotte, Jean-Baptiste 432, 495,
 501
Bernini, Lorenzo 262
Bernstorff, Andreas Peter Graf von
 150, 541
Berthier, Alexandre 345, 439
Bertuch, Friedrich Justin 280, 321,
 472, 501
Bessières, Jean Baptiste 449

Corneille, Pierre 30, 52, 85, 446, 449, 614
Cotta, Johann Friedrich 9, 371, 372, 396 f., 438, 439, 506, 532, 563, 574, 623
Coudenhoven, Frau von 357, 359
Coudray, Clemens W. 416, 559
Croce, Benedetto 380
Curtius, Marcus 359
Custine, Adam Philippe Marquis de 351, 354, 355 f., 358 ff., 362, 364, 366
Cuvier, Georges 621 f.

Dalberg, Karl Freiherr von 357, 374 f., 448
Dante Alighieri 122, 296, 378, 426, 604, 614
Danton, Georges 327, 328, 344, 354, 356, 362, 366
Daru, Pierre A. B. 439, 446, 448
Darwin, Charles 257
David, Jacques-Louis 363
Decius, Kaiser 504
Dehmel, Richard 91
Deinet, Johann Konrad 110, 115
Delacroix, Eugène 616 f., 623
Delph, »Handelsjungfer« 170, 177, 179, 367, 509
Demosthenes 322
Denon, Vivant 439
Desmoulins, Camille 354
Destouches, Philippe Néricault 196
Devrient, Ludwig 414
Diderot, Denis 85, 236, 399, 614
Didot, François Ambroise 292
Diebitisch-Sabalkanskij, Iwan, Feldmarschall 499
Ditters von Dittersdorf, Karl 413
Dodd, William 42, 77
Dollond, John 311
Domenichino 115
Drake, Sir Francis 589
Dschelal-ed-din-Rumi 510
Dürer, Albrecht 9, 84, 104
Dumouriez, Charles François 342, 343, 344, 345, 346, 349, 350, 362

Earlom, Richard 115
Eckermann, Johanna 561, 562, 564, 565
Eckermann, Johann Peter 10, 33, 233, 333, 391, 402 f., 404, 455, 498, 561 f., 567, 568, 569, 570, 574, 576, 581, 582, 583, 585, 587, 602, 604, 606, 618, 626, 628
Edschmid, Kasimir 109
Eichendorff, Joseph von 498, 612
Einsiedel, Friedrich von 237, 242 f.
Einstein, Albert 458
Engelhardt, Christian Moritz 97
Epimenides 504
Ernst August, Herzog von Sachsen-Weimar 182, 201, 214
Ernst August Konstantin, Herzog von Sachsen-Weimar 182, 184
Erthal, Friedrich K. J. Freiherr von 303, 357, 360, 370
Erxleben, Johann Christian 314
Euler, Leonhard 367, 461
Euripides 135, 244
Everdingen, Allaert van 114
Eybenberg, Marianne von 427, 430, 472
Eyck, Jan van 516, 518

Fabricius, Katharina 40
Fahlmer, Johanna (verh. Schlosser) 157, 169, 196
Falconet, Etienne Maurice 236
Falk, Johannes Daniel 441
Faust, Dr. 587 f.
»Faustina« 268 ff., 274, 280, 281, 300
Ferdinand IV., König beider Sizilien 271, 273
Fichte, Johann Gottlieb 373 f., 376, 382, 422, 424
Filangieri, Gaetano 272
Firmian, Erzbischof Leopold Anton Graf von 387
Fischart, Johann 240, 588
Flachsland, Karoline, s. Herder, Karoline
Florian, Jean Pierre Claris de 332
Fontane, Theodor 163, 535

Sachregister

665